雷山县志

（1729–1987）

雷山县地方志编纂委员会办公室　编

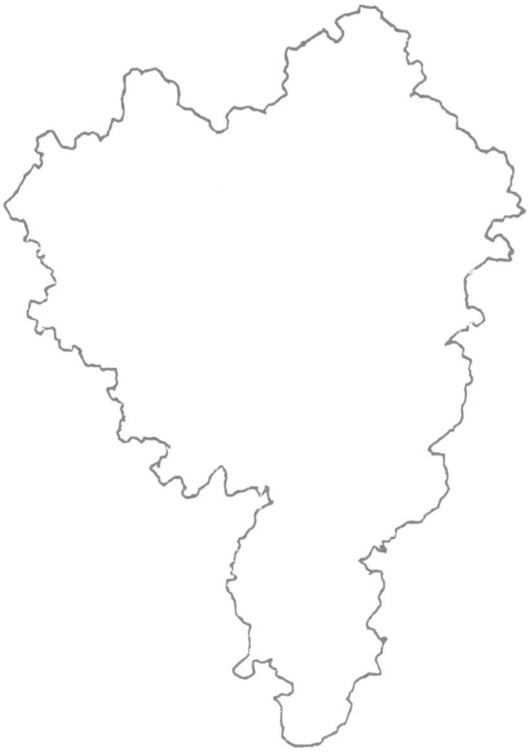

方志出版社
Publishing House of Local Records

图书在版编目（CIP）数据

雷山县志　1729-1987 / 雷山县地方志编纂委员会办公室编. -- 北京：方志出版社，2019.10
ISBN 978-7-5144-2632-8

Ⅰ.①雷… Ⅱ.①雷… Ⅲ.①雷山县－地方志－1729-1987 Ⅳ.①K297.34

中国版本图书馆 CIP 数据核字（2017）第 265965 号

雷山县志（1729–1987）

编　　者： 雷山县地方志编纂委员会办公室
责任编辑： 冯　松

出 版 人： 冀祥德
出 版 者： 方志出版社
地址　北京市朝阳区潘家园东里 9 号（国家方志馆 4 层）
邮编　100021
网址　http://www.fzph.org
发　　行： 方志出版社图书经销中心
电话（010）67110500
经　　销： 各地新华书店
印　　刷： 云南速盈印刷有限公司

开　　本： 889×1194mm　1/16
印　　张： 43
字　　数： 1144 千字
版　　次： 2019 年 10 月第 1 版　2019 年 10 月第 1 次印刷
印　　数： 0001~1000 册

ISBN　978-7-5144-2632-8　定价：380.00 元

《雷山县志（1729–1987）》再版编纂委员会名单

顾　问：黄清发　县委书记
　　　　袁　刚　县委副书记、县人民政府县长
　　　　刘光信　县人大常委会主任
　　　　韦通贤　县政协主席
主　任：周哲云　县委常委、县人民政府副县长
副主任：龙志波　县委常委、县委宣传部部长
　　　　李胜平　县人大常委会副主任
　　　　李　彬　县政协副主席
成　员：李光祖　县人民政府党组成员、县财政局局长
　　　　杨通权　县委办公室主任
　　　　曹定举　县人大常委会办公室主任
　　　　杨胜星　县人民政府办公室主任
　　　　余炳章　县政协秘书长
　　　　吴学农　县委办公室副主任、县委党研室（县志办）主任
　　　　潘国雄　县文体广电新闻出版局局长
　　　　陆德义　县档案局局长

《雷山县志（1729–1987）》再版编辑部名单

主　　编：吴学农
副 主 编：杨永芳　丁光桥
文字编辑：李永东　余卫东　龙　云　向力子
图片编辑：吴学农

《雷山县志（1729–1987）》编纂委员会名单

（1986—1990）

主　　任：覃榜远

副 主 任：龙向日（侗）　杨正光（苗）　阚平涛

委　　员：（以姓氏笔画为序）

龙向日（侗）　李　辉（苗）　杨正光（苗）

杨麦秀（侗）　杨秉学　冷汉元（苗）

张志雄（苗）　张钦荣　金元勋（苗）

罗维钊　胡志鸿　赵德芳（苗）

秦筱峰　覃榜远　阚平涛

办公室主任　龙向日（兼）

副 主 任　杨麦秀

（1991–1992）

主　　任　陈文发（水）

副 主 任　龙向日（侗）　张世荣（苗）　杨正光（苗）

委　　员　（以姓氏笔画为序）

龙义声（侗）　龙向日（侗）　李　辉（苗）

陈文发（水）　杨正光（苗）　杨麦秀（侗）

杨秉学　冷汉元（苗）　张世荣（苗）

张钦荣　金元勋（苗）　罗维钊

胡志鸿　赵德芳（苗）　秦筱峰

办公室主任　龙向日（兼）

副 主 任　杨麦秀

《雷山县志（1729–1987）》编辑部名单

主　　编：龙向日

副 主 编：杨麦秀　杨正光

编　　辑：龙义声　吴子成　胡志鸿　杨秉学　张钦荣
赵德芳　罗维钊　刘义培　潘定发

特约编辑：黄德昌　张子武　黄金伦　秦筱峰

摄　　影：胡志鸿　李玉仪　张希成　蒋　祥　韦寿山
唐　飞　杨胜和　杨胜廷　黄仁孝　杨建国
杨昌程　张　旋　李世光

审　　稿：覃榜远　陈文发　雷子江

苗文译注：杨通华　龙绍仁

制　　图：胡志鸿

校　　对：龙向日　杨麦秀

编　　务：杨麦秀　胡志鸿

黔东南州县市志审稿工作委员会
参加本志审稿人员

姚康乐　李永昌　罗竹香　杨宗林

石邦留　杨胜邦　杨昌润　李元星

贵州省地方志编纂委员会办公室
参加本志审稿人员

肖先治　张桂江　陈福桐　杨祖恺　熊玉瑛

罗再麟　钟　莉　伍启林　曾　化　吕　勇

撰稿人员

杨胜廷　杨通成　李相贵　张希成　张玉芬　李明光　龙玉华　潘盛文　曾祥禄
唐千武　杨胜和　杨通华　杨泽洲　唐　飞　杨登清　吴绍华　余文烈　王美娥
蒋　祥　白耀军　杨胜武　吴廷彪　李玉仁　潘自动　李光文　王　俊　孙文发
毛　森　李正良　文金和　李荣新　张芝芸　陶丽芬　阚平涛　唐千文　张志雄
华　勇　龙润忠　梁志东　唐忠文　潘万茂　唐炳军　杨　彩　蔺世刚　吴治富
吴兴权　梁秀斌　罗时信　侯正云　陶鹏程　罗小荣　穆昌华　彭树柏　文明章
包太文　余昌奎　陶金林　谌志先　潘启贤　文明元　李顺平　杨通春　莫玉光
秦永恭　杨金龙　李　辉　吴道隆　黄　祥　陈祖奎　杨廷政　唐家伟　陈晓华
朱德君　朱光荣　向泽忠　冉茂坤，杨光恒　淳学芳　沈　定　李国章　元子奇
文志林　李志方　桂庆成　罗秀明　吴光忠　朱雨金　肖永石　潘昌传　赵子文
杨宗延　赵奎中　胡瑞林　杨思维　李锦诚　李显发　郝先哲　李毅明　文德和
李定芳　廖廷贵　李宗唐　姚　鹏　李廷辉　李和英　龙效民　张世荣　金玉发
张秀光　李兴贵　陆惠南　侯昌德　向振华　李光清　杨金科　文兴林　李长辉
肖德成　杨胜林　何际杰　李光仪　李士华　侯正南　罗义西　金明良　余永光
赵子烈　文锡泽　李显珍　吴通发　刘广和

雷山县政区图

凯里市
清水江
挂丁镇
开怀
鸭塘
凯里市
平乐
里禾水库
舟溪
排羊
红阳
台江县
交密
剑河县
榕江县
平阳
平由
平永
桥来
三江
巫不
打角
羊福
盖赖
排路
方胜
排调
加配
孔庆
丹寨县
新华
南皋
大兴
丹江区
望丰
公统
乌响
也开
乌江
乌节
排翁
固鲁
教场
脚孟
岔河
石板
也利
乌尚
报德
岩寨
雷山
(丹江镇)
响楼
陶尧
新寨
千力
乌东
雷公山▲2178
掌排
龙头
麻改寨
桥敢
中寨
掌坳
莲花
大塘
高岩
交腊
乌迭
羊古
羊元
排落
桥港
排里
南脑
孔勇
掌雷
高老
桃江
西江
中寨
掌卡
大沟
麻料
白连
白碧
敢雷
猫鼻岭
乌尧
羊吾
黄里
木樟坳顶▲2042
陡寨
方祥
桃香
雀鸟
脚尧
格头
毛坪
乔洛
乔寨
苦里冲
开屯
乌泥咀
桥歪
掌高
脚牛
排告
永乐
阳扇积
上和平
加老
加支
上黄岩
乔配
柳乌
排天洛
484
塔石
也卡
白果
高枧
乔桑
大平山▲1471
达条
达地镇
上背略
何家
也蒙
桥伞
三都水族自治县
县政府驻地
区公所 镇政府 驻地
乡政府 镇政府 驻地
村寨
州界
县界
区界
乡界
干线公路
支线公路
乡村公路
河流、水库
▲2042 山峰及高程注记
1:30万

雷山县地势图

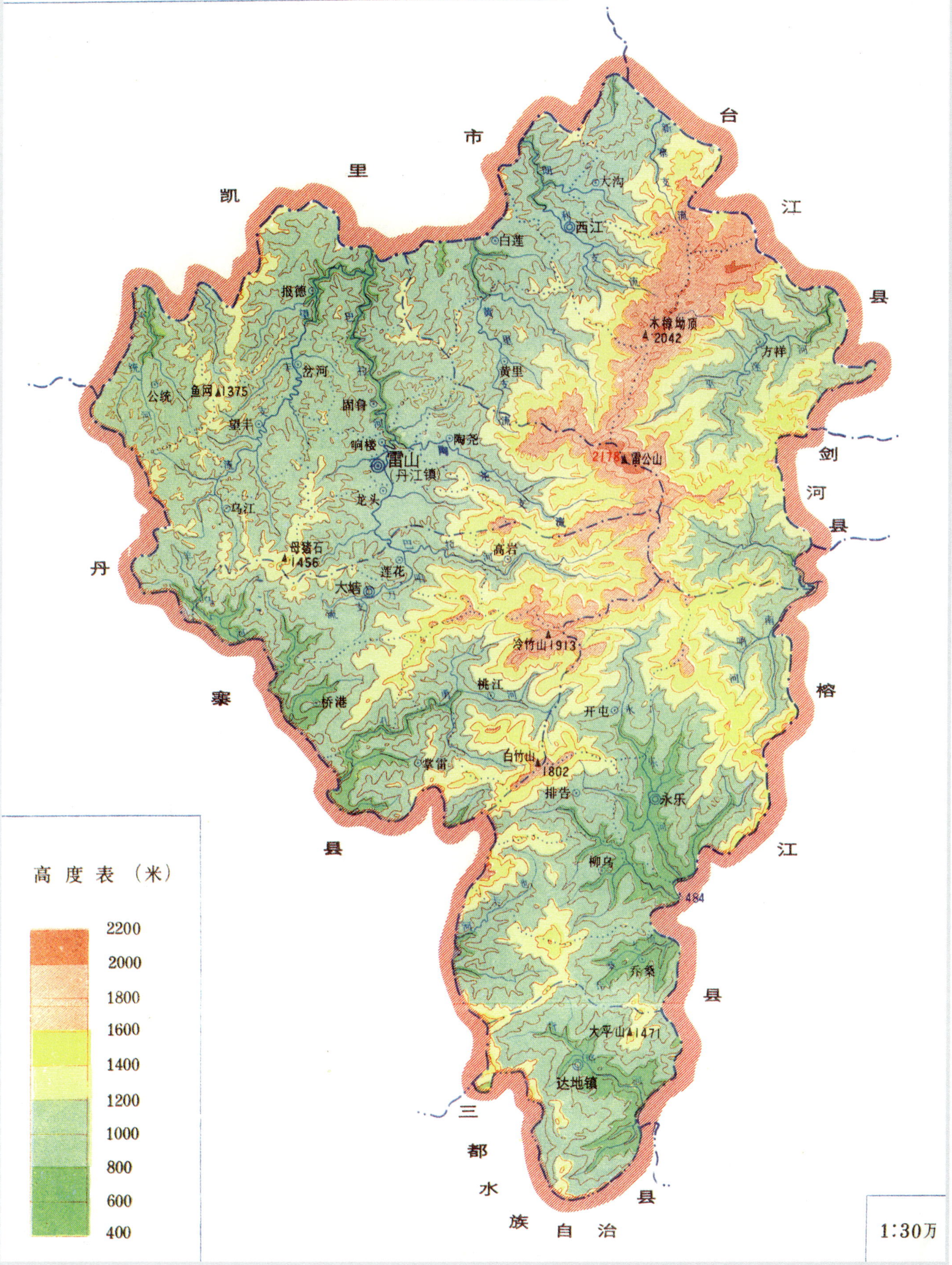

凯里市
台江县
剑河县
榕江县
丹寨县
三都水族自治县
大沟
西江
白莲
报德
木樟坳顶
2042
方祥
黄里
岔河
公统
鱼网 1375
固鲁
望丰
响楼
陶尧
雷山
(丹江镇)
2178 雷公山
龙头
乌江
母猪石 1456
高岩
莲花
大塘
冷竹山 1913
桃江
桥港
开屯
白竹山 1802
掌雷
排告
永乐
柳乌
484
乔桑
大平山 1471
达地镇
高度表（米）
2200
2000
1800
1600
1400
1200
1000
800
600
400
1:30万

雷山县森林资源分布图

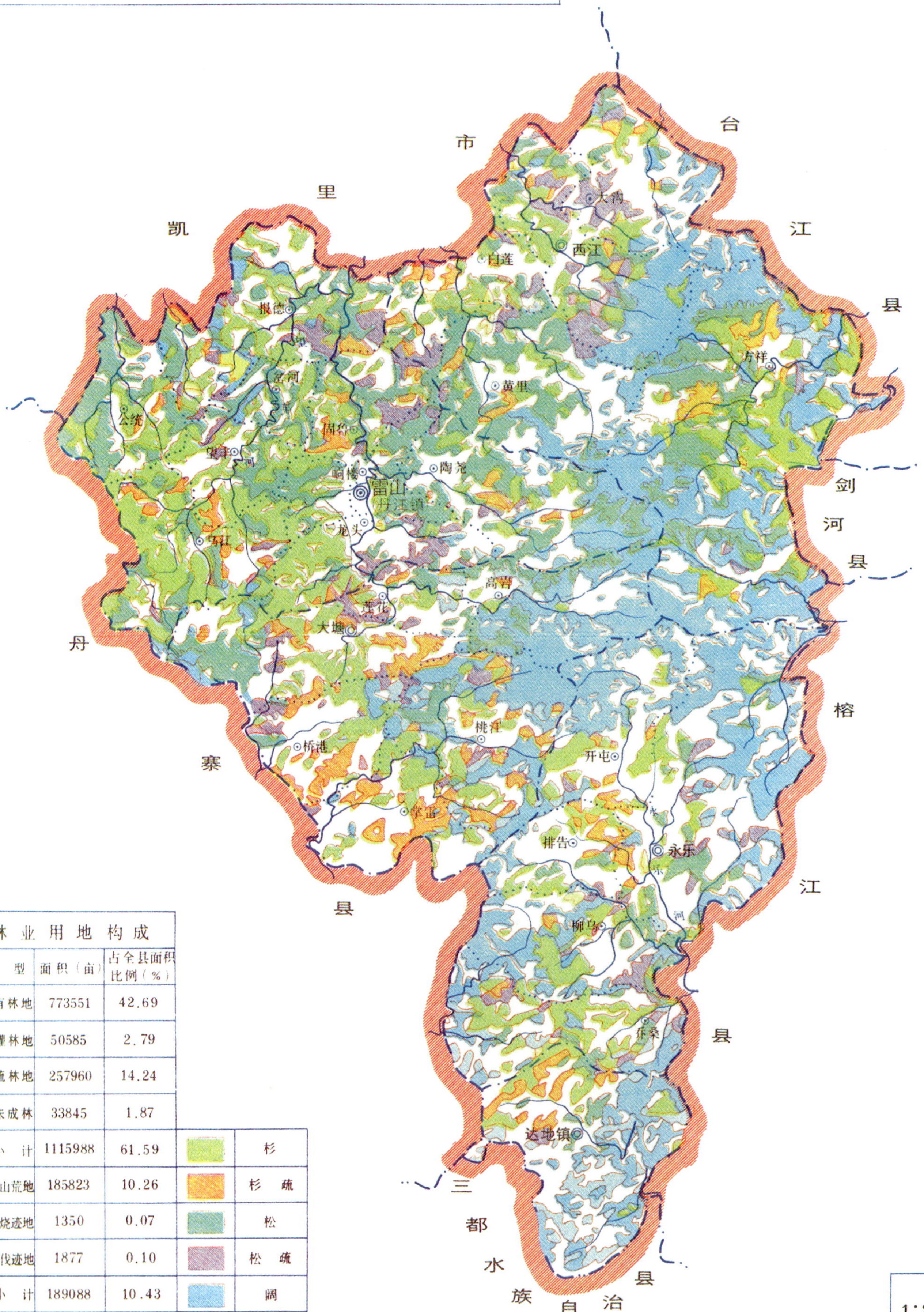

林业用地构成

类型		面积（亩）	占全县面积比例（%）
林地	有林地	773551	42.69
	灌林地	50585	2.79
	疏林地	257960	14.24
	未成林	33845	1.87
	小计	1115988	61.59
宜林地	荒山荒地	185823	10.26
	火烧迹地	1350	0.07
	采伐迹地	1877	0.10
	小计	189088	10.43
合计		1305076	72.02

1:30万

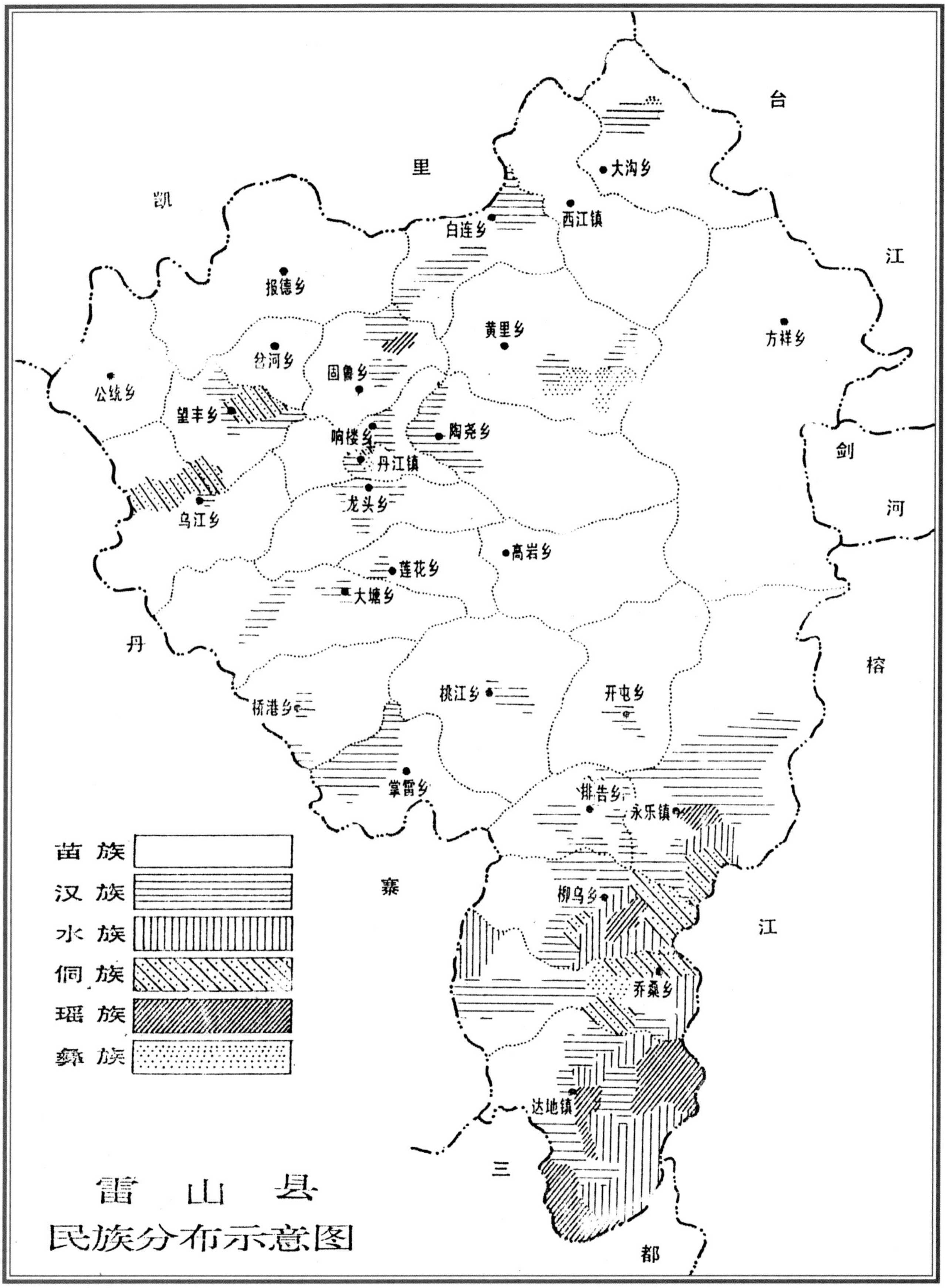
凯
里
台
江
剑
河
榕
江
丹
寨
三
都
大沟乡
西江镇
白连乡
报德乡
方祥乡
黄里乡
台河乡
固鲁乡
公统乡
望丰乡
响楼乡
陶尧乡
丹江镇
龙头乡
乌江乡
高岩乡
莲花乡
大塘乡
桃江乡
开屯乡
桥港乡
掌雷乡
排告乡
永乐镇
柳乌乡
乔桑乡
达地镇
苗族
汉族
水族
侗族
瑶族
彝族

雷山县
民族分布示意图

丹江厅政区图（1740年-1855年）

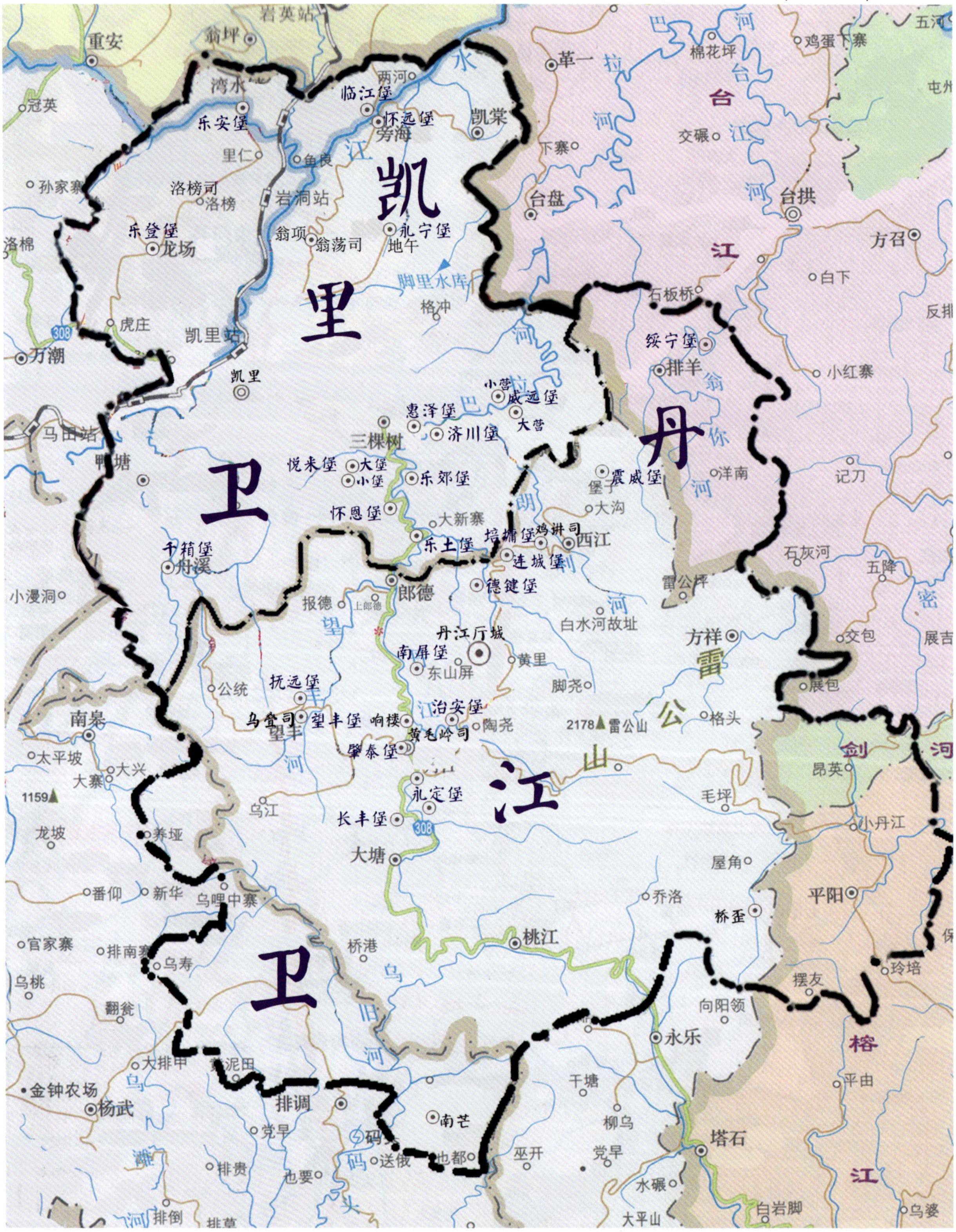

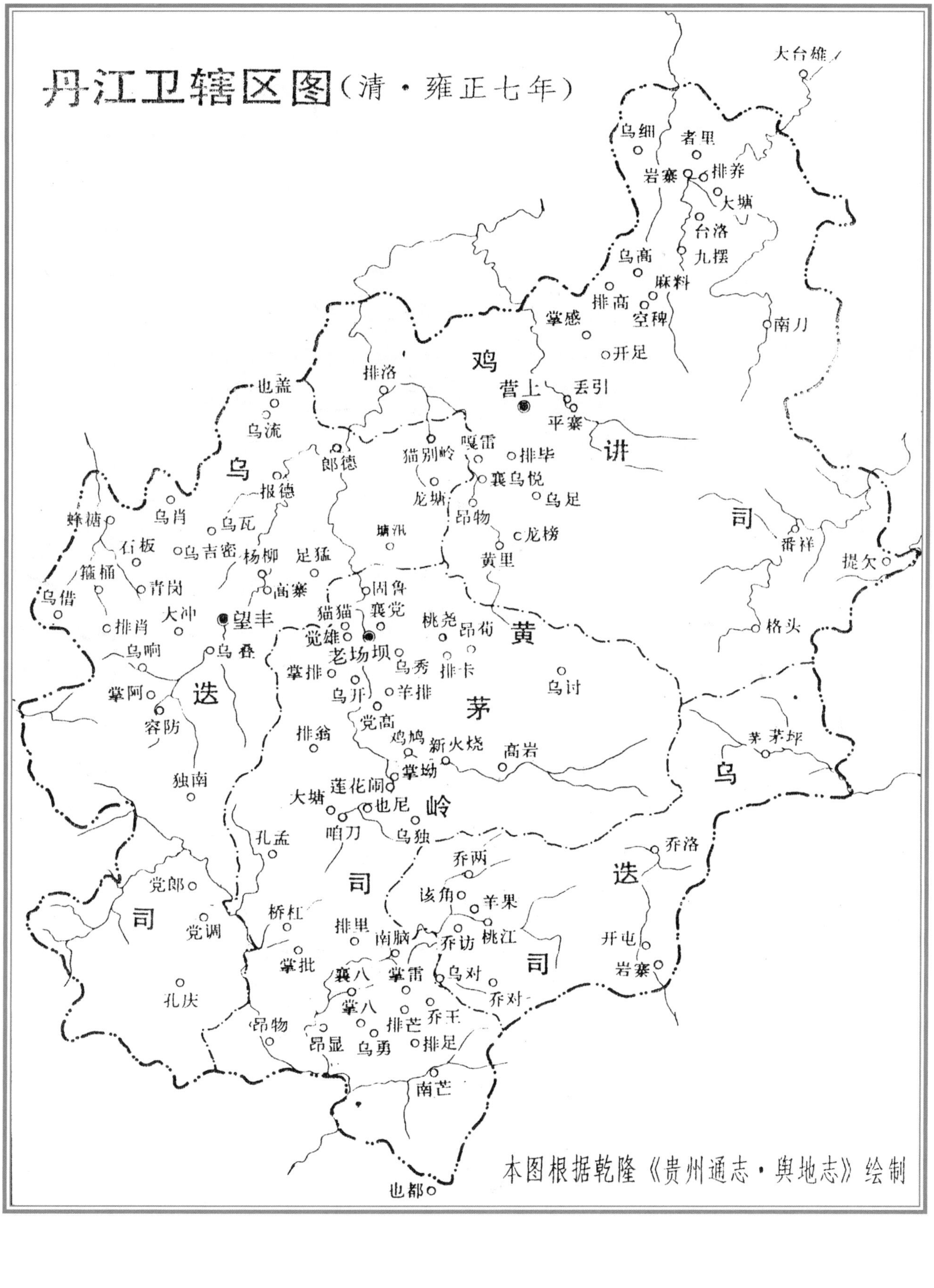

丹江卫辖区图（清·雍正七年）

本图根据乾隆《贵州通志·舆地志》绘制

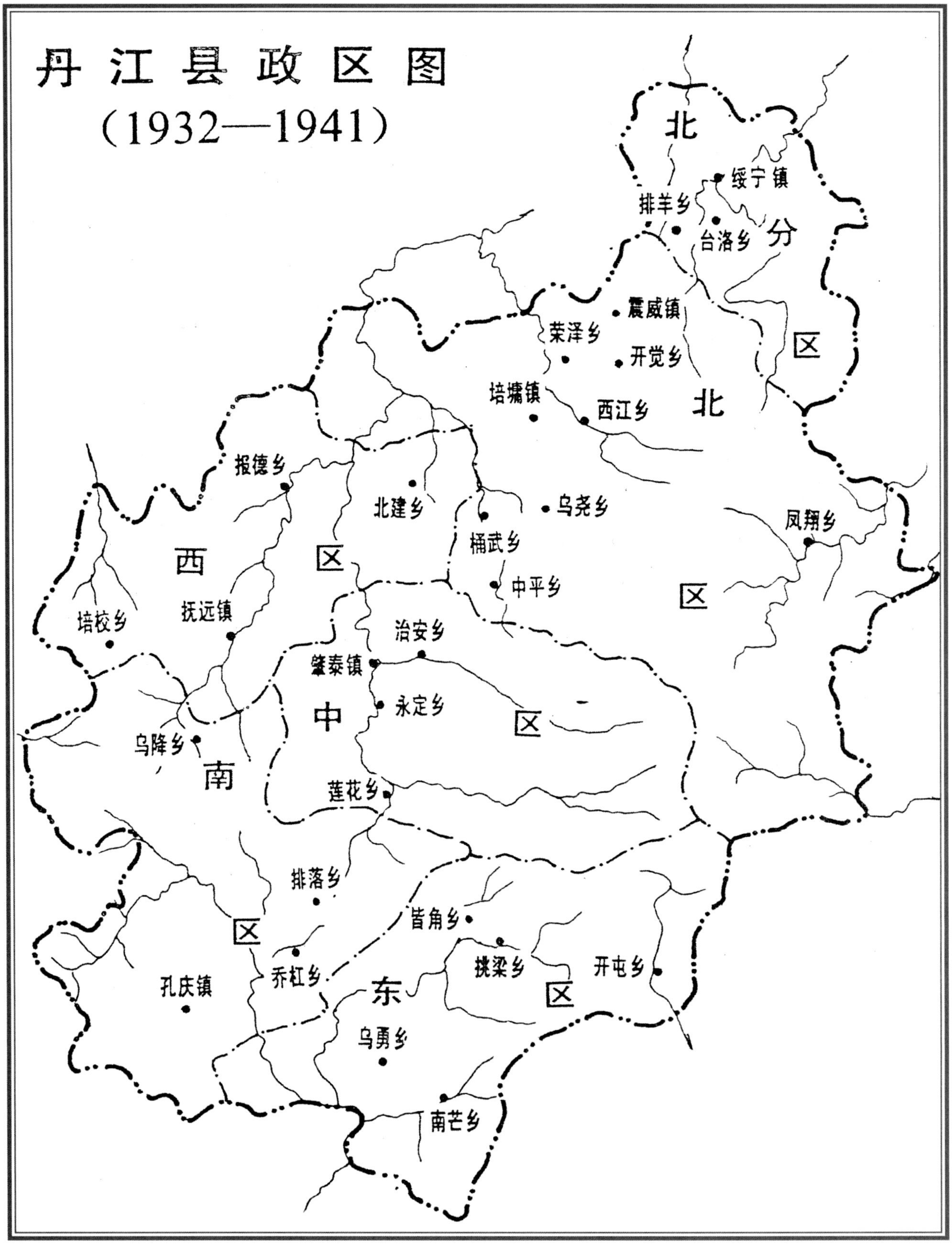
丹江县政区图
(1932—1941)
北分区
绥宁镇
排羊乡
台洛乡
震威镇
荣泽乡
开觉乡
培墉镇
西江乡
北区
报德乡
北建乡
乌尧乡
凤翔乡
桶武乡
中平乡
西区
培校乡
抚远镇
治安乡
肇泰镇
永定乡
中区
乌降乡
南区
莲花乡
排落乡
皆角乡
挑梁乡
开屯乡
乔杠乡
孔庆镇
东区
乌勇乡
南芒乡

雷山设治局政区图

（1944—1948）

认真整理文化遗产
推陈出新造福后代

费孝通
一九八七年十一月一日

叙述简明，用语得当，
符合法律，能起到"资治、
教化、存史"的作用，是一
部有价值的历史资料。

王春智
一九八九.十.一日

20 世纪 80 年代中期雷山县城全景

1989年9月14日，省委书记刘正威（左二）、省长王朝文（右二）考察郎德上寨博物馆

1989年12月22日，贵州省人民政府省长王朝文（前右）到郎德上寨考察时饮牛角酒，县长覃榜远（前左）陪同考察

1990年4月3日，林业部副部长徐有芳（左）到雷山考察林业工作，与县委副书记吴定文（中）、副县长陈文发（右）座谈

1983年4月，州委书记李仁山（右一）、州长吴邦建（右二）到雷山县丹江区公统公社公统茶场调研

20 世纪 80 年代中期中共雷山县委办公楼

20 世纪 80 年代中期雷山县人民政府办公楼

20 世纪 80 年代中期政协雷山县委员会办公楼

20 世纪 80 年代中期雷山县人大常委会办公楼

响水岩电站发电车间

银球茶生产车间

苗族姑娘在民贸商店选购民族商品

20 世纪 80 年代中期脚散茶场一角

1986年12月，雷山县饮料食品厂生产的银球茶、天麻茶荣获轻工业部优质产品奖

1984年11月，雷山县饮料食品厂生产的猕猴桃果酱荣获贵州省优秀新产品奖

1988年，雷山县饮料食品厂生产的银球茶、天麻茶分别荣获首届中国食品博览会金奖、金鹤奖

1985年，雷山县饮料食品厂生产的银球茶获轻工部优秀产品奖

雷山县饮料食品厂猕猴桃、杨梅系列产品

雷山县饮料食品厂猕猴桃、竹笋、杨梅系列产品

高山平坝——雷公坪

郎德上寨杨大六桥

民族文物村
——郎德上寨

千户苗寨——西江

雷公山调频电视转播台

响水岩瀑布

开屯梯田

响水岩水库

西江芦笙场

大塘芦笙场

古节新欢——雷山县望丰乡乌迭村苗族鼓藏节芦笙盛会

苗族爬坡节盛况

郎德上寨苗族姑娘着盛装用牛角杯向国外客人敬酒

达地苗族姑娘盛装

郎德上寨苗族姑娘向外宾敬酒

水族姑娘服饰

秃杉林海

雷公山秋色

杉林晨曦

雪满群山

大鲵

猕猴

狗熊

蝾螈

苍鹭

穿山甲

草鸮（猴面鹰）

竹荪

杨梅

猕猴桃

魔芋

大芭茅草

20世纪50年代的雷山文艺队

1987年，雷山县被国务院全国工业普查领导小组表彰为第二次全国工业普查国家级先进单位

1986年11月，雷山县被贵州省人民政府表彰为造林先进县

达地“万古流民”碑

雷山名胜观音阁全景

雷公坪“孔明碑”残片

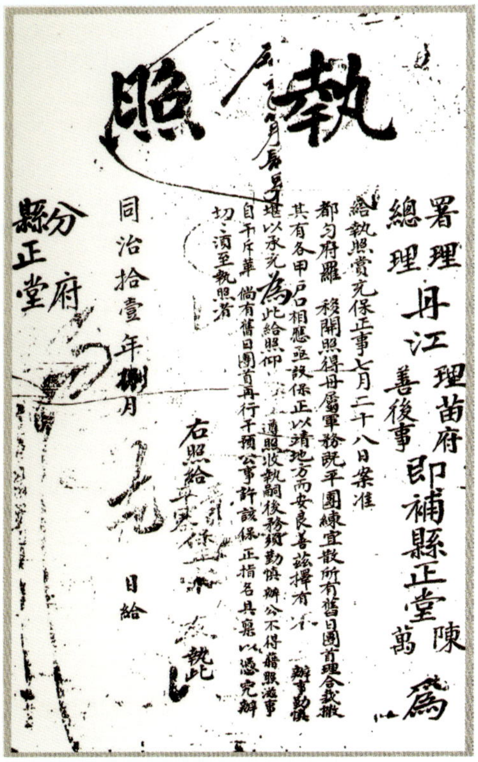

署理丹江理苗府
總理善後事即補縣正堂陳萬　為
給執照賞充保正事七月二十八日案准
都匀府羅　移開照得毋屬軍務既平團練宜散所有舊日團首理合裁撤
其有各甲戶口相應亟設保正以靖地方而安良善茲擇有　辦事勤慎
堪以承充　為此給照仰　遵照收執嗣後務須勤慎辦公不得藉眼滋事
自干斥革倘有舊日團首再行干預公事許該保正指名具稟以憑究辦
切切須至執照者
右照給　保正　執此
同治拾壹年　月　日給
分府
縣正堂

清同治十一年（1872年），丹江厅理苗府发的执照

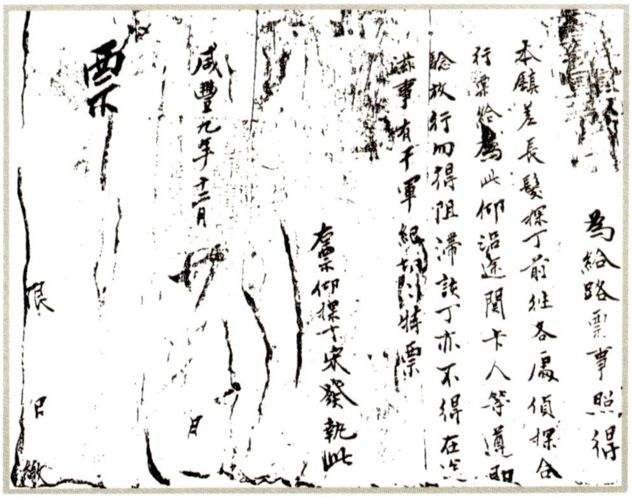

為給路票事照得
本鎮差長髮探丁前往各處偵探合
行案給　為此仰沿途關卡人等驗知
驗放行毋得阻滯該丁亦不得在途
滋事有干軍紀特票
右票仰探丁宋發執此
咸豐九年十二月　日
限　日繳

清咸丰九年（1859年），协办军务巴图鲁签发的扎

县志编辑人员合影　自左至右：

前排　龙向日　黄金伦　杨正光　张子武　吴子成
龙义声　罗维钊　黄德昌

后排　潘定发　刘义培　杨麦秀　沈　定　杨秉学
张钦荣　秦筱峰　胡志鸿　赵德芳

图片供稿

胡志鸿　李玉仪　张希成　杨建国　杨昌程
韦寿山　蒋　祥　杨胜和　唐　飞　李世光
黄仁孝

史海珍影

（再版补录图片）

治所变迁

清雍正七年（1729年），清政府置丹江厅，厅府临时建于现雷山县城西老府城坡顶，因缺水，雍正九年（1731年），厅府迁老丹江（今雷山县丹江镇教厂村野邑自然寨）。图为老府城全景

雍正九年（1731年），建土城于老丹江。雍正十一年（1733年）改建石城，周围625丈，高1丈4尺，有门4扇，东称布德，南称抚远，西称宣威，北称向化。图为丹江厅城遗址老丹江（今雷山县丹江镇教厂村野邑自然寨）全景

咸丰五年（1855年），丹江厅城被张秀眉、杨大六义军攻破占领，厅署消失。同治十一年（1872年），咸同农民起义被镇压，清朝复建丹江厅。因丹江厅城被毁，同治十二年（1873年），治所迁设黄茅岭（今雷山县丹江镇响楼村）。图为响楼村全景

光绪二年（1876年），都匀知府罗应旒禀建砖城于肇泰堡（今雷山县城郑家山脚），周长397.25丈，均厚5.5尺，高2.6丈，设4门，东称紫气，南称蒸风，西称万成，北称承恩。图为1948年雷山县城西门全景

城乡建设

牛皮箐全图。清乾隆四十二年（1777年），贵州巡抚觉罗图思德奏议牛皮箐（今雷公山）屯防获乾隆皇帝批准，派拨附近的屯军子弟共51名前往开垦牛皮箐内雷公地、荒蒿箐、欧收勇等处。乾隆四十四年（1779年）十一月初四日，贵州巡抚舒常自贵阳起程，到牛皮箐一带遍历稽查，发现雷公地等处虽地势稍平，但气候森寒，试垦3年无成效，奏请裁撤牛皮汛防，绘此汛防图随摺呈报（引自台湾故宫博物院编《黔史风土》2015年版）

20世纪80年代中期秋收时的雷山县城全景图

1985年4月18日，雷山县重要乡道鸡勇塘至乌江公路建成通车。图为参加通车典礼的县委、县政府领导和部门负责人合影

炉山至榕江公路雷山段全长79公里，1955年12月开工，1958年4月竣工通车，为雷山通车之始。图为炉榕公路雷山县桃江乡干脑村回头弯路段

1985年7月，雷山县城大十字赶场天景况

20世纪80年代初期雷山县城县邮电局前街道景况

1978年4月14日，雷山县城至西江公路竣工通车。图为1982年往返凯里至西江长途客车接送旅客情景

1976年8月19日，战斗在雷公山上修建764工程雷公山公路的民兵们

1958年12月，雷山县城至毛坪村公路开工建设，1977年12月建成通车。1976年6月，在雷毛公路24公里加300米处接线建设雷公山电视转播台专用公路，1977年5月竣工通车。图为逶迤于雷公山的雷毛公路和雷公山电视转播台专用公路

20 世纪 50 年代中期的雷山大桥

20 世纪 80 年代中期的雷山汽车站

1986 年 7 月 1 日，雷山县城唯一的钢筋混凝土公路桥雷山大桥竣工验收

1976 年 8 月 20 日，雷山县丹江区东风公社固鲁大队猫猫河生产队（今丹江镇猫猫河村）通电话

1974 年 11 月，八一水库开工建设，1978 年竣工，蓄水量 30 万立方米。此水库为雷山县建设最早的骨干蓄水工程

1987年1月14日，雷山县城马家屯卫星电视地面接收站建成并开始转播中央电视台节目。图为该站接收天线

“大跃进”时期，雷山县修建乌东至龙塘灌溉渠道。图为1958年6月28日，该渠道黄里坳高架木枧槽建成

1984年5月达地乡政府驻地达勒村一角

20世纪70年代末的西江千户苗寨

教科卫生

民国35年（1946年）1月1日，雷山中学成立周年纪念师生合影

20世纪80年代中期的雷山民族中学校园，图片中央操场四周建筑物为教学楼

1982年望丰中学教学楼

1953 年 12 月，雷山县人民政府卫生院所属干部和接生员合影

1956 年 7 月 17 日，雷山县望丰小学高级毕业班同学们与全体教师合影

20世纪80年代中期前，全县中小学普遍开展多种勤工俭学活动。图为1974年夏望丰中学勤工俭学晒青枫籽

20世纪80年代中期前，区建中学，公社、大队普遍建有小学。图为1976年7月1日，雷山县偏远的莲花公社交腊大队小学首届毕业师生合影

1966年10月30日，雷山中等学校学生赴京学习全体代表合影

20世纪80年代的丹江小学

20世纪80年代中期前，乡村中小学教学楼多为木质结构。图为1957年由当地群众投工献料修建的方祥小学教学楼，建筑面积达1440.64平方米，是雷山县最大的木质教学楼

1976年8月20日，乡村医生到猫猫河村入户给群众看病

1975年8月29日，雷山师范学校成立。图为1977年7月20日雷山师范首届毕业生与教师合影。1984年雷山师范并入凯里师范。

1982年1月19日，为期1年的雷山县公社干部训练班40名学员毕业合影

1982年1月23日，雷山县医药卫生学会第三次年会全体参会人员合影

1984年3月5日，雷山县召开颁发科技人员荣誉证书大会，图为全体参会人员合影

1984年8月22日，雷山县第三期苗文师资培训班参训人员结业合影

1985年9月21日，雷山县麻风病流行病学调查全体人员合影

1987年雷山民族中学学生参加贵州省青少年科技作品展览获奖学生合影

20世纪80年代中期的雷山县人民医院住院部和住院大楼

20世纪80年代中期雷山县人民医院全景

文化体育

犀牛潭摩崖石刻，位于雷山县城北响楼村和菜园圃之间，在悬崖绝壁上阴刻“浑犀牛潭”四个大字，系清时丹江厅卫千总许特任书，每字长1.56米，字笔宽13厘米。1985年2月雷山县人民政府公布为县级文物保护单位

鸡讲司衙署遗址，位于雷山县西江镇营上村西北角约50米，距西江2公里。土城始建于清雍正九年（1731年），鸡讲司为清代丹江厅辖三个土司之一。当时土城墙高2米，设有东西南北四门。图为遗址土城墙残垣其中一段

1956年7月，雷山苗族吃新节在县城河沙坝举行斗牛赛

1957年5月4日，雷山县岔河乡南猛村苗族芦笙手杨炳芳、杨炳福随中国青年代表团去莫斯科参加第六届世界青年与学生和平友谊联欢节。图为活动期间芦笙表演队演员与苏联方面的人员合影

雷山县報

公元1957年元月6日 第33期 农历丙申年十二月初六日

雷山县第二届人民代表大会

第一次会議闭幕

会議以无記名投票的方式选举了

杨昌倫为县長 吕瓘川、余国民、范明渊为副县長

县長、副县長及人民委員会委員

人民委員会委員

毛主席对"我们一个社要养猪两万头"一文的批語

毛泽东 1956年11月19日

一社养猪两万头

1957年国家经济建設公债条例

1956年7月1日，《雷山县报》创刊，每5天1期，为4开两面4版，至1958年末，共发行207期，1959年并入《凯里县报》

1968年7月28日，莲花小学毛泽东思想宣传队全体队员合影

民国36年（1947年）5月29日，贵州省年度运动会第一区选手选拔会雷山设治局选手队队员合影

1971年1月1日，雷山县毛泽东思想文艺宣传队全体队员合影

1972年6月10日，雷山县文化系统参加全县纪念毛泽东主席“发展体育运动，增强人民体质”光辉题词20周年运动会篮球代表队队员合影

1973年7月，黔东南州职工篮球运动会雷山县代表队队员合影

1977年8月1日，雷山县机关宣传队参加全县庆祝“八一”建军五十周年活动全体队员合影

1977年8月28日，雷山县文艺宣传队队员与到雷山县交流的贵阳市文工队、州歌舞团的队员合影

雷山县西江镇西江村苗族妇女们在制作服饰

雷山县郎德上寨跳芦笙舞欢迎贵宾

20世纪70年代末，雷山县丹江区报德公社岔河大队女子芦笙队表演演奏技巧

工业商业

1957年5月1日，装机20千瓦的雷山县第一座水电站——龙头电站建成发电

1957年8月雷山县酒厂建厂，图为位于雷山县城观音阁的酒厂厂区一角

1957年，雷山流动售货组下乡设摊销售日用品

1983年5月雷山县陶瓷厂改建为饮料食品厂。图为位于丹江镇长丰村的雷山县饮料食品厂厂区一角

1972年雷山县陶瓷厂

1986年11月，雷山县民族锑矿冶炼厂点火试产，12月试产成功

1977年12月22日，出席黔东南州工业学大庆会议的雷山县代表团全体人员合影

1982年5月，响水岩电站开工建设，1983年建成投产，装机640千瓦，为20世纪80年代前雷山县最大电站

建于20世纪50年代的丹江粮站木板仓

1953年后，国家对粮食实行统购统销。图为群众交公余粮的情景

1986年12月，位于雷山县丹江区响楼乡脚雄村脚雄坳的凯里至雷山35千伏输变电站建成输电，输电线路全长35公里，此为国家电网覆盖雷山县之始

军事民兵

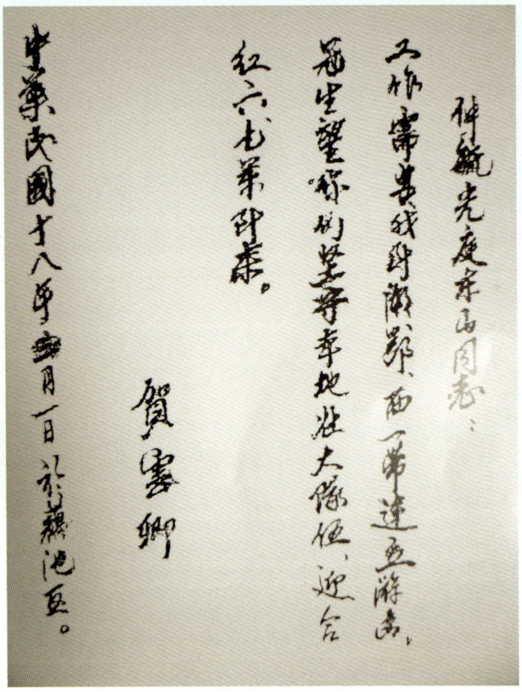
仲毓、光庭、东山同志：
工农需要我们到湘鄂、西一带进行游击、
希望你们坚守本地壮大队伍，迎合
红六、七军到来。
贺云卿
中华民国十八年三月一日于藕池区。

1929年3月1日，贺龙于湖北省藕池地区给奉命潜回黔东南雷公山地区开展革命活动的原中国工农革命军第四十九路军一师一团团长胡仲毓和李光庭、包东山写亲笔信，指示他们“坚守本地壮大队伍，迎合红六、七军到来”

中国工农革命军第四十九路军一师一团团长、革命烈士胡仲毓

民国34年（1945年）3月，黔东南籍军官（有雷山籍军官）在抗战出征前留影。并题照：来自南方、来自雷公山麓的我们，有雷公山的硬性，有一片丹心，这也许是我们的生地所造成的

1950年9月15日至10月15日，中国人民解放军186师开展“雷公山合围”剿匪战役。图为雷山县苗族老大娘为剿匪部队带路

1950年9月15日至10月15日，中国人民解放军186师开展“雷公山合围”剿匪战役。图为剿匪部队翻山越岭清剿土匪情景

1950年2月18日，中国人民解放军第17军51师151团3营8连在雷山县乌江乡掌窝村排卡览与国民党军佘辉庭、谢世钦部激战，毙伤敌30余名，解放军班长向竹轩等4名战士牺牲。图为排卡览战斗遗址全景

1950年10月17日，雷山县召开万人大会，公审处决一批匪首

1976年10月31日，雷山县民兵干部训练合影

1977年7月，雷山县人民武装部组织民兵集训

在南疆保卫战中雷山县有80余人参战，9人牺牲。图为1985年6月，战斗英雄周忠烈的母亲李扁农（前排中）到35206部队驻地与参战的雷山籍部分战士李金福、文正光等合影

1986年6月6日，雷山县举行县人民武装部收归地方交接仪式

运动改革

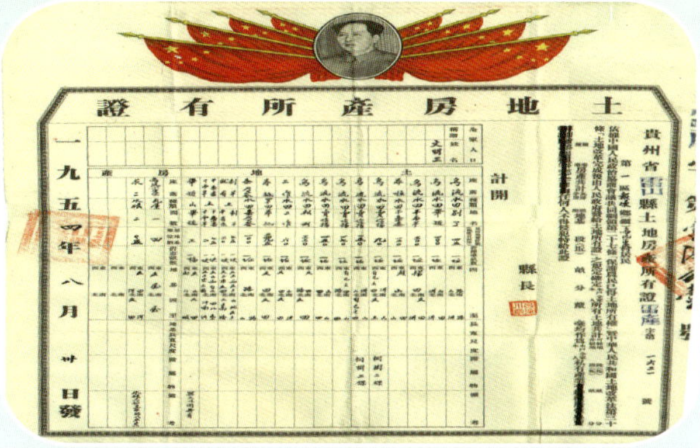
土地房產所有證

1952年1月至8月，雷山县分三批开展并完成土地改革工作。图为1954年10月土地改革结束后雷山县人民政府给村民颁发的“土地房产所有证”

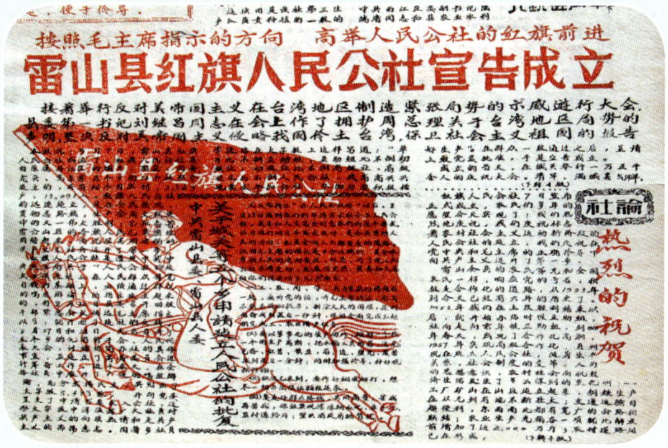
按照毛主席指示的方向　高举人民公社的红旗前进

雷山县红旗人民公社宣告成立

社論

热烈的祝贺

1958年9月7日，在人民公社化运动中雷山县红旗人民公社成立（摄自《雷山县报》1958年9月7日第一版）

1952年6月14日，雷山县大塘乡土改五村工作组成员合影

1950年12月，雷山县望丰乡五村交爱国粮后运粮队队员650人合影

1970年8月，湘黔铁路复工建设。图为雷山县民兵团与二处五营工人挑灯夜战，争分夺秒，大战100天，力争路基成型

1973年11月，大塘九十九知青点部分知青合影

1973年11月，雷山县九十九知青农场建立。图为首批知青满怀激情奔赴九十九知青农场

1968年8月10日，雷山中学首批上山下乡知识青年合影

1974年至1978年，雷山县革委会在红旗公社脚雄大队者雄生产队（今丹江镇脚雄村者雄自然寨）左侧山坡建立“五七”干校，先后培训干部4期。图为1976年12月18日，雷山县“五七”干校第二期全体学员毕业合影

在“农业学大寨”运动中，雷山县多地实施改河造田工程。图为1975年，雷山县丹江区固鲁公社固鲁大队改河造田情景

1953年1月20日，雷山县合作社联合社全体人员合影

在“农业学大寨”运动中，雷山县组织部分知青和大队支部书记赴山西省昔阳县大寨村考察。图为1969年1月25日考察团途经石家庄时部分队员合影

1978年12月党的十一届三中全会后，国家实行改革开放政策，得到人民群众的衷心拥护

党政群团

民国34年（1945年）12月1日，雷山设治局行政会议全体参会人员合影

1954年7月，雷山县苗族自治区人民政府委员会组成人员合影。前排左起：董继春、范明渊、阚平涛、张子武、李俊洲；中排左起：杨昌伦、李焕培、吕潼川、王光泽、王应洲；后排左起：郭展锁、李新三、杨正德、王雨亭、杨文华

1956年7月17日，雷山县人民政府县长李焕培（前排左一）、副县长杨昌伦（前排左二）与雷山县出席黔东南苗族侗族自治州第一届人民代表大会第一次会议其他代表合影

1976年9月9日至17日，雷山县在大礼堂（电影院）设灵堂，吊唁毛泽东主席逝世。图为9月18日雷山县县城机关干部职工和各界群众万余人在县城大操场举行追悼大会，沉痛悼念毛泽东主席

1987年8月15日，雷山县人大常委会、雷山县人民政府颁发干部任命证书会议全体参会人员合影

1980年9月8日，共青团雷山县第十次代表大会全体代表合影

1984 年 9 月 13 日，中共雷山县第五次代表大会全体代表合影

1987年7月3日，雷山县第十届人民代表大会第一次会议全体代表合影

1987年6月9日，雷山县第九届人民政府全体会议参会人员合影

解放初期首任中共雷山县委书记、雷山县人民政府县长王春智

1984年9月4日，政协雷山县第一届委员会第一次会议全体委员合影

1984年11月，中共雷山县委书记、县人民武装部第一政委余金才（前左一），县委副书记、县人民政府县长杨培德（前中）和全县干部群众代表迎接南疆保卫战前线英模报告团到雷山报告英雄事迹

1986年10月21日，中共贵州省委书记胡锦涛（右二）到雷山县永乐区调研，县委书记余金才（右一）、县委副书记、县人民政府县长杨培德（左二）等陪同调研

史志掠影

1983年11月5日，解放雷山老干部党史资料征集会议参会人员合影

1986年8月7日，雷山县第二次党史资料征集座谈会全体参会人员合影

1986 年 12 月 22 日，《雷山县志》各专志主编培训会参会人员合影

1986年10月，《贵州省雷山县地名志》作内部资料印刷

1992年12月，《雷山县志》由贵州人民出版社出版，全志记述雷山县1729年建置成立至1987年历史，全志共106.4万字

《雷山县志（1729—1987）》再版编辑部全体同志合影

左起为：李永东、向力子、龙云、杨永芳、吴学农、丁光桥、余卫东

补录图片供稿

吴学农　白柜铭　张希成　李玉仪　杨培德　余志芳

陈沛亮　文鹏飞　张世荣　文志林　张仁生　吴德州

潘定发　胡逢春　黄仁孝　吴华芬　杨秀昌　余安平

杨昌伦　杨麦秀　孔凡伟　李国章　李宇峰

《雷山县志（1729—1987）》再版说明

1992年12月，首部《雷山县志》由贵州人民出版社出版发行后，广大读者反映良好，称赞该志客观反映了清雍正七年（1729年）雷山县有建置以来的政治、经济、文化、军事等各方面内容，起到了存史、资政、育人的作用。至2016年末，该志发行完毕，仅留存20余册，不能满足社会各界人士对雷山历史了解的需要。2017年，第二部《雷山县志（1988—2015）》正在作最后的修改校对，即将印刷出版。为让广大读者全面了解雷山县历史，2017年5月，雷山县地方志编纂委员会办公室负责人分别向县委书记黄清发和县委副书记、县人民政府县长袁刚汇报，要求在做好《雷山县志（1988—2015）》出版工作的同时，再版首部《雷山县志》，得到两位领导的同意，并批示抓好此项工作。

2017年6月，首部《雷山县志》再版工作全面启动，成立了再版编纂委员会和再版编辑部。因首部《雷山县志》印刷质量方面的问题，无法直接扫描后印刷出版。为保证印刷质量，必须处理为电子文档后重新排版。此项工作完成后，再版编辑部全体成员主动放弃节假日，夜以继日，分篇交叉全面校对5次，至2018年11月基本定稿。后因脱贫攻坚雷山县志办除留1人守办公室外全部深入一线驻村开展工作，再版工作暂时中断。2019年8月至9月，再版主编吴学农在前期校对的基础上，通览全志，进行最后梳理和局部调整，最终定稿付印。

首部《雷山县志》再版在尊重原版内容的前提下，进行了一些调整、补充和完善。为区分首部县志和第二部县志，志名改为《雷山县志（1729—1987）》。为让读者直观了解历史，在查阅资料的基础上完善原志图片图注（图片说明），增加了时间、地点、人物所在方位等方面的内容，并在原志彩页（图片）之后以“史海珍影（再版补录图片）”为题分治所变迁、城乡建设、教科卫生、文化体育、工业商业、军事民兵、运动改革、党政群团、史志掠影9个栏目补录该时限内图片112幅。为方便读者阅读，目由原志靠左排统一改为居中排，子目以下目位置依旧。除个别表格外，对原志绝大多数表格的表名进行了完善，增补时间范围，并排表序。原志部分清朝至民国的纪年漏括注公元纪年的全部增补括注。小数点后数据除个别特殊外，均保留两位数，小数点后尾数为0的删除0。根据新发现的资料，再版增加了部分内容。人物志增加胡仲毓等8人的传略。为方便读者了解中华人民共和国成立后雷山县的经济发展情况，在原志的杂志部分补录了1949—1987年雷山县地区生产总值、工业总产值、农业总产值、全社会固定资产投资、社会消费品零售总额、农民人均纯收入6个统计表。标点符号按《标点符号用法（GB/T15834—2011）》对原志与此标准规定不同的地方进行了修改。对原志的错别字进行改正，复核原志的增长数、占比数，计算结果有误的进行了改正。同时，根据方志出版社的意见，对原志凡例进行了修改调整；对原志少数篇名、章名、节名、目名作了调整，如政权篇改为政权政协篇，司法篇改为政法篇，财政金融篇改为财税金融篇，审判章改为法院章等，其他不再赘述。根据出版物涉密内容的有关规定，删除原志军事篇中华人民共和国成立后的各个统计表，删除卫生体育篇计划生育节育手术统计表，对原志各篇敏感内容涉及的具体人姓名均作模糊处理，留姓隐名。上述各种修改、调整、纠错全志累计达2000余处。

经补充内容，全志由原志的106.4万字增至114.4万字；图片由原志的24页增至60页。在再版补录图片征集过程中，得到了杨培德、张世荣、余志芳等老领导和社会热心人士的提供和帮助；在再版编辑过程中，得到了黔东南州修志专家吴谋高、李元星的指导，在此一并表示感谢。

由于水平有限，再版后也难免还存在一些不足，敬请广大读者批评指正。

《雷山县志（1729—1987）》再版编辑部

2019年10月

《雷山县志（1729—1987）》再版序言

在隆重纪念中华人民共和国成立70周年之际，《雷山县志（1729—1987）》再版发行，可喜可贺！

雷山原名丹江，历史悠久，源远流长，古时就有各族先民到这里开疆拓土，繁衍生息。清雍正七年（1729）始置丹江厅理苗（民）府，设通判管理其地。历经百余代人沐雨栉风，艰辛创业，至中华人民共和国成立前，雷山仍一穷二白，民生凋敝，百业待兴。

1950年雷山解放获得新生，在中国共产党的正确领导下，县委、县人民政府团结带领全县各族人民，进行系列深刻的社会变革和磅礴的经济建设，人民生活逐步改善。尤其是改革开放后，全县上下解放思想，实事求是，与时俱进，开拓创新，充分利用自然生态、苗族文化两个资源优势，逐步走出“以文化旅游业为主导产业，围绕文化旅游业大力发展山地农业、特色生态工业、特色服务业，推进特色城镇化”这一条“一主导四围绕”的特色发展之路，全力建设和谐雷山、和美雷山，决胜脱贫攻坚，同步全面小康，全县经济和社会各项事业取得巨大成就。全县地区生产总值由1950年的328万元增加到2018年的35.29亿元，地方财政收入由1950年的5.8万元增加到2018年的1.37亿元，农业总产值由1950年的334.73万元增加到2018年的14.04亿元，工业总产值由1950年的2.98万元增加到2018年的2.43亿元，粮食总产量由1950年的1.84万吨增加到2018年的4.46万吨，社会消费品零售总额由1950年的17.62万元增加到2018年的8.13亿元，农民人均纯收入由1950年的34元增加到2018年的9297元，农村贫困人口发生率下降到2018年的1.9%，实现整县脱贫，绝对贫困基本消除。凯雷高速公路、鸡鸠水库等一大批重点基础设施建成投入使用，至2018年末，雷山县城建成区面积扩大到3.5平方公里，全县公路总里程达1596.46公里，村村通公路，电网覆盖率达100%，全县手机普及率达99.2部/百人。教育科技、文化卫生、社保民政等各项社会事业跨越发展。全县经济发展，社会稳定，欣欣向荣。

近年来，雷山坚持绿水青山就是金山银山的发展理念，积极实施生态立县、文化兴县、旅游强县的发展战略，全力加快全域旅游化、全县景区化步伐，努力建设富美雷山。雷山是生态资源大县，全县森林覆盖率达72.56%，是国家重点生态功能区，入选全国首批生态文明示范工程试点县、全国生态保护和建设示范区。雷公山是国家级自然保护区、国家地质公园、国家森林公园，有野生动植物5000多种，空气负氧离子每立方厘米高达6万个，被誉为“天然氧吧”和“物种基因库”。雷山是国家的出口茶叶质量安全示范区，茶叶含硒量是一般茶叶平均含硒量的15倍。雷山银球茶是国家地理标志产品，被评为中国名优茶金奖、中华文化名茶和贵州绿茶茶王。雷山是苗族文化大县，苗族人口占全县总人口的84.17%，有“苗疆圣地”的美誉。苗族文化遗产富集，拥有苗年、苗族银饰锻制技艺、吊脚楼营造技艺、苗绣等13项国家级非物质文化遗产，是国家级非遗项目最多的县。苗族节庆密集，大节三六九、小节天天有，大节庆有鼓藏节、苗年、吃新节等。每到节庆，群众走村串寨，唱飞歌，跳芦笙，踩铜鼓，看斗牛，歌舞多姿多彩，民族风情浓郁。雷山是中国苗族银饰之乡，苗族服饰华丽，款式繁多，色彩艳丽，被誉为穿在身上的史书。全县330多座苗寨如璀璨明珠，镶嵌在雷公山山麓，被列为中国传统村落的苗寨有68个，是中国传统村落密度最大的县。雷山是乡村旅游大县，境内有西江和郎德两个国家4A级景区，入选国家全域旅游示范县、全国休闲农业和乡村旅游示范县。西江景区被评为全国十佳生态文明景区、世界十大乡村度假区，成为贵州旅游的时代品牌，蜚声海内外。雷山成为消夏避暑、游览观光、文化体验、康体养生的旅游目的地，2018全县接待旅客达1291万人次。

以史为鉴，可知兴替。雷山的发展成就令人自豪，前进道路上汲取的经验和教训弥足珍贵。《雷山县志（1729—1987）》再版发行有利于我们了解雷山的发展历史，进一步喷发热爱祖国、热爱雷山的激情，坚定实现雷山现代化的信心。在中国共产党的领导下，全县各族人民牢记嘱托，感恩奋进，雷山一定能夺取脱贫攻坚、同步小康、实现现代化的全面胜利，雷山的明天一定更加美好！

中共雷山县委书记　黄清发

雷山县人民政府县长　袁　刚

2019年10月

序 言

中共十一届三中全会以后，拨乱反正，正本清源，恢复党的优良传统和作风，推行改革开放的政策。十年来，农村生机勃勃，生产迅速发展，人民生活有了较大的改善，可谓政通人和，百业俱兴，是中华人民共和国成立以来的最好时期。“盛世修志”“志载盛世”，于是雷山县乃有编修县志之举。

县志为“一方之信史”“一县之百科全书”。它记载一县方域内的地理、自然、政治、经济、文化、军事、社会、民族等各方面的历史和现状，具有资治、教化、存史的作用，是辅治之书。因此，编纂县志是人民政府的一项重要工作。雷山县人民政府从1986年起，就将它列为重要议事日程，并调集得力干部主持此事，越四年而成。《雷山县志》的纂修问世，在雷山县的社会和民族发展史上，意义非常深远。

雷山原名丹江，清雍正七年（1729年）始置丹江厅理苗（民）府，设通判管理其地。在此之前，只隶于其他州、郡、县，或处于两县之间。明至清初康熙朝360年间，为苗族自理。清代云贵广西总督鄂尔泰在奏建新疆六厅时，虽称其为重要城池，但因地僻山遥，邻封穹远，交通阻塞，文化落后，太史公足迹未临苗岭，司马光大笔未汲丹江，历来雷山史料见诸史册极少。乾隆《贵州通志》及民国《贵州通志》所载雷山史料亦仅百十字。加之雷山建置迄今凡258年，从未修过地方志，稗史野史，难以搜寻；年湮代远，老成凋谢；兵燹频仍，案无故牍；又迭遭大火，县治多次裁并，档案史料既缺，口碑亦难征集，其困难程度可想而知。《雷山县志》的编纂工作，在省、州、县党政领导机关的重视、支持和上级地方志专业部门的悉心指导与具体帮助下，得到全县各族人民和各界人士的支持，而各区、乡（镇）和县直机关单位、企事业部门都先编写了部门志和行业专志，为县志总纂提供了丰富的资料，也打下了坚实的基础。今《雷山县志》纂成问世，补国史之缺，纠旧史之误，记述雷山县当代各项事业之发展与进步，供后来当政者以借鉴，资各族后昆以研讨，使之能总瞰雷山的历史轨迹，实为一件续史延流，惠今益后的大事。

雷山地处雷公山区，民性强悍而纯朴，各族人民有着光荣的抗暴斗争历史。著名的“咸同农民大起义”杨大六、余老科英名已载于史册；以反贪官、反暴政而爆发的“西江事件”，侯教之、韦洪彬的事迹常铭记在人民心中；在反击越南入侵的战斗中，苗族战斗英雄周忠烈血洒边关，全国景仰。各民族的祖先从秦汉以来，就在这里开疆拓土，百余代人沐雨栉风，创家立业，垦殖连天的层层梯田，抚育郁郁苍苍的成片森林，创造丰富多彩的民族文化，历代英烈们的辉煌业绩，永远值得人民尊崇和怀念。

中华人民共和国建立之后，开创了人民当家作主的新时代。在中国共产党的领导下，四十年来，全县各族人民团结奋斗，取得了社会主义革命和社会主义建设的巨大成就。改革开放十年，各族人民突破了封闭的局面，锐意改革。农村实行家庭承包责任制，企业实行经营承包责任制，城乡面目都为之一新。政治稳定，经济繁荣，教科文卫事业都有了长足的进步。这些，都是历史上任何一个时期所不能比拟的。现在把演变发展的过程和重大的历史事件编纂入志，是时代的要求，是历史的需要，也是全县12万各族人民的共同心愿。

《雷山县志》分地理、民族、党群、政权、劳动人事民政、司法、军事、国民经济管理、农牧水利、林业、工建交邮、财政金融、商业、教育、文化科技、卫生体育、人物、杂志等18篇，汇集了各方面的资料。总观全志，我们认为其内容丰富，资料翔实可信，体例科学而完备，民族性、地方性、时代性等特点都能较好地体现，反映了一县的全貌。它对地方行政管理人员来说，是一部资治的善本，对广大人民群众特别是对青少年来说，是一份进行爱国爱乡教育、革命传统教育、社会主义教育的好教材。我相信《雷山县志》的出版，将对雷山县的各族人民和各项工作会起到鼓舞和促进的作用。

中共雷山县委书记　陆定洲

雷山县人民政府县长　覃榜远

1989年7月

凡　例

一、本志的编纂以马克思主义、毛泽东思想、邓小平理论、“三个代表”重要思想、科学发展观为指导，贯彻习近平总书记系列重要讲话精神和治国理政新理念新思想新战略，运用历史唯物主义和辩证唯物主义的观点，求实存真，详今略古。

二、本志采用记、述、志、传、图、表、录等体裁，以志为主，纵述历史，横排门类；以新的观点、新的资料、新的方法编纂，力求思想性、科学性、资料性的统一。

三、本志上限自清雍正七年（1729年）设治时起，下限为1987年。本着“立足当代，侧重近现代，因事而异地上溯古代”的原则，叙述渐次加详，因文献资料不足，不做烦琐考证。

四、本志以概述、大事记、专篇组成全书。专篇分地理、民族、党群、政权政协、劳动人事民政、政法、军事、国民经济管理、农牧水利、林业、工建交邮、财税金融、商业、教育、文化科技、卫生体育、人物、杂志18篇，共73章，314节。篇统章，章统节，节统目。政权政协、党群、军事三篇，采取分期记述，以区别其政治属性。民族篇侧重记述迁徙、风情习俗、服饰、民族关系及民族区域自治、语言文字等有民族特色的部分，其经济、文化教育、人民生活等由其他专篇记述。

五、人物志按“生不立传”的通例，只选列在境内出生的和外籍长期在本县工作的、已故的突出政界人士、著名革命烈士、社会上有重大影响的知名人士、能工巧匠等入传；对劣迹昭著、阻碍社会生产发展的个别影响极坏者，也酌选入志；排列先后以卒年为准。入录历代职官及当代行政领导人员，只列通判、县知事、县（局）长以及县委、县人大、县政府、县政协四大班子正副职，省级以上授予的英雄模范，有突出成就者在章节文字内以事系人记述。

六、使用数字以统计局上报资料为准。统计资料缺少的由有关单位提供并审定。历史上的数据以《清实录》、文渊阁乾隆《贵州通志》、民国《贵州通志》及馆藏档案为准。

七、现地名一律采用《雷山县地名志》中经过普查核定的地名。必用的古地名加注今名，高程一律为黄海高程。

八、数字书写，习惯语中的数字、统计数、绝对数、百分比等一律用阿拉伯数字。

九、计量，按中华人民共和国国务院《关于我国统一实行法定计量单位的命令》规定的计量单位书写。历史上的计量单位按原文书写，用括号注明。

十、里程，通公路的按公路里程计标，未通公路的则按习惯里程计标。

十一、纪年，民国及以前采用历史纪年括注公元纪年，历史纪年用汉字，公元纪年用阿拉伯数字，民国都用阿拉伯数字表述；新中国成立以后统一用公元纪元、阿拉伯数字表述。

目　录

地理篇

民族篇

党群篇

政权政协篇

劳动人事民政篇

政法篇

军事篇

国民经济管理篇

农牧水利篇

林业篇

工建交邮篇

财税金融篇

商业篇

教育篇

文化科技篇

卫生体育篇

人物志

杂　志

概　述

一

雷山县位于贵州省黔东南苗族侗族自治州的西南部，在北纬26° 02′ —26° 34′ 和东经107° 55′ —108° 22′ 之间。东邻台江、剑河、榕江三县，南接黔南布依族苗族自治州的三都水族自治县，西连丹寨县，北靠凯里市。苗岭山脉自西南向东北横亘全境。最高峰雷公山海拔2178.8米。地势东北高西南低。相对高差1694.8米。境内山峦重叠，谷深壑幽。

全县总面积1208平方公里（181.2万亩）。其中山地1121.3平方公里，耕地仅68.27平方公里（田56.6平方公里，土11.67平方公里），占总面积的5.65%。是九山半水半分田的山区县。

1987年，全县有25467户，123447人。世居有苗、汉、水、侗、瑶、彝6个民族，苗族人口占82.6%，为苗族聚居区之一。

雷山这片地方，唐代天宝三年（744年）曾置罗恭县，属应州。宋代属夔州路肇庆府羁縻州。元属新添葛蛮安抚司。明代至清初无建置，苗族内部自理，称“管外苗族地区”。

清雍正七年（1729年），云贵广西总督鄂尔泰奏设“新疆六厅”，雷山置丹江厅，以都匀府通判驻丹江加理苗同知衔。设丹江营参将署和丹江卫千总衙门。乾隆二年（1737年），贵州巡抚张广泗巡视清江，“安屯设堡”，清报户口。“于旧有头目中择其善良老成者，按寨之大小酌定乡约、保正、牌长，令其管束稽查”。以“卫”“土司”统制地方屯堡，管束苗寨，以“营”统率绿营兵为汛防。此制沿袭170余年。

民国3年（1914年），丹江厅改称丹江县，设县署，置县知事主持政务。民国16年（1927年），改知事称县长，隶黔中道。民国24年（1935年），改隶贵州省第十一行政督察区（驻独山）。民国25年（1936年），改隶第二行政督察区（驻独山）。民国30年（1941年）裁丹江县，以丹江河龙头山段顺羊排河而上转白岩、高岩经猫鼻岭至干南桥止，河之东并入台拱（改台江），河之西并入八寨（改丹寨），由台江、丹寨分治。民国33年（1944年）4月，贵州省政府以“雷公山山大箐深，易滋盗匪，邻县均邻封穹远，鞭长莫及，不便治理”，议准以原丹江县辖地略加调整，置雷山设治局，改隶第一行政督察区（驻镇远）。民国37年（1948年）10月，经国民政府行政院批准升设治局为县，区域仍旧。

1950年9月26日，人民解放军62军186师解放雷山，建立雷山县人民政府。1954年7月，建立雷山县苗族自治区。1955年8月，改称雷山苗族自治县，仍隶镇远专区。1956年7月黔东南苗族侗族自治州建立后，自治县改称雷山县。1958年12月撤销雷山县，合炉山、麻江、丹寨三县建立凯里县。1961年8月，经国务院批准恢复雷山县建置，并划原丹寨县之永乐、开屯、柳乌、排告、达地、桥桑等乡（镇）归雷山县辖，遂成现在的区域。至1987年，全县共有4个区，2个区级镇，23个乡，2个乡级镇，149个村民委员会，2个居民委员会，1237个村民组，19个居民组。

二

雷山县地质结构为震旦纪板溪群变质岩系，以浅质板岩和砂岩为主，属台状高中山、波状中山、脊状低中山及低山峡谷地貌，溪河深切，崩塌滑坡、沟蚀等动力地质现象十分普遍。县境属北亚热带季风湿润气候区，差异极为明显。河谷坝子地区年均气温15℃以上，总积温5475℃，无霜期270天；高寒地区年均气温12℃，总积温4526℃，无霜期230天。大部分地区年均气温在14℃～15℃之间，无霜期248～259天。年降雨量1250～1500毫米，年日照1225小时，日照率为28%。气候温和，雨量充沛，雨热同步，无霜期较长，土壤多呈酸性，适宜发展农林牧业。

雷公山是清水江（属长江水系）和都柳江（属珠江水系）的分水岭。境内有大小河流216条，流域面积1208平方公里。水力理论蕴藏量为6.8万千瓦，至1987年仅开发24.9%。由于地处贵州暴雨中心，水资源丰富，山高谷深，河流落差大，自流灌溉便利，水能开发有较大潜力。独特的水文地质、地貌环境和巍峨庞大的雷公山山体，是一座巨大的天然调节库。

境内具有远景开发的地下矿藏有铜、铅、锌和锑矿。

雷山县是贵州省10个林区县之一，为黔东南地区的原始林区。全县有林地面积112万亩，占总面积的61.81%。雷公山自然保护区主体部分在其境内。通过科学综合考察表明，雷公山是众多古老生物的"避难所"，生物种类近2000种。其中植物1390科，被列为濒危珍稀国家重点保护的有20种。特别是国家一级保护树种，被誉为"万木之王"的秃杉（台湾杉）和成片的秃杉林，是目前国内仅存3个地区中面积最大、数量最多的一处。属于国家二级保护的有钟萼木、十齿花、鹅掌楸、香果树、银杏、木瓜红、马尾树；属于国家三级保护的有穗花杉、白莘树、青钱柳、黄杉、花榈木、楠木、红花木莲。药用植物有803种，杜仲、天麻、雷五加、三尖杉、党参、蛇莲、猕猴桃、对叶莲、血三七、十大功劳、雷公藤、三棵针、荜澄茄、厚朴、桔梗、血藤等属珍稀名贵中草药。动物有132科518种。苏门羚（野牛）、华南虎、毛冠鹿、大灵猫、小灵猫、狗熊、猕猴、麝羊、穿山甲、红腹锦鸡、白腹锦鸡、草鸮、鸳鸯、苍鹭、大鲵（娃娃鱼）、雷山髭蟾（角怪）、五步蛇、眼镜蛇等23种为国家保护动物。山区还盛产百合粉、八月笋、杨梅、木耳、香菇等土特产。

雷公山是我国中亚热带一个极为珍贵的物种"基因库"。

三

雷公山雄踞县境东北部，万山拱卫，屹然独尊，山脉绵延200余里，原始森林郁郁苍苍。黄阳山山顶，61米高的电视铁塔巍然屹立，登临远眺，众山悉收眼底。据此可观日出。特别是雨后初晴时，水雾蒸腾，云涛泛涌，真有"沧海翻腾云水怒"的磅礴气势。当朝阳冉冉升起之时，透过雾障，有时可以看到五彩缤纷的"佛光"。寒冬时节，山腰及山下往往冰雪封冻，银树霜花，而山顶则云开日现，温暖如春，且一日数变，时有"围着电炉吃西瓜"的情景。此种绝妙景色，实为罕见。

主峰东北面的雷公坪，是一片群山之巅的沼泽宽缓盆地，面积约400余亩，海拔2041米。开阔平坦，绿草如茵，一小溪潺潺东流，四周森林葱郁，鸟语花香，清幽别致，是避暑的好地方。

雷公山中花木繁多，一片片粉红色、白色的玉兰，是雷公山的报春花。烂漫芬芳，香气袭人。雷公坪的成片海棠，如胭脂染就，在绿林的映衬下，格外娇媚。锦带花、金丝梅亦步亦趋，争芳斗艳。

杜鹃啼时盛开的各种杜鹃花，姹紫嫣红，使大山更加绚丽多彩。山顶有一种大白杜鹃，深绿色的半球形树冠，镶嵌在淡绿色的箭竹丛上。溪畔的映山红倒映水中，染红了溪水。在海拔2000米以上的丛山中，许多老态龙钟、挂满胡须的苔藓矮林，在入春时节，附生的各色艳丽花朵点缀其间，更加使人流连忘返。

四

苗族人民能歌善舞，苗乡被誉为“歌舞之乡”。黔东南素有“歌舞的海洋”之称，雷公山区则是这个海洋的中心。这里，苗族风情浓郁，人文景观十分典型。

县境内200户以上的苗族村寨有10余个，而首屈一指的是“西江千户苗寨”（1060户）。苗族的节日甚多，一年四季都有节日。春暖花开的季节有“爬坡节”，活动内容以男女青年“游芳”谈情、寻觅知音为主。还开展斗雀、赛马、拔河、赛歌、篮球等民族民间体育活动。夏季有“吃新节”，从撒谷种开始至插秧50天后的第一个“卯”日（农历六月）举行，家家烤烧酒、蒸甜酒、包粽粑，有的户还杀猪，迎宾接客，欢庆丰收在望。第二天举行斗牛，数十头水牯牛汇集河坝上比武。青年男女则终日对歌，选择意中人。金秋时节，谷物收割完毕，就是一年一度的“苗年”。过年较其他节日隆重，且连过三次，称“小年”“大年”“尾巴年”，时间从农历十月上旬至十一月上旬。其中以“大年”最为热闹。十三年一度的“祭鼓节”（习称鼓藏节），是苗族追念祖先创业艰辛的古老节日，其活动内容更多，仪式最为隆重。

西江苗寨，房屋造型独特，农舍多是沿山而建。层层叠叠的吊脚木楼，红枫翠竹掩映，炊烟袅袅，别具情趣，被誉为“天然民族博物馆”。木楼一般为二层，上层中堂为迎客间，外檐安有靠背栏杆，供人憩息或妇女梳妆。

苗族妇女的装束分古装和盛装、便装。遇节日和贵宾到来，姑娘脚着花鞋，头戴银饰，腰系百褶裙，盛装出迎，银光闪闪，银铃叮当。一睹丰采，叫人赞叹不绝。苗族姑娘都精于刺绣，不用描图，信手走针，花、鸟、虫、鱼、兽等图案，无不栩栩如生，具有很高的艺术水平。乌高、控拜、麻料等“银匠村”的银饰工艺，驰名于滇、桂、湘边区的广大少数民族山区。

1982年，雷山被列为乙类农村旅游开放区，“千户苗寨”西江、民族文物村郎德上寨和雷公山等3个旅游点，每年接待国内外游客近1000人。

五

雷山各族人民素有淳朴勤劳热情的品德，也具有不惧强暴勇于反抗的斗争精神。由于雷公山地形险要，山大箐深，历来是兵家必争和用武之地，留下许多古战斗遗址。

雍乾时期，苗族抗暴领袖包利、红（哄）银在古州（今榕江）率众反清，以牛皮大箐（雷公山）为倚托，抗拒清廷七省兵力的围剿。清将哈尚德率部进入丹江时，以丹江的香第香、罗墨扬、久宝力、久里昂和西江的月宝扬等人为首，率领苗族群众与清军作殊死斗争，坚持两年之久。咸丰五年（1855年），苗族人民难忍清廷官吏、屯兵的残酷剥削和压迫，报德乡郎德上寨苗族首领杨大六（即陈杀略），与台拱厅张秀眉联合举义，攻破台拱、柳霁、麻哈、岩门司、丹江等县、州、厅城。后转战湘黔边境数十县，与川、湘、桂、黔4省联军鏖战100余次，击毙清军将领黄润昌、佟攀梅等数十员，坚持斗争达18年之久。至1987年，雷公坪“点将台”、格头“秀眉营”“大六营”、老丹江厅城遗址、郎德上寨战壕等古迹尚存。同治十二年(1873年),干角杨定国、开屯杨里南、莲花李文学、乌洛李必茂、郎德陈秀禄等率200余人,夜袭鸡讲司(今营上),杀死通判屠翰等10余名清廷官员。光绪二十六年(1900年),西江李学高率“护防队”攻破凯里卫。民国时期,为反贪官污吏和县官的专横跋扈,民国14年(1925年)和民国28年(1939年),乡民两度攻破丹江县城,袭杀县署师爷(秘书)和警官警兵多人。民国31年(1942年)至民国32年(1943年),西江、达地的农民,为反对县政府当局的横征暴敛,草菅人命,在陈信斋、侯教之、陈文渊和韦洪彬的领导下,集1000余众攻入台江、剑河等县城和桥桑区署,与保安团和保警队鏖战数十次,引发历史上的“黔东事变”,斗争坚持一年之久。这些斗争在当局的残酷镇压下,虽然都失败了,但它却不同程度地动摇了旧政权的统治基础。雷山各族人民一批批的优秀儿女,用鲜血和生命为自身的解放铺平了道路。

六

1950年9月26日,中国人民解放军第62军186师,用“铁壁合围”战术,以摧枯拉朽之势,一举消灭了以谢世钦为司令官的“贵州东南绥靖区司令部”叛匪7500余名,活捉谢世钦、石开、李子松等匪首,为雷山的解放和恢复生产扫除了障碍。在中国共产党和人民政府的领导下,随即进行五大任务(清匪、反匪首、减租、退帮工帮粮、征粮)和土地改革,彻底摧毁封建土地所有制,使农村生产力得到解放。经过38年的有计划建设,各族人民自力更生,艰苦奋斗,取得了前所未有的成就。1987年工农业总产值为3088万元,比1949年增长了2倍。

38年来,雷山县各族人民努力兴修水利,改善灌溉条件;改进耕作制度,提高复种指数;改良土壤,改土变田;增施肥料,引进良种;扩大种植面积,防治病虫害;推广科学种植和科学管理,逐步改善农业生产条件,促进了农业生产的发展。特别是1980年实行改革开放以后,农村实行家庭承包责任制,包干到户,打破了“大锅饭”,激发了农民的生产积极性,农村开始出现了“专业户”“专业村”,乡镇企业逐渐发展起来,农村由自然经济逐步向商品经济转化。1987年粮食总产量为2.84万吨,比1949年的1.82万吨增长56.04%。小麦、油菜、烤烟、玉米、洋芋及茶叶、果树的种植都在逐年扩大,改变了解放前单一种植水稻的传统习惯。

林业实行人工整地造林,绿化荒山,大面积封山育林。20世纪80年代以后,实行稳定山权林权、划定自留山、确定林业生产责任制的林业“三定”,扭转了森林面积缩小的趋势。1986年实现森林面积、覆盖率、蓄积量“三同步”增长。全县森林覆盖率恢复到45.48%,活立木蓄积量达365.88万立方米。38年来,共为国家建设提供优质木材52万余立方米。

工业在解放前仅有白皮纸、卷烟、土陶等小作坊,产值仅占工农业总值3%。通过38年的发展,至1987年,全县有冶炼、采矿、农机修造、电力、森工、酿酒、制茶、食品、制米、饮料、印刷、饲料等工业门类。有水电站75座,年发电量375.6万千瓦时,使境内70%的农户有了电灯照明。1987年工业总产值917万元,占工农业总产值3088.2万元的29.69%。

解放前,雷山交通闭塞,不通公路。至1987年,全县公路通车里程达226.1公里,有6个区(镇)21个乡(镇)通汽车,乡乡通电话和邮路。

1949年,县城只有几家坐商,市场萧条。解放后,在党的民族贸易优惠政策的扶持下,商业网点逐步扩大。至1987年,共有百货、纺织、民贸、副食品、糖酒、烟草、盐业、石油、土产、农资、农机供应、物资供应、饮食服务等国营公司和4个基层供销合作社,有门市部和营业点200余个,已形成国营、集体、个体相结合的商业结构。城乡经济日趋发达，市场日益活跃。1987年社会商品零售总额为1778.42万元，集市成交额为671.97万元。

文化教育事业有了显著的进步。在清代，丹江厅只有两所义学，两个书院，入学者寥寥。民国34年（1945年），雷山县有中小学校51所（含保国民学校），教师121人，在校学生2612人，入学人数仅占总人口5%。1987年有中小学校（含完中1所）156所，教职工1252人，在校学生17904人，入学人数占总人口14.5%，适龄儿童入学率为81%。通过农村扫盲，农民识字水平从1949年的8%提高到42%。

民族文化和民间艺术日益繁荣，城乡文化设施逐年增多。县城有电影院，区镇有放映场。文化馆（站）和新华书店等文化设施已向下延伸至区和集镇，县民族文化工作队发掘和创造的近100个民族歌舞节目，参加全国演出，有20多个节目分获国家民委和文化部的嘉奖，舞蹈《铜鼓人》还荣膺国家“铜牌奖”。

广播电视事业是解放后才兴起的，至1987年，县内有“贵州省雷公山调频电视转播台”（简称764工程），信号覆盖湘、黔、桂边区65个县（市）。县城有马家屯卫星电视地面接收站和差转台，县、区有广播站。在改革开放中步入正轨的科研工作，取得了多项科研成果。银球茶为“部优产品”，天麻茶、云雾翠绿茶获贵州省“银牌”奖，猕猴桃与杨梅酒、汁、浆等系列产品先后获得省优产品称号。“节柴灶”的推广工程，已经国家验收合格。

解放前，卫生保健事业设施极为简陋，临解放时仅县城有1所小卫生所、4名医护人员。人民缺医少药，农村疾病流行。民国17年（1928年），固鲁乡猫猫河寨霍乱流行，死亡40余人，为该寨总人口的三分之一。1950年，人民政府接管卫生工作后，38年中共投入资金517.63万元，发展卫生保健事业。1987年，全县有综合性人民医院1所，区卫生院和分院5所，乡（镇）卫生院26所，县设有防疫站、妇幼保健站、皮肤病防治站，有全民所有制医务人员191人，病床172张。经国家验收，雷山县被确认为“基本消灭疟疾县”。天花、霍乱、流脑、痢疾、百白破、地甲病等多种传染病，已基本得到消灭或有效控制。

由于工农业生产的发展，商业贸易的繁荣，广辟地方财源，财政收入逐年上升。1952年地方财政收入为34.77万元；1958年为50.8万元；1965年为73.51万元；1978年为94.46万元；1985年为113.51万元；1987年为177.87万元，是解放初期的5倍，改革开放前的1.88倍。在中国共产党的领导下，有十一届三中全会的精神指引，有十年改革经验的启示，雷山县12万各族勤劳的人民，定能继往开来，充分利用自身资源，发挥山区优势，自力更生，艰苦奋斗，扬长避短，锐意改革，建成富裕文明的新雷山。

大事记

清　朝

雍正七年（1729年）

十二月，置丹江厅，以都匀府通判驻丹江，加理苗同知衔，为雷山设置之始。同月初八日，奏准设丹江营，驻参将1员，属古州镇辖。分左右营。左军守备署驻大丹江，右军守备署驻鸡讲。

雍正八年（1730年）

十一月，设大丹江义学与小丹江义学各1所。为雷山创学之始。

雍正九年（1731年）

是年，鸡讲建土城，周长340丈，门4。

雍正十年（1732年）

四月，丹江营改属清江镇（今剑河）。

是年，都江厅在桥桑设顺德营，张纯熙任千总，管18股。

雍正十一年（1733年）

是年，丹江厅改建石城，周围625丈，高1.4丈，门4。东称布德、西称宣威、南称抚远、北称向化。

雍正十二年（1734年）

三月，对丹江厅苗寨界址进行清查，按寨大小酌定乡约、保正、甲长，令其管约稽查。

雍正十三年（1735年）

十二月，包利、红银（哄银）领导的农民起义军首领枉汪、枉保、枉洞（均为控拜人）率领义军在朗利、控稗一带大战清军。后失利，枉汪、枉保不幸被俘，唯枉洞（即生羊）幸免，其妻被清军杀害。

乾隆元年（1736年）

正月，贵州经略、主持贵州军务张广泗巡视鸡摆尾、台雄、空稗（今控拜）一带军情后，派副将寿长驻控稗弹压。

二月，川北镇总兵王廷诏率川兵3000与参将哈尚德会师，攻入桃绕（今陶尧）、鸡勇、囊荡、黄毛等寨，时首领香第香、久保力（均为陶尧人）率部驻马家屯，戒备森严。哈尚德选精壮80人，乘夜放火箭攻马家屯，烧死义军300余人，马家屯、鸡勇屯遂被攻占。后哈尚德与参将马世禄合兵继续攻击莲花闹(今莲花)、攒坳(今掌坳)、支舟(今鸡鸠)诸寨。是月，守备吴仕佐攻入蜂糖(今丰塘)、枯桶(今公统)等寨；副将曾长治攻占乌尧、防里(今黄里)诸寨；守备戴虎攻占乌稍(今乌肖)、乌叠(今乌迭)等寨；参将李文秀攻占抱得(今报德)、游击孔文彬攻占乌留(今乌流)。

三月，义军退守牛皮大箐(雷公山)，张广泗调兵围攻。王廷诏进驻乌尧、在旧；哈尚德横过牛皮大箐，直抵番祥(今方祥)驻扎。曾长治驻加诏。副将王耀祖驻柳排。总兵焦应林、副将寿长外围梭巡防堵，围攻丹江厅辖区苗寨。义军首领老能、老恨、带麻、包往、阿蜡、阿苟、汪陇等被俘，因饥饿、坠崖而死及生俘者计十余万人。

十月，原大小丹江及高坡等苗寨认纳苗粮折色银尽行豁免，永不征收。

乾隆二年（1737年）

八月，张广泗筹划苗疆，将民军绝户田产没官，在丹江厅安设屯军900余户。

九月，贵州布政使裴宗锡为安屯养军，设防固守，在丹江厅属雷公地(雷公坪)垦荒500亩；在欧苏勇、荒蒿箐(小雷公坪)垦荒400亩。派鸡讲汛一千总率兵50名设卡驻守。

是年，置丹江通判亲标把总1员，卫千总1员，兵100名。

乾隆三年（1738年）

三月，“苗疆安设屯军完竣”，丹江厅设13堡。无驿道，设铺代之，计7铺。

十一月，丹江厅之打格寨改隶台拱。

乾隆五年（1740年）

六月，丹江卫所辖之千箱堡，划归凯里卫管辖。至此，丹江卫实辖12堡。屯军830户。

乾隆六年（1741年）

十二月，设丹江(左卫)、凯里(右卫)两卫，归丹江厅辖。并设汛驻绿营兵。丹江卫共辖6汛，驻绿营兵400名。置3土司执掌民政。

乾隆十年（1745年）

八月，丹江厅无驿道，兵部议准，建11塘房，司投递军书之责。

乾隆四十二年（1777年）

三月，震威堡屯军子弟试垦雷公地(雷公坪)、欧苏勇、荒蒿箐等地，计八九百亩。

嘉庆七年（1802年）

是年，丹江营驻绿营兵参将1员、守备2员、千总4员、把总4员、外委4员、额外外委4员，兵790名。

道光三年（1823年）

十月，清廷谕丹江(雷山)、八寨(丹寨)、荔波等厅、州、县境，勿使外人复入苗寨滋事。

道光十年（1830年）

是年，苗族反清抗暴首领杨大六诞生于丹江厅昂德（今郎德）寨。

咸丰二年（1852年）

六月，清江（剑河）、台拱（台江）、丹江（雷山）农民起义，知府胡林翼率军镇压。义军首领党九雷、吴先和等200人被俘牺牲，余部进入雷公山。

咸丰五年（1855年）

六月中旬，杨大六率义军首次攻丹江厅城。

七月，义军围困丹江厅城，清军外委傅灿莲败殁昂德（今郎德）。

九月十三日，杨大六率义军攻占丹江厅城。署通判严锡珍、参将乌尔衮珠、守备计维富、卫千总周开广均被击毙。

是年，始设场集。有培墉堡（今白连乡营上）、西江、老场坝（今响楼）、老丹江、望丰堡、乌洛堡（今永乐）等集市。

同治七年（1868年）

八月，大坪山黄号军（斋教军）首领余老科因部卒泄露军机，叛徒闻国兴（小播五）率部乘隙入，大坪山城破。

同治十年（1871年）

二月，湘军总兵彭芝亮进犯丹江。

三月，湘军道员谢兰阶、总兵苏元春、提督唐本有进犯丹江厅城。

十二月，湘军总兵苏元章、龚继昌攻陷丹江、郎猛、抱得（今报德）、脚猛等地。杨大六自翻瓮回师，拒敌于郎德一带，歼敌1000余。清把总刘士垣被击毙。

同治十一年（1872年）

三月，川湘黔联军围困雷公山。杨大六、张秀眉率众万余退守乌东山。

四月，杨大六等义军首领被清军追击，复入雷公山。张秀眉、潘老冒等义军首领被俘，杨大六率部攻鸡讲，不克。下乌东山与清将毛树勋等血战被俘。

同治十二年（1873年）

九月二十七日夜，丹江厅属之莲花闹、开屯等寨苗民在咱刀团首徐廷祯、桃江杨定国率领下，联合八寨李必茂夜袭鸡讲司。丹江厅同知屠翰、候补知县张铸、署右军守备车武仑、左哨千总戴洪胜、右哨千总罗用昌等被杀。

是年，丹江厅迁设黄茅岭（今响楼）。

同治十三年（1874年）

九月，丹江厅通判杨兆麒、武字中右营总兵邱俊书等，诬被招降的苗民义军余部谋反，聚而杀之，计280余人。合葬为大冢，即今之“万人坟”（在脚雄寨）。

光绪二年（1876年）

三月，丹江厅同知甘雨时会同参将谢鸿章和湘军吴志发部，进攻雷公山义军。义军首领九米贤、顾老帽、姚老帽牺牲。

是年，建丹阳书院和鸡窗书院。

是年，丹江厅建砖石城于肇泰堡，周长397.25丈，均厚5.5尺，高2.6丈，设4门：东称紫气、南称熏风、西称万成、北称承恩。

光绪九年（1883年）

是年，废鸡窗书院，设义学1所。

光绪十六年（1890年）

是年，丹江厅通判李成因护送巨木54根去北京建太和殿。

光绪二十六年（1900年）

九月二十三日，丹江厅鸡讲寨苗民李学高在凯里囊蒿寨率饥民暴动，攻占凯里卫城。

光绪二十七年（1901年）

是年，果梅（今陶尧乡属）村民开窑做土陶碗。

光绪三十一年（1905年）

十二月二十九日，丹江（雷山）、八寨（丹寨）插花地经会勘，划定上以岔河、下以南芒河为界。

光绪三十四年（1908年）

是年，废丹阳书院，设丹江初等小学堂。同年，设排羊（今属台江县）初等小学堂和鸡讲初等小学堂。

宣统元年（1909年）

是年，丹江厅城设高初等两级小学堂，余雨民首任堂长。

宣统三年（1911年）

是年，设丹江厅邮寄代办所，办理信函、包裹、汇兑业务。

中华民国时期

民国3年（1914年）

9月12日，丹江厅改称丹江县。

是年，开始实行屯田“缴价”。

民国4年（1915年）

是年，对缴不起价的屯田（含余田、庙田）实行“标卖”。

民国5年（1916年）

是年，丹江县开始种桑养蚕。

民国7年（1918年）

是年，改两级小学堂为丹江高初两等小学堂，校址设文庙（今雷山民族中学处）。

民国8年（1919年）

是年，丹江两级小学师生在“五四”爱国运动的影响下，组织学生联合会，反对学校当局推行旧的教育制度，请愿从军。

是年，谢静仁（女）创办“丹江女子初级小学”，在学生中提倡女生剪辫放足。

是年，南门发生火灾，受灾100余户。

民国11年（1922年）

是年，创办丹江蚕桑传习所。

民国12年（1923年）

丹江知事李伯修勒交房捐，瓦房每间大洋20元，木皮房每间大洋10元。羊排保董杨昌隆拒交而被下狱。

民国13年（1924年）

8月，杨昌元、余文超为救杨昌隆，聚众攻破丹江城。县政府函请七县统带何名超守城。

民国14年（1925年）

9月8日，杨昌隆为报被监禁之仇，联络台拱水牛寨1000余人再次攻破丹江城。统带何名超败走，军民被杀60余人，官府文卷焚掠一空。县长钱寿桥逃脱。

是年，全县遭大旱，60%的田地荒芜，收成减七成，米价暴涨，每斗大洋（银圆）2.89元。

民国15年（1926年）

是年，川军一部进驻丹江。

是年，全县再遭旱灾，灾情更重，米珠薪桂，饿死者甚多。

是年，丹江西门街发生火灾，损失甚重。

民国16年（1927年）

8月1日，丹江县胡仲毓、梁聚五、包东山3人参加中国共产党领导的南昌起义。

民国17年（1928年）

是年，桥桑至上江电话线路架通。

是年，霍乱流行，丹江猫猫河村死亡40余人。

民国18年（1929年）

5月6日，麻江白焕文率队攻入丹江城，文卷、票据全被焚毁，县长梁秉初携印信逃脱。

民国19年（1930年）

夏，普降暴雨，丹江河水猛涨，洪水冲进县城，南门坝、牛场坝（今电视台处）、教场坝一片汪洋。

是年，毛光翔部旅长毛秉权在丹江招兵。

民国20年（1931年）

3月19日，丹江县教育、农、工、商各公会同日成立，共有会员278人。

11月5日，丹江县政府颁发布告，调查户口，实行“地方自治”。

民国21年（1932年）

是年，杨昌隆请广西造枪工匠，在雷山开设“兵工厂”，制造“中正式”步枪。

民国22年（1933年）

5月，县长钟和五颁发布告，凡有吉庆节日，酒席和庆吊送礼，力从俭朴。违者，加倍处以罚款。

民国23年（1934年）

12月7日晚，望丰羊卡寨失火。全寨55户，烧毁53户，300余人受灾，烧死3人，烧死猪47头。有36户当即断炊。

12月11日，为阻止红军入黔，丹江县“剿匪”后援分会发布命令：目前红军萧克部在黔，形势紧张，所购置防剿器具借垫之大洋78元，由各区分摊。

民国24年（1935年）

12月，县长潘咏笙未报禁烟人数，被记大过一次。

同月，遵照省政府令，丹江开征印花税。

是年，改保甲为闾邻。全县划为6个区、29个乡（镇）。

民国25年（1936年）

11月1日（农历九月十八日），丹江民团团长杨昌隆，民团副团长、丹江县中区副区长、中共地下党员、原中国工农革命军第四十九路军一师一团团长胡仲毓，丹江县中区区长徐频洲被丹江县长收买的杨昌隆的部属张启光、张启明、余德清、余正龙、李国忠等5人在南门街徐频洲住宅袭杀身亡，史称“丹江南门事件”。

民国26年（1937年）

是年，贵州省政府在长丰创办省立丹江初级小学。

是年，县政府布告严禁用粮食酿酒、熬糖、浆布。

民国27年（1938年）

6月11日，徐成栋到丹江县筹组中国国民党县党部。

9月，县内时疫盛行，患者多为恶性疟疾及红、白痢疾，每天平均死亡10余人。

是年，撤乡（镇），改称联保，全县划为4个区，12个联保，34个保。

民国28年（1939年）

2月5日，桥兑大寨失火，受灾54户，谷米、衣物全毁。

3月8日，在丹江县城设盐斤（食盐）公卖代销点。

6月10日，丹江县兵役协会成立。

6月27日，丹江、八寨县政府会签布告，严格查禁每年阴历六月六日，男女聚集于八属之同哨、丹属之干男劳（干南桥）唱歌行乐。

10月10日，为抗粮款，余文彬、杨玉芳、石金品等聚众攻击丹江城，入城杀死保警兵3人。1小时左右被击退。

10月18日，蜂糖（今丰塘）寨发生火灾。烧毁54户，计房屋228间。

12月15日，丹江县食盐监察委员会成立，并抄发《战时食盐监察委员会简章通则》。

民国29年（1940年）

2月18日，丹江县政府颁发布告称：硝磺为军需资源，禁止制造及燃放爆竹。

3月15日，丹江县政府颁发布告，禁止囤米居奇；禁止卖米给外县商贩；禁止以大洋（银圆）买米；禁止本县米贩运米出境。

3月15日，丹江县卫生所成立。

7月18日，脚猛寨失火，受灾48户，房屋、粮食、衣物等化为灰烬，损失惨重。

9月1日，丹江县田赋征收处成立。

民国30年（1941年）

1月，贵州省行政会议决议，以丹江设县不具备条件，与后坪（沿河）等4县同时裁废。

6月30日，丹江县县长彭述信将全县户籍、田亩赋粮分别造册移交八寨、台拱两县。

民国31年（1942年）

1月27日，部分民众代表呈请省政府，请修筑司榕（下司至榕江）公路，提早完成县乡电话架设。

11月9日，西江人侯教之、陈信斋等在营上村召开会议，反对国民党政府强迫民族同化、横征暴敛。两次率领民众攻入台江县城。史称"黔东事变"。

12月10日，贵州省保安处处长韩文焕率保安第二团陈精亮部进攻西江，焚毁民房370幢。

民国32年（1943年）

1月，贵州省保安副处长刘鹤鸣率贵州省保安团并会陆军199师5000余人，攻打西江，援救被困的陈精亮部。暴动队伍退入雷公山后，销声匿迹。

7月13日，贵州省政府会议通过"雷山设治局设置计划"。

9月，达地水族首领韦洪彬在乌空桥撒唱歌坪举行"议榔"，动员群众反抗县、乡政府，抗兵抗粮。

是年，丹寨县在丹江设丹江行署，管辖望丰、报德、桃江、大塘、丹江等乡镇。郎德炳任署长。

民国33年（1944年）

3月上旬，甘益、石板等寨天花流行，56户被传染，60余人死亡。

4月7日，贵州省政府明令置雷山设治局。以原划属丹寨县之丹江、望丰、报德、大塘、桃江5个乡（镇）及原划出属台江县之西江、震威、建安3个乡（镇）为其行政区域。

4月10日，雷山设治局首任局长杨西横颁发第一号《施政布告》。

8月9日，设治局召开区域调整会。决定增设方祥乡。通过报德乡五、六保以牛尾坡为界划望丰乡辖；望丰乡之青杠、干河沟、杨柳划报德乡辖；大塘乡长丰堡及建安乡羊排划丹江镇辖。

9月1日，方祥乡公所正式成立。

10月10日，中央农业实验所湄潭茶叶试验场资料显示：雷山茶叶年产200担，居全省第11位。

12月5日，雷山民众发生盐荒。

12月6日，镇远专员公署专员刘时范电称：丹寨县境被日寇侵扰，雷山通丹寨道路应立即破坏，阻止难民入境。

12月20日，雷山设治局文献委员会成立。并制订《文献委员会组织规程》。

是年，望丰乡蜂糖（今丰塘）村试种美烟（烤烟）成功。

是年，方祥、桃江、震威、西江、望丰等8乡（镇）连续遭秋风秋雨45天。田中稻谷发芽、霉烂，约计1000亩受灾。民生不能自给，民间采蕨为食。

民国34年（1945年）

2月19日，设治局颁发布告，组织城市街道委员会，拟定《修理城市街道办法》。

3月25日，设治局城乡电话架设完竣通话。各乡（镇）设置1机，有交换机10部。

4月1日，雷山设治局局立初级中学创立，为雷山有中等学校之始。

4月14日，设治局独立公库（金融机构）成立。

4月30日，遵省政府电令：自5月1日起，至9月30日止，实行夏时制。

5月17日，设治局局长杨西横公布局临时参议会议员。议长1人，副议长1人，议员12人，候补议员4人。

7月25日，各乡（镇）配交捐助建修中学校舍费，计大洋5400元。

7月30日，雷山设治局慈善分会成立。委聘委员12人，征求会员筹资10万元。

10月18日，雷山设治局临时参议会召开第一次会议。

10月，设治局举办运动会，选拔出席专区、省运动会代表8人，组成局运动队。

12月26日，雷山设治局参议会正式成立。并召开会议，出席会议13人，列席9人，选举产生议长1人，副议长1人。

是年，国民党永乐区分部建立，侯祝贤任书记。

是年，丹江镇猫猫河村麻疹流行，死亡38人，有的家成为绝户。

民国35年（1946年）

5月10日，雷山设治局局长与麻江、炉山县长在下司召开三县（局）会修司榕公路司雷段工程会议。

8月，贵州省物产展览馆，展出雷山小米、美烟叶、百合粉、五加皮、春笋、冬笋、八月笋、白纸、厚朴、茶叶等23个品种。百合粉、美烟叶获优等奖。

11月，雷山民众代表125人，呈文省政府请示将雷山设治局改为县。

12月1日，设治局“二五减租”推行委员会成立。

民国36年（1947年）

1月，下司至雷山公路测定，各乡（镇）筹筑路款生洋（银圆）1万元。

2月4日，设治局公布《调整本局场期场名实施办法》。并对丹江、西江、望丰3乡（镇）场期作了规定。

3月1日，局长吴修勤签发布告，明令3月、4月为边胞妇女改装日期，逾期一律不许入城赶场。

5月13日，设治局派员到雷山中学宣传督饬改装。

6月1日，三青团雷山分团部筹备处成立，委派主任筹备委员1人，书记1人。

6月，入夏以来，淫雨为灾。

8月5日，雷山商会召开首次会员大会，出席40人，列席13人。

8月27日，“国大代表”“立法委员”雷山设治局选举事务所正式成立。

10月3日，设治局参议会召开首届六次会议，选举产生议长、副议长各1人。

12月10日，司榕公路司雷段破土动工。

民国37年（1948年）

1月1日，设治局林区征收所成立，其业务并入局税务稽查处属之丹江、西江征收所。局委派丹江、西江、郎德3条河流募捐征收员各1人。

同日，设治局警察所升格为警察局。

2月5日，设治局举行纪念“农民节”庆祝大会。到会农民及党、政、社、团各机关代表200余人。

3月11日，设治局局长郭宝昌，将雷山中学校长杨光文和教员李谦、杜青逮捕。派警察局局长吕政押送贵阳。教员王天行、孟庆仁相继出走，亦被明令通缉查拿。

3月19日，“国大代表”陶为霖赴南京参加“国民代表大会”。

7月27日，山洪暴发，丹江河水上涨，沿河稻田被洪水冲毁139亩。加之虫害滋生，穗茎枯萎，290户受灾，计损失额达30万元（法币）。

7月29日，稽征处裁撤，税捐额实行招标包征。

7月，方祥乡农民李略白、罗阿姣被毒蛇咬伤，因路途遥远，不治而死。

9月21日，省政府委员会第1293次会议决议，雷山设治局自10月1日起正式升格为雷山县，区域仍旧。县政府印信，在未颁发前，暂借用设治局印信，列为三等县。

10月1日，雷山设治局正式改为“雷山县”并颁发铜质县印1枚。“双十节”（民国国庆日）举行庆祝大会。

12月，县警察局裁撤。

民国38年（1949年）

5月13日，县政府颁发布告，公布《戒严法》，严禁集会、结社、游行、罢工、罢课，严禁商集抬高物价，破坏币信，“金圆券”应照常流通等。

9月2日，县长郑铸成签发“应变指导要点”。

9月23日，县长郑铸成组织边区联防，建立游击根据地。并主持召开榕江、三都、剑河、台江、雷山6县和炉山、麻江、雷山、台江4县边区联防会议。研究清水江两岸及县与县之间的联防。

中华人民共和国成立后

1949年

10月15日，国民党雷山县党部，重新建立直属区分部，除方祥乡外，每乡各设一区分部及5个直属区分部。

10月，郑铸成任第一行政督察区（驻镇远）保安司令部上校副司令兼雷山县县长。

11月28日，雷山县以军事紧急，经费困难，所有机关工作人员裁减三分之一，无必要人员一律裁撤，县属各级学校一律停办。

11月，雷山县划属第七行政督察区（驻榕江寨蒿）。

12月，雷山县预备团成立，每个乡（镇）成立1个连。枪弹向民间借用，膳养由各乡（镇）自筹。

12月2日，县长郑铸成在桃江、方祥两地设县长行署。

1950年

1月25日，中共镇远地委（今黔东南州）抽调干部组成“中国共产党雷山县工作委员会”，准备接管雷山县。后因形势变化，暂缓接管。

2月3日，贵州东南绥靖区第二纵队司令谢世钦在望丰乡独南（今属大塘乡）寨召开军事会议，策划反共。雷山县长毛秉权参加会议。

2月5日，中国人民解放军第17军51师151团追剿残匪，与余辉庭、谢世钦部在桃江干角发生战斗，排长陈库壮烈牺牲。

2月16日，贵州东南绥靖区司令官佘辉庭由毛坪经乌东抵达雷山县城，主持紧急军事会议准备起义。后因解放军追击，退驻望丰、乌江一线。

同日，中国人民解放军第17军第51师151团3营进驻雷山县城。

2月18日，解放军151团3营8连在乌江排卡览与佘、谢所部遭遇，激战竟日。佘部被毙伤30余名。解放军班长向竹轩、许贵源，战士郭子辰、刘松保光荣牺牲。

2月21日，第七行政督察区专员兼保安司令佘辉庭趋凯里向解放军50师副师长黄学义接洽投诚事宜。

3月14日，佘部谢世钦、石开等抗命，拒绝投诚，勾结军统特务、西南军事专员柏家华（肖崇辉）网罗残兵，并逼民为匪，组织匪"贵州东南绥靖区司令部"盘踞雷公山山区。

5月10日，匪"中国人民反共自救军"雷山干部学校成立，第一期招收军官队60人、军士队160人、政工队40人、特科40人。

同日，谢世钦在永乐小学礼堂召开南部军事会议，策划反共事宜。

7月10日，匪贵州东南绥靖区第一次军政联席会议在雷山县城召开，匪司令官谢世钦等40人出席会议。

9月2日，中共镇远地方工作委员会派解放军186师554团政治委员程延太任中共雷山县工委书记，地方干部王春智任副书记。

同月，186师557团在沙子坳与匪李树成部发生遭遇战，解放军副排长吕子安，战士高五林牺牲。

9月26日，解放军186师师直部队，在师长蒲大义、参谋长李长春率领下解放雷山县城。即张贴雷山县人民政府首任县长视事的第一号布告。

10月14日至15日，召开"雷山县第一次各族各界代表会议"，宣布雷山县人民政府成立。

10月15日，"雷公山合围"大捷。计歼匪6459人，生擒匪司令官谢世钦、高参杨化民、王海樵、副师长曾应东、军统特务柏家华（肖崇辉）等重要匪首，合围胜利结束。

10月17日，在雷山县城召开万人大会，庆祝"雷公山合围"大捷。贵州省军区通令嘉奖剿匪部队。同时公审处决谢世钦等8名匪首。

10月下旬，县工委从农村招收90余名各族知识青年，送186师军训大队（榕江干校）学习，为雷山县培养第一批民族干部。

同月，雷山县民主妇联筹备委员会、中国新民主主义青年团雷山县工作委员会相继成立。

11月7日，中共雷山县工委决定：实行"一元化"领导，乡工委由部队营、连干部任正职，地方干部任副职；取缔保甲制，一切通过农会；组织武装自卫队，维护农村革命秩序；尊重民族风俗习惯，培养少数民族干部等。

1951年

1月26日，县人民政府发出指示，开展拥军优属，大力宣传抗美援朝。各族青年420余人参加中国人民解放军。

3月18日至21日，雷山县召开第三次各族各界代表会议，选举雷山县第一届各族各界人民代表会议常务委员会。王春智当选为主席，李焕培、蔡用宾当选为副主席。

4月下旬，县人民政府对全县人口进行调查，计有13932户，49313人。

5月1日，各乡召开群众大会，进行抗美援朝的宣传教育。参加会议人数为18157人次。

5月9日，中共雷山县工作委员会更名为“中国共产党雷山县委员会”。王春智任副书记。

7月上旬，在“抗美援朝，保家卫国”的号召下，全县1656名青年报名参军(其中女青年199人)。政审体检合格316人，送补训团入伍。全县捐献人民币5419180元(旧人民币)，支援抗美援朝。

7月13日，以原7个乡2个镇划为3个区。一区辖丹江镇和望丰、报德2个乡，区署驻丹江；二区辖西江镇和震威、建安、方祥3个乡，区署驻西江；三区辖大塘、桃江2个乡，区署驻咱刀。并任命了正副区长。

8月1日，县政府召开全县烈军属代表会，参加会议122人。

9月29日，镇远专区初级干部学校招生，全县推荐59名各族知识青年参加学习。

10月18日，雷山县第三届农民代表大会召开，选举李焕培为主席。

10月29日，镇远专区开办少数民族医训班，全县推荐20名知识青年参加学习。

12月6日，中共镇远地委决定：雷山是少数民族地区，执行“反匪首不反霸”的政策。

12月28日，雷山“新记烟厂”建成投产。

是年，雷山县工商业联合会成立。

1952年

1月11日，县委部署土地改革，全县分3批进行。

1月13日，全县开展“反对贪污、反对浪费、反对官僚主义”的“三反”运动。

1月14日，镇远专区初级干部学校施秉分校学员162人，由孔庆祥、丁道成带队进入雷山参加土地改革。

2月6日，全县干部大会召开，到会453人，县委副书记王春智、副县长李新三分别作报告，部署“三反”工作。

3月14日，中共镇远地委宣传部长段缄三到雷山向县委传达中共中央西南局《关于“三反”“五反”的决议》。

4月17日，开展“五反”(反行贿、反偷税漏税、反盗骗国家资财、反偷工减料、反盗窃国家经济情报)运动。参加运动的工商业户计62户。其中守法的53户，基本守法的7户，违法的2户。

5月30日，县内连降大雨，山洪暴发，丹江河水猛涨，冲走房屋265间，大小桥梁136座，水碾29座，冲毁稻田多处。

6月9日，根据省委对边沿县土改工作的指示，县委决定：全县划地主阶级的面控制在总农户的4.5%以内，边远的方祥乡不能突破2%。全县原划地主320户，复查后，实划地主129户。

6月14日，县委、县政府召开全县干部和农村积极分子会议，宣传党的民族政策，进行尊重少数民族风俗习惯的教育。

6月15日，县委在西江镇水寨、丹江镇小脚雄及大塘乡桥港试办农业互助组。

6月25日，县委发出关于山林分配的意见，对500市亩以上的成片森林，宣布收归国有。

8月15日，县委对文教工作提出“整顿巩固、重点发展、保证质量、稳步前进”的方针。

同月，雷山发生虫灾。

10月29日，县委举办第一期党员培训班，参加学习135人，吸收36人加入中国共产党。

11月，从1951年11月至1952年11月的一年中，达地乡（含桥桑）有62人被老虎咬死。

同月，全县成立农民文化冬学校（班）61个，有4465人参加学习。

12月25日，民族贸易商店、供销合作社首次在报德等地召开物资交流会。

1953年

1月1日，雷山县苗族自治区筹备委员会成立。

2月3日，雷山县人民武装委员会成立。李新三任主任委员，吕潼川、杜志轩、王雨亭为副主任委员。

3月7日，雷山县贯彻婚姻法运动委员会成立。在全县范围宣传《中华人民共和国婚姻法》，但暂不执行。

4月4日，雷山县召开第六次各族各界代表会议。作出如下决议：建政；加强民族团结；学习民族政策和民族区域自治条例。

5月12日，雷山县选举委员会成立。李新三任主席，吕建勋等10人为委员。

5月19日，丹江地区发生水灾，冲毁稻田374处，沙壅稻田405挑（69亩）。县政府派员进行调查，组织秧苗调剂和修复良田，由银行贷款救济。

5月15日，西江镇苗族自治区人民政府成立。

5月19日，大塘乡苗族自治区人民政府成立。

5月21日，响楼乡苗族自治区人民政府成立。

10月5日，县委将农业互助合作重点村——西江镇4村作典型材料总结下发，借以指导全县的互助合作运动。

10月，贯彻互助合作三大原则（自愿结合、等价交换、民主管理）教育后，农业合作社运动走上正轨。全县共成立临时季节性互助组71个，有537户参加。

11月16日，县委派出工作组进入响楼乡开展秋征及粮食统购统销试点。

是年，民主建政结束，全县原7个乡2个镇改划为34个乡、2个镇。

1954年

2月20日，全县发行经济建设公债1.96亿元（旧人民币）。

3月17日，县委在西江镇水寨以杨正德互助组为基础建立农业生产合作社，入社15户。为雷山建社之始。

4月25日，县民政科对各乡（镇）自然村情况进行调查。全县计3个区，36个乡（镇），64个村，313个自然寨，659个农协小组，10661户，50314人（不含永乐区）。并对乡（镇）原辖插花地作了调整。

5月5日，贵州省防疫大队张士杰带领队员16人到雷山县毛坪、平祥、龙河等乡开展防疫治病和培训卫生员等工作。

5月8日，县人民政府为消除民族歧视与隔阂，派员深入农村调查。在有利于生产、有利于团结的原则下，调解了历史上造成的26起民族纠纷。

6月28日至7月4日，雷山县举行第一届人民代表大会第一次会议，出席代表186名。李焕培当选为县长，吕潼川、杨昌伦当选为副县长。

7月3日，雷山县苗族自治区人民政府成立，万人齐集县城庆祝。

7月13日，雷山县《中华人民共和国宪法（草案）》讨论领导小组成立，李新三任组长。

8月，省农业厅派农业技术干部到雷山帮助工作，培训各种农作物种植技术人员400多名。

9月12日，中共雷山县委员会易名为“中国共产党贵州省雷山县苗族自治区委员会”。

同月，全县普选工作结束，并先后召开了乡（镇）人民代表大会，选举产生了乡（镇）长和委员。

同月，县人民武装部在响楼乡和开觉乡试点进行“义务兵役制”的宣传。

11月16日，中共雷山县苗族自治区委员会建立常务委员会，由李新三、张守诚、秦广智3人组成。

11月27日，雷山县供销合作社正式成立。

12月6日，雷山县召开第一次手工业劳动者代表大会，号召个体劳动者组织起来。

是年，全县成立互助组940个，参加农户7166户，占总农户74.6%。发展农业生产合作社12个，入社254户，占总农户2.5%。

是年，雷山中学改为“雷山民族中学”，享受少数民族特殊待遇。

1955年

1月30日，全县劳动模范代表大会开幕，会议评选出一等模范3名，二等9名，三等48名。评选出席贵州省劳模大会代表3名（均为集体）。

2月26日，在雷山正式发行新人民币。

6月29日，西江仓库人员顾永成在方祥木姜坳被抢劫，损失现金290元。

7月23日，全县整顿粮食统购统销工作，控制销量，定量供应。执行“购粮证”制度。

8月19日至21日，雷山县苗族自治区第一届人民代表大会举行第三次会议，到会代表127人。决议将“雷山县苗族自治区人民政府”易名为“雷山苗族自治县人民委员会”，各区相应更名为“雷山苗族自治县 xx 区公所”。

9月2日，县人民委员会召开全县中草医医务人员会议，宣传党的中草医政策。

9月24日，县境内疟疾、痢疾流行，患者计5331人，死亡23人。县人民委员会拨出专款，组织医疗队下乡扑灭病疫。

9月，副县长杨昌伦参加贵州省少数民族参观团赴北京参加国庆观礼。

10月下旬，县委召开全县党员大会，到会664人，对贯彻过渡时期总路线和执行粮食统购统销政策进行总结。会上，选举产生县委监察委员会的组成人员。

11月，县人民委员会组织清理民国政权档案，抽调27人组成清理小组，先后在政府机关和旧职人员中找寻搜集，进行分类装订、立卷归档，计5315卷。

1956年

1月2日，县委召开全县党员（扩大）会议，参加会议1187人。学习中共中央《关于农业合作化问题的决议》和毛泽东主席《关于农业合作化问题》的报告，会议作出《为实现“一化三改”（国家工业化，对农业、手工业、资本主义工商业的社会主义改造）任务和三年生产规划的决议》。

1月12日，私营工商业实现全行业公私合营。全县计82户，85人。

1月22日，县人民委员会举行第六次会议。作出决议：贯彻执行毛泽东主席17条指示；制订雷山县农业合作化规划；宣传“义务兵役制”。并召开老年人、民族上层人物座谈会，修订《民族地区执行婚姻法暂行条例》。

2月1日，县人民委员会召开烟农代表会议，交流种植烤烟经验，传授栽培、烘烤技术。

3月6日至10日，雷山县第一届人民代表大会举行第四次会议。出席会议代表131人。通过坚决拥护并贯彻执行《全国农业发展纲要（草案）》等决议。

3月，全县有农业生产合作社183个，参加农户有8784户，占总农户87.6%。至此，全县基本实现初级农业合作化。

5月12日，县工资改革领导小组召开全县工资改革工作会议，所有干部全部改为“薪给制”。雷山划为一类工资区。

5月13日至18日，中共雷山县第一次代表大会召开，出席代表148人。大会选举产生由19人组成新的委员会。刘继昌当选为书记，杨昌伦、张守诚、文胜德、秦广智当选为副书记。会上，制订农业生产三年发展规划实施方案等。

6月13日，雷山县工会联合会成立。

7月1日，《雷山县报》创刊。

8月1日，炉榕（炉山至榕江）公路凯里至雷山段竣工通车。全长44公里，施工历时半年。

8月7日，县委宣传部举办农业政治教员训练班。全县配备政治教员260人，分布在176个农业合作社。

11月21日，遵照省委指示，县委决定，在雷山对少数民族干部不进行肃反。

12月26日至31日，雷山县第二届人民代表大会举行第一次会议，出席代表101人。审议通过将“雷山苗族自治县人民委员会”更名为“雷山县人民委员会”、苗族文字中部方言以炉山县挂丁乡养蒡村语音为标准音等议案。杨昌伦当选为县长，吕潼川、余国民、范明渊当选为副县长。

是年，县城丹江河石墩、木梁板桥建成，宽4米，跨径50米。

1957年

1月17日，莲花乡农民李代珍在高岩山中捕获斑斓大虎1只，重78.5公斤。

1月23日，雷山县火电厂建成输电，发电量为27千瓦，为雷山有电灯照明之始。

3月16日，县委扩大会议决定：将全县176个农业生产合作社并为69个高级社；将29个乡（镇）划为12个小片。并抽调干部176名充实基层，巩固农业生产合作社。

3月29日，县境内正式开放自由市场，农民自产自销商品上市，价格下降，市场活跃。

4月21日，国产解放牌载重汽车首次开到雷山县城。

5月4日，岔河乡南猛村苗族芦笙手杨炳芳、杨炳福参加中国青年代表团，去莫斯科参加第六届世界青年与学生和平友谊联欢节。

5月20日，达地水族乡建立，区域仍旧。

7月，雷山县第一座农村电站——龙头水电站建成输电，装机为20千瓦。

7月，民主德国文化考察团一行6人到雷山访问，拍摄电影。县人民委员会组织大型苗族芦笙舞、铜鼓舞迎接客人。

8月8日，掌乌乡掌卡村农民李送九被雷击死亡。

8月20日，全县开展“反右派”斗争，将130余人划为“右派分子”，反右斗争严重扩大化，伤害了一些干部（1979年已全部改正，恢复名誉）。

8月22日，全县从第四个棉布供应年度起（即9月1日起），棉布实行凭票供应。

11月，城关、响楼、龙头等社组织民工5000余人开挖丹江"万人坟"大坳，改河造田。

12月，炉榕公路雷山至永乐段竣工通车。全长55公里，施工历时6月余。

1958年

1月10日，雷山县酒厂建成投产。

3月2日，县委召开四级干部会议，参加会议751人，提出贯彻"以林业为主，工农业并重"的发展雷山国民经济的方针。

3月11日，开展"双反"（反浪费、反右倾）运动，将100余名干部划为"右倾分子""犯右倾错误的人"，伤害了一批干部（1962年甄别和1979年后全部平反纠正）。

3月15日，丹毛（丹江至毛坪）公路开工修筑。

同日，雷山县公布人口普查情况：全县（不含永乐区）有9个民族，11505户，55798人。其中：苗族10436户，50383人。

同日，毕节、黔西两县农业参观团一行235人，到县参观农田基本建设。

3月21日，省林业勘测队进入雷公山对方祥、雷公坪开展林地控线测量，历时45天。

4月2日，江口县农业参观团一行62人，到县考察水土保持和稻田养鱼工作。

4月11日，贵州省农业厅土壤调查组在水电、排翁、陶尧、脚尧、雀鸟、平祥、格头、毛坪、永乐等地进行土壤调查。

4月15日，雷山县首次在雷（山）毛（坪）公路和水电、莲花、荣防、独南、和平5个农业社推行苗文。同时在雷山民族中学、西江中学及西江、莲花、独南等小学开设苗文课程。

4月，共抽调干部和农民计5000余人参加公统铜矿厂筹建工作。

5月15日至18日，雷山县第三届人民代表大会举行第一次会议，出席代表95人。杨昌伦当选为县长，吕潼川、范明渊当选为副县长。

6月18日，县农业科从毕节鸭池地区引进良种马50匹（并县后交丹寨金钟农场饲养）。

同月，龙塘、白连等地发生麻疹。发病共630人，死亡37人。县卫生科组织人员下乡救治。

7月3日，县人民委员会召开中草医代表会议，交流医疗经验，到会45人。会上共献出医治麻风、蛇咬伤、难产、肺结核等疾病秘方353条。

7月18日，县委召开工农业生产评比大会，参加会议有1394人。评选出工业企业先进单位2个，手工业先进单位1个，农业生产合作社先进单位3个。

7月26日，雷山、三都、榕江、丹寨4县边沿接合部联防会议在永乐召开。

8月25日，全县统计共办公共食堂346个，有48460人就餐。办托儿所313个。

9月7日，雷山县第一个人民公社——红旗公社成立。在雷山县城关举行有15000多人参加的庆祝大会。会后还举行"拥护周恩来总理关于台湾地区局势的声明"的游行。

同月，全县实现人民公社化，将69个高级社并为8个人民公社。

10月9日，县委决定将乌江、独南、大塘、公统4个铜矿厂，由8个人民公社联办。全民动员烧木炭7万余公斤，解决"发射钢铁卫星"燃料。

10月17日，县委从各公社抽调强健社员，成立有1016人的常年林业生产野战团，分赴乌江、乌东、桃江3个乡砍伐林木。

10月22日，县举行第一届体育运动会，有田径、篮球等男女运动员500余人参加。并组成“雷山县体育代表团”，出席全州运动会。

10月，雷山县民兵师建立，县长任师长，县委书记任政委，下辖10个民兵团。

11月15日，农业局从新疆引进绵羊389只，交乌东畜牧场饲养。后因气候不适，大部死亡。

11月20日，全县开展以深耕为中心的“四秋”（秋收、秋耕、秋种、秋粮入库）运动。成立13个战区指挥部，组织2万余人，夜以继日地奋战，深耕田6470亩，播种小麦3000亩。

12月，全县共建大、小厂矿238个（扩建2个），投产的有230个。有干部102人，工人2153人（不含社办工业）。完成产值1328244元。生产低碳钢2.4吨，冰粗铜4749公斤，生铁13吨，硫磺781公斤。

同月，从辽宁引进柞蚕种100万粒，交公统蚕场喂养。

1959年

1月13日，州卫生防疫站、州卫校师生共46人到雷山扑灭麻疹，历时45天。

1月，撤销雷山县建置，与炉山（今凯里市）、麻江、丹寨合并建立凯里县。

同月，丹江公社改名为雷山公社。

1960年

7月，雷山地区组织人员对三病（浮肿、小儿营养不良、妇女子宫脱垂）进行全面普查诊治。

12月，西江发生群众因饥饿哄抢国家仓库粮食事件，后经深入群众，进行政策教育，并发放救济，事件很快平息。

1961年

1月，中共黔东南州委、凯里县委联合调查组，对西江公社接连发生群众哄抢国家粮食10余次的事件进行调查。计损失粮食3.5万公斤，不正常死亡1748人，外逃406人，群众集体上山挖蕨根。先后两任公社书记被逮捕判刑（1979年已纠正平反）。

6月，在永乐公社加鸟大队擒获逃亡匪首文天才。

7月17日，雷山片区召开三级干部会议，参加会议318人。学习中央、省委《关于坚决纠正平调错误，彻底退赔》的指示和办法，并制定具体的退赔措施。

7月20日，中共黔东南州委决定，恢复“中国共产党雷山县委员会”。王广立任第一书记，杨昌伦、聂兆鹤、李焕培、朱明任书记处书记。

8月18日，国务院第112次会议通过，恢复“雷山县”建置，并将原属丹寨县的永乐、排调两区划入雷山县。

9月1日，雷山县人民委员会（下简称县人委）正式办公。杨昌伦代理县长。

同月，在原乡（镇）的基础上，全县划为19个人民公社，实行“政社合一”。

9月26日，县人委发出《关于彻底纠正“一平二调”“共产风”的规定意见》。

11月13日，县人委发出《关于召开县、乡人民代表大会的通知》，补选县、乡（镇）人民委员会的组成人员。乡（镇）行政区划为一乡（镇）一社，统一名称。

12月3日至6日，雷山县第四届人民代表大会第二次会议在县城举行，出席会议代表61人。杨昌伦当选为县长，聂兆鹤、吕潼川、王忠云（女）当选为副县长。

1962年

1月20日，中共黔东南州委工作组在达地公社达勒、高车、小巫等生产队开展社会主义教育，纠正分田到户，恢复集体经济，推行“大包干”等。

同月，贯彻执行《中共中央关于农村人民公社当前政策问题的紧急指示信》(即十二条)、《农村人民公社工作条例》(即六十条)，全县推行大包干。

4月30日，县委发出成立“县编制委员会”“县精简处理小组”“县下放人员接待安置小组”3个通知。全县国家行政机关编制为275人(未定额)。其中：党群34人，人委101人，区、乡(社)130人。机构设置：党群设1室、1委、2部，撤销工业交通、农村工作2部，不设统战部、总工会；人民委员会设1室，人事民政、工业交通2科，公安、农水、文卫、财政、税务、商业、粮食7局和计委会、法院、检察院；林业局改为森工企业。

5月26日，境内连降暴雨，雨量达250毫米以上。山洪暴发，河水猛涨，洪水进城，商店及民房被淹。全县冲毁桥梁136座，稻田10893亩，房屋530间，损失稻谷32520公斤，麦子5103公斤，死亡5人，伤1人。商业部门损失9万余元。

同月，丹寨县治恢复后，排调区复归丹寨县辖。

6月15日，桥桑公社草坪大队发生群众捆绑公社干部开仓抢粮事件，抢去粮食1723公斤。

8月，全县遭受伏旱，受旱面积19284亩，占稻田面积28%。

11月18日，县委召开三级干部会议，贯彻《中共八届十中全会公报》和中央《关于进一步巩固人民公社集体经济、发展农业生产的决定》《农村人民公社工作条例》《关于商业工作问题的决定》等。

12月，县委书记王广立、县长杨昌伦赴北京参加中共中央召开的7000人大会。

1963年

1月23日，全县推行新度量衡10两制，废止16两制。

1月29日，恢复4个区建制。原14个人民公社改划为25个公社。

2月27日，增设龙头公社。将也蒙公社并入达地公社。

3月11日，全县境内气温突然下降到零下2度，油菜遭受冰冻，2409亩遭灾，占栽种面积42.9%。减产16911公斤。

4月16日，全县抽调干部123人，到报德乡开展社会主义教育运动试点，批判社队干部的“资本主义思想”，清算“暴发户”。

4月，生猪购、销、调、存统一由商业局经营，实行“一把刀”政策。

5月9日，境内发生雷雨，并降冰雹，形成雹灾。西江各大队损坏油菜、麦子3077亩，秧田2354亩。

8月28日，在全县颁发山林所有证，计1009份。

9月25日至29日，雷山县第五届人民代表大会第一次会议在丹江举行，到会102人。选举杨昌伦为县长，朱明、王忠云(女)为副县长。

12月30日，县人民委员会颁发《护林防火布告》，严禁乱砍滥伐和毁林开荒。

1964年

5月11日，第二次人口普查办公室成立，开展人口普查。普查结果，全县共15991户，68636人。

其中男36193人，女32443人；农业人口65579人，非农业人口3057人；苗族56901人，汉族8687人，水族2003人，侗族717人，瑶族263人，其他民族65人。

6月，地质部航空物探大队926队，在黔东南州属雷公山等地区使用安—2型飞机1架作航空探矿，至11月结束。

6月22日，县人民委员会根据上级指示，将征收猪、牛、羊、马肉的集市交易税率由原10%下调为5%。

10月15日，全县抽调69人对县境内的测量标志进行检查，历时半月。计检查水准点23个、三角点29个。

11月10日，炉榕公路雷山境内路段塌方多处，计34149立方米，损毁挡土墙1430立方米、涵洞4道。县调集民工581人，投资3万元进行抢修。

1965年

2月，为在全县开展社会主义教育运动，县培训基层干部1500余人，嗣后在全县开展面上"四清"（清政治、清经济、清思想、清组织）工作。

2月28日，中共黔东南州政法党组为雷山在1958年被错误处理的"黔东南自卫队反革命集团"平反。

8月12日，撤销丹江人民公社，分建丹江镇人民政府和响楼人民公社（乡）。

8月30日，高岩寨发生火灾，受灾40户，烧毁民房74间，损失折款1.3万元。

10月29日，中共黔东南州委、州人委会派出医务人员105人，县派出89人，共计194人，组成卫生工作队，在全县开展以"改水管粪"为中心的讲卫生、防病治病、培训农村卫生人员等工作，历时8个月。

12月，贵阳医学院、州卫生防疫站到永乐地区进行地方甲状腺肿病调查。

12月16日至20日，雷山县第六届人民代表大会第一次会议在县城举行，到会代表83人。杨昌伦当选为县长，苏敬村、王忠云（女）当选为副县长。

同月，卫生部防疫司专家到固鲁乡猫猫河村考察。

1966年

2月，全县抽调干部366人(其中社会力量174人)组成工作分团，到凯里县格冲公社开展"四清"工作。

7月，中共中央《关于开展无产阶级"文化大革命"问题的通知》（五一六通知）下达，雷山"文化大革命"开始。县委派工作组进驻雷山民族中学，青年学生破"四旧"（旧思想、旧文化、旧风俗、旧习惯）、立"四新""横扫牛鬼蛇神"，上挂下连，乱批乱斗，学校教学秩序开始混乱。

10月，雷山民族中学红卫兵代表和统分到雷山的大中专毕业生50余人，赴北京等地串联。

12月，县机关开展批判"资产阶级反动路线"。群众组织炮轰县委、县人民委员会。工作秩序陷于混乱。

1967年

1月1日，县生产领导小组成立，负责领导全县工农业生产。

7月，《人民日报》报道猫猫河大队卫生工作先进事迹的消息，贵州人民广播电台多次作转播。

9月29日，县委、县人委被群众组织夺权，党政领导机关完全处于瘫痪状态。

同月，“工宣队”“贫管会”派人进驻各级学校。

10月18日，雷山县革命委员会成立，人民武装部部长郑学忠任主任委员，执掌全县的党政财文大权。

1968年

6月14日，县内连降暴雨，丹江河水猛涨，下午1时30分后，城关防洪堤被冲垮11处，洪水进城，街道、商店、民户被淹。

7月，全县开展“清理阶级队伍”。一些干部被诬陷为“反革命”“叛徒”“走资派”，被列入审查对象的有89人，遭关押、开除、遣送、判刑、纪律处分的有99人，共计188人。制造大量的冤、假、错案（党的十一届三中全会后，已平反昭雪，对原错处的人员补发工资）。

9月30日，县革命委员会在乌东畜牧场开办“五七”干校，将原县委、县人委、公安、法院、检察院及4个区的干部，送干校生产劳动和审查。

11月5日，中共雷山县革命委员会领导核心小组成立。

是年，将26个公社并为24个公社。

1969年

3月，西江镇苗族姑娘李荣美当选为中国共产党第九次全国代表大会代表，赴北京出席大会。

4月8日，县革委决定对行政区划进行调整。撤销丹江、西江、大塘、永乐4个区革命委员会，并入所在地公社。同时将白连、大沟、排告、柳乌、莲花、桥港、八一（掌雷）、五一（龙头）、陶尧、固鲁、岔河、乌江、红卫（公统）13个人民公社撤销，合并建立丹江、西江、黄里、方祥、永乐、桥桑、达地、开屯、桃江、大塘、红旗（响楼）、望丰、报德13个人民公社。

9月20日，县革委发出通知，坚决彻底地收缴群众中原发的枪支弹药和自制武器。

10月，贵州省104地质队40余人到大塘乡也宜村背后坡钻探找矿。历时半年，后撤出。

1970年

1月18日，县革命委员会补台，增补杨敬为副主任，吴寿通、王忠云（女）、汪全义为常委。

同月，中国人民解放军0278部队一个排在指导员孙传坤率领下，进入雷山支左。

同月，固鲁电站动工兴建。

3月18日，县革委决定恢复丹江、西江、大塘、永乐4个区，同时恢复白连、大沟、排告、柳乌、莲花、桥港、八一（掌雷）、五一（龙头）、陶尧、固鲁、岔河、乌江、红卫（公统）13个人民公社。

4月15日，乌东“五七”干校撤销，部分人员回单位安排工作。未安排人员，原属县委的安排在望丰；原属人委的安排在达地；原属公、检、法的安排在陶尧等3个公社插队劳动；原属4个区的回区参加当地社、队劳动。

7月11日，境内连续降雨，山洪暴发，丹江河水猛涨，洪水进城，大部分街道、房屋、商店被淹，公路、桥涵及沿岸稻田被冲毁甚多。

9月18日，全县动员民兵2500人组成民兵团参加湘黔铁路会战。人武部副部长王连席任团长，县革委副主任苏敬村任副团长，组织部部长汪全义任政治委员。

11月22日，大沟公社麻料大寨发生火灾，受灾61户，烧毁房屋175间、粮食6万公斤，损失折款10万余元。

12月，全县整党工作开始，参加党员计1053人。分三批进行。

1971年

5月12日，雷山县砖瓦厂建成投产。

7月6日，县革委在桃江召开全县卫生工作和发展生猪现场会，与会120人，会期5天。

7月20日至26日，中共雷山县第三次代表大会在县城召开，到会代表244人。会议选举人武部政委苏连尧为书记，彭方津、杨敬为副书记。

10月1日，雷格（雷山县城至格头）公路全面开工，日上工民工1500余人。

10月2日，雷山县汽车队成立。

10月18日，县委召开紧急会议，批判林彪叛党、叛国的罪行。参加会议309人，会期5天。

10月，县农林水综合厂建成投产。

12月15日晚，西江镇发生特大火灾，受灾321户，烧毁房屋613间、粮食20.87万公斤，损失折款130万元。区党政机关均被烧毁，文书档案付之一炬。

12月，雷山县电厂与农机厂分设。

是年，全县范围内试种“三七”、培育“香菇”成功。

1972年

1月8日，方祥公社水寨大队发生火灾。受灾60户，烧毁房屋145间、粮食8.5万公斤，损失折款15万元。

3月，报德公社郎德大队试行稻田种烤烟成功，开辟“稻烟两熟”新路。

8月3日，县委举办机关、区、社、学校负责人及中小学教师学习班，揭发批判《林彪反党集团反革命政变罪证》和《国民党反共分子、托派、特务、修正主义分子陈伯达的反革命历史罪证》等。参加会议267人，历时6天。

是月，全县连续发生虫灾、旱灾、秋风。据9月3日统计，遭受病虫害计26999亩，受旱50331亩（其中枯死726亩），占总播种面积45.6%。是年，粮食收入1911.5万公斤，比上年减产19.9%。

9月，雷公山周围八月竹结自古罕见的“竹人米”，颗粒如豇豆。县酒厂收购4000余公斤，烤出25至30度白酒，无异味，可口。此后竹亦枯死。

1973年

1月13日，县委召开四级干部会议，学习讨论中共中央关于揭批林彪反革命集团的材料。参加会议369人，历时6天。

2月14日，县革委召开全县财贸工作经验交流会，与会498人，历时10天。

3月6日，大塘公社所辖的羊乌大队第一、二生产队计70户，311人，耕地273亩，划归丹寨县孔庆公社。

5月31日，县委发出《关于贯彻中共中央农业学大寨的情况报告》，放手发动群众治山治水，大造良田；坚持自力更生、艰苦奋斗；进行路线教育。

11月21日，邮政、电信两局合并为邮电局。下辖永乐、大塘、西江3个支局。

1974年

2月，在桃江公社破获“中国救民党”反革命集团，缴获“救民党”党费证、印章、武器等罪证，并逮捕为首分子。

3月29日，方祥公社毛坪大队发生火灾。受灾93户，死亡2人，烧毁粮食5万公斤，损失折款23万元。

10月16日，永乐公社杨家湾生产队与榕江县平阳公社岑套生产队因争抢荒山权属，发生械斗。

11月3日，大塘公社联合大队（新联）发生火灾。受灾109户，烧毁房屋326间、粮食5.7万公斤，损失折款17万元。

11月6日，县委在红旗公社脚雄大队者雄寨创办“五七”干校，抽调干部轮换学习、劳动，接受“再教育”。

1975年

2月13日上午，方祥公社雀鸟大队发生火灾，受灾93户，烧毁房屋226间，损失折款19万元。

4月，开屯公社采育林场用架空索道集运木材成功，工效成倍提高。

7月14日，携枪潜藏在三都县境内20多年的匪363团1营营长杨通烈被缉拿归案。

7月26日，在雷山境内发现台湾利用空飘散发的传单，24个公社组织民兵搜缴，获312张。

8月29日，雷山师范学校成立。

8月，上海“指点江山”医疗队一行7人，到西江作巡回医疗和计划生育业务指导。

同月，雷山县酒厂试制地方中级酒——“雷公山大曲”成功，并投入批量生产。

10月，大塘“九九”水库开工修筑。

11月14日，奉省委、省军区党委《关于撤回军队干部回部队工作的通知》，县委书记、县革委主任、军代表苏连尧等撤回人武部，工作移交地方。

11月26日，县委召开五级干部大会，到会2111人，会上提出“学大寨、赶昔阳、五年建成大寨县”。

是年，县革委建立红旗（响楼）改河工程指挥部，组织劳力500余人，在响楼坳、马颈坳段对丹江河截弯取直，改河造田。

1976年

4月，雷公山调频电视转播台筹建。

7月，省委书记李葆华到固鲁公社猫猫河卫生村考察。

8月30日，大塘公社新桥（王家寨）大队发生特大火灾，受灾115户，损失折款10万元。大塘区级机关被焚殆尽，文书档案被毁。

9月9日至17日，县委在大礼堂设灵堂，吊唁毛泽东主席逝世。18日，县城各机关干部职工和各界群众万余人在大操场举行追悼会，沉痛悼念毛泽东主席。

9月，县贫宣队进驻县委参政。11月撤出。

11月1日，县革委派干部和农技人员、农工42人，赴海南岛培育水稻三系种。

是年，雷山县业余文艺宣传队成立。

1977年

1月10日，县委召开五级干部会议，县委副书记杨敬传达全国第二次“农业学大寨”会议精神，强调农业学大寨、深入开展大批判，进行党的基本路线教育。到会1403人，历时6天。

3月，全县推广三系杂交水稻2000亩。

6月8日上午12时，红旗（响楼）改河工程指挥部负责人，擅自决定装2096公斤炸药放大炮崩山，造成18人的伤亡事故，损坏民房28幢，损失折款1.5万元。肇事者及负责人被收审。

9月中旬，县委组织县、区、社干部100余人，赴湖南省参观农田基本建设。

10月10日，全国商业系统劳动模范、县商业局职工金文章赴京出席全国商业劳模表彰大会。

12月24日，县委召开县机关职工大会，揭批“江青反革命集团”罪行，参会500余人。

1978年

2月27日，八一（掌雷）公社乌勇大队发生火灾，受灾86户，烧毁房屋401间，损失粮食2.5万公斤，损失折款4.2万元。

2月，丹江、大塘、永乐3个区，14个公社（乡）发现台湾空飘传单。仅排翁大队一次搜缴，共有4种、1.9万张，重21公斤。全县计收缴43种，2.2万张。

4月14日，雷西（雷山县城至西江）公路竣工通车，全长37公里。

8月5日，县革委召开全县科学技术大会，到会200人，会期5天。

11月23日，县委落实政策领导小组成立，县委副书记马绪田兼任组长。

12月，中共中央主席华国锋批转中央民族学院干部杨诚反映雷山县存在的一些问题，省委派林业厅厅长肖光到雷山协助调查。县委组成工作组于12月8日至19日在县机关、红旗、五一、羊排等社队进行调查后，作出《关于杨诚同志反映雷山一些问题的调查处理意见》。县委决定：“批评整风，落实政策，找原因，加强学习，转移重点。”

1979年

1月1日，县委、县革委分开办公。县革委办公处迁设县人民委员会原址。同时撤销4个区革命委员会，恢复区公所。

2月10日，县委召开五级干部会议，学习贯彻《中共中央十一届三中全会文件》，到会914人，历时10天。

3月2日，雷山地区召开大会，宣布为“西江反党集团”“联合反共联盟”等错案及错划的103名“右派分子”彻底平反昭雪，恢复政治名誉。对劳动教养的干部职工，全部撤销错误处分，收回工作。

3月7日，中国人民解放军35021部队在县境内进行战备测绘，历时3月余。

3月29日，县革委决定新辟“人民广场”，计5248平方米。

4月，“中共雷山县委纪律检查委员会”恢复设立。

5月8日晚，排告公社连降暴雨，滑坡压垮房屋，冲毁稻田，受灾41户，死亡2人。

同月，县革委对原划地主分子、富农分子、反革命分子、坏分子的摘帽和对地富子女定成分的工作结束。全县原划四类分子1035人全部摘掉帽子。地富子女5641人定为社员成分。

6月26日，县委召开三级干部会议，研讨全县粮食征购“一定五年”基数的调整工作。

8月10日，黄里、方祥等9个公社、19个大队遭雹灾和秋风。是年，全县粮食减产11万余公斤。

9月9日，根据中共中央《关于全部摘掉右派分子帽子的决定的实施方案》《关于被定为右倾机会主义分子的平反、改正问题的通知》等几个文件规定，全县全部摘掉“右派分子”帽子。本着“有反必肃，有错必纠”的政策和处理历史遗留问题“宜粗不宜细、宜宽不宜严”的原则，对“文化大革命”中错误处理的99人、“四清”运动中错误处理的24人、反“右派”斗争中错误处理的103人和新中国成立后错误处理的52人以及错定的“反革命集团”9个，全部作平反、昭雪和改正。

9月下旬，苗族歌手唐德海赴北京参加全国少数民族歌手、诗人座谈会，并当选为全国民间文学研究会理事。

是年，雷山县酒厂试制“猕猴桃酒”成功。

是年，县新华书店被评为全国图书发行先进单位。

是年，调整生产队规模，恢复社员自留地、饲料地，扩大生产队自主权，部分生产队实行“包产到组”的生产形式。

1980年

1月，根据中共中央决定，县级政权实行直接选举，撤销革命委员会，设立人民代表大会常务委员会和人民政府。雷山县为全州直接选举试点，从凯里、麻江、丹寨、剑河、台江、榕江、从江、黄平8县各抽调3名干部到雷山参加试点工作。历时5个月。

5月，《贵州画报》社记者彭匡在雷公山顶首次发现“佛光”，并拍照片。

6月1日，雷公山调频电视转播台建设竣工，正式开播。

9月18日至22日，雷山县第八届人民代表大会第一次会议在县城举行。出席会议代表182人。会议通过决议设立“雷山县人民代表大会常务委员会”；撤销雷山县革命委员会，建立“雷山县人民政府”；撤销各公社革委会，建立公社管理委员会和镇人民政府。会议选举杨昌伦为县人大常委会主任，苏敬村、潘志龙、刘金城、王光泽、王忠云（女）、丁道成为副主任。选举余金才为县长，覃榜远、周定生、杨光胜、李玉忠、张德珍（女）为副县长。

9月26日下午14时，丹江镇东门场坝街失火，受灾77户，烧毁房屋11幢，损失大米1.4万公斤、玉米1.6万公斤、小麦0.26万公斤，损失折款19万元。

10月25日17时，桥港公社掌批大队发生火灾。受灾81户，烧毁粮食4.9万公斤，损失折款21万元。

11月4日，雷山县地名普查领导小组成立，对全县地名开始普查。

11月29日，雷山县科学技术协会第一次代表大会在县城举行，到会104人，历时3天。

11月中旬，县委在乌江公社开展“山林三定”（稳定山林权，划定自留山，确定山林生产责任制）的试点工作。

1981年

2月23日，县委召开三级干部会议，贯彻中央对“经济上实行进一步调整，政治上实现进一步安定”的方针。参加会议有263人，历时7天。

4月12日，永乐、大塘两区遭受狂风冰雹袭击，受灾8个公社，28个大队，2578户，12918人。损坏房屋402间、谷仓120个、小麦827亩、油菜1560亩。损失计17万余元。

4月27日至5月3日，中共雷山县第四次代表大会在县城举行。潘涛当选为书记，余金才、余国茂、苏敬村当选为副书记。

6月14日，红旗（响楼）公社基干民兵杨再刚的步枪被盗，县公安局干警跟踪追击，在党高村野多坡顶与盗枪犯李某某发生枪战并活捉该犯。

6月中旬，全县持续干旱2月余，同时遭受多年少见的虫灾，田受灾面积6.4万亩，占田总面积的75.5%；土受灾面积1.3万亩，占土总面积的63.1%，损失严重。

6月22日，贵州省政协主席苗春亭考察雷公山电视台。

同月，雷公山周围发现台湾空飘宣传品与物品，共收缴62种。

7月1日，贵州省人大常委会主任徐健生视察雷公山调频电视转播台。

7月7日，贵州省政协副主席吴通明到雷山，对少数民族人民解放30多年来各方面的发展变化情况进行调查。

7月27日，国家民委副主任江平、省人大常委会副主任龙贤昭考察雷公山调频电视转播台。

12月3日，县农机厂试制玻璃钢瓦成功。

12月16日，县城关自来水工程竣工，解决城关5000余人的饮水困难，为雷山有自来水饮用之始。

同月，全县有1197个生产队完成农业“四包”，占生产队总数的97.9%。有399个生产队完成林业“三定”，占生产队总数的32.6%。

同月，雷山民族文化工作队赴北京演出，被文化部授予“全国农村文化艺术工作先进集体”称号。

1982年

1月，桥桑乡农民用稻田种西瓜获得成功，实现“粮瓜两熟”。

2月，县内连降大雪10余天，凌冻期长，林木大量断梢、翻蔸。

2月28日，雷公山调频电视转播台山顶机房遭严重雷击。

3月3日，县委召开四级干部会议，参加会议603人，历时6天。会议作出《关于社会主义精神文明建设的决定》《关于区、乡干部岗位责任制（试行办法）》《关于认真签订和完善承包合同的若干规定》《关于在农村积极推行购销合同的若干规定》《关于国营工业企业进行全面整顿的意见》《关于搞好生产队财务管理的意见》《关于加强农村党的基层组织和干部队伍建设的意见》《逐步推行农业技术联产合同试行办法》等决定，并开始实行。

4月，县商业系统实行体制改革，推行经营承包责任制。

5月，雷山县进行第三次人口普查，8月结束。普查结果，全县有22748户，113403人。其中男59807人，女53596人。有6个世居民族，其中苗族92807人，汉族14500人，侗族1563人，水族3739人，瑶族613人，彝族77人，其他民族104人。

9月，县内水稻遭受“穗颈瘟”比较严重，受灾1.2万亩，减产280万余公斤。

11月，应广西壮族自治区融水苗族自治县邀请，组成以县人大常委会主任杨昌伦为团长的代表团一行7人，前往祝贺该县县庆。

是年，贵州省人民政府明确雷山为乙类农村旅游开放区。

是年，恢复雷山民族中学，新建大塘民族学校和达地、方祥2所民族小学。

是年，岔河女子芦笙队4名姑娘参加在呼和浩特市举行的全国首届少数民族运动会开幕式，表演《苗族女子芦笙舞》，被誉为“苗岭飞来的四只白天鹅”。

是年，城关柏油路面和下水道工程竣工。

1983年

1月，全县对针棉织品、蚊帐、涤卡等商品免收布票，敞开供应。

2月，雷公山自然保护区管理处成立，下设雷公山、桃江、西江、交密（台江县属）、小丹江（榕江县属）5个管理站。

3月19日，县车队工人余某某，无照开车，在报德公社平寨转弯处翻车，造成11人死亡的特大事故。

6月30日，中共中央委员，公安部副部长于桑到雷山考察。省委副书记吴实，省检察长盛北光陪同考察雷公山。

7月23日，举办“民族团结月”活动，历时3天。广西壮族自治区融水县、黔南布依族苗族自治州三都水族自治县及州内黄平、台江、天柱、麻江、镇远、凯里等县（市）组团前来参加，计400余人。

7月28日，五一人民公社恢复原称龙头公社，八一公社恢复原称掌雷公社，红旗公社恢复原称响楼公社，各辖区域不变。

8月17日，严厉打击刑事犯罪开始第一次战役，30日结束。摧毁犯罪团伙15个，收捕各类犯罪嫌疑人142人。

同月，县供销社实行体制改革，改“官办”为“民办”，改全民所有制为集体所有制。

9月9日，雷山县个体劳动者协会第一次会员代表大会在县城召开，到会68人。会上选举产生雷山县个体劳动者协会委员会组成人员。

9月，雷山民族文化工作队赴北京参加全国“乌兰牧骑式”演出队文艺会演。《欢乐的苗家姑娘》《讨花带》两个节目获文化部、国家民族事务委员会授予“优秀节目奖”。全队获“先进集体奖”。

9月23日，共青团中央书记胡锦涛到雷山考察团的工作。

12月，响水岩电站竣工输电，装机640千瓦，投资180.6万元。

1984年

1月20日，县人民政府发通知，制止在保护区内乱砍滥伐，乱捕乱猎及防止森林火灾。

4月18日，县人民政府颁发《雷公山自然保护区旅游须知》。

5月，实行社改乡。撤销25个人民公社、1个镇，建立26个乡、1个镇。保留4个区公所。

6月7日，丹江镇升格为区级镇。

7月12日，黄里乡乌尧村苗族战士周忠烈在南疆保卫战中光荣牺牲，昆明军区追记一等功，授予“战斗英雄”称号。

7月，全县遭受旱灾，受旱田面积58427亩，占稻田总面积68%。其中水稻枯死5548亩。

8月10日，撤销莲花乡，分建高岩、莲花两乡。高岩乡辖原莲花的高岩、水溪、交腊3个大队；撤销永乐、西江、达地3个公社，建立永乐、西江、达地3个镇，其行政区域不变。

8月27日至9月4日，中国人民政治协商会议雷山县第一届委员会第一次会议在县城举行，出席会议的委员75人。为雷山县建立政协组织之始。余国茂当选为主席，龙向日、吴士熙、张德珍（女）、罗维钊、杨永隆、包太文当选为副主席。

8月30日至9月4日，雷山县第九届人民代表大会第一次会议在县城举行，出席会议代表128人。会议选举杨秀昌为人大常委会主任，丁道成、杨光胜、杨凤英（女）、余国美、淳志彰为副主任；杨培德当选为县长，覃榜远、周定生、李玉仁当选为副县长。

9月8日，达地镇升格为区级镇。

9月9日至13日，中共雷山县第五次代表大会在县城举行，出席会议代表245人。会议选举余金才为书记，杨培德、陆定洲为副书记。选举张启芬（女）为纪委书记，罗邦发、高学会为副书记。

9月16日，中共中央政治局委员、人民解放军总参谋长杨得志上将在昆明接见周忠烈烈士的母亲李扁农。

同月，中国人民解放军昆明军区英模报告团到雷山报告英雄事迹，机关职工500余人参加聆听。

10月10日，大塘乡“九九”水库竣工，施工历时3年半。

11月12日，县委、县政府召开“振兴雷山经济座谈会”，邀请雷山籍在外地工作的专家、学者、领导干部及原在雷山工作过的领导40余人参加座谈，历时3天。

是年，雷山县农业税免征，计粮食169.5万公斤。

是年，县民委、农业局毛坪工作组及龙向日、周选贵（女）被贵州省人民政府授予民族团结先进单位和先进个人。

1985年

1月，国家对雷山县推行棉布赊销。

2月26日，县人民政府批准郎德上寨、雷公坪点将台、达地革除夫役碑为县级文物保护单位。

2月，全县落实农村家庭承包责任制。

4月，州人民政府组织93人的大型综合考察团，对雷公山进行综合科学考察，共采集标本7600多件，分析样品223件。

5月13日，县人民政府颁布《雷山县矿产开采管理暂行办法》。

5月下旬，全县遭受水灾，冲毁房屋200间、稻田601亩，死亡6人。

6月16日，县人民政府颁发“合理利用土地，加强土地管理”的通告。

7月20日，全县开始整党，分四个阶段进行，每阶段为期1个月。

9月10日，县人民政府召开全县教师代表及区域中、小学教师大会，庆祝第一个“教师节”。县委、县人大、县政府、县政协组成慰问团，分赴4个区慰问教师。并对有30年以上教龄的教师颁发“荣誉证书”，向所有教师赠送纪念品。

9月，县内普遭虫灾，受灾达81449亩，占田总面积的79.4%。并兼有旱、秋风等灾，使粮食减产587.6万公斤。

10月，雷山县县志编纂委员会成立，常务副县长覃榜远任主任委员。

11月3日，全国人大常委会财经委员会副主任叶林、清华大学副校长刘达率视察组到雷山考察。

12月，县城丹江河防洪工程体系建成，全长3000米。

12月22日，雷山县民族研究学会举办纪念“张秀眉、杨大六反清起义130周年座谈会”，会期2天。

是年，贵州省人民政府批准雷公坪咸同起义遗址为“省级文物保护单位”。

是年，雷山县饮料食品厂生产的“银球茶”获轻工部“优秀产品奖”。“猕猴桃汁”“杨梅汁”“天麻茶”等产品获省轻工系统“优秀产品奖”。

1986年

2月，《雷山县志》编纂委员会办公室成立，开始县志编纂工作。

3月，中共贵州省顾问委员会主任苏钢到雷山考察。

4月23日，雷山县职业学校成立。

6月3日，中国人民解放军雷山人民武装部改归地方建制。冷忠元任部长，华勇任政治委员，余金才兼任党委第一书记。

7月，雷山县横跨丹江河的钢筋水泥桁架桥建成，全长68.5米，高8.2米，桥面宽7米。

9月，在达地镇庞家寨破获“中国救民党”“爱国救民军”反革命集团，抓获代“总统（一号元帅）”“军长”“政委”“财政部长”及下属84人，缴获一批反革命罪证。为首者被逮捕判刑。

9月，雷山县中草药资源普查小组成立，开始对雷公山山区的中草药资源进行普查，为时一年余。经评比，工作成绩位列全州第二名，受到贵州省人民政府表彰。

10月9日，县公安局派出干警8人前往桃江三湾村对盗伐森林的犯罪分子执行逮捕任务，100余名村民受罪犯蒙蔽，无视法律尊严，用暴力抢走人犯，抢夺干警枪支及手铐钥匙，割断捆人犯的棕绳，围攻殴打干警，非法拘留公安局带队干部，酿成“10·9”事件。县委、县政府及时派县委副书记陆定洲、县人大常委会副主任杨光胜带队深入该村调查处理，事件很快解决。

12月，《雷山县地名志》完稿付印。

12月，雷山民族文工队赴京参加“全国民族民间音乐舞蹈比赛”。节目《尝新酒》《铜鼓人》获文化部和广播电影电视部表彰，吴廷彪获创作三等奖，授予铜牌。

12月，凯里至雷山35千伏输变电站建成输电，输电线路全长35.05公里。

12月，雷山县民族锑矿冶炼厂建成试产成功。

是年，全县发生乙类法定传染病9种，即百日咳、流行性感冒、细菌性痢疾、乙型脑炎、狂犬病、流行性脑脊髓膜炎、麻疹等，死亡45人。

是年，全县开展法定单位的推行和计量器具的改制工作。规定机关及企、事业单位公文报表使用法定单位，国营和集体企业绝大部分采用法定单位标价。

是年，上郎德村村容寨貌整治工程竣工，开始接待游客。

1987年

1月14日，县城马家屯卫星电视地面接收站建成，开始转播中央电视台节目。

2月16日，大塘乡独南村发生火灾。烧毁房屋221间，受灾79户，损失折款31万余元。

6月18日至22日，中共雷山县第六次代表大会在县城举行。出席会议代表223人。会议选举余金才为书记，陆定洲、覃榜远为副书记。

6月26日至7月4日，政协雷山县第二届委员会第一次会议在县城举行，出席委员87人。余国茂当选为主席，潘自动、杨永隆、罗维钊、包太文、胡瑞林、文远仁当选为副主席。

6月29日至7月4日，雷山县第十届人民代表大会第一次会议在县城举行，出席会议代表125人。会议选举杨秀昌为人大常委会主任，丁道成、杨光胜、余国美为副主任，覃榜远为县长，陈文发、杨昌洲为副县长。

7月31日，全县在丹江镇开展颁发居民身份证试点工作。

8月，丹江镇及响楼、陶尧、报德、乌江、公统、龙头、方祥、高岩等地发现台湾空飘传单，经组织搜获传单366张和衣、裤、收音机等物品。

8月10日，雷山县第十届人民代表大会常务委员会第二次会议听取和审议县人民政府提出的《雷山县1987—2000年经济发展规划》和计委主任龙效民的说明。委员们一致认为这个规划为雷山县的经济发展提供科学的指导思想和可行性目标，要求认真执行落实并在实践中逐步完善。

9月10日，响楼乡乌秀村团支书杨光伟当选为中国共产主义青年团第十二次全国代表大会代表。

10月，全县不同程度遭受旱灾和水灾，尤以南部的开屯乡受灾最重。全县有4005户受灾。洪水冲毁良田6158亩。

11月11日，中共中央统战部、国家民族事务委员会组织在贵阳召开的八省（区）智力支边座谈会结束后，由统战部秘书长胡德平、民委副主任张竹率领一行34人到郎德上寨参观。成员有：民盟副主席高天、民革四化工作委员会副主任沈学斌、致公党中央常委蔡其侃、九三学社中央科技咨询处副处长左阳、中共四川省委统战部副部长孙文灿、广西壮族自治区民委副主任莫家裕、中共云南省委统战部副部长沈泰、吉林省民委主任金荣俊、内蒙古自治区党委统战部部长贾峰斌、四川省民委副主任康镜明、贵州省民委副主任刘广洛等。黔东南州副州长吴德海、州政协副主席王耀伦陪同参观。

12月7日，县委书记余金才因患心肌急性梗塞去世。

是年，银球茶、天麻茶获国家专利，国家专利局发给国家发明专利证书。

是年，雷山县被国务院全国工业普查领导小组评为第二次全国工业普查国家级先进单位。

地理篇

第一章　建置沿革

雷山县辖地域春秋时为牂牁、且兰两国间地；战国时属大夜郎国；秦属象郡且兰县；西汉为且兰、毋敛二县间地，东汉属毋敛县；三国时属蜀汉牂牁郡；两晋时为牂牁郡新宁、毋敛二县间地；隋属牂牁郡宾化县。唐贞观三年（629年），以东谢首领谢元琛地置应州，雷山属罗恭县；五代迄宋，属夔州路绍庆府羁縻州；元代属新添葛蛮安抚司；明代无建置，称“管外苗族地区”，直至清初，均为苗族内部自理，称“自然地方”（苗语称讲方）。全境为22个“自然地方”。即：乌流抱得、乌瓦乌肖、乌响乌节、羊排党高、乌对、脚猛拿用、固鲁、囊荡乌秀、掌排、脚雄、排卡羊苟、陶尧、黄里乌尧、鸡讲、干吊、番祥、毛坪干丢、莲花、脚虾脚能、召刀排劳、干角开屯、乌的独南。

第一节　清代建置

雍正七年（1729年），贵州巡抚张广泗开辟苗疆，置丹江厅（厅址老丹江），隶都匀府。

丹江厅辖丹江卫（左卫）、凯里卫（右卫），置卫千总处理军政事务。乾隆三年（1738年），丹江卫设置3土司，即黄茅岭司、鸡讲司、乌叠司。

咸丰五年（1855年）九月十四日，丹江厅城为张秀眉、杨大六所领导的农民义军攻破。通判严锡珍、参将乌尔衮珠被击毙。丹江厅城为义军占领，厅署消失。同治十一年（1872年），义军被清湘、川、黔联军镇压后，清王朝复建丹江厅，杨兆麒任通判。因丹江厅城已毁，治所迁黄茅岭，其辖境依旧。光绪二年（1876年），都匀知府罗应旒禀建砖城于肇泰堡（今县城郑家山脚），甘雨时任通判。仍辖3土司，管167寨。

第二节　民国时期建置

民国元年（1912年），仍称丹江厅，主官仍称通判，辖区袭旧。

民国3年（1914年），改丹江厅称丹江县。设县知事1员，建知事公署；设团，置团首1人。团之上联合若干团为总团，置团总；团之下设牌或甲，置牌长、甲首。

民国8年（1919年），改置保甲，保置保董，甲置甲长。

民国16年（1927年），县行政公署改称丹江县政府，县知事改称县长，直隶贵州省。

民国20年（1931年），撤保甲，改置乡、镇、闾、邻。乡镇以上设区，隶于县政府。全县分6个区、28个乡镇。永乐地区置永乐镇、博爱乡。

一区（中区）区署驻丹江城关。辖肇泰镇（丹江镇）、永定乡（含羊常、羊排）、长丰乡、南屏乡、莲花乡。

二区（东区）区署驻干角，后迁桃江。辖桥昂镇（今桥王、两洋）、桃良乡、乌勇乡、掌雷乡、开屯乡、毛坪乡。

三区（南区）区署驻排洛，后迁咱刀。辖孔庆镇（今丹寨县属孔庆乡）、咱刀乡、开茶乡（今桥港乡）、排洛乡（今新塘）、独南乡。

四区（西区）区署驻望丰堡。辖培新乡（今望丰新堡）、合远乡（今乌江乡）、甘益乡、尧德乡（今报德乡）。

五区（北区）区署驻西江平寨。辖培墉镇（今营上）、西江乡、震威乡（今大沟乡）、乌尧乡、凤祥乡（今方祥乡）、健平乡（今凯里市排乐及白连乡北建）。

六区（北分区）区署驻排羊屯上。辖绥宁乡（今台江县属）、排羊乡（今台江县属）、台乐乡（今台江县台洛）。

民国24年（1935年），属贵州第十一行政督察区（驻独山）。县政府撤局改科。县之下设区，置区长、助理员若干人；区之下设联保，联保为几个保组成，设保长联合办公处，置主任。以下为保、甲，置正副保长、甲长。保设保队附，专管征兵事务。

丹江县置12个联保，即：肇（泰）莲（花）长（丰）、南（荡）治（安）永（定）、乌（独）咱（刀）独（南）、桃（江）开（屯）毛（坪）、开（茶）排（洛）孔（庆）、桥（王）掌（雷）乌（勇）、西凤（西江、方祥）、建（北建）尧（报德）、和平（乌江、望丰）、开（觉）乌（仰）震（威）、绥（宁）排（羊）台（洛）、培（墉）乌（尧）扬（吾）等。全县辖62保，617甲。永乐地区属排调第二联保。

民国25年（1936年），隶贵州省第八行政督察区（驻独山）专员公署。民国30年（1941年）6月，撤销丹江县建置，将其辖地以丹江河为界，自长丰堡之龙头山起，溯羊排河而上沿白岩寨背后山斜向高岩、猫鼻岭，顺山脊至乌洛（永乐）之干南桥止，以东并入台拱县，取江字名台江县；以西并入八寨，取丹字名丹寨县。

民国32年（1943年）7月13日，贵州省政府960次会议通过《雷山设治局设置计划》。民国33年（1944年）4月18日，置雷山设治局，改隶贵州省第一行政督察区专员公署（驻镇远）。以原丹江县所辖疆域略加调整为设治局辖地。即丹江镇、报德乡、望丰乡、大塘乡、桃江乡、西江镇、震威乡、建安乡等6个乡2个镇。为便于管理控制，另在雷公山东麓置方祥乡，设治局实辖7个乡2个镇。原属丹江县的大开屯、小开屯、桥洛、丛木寨、皆就，大小岩寨，掌干这、排则、排脚、南茫、桥配、保呆、飞水岩、宰客、党沙、雄虎、孔庆、羊乌、排社、党坝、也飞、党郎、党吊、岩寨等20余寨仍归丹寨县辖；原属丹江县的南刀、九摆、台洛、大塘、绥宁、堡街、者里、石龙、排羊、圭寨等10余寨仍归台江县辖。民国37年（1948年）10月1日，雷山设治局改为雷山县，区域仍旧。列为三等县。

1950年9月26日，中国人民解放军第62军186师解放雷山。

第三节　中华人民共和国成立后建置

1950年10月，建立雷山县人民政府。县之下设区，区之下设乡（镇）、村，设正副区长、正副乡（镇）长、正副村长。雷山县辖3个区、7个乡、2个镇、64个村。第一区人民政府驻丹江，辖丹江镇、望丰乡、报德乡；第二区人民政府驻西江，辖西江镇、震威乡、建安乡、方祥乡；第三区人民政府驻莲花，辖大塘乡、桃江乡。行政首长由县人民政府直接任命。

1953年3月，实行“民主建政”，重划区、乡（镇）行政区域，将7个乡、2个镇改划为34个乡、2个镇。原区人民政府改称区公所，置正副区长，为县派出机构。乡、镇人民政府置正副乡（镇）长。5月，建立响楼、西江、大塘3个乡（镇）苗族自治区人民政府，陶尧、乌东2个乡划属一区。全县辖3个区、2个镇、34个乡。

第一区区公所驻丹江，辖望丰、乌江、公统、独南、丰塘、报德、岔河、固鲁、响楼、农场、陶尧、乌东12个乡及城关镇。

第二区区公所驻西江，辖黄里、教厂、龙塘、乌龙、白连、开觉、掌乌、新龙、平祥、中提、毛坪11个乡及西江镇。

第三区区公所迁驻咱刀，辖大塘、莲花、高岩、新塘、桥港、龙河、掌雷、桥王、桥兑、桃江、龙头11个乡。

1954年6月26日，中央人民政府政务院批准，撤销雷山县，建立雷山县苗族自治区。原以次序称的第一区、第二区、第三区改用地区名称，即丹江区、西江区、大塘区。农场乡与龙头乡合并为龙头乡，固鲁乡与教厂乡合并为固鲁乡，均划属丹江区。全县辖3个区、2个镇、32个乡。

丹江区辖丹江镇和响楼、龙头、陶尧、乌东、固鲁、报德、岔河、望丰、乌江、丰塘、公统、独南12个乡。

西江区辖西江镇和黄里、乌龙、龙塘、白连、开觉、掌乌、新龙、平祥、中提、毛坪10个乡。

大塘区辖莲花、大塘、高岩、龙河、桥港、新塘、掌雷、桃江、桥王、桥兑10个乡。

1955年9月，根据《中华人民共和国地方各级人民代表大会和地方各级人民委员会组织法》的规定，雷山县苗族自治区改称雷山苗族自治县。区、乡（镇）行政区域不变。

1956年7月，黔东南苗族侗族自治州成立，雷山苗族自治县改称雷山县。并对乡（镇）行政区划作调整。响楼乡与丹江镇合并为城关镇，丰塘、公统两乡合并为丰塘乡，开觉、掌乌两乡合并为大沟乡，平祥、中提两乡合并为方祥乡，掌雷、龙河两乡合并为龙河乡。全县辖3个区、2个镇，27个乡。

丹江区辖城关镇和报德、固鲁、陶尧、龙头、乌东、岔河、乌江、望丰、丰塘、独南10个乡。

西江区辖西江镇和黄里、乌龙、龙塘、白连、大沟、新龙、方祥、毛坪8个乡。

大塘区辖大塘、莲花、高岩、龙河、桥港、新塘、桃江、桥王、桥兑9个乡。

1958年8月，全县实现人民公社化，撤区并社，成立“政社合一”的人民公社。红旗、卫星、团结3个公社与丹江公社合并为丹江人民公社，建设、团结、五一3个公社与西江公社合并为西江人民公社，桃江、大塘2个公社合并为大塘人民公社。

公社下设工区（亦称管理区），作为公社的派出机构，设正副主任，管理区内的生产和行政工作。原来的乡（镇）保留，按期召开人民代表大会，选举公社正、副主任。

1959年1月，雷山县与炉山、丹寨、麻江3个县合并组建凯里县，撤销雷山县建置。分片管理，乡（镇）、管理区划分不变。雷山片辖雷山、西江、大塘3个公社。

雷山人民公社下辖丹江、龙头、陶尧、固鲁、报德、岔河、望丰、丰塘、乌江、独南10个管理区，原辖的10个乡（镇）仍保留。

西江人民公社下辖西江、大沟、新龙、白连、龙塘、黄里、乌龙、方祥8个管理区，原辖9个乡(镇)仍保留。

大塘人民公社下辖大塘、莲花、桥港、龙河、桃江5个管理区，原辖的10个乡仍保留。

1960年11月，城关镇改称丹江镇，独南乡（半个乡）划属大塘区。

1961年8月，恢复雷山县建置，丹寨县的永乐、排调两个区划入雷山县。1962年6月，排调区划回丹寨县。撤销一区一社，恢复丹江、西江、大塘、永乐4个区。全县辖4个区、14个公社、115个大队、925个生产队。

丹江区辖的丹江镇、龙头乡、固鲁乡合组丹江公社；乌东乡、陶尧乡合组陶尧公社；报德乡、岔河乡合组报德公社；乌江乡、望丰乡、丰塘乡合组望丰公社。

西江区辖的西江镇、白连乡合组西江公社；大沟乡、新龙乡合组大沟公社；黄里乡、乌龙乡、龙塘乡合组黄里公社；方祥乡、毛坪乡合组方祥公社。

大塘区辖的大塘乡、莲花乡、高岩乡、桥港乡、新塘乡、独南乡（半个乡）合组大塘公社；桃江乡、桥兑乡、龙河乡、桥王乡合组桃江公社。

永乐区辖的永乐乡、开屯乡、排告乡合组永乐公社；柳乌乡、桥桑乡、达地乡分别建立公社。

1963年2月，对乡（镇）、公社作调整。撤销丹江公社，复设丹江镇和响楼公社、龙头公社；撤销报德公社，分设报德公社、岔河公社；撤销望丰公社，分设望丰公社、乌江公社、公统公社；陶尧公社保留；撤销西江公社，分设西江公社、白连公社；方祥、黄里、大沟3个公社保留；撤销大塘公社，分设大塘公社、桥港公社、莲花公社；撤销桃江公社，分设桃江公社、龙河公社；撤销永乐公社，分设永乐公社、开屯公社、排告公社；达地公社分设也蒙公社、达地公社；桥桑公社、柳乌公社保留。

丹江区辖丹江镇和龙头、响楼、固鲁、陶尧、报德、岔河、望丰、乌江、公统9个公社。

西江区辖西江、大沟、白连、黄里、方祥5个公社。

大塘区辖大塘、莲花、桥港、桃江、龙河5个公社。

永乐区辖永乐、开屯、排告、柳乌、桥桑、达地（也蒙公社并入达地公社）6个公社。

1967年9月，龙头公社改称五一公社，公统公社改称红卫公社，响楼公社改称红旗公社，固鲁公社改称东风公社，龙河公社改称八一公社，丹江镇改称新民镇。

1984年6月，撤销人民公社，恢复乡（镇）建置。八一公社、五一公社、红旗公社、红卫公社、东风公社、新民镇分别恢复为原来的掌雷乡、龙头乡、响楼乡、公统乡、固鲁乡、丹江镇名称。是年8月，丹江镇升格为区级镇。撤销莲花公社，分设莲花乡、高岩乡，莲花乡辖鸡鸠、平寨、掌坳、小河4个行政村，高岩乡辖高岩、交腊、水溪3个行政村；撤销西江公社、永乐公社、达地公社，建立西江镇、永乐镇、达地镇。9月，达地镇升格为区级镇。

至此，全县辖4个区、2个区级镇、2个乡级镇、23个乡、149个村民委员会、1246个村民小组、520个自然寨、2个居民委员会、19个居民小组。

丹江镇辖东门、西门2个居民委员会。

达地镇辖高车、小乌、乌达、背略、排老、也蒙、乌空、达地、达勒、里勇10个行政村。

丹江区辖公统、乌江、望丰、岔河、报德、固鲁、响楼、龙头、陶尧9个乡。

西江区辖西江镇和黄里、白连、大沟、方祥4个乡。

大塘区辖大塘、莲花、桥港、掌雷、桃江、高岩6个乡。

永乐区辖永乐镇和桥桑、柳乌、排告、开屯4个乡。

至1987年末，区（镇）、乡（镇）、村、组的区划未变。

第二章　行政区划

第一节　丹江镇

丹江镇位于县境中部偏西北，为雷山县政府驻地。海拔818米。跨北纬26°22′35″—26°23′53″，东经108°3′53″—108°5′13″之间，东西北三面与响楼乡毗连，南与龙头乡接壤。全镇总面积3.86平方公里（5783亩），有耕地面积1677亩（田1001亩，土676亩），占总面积29%；有林地面积1168亩，占总面积20%，林木覆盖率为19%；机关、企业事业、学校、居民区占地占总面积6.5%；荒草坡、道路、河流占地占总面积44.5%。

1987年，全镇有2397户，7622人。其中非农业人口4902人，占总人口64.31%；农业人口2720人，占35.69%。苗族4356人，占总人口57.2%；汉族2844人，占37.3%；侗、水、布依、瑶、彝、东家、俫家等少数民族442人，占5.5%。

丹江镇原为肇泰堡，为清丹江厅左卫属十二屯堡之一。光绪二年（1876年），丹江厅通判迁驻于此，改名丹江。民国3年（1914年），改厅为县，为丹江县政府驻地。民国32年（1943年），丹江县撤销后，为丹寨县丹江区行署驻地。民国33年（1944年），复置雷山设治局后，丹江设镇，仍为局机关驻地。1950年10月，雷山县人民政府成立，县机关驻丹江镇。1958年称丹江公社。1965年设镇，称新民镇。1970年复称丹江镇。1984年升格为区级镇。1987年全镇辖东门（含羊常堡、红屯堡、向阳村、欢乐寨、教场坝、中街、解放东路、军民路、南门街、场坝街）、西门（含楼梯坝、菜园圃、犀牛塘（西）、解放西路、西前街、西后街、新兴路）两个居民委员会，19个居民小组。

丹江镇处于雷公山西麓，丹江河畔，为一山区小盆地，周围有4个小坝子，面积1000余亩。气候温和，雨量充沛。农田海拔在820～883米之间。年平均气温15.4℃左右；年降雨量为1200～1300毫米；无霜期253～265天。土壤质地较好，适宜发展农、林、牧业。粮食作物以水稻为主，大麦、小麦、红苕、洋芋、玉米次之；经济作物为油菜籽、蔬菜、魔芋，其中“丹江白菜”以甜、脆闻名。

镇内有农机厂、粮油加工厂、酒厂、印刷厂、缝纫社、铁业社、变电站、自来水厂、蜂窝煤厂、预制件厂、建筑公司等工业企业和商店、民贸公司、供销合作社、国营饭店、旅社、照相馆、邮电、银行等商业、金融机构与服务行业。丹江场为县内最大的农贸市场，集市贸易颇为繁荣。逢狗（戌）、龙（辰）日赶集。赶集农商近万人。月农贸成交额达80余万元。教育设施有完全中学1所，职业高中1所，初级中学1所，完全小学2所，在校学生4000余人。儿童入学率为99.3%，已实现普及初等教育。还有电影院、文化馆、新华书店、广播站、卫星电视地面接收站和差转台、灯光球场等文化体育设施。

丹江镇距州府凯里44公里，为凯里至榕江、从江、黎平等县的必经之道。凯里至雷山客运班车日有6班（次），过境班车近20班（次），还有个体户客车3辆，日往返6班（次）。过境车辆日达500～1000辆（次），通往本县毛坪、西江、乌江、望丰等乡（镇）公路，均交会于此，是全县的交通枢纽。

镇西的老府城山顶海拔1033米，为清将哈尚德的扎营地，镇东北的马家屯为雍乾苗民起义的古战场。1986年在山顶（海拔988米）建成电视差转台和卫星电视地面接收站各1座。经镇人民政府拨款修筑了人行便道，可以攀登山顶，成为市民、职工假日游憩之所。

每年农历六月苗族“吃新节”赶热闹场，附近农村男女青年万余人汇集于此，彻夜欢歌，数日始散。

第二节　达地镇

达地镇位于雷山县南端，镇驻地达洛河边，距县城84公里。海拔740米。地处北纬26°2′16″—26°8′35″，东经108°7′48″—108°14′3″ 之间。东与榕江县塔石水族瑶族乡和三江乡连界；西与丹寨县的排路乡和雅灰乡毗邻；南抵三都县巫不乡和羊福乡；北接桥桑乡。为雷山、榕江、三都、丹寨四县交界地区。

全镇总面积为74平方公里（111012亩）。有耕地9294亩，占总面积的8.37%；林地26905亩，占总面积的24.2%，林木覆盖率为30.9%；牧草地68249亩，占总面积的64.48%；道路、水域、村寨占地3030亩，占总面积的2.73%。年平均温度15.9℃，无霜期272天，年降雨量为1500毫米，适宜于农作物及林木生长。农作物主产水稻，玉米、红苕、小米、油菜，小麦次之。林副产品有油桐、茶叶、木耳、香菇、五倍子等。

达地境内山高谷深，大坪山、也江坡、山羊界、尧排坡呈北—西—南向，沿镇境三面环绕。背略河东出镇境，地势下切，至亚麻河口海拔低至484米，是全县海拔最低处。大坪山在东北部，海拔1471.8米，与榕江县境内八宝山相连如屏，三面绝壁，唯南稍平，有羊肠小道可资攀登。山头早晚云雾缭绕，地势高峻险要，曾是清咸丰年间上江（三都县属）斋教军首领余老科（人称余王爷）等聚众反清的根据地。

达地镇清代属都匀府都江厅。民国2年（1913年）置达地乡。民国24年（1935年）置达地联保，隶属都江县三区（桥桑）。民国30年（1941年）属三都县都江区。1949年12月隶属三都县四区（上江）。1953年划属丹寨县二区（排调）。1961年8月，划属雷山县。1984年9月升格为区级镇。镇驻达勒村。全镇辖高车、小乌、也蒙、巫空、乌达、背略、排老、达地、达勒、里勇10个村民委员会，89个村民小组，97个自然寨。

1987年，全镇有1592户，8270人。其中农业人口为8169人，占总人口的98.78%；非农业人口101人，占1.22%。苗族3402人，占总人口的41.14%；水族2922人，占总人口的35.33%；汉族1525人，占总人口的18.44%；瑶族385人，占总人口的4.66%；侗、彝、壮等少数民族共36人。

达勒村民委员会驻达勒，辖达勒、刘家、岩脚、达洛、河边、庞家、韦家、何家8个自然寨；高车村民委员会驻高车，辖高车、庙湾、羊武、也巫、麻略、同业、党牛、韦家湾、桐子地、乌塘、大竹山、乔社12个自然寨；小乌村民委员会驻小乌，辖小乌、脚屋、排敌、岩塘、河边、党约、也乌、达杀、党赖、巫高10个自然寨。也蒙村民委员会驻也蒙，辖也蒙、水利、大毛坡、岩门寨、白米寨、古月6个自然寨；乌空村民委员会驻乌空，辖乌空、上排兄、下排兄、凯辽、桥撒、杨家寨、皆力、也辽、中寨、老寨12个自然寨；乌达村民委员会驻乌达，辖乌达、阶迁、排倒、中寨、高劳、党八、上马路、下马路、党调、也吉、同吉、上卡力、下卡力一寨、下卡力二寨14个自然寨；背略村民委员会驻背略，辖上背略、下背略、党咩、平寨、大寨、排松、汪述、大坳、龙塘沟一寨、龙塘沟二寨、大坪山11个自然寨；排老村民委员会驻排老，辖排老、黄土坡、半坡、大山、高调、上新寨、下新寨7个自然寨；达地村民委员会驻达地老街，辖达地老街、同鸟、宋家、大竹山、党务5个自然寨；里勇村民委员会驻里勇，辖里勇、上丛2个自然寨。

塔石—达地公路经上马路、高兄、党调、也吉等村寨直达镇驻地，为该镇的主要通道。有民族小学1所，公办、民办小学共15所。镇驻地有卫生所、供销社、木材收购站、粮站、邮电所、饭店等集体和国营企事业单位。

第三节　丹江区

丹江区位于县境中部偏西北，区驻丹江镇，海拔818米。跨北纬26° 18′ 45″ —26° 30′ 40″，东经107° 55′ 11″ —108° 13′ 15″ 之间。东抵西江区，西连丹寨县，南邻大塘区，北接凯里市。

全区总面积310平方公里(464929亩)，占全县总面积的25.66%，有耕地39745亩，占总面积8.55%；林地面积247626亩，占总面积的53.26%，林木覆盖率为27.42%；疏林地56460亩，占总面积的12.14%；牧地及荒草地共101282亩，占总面积的21.79%；村寨、道路、河流占地19816亩，占4.26%。丹江区是全县农作物主产区，粮食以水稻为主，玉米、小麦、大麦、薯类次之；经济作物以烤烟、油菜籽为主，茶叶、魔芋等次之。

全区地势东高西低。东部雷公山顶海拔2178.8米，西部望丰河出口处下郎德海拔750米，相对高差1429米。大部分地区海拔1200米以下。河流有丹江河、羊排河、陶尧河、望丰河、公统河等。丹江河为主干流，自南向北流经龙头、丹江、响楼、固鲁、报德等乡(镇)，在郎德下寨进入凯里市境。矿产有铜、铅、锌等多金属矿，分布于公统、乌江、固鲁等地。

丹江区公所驻丹江镇。全区辖公统、乌江、望丰、岔河、报德、固鲁、响楼、龙头、陶尧等乡，有51个村民委员会，412个村民小组。

1987年全区有7180户，39004人。其中非农业人口323人，农业人口38681人。苗族35784人，占总人口91.74%；汉族2289人，占5.87%；侗族907人，占2.33%，其他少数民族24人。

公统乡

公统乡位于县的西北部，海拔1020米，距县城27公里。乡政府驻公统村。公统史称枯桶，今以谐音名。地跨北纬26° 23′ 27″ —26° 28′ 10″，东经107° 55′ 11″ —107° 59′ 8″ 之间。东界报德乡和望丰乡；南接乌江乡；西与丹寨县南皋乡交界；北与凯里市舟溪乡相连。全乡面积29.4平方公里(44062亩)。有耕地4723亩，占总面积的10.72%；林地28791亩，占总面积67.1%。林木覆盖率为64.9%。

公统乡为一谷地，毕达门(死马坡)(1297米)，杂不朵(1259米)、八朵(1289米)、白宋(1284米)、档一角(1208米)等高山环绕乡境的东、南、西三面。公统河及两条支流北流出境。出境处海拔730米，为全乡海拔最低处。

至1987年，公统乡境内发现有丰塘多金属矿化点一个，含矿石英脉厚1～5厘米，为孔雀石、方铅矿、闪锌矿、黄铁矿、黄铜矿及褐铁矿化。另有丰塘(北)多金属矿点和排肖多金属矿点，主要含铜、铅、锌及少量镉等。1958年曾在公统开办“公统铜矿厂”。

境内年平均气温14.6℃，年降雨量1200～1400毫米，无霜期253～265天。粮食作物以水稻、玉米为主，高粱、红苕、洋芋次之；经济作物以烤烟、茶叶、水果、辣椒为多。

1987年，公统乡辖排肖、公统、乌这、甘益、丰塘等5个村民委员会，40个村民小组，19个自然寨。有837户，4171人。其中苗族4155人，占99%以上，汉、侗、瑶族等其他民族有16人。

排肖村民委员会驻排肖，辖排肖、肖继豆2个自然寨；公统村民委员会驻公统，辖松九、羊告、干豆开、新寨、排虎、者条和公统上、下寨8个自然寨；乌这村民委员会驻乌这，辖乌这、乌常2个自然寨；甘益村民委员会驻甘益，辖甘益、石板、青枫、石板小寨、丛木、麻风村6个自然寨；丰塘村民委员会驻丰塘，辖丰塘自然寨。

解放以来，公统乡的交通水电事业有一定的发展。1959年3月，公统至舟溪公路已建成通车，直达乡政府驻地。全乡有小型水电站2座。其中乌这电站装机5千瓦，甘益电站装机20千瓦。有水库1座(公统水库)，蓄水10万立方米，保灌稻田500余亩。

1987年，全乡有完小1所，初小2所；乡卫生院1所。

每年农历正月元宵节，在公统举行芦笙会，参加人数近5000人。

乌江乡

乌江乡位于县之西部，海拔970米，距县城19公里。乡政府驻乌江，雷山至乌江公路可直达。地跨北纬26°18′45″—26°24′10″，东经107°56′27″—108°2′16″ 之间。东邻响楼乡和龙头乡；南接大塘乡；西连丹寨县的南皋乡和孔庆乡；北界公统乡和望丰乡。全乡总面积45.8平方公里（68708亩）。有耕地5179亩，占7%；林地38853亩，占62.3%。林木覆盖率为62.1%，活立木蓄积量11.4万立方米。杉木蓄积量占总蓄积量72%，是全县活立木蓄积量超过10万立方米的乡（镇）之一。1965年创办乌江林场，多次荣获省、州林业先进单位称号。

乌江乡处于丛山之中，唯乌节、乌江、乌响3条小溪有少量河谷台地，耕地多分布在900～1200米的塝坡上，属温凉轻旱重秋风农业气候区。年均气温14.7℃，年降水量1200～1400毫米，无霜期253～265天。日照不足，秋季降温早，春季回暖迟。粮食作物有水稻、玉米、小米、红苕等。经济作物以烤烟、魔芋、茶叶为主。

全乡现辖乌江、乌节、乌的、乌响、掌窝、荣防6个村民委员会，45个村民小组，21个自然寨。

乌江村民委员会驻乌江，辖乌江、也宜2个自然寨；乌节村民委员会驻乌节，辖乌节、改乌、也必、掌羊排、也益、南开、满天星7个自然寨；乌的村民委员会驻乌的，辖乌的、怎屯、掌丹3个自然寨；乌响村民委员会驻乌响，辖乌响、南云、脚云3个自然寨；掌窝村民委员会驻掌窝，辖掌窝、排卡览、南响3个自然寨；荣防村民委员会驻荣防，辖荣防自然寨。

1987年，全乡有1011户，4797人，其中苗族4352人，占90%以上；侗族422人，汉族23人。共有小型水电站3座。干阳秀电站装机20千瓦，荣防电站装机12千瓦，乌节电站装机20千瓦。全乡有完全小学1所，初小3所。有乡卫生院1所。

境内的大坳（又名满天星），两峰夹峙，一路中通，海拔1270米。每年农历四月“爬坡节”，丹江、龙头、响楼、莲花、陶尧、固鲁、望丰、乌江等乡（镇）的苗族青年男女近万人汇集于此，“游芳”观景，飞歌传情，或举行各种体育活动，颇极一时之盛。

望丰乡

望丰乡位于县之西部，海拔923米，距县城13公里。乡政府驻地望丰堡，有雷舟（雷山至舟溪）公路过境。望丰堡原为清丹江厅乌叠司治所。望丰乡地跨北纬26°20′15″—26°25′35″，东经107°58′29″—108°2′48″ 之间。东界响楼乡和固鲁乡；西临公统乡；南接乌江乡；北连报德乡与岔河乡。全乡总面积26.1平方公里（39095亩）。有耕地4197亩，占10.74%。有林地16886亩，占43.2%。林木覆盖率为49.1%。

望丰乡地势南高北低，望丰河自西南向东北流贯全境。年均气温15℃，年降水量1400～1500毫米，无霜期253～265天。土壤质地较好，适宜发展农、林、牧业。粮食作物有水稻、玉米、小麦、小米、红苕等，经济作物为烤烟、油菜籽、茶叶等。是县内烤烟主产区之一，也是雷山优质茶叶的主要基地。

望丰乡辖望丰、背后山（青山）、三角田、羊卡等4个村民委员会，42个村民小组，18个自然寨。

望丰村民委员会驻望丰堡，辖望丰堡、新堡、吴家寨、吕家河沟、干河沟、大田边6个自然寨；背后山（青山）村民委员会驻青山，辖背后山（青山）自然寨；三角田村民委员会驻三角田，辖三角田、排福、大冲、中寨、桠口寨5个自然寨；羊卡村民委员会驻羊卡，辖羊卡、乌迭、新寨、乌局、也开、干息6个自然寨。

1987年，全乡有812户，3870人。其中苗族2571人，占66.43%；汉族837人，占21.6%；侗族462人，占11.9%。有小型水电站3座。羊卡电站装机20千瓦，望丰电站装机12千瓦，背后山（青山）电站装机5千瓦。有完全小学1所，初小3所；乡卫生院1所（区医院分院）。

境内五岔路为苗族人民“爬坡节”春游胜地，每年农历三月第一个子日（鼠场天），丹寨、麻江、凯里比邻地区各族青年男女汇集于此对歌、“游芳”达万余人。

岔河乡

岔河乡位于县之中部偏西北，海拔826米，距县城10公里，不通公路。乡政府驻干扭欧益。地处北纬26° 24′ 28″ —26° 26′ 50″，东经107° 59′ 48″ —108° 3′ 4″ 之间。西抵固鲁乡，西南靠望丰乡，东北为报德乡。望丰河自杨柳至岔河口处与乌猛、乌朋两小溪汇合，流入报德乡境内。岔河乡以驻地在三溪交汇处而得名。

全乡总面积14.3平方公里（21402亩）。有耕地2905亩，占总面积13.57%；有林地8920亩，占41.6%；林木覆盖率42.8%。境内年平均气温15.1℃，无霜期240~260天，年降水量1200~1500毫米。粮食作物为水稻、小麦、玉米、红苕、豆类；经济作物主要有烤烟、油菜籽、辣椒等。岔河乡是县内重点烤烟区之一。

岔河乡辖南猛、老猫、杨柳3个村民委员会，20个村民小组，13个自然寨。

南猛村民委员会驻南猛，辖干羊丹、报滴、榜两卡3个自然寨；老猫村民委员会驻老猫寨，辖老猫、干扭欧益和韭菜坡上、下寨4个自然寨；杨柳村民委员会驻杨柳，辖杨柳、平寨、高寨、也东、山腰、新寨6个自然寨。

1987年，全乡有426户，2088人，其中苗族2061人，占98.7%；汉、侗、瑶等少数民族有27人。

有完全小学1所，初小1所；乡卫生院1所。

岔河是全县著名的“芦笙之乡”，男女老少多能歌善舞，高昂优美的笙曲和粗犷雄健的舞姿，形成岔河独特的艺术风格。岔河芦笙队多次获国家民委和文化部奖励。芦笙手杨炳芳、杨炳福曾于1957年赴莫斯科参加世界第六届世界青年与学生和平友谊联欢节。

报德乡

报德乡位于县西北部，海拔795米，距县城19公里。乡政府驻平寨，有郎报(郎德至报德)公路直达。地跨北纬26° 25′ 5″ —26° 30′ 40″，东经107° 58′ 11″ —108° 5′ 16″ 之间。东邻白连乡，西界公统乡，南接望丰乡、岔河乡和固鲁乡，北接凯里市平乐乡和舟溪乡。总面积59.5平方公里（89210亩）。有耕地5908亩，为总面积的6.62%；有林地43300亩，占48.5%。林木覆盖率为48.9%。活立木蓄积量19.37万立方米，为县内活立木蓄积量超过10万立方米的乡之一。

境内丛山峻岭，河谷深幽，平坝极少。主要河流有丹江河、望丰河。支流有乌流、乌瓦两小溪。此外，西北部有乌肖溪向北流入凯里市里禾水库。年平均温度在14℃~16℃之间，年降水量

1200～1500毫米，无霜期240～260天。全境属温暖轻旱和轻秋风农业气候区。主产水稻、小麦、大麦、玉米等，烤烟生产为全县之冠。

全乡辖报德、下郎德、上郎德、乌流、也改、也利、乌瓦、乌肖、乌吉明9个村民委员会，73个村民小组，28个自然寨。

报德村民委员会驻报德，辖控拜、平寨、皆吾、报德4个自然寨；下郎德村民委员会驻下郎德，辖下郎德、岩寨、也公、郎德也角4个自然寨；上郎德村民委员会驻郎德上寨，辖郎德上寨、包寨2个自然寨；乌流村民委员会驻乌流，辖乌流、打桶、干南友、排夫4个自然寨；也改村民委员会驻也改，辖也改自然寨；也利村民委员会驻也利，辖也利、掌生、南翁、排苟4个自然寨；乌瓦村民委员会驻乌瓦，辖乌瓦上寨、乌瓦下寨2个自然寨；乌肖村民委员会驻乌肖，辖乌肖、也开肖、羊脚、党谷花4个自然寨；乌吉明村民委员会驻乌吉明，辖乌吉明、羊南、羊脚3个自然寨。

1987年，全乡有1337户，6597人。其中苗族6585人，占99%以上。汉族、侗族各6人。共有水电站9座，装机151.5千瓦。共有完小1所，初小3所；卫生院1所。

炉榕（炉山至榕江）公路穿过该乡东部，郎报公路可直达乡驻地。

郎德上寨为清咸同年间农民起义苗族领袖杨大六（陈杀略）的出生地，是反清抗暴根据地之一，距县城16公里，有公路直达。其寨山环水绕，绿树葱茏，翠竹苍松，风景秀丽。该村是民族文物村，是贵州东线重要民族风情旅游点之一。

固鲁乡

固鲁乡位于县中部，县城北面，海拔808米，距县城5公里。乡政府驻大固鲁。地跨北纬26°23′57″—26°28′15″，东经108°2′34″—108°6′43″之间。东抵黄里乡，西邻岔河乡和望丰乡，南连响楼乡，北接报德乡和白连乡。丹江河由南而北贯穿境内。全乡总面积27.8平方公里（41732亩）。有耕地3132亩，占7.5%；有林地16949亩，占40.6%。林木覆盖率为41.4%。

全乡辖大固鲁、小固鲁、猫猫河、脚猛、教厂、南屏6个村民委员会，67个村民小组，11个自然寨。

固鲁村民委员会驻大固鲁，辖大固鲁、杉木冲、桃子寨3个自然寨；小固鲁村民委员会驻小固鲁，辖小固鲁自然寨；猫猫河村民委员会驻猫猫河，辖猫猫河自然寨；脚猛村民委员会驻脚猛，辖脚猛自然寨；教厂村民委员会驻教厂，辖教厂、东山屏、西门坡、老丹江4个自然寨；南屏村民委员会驻南屏，辖南屏自然寨。

1987年，全乡有745户，3890人。其中苗族3552人，占总人口91.3%；汉族338人。

固鲁乡跨两个气候类型区。丹江河谷为温暖轻旱农业气候区，两岸地势较高地区为温和轻旱轻秋风农业气候区。年平均温度15.6℃，年降水量1200～1500毫米，无霜期240～260天。粮食作物主要为水稻、玉米、红薯、小麦。经济作物有油菜籽、烤烟等。

炉榕公路贯穿南北，猫猫河亦有便道可通。境内有固鲁水电站1座，装机200千瓦。

全乡有完小1所，初小3所；乡卫生院1所。

境内老丹江为清代丹江厅治所，遗址尚存。

南屏村为爆竹专业村，生产爆竹已有近六十年历史。全村90%以上的农户均从事此副业，产品外销凯里、台江、丹寨、榕江等县（市），年均产值近2万元。

响楼乡

响楼乡位于县之中部，县城之北，海拔825米，距县城1公里。地跨北纬26°21′55″—26°25′23″，东经108°1′43″—108°7′4″之间。东邻陶尧乡，西界望丰乡和乌江乡，南接丹江镇和龙头乡，北与固鲁乡相连。总面积20.6平方公里（30920亩）。有耕地4056亩，占总面积13%；有林地20155亩，占56%。林木覆盖率为66.5%。乌秀村为全省封山育林先进村。丹江河自南而北流贯中部，另有陶尧、大郎当、乌秀3条小溪在境内与丹江河交汇。

乡政府驻地响楼（老场坝），史称黄茅岭，为清丹江厅黄茅岭司治所。

响楼乡辖响楼、郎当、掌排、脚雄、乌秀5个村民委员会，38个村民小组，16个自然寨。

响楼村民委员会驻响楼，辖响楼、犀牛塘、小郎当4个自然寨；郎当村民委员会驻大郎当，辖大郎当、中寨、新寨、干扭欧倒4个自然寨；掌排村民委员会驻掌排，辖掌排自然寨；脚雄村民委员会驻大脚雄，辖大、小脚雄和雄翁、者雄4个自然寨；乌秀村民委员会驻大乌秀，辖大、小乌秀和南秀、排烧4个自然寨。

1987年，全乡有833户，4176人。其中苗族4037人，占总人口的96.67%；汉族127人；侗族、水族12人。

境内气候条件较好，大部分地区为温和轻旱轻秋风农业气候区，年平均气温15.4℃，年降水量1200～1500毫米。稻田多为黄沙泥及冲沟细砂泥，开发历史较长，熟化程度亦高。主要农作物有水稻、小麦、玉米、红薯、油菜籽、烤烟等。还产梨、葡萄等水果。犀牛塘为县内主要蔬菜生产基地，尤以“丹江白菜”著名。

炉榕、雷西（雷山县城至西江）公路通过其境内，雷山县城至掌排、者雄有简易公路可通。

犀牛塘“犀水晴波”、观音阁“翠阁枕江”、螺蛳盖“螺屏晚照”均为昔“丹江八景”之一。犀牛塘石壁上清代刻的“浑犀牛塘”四字，仍依稀可辨。

丹江中学、丹江第二小学在其境内。另有初小4所。

龙头乡

龙头乡位于县之中部偏南，海拔850米，距县城2公里。乡政府驻鸡勇。地跨北纬26°19′45″—26°22′52″，东经108°1′9″—108°8′21″之间。东邻陶尧乡和高岩乡，西接乌江乡，南抵大塘乡和莲花乡，北界响楼乡和丹江镇。全乡总面积31.85平方公里(47779亩)。有耕地4925亩，占10.31%；林地17140亩，占35.8%。林木覆盖率为37%。龙头山“龙岭朝霞”昔为“丹江八景”之一。一山耸立，形似龙头，山后群峰蜿蜒如龙身，龙头乡因此得名。

境内丹江河谷为温和轻旱轻秋风农业气候区，东、西部地势较高地区属温凉轻旱重秋风农业气候区。年平均气温15.4℃。年降水量1200～1500毫米，无霜期240～260天。农作物主要为水稻、玉米、小麦、小米、红苕、油菜籽等。境内脚散茶场海拔1300～1450米，云雾缭绕、折射光多，茶叶内含物丰富，为云雾绿茶、银球茶等优质茶原料基地。

龙头乡辖长丰、水电、乌开、羊排、排翁、党高等6个村民委员会，40个村民小组，19个自然寨。

长丰村民委员会驻长丰，辖长丰、新寨、碗厂街3个自然寨；水电村民委员会驻中寨，辖中寨、水寨、鸡勇、排卡、乌亚5个自然寨；乌开村民委员会驻乌开，辖乌开、排早2个自然寨；羊排村民委员会驻羊排，辖羊排、岩寨、雄散3个自然寨；排翁村民委员会驻排翁，辖排翁、南翁、排开、乌坝4个自然寨；党高村民委员会驻党高，辖党高、脚散2个自然寨。

1987年，全乡有973户，4890人。其中苗族4419人，占90.36%；汉族471人。

境内有乌亚、乌坝、羊排三条小溪分别汇入丹江河。羊排河源头有党高水库1座，蓄水5万立方米，灌溉农田470亩。有水电站2座。羊排电站装机50千瓦；龙头电站装机24千瓦。龙头电站为雷山第一座乡村电站。

龙头乡交通便利。炉榕公路穿越南北，雷毛（雷山县城至毛坪）公路斜贯乡境东部。

长丰堡的土陶器生产历史较久，民国31年（1942年）即在此建窑生产。产品有碗、碟、坛、罐、杯、花钵、壶等55种，年产50余万件，远销黔东南和黔南各县（市），年产值达13万余元，是县内的土陶专业村。

全乡有完小1所，初小2所。

陶尧乡

陶尧乡位于县之中部偏东，海拔835米，距县城4公里。乡政府驻陶尧。地跨北纬26° 22′ —26° 24′，东经108° 05′ —108° 12′ 之间。东邻方祥乡，西接响楼乡，南界龙头乡和高岩乡，北连黄里乡。全乡总面积54.7平方公里（82021亩）。有耕地4720亩，占总面积的5.75%；有林地50377亩，占61.4%。林木覆盖率为61.42%（含雷公山自然保护区之一部）。活立木蓄积量18.86万立方米，为全县蓄积量10万立方米以上的乡（镇）之一。

陶尧地处雷公山南坡，雷公山主脉及也得坡—虎雄坡南北夹峙，山峦重叠。陶尧河贯穿乡境东西部，山高谷深，切割强烈，近100米高的响水岩三级瀑布在其上游。下游水流稍缓，形成陶尧、治安等几个面积数百亩的河谷坝子。大部分地区海拔超过1200米，最高处雷公山顶（2178.8米）与最低处陶尧河出境处（825米）相对高差1353.8米。从西到东分跨温和轻旱轻秋风、温凉轻旱重秋风和冷凉湿润重秋风农业气候区，气候条件差异较大。年平均气温西部为15.4℃，东部为13℃；无霜期东部不足230天，西部可达260天。东部为雷公山自然保护区之一部，山区森林资源、药材资源及野生动物资源丰富。西部为农业耕作区。农作物为水稻、小麦、小米、玉米、红苕等。陶尧乡辖陶尧、虎阳、治安、白岩、乌东、排卡、阳苟等7个村民委员会，45个村民小组，15个自然寨。

陶尧村委员会驻陶尧，辖陶尧干南则、干尧、干苕、碗厂、雄水、果梅7个自然寨；虎阳村民委员会驻虎阳，辖虎阳、干皎、新寨3个自然寨；治安村民委员会驻治安堡，辖治安自然寨；白岩村民委员会驻白岩，辖白岩、干力2个自然寨；乌东村民委员会驻乌东，辖乌东自然寨；阳苟村民委员会驻阳苟，辖阳苟自然寨；排卡村民委员会驻排卡，辖排卡自然寨。

1987年，全乡有806户，4525人。其中苗族4032人，占89.1%；汉族493人，占10.9%。

雷毛公路横贯东西，雷西公路纵穿南北，交通较为便利。

陶尧乡有完小1所，初小3所。有乡卫生院1所。

治安堡为清代百户、总旗驻地，管辖上七堡。堡墙、寨门遗址尚存。

第四节　西江区

西江区位于县境东北部，海拔833米，距县城37公里。区公所驻西江镇，有雷西公路直达。地跨北纬26° 19′ 19″ —26° 34′ 5″，东经108° 4′ 53″ —108° 19′ 53″ 之间。东北邻台江县排羊乡、交密乡，西北接凯里市挂丁镇、平乐乡，东南与剑河县白道乡、榕江县平阳乡连界，西面和南面与丹江、大塘、永乐三区相连。

1987年，全区有5173户，26179人，占全县总人口数的21.21%。其中苗族24180人，占92.34%；汉族1900人，占7.26%；彝、侗、水、瑶族，以及僅家等少数民族共99人。

西江区辖西江镇、大沟乡、白连乡、黄里乡、方祥乡4乡1镇，30个村民委员会，258个村民小组。

境内地势高耸，雷公山主脉呈东北—西南横亘全境，海拔大多在1400～1800米之间，1800米以上的山脉连绵不断。区内河流有乌迷河、南哨河向东流入剑河、榕江县境，黄里、朗利、新寨诸河向北分别流入台江县、凯里市境内。河流切割深，落差大，水能理论蕴藏量较丰富。全区总面积332.3平方公里（498467亩），占全县总面积27%。耕地面积有29359亩，占全区总面积5.89%。农作物主要为水稻、小麦、小米、玉米、洋芋、红苕等。有林地面积233290亩，占全区总面积46.8%。林木覆盖率为46.8%。草山草坡等共224203亩。

矿产有开觉多金属矿点1个，主要含砷、铅、锌等。

西江镇

西江镇（乡级镇）位于县之东北部，海拔833米，距县城37公里。镇政府驻西江。地跨北纬26°26′25″~26°33′3″，东经108°09′03″~108°4′4″之间。东与大沟乡交界，南与方祥、黄里两乡毗邻，西与白连乡接壤，北临凯里市挂丁镇。

西江镇面积57.9平方公里（86877亩）。有耕地5879亩，占总面积6.77%；林地38540亩，占21.3%。林木覆盖率47.1%。

全镇辖平寨、东引、羊排、南贵、干荣、掌卡6个村民委员会，47个村民小组，12个自然寨。

平寨村民委员会驻平寨，辖平寨、乌嘎2个自然寨；东引村民委员会驻东引，辖东引、也通2个自然寨；羊排村民委员会驻羊排，辖羊排自然寨；南贵村民委员会驻南贵，辖南贵、也薅2个自然寨；干荣村民委员会驻干荣中寨，辖干荣中寨、小寨、两岔河3个自然寨；掌卡村民委员会驻掌卡，辖掌卡、乌仰2个自然寨。

1987年，全镇有1167户，5862人。其中苗族5826人，占99.37%；汉、侗、水族等民族为36人。

西江镇地势东南高，西北低。发源于雷公坪的白水河、乌吊河等溪流自东南向西北流入凯里市挂丁镇。雷公坪为高山丘陵，海拔2041米。1200米以上地区年平均气温为13℃～14℃，年降水量1400～1500毫米，无霜期230～250天。西江河谷下游气候温暖，热量条件较好，为温暖轻旱农业气候区，年平均温度15℃～16℃，年降水量为1200～1400毫米，无霜期达250～270天，适宜农、林、牧业生产。西江镇境内的雷公坪，为原始林区，是雷公山自然保护区的一部分。有成片的杉、枫、松、樟、楠、梓等用材林，并盛产五倍子、油茶、木姜、猕猴桃，林区有天麻、杜仲、三七、葛根、五加皮、桔梗、厚朴等药材。农作物主产水稻、小麦、大麦、小米、玉米、红苕、油菜籽、辣椒等。

西江为黔东南最大的苗族村寨，有“千户苗寨”之称。民族风情浓郁，尤以刺绣和银饰称奇，被誉为“天然民族博物馆”。已被列为贵州东线民族风情旅游点。

镇内有区中学1所，完小1所，初小1所。有区、镇卫生院各1所。还有文化站、广播站、电视差转台等设施。

大沟乡

大沟乡位于县之东北部，海拔855米，距县城47公里。乡政府驻开觉平寨。大沟原名开觉乡，后因修筑长达12.7公里、灌田1200余亩的引水工程，故易名为大沟。地跨北纬26° 29′ 05″ —26° 34′ 5″，东经108° 10′ 11″ —108° 16′ 12″ 之间。其境东接台江县排羊乡，西接西江镇，南靠方祥乡，北邻凯里市挂丁镇。有雷西大公路直达。全乡总面积48.4平方公里（72648亩）。有耕地面积4141亩，占全乡总面积8.45%；林地面积22477亩，占全乡总面积30.9%。林木覆盖率为29.8%。辖开觉、控拜、乌高、麻料、堡子5个村民委员会，57个村民小组，12个自然寨。

开觉村民委员会驻开觉，辖开觉、大寨、平寨3个自然寨：控拜村民委员会驻控拜，辖控拜上寨、控拜2个自然寨；乌高村民委员会驻乌高中寨，辖白高、乌杀和乌高上、中、下寨5个自然寨；麻料村民委员会驻麻料，辖麻料自然寨；堡子村民委员会驻堡子，辖堡子自然寨。

1987年，全乡有947户，5011人。其中苗族4730人，占94%；汉族252人；彝族、侗族、僅家、水族等少数民族共29人。

大沟乡地处雷公山北坡，雷公山主脉自台江县境沿东南边界延伸，地势东南高、西北低。年平均气温14℃～16℃，年降水量1200～1500毫米，无霜期240～252天。主要农作物为水稻、玉米、大麦、小麦、红苕、小米、辣椒、油茶籽等。其中粮食作物以水稻为主，经济作物以油茶为主，是雷山县油茶籽主要产区之一。境内溪流有乌吊河和新寨河。大沟引水工程，截新寨河支流源头河水，沿乌香坡北坡，越送翁分为两股，一股向北灌溉控拜、麻料农田；一股向西灌溉开觉一带农田。1987年，全乡共有水电站3座，开觉电站装机100千瓦，乌杀电站装机5千瓦，控拜电站装机50千瓦。有完小1所，初小4所；乡卫生院1所。

大沟乡麻料、控拜两村银饰工艺十分著名，有“银匠村”之誉。银梳、银花、银角、围腰链、耳环、项圈、响铃等银饰品制作工艺十分精巧，造型古朴，纹彩细密，极具民族特色。

白连乡

白连乡位于县之北端，海拔930米，距县城33公里。乡政府驻连城。地跨北纬26° 26′ 10″ —26° 30′ 48″，东经108° 4′ 53″ —108° 9′ 56″ 之间。东连西江镇，西接报德乡和固鲁乡，南邻黄里乡，北界凯里市平乐乡。全乡总面积27.6平方公里（41358亩）。有耕地6084亩，占总面积的14.71%；旱作土占耕地31.64%，为全县旱作比例最高的乡。主要农作物为水稻、小麦、玉米、大麦、红苕、油菜籽、辣椒、烤烟、花生、葵花籽等。有林地11950亩，占全乡总面积28.8%。林木覆盖率27.1%。主要林产品有油桐、油茶等。

全乡辖连城、营上、白碧、猫鼻岭、北建、龙塘6个村民委员会，50个村民小组，15个自然寨。

连城村民委员会驻连城，辖连城自然寨；营上村民委员会驻营上，辖营上自然寨；白碧村民委员会驻白碧，辖白碧、敢雷、白坡、根敢4个自然寨；猫鼻岭村民委员会驻猫鼻岭，辖猫鼻岭自然寨；北建村民委员会驻北建，辖北建、腰营、白尧、皆里4个自然寨；龙塘村民委员会驻龙塘，辖龙塘、南少、白里3个自然寨。

1987年，全乡有1107户，5862人。其中苗族3714人，占63.36%；汉族1572人，占26.82%；其他少数民族576人。

白连乡境内主要河流有3条，南北流向的有白尧河、黄里河；东西流向的有白坡河。地势东部稍平，村寨多处大山之腰，塝坡地多，引灌不易，旱灾频繁，为县内重旱区之一。年平均气温15.4℃，年降水量1100～1250毫米，无霜期240～260天，处于温和轻秋风农业气候区。

共有水电站3座，白连电站装机100千瓦，南新电站装机20千瓦，白尧电站装机5千瓦。有提灌站

1座，装机34×2千瓦，净扬程146米，灌溉农田250亩。自白水河源头沿山岭修引水渠1条，长达24.5公里，有效灌溉面积1037亩。

雷西公路贯穿境内，每天均有班车往返州府凯里。

培塘堡（营上）为清丹江厅鸡讲司治所，曾筑土城。

有完小1所，初小4所；乡卫生院1所。

黄里乡

黄里乡位于县之中部偏东北，海拔865米，距县城18公里。乡政府驻黄里。地跨北纬26°23′37″—26°28′15″，东经108°6′24″—108°12′48″之间。东界西江镇、方祥乡，南接陶尧乡，西连固鲁乡，北邻白连乡。全乡总面积54平方公里（80957亩）。有耕地5025亩，占总面积6.21%；有林地面积34049亩，占总面积42.1%。林木覆盖率为43.8%。

全乡辖黄里、大龙、羊吾、小龙、中寨、乌尧6个村民委员会，66个村民小组，16个自然寨。

黄里村民委员会驻黄里，辖黄里自然寨；大龙村民委员会驻大龙坳，辖大龙坳、老寨、脚尧3个自然寨；羊吾村民委员会驻羊吾上寨，辖羊吾上、下寨和南尧上、下寨4个自然寨；小龙村民委员会驻小龙坳，辖小龙坳自然寨；中寨村民委员会驻中寨，辖中寨、乌摆2个自然寨；乌尧村民委员会驻乌尧大寨，辖乌尧大寨、平寨、保羊苟3个自然寨。

1987年，全乡有1042户，5202人。其中苗族5101人，占98.08%；汉族39人；彝族59人。脚尧为彝族村寨，全县彝族人口有近50%集中居住于此。

黄里乡主要河流有黄里河与乌尧河，一呈南向北，一呈东南至西北向，流经凯里市境注入巴拉河。

黄里乡年平均气温西部为15℃，东部为13℃；无霜期西部为260天，东部则不足230天。西部为农业区，东部为林、牧区。主产水稻、小麦、红苕、玉米、烤烟、辣椒等。

1987年，全乡有黄里、小龙、乌尧、南尧等4座水电站。除南尧电站装机为12千瓦外，其余装机均为20千瓦，各村寨均已用上电灯。中寨村1983年建成人畜引水工程，用上了自来水。全乡有完小1所，初小2所；乡卫生院1所。

雷西公路过境，交通较为方便。

方祥乡

方祥乡位于县之东部，海拔895米，距县城46公里。乡政府驻平寨，不通公路。该乡处于雷公山腹地的丛山峻岭之中，为雷公山自然保护区范围。地跨北纬26°19′19″—26°29′30″，东经108°11′34″—108°19′53″之间。东抵台江、剑河、榕江三县，西邻黄里乡、陶尧乡和高岩乡，南接开屯乡、永乐镇，北连西江镇、大沟乡。全乡总面积144.4平方公里（216627亩），为全县面积最大的乡。有耕地6230亩，占总面积9.25%。主产水稻、小米。森林面积110235亩，占总面积46%。森林覆盖率为56.3%。方祥乡辖平寨、提香、陡寨、毛坪、雀鸟、格头、水寨7个村民委员会，42个村民小组，11个自然寨。

平寨村民委员会驻平寨，辖平寨自然寨；提香村民委员会驻迪气，辖迪气、桃香2个自然寨；陡寨村民委员会驻陡寨，辖陡寨、乌茫2个自然寨；毛坪村民委员会驻毛坪，辖毛坪、桥访2个自然寨；雀鸟村民委员会驻雀鸟，辖雀鸟自然寨；格头村民委员会驻格头，辖格头自然寨；水寨村民委员会驻水寨，辖水寨、中寨2个自然寨。

1987年，全乡有910户，4811人，其中苗族占99%。

雷公山主脉两面环绕，境内群山环峙，峰峦绵亘。雷公山自然保护区大部分在其境内。格头一带，为古亚热带植物区系孑遗物种的秃杉（台湾杉）成片群落区。河流有乌迷河与南哨河（毛坪河）。两河水流湍急，具有水力开发利用价值。两河谷地区年平均气温14.3℃～15.8℃，无霜期230～241天。西、北、东部地区气候温凉冷湿，日照偏少，多阴云雨雾，春季升温迟，秋季降温早，适宜林木、药材生长，不利农业。

全乡共有毛坪、陡寨、水寨3座水电站，总装机52千瓦。

有雷毛公路通毛坪村，乡驻地尚未通公路。

方祥乡有民族完小1所，初小2所；乡卫生院1所。

雷公坪位于乡北部，海拔2041米。为张秀眉、杨大六反清抗暴的扎营地，花街路、点将台、军用井至今犹存，是省、县两级文物保护单位。

第五节　大塘区

大塘区位于县南部，海拔910米，距县城13公里。区公所驻新桥村，炉榕公路过境。地处北纬26°12′53″—26°21′53″，东经107°58′21″—108°13′13″之间。北界丹江区与西江区，东南邻永乐区，西南与丹寨县连界。总面积为230.9平方公里（346358亩），占全县总面积的19.11%。其中耕地27099亩，占总面积的7.82%。林地127247亩，占总面积的37%。林木覆盖率36.74%。草山草坡145233亩，占41.67%。公路、河流、村寨、水塘等其他用地共46779亩，占13.51%。主要农产品有水稻、玉米、红苕，辣椒、棉花等。矿产有锑、铅、锌等多金属矿。

雷公山主脉自东北向西南延伸，北坡交腊河、咱刀河为丹江河之源头。南坡羊乌河、孔勇河流入排调河。境内最高峰冷竹山海拔1913米，相对高差1400米。

1987年，全区有4386户，21111人。其中苗族19441人，占全区总人口的92.09%；汉族1651人，占7.82%；侗、布依、壮等少数民族19人。

大塘区辖大塘、莲花、高岩、桥港、桃江、掌雷6乡，32个村民委员会，225个村民小组。

大塘乡

大塘乡位于县之南部，海拔910米，距县城13公里。乡政府驻王家寨（新桥村属），炉榕公路过境。地处北纬26°16′55″—26°20′30″，东经107°58′21″—108°7′11″之间。东界高岩乡和桃江乡，南接桥港乡，西与丹寨县孔庆乡接壤，北靠乌江乡和莲花乡。据清乾隆《贵州通志》载：“丹江城南高坡有泉名大塘。”故用此名。

全乡总面积51.6平方公里（77448亩）。有耕地6104亩，占总面积的7.88%；有林地25460亩，占总面积的32.1%。林木覆盖率为37.7%。

境内有咱刀河，向北流入丹江河，羊乌河向南流入排调河。有九九水库，库容90万立方米。羊乌河上游的独南有电站2座，装机70千瓦。气候东部年均气温13.5℃～14.4℃，无霜期242～252天；中部及西北部大部分地区年均气温14.5℃～15.4℃左右，无霜期253～265天；西南部羊乌河谷地区年均气温达15.5℃左右。年均降水量1250～1400毫米，无霜期260～270天。农作物主要有水稻、玉米、小麦、小米、烤烟、油菜籽等。

大塘乡辖咱刀、新桥、也宜、乌独、新联、也耶、独南7个村民委员会，50个村民小组，18个自然寨。

咱刀村民委员会驻咱刀，辖咱刀自然寨；新桥村民委员会驻王家寨，辖王家寨、排所、掌益3个自然寨；也宜村民委员会驻也宜，辖也宜、中寨、小寨3个自然寨；乌独村民委员会驻乌独，辖乌独自然寨；新联村民委员会驻翁元，辖翁元、牛兰、也盖、孔孟、开朵、新寨6个自然寨；也耶村民委员会驻也耶，辖也耶自然寨；独南村民委员会驻独南，辖独南、党古、早格3个自然寨。

1987年，全乡有938户，4680人。其中苗族3922人，占83%；汉族754人，占16%。

大塘民族学校在其境内，有完小2所，初小2所。有区、乡卫生院各1所。

莲花乡

莲花乡位于县之中部偏南，海拔886米，距县城8公里。乡政府驻莲花，炉榕公路过境。地跨北纬26°21′55″—26°22′24″，东经108°3′32″—108°7′37″之间。东界高岩乡，南接大塘乡，西、北面与龙头乡为邻。全乡总面积17平方公里（25664亩）。有耕地面积1693亩，占总面积6.6%；林地面积4940亩，占总面积19%。林木覆盖率为17.9%，余为灌丛及荒山草坡。

莲花乡辖小河、平寨、掌坳、鸡鸠4个村民委员会，18个村民小组，9个自然寨。

小河村民委员会驻新寨，辖新寨、小河、老寨3个自然寨；平寨村民委员会驻平寨，辖平寨、排先2个自然寨；掌坳村民委员会驻掌坳，辖掌坳、南亮、也单力3个自然寨；鸡鸠村民委员会驻鸡鸠，辖鸡鸠自然寨。

1987年，全乡有387户，1991人，其中苗族占99%。

莲花乡大部分地区属山区河谷地貌，西部地区年平均气温13.3℃～14.3℃，无霜期253～265天，年均降水量1200～1400毫米，适宜发展种植业。主产水稻、小麦、玉米、小米、红苕、辣椒等农产品。东部适宜于发展林业和牧业。

莲花乡有完小1所，乡卫生院1所，县办敬老院1所。

掌坳村“铜鼓舞”别具特色，素有“铜鼓之乡”之誉。

高岩乡

高岩乡位于县之中部偏东，地处雷公山腹地，海拔1285米，距县城15公里。

乡政府驻高岩村，未通公路。地跨北纬26°18′31″—26°21′53″，东经108°6′24″—108°13′13″之间。东接方祥乡，西连莲花乡，南抵大塘乡、桃江乡和开屯乡，北邻龙头乡和陶尧乡。全乡总面积39平方公里（58402亩）。有耕地面积1269亩，占总面积2.2%。

高岩乡辖高岩、交腊、水溪3个村民委员会，11个村民小组，10个自然寨。

高岩村民委员会驻高岩，辖高岩、南小、干打金3个自然寨；交腊村民委员会驻交腊中寨，辖交腊上、中、下寨和水寨、干打捞5个自然寨；水溪村民委员会驻水溪大寨，辖水溪、上寨2个自然寨。

1987年，全乡有274户，1274人，均为苗族。境内地广人稀，每平方公里仅有32.7人。

地势为一槽形，山高谷狭，坡大壑深，为丹江河源头之一。主要河流水溪河至莲花平寨汇入丹江河。共建有交腊、水溪2座电站，装机均为15千瓦。

高岩乡划入雷公山自然保护区之内，境内森林资源丰富。有林地42646亩，占总面积73%。林木覆盖率67.5%。珍稀林木及中草药物种类繁多，藏量丰富。还有猕猴、穿山甲、大鲵（娃娃鱼）等珍贵野生动物。东北部发现锑矿点1个，分布面积约2平方公里，含矿品位较高，矿脉较稳定。

境内属冷凉湿润重秋风农业气候区，年平均气温仅在12℃～13.4℃之间，年均降水量1500毫米左右，无霜期230～241天。低温、霜冻、秋风等灾害频繁，有“十年九秋”之说。农作物有水稻、玉米、小米、红苕、洋芋等，但产量均比其他地区低。

全乡有完小1所，初小2所。

桥港乡

桥港乡位于县西南部，海拔881米，距县城24公里。乡政府驻桥港，未通公路。地跨北纬26°14′53″—26°17′15″，东经108°0′35″—108°5′40″ 之间。东连桃江乡和掌雷乡；南邻丹寨县孔庆乡，西、北接大塘乡。全乡总面积33.9平方公里（50871亩）。有耕地5681亩，占总面积的11.7%。农作物为水稻、玉米、红苕、洋芋、辣椒、油菜籽、棉花等。有林地面积9472亩，占总面积的18%。林木覆盖率为24.6%。境内河流有孔勇河，流入丹寨县排调河。有新塘、桥港两座电站，装机均为50千瓦。

桥港乡辖桥港、掌批、排里、新塘4个村民委员会，50个村民小组，12个自然寨。

桥港村民委员会驻桥港，辖桥港、下寨、雄共、两卡、干治5个自然寨；掌批村民委员会驻掌批，辖掌批、羊雄2个自然寨；排里村民委员会驻排里，辖排里、虎党、雄显3个自然寨；新塘村民委员会驻新塘，辖新塘、也改2个自然寨。

1987年，全乡有972户，4148人。其中苗族4318人，占98%；汉族98人。

桥港乡地势东高西低，猫鼻岭位于东部。炉榕公路蜿蜒盘行于排里坳。此地海拔1335米，冬季冰雪封冻，行车视为畏途。

桥港乡地跨温凉轻旱重秋风、湿润轻旱轻秋风、温暖轻旱轻秋风等3个农业气候区。年平均气温15.3℃，无霜期265天，年均降水量为1250～1300毫米。

1987年，全乡有完小1所，初小3所；乡卫生院1所。

桥港芦笙场是苗岭山南苗族最大的民族节日游乐场，每年“吃新节”，掌批、桃江、掌雷、桥兑等苗寨的苗族群众云集于此，欢度节日。

桃江乡

桃江乡位于县西南部，海拔963米，距县城37公里。乡政府驻桃江，炉榕公路过境。地跨北纬26°13′50″—26°19′0″，东经108°5′0″—108°10′43″ 之间。东邻开屯乡，南接排告乡，西界桥港乡和掌雷乡，北与大塘乡和高岩乡相连。全乡总面积56.6平方公里（84825亩）。有耕地5293亩，占总面积6.24%；林地39864亩，占总面积47%。林木覆盖率为49.4%，活立木蓄积量19.3万立方米。

桃江在民国初年为丹江县东区（二区）区署驻地。未通公路时，扼凯里、雷山、榕江、丹寨四县交通要冲，有“四战之地”之称。1949年雷山县政府曾设通讯电台于此。

1987年，桃江乡辖桃江、岩寨、三湾、干脑、桥仿、干角、桥兑7个村民委员会，47个村民小组，23个自然寨。

桃江村民委员会驻桃江，辖桃江、桃良、桃良小寨、田坝、田坝上寨、丢摆6个自然寨；岩寨村民委员会驻岩寨，辖岩寨（羊果）、高闹2个自然寨；三湾村民委员会驻脚两（三湾），辖脚两、掌窝2个自然寨；干脑村民委员会驻干脑，辖干脑、干调、新寨3个自然寨；桥兑村民委员会驻桥兑，辖桥兑、花腊、高老和乌兑上、下寨5个自然寨；桥仿村民委员会驻桥仿，辖桥仿自然寨；干角村民委员会驻干角，辖干角、干角下寨、干同耶勒3个自然寨。

1987年，全乡有819户，3872人。其中苗族3572人，占92.25%；汉族297人，占7.67%。

桃江乡属温凉轻旱和温凉湿润重秋风农业气候区。年平均气温14℃～15℃，无霜期250天左右，年降水量在1200～1300毫米之间。农作物为水稻、玉米、小米，辣椒、棉花等。矿产有锑矿，分布在东北部冷竹山地区。

境内有桃江河与三湾河。有电站1座，装机250千瓦，年发电18万千瓦时。

全乡有完小1所，初小6所。有乡卫生院与邮电所各1所。

掌雷乡

掌雷乡位于雷山县之西南部，海拔1089米，距县城37公里。乡政府驻掌雷，未通公路。地跨，北纬26° 12′ 53″ —26° 16′ 43″，东经108° 2′ 29″ —108° 8′ 27″ 之间。东界桃江乡和排告乡，南接丹寨县加配乡，西邻丹寨县羊巫乡，北连桥港乡。全乡总面积32.9平方公里（49148亩）。有耕地6271亩，占总面积12.76%；林地9360亩，占总面积19%。林木覆盖率为34.6%。

1987年，掌雷乡辖掌雷、桥王、两洋、南脑、乌勇、龙河、年显7个村民委员会，49个村民小组，17个自然寨。

掌雷村民委员会驻掌雷，辖掌雷、排茫2个自然寨；桥王村民委员会驻桥王，辖桥王、干这、排倒单3个自然寨；两洋村民委员会驻两洋，辖两洋自然寨；南脑村民委员会驻南脑，辖南脑自然寨；乌勇村民委员会驻乌勇，辖乌勇、掌八2个自然寨；龙河村民委员会驻略果，辖略果、干朵、南八、孔勇、里送、白水寨6个自然寨；年显村民委员会驻年显，辖年显、小寨2个自然寨。

1987年，全乡有1002户，4727人，其中苗族人口占89%，汉族、侗族人口占11%。

掌雷乡年平均气温14.3℃～15.3℃，无霜期294天，年均降水量1200～1400毫米。主要农产品为水稻、大麦、小麦、小米、玉米、洋芋、油菜籽、棉花、花生等。

境内河流有孔勇河、南八河、两洋河，均为排调河支流。有“八一水库”1座，蓄水30万立方米，可灌溉田1400亩。

全乡有小1所，初小4所；乡卫生院1所。

第六节　永乐区

永乐区位于县东南部，海拔630米，距县城55公里。区公所驻永乐镇。地跨北纬26° 7′ 23″ —26° 8′ 35″，东经108° 6′ 37″ —108° 18′ 10″ 之间。东界榕江县，西连丹寨县，南接达地镇，北抵大塘区和西江区。总面积257平方公里（385451亩），占全县总面积的21.2%。有耕地22776亩，占全区总面积的5.9%；林地134748亩，占35%，林木覆盖率为34.96%；灌木地、疏林地、迹地、园地等共79993亩，占总面积的20.75%。草山草坡及荒草地139366亩，占总面积的36.14%。河流、道路及村寨等用地共8568亩，占总面积的2.2%。主产水稻、玉米、小麦，油菜籽、辣椒等。尤以辣椒个长肉厚著名。

永乐区地处雷公山东南，全区地貌切割破碎，属县境东南部中山及低中山峡谷区，山坡陡峻，谷深而狭。最高处为西北部的冷竹山（海拔1913米），最低处为东南部的桥桑河口（海拔518米），最大高差为1395米。东北部桥歪河向北汇入清水江，永乐河、排告河、南江河、格益河、桥桑河、草坪河均向南流入都柳江。

境内苦李冲有小型锑矿床。永乐、开屯、桥洛有锑矿点。

境内热量条件较优越，南部大部分地区属温暖区和温和农业气候区。年均气温15℃～17℃，无霜期250～270天，适宜水稻、柑橘、油桐等喜温的农、林作物生长。

1987年，全区有4292户，21261人，占全县总人口的17.22%。苗、汉、侗、瑶、水等多民族杂居。其中苗族14458人，占总人口的68.01%；汉族4846人，占总人口的22.79%；水族1081人，占总人口的5.08%；侗族708人，占总人口的3.3%；瑶族107人，占总人口的0.7%。还有布依、壮等少数民族共20人。

1987年，永乐区辖永乐镇、开屯乡、排告乡、柳乌乡、桥桑乡等4乡1镇，25个村民委员会，237个村民小组。

永乐镇

永乐镇（乡级镇）原称乌洛，位于县东南部，海拔630米，距县城55公里。镇人民政府驻永乐。地跨北纬26°11′10″—26°19′50″，东经108°11′40″—108°18′10″之间。东界榕江县平油乡和平阳乡，南接榕江县塔石水族瑶族乡，西抵排告乡和柳乌乡，北邻开屯乡和方祥乡。炉榕公路穿镇而过，是黎平、榕江、从江等县通往州府凯里的必经孔道。

永乐镇清代属都匀府八寨厅。民国时期隶独山专区丹寨县。民国9年（1920年）属八寨县第五区。民国21年（1932年）置永乐镇。以后均为乡。1961年8月划属雷山县。1984年置乡级镇。

全镇总面积9.76平方公里（14637亩）。有耕地7162亩，占总面积5%；有林地48836亩，占34%。林木覆盖率为41.1%。

辖永乐、肖家、桥歪、格益、加鸟、加支、党开、也牛、天马山等9个村民委员会，77个村民小组，36个自然寨。

永乐村民委员会驻永乐街上，辖街上、大寨、杨党、排了、快乐5个自然寨；肖家村民委员会驻肖家寨，辖肖家寨、任家寨、同哨3个自然寨；桥歪村民委员会驻桥歪，辖桥歪自然寨；格益村民委员会驻格益下寨，辖格益上寨、格益下寨、掌高3个自然寨；加鸟村民委员会驻加鸟，辖加鸟、杨家湾上寨、杨家湾下寨、向阳岭、排住山、杨塄、王谁、田坝8个自然寨；加支村民委员会驻加支下寨，辖加支下寨、党吊、棉花坪和野猪坡上、下寨5个自然寨；党开村民委员会驻下党开，辖上党开、下党开、也公、中寨4个自然寨；也牛村民委员会驻也牛，辖也牛、排皆修、上怎卡、下怎卡4个自然寨；天马山村民委员会驻加沙岭，辖加沙岭、卡文坳、翁卡自然寨。

1987年，全镇有1339户，6604人。其中苗族4488人，占67.96%；汉族1878人，占28.44%；侗族68人，占1.03%；瑶族90人，占1.36%；水族64人，占0.97%。还有壮、布依、彝等少数民族。

境内播秀山（1758米）、高岳山（1695米）、格益坡（1581米）自西北向东南斜贯。以此为分水岭，岭南多属温和农业气候区，岭北为温凉农业气候区，永乐河谷为温暖农业气候区。年平均气温15.5℃，无霜期269天，年均降水量1500毫米左右，适宜农、林、牧生产的发展。主产水稻、小麦、玉米、红苕、洋芋、辣椒、油菜籽等。还产茶叶、五倍子、棕片、油桐、杨梅、猕猴桃等。永乐鱼酱为当地传统食品，颇具盛名。

境内有永乐河、格益河、桥歪河、加鸟河。除桥歪河注入清水江外，余均汇入都柳江。加鸟渠道水利工程长26公里，灌溉面积3798亩，占耕地面积53.03%。建有永乐、肖家、格益3座电站，总装机为115千瓦。

1987年，有区中学1所，完小1所，初小8所。有区、镇卫生院各1所。

开屯乡

开屯乡位于县东南部，海拔922.8米，距县城47公里。乡政府驻大开屯，有炉榕公路过境。地跨北纬26° 14′ 37″ —26° 19′ 50″。东经108° 9′ 26″ —108° 14′ 11″ 之间。东抵永乐镇，南接排告乡，西连桃江乡，北界高岩乡和方祥乡。全乡总面积46.7平方公里（70018亩）。有耕地4304亩，占总面积6.15%。主产水稻、玉米、小米、小麦、辣椒、油菜籽等。有林地26058亩，占总面积37%。林木覆盖率为43.9%。

开屯乡辖开屯、桥洛、小开屯、丛木、岩寨等5个村民委员会，35个村民小组，14个自然寨。

开屯村村民委员会驻大开屯，辖大开屯、掌干这、苦李冲、乌社、排则、排教6个自然寨；桥洛村民委员会驻桥洛，辖桥洛、排扭2个自然寨；小开屯村民委员会驻小开屯，辖小开屯自然寨；丛木村民委员会驻丛木寨，辖丛木、也薅2个自然寨；岩寨村民委员会驻上岩寨，辖上、下岩寨和干南桥3个自然寨。

1987年，全乡有811户，4060人。其中苗族占99%。还有汉、侗、水、瑶等民族。

开屯乡活立木蓄积量为15.8万立方米，为全县活立木蓄积量超过10万立方米的乡之一。20世纪70年代中期，开办开屯采育林场，以钢丝架空索道集运木材，曾多次获省、州林业先进单位称号。

开屯乡气候跨越较大，北部桥洛地区属冷凉农业气候区，多雨、低温、湿润，秋风严重，年无霜期只230天左右。中部和西南部的掌干这、苦李冲等地区为温凉农业气候区，多雨、湿润、重秋风。东南部开屯、岩寨等地区处温和农业气候区。年均气温13.5℃～14.4℃，无霜期257天，年均降雨量1400毫米左右。

境内有开屯小型锑矿床。小开屯、开屯北、桥洛、大槽4个锑矿点已经开采。

桥洛为永乐河的源头。在桥洛、开屯各建有电站1座，装机共52千瓦。

1987年，全乡有完小1所，初小2所；乡卫生院1所。

排告乡

排告乡位于县南部，海拔1160米，距县城64公里。乡政府驻排告。地跨北纬26° 12′ 25″ —26° 14′ 58″，东经108° 7′ 48″ —108° 12′ 5″ 之间。东界永乐镇，南接柳乌乡，西连掌雷乡和丹寨县加配乡，北邻桃江乡与开屯乡。卡排（卡文坳至排告）公路直通排告。

全乡总面积24.7平方公里（37073亩）。有耕地2747亩，占总面积的7.41%。有林地9706亩，占总面积的26%。林木覆盖率28.9%。活立木蓄积量7.28万立方米，是雷山木材重点产区之一。20世纪60年代在此办有国营采伐林场1个，为国家提供商品材10余万立方米。

1987年，排告乡辖排告、和平、加勇3个村民委员会，33个村民小组，20个自然寨。

排告村民委员会驻排告，辖排告、高洞、中寨、脚牛、干良、干播、同玉7个自然寨；和平村民委员会驻上和平，辖上和平、下和平、也干、羊乌、小羊乌5个自然寨；加勇村民委员会驻加勇，辖加老、加勇、场坝、鲁浪、排告、麻山、瑞加、也的8个自然寨。

1987年，全乡有502户，2505人。其中苗族1971人，占78.68%；汉族399人，占15.93%。还有侗、瑶、水等少数民族。

境内白竹山横亘西北部，海拔1802米。年均气温为14.6℃，年均降水量为1400毫米左右，无霜期为240～252天。农作物有水稻、小麦、玉米、红苕、油菜籽、辣椒等。主要河流有和平河、德劳河，均源于白竹山。源头建有排告水库1座，蓄水15.6万立方米，可灌溉农田约700亩。下游建有加勇、羊乌电站，装机共17.5千瓦。截德劳河水建有和平大沟，长11.5公里，引灌排告、加勇及永乐党开等地1000余亩农田。

1987年，有完小1所，初小3所；乡卫生院1所。

柳乌乡

柳乌乡位于县南部，海拔750米，距县城64公里。乡政府驻柳乌。地跨北纬26°9′35″—26°12′48″，东经108°7′16″—108°14′0″之间。东邻永乐镇及榕江塔石水族瑶族乡，南接桥桑乡，西连丹寨县加配乡，北界排告乡。全乡总面积40平方公里（60016亩）。有耕地3940亩，占总面积6.56%；有林地27259亩，占总面积45.4%。林木覆盖率为48.3%。有岔柳（两岔河至柳乌）公路直达柳乌。

1987年，柳乌乡辖柳乌、长坡、柳排、桥配4个村民委员会，46个村民小组，40个自然寨。

柳乌村民委员会驻柳乌，辖上南江、下南江、楠木、小河、片娜、高笋、河边、大寨、中寨、排夭、坝子、老寨、南江、桥用、新寨、新丰16个自然寨；长坡村民委员会驻长坡，辖长坡、干塘、大岭、长田坎、新成上寨、新成下寨、簸迁、乌背8个自然寨；柳排村民委员会驻下柳排，辖上柳排、下柳排、银贵、片库、片连、连兴、上长田、下长田、上乌尼、下乌尼、野牛坡、桥反12个自然寨；桥配村民委员会驻桥配，辖桥配、土司田、登丹3个自然寨。

1987年，全乡有704户，3472人。其中苗族1510人，占总人口的43.49%；汉族1255人，占36.15%；水族415人，占11.95%；侗族272人，占7.83%；还有瑶、布依等少数民族。

气候条件以里广东（海拔1600米）及乌排坡（海拔1309米）为界。岭东属温和区和温暖区，湿润、轻秋风；岭西属温凉区，轻旱、重秋风。年平均气温15.5℃，年均降水量1400毫米左右，无霜期269天。水稻、小麦、玉米、红苕、油菜籽、辣椒、棉花等农作物多产于东部。

主要河流为南江河，注入永乐河。有柳乌水电站1座，装机100千瓦。

1987年，全乡有完小1所，初小2所；乡卫生院1所。

桥桑乡

桥桑乡位于县南部，海拔590米，距县城68公里。乡政府驻桥桑，塔达（塔石至达地）公路过境，并在塔石与炉榕公路衔接。地跨北纬26°7′23″—26°11′5″，东经108°6′37″—108°13′58″之间。东连榕江县塔石水族瑶族乡，西与丹寨县排路乡毗邻，南界达地镇，北界柳乌乡。全乡总面积48平方公里（72007亩）。有耕地3253亩，占总面积的4.2%；有林地19753亩，占总面积的26%。林木覆盖率为41.2%。

桥桑乡辖桥桑、坝子、高枧、高庄、草坪5个村民委员会，46个村民小组，44个自然寨。点状聚落，居住分散。

桥桑村民委员会驻桥桑，辖桥桑、大坝、同界、甲当、杨党、党早、上也迂、下也迂8个自然寨；坝子村民委员会驻坝子，辖坝子、桐油坳、上楠木、下楠木、凉水井、衙门口、新寨、中寨、水碾、大榜、达良11个自然寨；高枧村民委员会驻上高枧，辖上高枧、下高枧、营盘、上桥毫、下桥毫、上夺弄山、下夺弄山7个自然寨；高庄村民委员会驻排拉上寨，辖排拉上寨、排拉下寨、也卡、也想、巫开、下寨、梅家7个自然寨；草坪村民委员会驻草坪，辖草坪、王家寨、大毛坡、苏八、也无、大寨、党麻、白果、小榜、牛打角、草坪小寨11个自然寨。

1987年，全乡有936户，4662人。其中苗族2494人，占54%；汉族1161人，占25.7%；水族647人，占14%；侗族277人，占6%；还有瑶、布依、拉祜等少数民族。

桥桑乡热量条件较好，年均气温16.1℃，年均降水量1250～1400毫米，无霜期274天。主产水稻、玉米、红苕，油菜籽、水芋、棉花、辣椒、生姜、西瓜等。经济林有五倍子、油桐、木姜籽、杨梅、猕猴桃、棕片、茶叶、水果等。20世纪80年代，柑橘、梨及茶叶等发展较快，为雷山县主要经济作物和经济林木区之一。

境内河流有桥桑河，在塔石注入永乐河。还有草坪河、高庄河，均流经排路注入都柳江。全乡建有电站6座，总装机91千瓦。

全乡有完小1所，初小2所。有乡卫生院1所。

第三章　自然地理

第一节　地质和矿产

地　质

地层　雷山县在大地构造上，处杨子准地台上次级构造江南台隆的北西部，出露地层全为元古界下江群。震旦系和新生界的第三、四系仅有零星出露。

第四系（Q）：境内第四系极不发达，仅沿小河、沟谷有少量冲积、洪积层，沿山坡有厚度不大的残积、坡积层，厚0～20米。

老第三系（E）：仅见于雷山县城以南的断陷盆地中，主要由紫红色中厚层至厚层状砾岩夹石英砂岩及少量砖红色粉砂岩组成。厚294～531米。岩层中富含铁质，砾石成分主要为变质岩和石灰岩等，砾径一般为1～5厘米，大的可达25厘米，为半滚圆状，呈平行排列或杂乱分布，钙质胶结。

震旦系下统南沱组第三段（zlnc）：仅见于西江附近，主要为灰绿色及紫灰色块状受轻微变质之冰碛含砾砂质泥岩。

下江群：区内出露有清水江组、番召组、乌叶组及甲路组。

清水江组（pt_3xjg）：按沉积旋回、岩性特征及岩石类型可分为三个段，广布于西江断裂的西北侧及县境东南端。第三段（pt_3xjg^3）：上部为浅灰色，浅灰绿色具细纹层理的含砂至砂质绢云母板岩，中部为浅灰—灰色厚层至块状变余粉砂岩、细砂岩与粉砂质绢云母板岩互层，下部为浅绿、浅灰绿色薄层至中厚层状硅质绢云母板岩，厚907～2002米。第二段（pt_3xjg^2）：主要由灰至深灰色厚层块状变余凝灰岩、灰色薄层至中厚层状变余凝灰岩、凝灰质板岩、浅灰至灰色中厚层至块状变余砂岩等组成。其中以变余凝灰岩、变余砂岩最为发育。厚558～1127米。第一段（pt_3xjg^1）：灰至深灰色变余凝灰岩、变余砂岩、凝灰质粉砂岩板岩。厚1437～2977米。

番召组（pt_3xjf）：分布于西江断裂的东南侧，根据岩石类型可分为两个段。第二段（pt_3xjf^2）：浅灰至深灰色薄层至中厚层状绢云母板岩、凝灰质绢云母板岩为主，夹少量变余砂岩。厚962～2055米。第一段（pt_3xjf^1）：浅灰、烟灰色厚层至块状变余砂岩与浅灰色中厚层状硅质绢云母板岩，粉砂质板岩及少量凝灰质板岩之互层。厚577～821米。

乌叶组（pt_3xjw）：仅分布于提庆（迪气）背斜。按岩性可分为两个段。第二段（pt_3xjW^2）：以灰黑至黑色薄层状灰质绢云母板岩及千枚岩为主，上部及下部夹有少量烟灰色变余粉砂岩、细砂岩、薄层粉砂质板岩及变余凝灰岩、碳酸盐岩等透镜体，含黄铁矿较富。厚628～771米。第一段（pt_3xjw^1）：为灰白、浅灰、绿灰色厚层至块状变余粉砂岩、细砂岩、石英岩，浅灰、绿灰色薄层至中厚层状粉砂质板岩、硅质绢云母板岩及少量浅灰色变余凝灰岩等。厚291～385米。

甲路组（pt_3xjj）：仅见于东北角提庆（迪气）地区，按岩性可分为两个亚段。上亚段（pt_3xjj^{2b}）：为灰绿色至灰色薄层至中厚层状绢云母板岩和粉砂质板岩及千枚岩，含星点状黄铁矿和海绿石，岩石中具水平细纹或条纹层理。厚180～279米。下亚段（pt_3xjj^{2a}）：为浅灰至灰色薄层状钙质千枚岩或千枚状钙质板岩，间夹肉红色至肤色透镜状绢云母大理岩。厚28米。

岩浆岩　仅见于高岩，岩性为云煌岩。岩脉侵入于西江断层南东侧、新寨背斜南西倾伏处的下江群番召组第一段板岩中，长约270米，宽3～5米。呈脉状，倾向80度，倾角52～67度。岩脉为深灰、灰绿及棕褐色，具全晶质中粒斑状结构，块状结构，经同位素年龄测定为2.17亿年，推断其侵入时代为加里东期。

此外，在桥洛、永乐两地还发现云煌岩转石。

地质构造　断裂构造：西江正断层为境内最主要通断裂，断层走向北东，倾向北西，倾角45～75度。地层断距一般为2000米，最大达5000米。断层北西盘以硅化、小挠曲、羽毛状裂隙等为特征；南东盘以千枚岩化、翼理发育和具拖拉褶曲为特征。断层两旁角砾岩、破碎带极为发育，沿断裂带有多金属矿点，金属量和重砂异常点等呈长条状分布。断层具多次活动特点，并有云煌岩岩体侵入。其次为排翁逆断层、正断层、桐油坡逆断层、永乐逆断层等，断层走向均为北东南西向，倾向北西。

褶曲构造：境内主要的褶曲有雷公山复式背斜，轴线为北北东向。两翼被断层破坏，保存不全。岩层倾角南东东翼30～20度，北西西翼50～10度，向南倾伏。次一级褶曲有雷公坪向斜，提庆（迪气）短轴背斜。

雷公坪向斜轴向北东，长34公里。岩层倾角南东翼30～10度，北西翼35～10度，两翼近似对称，轴面微向北西。核部受挤压形成很多小褶曲。提庆（迪气）短轴背斜轴向北北东，两翼岩层倾角20～25度。南东翼受断层影响达50度，轴面直立（微向北西西斜），近似对称，向西端倾伏，倾伏角约10度，外形似覆舟状，长30公里。

此外，有雷山向斜，轴向北东，岩层倾角南东翼20～25度，北西翼20～40度，轴面倾向北西，南西端翘起，翘起角约10度，呈长条状。核部在西江附近被断层破坏。

矿　产

矿产资源有锑、铅、锌、铜等。有多金属矿点10个。

开屯小型锑矿床　位于县城东南，平距18公里。北北东向雷公山复式背斜次级毛坪背斜的西南倾没端。矿体产于断层破碎带内，成脉状产出。断层破碎带宽1～5米，带长500米，倾斜延伸大于40米。为辉锑矿及少量锑华并含黄铁矿、白铁矿和绢云母。储量为D级金属锑约2997吨。

大槽中型锑矿床　位于东部毛坪村南西2.5公里至迪气短轴背斜的南西倾没端。各种形态的锑矿体产于小断裂带或层间裂隙带中。矿体呈小透镜状、脉状、团块状及呈星散状产出。

冷竹山锑矿点　位于南部桃江乡北东4公里处。矿体产于断层破碎带中，矿层呈北北东方向展布。长200米，厚0.2～0.4米。矿体呈透镜状、团块状、细脉状及浸染状产出，含锑品位0.13%～5.89%。

开屯（北）锑矿点　位于雷山县城南东，平距17公里。在毛坪背斜倾没端西翼，该断裂构造较发育。以北东向断裂为主，含矿带呈北东向，长约1400米，宽约400米。单个矿床脉长20～60米，厚0.3～0.4米。局部地段出现透镜状、团块状的富矿。为辉锑矿、石英的组合。含锑品位为0.015%～6.25%。

小开屯锑矿点 位于县城南东，平距18公里之小开屯北东300米处。矿体呈团块状、细脉状或浸染状，赋存于北东向断裂破碎带中，长约700米，宽约0.1～1米，单个矿体长0.1米至数米，厚度为数厘米至0.3米，矿石含锑0.02%～1.11%。

交腊锑矿点 位于县城东南之高岩乡交腊村北东2公里处。矿脉呈南北向延伸，陡脉状产出，四条矿脉平行地雁列分布。矿带长约2000米，宽1000米。矿体呈黑色细脉状、星散状、浸染状，分布于石英矿或强硅化板岩及角砾岩中。脉厚0.1～0.2米，有的地段厚0.3～0.4米，个别地段厚1米左右。矿脉较稳定，品位较高，个别地段目估可达15%～20%。

以上锑矿点总金属量为1.2万吨。已经组织开采。

丰塘（北）多金属矿点 位于县境西北公统乡丰塘寨北1.5公里。有两条含矿石英脉，局部富集呈透镜状矿体，长305～400米，厚0.5～3.5米。含铜0.1%～0.25%，个别品位为0.51%；含铅0.2%～4%，个别品位达0.74%；含锌0.13%～5.5%，个别品位达5.7%；含镉0.005%。

乌江多金属矿点 位于县城西南，平距8公里处。有两条含矿石英脉。主条长3800米，厚0.25～0.52米。含铜1.41%，含锌5.99%，含铅0.12%，含镉0.01%～0.12%。储量为D级铜284吨。品位较高，可作工业开采利用。

独南多金属矿点 位于县城南西，平距12公里。含矿石英脉呈复合脉状，产于断层裂带中。长5600米，厚40～60米。其中矿体长530米，厚0.2米。含铜2.79%，含铅、锌0.1%，含镉0.1%。储量为D级铜1036吨。

排肖多金属矿点 位于县城西，平距12公里处之公统乡排肖村。有两条石英矿脉，主条长700米，厚1.5～6.7米。含铜0.036%，含铅0.49%，含锌0.13%～1.17%，含镉0.03%。另一条长140米，矿化微弱。

固鲁多金属矿点 位于县城北，平距3公里。矿脉沿层间裂隙充填，呈单脉产出。长40米，厚10～25厘米。含铜0.7%～2.5%，含铅0.16%，含锌3.4%～22.7%。脉厚，品位较高，伴生有镉、锗、镓、银、锡、锑等元素。

开觉多金属矿点 位于县城北东，平距18公里，新寨背斜南西倾斜处。呈脉状产出，由数条石英脉组成。脉带长800米，宽300米。单脉长50～250米，宽1～2米。含铜0.03%～0.12%，含铅0.1%～0.83%，含锌0.03%～0.14%。

咱刀多金属矿点 位于县城南，平距8公里。呈脉状产出。西段长600米，厚0.3～0.7米；东段为若干条细脉组成。含铜0.07%～0.09%，含铅0.79%～6.6%，含锌0.41%～4.71%。还有银、镓、锗等。

楼梯坝多金属矿点 位于县城西500米，雷山向斜南东翼，近于向斜轴，含矿带呈脉状产出。单脉长约10米，厚0.05米，含铜、铅、锌等金属元素。

此外，还有丰塘、迪气、脚猛等多金属矿化点和乌开、桥洛、永乐等锑矿矿化点，以及开觉钨矿重砂异常区、羊排（龙头乡）铅矿重砂异常区、咱刀铅矿重砂异常区、干扭白钨矿重砂异常区、独南铜矿异常区、咱刀金属测量异常区等。

第二节　地　貌

雷山县处于云贵高原向湖南、广西丘陵盆地过渡的斜坡地带，境内出露地层古老，地质历史上运动繁多。由雪峰运动引起下江群岩石的变化，产生一些断裂；加里东运动形成境内主要地质构造骨架；燕山运动和喜马拉雅山运动的形迹叠加其上。多次旋回造山运动的结果，形成了雷公山地区的地形。雷公山位于雷公山广复式背斜轴部的一个次级向斜中，为县内最主要山脉。因其向斜构造保存完整，地势高耸，海拔多在1800米。再由于河流侵蚀强烈，形成主要为深切割的中山、次为低中山和高中山形态的地貌特征。沟谷纵横，山峦重叠，地形复杂。相对高差悬殊。从南部背略亚麻河口最低海拔484米到中部雷公山顶最高海拔2178.8米，相对高差1694.8米。（见雷山地势图）

按海拔高度可将全县划分为低山、低中山、中山、高中山等地貌类型。其中，低中山和中山地貌占全县总面积的90.5%。低山主要分布在南部永乐河、桥桑河、背略河及西南部孔勇河、羊乌河、北部丹江河等河谷沿岸的海拔800米以下地区，面积83.84平方公里，占全县总面积的6.94%。低中山分布在西北部、南部地区以及东部乌迷河谷和南哨河谷地区，海拔在800～1200米之间，相对高差200～400米。面积683.12平方公里，占全县总面积的56.55%。中山分布在雷公山主脉及两侧地区。西北部的母猪石、掌高及南部里广东等地有部分分布。海拔在1200～1800米之间。面积410.12平方公里，占全县总面积的33.95%。高中山分布在东北部雷公坪—雷公山一线及中部冷竹山地区，海拔在1800米以上，最高2178.8米。面积30.92平方公里，占全县总面积的2.56%。

由于地貌类型在水平分布上的差异，全县地貌可划分为东部和中部中山及高中山峡谷区、南部中山及低中山峡谷区和西北部低中山宽谷区。东部和中部中山及高中山峡谷区，包括方祥、高岩乡的全部及大沟、西江、黄里、陶尧、莲花、大塘、桥港、桃江、开屯、永乐等乡部分地区。该区以中山地貌为主，海拔在1200～1800米之间，1800米以上的高中山地貌亦占相当比重。区内海拔在2000米以上的山峰有11座，最高峰雷公山海拔2178.8米，为苗岭山脉东段主峰。雷公坪—雷公山—冷竹山—白竹山呈东北—西南向，沿山脉主脊线依次排列。主脉两侧侵蚀切割强烈，东部有乌迷河和南哨河急剧下切，形成方祥和毛坪两个低洼峡谷地带；西北部、北部有丹江河、黄里河、朗利河等侵蚀切割形成的几个大小不等的峡谷地带。山体构成以变余砂岩、粉砂质板岩、凝灰质板岩、硅质绢云母板岩及千枚岩等为主，风化层坡积物较厚，森林茂密，植被覆盖良好，岩石表层构造风化裂隙含水均匀丰富，下部不透水层滞阻作用强烈，排泄基准面高，因而形成山高水高，地表水文网密集，河流坡降大，山涧多瀑布等特征。南部中山及低中山峡谷区，包括永乐区的大部和大塘区的桥港、桃江、掌雷等乡部分地区。海拔在484～1800米之间，为雷公山脉向东南倾斜的地段，河流均属都柳江水系。由于河流深切，以至地形破碎，谷地狭窄，山坡陡峻，相对高差一般在600米左右，最大为1300米。主要为中山、低中山地貌。岩层主要成分为砂质绢云母板岩、硅质绢云母板岩、变余粉砂岩、变余凝灰岩、凝灰质板岩、变余砂岩等。由于地质构造上断裂和褶曲的影响，形成本区河谷切割较深的地貌特征。因冷竹山、白竹山余脉延伸，全区地貌呈北高南低。牛角山、山羊界、排歪坡等西南为屏，永乐河、背略河水流东向，又使本区呈西高东低。里广东中部突起，与东南部大坪山山脉相连，成为背略河与永乐河、桥桑河的分水岭。永乐河、背略河两岸切割较深，坡度较陡，地面起伏较大。区内海拔多在800～1200米之间。永乐河谷、桥桑河谷及达地河谷等少数低洼地区海拔在800米以下。西北部低中山宽谷区，包括丹江区大部及大塘、西江区的部分地区。海拔在780～1500米之间，相对高差一般在400米左右。岩层主要成分为变余凝灰岩、变余砂岩、硅质绢云母板岩、粉砂质绢云母板岩及钙质千枚岩、钙质板岩等。因地处雷公山西北坡，地势由东南向西北倾斜，区内河流分属清水江与都柳江水系。南部龙头、乌江、大塘三乡交界处的母猪石为其分水岭。岭南的孔勇河、羊乌河等属都柳江水系；岭北的望丰河、丹江河、公统河、黄里河、陶尧河等属清水江水系。河流有的由东向西，有的由南向北，有的由北向南，冲积形成几个低洼宽谷地带。该区海拔多在800～1200米之间，耕作区海拔大部分在800～1000米以内。100亩以上的小坝子，均分布于这些宽谷地带。

第三节　气　候

雷山县属北亚热带季风湿润气候区，但因境内山峦起伏，沟壑纵横，引起水热条件的变化，垂直气候差异明显。海拔1400米以上为北亚热带气候，冬冷，夏凉，四季不甚分明；海拔1400米以下为中亚热带气候，冬长、夏短。雷公山东坡、东南坡较湿润，多云，少日照，阴雨天气多；雷公山西坡、西北坡则因受南来气流影响，有下沉增温效应，气候温暖，湿度小，光照多。

光　能

太阳辐射　年太阳辐射总量为3650.2兆焦耳／平方米，处于低值区。辐射主要集中在夏季。6～8月总辐射量达1312.73兆焦耳／平方米，占全年辐射总量的35%。4～9月辐射总量为2374.72兆焦耳／平方米，占全年辐射总量的65%。

雷山县各月太阳辐射表

表1-1　　　　单位：兆焦耳／平方米

月	总辐射	变化范围	生理辐射
1	168.7	219.77～108.84	84.56
2	177.49	232.32～112.6	88.74
3	264.14	349.11～179.58	132.28
4	366.97	412.74～266.65	168.7
5	358.74	448.74～248.65	179.58
6	374.23	501.9～272.09	187.11
7	486.97	631.67～383.02	240.7
8	457.53	563.02～376.32	228.97
9	366.28	447.48～290.51	183.35
10	287.16	402.69～195.49	143.58
11	208.04	327.35～126.84	104.23
12	169.95	302.23～103.81	84.98
全年	3686.2	4043.26～2664.4	1826.78

日照　全年日照时数为1225.1小时，日照率为28%。最多年为1524小时，日照率34%（1978年）；最少年为1022小时，日照率23%（1961年）。夏季为468.9小时，占全年日照时数的37%；冬季为174.4小时，占全年日照时数的14%。以7月最多，为182.4小时；2月最少，为53.5小时。

雷山县月、季日照射时数表

表1-2

月	日照时数（小时）	占全年%	季	日照时数（小时）	占全年%
3	81.2	6	春	290.5	23
4	103.7	8			
5	105.6	8			
6	114.9	9	夏	468.9	37
7	182.4	15			
8	171.6	14			
9	137.7	11	秋	321.3	26
10	101.8	8			
11	81.8	7			
12	63.5	5	冬	174.4	14
1	57.4	5			
2	53.5	4			
全年	1255.1	100		1255.1	100

热量分布　丹江河、永乐河在雷公山南、北两侧顺山势下切，形成西北部和南部两个河谷区，年均气温为15℃，无霜期超过260天，年总积温在5475℃以上。其余大部分地区年均气温在14℃～15℃之间，无霜期248～259天，年总积温5110℃～5475℃。中部交腊、乌江、桥洛等地，年平均气温为12.4℃，无霜期230天，年总积温在4524℃以下。

年均气温随海拔高度不同而呈有规律变化，高度每上升100米，年均气温平均下降0.5℃。年平均气温递减率，以雷公山西坡为大，其值为0.53；东坡较小，为0.47。年均最高和极端最高气温递减率值大于年均气温递减率值，分别为0.6和0.71。年均最低气温递减率值仅0.44。极端最低气温与年平均气温递减率值接近。

据气象资料记载，城关地区年均气温为15.4℃，最高年为16℃（1966年、1973年），最低年为14.8℃（1976年），年变幅为1.2℃。最热月为7月，气温为24.6℃；最冷月为1月，气温为4.8℃。年较差为19.8℃，极端最高气温为35.6℃（1966年8月17日），极端最低气温-8.9℃（1977年1月30日），年均日较差为8.3℃。

雷山县月、年平均气温及日较差表

表1-3　　　　　　　　　　　　　　　　　　　　　　　　　　　　　　　单位：℃

月	累年平均	出现范围	日较差
1	4.8	0.8～7.2	7.9
2	6.4	1.7～10.7	7.6
3	11.3	7.3～14.6	8.3
4	16.1	13.9～18.6	8.7
5	19.8	17.7～22.3	8
6	22.6	21.3～24	7.9
7	24.6	23.5～25.6	7.8
8	23.6	22.5～24.7	9.2
9	20.9	19.7～23.5	9.6
10	16.4	14.4～17.7	8.6
11	11.2	8.5～14.3	8.3
12	6.8	3.7～10.7	8
全年	15.4	14.8～16	8.3

霜　期　初霜最早在11月19日，最晚在1月19日。终霜最早在1月8日，最晚在3月16日。80%保证率的初霜日为11月26日，终霜日为3月5日。全年无霜期265天，霜期100天。

降　水

降水量与季节分配　降水量总趋势为从西向东递增，随高度增加而增加。县境内年均降水量在1250～1500毫米左右。东北部的西江地区为1260毫米，中部丹江地区为1336毫米（最大为1952年，1815.3毫米；最小为1960年，927.3毫米）。南部的永乐地区和东部方祥地区为1510毫米。雨季开始日期一般为4月15日（最早的1960年为3月24日，最迟的1963年为5月5日），结束日期一般为10月25日（最早的1960年为7月7日，最晚的1970年为12月5日）。降水量主要集中在夏季（6—8月），占全年降水的43.2%；春季占32.5%；秋季占18.1%；冬季占6.2%。喜温作物生长季节（4—9月）雨量为1033.6毫米，占全年降水量的77.4%。喜凉作物生长季节（10—5月）的降水量为685.5毫米，占全年降水量的51.3%。≥10℃期间的降水量为1181毫米，占年降水量的88.4%。降水日数平均为181.7天，最多为202天（1973年），最少为153天（1960年）。以春夏两季雨日最多，3—8月雨日均在15天以上；9月最少为11.5天。

25毫米（大雨）以上的降水，从3月到12月均有出现，主要集中在4—8月，全年可达14天以上；

50毫米(暴雨)以上的降水，4—10月均有出现，全年平均可达4天；100毫米(大暴雨)以上的降水日数年平均为0.4天；日降水量大于150毫米(特大暴雨)以上，从20世纪60年代以来出现过3次，即1962年5月27日(日雨量258.1毫米，过程雨量307.7毫米)、1968年6月14日(日雨量174.4毫米，过程雨量221.9毫米)、1970年7月21日(日雨量261.7毫米，过程雨量375.7毫米)。

降水量的垂直分布 降水垂直分布表现为随高度升高而增多。1985年7月至1986年6月(属少雨年份)，雷公山东坡、东南坡降水比西坡多9%～24%，递增率为4.5～17.3毫米/100米；西坡、西北坡年降水递增率达到39.4～41.1毫米/100米。

雷山县月、季降水量表

表1-4

月	降水量(毫米)	占全年%	季	降水量(毫米)	占全年%
3	51.4	3.3	春	434.3	32.5
4	151	11.3			
5	231.9	17.4			
6	217.4	16.3	夏	577.1	43.2
7	200.6	15			
8	159.1	11.9			
9	73.6	5.5	秋	242.1	18.1
10	100.5	7.5			
11	68	5.1			
12	28.7	2.1	冬	82.7	6.2
1	25.5	1.9			
2	28.5	2.1			
全年	1339.2	100		1339.2	100

雷山县各乡(镇)月平均温、年极端温及降水量表

表1-5

月份 / 温度(℃) / 乡名	1	2	3	4	5	6	7	8	9	10	11	12	平均	年极端最高	年极端最低	年降水量(毫米)
丹江(镇)	4.7	6.2	11.4	16.2	20	22.5	24.6	23.7	21	16.4	11.2	6.6	15.4	35.6	-8.9	1300
响楼	4.7	6.2	11.4	16.2	20	22.5	24.6	23.7	21	16.4	11.2	6.6	15.4	35.6	-8.9	1300
龙头	4.7	6.2	11.4	16.2	20	22.5	24.6	23.7	21	16.4	11.2	6.6	15.4	35.6	-8.9	1300

续表

月份 温度（℃） 乡名	1	2	3	4	5	6	7	8	9	10	11	12	平均	年极端最高	年极端最低	年降水量（毫米）
陶尧	4.7	6.2	11.4	16.2	20	22.5	24.6	23.7	21	16.4	11.2	6.6	15.4	35.6	-8.9	1300
固鲁	4.9	6.4	11.6	16.4	20.2	22.7	24.8	23.9	21.2	16.6	11.4	6.8	15.6	35.8	-8.6	1300
报德	4.5	6	11.2	15.9	19.7	22.2	24.3	23.4	20.7	16.1	11	6.4	15.1	35.3	-9.1	1250
岔河	4.5	6	11.2	15.9	19.7	22.2	24.3	23.4	20.7	16.1	11	6.4	15.1	35.3	-9.1	1250
望丰	4.3	5.8	11	15.8	19.6	22.1	24.2	23.3	20.6	16	10.8	6.2	15	35	-9.3	1250
乌江	4	5.5	10.7	15.5	19.3	21.8	23.9	23	20.3	15.7	10.5	5.9	14.7	34.7	-9.6	1250
公统	3.9	5.4	10.6	15.4	19.2	21.2	23.8	22.9	20.2	15.6	10.4	5.8	14.6	34.7	-9.8	1250
桥港	4.7	6.2	11.4	16.2	19.9	22.2	24.3	23.4	20.9	16.4	11.2	6.6	15.3	35.6	-8.9	1250
莲花	4.5	6	11.2	15.9	19.7	22.2	24.3	23.4	20.7	16.1	11	6.4	15.1	35.2	-9.1	1300
大塘	4	5.5	10.7	15.5	19.3	21.8	23.9	23	20.3	15.7	10.5	5.9	14.7	34.6	-9.7	1300
桃江	4	5.5	10.7	15.5	19.2	21.6	23.7	22.8	20.2	15.7	10.5	5.9	14.6	34.6	-9.7	1400
掌雷	3.8	5.3	10.5	15.2	19	21.5	23.6	22.7	20	15.4	10.3	5.7	14.4	34.3	-9.9	1300
高岩	2.7	4.2	9.4	14.1	17.9	20.4	22.5	21.6	18.9	14.4	9.2	4.6	13.3	32.7	-11.2	1400
桥桑	5.6	7.1	12.3	16.9	20.6	23	25	24.2	21.6	17.1	12.1	7.5	16.1	37.3	-7.8	1300
达地	5.4	6.9	12.1	16.8	20.4	22.8	24.8	24	21.4	17	11.9	7.3	15.9	36.3	-8	1300
永乐	5.1	6.6	11.8	16.5	20.2	22.7	24.7	23.9	21.2	16.7	11.6	7	15.7	36	-8.4	1500
柳乌	4.9	6.4	11.6	16.3	19.9	22.4	24.4	23.6	20.9	16.5	11.4	6.8	15.4	35.8	-8.6	1400
开屯	4.1	5.6	10.8	15.6	19.3	21.7	23.7	22.9	20.3	15.8	10.6	6	14.7	34.3	-9.6	1500
排告	4	5.5	10.7	15.4	19.1	21.5	23.6	22.7	20.1	15.6	10.5	5.9	14.6	34	-9.7	1400
西江	5.2	6.7	11.9	16.8	20.6	23.2	25.3	24.4	21.6	17	11.7	7.1	16	35.8	-8.3	1250
大沟	4.2	5.7	10.9	15.8	19.6	22.2	24.3	23.4	20.6	16	10.7	6.1	15	35.2	-9.5	1250
黄里	4.1	5.6	10.8	15.7	19.5	22	24.1	23.2	20.5	15.9	10.6	6	14.8	35.2	-9.6	1500
方祥	4.1	5.6	10.8	15.7	19.5	22	24.1	23.2	20.5	15.9	10.6	6	14.8	35.2	-9.6	1500
白连	4.7	6.2	11.4	16.2	20	22.5	24.6	23.7	21	16.4	11.2	6.6	15.4	35.4	-8.9	1250

农业气候区

全县划分为4个农业气候区（含7个类型区）。

温暖区 包括永乐、桥桑、达地、柳乌等乡（镇），为温暖轻旱和温暖湿润一年两熟混作区。在海拔800米以下，年均气温15.5℃以上，无霜期269天以上。全年正积温5448℃以上，≥10℃活动积温大于4535℃，光照充足。有两个类型。年降水量$Ⅰ_1$区为1250～1400毫米，$Ⅰ_2$区为1400～1500毫米。农田实行稻—麦（油）一年两熟制，土中作物套种可以一年三熟，但夏季易受干旱与局部洪涝灾害。

温和区 包括桥港、乌江、公统、丹江、龙头、望丰、莲花、固鲁、白连等乡（镇），为温和轻旱和温和湿润一年两熟区。海拔在800～1070米之间，年均气温14.5℃～15.4℃，无霜期253～265天。全年正积温5075℃～5410℃，≥10℃活动积温4137℃～4500℃。有两个类型。降水量$Ⅱ_1$区1250～1400毫米，$Ⅱ_2$区为1400～1500毫米。水源较缺，多望天水田和冷浸田，稻—麦一年两熟。海拔1000米以上地区，水稻易受轻度秋风影响。

温凉区 包括开屯、桃江、排告、黄里、大塘、大沟、陶尧、西江等乡（镇），为温凉轻旱和温凉湿润轻秋风一年一熟两熟混作区。海拔在1010～1250米之间，年均气温13.5℃～14.4℃，无霜期242～252天。全年正积温4703℃～5038℃，≥10℃积温3734℃～4097℃之间。有两个类型。年降水量$Ⅲ_1$区为1250～1400毫米，$Ⅲ_2$区为1400～1500毫米。冷浸田多，大部分农田只一年一熟，水稻易受秋风影响。

冷凉区 包括方祥、高岩等乡，为冷凉湿润重秋风一年一熟区。海拔在1200～1400米之间，年平均气温12.4℃～13.4℃，无霜期230～241天。全年正积温4294℃～4666℃，≥10℃积温3290℃～3693℃。年降水量1500毫米。多阴雨云雾，少日照，水稻生育期长，秋风危害严重。

农业灾害

农业气象灾害有干旱、秋风（阴绵雨）、秋绵雨、倒春寒、暴风雨、雨淞（凌冻）、冰雹等。

干 旱 以夏旱为严重。从1960年到1985年的26年中，有轻旱3年，中旱5年，重旱2年。易受干旱为西部的公统乡和北部的白连乡。雷公山西北及南部河谷永乐、达地等地区为轻旱区。

秋 风 俗称“阴绵雨”多出现在8月下旬和9月上旬，对高寒山区水稻抽穗扬花影响极大。交腊、雀鸟、乌东、桥洛等地区每年都有不同程度的秋风危害。

倒春寒 影响小麦抽穗扬花和造成水稻烂种，约10年一次（一般地区2～3年一次）。时间为3月中旬到4月中旬。

暴 雨 大暴雨引起山洪暴发，导致滑坡，河堤决口，砂石淹埋农田，狂风刮倒稻秧，造成倒伏。约2.5年一次。降水量大于150毫米的大暴雨，从1962年到1987年的25年里，出现过3次。5月、6月、7月各一次。（详见降水目）

秋绵雨 出现在9—11月，影响水稻收割，稻谷发芽霉烂，土壤板结，不利小麦、油菜播种。平均每年出现2.2次。持续10天以上的重秋绵雨，从1960年到1987年的28年中，约3.5年出现1次，以1964年10月一次时间最长，历时19天。

雨 淞 俗称“凌冻”或“火凌”。海拔800米以上地区每年都有出现。城关地区平均每年8.7天。10天以上的年份占48%。最多达22天（1968—1969年）。初日为1月2日（1976年为11月16日），终日为2月12日（1982年为3月26日）。凌冻能压断树木和输电线路，使交通通信中断，严重危害小麦及油菜幼苗。

冰　雹　平均每年一次，多出现在3—5月。其移动方向多从北向南，或由西向东。以掌雷—排告一线居多。

1960—1987年雷山县气候一览表

表1-6

年　度	气温（℃）			日照时数（小时）	无霜期（天）	降水量（毫米）
	年平均	最高气温	最低气温			
1960	15.3	33	-	1141.8	299	913.1
1961	15.3	34.1	-7	1022.3	306	1296.5
1962	15.5	33.5	-4.6	1182.3	272	1221.3
1963	15.9	34.4	-8.6	1398.9	261	1226.2
1964	15.2	33	-5.9	1105.2	294	1304.6
1965	15.5	32.9	-5.6	1147.1	297	1509.9
1966	16	35.6	-5.5	1164.9	333	1192.4
1967	15.2	33.1	-6.7	1283.4	284	1407.1
1968	15.2	32.8	-5.2	1182.3	314	1455.4
1969	15.6	33.2	-7.8	1394.6	344	1475.5
1970	15	32.8	-8	1195.4	331	1422.4
1971	15.1	34.6	-4	1445.8	299	1215.5
1972	15.4	34.7	-5.3	1397.2	276	1558.5
1973	16	32.4	-5.5	1281.4	322	1383.5
1974	15	32.2	-6	1220.7	309	1223.9
1975	15.4	34.4	-7.2	1335.7	307	1081.9
1976	14.8	35.2	-6.6	1177.1	292	1273.9
1977	15.2	32.4	-8.9	1252.9	323	1619.3
1978	15.4	34.6	-4.3	1523.9	299	1112.7
1979	15.6	33.3	-4	1253.1	314	1783.3
1980	15.2	32.4	-5.2	1229.8	338	1382
1981	15.2	34.8	-4.4	1310.1	322	1091
1982	15.2	33.3	-5.9	1263.1	323	1492.2
1983	15.4	32.3	-5.3	1401	303	1443.5
1984	14.3	33.7	-5.6	1292.2	304	1010.2
1985	15.1	33.7	-3.8	1336.2	274	1129.9
1986	15.2	33.4	-4.3	1253.8	300	961.5
1987	16	31.7	-3.8	1503.5	316	1324.4

第四节　水　文

河流水系

全县共有大小溪河216条，分属清水江和都柳江水系。属清水江水系的有丹江河、望丰河、乌迷河、黄里河、白水河、乌香河、毛坪河和公统河，流域面积760平方公里，占全县总面积的62.9%。属都柳江水系的有永乐河、南江河、桥桑河、背略河、也卡河、孔勇河和羊乌河，流域面积448平方公里，占全县总面积的37.1%。丹江河、永乐河为县内主要河流。全县集水面积在20平方公里、长度10公里以上的河流有14条。全县年总水能理论蕴藏量为6.804万千瓦，可开发的水能资源为1.913万千瓦。开发率为24.9%。

丹江河干流　丹江河属清水江水系，为巴拉河上游，发源于交腊山，至郎德入凯里市境。境内全长44.5公里。有陶尧、望丰、羊排、咱刀等大小支流共16条。流域面积含大塘、高岩、莲花、龙头、陶尧、丹江、响楼、固鲁、乌江、望丰、岔河、报德等乡（镇），计344.76平方公里。流域内年均降水量为1341.9毫米，年均径流量为14.65立方米／秒，年产水量为4.247亿立方米。水能理论蕴藏量为1.448万千瓦，可开发量为0.366万千瓦，已开发0.126万千瓦。上游河床窄狭，河谷深切，水流湍急；中游段宽浅多滩；下游段河床虽较平缓，但塝河台地少。河床淤塞严重。

陶尧河　发源于雷公山西坡，呈东—西向流。在响水岩汇合乌东溪后，经白岩、排卡、陶尧、治安、南秀等地，至小郎当汇入丹江河。全长16.8公里，流域面积为53.55平方公里。年均径流量1.46立方米／秒（水能已并计入丹江河）。

望丰河　发源于乌江乡荣防菊相山中，自南向东北流出。经乌江、羊卡、望丰、杨柳、岔河、报德等地，在郎德下寨汇入丹江河。全长32.3公里，流域面积117.21平方公里，年均径流量3.2立方米／秒，年产水量1.01亿立方米。有乌节、荣防、乌响、干河沟、背后山、脚猛、也利、乌流等支流（水能已并计入丹江河）。

黄里河　发源于黄里坳山中，流经黄里、南少，汇乌尧河后向西北经摆底流入凯里市境，注入巴拉河。境内全长16.2公里，流域面积89.66平方公里，年均降水量为1350毫米，年均径流量为2.38立方米／秒，年产水量0.79亿立方米。水能理论蕴藏量0.46万千瓦，可开发0.0271万千瓦，已开发0.0271万千瓦。有支流5条，其中流域面积在10平方公里以上支流有龙塘河、乌尧河、根敢河。

白水河　又称西江河，发源于雷公山北坡翁巴基，向西北流经西江镇的干南丢，汇乌吊河后流入凯里市朗利河。境内长16.8公里，流域面积65.39平方公里，年均径流量1.85立方米／秒，年产水量0.58亿立方米。水能理论蕴藏量0.34万千瓦，可开发0.097万千瓦，已开发0.04万千瓦。共有大小支流10条。

毛坪河　发源于雷公山东南坡之毛坪村欧勇坡，由西向东南流，经毛坪向东沿榕江、雷山两县交界处与桥歪河汇合流入榕江县境，注入白道河。境内长12.9公里，流域面积76.68平方公里，流域内年均降雨量为1550毫米，是暴雨中心之一。年均径流量2.07立方米／秒，年产水量0.653亿立方米。水能理论蕴藏量0.65万千瓦，可开发0.302万千瓦，已开发0.002万千瓦。有大小支流14条。

乌迷河　又称方祥河，有西南二源，以南源格头河为主。流经格头、两岔河汇雀乌河后，再经平祥、中寨、水寨、桃香等村入台江县境汇入南哨河。境内长24公里，流域面积100.23平方公里。年均径流量2.66立方米／秒，年产水量0.84亿立方米。水能理论蕴藏量0.33万千瓦，可开发0.1161万千瓦，已开发0.0061万千瓦。流域区内山势陡峻，水流湍急。共有大小支流12条。

公统河 发源于公统乡排肖村八朵山中，为鸭塘河上源。自南向北流经羊告、排虎、公统上寨、丰塘等地入凯里市境，注入舟溪河。境内长11公里，流域面积42.54平方公里。年均径流量为1.1立方米／秒，年产水量0.35亿立方米。水能理论蕴藏量0.078万千瓦，可开发0.0255万千瓦，已开发0.0015万千瓦。

永乐河 永乐河为平永河上源，发源于冷竹山东麓。经桥洛、开屯、岩寨、干南桥、永乐、下党开、三板桥等地入榕江县境汇入塔石河。境内长22.5公里，流域面积103平方公里。全流域内多年平均径流量3.82立方米／秒，年产水量1.71亿立方米。水能理论蕴藏量0.63万千瓦，可开发0.1832万千瓦，已开发0.0387万千瓦。有大小支流12条。集雨面积大于20平方公里以上的支流有南江河、桥桑河、加乌河。

羊乌河 为排调河上源，发源于乌江乡叫养排西麓。沿雷山和丹寨县界南流，再汇新塘、孔孟等溪流后入丹寨羊乌乡境注入排调河。境内长20公里，流域面积60平方公里。年均径流量1.5立方米／秒，年产水量0.47亿立方米。水能理论蕴藏量0.23万千瓦，可开发0.034万千瓦，已开发0.019万千瓦。

孔勇河 又名桃江河，为排调河上源，发源于开屯乡苦里冲。由东向西流出，经桃江至三岔桥汇三湾小溪、桥兑小溪后，经南脑、孔勇，南流入丹寨县境，注入排调河。境内长25.3公里，流域面积104.9平方公里。年均径流量2.66立方米／秒，年产水量0.84亿立方米。水能理论蕴藏量0.43万千瓦，可开发0.2898万千瓦，已开发0.0298万千瓦。有大小支流11条。

也卡河 系排调河上源，发源于柳乌乡桥配山，过也卡后沿丹寨、雷山两县边界南流，汇入丹寨县排路河。境内长13公里，流域面积40平方公里。年均径流量1.02立方米／秒，年产水量0.32亿立方米。水能理论蕴藏量0.14万千瓦，可开发0.04万千瓦。

背略河 为怎冷河上源，发源于达地镇小乌村山中，经巫高、排敌、小乌，汇乌达、达勒等溪流后，向东南流，在水碾河口汇乌空小溪入榕江县境，注入怎冷河。境内长12.6公里，流域面积70平方公里。年均径流量1.78立方米／秒，年产水量0.56亿立方米。水能理论蕴藏量0.24万千瓦，可开发0.045万千瓦，已开发0.02万千瓦。有大小支流16条。

南江河 为永乐河支流，发源于排告乡白竹山，向南流经和平、片库等地，在三板桥汇入永乐河。境内长11.7公里，流域面积27.5平方公里。年均径流量0.75立方米／秒，年产水量0.25亿立方米。水能理论蕴藏量0.03万千瓦，可开发0.01万千瓦，已开发0.002万千瓦。有大小支流6条。

雷山县主要河流径流量统计表

表1-7

河名			河长（公里）	集雨面积（平方公里）	多年平均流量（立方米／秒）	年产水量（亿立方米）
清水江水系				760		6.09
丹江河	干流		44.5	540.55	14.65	4.247
	支流	咱刀河	8	32.1	0.88	0.28
		陶尧河	16.8	53.55	1.46	1.833
		望丰河	32.3	117.21	3.2	1.01
白水河			16.8	65.39	1.85	0.58
黄里河			16.2	89.66	2.38	0.79
乌香河			8.5	40.74	1.1	0.36
毛坪河			12.9	76.68	2.07	0.653

续表

河 名	河长（公里）	集雨面积（平方公里）	多年平均流量（立方米 / 秒）	年产水量（亿立方米）
乌迷河	24	100.23	2.66	0.84
公统河	11	42.54	1.14	0.35
都柳江水系	—	448	—	3.9
永乐河	22.5	103	3.82	1.71
羊乌河	20	60	1.5	0.47
也卡河	13	40	1.02	0.32
孔勇河	25.3	104.9	2.66	0.84
背略河	12.6	70	1.78	0.56
南江河	11.7	27.5	0.75	0.25
桥桑河	7.1	22.6	0.57	—
乌鸟河	9.6	20	0.5	—
全县总计	312.8	1208	—	9.99

地下水

县境内地下水资源总量有1.1亿立方米，多为基岩孔隙水，为地表水资源总量的10%。主要分布于方祥、西江、乌东等雷公山中心地区，表现为浸水田或补给河流。地下水的排泄方式与地下水存在的地域内的地质构造、地下水的赋存运移特征等密切相关，主要以带状、面状渗出为主要排泄方式。后通过沟谷排出地表，转化为溪流密集发育的地表径流。

水 质

雷山县植被覆盖较好，无大的矿藏，河流落差大，水流湍急，负氧能力强，水体极少污染。据1984年3月6个点的水质抽样化验结果，除西江白水河含砷量稍高之外，其余基本上符合人畜饮用、农田灌溉和渔业生产的要求。

雷山县河库水质监测资料一览表

表1-8　　单位：毫克 / 升

地区	采样地点	采样日期	pH	总硬度	DO	COD	氨氮	氯化物	酚	氰	汞	砷	铬[1-6]
郎德	郎德桥下	1984年3月28日	6.7	6.7	9.7	0.8	未	1	0.001	0.023	未	痕	0.015
永乐	永乐街后	1984年3月28日	6.7	3.9	8.4	1.3	0.016	0.6	未	0.001	0.0003	痕	0.028
大塘	大塘新桥下	1984年3月28日	6.7	3.6	8.7	1.9	未	1	0.001	0.036	未	痕	0.033
九九水库	水库偏中	1984年3月28日	6.5	6.2	10	3.8	0.039	1.3	痕	0.026	0.0018	未	0.083
雷山城关	雷山大桥下	1984年3月28日	7.0	5.9	8.7	1.5	0.016	1.2	未	0.024	未	痕	0.029
西江	公路桥下	1984年3月28日	6.5	6.4	8.8	0.7	0.008	1	0.001	0.015	0.0007	0.065	0.017

注：pH为酸碱度，DO为溶解氧含量，COD为化学需氧量。

水能资源

全县水能理论蕴藏量6.804万千瓦，其中可开发量为1.913万千瓦，已开发0.4965万千瓦，开发率24.9%。其中清水江水系水能蕴藏量为4.974万千瓦，占全县水能蕴藏量的65.8%，可开发1.2885万千瓦，现已开发0.3825万千瓦，开发率为29.7%。都柳江水系水能蕴藏量1.83万千瓦，可开发量为0.6245万千瓦，已开发0.1139万千瓦，开发率仅为18.2%。

雷山县主要河流水能资源情况统计表

表1-9

河 名			理论蕴藏量（千瓦）	可开发量（千瓦）	已开发量（千瓦）	开发率（%）
清水江水系			49740	12885.5	3825.5	29.7
丹江河	干流		23980	5022	1992	—
	支流	咱刀河	480	92	42	—
		陶尧河	2700	1560	740	—
		望丰河	2500	389.5	229.5	—
白水河			3400	970	400	—
黄里河			4600	271	271	—
乌香河			1500	175	55	—
毛坪河			6500	3020	20	—
乌迷河			3300	1161	61	—
公统河			780	225	15	—
都柳江水系			18300	6245	1139.5	18.2
永乐河			7600	2057	431.5	—
羊乌河			2300	340	190	—
也卡河			1400	400	—	—
孔勇河			4300	2898	298	—
背略河			2400	450	200	—
南江河			300	100	20	—
全县总计			68040	19130.5	4965	24.9

注：丹江河的合计数包括此表未列的河流在内

第五节 土地面积、土壤

土地面积

雷山因历史上建置多变，县辖面积仅据史志记载填列。

雍正七年（1729年）为丹江厅理苗府，辖地为东至台拱厅交密寨90华里，西至麻哈州滕铺寨75华里，南至八寨厅也都寨130华里，北至台拱厅台盘寨105华里，东南至古州厅林培寨155华里，西南至八寨厅番瓮寨135华里，东北至台拱厅大台雄寨100华里，西北至清平县凯里汛75华里。

民国2年（1913年），将凯里卫辖之13堡划出后，丹江县辖地有970.48平方（华）里。

民国33年（1944年），雷山设治局辖地2560余平方（华）里。

民国35年（1946年），雷山设治局面积南北最长65公里，东西最宽75公里，面积共4875平方（华）里。

民国37年（1948年），雷山县面积2560平方（华）里。据今实测为877平方公里。

据1954年4月雷山县各乡自然村情况调查资料，全县总面积为："东西（桃香到丰塘）150华里，南北（乌杀到桥王）160华里"。以后统计全县面积均为1154平方公里。

1961年8月，将永乐、达地等划入，全县总面积为1208平方公里。

1984年，贵州省政府批转省统计局、省测绘局核定全县总土地面积为1208平方公里（合市制1812000亩）。其中农耕地102524亩（田84863亩，土17761亩），占总面积5.6%；林地112.73万亩（疏林地257970亩，灌木林地50580亩，无林地254495亩），占总面积61.59%；草山草坡507299亩，占总面积28%，村庄、河流、道路74877亩，占总面积5%。

1987年雷山县各乡（镇）土地面积一览表

表1-10

乡（镇）名 \ 面积		公制（平方公里）	市制（亩）
丹江镇		3.8	5783
达地镇		74	111012
丹江区	龙头乡	31.8	47779
	响楼乡	20.6	30920
	陶尧乡	54.7	82021
	固鲁乡	27.8	41732
	岔河乡	14.3	21402
	望丰乡	26.1	39095
	乌江乡	45.8	68708
	公统乡	29.4	44062
	报德乡	59.5	87210
	合计	310	464929
西江区	大沟乡	48.4	72648
	西江镇	57.9	86877
	白连乡	27.6	41358
	黄里乡	54	80957
	方祥乡	144.4	216627
	合计	332.3	498467

续表

乡（镇）名 \ 面积		公制（平方公里）	市制（亩）
大塘区	莲花乡	17	25664
	高岩乡	39	58402
	大塘乡	51.6	77448
	桥港乡	33.9	50871
	桃江乡	56.5	84825
	掌雷乡	32.9	49148
	合计	230.9	346358
永乐区	开屯乡	46.7	70018
	排告乡	24.7	37073
	永乐镇	97.6	146337
	柳乌乡	40	60016
	桥桑乡	48	72007
	合计	257	385451
全县合计		1208	1812000

土　壤

土壤分类　全县土壤共分7个土类，17个亚类，33个土属，74个土种。土类有：山地灌丛草甸土，面积82159亩，占全县总面积4.53%；山地黄棕壤，面积219200亩，占总面积12.1%；黄壤，面积1353712亩，占总面积74.71%；紫色土，面积503亩，占总面积0.03%；红壤，面积4329亩，占总面积0.24%；水稻土，104453亩，占总面积5.77%；其他，面积47549亩，占2.62%。亚类有山地灌丛草甸土、黄棕壤、黄棕性土、黄壤、黄壤性土、黄泥土、钙质土、中性紫色土、黄红壤、红泥土、潮土、淹育型土、潴育型土、潜育型土、沼泽型土、侧渗型土、矿毒型土等。

性态特征　主要土壤的性态特征可分山地自然土、旱作土和水稻土三种。

山地自然土。山地自然土又分为山地灌丛草甸土、山地黄棕壤、黄壤、黄红壤、钙质紫色土等。山地灌丛草甸土，主要成土母质为震旦系绢云母板岩及变余砂岩，分布在1800米以上地带。冬季积雪结冰期长，夏季云雾多，气温低，湿度大，有机质分解缓慢，草甸腐殖化占优势，岩性硬度大，风化程度低，土层浅，沙性较重，剖面发育不明显。有机质为10%～15%，全氮0.36%～0.9%，速效钾117～294PPM，速效磷0.2～10PPM，pH值为4.5，不宜农耕和林业。山地黄棕壤，成土母质为砂岩、页岩，分布在1400～1800米地带。植被覆盖较好，土壤深厚，肥力较高，发育层次分化明显。表层有机质为6.94%～8.6%，全氮0.339%～0.548%，速效磷4～5PPM。速效钾125～443PPM，pH值4.8～5.6。气候条件比山地灌丛草甸土带优越，适宜发展松、栎、桐等用材林及云雾茶等经济作物。黄壤，分布在600米～1400米地带，多呈酸性至强酸性反应。土体多为黄色，心土层为蜡黄色，成土母质多为变余砂岩、砂质板岩、页岩等。表层有机质一般为5.16%～6.05%，全氮0.211%～0.312%，速效磷3～8PPM，速效钾177～302PPM，pH值4.3～5。自然肥力较低，缺磷，有机质含量不高。缓坡及低中山下部中厚层黄壤适宜种植烤烟、茶叶、杜仲、油桐和松杉等用材林。黄红壤，分布在600米以下地带。主要成土母质为凝灰质板岩、沙页岩等，为向黄壤过渡的地带性土壤。气温高，相对湿度大，土壤表层pH值4～5.5，有机质含量2.45%～6.59%，全氮0.156%～0.273%，速效磷2～3PPM，速效钾142～158PPM。黄红壤土地多松、杉用材林和油桐、油茶等经济林，缓坡则宜栽植红麻和烤烟。钙质紫色土，由钙质紫色沙砾页岩风化物发育而成，面积较少。土壤呈中性和微酸性，矿石气化度低，夹有半风化物母质碎块。表土层养分较高，有机质7.67%，全氮0.178%，速效磷3PPM，速效钾187PPM，pH值为6。土质较疏松，透水性好，抗蚀力弱，水土易流失。

旱作土。旱作土有7个土属，12个土种。其中分布较广的为黄沙泥土和黄泥土。面积分别占旱作土总面积的78.64%和18.38%。胶泥土、沙石土、紫沙泥土、潮沙泥土、灰泡黄泥土等其他5个土属分布较少，仅占旱作土面积的2.98%。黄沙泥土，剖面层次不明显，土心类有砾石或夹有母岩碎片。有机质5.32%～7.81%，全氮0.194%～0.317%，速效钾280～497PPM，速效磷5～36PPM，pH值为5.8～6.2。适宜种植烤烟、薯类、豆类、花生等。黄泥土，由硅铁质黄壤垦殖而来，土层深厚，剖面构型明显。pH值5.3，有机质5.5%，全氮0.334%，速效钾32.4PPM，速效磷6PPM。宜种玉米、烤烟等作物。

水稻土。水稻土占耕地面积的80.37%，分布在1550米以下的中山、低中山的坳坡、河谷、平坝等地带。分属淹育型、潴育型、潜育型、沼泽型、侧渗型、矿毒型6个亚类，12个土属，33个土种。其中以淹育型为多，占水稻土总面积的57.39%；其次为潴育型，占31.93%；潜育型、沼泽型、侧渗型、矿毒型等4个亚类较少，只占10.68%。淹育型水稻土亚类，水耕时间短，熟化程度低，层次发育不明显，耕作层较薄，肥力较低，常受旱灾威胁。按其起源土壤类型分为坡黄泥及坳坡红泥两个土属，7个土种。其中以黄沙泥土种分布为广，约占水稻土面积的52.36%。黄沙泥田由硅铝质黄壤发育的黄沙泥土水耕而成，耕层15厘米左右。质地重壤，为粒核状结构，通透性较好，水土温易升高，有机质易分解，土壤肥力弱。大多数黄沙泥田有机质不足1%，速效氮仅2～3PPM，速效磷一般仅4～5PPM。潴育型水稻土亚类，多分布于水源条件较好的坝区及低山河谷地带。以黄泥田为主。水耕时间长，熟化程度高。土层一般较深厚，土质黏重，耕作层薄。有机质含量为1.5%～2%左右，含氮量为0.05%～0.15%，含磷量为0.05%～0.18%，含钾量为1%～2%。潴育型水稻土还有紫泥、潮泥、冲沟砂泥及冷水田4个土属，分布面积均小，只占稻田总面积的0.1%～3.7%之间。潜育型水稻土亚类，水位较高，地表水与地下水季节性连接和不连接交错进行于犁底层下，因地下水长期浸渍形成潜育型。依其成土因素划分为青潮泥、冷浸田2个土属，4个土种。耕作层一般在20～27厘米，有机质6.39%～14.7%，含氮0.268%～0.474%，全氮0.031%～0.1%，速效磷2～8PPM，速效钾101～250PPM，pH值为4.9～5.2。因冷水危害，有机质高而利用少，磷较缺。沼泽型水稻土亚类，多分布于地势低洼处。地下水位高，地表水多，土壤长期处于渍水状态，表层呈稀糊烂泥。浮泥层一般深达30～50厘米，耕作困难。有机质一般在5%～7.3%，含氮0.25%～0.28%，含磷0.055%～0.64%，速效磷1～4PPM，速效钾92～136PPM，pH值为4.5～5.3。侧渗型水稻土亚类，多分布在缓坡地带中、下部或上陵斜坡中段。依成土母质的不同分为白胶泥与白鳝泥两个土属，8个土种。白胶泥白色段紧表板结，不显结构。保水力强，干时坚硬，湿时韧滑。有机质含量低，仅为0.4%～0.6%，全氮只及耕作层20%左右，速效含量明显偏低。白鳝泥性状与白胶泥基本相同，唯质地稍轻，通透性及氧化还原条件较好，肥力比白胶泥稍高。矿毒型水稻土亚类，分布面积不多，占全县水稻土面积的0.57%。受硫化氢类锈水为害，水温泥温较低。

土壤分布 因受生物、气候和成土条件的影响，土壤随海拔高度呈带状分布。即由低到高分别为黄红壤—黄壤—山地黄棕壤—山地灌丛草甸土等垂直带谱。黄红壤地带分布在海拔600米以下。耕作土壤为黄红泥土、黄红泥田、黄红沙泥田等。气候炎热，雨量充沛，地面湿度大。自然植被为杉、松、樟、桐、茶等。黄壤地带，处于海拔600～1400米之间。耕作土壤为黄泥土、黄泥田、黄沙泥田、钙质紫色沙土等。气温较高，湿度较大。自然植被为马尾松、杉、枫、青㭎、栎、白杨、秃杉等。山地黄棕壤地带，处于海拔1400～1800米的半高寒山区。耕作土多为冷沙土。自然植被为箭竹、青㭎、锥栎、白茅等。山地灌丛草甸土地带，分布在海拔1800米以上。此地带海拔高，气候条件恶劣，气温低，湿度大。植被为箭竹、高山杜鹃、山梅花、莎草等灌木丛。

在分布上，县境南部以硅铁质黄壤为主，间有硅铝质黄壤分布。西北部、北部则以硅铝质黄壤为多。雷公坪—雷公山—冷竹山一线高海拔地区，是硅铝质黄棕壤及山地灌丛草甸土的分布区域。

土壤养分 为缺磷、富钾、氮中等，有机质多。缺磷：自然土的速效磷含量小于10PPM。富钾：全县各土壤含钾100PPM以上的均达95%以上。氮中等：全县含氮大于0.2%的旱作土面积为旱作土总面积的85.2%。有机质多：全县自然土有机质含量均大于4%。旱作土有机质含量大于4%的占旱作土总面积的87.31%。水稻土中有机质含量大于4%的则达全县水稻土总面积的91.22%。

土地等级 根据《全国第二次土壤普查技术规程》中有关土地生产力分级标准，全县土地分为8个等级。（见附表）

雷山县土壤等级分类情况表

表1—11　　　　单位：亩

项目 级别	农地			林地	草山草坡	其他	合计	
	水田	旱地	合计				面积	占总面积 %
1	2202	65	2267	—	—	—	2267	0.13
2	13619	1453	15072	—	—	—	15072	0.83
3	48725	5324	54049	505	—	—	54554	3.01
4	39907	5659	45566	137218	22317	—	205101	11.32
5	—	10812	10812	328847	141082	—	480741	26.53
6	—	2184	2184	381306	182878	—	566368	31.26
7	—	—	—	279326	161022	—	440348	24.3
8	—	—	—	—	—	47549	47549	2.62
合计	104453	25497	129950	1127202	507299	47549	1812000	100

第六节　植被、野生植物、草场

植　被

在植被中，森林覆被、灌木丛覆被、草植被覆被及农作物覆被占97.37%。以雷公山为代表的垂直分异为：海拔1300米以下为常绿阔叶林，1300～1900米为常绿、落叶阔叶混交林，1900米以上为山顶苔藓林，局部山顶为灌丛。雷公山植被为云贵高原向湘西和广西过渡类型的中亚热带常绿阔叶林带植被。它分为9个类型。

亚热带常绿阔叶林植被 此为地带性植被，是构成县境植被的主要成分。分布在县东部的雷公山、雷公坪及中部白竹山、冷竹山等地区。其中以雷公山至雷公坪一带保存最好，层次结构明显，郁闭度高达0.8以上。主要树种有红拷、大叶栲、甜槠、水青㭎、红豆杉、栎类、楠木类等。

亚热带常绿、落叶混交林植被 分布在雷公山东部海拔1400米以上地带及村寨风水林中。为地带性常绿阔叶林遭受轻度破坏后形成，原生性强。

亚热带落叶林植被 分布在各个村寨附近。林相稀疏，生产力低。树种以麻栎、栓皮栎为主。

亚热带针叶林植被 全县各地均有分布，约占总面积23%左右。多为人工林。主要成分为马尾松和杉树。

亚热带针、阔叶混交林植被 为阔叶林遭破坏后，针叶林逐渐挤入。树种有马尾松、杉木、柏木和阔叶树。

亚热带竹林植被 分布在达地、桥桑、永乐、桥港、高岩、新塘等地。种类有楠竹、毛竹、斑竹、水竹及雷公山八月竹、箭竹。

亚热带经济林植被 分布在永乐、达地、望丰、控拜、公统、脚散、桥桑、高岩、响楼、固鲁等乡（镇）。主要为油桐、油茶、茶叶、杨梅、棕片、五倍子、梨、柑橘等。多为人工栽培。

亚热带灌丛植被 全县面积为50585亩。树种为白栎、茅栗、牡荆、继木等。

亚热带草坡植被 面积较大的有大沟乌香坡，西江小雷公坪，黄里翁养坡、脚尧坡，方祥木姜坳、乌茫坡，桥港排里坳，开屯播粘坡，排告白竹山，陶尧野草坡、排列坡，大塘猫鼻岭，永乐乌矶嘴，桥桑雷公坡，达地丁家山、大坪山、里勇坡。种类有白茅、铁芒箕、真蕨、大叶胡梭子、管草、画眉草、香茅等。

各类型植被以雷公山、雷公坪、冷竹山、白竹山等地区亚热带常绿阔叶林植被保存较好。

野生植物

雷山在地质历史上长期是江南古陆的边缘地带。地理纬度低，地形复杂，受第四纪冰川寒冷气候影响较小，植物生长繁茂，发育古老，经过漫长时期的自然选择和生物进化过程，造就和保留许多珍稀植物种类。

植物种类 雷公山共有种子植物137科，349属，592种；1亚种，36变种。中国科学院综合考察委员会估计“雷公山林下植物约计1500～2000种”。

木本植物。占全部种子植物总数的二分之一，有69科，166属，283种。用材林树种有杉木、马尾松、华山松、秃杉（台湾杉）、三尖杉、红豆杉、柏木、葵花松、楠木、樟木、枫香、华南桦、糙皮桦、水青㭎、檫木、木荷、黄檀、白辛树、女贞、宽叶粗榧、桢楠、银杏等。其中秃杉、银杏、三尖杉、楠木、桢楠、水青㭎等已列为国家珍贵树种。经济林树种有漆树、板栗、核桃、油桐、油茶，花椒、乌桕、棕树、厚朴、杜仲、盐肤木、木姜、茶叶、棕榈等。果木树种有梨、桃、李、杏、杨梅、苹果、柑橘等。

草本植物。有77科，170属，400余种。以禾本科为主。主要品种有荩草、白茅、鼠尾草、蜘蛛香、枸杞、白三叶、野葛、牧蒿、芒萁、五节芒、野古草、光里白、麦冬、拂子草、铁扫帚、三轮草、牛筋草等。

蕨类植物。有41科，38属，249种。其中含3新种，1个贵州新分布科，2个新分布属，20个新分布种。雷山蕨类植物占贵州已知蕨类植物科的77.4%，占属的61%和种的三分之一以上。

大型真菌。有37科，4纲，86属，195种。其中20余种为贵州新纪录。在195种大型真菌中，有香菇、木耳、红菇、冬菇、牛舌菌等55种食用菌。灵芝、鬼毛针、硫黄菌等药用菌有30余种。

苔藓植物。有46科、76属、112种（包括变种）。

植物区系 植物系统中属于原始类群的裸子植物有6科，13属，20种。分别占贵州裸子植物科的60%，属的43.3%，种的41.6%。有不少为第三纪孑遗植物，如松科中原始类群油杉属（3种），杉科中杉木属、秃杉属，柏科中福建柏、翠柏等。残遗植物则有紫杉科中穗花杉等。

被子植物中，在系统发育相对原始或孤立位置的原始类群植物有17种。即：水青树、马尾树、十齿花、香果树、钟萼木、山桐子、大血藤、青钱柳、福建柏、南酸枣、金佛山兰、蕺菜、飞龙掌血、猫儿屎、防己、血水草、血果茶。少种属31属为：秃杉、杉木、穗花杉、禾东拟单性木莲、鹅掌楸、赤杨叶、白辛树、野鸦椿、银鹊树、角叶鞘、栖木、檫木、五列木、翠柏、茶梨、油桐、构树、常春藤、半枫荷、甜果藤、博落回、金钱蒲、竹节人参、草珊瑚、蝎子草、荠菜、黄水枝、盾果草、大百合、野茅、栗草等。

珍稀植物 有中国特有种48种，其中列为国家作重点保护的有19种。即：一级保护植物：秃杉（台湾杉）；二级保护植物：钟萼木、十齿花、香果树、福建柏、鹅掌楸、木瓜红、马尾树、水青树、金佛山兰等；三级保护植物：穗花杉、翠柏、柔毛油杉、红花木莲、黄杉、白辛树、半枫荷、银鹊树、长苞铁杉等。列为贵州省省级保护植物的有：伯乐树、篦子三尖杉、杜仲、领春木、青钱柳、长瓣马蹄荷、厚朴、凹叶厚朴、红花木莲、桢楠、紫楠、华南五针松、八角莲、黄连、天麻、南方红豆杉、粗榧、百合花、杜鹃花、全秃海桐、花榈木等。

草　场

全县共有各类草地面积630021亩，占全县土地总面积的34.77%。其中有草山草坡507299亩，灌丛草地50580亩，疏林草地257970亩，田边地角人工种草地23500亩。可利用面积为468976亩。

草山草坡多属次生植被，为零星小面积草场。以东部和南部地区为多，西北部及中部地区较少。面积规模在1000亩以下的草山草地共212023亩，占全县草山草坡总面积的41.79%。可利用面积176414亩，占全县可利用草山草坡总面积的37.61%。面积在1000亩以上的草山草坡共有55片，面积109453亩，占全县草山草坡总面积的21.58%。可利用面积79706亩，占全县草山草坡可利用面积的17%。

第七节　野生动物

野生动物中，属国家一类保护动物的有5种：即苏门羚、豹、中华秋沙鸭、白冠长尾雉、白鹤。属二类保护的有：猕猴、黑叶猴、穿山甲、水獭、毛冠鹿、鸳鸯、锦鸡、黑鸢、白鹇鸟、草鸮、雀鹰、长耳鸮、灰林鸮、鹏鸮、领鸺鹠、大鲵（娃娃鱼）。属三类保护的有：西南黑熊、华南大灵猫、华南小灵猫、豹猫、岩羊、红腹锦鸡、虎纹蛙等。

鸟　类

全县共有鸟类属13目，28科，121种，占贵州省鸟类总数的28.6%。东洋界种占二分之一以上，广布种次之，古北种占极少数。其中繁殖鸟（留鸟和候鸟）有92种，旅鸟29种。鸟类有：苍鹭、池鹭、白鹭、鸳鸯、黑鸢、雀鹰、灰胸竹鸡、白鹇、雉鸡、红腹锦鸡、秧鸡、林鹬、山斑鸡、杜鹃、草鸮、鹏鸮、鸱鸮、灰林鸮、长耳鸮、领鸺鹠、雨燕、啄木鸟、蓝翠鸟、金腰燕、毛脚燕、山鹡鸰、树鹨、粉红胸鹨、山椒乌、红鹦嘴鹎、伯劳、和平鸟、卷尾鸟、八哥、红咀蓝鹊、白颈鸦、灰树鹊、河乌、大咀乌鸦、白头鹎、红尾水鸲、灰背燕尾、灰林鵰、长尾地鸫、画眉、棕噪鹛、火尾希鹛、金冠地莺、棕头鸦雀、黄眉柳莺、棕胸蓝鹟、寿带鹟、红褐鹟、大山雀、绿背山雀、太阳鸟、麻雀、白腰夕雀、灰头鵐、赤胸鵐、凤头鵐、小仙鹟、铜蓝鹟、方尾鹟、极北柳莺、黄腹柳莺等。雷公坪为鸟类比较集中的地区，有红嘴相思鸟、蓝喉太阳鸟、红腹锦鸡、金翅鸟、寿带鸟、短嘴山椒鸟、蓝翅希鹛、大山雀、鸳鸯、猴面鹰等。

两栖类

两栖动物已知有8科，33属，36种，属2目，占贵州省两栖类动物的56.3%。两栖类有：大鲵（娃娃鱼）、细痣疣螈、尾斑瘰螈、无斑肥螈、峨山掌头蟾、螯掌头蟾、宽头大角蟾、棘指角蟾、小角蟾、雷山髭蟾、中华蟾蜍、华西蟾蜍、黑眶蟾蜍、华西雨蛙、无斑雨蛙、三港雨蛙、泽蛙、棘腹蛙、黑斑蛙、日本林蛙、沼蛙、弹琴蛙、花臭蛙、龙胜臭蛙、竹叶蛙、阔褶蛙、华南湍蛙、崇安湍蛙、斑腿树蛙、大树蛙、黑点树蛙、饰纹姬蛙、粗皮姬蛙、小弧斑蛙等。其中尾斑瘰螈、棘指南蟾、雷山髭蟾为特有种。

爬行类

爬行动物共8科，56种，属3目，占贵州省爬行类动物的53.3%。多为东洋界种类。蛇类有：青脊蛇、黑脊蛇、平鳞钝头蛇、钝头蛇、缅甸钝头蛇、福建钝头蛇、尖尾两头蛇、钝尾两头蛇、赤链蛇、黄链蛇、王锦蛇、玉斑锦蛇、灰腹绿锦蛇、紫灰锦蛇、黑眉锦蛇、黑背白环蛇、颈棱蛇、环纹游蛇、白眉游蛇、锈链游蛇、八线游蛇、丽纹游蛇、黑链游蛇、棕黑游蛇、草游蛇、乌游蛇、虎斑游蛇、小头蛇、贵州小头蛇、翠青蛇、山溪后棱蛇、横纹斜鳞蛇、崇安斜鳞蛇、灰鼠蛇、斜鳞蛇、滑鼠蛇、黑头剑蛇、乌梢蛇、纹花林蛇、银环蛇、福建丽纹蛇、丽纹蛇、眼镜蛇、五步蛇、竹叶青、山烙铁头、烙铁头等。其中丽纹游蛇、缅甸钝头蛇、白眉游蛇、福建钝头蛇为稀少蛇类。

昆虫类

据雷公山自然保护区科学考察，按采集的标本内业整理鉴定，有9目。即：等翅目、直翅目、同翅目、半翅目、鞘翅目、广翅目、脉翅目、长翅目、鳞翅目。54科，如：鼻白蚁科、蝗科、蝼蛄科、蟑科、蝽科、虎甲科、步甲科、鳃金龟科、独角仙科、天牛科、叶甲科、铁甲科、三锥象科、鱼蛉科、螳蛉科、蝎蛉科、斑蛾科、螟蛾科、蛾科、蝶科、斑蝶科等202种。如：黑胸散白蚁、短脚斑腿蝗、蝉（知了）、锚角蝉和豆龟蝽等，大多属东洋区系成分。海拔1300米以下地带种类及个体数量较丰富，还可采到个别热带边缘种。海拔1800米以上地带种类及数量较少，随海拔高度增高而减少。

兽 类

兽类有52种，如：野兔、刺猬（箭猪）、花面狸、黄鼠狼、狍（野羊）、麝羊、鼠、穿山甲、水獭、毛冠鹿、野猫、熊、华南大灵猫、岩羊、华南小灵猫、华南豹猫、猕猴、黑叶猴、豹、苏门羚（野牛）、野猪、獐子、藏酋猴、斑灵狸、金猫等。

第四章　人　口

第一节　人口发展

清乾隆三年（1738年），在震威、治安等12堡安设屯军830户。民户史志无记载。

道光二十七年（1847年），据《黔南职方纪略》载：有5300户，约26000人。

民国时期，丹江县政府、雷山设治局对人口曾作过统计（见下表）。

1932—1949年雷山县民国时期部分年度人口统计表

表1-12

年　度	户　数	人　口	其中城区	
			户　数	人　口
民国21年（1932年）	6018	28970	—	—
民国25年（1936年）	8969	42248	—	—
民国26年（1937年）	8969	43236	—	—
民国28年（1939年）	8695	40410	—	—
民国33年（1944年）	7659	34410	230	1145
民国34年（1945年）	7659	34400	255	1256
民国35年（1946年）	7622	34778	255	1256
民国36年（1947年）	7398	34681	281	1584
民国37年（1948年）	7318	34669	280	1527
民国38年（1949年）	7379	34739	282	1474

此一时期，因行政区划变动，自然灾害频仍，疾病流行，盗匪猖獗，人民生活困苦，人口自然增长缓慢，有时呈下降趋势。

中华人民共和国成立以后，除1959—1961年人口下降外，其余均逐年上升。从1964年第二次人口普查至1982年第三次人口普查的18年中，净增45847人，年均净增2547人，增长率为20‰。人口密度也在不断增大，1950年时每平方公里为42.1人。1965年每平方公里59.35人。1982年第三次人口普查，每平方公里低于100人，是全省每平方公里不到100人的13个县之一。而1987年人口密度已上升到每平方公里104人。

第二节　人口构成

年龄构成

据1982年全国第三次人口普查的资料，少儿龄组（0～14岁）有46733人，占总人口40.79%。其中男24455人，女22278人。老龄组（65岁以上）有4160人，占总人口3.63%。其中男2016人，女2144人。劳动年龄组（男16～59岁，女16～54岁）57470人，占总人口50.16%。其中男30700人，女26770人。服兵役年龄组（18～22岁）有7813人，占总人口6.82%。其中男3952人，女3861人。进入结婚龄组（男22岁，女20岁）有852人，占总人口0.74%，其中男236人，女616人。1～3岁幼儿有7460人，占总人口数的6.51%；4～6岁儿童有8679人，占总人口的7.57%；7～12岁学龄儿童有20954人，占总人口18.29%；13～15岁年龄组有9167人，占总人口8%；16～18岁年龄组有9210人，占总人口8.04%。

性别构成

1949年全县总人口48513人，男24590人，女23923人，分别占全县总人口的50.69%和49.31%，趋于平衡。1953年第一次人口普查时，全县总人口为50827人，男27377人，占全县总人口的53.86%；女23450人，占46.14%。1964年第二次人口普查时，全县总人口68636人，男36193人，占全县总人口的52.73%；女32443人，占总人口47.27%。1982年第三次人口普查时，全县总人口114583人，男60373人，占全县总人口的52.69%；女54210人，占47.31%。1987年全县总人口为123447人，男65893人，占全县总人口的53.38%；女57554人，占46.62%。

民族构成

雷山县为苗族聚居区。1952年总人口49674人（参加土改人口）。其中苗族46702人，占总人口的94%；汉族2972人，占6%。1953年第一次人口普查时，全县总人口50827人。其中苗族46707人，占总人口的91.89%；汉族3760人，占7.4%；侗族321人，占0.06%；瑶族11人；布依族21人；壮族7人。1964年第二次人口普查时，全县总人口68636人。其中苗族56901人，占总人口的82.9%；汉族8687人，占12.66%；水族2003人，占2.92%；瑶族263人，占0.04%；侗族717人，占1.04%，其他民族65人（因永乐区和达地镇划入，汉、侗、瑶族的比重增加，民族结构中有水族）。1982年第三次人口普查时，全县总人口114583人。其中苗族92601人，占总人口的80.82%；汉族15976人，占13.94%；水族3720人，占3.25%；侗族1545人，占1.35%；瑶族578人，占0.5%；彝族41人；布依族71人；土家族12人。此次结合普查人口，还对错报民族族别的作改正，使其返本归原。1987年全县总人口123447人。其中苗族101621人，占总人口的82.32%；汉族15055人，占12.2%；水族4038人，占3.27%；侗族1917人，占1.55%；瑶族581人，占0.47%；彝族119人，占0.09%。县境内世居民族有苗、汉、侗、水、瑶、彝6个，余为随军或随职迁入。

文化构成

雷山县人民的文化水平，经过38年来的努力，已有很大提高，识字人数从解放前的8%提高到42%。据1982年人口普查资料，全县6岁及6岁以上人口有97499人，其中大学毕业或肄业的有153人，占全县总人口的0.13%；高中文化的有2536人，占2.21%；初中文化的有8809人，占7.69%；高小文化程度的有27735人，占24.21%；不识字或识字不多的58266人（含6～11岁13977人），占总人口的50.85%。12岁及12岁以上的有76356人，其中文盲半文盲有44289人。男14736人，占该年龄段男性人口的36.51%。女29553人，占该年龄段女性人口的82.1%。

职业构成

1982年人口普查时在业人口数为58256人，占总人口50.84%。其中农、林、牧、渔业53598人，占在业人口92%；采矿、制材、制造业478人，占0.82%；建筑业210人，占0.36%；商业、饮食业673人，占1.16%；交通运输业183人，占0.31%；教育、科研、卫生事业1413人，占2.43%；金融保险业144人，占0.25%；国家机关和党群工作人员1204人，占2.07%。

城乡构成

据档案资料记载，民国34年（1945年）县城有255户，1256人，占全县总人口的0.4%。1949年城镇人口为2902人，占全县总人口的0.6%；1982年，第三次人口普查时，县城有1737户，6349人，占总人口的5.54%；1987年随着产业结构调整，离土不离乡的务工、经商人数骤增，约占总人口的9%。

1949—1987年雷山县户数人口一览表

表1-13

年度	户数	人口	年度	户数	人口	年度	户数	人口
1949	13675	48513	1962	15231	64367	1975	18752	100666
1950	13807	48636	1963	15443	66479	1976	19179	102815
1951	13913	49313	1964	15991	68636	1977	19621	104921
1952	13963	51512	1965	15621	71691	1978	19910	106543
1953	14199	50827	1966	16440	74210	1979	20105	108571
1954	14220	52113	1967	16229	77037	1980	20334	110192
1955	14731	51932	1968	16515	80097	1981	23288	112117
1956	14960	58353	1969	17857	82924	1982	23210	114583
1957	14947	55750	1970	17812	87609	1983	23420	115814
1958	14850	67155	1971	18219	88842	1984	23853	117179
1959	15169	62544	1972	18597	91826	1985	24698	118904
1960	15180	61690	1973	18262	94844	1986	25097	121144
1961	15753	62586	1974	18333	97512	1987	25467	123447

注：此表已将永乐区户数人口计入

1949—1987年雷山县人口性别比例情况表

表1—14

年度	总人口（人）			占总人口（%）			备注
	合计	男	女	男	女	性别比（女=100）	
1949	48513	24590	23923	50.69	49.31	102.79	
1950	48636	24604	24032	50.59	49.41	102.37	
1951	49313	25000	24313	50.7	49.3	102.83	
1952	51512	29031	22481	56.35	43.65	129.11	
1953	50827	27377	23450	53.86	46.14	116.75	第一次人口普查
1954	52113	28005	24108	53.74	46.26	116.16	
1955	51932	28031	23901	53.98	46.02	117.28	
1956	58353	32673	25680	55.99	44.01	127.23	
1957	55750	30127	25623	53.96	46.04	117.19	
1958	67155	34920	32235	52	48	108	
1959	62544	32522	30022	51.9	48.1	107.6	
1960	61690	32079	29611	52	48	108	
1961	62586	33179	29407	51.93	48.07	108.02	
1962	64367	33759	30608	52.45	47.55	110.29	
1963	66479	34826	31653	52.39	47.61	110.02	
1964	68636	36193	32443	52.73	47.27	111.56	第二次人口普查
1965	71691	37595	34096	52.44	47.56	110.26	
1966	74210	38901	35309	52.42	47.58	110.17	
1967	77037	39865	37172	51.75	48.25	107.24	
1968	80097	41206	38891	51.45	48.55	105.95	
1969	82924	42746	40178	51.55	48.45	106.39	
1970	87609	46595	41014	52.58	46.29	113.61	
1971	88842	46279	42563	52.09	47.91	108.73	
1972	91826	47790	44036	52.04	47.96	108.52	
1973	94844	49409	45435	52.1	47.9	108.75	
1974	97512	50825	46687	52.12	47.88	108.86	
1975	100666	52534	48132	52.19	47.81	109.15	
1976	102815	53847	48968	52.37	47.63	109.96	
1977	104921	54918	50003	52.34	47.66	109.83	
1978	106543	55845	50698	52.42	47.58	110.15	
1979	108571	56816	51755	52.33	47.67	109.78	
1980	110192	57814	52378	52.47	47.53	110.38	
1981	112117	59028	53089	52.65	47.35	111.19	
1982	114583	60373	54210	52.69	47.31	111.37	第三次人口普查
1983	115814	61088	54726	52.75	47.25	111.63	
1984	117179	61962	55217	52.88	47.12	112.22	
1985	118904	61832	56072	52.84	47.16	111.96	
1986	121144	64112	57032	52.92	47.08	112.49	
1987	123447	65893	57554	53.38	46.62	114.5	

注：此表已将永乐区人口计入

1950—1987年雷山县部分年度人口密度表

表1-15

年 度	总人口	总面积（平方公里）	人口密度（人/平方公里）
1950	48636	1154	42.15
1955	51932	1154	45
1962	64367	1208	53.28
1965	71691	1208	59.35
1970	87609	1208	72.52
1975	100666	1208	83.33
1980	110192	1208	91.22
1983	115814	1208	95.87
1985	118904	1208	98.43
1986	121144	1208	100.28
1987	123447	1208	102.19

第三节 人口控制

中华人民共和国建立后，进行土地改革和社会主义改造，解放生产力，工农业生产迅速发展，经济收入成倍增加，随着生活的改善和卫生医疗保健事业的发展进步，人口也在迅速增长，其速度远远超过国民经济增长的速度。

从1957年到1974年的18年中，雷山县人口增长无控制。1974年，中共中央转发上海市开展计划生育和提倡晚婚的情况报告之后，1975年6月，雷山县成立计划生育办公室，配备干部2名。7月，中共贵州省委发布《关于开展计划生育工作的决定》。10月，中共雷山县委发出《关于贯彻执行中共贵州省委“关于开展计划生育工作的决定”的意见》，并召开两次常委会讨论计划生育工作。至此，计划生育工作正式列入县委的议事日程。

1976年春，县、区、社和生产大队四级都建立计划生育领导小组，形成“党政一二把手亲自抓，分管的领导具体抓，五大组织（调解、青年团、妇联、治保、民兵）配合抓”的新工作格局。卫生部门负责培训技术人员，组织技术人员工作队深入农村，协助社、队搞好节育手术。大塘区委会采取许多有效措施，推动计划生育工作。一是区委书记下村蹲点，摸索经验指导全面；二是干部带头实行计划生育，做出榜样；三是抽出干部组成计划生育宣讲团，深入农村宣传教育；四是在物资生活上给受术者以优待和补助。以后，社队分别召开骨干会、群众会和家庭会，对有生育能力的夫妇作了全面登记。根据晚、稀、少的原则，对符合计划生育的发给准生证，不符合的动员作节育手术。是年底，大塘区2491对有生育能力的夫妇中，落实计划生育节育措施的有1813对，节育率达72.8%。人口自然增长率从1975年的26.4‰降到15‰。是年，全县有育龄夫妇13769对，有8058人落实节育措施，节育率达58.7%。节育率比1975年上升17.7%，而人口自然增长率比1975年下降7.8‰。

1950—1987年雷山县人口自然增长情况一览表

表1-16

年度	出生		死亡		自然增长	
	人数	‰	人数	‰	人数	‰
1950	1472	30.3	867	17.8	605	12.4
1951	1509	30.8	882	18	627	12.8
1952	1871	37.1	1073	21.3	798	15.8
1953	1876	36.7	886	17.3	990	19.3
1954	2109	40.9	798	15.5	1311	25
1955	1982	38.1	1052	20.2	930	17.9
1956	1870	33.9	610	11	1260	22.8
1957	2268	39.8	627	11	1641	28.8
1958	缺	—	—	—	—	—
1959	缺	—	—	—	—	—
1960	缺	—	—	—	—	—
1961	1019	12.4	1620	19.8	−601	−7.3
1962	2493	42.2	873	15.2	1620	28.1
1963	2844	43.4	756	11.5	2088	31.9
1964	4034	59.7	1390	20.6	2644	39.1
1965	4479	63.8	1065	15.1	3414	48.6
1966	3178	43.6	971	13.3	2207	30.2
1967	3957	52.3	955	12.6	3002	39.7
1968	3725	47.4	963	12.3	2762	35.1
1969	3520	30.9	975	11.9	1545	18.9
1970	3624	43	890	9.6	2815	33.3
1971	3976	45.6	958	11	3018	34.6
1972	4107	45.5	1132	12.5	2975	32.9
1973	3870	41.4	965	10.8	2905	31.1
1974	4280	44.5	1391	14.4	2889	30
1975	4687	47.3	1215	12.2	3472	35
1976	3881	38.1	1110	10.9	2771	27.2
1977	3410	32.8	980	9.4	2430	23.4

续表

年 度	出 生		死 亡		自然增长	
	人 数	‰	人数	‰	人 数	‰
1978	3243	30.7	965	9.1	2278	21.5
1979	3454	32.1	898	8.4	2556	23.8
1980	2423	22.1	1030	9.4	1398	12.7
1981	2857	25.7	1066	9.6	1791	16.1
1982	3412	30.7	1097	9.7	2315	21
1983	2169	18.9	965	8.4	1204	10.5
1984	2238	19.2	884	7.6	1354	11.6
1985	2691	22.8	1039	8.8	1653	14
1986	3359	27.9	958	8	2401	20
1987	3299	26.7	961	7.8	2338	18.9

1979年6月，贵州省革命委员会发出〔1979〕51号文件通知，颁发《贵州省计划生育暂行办法》。是年，选招计划生育专职干部28人，分配到区、乡（镇）工作。7月，召开全县计划生育工作会议，贯彻《暂行办法》。1980年4月，贵州省人民政府发出〔1980〕51号文件《关于“贵州省计划生育暂行办法”的补充规定和说明》。7月，雷山县革命委员会制定对晚婚、实行计划节手术、独生子女及其父母实行奖励和照顾，对计划外生育、超生的实行经济制裁等有关控制人口的政策，都作具体规定。1980年，全县人口自然增长率为12.7‰。比1976年下降14.5‰。

1980年后，农村经济体制改变，计划生育工作缺乏相应的措施。1982年，人口自然增长率又回升到20.4‰。

1982年，中共中央提出“实行计划生育是我国的一项基本国策”。是年12月，以农村为重点，进行一次声势浩大的计划生育宣传活动。县成立“计划生育宣传活动月”领导小组，各区、社成立相应组织。全县组织585人的宣传团，分为4个宣传队、11个工作组，实行定点、定人、定时、定任务，责任到人，包干完成。在宣传月中，培训骨干1746人，放映电影56场，有线广播43次，印发宣传标语和资料10500份。1983年，全县共落实各种节育措施6935例，比1982年增加9.9倍。全县人口自然增长率为10.5‰。掌雷、桃江、桥港、乌江等公社降到10‰以下，受到国家计划生育委员会和黔东南州人民政府的表彰。

1984年3月，建立雷山县计划生育指导站，开展经常性的节育指导工作。

1987年7月16日，贵州省第六届人民代表大会常务委员会公布《贵州省计划生育试行条例》，雷山县相应作出《关于贯彻“贵州省计划生育试行条例”的意见》，要求1988年1月1日起施行。是年，总落实各种节育措施4228例，计划生育率为61.5%。人口自然增率18.9‰。

民族篇

第一章　苗　族

第一节　迁徙及现在居住地域、姓氏

雷山地区苗族的迁入时间，按民间世系推算，最早的已有1700—1800年，即在西汉文帝时，苗族先民即从居住地“左洞庭，右彭蠡”西迁，溯都柳江北上古州（今榕江），最后定居在牛皮大箐周围。这是居住丹江河、西江河、望丰河、陶尧河、黄里河、乌尧河沿岸苗族的迁徙路线。丰塘、公统、甘益一带苗族文、王、余、杨诸姓的祖先定居斯地已50代人，最早定居时间大约为南北朝初年。今都匀、独山仍有祖坟。桥港、掌雷、桃江的苗族李、王、龙诸姓，按“子父连名制”推算已有27代人，最早定居时间大约在南宋初年。今排调、加配有祖坟。也蒙、达洛的刘姓和乌高的陆姓苗族老人，均持祖籍江西之说，定居斯地约1000年。

苗族居住地域，经长时期演变，现已遍及全县27个乡镇。其中丹江河、咱刀河、陶尧河、望丰河、西江河、黄里河、乌吊河、乌迷河、乌尧河沿岸各寨以及干角、桥仿、三湾、桥王、乌勇、麻料、控拜、新塘、咱刀、也宜、肖家、格一、开屯、岩寨、丛木、桥歪、桥洛、乌肖、排肖、野牛、乌洛等寨着装和风俗习惯大体相同。公统、峰糖、石板、甘益、乌这等寨，着装与凯里市舟溪相同。南脑、桥港、掌批、掌八、南八、略果、桃良、桥兑、掌雷、岩寨（羊果）、乌兑、排告、年显、排里、独南、乌的、干脑等寨着装别具一格，裙未过膝。里勇、背略、巫达、也蒙、草坪、排拉、大竹山等寨，着装则与丹寨苗族类似。

苗族汉文姓氏有杨、文、龙、李、鲍、穆、董、吴、姜、赵、任、韦、白、张、陈、余、刘、王、甘、潘、侯、唐、周、蒋、范、何、滕、莫、宋、朱、向、冷、毛、万、陆、顾、石、淳、韩、金、耿、江等姓。

第二节　家　庭

在原始氏族社会时期，苗族先民经历“母系氏族”社会阶段，至今民间有“男嫁”的传说。苗语中的词如“婆公”“母父”“女男”等，也是把女性置于前面，足证当时的苗族家庭是以“母系”为中心的。进入农业社会以后，苗族家庭随着“父系氏族”社会的出现，才转入以“父系”为中心。

雷山苗族在清康熙以前，只有苗名，无汉文姓氏和字辈。现在使用的汉文姓氏，是清雍正建置以后，为强化治安管理，采取编户口、具切结，“连保连坐”的办法，因无姓氏未便取结，乃以其名与汉字谐音为姓造册登记，是为苗族人民使用汉文姓氏之始。故至今有的苗族村寨，姓氏虽各异，然实系同宗或亲房弟兄。以后又有从他处迁入者，与本寨人均同一个姓氏，异姓极少，其间为求得大族的保

护，改原姓依附大族者亦有之。

苗族没有字辈，其名采用“子父连名制”称呼：子名在前，父名在后，祖父名排在第三,三代第一个名字连呼。也有四代连呼的，但较少。一般只称单名或子父连名。如祖父名里(苗语:Lix)，父名奈(苗文：Naii)，子名虾(苗文：Xab)，则其完整名为三字名，即虾奈里(苗文：Xab Naii Lix)，如加上杨姓或任姓则分别为四字名，即“杨虾奈里”或“任虾奈里”。因此类推追溯，有的家庭可追忆到五六十代。命名时，女性一般用花草植物之类为普遍，如意为花的扁(苗文：Bangx)、意为水的欧(苗文：Eb)、意为谷穗的乃(苗文：Nax)等。男性则以意为金子的“尖”(苗文：Jenb)、意为做官的“往”(苗文：Wangx)、意为银子的“你”(苗文:Nix)，意为发财的“杀”(苗文:Shaf)、意为男子的“送”(苗文:Xongt)等为多。

苗族家庭一般为小家庭，有父子两辈人，但也有三、四代同堂的。子女多的家庭，儿子结婚生育后便要分居。分家遵循的传统原则是大儿子分出去，给一份田产，建房自力更生。也有合建房后再分居的。满崽(最小的儿子)留住老屋，承担赡养父母义务，其享受的财产比分出去的哥哥们要优厚一些。财产平均分配，长子无特殊权利。无子嗣可以抱养兄或弟的儿子继承财产，俗称“过房”。

苗族家庭中的分工，一般是男耕女织，男人是家庭的支柱和核心，是主要劳动力。重活如犁田、耙田、砍柴、割草、打谷、插秧等均由男人肩负。女人主要负责饲养禽畜、种植蔬菜、棉麻、织布纺纱、烹调炊爨、洗补缝制等。农忙时节，女人也下地劳动，协助男人抢收抢种。

家庭中，尊老爱幼。父母在，以双亲为尊；父母去世，以兄嫂为尊，讲究亲爱和睦。以互谅互让为荣，以吵嘴斗殴和互相猜忌为耻。

女儿没有继承权，其财产便是出嫁时父母为之备办的银饰。家中房屋、田土牲畜均由儿子继承。

第三节　婚　姻

苗族的婚姻，有其独特形式和习俗，分为自由式婚姻和传统式婚姻。

自由式婚姻

经过“游芳”(苗文：Yex Fangb)对歌传情，互相了解之后，若男女双方情投意合，便交换信物，订下终身。父母亲知道了，私下权衡对比，认为匹配的，也就默许。

择吉日，男方半夜将新娘接来，俗称“偷亲”(苗文：Niangs niangb)。女方父母兄弟只装作不知道，不加干涉。但如女方父母兄弟认为女方所爱的男方不匹配，便要横加干涉。“偷亲”必须十分秘密，败露就结不成婚，即使“偷亲”成功，也会引起风波。“偷亲”到家，男方家办完喜酒，就央请族中叔伯兄弟或长辈二人提一只母鸡，携酒、肉、糖等礼品去女方家报信。如女方父母认可，报信人就受到款待；反之则难堪。但这并无损于报信人，因为只要完成“报信”的任务就可以了，扯皮的事，由开亲的男女双方家长去理论，与报信人无关。这种情况的结局是：要么女方家邀集一伙人来将姑娘强拉回去；要么因木已成舟，不得不委屈认亲；要么宣称不认这门亲事，拒绝女儿回娘家。后一种情况较少见，第二种情况为多。

传统式婚姻

传统式婚姻包括父母包办婚姻和经自由恋爱双方父母认可的媒妁说亲婚姻，这种公开的在白天迎送的接亲方式，是苗族长辈所乐意的。其过程是男方父母为儿子相中某一姑娘后，即请媒人到女方家去说亲，如双方认为门当户对，就答应联姻。这种情况有的女儿知道，有的女儿不知道或不同意。但不管同意与否，以父母一言为定。反对的也有，但效果不大。以后便商定吃“半路酒”（苗文：Hek jub xit dangt）的日期和婚期，此种形式视为包办婚姻。另一种是青年男女双方在“游方”中建立感情，同意结为夫妻，诉诸父母，父母亦不反对，于是便请媒说亲，商定吉日，选好地点，双方均由父兄出面，邀请宗族中的叔伯兄弟或长辈一二十人，在野外露天摆酒叙谈，协商结婚日期和“彩礼钱”（苗文：Nix diangb）的数目，日暮方散，这种形式叫吃“半路酒”。经过“半路酒”的仪式之后，婚事便定下来，到结婚日期就接新娘过门。

居住在达地镇的也蒙、达洛一带以及桃江、桥港、排告、掌雷等寨的苗族，其婚俗与之不尽相同。新娘出嫁时，男方家中去二人接亲和抬衣物，女方家由一男一女挑糯米饭陪伴新娘步行到男方家。接进门的当天，由一长者或巫师摆桌于门前，口念“白头到老”“地久天长”一类的吉语迎候，堂上摆着猪头和酒肉祭祀祖宗。新娘初进门，公婆不能见媳妇面，以防日后婆媳“反目”（苗文：Xit jub）。第二天，新郎陪新娘双双回到娘家去拜见岳父母，称为“回门”（苗文：Diangd daib pik）。回门时，新郎要请二人陪同，礼品是一盒饭和一张牛皮，象征感情笃厚。

苗族青年男女结婚以后，自由结婚（偷亲）的新娘尚可在夫家住上十天半月，因为“彩礼钱”没有讲妥，不能回娘家；属传统式明媒正娶的，接亲当天或第二天就回娘家住。但不论哪一种方式，都有“坐家”（苗文：Niangb zaid moix）的习惯。逢年过节或是农忙时节，等到夫家来人接候，才到夫家住上一二十天。这是传统规矩，住长了怕人讥笑。直到有了身孕后，才长住在夫家。并要举行“端甑子”（苗文：Xuk xit gad）仪式后，才算夫家正式成员。除居住达地镇的部分苗族外，均从此俗。

解放以后，居住在城镇或是参加革命工作的干部职工，婚姻形式有所改变，即先通过恋爱，互相了解，建立感情后，即登记结婚。但一般也与父母商量后才能定下来。

离　婚

苗族青年男女结合后，对婚姻不满意时，双方都可以提出离婚。要求离婚，夫妻双方都不出面，由双方家长代表进行。请“寨老”（苗文：lul fangb）“理老”（苗文：ghet jax ghet1il）主持调解。如果是女方先提出离婚，必须赔偿男方的“彩礼钱”及办喜酒时的费用。若是男方先提出离婚，则需赔偿女方名誉上的损失。双方达成协议后，共同遵守。调解费用由先提出离婚一方负担。离婚后男可再娶，女可再嫁，社会并不歧视。而婚礼亦同样隆重。有子女的夫妻离婚，子女一般留给男方抚养。解放以后，情况有所改变，即由人民法院民事庭裁决和乡村领导、寨老理老调解并行。离异时必须由当事人自己参与，并以其意见为主。

寡妇可以再嫁，鳏夫亦可再娶，寡嫂也可与未婚的夫弟“圆房”，但兄不能娶弟媳。

彩礼钱

彩礼钱是结婚时男方付给女方家的货币，也叫“舅父礼”。女方家收受后要分一部分给舅父家，以表饮水思源之意。“彩礼钱”开始由女方的家长提出一个数目，双方再请中介人从中斡旋，反复多次协商酌定。如果是“偷亲”的，女方家为刁难男方，数目要比凭媒作证、公开结婚的大得多，这也是女方家不喜欢这门亲事故意出的难题。解放前，雷山苗族一般彩礼钱只要10块银圆。20世纪50、60年代也只要人民币30～40元，多的达50～60元。80年代以后，“彩礼钱”已大幅度上升，少则数百元，多的上千元。当然，这也要看男方家的经济情况，否则也会形成僵局，久悬不决。女方父兄接钱后，适当转部分给女儿，名曰“买衣服”钱。

解放前，家庭富有的，还给少量的田土作为陪嫁，以种植棉麻缝制衣裙，称为“姑娘田”（苗文：Lix daib pik）。

姑妈的女儿须嫁给舅父的儿子，这种“回娘头”（苗文：Jangt ghab mul）的习俗，有的地区仍然存在。但在解放后，并不是天经地义的了。

第四节　社会组织

自然地方

清雍正六年（1728年）以前，丹江地区没有行政建置，为自治自理地区。苗族社会的治理，以“自然地方”为独立单位，苗语称为“讲方”（苗文：Jangx Fangb）。每个自然地方辖若干寨。当时共有“自然地方”22个。自然地方有“方老”，苗语称“楼方”（苗文：Lul Fangb）；寨有“寨老”，苗语称“楼昂”（苗文：1ul Vangl），“方老”“寨老”属于自然领袖，大小事务由“两老”指挥调遣。管理刑罚和社会治安的是榔头，苗语称“利”（苗文：1ix）。调解处理民事、婚姻纠纷的为“理老”，苗语称“理楼”（苗文：ghoe jax ghet lil）。理老都精于说理，裁决公正，使人心服口服。这些都是众人推举的，有事理事，无事在家劳动，没有物资津贴和薪俸。

议　榔

“议榔”（苗文：ghet hlangb），是苗族地区的群众议事会，由“榔头”“方老”“寨老”等主持，集体议定规约，杀牲歃血通过，共同遵守。榔规榔约是古代苗族社会用以统一本地区内的群众思想行动和维持治安、防贼防盗的“地方法”，对外征战亦用此维系军心。议榔一般是一年一次，若社会安定，可两年或三年举行一次，遇临时紧急情况可随时召集。

祭　鼓

鼓为苗族地区的一种社团组织形式。“祭鼓”习称“鼓藏节”，苗语称“努江略”（苗文：Nongx jangd niel），是古代苗族社会中用以维系宗族内部团结的一种形式，每十三年举行一次。祭鼓活动不受地域限制，同属一支宗族的称为一“鼓”，到时属同“鼓”的人，同时举行祭鼓活动。主持的人称为“鼓藏头”，苗语称“虎略”（苗文：hfud nie1），由宗族中辈分最高而且是三代同堂、男女齐全的人充任。“虎略”除负责主持十三年一次的“鼓藏节”活动外，还负责每年节日跳铜鼓、跳芦笙的筹备和安排。解放以前，“方老”“寨老”要分配一分田给“鼓头”耕种，用以招待观看跳铜鼓和跳芦笙的客人。

第五节　经济生活

唐代以前，苗族人民过的是半狩猎、半农耕的生活，生产方式落后。唐代，仍“不以牛耕”“种植畲田”“每岁一易”。宋代，苗族已能制造铁质农具和“环刀”。明、清两代，生产力较前发展，农民叩石垦壤，造成层层梯田。河谷地段，则填土造田。现在的陶尧、治安、羊常、中寨、南门坝、莲花闸等小坝子，正是元、明代苗族先民辛勤耕耘开垦的功绩。清乾隆年间“安屯设堡”，给屯军授田，每户一号(60挑)，全县830户屯军，分配49800挑，当时分配的熟田已有8300亩。苗族农民在长期的生产实践中，摸索规律，根据土壤属性和气候条件，因地种植。河谷坝子田栽麻谷、粳稻；高山冷水田栽黑(长)须糯、“三百棒”。经长期培育和试验，大、小麻谷、黑(长)须糯、“三百棒”等品种，历久不衰。

咸同兵事以后直至民国时期的130余年间，政治腐败，苛捐重赋，兵祸联结，盗匪横行，民无宁日，农村凋落。高寒山区的苗族农民，终年劳动饭不饱腹，雀鸟、陡寨、毛坪、高岩、乌东、独南、桃江、干脑、掌雷、桥洛、桥歪、草坪、也蒙等苗寨人民饥馑尤甚。多数人以木皮为席，以干秧作被，以灰水当盐，以野蕨充饥，烧火围炉过夜，一年不知肉味。其生产方式则处在人挖地，脚踩田，人拉犁，刀耕火种，赶山吃饭，种一坡、收一萝的落后状态。因处深山野岭，距场集远在五六十里，甚至上百里，物资交流不易。交换方式以物易物，升米颗针，斗米斤盐。自耕而食，自织而衣，木瓢木碗，棕帽草鞋，完全是自给、半自给的经济形态。

1950年9月，雷山解放。1952年，实行土地改革。1954年，建立苗族区域自治政府。民族政策在雷山贯彻执行，国家在经济上给予大量的扶持照顾，农业生产有了较大的发展。1980年，农村政策放宽以后，专业户、专业村发展很快，经济收入不断增加，苗族人民生活得到进一步改善。全县粮食产量1949年为1818万公斤，1987年提高到2840万公斤，人均年收入已达到131元。有70%的农户基本解决温饱，苗族人民已逐渐从封闭保守、自给自足的农业自然经济状态中解脱出来，朝着发展商品经济的方向前进。

第六节 服 饰

苗族服装，历来是用自纺自织自制自染的“家机布”为布料。男人穿的衣服一般上身为对襟便衣，下身为便裤。老年人过节时喜着花缎长衫。桃江、掌雷一带的苗族男子所戴的头巾用红绿丝线织成花格，着衣内白外黑。女人穿的服装，式样和制作较复杂多样。节日、赶集和行亲走客时，苗族青年妇女很注意服饰和整容，着装分便装和盛装。盛装的上装在肩胛、袖口用丝线绣花和缀以各色花边，围腰、裙子、鞋面、背带都绣上花鸟龙凤鱼虫草木。裙子有长条花裙、青色百褶裙。长条绣花裙周围共24条彩色缎面飘带，绣上不同的花样。裙子的长度各地不同，丹江、西江、黄里、报德一带穿的长到脚踝，公统、甘益一带穿的只盖膝头，桥港、掌雷、桃江、排告一带穿的仅盖住腿部。还有一种古典式的盛装，苗语称为“乌摆”（苗文：wobaid），无领，对襟开，大边，绣花(有九瓣花的，有条形的，有方格的，有双龙的，有单龙的)，缀有金纸银片，耀眼夺目。因其珍贵，一般只在节日、出嫁或死后入殓时方着此装。

苗族妇女的银首饰种类有：银角(苗文：gib geb)，银花(苗文：bangx nix)，银圈片(苗文：tat nix)，银雀(苗文：nes nix)，银梳(苗文：Vas nix)，银耳环(苗文：ghab zend naix)2只，银项圈(苗文：hlinb ghongd)有纽式和钻花两种，银压领(苗文：yat linx)，银衣片(苗文：ghab liul udnix)15片，衣肩银泡(苗文：pot nix)36个，衣角银片(苗文：ghab gib udnix)15片，裙银角花(苗文：ghab zeif nix)24朵，银衣花链(苗文：hsud nix)13朵，银手镯(苗文：hliongt nix)分圆式、纽式、扁式共4只，银围腰牌(苗文：gangb eb seil)1个，围腰链(苗文：hlat nix)1根，银头簪(苗文：sent hfud)1只，银花片(苗文：bosnix)等。较富有的人家如置备全套银首饰，总需银8.41公斤，价值人民币3000余元。

平时，妇女着装并不繁杂。一般是头挽髻，插银簪或木梳(有时也搭印花枕巾，老年搭黑色头巾)，戴耳环，穿绣花衣服或缀花边的衣服，系围腰，着绣花布鞋。解放前，多数妇女无袜，以裹脚代之。解放后，商品花色品种齐全，给苗族妇女（特别是姑娘）打扮着装提供方便。有的头戴鲜花，下着西式女裤，穿着入时。现在，除老年妇女仍着百褶裙外，青年妇女已着长裤，只在节日盛会或出嫁方着花裙。

第七节　语言文字

语　言

语　系　苗族语言属汉藏语系，苗瑶语族，苗语支。雷山苗族语言属黔东方言北部土语，具有汉藏语系语言的一般特点。每个音节的结构只有 nz 两个辅音附在音节的末尾，每个音节差不多都具有词汇和语法意义，多音节的单纯词不多，声调系统有 b（中平）、x（高平）、d（中升）、L（低平）、t（次高平）、s（低升）、k（高降）、f（中降）8个调类。

苗族语言的语音、词汇、语法、修辞等，在组织上和结构形式上有它独特的规律，属于以声、韵、调相结合的声调语言。方言的声母有送气音和不送气音之分。雷山苗语语音有实际语言意义的音节，共约1700多个，易学易懂。

苗族语言的结构形式，分单纯词与合成词，以单纯词为主。分名词、动词、形容词、代名词、状词、数词、量词、指示词、副词、连接词、介词、助词、感叹词等13类。句子成分有主语、谓语、宾语、表语、定语、补语、状语7种。有单句与复句之分。单句分为一般单句与特殊单句；复句分为联合复句与主从复句。按语气分为陈述、疑问、祈使、感叹4个句型。

苗语的修辞和语法艺术有其独特性。形容词后加状语和动词后加状语。诗歌的“喻”“比”“兴”表现手法十分幽默。

方言区域

县内苗族全操苗语。由于历史上交通阻塞，交往较少，兼受外界影响，在语音方面，存在地区差异。但其词汇结构、语法逻辑、修辞形式大致相同。

雷山苗语分为北部和南部两大方言区。北部方言区为丹江、报德、望丰、乌江、岔河、公统、固鲁、龙头、响楼、陶尧、莲花、高岩、西江、黄里、大沟、白连、龙塘、方祥、新塘、咱刀、排肖、郎德、开屯等乡、村，其声母和调类与标准音点“养蒿话”基本一致。南部方言区为达地、桥桑、排告、掌雷、桥港、桃江、乌的、排里、掌批、独南、新桥等乡、村，其特点是没有送气音声母 hi hf hx hs hv kh 以及第七、八两个声调并在一起。

由于语言的复杂性和多变性，语言发音存在着许多差异。如用标准音点比较，一般没有清化声母 hm 和 hn，但也有它的内在联系，能从其中找到系统的对应规律。

文　字

苗族历来只有语言而无文字。1956年10月，中国科学院与中央民族学院经广泛深入调查和科学论证，制定《苗文方案》。苗文属拼音文字，有26个字母：即 a b c d e f g h i j k l m n o p q r s t u v w x y z；有声母32个：即 b、p、m、hm、f、hf、w、d、t、n、hn、dl、hl、l、z、c、s、hs、r、j、q、x、hx、 y、g、k、ng、v、hv、gh、kh、h；韵母26个：即i、e、a、o、u、ai、ee、ao、ei、en、ang、ong、ia、io、iu、ie、iee、iao、in、iang、iong、ui、ua、uai、un、uang；8个声调：即b、x、d、l、t、s、k、f。

1957年7月，黔东南州创办民族语文学校，雷山派有文化的苗族青年杨通华、金绍成、杨永明、龙伟、余忠国等5人参加学习，回县后即开展苗文推行工作。后因“左”的影响而中断。

1980年，重申党的民族政策，恢复民族工作，国家民族事务委员会召开第三次全国民族语言文字科学讨论会，决定继续推行各种民族文字。1982年初，“雷山县苗文推行领导小组”成立，副县长李玉忠任组长，县民委秘书龙向日任副组长。确定以西江镇东引村和大塘乡咱刀村为苗文推行试点，教学时间为3个月，参加学习的有43人，结束时测验有33人及格。

为适应推行工作的需要，举办4期苗文师资培训班，培训教师88人。

1985年5月，县民委增设“苗文办公室”，任命杨通华为办公室主任，编制3人。另聘用辅导员2人，采取农村办点及进入学校的“双轨制”推行苗文。1981年至1987年，全县共举办农村苗文点57个130个班，有2628人参加学习，经测验有921人及格。

苗文进入中小学试验教学的有雷山民族中学、雷山师范学校、大塘民族学校及达地、方祥、大沟、西江、陶尧、莲花、岔河、望丰、排告、开屯、固鲁、报德、白坡等17所小学，参加学习的学生4558人。多数学校还开展汉语、苗语并用的“双语”教学。为推行苗文，1981年至1987年的七年中，省、州、县共拨款8万余元。

第八节　文学艺术

口头文学

苗族的口头文学较丰富，有其本民族的特点和风格。由于历史上苗族没有文字记载，只靠口头传授，年代久远，有的已经失传，有的则被扭曲变形，但其基本的东西，至今仍广传民间。

口头文学，分歌谣、故事、谚语、谜语、曲艺等。

歌　谣　以诗词和曲调配合而成。命题法有两种：一种以人为对象，一种以事为对象。其表现形式与现代音乐近似，苗语称hxak（苗文）。歌谣内容有的是融合古今素材，即兴编唱；有的是以历史素材为基础的叙事长歌，有世代相传沿袭下来的古歌，如嘎别福歌、古歌、开天辟地歌、飞歌、游方歌、酒歌、送客歌、祝贺歌、赞美歌、情歌、哀歌等。

故　事　苗族民间故事常以口头讲述形式出现，其内容有三：一是歌颂英雄人物或反抗包办婚姻为题材的故事；二是叙述古代的自然现象和人类的起源，如开天辟地、十二个太阳、洪水漫天、兄妹开亲等；三是鬼神、熊虎拟人化的故事。时而是人，时而是鬼；时而善良，时而暴戾，如“老虎外婆”等。

谚　语　苗族民间谚语大都包含在歌谣唱词之中，内容有的直接明朗，有的含蓄幽默，有的讽喻训诫，均富哲理。如“栽树栽一岭，结亲结一个，哪人结两个，就是个坏人”。

苗文：Jenl det jenl ib vangx,
　　Nagl sat nangl ib laix。
　　Dail xid nangl cb laix,
　　Dail id dail ghab dliax。

又如“懒人会吃香的，孬人会穿好的”。

苗文：Naix ngil sux nongx ghangb，

Naix heb sux nangl vut。

谜　语　苗族民间流传下来的谜语，是苗族文艺形式表现的一个重要方面，它多以某个动作或某种器物、动植物为谜底，语言形象而生动，比喻也较贴切。如：

苗文：Hvangb bil nia ngb dail det

Niangb dail leib lol jit

Mangx hseit dios gheix xid

（laib nax diel）

汉译：对门有棵树，

有只猴攀缘。

你猜是什么？

（人摘玉米）

曲　艺　苗族曲艺即现今流传下来的民间说唱文学。其基本特点是：融说、唱、演为一体，代言与叙述相结合，具有浓厚的民族风格和地方色彩，能迅速反映现实生活。苗族的理词和巫文化，如嘎别福歌（苗文：Hxak ghab bil ful）、翻甘闹乃（苗文：Flfat ghab nes naix）等说唱歌词和对白词等都是苗族曲艺。

民间艺术

建筑工艺　雷山苗族民房建筑，多为傍山而建，次第升高，以半边吊脚楼为主要特色。这种建筑，适应山区地势陡峭、平坝特少的特点。民房一般三层楼，四排柱，三间。有的两边配厢阁。低层多为生产利用为主，置牛栏猪圈，堆存粪肥、农具，并采取防秽防潮处理，与居住层严格区分又便于沟通，互不干扰又相互补充。中层为居住层，分退堂、堂屋、卧室、火塘、厨房、晒台等。堂屋是全家精神生活的中心，有会客、用餐、祭祀等多种功能。堂屋前靠边设长栏凳即美人靠，人在此可休息、娱乐和闲眺，是富于民族风情的半户外空间，苗语称为“阶息”（苗文：ghab xil zaid）。火塘是实质性的生活起居中心，炊烤饮宴兼备。上层以贮物为主，面积大，谷物可散堆，既是贮藏，又可晾干。

苗族住房建筑工艺为祖传，木匠有的并无文化，全靠记忆、应用和实践，集苗族工艺之大成。半边吊脚楼墨法准确，不用一钉一铆，结构合理，装饰精巧，按层分区，占地少，利用率高。

刺绣工艺　雷山苗族妇女着装必用花边点缀或绣花，此为一大特色。衣服制作是一套完整的工艺作业。从种棉（麻）、去籽、弹花、纺纱、织布、制靛、染色到剪裁、缝衣、刺绣，除丝线外，基本不靠外来供应。刺绣是传统工艺，苗族妇女均擅此行，尤以西江等地工艺精湛。女孩从五六岁知事时起，就向妈妈、奶奶或姐姐学刺绣，待到十七八岁，完全可以自己操作。苗绣工艺分平绣、绒绣、贴绣、挑绣、绉绣等，各有特点，各具风格。有的先剪纸贴花，有的则信手拈来，自成图案，边绣边修改设计。这种无图作业，常能绣出精品。其图案为花、鸟、虫、鱼、蛙、龙、兽或其他吉祥物。其成品有绣花衣、绣花鞋、绣花背（娃）带、绣花条裙、绣花围腰等。以绣花条裙和出嫁时穿的“乌摆”，费工最多，价值亦最高。

银饰工艺　银饰品加工工艺，距今已有400年历史。在誉为“银匠村”的大沟乡麻料、控拜、白高、乌高、乌善等村寨的420户、1500人中，有500人能操此业，世代相传，从未间断。其传艺形式为以老带小，亲朋互教。银匠带徒终年在外加工，其足迹遍及湘西、桂北、滇东及安顺、兴义、黔东等地。也有受聘于州、县民贸公司，为国营商业部门加工银饰品。银饰图案有蝴蝶探花、丹凤朝阳、百鸟朝凤、游鱼戏水、双龙抢珠，以及松、竹、梅、兰等。其品种有银角、银片、银压领、银围腰牌、银围腰链、银泡、银耳环、银梳、银手镯、银项圈、银雀、银簪、银头花等数十种。

芦笙工艺 芦笙为苗族人民的主要乐器，逢年过节均以此吹奏为乐。其原料为水竹。制作工艺较好的有龙头乡的排卡、方祥乡的平寨、掌雷乡的略果等地。制作芦笙根据各地吹奏的不同乐曲和尺寸大小要求而定。尺寸测定是根据各地的吹奏习惯，从回音的筒子长短和大小来定的。苗族芦笙一般是六管六音响、高低六音阶。但在高排芦笙出场时，必配7至9只小芦笙伴奏，每只芦笙又各有不同的作用。现芦笙的簧舌已从只发一两个音响发展到可发16个音的簧管。

竹器加工工艺 竹器编织在雷山独具特色。擅操竹器加工的专业村有交腊米箩村、羊乌簸箕村、脚牛挑箩村、乌江晒席村、老寨筲箕村、排卡竹篮村、桥兑腰篓村等。专业村中，有60%的户或人都有竹器编织技术，而且将此作为家庭副业的主要收入。交腊村54户，年产米箩1000余对，羊乌村每户年产簸箕100至200个，乌江村年产晒席3000至5000床。竹器材料丰富，取之山野，不需成本。技术为祖传，历史悠久，做工扎实，经久耐用。

砌坎工艺 以石块干砌堤坎或保坎，是雷山苗族农民的一项绝技。一般只以块石干砌，不加水泥石灰浆。历史上因不产石灰，又以交通阻塞，运输不便，只好以块石垒砌。经过长期摸索实践，此技益趋成熟。响楼乡乌秀村苗族砌匠任有清，从事砌保坎近四十年，承包工程近100处，迄今无一坍塌。如较为艰巨的丹江镇防洪堤，全长3公里；雷毛公路猴子岩保坎，高30米，长20米，均衔接紧密，镶砌牢固，收坡整齐，既坚固又美观。

芦笙吹奏

雷山芦笙曲调，各地有不同吹奏法，各种吹奏法又分有若干种。

丹江、西江吹奏法 高排芦笙，苗语称“敢略”（苗文：gix niel），意为铜鼓芦笙。以7至9支芦笙为一队，由高、中、低音和音组合，配有莽筒伴奏。曲调为一种。齐奏时，音调响亮而整齐，浑厚庄重。中小芦笙吹奏分为敢勒（苗文：gix lal），即普通三步跳法；敢干绍然（苗文：gix ghab diot nail），即转身跳法；敢令过（苗文：gix lind ghod），即翻身转体退步跳法；敢细兑（苗文：gix xie deit），即斗鸡式跳法；敢细纳（苗文：gix xie nais），即对面跳法；敢将射（苗文：gix jangl hlae），即讨花带舞；敢抱付（苗文：gix hod hfut），即表示感谢曲调；敢纠哪（苗文：gix jub naix），即彼此产生摩擦后吹的骂人曲。凡此种种，因系习惯俗成，只要吹奏曲子，舞者即会其意，转换动作亦自然合拍。

大塘、桃江、桥港、掌雷吹奏法 可分为莽筒和中小芦笙2种。莽筒芦笙配中小芦笙同时吹奏，动作音节协调，丰富而富于变化，一般用于婚丧、建房等喜事。中小芦笙用于娱乐舞蹈方面，曲调较快。其曲调有“卜闹弄在俄”（苗文：puf nes nex zaid）“纳搞机辽冬”（苗文：ndis gul jib lieef zuk）等10余种。其跳法有三步前，三步左，三步右，半身转体和围圈倒退等。尤为独特的是奏者和舞蹈者的双膝均随笙声一曲一伸，左右移步，腰部蠕动，舞姿更加优美。

方祥吹奏法 制作芦笙时即把音簧和芒筒配制在芦笙管中，突出地运用2和5两个音管的变化，使曲子形成高低、行进或终止状。舞步有正步、顺步、翻身等形式，手舞足蹈，跳法活跃，左脚上前，右脚退后，左臂上抬，右臂顺左往下斜伸，不断反复变化。围圈跳时，一会向中心集中，一会又向外展开，似花蕊之收展状。

永乐、达地吹奏法 它汇合丹江、大塘两种吹奏法和跳法。达地的民族杂居村寨，用春芽木制成形如“吉他”的“古瓢琴”，边拉边跳，称为“古瓢舞”，别具风韵。

舞　蹈

舞蹈有芦笙舞、铜鼓舞、木鼓舞、板凳舞、锦鸡舞、斗鸡舞等。除木鼓舞已失传外，其他的都得到继承和发展。其名称有的以舞时用的伴奏乐器命名，有的以舞的动作形象命名。跳法亦多种多样。

芦笙舞 芦笙舞的基础步法有三：一是排成行，围成圈，先向左三步，后向右三步，依次向前；二是向前三步，后退三步，转体翻身，返回原位后再向前；三是全身旋转，手舞足蹈，互相逗趣，步法有三步、四步和五步。

芦笙舞以岔河最具特色，跳法有30多种。1956年，文化部派员到雷山选拔芦笙舞蹈时，曾到岔河实地观摩。岔河芦笙队杨炳芳（苗族）、杨炳福（苗族）以舞步独特、笙曲明快应选，应邀参加中国青年代表团出席1957年莫斯科第六届世界青年与学生和平友谊联欢节。岔河女子芦笙队苗族女队员杨胜兰、杨胜珍、王正春、余珍参加1982年在呼和浩特举行的首届全国民族体育运动大会开幕式，被誉为“苗岭飞来的四只白天鹅”。

铜鼓舞 铜鼓舞以掌坳最为出色，鼓点复杂，雄浑洪亮，舞步豪放，幅度大，难度高，由50多个动作组成。或如蜻蜓点水，或如猛虎下山，刚柔相济，独具风格。主要舞步有鸡打架、捉螃蟹等。20世纪50年代，掌坳铜鼓舞曾到镇远专区和贵阳等地表演。

苗族的传统歌舞，近年来经雷山县文化馆、民族文工队搜集、整理、提炼，编排成数十种既保持民族特色又注入新内容的现代民族舞蹈。如《尝新酒》《锦鸡舞》《讨花带》《欢乐的苗家姑娘》《回娘家》《铜鼓人》《半夜出嫁的姑娘》《芦笙会》《女子芦笙舞》《斗鸡》等舞蹈节目，都先后获得文化部、国家民委和省、州的嘉奖。计获国家级先进集体奖1次，创作铜牌奖1次，节目三等奖2次，省级节目一等奖1次，二等奖2次，三等奖10次。十年内共获奖31次。

第九节　风情习俗

生产、生活习俗

雷山苗族人民历来以农业为主，由于历史、地理的原因，形成独具特色的习俗。每年农历十月过“苗族年”（苗文：Nongx niangx）后，至春节元宵节前，约有3个月左右的农闲。解放前没有种小麦、油菜的习惯，不事冬耕，只作砍柴割草等农活。也常结伴入山狩猎，在猎获猎物时，无论男女老幼均见者有份，就地分肉。解放以后，耕作习惯已有极大的改变，除积肥、修水利外，也实行秋耕秋种。

元宵节后至农历九月收获完毕为农忙时间，此时要求人们都从事劳动，一直到稻谷黄熟前不准吹奏芦笙，否则视为不务正业，游手好闲，要受社会谴责。

元宵节以后选择丑日（牛场天）或未日（羊场天），把圈肥运到田里准备育秧，称为“开活路”（苗文：qend gheb），一年中的生产活动从此开始。泡谷种在清明前后，泡种、撒秧亦须选择“丑”“未”两日。插秧之前，选择“丑”“未”日“开秧门”（苗文：maib dius nax）。在凌晨天亮之前，到自己秧田里扯一把秧到已整好的田里栽好，一般只栽3至9蔸，必须是单数。事后回家，不准讲话。是日早上，还要以鱼、肉、酒、糯米饭祭神。以后何时栽秧都可不忌。栽秧完后，要在田中捆草插白即用稻草扎成人形状，外披白皮纸，以防过路人嫉妒，说邪话，中伤土地神，不利秧苗生长，苗语称“打口嘴”（苗文：Dib ghab niux lot）。栽完秧就到薅追管理季节。农历六月为“吃新节”，休息半月左右。“白露”时，男女都投入抢收。

饮食习惯

苗族历来以大米为主食，玉米、麦子、小米、红苕、洋芋为杂粮。副食有猪、牛、鸡、鸭等肉和蛋，尤其是鲤鱼。鱼以稻田饲养为主，素有稻田养鱼习惯。

苗族人民喜好酸辣味，每家都自备酸汤（苗文：eb zas hxub）、酸菜（苗文：vangd hxub）、酸辣子（苗文：zend naf hxub）、酸番茄（苗文：zend vob ghob hxub），在烹调时常以此作调味品。酸菜有青菜酸（苗文：vangd vob gat）、韭菜酸（苗文：vangd vobnix）、野生蕨菜酸（苗文：vangd vob hveb）等。盦汤（苗文：Ghangf diangx）分油盦与素盦（苗文：vangd ghangf），煮火锅时用一勺作佐料，菜肴鲜嫩，味美可口。

鱼、肉的烹调方法别具特色。如炖狗肉和鸡肉，要加米煮成稀饭，有时将整鸡炖熟后提出切成块，用鸡汤煮稀饭，这种烹食别具风味。鱼则用酸辣、酸番茄掺和煮，加大蒜、生姜、花椒为佐料，称“酸汤鱼”（苗文：nail liol vangd）。腥味全无，味鲜而美。逢年过节，用豆腐和鱼一起煮，等第二天冷冻后取出食用，称“冻鱼”（苗文：nail dongh）。因过去当地不种油菜，食油靠养猪，食用动物油，故少用油炸或干炒，习用水煮烹调法。将蔬菜放于饭甑脚煮，称“甑脚菜”（苗文：vob eiab）。丰塘、公统、甘益等地的苗族喜用植物秆烧灰滤水煮菜，称“灰水菜”（苗文：vangd hxub）。

煮饭多数用甑子蒸，也用鼎罐煮。蒸饭的甑子不放入锅中，而是用一个底部通小孔的木盆（汽盆）盖在锅上，再将饭甑置于汽盆上，靠气孔充气蒸熟。这种蒸法可避免米饭渗水，味美而香。

苗族多数喜欢饮酒和吸旱烟（也称叶子烟）。家里有红苕、玉米、大米或小米自酿的烧酒，以酒待客是苗族的习惯。吸烟是自种的叶子烟（土烟），来客亦以烟相待，便于叙家常。达地镇的达洛、也蒙和桥桑乡草坪大寨的部分苗族妇女也喜欢吸叶子烟。

交往礼仪

苗族人民有重义气、敬老人、好宾客、朴实、勤俭、谦恭的美德。礼节规矩，多是约定俗成。

如走访亲朋，需要带一定礼物，称为“见面礼”。礼物多少视走访对象的亲疏而定。

女婿第一次拜见老丈人（岳父），带1只母鸡、3斤以上猪肉或猪肝。以后见面，可多可少。岳父母去世，女婿须送厚礼，富有人家抬80斤以上猪1头，白布6尺，稻谷200斤左右，并备爆竹数千响乃至上万响，请乐师吹芦笙、唢呐，邀叔伯弟兄十余人前往吊丧。

妻弟妻兄结婚，富有人家抬100斤以上活猪1头（或白条肉）、200斤左右稻谷，备爆竹数千响乃至上万响，邀数人同往贺喜；婚宴上还要掏钱数元至数十元送给新娘。不论是吊丧或贺婚，至亲客人回去时，主人须回敬20斤左右猪腿1只、10余斤糯米饭。

新媳妇婚后首次到夫家，须由叔伯母或嫂子七八人为伴随行，并挑数十斤糯米饭和1只十六七斤的猪腿。返回时，夫家回赠猪腿1只、十多斤糯米饭。以后来去只需带一苞糯米饭和七八尾熟鲤鱼或鲜鲤鱼。

媳妇生第一胎，要拿一只鸡（男孩拿雄鸡，女孩拿母鸡）去给外婆报喜；外婆则要邀约伯母、婶和近邻的妇女七八人一起前往探望，且各自备礼物交亲外婆聚拢偕送。礼品有鸡蛋、母鸡、大米、甜酒、背（娃）带、童衣帽、鞋袜、玩具等。

公统、甘益一带的苗族姑娘，在未出嫁前，已在娘家秘密赶制婴儿出生后所需的衣服、鞋帽，分娩后由娘家送往，因为不便给父兄知道，称为“秘密刺绣”（苗文：Ait niangs ait mos niak）。

一般的来往探望，属小辈看老辈的需拿1只鸡，老辈不再回赠；平辈或朋友间来往，拿几元现金或两三斤糖果即可。还有像主人接待宾客，酒菜筵宴丰盛与否是次要的，态度一定要热情。常说：“不怕房窄，只要心宽”。一般的客人来访，以酒饭烟叶招待。路程远的或旷久未见面的则丰盛些，杀鸡并邀邻居弟兄作陪。

比较隆重的是儿女亲家互访、儿女结婚、新居落成、抱子添孙、远方来客等喜庆日子的接待。凡遇这类客人到来，主人先在大门口或更远的路上，摆上几张桌子（有二三张以至十多张），每张桌子安排四人侍候，用碗和牛角敬酒，并唱“拦路歌”（苗文：hxak hsangd gid），过完几道“关卡”后，才让客人进屋歇息。晚上，用长桌（一桌可容二三十人）大摆筵席，遍请邻里兄弟作陪。酒至半酣，儿女媳妇捧杯敬酒，主人老辈先饮，顺次序轮敬，不以谁官大或富有为标准。之后，酒歌、飞歌一曲接一曲，劝酒的欢呼声接连不断，直至半夜甚至通宵达旦。以后由叔伯弟兄轮流作东请客，热闹三天方散。最后一天仍由主人宴请，席较丰盛。开始时，由客人中一长者或善言者致祝酒词。客人返回时，主人持壶提酒相送，直至村口或过桥后才依依惜别。

平时生活中，人与人之间很讲礼貌。首先是称谓必须按辈分称呼，对老辈彬彬有礼，男女之间切忌轻浮越轨动作，如犯忌必遭谴责。在家里小辈应替老辈舀饭、端水，走路时不能在老辈面前走过，路上遇见老人必先启口问好，走路超前时必须说谦逊的话，勿使老人错怪。见老年人挑担子必须帮其挑抬，直到分手路口为止。宴会上请老辈坐正席，待老辈动箸后其他人才能下箸。佳肴美味必请老年人先尝，如杀鸡时，鸡心鸡肝必得夹进老辈碗里等。

丧葬习俗

苗族在丧葬方面有传统的习俗，其形式因死者年龄、死因、家境而异。葬法有土葬、火葬、停棺待葬（二次葬）等。

土　葬　死者已有子孙，死因又属正常，都须装棺土葬（苗文：liangl naix）。一般要经过临终按眼、沐身、整容着装、报丧、守灵、入棺、唱丧歌、出殡送葬、入土、呼魂、引魂、走亲等过程。

病人心脏停止跳动后，家属要将几滴水酒灌入死者嘴里，然后用手指按下其眼皮，使之瞑目，俗称“按眼睛”（苗文：neif mais）。并将其五指并拢，握拳，脚掌靠齐。掌雷一带的苗族在老人咽气时，要用竹制饭盒罩住死者的嘴，接最后一口气，然后合盖，挂于堂中柱上，三天后再打开。独南、桥港、桥兑等地苗族在老人临终时，要用竹制饭盒向死者嘴里撮气，然后盖合放在死者嘴上，次日清晨再打开。

寿衣用棉布或丝织品制作，里白外黑（或蓝色），着装必须是单数，即衣三裤三。女性上身着出嫁穿的“乌摆”（苗文：wd baid），下身穿着百褶裙。正常死亡的老人，实行土葬，经着装后停尸于堂屋，男左女右，或女东男西。亲戚看遗容，须经孝子许可并揭开盖面的白布。以后择吉入棺出殡。随葬的常用物：男的为旱烟竿、砍牛刀、火镰、柴刀；女的有手镯、耳环、项圈、花衣。家境贫困的，入棺时把银器摘下来。铜器不能随葬。

择墓地请风水先生进行，俗称“看风水”（苗文：hvuk ghad dab）。挖墓穴由孝（长）子挖第一锄。

出殡前，家属要捏饭团用羊不食叶包好，放入一篓中，给死者作冥粮，并给一点碎银给死者买水喝，给一双草鞋赶路。寨上有父母已逝世的，亦包一团饭放入篓中，意为带给其已故的父母吃。

宰杀牲口送葬和款待宾客，是苗族葬礼的重要习俗。过去杀水牯牛，现在一般杀猪。杀牛的规矩是：屠手必是死者兄弟或叔伯兄弟等血亲。杀牛前先搭一木架，并在架上插上三排纸剪的人像和六面三角纸旗，将此套于牛头上，再牵到屠宰场。牛头朝水井方向，屠手先丢给牛一根青草，由一人拉尾巴，屠手即从右边用砍牛刀挥向牛颈；若一刀未死，原屠手不能再补刀，由另一副手操刀再砍；若不死，由第三人继续补刀。拉尾巴的人要保证牛在未开肚前不能漏牛屎，若漏了必须用衣服包起来。杀牛时须鸣枪，以后每半小时鸣一次，每次三响，直到死者入土时止。

尸身抬出灵堂，停于棺材旁，由巫师念咒“开路”（苗文：yangl gid），将尸身收殓入棺中，用白布盖好。棺材两边系十多米长的布带或绳索，以便送葬者牵引。抬棺先是孝子和至亲，后再替换。死者媳妇和姑娘，哭丧送葬，火枪、火炮齐鸣。若墓地路途远，则将棺材拆成数块分抬至墓地拢装，尸身用木架抬着上山，再将尸身收殓棺中，由死者的儿子整理衣冠后下葬。未垒土前，鬼师持砍牛刀立于棺上给死者指点东南西北和日出日落的相反方向，先由孝子撮第一铲土盖棺，帮忙人再垒土。

晚上举行丧宴，由德高望重的老人唱“哀歌”（苗文：hxak genx das），叙述死者生平，哀婉凄切，使人潸然泪下。歌毕，向孝子敬酒，劝其节哀保重，化悲痛为力量。此时，悲伤情绪全无，可以插科打诨，行令猜拳。

葬后第三天凌晨，家属要请一巫师一起到新坟上“呼魂”（苗文：Yangl ghab dliux），把亡灵请回家，将杀牲开吊的猪头骨或水牛角置于堂屋正中神壁（苗文：ghet net）下，表示此地为亡灵的栖身之处。

十天或半月以后，家属需备一只鸡和酒、肉、糯米饭等，带亡灵到舅爹或姑母或女婿等至亲家去“走客”（苗文：Yangl naix lnl diangb kbat）。至此，丧事才算完毕。桃江、桥港等地的苗族在埋葬死者27天以后，须在家宴请至亲“烧七”，与死者吃“诀别”饭（苗文：gad sad bil）。掌雷、排茫一带苗族凡死男人，必将一根小板凳捆在屋梁上，一代捆一根，新的捆上去，旧的就取下来烧掉，据说这凳子是过节用餐时给亡灵坐的。

火　葬　苗族对被凶杀、自缢、摔死、死产等不正常死亡者，都实行火葬（苗文：pid naix）。不需棺材，直接用木板或杉木皮抬到规定的火葬地点，把死尸置于柴堆上用干柴焚烧，骨灰撒进河流，不留骨灰，也不设“灵魂寄宿所”（苗文：Zaid ghet net）。但产妇是死在屋里，又有小孩，可以用棺殓焚化。

停棺待葬　停棺待葬也叫二次葬（苗文：Sae nalx）。停棺待葬有两种情况：一是属正常死亡，但问卜认为当年不宜入土，须停棺待葬，这种葬礼同样隆重；二是属非正常死亡，但问卜不宜火化，于是用木匣殓尸，抬到人迹罕至的山谷中的荫蔽处停放，任其风干或腐烂，家属不再过问和祭祀。

生育习俗

生儿育女是苗族人民心中的大喜事，分娩多在家里，由邻居中、老年妇女帮助接生。

婴儿出世后第三天早上，要杀一只公鸡，煮三五尾鲤鱼，富裕者亦杀猪，举行“出门见天”（苗文：Bnf waix dlub）仪式，并请人问卜取名。七八天后，外婆家要前来看外孙，家族邻里作陪，并轮流作东款待宾客，两天始散。席间唱酒歌，跳板凳舞（苗文：Zuk niel dangk），打花脸（苗文：lad ghad hnint wil），气氛热烈。

妇女分娩后，休息30天或32天。此时产妇不准串门，食物从优，以鸡、蛋、肉、糯米饭为主，以滋补身体。满月后举行“串门”（苗文：Dias vangl）仪式，产妇背着婴儿，由婆母或妯娌作陪，备礼品到亲戚家作客，吃一餐饭后即返回。此后就可以随便串门了。

建新居习俗

雷山苗族起房造屋是一生中的大事之一，也是有志气、家业兴旺的标志。因此，请木匠亦用问卜的形式选择。房子的中柱必须认真挑选，然后择吉日时辰砍树画墨。屋架造成后，择吉日时辰立柱。立柱一般在吉日凌晨进行，房主每根柱子放一个熟鸡蛋，小孩晚上守房柱可得一个鸡蛋和一团糯米饭。立柱上梁结束后，主人为表示吉祥，要把新衣服和小米、糯米捆把挂在穿方和挑梁上，在新房架下杀猪宴客，主客互唱“起造歌”，表示庆贺。立新房开大门，也须择吉日进行，并杀一只雄鸡祭祀祖宗神灵。

崇拜和禁忌

雷山苗族崇拜祖宗神灵和自然物，尚未有成型的宗教信仰。民国时期，有西江李姓和固鲁乡桃子寨潘姓信奉耶稣基督教（福音教）。至1987年，唯有潘姓子孙数人继信此教。

崇　拜　苗族崇拜祖宗神灵，中老年人尤甚。认为冥冥之中有精灵存在，能给活着的人庇佑，降福消灾，称为“神”，苗语叫“也丢”（苗文：Vangx diangl），即“善鬼”。另一种给人生带来祸殃，致人畜暴病或死亡，称为“鬼”，苗语叫“连”（苗文：dliangb），即“恶鬼”。凡寿终正寝的老人的精灵都属于“善鬼”，子孙尊敬，平时吃饭喝酒都先以少许酹于地（苗文：liangb dab），以示祭祀。逢年过节则要杀鸡宰鸭奠祭。一些非正常死亡的惨死者的精灵都属于是“恶鬼”。一旦有疾病或灾难，就请巫师卜卦查鬼驱邪。乩卜的方式有竹卦卜（pat nes）、鸡眼卜（苗文：hxid mais gheib）、草鞋卜（苗文：bud ghab hxub）、蛋卜、米卜（苗文：hxid hsaid）、草卜（苗文：quk ghab zod）等多种。

苗族中有人认为，万物皆有灵，供奉自然物也能给生人带来福祉。苗族中老年人对此迷信尤甚。常拜的是古树、巨石、水井、桥等。有的还将岩石、竹子插在家中的神壁下供奉，民间称为“花树”（苗文：jenl hlod）、岩妈（苗文：wuk vib）。解放以后，随着教育事业的发展和医药卫生事业的进步，愚昧落后的思想已有改变，青壮年一代已逐步淡化。

禁　忌　分生产禁忌和生活禁忌。

生产禁忌。农历正月十五日以后，开始从事挑粪、耕作以及撒种等农事活动，有的地方忌寅日（虎场天）和酉日（鸡场天），有的忌午日（马场天）和子日（鼠场天）动土挖地。公统乡一带在第一次响春雷时，要忌三天不下地做活，连续响雷在最后一次再忌三天。丹江陶尧、固鲁、龙头、报德、西江等地，开始春耕直到稻谷黄熟前不准吹芦笙。掌雷乡一带过苗年（农历十月辰日）时，不下地，不挑粪，开秧门由“活路头”（苗文：ghab gheb）先开。这些禁忌由“活路头”掌握，违者罚款。解放后仍沿袭不变。

生活禁忌。生活上的忌讳较多，其中较为普遍有以下几种：一是梦忌：忌梦中掉牙或建新房。二是开春后忌：忌第一次大便时听到阳雀即杜鹃鸟叫；忌飞鸟屙粪淋身；忌见双蛇交尾；忌未满月的产妇串门；忌鸣蝉爬在人身上。三是父兄忌：忌进儿媳或弟媳内房。四是肉食忌：忌燕子肉和猫肉。五是蒸煮忌：忌把蛇肉拿到屋内煮吃。六是行走忌：忌在客人的面前走来走去。七是年轻人忌：忌先于老人夹鸡心鸡肝吃。八是老人去世忌：忌说“死了”。九是“祭鼓节”忌：忌说“吃饱”，发说“满仓”。十是娶嫁日忌：忌月黑日子（即农历每月的下旬），寅（虎场天）、卯（兔场天）、未（羊场天）、酉（鸡场天）。十一是娶迎途忌：忌遇出殡、老蛇拦路、与另队迎亲人相遇。十二是出远门忌：忌撞见黄鼠狼横穿道路。十三是迁居日忌：忌寅（虎场天）、卯（兔场天）、未（羊场天）、酉（鸡场天）四日。十四是孕妇忌：忌参加送葬。十五是老人去世后忌：忌家属一月内赶集，买东西；120天内食鱼、鳝、鳅、蛙、狗等肉。

十六是守灵人忌：忌在安葬前吃荤。十七是扫寨时忌：忌外人入寨。十八是春碓忌：忌日落时（酉）。十九是屋忌：忌狗爬上顶，老蛇进门。二十是雄禽忌：忌公鸡未到时先叫。二十一是雌禽忌：忌鸡、鸭、鹅生软蛋。二十二是枪忌：忌打喜鹊、乌鸦和狗等。

第十节　节　日

雷山地区较为盛大的苗族节日有“爬坡节”（苗文：Yex vangx）“吃新节”（苗文：nongx mol）“苗族年”（苗文：nongx niangx）“祭鼓节”（苗文：nongx jand niel）等。个别地方还有“招龙”（苗文：dex vangx）“植树”（苗文：qet vangl）等节日。春节苗族同样过，但不隆重。民族节日多在收割大忙之后或春耕大忙之前的农闲季节。因多按宗支系统自定时间，故各寨过节时间亦不统一。

爬坡节

爬坡节（苗文：Yex vangx）时间为农历三月的清明节后第一个子日（鼠场天）开始，连续赶3次，每13天赶一次，时间不早于清明节，也不晚于农历四月，最热闹是中场。活动内容为赛马、斗雀、青年男女对歌寻侣。近年来增加篮球、赛跑等现代体育项目。极盛时达万人以上。县内爬坡节场地有大塘的雄吉坳、乌江的满天星、望丰的五岔路、大沟的送扁富、黄里的牛角坡、固鲁的东山坪、报德的郎德等，其中以五岔路爬坡节最为热闹，每年都有数万人参加。这些场地都有一个情节感人的爱情传说。

吃新节

吃新节苗族称“脑莫”（苗文：nongx mol），每年一次。丹江、西江地区过节时间为农历六月上、中旬兔场天即“卯日”，所以又叫“吃卯”。从开秧门的日子计算，满50天即举行。莲花、桥港、桃江、掌雷等地则在农历八月上中旬的“卯日”。节日来历有三：一是为纪念开发雷公山的苗族祖先；二是大忙季节已过，乘农事稍闲时，休息娱乐，调剂一下生活；三是稻秧已孕穗、抽穗，预兆丰收，祭祀天公赐福。过节时，家家包粽粑，几户联合杀一头猪或全寨宰一头牛分食，鸡鸭鱼各户自备。进餐前要用从稻田中扯来的7至9个秧苞（孕穗）作祭品置于饭上祭祀“花树”（苗文：jenl hlod）“岩妈”（苗文：wuk vib）或祭“桥”（苗文：jux）以及祖宗神灵。以糯米饭为主食。

赶热闹场（苗文：kad xangx mol）是丹江、西江地区苗族“吃新节”的主要活动。有两次热闹场，即吃新的第二天“辰”日（龙场天）和第二场“戌”日（狗场天）。到时男女老少均身着盛装赶场，场集为丹江和西江，时间两天一晚，极盛时场集上有数万人。第一次赶场后，男青年成群结队，从一个寨到另一个寨去寻姑娘“游方”，谈情说爱，直至第二场散场后方结束，时间6至7天。

吃新和赶热闹场的活动内容：一是青年男女对歌，以歌觅终身伴侣。二是“放牛打架”，比谁的水牯牛养得肥壮，力气大，斗得狠。20世纪50、60年代，政府还有组织地安排“放牛打架”，并给优胜者以犁耙、镰刀等物质奖赏。三是赛马，被列为民族体育运动项目。同时，有体委或活动地村组织篮球赛和拔河比赛等活动，内容丰富。但“放牛打架”最能吸引观众。

苗　年

苗年（苗文：nongx niangx）是苗族比较隆重的节日。每年一次，时间各地不一。新塘、独南、开屯、方祥、西江、大沟、报德、黄里、肖家、格益、白连等地为农历十月上旬“卯日”（兔场天）；桥港、掌批、排里等村为农历十月上旬“辰日”（龙场天）；莲花、固鲁、丹江、龙头、响楼、陶尧、望丰、乌江、桥洛等地为十一月上旬“卯日”。苗年从“辰”“卯”日开始后，连续过3次，每隔13天过一次，称头年（小年）（苗文：niangx qend）、中年（大年）（苗文：niangx hlieb）、尾巴年（苗文：niangx ghangb）。以中年为最热闹。

过“苗年”用糯米打糍粑，分送邀来过年做客的亲友。富裕户每户杀一头猪，也有两户合杀一头的。贫困户只称一二十斤肉。一般不熏腊肉。鱼是必备佳肴，同时还制作“冻鱼”。年饭一般在“卯日”下午4时许吃，也有选择在上午11时的。吃团年饭之前，要以鸡、鱼、肉、酒、糍粑为祭品，祭祀祖宗和图腾物，追怀祖先创业开发的艰难，表示“尽力为农，遵训不变”。年早饭在第二天凌晨5时举行，亦甚隆重。有的地方年早饭必须由男人去做，女人不插手。意思是女人一年到头炊爨做饭，新年头一餐应由男人做，让女人休息。新年早上忌扫地，忌女人到别家串门。

过年一般休息3天，有的休息5天。节日中，对外来的客人格外热情，凡是客人到来，即使非亲非故，一样热情接待。节日的娱乐活动，主要是跳芦笙和踩铜鼓，时间5至7天，芦笙会自开始至结束，均由“芦笙头”（苗文：ghab niel）主持。要以祭品和酒奠祭天地神灵，用牛角杯向芦笙场上的客人，尤其是年高德劭的人敬酒，互祝安康以后，再祝芦笙会胜利开始和圆满结束。

芦笙会期间，每天中午，苗寨的男女老幼都着节日盛装和戴银饰赴会。吹笙的为男青年，二、三、五人为一组，轮换吹笙，不使场上笙音停息。跳芦笙以女青年为主，客人也可以参加，以银饰最多、辈分最长和品貌出众的姑娘在前，列队按笙音拍节行进。高潮时，老年男女自围一圈按拍节欢跳。

最富有戏剧性的一幕是吹笙青年向异地姑娘吹奏“讨花带”（苗文：gix jangl hlat）笙曲，倾诉爱慕及追求之情。“讨花带”笙曲吹响以后，被追求的姑娘不管对小伙子的印象如何，都应以礼待人，不能断然拒绝，要将自身的花带、围腰带、项圈之类挂在吹笙人的芦笙管上。小伙子得到东西之后，必须掏出价值相等的钱物给赠礼的姑娘，但这类均属未婚青年。互送礼物不是以此定情，只是作为一种娱乐形式。但也有因此成为夫妻的，因而凡举行芦笙会，都是青年寻欢觅侣的最好时机。

居住在甘益、丰塘、公统等地的苗族，以过春节为隆重，而且也制香肠、血豆腐和腊肉等。

祭鼓节

雷山苗族的“祭鼓节”（苗文：nongx jand niel），习称“吃鼓藏”，是苗族一“鼓”之族，每隔13年一次祭祀本宗支祖宗神灵的大典，是极隆重的节日。

雷山地区的“祭鼓节”先后过三年，第一年为引鼓（起鼓），第二年为立鼓，第三年为送鼓（藏鼓）。过节时间不同，原因是按其宗族迁入定居之年推算，故有早有晚。有的地方杀牛，有的地方杀猪。解放以后，人民政府鼓励人民发展生产，牛是耕地的动力，教育人民不杀牛，以猪代替。除西江、丹江、报德等地区外，达地、桃江、桥港、掌雷等地的苗族已不过“祭鼓节”。

“祭鼓节”杀的猪是有选择的，即必须是阉割后的公猪，而且猪的毛旋涡必须周正，不能有特异和畸形。杀猪之前，先杀一只公鸭，祭告祖宗神灵。杀猪时猪头朝东方，猪死后用稻草盖起来，称“盖被子”（苗文：bex bongk）。之后，才刮毛破肚。进餐之前，当家人以猪肉、鸡肝、鱼、酒、糯米饭和烧酒酹少许于地，燃烛焚香化纸祈祷，然后才动筷。猪的四大腿砍下来留着，待女婿、姑爷、舅舅等至亲送礼时作回敬，自食的仅是肚腹胸腔部分的肉。这种“鼓藏肉”苗语称为“艾丢农”（苗文：ngix diux nongl），每砣生肉有豆腐块般大，约重2两，用白水煮熟，不加盐和作料。吃得越多越好，意思是人生难逢几个十三年。

吃鼓藏还须说“鼓藏话”，不能照平时的说法，其意在图吉利。如杀猪叫作“抠干勒”（苗文：ghab lail），“抠”汉意为吻，“干勒”即大官的意思。点火叫“拖哈”（苗文：tob hnaib），即“出太阳”之意。吃饱了叫“巴农巴拦”（苗文：bad nongl bad laf），即“满仓满库”之意。客人归去叫“蛮门”（苗文：mail mal），即“骑马归回”之意，等等。

“祭鼓节”的娱乐活动仍以铜鼓芦笙为主。“吃鼓藏”的前两年就开始跳铜鼓芦笙，头年跳5天，第二年跳7天，第三年跳9天，跳铜鼓的形式、仪式与芦笙会相同。铜鼓并不是每个寨子都有，有的以长木鼓代替。跳铜鼓不是随便都可以跳的，必须是“祭鼓节”或先议定的时间才能跳。消息传出之后，八方聚会，宾朋云集。一般戴银角的姑娘就有100人以上，比过“苗族年”“吃新”的芦笙会更加宏伟壮观。“祭鼓节”的筹备和日程安排，均由“鼓头”负责。猪由“鼓头”家先杀，其他户才能杀猪。

招　龙

招龙（苗文：dex vongx）也称拉龙。此节日与“祭鼓节”一样13年过一次、连续三年。时间是申年（猴年）二月的申日（猴日）。仅大沟乡的控拜、麻料和西江镇的东引等寨过此节。娱乐活动内容亦与铜鼓芦笙会差不多。在过节以前，要把各户来往的道路修整扫净，每户要到村寨护寨山上植树，所以又称“植树节”。

第二章　其他民族

第一节　水　族

水族是由南方古代“百越”族群中“骆越”的一支发展而成。“水”是汉称，自称“虽”，先民源出邕江流域岜虽山。清雍正十年（1732年），由于战乱等历史原因，流徙黔桂边境，后聚居于荔波、三都等县境。1956年，国务院批准确称为水族。

居住地域

雷山县境内的水族聚居于与三都水族自治县毗邻的达地、桥桑的部分村寨。聚居的有巫空、岩门寨、党赖、高调、巫达沟、党咩、岩脚、排老中寨、排兄、皆辽、同吉、半坡等寨；与苗汉杂居的有柳乌乡的长田、柳排、排腰、土司田和桥桑乡的大坝、达良、甲当、党早、桥豪、高枧、楠木等寨。据1987年统计，水族有4038人。姓氏有陆、韦、杨、潘、王诸姓，尤以王姓居多。

语言文字

水语属汉藏语系壮侗语族侗水语支。由于长期与汉族及苗族杂居和交往，多数人亦能操汉语及苗语。

水族有一种古老的文字，水语称“泐虽”，汉语称“水书”。因仿汉字反写，也称“反书”。在日常生活中不通行，仅作鬼师占卜之用。水文字有100多个，多属表述五行生克、生死吉凶、八卦、二十八宿和天干地支之类。

社会经济状况

解放前，水族地区基本上是土司管制下的自然经济。因处于大坪山和铜马山、八宝山之腹地，山势陡峭，谷深壑幽，多为带形梯田，河谷小坝极少，自然条件差，兼之交通闭塞，文化落后，耕作粗放，水利不兴，农业生产极不发达。外来商贩深入水族地区，贵卖贱购，加重对农民的剥削。虽有木材、油桐、五倍子、药材等资源，但未得到开发利用。加以地临四县之交，土司肆虐，盗匪骚扰，社会动荡，造成经济凋敝，人民生活困苦。

1950年解放，1951年夏进行土地改革，解放农村生产力。1956年基本实现农业由个体经济向社会主义集体经济过渡。1980年以后，推行家庭承包责任制，农村政策放宽，农民基本上解决温饱。

家庭、婚姻、社会组织

家　庭　水族的家庭为父系小家庭，一般三代同堂。家长由辈尊年长者担任，全权处理家庭事务。父逝子承，如子幼则由母亲负责维持家庭生计。在处理重大事务时，必须征得父系家族同意。女儿出嫁，父母可将少量田土给予，名为“姑娘田”，有使用权而无所有权，姑娘死后仍归娘家兄弟所有。嫡长子在家族中最受尊重，并有一定特权，无嫡长子庶子继。父母一般溺爱满崽，有“爹妈爱满崽，公婆爱长孙”之说。

婚　姻　婚姻为一夫一妻制。解放前有少数富裕人家重婚纳妾，属无子嗣纳妾者亦有之。从前，青年男女自由恋爱，通过“端”“卯”等节日聚会，情投意合后结成夫妻。随着社会的发展和外界的影响，慢慢地改变为结婚论财礼，并由父母包办请媒作证，用“鸡眼卜”的办法定亲。20世纪80年代以后，有的礼仪形式要求越来越高。新婚少妇有“不坐夫家”的习俗，直至身怀六甲，临分娩时才住夫家。女方未离婚而另嫁，男方有权干涉。女方坚决不坐夫家，男方可以另娶，舆论赞成。外甥女须“还娘头”，舅家无子嗣或外甥女拒绝，出嫁后必行“舅父礼”。寡妇可以改嫁，但必须离开前夫住的村寨，只带走自己的东西。新夫应交给前夫的家属一笔“寡金”，以抚养老小。寡妇不另嫁可以继承财产。也有招赘上门，继承前夫财产的。

社会组织　水族多聚族而居，大都有血缘关系，也往往是同姓，称为同族。族有族长，威望很高，凡族中大事，都由族长酌定，寨名、地名也有用族长名字命名的。一个地区内发生重大事件，须几个宗族联合应付的，要集会讨论。集合的形式为“榔款”，会议称“议榔”，主持人称“榔头”，由公众按条件推选，拟订条款，通过执行。后演化为“乡规民约”。

风情习俗

水族的衣、食、住、行、伦理道德、节日、喜庆、崇拜、丧葬等都独具特色。随着社会的发展和进步，各民族的互相影响，已有很大的改变。

水族多傍山而居。住房为木质干栏式建筑，青瓦或木皮盖顶，楼上住人，楼下圈牲畜或堆放农具等杂物，也有住平房的。

食物以大米为主，玉米、红苕、大麦、洋芋、小米等杂粮次之，喜吃糯米和酸菜、辣椒，肉食以猪肉为主，喜吃狗肉。常以鲤鱼、烧酒和叶子烟待客。

男人以前着无领大边衣，留长发挽髻，戴缎子红顶八瓣帽，大管裤。富裕人家着长衫，外套马褂。衣料自织自染。老年妇女着无领挽襟短上衣，长裤短裙(不穿裙时则前后各系一块围腰布)，头挽髻，搭蓝色头帕，脚穿瓜子形五色花鞋。中年妇女则穿青或蓝色大襟过膝上衫、长裤，衣襟和衣袖下摆、裤脚镶有花边并绲边，头发挽成辫子从左到右盘旋包头，搭格花头巾，侧插木梳或银钗。遇喜庆或节日，姑娘则饰银花、银簪、耳环、手镯、银梳、项圈，脚穿绣花鞋。

水族的葬礼比较隆重。年过花甲的老人去世称“白喜”。未择日落葬前，全族老幼一律忌荤吃素，晚辈必须戴孝。老年妇女去世，夫家娘家两族人均忌荤。年轻媳妇去世，须经外家来人亲视含殓。死者属正常死亡实行土葬。安葬前一天的晚上，杀猪宰牛设祭，由法师“开控”（做道场），请职业歌手唱《孝歌》。客人来祭奠时，须请吹师以唢呐奏乐，吹芦笙、莽筒，放铁炮，敲锣打鼓，灯火通明，通宵达旦。解放后，已逐渐简化，有的人死了也不择日，即死即葬，百无禁忌。对夭亡、死产、凶杀、雷击或滚坎跌岩猝死者，外死不进屋，凶死要驱邪，有的要火化。

接媳妇、生小孩、立新房等喜庆称为“红喜”。接媳妇是水族一大喜庆，认为是一生中最大的幸福和安慰。富裕人家要大操大办，即使是贫困户，也要倾多年积蓄操办。新娶的儿媳妇生育第一胎，不分男孩女孩，都要备办“满月酒”，庆祝自己见到第三代人，香火有继，传宗接代有人。参加庆贺的一般为妇女，男人绝少参加。

立新房为乔迁之喜，民间把这看作是人丁兴旺，家道昌隆，主人有志气的标志。亲朋送礼，挂红放炮，主人杀猪宰羊宴客。

节　日

水族的主要节日为“端节”（也称瓜年）。时间为农历九月中旬的亥日（猪场天）。分宗支各取一轮甲子，分三次过。此外，也过“春节”（称借荐或借嘎）、端午、清明、重阳、七月半（称中元节）等节日。以“瓜年”最隆重。节日期间，头一天晚上禁吃荤（鱼例外），只煮鱼、瓜、豆、八月笋、糯米饭作祭品祭祖，由卯时至辰时才结束。第二天即杀猪宰牛（几家或一寨一头），杀鸡杀鸭开始荤食，亲朋互访，延续3天，大的村寨还敲铜鼓，吹芦笙，跳舞、赛马取乐。

禁　忌

水族崇信多神，因而禁忌较多。

生产禁忌　忌闻雷响，认为不祥。立春后第一声雷，有枪放枪，有炮点炮，历时数小时。雷声起东南认为有旱象，起西北则认为雨水多。从闻雷声起，忌动土（翻地、挖土）。“过瓜年”忌逢晴雨日。第一、二轮过年忌遇晴天，遇晴天则认为第二年缺水撒秧；第三轮过节忌遇雨天，遇雨天则认为雨多烂秧，收成不好。“七月半”插白纸标于田中，防过往人邪说，确保丰收。种棉时忌直言种棉。

生活禁忌　新娘出嫁忌闻雷声。忌蛇、蚁进家和雷击古树。忌猪、牛进家。忌狗爬房。忌鸡早鸣。忌猪生二胞、狗产独子。忌飞鸟屙屎淋人。忌产妇未满月到别人家串门。夫妻离婚时补偿的钱，不准在家里递交，必须在野外。忌给别人抬轿抬滑竿。妇女生育时的忌讳与苗族汉族同。

民间文学艺术

水族民间文学艺术比较丰富，有神话故事、歌谣、格言、谚语、芦笙、舞蹈、编织刺绣等。

神话故事传说流传较广的有“人类的起源”“雷公斧”“房子的故事”“员外的小姐和瓦匠”等。有的叙述历史，有的是对劳动人民聪明睿智的赞扬，有的是对男女青年爱情的描述。

歌谣分大歌、小歌，多为即兴编唱。大歌为长篇叙事歌，叙述历史人物、民族迁徙。多在婚丧喜事场合及节日会场合唱。一唱众合，不用伴奏。歌词多为七言一句，一首有数十句。小歌为短歌，一般四至八句，以情歌为主。

格言谚语是水族人民口头流传的人情世故、风俗习惯、社会哲理的警句。语词精练，对偶工整，音调韵协，一般都为社会所信守，像一种不成文的法规。

水族的舞蹈有铜鼓舞、芦笙舞、龙舞、狮舞等。舞步矫健，气势雄浑。芦笙有开步调、敬茶调、悲伤调、说明调、结束调等。龙舞、狮舞在办丧事，“开控”时才举行。

水族乐器有铜锣、铜鼓、芦笙、唢呐（又称八仙）、胡琴、皮鼓、钗等。

水族的手工艺品有刺绣、编织、印染等。刺绣包括绣花、挑花、补花。针法有平绣、剪花绣、插绣。编织艺术有花椒纹、回纹、斜纹、方格纹、鱼骨纹、皱纹等。竹制的睡席、提篮、箩筐都编出花纹，精巧美观。

第二节　侗　族

居住地域

侗族分布在望丰乡的望丰堡、乌局、排孟机，乌江乡的掌窝、排卡览、南响，桥桑乡的也想，排告乡的脚牛，柳乌乡的登丹等村寨。1987年有1917人。县境内居住有杨、吴、姚、龙、罗、黄诸姓。

1953年第一次人口普查，自报为侗族的有乌局、掌窝、排卡览等村寨的吴姓。1982年第三次人口普查时，根据国家人口普查办公室、公安部、国家民委的规定：过去错报民族成分的可以返本归原，恢复原族别，一部分人又申请恢复侗族。现已基本稳定。

侗族，据史载是由古代“骆越”人发展起来的一个支系，与壮、布依、水族有密切的历史渊源，同属壮侗语族。

雷山县境内的侗族，其先民来自江西，后经湖南溯清水江而上，来到雷公山周围定居。望丰堡及柳乌乡登丹杨、罗二姓侗族则是由天柱高酿迁入。桥桑乌开姚姓侗族来自榕江县。

社会经济状况

侗族的社会经济，均为自给半自给的自然经济。清迄民国时期，社会生产落后，农民生活贫苦。为求温饱，不辞辛劳地垦地开荒，筑堰修沟，不断改进生产技术，逐步改变刀耕火种、赶山吃饭的落后状况。家庭手工业、纺织业同期也有相应发展。家务劳动及纺织主要靠妇女承担，男人则主要负担田土耕作及砍柴割草等主要农活。

在旧社会，地主掠夺霸占农民的土地，对农民实行实物地租剥削，官府又逼迫农民承担名目繁多的赋税和劳役，加之高利贷者的盘剥，侗族人民缺吃少穿，披襟挂绺，贫困交迫的景况并非鲜见。

解放以后，在共产党和人民政府的关怀和扶持下，农民的生产积极性得到发挥，生产力随之有很大的发展。根据山区山多田少的特点，提高复种指数，采用先进生产技术，引进和选用良种，开展多种经营，办茶场，种烤烟，植果树，饲养家禽家畜，建小型水电站，开辟能源。20世纪80年代后，积极发展乡镇加工业，从而推动社会经济的不断发展，生产生活逐步得到提高和改善。

丧葬习俗

侗族只要得知本族有老人去世，就不能吃自己家里的饭，也不能吃热血动物，每家都要下田去捉鱼来祭祀。待到死人埋葬以后，才能吃自己家的饭和肉荤。侗族实行殓棺土葬。正常死亡的丧葬一般为一次葬。病人咽气后，须经洗身、停尸、守灵、报丧、入殓盖棺，出殡送葬、填土壅坟、洗手、招魂、服丧、引魂走亲等步骤，需时一月，孝子才算了却丧事。如因死的时辰与生辰互克，不能入土的则实行多次葬。多次葬有两种形式：一是择好墓地挖坑，将尸体装棺后放入坑内，暂不填土壅坟，搭棚盖着，待到第二年或第三年的清明节才填土。二是未择墓地，将尸体装殓入棺，停放在寨边人迹少到的悬岩处，搭一个棚子盖着，隔年或第三年再择吉日，择墓地移葬，其仪式与一次葬相同。非正常死亡者则及时火化，将骨灰撒入河中，不仅不报丧、招魂，而且还要请巫师驱邪。

节　日

侗族的节日依地而异。居住在苗岭山脉以北的过春节、端午，居住苗岭以南的过春节、元宵、清明、三月三、立夏、四月八、端午、中元节、中秋、重阳等。“粽粑节”称之为“尝新”，时间并不统一，一般是新禾孕穗以后过节。是日，家家到田里摘取禾苞，捆成把，供于神龛上，并用一禾苞拌饭先给狗吃，以示尊敬。意思是谷种是狗神漂洋过海从蓬莱仙岛带来的。然后以酒、肉、鸡、鸭祭祖，合家会餐。

第三节　瑶　族

迁徙、居住地域

瑶族是一个古老的民族，自称“盘古瑶”。民间有“先有瑶人，后有朝廷”之说。

雷山县境内的瑶族，清仁宗嘉庆年间（距今约180余年）始自广西、荔波、三合（今三都）等地陆续迁入。有盘、赵、邓、龙诸姓。聚居在达地镇巫空、桥撒、汪述等村；与其他民族杂居的有达地镇的龙塘沟、排松、平寨、老寨、背略、庞家、同鸟、皆力、也辽、小巫、白米寨，柳乌乡的柳乌，桥桑乡的下高枧和固鲁乡的南屏等村。据1987年统计，瑶族有581人。

语　言

瑶族语言属汉藏语系苗瑶语族瑶语支。讲瑶语，使用汉文。自称“勉”“金门”“布努”“努努”“拉加”。因长期与汉族杂居，一般都通汉语，有时也以汉语为交际语言。

社会、经济

由于历史的原因，瑶族人民多居住在边远地区的高山深谷中，“进山唯恐不深，入林唯恐不密”，距集镇较远。从事农业，主食为大米，喜吃糯米和辣椒，有“无辣不成菜”之说。忌食狗肉，喜饮酒，以烟酒待客。喜狩猎。猎具除火药铳外，还有铁夹、套索、木猫、兽圈等。农事耕作粗放，刀耕火种，种一坡、收一箩，经济文化都处于落后状态。建筑物矮小简陋。家境好的，住房为木质平房，一般三大间搭一厢房，盖木皮和小青瓦。贫苦的住茅草房，人字叉。中堂必有土，寓“人不离土”之意。畜禽圈栏设于房侧或屋后，人畜分居。粮仓设于屋外，保持一定距离，以利贮粮和防火。由于历史上频繁的迁徙和战乱，严重地破坏社会生产力，大部分瑶族人民的生活，仍处在极端贫困之中。

1950年解放以后，瑶寨有较大的变化，衣食问题已初步解决。背略、汪述、南屏等村装了电灯，有了专业户，年收入上1000元。

家庭、婚姻、社会组织

瑶族家庭为子父两代的小家庭，也有三代同堂的。中间一代的男子有家事决策权，上瞻老下抚幼，承担一家生计的重任。

婚姻有两种形式：一是自由婚姻，即通过社交相恋，唱歌传情，通过一段时间相互了解，恋爱较为成熟后，自愿结合。男方要以酒、肉、糖、米等礼品自己去女方家赔礼、谢罪，但女方家不收“彩礼钱”。二是请媒说亲婚姻，一般两年后才过门。姑母之女一般要嫁舅父的儿子，即“还娘头”。寡妇再嫁不受禁止，入赘亦不受歧视。

瑶族地区在清代有一种祖传下来的《关山书》，也称《石碑律》，是同寨、同族人集议的一种“习惯法”。用汉字刻于石碑之上，由众推的“石碑头”执行。对维护社会秩序，解决民事纠纷，保护财产和庄稼，有一定的约束力。以后改为“议榔”，现为“乡规民约”所代替。

习俗、节日

习　俗　瑶族把高寿老人去世称为“白喜”。如死者年过八旬，认为是“百年归葬”，葬礼特别隆重。老人病重时，全族老幼都守护在身边。弥留之际，给老人喂一点酒，祝安心上路去九泉。死后，洗身着装，将尸体停放中堂，称为“上梦床”。并设灵位，写灵牌，举行堂祭。属小辈都戴孝帕，忌食荤腥，请鬼师“开路”“应七”。出殡时，撒“买路钱”，吹芦笙、唢呐、燃放爆竹，全村男女送葬，直至墓地。对夭亡及非正常死亡的，葬礼简单，尸体火化。死在外面的尸体不能停放家中。

媳妇生育第一胎为男婴，男家要拿一只雄鸡和半壶米酒去给外婆报喜；外婆收下鸡喂养，并将酒壶装满酒用原壶还礼。如生女孩，去报喜时则拿一只母鸡和一壶米酒；外婆家要送一只雄鸡和另送一壶米酒还礼，意思是望下一胎生男婴。满月前要办“满月酒”，庆贺一天。媳妇在产期不能上灶房，不能用脚踩灶，不能在灶边烘尿布，不能随意到别人家去。

节　日　瑶族的节日，除“春节”“四月八”“端午节”外，还有“七月半”“交愿”（三年一次）、“还愿”（五年一次）。而尤以“还愿”最为隆重。“七月半”俗称“鬼节”，这天，家家包粽粑，杀鸡鸭，煮鱼烤酒，祭祀五代祖宗。还用冥纸“封包”写上各代祖宗考妣的名字，念咒火化。“还愿”是为纪念“盘古王”和庆丰年而举行的仪式。规模大，要进行三天三夜。择日一般在冬季收获后的未日（羊天）和卯日（兔天）。年景越好越热闹，有起“法明”、开“挂灯”的内容。意思是预祝夫妻百年偕老，年年丰收，不遭横祸。“交愿”规模比“还愿”小些。

信　仰

瑶族对自然物普遍崇拜，举凡日月、雷电、风雨、古木、桥、怪石都视为神灵。也迷信鬼神，认为鬼有“善”“恶”之分。堂内设神龛，祭祀祖宗，日必晨昏烧香叩首。迁徙时必携带祖先偶像，定居后必立“盘王庙”，还“盘王愿”。解放以后，随着科学文化的昌明，除“还愿”及敬奉“盘古王”、设龛敬祖外，有的传统习俗已逐渐丢弃，不再奉行。

民间文艺

民间文艺有口头文学《关山碑》《漂洋过海》等传说，以及用民歌调唱的“还愿歌”“对白词”等。有用瑶语唱的，也有用汉语唱的。有单唱、对唱，也有一唱众和的。还“盘王愿”时，彻夜欢唱，气氛极热烈。常用的乐器有箫、笛、铜鼓、唢呐（又称八仙）。舞蹈有“打猎舞”“铜鼓舞”等。

第四节 彝 族

迁 徙

据1987年统计，彝族有199人。居住在黄里乡脚尧、大沟乡堡子、达地镇老街等地。原人口普查均自报为汉族。1981年经民族识别后，返本归原，申报改为彝族。经雷山县民族事务委员会审查核定，确认为彝族。其姓氏为吴、江二姓。

脚尧和堡子的吴姓同属一支，原籍四川省凉山彝族自治州吴家湾。其高祖吴起云于清嘉庆六年（1801年）应募在川军中服役。乾嘉贵州农民起义，清廷命川军入黔镇压，吴起云随军驻独山、广西等地。清嘉庆八年（1803年）逃离部队，流落古州厅（今榕江）平永，为崩坡塘吴姓作帮工，后转徙羊耶、羊社、小丹江（均属古州厅），遂成家定居于此。清道光十一年（1831年），迁丹江厅（今雷山）方祥乌留沟。清咸丰十年（1860年），时值咸同农民起义，清军对雷公山区进行血腥镇压，不能安居，于是分散逃命。清同治二年（1863年），一支迁徙都江厅（今三都）普安；一支迁都匀府；一支迁丹江厅脚尧，后又迁望丰堡（属丹江厅）。民国年间，一支回迁脚尧，一支迁控拜（属丹江县）。达地镇老街江姓原籍四川省重庆市江北县。约200年前，其先祖从军来到贵州。先住纳雍，继迁都匀，再迁都江厅牛场。清光绪末年，其祖父应聘到达地镇也蒙、小乌一带任塾师，民国时任义学教师，遂定居于此地。

家庭、习俗

彝族家庭多为子父两代小家庭，也有三代同堂、四代同堂的大家庭。经济裁决和家务料理属第二代。劳动生产男女都负担，老年人在家料理家务，受到家庭的尊重，重劳动由年轻人承担，一家有事则全族互相帮助。

彝族迁入雷山，虽历史已过100年，但因人数少，又与汉、苗民族杂居，入境随俗，风俗习惯已与当地民族融合，没有原来的特色了。唯达地老街江姓，至今春节除夕的晚上不沾荤腥，用斋粑、豆腐祭祖，并供俸木称、升、斗、算盘、笔、砚、书本等物。

语言文字通用汉语汉文。

第五节 汉 族

迁徙、居住地域

据1987年统计，雷山汉族有15055人。分布在治安、永定（羊常）、望抚（望丰）、长丰、肇泰（城关）、培墉（营上）、连城、南屏、北建、抚远（望丰新堡）、红屯等屯堡，以及丹江、永乐、桥桑、达地等场集，犀牛塘、老场坝、老丹江、孔孟、掌批羊雄、孔勇、白水寨、桃江、脚尧、排告、柳乌等村寨亦有少量汉族居民。

清雍正七年（1729年），置丹江厅（今雷山），设通判一员治理。乾隆三年（1738年），清王朝绥靖苗区，实行“安屯设卫”，在丹江厅设25个屯堡，将所谓“逆产”“绝租”没收官府后授给屯军领种，寓兵于农。屯军受田携带家属入户，划定屯区，区内只准汉人居住。屯军来自湖南、四川、江西、湖北、江浙一带，距今已有250余年。现居各堡子的汉族，多数是屯军后裔。其后，剩余未授尽的田产，又向外地招募汉族承领耕种。这部分人不属屯军，如红屯堡及掌批寨的张姓。清同治之后，逐年都有汉族以经商、传艺、开蒙馆课读、行医、做手艺、职官调动或削官为民而避迁进入丹江定居的，如肇泰堡的覃、佘、秦、陶等姓及治安堡的陆姓等。

汉族居民定居雷山计有100多个姓，但并没有成100户的大族宗支。按祖籍有近20个郡属。

传播文化知识

汉族居民迁入雷山后，对雷山地区的文化教育起很大促进作用。苗族人民只有语言而无文字，又无学校。汉族的知识分子深入苗寨设蒙馆，教读汉文，识汉字，为苗族子弟受教育创造条件。有的汉族塾师体恤苗族人民贫苦，教书只求伙食，不问束脩，贫苦学童免费入塾，有的即使收少许津贴，也只是两斤叶烟、三升米而已。肇泰堡陶文章是进入丹江厅办私塾最早的塾师，以后五代人均以课蒙为业。治安堡陆安仁、陆安义、陆廷珍等，几代人均开馆施教，还深入到达地、营上、阳苟、排卡等数十个边远村寨办学，培养数以百计的各民族儿童。民国时期，雷山县有120余人能升入都匀、贵阳、榕江、炉山等中等学校，其基础是在私塾打下的。肇泰堡谢静仁（女）原籍四川，清光绪年间随职来到丹江后，首办女子学堂，课以蚕桑、手工之学，并提倡剪发放足，对妇女解放，具有一定影响。

促进经济技术交流

雷山地区交通闭塞，集市贸易极少，物资无法流通，长期形成自给自足的农业经济，因而历来从商的人极少。汉族居民进入雷山后，以小本经营，肩挑贩卖，收取微利，借以维持家庭生计。如培墉堡李学义、北建堡阚仲和、老丹江许昌林、肇泰堡罗启宾等，从清代到民国，一生从事肩挑贩运。从本地收购土烟、牛皮、土陶器到古州（榕江）、凯里、重安江等地，换回川盐、布匹、旧衣服、煤油及日常生活用品供应群众，促进物资交流。

雷山原来农作物品种较少，玉米、南瓜、胡萝卜等品种，则是汉族迁入以后，苗族向汉族学习种植技术，引进种子才扩大的生产领域。苗族将玉米称为那丢（nax diel），意即汉人的粮；将南瓜称为番丢（fad diel），意即汉人的瓜；将胡萝卜称为阿帮丢（vob bangf diel），意即汉人的萝卜。苗族人原来不会做豆腐，后来与汉人学做豆腐的技术，才使自己的生活更加丰富。留传有这么一首酒歌：“跟着客家打老庚，桌上豆腐白生生，吃了豆腐学会做，种出黄豆自己焖”。

义宁徐家干在光绪二年（1876年）著的《苗疆闻见录》中有如下的叙述：“其他有汉民变苗者，大多江楚之人懋迁，熟悉渐结亲串，日久相沿，浸成异俗，清江南北岸皆有之，所称熟苗者皆此类。”这些亲戚关系，代代相传，以迄于今。

1953—1987年雷山县部分年度各民族人口统计表

表2-1　　单位：人

年　度	总人口	苗族	汉族	水族	侗族	瑶族	彝族	布依族	土家族	壮族	回族	其他民族
1953	50827	46707	3760	—	321	11	—	21	—	7	—	—
1954	52113	48440	4307	—	325	11	—	23	—	7	—	—
1964	68636	56901	8687	2003	717	263	13	12	5	—	—	35
1980	110192	89949	14871	3740	1134	443	15	9	8	—	2	21
1981	112117	91384	15257	3656	1269	483	13	20	8	1	—	26
1982	114583	92601	15976	3720	1545	578	41	71	12	1	1	37
1983	115814	94691	15019	3772	1582	581	87	28	12	2	1	39
1984	117179	95820	15065	3892	1632	597	96	30	9	1	4	33
1985	118904	97196	15362	3902	1687	591	105	10	8	6	5	32
1986	121144	98868	15759	3940	1787	607	128	10	6	5	2	32
1987	123447	101621	15055	4038	1917	581	119	30	13	21	8	44

第三章　民族工作与民族关系

第一节　苗族区域自治

1950年10月，建立雷山县人民政府后，人民实现当家作主的夙愿。经过清匪、反匪首、减租、退帮工帮粮、抗美援朝、镇压反革命、土地改革等群众运动，农业生产得到恢复和发展。1953年1月，中共雷山县委根据《中华人民共和国民族区域自治实施纲要》的规定，结合当地的民族关系、民族历史和经济文化发展状况，向全县各族各界人民代表会议提出建立"以苗族为基础的县级区域自治"的建议，得到采纳。随即成立李新三、李焕培、王光泽、周树清、吕潼川、张守诚、杨文华、李俊洲、杨德铭、王雨亭、任海桥、董继春(女)、唐德海等51人的筹备委员会。下设秘书、资格审查、提案审查、宣传、警卫5个股，人口普查、选举两个办公室。接着改划乡行政区域，进行第一次人口普查，开展基层选举。以响楼、西江、大塘3乡(镇)为建政重点，首建乡(镇)苗族自治区人民政府。达地乡于1957年建立水族乡。

1954年2月，县人民政府召开普选工作会议，确定全县普选分两期进行。第一期19个乡，第二期9个乡。另有掌雷、桥王、中提等5个边远乡当时群众觉悟比较低，农业生产较落后，根据中央指示作特殊问题处理。其代表不是由选民直接选举，而是由各界人士协商产生。

1954年4月10日以前，基层选举全部结束，计选举产生乡(镇)人民代表646人。并召开首届乡(镇)人民代表大会第一次会议，选举乡(镇)政府委员371人，乡(镇)长76人，乡干事26人。并产生县人民代表197人。其中苗族164人，占83%；汉族31人，占16%；侗族1人；瑶族1人。

1954年6月28日，在县城丹江隆重举行雷山县苗族自治区首届人民代表大会第一次会议。出席会议代表186人，会期6天。以无记名投票方式选举李焕培为县长，吕潼川、杨昌伦为副县长，李新三、王光泽、王雨亭、王登略、王应洲、文胜德、李治明、李才卓、李俊洲、任海桥、张守诚、张子武、赵奎中、杨正德、杨光清、杨德铭、杨文华、郭碾锁、范明渊、唐德海、董继春(女)、阙平涛等22人为政府委员，在25名县政府组成人员中，苗族18名，占72%。选举宋吟可，李焕培、吕潼川为贵州省第一届人民代表大会代表。

苗族公民李焕培当选县长，是雷山自建置以来的第一次，体现了中国共产党对少数民族地区工作的重视。7月4日，近万人在丹江城西门体育场举行盛大的庆祝会。中共镇远地委统战部部长张武云、镇远专员公署副专员吴通明、贵州省民族事务委员会总务科科长徐忠义、政法科副科长吴支贤、贵州省农林厅办公室主任刘某某、炉山县苗族自治区人民政府秘书吴周宜等，代表省、地、县前来祝贺。中央人民政府政务院、贵州省人民政府、中共镇远地方工作委员会、镇远专员公署发来贺电，送来贺幛。

民族区域自治的核心是“自治机关民族化”，教会本民族“用自己的脚走路”，加速民族自治地方经济和文化教育的发展。党和政府从解放初期起就举办各种训练班，并通过省、地区党校、干校、民族学院等，培养和造就数以千计的少数民族行政干部、科技人员和教师。截至1987年底，已发展少数民族党员2966人，占全县党员总数的92%。少数民族干部1675人，占干部总数的75%。专业技术人员161人。当地民族有自己的工程师、主治医师、经济师、会计师和汉文编辑、农艺师、畜牧兽医师、高级教师100余人。

为改善人民生活，繁荣经济，提高民族文化素质和身体素质，进行一系列的富有成效的工作。解放初期，即设立民族贸易公司，收购山货，专供食盐、煤油，并专拨白银聘银匠加工银首饰，组织“货郎担”下乡，供应绸缎、花边、丝线，改变历史以来“灰水当盐”的困苦状况，满足少数民族人民的特需供应。创办民族中小学校，对贫困边远地区的民族子弟入学实行“三包”(包吃、包穿、包学杂书费)，使民族学生进得来，稳得住，学得好。开设民族卫生所，为少数民族人民免费治病。派医疗队深入边远山村，宣传卫生防疫知识，对流行地甲病、打摆子等地方病实行突击扑灭。民族文化工作队送戏到户，新华书店流动推销，送书上门等，促进民族文化的发展和繁荣。

第二节　民族工作机构

民族事务委员会

1980年1月，雷山县革命委员会增设民族事务局，专司民族事务工作。1981年，改称民族事务委员会，为雷山县人民政府直辖办、委、局之一。履行政府赋予的执行新时期的民族工作任务的职责。具体任务是宣传贯彻党的民族政策，组织实施《民族区域自治法》；进行民族团结教育，增强各民族间的互相信任，互相尊重，达到共同进步；推行苗文；培养民族干部；发展民族地区的经济和文化教育事业；配合开展扶贫工作；为困难户建房；维修乡村道路桥梁；为贫困村寨解决人畜饮水困难等。

1983年至1987年，共审核评定发放民族地区补助款127.7万元。援建农村电站5座，615千瓦；人畜饮水5处，受益6100人；便道桥梁16座，长度500米。帮助恢复和兴办民族中小学4所，在校学生2000余人；开办县民族中学边远地区班，有学生50人，免费入学，实行“三包”。为困难户建房9172平方米，搬入新居的有79户。无偿支援农民果树苗木3.43万株，投资茶叶生产3.8万元，购买耕牛36头，购良种9200公斤，农药1598公斤，化肥23吨。选送65名边远地区少数民族青年到州民族行政管理学校和民族医士学校深造，为民族地区培养管理人才和医疗技术人才。

民族事务委员会下设苗文推行办公室，专司苗族文字推行工作。苗文创于1956年，中断25年后于1981年国务院明令恢复推行。全县举办苗文师资培训班4期，培训97人。办农村苗文班130个，参加学习有2628人。开设苗文课的学校有17所，学生4458人。并帮助农村小学开展“双语教学”。编发苗文刊物《雷公山》15期。

教育、卫生、民族科

1984年9月建立。为县人大常委的常设机构之一。属区局级。任务是调查研究民族教育、卫生的历史和现状；民族学校的管理和教学质量的提高；协调校际关系，监督民族政策和《民族区域自治法》的实施。

民族工作组

1984年10月建立县政协民族工作组，为县政协工作联系协调组织，属县政协工作组委员会领导。任务是：就民族的重要问题进行调查研究，提出意见和建议，对民族工作进行协商；为发展民族经济和文化教育献计献策，开展咨询服务；对民族政策的实施和工作中存在的问题，提出批评建议，实行民主监督。

第三节　民族研究组织

为开展民族历史、民族经济、民族文化的研究工作，发掘民族文化遗产，发展民族经济，1981年10月，建立雷山县民族研究学会，归县科协领导。

1987年，雷山县民族研究学会共有会员86人，含5个民族。宗旨是：贯彻执行党的民族政策，加强民族团结，研究民族问题和民族工作，推动和促进各民族政治、经济、文化各项事业的繁荣和发展。

学会建立以来，已开年会4次，理事会已换4届。原为一年一届，后改三年一届。领导机构为理事会，设理事长、副理事长、秘书长、副秘书长。1987年前理事长杨正光，副理事长韦寿山、龙向日(侗)，秘书长阙平涛，副秘书长唐千武、杨通华。学会创办有《雷山民族研究》刊物，由刊物编辑部主编。到1987年末，共发行10期，每期700～1000册。发表论文40余篇，80余万字。稿件内容有民族历史研究、民族经济发展道路探讨、历史重大事件记述、民族传统文化艺术的发掘和搜集整理、民族教育研究、地方人物志、民族风情介绍、文物名胜介绍、民间故事传说等，每期有一两个主题。

第四节　国家经济扶持

上级国家机关为扶持少数民族地区发展经济和文化教育，逐步消除历史上遗留下来的民族间事实上的不平等，国家设立扶持民族地区各项专用资金。对民族地区的商业、供销、医药等企事业，给予各项照顾。在税收、贷款、投资方面给予减免、低息的优惠。生产生活资料和特殊需要亦采取特殊办法，尽量满足民族地区的需求。

1978年12月，中共十一届三中全会以后，制定一系列适合民族地区发展的政策措施。自1980年起，将雷山县列入全省26个贫困县之一，每年拨给不发达地区发展资金和民族补助款，无偿投资兴建水力发电站，区、乡公路，桥梁，人畜饮水工程，修建学校校舍和医院业务用房，为无房户建房，为边远地区配发医药，对困难学生实行"三包"（包吃、包穿、包学杂书费）；免交公粮5年，给人民休养生息，对自养自宰自食的年猪和自酿自饮的白酒免交屠宰税和酒税，对商业企业实行自有资金，利润留成，价格补贴的"三项照顾"；由财政贴息贷款发展饮料、采矿工业和茶场、果园；为缺牛农户购买耕牛等。

1980—1987年的八年中，国家共拨给不发达地区发展资金637.91万元，一般民族补助费210.82万元，扶贫低息贷款253.89万元。

1980—1987年雷山县民族补助款统计表

表2-2　　　　单位：万元

年度＼地区	丹江镇	达地镇	丹江区	西江区	大塘区	永乐区	县级单位	合　计
1980	—	—	—	8	—	—	10.5	18.5
1981	—	1.2	1.2	3.7	2.6	—	9	17.7
1982	—	4.2	0.85	8.64	4.19	8.1	12.92	38.9
1983	—	1.32	0.55	7.47	3.27	0.91	8.595	22.115
1984	—	0.83	1.25	4.45	1.95	2.84	17.06	28.38
1985	—	1.2	0.85	9.75	1.1	0.35	9.321	22.571
1986	0.15	1.69	1.05	4.36	2.47	3.1	21.1	33.92
1987	0.15	0.67	1.31	1.18	1.83	2.05	21.544	28.734
合计	0.3	11.11	7.06	47.55	17.41	17.35	110.04	210.82

第五节　民族关系

雷山县境内的各民族人民，在历史长河中，以刻苦耐劳的非凡毅力，披荆斩棘，共同开发雷公山区。各民族劳动人民之间，没有根本的利害冲突，都赞成平等的联合，不赞成互相压迫。历来都友好往来，互相学习，互相帮助，共同反抗阶级压迫和民族压迫，这是雷山各民族劳动人民之间关系的主流。

明末，统治者忙于镇压农民起义；清朝初年，统治者要集中力量巩固其在中心地区的统治地位，雷山这块地方没有建政设治，被称为"化外"或"管外苗族地区"。雷公山（古称牛皮大箐）原始森林遮天蔽日，交通阻塞，道路崎岖，土地资源多未开发，于是便成为躲灾避难的场所，从内地逃匿、避迁、从事实业开发而迁入部分汉族，在雷公山一带的深山老林中居住下来，当地苗族称之为"丢倒友"（Dicl dod vna），即居住在山林中的汉人。其宅基称为"干打这丢"（Ghab dox zaid diel）。现居县城内的郑姓、胡姓、陶姓200年前就居住在格头河源头的大山中，其宅基、祖坟至今犹存，田产一直经营至1949年。郑姓还在此植竹造纸，经营纸浆业。在交腊阿丢开和开觉的也物等地深山中，亦有汉族的墓葬、宅基、瓦砾遗迹，所植果树、竹林，至今繁茂不衰。为有别于当地土著，汉族自称“客家”。这部分汉族，为避战乱、徭役、苛政而迁入山区，在商得苗族头人首肯后，进入深山，开荒种地，自耕自给，与苗族人民友好相处，关系密切，没有损害苗族人民利益的现象，并通婚交往，互通有无，交流经验，对雷公山区的农业生产的发展起促进作用。

雍正七年(1729年)，贵州巡抚张广泗在“苗疆”“安屯设堡”，以屯田授屯军，堡子上的汉族，多数为屯军的后裔，居住多自成聚落，有的与苗族杂居。通过长期交往，相互学习，思想感情和语言习惯渐趋疏通，各族人民之间“结兄弟”“打伙计”屡见不鲜。苗族“过年”“吃新”等节日，必请汉族“伙计”到家做客；汉、侗族过春节、端午也必请苗族“兄弟”到家畅叙。你来我往，胜似亲生兄弟，这种亲密关系，代代相传。

解放前，历代统治者不断制造民族隔阂，挑起民族纠纷，激化民族矛盾，否认多民族存在的事实，实行“以夷制夷”“剿抚兼施”等瓦解怀柔政策。尽管如此，各族劳动人民之间仍是互相支援，共同战斗，反对暴政。王定安在《湘军记·平黔篇》中记载：“……张秀眉联络了起义军，并与教军、号军、太平军(注：以上均以汉族劳动人民为主力)、侗军互相声援，使起义延袤千里，革命烽火燃遍贵州全省……”。任可澄在《贵州通志·前事志》中记载：“苗军对汉民采取友好的态度，因而得到汉族人民的支持，汉民输金纳赋供其役使”，岩大五“其党数千”“汉苗杂半”“苗藉号为藩蔽，号持苗为应援”“苗教合而黔事益形棘手……”。教军派杨大和到张秀眉、杨大六军中担任军师，在雷公坪营造王府，铸印、制钱；太平军石达开部将领李文彩在大坪山为余老科、罗光明出谋划策。民国时期发生的“西江暴动”，也是汉族首领陈信斋、陈文渊与苗族首领侯教之、侯兴发、龙远志联合发动的；达地“韦洪彬造反”，为抗击国民党的保安团，水族首领韦占标、王治勋，瑶族首领邓德洪、邓有普，苗族首领李永才，侗族首领钟占标并肩战斗，拒敌于夺鸟坳等。

中华人民共和国成立后，雷山地区各族人民，在共同开发雷公山区，以及长期的经济文化交流中，形成了不可分割的血肉关系。由于交往日益频繁，心意息息相通，感情日臻融洽，利害休戚与共，出现了不少苗汉、侗汉、苗侗、汉水、苗水等民族结合的团结和睦的民族家庭。如白连乡连城村余成龙家7口人，有布依、苗、汉3个民族，一家老小和睦相处，被评为民族团结模范家庭。黄里乡脚尧村吴秀忠家由彝、苗、汉3个民族组成，家庭和睦，被评为模范家庭。中国共产党的民族政策，如甘露，似春风，洒拂着雷公山区的山山水水，村村寨寨，开创了民族平等团结的新时代。1950年10月，第一次各族各界代表会议召开，人民政府宣布成立，从此，凡遇重大问题均与各族人民坦诚协商，体现了人民当家作主，政治上的翻身解放。《中华人民共和国宪法》公布以后，民族平等、团结互助、共同繁荣进步的政策以法律形式固定下来。进入20世纪80年代以后，人民政府在增强民族团结、融洽民族关系方面做了许多卓有成效的工作，如每年农历六月苗族“吃新节”时，举办“民族团结月”活动，学习宣传、督促检查《中华人民共和国民族区域自治法》的实施，批判大民族主义和地方民族主义，各民族人民更加懂得了“谁也离不开谁”的道理。在生产建设和改革开放中，风雨同舟，和衷共济，互相尊重信任，互相支援谅解，共修一口塘，共筑一个坝，共挖一条沟等等，一种新型的社会主义的民族关系，已经发展到一个新的阶段。

党群篇

第一章 民国时期的党派社团

第一节 中国国民党雷山县党部

民国26年(1937年)8月16日，国民党贵州省党部派梁聚五任贵州省都江(今三都)、丹江(今雷山)、下江(今从江县辖下江区)、永从(今从江)、榕江等5县党务特派员。9月1日，梁聚五在榕江成立都、丹、下、永、榕5县特派员办事处，开展国民党党务活动。

民国27年(1938年)5月，国民党贵州省党部派徐成栋为丹江县党务特派员，随即筹建丹江县党部。6月，国民党丹江县党部在四川会馆正式成立，徐成栋首任书记长。民国28年(1939年)1月，国民党贵州省执行委员会派赵明锡接任丹江县党部书记长。是年8月，胡治邦、杨通德等在榕江党训班毕业后，来雷任干事，发展国民党党员。民国29年(1940年)2月，刘化成出任国民党丹江县党部书记长。8月，国民党贵州省执行委员会派张伯成接任书记长。12月，遵(义)镇(远)师管区特别党部丹江县国民兵团区分部成立，由县长彭述信兼任指导员。下设总干事、录事各1名。当时区分部有国民党员27名。民国30年(1941年)6月，丹江县治裁撤，国民兵团区分部同时撤销，党务工作分别由台江、丹寨两县按划分政区实行领导。民国33年(1944年)4月，设置雷山设治局，其党务工作仍由台江、丹寨两县分区领导。民国35年(1946年)春，设治局设直属区党部，郑海樵任书记，由国民党丹寨县党部领导。民国37年(1948年)2月25日，国民党贵州省执行委员会派石敬吾(石开)为雷山设治局党部书记长，恢复县一级党务工作的领导机构。按国民党贵州省党部的编制意见，设副书记长1人，由李治华充任。是年，国民党和三民主义青年团实行“党团合并”，石敬吾、李治华、李健为党团统一组织委员会委员，专职办理“党团合并”事宜。雷山设治局党部设执行委员会和监察委员会，有执行委员9人，监察委员5人。下设秘书、总务、组训、宣社4股，编制9人。辖第1和第2区党部，6个区分部。西江、建安、震威、报德、望丰、大塘、桃江7个乡(镇)各设区分部1个，负责人称常务委员，负责国民党老党员登记和发展新党员，有党员137人。永乐地区(当时属丹寨县)设区党部1个，下辖乌洛、开屯、永乐乡公所、永乐中心国民学校4个区分部。区分部设组训、宣传、总务委员。民国37年(1948年)6月5日，遵照国民党贵州省执行委员会训令，中国国民党和中国三民主义青年团经过半年时间的调查登记后，实行合并。是时，有国民党员49人，兼籍(党籍、团籍)党团员88人，三青团员169人，党团员共计306人。重新登记的231人，未参加登记的有75人。10月，设治局升为县，局党部改称县党部。下设第1、第2区党部(6个区分部)和7个直属区分部。民国38年(1949年)9月23日，国民党贵州省执行委员会以组织(38)申字第59号训令，派李治华任雷山县党部书记长。重新组建区党部和直属区分部，下设执行委员会，由3人组成。负责人改称书记。重建后，保留城区(第1区党部)区党部，第2区党部并入震威区分部。城区区党部辖第1—5区分部。另直属望丰、报德、建安、西江，震威、大塘、桃江等7个区分部。永乐地区仍设永乐区党部，辖乌洛、开屯、永乐乡公所、永乐中心国民学校等4个区分部。共有国民党员222人。

1950年3月以后，叛匪盘踞雷山县城，党务政务军务均统一由“贵州东南绥靖区司令部”领导，国民党雷山县党部及所属区分部活动终止。

中国国民党一向标榜“以党治国”，党部书记长可以出席县政府的行政联席会议，讨论党政军及群众团体的各项事务。根据不同时期的形势需要，发展国民党员，扩大其人数，并派其骨干到各行政、事业部门及群众团体中任职，借以操纵独揽各方面的事务。在“国大代表”“县参议员”的选举中，属国民党员的候选人绝大多数都在竞选中获胜。

国民党雷山县党部在监视革命活动，破坏中共地下组织方面是不遗余力的。雷山局立中学师生唱革命歌曲，演革命现代戏都在其监视之中。民国37年（1948年）中学校长杨光文（烈士）、进步教师王天行（中共党员）、李谦、杜青等被省主席杨森密令逮捕送省关押，解放前夕惨遭杀害。

此外，还积极地组织学校师生场期在集市、假期下农村进行“戡乱建国”宣传等。

第二节 社团组织

中国三民主义青年团雷山分团部

民国36年（1947年）3月，三青团炉山分团部筹备处派该处第二股股长李治华到雷山设治局办理团员总甄核。同年5月2日，三青团贵州支团干事会批准建立三民主义青年团雷山分团筹备处，并派石敬吾（石开）为筹备处主任，派李治华为书记。6月1日，雷山分团筹备处正式成立。7月10日，贵州支团干事会以黔干人字第746号函批准中国三民主义青年团贵州支团雷山分团部正式成立。三青团中央干事会以青干二字第8954号代电，派石敬吾为分团部主任，李治华为书记，分团部设临时干事会，配备干事6人，并设总务、组训、宣社3股，有三青团员242人。其中农业53人、商业7人、团务4人、行政64人、教育89人、中学生12人、警宪1人、民众团体8人、社会服务4人。编为6个区队，21个分队，3个直属分队。区队设区队长、区队副和总务、组训、宣社干事各1人，分队设正副队长各1人。民国37年（1948年）6月“党团合并”，有169人登记为国民党员。8月，三青团雷山分团部一切文件、名册交给设治局党部，三青团组织活动终结。其间，曾组织三青团员按照国民政府《“剿匪”总动员宣传提纲》在城乡进行过反共宣传活动。

商 会

民国34年（1945年）11月4日，由翟永清等145人发起，呈请设治局批准，建立雷山设治局商会筹备委员会。翟永清、石竹清、彭正元、盘正清、寇平、杨德培、周福生、王子惠、何大本、李志奎等10人为委员，负责筹备事宜。同月12日召开会员大会，到会220人。会上选举翟永清、杨德培、王子惠、周福生、何大本、李志奎、杨光祥、文鸿昌等8人为设治局商会执行委员，并推举杨德培、王子惠2人为常务委员，彭正元、寇平、石竹清、文国才4人为监察委员。会址设在丹江镇公所内。民国35年（1946年）12月，商会召开第二次会员大会，会上选举商会理、监事会。杨德培、王子惠、张伯平、彭怡生、翟永清、朱子龙、陶富乾、陈国福、何永富、王庭珍、陆光武、岑国斌等12人为理事会理事，寇平、杨正寰为候补理事，王子惠、陆光武、王庭珍、杨德培为常务理事，杨德培为理事长。选举陈绍卿、张天成、李登寿为监事会监事，盘正清为候补监事。是年，有会员168人。商会迁丹江镇中心国民学校内办公，配书记1人，办事员2人。下辖屠宰业同业公会和盐业公会。民国37年（1948年）10月，改称雷山县商会。商会订有《雷山设治局商会章程（草案）》。商会在业务活动中，曾就市场范围、商事调解、市场秩序、摊棚设置、行商安全等进行讨论和作出决议。

农　会

民国34年（1945年）10月25日，由丹江、西江、建安、方祥、大塘、桃江等乡（镇）农会发起筹组局农会，并推选蔡良材、何麟熙、梁绍尧、孙耀武、李镇华等10人为筹备委员，负责筹备工作。11月28日，举行雷山设治局农会成立大会，到会代表20人。会上选举张启文、蔡良材、张成香、李镇华为农会理事会理事，蔡良材为常务理事，李正勋为候补理事。吴世超为监事会监事，李成章为候补监事。民国37年（1948年）10月，改称雷山县农会，改选翟永清为理事长。设书记1人，办事员1人。会址设于丹江镇公所内。下辖丹江、西江、大塘、建安、报德、望丰、桃江、震威、方祥等9个乡（镇）农会，有会员528人。订有《雷山设治局农会理事会暂行办事细则》。农会在业务活动中，协助设治局和乡（镇）公所在开办农场、植桐、造林、推广美（烤）烟种植、履行公共造产等方面开展工作。

妇女会

民国28年（1939年）8月24日，成立丹江县妇女会，有会员116人。第一次会员代表大会选举戴琪（又名戴佩卿）、彭淑英、肖丽明、张孝珍、余国英、余国卿、彭世伦、陆光荣、余盛坤、文质英等11人为理事会理事，张呈莹、秦文荣、陈萍、李艳、顾永淑为候补理事，戴琪（戴佩卿）、彭淑英为常务理事，戴琪为主席。选举聂菊芬、陈国珍、朱耀昆、王文珍、王茂荣为监事会监事，杨胜雯为候补监事，聂菊芬为常务监事。下设总务、组训、宣传、调查、救济、事业6股。会址设于国民党丹江县党部内。民国30年（1941年）6月，随丹江县裁并而撤销。民国34年（1945年）10月22日，由戴琪等40人发起筹组雷山设治局妇女会。戴琪、余国勇、邓延祯、陈国珍、秦文荣、沈群、余国卿、蔡家玉、王华英等9人为筹备委员。11月26日，召开妇女代表大会，到会代表48人。选举戴琪、余国卿、邓延祯、沈群、秦文荣等5人为理事会理事，余国英、王华英为候补理事，戴琪为常务理事。余国勇为监事会监事，陈国珍、吴宏英为候补监事。理事会配有专职人员。会址设于民众教育馆内。民国37年（1948年）11月，改称雷山县妇女会，该会在抗日战争时期，在丹江场集进行抗日救国宣传。在推行“新生活运动”中曾进行妇女剪短发、穿便装，争取男女平等的宣传。

木工职业公会

民国33年（1944年）8月20日，由陈年茂等34人发起并筹备。9月5日召开会员大会，到会73人。选举王贵清、陈年茂、唐正文、杨秀华等5人为理事会理事，任登学、余老保为候补理事，王贵清为常务理事。选举杨通武、文兴农、潘兴华为监事会监事，李往略为候补监事，杨通武为常务监事。有会员73人，会址设于两湖会馆内。订有《雷山设治局木工职业公会章程》《雷山设治局木工职业公会理事会暂行规定》。

陶器业产业公会

民国33年（1944年）8月16日，由陆光武等26人发起并负责筹备。9月20日，召开首次会员大会，到会49人。选举陆光德、陆光辉、蒙有伦、陆光前、杨玉科等5人为理事会理事，王应举、陆洪钧为候补理事，陆光德为常务理事。选举王克章、陆光武、石成林为监事会监事，杨玉衡为候补监事，王克章为常务监事。订有《雷山设治局陶器业产业公会章程》《雷山设治局陶器业产业公会理事会暂行办事细则》。

各业工人联合会

民国35年（1946年）2月10日，由杨寿松等40人发起并负责筹备。同月15日召开会员大会，到会51人。选举唐志芳、杨寿松、王述庆、陆世清、任炳高、陆树榕等6人为理事会理事，杨宪章为候补理事，唐志芳为常务理事。选举陆光明为监事，李文忠为候补监事。会址设于丹江镇公所内。订有《雷山设治局各业工人联合会章程》。各业工人联合会的宗旨是：增进工友智慧，交流技艺，维持生产，改善劳动条件和生活条件；并协助政府于国防及生产等政令的实施。

第二章　中国共产党地方组织

雷山县最早有中共党员的活动，始于胡仲毓。胡仲毓，贵州省丹江县（今雷山县）人，1925年10月，胡仲毓到铜仁参加贺龙的部队。1927年初，胡仲毓加入中国共产党。是年8月1日，他随贺龙部队参加南昌起义，后随贺锦斋团转战湘、鄂西一带。1928年1月，胡仲毓任贺龙组建的“中国工农革命军”四十九路军一师一团团长。1929年1月，贺龙欲建立黔东革命根据地，委派胡仲毓等潜回黔东南雷公山地区开展革命活动。是年2月，胡仲毓等奉命回到丹江县城。是年3月，贺龙于湖北藕池地区给胡仲毓、李光庭等写亲笔信，指示他们“坚守本地壮大队伍，迎合红六、七军到来”。1932年，胡仲毓设法打入丹江县民团，任民团团长杨昌隆的副官长，秘密开展革命活动。后被丹江县县长怀疑并伺机加害。1936年11月1日（农历九月十八日），胡仲毓遭敌人暗杀，年仅34岁。

民国36年（1947年）10月，中共黔北特委派地下党员王天行（又名王公道）前往雷山从事革命活动，以担任雷山局立中学教师为掩护，配合边疆民主青年先锋队员、雷山中学校长杨光文（苗）开展学生运动、青年运动和社会调查（注：杨光文于1949年11月11日在贵阳被国民党反动派杀害，省人民政府已追认为革命烈士）。民国37年（1948年）3月，贵州省政府密令设治局长郭宝昌逮捕杨光文、杜青等送省关押，王天行即撤离雷山。这段时间，没有发展党员和建立党组织。解放后，1950年1月，建立中国共产党雷山县工作委员会。1951年5月改为中国共产党雷山县委员会。1967年9月“文化大革命”中，县委被群众组织夺权。1968年11月，建立中共雷山县革命委员会领导核心小组。1970年3月，改称中共雷山县革命委员会核心领导小组。1971年7月，召开中共雷山县第三次代表大会，复建中共雷山县委员会。

第一节　中共雷山县委员会

领导机构

1950年1月，中共镇远地方工作委员会决定，由王春智、李新三、杜志轩3人组成中国共产党雷山县工作委员会，派王春智任工作委员会书记兼县长，带领党政干部和地委干校学员36人，准备前往雷山县接管政权。是年2月26日，贵州东南绥靖区司令、贵州省第七行政督察区专员兼保安司令（专员公署设榕江）余辉庭向中国人民解放军投诚，定3月15日在凯里集中点编。但其部属保安第十团团长谢世钦与雷山县参议长石开（敬吾）拒绝受命，于3月14日夜，带领所属官兵潜回雷山，搜罗国民党89军叛变部队，并逼民为匪，拼凑“贵州东南绥靖区司令部”，阻挠雷山解放。同月29日，中共贵州省委决定：暂时放弃接管。

1950年9月26日，人民解放军62军186师部队在师长蒲大义、政委胡立声率领下解放雷山县城，王春智、杜志轩等工委成员随军入雷接管，中国共产党雷山县工作委员会正式建立。为便于统一领导，该师554团政委程延太任工委书记，王春智任副书记兼县长。1951年5月9日，中共雷山县工作委员会改建为中共雷山县委员会，王春智任副书记。委员会由5人组成。1952年6月，王春智提任书记。1952年9月，王春智调西南局后，由李新三任书记。委员会由7人组成。1954年，县委委员增至13人。11月16日，设常务委员会，李新三、张守诚、秦广智3人为常委。1955年8月刘继昌接任书记，李焕培任副书记，刘继昌、李焕培（苗）、张守诚、秦广智4人为常委，县委由10人组成。1956年5月，召开中共雷山县第一次代表大会，选举县委委员19人，组成第一届委员会。设常务委员会，由7人组成。刘继昌任书记，杨昌伦（苗）、张守诚、文胜德（苗）、秦广智任副书记。1958年12月，撤销雷山县建置，合建凯里县。1961年8月，恢复雷山县建置，县委以1960年并县时在凯里县召开的第二次代表大会选举产生、并分在雷山县工作的7名委员和2名候补委员、加上增补的8名委员共17人组成第二届委员会。常务委员7人，并设书记处。王广立任第一书记，杨昌伦（苗）、李焕培（苗）、聂兆鹤、朱明、刘绍明（苗）任书记处书记。1962年10月，撤销书记处，县委由12名委员组成，7人为常务委员。郭延田任书记，杨昌伦（苗）、李焕培（苗）、朱明任副书记。1966年5月，县委由9名委员、1名候补委员组成，5人为常务委员。杨敬（苗）任书记，杨昌伦（苗）、李焕培（苗）、吴寿通（苗）任副书记。1967年9月29日，在“文化大革命”中被群众组织夺权，毛泽东思想雷山县革命委员会取代县委的领导。1968年11月，建立中共雷山县革命委员会领导核心小组，由郑学忠（人武部部长）、黄自廷（人武部副部长）、李常山（人武部副政委）、吴炳仁（苗、工人）4人组成，未明确组长或副组长。1970年3月，县革命委员会补台，对中共雷山县革命委员会核心领导小组（领导核心小组改称）成员作调整，郑学忠任组长，彭方津任副组长。1971年7月，召开第三次代表大会，选举委员26名，候补委员2名，组成第三届委员会，常务委员8人，后增补6人，共14人。苏连尧（人武部政委）任书记，彭方津、杨敬（苗）、吴寿通（苗）任副书记。1975年11月14日，中共贵州省委发出《关于撤回军队干部回部队工作的通知》后，书记苏连尧、常委张金泉（人武部部长）撤出，副书记彭方津主持工作。1977年12月，县委由29名委员、2名候补委员组成，常务委员15人。杨敬（苗）任书记，马绪田、余金才（苗）、余国茂（苗）、杨光胜（苗）任副书记。1981年4月，召开第四次代表大会，选举委员31名，候补委员2名，组成第四届委员会。常务委员11人。潘涛（苗）任书记，余金才（苗）、余国茂（苗）、苏敬村任副书记。1983年12月，潘涛调自治州人民政府，余金才（苗）接任书记。县委由委员29名和候补委员2名组成，常务委员7人。杨培德（苗）、陆定洲（苗）任副书记。1984年9月，召开第五次代表大会，选举委员29名，候补委员2名，组成第五届委员会。常务委员7人。余金才（苗）任书记，杨培德（苗）、陆定洲（苗）任副书记。1987年6月，召开第六次代表大会，选举委员29名，候补委员4名，组成第六届委员会。常务委员6人。余金才（苗）任书记，陆定洲（苗）、覃榜远任副书记。

1950—1987年中共雷山县（工）委书记、副书记、常委名录

表3-1

届次（时间）	职务	姓名	性别	民族	文化程度	籍贯	任职时间	备注
工作委员会（1950.9—1951.5）	书记	程延太	男	汉	初中	山东	1950.9—1950.12	
	副书记	王春智	男	汉	初中	山东长清	1950.9—1951.5	
党代会前的中共雷山县委（1951.6—1954.11）	书记	王春智	男	汉	初中	山东长清	1952.6—1952.9	
		李新三	男	汉	师范	山东肥城	1952.10—1954.8	
	副书记	王春智	男	汉	初中	山东长清	1951.5—1952.6	
党代会前的中共雷山县苗族自治区（县）委员会（1954.11—1956.5）	书记	李新三	男	汉	师范	山东肥城	1954.11—1955.7	
		刘继昌	男	汉	小学	山东齐河	1955.11—1956.5	
	副书记	李焕培	男	苗	小学	贵州雷山	1955.10—1956.5	
		张守诚	男	汉	小学	山东长清	1956.4—1956.5	
		文胜德	男	苗	初中	贵州雷山	1956.4—1956.5	
	常委	刘继昌	男	汉	小学	山东齐河	1955.8—1955.11	
		张守诚	男	汉	小学	山东长清	1954.11—1956.4	
		秦广智	男	汉	小学	山东东阿	1954.11—1956.5	
中共雷山县（自治县）第一届委员会（1956.5—1958.12）	书记	刘继昌	男	汉	小学	山东齐河	1956.5—1958.12	
	副书记	杨昌伦	男	苗	初中	贵州雷山	1956.5—1958.12	
		张守诚	男	汉	小学	山东长清	1956.6—1958.12	
		文胜德	男	苗	初中	贵州雷山	1956.6—1958.12	
		秦广智	男	汉	小学	山东东阿	1956.5—1958.6	
		任泽农	男	汉	初中	山东茌平	1957.6—1958.7	
	常委	吕潼川	男	汉	小学	山东齐河	1956.5—1958.12	
		孙金太	男	汉	小学	河南清丰	1956.5—1958.12	
第二届委员会（1961.8—1967.9）	第一书记	王广立	男	汉	初中	山东东阿	1961.8—1962.10	
	书记	郭延田	男	汉	初中	山东齐禹	1962.11—1966.6	
		杨敬	男	苗	小学	贵州凯里	1966.6—1967.9	
	副书记	杨昌伦	男	苗	初中	贵州雷山	1961.8—1967.9	
		李焕培	男	苗	小学	贵州雷山	1961.8—1967.9	
		朱明	男	汉	初中	山东齐河	1961.8—1965.11	

续表

届次（时间）	职　务	姓　名	性　别	民　族	文化程度	籍　贯	任职时间	备　注
第二届委员会（1961.8—1967.9）	副书记	聂兆鹤	男	汉	小学	河南清丰	1961.8 — 1962.5	
		刘绍明	男	苗	小学	贵州剑河	1961.12 — 1962.7	
		杨　敬	男	苗	小学	贵州凯里	1966.5 — 1966.6	
		吴寿通	男	苗	初中	贵州黄平	1966.7 — 1967.9	
	常　委	杨　敬	男	苗	小学	贵州凯里	1961.8 — 1966.5	
		吕潼川	男	汉	小学	山东齐河	1961.8 — 1966.6	
		宋德银	男	汉	初中	山东齐河	1961.8 — 1966.6	
县革命委员会领导核心小组（1968.11—1970.9）	主　任	郑学忠	男	汉	小学	河南内黄	1968.11 — 1970.9	
	副主任	黄自庭	男	汉	小学	山东曹县	1968.11 — 1970.9	
	常　委	吴炳仁	男	苗	小学	贵州雷山	1968.11 — 1970.9	
		李常山	男	汉	—	人武部	1968.11 — 1970.9	
县革命委员会核心领导小组（1970.10—1971.7）	组　长	郑学忠	男	汉	小学	河南内黄	1970.10 — 1971.7	
	副组长	彭方津	男	汉	初中	山东齐河	1970.10 — 1971.7	
	成　员	吴寿通	男	苗	初中	贵州黄平	1970.10 — 1971.7	
		杨　敬	男	苗	小学	贵州凯里	1970.10 — 1971.7	
		苏连尧	男	汉	小学	山东胶南	1970.10 — 1971.7	
第三届委员会（1971.7—1981.4）	书　记	苏连尧	男	汉	小学	山东胶南	1971.7 — 1976.10	
		杨　敬	男	苗	小学	贵州凯里	1977.12 — 1980.8	
		潘　涛	男	苗	初中	贵州凯里	1980.8 — 1981.4	
	副书记	彭方津	男	汉	初中	山东齐河	1971.7 — 1976.4	
		杨　敬	男	苗	小学	贵州凯里	1971.7 — 1977.12	
		吴寿通	男	苗	初中	贵州黄平	1973.1 — 1973.10	
		马绪田	男	汉	初中	山东东阿	1978.10 — 1981.4	
		余金才	男	苗	初中	贵州雷山	1977.10 — 1981.4	
		余国茂	男	苗	初中	贵州雷山	1977.12 — 1981.4	
		杨光胜	男	苗	初中	贵州雷山	1977.12 — 1981.4	
	常　委	吴寿通	男	苗	初中	贵州黄平	1971.7 — 1973.1	
		余金才	男	苗	初中	贵州雷山	1974.9 — 1977.10	
		余国茂	男	苗	初中	贵州雷山	1971.7 — 1977.12	
		杨光胜	男	苗	初中	贵州雷山	1974.9 — 1977.12	

续表

届次(时间)	职务	姓名	性别	民族	文化程度	籍贯	任职时间	备注
第三届委员会(1971.7—1981.4)	常委	庄洪凤	男	汉	初中	江苏泗阳	1971.7—1976.6	
		王连席	男	汉	初中	山东齐河	1971.7—1974.11	
		张金泉	男	汉	小学	山东	1971.7—1979.3	
		杨昌伦	男	苗	初中	贵州雷山	1973.1—1981.4	
		李焕培	男	苗	小学	贵州雷山	1973.1—1981.4	
		王忠云	女	水	小学	贵州雷山	1973.3—1981.4	
		赵朝光	男	苗	小学	贵州雷山	1974.9—1981.4	
		苏连尧	男	汉	小学	山东胶南	1976.10—1979.3	
		苏敬村	男	汉	初中	山东泰安	1977.10—1981.4	
		汪全义	男	汉	初中	黑龙江宁安	1978.9—1979.8	
		杨秉学	男	汉	中专	陕西泾阳	1978.9—1981.4	
		张相孚	男	汉	初中	安徽临泉	1979.3—1981.4	
		张兴田	男	汉	初中	山东莘县	1979.3—1981.4	
		文胜德	男	苗	初中	贵州雷山	1979.7—1981.4	
第四届委员会(1981.5—1984.9)	书记	潘涛	男	苗	初中	贵州凯里	1981.5—1983.12	
		余金才	男	苗	初中	贵州雷山	1983.12—1984.9	
	副书记	余金才	男	苗	初中	贵州雷山	1981.5—1983.12	
		余国茂	男	苗	初中	贵州雷山	1981.5—1983.12	
		苏敬村	男	汉	初中	山东泰安	1981.5—1983.12	
		杨培德	男	苗	大专	贵州雷山	1983.12—1984.9	
		陆定洲	男	苗	小学	贵州雷山	1983.12—1984.9	
	常委	陆定洲	男	苗	小学	贵州雷山	1981.5—1983.12	
		杨昌伦	男	苗	初中	贵州雷山	1981.5—1983.12	
		杨光胜	男	苗	初中	贵州雷山	1981.5—1983.12	
		覃榜远	男	汉	初中	贵州雷山	1981.5—1983.12	
		杨秀昌	男	苗	初中	贵州凯里	1981.5—1983.12	
		杨凤英	女	苗	初中	贵州丹寨	1981.5—1983.12	
		龙通德	男	苗	中专	贵州施秉	1981.5—1983.9	
		杨文锦	男	汉			1983.9—1984.9	
		杨昌洲	男	侗	大学	贵州雷山	1983.12—1984.9	
		李锦平	男	苗	大学	贵州雷山	1983.12—1984.9	

续表

届次（时间）	职务	姓名	性别	民族	文化程度	籍贯	任职时间	备注
第四届委员会（1981.5—1984.9）	常委	张启芬	女	苗	—	贵州雷山	1983.12 — 1984.9	
第五届委员会（1984.9—1987.6）	书记	余金才	男	苗	初中	贵州雷山	1984.9 — 1987.6	
	副书记	杨培德	男	苗	大专	贵州雷山	1984.9 — 1987.6	
		陆定洲	男	苗	小学	贵州雷山	1984.9 — 1987.6	
	常委	杨昌洲	男	侗	大学	贵州雷山	1984.9 — 1987.6	
		李锦平	男	苗	大学	贵州雷山	1984.9 — 1987.6	
		张启芬	女	苗	高中	贵州雷山	1984.9 — 1987.6	
		杨文锦	男	汉	高中	贵州丹寨	1984.9 — 1986.5	
		韩树勋	男	—	—	—	1986.2 — 1987.2	挂职
		杨通永	男	侗	大学	贵州	1986.2 — 1987.2	挂职
		李廷举	男	—	大学	—	1987.2 — 1987.6	挂职
		杨文俊	男	苗	大专	贵州雷山	1987.2 — 1987.6	挂职
第六届委员会（1987.6—）	书记	余金才	男	苗	初中	贵州雷山	1987.6 — 1987.12	
	副书记	陆定洲	男	苗	小学	贵州雷山	1987.6 —	
		覃榜远	男	汉	初中	贵州雷山	1987.6 —	
	常委	陈文发	男	水	大专	贵州丹寨	1987.6 —	
		杨培德	男	苗	大专	贵州雷山	1987.6 —	
		冷忠元	男	苗	高中	贵州雷山	1987.6 —	
		李廷举	男	—	大学	—	1987.6 — 1987.12	挂职
		杨文俊	男	苗	大专	贵州雷山	1987.6 — 1987.12	挂职

注：1958年12月撤销雷山县建置，1961年8月恢复雷山县建置；1967年9月，“文化大革命”中县委被夺权，1968年11月，建立中共雷山县革命委员会领导核心小组。

工作机构

县工作委员会时期，设秘书室、组织部、宣传部、社会部。1951年5月改建县委后，设4部（增设统一战线工作部）、2室（增设政策研究室）和纪律检查委员会。1954年5月，增设农村工作部。1955年11月，撤销纪律检查委员会，改设县委监察委员会。1956年3月，增设财贸部、雷山县报社。6月，撤销秘书室，改设县委办公室。1958年2月，增设工业交通工作部。8月，增设林业部。1961年8月恢复县治，县委设办公室、组织部、宣传部、农村工作部、工业交通工作部、财政贸易工作部、监察委员会、党校。1962年5月，撤销农村工作部、财政贸易工作部、工业交通工作部，设机关党委会。1965年5月，设农林政治部。1966年3月，设财贸政治部。1967年9月29日，县委被群众组织夺权，各工作机构亦被取消，印章被封存。工作由县革命委员会秘书组、政治工作领导小组（下设组织、宣传办公室）办理。1970年改为县革委办公室和政治部(下设组织组、宣传组、直政组)。恢复中共雷山县委后，1973年4月，复设办公室、组织部、宣传部、机关党委会，恢复县委党校，同时设对台（湾）工作领导小组办公室。1979年4月，恢复纪律检查委员会。1981年7月，设调查研究室、政法工作领导小组（12月改为政法委员会）。1982年1月，恢复统一战线工作部。7月，设党史资料征集办公室。1984年2月，设老干部局，恢复农村工作部。5月，设知识分子工作联系小组办公室。1985年4月，改设落实知识分子政策办公室，知识分子工作联系小组办公室撤销。1986年1月，县委、县政府办公室信访科合并建立联合信访办公室（区级）。12月，县委办公室传真室升格为县委机要室（区级）。1987年底，县委机关工作机构有：办公室（含党史办、机要室）、组织部（含老干部局）、宣传部、统战部（含对台办）、政法委员会、落实知识分子政策办公室、调查研究室、党校、联合信访办公室等。

派出机构

1951年7月，设立中国共产党雷山县第一区（驻丹江）、第二区（驻西江）、第三区（驻大塘）委员会。1955年8月，按行政区划分别改称为中共丹江、西江、大塘区委员会。1958年12月，撤销区委会，改设雷山、西江、大塘公社委员会，隶属凯里县。1961年8月，原属丹寨县的永乐、排调两区划属雷山县，全县设丹江、西江、大塘、永乐、排调5个区委员会。1962年5月，排调区复划回丹寨县，丹江、西江、大塘、永乐4个区委员会亦撤销，并入所在地公社党委会。9月，恢复上述4个区委会。1967年12月，中共区委会由区革命委员会代替。1972年11月29日，再次恢复各区委员会。1987年底，县委派出机构有丹江、西江、大塘、永乐4个区委员会。

第二节　基层党组织

乡（镇）工作委员会

1950年9月，设丹江、西江、望丰、报德、建安、震威、方祥、大塘、桃江9个乡（镇）工作委员会，主持剿匪、清匪、征粮等工作。工委书记由部队连营职党员干部担任，副书记由地方党员乡（镇）长担任。

乡（镇）党支部

1953年3月，在民主建政中，将7个乡2个镇改划为34个乡2个镇。1953年5月望丰、报德、响楼、白连、开觉、莲花、大塘、桥港、西江9个乡(镇)建立临时党支部。1954年在固鲁、乌江、乌东、独南、农场、陶尧、岔河、龙塘、黄里、乌龙、中提、掌乌、平祥、新龙、龙头、高岩、新塘、桃江、龙河、桥兑（含桥王、掌雷）、城关21个乡（镇）建立临时党支部。1955年在公统、毛坪、教厂、掌雷、桥王5个乡建临时党支部。1956年2月，建立丰塘乡临时党支部。临时党支部书记和副书记由区委会指派。经过一年的实际锻炼后，报区委批准，正式建立支部。支部委员由党员大会选举产生。其中少数支部经过两年的考查后，才批准正式建立支部。1956年9月，在第二次基层政权选举中，全县行政区划作了调整，将36个乡（镇）改划为29个乡（镇）。调整后的乡（镇）：城关镇、西江镇、望丰乡、报德乡、乌江乡、独南乡、丰塘乡、岔河乡、固鲁乡、陶尧乡、乌东乡、龙头乡、黄里乡、乌龙乡、龙塘乡、白连乡、大沟乡、方祥乡、毛坪乡、新龙乡、大塘乡、莲花乡、桥港乡、新塘乡、龙河乡、桥王乡、桃江乡、桥兑乡、高岩乡，均重建党支部。

片区党委会

1957年2月，全县划分为12个片区：城关、陶尧、报德、乌江、丰塘、西江、大沟、黄里、方祥、大塘、桃江、桥港，均建立了党的基层委员会，并从县、区机关抽调区级以上干部担任书记、副书记。1958年1月，撤销片区党委会。

管理区总支委员会

1958年9月，撤区并社，实行一区一社建制。将29个乡（镇）划为24个管理区：城关、龙头、固鲁、报德、岔河、望丰、乌江、丰塘、西江、大沟、龙塘、白连、新龙、黄里、大塘、独南、新塘、桥港、乌龙、陶尧（含乌东）、莲花（含高岩）、桃江（含桥兑）、方祥（含毛坪）、龙河（含桥王），均建立党总支委员会，直接领导生产大队党支部。1961年8月，撤销管理区总支委员会。

公社党委会

1958年底，全县建立8个人民公社，公社设党委会。即：红旗公社党委会，设书记1人，副书记3人，驻地为响楼。卫星公社党委会，设书记1人，副书记4人，驻地为报德。团结公社党委会，设书记1人，副书记3人，驻地为望丰。建设公社党委会，设书记1人，副书记2人，驻地为黄里。团结公社党委会（当时全县设有两个团结公社），设书记1人，副书记4人，驻地为西江。五一公社党委会，设书记1人，副书记2人，驻地为方祥。大塘公社党委会，设书记1人，副书记6人，驻地为大塘。桃江公社党委会，设书记1人，副书记3人，驻地为桃江。1961年8月，恢复县建置后，全县建19个人民公社党委会。即：丹江、陶尧、报德、望丰、西江、大沟、黄里、方祥、大塘、桃江、永乐、柳乌、桥桑、达地、排调、孔庆、复兴、雅灰、方胜公社党委会。1962年5月，孔庆、排调、复兴、雅灰、方胜5个公社划回丹寨县辖。1963年1月，增建固鲁、岔河、乌江、公统、白连、莲花、桥港、龙河、开屯、排告、也蒙等11个公社党委会。7月，增建龙头公社党委会，也蒙公社党委会并入达地公社党委。1965年8月，丹江公社党委会撤销，分建丹江镇党委会和红旗公社党委会。1968年1月以后，各公社党委会均为公社革命委员会所取代。1971年7月，复建丹江镇党委会和五一（龙头）、红旗（响楼）、陶尧、固鲁、报德、岔河、望丰、乌江、公统、西江、大沟、白连、黄里、方祥、大塘、莲花、桥港、桃江、八一（掌雷）、永乐、开屯、柳乌、排告、桥桑、达地25个公社党委会。

乡（镇）党委会

1984年8月，撤销25个公社党委会，建立乡（镇）党委会。高岩乡由莲花乡分出，增建高岩乡党委会。达地乡党委会升格为区级镇党委会。1987年底，全县有23个乡党委会，2个镇党委会（永乐、西江）和2个区级镇党委会（丹江、达地）。

第三节　党员代表会议和党员代表大会

党员代表会议

1954—1955年，中国共产党雷山县委员会共召开过4次党员代表会议。

第一次代表会议　于1954年10月30日至11月5日在县城丹江举行。出席会议的代表72名。其中正式代表35名，列席代表37名。会议主要内容是调实产量，实行合理负担；学习秋征、统购统销政策，落实征购任务；讨论如何加强对农业互助合作运动的领导，推动农业生产的发展。

第二次代表会议 于1955年2月9日至12日在县城丹江举行。出席会议的代表72名。其中正式代表47名，候补代表25名。会议主要内容为学习、贯彻《中华人民共和国兵役法》，部署征集补充兵员工作，下达征集任务。

第三次代表会议 于1955年3月27日至4月1日在县城丹江举行。出席会议代表278名。其中正式代表126名，候补代表152名。会议内容为学习、贯彻中央对粮食工作的措施及粮食“三定”政策，讨论落实“三定”任务；宣传统购统销的重大意义，提高农民的思想认识；讨论制订1955年的农业生产计划。

第四次代表会议 于1955年10月29日至11月5日在县城丹江举行。出席会议的代表394名。其中正式代表278名，候补代表116名。会议内容为总结两年来的粮食统购统销工作，调整粮食常年产量，布置1955年度的粮食征购任务；讨论制定农村口粮标准，落实粮食“三定”任务。

党员代表大会

1956—1987年，中国共产党雷山县委员会共召开6次党员代表大会。

第一次代表大会 于1956年5月13日至18日在县城丹江举行。应到代表155名，实到148名，代表全县644名党员。大会的主要议程是：听取和审议刘继昌代表中共雷山县委向大会所作的《关于前段工作的总结报告》，秦广智作的《关于今后工作任务的报告》，潘志龙代表中共雷山县委所作的《关于监察委员会的工作报告》。选举产生中共雷山县第一届委员会组成人员，选举出席中国共产党贵州省第一次代表大会代表。选举结果由19名县委委员组成中共雷山县第一届委员会。在一届一次县委全体会议上，选举刘继昌、杨昌伦（苗）、秦广智、吕潼川、孙金太、文胜德（苗）、张守诚7人为常务委员，刘继昌为书记，杨昌伦、张守诚、文胜德、秦广智为副书记。

第二次代表大会 于1960年1月在凯里举行（当时雷山并建凯里县）。1961年8月18日，恢复雷山县治后，由凯里县第二次党代表大会选举产生的并分配到雷山县工作的县委委员7名，候补委员2名，增补县委委员8名，共17名组成中共雷山县第二届委员会。有常委委员7名。王广立任第一书记，杨昌伦（苗）、聂兆鹤、朱明、刘绍明（苗）为副书记。

第三次代表大会 于1971年7月20日至26日在县城丹江举行。应到代表257名，实到244名，代表全县1792名党员。大会主要议程是：听取和审议彭方津代表中共雷山县革命委员会核心领导小组所作的《高举党的“九大”团结胜利旗帜，沿着毛主席的革命路线大踏步前进》工作报告。选举产生中共雷山县第三届委员会组成人员。选举结果由26名县委委员、2名候补委员组成中共雷山县第三届委员会。在三届一次县委全体会议上，选举苏连尧、彭方津、杨敬（苗）、吴寿通（苗）、余国茂（苗）、庄洪凤、张金泉、王连席8人为常务委员，苏连尧为书记，彭方津、杨敬为副书记。大会通过《关于在全县开展一个让毛主席满意的群众运动的决议》。

1974年9月，增补赵朝光（苗）为县委常委。1978年9月，增补杨秉学为县委常委。1979年7月，增补文胜德（苗）为县委常委。

第四次代表大会 于1981年4月27日至5月3日在县城丹江举行。应到代表266名，实到247名，代表全县2757名党员。大会主要议程是：听取和审议潘涛代表中共雷山县第三届委员会所作的《贯彻调整方针，加强党的领导，促进我县经济建设事业稳步前进》工作报告，马绪田代表中共雷山县委纪律检查委员会所作的《关于纪律检查工作的报告》。选举产生中共雷山县第四届委员会组成人员。选举结果由31名县委委员、4名候补委员组成中共雷山县第四届委员会。在四届一次县委全体会议上，选举潘涛（苗）、余金才（苗）、余国茂（苗）、苏敬村、杨昌伦（苗）、杨光胜（苗）、覃榜远、杨秀昌（苗）、陆定洲（苗）、杨凤英（女、苗）、龙通德（苗）11人为常务委员，潘涛为书记，余金才、余国茂、苏敬村为副书记。选举产生县委第四届纪律检查委员会组成人员，余国茂为纪委书记。大会通过《中共雷山县第四届委员会工作报告的决议》。大会号召：更加紧密地团结在党中央周围，坚决执行党的十一届三中全会以来的路线、方针和政策，解放思想，开动机器，实事求是，稳步前进；发扬艰苦奋斗的革命精神，同心同德，为实现我县经济调整和政治安定而努力奋斗！

第五次代表大会　于1984年9月9日至13日在县城丹江举行。应到代表262名，实到245名，代表全县2832名党员。大会的主要议程是：听取和审议余金才代表中共雷山县第四届委员会所作的《解放思想，加强领导，为振兴雷山经济而奋斗》工作报告，罗邦发代表中共雷山县第四届纪律检查委员会所作的《关于纪律检查的工作报告》。选举中共雷山县第五届委员会组成人员，选举中共雷山县纪律检查委员会组成人员，选举出席中共黔东南州第四次代表大会代表。大会实行差额选举，以无记名投票方式选举产生县委委员29名、候补委员4名组成中共雷山县第五届委员会。在五届一次县委全体会议上，选举余金才（苗）、杨培德（苗）、陆定洲（苗）、杨昌洲（侗）、李锦平（苗）、张启芬（女）、杨文锦7人为常务委员，余金才为书记，杨培德、陆定洲为副书记。选举产生纪律检查委员会委员9名，组成中共雷山县第五届纪律检查委员会，张启芬为书记。选举余金才、刘镜光、杨昌伦等12人为出席中共黔东南州第四次代表大会代表。大会通过《关于中共雷山县第四届委员会工作报告的决议》《中共雷山县第四届纪律检查委员会工作报告的决议》。大会号召：全县共产党员和各族人民紧密地团结起来，振奋精神，开拓前进，为全面开创我县四个现代化建设新局面，振兴雷山经济而努力奋斗！

第六次代表大会　于1987年6月18日至22日在县城丹江举行。出席代表265名，其中妇女代表19名，列席代表11名，代表全县3355名党员。大会主要议程：听取和审议余金才代表中共雷山县第五届委员会所作的《加强领导，深化改革，为我县经济建设引向持续发展而奋斗》工作报告，张启芬代表中共雷山县第五届纪律检查委员会所作的《关于纪律检查的工作报告》。选举中共雷山县第六届委员会组成人员和中共雷山县第六届纪律检查委员会组成人员。大会以无记名投票方式，选举产生县委委员29名，候补委员4名，组成中共雷山县第六届委员会。在六届一次县委全体会议上，选举余金才（苗）、陆定洲（苗）、覃榜远、陈文发（水）、杨培德（苗）、冷忠元（苗）6人为常务委员，余金才为书记，陆定洲、覃榜远为副书记。选举产生纪律检查委员会委员9名，组成中共雷山县第六届纪律检查委员会，周正光（苗）、杨光祖（苗）为副书记。大会通过《关于中共雷山县第五届委员会工作报告的决议》和《关于中共雷山县第五届纪律检查委员会工作报告的决议》。大会号召：全县共产党员、各族工人、农民、知识分子、各级干部、武警战士和各界人民，紧密团结，同心同德，矢志改革，艰苦创业，在各自的岗位上，兢兢业业、踏踏实实地工作，为人民做出新的贡献！

第四节　党　务

组织工作

组织发展　1950年9月，外来党政干部中有中共党员26名，统一编为1个支部（政府支部）。1951年5月，全县划为3个区，并建区党委会。党员增至33名，划分为3个支部：县委机关（包括一、三两区）支部、政府机关支部、第二区（西江）机关支部。1952年10月，县委在观音阁先后举办两期党员对象训练班，计有289人参加学习（第一期124人，第二期165人）。培养基本具备党员条件的机关干部、村干部和农民积极分子。授以党的历史、党的任务、党的纪律等基础知识。学习期间，吸收47名加入中国共产党。1953年，全县有党员107名，支部12个。其中县机关3个，区级机关3个，农村党支部6个。

是年，在机关干部中发展党员2名。县委在召开扩大会议或区委书记会议时，均讨论培养教育和发展党员对象的措施，责成组织部每季度深入机关、农村检查一次，并向县委写出报告。1954年，各党支部均制订发展党员的计划，并经常向县委汇报发展对象的培养进度，把发展党员的工作纳入议事日程。1954年，发展新党员321名（机关49名、农村272名）。全县党员总数达到407名，其中妇女党员32名。有党支部40个，其中乡党支部30个。1956年底，全县有党员726名。其中机关205名，农村521名。全县有妇女党员48名。有党支部47个（机关支部11个，农村支部36个）。1957年，按照中共中央“稳定提高”的方针，没有吸收新党员。此一阶段，农业互助合作运动发展迅速，在农村党员较多、基础又较好的生产合作社中扩建党的支部。1958年随着“大跃进”“人民公社”运动的全面开展，党组织在运动中涌现出来的积极分子中发展党员。年末，全县有党员824名（农村党员457名），党总支23个，党支部93个（农村生产大队支部69个）。1961年8月至1966年5月，全县有党员1527人，党总支1个，支部145个。“文化大革命”十年中，吸收新党员868名，有党支部209个，共有党员2395名。

1978年以后，主要是在知识分子、青年农民和财贸、工业交通企事业职工中发展党员。1987年，全县有党员3355名，党支部304个。

1951—1987年雷山县党员情况统计表

表3-2　　　　单位：人

项目 / 年度	总数			文化结构				年龄结构					
	合计	其中		大专以上	中专	高中	初中及以下	25岁以下	26岁至35岁	36岁至45岁	46岁至55岁	56岁至60岁	61岁以上
		女	少数民族										
1951	33	—	—	—	—	—	33	6	—	26	1	—	—
1952	48	1	—	—	—	—	48	11	—	36	1	—	—
1953	48	2	—	—	—	—	—	—	—	—	—	—	—
1954	407	26	—	—	—	—	21	110	—	204	9	—	—
1955	608	50	531	—	—	4	604	210	200	180	18	—	—
1956	726	48	659	—	—	7	719	320	—	387	19	—	—
1957	—	—	—	—	—	—	—	—	—	—	—	—	—
1958	824	27	—	—	—	11	813	372	210	221	12	9	—
1959-1960	—	—	—	—	—	—	—	—	—	—	—	—	—
1961	1724	140	—	2	—	6	1716	192	649	753	129	—	1
1962	1485	130	1278	2	—	10	1473	134	554	704	90	—	3
1963	1509	130	1290	3	—	20	1486	72	449	867	118	—	3
1964	1530	130	1310	4	—	20	1506	40	331	1038	116	—	5
1965	—	—	—	—	—	—	—	—	—	—	—	—	—

续表

项目 年度	总数			文化结构				年龄结构					
	合计	其中 女	其中 少数民族	大专以上	中专	高中	初中及以下	25岁以下	26岁至35岁	36岁至45岁	46岁至55岁	56岁至60岁	61岁以上
1966	1527	—	—	—	—	—	—	—	—	—	—	—	—
1967-1970	—	—	—	—	—	—	—	—	—	—	—	—	—
1971	1792	—	—	—	—	—	—	—	—	—	—	—	—
1972	2063	204	1772	16	—	44	2003	—	675	—	1303	85	—
1973	2177	221	1903	19	—	54	2107	163	535	—	1365	114	—
1974	2225	226	1922	—	—	—	—	105	564	—	1410	146	—
1975	2305	226	2010	22	—	63	2220	127	592	—	1441	145	—
1976	2395	236	2100	26	—	94	2275	114	609	—	1499	173	—
1977	2479	234	2176	29	—	143	2308	82	598	—	1541	258	—
1978	2505	230	2203	27	—	96	2382	88	600	—	1617	200	—
1979	2605	235	2315	30	—	107	2468	66	616	—	1692	231	—
1980	2698	236	2395	29	—	116	2553	93	751	695	—	1023	136
1981	2757	225	2455	34	51	88	2584	83	598	848	—	1070	150
1982	2817	245	2485	34	60	115	2608	45	662	754	—	1211	145
1983	2855	252	2515	37	101	119	2598	45	675	705	1014	171	245
1984	2949	255	2624	50	120	134	2640	86	592	749	998	344	180
1985	3187	271	2816	62	146	200	2779	165	628	791	1088	223	292
1986	3281	278	2893	89	189	240	2763	202	615	807	1049	323	285
1987	3355	292	2966	115	217	238	2785	258	617	804	1007	374	295

注：1957年、1959年、1960年、1965年、1967至1970年缺档案资料

党员教育　1952年秋，土地改革结束后，县委即开办党员训练班，对党员或党员对象进行定期的培训，主要培训对象是农村党员。学习的课程是《中国共产党章程》和党的历史、党的纪律，以后又增加党在过渡时期的总路线、总任务、党的民主集中制等内容。1961年8月，县委开办党员轮训班，以艰苦奋斗，克服困难，教育党员要起先锋模范作用，党支部要起战斗堡垒作用为主题，对党员普遍进行教育。1978年以后，则以坚持四项基本原则，坚持改革开放，两手抓等为内容教育党员，明确提出要经得起执政、改革开放的考验。培训方法一是以乡或支部为单位集中学习，二是拨专款委托县委党校办专业班，开展党员教育工作。

整党整风　1951年10月27日，根据地委指示，县委对在乡工作的干部进行思想作风和工作作风的整顿，重点是教育党员和干部遵守新区工作纪律，反对强迫命令和包办代替，提倡艰苦深入。1952年

10月，根据《整顿党的基层组织的决议》，对全县党的基层组织普遍进行一次整顿，检查三年来在思想和作风上存在的问题，对党员的历史进行审查。1953年1月，县委集中党员和干部273人，用会议形式进行思想、作风的整顿。重点是对工作中强迫命令，不执行民族政策，纪律松弛等方面的问题，开展批评与自我批评，以增强政策观念，增进各民族干部之间的团结，改善干群关系。1957年4月，中共中央发出《整风运动的指示》后，县委于5月18日成立整风领导小组及其办公室。在全县范围内，开展以“反对官僚主义、宗派主义和主观主义”为主要内容的运动，帮助县委整风。8月17日以后，开展以“要不要社会主义，要不要人民民主专政，要不要联合苏联”的大辩论。同时开展“反右派”斗争。在干部和教师队伍中被划为“右派”的有103人，占当时干部教师总数的18%（1979年3月，对错划右派已全部平反改正）。在农民中则进行社会主义教育，用大鸣、大放、大字报、大辩论的“四大”方式，揭发批判资本主义思想。1962年12月，贯彻中共中央八届十中全会和中共贵州省委二届四次全会精神，以阶级、阶级矛盾和阶级斗争作为指导思想，在农村开展社会主义教育运动。1964年又在全县农村进行“面上四清”，对县以下各级党组织进行整顿，搞“洗手洗澡，人人过关”，批判、撤换部分基层干部。1965年8月，县级机关开展“四清”，在干部职工中进行社会主义教育。县委实行开门整风，揭露县委的不团结现象，批判纠正这种不良倾向，增进县委一班人的团结，提高战斗力。1970年12月，开展整党建党工作，“反对骄傲自满，提倡谦虚谨慎”，中共雷山县革命委员会核心领导小组和中共雷山县人民武装部委员会实行开门整风。先后恢复4个中共区委，25个公社和丹江镇党委会，173个党支部，其中农村支部124个，结束“踢开党委闹革命”的混乱局面。1972年8月，整党建党工作结束。1985年7月，遵照中共中央《整党决定》提出的“统一思想，整顿作风，加强纪律，纯洁组织”等四项任务，在全县分三批进行整党。第一批有县、区、镇（区级）机关103个支部，915名党员参加；第二批有25个乡（镇）党委和4个乡级中心完全小学党支部，284名党员参加；第三批有156个农村党支部，2014名党员参加。整党分为四个阶段：第一阶段是学习文件，武装思想，提高认识；第二阶段为对照检查，评议通过；第三阶段为拟出整改意见，提出整改措施；第四阶段为组织处理，党员登记。最后，按照《整党决定》的五条标准验收。全县整党工作于1986年底全部结束。参加整党的有10个党组，33个党委，3个党总支部，285个党支部，3213名党员。验收结果，予以登记的党员有3009名，缓期登记的有77名，不予登记的有18名，受到各种处分的有13名（县、区9名，乡镇3名，农村1名）。未参加登记的有5名。91名预备党员没有参加登记。

宣传工作

社会宣传 1951年4月，县委结合春耕生产，部署开展“抗美援朝、保家卫国”和镇压反革命分子的宣传活动，抽调县级机关和部队指战员，组成宣传队，深入乡村宣传动员各民族青年参军参战。在镇压反革命分子的政策宣传中，强调认真执行《中共中央关于镇压反革命中处理涉及民主党派、民主人士、爱国分子问题的指示》，对上述人员及少数民族上层人物持慎重态度。1952年土改运动中，油印宣传小册子400余份，宣传土地改革的阶级路线及方针政策，团结大多数，孤立和有重点地打击地主阶级。土改结束之后，号召农民组织起来，走农业互助合作的道路。主持开办4期农民积极分子培训班，每期半月，受训人数达727人次。为广泛深入地宣传互助合作走农业集体化道路，全县建宣传站3个，有报告员11人，宣传员263人。冬闲时在农村开办的季节性学校164所，有6356人参加学习文化知识和政策时事。1953年4月，配合苗族自治区筹备委员会在全县范围内开展民族区域自治的意义和目的的宣传，贯彻党的民族平等团结政策。11月，为宣传党在过渡时期的总路线，先后组织县、区、乡三级干部、党员和农村积极分子、宣传员共2181人学习，时间为5～17天。1955年，在农村大张旗鼓地宣传对农业实行社会主义改造的方针和政策，组织宣传组126个，有宣传员796人。县、区委书记和部门党员负责人39人担任报告员。1957年，在69个高级社中，各配政治副主任1人，政治教员1～2人。全县共配政治教员98人。学习的内容为农业生产合作社章程，各地试办农业生产合作社的典型资料。1958年以后，在农村着重学习“鼓足干劲，力争上游，多快好省地建设社会主义”的总路线。1960—1962年三年困难时期，宣传“调整、巩固、充实、提高”的调整国民经济的“八字”方针，组织干部和党员学习毛泽东主席向全党发出的《党内通讯》以及《农村人民公社工作条例（草案）》（即六十条）。1964年，宣传“阶级、阶级矛盾和阶级斗争”的理论，开展社会主义教育。1978年12月，党的十一届三中全会召开，拨乱反正，正本清源，摒弃“以阶级斗争为纲”，把工作着重点转移到经济建设上来，宣传工作也随之转移。在这以后，重点是向农村宣传贯彻“解放思想，开动脑筋，实事求是，团结一致向前看”的指导方针，鼓励农民勤劳致富，发展商品经济，宣传民主与法制，向人民进行法制教育及“五讲”（讲文明、讲礼貌、讲道德、讲卫生、讲秩序）、“四美”（心灵美、语言美、行为美、环境美）、“三热爱”（热爱中国共产党、热爱中华人民共和国、热爱社会主义）的教育。在机关、学校及农民中开展“十一法一例”的宣传，组织专业人员在全县巡回讲授，普及法律知识，树立社会主义道德信念，端正社会风气。

干部理论学习 1953年2月3日，县委开始重视干部的政治理论教育，组成学习委员会，县委书记李新三任主任委员，宣传部部长吕建勋、社会部部长杜志轩任副主任委员，聘请理论教员7名，由朱明海任专职教员。学习时间定为周二和周五，每周两个上午为“雷打不动”的学习时间，方法是先由教员按学习单元分段作辅导发言，后再分组讨论，每月作一次大会典型发言。课程为《政治经济学》《社会发展史》《哲学》《为逐步实现对农业的社会主义改造而奋斗》《论共产党员的修养》及时事讲话等。1956年，课程增加《关于正确处理人民内部矛盾的问题》《矛盾论》《实践论》等经典著作为主课。县委中心学习小组则主要学习《国家与革命》《哥达纲领批判》。20世纪60年代以后，学习《论十大关系》《增强党的团结，继承党的传统》等。1976年10月以后，根据中共中央批发的关于“江青反革命集团”的罪恶材料，召开各种形式的批判会，揭发批判其反党反社会主义的罪行，对干部和党员进行坚持社会主义道路，坚持人民民主专政，坚持共产党的领导，坚持马克思主义、毛泽东思想的“四项基本原则”教育。1980年以后，贯彻执行改革开放方针，以及中共中央的整党决定，在机关举办读书班，学习党中央关于改革开放和体制改革的重要决定，《邓小平文选》和刘少奇、周恩来、陈云等中央领导人的著作，向党员进行党性、党风、党纪及党的基本知识教育，并举行考试，检验学习效果。据多次测验结果，及格率在80%左右。

开办党校 1961年10月，中共雷山县委党校成立，但未配专职工作人员。1971年4月，恢复县委党校，作为培养提高干部和党员政治理论水平的阵地，配专职干部2至4人。至1977年末，县委党校共举办干部培训班24期，培训干部1540人。其中办农村党支部书记培训班8期，培训569人。教学内容为：农村基层党支部建设，《共产党宣言》《关于正确处理人民内部矛盾的问题》和“工业学大庆”“农业学大寨”的典型材料以及党的第十次全国代表大会文件等。1978年党的十一届三中全会后，党校共举办党员干部培训班32期，培训2426人。其中农村党支部书记培训班2期，培训133人；县、区、乡（镇）干部30期，培训2293人。教学内容为：《政治经济学》《邓小平文选》《陈云文选》，中共中央《关于经济体制改革的决定》《关于建国以来党的若干历史问题的决议》和马克思主义哲学、党的农村政策、党的十一届三中全会以来的文献选编等。

创办县报 1956年6月，创办中共雷山县委机关报——《雷山县报》（4开石印小报），配主编1名，编辑1名，记者1名，印刷工人3名。至1958年底止，共发展通讯员393名，特约记者26名。历时两年半，发行207期，每期300份。1959年并入《凯里县报》。

通讯组 1953年起，县委宣传部设有通讯组，后又改称通讯科、记者站，专设通讯干事1～2人，负责新闻报道工作，为省、州各级党报、电台写稿，并负责组织各级报刊通讯员写稿。

统一战线工作

1950年10月，县委设统一战线工作部。1958年撤销后，统战工作由宣传部兼管。同时设有雷山县各族各界人民代表会议常务委员会，作为县级爱国统一战线组织，在团结少数民族自然领袖和社会各阶层爱国民主人士，进行社会改革和爱国增产运动中，实行民主协商，变阻力为助力，取得很好的效果。1954年6月，第一届人民代表大会召开后，停止活动。1982年1月，恢复县委统一战线工作部，专管统一战线工作。

统一战线工作部在清匪、反匪首、镇压反革命运动中，认真贯彻执行《中共中央关于镇压反革命中处理涉及民主党派、民主人士、爱国分子问题的指示》，对少数民族中的上层人物极为慎重。在土地改革运动中，在少数民族地区划分农村阶级成分实行宜宽不宜严的原则，严格控制地主、富农成分的划分比例，明确规定划地主成分全县不能超过4.5%，方祥乡不能超过2%；对开明地主、士绅加以保护。在农业互助合作、民主建政工作中，强调团结大多数，认真做好民族自然领袖的教育感化和团结共事，定期召开座谈会，听取意见，在各级人民代表和政府委员中，安排一定的名额，吸收民族上层人物参政议政。第一届26名县政府委员中，少数民族有18名，民主人士、苗族理老等上层人物3名。在对私营工商业的社会主义改造中，实行“既团结又斗争”的政策。在“一五”“二五”社会主义有计划建设时期，把部分民主人士提拔到领导岗位。老教育工作者余国民被选为副县长，杨文华被任命为县文教科副科长，老中医周树清被任命为县人民医院副院长，工商业者张伯平被任命为县专卖公司副经理，苗族歌手、理老唐德海被任命为县文化馆副馆长等。后因反右派斗争扩大化，统一战线工作受到很大损失，“文化大革命”十年，统战工作被取消。1984年以后，县委统战部贯彻“长期共存、互相监督、肝胆相照、荣辱与共”方针，筹建人民政协，联系各界人士，落实统战政策。并落实知识分子政策，在教师和知识分子中发展党员，推荐非中共党员的干部和民族干部参加领导班子等方面做不少工作。

1974年3月，县委建立对台湾工作领导小组，县革委副主任王忠云（女、水）任组长，王茂清、宫长青任副组长，办公室设在宣传部。1982年6月，归口统战部。1987年10月，调整后由县委副书记陆定洲（苗）任组长，副县长陈文发（水）、统战部部长潘自动（苗）任副组长，办公室设在统战部，负责对全县在台湾同胞的联络接待工作。据统计，全县在台人员有34人，其中查明下落有21人，与家庭或亲友有通讯联系的12人。至1987年，已有5人回乡探亲。

政法工作

1950年10月，县委设社会工作部，主管镇压反革命、法律审判、法律检察等方面的工作，严格掌握党和国家制定的方针政策、法律法令，稳、准、狠地打击反革命分子，维护社会治安，保障社会改革和国民经济建设的顺利进行。在清匪、反匪首运动中，不允许有逼死、吊打人的现象发生。1951年11月，根据第四次全国公安会议精神，主持召开各族各界人民协商会议和农民代表会议，对在押匪首的惩处征求各界人士和农民代表的意见。1952年1月，由社会部长杜志轩主持组建雷山县人民法庭和二、三两区分庭，清理积案，保卫土地改革。按照中央指示，坚持在少数民族干部中不进行肃反，政治历史问题由审干部门审查处理。为加强党对政法工作的领导，20世纪60年代，设县委政法党组，20世纪70年代，设政法办公室党的核心领导小组。1981年7月3日，建立中共雷山县委政法小组，同年12月

15日，改为县委政法委员会，由县委副书记兼任政法委员会书记。1984年8月，配备专职书记，成为县委的一个工作部门，负责联系、指导、协调公安、法院、检察、司法行政等部门的工作业务，使之各司其职，互相支持配合。对全县性的对敌斗争，重大疑难案件的处理，举办政法理论研讨会等，均由政法委员会召开联席会议商议解决或落实。

第五节　县委的主要活动

雷山县历来以农林生产为主。解放初，农业产值占全县国民生产总值的98%。全县95%以上的人口居住在农村，因而党的工作主要是加强对农业生产建设和农村社会改革的领导。

五大任务

1950年冬，“雷公山合围”剿匪胜利结束后，县工委领导各族农民建立农民协会，组织农民向封建势力作斗争。是年11月7日，中共雷山县工委对农民协会组织提出“边发展，边巩固，在发展中巩固，从巩固中发展”的工作方针。从少数民族地区的情况出发，在全县农村开展“清匪、反匪首、减租、退帮工帮粮、征粮”等五大任务。1951年6月，召开全县农民代表会议，贫雇农代表会议，清理积案，发动群众向匪首进行斗争。各乡（镇）相继召开农民大会，清匪清赃，发动佃户向地主退帮工帮粮，查田评产计征公粮以及废债、减租等。1951年6月11日，中共雷山县委发出指示，“凡退帮工帮粮，谁退谁要，不得拿出另分；匪首赃物和赔罚果实，须折价公布，经民主评议后，按户或人口分为4等，分给贫雇农”。10月18日至24日，召开雷山县第三届农民代表会议，总结检查五大任务的进展情况，布置进一步深入清匪挤赃、反违法的斗争。在五大任务中，全县共缴获黄金37.4两，白银68224两，银圆49237元，罚没稻谷747531公斤，人民币（旧人民币）26004元，实物折谷1976583公斤。

土地改革

1951年12月13日，县委抽调136名干部，在丹江镇、西江镇、建安乡、大塘乡进行土地改革的宣传工作。1952年1月11日，县委召开扩大会议，讨论部署全县土改。决定分3期进行：第一期为丹江、西江、大塘、建安（后因进度跟不上转入第二期）4乡（镇），共23个行政村，3791户，17926人，要求6月底结束；第二期为建安、震威、望丰、报德4个乡，共27个行政村，有4646户，23575人，要求9月底结束；第三期为桃江、方祥两乡，共14个行政村，有1079户，8213人，要求秋收后完成。全县土改共抽调干部353人，没收地主土地15300亩，分配给无地少地的农民。有5768户，26541人分得土地。

农业互助合作

按照1951年9月中共中央通过的《关于农业生产互助合作的决议（草案）》，1952年6月第一期土改工作完成后，县委即选择完成土地改革的丹江镇小脚雄、西江镇水寨、大塘乡桥港等3个村试办农业互助组。并要求各区、乡选点自办。至10月，全县组成农业互助组1643个。其中实行评工记分的常年互助组5个，临时性互助组1638个。在此期内，举办两期农民积极分子训练班，有438人参加学习1954年1月中共中央正式公布《关于发展农业生产合作社的决定》之后，即开展以生产为中心内容的农业生产合作社运动。1954年2月14日，县委决定由西江区委在西江水寨杨正德互助组试办初级社。3月17日，西江镇水寨农业生产合作社成立。为推广办社，8月，县委建立农村工作部，专管农村工作。同月

13日，举办第一批建社骨干训练班，培训44人。11月底，建立农业生产合作社11个，入社农户有254户，占全县总农户2.5%。1955年底，农业合作社发展到71个，入社农户1485户，占全县总农户13.3%。是年，县委农村工作部举办农业社骨干培训班，以毛泽东主席《关于农业合作化问题》的报告和《农业生产合作社示范章程（草案）》为教材，培训办社骨干183人。1956年试办高级农业生产合作社。是年底，有高级社124个，入社农户8810户；初级社52个，入社农户2158户，两项合计占全县总农户78%。1957年3月13日至16日，县委召开扩大会议，决定将176个农业生产合作社升级合并为69个高级农业生产合作社。1958年1月，县委召开全县四级干部会议，学习《全国农业发展纲要（修正草案）》和人民日报《丰收再丰收，跃进再跃进》的社论，讨论增产措施。会议制定和通过《1958—1967年雷山县农业生产计划（草案）》。3月，在固鲁乡南屏举办使用新式农具技术培训班，现场表演操作双轮双铧犁、新式步犁的使用技术，历时5天，有760人参加学习。接着在农村开展大修水利、积肥、除“四害”（老鼠、麻雀、苍蝇、臭虫）的运动。6月22日，县委召开全县四级干部会议，贯彻中共中央提出的“鼓足干劲，力争上游，多快好省地建设社会主义”的总路线，成立“雷山县工具改革办公室”，大搞技术革新和技术革命。由于“左”的错误思想指导和压力，干部工作作风飘浮不深入，习惯大哄大轰，出现虚报浮夸，生产高指标，征购高任务，在农村搞“反瞒产”运动，造成1958年底部分地区农民外出逃荒讨饭，有的村寨还饿死人。

人民公社化

1958年秋，毛泽东主席发出“人民公社好”的号召后，县委召开扩大会议，提出大办人民公社的规划意见，将全县69个高级农业生产合作社合并，建立8个人民公社。9月7日，红旗人民公社成立，20日，全县农村宣布已实现人民公社化。12月15日，按一区一社规划，将8个人民公社合并为丹江、西江、大塘3个人民公社，并实行“组织军事化，生产战斗化，生活集体化”。于是大办食堂、托儿所、敬老院，吃饭不要钱，实行工资（劳动工分）制与供给制相结合的分配制。这一时期，生产吹哨出工，“鸭子”翻田坎，出工不出力，工效极低；兼以日夜苦战，大搞深耕，大炼钢铁，粮食熟无人收，生产生活无计划，加上连年遭灾，使得农民生活极端困难，造成三年困难时期。1961年8月，将一区一社调整为19个人民公社（含永乐、排调），实行一乡一社。1963年1月，又将19个公社调整为25个人民公社和1镇（排调区划回丹寨），并落实“三包一奖”（包产、包工、包投资、超产奖励）、“四固定”（固定劳力、土地、耕畜、农具），调整大集体与小自由的关系，坚持按劳分配，实行“少扣多分，基本口粮和按劳分配相结合”“按劳分配加照顾”等政策，又允许社员有自留地和新开垦部分荒地。此后，农贸市场日益活跃，人民生活得到改善，农村经济呈现复苏。1964年2月12日，为开展农村社会主义教育运动，县委决定学习遵义经验，抓两个纲（阶级斗争、路线斗争）的斗争，先后分两批培训农村基层干部1500人次。以后在全县范围内开展面上“四清”（清政治、清经济、清思想、清组织）运动。当时，因受“宁左勿右”的思想影响，捕风捉影，无限上纲，扩大“四不清”的斗争面，使一些村干部遭受错误批判斗争。9月5日至11日，县委召开全县三级干部会议，学习“双十条”“六十条”及贫下中农协会组织条例，对干部进行社会主义教育。1966年1月5日，县委发出《进一步巩固集体所有制的规定（草案）》，明确要抓好纠正单干和变相单干的工作，大树社会主义，大反资本主义，集中解决山林所有制问题。7月，中共中央《关于开展无产阶级“文化大革命”问题的通知》（即5.16通知）下达到县，“文化大革命”开始。1967年9月29日，县委被群众组织夺权，由雷山县革命委员会取代县委领导。在此期间，公社规模几经调整，由26个并为13个，后又再划为26个，造成资金、财产和干部群众思想的混乱。在“农业学大寨”运动中，过分强调阶级斗争，又将划给农民的自留地和新开垦的荒地收归集体，在分配上搞平均主义，再次挫伤农民的积极性。粉碎“江青反革命集团”后，县委认真贯彻执行党的十一届三中全会制定的一系列方针政策，拨乱反正，停止使用“以阶级斗争为纲”的口号，把工作着重点转移到经济建设上来。按照中共中央《关于加快农业发展若干问题的决定（草案）》，结合全县实际情况，进行农村体制改革。1979年1月，县委发出《解放思想，执行政策，加快我县农业发展的指示》，实行“包产到组”的农业生产责任制，恢复社员的自留地、饲料地，允许社员新开部分荒地，扩大生产的自主权。1980年，多数生产队选择“包干到户”的家庭承包责任制，县委及时组织工作队深入农村，指导和帮助基层完善和稳定承包工作。1980年12月13日，县委召开全县三级干部会议，总结放宽农业政策以后的农业生产情况和经验，批转印发《柳乌公社柳排大队长田生产队实行“包干到户”的作法》《八一公社掌雷四队落实农业生产责任制的作法》《永乐区在落实生产责任制中处理具体问题的作法》等3个文件，县委印发《关于完善农业生产责任制若干具体问题的处理意见》，要求各级干部进一步转变观念，澄清认识，统一思想，加强和改善党对农业生产的领导，稳定和逐步完善农业家庭承包责任制。在农村实行“四包”：粮食征购任务承包，农副产品派购承包，大队、生产队和民办教师、赤脚医生报酬承包，不分责任地的烈军属、五保户的生活口粮、费用、丧葬承包。是年，县委以乌江公社为试点，开展“山林三定”（稳定山权林权，划定自留山，确定林业生产责任制）。1984年4月，县委根据上级政社分开的指示，将25个公社撤销，建立25个乡（镇）和两个区级镇。至此，人民公社的管理体制终结。

农村实行家庭承包责任制以后，经过不断采取措施稳定和完善，土地所有权归集体，社员个人只有使用管理权的体制已在农村确立，农民的生产积极性得到进一步发挥，农业科技逐步推广，农、林、牧、副、渔五业迅速发展，农贸市场稳定繁荣，农村经济从自给自足型的经济向商品经济转化，专业村、专业户大量涌现。从而使农村经济进入一个新的历史发展阶段。

第六节　纪律检查委员会

1951年5月，县委设纪律检查委员会，由县委副书记王春智兼任书记，组织部办理具体业务。1953年3月，书记由组织部部长张守诚担任，配备专职秘书和工作人员。1954年10月，县纪委由5人组成，张守诚任书记。12月15日，经中共镇远地委批准，中共雷山县委纪律检查委员会由7人组成，县委书记李新三兼任纪委书记。1955年11月，更名为县委监察委员会。在第五次党员代表会议上，选举张守诚、王登略等7人为县委监察委员会委员，张守诚为书记，王登略（苗）为副书记。1956年5月，在第一次党员代表大会上，补选赵奎中（苗）为副书记。1957年6月，补选杨正光（苗）为副书记。1958年12月并县后并入中共凯里县委监察委员会。1961年10月21日，恢复中共雷山县委监察委员会。经县委全体会议选举，李焕培（苗）等7人为监委委员，县委书记处书记李焕培兼任书记，罗邦发（苗）为副书记。1963年8月，增补娄同钊为副书记，李山兆等3人为专职委员。1967年9月29日，县委在“文化大革命”中被夺权后，县监委被迫停止工作。1979年4月，经中共黔东南州委批准，复建雷山县纪律检查委员会，罗邦发（苗）代理副书记。7月，县委全体会议选举马绪田、罗邦发（苗）等7人为纪委委员，县委副书记马绪田兼任书记，罗邦发为副书记。1981年5月，中共雷山县四届一次全体会议选举县委副书记余国茂（苗）等7人为县纪律检查委员会委员，余国茂兼任书记，罗邦发、高学会为副书记。1984年9月，中共雷山县第五次代表大会直接选举张启芬（女）、罗邦发（苗）、周正光（苗）、李天舜（苗）、杨光祖（苗）、冷忠元（苗）、杨胜烈（苗）、顾永清（苗）、吴道隆（苗）9人为纪委委员，张启芬、罗邦发、周正光、李天舜、杨光祖5人为纪委常委，张启芬为书记，罗邦发、周正光为副书记。此后，纪律检查委员会成为独立的党的纪律检查机关。1987

年6月21日，中共雷山县第六次代表大会选举周正光等9人为县纪委委员。在县纪委第一次全体会议上，选举周正光、杨光祖等5人为纪委常委，周正光（苗）、杨光祖（苗）为副书记，由周正光主持日常工作。

党的纪律检查工作任务是向党员进行党风、党纪的宣传教育，受理违纪、甄别复查案件，接待人民来信来访，本着“教育为主，处分为辅”的方针和实事求是的原则处理党员违纪案件，目的是增强全体党员的党性和组织纪律观念，巩固党的团结和统一，保证党的路线、方针、政策的贯彻执行。中共雷山县委纪律检查委员会在“五大任务”（清匪、反匪首、减租、退帮工帮粮、征粮）和“三大运动”（抗美援朝、土地改革、镇压反革命）中，向党员着重进行“理论联系实际，密切联系群众，批评与自我批评”三大作风的教育。在农业互助合作运动和粮食统购统销、爱国增产等中心工作中，于1953年12月，进行一次党风党纪检查。全县党员128名（农村党员66名），90%以上的能够完成任务，积极参加互助组；但少数党员由于政治素质不高，政策水平低，在粮食统购统销中出现一些问题。至于极少数严重违法乱纪的党员，纪委分别进行处分。自此，各党支部“三会一课”（支委会、支部会、小组会、党课）制度逐步建立健全起来，党员的强迫命令作风和各行其是的思想得到纠正。1954年11月，县纪委向全体党员公布7条《关于统购统销的纪律》，要求党员的余粮必须卖给国家，不准卖给私商；不准抢购套购，勾结富农、奸商进行囤积居奇；不准瞒产、安全运输，必须保证统购任务的完成；做好市场供应，不准造成脱销；不准强迫命令，要做好思想工作等。并印发至基层党组织。1961年8月以后，县委监察委员会对在“大跃进”“反瞒产”“拔白旗”等运动中被错误处理的干部、党员，本着“全错全纠，部分错部分纠，不错不纠”的原则，实事求是地进行甄别，全县共甄别311件。同时，对贪污腐化、破坏军婚、严重官僚主义案件49件，分别进行处理。1979年4月，恢复中共雷山县纪委之后，工作重点是抓对党员进行中共十一届三中全会以来制定的方针、政策和解放思想，拨乱反正，坚持四项基本原则的教育。为此各级党组织均配备专职或兼职的纪检委员，对贪污盗窃、投机诈骗、行贿受贿、道德败坏、弄虚作假、违反计划生育政策、乱砍滥伐林木和渎职、“三违”建房、子女突击顶替、拖欠公款、大操大办婚丧喜事等，认真进行检查处理。还拟发不准用公款请客送礼、党员要勤俭文明办婚丧喜事、勤俭文明过春节、不允许长期拖欠公款等规定，下发各级党组织，要求监督党员认真执行。自党的十一届三中全会以来，中共雷山县纪律检查委员会共立案处理党员违纪案件86件86人，其中涉及党员区级干部8人、乡级干部8人、一般干部46人、职工10人、农民14人。处理结果，受警告处分23人，严重警告15人，撤销职务7人，留党察看22人，开除党籍19人。

县纪委在配合打击经济领域严重犯罪活动中，抽调干部参加“打经办”工作。其中受理党员案件6件，均从速作处理，受警告处分2人、严重警告2人、留党察看2人。

第三章　社会团体

第一节　总工会

组织建设

1956年4月13日，经中共镇远地委批准，建立雷山县工会联合会。6月13日，成立雷山县工会联合会筹备委员会，由11人组成。县委副书记文胜德（苗）任筹委会主席，潘新三（苗）任副主席。在筹备期间，发展会员813人，建立基层工会13个。1957年6月4日，雷山县工会联合会正式成立。1958年12月，并入凯里县工会联合会。1961年8月，恢复雷山县工会联合会，县委副书记李焕培(苗)兼任主席，陈纯德任副主席。1962年5月，撤销县工会联合会。1964年3月，恢复雷山县工会联合会。11月2日改称雷山县总工会。同时，恢复基层工会12个，有会员315人。1967年9月29日由于“文化大革命”群众组织“夺权”，县总工会停止工作。1968年1月，经雷山县革命委员会批准，成立雷山县职工代表大会常务委员会(简称工代会)。1970年6月，县革委政治部建立群工组，管理工会工作。1973年4月10日，恢复雷山县总工会，由县委常委、革委会副主任李焕培(苗)兼任主任，赵怀珍任副主任。有基层工会15个，工会会员620人。除重新发证登记原有会员外，新发展会员329人。至1987年末，全县有工会会员3500人，有基层工会85个。

历次代表大会

1957年6月1日至4日，在县城丹江召开雷山县工会联合会第一次会员代表大会。出席会议代表40名。大会听取潘新三代表筹委会作的工作报告。选举文胜德等14人为执行委员，组成雷山县工会联合会第一届委员会。文胜德(苗)当选为主席，潘新三(苗)当选为副主席。1964年12月2日，雷山县工会联合会改称雷山县总工会。本届未召开代表会议，负责人由县委任命，县委副书记李焕培兼任工会主席，张子良任副主席。1973年11月19日至22日，在县城召开雷山县总工会第三次会员代表大会，出席会议代表202人。会议听取李焕培作的工作报告，选举李焕培等20人为委员，组成第三届总工会委员会。选举李焕培等9人为常务委员，李焕培(苗)当选为主任，赵怀珍、吴炳仁(苗)、王天春(女、苗)、金海良(苗)为副主任。1979年9月任命白莲英(女、苗)为副主席(主任改称主席)。1982年9月，任命李定芳(苗)为副主席。1984年7月30日至8月2日，在县城召开雷山县总工会第四次会员代表大会，出席会议代表139人。会议听取李定芳代表第三届委员会作《动员起来，为开创我县工会工作新局面而努力奋斗》的报告。大会选举李定芳等17人为委员，组成雷山县总工会第四届委员会。选举李定芳等7人为常务委员，李定芳(苗)为主席。1987年9月，任命李和英为主席。1987年12月14日至16日，在县城召开雷山县总工会第五次会员代表大会，出席会议代表129人，列席代表10人，特邀代表1人。大会听取李和英代表第四届委员会作的工会工作报告和工会经费审查报告。大会选举王米娜等19人为委员，组成雷山县总工会第五届委员会。选举王米娜等5人为常务委员，王米娜为副主席(主席缺)。

主要活动

工会成立后，1957年在县级机关举办业余文化补习学校，协助基层工会建立图书室。1964年，帮助各企业单位恢复和健全工会组织，办好职工俱乐部，开展以增产节约为目标的“比、学、赶、帮、超”活动，建立评比制度，树立行业标兵。1975年，举办工人理论骨干学习班，组织会员学习马列著作和毛泽东著作。在开展“工业学大庆”活动中，评选出先进集体8个，先进生产者58人。1979年以后，协助基层工会办好“职工之家”；举办“振兴中华”读书班和文化补习班；开展读书有奖竞赛，机关工会评选出一等奖7名，二等奖8名，三等奖30名。1981年，县总工会为厂、场、机关、学校食堂的炊事员举办一期烹调技术培训班。1987年，为庆祝黔东南苗族侗族自治州建立30周年，举办“团结杯”篮球赛。每年的五一、国庆、元旦等节日，均举办各种棋类、球类比赛，丰富职工文化生活，活跃节日气氛。

第二节　中国共产主义青年团

组织建设

1950年10月，建立中国新民主主义青年团雷山县工作委员会，王春智兼任书记。1951年9月，改由组织部部长刘秉新兼任书记。1955年4月，中国新民主主义青年团雷山县工作委员会改称“中国新民主主义青年团雷山县委员会”。1957年7月，“中国新民主主义青年团雷山县委员会”改称“中国共产主义青年团雷山县委员会”。1958年12月并县时，并入共青团凯里县委。1961年8月18日，恢复共青团雷山县委。下辖4个团区委，25个公社团委和1个镇团委，142个团支部，有共青团员1929人。1967年9月29日，在“文化大革命”中，共青团雷山县委停止工作。1970年6月，团的日常工作由雷山县革命委员会政治部群工组办理。1973年3月，恢复共青团雷山县委员会，下辖4个团区委和25个公社团委、1个镇团委、184个团支部，有共青团员3825人。1984年8月，团县委下辖4个团区委，2个区级镇团委，23个乡团委，2个镇团委，8个团总支，255个团支部，有团员5719人。1987年12月，全县有32个基层团委，13个团总支，301个团支部，有团员6542人。

历次代表大会

1953年3月10日至14日，在县城丹江召开中国新民主主义青年团雷山县第一次代表会议。出席会议代表122名，列席代表19名。大会听取县委组织部部长张守诚作关于青年团的组织与任务的报告，听取王登略作团县委的筹备工作报告。大会选举张守诚等11人为委员，组成第一届工作委员会。张守诚兼任书记，王登略（苗）任副书记。1955年4月7日至12日，在县城丹江召开中国新民主主义青年团雷山县第二次代表大会，出席会议代表96名。大会听取李和英代表第一届委员会作工作报告。大会根据青年团中央的指示，将雷山县工作委员会改称为雷山县委员会。大会选举张守诚等9人为委员，组成第二届委员会。张守诚当选为书记，李和英为副书记。1956年3月，经中共镇远地委批准，任命李和英为书记。1956年3月27日至4月2日，在县城丹江召开青年团雷山县第三次代表大会，出席大会代表128名。大会听取李和英代表第二届委员会作工作报告。大会选举李和英等7人为委员，组成青年团雷山县第三届委员会。李和英为书记，余国茂（苗）、张德珍（女、苗）为副书记。1957年5月11日至15日，在县城丹江召开青年团雷山县第四次代表大会，出席大会代表151名。大会听取李和英代表第三届委员会作工作报告。根据团章规定，将“中国新民主主义青年团雷山县委员会”更名为“中国共产主义青年团雷山县委员会”。大会选举李和英等13人为委员，组成共青团雷山县第四届委员会。在第一次全体委员会上，选举李和英等5人为常委，李和英为书记，余国茂（苗）、张德珍（女、苗）为副书记。1959年3月，由于并县，第五届代表大会在麻江召开。1961年8月，雷山恢复县治，共青团雷山县委员会同时恢复并开展工作。团县委委员和正副书记由县委直接任命。并明确作为第六、第七届团县委会。书记由县委组织部长潘昌凡（苗）兼任，李相贵为副书记。1963年3月20日至23日，在县城丹江召开共青团雷山县第八次代表大会，出席会议代表123名。大会听取潘昌凡代表第七届委员会作工作报告，并选举潘昌凡（苗）等11人为委员，组成共青团雷山县第八届委员会。在第一次全体委员会上，选举潘昌凡（苗）为书记，杨胜仁（苗）为副书记。1973年3月21日至23日，在雷山县城丹江召开共青团雷山县第九次代表大会，出席会议代表275名。大会听取任德代表第八届委员会作工作报告，并选举任德等22人为委员，组成共青团第九届委员会。在第一次委员会上，选举任德等7人为常务委员，任德（苗）为书记，吴华芬（女、苗）、李定芳（苗）为副书记。1978年9月，团县委书记工作调动，中共雷山县委任命赵德芳（苗）接任共青团县委书记职务。1980年9月6日至8日，在县城丹江召开共青团雷山县第十次代表大会，出席会议代表151名。大会听取张世荣代表第九届委员会作工作报告，并选举张世荣等5人为常务委员，张世荣（苗）为书记，吴华芬（女、苗）为副书记。1983年7月16日至21日，在县城丹江召开共青团雷山县第十一次代表大会，出席会议代表246名。大会听取张世荣代表第十届委员会作工作报告，并选举张世荣等17人为委员，组成共青团雷山县第十一届委员会。在第一次全委会上，选举张世荣等7人为常务委员，张世荣（苗）为书记，吴华芬（女、苗）为副书记。1984年2月，县委任命杨昌彪（苗）为书记，白跃军（苗）为副书记。1986年1月，增选陆国宁为副书记。1987年8月5日至8日，在县城丹江召开共青团雷山县第十二次代表大会，出席大会代表243名。大会听取杨昌彪代表第十一届委员会作工作报告，并选举杨昌彪等21人为委员，组成共青团雷山县第十二届委员会。在第十二届委员会第一次全委会上，选举杨昌彪等7人为常务委员，杨昌彪（苗）为书记，陆国宁为副书记。

1987年，响楼乡乌秀村团支部书记杨光伟（苗）当选为中国共产主义青年团第十二届全国代表大会代表。

主要活动

团工委建立初期，积极配合党的中心工作，发动青年参加剿匪自卫队，组织青年及儿童团站岗、放哨、送信和捉拿匪首、征粮运粮。土地改革时，组织青年民兵看管地主，巡查村寨，防止破坏活动。在抗美援朝中，发动青年参军参战。1953年，在县级机关建立团总支和在丹江小学建立少年先锋队。在团员中开展“赠送农村青年一本书”活动。1955年农业互助合作运动中，教育和鼓励青年农民带头参加互助组和合作社，在各级团组织中建立“光荣簿”，评选“优秀团员”。1956年底，全县有9816名青年参加农业合作社。是年，组织青年突击队216个，共有8662人参加积肥，除“四害”，兴修水利等生产运动。其中有3249名青年参加垦荒突击队，开荒地2555亩。团县委召开青年积极分子代表大会，表彰了两个突击队、200名青年社员和6名优秀团员。1958年，在机关中组织青年和团员学习“鼓足干劲，力争上游，多快好省地建设社会主义”的总路线，团县委举办团课教员培训班和团员培训班，共培训教员163人，团员308人。并在各乡（镇）建立扫盲协会，培训扫盲教员137人，开办扫盲夜校246所，有青年4387人参加夜校学文化。团组织在农村建立5个图书室和8个流动图书室，12个幻灯放映组配合扫盲工作。人民公社化后，在农村开展“试验田”“丰产坝”“青年林”等活动。1973年，在农村建立政治夜校153所，有4677名青年参加学习。是年，配合各级学校发展少先队员2869人，建立大队10个、中队45个、小队114个，配备辅导员148人。党的十一届三中全会后，团的工作重点逐步转向为经济建设服务上来。1980年，团县委表彰“新长征突击手”418名。1981年，在团员中开展“做一个合格的共青团员”的教育和“优秀少先队员”活动。是年“六一”儿童节，表彰优秀少先队员164名，优秀辅导员11名。1987年“五四”青年节，表彰“优秀共青团员”258名，优秀团干部9名，先进团支部5个。并举办团干培训班，共培训团干部378名。

第三节　妇女联合会

组织建设

1950年10月，建立雷山县民主妇女联合会筹备委员会，县工委副书记王春智兼管妇女工作。1951

年3月，配备妇联工作人员3人，办理具体业务。1953年8月，经中共镇远地委批准，正式成立雷山县民主妇女联合会，任命韩相宗为副主任。1954年6月，周晓鹤任副主任。1956年2月，经地委批准，董继春（苗）为主任，杨初桂（侗）为副主任。1957年9月，雷山县民主妇女联合会改称雷山县妇女联合会。1958年12月，并入凯里县妇女联合会。1961年8月，恢复雷山县妇女联合会。县委任命董继春（苗）、张先淑（苗）为副主任。1963年2月，经中共黔东南州委批准，任命董继春（苗）为主任。1966年4月，县委任命张德珍（苗）为副主任。1967年9月29日，在"文化大革命"中，县妇联停止工作。1970年6月，妇女工作由县革委政治部群工组管理。1973年4月10日，恢复雷山县妇女联合会，经中共黔东南州委批准，由县委常委王忠云（水）兼主任，张德珍（苗）、文绍英（苗）为副主任。1981年9月，经中共黔东南州委批准，任命杨凤英（苗）为代主任。1984年2月，县委任命吴华芬（苗）代主任。

历次妇女代表大会

1955年12月24日至26日，在县城丹江召开雷山县第一次妇女代表大会。出席会议代表112名，列席代表26名。会议主要议程：总结本县解放以来妇女运动的成就，肯定妇女的社会地位和作用；选举县民主妇女联合会领导机构。大会选举周晓鹤等17人为执行委员，组成第一届委员会。选举周晓鹤等3人为常委，周晓鹤为副主任（主任缺）。1957年9月16日至20日，在县城丹江召开第二次妇女代表大会。出席会议代表88名，列席代表8名。大会听取董继春代表第一届县妇联作工作报告，选举董继春（苗）等17人为委员，组成第二届委员会。选举董继春（苗）为主任，杨初桂（侗）为副主任。1973年7月18日至23日，在县城召开第三次妇女代表大会，出席会议代表396名。大会听取王忠云作工作报告，选举王忠云(水)等32人为委员，组成雷山县妇女联合会第三届委员会。选举王忠云等11人为常务委员，王忠云（水）为主任，张德珍（苗）、文绍英（苗）、周志高、杨再珍（苗）为副主任。1980年6月28日至31日，在县城丹江召开第四次妇女代表大会，出席会议代表234名。大会听取张德珍代表第三届县妇联作工作报告，并选举张德珍等27人为委员，组成雷山县妇女联合会第四届委员会。选举张德珍等9人为常务委员，张德珍（苗）为主任，杨彩、张启芬为副主任。1985年7月19日至21日，在县城丹江召开第五次妇女代表大会，出席会议代表156名。大会听取杨彩代表第四届县妇联作工作报告，并选举吴华芬等9人为常务委员，吴华芬（苗）当选为主任，杨彩为副主任。

主要活动

1951年至1952年民主革命时期，县妇联的工作重心是发动各族妇女参加社会工作，积极投入到"五大任务"和"三大运动"中去，参加清匪挤赃，抗美援朝，动员亲人参军参战，运粮支前，保家卫国。1950年11月，方祥乡中提村苗族女青年王树才女扮男妆参军赴朝，扛机枪与男人一道在前线抗击美帝国主义侵略者。之后，1964年复员回乡当民办教师。桃江乡桥兑村农民协会妇女委员余旺南（苗），用刺绣的花围腰卖1.2万元（旧人民币）全部捐献抗美援朝。西江镇妇女积极分子李妹旺（苗）大义灭亲，向政府报告匪情，雪夜里背着孩子，带领民兵和政府工作人员到雷公山腰岩洞里生擒匪首、其堂兄李道安和匪首、夫兄侯正芳。西江镇苗族妇女张树清带领农协自卫队捉拿匪首李镇华。1951年5月，西江镇营上村农民协会妇女委员张玉银一次送两个儿子参军。该村青年妇女蒲春兰送夫参军。在土地改革运动中，组织姊妹团站岗、放哨、巡逻村寨，严密监视地主、富农分子的破坏活动。望丰乡第二村苗族妇女杨吴氏，在5天内查出土匪步枪6支，子弹160发，皮箱25口及其他匪物多件。1951年7月，全县建立姊妹团6个，有340名青少年妇女参加。西江镇营上村姊妹团李茂珍等3人，揭发地主窝藏赃物，查出地主疏散隐藏的金戒指3枚、银子90两和10多件衣物。1952年3月，全县有8910名妇女参加农民协会（占妇女总数的四分之一），有150多个行政村农民协会配有妇女委员。各级妇联组织还对解放前遗留下来的不合理婚姻进行解救工作。据大塘、丹江两区统计，为114对姑表亲或包办婚姻解除了婚约或办了离婚手续。1954年至1958年农业合作化时期，重点是教育妇女从“锅台边走出来”，争取实现男女平等。组织妇女学习文化，提高妇女文化水平和参政议政能力。桥王乡苗族女青年余凤英，由于刻苦学习文化，用一年多时间就达到高小文化水平，受到县人民政府表彰。政府文教科还把她学习文化的精神与经验编成农村扫盲课本发给农村妇女学习。后来她被提拔任公社副书记、区委副书记、县供销社副主任等重要职务。在民主建政中，全县36个乡（镇）都配备有妇女乡（镇）长或政府委员、妇女委员会主任。在爱国增产运动中，农村各族妇女冲破了“妇女犁田，天旱三年”的思想桎梏，龙头乡中寨村苗族女青年张普迭带头使用新式步犁犁田。西江镇苗族妇女杨侯氏一天能犁12挑干田（两亩）。妇联在这一时期还配合医疗卫生部门举办农村接生员训练班，推行新法接生和“无痛分娩法”。经常深入基层检查男女同工同酬和对妇女例假、产假照顾的执行情况，保护妇女、儿童的合法权益。党的十一届三中全会后，妇联围绕各项改革开展活动，配合司法部门宣传贯彻《婚姻法》，对妇女进行法律知识的宣传教育和“自尊、自重、自爱、自强”的教育，使之正确对待与处理家庭、婚姻、邻里关系。1979年以后，在全县开展“五好家庭”“三八红旗手”评选活动。至1987年全县共评选出“五好家庭”314户，“三八红旗手”38人，先进集体257个。其中州表彰30个。先进个人1969人。其中州表彰的44人。脚尧村妇女杨光英、觉散茶场采茶组荣获全国妇联授予“三八红旗手”和“三八红旗集体”的称号。县妇联还在每年“三八”国际劳动妇女节和“六一”国际儿童节期间，组织评选“好爸爸、好妈妈”活动，开展拔河、篮球等体育项目的比赛。配合县托幼办公室管理幼儿入托工作等。

第四节　农民协会（含贫协）

1950年10月15日至17日，召开雷山县第一次农民代表大会，讨论清匪、清赃、组织村农民协会、征粮、成立剿匪自卫队、保田复佃、清理积谷等工作。随即建立行政村，村农民协会，宣布废除保甲制度。全县共有64个村农民协会。农会设主席、副主席和组织、宣传、生产建设、青年、武装、妇女等委员。实行“一切权力归农会”，劳动人民当家作主。农民协会是农村贫苦农民的组织，在剿匪斗争中，配合部队剿匪自卫、站岗、放哨、设卡、带路、传递情报、捉拿匪首、挤匪枪匪赃，动员青年会员参军参战。在“五大任务”中，组织和发动群众对匪首进行斗争。在土地改革中，发动老帮工、老佃户和贫苦农民向封建地主阶级进行斗争，查田评产，划分阶级成分，依法没收分配地主的土地和财物。1951年10月18日至24日，召开第三次农民代表大会，出席会议的代表327人。这次会议，主要是对“五大任务”进行总结，同时成立雷山县农民协会。通过民主协商，选举李新三、李焕培（苗）等21人为县农民协会委员会委员，李新三为县农协会主席，李焕培（苗）为副主席。是时，全县2个区、9个乡（镇）和64个村均建立农民协会组织，共有会员19255人。1964年7月21日，成立雷山县贫下中农协会筹备委员会，由杨敬（苗）等9人组成，杨敬任委员会主任，下设办公室。1965年，先后建立4个区、25个公社和1个镇的贫下中农协会筹备委员会，由区和公社（镇）党委书记兼任贫协主任。1967年9月29日，县委被群众组织“夺权”后，各级贫下中农协会筹备委员会停止工作，由贫下中农代表会（简称贫代会）代替。1968年1月，召开贫下中农代表大会，成立雷山县贫下中农代表大会常设委员会，有委员7人，吴寿通（苗）任主任，李常山、杨万章任副主任。下设办公室。县贫代会辖4个区、26个公社、116个大队贫代会。贫代会的主要职能是：维护贫下中农的利益不受侵犯；组织群众学习毛泽东著作（每个大队赠送一套毛泽东著作），开展革命“大批判”等。县贫代会由常务委员轮流主持工作（每人1个月），列席县革委召开的会议。1970年3月，县革命委员会补台后，贫代会停止活动。1973年4月10日，恢复雷山县贫下中农协会，由县革委副主任杨敬（苗）兼任主任，胡立泉任副主任。下设办公室。该组织于1981年5月12日撤销。

第五节　工商联合会

1951年秋，雷山县工商联合会成立，由翟永清、张伯平、岑国彬3人组成。翟永清任主任，张伯平任副主任。1952年，有62户工商业者参加“五反”（反行贿、反对偷税漏税、反对盗骗国家财产、反对偷工减粮、反对盗窃经济情报）运动。在运动中，以学习党的方针政策、自我教育、自我改造为主，提高其思想觉悟。经评审，遵守政策法令的有53户，基本遵守法令的有7户，违法的有2户，受群众批评斗争的有7户。1952年10月13日至14日，在县城丹江召开工商业者大会，到会280人。大会选举张伯平等9人组成雷山县工商联合会第二届委员会。张伯平为主任。工商联定期或不定期组织会员学习党的有关方针政策和业务知识，帮助会员进行自我教育和自我改造，教育会员遵纪守法，照章纳税。1956年1月，按照“限制、利用、改造”的政策，对工商业者进行社会主义改造，实现全行业公私合营。9月，县委、县人民政府召开全县私方人员及财贸企业领导干部会议，广泛听取私方人员的反映和要求，帮助他们解决货源、资金等方面的实际困难。同时，在公私合营商业、合作商店和小商小贩中，开展店与店、人与人之间的劳动竞赛活动。1957年3月21日至22日，召开雷山县工商联合会第三次代表大会。会上选举张伯平等11人为雷山县工商联合会第三届委员会委员，张伯平为主任，李寿信、李　忠（苗）、杨胜明（侗）为副主任。1959年1月雷山、炉山、丹寨、麻江4个县合并组建凯里县时，该组织并入凯里县工商联。1961年8月恢复县治后，县工商联由李正发(苗)任副主任并主持工作。1964年10月，召开雷山县工商联合会第五本代表大会（第四次为凯里县时召开），选举李正发等17人为雷山县工商联合会第2届委员会委员，李正发（苗）为主任，李忠（苗）为副主任。1966年5月，“文化大革命”开始后，工商联合会名存实亡。1979年撤销。

政权政协篇

第一章　清代、民国政权

第一节　丹江厅理苗（民）府

明末清初，苗族内部自理。清雍正七年（1729）十二月，设丹江厅理苗（民）府。雍正九年（1731年），建土城于老丹江。

厅设通判1员，加理苗同知衔，为厅之主官。下置幕僚有红笔师爷，司例行文书核稿后可代主官签署。另置黑笔师爷，负责拟写文稿。下置门房师爷1员。以下置吏（人事）、户（户籍）、礼（教育）、兵（军事）、刑（法律审判）、工（管理生产建设、人民生活）六房，分管六类公文拟稿和送核、发出。

再下设差役3班，轮流当差，负责发梆（击鼓）、看守犯人、传讯和提捕。每班人数五六十人。班设拨头1名，管理全班；卯首数名，分管各类事务。

厅之下置丹江（左卫）和凯里（右卫）两卫。丹江卫置卫千总4员、把总8员、外委4员。建有卫千总衙署。下置13堡，堡置百户、总旗，分管操练及行政事务。设11塘、7铺，司军政文书传递。

雍正十二年（1734年）三月，云贵广西总督尹继善疏请，将丹江等厅苗寨界址划清，于旧有头目中择其善良老成者，按寨大小酌定乡约、牌甲，令其管约稽查。

乾隆三年（1738年），设置三土司。鸡讲司驻培墉堡（今营上），建有土城和衙门，置守备、千总、把总各1员，兵190名，管40寨。土司千总黄灿一（世袭）。黄茅岭司驻黄茅岭（今响楼），建有土城和衙门，置守备1员、千总2员、外委4员，兵400名，管57寨。土司千总刘怀德（世袭）。乌叠司驻望丰堡，建有土城和衙门，置千总、把总、外委各1员，兵80名，管70寨。土司千总余应宗（世袭）。

清同治十一年（1872年），因老丹江城为杨大六农民义军所破。城毁后，迁驻肇泰堡（今雷山县城）。

第二节　丹江县署（县政府）

民国元年（1912年）仍称丹江厅，主官袭称通判。民国3年（1914年），改称丹江县，设知事公署，置县知事1员。置师爷分管各项事务。民国7年（1918年），改称行政公署，县署址在衙门山（今县人民政府驻地）。民国16年（1927年），行政公署改称县政府，县知事改称县长。设公安、财政、教育、建设4个局，各置局长1员。民国24年（1935年），县政府撤局改科（室），设民政、财政、教育、建设4个科和秘书、会计两个室，后增设合作室，另设警察所，以维持地方治安。抗日战争爆发后，设兵役室，后改为国民兵团，负责征兵事务。设田赋粮食管理处，县长兼处长，统筹军粮。设司法处，受理民事诉讼；设军法官（县长兼），处理重大刑事案件。

县以下设区公所，置区长。区以下设联保，几个保组成保长联合办公处，设主任1员。

第三节　雷山设治局

民国33年(1944年)4月，置雷山设治局，杨西横代理局长。

设治局设2科1室。第一科司民政、警政、人事、教育；第二科司财政、建设、农村生产。秘书室主管文书档案，会计主管收支报销。局长下设主任秘书、助理秘书，协助局长处理事务。民国35年(1946年)，增设建设科、田粮科、军事科及金库。民国36年(1947年)，田粮科改为田赋粮食管理处，增设警察局，民国37年(1948年)，增设司法处。局编制40人。

局以下设乡(镇)，置正副乡(镇)长各1人，户籍、警卫、财经、文教干事各1人；保设正副保长各1人，户籍员1人。甲置甲长1人，为无俸职。

第四节　雷山县政府

民国37年(1948年)9月，贵州省政府转国民政府行政院(三七)内字2981号指令，于10月1日改设治局为县，周得之代理县长。县政府下设主任秘书和第一、二、三科、建设科、军事科、田粮处、司法处，金库、会计室、征收处，警察局、民众自卫总队。县属机关编制40人，田粮处及征收处19人，金库3人。全县乡(镇)共设乡(镇)长9人，主任干事9人，干事、书记81人，保长、保干事124人。

1950年4月9日，贵州东南绥靖区司令部驻雷山县城，任命县长，组成县政府，县政府机构略有调整。设副县长、主任秘书，下设民政、财政、建设、教育4科和金库、供应站、司法处等。

清代及民国时期丹江(雷山)厅、县、设治局历届通判、知事、局长、县长名录

表4—1

姓　名	籍　贯	职　务	任职年代
许锡昌	上元	通　判	雍正十年(1732年)
王　吕	山阴	通　判	乾隆(具体不详)
严锡珍	四川	通　判	咸丰五年(1855年)
余光祖	—	通　判	同治八年(1869年)
屠　翰	—	通　判	同治十一年(1872年)
陈起霖	—	通　判	同治十二年(1873年)
杨兆麒	安顺	通　判	同治十三年(1874年)
甘雨时	四川	通　判	光绪二年(1876年)
李成因	云南	通　判	光绪六年(1880年)
郝庆贵	—	通　判	光绪十九年(1893年)
潘炳基	—	通　判	光绪二十六年(1900年)
杨宗瀛	—	通　判	光绪三十一年(1905年)

续表

姓　名	籍　贯	职　务	任职年代
杨　煜	—	通　判	光绪三十三年（1907年）
李文宝	都匀	通　判	宣统二年（1910年）
张　骧	—	通　判	宣统三年（1911年）
李成英	云南	通　判	民国元年（1912年）
吴光奎	务川	知　事	民国3年（1914年）
谭毓坤	天柱	知　事	民国4年（1915年）
陈嘉言	—	知　事	民国5年（1916年）
李　维	—	知　事	民国6年（1917年）
陈保初	四川	知　事	民国7年（1918年）
伍银芳	—	知　事	民国8年（1919年）
李传璋	四川	知　事	民国9年（1920年）
蔡　锦	—	知　事	民国10年（1921年）
刘元龙	—	知　事	民国11年（1922年）
李伯修	云南	知　事	民国12年（1923年）
周日祥	桐梓	知　事	民国12年（1923年）
钱寿乔	贵阳	知　事	民国13年（1924年）
谭学海	—	知　事	民国14年（1925年）
朱XX	—	知　事	民国14年（1925年）
吴焕勋	—	知　事	民国14年（1925年）
胡人杰	安徽	县　长	民国16年（1927年）
周开基	—	县　长	民国17年（1928年）
王守美	桐梓	县　长	民国17年（1928年）
梁秉初	黔西	县　长	民国18年（1929年）
吴文俊	—	县　长	民国18年（1929年）
庄子云	贵阳	县　长	民国19年（1930年）
冯道伦	正安	县　长	民国20年（1931年）
袁善廉	贵阳	县　长	民国21年（1932年）
严竹修	—	县　长	民国22年（1933年）
钟和五	丹寨	县　长	民国22年（1933年）
程　毅	贵阳	县　长	民国22年（1933年）
雷新鸣	仁怀	县　长	民国22年（1933年）
潘咏笙	天柱	县　长	民国23年（1934年）
陈仲全	—	县　长	民国23年（1934年）
宋植楠	—	县　长	民国24年（1935年）
陈祖训	贵阳	县　长	民国25年（1936年）
郭辅相	—	县　长	民国26年（1937年）

续表

姓　名	籍　贯	职　务	任职年代
程　毅	贵阳	县　长	民国27年(1938年)
黄友群	安龙	县　长	民国27年(1938年)
袁述信	四川	县　长	民国29年(1940年)
杨西横	镇远	局　长	民国33年(1944年)
吴修勤	广西	局　长	民国35年(1946年)
陈　亮	四川	局　长	民国36年(1947年)
郭宝昌	河北	局　长	民国37年(1948年)
周得之	沿河	县　长	民国37年(1948年)
郑铸成	剑河	县　长	民国38年(1949年)
张景明	榕江	县　长	民国38年(1949年)
余文灿	雷山	副县长	民国38年(1949年)
毛秉权	凯里	县　长	1950.1—1950.3
余文灿	雷山	县　长	1950.4—1950.9
陈简侯	雷山	副县长	1950.4—1950.9
李治华	雷山	副县长	1950.4—1950.9

第五节　雷山县参议会

民国33年(1944年)4月，各乡、镇均建立乡(镇)民代表会。各保设保民大会，每保由保民大会选出乡(镇)民代表2名，乡(镇)民代表会选举县参议员1名，是为区域选举，各同业公会联合选出参议员若干名，是为职业选举。民国34年(1945年)5月1日，贵州省政府指令，派郑涛(海樵)为雷山设治局临时参议会秘书。5月17日，雷山设治局代理局长杨西横奉省电令，核定雷山设治局临时参议会议员并予以公布。议长陶济舟，副议长蔡良材，参议员12名。同年12月26日，雷山设治局参议会举行会议，正式成立。出席会议有陶济舟、石敬吾(开)等12人。梁聚五、吴修勤等9人列席会议，选举陶济舟为议长，石敬吾为副议长，参议员12名。参议会对全县性的工农业生产、设治局经费等议案进行审查，并作出相应的决议。民国36年(1947年)1月11日，设治局参议会第一届第三次会议，通过设治局议案审议书，议案书决定：下司至雷山公路定于1月份动工，由各乡暂筹生洋(银圆)1万元兴建。民国36年(1947年)10月17日，设治局局长吴修勤主持，召开参议会临时会议，出席会议12人，会议审议设治局各乡(镇)粮款结算报告；下(司)雷(山)公路修建情况；中学修建基金款额；以及桃江乡选举作弊等议案，并作出决议。民国37年(1948年)1月1日，设治局参议会举行第一届第七次会议，审议通过《设治局五年计划》《三七年度各乡(镇)保甲住户均植桐、栽美烟(烤烟)》等议案书。议案书规定：局植桐2万株。每乡植桐1000株；每保植桐100株；每户植桐10株。每户栽美烟(烤烟)1000株。

参议会举行会议期间，正副议长、参议员可随时向政府官员提出质询，而且必须答复。参议员的提案要有两人以上签名联合提出方为有效。提案由会议秘书处分类交会议审议通过，咨送县政府执行。

第二章 雷山县人民代表大会

第一节 人民代表大会会议

第一届人民代表大会

1953年1月，中共雷山县委根据《中华人民共和国民族区域自治实施纲要》的规定，向雷山县各族各界人民代表会议提出："实行以苗族为基础的县级区域自治"的建议，经雷山县第七次各族各界人民代表会议审议通过，决定成立雷山县苗族区域自治政府。随即建立雷山县苗族自治区筹备委员会，推选李焕培（苗）为主任，李新三等51人为筹备委员会委员。下设秘书股、资格审查股、提案审查股、宣传股、警卫联络股，承办筹建事宜。

1954年6月28日至7月4日，雷山县第一届人民代表大会第一次会议在县城丹江举行。应出席会议代表195名，其中少数民族代表165名，妇女代表30名，实到186名。会议听取县人民政府副县长吕潼川作《三年来的工作报告》、县委书记李新三作《今后工作的建议》。通过成立雷山县苗族自治区人民政府的决议。会上，以无记名投票的方式选举县长1名，副县长2名，委员22名。选举出席贵州省人民代表大会代表3名。会议作出：雷山县首届人民代表大会决议；接受《今后工作任务的建议》、同意《三年来的工作报告》，坚决拥护《中华人民共和国宪法（草案）》等3项决议。

1954年11月1日至10日，雷山县第一届人民代表大会第二次会议在县城丹江举行，出席会议代表131人。会议听取县政府4个月来的工作报告；听取中共雷山县委关于粮食统购统销工作的报告。会议作出关于粮食统购统销实行"随征代购"办法；调整产量；搞好冬季生产；加强经济工作等4项决议。

1955年8月19日至21日，在县城丹江举行雷山县第一届人民代表大会第三次会议，出席会议代表127人。会议听取县人民政府副县长杨昌伦作《政府工作报告》，根据《中华人民共和国地方各级人民代表大会和地方各级人民委员会组织法》的规定，决定将雷山县苗族自治区人民政府改称雷山苗族自治县人民委员会，将一、二、三区公所改称雷山苗族自治县丹江、西江、大塘区公所。会议选举县长1名，副县长2名，委员12名，县人民法院院长1名。会议作出：关于发展农业互助合作；关于镇压反革命；关于坚决拥护和认真贯彻执行粮食"三定"政策等5项决议。

1956年3月6日至10日，雷山县第一届人民代表大会第四次会议在县城丹江举行，出席会议代表131人。会议听取县委宣传部部长毕颜田传达中共中央政治局《关于1956年至1967年全国农业发展纲要（草案）》的报告；听取县人民政府县长李焕培作《1955年工作情况的报告》，听取县人民政府副县长吕潼川作《关于1956年工作任务的报告》。会议作出两项决议：坚决拥护贯彻执行中共中央政治局提出的《全国农业发展纲要（草案）》；保证完成和超额完成1956年的各项工作和生产指标的决议。

1956年6月13日至18日，雷山县第一届人民代表大会第五次会议在县城丹江举行，出席会议代表113人。会议听取县人民政府副县长杨昌伦作《关于人民委员会工作报告》。会议作出：继续深入贯彻执行《全国农业发展纲要（草案）》和中共中央、国务院关于勤俭办社的指示；关于防火安全、密切联系群众等13项决议。选举李焕培、杨昌伦、刘继昌、董继春、杨文华、王里贤、任燕飞、韩成钧为出席黔东南苗族侗族自治州第一届人民代表大会代表。

第二届人民代表大会

1956年12月26日至31日，雷山县第二届人民代表大会第一次会议在县城的丹江举行。出席会议代表101名，其中少数民族84名，妇女22名。会议听取和审议县人民政府副县长杨昌伦作《人民委员会工作报告》，县人民法院院长胡正国作《法院工作报告》。会议以无记名投票方式，选举产生县长1名，副县长3名，委员13名；县法院院长1名。因黔东南苗族侗族自治州已成立，经会议讨论通过，取消“雷山苗族自治县”，改称雷山县；并通过《雷山县第二届人民代表大会第一次会议的决议》。

1957年7月1日至5日，雷山县第二届人民代表大会第二次会议在县城丹江举行，出席会议代表90人。会议听取县人民政府县长杨昌伦作《关于上半年主要工作情况和下半年工作意见的报告》及县人民法院院长胡正国作《县人民法院工作报告》。会议通过雷山县第二届人民代表大会第二次会议的各项决议。

1958年1月18日至22日，雷山县第二届人民代表大会第三次会议在县城丹江举行，出席会议代表73人。会议听取县长杨昌伦作《关于1957年工作情况和1958年工作意见的报告》及县人民法院院长潘自动作《县人民法院工作报告》。会议通过了雷山县第二届人民代表大会第三次会议的各项决议。

第三届人民代表大会

1958年5月15日至18日，雷山县第三届人民代表大会第一次会议在县城丹江举行。出席会议代表95名，其中：苗族代表61名，侗族代表2名；妇女代表23名。会议听取和审议县人民政府副县长吕潼川作《两年来主要工作情况报告》，县人民政府县长杨昌伦作《今后工作意见报告》，县人民法院院长潘自动作《法院工作报告》。会议以无记名投票方式，选举产生县长1名，副县长2名，委员12名；县人民法院院长1名。选举出席州第二届人民代表大会代表8名。会议通过雷山县第三届人民代表大会第一次会议各项决议。

第四届人民代表大会

1958年12月，撤销雷山、炉山、麻江、丹寨4县，合置凯里县。第四届人民代表大会第一次会议在凯里举行。

1961年12月3日至6日，雷山县第四届人民代表大会第二次会议在县城丹江举行。出席会议代表61名，其中苗族37名，侗族1名，水族2名；妇女16名。会议听取县人民政府副县长吕潼川作《县人民委员会工作报告》，财政局副局长任海桥作《财政工作报告》，县人民法院院长潘自动作《法院工作报告》。以无记名投票方式，选举产生县长1名，副县长3名，委员15名；人民法院院长1名。会议通过关于雷山县人民委员会工作报告的决议；关于雷山县1961年财政预算（草案）执行情况报告的决议；关于雷山县人民法院工作报告的决议。

1962年7月26日至8月1日，雷山县第四届人民代表大会第三次会议在县城丹江举行，出席会议代表60人。会议听取县人民政府县长杨昌伦作《雷山县人民委员会工作报告》；县人民政府副县长王忠云作《1961年财政收支决算执行情况和1962年财政收支预算（草案）的报告》；县人民法院院长潘自动作《法院工作报告》。会议通过关于雷山县人民委员会工作报告的决议；关于1962年财政预算执行情况报告的决议；关于县人民法院工作报告的决议。

第五届人民代表大会

1963年9月25日至29日，雷山县第五届人民代表大会第一次会议在县城丹江举行。出席会议代表102名，其中苗族65名，侗族2名，水族3名；妇女22名。会议听取和审议县人民政府县长杨昌伦作《县人民委员会工作报告》，县财政局副局长任海桥作《1963年财政预算安排报告》，县人民法院院长潘自动作《法院工作报告》。选举产生县长1名，副县长2名，委员16名；人民法院院长1名。会议通过关于雷山县人民委员会工作报告的决议。

1964年8月16日至20日，雷山县第五届人民代表大会第二次会议在县城丹江举行，出席会议代表98人。会议听取了县人民政府县长杨昌伦作《上半年工作情况报告》；听取县财政局副局长任海桥作《1964年财政预算执行情况的报告》和县人民法院院长潘自动作《县人民法院工作报告》。会议通过关于县人民委员会工作报告的决议；关于财政预算执行情况报告的决议；关于人民法院工作报告的决议。

1965年3月28日至31日，雷山县第五届人民代表大会第三次会议在县城丹江举行，出席会议代表88人。会议听取县人民政府县长杨昌伦作《县人民委员会工作报告》，县财政局副局长任海桥作《财政预算和决算报告》，县人民法院院长潘自动作《法院工作报告》。会上，县长杨昌伦传达省长李立在省人民委员会（扩大）会议上的总结报告。会议通过关于雷山县第五届人民代表大会第三次会议的各项决议。

第六届人民代表大会

1965年12月16日至20日，雷山县第六届人民代表大会第一次会议在县城丹江举行。出席会议代表83名，其中苗族64名，侗族2名，水族3名；妇女13名。会议听取和审议县人民政府县长杨昌伦作《县人民委员会工作报告》，县财政局副局长任海桥作《县人民委员会财政工作报告》，县人民法院院长潘自动作《法院工作报告》。会议以无记名投票方式，选举产生县长1名，副县长2名，委员14名；人民法院院长1名。会议选举杨文华、薛炳泉、王忠云、李焕培、任燕飞、杨来超、韩成钧、李正发、任立斋、李闹展、杨通福、张德珍为出席黔东南苗族侗族自治州第五届人民代表大会代表。会议通过雷山县第六届人民代表大会第一次会议的各项决议。

第七届人民代表大会

1967年10月18日，经黔东南州革命委员会、凯里军分区批准，成立雷山县革命委员会。1970年2月14日至16日，县革命委员会召开协商补台会议。补台后，县革命委员会由27名委员组成，其中：军队代表4名，干部代表5名，群众代表18名；妇女代表3名。革委会主任1名，副主任2名，常委7名。此次补台会议作为第七届人民代表大会。

第八届人民代表大会

1980年9月18日至22日，雷山县第八届人民代表大会第一次会议在县城丹江举行。应出席会议代表194名，其中苗族144名，侗族3名，水族2名，瑶族1名，彝族1名，汉族43名；妇女35名。实到182名。大会听取和审议县革命委员会主任余金才作《雷山县革命委员会工作报告》，审议县财政局副局长朱雨金作《1979年财政决算和1980年财政预算报告》，听取和审议县人民法院院长潘自动作《法院工作报告》，县人民检察院代理检察长李乃贵作《检察院工作报告》。会议通过《关于雷山县革命委员会工作报告的决议》《关于财政预决算报告的决议》《关于雷山县人民法院和人民检察院工作报告的决议》。会议以无记名投票方式，选举产生县人民代表大会常务委员会主任1名，副主任6名，常务委员10名；县人民政府县长1名，副县长5名；县人民法院院长1名，县人民检察院检察长1名。会议还选举出席黔东南苗族侗族自治州第七届人民代表大会代表32名。其中：苗族25名，侗族1名，水族1名；妇女6名。

1981年8月26日至30日，雷山县第八届人民代表大会第二次会议在县城丹江举行。应到会代表194人，实到会191人。会议听取和审议县人民政府县长余金才作《雷山县人民政府工作报告》；听取和审议县计委主任龙效民作《1980年国民经济和社会发展计划执行情况及1981年国民经济和社会发展主要指标安排意见的报告》；听取和审议县财政局副局长朱雨金作《1980年财政决算和1981年财政预算的报告》；听取和审议县人大常委会主任杨昌伦作《雷山县人大常委会工作报告》；听取和审议县人民法院院长潘自动作《雷山县人民法院工作报告》，县人民检察院检察长顾永清作《雷山县人民检察院工作报告》，并通过以上工作报告的决议。

1982年8月26日至30日，雷山县第八届人民代表大会第三次会议在县城丹江举行。应到会194人，实到会代表180人。会议听取和审议县人民政府县长余金才作《雷山县人民政府工作报》；听取和审议县计委主任龙效民作《1981年国民经济、社会发展计划执行情况和1982年国民经济、社会发展主要指标安排意见的报告》；听取和审议县财政局副局长朱雨金作《1981年财政决算和1982年财政预算报告》；听取和审议县人大常委会主任杨昌伦作《雷山县人大常委会工作报告》；听取和审议县人民法院院长潘自动作《雷山县人民法院工作报告》、县人民检察院检察长顾永清作《雷山县人民检察院工作报告》，并通过以上工作报告的决议。

1983年4月27日至5月1日，雷山县第八届人民代表大会第四次会议在县城丹江举行。应到会代表194人，实到代表175人。会议听取和审议县人民政府县长余金才作《雷山县人民政府工作报告》；听取和审议县计委主任龙效民作《1982年国民经济和社会发展计划执行情况及1983年国民经济、社会发展主要指标安排意见的报告》；听取和审议县财政局副局长朱雨金作《1982年财政决算和1983年财政预算报告》；听取和审议县人大常委会主任杨昌伦作《雷山县人大常委会工作报告》；听取和审议县人民法院院长潘自动作《雷山县人民法院工作报告》、县人民检察院检察长顾永清作《雷山县人民检察院工作报告》，并通过以上工作报告的决议。

1984年3月8日至12日，雷山县第八届人民代表大会第五次会议在县城丹江举行。应到会代表194人，实到147人。会议听取和审议县人民政府县长余金才作《雷山县人民政府工作报告》；听取和审议县计委主任龙效民作《1983年国民经济、社会发展计划执行情况和1984年工农业生产计划安排意见的报告》；听取和审议县财政局副局长朱雨金作《1983年财政决算和1984年财政预算报告》；听取和审议县人大常委会主任杨昌伦作《雷山县人大常委会工作报告》；听取和审议县人民法院院长潘自动作《雷山县人民法院工作报告》、县人民检察院检察长顾永清作《雷山县人民检察院工作报告》，并通过以上工作报告的决议。会议以无记名投票方式，补选县人大常委会副主任2名；县长1名，副县长1名。

第九届人民代表大会

1984年8月30日至9月4日，雷山县第九届人民代表大会第一次会议在县城丹江举行。应出席会议代表136名，其中苗族94名，水族4名，侗族4名，瑶族1名，彝族1名，汉族32名；妇女28名。实到会128名。大会听取和审议县人大常委会主任杨昌伦作《雷山县第八届人大常委会工作报告》；听取和审议县人民政府县长杨培德作《雷山县人民政府工作报告》；听取和审议县计委主任龙效民作《1984年国民经济和社会发展主要计划指标安排意见的报告》；听取和审议县财政局副局长朱雨金作《1984年财政预算执行情况的报告》；听取和审议县人民法院院长潘自动作《雷山县人民法院工作报告》、县人民检察院检察长顾永清作《雷山县人民检察院工作报告》。会议通过关于雷山县人民政府工作报告的决议，关于1984年国民经济和社会发展主要计划指标安排意见的决议，关于1984年财政预算执行情况的报告的决议，关于雷山县人民法院和雷山县人民检察院工作报告的决议。会议以无记名投票方式实行差额预选，确定正式候选人名单，然后实行等额正式选举。选举产生县第九届人大常委会主任1名，副主任5名，委员11名；县人民政府县长1名，副县长3名；县人民法院院长1名，县人民检察院检察长1名。

1985年3月25日至29日，在县城丹江举行雷山县第九届人民代表大会第二次会议。应到会代表136人，实到会代表131人。会议听取和审议县人民政府县长杨培德作《雷山县人民政府工作报告》；听取和审议县计委主任龙效民作《1984年国民经济和社会发展计划执行情况及1985年国民经济、社会发展主要计划指标安排意见的报告》，听取和审议县财政局局长冷汉元作《1984年财政决算和1985年财政预算的报告》；听取和审议县人大常委会主任杨秀昌作《雷山县人大常委会工作报告》；听取和审议县人民法院院长吴道隆作《雷山县人民法院工作报告》、县人民检察院检察长顾永清作《雷山县人民检察院工作报告》，并通过以上工作报告的决议。会议还选举出席黔东南苗族侗族自治州第八届人民代表大会代表20名，其中苗族14名，侗族2名，水族1名，彝族1名；妇女5名；非中共党员7名。

1986年3月26日至3月31日，雷山县第九届人民代表大会第三次会议在县城丹江举行。应出席会议代表136名，实到会126名。会议听取和审议县人民政府县长杨培德作《雷山县人民政府工作报告》；听取中共雷山县委副书记陆定洲作《关于雷山县“七五”计划的建议》的报告；听取和审议县人民政府副县长周定生作《雷山县人民政府关于“七五”规划的报告》，听取和审议县计委主任龙效民作《1985年国民经济计划执行情况和1986年国民经济计划安排意见的报告》；听取和审议县财政局局长冷汉元作《1985年财政决算和1986年财政预算的报告》；听取和审议县人大常委会主任杨秀昌作《雷山县人大常委会工作报告》；听取和审议县人民法院院长吴道隆作《雷山县人民法院》、县人民检察院检察长顾永清作《雷山县人民检察院工作报告》。并通过以上工作报告的决议。

第十届人民代表大会

1987年6月29日至7月4日，雷山县第十届人民代表大会第一次会议在县城丹江举行。应出席会议代表125名，其中苗族99名，侗族6名，水族4名，瑶族1名，彝族1名，汉族14名；妇女20名。实到会122名。大会听取和审议县人民政府县长杨培德作《雷山县人民政府工作报告》；听取和审议县计委主任龙效民作《1986年国民经济计划执行情况和1987年国民经济、社会发展计划安排的报告》；听取和审议县财政局局长冷汉元作《1986年财政决算和1987年财政预算的报告》；听取和审议县人大常委会主任杨秀昌作《雷山县人大常委会工作报告》；听取和审议县人民法院院长吴道隆作《雷山县人民法院工作报告》和县人民检察院检察长顾永清作《雷山县人民检察院工作报告》。会议通过关于雷山县人民政府工作报告的决议，关于1986年国民经济计划执行情况和1987年国民经济、社会发展计划安排的报告的决议，关于1986年财政决算和1987年财政预算的报告的决议，关于雷山县人大常委会工作报告的决议。关于雷山县人民法院和雷山县人民检察院工作报告的决议。会议实行差额选举，以无记名投票方式，选举产生雷山县第十届人民代表大会常务委员会主任1名，副主任3名，委员11名。选举产生县长1名，副县长2名。选举产生县人民法院院长1名，县人民检察院检察长1名。

第二节　常务委员会

领导机构

1980年9月，县八届人民代表大会第一次会议选举产生第八届人民代表大会常务委员会，任期自1980年9月至1984年8月。本届选举主任1名，副主任6名，其中苗族3名，水族1名；妇女1名。选举常务委员10名，其中苗族6名。本届后期，有5名副主任离、退休，领导班子成员缺额较大。1984年3月8日，在八届五次会议上，补选副主任2名（均为苗族）。

1984年9月，县九届人民代表大会第一次会议选举产生第九届人民代表大会常务委员会，任期自1984年9月至1987年6月。本届选举主任1名，副主任5名，其中苗族5名；妇女1名。选举常务委员10名，其中苗族7名，侗族1名；妇女2名。

1987年7月，县十届人民代表大会第一次会议选举产生第十届人民代表大会常务委员会，任期自1987年7月起。本届选举主任1名，副主任3名，其中苗族3名。选举常务委员11名，其中苗族5名，侗族1名，布依族1名；妇女2名。

各届常务委员会由主任、副主任组成主任会议，主持召开常务委员会例会和处理常务委员会的日常工作。

工作机构

根据县人民代表大会常务委员会的性质和工作需要，经第八届人民代表大会常务委员会第一次会议讨论决定：常务委员会下设办公室，负责处理常务委员的会务和行政工作。办公室下设：行政科、教育卫生民族科、法制科、经济科。1987年10月，第十届人民代表大会常务委员会工作机构改为常务委员会办公室、法制科、经济科、教育文卫民族科。

人民代表大会选举产生的雷山县人民代表大会常务委员会，根据《中华人民共和国宪法》《中华人民共和国地方各级人民代表大会和地方各级人民政府组织法》的规定，行使任免权、监督权和重大问题决定权。

干部任免

第八届人大常务委员会任命县人民政府、县人民法院、县人民检察院以及县人大常委会工作机构干部121人。其中：决定代理县长1名，任命副县长1名，县人民政府各办委局的主任、局长47名，县人民法院副院长、庭长、副庭长、审判委员会委员、审判员45名，县人民检察院副检察长、检察委员会委员、检察员22名，县人大常委会工作机构干部5名。依法免去上述机关领导干部职务（含辞职)36名。第九届人大常委会任命县人民政府各办、委、局的主任、局长，县人民法院副院长、庭长、副庭长、审判委员会委员、审判员，县人民检察院副检察长、检察委员会委员、检察员共计38名。依法免去一府两院领导干部职务（含辞职）11名。第十届人大常委会任命县人民政府、县人民法院、县人民检察院领导干部23名。依法免去一府两院领导干部职务1名。常委会对干部的任命实行先考察后任命。县人民政府县长、县人民法院院长、县人民检察院检察长提请任命的干部，必须提前15天送达县人大常委会，经考察后再举行会议审议决定任命，并改革举手通过方式为无记名投票方式决定。任命后还进行中期考察，听取年度述职报告。

法律监督

人大常委会对一府两院及政府职能部门通过召开例会、调查视察、处理议案等形式实行法律监督。常务委员会建立会议制度。一般两个月举行一次常委会(例会)，遇特殊情况亦可提前召开或推迟举行。第八届人大常委会举行例会31次，第九届举行23次，第十届至1987年底前已举行两次。每次常委会议都邀请县人民政府、县人民法院、县人民检察院的主要领导人列席并报告工作。7年中，常务委员会听取县政府、县法院、县检察院工作报告113次。通过听取工作报告，检查监督县人民政府、县人民法院、县人民检察院的工作，保证国家的法律、法令和各项政策的实施。

考察调查是县人大常委行使法律监督的重要形式。常委会通过组织代表(或常委)对县内政治、经济、科学、文化教育等工作，重大社会问题，执行国家法律的情况等经常进行考察调查，倾听代表的意见，反映民情民意。第八届人大常委会组织视察7次，对教育卫生、农业生产等工作和打击严重经济犯罪活动进行考察，将调查了解的情况及时向常委会作报告，并将常委会讨论的意见转达县人民政府、县人民法院、县人民检察院处理。第九届人民代表大会常委会对政府职能部门如何正确贯彻实施《中华人民共和国食品卫生法》和物价政策，组织两个考察组，分别对县城和部分区乡进行考察，听取卫生、工商、物价、计量等部门的汇报。发现从事饮食服务的人员中，未办理健康证和营业许可证的人员较多；饮料沉淀，食品发霉变质；沿街摆摊设点的防蝇、防尘设备差等，及时转咨政府作改进。第十届人大常委会对县内的教育、卫生、食品、物价等方面的工作，组织代表、常委进行考察，对存在的问题督促其尽快改进。

议案处理是行使法律监督的重要内容。一至七届政府期间，未建立提案档案制度，代表的意见和建议是从会议记录中归类整理后，写成条文交政府办理。八届以后开始设立提案。共收到提案、意见、建议614件，均分转县人民政府、县人民法院、县人民检察院处理完毕并答复提案人。第九届改为议案，凡重要的意见，经主席团讨论并交付大会表决通过立为议案，一般的作为意见或建议。不论议案或意见，都转咨政府、法院、检察院等单位进行处理，并向代表大会及常务委员会报告处理结果。第九届收到议案1件，意见和建议317件。第十届第一次会议，收到议案两件，意见和建议121件。这些议案和意见，政府、法院、检察院都分别处理结束，并答复提案人。

决定重大事项

1983年4月21日，雷山县第八届人民代表大会第四次会议讨论通过，决定撤销不执行计划生育政策，强行超生第四胎的黔东南州第七届人民代表大会代表唐某某的代表资格。1985年10月15日，雷山县第九届人民代表大会常务委员会第10次会议，听取县水电局副局长罗维钊代表县政府作的《雷山县水利农电规划报告》，会议认为，报告中提出水利电力资源资料和论证数据，是符合雷山县实际情况的，为制订雷山县“七五”期间及2000年的水利农电建设计划提供了可靠的依据。会议经过认真审议，批准了这个报告。1986年7月30日，雷山县第九届人民代表大会常务委员会第16次会议，听取县人民检察院关于提请批准逮捕县九届人民代表大会代表刘某某的报告。会议根据刘的犯罪事实，认为已经触犯了《中华人民共和国刑法》，决定批准雷山县人民检察院关于提请批准逮捕刘某某的报告。1986年12月15日，雷山县第九届人民代表大会常务委员会第19次会议，听取县政府县长杨培德《关于雷山县总体规划的报告》，会议经过认真审议，原则批准这个报告。还听取县人大办公室提请《关于重新召开方祥乡第九届人民代表大会第三次会议的报告》。会议认为：1986年11月17日，方祥乡第九届人民代表大会第三次会议不是由该乡第九届人民代表大会的代表主持会议并作代表资格审查报告的，会议违法，所作的决议、决定无效。决定重新召开方祥乡第九届人民代表大会第三次会议。1987年8月10日，雷山县第十届人大常委会第二次会议，听取县计委主任龙效民代表县人民政府作《雷山县1987~2000年经济发展规划的报告》，会议经认真审议后，原则批准这个规划。

第三节　代表选举

1953年5月12日，实行首次普选，成立雷山县选举委员会，由县委书记李新三任主席，吕建勋、吕潼川、王光泽等10人为委员。设秘书、宣传、调查研究3个股及选举、人口普查两个办公室，领导全县基层选举和第一次人口普查工作。全县普选分两类地区进行，第一类是群众觉悟较高、骨干力量较强、工作基础较好的地区。即报德、望丰、独南、公统、乌江、岔河、陶尧、乌东、丰塘、丹江、固鲁、农场、黄里、乌龙、龙塘、白连、教厂、新龙、开觉、掌乌、龙头、莲花、高岩、桥港、桃江、桥兑、新塘、龙河等28个乡（镇），代表为选举产生。第二类是边远闭塞、群众觉悟较低，党团骨干较少，民主观念不够的地区。即平祥、中提、毛坪、桥王、掌雷等5个乡，代表为协商产生。另有响楼、大塘、西江3个乡（镇）已经在建政试点中完成普选工作。乡（镇）基层选举分三批进行。第一批1954年2月17日结束；第二批3月6日结束；第三批3月20日结束。工作步骤是成立乡（镇）选举委员会，划分选区和选民小组，开展人口普查和选民登记并张榜公布，协商代表候选人提名并公布第一榜，经反复协商半月后，再公布第二榜，两天后以无记名投票方式进行代表选举。3天后，召开乡（镇）人民代表大会，选举乡（镇）长和政府委员，协商成立生产建设、治安保卫、文教卫生、人民调解，妇女5个委员会。乡（镇）政权建立后，整个工作结束。时间为3个月。县人民代表由乡（镇）人民代表大会选举产生。全县共选出乡（镇）人民代表646人，乡（镇）政府委员371人，乡镇长副乡镇长76人。任命乡（镇）干事26人。

选举委员会对基层选举有如下的具体要求：保证85%以上的老村干、乡干当选；人口登记和选民资格审查保证不错不漏，做到随登记、随审查、随发证；保证代表的广泛性，各地区、各组织、各阶层、各行业以及自然领袖都要照顾到。如名额不够，可以放宽1～3名。

1954年，实行人民代表大会制度以后，雷山县第二届至第六届的乡（镇）人民代表大会代表由选民直接选举。县人民代表大会代表由各乡（镇）人民代表大会选举。“文化大革命”期间的革命委员会为第七届，其领导机构由群众组织推选代表组成，没有经过公民投票。

1978年12月以后，法制逐步健全，遵照第五届全国人民代表大会第二次会议通过的《中华人民共和国地方各级人民代表大会和地方各级人民政府组织法》的规定，从第八届起，乡（镇）、县两级人民代表大会代表均由选民直接选举。1980年1月，中共黔东南州委决定雷山为全州直接选举试点县，凯里、麻江、丹寨、剑河、台江、榕江、从江、黄平8个县派干部参加雷山县的试点工作，从是年1月6日在龙头公社搞试点，16日，全县24个公社（镇）全面展开。5月5日，全县乡（镇）级人民代表大会选举结束，历时4个月。为加强对选举工作的领导，成立雷山县选举委员会，余金才任主任，马绪田、杨昌伦、苏敬村任副主任，杨敬等16人为委员。下设办公室，处理日常事务。各区设立选举指导小组。各公社（镇）成立选举委员会，大队设立选区，生产队设立选民小组。全县共设选区352个。各社（镇）于1月20日至25日分别进行选民登记，经过选民登记和选民资格审查，全县共有选民52666人，占总人口的52%。1月20日至25日，各选区分别酝酿代表候选人提名，并依法公布。确定县人民代表名额为197名，各选区的县代表差额比例为三分之一至一倍。2月20日至25日，各选区以无记名投票方式进行选举，实际参加投票选举的选民有51210人，占选民的97.24%，直接选举出县第八届人民代表大会代表194名（缺额3名），其中苗族141名，汉族41名，其他少数民族12名；妇女25名。选举产生乡（镇）人民代表954名。

1983年，雷山县第八届人民代表任期届满，进行换届选举。遵照选举法的规定，成立雷山县选举委员会，杨秀昌任主任，陆定洲、覃榜远任副主任，丁道成等6人为委员。各区设立选举指导小组，各公社（镇）成立选举委员会，大队设立选区，生产队设立选民小组。全县共设选区347个。同年10月，在响楼公社进行乡、社分设的选举试点，1984年6月28日全面开展，7月2日进行选民登记，经登记和审查并张榜公布。全县共有选民62130人，占总人口的53.6%。无法行使选举权利的264人；暂停行使选举权利的6人。7月6日至8日，各选区分别进行代表候选人提名。县人民代表名额确定136名。各选区县代表的差额比例为三分之一至一倍，经综合选民对县代表候选人的提名并依法公布。7月31日，各选区以无记名投票方式，选举乡（镇）、县代表。共选举产生雷山县第九届人民代表大会代表136名，其中苗族100名，侗族1名，瑶族1名，水族4名，布依族1名，彝族1名；妇女28名。选举产生乡（镇）人民代表869名。

1987年，第九届人民代表任期届满，进行换届选举。县选举委员会由杨秀昌任主任，陆定洲、丁道成、覃榜远任副主任，李锦平等9人为委员。各区设立选举指导小组，全县划选区366个。3月16日进入选民登记，经登记和审查并由检察机关决定暂停行使选举权利和长期外流（半年以上）的有127人。无法行使选举权利的131人，共计258人。实有选民67933人，占总人口的56%。县人民代表名额确定为127名，各选区差额比例为三分之一至一倍。3月20日至23日，各选区分别进行代表候选人提名，并依法公布候选人名单。4月24日，各选区以无记名投票方式，对乡（镇）、县代表进行选举。选举产生县第十届人民代表大会代表123名（缺额2名），其中苗族94名，汉族21名，其他少数民族12名；妇女17名。选举产生乡（镇）人民代表839名。

雷山县人大常委会第八届至第十届主任、副主任名录

表4-2

届次	职务	姓名	性别	民族	文化程度	籍贯	任职时间
第八届	主　任	杨昌伦	男	苗	初中	贵州雷山	1980.9—1984.9
	副主任	苏敬村	男	汉	初中	山东泰安	1980.9—1984.3
	副主任	刘金城	男	汉	初中	山东东阿	1980.9—1984.3
	副主任	王光泽	男	苗	初中	贵州雷山	1980.9—1984.3
	副主任	潘志龙	男	苗	初中	贵州凯里	1980.9—1984.3
	副主任	王忠云	女	水	小学	贵州雷山	1980.9—1984.3
	副主任	丁道成	男	汉	高中	江西余江	1980.9—1984.9
	副主任	杨秀昌	男	苗	初中	贵州凯里	1984.3—1984.9
	副主任	杨凤英	女	苗	初中	贵州丹寨	1984.3—1984.9

续表

届次	职务	姓名	性别	民族	文化程度	籍贯	任职时间
第九届	主　任	杨秀昌	男	苗	初中	贵州凯里	1984.9—1987.6
	副主任	丁道成	男	汉	高中	江西余江	1984.9—1987.6
	副主任	余国美	男	苗	大学	贵州雷山	1984.9—1987.6
	副主任	杨光胜	男	苗	初中	贵州雷山	1984.9—1987.6
第九届	副主任	杨凤英	女	苗	初中	贵州丹寨	1984.9—1987.6
	副主任	淳志彰	男	苗	中专	贵州雷山	1984.9—1987.6
第十届	主　任	杨秀昌	男	苗	初中	贵州凯里	1987.7—
	副主任	丁道成	男	汉	高中	江西余江	1987.7—
	副主任	杨光胜	男	苗	初中	贵州雷山	1987.7—
	副主任	余国美	男	苗	大学	贵州雷山	1987.7—

第三章　雷山县人民政府

第一节　县级机构

雷山县人民政府

1949年12月，镇远专区专员公署委任王春智为雷山县县长。派干部36人准备接管雷山县。因匪“贵州东南绥靖区司令部”盘踞雷山县城，抗拒解放，中共贵州省委、镇远地委决定暂时放弃接管。

1950年9月，中国人民解放军62军186师在师长蒲大义、政委胡立声率领下，由四川(西)崇庆直出黔东南围剿匪特。9月26日，解放雷山县城。县长王春智率党政干部随军进入雷山县接管。10月14日，召开雷山县第一次各族各界人民代表协商会议，宣布雷山县人民政府成立，设县长1人，副县长1人。下设秘书室、民政科、公安局、财粮科、建设科、工商科、税务(局)所、财政经济委员会、人民监察委员会、文教科、卫生科、盐务局、民族贸易组、邮政所、人民银行雷山县支行、卫生院、人民法院等直属机构和事业单位。

1952年增设人事科、财政科、粮食局(财粮科分设)、邮电局、国营商店、供销合作社。1954年增设交通科、农林科(建设科分设)。

雷山县苗族自治区人民政府

1954年6月，中央人民政府批准建立雷山县苗族自治区人民政府。1954年7月3日，雷山县苗族自治区人民政府成立，设县长1人，副县长2人，委员22人。下设秘书室、民政科、人事科、公安局、财政经济委员会、人民监察委员会、统计科、工商科、粮食局、税务局、国营民贸商店、供销合作社、人民银行、农林科、统计科、手工业管理科、交通科、邮电局、文教科、卫生科。

雷山苗族自治县人民委员会

1955年8月19日，雷山县苗族自治区人民政府改称雷山苗族自治县人民委员会，设县长1人，副县长2人，委员16人。下设秘书室、民政科、人事科、公安局、人民监察委员会、计划委员会、财贸办公室(财委会改置)、统计科、财政科、粮食局、税务局、工商科、商业局、供销合作社、农产品采购局、人民银行、农业银行、农林科、农田水利科、交通科、邮电局、手工业管理科、森林工业局雷山支局、教育科、文化科、卫生科。

1956年12月，县人民委员会增设副县长1名。有委员13名。增置农业科、林业科(农林科分设)、服务局、商业局、工业科、监察室(由人民监察委员会改置)，同时撤销计划委员会、农产品采购局、农林科。其余科局不变。

雷山县人民委员会

1956年7月23日，黔东南苗族侗族自治州成立，雷山苗族自治县人民委员会改称雷山县人民委员会。设县长1人，副县长2人，委员12人。下设机构增加文教局(教育、文化科合并)、第一商业局(商业局改置)、第二商业局(供销社改置)。7月，恢复商业局、供销社，撤销第一、二商业局。其余科局保留不变。

1958年12月29日，国务院决定，撤销炉山、雷山、丹寨、麻江4县，合建凯里县。县直机关迁设麻江后迁凯里。

1961年8月18日，国务院决定恢复雷山县建置，县人民委员会相应恢复，任命代理县长1人。

1961年12月，举行雷山县第四届人民代表大会第二次会议。选举县长1人，副县长3人，委员15人。

人民委员会下设办公室、民政科、人事科、公安局、计划委员会、经济委员会、财粮贸办公室、农林办公室、统计科、财政局、税务局、粮食局、商业局、供销合作社、人民银行、农业局、农田水利局、林业局、交通局、手工业管理局、邮电局、文教局、卫生科。

1963年9月，县人民委员会下设机构有所变动。民政科与人事科合并，称人事民政科，交通局、手工业管理局合并称工交科，恢复工商科，其余机构不变。1965年12月，人事民政科改称民政科、文教局改称文教科，其余机构不变。

雷山县革命委员会

1967年9月29日，“文化大革命”中，“雷山县无产阶级革命造反派联合总指挥部”发表“告全县人民书”，夺取县党政机关领导权。10月18日，经黔东南州革命委员会、凯里军分区批准，建立“雷山县革命委员会”，取代县人民委员会的领导。县革命委员会设主任1人，副主任1人，常委7人。下设办事组、生产领导小组、政治工作领导小组，“文化大革命”领导小组，保卫工作领导小组。

生产领导小组辖财贸办公室、工交办公室、农林水办公室、计划统计办公室、民政办公室、战备支前办公室。

政治工作领导小组(政工组)辖干部工作办公室、宣传办公室、学校工作办公室。

1970年2月，革命委员会实行补台，设主任1人，副主任11人，常委7人，委员8人。下设机构作如下调整。设政治部、生产指挥部、人民保卫部。政治部下辖组织组、宣传组、直政组、群工组；生产指挥部下辖业务、计划两个组和科技、财贸、工交、农业机械4个办公室；人民保卫部下辖防保组、侦讯组、审判组。

同年6月以后，恢复部、委、办、局（科）建置。有民政科、公安局、教育局、计划委员会、财粮贸办公室、农林水办公室、农业局、林业科、农水科、工交科、手工业管理科、粮食局、卫生科。新组建的有：轻工局、财税科、粮油科、物资局、供销科、商业科、科技局、水利电力局、电信局、邮政局、贸易局、农业机械局、工交办公室、政法办公室、科教办公室、体育局、计划生育委员会、人民防空办公室、知识青年上山下乡办公室。

1972年6月以后，科均改为局。县直机构为民政局、卫生局、工交局、轻工局、手管局、计划委员会、财税局、粮食局、物资局、科技局、公安局、农业局、林业局、水利电力局、邮电局、商业局、供销合作社、农业机械工业局、工交办公室、财粮贸办公室、农林水办公室、政法办公室、科教办公室、人民防空办公室、知识青年上山下乡办公室、工商行政管理局、体育运动委员会、计划生育委员会。

1976年10月，粉碎“江青反革命集团”，结束了十年动乱。县革命委员会工作秩序逐步恢复正常，机构逐步恢复和增设。

1979年1月1日，根据省委指示，实行党政分开，县革委办事机构为办公室、民政局、人事局、劳动工资局、公安局、计划委员会、经济委员会、科学技术委员会、计划生育办公室、政法办公室、财粮贸办公室、教育卫生办公室、农林水办公室、人民防空办公室、交通战备支前办公室、知识青年上山下乡办公室、交通局、轻工局、邮电局、农业机械管理局、基本建设局、农业局、林业局、水利电力局、社队企业局、畜牧局、财政局、税务局、粮食局、物资局、工商行政管理局、商业局、供销合作社、物价局、人民银行雷山县支行、农业银行雷山县支行、建设银行雷山县支行、教育局、卫生局、广播事业局、民族事务局、体育运动委员会等。

雷山县人民政府

1980年9月，根据中发〔1980〕7号文件《中共中央批转民政部党组关于全国县级直接选举试点的报告》通知精神，撤销县革命委员会，按照《中华人民共和国地方各级人民代表大会组织法和地方各级人民政府组织法》的规定，设立县人民政府。同月，雷山县第八届人民代表大会举行第一次会议。选举县长1人，副县长5人。

县人民政府下设办公室、民政局、人事局、劳动工资局、公安局、司法局、计划委员会、经济委员会、财粮贸办公室、政法办公室、教育卫生办公室、农林水办公室、基本建设委员会、交通局、轻工业局、农业机械管理局、财政局、税务局、粮食局、审计局、物价局、统计局、物资局、工商行政管理局、商业局、农业局、畜牧局、林业局、水利电力局、社队企业局、教育局、卫生局、广播事业局、档案局、科学技术委员会、计划生育委员会、民族事务委员会、体育运动委员会、交通战备支前办公室、知识青年上山下乡办公室、县志编写办公室。

1984年，撤销基本建设委员会、农业机械管理局、知识青年上山下乡办公室、交通战备支前办公室；人事局、劳动局合并为劳动人事局，农业、畜牧局合并为农牧局，社队企业局改为乡镇企业局；新增农业委员会、县志办公室、对外经济协作办公室、劳动争议仲裁办公室、编制委员会办公室、烟草专卖局、土地管理局、标准计量管理局、城乡建设环境保护局、处理山林纠纷办公室、文化局。其余机构不变。

1987年，农业委员会改为农村经济委员会，其余机构不变。

雷山县人民政府历届县长（主任）、副县长（副主任）名录

表4—3

届 次	职 务	姓 名	性 别	民 族	文化程度	籍 贯	任职时间
接管	县 长	王春智	男	汉	初中	山东长清	1950.4—1954.4
	副县长	李新三	男	汉	中师	山东肥城	1951.5—1954.4
	副县长	刘秉新	男	汉	小学	山东东阿	1953.1—1954.4
	副县长	吕潼川	男	汉	小学	山东齐河	1954.3—1954.4
第一届	县 长	李焕培	男	苗	小学	贵州雷山	1954.7—1956.12
	副县长	吕潼川	男	汉	小学	山东齐河	1954.7—1956.12
	副县长	杨昌伦	男	苗	初中	贵州雷山	1954.7—1956.12
第二届	县 长	杨昌伦	男	苗	初中	贵州雷山	1957.1—1958.5
	副县长	吕潼川	男	汉	小学	山东齐河	1957.1—1958.5
	副县长	范明渊	男	苗	小学	贵州雷山	1957.1—1958.5
	副县长	余国民	男	苗	中师	贵州雷山	1957.1—1958.5
第三届	县 长	杨昌伦	男	苗	初中	贵州雷山	1958.6—1958.12
	副县长	吕潼川	男	汉	小学	山东齐河	1958.6—1958.12
	副县长	范明渊	男	苗	小学	贵州雷山	1958.6—1958.12
第四届	县 长	杨昌伦	男	苗	初中	贵州雷山	1961.8—1963.9
	副县长	聂兆鹤	男	汉	小学	河南清丰	1961.12—1962.5
	副县长	吕潼川	男	汉	小学	山东齐河	1961.8—1963.9
	副县长	王忠云	男	水	小学	贵州雷山	1961.8—1963.9
第五届	县 长	杨昌伦	男	苗	初中	贵州雷山	1963.10—1965.12
	副县长	朱 明	男	汉	初中	山东齐河	1963.10—1965.11
	副县长	王忠云	女	苗	小学	贵州雷山	1963—10—1965.12
第六届	县 长	杨昌伦	男	苗	初中	贵州雷山	1965.12—1967.9
	副县长	苏敬村	男	汉	初中	山东泰安	1965.12—1967.9
	副县长	王忠云	女	水	小学	贵州雷山	1965.12—1967.9
第七届	主 任	郑学忠	男	汉	小学	河南内黄	1967.10—1971.9
	主 任	苏连尧	男	汉	小学	山东胶南	1971.9—1975.11
	主 任	杨 敬	男	苗	小学	贵州凯里	1977.12—1978.10
	主 任	余金才	男	苗	初中	贵州雷山	1978.10—1980.9
	副主任	吴寿通	男	苗	初中	贵州黄平	1967.10—1968.7
	副主任	黄自庭	男	汉	小学	山东曹县	1967.10—1970.2

续表

届　次	职　务	姓　名	性　别	民　族	文化程度	籍　贯	任职时间
第七届	副主任	杨　敬	男	苗	小学	贵州凯里	1970.3—1976.4
	副主任	彭方津	男	汉	初中	山东齐河	1970.10—1976.4
	副主任	杨昌伦	男	苗	初中	贵州雷山	1973.1—1980.9
	副主任	张金泉	男	汉	小学	山东	1971.9—1975.11
	副主任	余国茂	男	苗	初中	贵州雷山	1971.9—1980.9
	副主任	苏敬村	男	汉	初中	山东泰安	1973.1—1980.9
	副主任	王忠云	女	水	小学	贵州雷山	1973.3—1980.9
	副主任	李焕培	男	苗	小学	贵州雷山	1973.3—1980.9
	副主任	余金才	男	苗	初中	贵州雷山	1974.9—1978.10
	副主任	杨光胜	男	苗	初中	贵州雷山	1974.9—1978.10
	副主任	文胜德	男	苗	初中	贵州雷山	1979.7—1980.9
第八届	县　长	余金才	男	苗	初中	贵州雷山	1980.10—1983.12
	县　长	杨培德	男	苗	大专	贵州雷山	1983.12—1984.8
	副县长	覃榜远	男	汉	初中	贵州雷山	1980.10—1984.8
	副县长	杨光胜	男	苗	初中	贵州雷山	1980.10—1984.8
	副县长	周定生	男	汉	大学	贵州贵阳	1980.10—1984.8
	副县长	李玉忠	男	苗	大专	贵州雷山	1980.10—1984.8
	副县长	张德珍	女	苗	小学	贵州雷山	1980.10—1984.8
	副县长	李玉仁	男	苗	大专	贵州雷山	1983.12—1984.8
第九届	县　长	杨培德	男	苗	大专	贵州雷山	1984.9—1987.6
	副县长	覃榜远	男	汉	初中	贵州雷山	1984.9—1987.6
	副县长	周定生	男	汉	大学	贵州贵阳	1984.9—1987.6
	副县长	李玉仁	男	苗	大专	贵州雷山	1984.9—1987.6
第十届	县　长	覃榜远	男	汉	初中	贵州雷山	1987.7—
	副县长	陈文发	男	水	大专	贵州丹寨	1987.7—
	副县长	杨昌洲	男	侗	大专	贵州雷山	1987.7—
	副县长	余志芳	男	苗	大学	贵州雷山	1988.5—
	副县长	李天舜	男	苗	高中	贵州凯里	1988.8—

第二节　派出机构

历届县人民政府为有效管理地方事务和加强对当地生产建设的领导，根据境内交通不便、村寨分散的实际，按照地区条件和历史状况，设区作为县人民政府的派出机构，领导和管理片区内的乡

（镇）。1950年9月至1955年8月，设置第一区、第二区、第三区公所，并任命正副区长为区行政领导人。1955年8月，原以序号排列的各区改用地名称呼，相应改为丹江区、西江区、大塘区。其行政领导人由县人民政府任命。1958年9月，全县实现人民公社化，撤区并社，实行政社合一，称人民公社管理委员会，设社长、副社长（后改称主任、副主任）。公社实行选举制，不再是县政府的派出机构。1958年12月29日，并建凯里县后，原雷山县的各公社以区建立雷山公社、西江公社、大塘公社，归属凯里县领导。

1961年8月18日，恢复雷山县治，撤销一区一社，恢复区公所。置丹江区、西江区、大塘区；将原丹寨县的永乐区、排调区划归雷山县（1962年6月排调区划回丹寨县）。各区行政领导人由县政府任命。1968年1月，在“文化大革命”中，经县革命委员会批准，各区建立革命委员会，设主任、副主任，隶属县革委领导，领导人由县革命委员会任命。1969年4月8日，县革命委员会决定撤销4个区革命委员会，并入区所在地公社。1970年3月18日，县革命委员会决定恢复丹江、西江、大塘、永乐4个区，同时成立区领导小组，设组长、副组长。5月11日，经黔东南州革命委员会批准，建立4个区革命委员会，并任命正副主任。1979年1月1日起，实行党政分开，区革命委员会改称区公所，作为县政府的派出机构，同年4月，仍由州任命各区公所正副区长。1987年，区公所建置不变，正副区长由县政府任命。

第三节　基层政权

1950年9月，全县置丹江、西江两镇人民政府，设镇长、副镇长；置望丰、报德、建安、震威、方祥、桃江、大塘7个乡人民政府，设正、副乡长。乡（镇）长由县人民政府任命。乡（镇）以下设村，设村长、副村长。全县有64个行政村，659个农协小组，313个自然寨。1953年3月5日，县人民政府决定，将7个乡2个镇划为36个乡(镇)。置丹江、西江2个镇人民政府及响楼、农场、固鲁、陶尧、乌东、报德、岔河、望丰、丰塘、公统、乌江、独南、黄里、龙塘、教厂、白连、乌龙、掌乌、开觉、新龙、平祥、中提、毛坪、龙头、大塘、莲花、高岩、新塘、桥港、桃江、龙河、掌雷、桥王、桥兑34个乡人民政府。正、副乡（镇）长由县人民政府任命。1954年，实行基层选举，正、副乡（镇）长由乡（镇）人民代表大会选举产生。全县有64个行政村，659个村民组，313个自然寨。1956年7月，乡(镇)作部分调整。丹江、响楼合并为城关镇；农场、龙头合并为龙头乡；固鲁、教厂合并为固鲁乡；丰塘、公统合并为丰塘乡；开觉、掌乌合并为大沟乡；平祥、中提合并为方祥乡；掌雷、龙河合并为龙河乡，其余乡（镇）不变。调整后，乡（镇）人民政府改为乡（镇）人民委员会。全县有29个乡（镇）人民委员会。村组不变。1958年9月，实现人民公社化后，撤区并社，实行一区一社，政社合一。公社下设工区（管理区）管理委员会。除丹江镇人民委员会保留外，其余28个乡（镇）人民委员会改为23个工区管理委员会，设工区主任、副主任。1959年1月，各公社、工区归属凯里县。

1961年8月，恢复雷山县建置，撤销一区一社，丹寨县永乐区划入。对公社规模进行调整，实行“联乡建社”。调整后，取消工区管理委员会。全县有14个公社管理委员会，115个生产大队管委会，925个生产队管委会，491个自然寨。公社设社长、副社长；生产大队设大队长、副大队长，生产队设队长、副队长。1962年12月，人民公社规模调整为一乡一社。调整后，全县有1个镇人民委员会，26个公社管理委员会，123个生产大队，915个生产队。1966年11月，也蒙公社并入达地公社，其余公社(镇)不变。全县有1个镇人委会，25个公社管理委员会，129个生产大队，908个生产队。1967年10月，雷山县革命委员会成立后，各公社管理委员会消失，由革命委员会取代。1968年8月，全县公社行政区划又作一次调整，由26个公社（镇）合并为13个公社革命委员会。1970年4月，恢复1个镇及25个公社革委会。全县有147个生产大队，1199个生产队。1980年1月，取消公社（镇）革命委员会名称，恢复公社管理委员会和镇人民政府。1984年7月，经省人民政府批准，改社为乡。全县有2个区级镇和2个乡级镇人民政府，23个乡人民政府，149个行政村民委员会，2个居民委员会，1227个村民小组，19个居民小组。镇设镇长、副镇长，乡设乡长、副乡长。1987年，乡镇政权设置不变。

第四节　政　务

施政方式

解放初期（1950—1954年），县人民政府实行首长负责制。县长对全县的政治、经济、文化等各项建设事业进行领导，负责贯彻执行中共中央和国务院的各项方针政策，保证国家法律法令的贯彻实施。制定县政府的行政措施。管理县级财政收支工作。

1954年6月至1980年8月，第一届至第七届人民政府（人民委员会和革命委员会）实行委员会制。县级的一切重要事务、经济计划和财政预算，以及社会改革等均通过县政府委员会议作出决定，由县长公布实施。行政工作由县长管理。

1980年第八届以后，县人民政府实行常务会议集体领导、县长负责制，县级的一切重要事务，经济计划和财政预算，以及社会、经济、文化等各项改革和建设，均通过县人民政府常务会议作出决定，报告县人民代表大会和县人大常务委员会审议批准，由县长公布实施。副县长协助县长分工管理有关工作。

根据需要，由县长主持召开县人民政府全体会议，通报政治、经济形势，布置有关工作，各办、委、局的主任、局长分头执行。

重要会议

1951年5月7日，县人民政府召开全县乡（镇）长联席会议，部署清匪反匪首，建立村级政权的工作。

1952年6月14日，县人民政府召开全体干部会议（有积极分子参加）。参加会议475人。总结第二期土改工作经验，部署第三期土改工作。

1953年6月16日，县人民政府召开建政工作会议。会上决定成立响楼、西江、大塘3个乡（镇）民族区域自治筹备委员会。

1954年6月28日，由县人民政府主持召开雷山县第一届人民代表大会第一次会议，选举自治县县长，宣布雷山县苗族自治区人民政府成立。

1955年1月30日，县人民政府主持召开雷山县劳动模范大会。会上评选一等劳动模范3名、二等劳动模范9名、三等劳动模范48名。对水寨、响楼、掌批3个农业合作社各奖水牯牛1头。

1956年1月22日，县人民委员会举行第六次委员会会议。会议根据毛泽东主席关于农业合作化的17条指示，制定雷山县农业合作化规划。各乡（镇）认真贯彻实施，至3月，全县农业生产合作社发展为183个，入社农户占全县总农户的87.6%。

1956年2月8日，召开全县少数民族自然领袖、活路头、鼓藏头座谈会，宣传党的各项政策，征求对政府工作的意见。

1961年9月26日，县人民委员会召开县、区、社三级干部会议。会议讨论彻底纠正“一平二调的共产风”，搞好经济退赔，教育干部端正思想，改进工作作风。改善政府与人民的关系，发动群众搞好生产。之后，县人民委员会发出《关于彻底纠正“一平二调”错误的规定》。

1970年8月13日至15日，县革命委员会召开全县活学活用毛泽东思想积极分子代表会议，表彰学习积极分子。会议号召发扬“一不怕苦、二不怕死”的革命精神。

1971年1月20日至26日，县革命委员会召开全县四级干部大会整风，以毛泽东思想为武器，反骄破满，提倡谦虚谨慎的革命作风。

1973年1月13日至18日，县革命委员会召开全县四级干部会议，对照中共中央“关于揭批林彪反革命集团的材料”部署开展“批林整风”和冬季生产、救灾工作。

1975年4月17日至23日，县革命委员会召开全县教育工作会议，制订今后教育革命任务，明确重点是普及教育，提高入学率。区办完全中学，公社办初级中学，大队办完全小学。各工作部门根据业务需要开办专业学校。

1975年11月26日至30日，县革命委员会召开全县五级干部大会，传达全国“农业学大寨”会议的精神，进一步端正农业学大寨、普及大寨县的态度，制订实现“大寨县”的措施。

1983年6月11日至13日，县人民政府召开全县民族工作会议，各区、乡和县直机关各工作部门党政领导73人参加。县委书记潘涛主持会议。会议就加强民族团结、发展民族经济、文化等问题进行讨论，统一认识，明确了新时期的民族工作方针。

1985年2月25日，县长杨培德主持召开县政府常务会议。会议讨论决定：全县已规划的乡村公路争取分别在1985年、1986年、1987年内建成。为保证公路顺利完成，决定成立乡村公路建设指挥部。由余金才、丁道成任顾问，覃榜远任指挥长，龙效民、侯正富任副指挥长；决定修建雷山大桥，投资30万元，并成立指挥部，由龙效民组织施工。为保证电力供应，发展雷山工农业生产，会议决定架接凯里电网，投资100万元，由杨秉学组织施工。

1986年12月9日，县长杨培德主持召开政府常务会议，讨论审议《雷山县城（1986—2000）总体规划（草案）》，并决定将规划（草案）报告县人大常委会通过后组织实施。

1987年5月15日，县长杨培德主持召开县政府常务会议，讨论“以农业为基础，以林业为主导，积极发展牧、副、渔业”的发展民族经济方针，因地制宜地开展多种经营，加快山区资源综合开发利用；发展教育和科学技术，促进社会经济全面发展。努力把全县建成一个人口适度、经济繁荣、环境舒适、人民安居乐业的民族山区县。会议决定成立雷山县经济社会发展规划领导小组，负责研究和制订《雷山县经济社会发展规划（草案）》。

重要决定

县人民政府自1950年成立至1987年38年中，作出重要决定、规定，发出指示、命令近500项其中一至七届县人民政府作出共计455项。

1951年4月，县政府为了更好地贯彻执行党的民族政策，决定对本县民族构成情况进行调查。调查结果是汉族872户，6034人；苗族9104户，44448人。

5月30日，淫雨成灾，山洪暴发。县委、县政府作出决定：县、区、乡干部要亲自带领群众对被洪水冲毁的秧苗逐丘、逐块进行补插；调查群众受灾程度，及时分配救灾物资，解决群众困难；由县政府贷款扶持重灾户。扶持修复乡村道路，架设桥梁，修复田土和水碾；教育群众做好蓄水保水工作，注意防旱。

9月10日，县政府决定，各区、乡政府要认真清理学校校舍和财产，凡占用学校校舍、桌椅等财产的，都要迅速退还学校。

1952年6月15日，县委、县政府决定在第一期完成土改的水寨、响楼、掌批3个村点试办农业互助组。

1953年1月，县人民政府决定以响楼、大塘、西江3个乡（镇）为重点建立乡一级的苗族自治区。

1955年7月，县人民委员会向贵州省政府申报修建炉（山）雷（山）公路，经省批准后，决定是年12月动工。雷山县境内路段由副县长杨昌伦指挥施工。

9月，雷山县境内疟疾、痢疾严重流行，患者达5331人，死亡23人。县人民委员会决定拨急救费3000元，组织医疗队下乡。

1956年2月，县人民委员会决定在龙头乡的中寨修建龙头水电站。抽调技术人员设计，组织龙头乡群众施工。11月建成发电，装机20千瓦，是雷山县第一座农村水电站。

1957年2月，县人民委员会发出《关于1957年扫除文盲的指示》，要求组织农民1万人入学，并要求坚持常年学习人数达40%。

5月19日，县人民委员会根据群众粮食困难的情况，决定豁免历年农贷粮8万余公斤。

11月，县委、县人民委员会决定开挖丹江“万人坟”大坳，把河道裁直造田。调丹江、响楼、龙头、陶尧等乡（镇）劳力5000余人施工。投入劳动日30多万个，造田100余亩。还批准固鲁、报德、望丰、黄里等乡（镇）的改河造田工程。共完成改河工程5处，造田160余亩。

7月13日，县人民委员会发出《关于切实做好粮食供应工作的指示》，要求对真正缺粮户实事求是地做好供应，并发动群众互助互济。

1958年1月10日，县人民委员会为发展轻工业，决定建立雷山县酒厂。

4月15日，县人民委员会决定在水电、莲花、荣防、独南、和平等村推行苗文。在雷山民中、丹江、莲花、独南等学校中部分班级开展双语教学。

1958年3月，县人民委员会作出抽调民工修筑丹（江）毛（坪）公路的决定，全县计抽调民工175名。

12月23日，县人民委员会决定今冬明春开展一次“除四害，讲卫生”的运动，春节期间开展一次卫生突击活动；搞好集体食堂、幸福院、托儿所的卫生保健工作；做好疾病调查。

1962年12月11日，县人民委员会决定成立护林防火委员会，县长杨昌伦为主任，公安局局长杨敬为副主任，主管全县护林防火工作。

12月27日，县人民委员会作出“关于收回精减下放工人的决定”。根据工作需要，结合专业技术能力，收回县分配工作。

1963年6月30日，县人民委员会决定豁免274户贫困农民的农业贷款，金额为19962元。

1964年1月2日，县人民委员会决定抽调劳力上山突击集运木材，共6400立方米。

11月10日，县人民委员会决定安排劳力581人，抢修水毁公路。

1965年7月29日，县人民委员会发出《关于做好1965年选举工作》的指示。对训练干部，制订计划，时间安排，经费预算等作了具体规定。

12月17日，县人民委员会发出《关于认真做好冬季防火工作的通知》，提出4条措施。

1967年7月，县革命委员会决定建立雷山人民印刷厂，由轻工局副局长陈启贤筹建。

1969年4月8日，县革命委员会做出决定：撤销西江、丹江、大塘、永乐4个区革委，合并归区所在地的公社；同时撤销白连、大沟、排告、柳乌、莲花、桥港、八一、陶尧、固鲁、岔河、乌江、红卫等12个人民公社。

1970年1月，县革命委员会决定建固鲁水电站。投资46万元，设计装机为250千瓦。

1971年9月20日，县革委发出“四五”农业发展规划的通知，要求“以粮为纲”全面贯彻“农业八字宪法”。

1974年8月29日，县革命委员会决定开办雷山师范学校（中等专业），学制为3年。每期招生50名。

12月4日，县革命委员会发出“认真开展计划生育工作”的指示，要求在1973年完成节育手术825例的基础上翻一番。

1975年6月，县革命委员会决定开挖城郊马颈坳，投资100万元。改河造田100余亩。

1976年6月22日，县革命委员会发出“关于杂交水稻有关事项的通知”，规定每制种1亩，补助100元。

1979年5月，县革命委员会根据党的十一届三中全会精神，决定对全县地主分子、富农分子和坏分子审查摘帽，对地、富子女改定成分。经公安、司法机关审批，全县地主分子、富农分子、坏分子1035人全部摘掉帽子；地主、富农子女5641人改定为社员成分。

9月1日，县革命委员会决定在丹江镇和县、区机关、学校试行《中华人民共和国社会治安管理处罚条例》。

1980年8月29日，县革命委员会决定建立县第二中学，责成县教育局负责选址和筹建。

11月，县人民政府决定在全县进行稳定山林所有权、划定自留山、确定集体山林管理责任制的林业“三定”工作。为搞好此项工作，县长余金才带领工作队在乌江公社进行试点。

11月28日，县人民政府决定，在“包干到户”当中，不准驱赶外来户，应划给同等责任田；不准清原耕，继祖业，按田土好坏、远近搭配承包。

1981年4月25日，县人民政府决定调整全县学校教育结构。除达地、方祥小学保留初中班外，取消各公社完小的戴帽初中班和各区中学高中班。

1982年，县人民政府决定修建响水岩水电站。成立工程指挥部，由县长余金才组织施工。投资182万元，装机640千瓦。

9月20日，县人民政府发出《关于对二号病防治措施的紧急通知》，要求把这项工作当作一项重要任务抓紧落实。

1983年5月10日，县人民政府决定修建县城自来水厂和柏油马路，并分别组成施工领导小组。

7月中旬，苗族“吃新”节期间，县人民政府决定举行大型“民族团结月”活动，邀请广西壮族自治区融水苗族自治县、黔南布依族苗族自治州三都水族自治县和州内的凯里、丹寨、天柱、台江、麻江、黄平、镇远、榕江等县（市）参加苗族“吃新”节活动。节日期间举行大型芦笙、铜鼓舞和民族文艺演出。

10月24日，县人民政府决定全县茶园划归县供销社和饮料厂分工管理。要求各区、乡抓紧落实茶叶生产责任制，加强对茶叶生产的领导，搞好科学技术管理和加工。

1984年1月20日，县人民政府发出“在保护区内制止乱砍滥伐和乱捕滥猎及防止山林火灾的通知”。

1985年5月13日，县人民政府发出《关于矿产管理办法的通知》，强化对矿产资源的开采管理。

7月11日，县人民政府发出《关于成立县志编纂委员会的通知》，明确专人抓县志的编纂工作。

9月10日，根据上级关于公余粮“一定五年不变”的精神，为人民休养生息，县人民政府决定，从1985年起免征公粮。

1986年2月27日，县政府决定与省民族经济发展总公司联办民族锑矿冶炼厂。3月20日，县政府代表与省民族经济发展总公司代表谈判达成协议，并签署联合办厂协议书，共投资60万元。12月建成试产，年产精锑72吨，锑氧粉223吨。

2月28日，县人民政府作出决定，为解决师资困难，向省外县外招聘教师。从湖南宁乡、邵东等地招聘中学教师40余名。

2月，县人民政府决定修建雷山县城钢筋混凝土桁架拱桥，投资26.7万元，并成立指挥部负责施工。6月30日竣工交付使用。

1987年7月25日，县人民政府决定对雷山县饮料食品厂生产“银球茶”荣获国家部优产品称号的有功人员毛克翕等颁发嘉奖令和奖金2500元。毛克翕晋升一级工资，获奖金250元。其他人员均获得奖金和奖品。

7月31日，县人民政府决定以丹江镇为试点，开展颁发居民身份证的工作。

重要文告

1950年9月26日，县长王春智发布雷政字第一号安民布告，重申中国人民解放军“约法八章”。宣传党的民族平等团结政策，尊重民族风俗习惯，增强民族团结，建设新雷山；号召各族各界人民恢复生产，各安生业，积极支援剿匪斗争，消灭土匪，稳定社会秩序；揭露匪首谢世钦的罪恶，责令匪众放下武器，投诚自新；宣传全国解放的大好形势，鼓舞人民夺取胜利；宣传人民解放军纪律严明，秋毫无犯，所向无敌，是仁义之师。

1951年至1979年，历届县政府发出通告、规定等文告212件；1980年以后，县人民政府发出布告或通告19件。

1962年1月27日，县人民委员会发布《立即制止农民乱砍滥伐公路行道树木的通知》。

3月9日，县长杨昌伦发布《雷山县人民委员会布告》，要求保护森林资源，严禁毁林开荒、纵火烧山和烧山打猎等，并提出奖惩办法。

1963年12月30日，县人民委员会发布《雷山县人民委员会护林布告》。要求各族人民行动起来，制止乱砍滥伐，保护森林。

1981年8月21日，县政府针对雷公山地区的森林，水源涵养林遭受严重破坏的情况，发出《关于制止乱砍滥伐森林的紧急通告》，制止乱砍滥伐森林。

9月10日，县人民政府发出《关于雷山县公路建设和城镇规划的通告》，对公路建设和城镇规划作出具体规定。

1982年5月19日，县政府发出《关于禁止赌博活动的通告》，严禁赌博，维护社会治安。

救灾工作

1957年4月8日，报德村发生火灾，受灾8户，烧死3人。损失粮1.5万余公斤，人民币1万多元。副县长吕潼川、余国民等亲赴灾区慰问，并发动机关、学校捐赠支援。

1971年12月15日，西江区平寨发生特大火灾，受灾321户，1273人，烧毁房屋565间，烧死耕牛13头，猪91头，损失折款129万余元。县革委立即派县革委副主任杨敬带领救灾工作组，于16日晨3点到达西江，慰问灾民，组织救灾工作。县革委拨出专款购买棉衣345件，毛巾216张，胶鞋140双，衣裤780套，斗笠190个，棉被29床，盐巴394公斤，铁锅520口，铁三脚260个，草席460床，钉耙345把，土碗2290个等物资救济灾民。

1984年7月，全县发生严重旱灾、虫灾，水稻受灾面积51900亩，造成粮食减产。全县有4047户，17360人缺粮。县长余金才率领工作组亲赴报德、岔河灾区，调查情况，并由县人民政府拨出粮食30万公斤对缺粮户进行救济。

1985年5月，县内部分地区因暴雨造成严重洪灾，冲毁房屋200间、粮仓14座，冲坏农田607亩。县人民政府拨出救济款6510元救济灾民。

1987年2月16日，大塘乡独南村发生重大寨火，受灾79户，341人。烧毁房屋80栋，221间，粮仓19座，粮食78640公斤，耕牛9头，猪71头，现金9310元，合计损失折款311348元。发生火灾的当晚，县委书记余金才、县政协主席余国茂、副县长覃榜远亲赴现场调查并慰问灾民。拨出专款43660元，购买大米5万公斤及衣裤、棉被、铁锅等物资救济灾民。

外宾接待

雷山各族人民以独特的民族风情和传统生活习俗，不断招徕国内外的众多游客，各类科学研究和采风人员也纷至沓来。民国36年（1947年），英国女传教士鲍格勒访问雷山，登临雷公坪，对苗族人民的社会风情、经济结构、生活习俗等方面作了考察，受到苗族人民的热情接待。

1949年县人民政府成立后，友好国家的经济、文化团体、各界人士，以及专家学者到雷山访问、参观、旅游的逐年增多。1954年，苏联《真理报》记者契里罗夫到雷山采访。1957年，民主德国文化考察团一行6人到雷山访问，并拍摄电影，县政府通知部分乡村少数民族男女青年近1000人集中县城，组织大型苗族芦笙、铜鼓舞，欢迎民主德国客人。

1978年以后，国家实行改革、开放的方针，友好往来有了新的发展。1982年9月，雷山县被列为乙类农村旅游开放地区，世界各国的经济、文化团体、友好人士、学者来访更加频繁。自1985年以来，先后到上郎德、西江等民族村寨参观旅游、考察访问的国际友人共296人，其中美国54人、英国12人、法国18人、联邦德国35人、日本54人、意大利14人、新加坡25人、奥地利4人、瑞士44人、瑞典25人、芬兰11人。还有香港同胞4人，国内各省、区、市来宾1063人。

第五节　档案、信访

档案管理

自雍正七年（1729年）建置后，每年均有少量档案积存，由政府机关管理。民国14年（1925年）8月秋，余六植（文超）、杨昌隆攻破丹江城。官署档案材料被焚尽。民国15年（1926年）以后，县府机关逐年整理积存部分档案，由秘书室保管。民国33年（1944年）成立雷山设治局。其间，地方动乱，档案材料亦遭到一定的损失。解放前夕，县政府官员逃散，叛匪盘踞扰乱，带走和销毁大量档案，历史档案保存很不完整。

1950年9月，人民政府成立后，组织人员清理历代政权档案。1955年11月，抽调27人组成清理小组，在政府机关和旧政府职员中索寻清理，将大批旧政权档案分类装订立卷归档，共5315卷，由县公安局保管（1985年移交县档案馆）。

1956年，县委、县人民政府分别建立档案室，并组织人员对新中国建立以来形成的档案资料清理归档。1958年12月，撤销雷山县建置，合并建立凯里县，对原装订立卷归档的档案，全部运交凯里县档案馆保存。1961年8月复置雷山县后，档案亦运回县委档案室。12月，建立雷山县档案馆，实行党、政档案集中统一管理。建馆后，对党政机关新中国成立后的档案进行清理、鉴定。其间，县级机关已建立档案室38个；区、乡建立档案专柜，仍由秘书兼管。1966年，“文化大革命”开始后，档案全部封存，由县革委秘书组（办公室）兼管。1979年恢复档案工作。1981年成立雷山县档案局（局、馆合署办公)，负责对各机关和区、乡档案工作的指导、检查和监督。1984年1月机构改革，档案局实行两块牌子，一套人员，属事业单位编制，受县委办公室和县人民政府办公室双重领导，以县委办公室为主。1985年6月，遵照中共中央办公厅、国务院办公厅通知，档案局为政府直属局，县档案馆是科学文化事业机构，归档案局管理。人员由1人增加至9人。

档案馆面积340平方米，为综合档案馆。为加强档案业务建设，逐步把档案馆办成独立的科学文化事业实体和永久保存档案的基地，自1984年以来，根据集中统一管理的原则，接收县直机关、各区乡（镇）以及被撤销单位的档案进馆。截至1987年底，馆藏档案由1983年5213卷增加到21285卷，资料有614种，4944册。档案全宗由原来26个增加到68个。

20世纪50、60年代，因馆藏档案较少，利用率亦较低。八十年代以后，档案工作由为党政领导机关服务转到为政治、经济改革服务，积极开展了档案利用工作。1986年至1987年，接待到馆查档人员2644人（次），提供利用档案资料12318卷（册）。

信访工作

1980年9月以前，一般信访由有关部门处理，直接答复来访人。重要信访由机关首长亲自处理。因无专业机构，数据无从统计。1980年第八届县人民政府成立后，建立信访办公室，配备专人具体办公，作为专门的信访机构，受理来信，接待来访，综合研究，联合调查。做到事事有交代，件件有着落，案案有结果。据统计，八、九、十届人民政府接到来信1765件（其中上级转来的184件），来访1166人（次）。这些来信来访都得到了妥善处理，有的重要信访，县长亲自接待或签字答复。

1984年8月24日，职业中学，党校征用马颈坳荒山作校址，因权属不清，引起争议。犀牛塘群众集体上访。县长杨培德、副县长覃榜远、周定生、李玉仁出面接待。在查清历史情况的基础上，通过细致的思想工作，按照国家政策规定，给予合情合理的补偿，使问题得到了解决。

1985年8月，部分民办教师对工资低有意见，罢课联合上访，要求增加工资。副县长李玉仁和教育局负责人亲自接待。县长杨培德召集常务会议研究，决定适当增加民办教师工资，从每月每人30元提高到40元。

第四章　人民政协

第一节　各族各界人民代表会议

第一次各族各界人民代表会议

1950年10月14日至15日，在县城召开雷山县第一次各族各界人民代表会议，出席会议的农民代表和各界人士141人。会议宣布雷山县人民政府成立；公审枪决谢世钦等8名罪大恶极的匪首，并在丹江地区召开万人群众大会，庆祝“雷公山合围”大捷。

第二次各族各界人民代表会议

1950年11月28日，召开雷山县第二次各族各界人民代表会议。出席会议297人，其中农民代表158人，妇女代表43人，开明士绅38人，知识分子12人，商人3人，工人2人，革命军人家属4人，军队代表21人，政府代表16人。会议听取县人民政府县长王春智作工作总结；针对当年灾荒严重，群众生活困难，为保证部队供给，讨论如何完成征粮任务，向大户借粮。凡借出的粮食第二年可折抵公粮任务。

第三次各族各界人民代表会议

1951年3月18日至21日，召开雷山县第三次各族各界人民代表会议。出席会议117人，其中农民代表38人，商人代表5人，教育界代表15人，妇女代表18人，特邀代表22人，军队代表4人，中共雷山县委代表2人，青年代表1人，县人民政府代表12人。会议听取县人民政府县长王春智作县政府工作报告；选举雷山县第一届各族各界人民代表会议常务委员会。会议采用举手方式，选举产生主席1名，副主席2名，秘书长1名，常务委员13名。王春智当选为主席，李焕培、蔡用宾当选为副主席，李新三当选为秘书长，王光泽、张伯平等13人为常务委员。会议决议：继续抓紧清匪反匪首工作，发动受害者向匪首诉苦、挤枪、挤赃；在贫雇农缺乏土地的情况下，号召群众开荒种烤烟、棉花，搞好农业生产，搞好文化教育工作。

第四次各族各界人民代表会议

1951年9月4日至10日，召开雷山县第四次各族各界人民代表会议。出席会议483人，其中农民代表256人，工人代表8人，商人代表6人，青年代表24人，特邀代表29人，知识分子代表34人，革命家属代表5人，区域代表32人，政府代表15人，妇女代表64人，军队代表5人，中共雷山县委代表5人。会议听取县人民政府县长王春智作政府工作报告。讨论发动群众增加生产，捐献，支援抗美援朝；清理积案；继续开展清匪、反匪首、减租、退帮工帮粮，帮助军属秋收；对在押匪首提出惩处意见；订立爱国公约。会议通过了实行减租减息，响应抗美援朝总会号召，开展增产、捐献的决议。

第五次各族各界人民代表会议

1952年11月4日至7日，召开雷山县第五次各族各界人民代表会议。出席会议162人，其中中共雷山县委代表3人，工人代表2人，农民代表99人，妇女代表17人，青年代表3人，政府代表5人，军队代表2人，区域代表9人，转业军人代表3人，军属代表3人，文教界代表5人，商人代表6人，特邀代表5人。会议听取县人民政府县长王春智作政府工作报告，并提出调实产量，完成征粮；大力收购土产，积极供应日用工业品；搞好冬耕生产；成立县、区供销合作社；加强人民武装工作；做好税收工作；开展文教卫生工作等任务。会议对以上工作作出相应的决议。

第六次各族各界人民代表会议

1953年4月4日，召开雷山县第六次各族各界人民代表会议。出席会议125人，其中手工业工人代表2人，农民代表64人，革命家属代表3人，特邀代表9人，妇女代表3人，青年代表7人，商人代表2人，教育界代表2人，学生代表1人，区域代表30人，转业军人代表2人。会议听取县人民政府副县长李新三作政府工作报告。报告提出：巩固土地改革成果；加强人民民主专政；开展爱国增产，支援前线，把生产向前推进一步；选举雷山县第二届各族各界人民代表会议常务委员会。会议采用举手方式，选举产生主席1名，常务委员51名。李焕培当选为主席，王光泽、李新三等51人为常务委员。会议决议：开展爱国增产竞赛运动，继续支援抗美援朝；搞好春耕生产，大力兴修水利，搞好防涝抗旱工作；大力积肥，搞好农业科学管理；生产自救，解决春荒；广泛宣传自愿、互利、民主管理三大原则及农业生产十项政策，组织换工互助组，发展生产，继续深入宣传民族政策及成立民族区域自治的重大意义；加强治安工作，继续发动群众捉拿匪首，巩固人民民主专政；按照当地风俗习惯，发挥少数民族人士的作用，处理民事纠纷；继续做好文化教育工作和开展爱国卫生运动；充分发扬民主，合理分配无偿农具。

第七次各族各界人民代表会议

1953年7月9日，召开雷山县第七次各族各界人民代表会议。出席会议112人，其中农民代表71人，工人代表1人，商人代表2人，教育界代表2人，青年代表3人，妇女代表4人，学生代表1人，军属代表3人，转业军人代表3人，特邀代表5人，中共雷山县委代表1人，县人民政府代表5人，区域代表11人。会议听取县人民政府副县长李新三作夏季生产工作报告；讨论选举工作；讨论农业生产工作。会议作出：保证完成增产任务，迎接县人民代表大会的召开和苗族区域自治政府的建立；搞好普选工作；搞好农业生产，战胜灾荒；继续捉拿匪首归案法办；严禁贩卖烟毒等12项决议。

第二节　政协雷山县委员会

第一届委员会

政协雷山县第一届委员会由86名委员组成。其中：中共雷山县委员会9名，占10%；无党派爱国人士6名，占7%；共青团雷山县委员会4名，占4.7%；雷山县妇女联合会5名，占5.9%；雷山县总工会3名，占3.5%；农民8名，占9.3%；雷山县供销合作社2名，占2.3%；科技界2名，占2.3%；农林水界7名，占8.2%；教育界10名，占11.7%；医药卫生界7名，占8.2%；工商界3名，占3.5%；文化艺术界2名，占2.3%；体育界1名，占1.1%；少数民族4名，占4.7%；特邀人士13名，占15.2%。

1984年8月27日，在县城召开第一届委员会第一次会议，大会以无记名投票方式，选举产生第一届委员会常务委员会。选举主席1名，副主席6名，秘书长1名，常委19名，其中苗族12名，侗族2名；妇女2名。

常务委员会下设办公室、工作组委员会、学习委员会、提案工作委员会、文史资料研究委员会。

办公室是办事机构。在秘书长的领导下，负责处理委员会及其常务委员会的日常事务。即：会务、学习、提案、文史、信访、工作组联络以及其他行政工作。下设人事秘书科、信访科、行政科。配备秘书2人、工作人员4人。

工作组委员会的任务：在常务委员会领导下，负责联络和协调各个工作组的工作，开展经常性的活动。设主任1名、副主任1名、委员3名。

学习委员会的任务是：在常务委员会领导下，组织和推动委员开展经常性的理论政策学习。设主任1名、副主任1名，委员3名。

提案工作委员会的任务：在常务委员会领导下，负责审查、转咨和督促委员提案的办理，使委员的提案和合理化建议得到采纳和落实。设主任1名、副主任1名、委员2名。

文史资料研究委员会的任务：在常务委员会领导下，负责组织各个历史时期文史资料的搜集、整理、研究和编辑出版工作，用历史知识教育启发后代，激发爱国热情，促进两个文明建设和祖国和平统一。设主任1名、副主任1名、委员3名。

第二届委员会

政协雷山县第二届委员会由89名委员组成。其中：中共雷山县委会7名，占7.9%；无党派爱国人士10名，占11.3%；共青团雷山县委员会5名，占5.8%；雷山县妇女联合会4名，占4.5%；雷山县总工会1名，占1.1%；雷山县供销合作社2名，占2.2%；农民9名，占10.1%；科技界11名，占12.4%；教育界10名，占11.3%；医药卫生界6名，占6.8%；工商界3名，占3.3%；体育界1名，占1.1%；文化艺术界3名，占3.3%；少数民族7名，占7.9%；特邀人士10名，占11.3%。

1987年6月26日，在县城举行第二届委员会第一次会议。大会以无记名投票方式，选举产生第二届委员会常务委员会。选举主席1名，副主席6名，秘书长1名，常委17名，其中苗族10名，侗族1名；妇女3名。

常务委员会下设办公室、工作组委员会、学委员会、提案工作委员会、文史资料研究委员会。人员配备和任务同第一届。

政协雷山县委员会第一届至第二届主席、副主席名录

表4-4

届 次	职 务	姓 名	性 别	民 族	文化程度	籍 贯	任职时间
第一届	主 席	余国茂	男	苗	初中	贵州雷山	1984.9—1987.6
	副主席	龙向日	男	侗	高中	贵州天柱	1984.9—1987.6
	副主席	吴士熙	男	苗	中师	贵州凯里	1984.9—1984.10
	副主席	张德珍	女	苗	小学	贵州雷山	1984.9—1986.12
	副主席	罗维钊	男	汉	中专	四川武胜	1984.9—1987.6
	副主席	杨永隆	男	苗	中师	贵州雷山	1984.9—1987.6
	副主席	包太文	男	汉	中专	贵州雷山	1984.9—1987.6
第二届	主 席	余国茂	男	苗	初中	贵州雷山	1987.7—
	副主席	潘自动	男	苗	简师	贵州凯里	1987.7—
	副主席	杨永隆	男	苗	中师	贵州雷山	1987.7—
	副主席	罗维钊	男	汉	中专	四川武胜	1987.7—
	副主席	包太文	男	汉	中专	贵州雷山	1987.7—
	副主席	胡瑞林	男	侗	中专	贵州天柱	1987.7—
	副主席	文远仁	男	苗	大学	贵州雷山	1987.7—

第三节　政治协商、民主监督

全体会议

1984年8月27日至9月4日，政协雷山县第一届委员会举行第一次会议。出席会议的委员有72人。会议听取余国茂作筹备委员会的工作报告；龙向日作关于提案办法的说明。列席县人大九届一次会议，听取县长杨培德作政府工作报告，县计委主任龙效民作雷山县国民经济、社会发展计划执行情况和今后主要计划指标安排意见的报告；县财政局局长冷汉元作雷山县1984年财政预算执行情况的报告。听取县人大常委会、县人民法院及县人民检察院的工作报告。委员们对雷山县的农业、工业、财贸、教育、卫生、科技以及民族等方面的工作提出141件提案。会议通过《政协雷山县第一届委员会第一次会议政治决议》《关于第一届委员会筹备工作报告的决议》《关于提案审查的决议》。

1985年3月24日至29日，政协雷山县第一届委员会举行第二次会议。出席会议的委员65人。会议听取副主席龙向日作《常务委员会工作报告》；副主席杨永隆作《委员提案办理情况的报告》；主席余国茂的讲话。列席县人大九届二次会议，听取县长杨培德作《政府工作报告》；县计委主任龙效民作《国民经济、社会发展计划执行情况和今后主要计划指标安排意见的报告》；县财政局局长冷汉元作《1984年财政决算和1985年财政预算的报告》。以及县人大常委会、县人民法院、县人民检察院的工作报告。委员们对进一步搞好经济体制改革，发展工农业生产，加强基础教育，搞好民族工作，落实统战政策等方面提出意见和建议。对社会上有些人不能正确对待中小学教师表示关注。会议呼吁全社会要尊师重教。会议收到提案146件。通过《政治决议》《常委会工作报告的决议》《提案办理情况报告的决议》。

1986年3月24日至31日，政协雷山县第一届委员会举行第三次会议。出席会议委员70人。会议听取副主席龙向日作《常委会工作报告》；副主席杨永隆作《提案办理情况报告》。会议列席县人大九届三次会议。听取县长杨培德作《政府工作报告》；县计委主任龙效民作《国民经济、社会发展计划执行情况和今后主要计划指标安排意见的报告》；县财政局局长冷汉元作《1985年财政决算和1986年财政预算的报告》；副县长周定生作《雷山县"七五"计划建议的报告》。以及县人大常委会、县人民法院、县人民检察院的工作报告。会议收到提案69件。会议通过《政治决议》《常委会工作报告的决议》《提案办理情况报告的决议》。

1987年6月26日至7月4日，政协雷山县第二届委员会举行第一次会议。出席会议委员87人。会议听取潘自动代表县委作第二届委员会人事安排方案的说明；余国茂代表第一届常委会作《工作报告》；杨永隆代表第一届委员会作《提案工作委员会委员提案办理情况的报告》。会议列席县人大十届一次会议。听取县长杨培德作《政府工作报告》；县计委主任龙效民作《1986年国民经济、社会发展计划执行情况和今后主要计划指标安排意见的报告》；县财政局局长冷汉元作《1986年财政决算和1987年财政预算的报告》；听取县人大常委会、县人民法院、县人民检察院的工作报告，会议收到提案81件。通过《政治决议》《常委会工作报告的决议》《提案办理情况报告的决议》。

常务委员会会议

第一届常务委员会共举行会议13次；第二届常务委员会在1987年前举行会议3次。根据"长期共存、互相监督，肝胆相照、荣辱与共"的方针。举行会议时，邀请县委、县人民政府领导人参加，通报全县政治、经济、文教事业发展情况，与委员共商建设大计。

1985年6月25日，政协雷山县第一届委员会常务委员会举行第六次会议，听取县委书记余金才关于全县经济发展情况的介绍；县长杨培德作全县经济形势的报告，讨论培养人才对发展雷山经济的重大意义。提出必须重视教育和人才的培养，采取"稳定、培养、引进"三结合的方针。即稳定现有的，培养新生的，引进外来的。常委会通过《会议纪要》。并向县委、县人民政府提出6条建议。1986年10月20日，第一届委员会常务委员会举行第十次会议，邀请县长杨培德、副县长覃榜远，县委常委、宣传部部长李锦平参加。会议学习《中共中央关于社会主义精神文明建设指导方针的决议》等文件。通过《关于认真学习"中共中央关于社会主义精神文明建设指导方针的决议"的决定》《关于搞好农村公益事业建设的决议》。

主席会议

主席会议由主席、副主席、秘书长组成。根据政协章程规定的原则认真履行职责。第一届委员会举行会议22次，讨论决定常务委员会工作15项；决定召开常务委员会议和委员座谈会13次。作出决定44项。第二届委员会在1987年前举行主席会议5次，决定常务委员会工作2项；会议事项11项。

民主协商会

1984年8月16日，政协雷山县第一届委员会筹备委员会举行会议，对政协雷山县第一届委员会参加单位和委员名额、名单，以及领导人员人选进行协商。1987年5月2日，召开非中共人士会议，就政协换届选举和人事安排方案，征求意见。1987年7月15日，召开部分县政协委员协商会，县委书记余金才、副书记陆定洲出席会议。将县委拟定的县人民政府换届后，各委、局领导干部建议名单提交会议协商，征求意见。1987年8月25日，召开部分县政协委员和教育界有关人士会议，对县委拟定的各中、小学校长、教导主任名单进行协商。

考察调查

1984年8月至1987年4月，一届、二届政协常委会先后组织政协委员考察12次，参加委员有57人（次）。对全县林业、茶叶、油菜籽、粮食生产和教育、商业、工业、农村医疗卫生等方面工作进行考察，每次考察都写出专题报告。

1985年5月，县政协主席余国茂、秘书长杨正光等5人组成考察组，到公统、望丰、响楼、桃江等乡村对林业进行考察。对乡村出现的乱砍滥伐和山林火灾情况深入了解，并提出书面报告。县委和县政府就此发出关于制止乱砍滥伐森林的文件，并由副县长周定生带领调查组，对乱砍滥伐严重的公统乡进行查处。

1985年11月，县政协组织两个考察组，由副主席龙向日、杨永隆带队，分别对永乐、达地、桥桑、公统、乌江、望丰等乡（镇）的茶场进行考察，对如何落实茶叶生产责任制，加强茶叶管理等问题与当地干部群众共同探讨，然后将考察的情况写出专题报告，就改变茶叶生产管理体制、加强茶叶科学管理的提出建议。

1987年9月，县政协工业工作组由副主席杨永隆、秘书长杨正光、工业工作组长宋能等组成考察组，深入到县酒厂进行考察，将考察情况写出专题报告，提出6条建议，解决县酒厂生产管理中的具体问题。

提案办理

政协雷山县第一届委员会共收到委员提案265件，第二届一次会议收到委员提案81件，共计346件。提案内容涉及全县的政治、经济、文化教育、卫生、城建环保、落实政策、民族和社会生活等各个方面。其中：属于农业、林业、水利电力建设34件；属手工业、交通、城乡建设54件；属于科技、教育、文化、医疗卫生方面90件；属于环境保护5件；属于农村政策、民族工作方面24件；属于落实政策方面37件；属于政法、民政、劳动人事方面11件；属于工商、财贸方面28件；其他63件。一届委员会提案于1987年2月底办理结束，做到件件有着落，案案有答复。1985年，一届二次会议上，委员提出关于中学缺乏教师，课程不能全部开设的提案后，经县委和县人民政府采取有效措施，从外地引进教师40名，初步解决高中教师缺乏的问题。关于建议有关单位不要占用雷山民中体育场地堆放建筑材料以免影响师生开展体育活动的提案，县人民政府及时召开县长办公会研究，拨出3万元专款进行修复。1986年，第一届三次会议建议县政府重视稻瘟病防治工作的提案，县政府拨出1万元专款购买农药，并督促有关部门做好农药器械供应和防治病虫害的技术指导，减轻了病虫危害。1987年，第二届一次会议关于建议排除丹江区委会门前污水的提案，县财政局拨1000元作为排污费用，将全长500米的渠道疏通。1987年，第二届一次会议关于加强农药、化肥供应的提案，县政府责成农资部门组织足够货源，专项供应，当年供应各种农药24936公斤，化肥2767吨。

第四节　咨询服务

蹲点扶贫

县政协选择地处高寒的高岩乡交腊村作为科技扶贫点。交腊村位于雷公山山麓，村驻地海拔1353米，不通公路。全村共有57户，305人，耕地面积295.73亩，其中稻田253.68亩；土42.05亩。从1985年起，由县政协主要领导带领从事农业科技的政协委员和科技干部，到交腊村开展科技扶贫，举办培训班，培训科技骨干，向农民传授科技知识，用科学种田发展粮食生产，解决温饱问题。对水稻品种进行改革，把过去长期使用不耐寒又低产的老品种改用耐寒高产稳产的粳稻良种，并到田间辅导农民用科学方法进行栽培管理。1985年试种粳稻，粮食产量大幅度增加，总产量达54680公斤，比1984年多收20200公斤，增产58.58%。1986年继续派干部和科技人员蹲点，推广良种达152.86亩，占总田面积60.3%。良种良法一齐推广后，是年，总产达77166公斤，比1985年多收22486公斤，增产41.12%，全村人均粮食从1984年的124公斤上升到1986年的253公斤，吃粮紧张情况有所缓和。1986年，全村栽梨树苗2510株。1987年，县政协把交腊村的经验推广到高岩全乡和方祥乡的雀鸟、格头等村寨，收到较好的效果。

智力支边

1985年起，县政协邀请省内各民主党派、工商联的专家、技术人员到雷山考察和讲学，组织县政协委员下乡开展智力支边活动。至1987年，先后邀请省民盟、省民建、省工商联和州人民医院等单位的中高级技术人员来县讲学34人（次），对农业、工业、茶叶、五倍子、商业、教育、医疗卫生等工作提出有见地的建议和意见，对中、小学校长、教导主任等进行专项培训。还组织县政协委员下乡23人（次），对农民进行技术培训。共办各种培训班44期，培训3568人（次）。组织科技人员下乡指导实施杂交水稻高产试验261亩，平均亩产569.5公斤；推广粳型良种242亩，平均亩产425公斤；栽五倍子211亩。还指导专业户养猪、养鸡等。

带动致富

家居农村的县政协委员，成为当地勤劳致富的带头人。政协委员吴秀忠，家住海拔1358米的脚尧村，自然气候恶劣，生产方式落后。农村政策放宽后，他坚持从本地实际情况出发，用科学发展种植、养殖业，使种植养殖业稳定发展。吴秀忠全家12人，有5个劳动力，责任田14亩，土6亩。1987平均亩产粮食485.7公斤，人均口粮698.75公斤，养牛13头。种植魔芋、天麻、茶叶，现金总收入4369元，人均364元。全寨19户、113人，在吴秀忠带动下，全村粮食年产量从1983年起稳定在5万公斤左右。1987年，粮食总产达57100公斤，平均亩产379公斤。多种经济都有发展。全村1987年现金总收入17914元，人均现金收入158元；超过全县人均收入水平。政协委员杨昌仁，造经济林、用材林7540株。1987年人均粮食640公斤，人均现金收入419元。杨昌仁所在村民小组有20户，在他带动下，杂稻推广面积达80%—90%。栽种五倍子、柑橘4000株。政协委员李珍家居丹江镇，人多地少，她运用自己的缝纫技术，搞服装加工和运输业。至1987年，家中置有缝纫机6台，拖拉机1台。开设有两个门市部，年产值达万元以上，纯收入6000余元。

劳动人事民政篇

第一章　劳动人事

第一节　干部队伍

1950年9月下旬，雷山县人民政府首任县长王春智随军由镇远专区带来党、政干部36人，组成县人民政府领导班子，接管政权。当时，录用旧职人员9人。1951年，镇远专员公署抽调南下、西进干部19人，军队转业干部37人，中共镇远地委干校学员25人，军事干校学员6人，分配到雷山工作。同年，陆续从西南人民革命大学贵阳分校分来6人，186师军训大队（榕江干校）分来54人，地委工作团调来38人，从农村知识青年、积极分子中招收166人。至年底，全县有干部192人。其中男181人，女11人。高中文化26人，初中以下文化166人。少数民族干部91人，占干部总数47.4%。1952年，镇远专区初级干校施秉分校学员、炉山县（今凯里市）土改工作队调来雷山参加土地改革结束后，留下75人分配到雷山县工作。9月，又从镇远专区干校、西南公安干校、镇远少数民族医训班、军队转业干部安置和社会招收等渠道，逐步扩大干部队伍，年末，全县有干部451人。其中男383人，女68人。高中文化26人，初中以下文化425人。少数民族干部228人，占50.55%。1953年，开展民主建政，实行基层选举，农村积极分子131人进入乡（镇）领导班子。是年，全县有干部342人（因土改队调出，故人员比上年少）。其中男298人，女44人。高中文化26人，初中以下文化316人。少数民族干部181人，占52.92%。1956年，从农村招收一批社会青年（重点挑选少数民族女青年）参加“农业合作化辅导团”，到农村建社、整社，培养其工作能力，后有87人转为国家干部。县卫生院吸收3名中医作医务工作。年末，全县有干部551人。其中男478人，女73人。大专文化10人，高中文化47人，初中以下文化494人。少数民族干部393人，占71.32%。1958年，因受“左”的思想影响，反右斗争严重扩大化，受开除处分有100余人。秋后，又调一批干部去贵阳支援耐火材料厂等新建厂矿。同时，接收西藏军区转业军官及其他地区军队转业干部计44人。年末，全县有干部646人。其中男611人，女35人。大专文化15人，高中文化61人，初中以下文化570人。少数民族干部432人，占66.9%。1961年8月，复建雷山县。是时，从凯里县统一分配干部200余人到雷山工作，太平煤矿调入17人，有试用人员78人转为国家正式干部，大中专毕业生分配23人，从冶金工业部、省、州分别下放支援雷山工作的干部88人。当时正值困难时期，部分干部自动退职回家生产，经多次家访动员不愿回来工作而作退职处理的有40人。1962年5月，排调区复归丹寨县，调出干部54人。1962年末，全县有干部500人。其中男443人，女57人。大专文化15人，高中文化94人，初中以下文化391人。少数民族干部254人。占50.08%。1963年接收昆明军区转业军官及军队转业干部31人，又从县保送一批社会青年到黔东南州财校学习后分配工作，从粮食助征人员中吸收一批为正式干部。年末，全县有干部746人。其中男654人，女92人。大专文化19人，高中文化64人，初中以下文化663人。少数民族干部457人，占61.26%。1967年9月，党政领导机关被“夺权”，人事管理机构撤销，工作秩序混乱，原县委会、县人民委员会及公、检、法等单位的干部，大部分送去“五七”干校劳动、审查。1970年，开展“一打三反”（即打击现行反革命、反对贪污盗窃、反对投机倒把、反对铺张浪费）、清理阶级队伍，对干部乱批乱斗，大搞“逼、供、信”，被诬陷为反革命分子而遭关押、开除、遣送回籍的干部达数十人之多，造成冤、假、错案。此后，干部主要来源是接收国家统一分配的大、中专毕业生。由于分配不对口，学非所用，不久又相继调出。1971年至1972年，从农村半脱产干部和参加“湘黔铁路会战”的民兵积极分子、复退军人中，吸收为干部的有89人，工人转为干部的129人。1972年末，全县有干部1544人。其中男1300人，女244人。大专文化117人，高中文化307人，初中以下文化1120人。少数民族干部987人，占63.9%。1979年，平反反右扩大化、反右倾、四清、“文化大革命”四个时期的冤、假、错案，收回干部128人安排工作。是年末，全县有干部1727人。其中男1445人，女282人。大专文化110人，高中文化477人，初中文化643人，高小文化497人。少数民族干部1227人，占71.05%。1980年，实行干部制度改革，以“革命化、年轻化、知识化、专业化”作为选拔、培养干部的标准，对干部实行统招统考，择优录取，并注意在少数民族偏僻山区招收民族青年参加工作。年末，全县有干部1815人。其中男1536人，女279人。大专文化117人，中专文化367人，高中文化178人，初中文化674人，高小文化479人。少数民族干部1312人，占72.3%。1981—1982年，通过考试择优录取农经员、计划生育员46人，工商、农业、建设3个行业和税务、工商、物价、公安4个局及检察院等单位先后招收干部33人。1984年，实行干部聘任制，聘任乡（镇）干部40人，计划生育员23人，财经员34人，并从湖南隆回、邵东、宁乡等地聘任高初中教师、医师、记者等专业干部54人，工转干172人。年末，全县有干部2093人。其中男1725人，女368人。大专文化138人，中专文化648人，高中文化227人，初中以下文化1080人。少数民族干部1576人，占75.3%。1986年，全县有干部2254人，男1863人，女391人。大专文化205人，中专文化841人，高中文化289人，初中以下文化919人。少数民族干部1766人，占78.35%。1987年，全县有干部2418人（无分项统计）。民族干部、妇女干部的数量有所增长，文化、年龄结构也有较大的变化。

1951—1987年雷山县部分年度干部情况统计表

表5-1

年度	干部总数	性别		少数民族干部	文化程度												中共党员
		男	女		大专	中专	高中	初中	高小	初小	25岁以下	26至33岁	36至45岁	46至55岁	56至60岁	61岁以上	
1951	192	181	11	91	—	—	26	166	—	—	165	21	6	—	—	—	33
1952	451	383	68	228	—	—	26	425	—	—	331	114	6	—	—	—	48
1953	342	298	44	181	—	—	26	316	—	—	235	101	6	—	—	—	58
1956	551	478	73	393	10	—	47	494	—	—	408	122	15	6	—	—	166
1957	572	536	36	360	10	—	47	515	—	—	348	201	17	6	—	—	164
1958	646	611	35	432	15	—	61	570	—	—	389	237	15	5	—	—	175
1962	500	443	57	254	15	—	94	246	122	23	—	—	—	—	—	—	—
1964	781	691	94	473	21	—	118	431	168	43	61	545	139	32	3	1	377

续表

年度	干部总数	性别		少数民族干部	文化程度												中共党员
		男	女		大专	中专	高中	初中	高小	初小	25岁以下	26至33岁	36至45岁	46至55岁	56至60岁	61岁以上	
1972	1544	1300	244	987	117	—	307	1120	—	—	207	631	603	80	18	5	608
1976	1545	1313	232	1055	—	—	—	—	—	—	87	515	700	200	27	16	642
1978	1631	1357	274	1151	107	—	448	590	486	—	162	487	624	321	26	11	674
1979	1727	1445	282	1227	110	—	477	643	497	—	105	468	630	457	53	14	684
1980	1815	1536	279	1312	117	367	178	674	479	—	127	490	630	513	41	14	705
1984	2093	1725	368	1576	138	648	277	1017	—	13	380	540	584	542	45	2	689
1985	2148	1807	341	1666	176	821	295	844	—	12	420	549	631	506	39	3	777
1986	2254	1863	391	1766	205	841	289	907	—	12	490	539	601	561	61	2	791
1987	2418	—	—	—	—	—	—	—	—	—	—	—	—	—	—	—	—

第二节　少数民族干部培养

中共雷山县委根据雷山是苗族聚居区的实际情况，把培养少数民族干部作一项重要工作任务来抓。1950年12月，选送社会青年94人（其中少数民族64人）到榕江186师军训大队培训。1951年9月又选送农村知识青年59人（其中少数民族52人）到镇远专区初级干校学习，选送18人到镇远专区少数民族医训班和贵阳卫校学习。为使少数民族能当家作主，自己管理本民族的内部事务，1952年，先后选派12人到北京、上海、杭州、天津等城市参观学习，每年都有计划地抽调30人至40人，离职到中央民族学院、西南民族学院和贵州民族学院、中共西南局党校、贵州省委党校、省行政干校以及镇远地委干校培训，学习政治、文化与业务知识。对有一定文化的干部，则保送去贵州大学、贵阳医学院深造。县内开办训练班和在职干部业余文化学校，组织干部职工学习理论和文化。在工作中，采取“以老带新”的办法进行培养，县委制订培养少数民族干部计划，县委成员分工实施，明确职责并经常检查。1954年7月，成立民族区域自治政府时，已有县级正副职民族干部2人，区（科）级民族干部18人，占区（科）级干部的42.5%。14个工作部门有少数民族干部担任领导职务。36个乡（镇）有民族干部正副职99人，占乡（镇）级干部的97%。1956年，按照德、才兼备的标准，又提拔一批少数民族干部，至年底，有县级正副职民族干部3人，区（科）级民族干部49人，占区（科）级干部的69%。有29个工作部门有民族干部任领导职务。29个乡（镇）有正副职民族干部118人，占乡（镇）级干部的96%。1957年，在“左”的错误影响下，民族干部受到不同程度的批判，有的被戴上“右派分子”“地方民族主义分子”“右倾分子”等帽子，受到错误处理。1958年，全县有县级正副职民族干部2人，区（科）级民族干部45人，占区（科）级的64.3%。29个乡（镇）有正副职民族干部119人，占乡（镇）级干部98.3%。1962年撤区并社，机构调整，年底，有县级正副职民族干部3人，区（科）级民族干部24人，占区（科）级干部51%；32个工作部门中，18个部门有民族干部任职，14个人民公社有区（科）级民族干部18人，占公社级干部54.5%。1964年面上“四清”（清政治、清思想、清组织、清经济）运动和1966年的“文化大革命”，认为少数民族干部文化低，素质差，而贬低其作用，领导干部几乎全部下台，靠边站。有的遭到诬陷，受到错误处理。1970年补台后，建立、健全部门机构，工作开始走上正轨。原任领导职务的干部逐步安排。从1973年起，把培养民族干部列入议事日程，对在实际工作中有一定才干，而具备提拔条件的民族干部，有计划地送省、州、县党校学习，对具备培养接班人条件的民族干部，有计划地安排到基层锻炼，并指定一名老干部进行“传、帮、带”。通过实际考核，根据德、能、勤、绩，提拔使用。十一届三中全会以后，重申党的民族政策，拨乱反正，平反冤、假、错案，对原“靠边站”的干部，重新安排工作，使民族干部队伍日趋壮大。1979年，有县级民族干部8人，占县级干部91%，区（科）级民族干部68人，占区（科）级干部63.5%；37个工作部门中有民族干部任职，占区（科）级干部70%。人民公社正副职有民族干部105人，占公社级干部95.5%。为加强民族干部队伍建设，1980年，以考试择优录取的办法，录取40名民族干部在县培训，充实偏僻山区的乡（社）干部队伍。为提高少数民族干部的政治、文化素质和领导能力，以适应县经济、文化建设发展的需要，按照“四化”（革命化、年轻化、知识化、专业化）的标准，1982年，选送部分民族干部到西南农学院、西南民族学院、贵州民族学院深造。以后，每年都通过考试，选送一批在职干部，到中央及省级大专院校培训、进修，并鼓励干部职工参加业大、电大学习。1987年，全县民族干部中，有大专毕业生182人，比1965年增长8倍，有中专、高中毕业生893人，比1965年增长7倍。在职民族干部参加高、中等成人教育学习后，取得大专文凭的15人。是年，在大专院校学习的有19人，在中专学习的有3人。是年，有县级少数民族干部15人，占县级干部的74%；有区（科）级少数民族干部111人，占区（科）级干部的74%。61个工作部门中，有民族干部任职的占80%，25个乡（镇）的正副职干部中，少数民族干部占93.2%。

第三节　干部管理

干部任免

1953年以前，人民政府的人事工作由民政科兼管。1953年3月成立人事科后，人事工作由人事科管理。这时期，县级干部由中共贵州省委任免，正副区级干部，党委的由中共贵州省委任免，行政的由镇远专署任免管理，一般干部由县委组织部和人事局管理。1954年7月，建立苗族自治区，实行人民代表大会制，正副县长、人民法院院长由人民代表大会选举产生，报省任命。正副区级干部，党委的由中共镇远地委任免，行政的由专署任免管理，不分届次，个别调整。股长级以下由县任免管理。中学教师由专署管理，校长由专署直接任免。小学校长、教导主任、教师由县委宣传部任免管理。1956年召开第一届党代会，按照《中国共产党章程》规定，县委正副书记由党的代表大会选举产生，大会闭幕期间，由中共贵州省委任免。“文化大革命”中，实行军管，干部制度管理极为混乱。县革委会党、政主要负责人，由军方担任，副职由“造反派”评议提名，由县革委呈省革委会任免。将组织、人事部门等机构撤销，干部、中小学校长、教导主任统一由“县革命委员会政工组”（1970年改为政治部）管理，当时以派别用人，使一些平庸无能、软弱懒散者被拉进领导班子。区、公社（乡）革委正副职由县革委提名报州革委任免。县、科、局级机构撤销后，部门和学校统一改设“文化大革命”领导小组，正、副组长改由县革委任免。1970年县革委会补台，工作逐步走上正轨，对人事管理作部分调整。科（局）正职由县革委提名报州委任免管理，副职以下由县委组织部任免。党的十一届三中全会后，机构恢复，各种制度逐步建立、健全，军队干部撤回，按照党管干部的原则，正县级由县委提名呈报省委任免、管理，副县级、正区级亦由县委提名呈报州委任免、管理，副区级以下属党委的由县委组织部任免，行政的由人民政府任免、管理。1983年，干部管理权限逐级下放，县委书记、政府县长由省委管理，副职及人大常委会正副主任、政协正副主席由州管理，正副区级以下干部仍按上述程序由县委和政府任免、管理；依照《中国共产党章程》《中华人民共和国地方各级人民代表大会组织法和地方各级人民政府组织法》《中国人民政治协商会议章程》的规定，县委正副书记、县人大常委会正副主任、县人民政府正副县长、县人民法院院长、县人民检察院检察长（检察长需报省批准），县政协正副主席、秘书长由州委考核，县委提名，按干部管理权限，分别呈报省、州委审批，然后由党的代表大会、人民代表大会及县政协委员会全体会议选举产生。乡（镇）党委正副书记、正副乡长分别由县委考核、提名，提交乡（镇）党代表大会、人民代表大会选举产生。县政府委、办、局正职干部由县委考核提名，再由县人民政府提请县人大常委会任免，区、公社政府事业单位正职及行政的副职以下干部和中、小学正副校长、教导主任亦由县委考核提名再由县人民政府任免。县委部、委、室以下干部由县委直接任免，人大常委、政协下属机构干部正副职、人民法院、人民检察院副职分别由县人大常委会、县政协常委会任免，送县委备查，由组织、人事部门统一管理。在按照“四化”标准选拔干部时，有一段时间过分强调年龄和学历，使不少50岁左右的干部退居二线。1985年改为学历与水平相结合，既重学历，又重水平。对缺乏领导能力的干部，作相应调整，对确有实践经验、精力充沛、能胜任工作已退居二线的干部，重新推荐、考核、选任。对乡(镇)干部，部分采取聘任制。1986年实行招聘，在农民中选聘乡(镇)干部和计划生育员。在干部的任免使用上，历来遵循党的“任人唯贤”和“德才兼备”的干部政策，选拔一批具备条件的青年干部进入领导班子。青年干部走上领导岗位，改善了各级领导班子的文化、年龄结构。县机关45个单位及区、乡(镇)党委、政府都制订《岗位责任制》和《领导干部任期目标责任制》，定期作述职报告。

干部奖惩

对干部的奖惩，实行“奖勤罚懒”。对积极工作，努力学习的，以精神鼓励与物质奖励相结合进行表彰。1958年因受“左”的思想影响，曾在干部中搞“拔白旗”，挫伤了部分干部的积极性。20世纪60年代年代初，开展学雷锋、学王杰、学焦裕禄等先进人物的活动，评比“五好”（学习好、思想好、工作好，身体好、劳动好），评选先进，树立榜样。党内评选“先进支部”“优秀党员”，妇女评选“三八红旗手”，青年评选“先进团支部”“优秀团员”“青年突击手”，行政上评选“先进单位”“先进工作者”，颁发奖旗、奖状和给予物质奖励，对贡献突出的，晋级加薪、记功。1979年，县人民政府对各区、社农林生产方面做出成绩、完成任务好的给予奖励，有1个区、4个公社获二等奖，有3个区、19个公社获三等奖，共发放奖金3300元。

对犯错误干部以教育为主，帮助他们积极改正。对较为严重的，则分别施以行政警告、记过、记大过、留用察看直到开除公职等处分。对极少数严重触及法律又屡教不改、影响很坏的，则绳之以法。1952年，受纪律处分13人，判刑4人，机关管制处分4人。1953年，县人民政府设人民监察委员会（1956年改为监察室），负责对行政干部违纪案件的查办处理。对中共党员违纪案件，由县委纪律检查委员会审查处理。“文化大革命”中，党内外干部的违纪案件，由县革命委员会直接处理。1973年4月，恢复县委组织部，党内外违纪案件，统一由组织部处理。1979年4月，恢复县纪委和人事局后，中共党员违纪案件，由县纪委处理，非中共党员干部的违纪案件，由人事局处理。1981年处分8人，1984年处分11人，1987年处分1人。工作人员犯错误有作风不民主、道德败坏、贪污挪用公款、欺压群众等类型。遵循实事求是的原则，先进行深入调查了解，写出调查报告，呈请上级审批，作出结论，然后将材料与本人见面并签字，以达到教育本人、教育群众的目的。

老干部管理

1984年2月，县委设老干部局，负责管理离休老干部（新中国成立前参加革命工作的干部）的政治学习、生活待遇、医疗保健、娱乐等事务。按照县委组织部与财贸办公室联合发出的《关于照顾老干部生活待遇的通知》，定期或不定期为老干部进行体检，建立健康档案。政治待遇不变，生活待遇从优。原老干部所在单位建房要优先分给老干部居住，到农村或回原籍居住的，每人按参加工作时间分别发给4000～8000元建房补助费。老干局给老干部订阅报纸杂志，购买门球器械供其锻炼身体，国庆、春节期间召开座谈会或由原单位购礼品登门慰问，做好日常生病就医和组织外出参观等工作。

第四节　劳动工资

1951年，全县干部工资分为中央粮和地方粮两部分开支，分为供给制和薪给制两种。执行供给制包干的为南下、西进、军队转业及各干校和新吸收参加工作没有家庭负担的干部。包干办法是：伙食、津贴、保育、保姆、卫生五费实行包干，衣服、被条、蚊帐、鞋袜及洗漱等生活用具，按月、季、半年为期，定期发给实物。并按干部级别发给零用钱，一般干部为26000元（旧人民币，下同）。供给制的伙食分中、大灶两等，实行个人经费包干，每月以人民币和实物支付，以大米核算。大灶每月7万元，中灶每月12万元。执行薪给制的是留用人员和部分新吸收参加工作有家庭负担的工作人员。通以大米发放，以级别评定粮贴，高的每月大米440市斤，低的240市斤（均为九二米）。后又改折发粮、钱各半，以市场物价计算。1952年，全县干部有451人，执行供给制的385人，执行薪给制的66人。以后，薪给制人员的工薪米改为工资分。无论执行薪给制或供给制人员，先评定级别，然后按级别套工资（每个工资分值按0.215元计算），1953年工资分值改按0.22元计算。高的为15级，低的为29级。统一工资分所含实物是粮、布、盐、油、煤（每个工资分为大米6市两、龙头白布2市寸、油5钱、盐2钱、煤或柴2.5市斤）。同年7月，中央人民政府颁发《国家机关工作人员包干经费及有关事项的规定》，评定级别，调整工资。全县参加评定工资的有338人，按照“一般不动，个别调整”的原则，符合升级的有80人，其中升一级68人，升二级11人，升五级1人。这一时期，国家机关、事业单位工作人员的工资，按国务院规定，工资调整分为定期与不定期两种方法，定期的为每年评级一次。凡在工作中成绩优异，作风正派，经济上无贪污挪用和徇私舞弊，经群众评议认可的，可以提职晋级。不定期的是工作人员提职后，原来工资级别低于新任职务工资级别的，在提升职务的同时，相应地提高工资。1954年全县提高工资75人，占总人数的26.9%。其中供给制58人，占供给制人数的25.8%，工资制17人，占工资制人数的30.7%。国营企业普遍执行八级工资制，在主管部门下达的年度工资总额范围内自行调整。1955年国务院颁发命令，将一部分工作人员实行的包干供给制待遇一律改为工资制。取消供给制人员的供给生活费和津贴费，改为工资制52人，调整级别以工资分计发的76人，对工资制、供给制人员，一律按级别以货币发给工资。个人水电费、住房费及子女读书费，均由个人交纳。

1956年遵照国务院《关于工资改革的决定》取消工资分和物价补贴制，实行直接用货币规定标准工资的制度，并废除各事业、企业单位当时执行的各种工资标准，一律执行全国统一的一类工资区标准，以条条块块相结合的方式进行调资。工资改革前，全县国家机关工作人员234人，月工资总额8506元，人均36.35元。工资改革后，月工资总额9913元，人均42.37元，人均月增资6.02元。事业、企业机构职工361人，工改前，月工资总额9733元，人均27元。工改后，月工资总额12424元，人均34.4元，人均月增资7.4元。1963年，全县在册人员1405人，调整前，工资总额47794元，人均34.01元。其中生产工人调整工资101人，调整前，月标准工资3033元，人均30元。调整后，月增资254元，人均增资2.51元，比调整前上升7.38%。低工资人员调整146人，调整前，月标准工资3051元，人均21元。调整后，月增资655元，人均增资4.49元，比调整前上升21.38%。属于计算升级面的总人数1309人，调整升级人数（一级一面）581人，占升级面的44.38%。调整后，月增资2964元，人均5.1元，比调整前上升11.86%。大中专毕业生转正定级22人，调整前，月标准工资767元，人均35元。调整后，月增资150.5元，人均增资6.84元。此次调资后，按上级规定由一类工资区改为三类工资区。调整地区差1088人，调整前，月标准工资39900元，人均36.67元。调整后，月增资2212元，人均增资2.03元，增长5.54%。除上述五项外，结余指标4316元，用于调整复退军人工资5人，调整前，月标准工资126元，人均25.2元。调整后，月增资31.5元，人均增资6.3元。各种专门技术人员套（定）级6人，调整前，月标准工资218.5元，人均36.42元。调整后，月增资42元，人均增资7元。调整1957年以来自觉降低工资的农村结合部工作人员56人（降低前，月标准工资1919.5元，人均34.28元。降低后，标准工资1574.5元，人均28.12元）。这次调整月增资345元，人均增资6.16元。调整1961年以前参加到全民所有制单位担任固定工作的临时工26人，调整前，月标准工资651元，人均25.04元。调整后，月增资100元，人均增资3.84元。全县调整后工资总额54615元，人均工资38.83元，比调整前上升14.2%。1956年及1963年两次调资时，都强调属少数民族地区，干部群众应同甘共苦。因此，全县机关工作人员定级偏低，调资面窄。1971—1972年，调整部分工人和工作人员工资及改革临时工、轮换工制度，全县有职工计2183人，符合调资范围的1022人，占总人数的46.81%。经群众评议和领导机关批准，实调910人，占应调整人数的97%。调整后月净增工资7285元（含临时工转正定级），人均增资8元。中专生转正定级91人，占应转正定级的94.8%，月增资421元，人均增资4.62元。计划内临时工改为固定工144人，原无工资级别，经转正定级后，全部属调资范围，月净增工资1040元，人均增资7.22元。1978年2月，对全县职工工资进行调整、靠级工作，以“工作多年，工资偏低”为重点，以职工的“政治表现，劳动态度，贡献大小和技术高低”为标准评比调整升级，调整指数为两个40%，即调整人数占应调整职工数的40%，1971年底以前参加工作的其他职工（不含17级以上及其工资相当的干部）人数的40%。全县在册职工2516人，符合调资的1418人，实际调资人数1128人，调整后月增资6173元，人均增资5.47元，靠级人数257人，月增资460元，人均增资1.8元。1981年，普调工资全县在册职工2712人（含计划内临时工）。其中，1978年底以前参加工作的2575人，实际升级面1078人，占职工数41.86%，月增资总额6089元，人均增资5.64元。有附加工资353人，增资额1779元，人均增5.04元。无附加工资722人，增资额4310元，人均增资5.97元。同时由三类工资区调为四类工资区。全县职工2693人，调整后月增加工资3177元，冲销粮贴641元，实际增资额2535元，人均增资0.94元。1981年，为全县中小学教师、医疗卫生，体育工作者调资，调整中，教育部门升一级的691人，月增资3643元，人均增资额5.27元；卫生医疗部门升一级的151人，月增资2355元，人均增资15.6元；体育部门升一级的1人，增资7.5元。升二级的315人（卫生40人），月增资1980元，人均增资6.28元。1985年，实行工资制度改革，以基础工资、职务工资、工龄工资相结合进行。全县参加调资2364人，工改后月增工资总额192938元（其中基础工资加职务工资172892元，工龄津贴16372元，教龄、护龄津贴3674元），比工改前月增资52127元，人均增资22.06元，增长37.02%。并由四类工资区改为五类工资区，参加调整地区差职工3164人。其中企业职工810人，每人增资1.25元；行政事业单位职工2354人，人均增资1.46元。企业调资按国务院《关于1983年企业调整工资和改革工资制度问题的规定》将调整幅度与企业经济效益、职工劳动成果挂钩。全县有企业单位47个，符合调资职工计715人。经业务考核合格，调资升级631人，月增资额3702元，人均增资5.88元；因其他原因缓调19人，违反计划生育和有经济不清不予调整的65人。1985年，国营企业第一、二步工改，参加调资的企业43个，职工计866人，调整后月增工资额8208元，人均增资9.47元。1986年，国营企业第三步工改，升级职工计622人，调整后月增资额6265元，人均增资10.07元。1987年，调整部分工资偏低的工作人员工资，国家机关、事业单位职工参加445人，占行政、事业职工的18%，调整后月增资2945元，人均增资6.62元。同年，国营企业以人均提1.8元用于职工升级和按盈利企业3%升级，全县企业职工850人，升级322人，占企业人数的37.3%，调后月增资额1611元，人均增资5元。按3%升级，升级人数55人，调整后月增资额301元，人均增资5.47元。

第五节　职工福利

困难补助

人民政府每年都拨给职工福利补助款，解决工作人员的具体困难。1951年按每人每月工资分提取，计690万元(旧人民币，下同)，镇远专署拨补助款800万元，共计1490万元。当年，全县共发放补助款708万元，余782万元。同年，镇远专署还拨给家属补助费796万元，大米250公斤，按贵州省《供给制干部家属困难补助暂行办法》，全部发给干部随职家属及原籍家属。计支出人民币1504万元。1952年按《西南区干部保健暂行条例》有关规定，结合干部对革命的贡献、身体强弱核定补助数额，高的补助45万元，低的补助5万元，全县享受老年优待金1人，乙等保健费27人，丙等保健费58人。干部结婚时，每对新婚夫妇补助30万元，计支出2409万元。同年，镇远专署拨给干部家属补助费1589万元，补助随职家属2人395万元，家属探亲旅费、干部旅费640万元，补助原籍家属84人2450万元，补助少数民族干部家属116人2286万元，共计5771万元。镇远专区拨给供给制干部子女入学补助费9万元，按《西南区干部子女入学费用开支办法》评发。全年各项补助总支出8190万元。1953年4月，福利费由人事科管理。省拨给家属困难补助费2800万元，镇远专区拨给200万元，同时转拨子女教育费199万元，根据贵州省《职工福利开支暂行办法》和中央人民政府《关于解决工资制工作人员子女入学困难的问题的通知》精神发放，对干部个人困难、供给制干部随职家属、原籍家属及华北受灾地区生活困难等优先照顾，全年干部补助总支出6279万元。1954年，部分干部转为薪给制后，福利开支范围有所缩小，按照贵州省《关于工作人员福利开支掌管使用实施办法》的规定，补助干部随职家属、原籍家属、家属医药、退职人员费用、干部死亡安葬、家属探亲回程旅费等项目，全年干部福利总支出3995万元。1956年，福利费用分为个人补助与集体补助两种，工作人员特殊困难，由本人申请，领导审查，经“福利评议委员会”核准后发给。全年补助86人，计2069元(新人民币，1元新人民币等于1万旧人民币。下同)。1957年以后，按职工总工资额的1%提取。1958年慰问患病住院工作人员、家属死亡、生育、医药等集体福利支出1370元，干部个人生活困难补助1836元，全年干部福利总支出3206元。1961年，开办职工托儿所拨支500元，干部个人困难补助193人，支出4619元，全年干部福利总支出5416元。1963年改按职工总工资额的2.5%提取，同年，州人民委员会拨发职工困难补助费4160元，全县补助237人(次)，计金额7550元。1965年按职工家庭人口、子女入学、疾病等情况和工作人员困难程度，本着“困难大的多补，困难小的少补，不困难的不补”及“补急不补平”的原则，人事科按人数将福利费每年分两次拨到区和县直各系统，由群众评定，列名单报人事部门审核发给，全年干部福利总支出5680元。1966—1970年按工资总额每人每年15元提取，由县革命委员会(后改由政治部)管理，真正困难的工作人员，没有得到补助，不属享受范围的人，乱批乱支。1970年补281人，支出7200元。1973年恢复县委组织部，由组织部管理，按总工资额每人每年13元至14元提取。留存一部分作统一解决工作人员的特殊困难和节日慰问离退休、住院的患病工作人员后，按部门人数，每人按12元至13元，年终一次拨付，由部门评发。全年职工福利支出5009元。1980年按工作人员工资总额的2.5%提取，用于个人困难补助，共补506人，人民币7590元。1981年，国家机关行政、事业单位，从福利总额中留存20%，除统一解决工作人员特殊困难和慰问患病住院职工、离退休干部外，全年补助713人，职工福利总支出12849元。企业部门按15元提取，补助1133人，金额17318元。总支出30161元。1982年为照顾基层干部工资低、困难多的实际情况，县、区机关、事业单位按工资总额的2.5%提取，公社（乡）级机关、事业单位按工资总额3%提取，包干使用。国家机关补助491人，区、社干部补助228人，全民所有制企业单位补助1227人，职工福利总支出37150元。1987年，全部由县财政局按单位人数多少，年终一次直接拨给发放工资单位，全年职工福利总支出90162元。企业部门按规定提取，自行掌握使用。

边远地区补助

1953年，中央人民政府为照顾边远高寒民族地区的干部，拨发供给制干部生活特殊补助费，按到雷山工作时间长短（分为1951年前，1951年10月至1952年和1953年以后3等），每人补30万元至50万元（旧人民币，下同），薪给制干部（含教师）不分等，人均补助20万元，勤杂人员每人补助4万～7万元，乡（镇）干部（含在乡教师）每人补助10万元，高寒地区的干部，每人补助12万元，共计补助360人，金额9732万元。1954年分为2类4等，即：县、区干部下乡的每人补助45万元，非下乡的每人补助43万元。乡干部（含学校、省卫生防疫队、县政府未脱产委员）分一般地区与高寒边远地区两类，一类为独南、掌雷、高岩、平祥等14个乡，每人补助12万元；二类为丹江、报德、西江、黄里、大塘、莲花等22个乡（镇），每人补助9万元。共补助484人，金额10140万元。1955年仍按上述补助原则，全县补助506人，金额10154元（新人民币，下同）。1956年补助金额9816元。企业部门参照上述标准，根据财力，由直属主管部门审批后发给。1957年停止此项拨款。

1965年10月，州人委会分配雷山少数民族地区职工棉布1250米，分发县“四清”工作队员458米，县机关、区、社职工785米，重点解决职工衣着困难。1966年11月，发放少数民族地区国家职工补助布票，以每人2市尺标准计算，由单位、系统造表到县纺织品公司领取，全县计发放1091米。

奖励金

1961年，企业部门实行“综合奖”，有的单位列入“固定工资”，按不超过职工指标工资总额的6%，按月提取，纳入工资基金计划，按季、半年分为一、二、三等发给。1962年发放337人，金额8753元。是年，对连续工龄满一年以上的职工，发“附加工资”，每人每月按3至5元标准执行。1966年，被视为“经济主义”停发。1971年贵州省革命委员会发出《关于解决附加工资问题的通知》，在各机关企业中恢复执行，列入工资基金计划总额，按月发给（1980年停发）。1973年按国务院《实行计件工资和奖励制度》的文件，恢复“综合奖”，在不超过职工两个半月标准工资额内发放。1978年按国家劳动总局、财政部《关于年终奖问题的通知》，对国家机关、企事业单位发年终奖，全县发放2058人，金额20161元。平均每人10元。1979年每人发40元。1981年对工业建筑、交通、商业等部门，实行超产、质量、安全、综合、年终等经常性生产奖，对劳动模范、先进集体、个人实行劳动竞赛奖，对国家机关、事业单位实行“预算包干”和“增收节支”提存的增收节支奖。三项奖金全县计发24874元。1983年机构改革、企业部门按“百分计奖法”计算奖金，同时，对企业承包人实行“利润、资金周转、费用、销售、库存”五大指标挂钩超产奖励。全年计发奖金4.5万元。1986年发奖金29.8万元。1987年，国家机关、事业单位“增产节约奖”再度提高，每人发给80元，全县全年发各种奖金123353元。

小伙食补贴

1964年起，对县以下无炊事人员的区、乡（含事业单位）和住队干部实行补贴，8至15人的每人每月补助1元，7人以下的每人每月发1.5元，区、乡已配备炊事人员取消其补贴，1987年底有539人享受此项补贴。

粮价补贴

1966年起，遵照国务院《关于提高粮食销售价后，对职工实行补贴的通知》，全县按户均粮数多少发给补贴，每人每月按4元提取，发给职工个人3元，提留1元。对职工人口多的困难户实行补贴。在集体食堂搭伙的职工不补贴。1978年，贵州省革命委员会《关于改变职工粮价补贴发给标准的通知》，取消原评定部分职工的粮价困难补贴金，一律改按4元发给职工个人，列入工资基金计划按月发给。1979年调整职工工资后，对粮价补贴作新的规定，凡10月1日以后参加工作的职工不发给粮价补贴。雷山县由三类工资区改为四类工资区，部分职工调资升级，职工粮价补贴按其升级和地区差增加幅度，相应减少补贴。全县冲销职工粮价补贴总额2108元，未冲完的，以职工工改前原工资级别按降低后的标准发给（即24级至23级的，每人每月发2.4元，22级至21级的，发2.8元，20级至18级的，发2.6元，17级至16级的，发2.4元，15级至14级的，发2.3元）。

副食补贴

1979年10月起，对全民所有制企业和国家机关、事业单位职工（含学徒工），每人每月发给副食补贴费5元。1985年7月，国家机关、事业单位工改时，并入基础工资。1986年，主要副食品零售价格变动后，对机关、事业单位职工每人每月发给物价补贴6元。

书报费

1985年起，对行政事业单位职工（含区、乡聘用人员及离、退休人员），发给书报费。其标准是县级干部（含18级以上离休人员），每人每月发7元，其余人员每人每月发5元。企业单位参照上述标准发放。

工（教、护）龄津贴

1985年工资改革后，对国家机关、事业单位职工实行工龄津贴，职工自参加工作之日起，从第二年开始计算，每增加一年工龄，每月发给本人工龄津贴0.5元，直发至40年，超出年份不再增发。

1985年起，对中、小学教师和班主任，发给教龄津贴、班主任津贴。连续教龄20年、25年以上的大学本科毕业生，30年以上的中专毕业生，现工资在中教5级、小教3级的教师，每人每月发15元教龄津贴。1987年，发放教龄津贴587人，金额49304元。发班主任津贴508人，金额24041元。

1986年起，对从事护理工作多年的护士，按工作时间长短，发给护龄津贴。1987年发34人，金额2039元。

知识分子生活补贴

1986年起，对已取得大、中专学历的知识分子，根据工作年限，分初（6—10元）、中（15—20元）、高（30元）三个等级，按月发给生活补贴。1987年，全县享受知识分子补贴的计495人，金额51108元。

其他补贴

1980年以后，为鼓励计划生育，对独生子女每人每月发保健费4元。1987年，全县发放920元。1985年起，每个职工每月发给洗理费4元。1987年，全县发放117646元。企业部门另加发卫生防疫费。

医药费

1952年前，国家机关工作人员患病，所需一切医疗费（不含住院伙食），均凭据报销，列入供给制生活费和补助工资报支。1953年，实行公费医疗，凡国家机关、事业单位享受公费医疗待遇人员，由单位按实有人数，造册向县卫生科（局）领取“公费医疗证”，凭证到指定的医院就医，工作人员调出时，将“医疗证”注销。公费医疗费按每人每月2元标准提取，由卫生科（局）掌管使用。全县450人，支出6444元。企业部门凭据向单位报销。1958年3月，县人民委员会颁发《关于修订医疗费使用范围的通知》，规定机关工作人员患病在门诊就医的，其挂号费由患者自理。住院期间的一切费用，由公费医疗支付。凡不经医生诊断，在门诊指名服用的滋补药品，或在外自购药者，费用自理。1965年公布《关于改进公费医疗管理之规定》，凡享受公费医疗人员治病的门诊挂号费和出诊费改由个人交纳，其医病报销范围仍按上述规定。“文化大革命”期间，医药费管理混乱，年年超支。从1978年起，医药费每人每年提高到30元，仍然超支。随着物价上涨和其他原因，医药费超支过大。为减轻财政负担，1984年起，对公费医疗进行改革，实行包干到人。每年从医药费总额中扣出一定比例由卫生局掌管，统一解决部分工作人员患病住院的费用，再按人数拨给册发工资单位，按照工作年限，分为4元、3元、2元三等，发工资时一并发给。个人在门诊看病，医药费自理。住院期间费用，由国家报销。企业部门由单位按规定提取，自行掌握使用。

第六节　劳动就业

招　工

雷山原来城镇人口极少，20世纪70年代以前，无待业劳动力。国家机关的勤杂工、邮电部门的外勤工，均由县人事科从农村招收。1952年，全县有工人45人。1956年，县内开始办小型工厂，招收12人。手工业管理科管理的铁木农具生产合作社有集体工人20人。1958年，新增部分国营企业。“大跃进”时期，大办工厂，从农村招收固定工、合同工、临时工计283人。县成立森林砍伐队，调集农村劳力2800余人，口粮由国家供应，每人每月工资17元，由县林业局管理。年末，全县有工人3250余人。1960年砍伐队撤销，工人全部下放回农村参加农业生产。1961年成立劳动调配科（隶属县计划委员会，1962年撤销），统一管理工人，国营、集体工人统由县计委管理。同年，县人民委员会发出《关于精减回乡职工及家属的规定》，县成立精减人员处理小组，精减工人43人。至年末，有工人327人。1961年，招收工人33人。同年12月，县人民委员会发出《关于收回被精减下放工人的通知》，收回原下放的技术工人11人。1966

年6月，县人民委员会批转手工业生产合作社工人12人转为国家企业工人。同年8月，经县人民委员会批准，国家建筑工程部第三工程局及西南铁路局建设指挥部，在全县4个区、16个公社招收轮换工人220人，临时工人30人。11月，铁道部第四工程局、贵州省雷山县邮电局、建工部第四工程局在县内4个区农村招收轮换工、民工计202人。县农机厂招收合同工10人。从农村招收的工人，均为18至30岁青壮年，临时工放宽至40岁。并搭配10%～15%女劳动力。经检查合格录取后，与公社签订合同，办理粮食、户口等有关手续随迁，轮换工期限为3～5年，合同工暂定1年。工资收入一般按四、六分配（集体四、个人六），生产队按同等劳力评记工分，年终参加分配。以后，部分工人退回农村，部分转为正式工人。1967年，由县革委（后由政治部）管理。1969年后，用工不再从农村招收，改招公费抚养成人的孤儿、上山下乡知识青年、复退军人、职工家属。至1972年止，共计招收工人396人。1973年，县计划委员会恢复，下设劳资科，管理工人。1973年，改革临时工、轮换工制度，将原在各企业劳动的临时工、轮换工144人转为固定工。年末，全县有工人690人。1977年，招收工人39人，属统招统分的固定工。1979年劳动工资局成立，行使管理职能。随着城镇人口的逐步增加，待业人员逐年增多，按国家劳动总局《关于招工实行全面考核的通知》精神，改进招工制度，实行统一考试，并按考生家庭经济生活状况，择优加照顾录取。即考生考分在相等的条件下，优先录取从未有子女参加工作家庭的子女。是年，招收卫生护理人员15人。1982年劳动服务公司成立，统一调配全县社会劳力，试行合同制。对考生进行德、智、体全面考核，并“先培训，后就业”。1983年开办就业培训班3期，计344人。1984年，成立劳动人事局行使管理职能。1987年，全县有待业青年1655人，通过考试，并按照“三结合”（国家、集体、自谋职业）的原则，先后安置待业青年847人。其中，全民所有制单位安排386人，集体单位安排388人，自谋职业73人。职工离退休由子女顶替工作466人（原则上安排到职工离退休单位）。各技工学校先后录取71人。部门自办劳动服务公司集体企业25个，安置待业青年138人，待业率下降为88%。年末，全县有工人1260人（含合同制工人）。

上山下乡知识青年安置

1968年秋，城镇人口中的初、高中毕业学生响应“知识青年到农村去”的号召，全县有34名知识青年到白连公社（乡）营上大队（村）和桃江公社桃江大队（村）插队劳动（有的回原籍插队劳动）。嗣后，“上山下乡”逐步形成制度，除父母双方工作可留一个子女在身边待业外，其余均“上山下乡”，参加农林业劳动锻炼，接受“再教育”，否则不予安排就业。1973年9月，县建立“知识青年上山下乡办公室”，专门管理知识青年“上山下乡”工作，并先后建立“九九”（大塘）、红旗（响楼）、老丹江（固鲁）3个知青农场，大坪子、肖家（永乐）两个知青茶场，大树坳（响楼）、开屯坳（开屯）、乌东（陶尧）3个知青林场和莲花、新联（大塘）知青点，共有知青263人。知青场（点）均配有带队干部1—2人，每年轮换一次。

国家对下乡知识青年每人拨发建房费200元，第一、二年由国家负担其生活费，每人拨给200元，每人每月供应粮食15公斤、菜油0.5公斤。从第三年起，国家不再供给，由知青凭劳动挣工分，参加所在社（队）分配。劳动工分少的年终由其家长负责补款后，方可到社（队）参加粮钱分配。1974年各场知青逐步安排回城就业，余99名集中在“九九”知青农场劳动。1979年以后，通过招工、招干、参军、升学及子女顶替等，全部作了安排。知青上山下乡时间长的5年，短的1年。1980年“知青上山下乡”工作停办，管理单位撤销。

第七节　劳动保护

劳动保险

雷山县是贵州省劳动保险试点县之一。按国务院《国营企业实行劳动合同制暂行规定》，国家劳动合同制工人退休养老实行社会保险制度，退休养老基金来源，由企业和劳动合同制工人缴纳。企业缴纳的数额为劳动合同制工人工资总额的15%左右，劳动合同制工人缴纳的退休养老金不超过本人标准工资的3%。1985年，县内建立与经济体制改革相配套的社会保险制度，投保时间从1984年1月起计算，单位及合同制工人按上述标准缴纳保险金。1987年11月，县建立社会保险统筹委员会，退休费由社会统筹，有45个企业参加，统筹方案每年修订一次。是年，全县收缴统筹基金47268元。全县有合同制工人215人，收缴合同制退休工人养老金27503元。全县有退休职工217人。

安全监察

1984年，劳动人事局增设安全监察股，管理全县安全生产工作。各厂、场及生产单位都先后建立相应组织，由单位负责人兼（专）管。1987年，有专职干部2人，兼职13人，班组安全检查员33人，并制定安全生产制度和安全生产措施。为改善劳动条件，防止工伤事故，1987年，安全检查站、公安局、乡镇企业局等联合组队，深入乡镇对45个矿点进行安全检查两次，发现有的洞内风化石多，易引起塌方；有的洞内挖掘面较宽，无安全支撑；有的挖掘面窄而矮小，洞口支撑不牢等安全隐患，分别令其停产改进。同年，开办矿山爆破技术培训班4期，培训191人（次），经考试合格126人。为确保安全运行，对4台锅炉、13台压力容器以及电路等，进行检查5次。发现有的漏水、漏气，有的锅炉壁保温沙脱落，令其维修整理，恢复正常，并对6个炉工进行考核，合格的给予换证。规定无证不准开炉和接电。为预防职业病和职业性中毒，对从事这些工种的工人，建档建卡登记。全县参加有毒性作业的319人，均定期进行体检。其中：进行矽肺病检查76人（次），进行照光检查59人。

第八节　离、退休管理

离休管理

全县有中华人民共和国建立前（1949年9月30日）参加革命工作的干部（以下称老干部）75人。1982年，开始对老干部办理离休手续，并将原退休的27人转为离休。截至1987年，全县有离休老干部72人，由县委老干部局管理。给离休干部发“老干部离休荣誉证”“老干部生活用品优先供应证”和“光荣离休”匾额，工资照发100%。其中，享受增发1个半月工资的2人，享受增发1个月工资的1人。每人每年还发给交通费。其中享受72元的42人；享受120元的30人。并按照参加革命工作年限，发给建房费。其中，回原籍定居领取1万元的1人，领取8000元的8人，领取6000元的18人，领取5000元的8人，领取4000元的9人。离休后，未回原籍定居的28人，由原所在单位安置住房，每人（户）65至68平方米。老干部离休后，在当年自然减员指标中，照顾1名符合招工条件的子女顶替工作。粮食、油料、副食等供应从优。老干部局配有小轿车1辆、专为老干部服务。新辟门球场3个，娱乐室1处。根据1985年国务院《关于离退休人员生活补贴费的通知》，对国家机关、企事业单位的离休老干部没有参加1985年工资改革的，分别发给生活补助费(原为每人每月12或17元，后作调整提高，统一为28元）。

除奖金外，一切费用与在职干部同等。至1987年，全县离休干部中有享受厅（局）级待遇的1人，享受县（处）级待遇的26人。

退休管理

1976年，开始办理干部退休手续。1978年6月，国务院颁发《国务院关于安置老弱病残干部的暂行办法》和《国务院关于工人退休、退职的暂行办法》，对干部退休作新的规定。男年满60周岁，女年满55周岁，连续工龄10年以上的，实行退休。虽未达到退休年龄，但因公致残或因病丧失劳动能力的，经本人申请，医院检查，有医师2人签署证明，按干部管理权限，报上级审查批准，准予退休。由人事、组织部门分别发给“退休证书”，原单位发给“光荣退休”匾额。并在当年自然减员指标中，吸收1名经检查符合招工条件的子女顶替工作。1983年刮起“顶替风”，有的干部未达到规定年龄，为让其子女顶替工作，谎报病历，申请退休。这次突击退休的干部有135人。后省政府、省纪委先后发出通知，饬令纠正。9月，县组织清理纠正不符合退休规定的107人，占应复查的83.59%。1986年，根据省人民政府《关于改革劳动制度四个暂行规定的通知》，废除子女顶替制度。1987年，全县退休干部（含教师）有323人，按本人参加工作年限，分别发给本人原工资70%、75%、85%和95%的退休费。根据1985年国务院《关于退休人员生活补贴费的通知》，全县对国家机关、企、事业单位的退休人员，凡未参加1985年工资改革的，每人每月统一发给生活补贴费17元。1988年，按省人事等局（厅）通知，在上述规定的基础上，每人每月加发生活费6元。同年，每人每月增发生活补贴费5元。退休人员的待遇除奖金外，均与在职人员相同。

退职管理

1962年，国家处于经济暂时困难时期，全县有44人申请退职。按国务院颁发《国家机关工作人员退职处理暂行办法》，补办退职手续。根据政策规定，按本人参加工作年限，发给一次性退职金，最高领取本人10个月工资，最低领取本人1个月工资。1971年，有干部4人因其爱人被错误处分遣送农村，本人受株连，被迫退职。1979年落实党的干部政策给予恢复工作。

第九节　落实干部政策

1961年，根据中央指示，对1958年下半年在“反右倾”中处理的干部进行甄别。全县原处分369人，经复查甄别，原处分正确或基本正确的166人，处分结论需要纠正的203人。1972年4月，雷山县革命委员会成立清理积案领导小组，对“文化大革命”时期处理的案件，不分机关、学校、农村，均予复查。当时“左”的思想干扰严重，只修改部分案件结论与词句，实际没有落实。

中共十一届三中全会以后，拨乱反正，解放思想，实事求是，端正思想路线。成立“中共雷山县委落实政策领导小组”，下设办公室。遵照中共中央《关于全部摘掉右派分子帽子的决定》及《关于解决贵阳市和全省其他一些地方“四清”遗留问题》和“文化大革命”中处理的案件进行复查等几个文件，1978年，对“反右斗争扩大化”“反右倾”“四清”“文化大革命”四个时期及新中国成立后各个政治运动中处理的案件，全部进行复查。本着“有反必肃，有错必纠”的方针和“错多少纠多少，全错全纠，部分错部分纠，不错不纠”以及处理历史遗留问题“究粗不宜细，宜宽不宜严”等原则。实行归口办案，调查核实，实事求是地作出结论。1957年以前历次政治运动处理的旧案中，定性处理有申诉的52起，全错的52起。对9个“反革命集团”受牵连的200余人，全部予以复查落实、平反昭雪，恢复政治名誉。案件复查结束后，对维持原结论的案件，进行认真分析，其事实存在，定性准确，有的修改结论，删去不实之词，有的处分过重，改为从轻处理，有的撤销原决定，免予纪律处分。1957年“反右派”斗争中，划为“右派分子”127人，其中雷（山）榕（江）公路指挥部划“右派分子”12人，转省交通厅复查落实，以“反革命分子”定性处理13人，移转政法部门复查平反。实以“右派分子”定性处理101人。外省、外县调迁雷山“右派分子”2人，计103人。经复查核实，均属错划，全部予以改正。1959年“反右倾”中，定为“右倾”“右倾分子”处理有申诉的99人。经复查，全错的86人，部分错的12人，事实存在，定性准确，维持原结论的1人。1964年至1966年“四清”（清政治、清思想、清组织、清经济）中定性处理的25人。经复查，全错4人，部分错12人，事实存在，定性准确，维持原结论9人。1966年至1976年“文化大革命”中，以“反革命分子”等定性处理99人，经复查，全部错38人，部分错34人，事实存在、定性准确，修改结论，维持原处理27人。

对错误处理人员的材料，按中共中央组织部关于在“文化大革命”“四清”“反右倾”“反右斗争扩大化”时，受错误处理的干部档案材料处理的几个文件规定，该退还本人的退还本人，该销毁的，由组织抽出统一销毁。被查抄、没收的财物，原物在的，将原物退还其本人，原物不在的，由原单位适当折价赔偿。对受错误处理人员的工资，根据贵州省革命委员会《关于落实干部政策中有关补发工资的通知》精神，分别进行处理。在1966年5月16日至1976年10月16日时限内错误处理的77人，共补发工资17万元。对反右倾、反右派、“四清”及其他时期错误处理的，本着“政治上解决问题，经济上不补发工资”的政策，收回安排工作，并视其困难大小，给予一次性困难补助。计补助100人，补助金额1.4万元。对工资偏低的，按照国务院《关于调整部分职工工资》的规定，进行调资升级。对其家属、子女，分别不同情况，给予适当安排，全县共安置54户。

第二章　民　政

第一节　优　抚

民国时期，国民政府曾对被抽丁出征军人或伤亡军人的家属给予“优待”。民国33年（1944年）下半年，雷山设治局对出征军人发放安家费，每人2500元（法币）。民国36年至民国37年（1947—1948年），以保为单位为服役军人家庭组织过代耕，有代耕队62个，受代耕179户，代耕田948亩。“中秋节”“春节”给196户发放慰劳品。因未在农村深入宣传，只凭政府一纸公文摊派应付，其效果极小。多数壮丁被抓兵后，家里留下妻儿老弱，在生无人供养，死时连衣棺都没有。出征军人死亡后，更无抚恤。

中华人民共和国建立后，政府把拥军优属作为一项重要任务，除拨给专款外，全民都有义务优属。1955年，第四次各族各界人民代表会议号召群众帮助军属排忧解难，助工助耕，全县普遍建立代耕小组，在群众中开展“拥军优属，人人有责”“饮水思源，居安思危”的教育。保证优抚对象的生活不低于当地一般群众的生活水平。1952年，村农民协会组织群众给186户烈军属代耕田161亩。是年，政府发放烈军属困难补助金3990万元（旧人民币）。1954年，互助组给103户烈军属代耕田103亩。1957年，农业合作化时期，对烈军属及丧失劳力、生活有困难的复员退伍和残废军人优待劳动工分或劳动日，由生产队在年初安排全年生产计划时，评定落实到户，参加社、队当年分配粮食或现金。全年优待烈军属71户，优待劳动日6190个。1962年以后改为直接补助，全年计优待烈军属35户，优待劳动日1780个，粮食228公斤，现金121元。1971年优待烈军属126户，劳动工分17160分，粮食3293公斤，现金440元。以后历年均循此例。1981年优待烈军属46户，劳动工分2730分，现金847元，粮食3598公斤。1982年，农村经济体制改革，推行农业家庭承包责任制，实行农业四包(粮食征购，农副产品派购、大小队干部报酬、烈军属照顾)，给烈军属划给责任田，对其中困难的采取补粮、补钱、补工的办法。分摊到户提取，补工的则分摊到户按季节出工。1984年，优待烈军属42户，补助现金2529元。1986年至1987年，共补助烈军属231户，补助现金计10744元，各种物资折款2301元。

节日慰问

“元旦”“春节”期间，县人民政府行文组织慰问团，由县长或副县长任团长，率领慰问团分赴各区、镇、乡(镇)向烈军属及驻军进行慰问。各级政府分别召开烈军属、复员退伍军人、革命残废军人和驻军代表座谈会，听取意见，改进工作，增强军政、军民团结。区、乡组织干部、群众、学校师生向烈军属拜年，挂“光荣匾”，贴春联，送慰问品。平时学校师生有组织地帮助烈军属砍柴、挑水、做好事。

表彰先进

从1954年起，每年召开一次烈军属、复员退伍、转业军人、残废军人代表和优抚工作先进代表会，区、乡(社)负责人、民政干部均列席会议。总结工作、交流经验，发扬成绩，布置落实优抚任务，评选先进，进行表彰。

修建革命烈士墓

为慰藉死难者和家属，教育后人，1972年，拨款在郑家山顶修建“雷山县革命烈士墓”，将在雷山剿匪战斗中牺牲的烈士遗骸11具迁葬烈士墓地。1978年改修，迁葬荒寨，占地2.79亩。并逐墓树碑立传，以彰忠烈。每年清明节，机关、厂矿、学校均备有花圈，整队谒陵。

对本县参加抗美援朝，反击越南入侵而牺牲的烈士，民政部门除按规定给遗属以抚恤外，还编印《革命烈士英名录》存档以供查考。

革命烈士抚恤

对参军取得军籍的人员作战牺牲，经部队团以上政治机关填发《革命军人牺牲证明书》、病故填发《病故军人证明书》，由县人民政府凭证按规定发给家属一次性抚恤金(粮)。1951年以前，发给抚恤粮。是年，抚恤10人，粮食1295公斤。1952年以后，改用人民币发给抚恤金，是年，抚恤7人，金额315万元(旧人民币)。1953年至1986年，按民政部、财政部的指示，抚恤金标准先后作过8次调整和提高。每次均按调整后的不同级别规定一次发给。1987年抚恤36人，抚恤费10450元。

因公牺牲、病故革命工作人员抚恤

对革命工作人员因公牺牲或病故后，原由人事、组织部门行文，单位按规定标准发给抚恤费、安葬费与遗属抚养费。1981年后，此项改由民政部门办理，凡国家机关行政单位职工病故，由民政局发给《革命工作人员病故证明书》，按规定标准发给抚恤费，所在单位按标准发给遗属定期抚恤费。1987年止，计病故39人，抚恤费22374元。事业、企业因公牺牲、病故职工抚恤费、抚养费，由所在单位发给。

革命残废军人优待

对革命残废军人，由部队的政治机关或县人民政府审核批准，发给《革命残废军人证明书》，凭证分等级优待。优待金分在职、在乡两种（在乡的高于在职的），按因公、因战标准分别发给。1952年以前，国家内务部颁发《革命残废军人优待抚恤暂行条例》规定以粮食计算，按等级发给抚恤粮。1953年以后，按内务部通知，将原以粮食计算改为货币计算，并稍加调整。是年，全县有一等残废军人1人，二等甲级1人，二等乙级2人，发抚恤金计104800元（旧人民币）。对复员回乡的三等甲、乙级革命残废军人抚恤费一次发给，余为每年分两期领发。1955年改为二等以上残废供养终身，在乡三等残废一次发给。1965年，对在乡三等残废军人抚恤金，改一次发给，每年还按标准发给残废补助金。每10年评残换证一次（共换3次，55人）。1979年以后，因冤、假、错案被没收残废证或因伤口恶化需要提高等级和遗失残废证等，申请补发残废证的人员有14人，均已落实补发。1984年，按民政部、财政部的通知，对残废优待标准，进行过8次调整，每次都按规定的等级金额，由政府分别发给。是年，全县有残废军人78人。其中，在乡的有特等1人，一等2人，二等甲级2人，乙级8人，三等甲级12人，乙级12人。在职的有二等乙级7人，三等甲级19人，乙级16人。1987年共发放抚恤金10980元。

除按上级规定进行优待外，对二等残废以上回乡的，家庭有困难享受群众优待粮、款及劳动工分和临时困难补助。因病需治疗的不分在乡在职，统一实行公费医疗，由民政局报销。对在乡的三等残废军人，因伤口复发需要治疗的，经乡政府证明，治疗期间的住院费和伙食费，由民政局核销。至1987年，在乡的有特等残废军人1人，双目失明，生活不能自理，每月由民政局发给护理费51元，由其家属护理；有一等残废军人1人，其口粮按驻地干部的标准，按月供应。残废军人因事外出，凭证乘坐县内国营单位车辆，享受半票优待。

定期定量补助

从1955年开始，对烈士遗孤、父母及生活困难的烈士、军人家属、残废军人、带病回乡的复退军人、无人供养的病故军人家属，每人每月发给2至4元的定量补助，是年补助104户，金额405元。1957年农业合作化后，改为家居城镇的每人每月补助5至7元，家居农村的补助3至5元。全年补助21户，金额756元。1965年补助63户，金额2268元。1979年10月，按民政部、财政部《关于改进优抚对象定期定量补助工作的规定》，全县补助11户，金额1200元。1980年，根据民政部《关于对越自卫还击战牺牲的烈士家属定期定量补助问题的通知》，全县有对越自卫还击战中牺牲的烈士家属5户，10人，每月定期定量补助10元。全县补助127户，8991元。1983年，按民政部、财政部《关于调整部分孤老优抚对象定期定量补助标准的通知》，全县调整孤老优抚对象25户，25人，每人每月发给15元。全县补助189户，金额2188元。1985年按民政部、财政部《关于革命烈士、因公牺牲军人家属、病故军人家属发给定期抚恤金的通知》，全县烈士家属有21人，因公牺牲军人家属2人，病故军人家属5人，分家居农村、小城镇、大城市三类实行抚恤和补助。全县计187户，金额21978元。1987年，全县发放定期定量补助152户，金额22044元。

临时困难补助

对烈军属、复退军人等突然遭受天灾人祸，造成生产、生活及儿童上学困难的，发给临时困难补助费。1952年，特殊困难补助658户，3510人(次)，金额2025.9万元(旧人民币，下同)。子女入学补助112人，金额1800万元。1957年补助3554人，金额12500元(新人民币，下同)。1962年补助654人(次)，金额6975元。1973年，经人民公社证明核实，县革命委员会给予临时困难补助，全年计756户，3740人(次)，金额18782元。1980年，对烈士家属、复退军人补助110人(次)，金额9770元。1987年，全县补助215人，金额3407元。

1951—1987年雷山县部分年度优抚情况统计表

表5-2

年度	烈军属户数			优抚事业费(万元、元)	备注
	合计	烈属	军属		
1951	871	4	867	1543	(旧人民币，为万元)
1952	883	7	876	1502	(旧人民币，为万元)
1953	856	22	834	10774	(旧人民币、为万元)
1957	426	24	402	5628	(新人民币、为元)
1961	273	25	248	2771	(新人民币、为元)
1965	604	26	578	7288	(新人民币、为元)
1968	603	26	577	3276	(新人民币、为元)
1972	718	28	690	13334	(新人民币、为元)
1975	566	29	537	874	(新人民币、为元)
1979	783	34	749	37405	(新人民币、为元)
1984	440	43	397	46800	(新人民币、为元)
1987	318	43	275	65500	(新人民币、为元)

第二节 安 置

1954年，成立转业建设委员会，1961年改为雷山县退伍军人接待安置办公室，1978年改为雷山县复退军人接待安置领导小组，附在民政局(科)，专管转业复员退伍军人的安置工作。

1950年部队转业地方的24人，安置在区、乡工作。1954年前的复员、退伍军人，大部分作为骨干力量，安置在机关工作。其中，范明渊(苗)从普通的退伍军人，被选为副县长。1956年以后的复员退伍军人，原则上安置回农村。1970年以后，对退伍义务兵的安置遵照国务院、中央军委的指示，本着“从哪里来，到哪里去”的原则安置。对居住城镇的，由单位系统包干安置。对家居农村的，安置回乡参加农业生产。并与区、乡政府配合，做好家访，听取意见，帮助解决力所能及又应当解决的问题。对生产、生活、居住、医疗、治病有困难的，给予补助。对无家可归的，除发动群众帮助外，政府还发给建房补助费，并帮助购买生产、生活用具。1980年，对回乡生产、住房有困难的41户，补助人民币9850元，新建房屋40间，维修房屋40间。

1980年后，部队积极培养军队、地方两用人才，给安置工作带来方便。对复员回家的军队干部和荣立二等功以上的农村复员军人，由组织、人事部门办理手续，安置适当工作。至1987年止，接待安置回乡的复退军人计1025人，其中，军地两用人才500人。安置到乡镇企业55人，机关企、事业单位113人，集体单位5人，聘任为乡（镇）干部67人，在农村担任职务的247人，有6人已成为专业户，从事个体经营7人。

1951—1987年雷山县部分年度复员、退伍军人安置情况统计

表5-3　　单位：人

年度	接待总数	安置情况		年度	接待总数	安置情况	
		城镇	农村			城镇	农村
1951	13	7	6	1968	85	—	85
1952	109	12	97	1971	144	124	20
1953	44	1	43	1975	137	3	134
1957	197	18	179	1980	233	38	195
1961	53	1	52	1984	103	18	85
1965	36	13	23	1987	41	8	33

第三节　社会救济

民国24年（1935年），成立“慈善所”，收养孤儿，虽倡导募捐寒衣，实为向百姓摊派。以后又成立“冬令救济委员会”“习艺所”等，图以此收养教育社会上的流浪儿童。因地方财力困难，直接由设治局机关、学校职员扣薪抵交，此项事业亦搁浅。各乡（镇）自筹“积谷储存”，对贫困户实行春借秋还。

县人民政府成立后，对贫困地区和特别贫困户，发放粮食，给予适当救济。1951年，共发救济粮42136公斤，棉衣492件，单衣、单裤、棉被399件。1952年，发寒衣3905套。1955年，全县大部地区受灾，人民生产、生活困难，发放救济款2.1亿元（旧人民币），其中：粮食26750公斤，棉衣480件，单衣、棉被233件。1956年，发放农贷13734元（新人民币，下同），无偿农具3296件，棉衣1178件，单衣8529件，棉被、单裤304件。1961年，发放救济款4万元，棉被、棉衣、单衣、单裤359件，棉布177米，棉花177公斤，垫单139床。1962年，以“依靠群众、依靠集体，生产自救为主，辅之以国家救济”，提倡生产自救。是年，国家发救济粮674公斤，棉被、单衣2052件，棉布611米。1963年，发放寒衣2732件，发救济款4800元，棉布1333米，棉花200公斤。1964年，发放救济粮1万公斤，救济款14550元，单衣、单裤、被子959件。1966年至1976年“文化大革命”期间，因工作粗糙，部分真正困难户没有得到应有的照顾，造成有的生活极端贫困户外流，有的上山挖蕨根制蕨粑。1977年以后，工作走上正轨。1979年，发放救济粮7.5万公斤，救济款46050元，发单衣、单裤、被子计2215件。1982年，发放救济款63000元，棉被1114床，棉衣、单衣、单裤计2600件。1985年，发放救济款48000元，发棉衣1405件，棉被、单衣、单裤计585件。1987年，发放救济款39100元，棉衣962件，单衣2827件，棉被、单裤计928件。

1952—1987年雷山县部分年度社会救济经费统计表

表5-4　　单位：元

年　度	社会救济事业费	年　度	社会救济事业费
1952	21000	1967	29967
1953	13303	1971	66569
1954	10479	1973	19120
1955	8645	1976	33380
1956	6644	1977	30258
1957	1235	1979	46050
1961	66618	1982	63000
1963	115780	1985	48000
1964	60885	1987	39100
1965	40475	—	—

注：旧人民币均已折成新币，实物已折款计算

第四节　灾害救济

雷山地处高寒山区，自然灾害不断(有旱、水、虫、雹、鼠、兽、阴绵雨、秋风)，加上火灾、疾病，造成群众生活困难。民国时期，县政府(设治局)对受灾严重、损失极大的只向上转呈，请求减免粮赋或拨款救济，但都是一纸空文，没有效果。民国15年(1926年)，全县遭旱灾，稻谷歉收，米珠薪桂。人民大部分以树叶、树根充饥。

水灾救济

民国23年(1934年)3月24日，永乐桥洛寨31户被水淹，冲去男女19人，冲毁田土150亩。县政府据呈省政府，复文称："召集全县区长会议讨论，帮钱立碑，教育子孙"。分文救济款未拨。民国35年(1946年)6月7日，震威乡乌高村遭暴雨，两户农民房屋垮塌，财产被冲毁。向政府呈请救济，未获分文。民国37年(1948年)10月，丹江、震威等6乡(镇)遭受水灾，损失折款29.7万元(金圆券)，设治局据实向上转呈，请求减免粮赋和拨款救济，国民政府行政院1297次委员会议通过，发给赈济27万元(金圆券)，并明令设治局"办理工赈为宜，不再以他物救济"。

解放后，人民政府关心人民生活，采取多种措施，抗灾救灾。1952年，大部地区受水灾，县政府派工作人员深入农村，发动群众生产自救，发给农贷粮2.5万公斤扶持其生产，对冲坏农作物，逐丘补栽、补插。1953年5月，全县又遭水灾，冲毁稻田372亩，沙壅67亩，县人民政府动用0.5万公斤积谷，借给缺粮农户，镇远专区拨给无息贷粮10万公斤救济灾民。1962年5月16日，县内普降暴雨，持续10小时，雨量在250毫米以上。山洪暴发，水淹县城，公路坍塌63处，冲毁大小桥梁136座，田土10898亩，房屋530间，死伤6人，国营商店损失达9万余元。县人民委员会组织4个工作组，分赴灾区慰问，

并动员群众补撒稻种2万公斤，发放机动粮7万公斤，资金0.6万元，布250米，救济灾民。并成立水毁公路工程指挥部，组织劳力抢修公路。1968年6月14日，县内连续降暴雨，河水猛涨，县城民房、商店被淹，公路桥梁被冲垮，损坏稻田136亩，农作物被冲毁。1970年7月14日，县内遭水灾，损失严重。对两次灾害，县革命委员会组织慰问团分赴灾区慰问，发动群众进行抢救和生产自救。同时，拨发粮2万公斤、款0.7万元救济受灾群众。1985年5月遭水灾，冲毁稻田601亩，倒塌房屋及粮仓214间，死伤6人，县人民政府拨发救济款6510元，救济受灾群众。1987年10月，全县遭水灾，受灾稻田面积6158亩，冲毁、沙壅542亩，损失粮食120万公斤，倒塌、毁坏民房2间，冲走水车125架、桥梁6座，受灾4005户，15837人。县人民政府拨发救济款1.73万元，购买粮食34万公斤救济受灾群众。

旱灾救济

民国14年（1925年）至民国18年（1929年），全县连续遭旱灾，疟疾流行，大部分田丘荒芜，稻谷减收，积谷无存，人民多以树叶、树根充饥。群众请求减免捐款，县署未准。民国34年（1945年），丹江镇六保遭旱灾，受灾35户，受灾稻田682亩，群众请求减免、赈济，设治局未予置理。

1951年6月，全县持续干旱38天，受旱稻田面积50237亩，减少常年产量165万公斤，雷山县人民政府拨发救济粮17139公斤，发放农贷、棉贷粮7.5万公斤，救济灾民7543户，37172人。占全县总人口的74%。1953年3月，白连、乌龙两乡发生旱灾，镇远专区与县人民政府本着“面向群众，生产自救”的方针，发放无息贷粮4万公斤，扶持灾民度荒。1962年7月，县内遭受旱灾，受旱稻田面积19284亩，占插秧面积28%，县人民委员会将州人民委员会拨发的救济款54532元，分发各乡救济受灾群众。1965年，县内发生春荒，有254户缺粮，县人民委员会拨救济款0.85万元。1981年6月，全县遭受多年罕见的旱、虫灾，75.5%稻田受危害，县人民政府发动群众抗旱灭虫，并拨发粮食5万公斤救济。1984年，全县遭旱灾，枯死水稻5548亩，县人民政府援发救济粮30万公斤，救济受灾群众2000户，8000余人。

其他自然灾害救济

民国33年（1944年），丹江、西江地区秋风秋雨连续50天，田中稻谷发芽霉烂，方祥、震威（今大沟乡）、西江、望丰等乡（镇）损失近1000亩，人民生活不能自给，大都采蕨为食，群众呈请减免赈济，政府未予置理。

1956年8月，县内发生虫灾，雷山县人民政府派干部下乡，组织劳力捕捉。1957年8月，县内发生虫、鼠灾害，受害稻田占总面积23.28%，县人民政府成立抗灾指挥部，发动群众灭虫灭鼠。1961年8月，排调区（今丹寨县属）遭受雹灾，受害稻田面积531亩，县人民委员会拨发救济款2万元。1963年3月4日，县内气温突降零下2度，油菜、麦子等农作物遭受冰冻，损失2409亩，占栽种面积的42.8%。同年5月5日，县内发生雷雨，兼降冰雹，连续50分钟，西江区有25个生产大队，2415户受灾，县人民委员会拨发救济粮1万公斤，救济款1.98万元。1972年，全县连续遭虫、旱灾和“秋风”袭击，全县粮食减产19.9%，县革命委员会拨款4万元救灾。1979年8月，黄里、方祥、大沟、白连、望丰、公统、乌江等公社（乡），遭受冰雹和“秋风”，受灾534户，倒塌房屋933间，受伤28人，受灾稻田面积12965亩，烤烟447亩。县革委员会抽调干部下乡，发动群众生产自救，并拨发救济款18万元。1987年10月，全县遭雹灾，砸烂民房瓦片44.8万块、木皮245丈，猪、牛圈55间，倒塌谷仓6个，民房20间。县人民政府拨发资金17334元，购粮食33.5万公斤救济灾民。

火灾救济

民国23年（1934年）7月12日，望丰羊卡寨发生火灾，烧毁53户，死亡3人，烧死猪47头，灾民无家无衣无食，区长具文呈请减免、赈济。县政府只复文发动亲友互助，未予拨款。民国27年（1938年）2月7日，桥兑大寨发生火灾，受灾54户，房屋谷米衣物毁尽，区长具文清求减免捐款和赈济，县政府未予置理。民国28年（1939年）10月，丰塘寨发生火灾，受灾52户，毁房228间，损失稻谷4500挑，其他物资折款4540元（法币），区长据实呈县政府请求减免、赈济。县政府会议通过，准免一年负担及应摊积谷。民国29年（1940年）7月18日，脚猛寨发生火灾，烧毁48户，房屋、粮食及各物俱化为灰烬，村民生活无着，区长据实呈请赈济和减免受灾户赋粮及一切临时款项和暂缓兵役，均未予置理。民国34年（1945年）3月，犀牛塘及大塘乡中寨失火，受灾计33户，房屋谷米衣物损失严重，群众请求减免、赈济。县政府动用少量积谷借给灾民。民国35年（1946年）12月2日，建安乡阳苟寨发生火灾，烧毁19户，死亡小孩1人，房屋谷米衣物毁尽，乡里呈请赈济，政府用冬令救济款5万元购买食盐发给，以积谷50石作借发。

解放后，1955年3月，县成立防火委员会，胡立泉为主任，娄同钊为副主任，把防火作为日常工作。同年，丰塘村发生火灾，受灾19户，县人民政府拨款200元救济灾民。1957年，报德乡郎德村发生火灾，受灾12户，死亡3人，雷山县人民政府副县长吕潼川、余国民前往灾区慰问灾民，查实灾情，并拨款980元救济灾民。县机关干部群众捐款110元，各种衣物、用具595件支援。1965年8月30日，高岩寨失火，受灾40户，烧毁民房74间。机关干部、教师捐献金额1710元，大米258公斤，各种物资1722件，政府拨款购粮810公斤，食盐100公斤救济灾民。1971年12月15日，西江平寨失火，受灾312户，烧毁房屋613间，县革命委员会副主任杨敬率领工作组连夜赶赴灾区，慰问受灾群众，进行善后工作，并拨款购买衣被2307件、食盐394公斤及生产、生活用具共7792件，救济灾民。1974年3月29日，毛坪发生火灾，烧毁93户，房屋231间，县革委会拨发救济款1万元，并购买生产、生活用具救济灾民。1975年2月12日，雀鸟发生火灾，受灾93户，烧毁房屋231间，县革委会拨款1万元，购买物资发给灾民，并动员群众进行自救。1980年9月26日，县城东门街发生火灾，受灾77户，烧毁民房、谷仓115间，机关房屋28间，县人民政府拨发救济款17.5万元，粮25万公斤，寒衣2721件救济受灾群众。1984年5月12日，大沟乡开觉村发生火灾，受灾34户，烧伤15人，损失粮食4.5万公斤，各种物资折款18.5万元。县长杨培德率工作组赴灾区慰问，发动群众互助互救，重建家园，并拨款1.2万元救济受灾群众。1987年2月16日，大塘乡独南村发生火灾，受灾79户，烧毁房屋221间。县委书记余金才、政协主席余国茂、副县长覃榜远率工作组赶赴灾区慰问，并拨款4万元，购买大米5万公斤，以及衣、被、生产用具等，发给灾民。

1954—1987年雷山县部分年度灾害救济经费统计表

表5-5　　　　单位：元

年　度	灾害救济事业费	年　度	灾害救济事业费
1954	5820	1973	79873
1957	3203	1977	86138
1961	54532	1979	182656
1963	20371	1982	160000
1965	20560	1983	153335
1967	31788	1985	364308
1972	43477	1987	253500

疾病救济

民国14年（1925年）至民国17年（1928年），县内瘟疫相继流行，猫猫河村死亡40余人。民国20年（1931年）11月，莲花闹（今莲花乡）瘟疫天灾并发，民不聊生，死亡无数，呈请减免捐款，但未获准。民国27年（1938年），全县瘟疫流行，患者多为恶性疟疾及红白痢疾等，因县内医药缺乏，每天死亡达数十人之多。民国35年（1946年）8月，全县瘟疫流行颇甚，药物缺乏，卫生所只呈报设治局转报省卫生处发奎宁丸3000粒。同年7月，为防止霍乱，第一行政督察专员公署饬令强迫民众作防疫注射。

1952年，雷山县人民政府派土改卫生工作队和民族卫生工作队先后到方祥、平祥和桥港、掌雷等地治病防疫，开展卫生知识宣传。1953年省派出卫生医疗队，对边远山区性病患者进行查治。

1954年，省卫生防疫队16人，到毛坪、平祥、龙河等边远乡帮助抗疟。1955年9月，疟疾、痢疾在县内流行，患者达5331人，县拨发经费3000元作医疗费用。州、县组织医疗队分4个组下乡扑灭。1957年，流行性感冒传染，民族中学患者100余人，县派医务人员驻校防治。1958年，全县麻疹、百日咳、流行性感冒、腹泻、痢疾等传染病流行，患者达2621人，县派出医疗队下乡医治。疾病防治所需经费，统由县政府拨发。

第五节　社会福利

照顾五保户

解放初期，农村中的鳏、寡、孤、独和残疾的人，有亲属的靠亲属抚养，无亲属的政府适当补助。农业合作化时，由所在社、队保吃、保穿、保住、保教、保葬（简称“五保”）。生产队固定补助粮食、物资或工分，参加当年分配。1957年，对人多劳力少的困难户和孤、寡、残、幼拨款救济，使其生活水平不低于当地一般社员的实际生活水平。是年，拨款4438元。1958年，全县经过调查登记有“五保户”69户，87人。1962年有394户，623人。1978年有260户，343人，农村体制改革以后，“五保户”由村民组供给粮食，逢年过节，由区、乡民政助理员购买礼品登门看望，民政局在社会救济款中专项支付。

敬老院

1983年，县民政局与大塘区莲花乡政府联合在莲花新寨建立“敬老院”1所，利用原乡政府旧木房6间，收养无依无靠的孤寡老人9人，雇请护理人员5人，国家派干部1人负责管理。入院的孤寡老人，由本人原在村民组每年负责交纳大米183公斤，棺材1合。其他吃、穿、住、疾病医疗，全由民政局经费开支。每人每月发给生活费30元，直至死亡。

孤儿院

农村未成年的少年和幼儿在父母双亡之后，无依无靠，生活无着，急需照顾。按省发《关于切实做好农村遗孤收容教育的指示》。1961年在丹江、西江、大塘、永乐4个区各办孤儿院1所，收养农村1至13岁孤儿447人，配备保育员26人，住房20间。购置被子、垫单等生活用具376件，“以养为主，教养并举”“勤俭办院”。粮食按城镇居民口粮标准每月供应12.5公斤，伙食费每人每月发给5至7元。当年，拨经费16578元，发棉花345公斤、布2655米。收养的孤儿在经济困难时期，染上不同程度的疾病（如浮肿、消瘴、腹泻），经医务部门检查医治，恢复健康后，适龄入学的孤儿，由政府出资，就地上学。1963年，拨发经费18505元，棉衣132件，单裤61条，鞋204双。1964年至1965年，拨发47000元。成年后，大部分安置回农村参加生产，少部分安排为机关、企事业职工。1966年至1974年，先后将西江、丹江、大塘孤儿院撤销，并入永乐孤儿院。1976年，所有孤儿全部安置完毕，孤儿院随之撤销。

精减退职人员困难救济

遵照1982年省民政厅、财政厅联合发出《关于进一步做好精减退职老职工生活困难救济工作的通知》，凡属1957年前参加工作的职工，在1961年至1965年6月19日这段时间内，被精减、退职、丧失劳动力或年老体弱、长期患病、生活贫困的，经核实报省人民政府批准后，按月发给本人原标准工资的40%。1983年，全县批准补助24人，1984年补助32人，1985年共补助65人，拨发补助费28572元。

起义投诚人员生活补助

1983年，按省人民政府批转省公安厅《关于做好我省原国民党县团级以下党、政、军、特人员宽释转业安置工作意见的通知》，对全县宽释人员10人给予核查落实，依据省财政、民政、公安厅《关于办理国民党宽释人员经济补助办法》的联合通知，适当给予补助。家居农村的，每人每月补助生活费10元；居城镇的，补助12元。1985年提高为45元。对国民党起义投诚人员，不分农村、城镇，每人每月均补助生活费20元。1987年全县有9人享受此待遇。

麻风病人救治

麻风病人原分散在农村生产和生活，自由活动，群众对其孤立，家属对其遗弃。为制止麻风病的传染与蔓延，保障社会安定，1965年与丹寨县联合在排调区建立麻风病人隔离村，配医生2人，集中收容麻风病人隔离治疗。雷山县收容入村治疗共42人，每人每月补助粮食13公斤，伙食费26元，还给予衣物等救济。经过长期治疗，有36人已治愈。1982年6月，麻风村移交丹寨县民政局管理，从1985年起，每年拨2000元交丹寨民政局统一支付。

盲聋哑人教育

盲聋哑人分居农村，其生活幼时靠父母，成人靠自己，年老靠子女。有部分无依无靠的老、弱、残疾，由政府每年作临时性的救济。1980年，为发展盲聋哑人的特殊教育，经调查核实全县有盲聋哑人444人（男269人，女175人）。1986年5月29日，召开“雷山县第一届盲聋哑人代表大会”，到会代表96人，正式成立“雷山县盲聋哑人协会”。7月，推选盲聋哑人代表2人，赴省参加选拔出席全国“泰山杯”篮球邀请赛。为帮助盲聋哑人学习文化和就业，盲聋哑人协会选送2人到贵阳、安顺学习文化与理发技术。1987年，全县有盲聋哑人605人（男393人，女212人），靠自己劳动生活的251人，靠父母、子女抚养的333人，投亲靠友的9人，转让承包土地分成的12人。

第六节　婚姻登记

1950年，中央人民政府公布《中华人民共和国婚姻法》。1953年，雷山县成立贯彻婚姻法委员会，组织领导婚姻法的宣传。雷山是少数民族地区，当时对婚姻法只宣传暂不执行。但对不合理婚姻予以解除，全县解除婚约145对。1956年2月22日，县人民委员会在第六次会议作出决定，并召开少数民族上层人物及老年人座谈会，讨论制订婚姻法实施细则。明确县内执行婚姻法前，青年男女结婚，先按照民族民间习惯办理，因此，很少有人到民政局、区、乡（镇）办理结婚登记，领取“结婚证”。少数民族青年男女一方对婚姻不满提出离婚的，先经双方亲友、寨老调解，然后由双方协商达成协议，男女双方及家长同意后，即行离婚，各自履约，不再互相干预，也不再经民政局、人民法院另办离婚手续，领取“离婚证”。对于实在难以解决的疑难案件，才移至民政局、人民法院，调解无效的，依法办理离婚手续。但对现役军人的配偶未征得军人同意，未经部队团以上政治机关证明的，不准离婚。对挑拨拐骗者要依法处以徒刑。1980年，新的婚姻法公布后，民政局、妇联会、司法局相互配合，印发婚姻法宣传资料，培训骨干，并列入“十一法一例”普及法律知识内容，组织群众学法，与其他地区一样贯彻实施。1981年，全县办理结婚登记141对，离婚15对，经调解不离的10对。1987年，办理结婚登记174对，离婚的有15对，调解不离的10对。

第七节　其他工作

土地管理

1952年，土地改革结束后，为行使土地管理权，根据1954年省人民政府《关于颁发土地房产所有证的指示》，县人民政府颁发“土地证”的实施办法。7月，正式向农民颁发“土地证”。农业合作化时期，按人口丈量，将少量的自留山、自留地留给农民个人经营，并规定凡是占用土地修房建房或作其他使用的单位和个人，均须报经县人民政府批准。1958年，凡机关单位建设用地，由县民政局办理土地征用报批手续。1958年至1962年，全县征用土地面积561亩，1972年至1978年，征用土地面积1335亩。1984年土地管理权移交土地管理局。

农村扶贫

1984年，全县有贫困户14215户，56800人。1985年，本着“为国分忧，为民解愁”的精神，成立雷山县“双扶”领导小组。1986年，成立“雷山县扶贫基金领导小组”和“科技扶贫服务团”。并与县民委、县科协相配合，以桥桑乡为扶贫点，两年中投资2万元，计开办“两段育秧”、水稻病虫害防治、果树栽培技术培训班12期。该乡1986年试种杂交良种威优64号、籼优2号1900亩，占全乡总面积69.8%，平均单产分别为410公斤、550公斤。并贷款购置耕牛36头。

经费管理

县地方财政每年拨给民政事业经费由民政局掌握，本着“群众优待与国家抚恤相结合”的方针和“厉行节约，勤俭办事业”的原则，重点使用。由区、乡掌握发放。民政事业费分抚恤、社会救济、自然灾害救济三类，细目为牺牲抚恤、残废军人补助、烈军属、复退军人补助、其他优抚和农村社会救济、灾害救济、老弱病残救济、退职职工补助、城镇社会救济、其他救济等项，实行专款专用，不准挪用挤占。民政局设会计、出纳员，区公所设民政助理员和会计，实行记账制，会计设总明细账和分类明细账，每年根据预算指标，统筹安排，由县农业银行监督拨付。固定性的开支，由民政局列具名册。临时性及定期定量补助的，则经本人申请，经区、镇、乡（镇）审查报民政局批准，由区（镇）民政助理员凭证发放，持据向县民政局报销，并实行检查监督和核对等制度。1980年后，曾四次组织进行检查、核实。1982年，成立“民政经费检查领导小组”，抽调72人，分4个组赴26个公社（乡）镇对1978年至1980年的民政经费发放手续、对象，进行检查、核实，未发现重大失误。

收容盲流

每年都有从外地流入雷山境内的游民和乞丐，沿街行乞，影响社会治安。政府责成民政局对这些人进行收容、教育，弄清地址后，派员遣送回原籍。1952年收遣149人，1956年收遣37人，1963年收遣73人，1977年收遣30人，1985年收遣17人，1986年收遣12人，1987年收遣9人。

政法篇

第一章　公　安

第一节　机　构

清朝时期，衙署设巡检一员，负责缉盗匪，盘奸宄，追捕缉拿犯人。

民国初期，无专门警察机构，县执政主官大权独揽，侦缉捕拿均由其派员兵执行。地方治安由基层政权组织负责。民国16年（1927年），胡人杰任丹江县长时，设公安局负责地方治安，有公安兵执行勤务。民国24年（1935年），改置警察所及保安警察大队，直辖于县长。民国33年（1944年），仍为保警大队。民国36年（1947年），重建警察所，置所长、所员、办事员、巡官、警长、警士等共16人。民国37年（1948年）2月，升为警察局，按三等县编制。设局长、司法科员、总务科员、督察员、户籍员、巡官、书记、警长、警士等共46人。保警队划属贵州省第一行政督察区保警第四大队，番号为第三中队，有官佐5名，士兵115名。同年11月，奉贵州省政府令裁撤警察局。警政业务交由县政府第一科办理，警察业务交由民众自卫总队办理。保警中队改称民众自卫总队常备自卫中队，有官佐13名，士兵124名。

县公安局

1950年9月26日，雷山县解放后即组建雷山县公安局和警卫营（后改编为公安队），维护社会治安，打击、镇压匪、特、恶霸和反革命分子，巩固人民政权。县公安局设局长（副），下设侦察股、审讯股、看守所等机构，有干警12人。1952年，增设秘书股、治安股、劳改股、劳改队，有干警32人。局下辖公安队，有干部战士33人。1954年，增设局政治协理员。1958年12月，并建凯里县后，雷山设公安派出所，有干警9人。1961年8月，复置雷山县公安局，局设教导员一职。下设秘书股、一股、治安股、看守所，有干警23人。1962年，增设政工干事。局设秘书股、治安股、预审股、看守所，有干警20人。1966年5月，局设局长（副）、教导员（副）、政工干事，下辖秘书股、一股、治安股、预审股、看守所，有干警21人。7月，公安中队改编为中国人民解放军雷山县中队，隶凯里军分区。1967年1月，县公、检、法机关的权力由政法系统群众组织接管，随之成立雷山县政法系统无产阶级专政革命工作委员会。同年2月，雷山县革命委员会设保卫工作领导小组，下设办公室、政工组、保卫组、治安组和审判组。1968年3月，中国人民解放军雷山县人民武装部对雷山县公安机关（包括检、法）实行军事管制，组成中国人民解放军雷山县公安机关军事管制小组。设组长、副组长，下设军管组办公室、公安办公室、检察办公室、法院办公室。

1970年6月，县革命委员会组建人民保卫部。下设秘书、防保、侦讯、审判4组和看守所，有干警21人。1973年4月，恢复雷山县公安局和雷山县人民法院。撤回中国人民解放军贵州省雷山县公安机关军事管制小组。人民保卫部改称政法办公室。公安局恢复后，设局长（副）、政治教导员（副），下设秘书股、政保股、治安股、预审股、看守所；有干警20人。1974年9月，增设消防股。1976年1月，雷山县中队体制改变，称雷山县武装警察中队，隶公安局领导，全队干部战士20人。1979年9月，设经文保股。1980年4月，设刑侦股。1982年9月，股改为科，刑侦股改刑侦队。下设秘书科、政保科、经文保科、治安科、预审科、消防科、刑侦队、看守所，有干警48人。1987年3月，雷山县交通监理站移交雷山县公安局管理，改称雷山县公安局交通警察队。1987年底，雷山县公安局设局长（副）、政治教导员（副）、调查研究员，下设纪检组、政治工作办公室、秘书科、局保科、政经文保科、治安科、预审科、刑侦队、看守所、消防科、交警队，全局干警共53人。

区、厂矿公安机构

1952年后，各区设置公安助理员1人。1956年改称公安特派员。1959年并县后设雷山公安派出所。1966年5月，设丹江镇公安派出所，1980年9月，设林业公安派出所。1982年4月，各区公安特派员撤销，设西江、大塘、永乐、丹江公安派出所。1982年9月，设达地公安派出所。1986年5月，设雷公山自然保护区公安派出所。1987年底，公安派出机构有：丹江镇公安派出所，大塘区公安派出所，永乐区公安派出所，达地镇公安派出所，丹江区公安派出所，西江区公安派出所，林业公安派出所，雷公山自然保护区公安派出所。公安局系统共有干警97人（其中林业派出所、保护区派出所21人）。商业局、供销社、民族中学、第二中学、饮料食品厂、民族锑矿冶炼厂先后设置保卫科，有保卫干部9名。

群众治保组织

1952年6月，按中央人民政府政务院批准由公安部公布的《治安保卫委员会暂行条例》的规定，雷山县人民政府决定结合土地改革、镇压反革命运动，在全县范围内组建农村治安保卫委员会。1952年11月，建立治安保卫委员会17个，共有委员179人。1954年6月，按新划定乡（镇）建立34个乡（镇）治安保卫委员会，有正、副主任51人，委员134人。1956年1月，县机关企业、事业、学校分三片建立3个治安保卫委员会，有正、副主任7人，委员12人。1956年2月，中共雷山县委作出《农业社要建立治保会的决议》，全县有172个初级农业合作社，建立治保组织的有126个，共有治保委员569人。1958年，以区为单位建3个人民公社，实行军事化管理，公社建立保卫科，设科长、科员。全县28个民兵营都建立治保会，共有委员170人。1961年8月，以生产大队为单位建立治保会共123个。1965年5月，对农村治保会进行调整充实后，全县有治保会123个，成员741人，其中正、副主任246人，委员495人。1970年，在150个生产大队重新建立治保会，有委员657人。县机关企事业单位建立治保会13个，有委员80人。1987年，全县共有治安保卫委员会163个（其中机关企业12个，村151个），共有成员494人。

第二节　户口管理

1951年7月16日，中央人民政府公安部公布《城市户口管理暂行条例》，规定户口由公安部门管理。1955年6月，根据国务院《关于建立经常户口登记制度的指示》划归民政部门管理。1958年1月后，根据《中华人民共和国户口登记条例》规定，又由公安部门管理。按《条例》规定，建立户口登记簿和出生、死亡、迁出、迁入四种登记册，随时登记变动人口，掌握人口变动情况。户口登记的统计工作，每年由县公安局组织统计一次。对户口经常性的管理，县城先由公安局治安科（股）直接管理，1973年，交由丹江镇公安派出所管理。县城户口于1983年按城区道路分段排户编号，更换门牌，一户一号一册，换发户口簿。做到登记全面准确，变动及时掌握，户口底数清楚，人口了如指掌。对暂住人口管理做到来人登记，人走注销，及时审查，重点控制。发现违法犯罪分子及时查清处理。农村的户口管理由各区镇公安派出所负责，建立乡（原人民公社）和村民委员会（原大队）两级户口管理制度，按村民组（原小队）建立户口登记簿一式两份，装订成册，分别由乡（人民公社）和村民委员会（大队）保管。乡政府秘书和村民委员会会计为户口员，随时掌握人口出生、死亡、迁出、迁入四项变动情况，认真及时搞好户口登记，做到人人有登记，乡、村有簿册。1953年4月，按照全国第二次治安工作会议精神，加强重点人口的清理和管理工作，建立重点人口档案，加强管理教育，对进行各类犯罪活动的要给予打击；对表现好的重点人口，控制予以撤销。1977年11月，根据国务院批准公安部《关于处理户口迁移的规定》严格控制迁入城镇的人口，每年按居民人口总数的5‰由农村人口转为居民户口，由县公安局行使农转非的批准权。

第三节　治安管理

查禁烟毒

民国时期，雷山因地理情况特殊，种、吸鸦片的人甚多，政府虽曾查禁，但因执政者徇私舞弊，久禁不绝。解放后，人民政府于1951年初至1952年8月，结合土地改革、镇压反革命斗争，贯彻国务院发布的《关于严禁鸦片烟毒的通令》，组成以副县长李新三为主任，公安局局长杜志轩为副主任的查烟禁毒办公室，在全县范围内开展查禁烟毒运动。当时，查获种植鸦片烟苗的有65户，烟贩25名，烟枪42支，烟灯38罩，烟盘25个，鸦片烟毒92.5公斤。铲除烟苗2.5亩。1953年9月，在县城取缔烟馆，抓获9人，强令烟民戒除。在方祥乡深山老林、人迹少到的坡上发现种植大烟（鸦片），饬令铲除。1958年3月7日，县委、县政府决定再次组织查禁烟毒，成立雷山县禁毒委员会和禁烟办公室。副县长吕潼川担任主任委员，公安局局长杨正涛为副主任委员。办公室设在公安局。各乡相应设立由乡党委书记为主任的禁毒委员会。开展无烟毒、无火灾、无积案、无赌博、无股匪残匪、无骚动事件、无事故等的“七无”运动后，禁毒委员会和禁烟办公室改称“七无”运动指挥部和“七无”运动办公室。同月20日，召开有区委书记、区长、乡长和生产大队的妇女主任、治保主任、民兵中队长参加的会议，到会共计208人。从23日起，在全县范围内全面开展“七无”运动。计查获烟毒惯犯108名，其中逮捕26名，依法管制1名。收缴烟毒1699两，烟资银圆1369元，银子859两，金戒指3颗，人民币956元，烟具82件。1986年5月，在桥桑乡桥毫坳铲除烟苗240株，种大烟户万某某被收容审查。

查禁赌博

1958年3月，在开展“七无”运动中，把严禁赌博列为重要内容之一。对群众主要是进行正面教育，对参加赌博者，令其写出保证不再犯，对赌头、赌棍依法打击。1962年初，达地公社的巫空、排老等地发现有赌博活动。同年10月，达地公社有6个大队有赌博活动，参加赌博者有99人，赌资有人民币、银圆、粮票、布票、大米等，严重地影响生产和社会治安秩序。经组织查禁，对赌头王某某、赌棍潘某某依法戴坏分子帽子，交群众监督改造。参加者，令其退回赌资，不予追究。1983年初，达地公社再次发现赌博活动，参加赌博者240余人。巫空大队15岁以上的男女，有80%以上的人参加赌博。县公安部门组织工作组深入民间摸底，又集中赌头、赌棍37人在公社办法制学习班，学习刑法的有关条款和外地典型案例，讲清赌博是违法行为和它的危害性，令其坦白交代。对参加赌博者就地登记写出不再犯的保证书。并依法逮捕赌头1名，达地地区的赌风始被刹住。丹江、永乐两镇亦发现有赌博活动。1983年5月，雷山县政府颁布《禁赌通告》。11月，贯彻执行贵州省公安厅《关于查禁赌博活动的通告》。1986年12月，在丹江镇破获一起有91人参加的赌博团伙，依法逮捕赌头、赌棍5名。

行业管理

在新中国建立初期，结合土改、镇反、“三反”“五反”等群众运动，与工商、服务等部门配合，对旅栈业、旧货业、修理业、印铸刻字业等4种行业进行整顿清理，督促其建立健全制度，进行来客登记、定期检查汇报，发现可疑人员及时报告等。1957年对私改造完成后，各行各业都加入公私合营，由工商、服务部门统一领导，公安部门负责治安管理。1958年查获外来流窜人员21人，其中6人有反革命活动，3人为刑事犯。1962年2月，查获龙头乡农民金某某等8人私刻“雷山粮管所”“雷山饭店”公章共二枚，骗取提粮单和饭票，计粮食4200公斤，人民币316元。将其收审并追回大部分赃物。1966年查获外流人员142人；1974年大搜查收审流窜犯7人；1976年收审流窜犯63人；1982年收审流窜犯86人。1987年，全县共有旅社业40家，旧货业4家，修理业7家，印铸刻字业2家。县公安局重新清理登记，加强治保组织建设，落实防范措施。

危险物品管理

列为危险物品管理的有枪支、弹药、爆炸物品、剧毒物品以及其他易燃易爆物品。公安局根据1951年6月公安部发布的《枪支管理办法》和1957年12月公安部发布的《爆炸物品管理规则》《关于违反易爆、易燃危险物品的管理规则的处罚暂行办法》，做好危险物品的登记、审批和发证工作。1953年1月，根据县委决定，各区配发短枪两支，区委书记均配发短枪。公安机关、人民检察院和企事业单位的保卫人员、因工作需要佩带枪支的人员，经公安局审查批准签发许可证，并发给持枪证。1982年，清理收回不应佩带枪支人员的枪支，对继续持枪人员换发持枪证。1981年6月，盗枪犯李某某盗走响楼乡民兵六三式自动步枪一支，经围追堵截将枪追回，判处李某某死刑，缓期二年执行。1983年9月，永乐公社武装部长杨某某丢失五六式半自动步枪一支。子弹5发，被开除公职，判处有期徒刑二年。对爆炸物品的管理，根据1978年国务院批准发布的《修改爆炸物品管理规则和简化购买爆炸物品手续的通知》，有关工矿企业、机关、乡镇、村民等需要购买的爆炸物品，实行专人办理运输、销售、领取物资的凭证；爆破工须持有爆破作业证。生产、经营和销售爆竹、烟花的商店和个体户，经审查批准符合安全规定的发给许可证后方可营业。1984年7月，县公安、水电、工交、乡镇企业等部门联合举办1期计121人的爆破手培训班。同年，按照省、州民用爆炸物品管理工作会议精神，收缴流散在社会上的危险物品，计炸药142381.5公斤，雷管1591个，导火绳664米，子弹16发。1985年，收缴炸药84127公斤，雷管85117个，导火绳86503米。

发生的重大事故有：1962年10月，五金公司炸药仓库保管员盗卖炸药1000公斤，雷管1850个，被依法处理。1977年6月8日，县城红旗改河工程指挥部未经公安部门批准，擅自决定装2996公斤炸药爆破山崖，造成死亡1人，伤17人，损坏民房28幢，经济损失14281元的重大事故。1982年12月15日，县供销社农资公司门市部因烤火造成火药、爆竹爆炸燃烧，损失6746元，营业员重伤致残。

社会改造

公安机关依靠群众和发动群众，依法对社会上的地富反坏分子和判处管制的分子，实行社会监督改造。政治上划清界限，经济上同工同酬。采取“包夹改造”的办法，依靠群众力量来进行。雷山县在清匪、反霸、土地改革、镇压反革命等运动中，给应予管制的反革命分子446名依法判处管制。随之对不法地主分子和富农分子130名依法判处管制。遵照“惩办与宽大相结合、劳动改造与思想教育相结合”的政策，由治安保卫委员会和人民群众进行监督改造，强迫其参加农业生产劳动，保证劳动守法，不得进行破坏活动，悔过自新成为自食其力的劳动者。1956年5月，据《全国农业发展纲要》第四十条第四、五款的规定，在全县范围内，发动群众对地主分子、富农分子、反革命分子和坏分子进行审核、评定。分别审批为正式社员、候补社员、不加入农业合作社等三种类型。全县共有地、富、反、坏分子595名，评为正式社员的144名，候补社员的316名，不加入农业社的135名。1958年，人民公社化后，实行“三红包一黑”，进行“包夹改造，年终评审”。1963年3月，根据《治安保卫委员会工作细则》，结合普选对“四类”（地主分子、富农分子、反革命分子、坏分子）分子进行调查、清理，摸准底数。发现漏划的有15名，错划的258名，重新办理法律手续。全县共有“四类”分子1076名。其中：地主分子401名，富农分子405名，反革命分子163名，坏分子107名。评审为一类的319名，二类的425名，三类的262名，四类的70名。对一贯表现好的，经区委审查，县公安局复核，报请县政府批准，摘掉四类分子帽子的7名；对进行破坏活动的9名视其情节分别进行处理，并落实监督改造措施。实行政治上区别对待，经济上同工同酬的政策。在“文化大革命”中，社会改造工作基本停止。1973年，公安局对四类分子进行全面清理，全县有四类分子1127名。其中：地主分子380名，富农分子371名，反革命分子251名，坏分子125名。包守法教育，包思想改造，包劳动生产，责令被改造对象订劳动守法保证书的“三包一保证”的办法，进行“包夹改造”。1979年2月，遵照中共中央决定，成立“四类”分子摘帽评审小组，采取群众评议，公安审查，县革委审查、批准并张榜公布的方法，对全县1035名四类分子全部摘掉帽子，给予公民权。

治安行政处罚

1957年10月，《中华人民共和国治安管理处罚条例》公布后，雷山地区只作宣传。1980年2月，第五届全国人民代表大会常务委员会第22次会议批准重新公布《条例》以后，6月1日起在全县范围内执行，依照《条例》规定处理治安案件。1981年，发生治安案件90起，处罚56人。1982年，发生治安案件38起，处罚58人，行政拘留17人，警告8人，罚款31人，批评教育2人。1985年，发生治安案件47起，结案44起，发案查处率为93.62%。处罚51人，其中行政拘留6人，罚款26人，警告6人，责令赔偿损失13人。1987年1月至6月，县人民政府拨款1500元，由公安机关与司法行政部门配合，深入机关学校和区、乡宣传第六届全国人民代表大会常务委员会第17次会议通过的《中华人民共和国治安管理处罚条例》。是年，发生治安案件94起，查处71起，占75.5%。行政拘留14人，罚款84人。

第四节　镇压反革命

1950年春，贵州省保安第十团团长谢世钦在雷山成立“贵州东南绥靖区司令部”武装叛乱集团，有匪众1.5万人之多。9月，人民解放军186师入黔剿匪全歼谢匪所部，10月17日，在雷山县城公审处决谢世钦、周文彬、王海樵、杨化民等罪大恶极的8名匪首，对顾世文等363名匪首准予自新悔过，宽大处理。1951年1月，根据中共中央关于镇压反革命的指示，在全县范围内，大张旗鼓地开展镇压反革命运动，至1953年上半年结束。在镇反运动中，重点打击土匪、恶霸、特务、反动会道门头子和反动党团骨干等五个方面的敌人，查出土匪、特务、恶霸、反动党团骨干、反革命分子和反动会道门头子共738名。根据《中华人民共和国惩治反革命条例》的规定和"坦白从宽，抗拒从严，首恶必办，胁从不问"的政策，先后依法逮捕571名，多次召开公审公判大会，判处无期、有期徒刑549名，杀少数不杀不足以平民愤的反革命分子、特务分子和地主恶霸分子，对坦白交代罪行、主动自首的从宽处理。1955年上半年，又开展第二次镇反运动，惩办进行现行破坏活动的残余反革命分子、不法地主分子、富农分子和其他刑事犯罪分子。在这次斗争中，先后逮捕反革命分子、不法地主、富农分子和其他刑事犯罪分子90名。同时，在党政机关、人民团体、学校、企事业单位全面开展内部肃反斗争，清出80名暗藏在机关内部的"五方面"反革命骨干分子和坏分子。遵照内部肃反"一个不杀，大部不抓"的方针，对清查出来的"五方面"骨干分子，逮捕判刑33名。1957年春，再次开展镇反运动，对进行各种破坏活动的残存反革命分子和不法的地主、富农分子给予打击，依法逮捕72名。在三次镇反和内部肃反基本结束之后，继续对有现行破坏活动的反革命分子进行打击镇压。1960年冬，逃亡匪首文某某、李某某为首在雷山与榕江、丹寨等县边沿结合部的九洞山、韭菜坪、南皋一带组织武装股匪，李某某活动于雷山、丹寨两县接壤边沿地区，文某某在榕江地区活动。持枪抢劫，杀害基层干部和人民群众，发展组织，声称待机集中黎平进行武装暴动。经过组织力量进行追剿，文某某、李某某先后于1961年6月和1962年6月中旬落网。文某某被判处死刑立即执行，李某某被判处死刑，缓期二年执行。1966年9月，永乐公社李某某在黎平参加反革命集团，任参谋长。在柳乌、排告、永乐等地先后发展成员17人，经侦察查证属实，依法判处徒刑。1974年2月，桃江公社干角大队杨某某为首组织"中国救民党"反革命集团，发展成员20名。经侦破缴获"党证"400余份，土造匣枪1支，"中国救民党""中国人民救民军政治部"印章各1枚。依法逮捕为首4名，判处徒刑。1986年1月，达地镇达勒村庞家村民组张某某、庞某某、潘某某为首组织"中国救民党""爱国救民军"反革命集团，发展成员84人。经侦破缴获"党证"54份，"入党申请书"57份，"党章"47份，"党旗""万众民族"旗各1面，印章30枚，土造手枪2支，宝剑1把，以及雷管、匕首、子弹、迷信书、成员名册等罪证，依法给予逮捕，判处张某某有期徒刑10年，庞某某有期徒刑5年，潘某某有期徒刑3年。

第五节　打击刑事犯罪活动

在历次镇压反革命斗争中，结合开展打击各种刑事犯罪分子的活动。1952年的"三反""五反"运动，集中对贪污盗窃分子和其他刑事犯罪分子给予惩处。1957年开展对刑事犯罪分子的斗争，本着"依靠群众，抓住战机，积极侦察，及时破案"的方针，重点打击杀人犯、抢劫犯、放火、放毒犯、流氓犯、盗窃犯、强奸、轮奸犯以及严重破坏社会秩序的坏分子。在侦察破案中，对重大、特大和集团案件，集中主要力量侦破。对危害严重的凶杀、抢劫、轮奸、强奸等恶性案件，则采取"专案专办"的办法，组织力量速破。1957年，在莲花乡掌坳和报德乡乌流破获凶杀案2起，凶手分别被判处死刑。破获盗窃案6起。1958年4月，在全县开展"七无"运动，收捕各类案犯26人。10月，贯彻省政法会议"整顿社会，打击现行"的精神，县委、县政府负责人分片督阵，组成300余人的骨干队伍，公检法三家抽干部18人，组成4个突击组，共召开公捕公判大会118次，依法逮捕案犯72名。破获放毒案1起，盗窃团伙2起，凶杀1起，凶杀焚尸灭迹1起，强奸案1起。为做好防范工作，普遍发动群众制定“监督办法”，责令被监督对象订立“守法公约”。1961年7月，雷山、榕江、三都、麻江（后为丹寨）四县实行边区结合部划分联防范围，建立两个协作区（三都县甲雄，雷山县桥桑、达地，榕江县三江为第一协作区；榕江县宰勇、平阳，雷山县永乐为第二协作区），每季召开一次协作区会议，互通情报，共同协防，促使这一地区社会治安状况好转。1962年6月，破获凶杀案2起，哄抢国家仓库粮食案1起。1964年，破获凶杀案1起，投毒案1起，强奸案3起。1971年，发生刑事案件15起（凶杀1起，盗窃12起，强奸2起），破获8起，占53.33%。1974年，发生刑事案件54起（凶杀4起，纵火2起，强奸8起，盗窃31起，诈骗2起，投机倒把5起，贪污2起），破获41起，占75.93%。1978年，发生刑事案件21起（凶杀1起，强奸4起，盗窃16起），破获17起，占80.95%。1981年，发生刑事案件55起（凶杀1起，伤害4起，抢劫3起，纵火1起，强奸11起，盗窃33起、其他2起），破获41起，占74.55%。

1983年8月，遵照中共中央《关于严厉打击严重刑事犯罪活动的决定》和第六届全国人民代表大会常务委员会《关于严惩严重危害社会治安的犯罪分子的决定》，按照三年为期、三次战役、“从重从快、一网打尽”的精神，在全县范围内开展打击严重刑事犯罪分子的斗争。打击的主要对象是：一、流氓团伙分子；二、流窜作案分子；三、杀人犯、放火犯、爆炸犯、放毒犯、强奸犯、抢劫犯和重大盗窃犯；四、拐卖妇女、儿童的人贩子，强迫、引诱、容留妇女卖淫的犯罪分子和制造、复制、贩卖内容反动、淫秽的图书、图片、录音带、录像带的犯罪分子；五、有现行破坏活动的反动会道门分子；六、劳改逃跑犯、重新犯罪的劳改释放分子和解除劳教人员，以及其他通缉在案的罪犯；七、书写反革命标语、传单、挂钩信、匿名信的现行反革命分子，以及有现行破坏活动的林彪、“江青反革命集团”残余分子。对这“七个方面”的犯罪分子，坚决打击，依法从重从快惩处。第一次战役从1983年8月17日开始至1984年8月31日结束。全县共组织670余人参加严打行动，县委书记亲自指挥，分管政法副书记具体领导，公安局、检察院、法院三长亲临前线参加战斗。这次战役共摧毁犯罪团伙15个，收审罪犯142名，召开5次公捕公判大会，判处91名（判处死刑1名，有期徒刑39名），对罪行较轻的作治安处罚。自此，社会治安稳定好转，刑事案件和治安案件的发案率下降33.3%。1984年，全县仅发生刑事案件36起，治安案件35起。1984年8月开始第二次战役，至1985年8月底结束。继续贯彻“从重从快，一网打尽”的方针，主要打击流窜犯和各种犯罪团伙。经过第一次战役的打击，犯罪分子的犯罪活动有所收敛，此次收审和逮捕的犯罪分子193名，摧毁团伙15个，依法判处徒刑33名。1985年下半年后犯罪活动又有回升，刑事案件发案率比1984年上升81%。1985年9月至1986年底，又开展第三次战役。有104人参加严打斗争，组成4个专门破案工作组，把反盗窃斗争、深挖犯罪团伙和打击“中国救民党”反革命集团结合进行。共摧毁各种犯罪团伙13个、成员217人，“中国救民党”反革命集团涉及成员84人。并侦破一批刑事案件，收审和逮捕各类犯罪分子138名。三年的“严打”斗争，逮捕犯罪分子155名，判处有期徒刑141名，判处死刑2名。

1987年刑事案件发案80起，比1986年多发24起。

解放后的37年中，全县共发生各种刑事案件1047起，破获719起，破案率为68.67%。抓获案犯813名。

案例： 1961年8月16日，乌江采伐队工人周某某到丹江粮管所买米，在其岳母傅某某家被杀死。经侦察破案查明，其妻李某某长期与奸夫姘居，喜新厌旧，趁周某某不备，用柴刀将其砍死，并埋于菜园内花椒树下，手段残忍。雷山县人民法院依法判处李某某死刑，立即执行，剥夺政治权利终身。

1972年12月4日，开屯公社羊者生产队张某某因与同队杨某某、杨某某兄弟在秋收分粮时发生口角，为报私仇，用柴刀将杨某某的3个小孩(最大的10岁)一起砍死。雷山县人民法院报经州中级人民法院批准，依法判处张某某死刑，立即执行，剥夺政治权利终身。

1983年11月13日，桥桑公社夺弄山生产队龙某某拦路以暴力强奸达地民族小学15岁女学生徐某某，经公安机关组织破案，证据确凿，罪犯亦供认不讳，经黔东南中级人民法院依法判处强奸犯龙某某死刑，剥夺政治权利终身。

第六节 预审、看守

预 审

1950年10月，公安局建立预审股。1982年改设预审科。它的任务是在逮捕或拘留人犯后，直至结束预审将案件移送人民检察院审查决定起诉、免予起诉或者由公安机关撤销案件，做出其他处理为止。预审的职责是根据党的政策与国家法律，准确、及时地查明案情，揭露、证实犯罪，追究应负刑事责任的人，保证无罪的人不受刑事追究。预审要坚持正确执行党的政策和国家法律，贯彻“实事求是，重证据，重调查研究，严禁逼供信”和“有反必肃，有错必纠”的方针，充分发挥预审部门打击敌人，惩罚犯罪，保护人民的职能作用；一切从案件实际情况出发，依靠群众、专门工作与群众路线相结合；“坚持真理，修正错误，不畏权势，刚正不阿”的基本原则。

预审人员所办理的案件，已经达到犯罪事实、情节清楚，证据确凿、充分，犯罪性质和罪名认定正确，法律手续完备这四条标准时，或已查明被告人的行为不构成犯罪时，即可结束预审。写出《预审终结报告》，其内容分为：被告人的基本情况；被告人逮捕的理由和根据；被告人的犯罪事实；根据被告人的犯罪事实和法律规定提出处理意见。

《预审终结报告》由承办案件的预审员签名，连同预审案卷材料送呈领导审批。对于犯罪事实、情节清楚，证据确凿、充分，依法应当追究刑事责任的案件，预审员要写具《起诉意见书》，最后在附注部分写明被告人关押处所，附送预审案卷的卷数、册数以及随案移送的赃物、罪证等。

对于被告人的行为已构成犯罪，但根据国家法律有关条款不需判处刑罚或者可以免除刑罚的案件，预审员要写具《免予起诉意见书》，其内容与《起诉意见书》相同。主要区别在于免予起诉的理由或法律根据。“起诉意见书”和“免诉意见书”提出后，连同案卷材料、证据一并移送县检察院审查决定。1955年前未组建县检察院，则直接移送县人民法院审理判处。

对被告人犯罪事实已被否定，其他问题不足以追究刑事责任的案件，预审员要写出撤销案件的报告，在报告中写明撤销案件的理由和法律依据，并提出处理意见，经领导批准后，立即释放在押被告人，发给释放证明，并通知县人民检察院。1955年7月，为贯彻省公安厅预审会议精神，明确工作范围和预审制度，成立清案小组，由4人组成，对在押人犯27名进行调查审理。1957年5月，公检法三长实行统一办公，加强预审工作。

看 守

1950年10月建立看守所，所长由预审股(科)长兼任。设专职副所长和看守员、事务员、炊事员。利用国民党时期原有的监狱为监房，后在武庙修建一座砖木结构监所。1964年，贵州省公安厅批准并拨款6万元，在菜园圃修建看守所。1987年，公安厅再次拨款10万元重新修建新型监房一栋。

看守所专门关押被依法逮捕、刑事拘留，正处于侦查、起诉和审判阶段的犯罪嫌疑人。严密看管，保证看守所安全；加强对犯罪嫌疑人的政策、法制和形势教育，密切配合预审、起诉、审判工作；搞好犯罪嫌疑人生活、卫生防疫管理等，是看守工作的主要职责。

雷山县看守所建立以来，对关押土匪、地主恶霸、特务、反革命分子和各种刑事犯罪分子，始终贯彻“严密看管与思想教育相结合”的方针，实行人道主义的管理原则，认真执行收押制度、值班制度、安全检查制度、提审押解制度、接见和物品、信件检查制度、犯罪嫌疑人出所制度等。

解放初期，在押犯罪嫌疑人生活费由政府拨付，按人数供给大米、油盐、蔬菜，节日供给肉食、米粑。有病由监所发给药物，大病请医师诊治。1955年1月，按省公安厅“要对在押人犯进行冬训，开展思想教育”的指示，监所以狱外参加劳动的和押于狱内的分成两个学习单位，由干部领导进行15天的训练和学习，用党的政策和政府的法令对犯人进行教育，促其认真改造。1973年8月13日，公安局负责人亲自深入监狱宣读毛泽东主席“犯人也是人”的指示，对犯人震动极大。1985年8月，人民检察院干部，定期到监所上法制课，进行个别谈话，因人施教，贯彻执行“惩罚管制与思想改造相结合”的方针。

附：1955年5月，监所干部彭某某思想麻痹，看守松懈，加以武装人员对犯人限制时间吃饭，导致犯人抢饭、破碗等事故，县公安局调查属实后，给该干部以通报批评。

1987年2月28日，被收审的刑满释放人员余某某上吊自杀身亡，经州、县人民检察院调查认定，看守人员有直接责任，给予党内警告处分。

第七节　消　防

20世纪50年代和60年代，公安局没有设置专门消防监督工作机构，由治安科（股）兼管。1974年6月雷山县公安局设消防科。1983年1月，消防科干警转为现役军人，隶属黔东南州公安局消防大队和雷山县公安局双重领导。消防监督任务是：制定消防规则、办法和技术规范；审查各单位制定的具体防火办法和防火技术规范；进行消防安全检查；指导消防组织的业务工作，统一指挥和组织对火场的扑救；对制造消防器材的规格、质量实行监督；进行消防科学技术研究；对其他有关消防事项实行监督。雷山县设防火（安全）委员会（临时机构），由县政府主要负责人兼任主任委员，公安局处理具体业务。组织、协调、推动全县群众性的防火安全工作。贯彻“以防为主，以消为辅”的方针，检查落实防火安全各项措施。各区、乡政府（公社）明确一领导分管消防。村民委员会（大队）则由治保主任或防火委员会主任主管，利用宣传车、电影、幻灯等形式宣传《消防监督条例》和防火的重要性，火灾的危害性。每年春节、元旦、国庆、五一和少数民族节日及秋收生产大忙期间，组织检查组深入村寨、农户检查，发现易燃物乱堆乱放、草木灰余火未灭、小孩玩火等不安全因素，及时组织治保小组人员进行整改。1979年以来，以户和村民小组（小队）为单位普遍制订防火公约（乡规民约）；城镇及50户以上的村寨，组织轮流巡逻守寨或敲锣喊寨，发现火警及时通知扑救。全县有148个大队（村）制订防火公约，占99%。1980年先后在西江镇、黄里乡中寨村、陶尧乡虎阳村、乌江乡乌江村、开屯乡丛木村、莲花乡掌坳村采取政府补助、群众自筹资金的办法修建自来水池和提水站，解决人畜饮水，增设防火池、水管等防火设备。成灾后，派员查清火灾起因，做到“三不放过”（火灾原因查不清不放过，肇事者没受处分不放过，群众未受到教育不放过）。1956年，全县境内未发生火灾，荣获贵州省人民政府授予“无火灾县”的称号；1983年至1987年，通过检查，雷山县连续五年未突破州下达的火灾起数、受灾户数、烧死人数、经济损失数等四项指标，人均损失不到0.3元，被评为黔东南州“防火先进县”。

1951年至1987年，全县共发生火灾176起，受灾1992户，7379人，烧毁房屋5737间，烧死19人，伤10人，烧毁粮食1228171公斤，全部损失折款460.47万元。

1954—1987年雷山县火灾损失情况统计表

表6-1

年　度	火灾起数	受灾户数	受灾人数	烧毁房间数	死亡人数	烧伤人数	烧毁粮食(公斤)	损失总折款(元)
1954	2	57	—	—	4	—	3216.5	13130
1955	1	19	—	—	—	—	—	—
1957	4	7	—	6	—	—	11650	9270
1958	4	152	728	200	2	—	35340	23948
1961	3	2	—	8	2	—	3641.5	1390
1962	3	54	172	145	1	1	3557.5	29676
1963	6	106	173	241	—	—	25188.5	48245
1964	6	29	155	87	1	—	12590	16231
1965	2	53	246	164	—	—	14370	72004
1966	1	—	—	1	—	—	—	140
1967	13	61	245	148	2	—	—	100000
1970	4	66	307	161	1	—	35952.5	72976
1971	9	—	418	935	—	—	235157.5	1436962
1972	5	80	381	167	—	—	89170	338972
1973	13	51	—	132	1	—	25010	109227
1974	13	222	—	638	—	—	89268	529690
1975	7	182	937	459	—	—	176916	362037
1976	5	47	—	122	—	—	17500	190550
1977	11	66	312	143	2	2	41214	96128
1978	8	163	829	577	1	4	57117	202844
1979	14	153	596	331	—	2	80418	263507
1980	6	162	768	368	—	—	78341.5	450912
1981	8	39	159	104	1	1	9976.5	43480
1982	2	30	222	87	—	—	2930	44500
1983	4	15	30	14	—	—	1500	2550
1984	5	40	177	117	—	—	89700	55190
1985	4	6	23	14	—	—	2750	7880
1986	3	6	31	14	—	—	215	3700
1987	10	124	460	354	1	—	56535	79547
总计	176	1992	7379	5737	19	10	1228171	4604686

注：1956年、1959年、1960年、1968年、1969年没有统计数

附：重大事故

治安事故　1958年1月1日，报德乡乌流村开山造田，因挖神仙土，塌方压死2人，伤2人。

1963年3月21日，丹江镇新民大队在南门马路边挖黄泥浆田坎，因挖神仙土导致塌方，压死3人，伤3人。

1986年8月，龙头小学教师杨某某的三个小孩在固鲁乡小固鲁村猫猫河河口因过河失足，全部被水淹死。

火灾事故　1954年2月27日，毛坪乡妇女杨某某等4人上山烧炭，失火烧山，烧死4人（其中小孩1名）。

1954年12月20日，大塘乡咱刀村发生火灾，烧毁房屋57幢，稻谷3.21万公斤。

1958年4月23日，桥港乡掌批寨发生火灾。受灾61户，290人。烧毁房屋160间，谷仓15间，烧毁粮食1.06万公斤。烧死小孩1人，耕牛6头，猪25头。

1958年8月5日，公统铜矿厂发生火灾。烧毁办公大楼1幢，烧毁长短枪7支，电话机1部，损失折款达9877元。

1958年12月7日，独南乡乌的村发生火灾。受灾61户，357人。烧死妇女1人，耕牛6头，猪47头，粮食1.43万公斤。损失折款达8209元。

1963年2月26日，掌雷乡排茫村发生火灾。受灾46户，烧毁房屋127间。

1963年10月19日，大塘乡独南村发生火灾。受灾49户，149人。烧毁房屋87间，粮食3.8万公斤，烧死耕牛6头，猪12头，损失折款达4.32万元。

1965年1月9日，掌雷乡南八村发生火灾。受灾49户，218人。烧死猪33头，烧毁房屋146间，粮食1.23万公斤，损失折款达6.67万元。

1971年12月15日晚，西江镇平寨村发生特大火灾。受灾321户，1278人。烧毁房屋613间。粮仓46间，粮食20823公斤，被服2165件，农具家具2814件，现金4628元，耕牛13头，猪91头，区供销社、被服厂、营业所、税务所、电信邮政支局、林业站、农站、区革委会等单位全部烧光，档案全毁。损失折款达129.56万元。

1972年1月8日，方祥乡水寨村发生火灾。受灾60户，烧毁房屋145间，粮食8.87万公斤，损失折款达14.52万元。

1974年3月29日，方祥乡毛坪村发生火灾。受灾94户，492人。烧死小孩1人，伤4人，死耕牛3头，猪32头，粮食5.3万公斤。

1974年11月3日，掌雷乡掌雷村发生重大火灾。受灾109户，509人。烧毁房屋100幢，326间，乡政府、分销店、信用社、卫生所等单位全部烧光。烧死耕牛9头，粮食2.85万公斤，损失折款达17万余元。

1975年2月13日，方祥乡雀鸟村发生火灾。受灾93户，480人。烧毁房屋226间，损失折款达19.56万元。

1976年8月30日，大塘区新桥村（区委所在地）发生火灾。受灾28户，115人。烧毁房屋63间。区委机关全部烧光，档案全毁。损失折款达10万余元。

1978年2月27日，大塘区掌雷乡乌勇村发生火灾。受灾86户，437人。烧毁房屋401间，粮食2.43万公斤，烧死1人，重伤1人，轻伤2人，损失折款达4.2万元。

1980年9月26日，丹江镇场坝街发生火灾。受灾77户，384人。损失折款达24.1万元。

1980年10月25日，桥港乡掌批村发生火灾。受灾81户，412人。烧毁粮食4.9万公斤，损失折款达20.69万元。

1984年5月12日，大沟乡开觉村发生火灾。受灾34户，150人。烧毁房屋101间，粮食8750公斤，损失折款达4.1万元。

1987年2月16日，大塘乡独南村发生火灾。受灾73户，309人。烧毁房屋195间，谷仓19个，粮食2425公斤，烧死耕牛7头，猪101头，损失折款达4.6万元。

第二章 检 察

第一节 机 构

清代和民国时期，均未设置检察机构，由执政主官执行检察任务。解放初期，对反革命案件和各种刑事案件的批捕、起诉业务由公安局办理。1954年11月成立雷山县人民检察署，业务仍由公安局局长兼管，未设专门办事机构和办案人员。1955年2月，雷山县人民检察署改称雷山县人民检察院，执行刑事检察、审查批捕、审查起诉、出席法庭支持公诉和进行审判、侦察监督的任务。是年，配副检察长1人，书记员1人，工作员1人。1956年增配检察长1人，副检察长1人，检察员1人，书记员1人，工作员3人。1958年干部调整，实有干部3人。1961年8月以后，设检察长、副检察长、检察员、书记员和秘书等共5人。1967年1月，“文化大革命”中被群众组织“夺权”，由雷山县政法系统无产阶级专政革命工作委员会取代。1968年3月，中国人民解放军雷山县人民武装部对雷山县公、检、法三机关实行军事管制。1973年3月后，审查批捕和起诉的检察职能由公安局进行。

1978年8月，重建雷山县人民检察院，配干部4人。其中检察长1人，副检察长1人，秘书1人，助理检察员1人。1979年县人民检察院扩大机构，设置办公室、刑事检察科、经济检察科、法纪检察科。配干警13人。1984年增设林业检察科。1987年底，雷山县人民检察院共有干警22人。其中：检察长1人，副检察长3人，检察员6人，助理检察员5人，书记员3人，调研员1人，法警2人，工作员1人。林业检察科撤销后，林业案件由雷山县公安局刑侦队办理。

第二节 刑事检察

人民检察院未建立以前，案件审结后由公安局预审科（股）直接向人民法院起诉。1955年2月，审查批捕、审查起诉工作由人民检察院承担。审批程序是：先由公安局写出提请批准逮捕报告书，送人民检察院受理审查，办理法律手续，再报专署检察分院批准后，由公安局预审科（股）执行。案件起诉由公安局预审科（股）将审理终结向县人民检察院报告，县检察院审查认定案件事实清楚，证据确凿，即向人民法院提请起诉并出席法庭支持公诉。8月，遵照党中央“提高警惕，肃清一切特务分子，防止偏差，不要冤枉一个好人”的指示，开展第二次镇反运动，着重打击五方面的现行反革命破坏活动和重大刑事犯罪。县人民检察院审查批捕339人，报经分院批捕139人。12月，检察分院通知，对已捕人犯和已批捕未捕的人犯，停止执行，进行休整。经过对已批捕的进行复查，发现假案2件，2人，可捕可不捕的2人，没有证据或证据不足的45人，执行逮捕的48人。

1957年3月，配合机关整风运动，在农村对地主分子、富农分子和反革命分子的现行破坏进行打击，开展第三次镇反运动。运动贯彻“镇压与宽大、惩罚与教育相结合”的方针。在审查批捕、审查起诉中，主要审查被告犯罪的动机、目的和犯罪事实是否清楚，证据是否确凿充分，对构成犯罪的，报县委审查同意，再报黔东南自治州人民检察院批准决定。批准逮捕89人，决定起诉72人（依法管制32人），不予起诉17人。

1958年3月，贯彻州“三长”（公安局局长、检察院检察长、法院院长）会议精神，提出“消灭一害，实现七无”（消灭反革命危害，实现无烟毒、无火灾、无积案、无赌博、无股匪残匪、无骚动事件、无事故）。审查批捕是由三员（侦察员、检察员、审判员）办案，集体研究，“三长”决定，报县委批准逮捕。全年报经批捕278人（其中反革命案220人）。此时，检察院业务活动出现不正常，法律监督被削弱，案件质量下降，错案近1/3。12月，在审查批捕案件中，执行中央提出的“三少”（杀人要少、捕人要少、管制也要比过去少）政策以及“策略上松一些，政策上宽一些”的精神，审查批捕案件坚持个人阅卷，集体讨论，检察长决定，报请县委批准。各项法律文书要求做到“一证、五书”齐备（即逮捕证，逮捕报告书、批准逮捕书、起诉意见书、起诉书、判决书）。1962年，继续执行“三少”政策，全年逮捕各类案犯22人，起诉15人。1963年9月，在农村开展社会主义教育运动，检察工作按照《关于社会主义教育运动中具体政策的规定（草案）》对运动中揭发出来有破坏活动的“四类分子”，要发动群众进行说理斗争，放到群众中监督，依靠群众力量，实行专政，把中间的大多数改造成为新人。除了行凶报复、抢劫、放火、放毒，民愤很大，必须立即逮捕的以外，对有破坏活动的“四类分子”，采取“一个不杀，大部不抓”的方针。1965年，贯彻执行毛泽东主席“依靠群众专政，少捕，矛盾不上交”的指示，在“五反”和“四清”运动中，都没有逮捕人，社会治安形势稳定。“文化大革命”开始后，公安机关实行军管，刑事案件的受理和批捕，统由中国人民解放军雷山县公安机关军事管制小组办理。批准逮捕、起诉和审判一道工序办完。

1978年8月，重建雷山县人民检察院后，审查批捕、审查起诉案件仍按1963年最高人民检察院《关于审查批捕、审查起诉、出庭支持公诉的试行规定》办理。1979年，贯彻执行中共中央转发最高人民检察院《关于认真执行“逮捕拘留条例”案件审批手续的通知》，要求公安机关提请审查批捕的一般刑事案件，可以直接送到县或县以上的人民检察院审查决定，不再报党委讨论批准。此后，审查批捕、审查起诉、出庭支持公诉案件，由县检察院独立办理。是年，受理3件（人），决定逮捕3人。1980年1月，《中华人民共和国刑法》《中华人民共和国刑事诉讼法》正式公布实施，县检察院内成立刑事检察科，专门负责办理审查批捕和审查起诉各种刑事案件，出席法庭支持公诉。实行专案专办，责任到人，集体讨论，检察长把关，疑难案件由检察长提交检察委员会讨论决定。对批准逮捕和不批准逮捕的案件，都要向州人民检察院报请审查备案。对事实不清、证据不足的案件，退回公安机关补充侦察或自查，把事实和证据弄清；对已构成犯罪的，及时作出批捕决定。是年，受理15件，17人，决定逮捕16人。

1983年8月，根据中共中央《关于严厉打击严重刑事犯罪活动的决定》和全国人大常委会《关于严惩严重危害社会治安的犯罪分子的决定》，按照三年为期，三次战役，“从重从快、一网打尽”的精神，开展打击严重犯罪分子的斗争。人民检察院刑事检察坚持从重从快方针；坚持案件基本事实清楚，基本证据确凿的及时批捕、起诉，不纠缠枝节问题；坚持对重大、特大案件和疑难案件及时报告县委或县委政法委联合办公会议讨论；注意深挖、防止漏犯、漏罪，发现漏犯、漏罪及时向公安机关提出追捕或补充意见。犯罪的被告人凡年满十八岁的，除隐私案件外，检察院都要依法出席支持公诉。在三年“严打”斗争中，共受理公安机关提请批捕的刑事案件共195件，195人，决定逮捕155人；受理起诉152人，决定起诉119人。1978年检察院重建后，到1987年年底，共受理批捕案件353件，460人，决定逮捕357人；决定起诉318人，免诉47人，不诉7人。

第三节　法纪检察

1955年5月，贵州省公安厅、人民检察院、人民法院联合通知，明确法纪检察由各级检察机关实施。法纪检察的受案查处和侦察范围有：妨害经济管理秩序的案件；侵害人身权利的案件；破坏公共秩序的案件；渎职罪的案件。1956年5月，雷山县供销联社控告纸厂周某某对工人龙某某打击报复，致使龙气愤投河自杀（未死）案，县检察院立案进行侦察后，报请上级批准，不追究法律责任，转原单位作政纪处理。1957年10月，雷山县医院对农民余某某因喉管梗塞动手术致死案，经检察院立案侦查，认定是因手术技术不高所致，并非责任事故，不予起诉。1958年4月，停止受理法纪案件。1978年后，根据《人民检察院组织法》的规定，成立法纪检察科，负责对法纪案件进行查处。1978年至1987年，人民检察院共受理法纪案件19起，立案侦查7起。其中：非法入侵他人住宅进行搜查1起，重大责任事故3起，玩忽职守1起，非法拘禁1起，渎职1起。起诉5起（其中非法入侵他人住宅进行搜查1起，重大责任事故3起，非法拘禁1起）。

第四节　经济检察

雷山县人民检察院于1956年开展经济检察工作。其检察范围是：贪污案；行贿受贿案；盗伐滥伐森林案；偷、漏、抗税案；挪用救灾、抢险等款物案；假冒商标案；以及检察机关认为需要自己直接查处的经济案件。1958年以前，人民检察院对县内商业、供销合作社、粮食等经济部门和国家机关工作人员的职业犯罪进行监督；对农业合作社有违反自愿互利原则及民主管理制度，违反劳动纪律而造成严重经济损失；违反粮食、税收政策、侵犯农业社的公共财产；贪污盗窃；信用社违反法律法令等方面，进行监督检察，没有提请过刑事诉讼。1958年4月，贵州省人民检察院指示撤销一般监督的侦察工作，但贪污案件和侵犯公民人身权利案件，仍属检察院受理。1961年，受理永乐区供销社贪污案件1起，调查结果，认定不够追究刑事责任，移作政纪处理。1978年8月，成立经济检察科，根据中共中央《关于打击经济领域严重经济犯罪的决定》和全国人大常委会《关于严惩严重经济犯罪的决定》和最高人民检察院经济案立案标准规定，配合党的纪律检查部门，开展经济检察。

对各类经济案件，经审查确认有犯罪事实，要追究刑事责任的，填写立案报告，经检察委员会或检察长决定立案并上报州人民检察院备案。在侦察调查中，认为要采取强制措施进行拘留或逮捕的，填写拘留或逮捕审查表，经检察委员会或检察长决定后，填写拘留或逮捕通知书，由县公安局填发拘留或逮捕证，执行拘留或逮捕。案件侦查终结后，提请公诉、免诉和不起诉、撤销案件等意见，经检察委员会或检察长决定执行。1982年8月至1987年，雷山县人民检察院受理各类经济案件39起，51人。立案侦查21件，24人。决定逮捕21人。决定起诉12人。免予起诉的2件，2人。撤销案件6件，6人。追缴犯罪金额103.38万元。

第五节　林业检察

1979年12月，最高人民法院、最高人民检察院、公安部《关于执行刑事诉讼法规定的案件管理范围的通知》规定，盗伐、滥伐森林案件由经济检察科直接受理。1984年，县人民检察院增设林业检察科，专门负责林业监督检察，经办林业案件。1986年，盗伐、滥伐林木案件，交由公安机关受理。雷山县人民检察院林业检察科随之撤销。在执行林业检察期间，共查处盗伐、滥伐森林案件12件，12人。其中，立案侦查4件，4人。起诉3件，3人。免诉1件，1人。1981年2月，县林业局告发者雄国营林场苗圃被附近农民非法侵占，毁林开荒，把培植的珍稀树种秃杉苗圃毁坏。县检察院立案侦查查明情况属实，令其退回原地，不予追究刑事责任。1982年2月，乌江乡乌江村李某某进入乡林场，砍伐林木，引起村民40余人入林场乱砍滥伐，经立案侦查属实，决定逮捕李某某，依法起诉法院审理，追究其刑事责任。1982年6月，永乐区桥洛村大槽山林被乱砍滥伐，经立案查明系桥洛村村民蒋某某为首趁山林管理混乱之机，盗伐、滥伐森林15立方米，并多次砍伐杉木制成棺木高价出售，牟利1858元。蒋某某已触犯刑法，被起诉判处有期徒刑1年。

第六节　监所检察

1956年开始行使监所检察职能。任务是：对刑事案件的判决、裁定、执行是否合法实行监督；对监狱、看守所、劳动改造机关的活动是否合法实行监督；检察监狱、看守所、收审所、拘留所和劳动改造机关执行政策、法律情况，保障政策、法律的正确实施；依法羁押人犯，准确地、及时地惩罚犯罪分子，保护无罪的人不受非法拘禁和追诉；贯彻“改造第一，生产第二”，坚持“惩罚管制与思想改造相结合，劳动生产与政治教育相结合”的原则。1956年至1957年，对参加修建雷榕公路的劳改队郎德大队进行监督检察时，发现工伤事故及犯人生病较多，医疗条件较差，有的犯人刑期已满，不给办理法律手续上报处理。少数管理人员违法乱纪，对犯人进行捆、绑、打、骂等。经检察发现后，进行了纠正。1958年，对监所执行法律政策、管理教育、犯人生活、卫生条件等人道主义待遇方面实行监督检察，发现病犯允许取保外医。1961年8月，在对监所检察时，发现久押未决的50名犯人中有错案27人，采取边清理、边调查、边处理的方法，对错案进行平反。1963年1月，检察发现监所关押的10名已决犯人，未按规定投入劳改，部分久押未决的人犯未得到审理，即向公安局和法院提出检察建议，及时得到纠正。1981年，根据最高人民检察院颁布的《人民检察院监所检察工作试行办法》的规定，把监所检察纳入县检察院日常工作范围，决定由刑事检察科专人负责，与公安局预审科、看守所、武装警察中队等配合，定期或不定期地对看守所、收审所、拘留所进行检察。以后又改为一月一次大检察，节日假期小检察。检查其是否认真执行公安部的规定，对收押、提审、押解、释放是否有法律文书，要求每天坚持两小时的放风制度，每个监房有一份《贵州日报》和一册《刑法问答》供犯人学习，男女犯人分监关押，犯人私人财物登记保管，对犯人伙食不克扣，对有病犯人及时治疗等。1984年以来，对判处缓刑、管制、假释、保外就医四类罪犯，在10个公社（乡镇）进行两次逐人回访，依靠当地党政领导和治保组织对其进行教育，监督其改造。

1985年6月，在监罪犯任某某、金某某趁放风之机，拾得铁钉一颗，用作抠监房门锁；罪犯任某某截断监房天花板电线，企图碰电引火烧房，乘机逃跑。经检察院提起公诉，判处该2犯有期徒刑各2年。1987年5月，干警金某某、潘某某在放风时，未很好清点人数，使一犯人在监外过夜，企图逃跑不成而上吊自杀，检察院立案调查，认为已构成玩忽职守罪，追究刑事责任。后因悔改较好，给予免诉处理。

第三章 法 院

第一节 机 构

民国时期，丹江县未设置司法机构，案件由行政主官亲自审理。民国33年(1944年)4月，雷山设治局设司法处，由设治局长兼任处长，下设司法承审官、书记官、办事员和典狱员，统揽司法事务。民国37年(1948年)10月，雷山设治局升格为县，司法处改称雷山县司法处，设司法官、书记官、办事员、典狱员等，协助县长审理各类诉讼案件。

解放后，废除旧的司法机构。1951年2月，建立雷山县人民法院，副县长李新三兼任院长。1952年1月，建立雷山县人民法庭和西江、大塘分庭。“三反”中又建立“三反”人民法庭，分别受理土地改革中破坏土改的案件和惩办贪污分子。1953年7月，丹江、大塘、西江分别建立普选人民法庭，受理破坏普选的案件。1954年，各个专门法庭相继撤销。11月，根据全省司法会议精神，又组建西江区人民法庭。1958年12月，雷山县人民法院合并于凯里县人民法院。

1961年8月，恢复雷山县人民法院，设刑事、民事审判庭和办公室。丹江、西江、大塘、永乐、排调区亦建立人民法庭。1962年7月，排调区人民法庭划属丹寨县人民法院管辖。

1967年1月30日，雷山县公安局、人民检察院、人民法院同时被群众组织“夺权”。成立雷山县政法系统无产阶级专政革命工作委员会，行使公、检、法三机关的权力。2月20日，雷山县生产指挥部决定成立雷山县保卫领导小组，负责全县的政法工作。11月22日，改称雷山县革命委员会保卫领导小组，下辖审判组，执行审判任务。1968年3月，中国人民解放军雷山县人民武装部对雷山县公、检、法机关实行军事管制。

1973年5月，撤销军事管制，恢复雷山县人民法院，仍设刑事、民事审判庭和办公室。丹江、西江、永乐、大塘区人民法庭同时恢复。1981年1月，设经济审判庭。12月，设林业审判庭。1984年，设达地镇人民法庭。1987年5月，设行政审判庭。

1987年，雷山县人民法院设办公室、刑事审判庭、民事审判庭、经济审判庭、行政审判庭；丹江、大塘、西江、永乐4个区人民法庭和达地镇人民法庭。全院有干警33人。

解放初期，雷山县人民法院是人民政府的组成部分，受县人民政府的领导。1954年后，按《中华人民共和国宪法》规定，人民法院直接对人民代表大会负责，院长由人民代表大会选举产生，实行独立审判。

第二节 审判制度

人民法院为国家审判机关，独立行使全国人民代表大会赋予的审判权，不受行政机关、人民团体和个人的干预。

县人民法院(基层人民法院)由院长1人、副院长和审判员若干人组成。设刑事、民事、经济、行政审判庭，依法审理刑事、民事、经济、行政纠纷的第一审案件。法律另有规定的除外。对于所受理的案件，如认为案情重大应当由上级人民法院审判时，移送上级人民法院审判。县人民法院根据地区、人口和案件情况，可设若干人民法庭，亦为人民法院的组成部分，处理不需开庭审判的民事纠纷和轻微的刑事案件，指导调解委员会的工作。

人民法院的组织形式有独任庭、合议庭和审判委员会。独任庭由审判员1人依法审判案件，它只限于简单的民事案件和轻微的刑事案件以及法律另有规定的案件。合议庭是由几名审判人员（含人民陪审员）集体审判案件，成员是临时组成的。由院长或庭长指定审判员1人担任审判长。或由院长和庭长参加审判担任审判长。合议庭评议案件时，如果意见分歧，应少数服从多数，但少数人的意见亦应记入笔录。评议笔录由合议庭的组成人员逐个签名，共同对案件负责。审理的重大案件或者疑难案件，院长认为需要时，应提交审判委员会讨论决定。审判委员会的决定，合议庭应当执行。

审判委员会是人民法院内部对审判工作实行集体领导的组织，实行民主集中制。它不直接审判案件，只对经合议庭审理的重大的或者疑难的案件进行讨论和作出决定，判决书或者裁定书仍由合议庭成员署名。审判委员会还负有总结审判经验和讨论决定其他有关审判工作问题的任务。委员由院长提请本级人民代表大会常务委员会任命，审判委员会会议由院长主持，本级人民检察院检察长（副）可以列席。

根据《中华人民共和国宪法》和人民法院组织法以及刑事诉讼法、民事诉讼法（试行）的规定，法院审判必须以事实为依据，以法律为准绳，各民族公民都有权使用本民族语言文字进行诉讼，对公民适用法律一律平等，依法独立行使审判权，实行公开审判。在审判中被告有权获得辩护，并实行回避制度，两审终审等。

第三节　刑事审判

1950年10月，武装土匪集团“贵州东南绥靖区司令部”被全歼，司令官谢世钦等匪首先后落入法网。中国人民解放军186师军事法庭、雷山县人民政府于同月17日在城关召开公审大会，对谢世钦等罪恶极大的8名匪首判处死刑，立即执行。并由县长王春智发布雷山县人民政府法字第一号布告。在清匪、反匪首、土改时期，在城关和各区所在地分别召开公审公判大会。1951年1月至1953年，根据中共中央“关于镇压反革命的指示”精神，审判匪首、不法地主、特务、反动党团骨干、反动会道门头子和其他刑事犯罪分子549名，其中“五方面”的反革命分子482名，刑事犯罪分子67名。判处有期徒刑105名，交群众管制或宣布释放的361名，判处死刑的是少数民愤极大、罪大恶极的反革命分子、特务分子和恶霸地主分子。对主动投案自首、坦白交代罪行的予以从宽处理。1953年7月，在开展“三反”“五反”运动中，根据《中华人民共和国惩治贪污条例》，判处9名贪污盗窃分子。

1955年上半年，开展第二次镇反运动，重点打击坚持反动立场，进行破坏活动的暗藏和漏网的反革命分子、严重刑事犯罪分子。按照《中华人民共和国人民法院组织法》的规定和最高人民法院西南分院的指示，在少数民族地区实行“严肃、谨慎”“少杀长判，今后从严”的方针和正确、合法、及时的原则，在开庭审判时，实行人民陪审员制度。第二次“镇反”运动至1956年，共审理各种刑事案件205件，判处犯罪分子96名。其中反革命分子35名，刑事犯罪分子61名。杀了极少数的不杀不足以平民愤的漏网的反革命分子。

1957年春，开展第三次镇压反革命运动，主要打击进行各种破坏活动的残存反革命分子和不法地主、富农分子。是年，共审理刑事案件85件，判处反革命分子29名，刑事犯罪分子56名。按“少杀长判”

的政策均予判处徒刑或交群众管制。凶杀犯2名被判处死刑。

1958年，执行“少捕、多管、大改造和现行从严”的方针，但因受到宁“左”勿“右”错误的影响，在审判活动中，实行“一员代三员”“一长代三长”和“下去一把抓，回来再分家”的办案方法，造成办案程序和制度上的混乱，混淆了罪与非罪的界限，扩大了打击面。当年，共判处330名。其中反革命分子165名，其他刑事犯罪分子165名。

1961年8月，恢复雷山县人民法院。根据法律规定，恢复了法定审判程序和制度。1964年1月，贯彻中共中央“关于依靠群众力量，加强人民民主专政，把绝大多数四类分子改造成为新人”的指示和少捕、少判、管制也要少的“三少”方针，对有破坏活动的四类分子除少数依法惩处外，绝大多数由群众监督改造。1961年8月至1965年底，共审理判处各类案犯310名。其中反革命分子11名，占全部案件的3.5%。刑事案犯299名，占全部案件的96.5%。判处刑事案件数比1958年下降54.19%。

1967年1月31日，人民法院被雷山县政法系统无产阶级专政革命工作委员会取代。1968年3月，实行军事管制。审查批捕、审查起诉、审判三道程序一起办，审判制度和诉讼程序又趋混乱，把一些有落后言论和不满言论或正常提意见的人，当成反革命处理，反革命案件上升。十年“文化大革命”期间，共判处各类案件207件。其中，反革命案件有74件。占总审判案件数35.75%。

1978年中共十一届三中全会后，拨乱反正，清除“左”的错误影响，全面贯彻执行《中华人民共和国刑法》和《中华人民共和国刑事诉讼法》等法律，依法独立行使审判权，执行以公开审判为重心的合议、陪审、辩护、回避和上诉等审判制度。1980年1月，按“两法”和“全国城市治安会议”精神，依法从重、从快惩处杀人、放火、强奸、抢劫和严重危害社会治安的“五类”刑事犯罪分子。1976年至1982年，共判处罪犯151名。其中反革命罪犯10名，刑事罪犯141名。除对凶杀犯2名判处死刑，1名判处无期徒刑外，余均判处有期徒刑。

1983年8月，根据中共中央《关于严厉打击严重刑事犯罪活动的决定》和全国人民代表大会常务委员会《关于严惩严重危害社会治安的犯罪分子的决定》。按“从重从快，一网打尽”的精神，对严重危害社会治安的犯罪分子进行了严厉打击。三年“严打”斗争中，共判处罪犯141名。其中判处死刑2名，余均判处有期徒刑。1986年后，继续贯彻“从重从快”的方针，判处各种严重刑事犯罪分子。1986年至1987年，共判处各种刑事案件75件，罪犯99名。均为强奸、抢劫、盗窃、赌博等各类刑事罪犯。其中判处15年以上20年以下有期徒刑2名，10年至15年有期徒刑2名，5年以上不满10年徒刑的18名，不满5年徒刑的36名，作其他处理的41名。

第四节　民事审判

人民法院设民事审判庭，专司处理人民内部纠纷，保护人民的民主权利和合法权益的职责。1951年至1956年，全县受理民事案件543件，年均90.5件。其中，婚姻纠纷425件（占总案件数78.27%），山林水利纠纷19件，劳资纠纷4件，债务纠纷8件，财产继承纠纷7件，索赔纠纷2件，房屋纠纷5件，宅基纠纷2件，土地纠纷4件，抚养关系纠纷8件，其他纠纷59件。作调解处理303件，余作判决。1952年，婚姻纠纷占总案件数的93.2%。

1957年至1965年，全县共受理民事案件484件，年均53.78件，其中，婚姻纠纷371件（占76.65%），山林纠纷14件，房屋纠纷8件，财产纠纷7件，索赔纠纷5件，债务纠纷3件，财产继承纠纷1件，抚养关系纠纷1件，其他74件。作调解处理的315件，余作判决处理。

1966年至1976年“文化大革命”时期，从1967年至1972年，民事审判工作停顿，民事案件无人过问。1973年5月以后，恢复人民法院，重新受理民事案件的审判工作。全县共受理民事案件369件，年均92.25件。其中，婚姻案件220件，占总案件数59.62%。调解250件，判决119件。

1977年以后，民事案件逐步上升，由18件上升到80件（1987年）。至1987年止，11年中共受理民事案件496件，年均45件。此一时期，山林土地纠纷、索赔纠纷、债务纠纷、财产继承纠纷等案件逐年增多，婚姻纠纷仍占74%以上。

1951年至1987年，人民法院共受理民事案件1892件。其中，婚姻纠纷1488件（占78.65%），房屋纠纷66件，财产继承纠纷32件，债务纠纷26件，索赔纠纷28件，山林水利纠纷66件，土地纠纷12件，抚养赡养关系纠纷11件，宅基纠纷8件，劳资纠纷4件，财产纠纷11件，其他纠纷140件。人民法院民事审判庭仍以调解判决婚姻纠纷为主要任务。在审理案件中，贯彻执行“依靠群众，调查研究，就地解决，调解为主”的方针，首先依靠农村调解组织去做工作，促其和好，对婚姻关系确实不能再维持的，方予判决离婚。对审理现役军人的婚姻纠纷，则严格遵照法律规定，先与现役军人所在部队团以上政治机关联系，共同做好工作，妥善处理。对破坏军婚的罪犯，则依法严肃处理。

第五节　经济、行政审判

经济审判

1952年2月，雷山县人民法院成立“三反”人民法庭，根据《中华人民共和国惩治贪污条例》的规定，专门受理破坏国家经济建设的案件10件。此后，经济纠纷案件主要以行政手段干预和调整，需要审判的案件则列入民事审判范围，由民庭受理。

中共十一届三中全会以后，经济纠纷案件的审判权由人民法院行使，负责调解、仲裁和依法判决。

1981年1月，雷山县人民法院组建经济审判庭，受理民事法律调整范围的财产权益纠纷，包括企业与企业之间，企业与个人之间，个体户与个体户之间，专业户与专业户之间，专业户、个体户和其他经济联合体之间的购销、加工承揽、工程承包、货物运输、科技协作、借贷、租赁、财产保险等各种经济合同纠纷案件，还受理商标、纳税等经济行政案件。至1987年年底，经济审判庭共审理经济纠纷案件45件，其中调解结案33件，撤诉4件，判决结案5件，移送3件，诉讼标的共108.33万元。

行政审判

1987年7月，雷山县人民法院建立行政审判庭，负责行政审判工作。受理案件范围是：法律、法规规定的当事人不服行政机关的行政处罚或其他行政处理决定，在法定期限内可向人民法院起诉的行政案件。

人民法院审理行政案件，不进行调解，实行合议制，由审判员组成合议庭公开进行审理作出正确的判决或裁定。至1987年12月底，共受理行政案件4起。

第六节　案件复查

1953年4月，遵照中央《关于处理错押、错判、错杀、错捕问题》的指示，按照“有反必肃、有错必纠”的方针，对1951年至1956年在“镇反”“三反”“五反”等历次运动中，发现错判的都曾组织过复查。

共检查91件刑事案件，错捕2名，错判2名，执行政策错误2件，随即进行纠正。1978年11月，根据中央有关规定，开始对“文化大革命”期间判处的各类案件进行复查，按“全错全平，部分错部分平，不错不平”的原则，把复查“文化大革命”期间的冤、假、错案作为法院拨乱反正，揭露林彪、江青两个反革命集团的罪行，肃清其影响，促进安定团结的一项政治任务。“文化大革命”期间，判处的各类案件共207件，其中，反革命案件74件，平反纠正34件，占判处反革命案件45.94%。其他刑事案件133件，平反纠正9件，占判处刑事案件的6.77%。1987年1月，根据中共中央指示和全国法院院长“长春会议”精神，争取在党的第十三次代表大会召开之前，把落实政策的工作做好，组成专门复查班子，对“反右派”“反右倾”“四清”时期和1977年至1978年两年（即三个时期加两年）与运动有直接联系的反革命案件和其他政治性案件进行全面复查。全县共复查案件314件。其中，反革命案件234件，占74.52%；其他政治性案件80件，占25.48%。复查结果，宣告无罪的176件，占56.05%；免刑的17件，占5.41%；维持原判的121件，占38.54%。

至1987年，全县共复查经法院判处的612起申诉案件。复查结果，宣告无罪的221件，占复查数的36.11%；免刑、改判的79件，占复查数12.91%；维持原判312件，占复查总数的50.98%。

第四章　司法行政

第一节　法制建设

1980年以前，法制宣传由县人民法院兼管，未建立司法行政机构。调解委员会和民间纠纷的调解处理，分别由人民法院和基层行政组织或基层公安部门负责。1980年9月，在雷山县人民法院下设司法科。1981年以后，专设雷山县司法局。同时设置法律顾问处、公证处。1984年后，司法局设调解科、宣传科，各区（镇）也先后配备了司法助理员。具体实施管理公证和律师工作；组织开展法制宣传；领导人民调解委员会和基层政权的司法行政工作。

法制宣传

从1981年起，县司法行政部门运用各种形式，开展法律知识宣传。至1987年的7年中，出法制宣传专刊277期。其中橱窗181期，专栏48期，黑板报48期。编印各种法制宣传资料73篇，印发1.47万份，写稿176篇。展出图片70次，3500张。会议宣传676次，节日宣传38次，广播宣传375次，电影宣传165次。巡回宣讲86次。法律咨询299次。

普法教育

1986年以来，司法局先后在邮电局和响楼乡、大沟乡举办普及法律知识试点。是年，召开全县普法工作会议，举办不同形式、不同层次的培训班41期，共训练骨干1815人。购发各种法律知识讲座等书籍9224册，普法资料8798份，翻印宪法、刑法、刑事诉讼法、婚姻法、继承法、经济合同法等1500余份。1986年下半年起，组织宣讲组，先后在4个区2个镇及全县各机关、团体、企事业、学校的干部、教师和职工中进行法制宣传，讲解法律条文，采取集中上课和分散自学相结合的办法，学习十一法（即宪法、刑法、刑事诉讼法、民法通则、民事诉讼法、兵役法、森林法、婚姻法、经济合同法、继承法、民族区域自治法）一例（治安管理处罚条例）。县机关局（科）级领导干部参加学习的共299人，一般干部、教师、职工参加学习的3999人。全部学完的占职工总数的90.2%。经过考试取得合格证的有2496人，占58%。全县农村有33个行政村，农民7000余人进行了法律知识学习，占成年人口的10%。

调解工作

1987年年底，全县建立村调解委员会178个，委员505人。1980年至1987年，受理调解各种纠纷7069起，调解成功的有5585起，占79%。

第二节　法律顾问与公证

法律顾问

1980年9月，建立法律顾问处，作为律师执行职务的工作机构。法律顾问处有实习律师1人，律师工作者2人。至1987年止，有1人受聘担任2家企、事业单位的常年法律顾问。共办理刑事案件辩护86件，其中，被告委托的81件，法院指定的4件，自诉公诉代理的1件；民事代理47件，非诉讼、调解、仲裁13件，解答法律66件（民事44件、刑事22件），代书文书51件。接待来访346人（次），处理来信54件。

公　证

1980年，建立雷山县公证处，作为代表国家办理公证行为的机关。有工作人员2人。至1987年底，共办理公证447件。其中：基建合同36件，房屋买卖7件，加工承揽5件，借贷合同111件，企业租赁5件，护林合同100件，现场监督2件，供电合同2件，土地征用1件，发展养牛34件，购销合同22件，科技协作23件，财产保险7件，确认财产1件，农机承包5件，农业承包27件，渔业承包4件，汽车承包1件，水库承包1件，收养合同7件，财产租赁1件，电影承包1件，商品赊销9件，电站转让1件，房屋租赁1件，其他108件。

军事篇

第一章　军事机构、驻军

第一节　清朝时期

雍正八年(1730年),设丹江营参将署(驻大丹江),驻绿营兵。辖左军守备署(驻大丹江),右军守备署(驻鸡讲)。配营参将1员,守备2员,千总4员,把总8员。制兵1200名,分驻大丹江、鸡讲、小丹江三地。其中,马战兵120名,步战兵480名,守兵600名(分防)。在驻兵内拨把总1名、兵100名为丹江通判亲标。

参将署下设六汛。即:鸡讲汛(今营上),驻守备1员,千总1员,把总1员,兵244名;黄茅岭汛(今响楼),驻千总1员,兵100名,乌叠汛(今望丰),驻把总1员,兵100名;顶冠汛(今营上背后坡),驻外委1员,兵30名;松林台汛(今平乐对面山),驻外委1员,兵20名;控稗汛(今控拜),驻外委1员,兵20名。

乾隆二年(1737年)八月,贵州巡抚张广泗在丹江厅安设屯军。计13堡,屯兵900户。乾隆五年五月(1740年6月),以千箱堡与丹江远隔,并归凯里卫辖。丹江卫实为12堡,屯兵830户。12堡为:培墉堡(白连营上)、震威堡(大沟堡子)、连城堡(白连连城)、南屏堡(固鲁南屏)、北键堡(白连北建)、治安堡(陶尧治安)、肇泰堡(丹江城关)、永定堡(丹江羊常)、长丰堡(龙头长丰)、抚远堡(望丰新堡)、望抚堡(望丰)、绥宁堡(今排羊,属台江县)。

乾隆三年(1738年),设7铺,隶丹江通判管理,司军机传递之责。7铺为:丹江在城铺、黄茅岭铺、乌叠铺、鸡讲铺、控稗铺、牌养铺(今属台江)、竹留铺(今属丹寨)。每铺驻兵各4名。

乾隆六年(1741年)十二月,清廷议准添置丹江、凯里卫千总,并建衙署。丹江为左卫,有千总4名,把总8名,外委9名。凯里为右卫,均隶丹江厅。

嘉庆六年(1801年),绿营兵经过多次裁并增减,丹江营设左右二营,隶镇远镇。左营辖黄茅岭、顶冠、控稗3汛,驻参将1名,守备1名,千总2名,把总2名,外委2名,额外外委2名,制兵396名。右营辖鸡讲、乌叠、松林台3汛,驻守备1名,千总2名,把总2名,外委2名,额外外委2名,制兵394名。贵州巡抚标属贵东兵备道,辖屯军,丹江卫驻千总1名,屯兵830名。凯里卫驻千总1名,屯兵1036名。

光绪十八年(1892年),改丹江厅理苗府为丹江厅理民府,设丹江(左)、凯里(右)二卫。丹江卫设卫千总1名,百户3名,总旗12名,小旗、哨长数十名,屯兵830名,由总旗率领分屯各堡。

第二节　民国时期

贵州左路独立旅南方游击统带部

民国13年（1924年）春，何名超（希庭）受命于贵州军总司令袁祖铭，组编“贵州左路独立旅南方游击统带部”。辖区为八寨、都匀、都江、台拱、剑河、榕江、丹江七县。何名超为七县统带（又称七县防务总办），覃泽民任团长。驻扎排调及丹寨朱砂厂。辖1个团4个营，1个直属大队，有兵员600余名。主要任务为防堵滇军侵黔，剿匪安民。

民国14年（1925年），改称“建国联军第十一军第二师南方游击统带部”，受十一军军长李世荣节制。何名超任统带，覃泽民任团长。缩编后，辖一团二营。移驻丹江、乌洛（今永乐）等地。

统带部留常备兵60名，余为后备兵。平时在家生产，战时待命征发，维护地方治安。

国民兵团

民国29年（1940年）7月，丹江县奉贵州省军管区司令部军编会字第1624号训令，“克日将该县国民自卫总队改组成立国民兵团”。8月1日正式成立丹江县国民兵团，下辖独立常备中队和直属后备中队，按保组编国民兵队和班。隶属贵州省军管区遵（义）镇（远）师管区独山团管区。县长黄友群兼团长，乔光锐任副团长，廖汝德、曹镇国任团副。

国民兵团主要负责全县国民兵登记、组织管理、教育训练和补充兵员的征集工作。

国民兵团部下设经理委员会，负责掌握管理国民兵经理规划，监督经费、粮食、被服等物品的收支，使财力不致虚糜。委员会由9至10人组成，团长兼主任委员，副团长兼副主任委员。民国30年（1941年）8月，国民兵团随丹江县裁撤而奉命撤销。

民国33年（1944年）7月，置雷山设治局，奉贵州省军管区司令部命令，重建雷山设治局国民兵团，隶属镇（远）独（山）师管区。按保组成6个国民兵队，70个班。局长杨西横兼团长，张冠夫任副团长，罗梓衡任团副。

民国34年（1945年）5月，成立国民兵团自卫队。有9个大队，62个中队，614个班。官佐328名，兵4751名。每乡（镇）1个大队，每保1个中队，每中队2至3个分队，每甲1个班。主要任务是维护地方治安，保障交通运输畅通，救应紧急情况。7月，奉贵州省军管区军编1072号代电，成立干部研究会。设主任、副主任、干事各一员。分别由团长、副团长、团副兼任。下编4个组。其任务为主持干部训练事宜。训练内容为：（一）步兵典范令；（二）国民兵教育各项法规、计划；（三）国民兵教育之实施方法与改进；（四）其他学术之研究。10月，撤销国民兵团，建立军事科，原国民兵团的组织管理、教训、征集、服役等事项统由局长兼征兵官负责，军事科承办。

军事科（股）

民国34年（1945年）10月，改为军事科编制，为一级政府的军事机构，罗梓衡任科长。民国38年（1949年），军事科改为军事股。黄雄、胡光前先后任科长，韩德芳任股长。

贵州东南绥靖区司令部

1949年底，人民解放军进军西南，解放贵州。贵州省保安副司令韩文焕代表司令谷正伦任命佘辉庭为东南绥靖区司令官，保安第十团为直属部队。后余辉庭通电起义。后方勤务司令部42补给区51支部支部长、保安第十团团长谢世钦抗命拒编，潜逃雷山收罗拼凑溃军残部组编“匪贵州东南绥靖区司令部”，盘踞雷山县城，接受台湾“国防部”番号，抗拒解放军进驻。辖区为丹寨、麻江、榕江、三都、都匀、黄平、炉山、台江、剑河、天柱、三穗、锦屏、黎平、雷山、施秉、镇远等县。直属单位有2个室，11个处，20个纵队，6个边区指挥部，1个政工干校，1座电台。兵员官佐计1万余名。驻雷山县境内有第2、第14纵队，陆军第94军121师3个团，保安第10团、政工干校等。

司令官谢世钦（中将），副司令官彭克负（少将）、陈开明（上校）、都堪（少将）。

第二纵队司令李韬（少将），第十四纵队司令李国良（子松）。

121师师长李韬，副师长曾应东。

361团团长苏代平，362团团长陈国英，363团团长石开（敬吾）。

保安第十团团长李健。

干校教育长李斗瞻。

该司令部于1950年10月被人民解放军186师剿匪部队全部歼灭。

保警大队

民国16年(1927年)，丹江县知事衙署改称丹江县政府以后，县即有常备的地方武装，称保警大队部，驻常备特务中队1个，辖1—2个分队。兵员40余名。有汉阳造、赤（水）造步马枪30余支，手提式机枪3挺，手枪4支。县长兼大队长，职业军人任大队副。

民国28年（1939年），大队长黄友群（兼），大队副彭兴伟。

民国33年（1944年），大队长杨西横（兼），大队副郃胜江。

民国35年（1946年），大队长吴修勤（兼），大队副黄雄。

民国36年（1947年），大队长吴修勤（兼），大队副覃光玠。

民国36年11月至民国37年2月（1947年11月—1948年2月）大队长郭宝昌（兼），大队副覃光玠。

民国37年2月至5月（1948年2月—5月），大队长陈亮（兼），大队副唐蒙高。

以后为统一领导，加速机动。县保警大队改隶专区第四大队建制，称第三中队，中队长覃光玠、唐蒙高。保警第三中队辖3个分队，有兵员115名，官佐5名。有轻机枪1挺，步马枪89支，手枪1支，手榴弹140枚，子弹4762发。

民众自卫总队

民国37年（1948年），国民政府颁发《各县（市）民众自卫总队组训规程》，编组“民众自卫总队部”。是年11月，贵州省亦下达相应命令，将国民兵组织统一改为民众自卫组织，县长兼总队长。保安警察中队改为常备自卫中队，总队部下编自卫大队9个，自卫中队60个，运输队30个，工程队30个，肃奸队30个，传令队30个。计有队员8917名。警备中队9个，兵员681名。常备中队1个，兵员124名，官佐13名。常备班9个，兵员60名。有轻机枪1挺，步马枪108支，手枪2支，子弹5822发，机枪弹940发，手榴弹640枚。

总队长周得之（兼），副总队长周成刚（中校），督练主任曾昭权（少校）。

民国38年（1949年），总队长周得之（兼），后郑铸成（兼），副总队长周成刚（中校）。

第三节　中华人民共和国成立后

县人民武装委员会

1953年2月，根据中共镇远地方工作委员会、中国人民解放军镇远军分区指示，成立雷山县人民武装委员会，以加强党对人民武装建设的领导。县委书记兼主任。

1959年1月，雷山、炉山、丹寨、麻江4个县合并组建凯里县。

1961年8月，恢复雷山县建置。11月，重建人民武装委员会。人民武装委员会下设办公室，置主任和副主任。由人民武装部部长或政治委员兼任。1966年“文化大革命”开始后，停止工作。

1979年10月，恢复人民武装委员会及其办公室。

1953年2月主任委员李新三（兼），副主任委员杜志轩（公安局局长）、吕潼川（副县长）、王雨亭（人武部副部长）。

1955年8月主任委员刘继昌（兼），副主任委员吕潼川（副县长）。

1961年11月主任委员聂兆鹤（兼），副主任委员宋德银（人武部政委）、杜学友（人武部部长）。

1981年6月主任委员潘涛（兼、苗族），副主任委员苏敬村（革委副主任）、张兴田（人武部部长）。

1984年6月主任委员余金才（兼、苗族），副主任委员覃榜远（副县长）、胡德栋（人武部副部长）。

县人民武装部

1951年3月，建立雷山县武装科，配副科长1名，属镇远军分区。

1952年6月，裁撤武装科，建立中国人民解放军雷山县人民武装部，隶镇远军分区。配副部长1名。10月，增配副政治委员1名。下设军事股、政工股。1954年12月，国家实行“义务兵役制”，人民武装部改称兵役局，仍为军队建制，隶镇远军分区。先后配正副局长3名，副政治委员1名。下设组织动员科、征集科、预备役军官科、预备役训练科、民兵科、统计科、办公室。

1955年授予现役军官孙金太、唐德锟、韩云胜3人大尉军衔。

1961年8月，恢复县建置。同月，恢复中国人民解放军雷山县人民武装部。隶凯里军分区。配正副部长各1名。政治委员1名。县委书记兼第一政治委员。下设民兵组织科、民兵训练科、政工科、办公室。1963年，人民武装部设组织科、训练科、治安科、办公室。

1966年6月，“文化大革命”开始以后，人民武装部执行中央“三支”“两军”任务。1967年10月，人民武装部部长担任县革命委员会主任、党的核心小组组长。1971年7月，人民武装部政治委员担任县委书记。直至1975年11月，地方党委书记兼任第一政治委员制度自然消失。1976年4月，人民武装部设组训科、政工科、后勤科、办公室。

1979年10月，恢复地方党委书记兼任人民武装部第一政治委员的制度。1981年11月，人民武装部下设军事科、政工科、后勤科、办公室。1983年3月，下设组织训练科、政工科、后勤科、办公室。

1986年5月，根据中共中央、国务院、中央军事委员会决定，县人民武装部由现役部队性质改归地方建制，为副县级单位。配部长、政治委员各1名。下设办公室、军事科、政工科。干部由地方和军分区共同管理，以地方为主。6月3日，中国人民解放军凯里军分区与中共雷山县委、雷山县人民政府在雷山举行交接仪式。改归地方建制后，其名称为“贵州省雷山县人民武装部”。

附：历任负责人名录

武装科副科长	吕建勋	1951.3—1952.3
科长	吕建勋	1952.4—1952.6
武装部副部长	吕建勋	1952.6—1952.10
副部长	王雨亭	1952.10—1954.6
副政委	刘占魁	1953.4—1953.12
	王亚平	1954.1—1954.12
兵役局局长	赵忠明	1958.4—1958.12
副局长	唐德锟	1955.1—1956.7
	韩云胜	1956.10—1958.12
副政委	孙金太	1955.1—1958.12
武装部部长	张天新	1961.11—1964.3
	杜学友	1961.12—1963.1
副部长	韩云胜	1961.12—1963.5
	郑学忠	1963.1—1964.9
第一政委	王广立	196.11—1962.10
政委	宋德银	1961.11—1970.8
部长	郑学忠	1964.10—1971.7
副部长	黄自庭	1964.12—1976.3
第一政委	郭延川	1964.8—1966.6
	杨敬（苗）	1966.6—1967.9
政委	苏连尧	1970.8—1979.7
副政委	李常山	1964.10—1970.3
部长	张金泉	1971.9—1978.5
副部长	王连席	1970.12—1981.11
	傅东林	1971.12—1978.12
副政委	王茂清	1970.3—1978.7
	王文彬	1972.2—1979.7
部长	张兴田	1978.5—1981.6
副部长	孙传银	1978.5—1981.11
	石灿华	1980.0—1981.11
第一政委	杨敬（苗）	1979.10—1980.8
政委	张相孚	1979.3—1981.6
副政委	龙通德（苗）	1971.12—1981.2
部长	石灿华	1981.11—1982.6
副部长	胡德栋	1982.5—1983.6
	王开文	1982.7—1983.11
部长	胡德栋	1983.6—1985.10

副部长	黎朝贵(壮)	1983.6—1986.5
第一政委	潘涛(苗)	1981.5—1983.12
政委	龙通德(苗)	1981.3—1983.6
	杨文锦	1983.7—1986.5
副政委	周训良	1981.6(未到任)
	华　勇	1986.5—1986.5
部长	冷忠元(苗)	1986.6—1987.12
第一政委	余金才(苗)	1984.6—1987.12
政委	华　勇	1986.6—1987.12

区(镇)、公社、乡(镇)人民武装部

1952年6月，在丹江、西江、大塘3个区建立区人民武装部。1961年8月，永乐区从丹寨县划入后亦相继建立。为县人民武装部的派出机构。解放初期，人民武装干部由现役军人担任。设部长(副)1名，教导员(副)1名，参谋、干事1～2名。1954年10月，撤区武装部，改称区武装助理员，由地方干部担任。职责是承办民兵、预备役、征兵和战时动员等工作；担负战备、治安勤务、组织民兵参军参战、维护治安、保卫后方、支援前线等工作。1961年10月，恢复区人民武装部建制，并建立人民公社武装部，干部由地方干部担任，设部长(副)1名。1984年7月以后，社改为乡(镇)，公社武装部改称乡(镇)人民武装部，设部长(副)或干事。到1987年底，全县4个区、2个区级镇、23个乡、2个乡级镇均设有人民武装部。

中国人民武装警察雷山县中队

1950年9月，炉山县(今凯里市)大队两个排随人民解放军进入雷山剿匪，后改建为“雷山县公安队”，隶镇远军分区和县公安局双重领导。全队编为4个班，兵员58名。主要任务是剿匪、内卫、维护治安、逮捕、押解人犯和看守监狱。同年11月，并入县警卫营。1951年8月，与警卫营分编，建“雷山县公安中队”。有3个班，兵员37名。属镇远军分区、县公安局双重领导。

1952年4月，中国人民解放军镇远专署公安大队成立后，雷山县公安中队隶之，转为现役。

1955年8月，根据贵州省军区、省公安厅联合指示，镇远专署公安大队改编为镇远专署公安处人民警察大队，雷山县公安中队亦改编为“雷山县人民警察中队”，实行薪金制，从现役转为职业警察。

1956年7月，建立黔东南苗族侗族自治州，撤销镇远专署。雷山县中队改归州公安大队建制。

1959年1月，雷山县并入凯里县，雷山县中队亦合并于凯里县中队。

1961年8月，恢复雷山县建置。重建人民武装警察雷山县中队。编制两个班。兵员20名。

1962年6月，改称“中国人民公安部队黔东南苗族侗族自治州支队雷山县中队”，实行军衔制。

1966年7月，雷山县公安中队改编为“中国人民解放军雷山县中队”。有两个班，兵员20名。隶凯里军分区，由县人民武装部代管。执行任务不变。

1975年10月，根据国务院、中央军委的决定，中国人民解放军雷山县中队改称“中国人民武装警察雷山县中队”，有两个班，兵员20名。隶州公安局警察科和县公安局双重领导。1982年10月，改属中国人民武装警察部队黔东南苗族侗族自治州支队建制。

雷山县警卫营

1950年11月，186师剿匪部队调离后，为保卫胜利果实，维护地方治安，肃清匪特，从186师抽调军队干部、战士为骨干，区乡选送兵员入伍，组建“镇远军分区雷山县警卫营”。编制为两个步兵连，1个区中队。全营兵员150余名。设正副营长、正副政治委员。县长兼任营长，县委书记兼任政治委员。1951年1月，从本县应征入伍的人员中，将260人编入该营。

警卫营组建后，结合中心工作，组织武工队深入农村，保护清匪、反匪首、征粮、减租、退帮工帮粮等五大任务的进行。1952年4月奉命整编裁撤。

第二章　兵　役

第一节　制　度

清、民国时期兵役制度

乾隆二年（1737年）贵州巡抚张广泗在丹江安设屯兵900余户，由屯兵应役。实行“世兵制”，把士兵之家列为军户。父亡子继，兄终弟承，世代服役。

民国成立后，军阀割据称雄，政令不统一，扩充兵员靠招募。民国22年（1933年）6月和民国35年（1946年）10月，国民政府两次颁布《兵役法》，实行“征兵制”。三丁抽一，五丁抽二。凡18岁至45岁的男性公民，均有服兵役的义务。但因政治腐败，官吏贪赃，贿赂公行，富豪者可免征、可缓征、可顶替，贫苦的虽独子亦强抓入伍。

民国25年（1936年）3月1日，《兵役法》开始施行。8月，内政部、军政部颁布《兵役法施行暂行条例（修改草案）》规定，服兵役分国民兵役和常备兵役。

国民兵役：分义勇国民兵和甲种、乙种国民兵。年龄为18岁至45岁。受过国民兵教育训练的和备补教育训练的为义勇国民兵；退役常备兵未满45岁的为甲种国民兵；未受过军事训练的为乙种国民兵。平时接受训练和校点，战时征召补充常备兵或担负后方守备任务。

常备兵役：分“必任义务制”和“志愿义务制”。亦即征兵和募兵。凡年满20岁至25岁之男子经验定合格，即入营服役，称必任常备兵；在地方建政未完成的地区，实行募兵。每470人中募1人，称志愿常备兵。常备兵在服役期间，分现役、正役、续役。现役3年，正役6年。到40岁以后转为甲种国民兵。除现役在部队外，正役、续役均在地方服役。

民国35年（1946年）10月10日颁布的《兵役法》和《兵役法施行及兵役奖惩规则》规定：兵役分常备兵役、补充兵役、国民兵役三种。常备兵役期3年；补充兵役为凡适合服兵役年龄的男子，每年征集入营一次，由师、团管区进行半年以上的军事训练，期满后即退伍；国民兵役分为初期国民兵役，期役2年，在所在地参加军事训练；甲种国民兵役为凡适合服常备兵和补充兵龄内的超额者，由县国民兵团进行2至3个月的军事训练；乙种国民兵为年龄大于40岁。

中华人民共和国成立后兵役制度

第一、二次革命战争时期和解放战争时期，中国共产党领导的工农红军、八路军、新四军、抗日游击队的兵员补充，均为志愿参军。中华人民共和国成立后，从抗美援朝战争直至1954年，野战军、志愿军的兵员扩充，亦是通过阶级教育，思想发动，家庭同意后，自愿入伍，为志愿兵役制。

1955年7月30日，第一届全国人民代表大会第二次会议颁布《中华人民共和国兵役法》，国家开始实行义务兵役制。兵役法规定：凡年满18周岁的男性公民，都有服兵役的义务，并定期征集。

服兵役有两种形式。现役为陆军3年、空军4年、海军5年。期满后可以超期服役1年。预备役为凡年满18周岁至40周岁的男性公民和具有专业技术的女性公民，解放军退伍的军士和兵，未征服现役和免服现役的应征公民，经兵役机关登记为预备役军人。

1978年3月7日，第五届全国人民代表大会第一次会议通过《关于兵役制度问题的决定》，国家由义务兵役制改为“义务兵与志愿兵相结合”的制度。

1984年5月31日，第六届全国人民代表大会第二次会议通过，颁布第二部《中华人民共和国兵役法》。规定实行以义务兵为主体、义务兵与志愿兵相结合、民兵与预备兵役相结合的兵役制度。每年12月31日以前，凡年满18—22周岁的男性公民，应征集服现役；女性公民根据需要征集，军事院校可以在青年学生中招收学员。

兵役分现役和预备役。参加中国人民解放军或人民武装警察部队的为现役。役期陆军3年，海、空军4年。根据部队需要和志愿，可超期服役，为志愿兵。但年龄不能超过35周岁。预备役分军官预备役和士兵预备役。士兵预备役年龄不能超过35周岁。军官预备役按年龄分：排职为36周岁，连职为40周岁，营职为45周岁，团职为50周岁，年龄达到最高规定的即退出预备役。

第二节　征　集

民国时期兵员征集

民国25年（1936年），《兵役法》施行后，设丹江县兵役室，后又改置兵役科、国民兵团、军事科（股），主管和办理兵员征集。隶属独山团管区。民国33年（1944年）后，改属镇（远）独（山）师管区。县政府将兵员征集列为国家要政，县长兼征兵官。设有兵役协会，协助政府开展征集工作。

征集时，按贵州省军管区训令，按指配兵额依期实征，如期如数交接。壮丁调查登记以乡镇为单位，每年年初通过抽签确定征集对象。县按各保总人口数以百分比分配名额。中签者由保长押送交联保主任或区长转送县政府，再会同部队验收，不足额者下期补征。民国27年（1938年）至民国38年（1949年），雷山分配征集兵员1685名，实征（抓）1579名。

民国时期，中央政府规定的征兵制，实际上是抽壮丁，以保为单位将适龄壮丁统一编号，由县兵役协会间接抽签，中签者如不愿当兵，家境稍宽裕的就出钱雇人顶替，称为“买兵”。家境穷困的就只好躲起来，当局便有“抓壮丁”之举。有的人不愿当兵便将右手食指截去，变成残废，躲过应征。乡、保长贪污兵款，另抓人顶替之事也不鲜见。

1938—1949年民国时期雷山县部分年度征兵情况统计表

表7-1

年度	民国27年(1938年)	民国28年(1939年)	民国29年(1940年)	民国33年(1944年)	民国34年(1945年)	民国35年(1946年)	民国36年(1947年)	民国37年(1948年)	民国38(1949年)
分配数	807			462		24	128	114	150
完成数	708			462		24	115	120	150
备注	民国30年(1941年)至民国32年(1943年)划属丹寨、台江分治，雷山无县置								

中华人民共和国成立后兵员征集

1950年9月至1953年，兵员征集为志愿报名参军。1951年3月，解放军186师驻雷山剿匪期间有420名参军抗美援朝。7月，人民政府发动参军，报名1656名，选送316名入补训团。

1954年12月，根据中央人民政府政务院命令，开始征集补充兵员的宣传工作。1955年2月22日，完成90名兵员征集。

《中华人民共和国兵役法》公布后，依照法律，县每年均成立征兵领导小组及其办公室，县长（副）任组长，人民武装部部长或政治委员任副组长兼办公室主任。下设宣传组、后勤组、政审组、体检组，各司其职。由征兵领导小组下达乡（镇）征集名额，县人民政府下达征兵令，征兵办公室发“入伍通知书”。军龄从批准入伍之日算起。1984年以后，对征兵工作进行改革，改部队派人接兵为地方政府护送入营，还试行新兵自行到指定的接收部队报到的办法。应征者的文化程度逐年提高，城镇机关要求高中毕业，农村要求初中毕业。人民政府将征兵工作列为要政，征集工作开始，区、乡干部认真做被征集者以及家属的政治思想工作，要求做到应征者、家属、政府“三满意”。

1954—1987年，全县共征集近2500名适龄青年入伍。

第三章　民兵、防空战备

第一节　组织建制

雷山县于1950年11月7日开始建立民兵组织（当时称农协会自卫武装）。其任务是维护地方治安，协助政府和部队剿匪、清匪、征粮、土地改革，执行以反封建、肃清匪特为中心的政治任务。隶属中共雷山县工委和武装科领导。1952年底，有农协自卫队员643名，配发枪支279支。

1953年，贯彻中共中央军委关于“实行普遍民兵制和民兵制过渡到义务兵制”指示，将年满18周岁至45周岁，政治思想进步、历史清楚、身体健康，家庭出身为贫农、中农的男性公民，统编入民兵组织。1954年，有民兵乡队36个，民兵中队32个，分队126个，小队417个；有乡队、中队长（副）81人，政治指导员39人，分队长251人，小队长832人，文书36人。基干民兵1622人，普通民兵2143人。

1958年10月，遵照中央军委《关于改进兵役工作的指示》，预备役工作与民兵工作合而为一，民兵即预备役。规定26周岁到30周岁的复员退伍军人为一类预备役；18周岁至25周岁的民兵为二类预备役，即基干民兵；31周岁到40周岁的复员退伍军人和26周岁到40周岁的适合服预备役的男性公民为普通民兵。全县编为1个野战基干民兵团。副县长吕潼川任团长，县委书记处书记张守诚任政治委员，人民武装部部长赵忠明为副团长，于凯庚为副政治委员，李书峰为参谋长，霍鸿亮为副参谋长，李细福为政治部主任，潘国龙为副主任，江全义为后勤处长，汲宗仁为副处长。公统铜矿为第一营，丹江区为第二营，西江、大塘区为第三营，官兵共1500名。营连排编制为“三三”制。团司令部下设作训股、队列股、通讯股；政治部下设组织股、宣教股、保卫股、青年股；后勤处下设财务股、卫生股、运输股、军械股、给养股。

人民公社化后，在公社内建立军事化组织。以公社建团或联合建团，大队建营或连，生产队建排或班。区长、社长、大队长、小队长分别担任团、营、连、排长，区委书记、公社党委书记、大队党支部书记分别担任团政治委员、营教导员、连指导员。全县建一个民兵师，县长杨昌伦任师长，县委书记刘继昌任政委，辖10个团，31个营，104个连，399个排，1207个班，有基干民兵10365名，普通民兵8217名，预备役军官109名，士兵474名。民兵占总人口35.68%。红旗公社（含丹江、龙头、固鲁、陶尧）为第一团，报德、岔河、丰塘公社为第二团，望丰、乌江、独南公社为第三团，西江、大沟、白连、新龙公社为第四团，龙塘、黄里、乌龙公社为第五团，方祥、毛坪公社为第六团，大塘、莲花、桥港、新塘、高岩公社为第七团，桃江、桥王、桥兑、龙河公社为第八团，县机关、学校为直属团，各厂矿为钢铁团。

1961—1962年，根据中共中央军委指示，民兵工作要做到“组织落实、政治落实、军事落实”，纠正民兵工作中的形式主义倾向。规定凡年满16周岁至45周岁的男性公民及16周岁至35周岁的女性公民，身体健康者均参加民兵组织。其中男性16—30周岁、女性16—25周岁，政治纯洁，身体健壮者编为基干民兵。层次分为武装基干民兵、基干民兵、普通民兵三类。建制取消师、团、营，编为连、排、班。全县编为2个武装基干民兵排，5个班，有民兵70名；86个基干民兵排，308个班，有民兵3518名；39个普通民兵连，45个排，130个班，有民兵1739名。连、排干部536名，其中有退伍军人207名。

1962年，按总参谋部《民兵工作条例》，每年实行一次整组，开展“三落实”活动。1968年以后为“文化大革命”所冲击，民兵工作处于瘫痪状态。

1971年7月，根据中共中央军委“小县一个营，中县两个营，大县一个团”的指示和军分区的统一部署，在交通沿线和人口集中地区，组建一个独立营，辖3个连，9个排，26个班，有民兵409名。

1981年进行民兵体制改革，缩小民兵组建范围，减少数量，提高质量。参加民兵的年龄男性公民改为18周岁至35周岁。基干民兵改为18周岁至28周岁。凡符合民兵条件的28周岁以下的复退军人和经过基础军事训练的青年编为基干民兵。其余的编为普通民兵。女性公民只编组基干民兵，并参照基干民兵的年龄，根据需要选编，取消武装基干民兵的组织形式。基干民兵为一类预备役，普通民兵为二类预备役。全县编组基干民兵连6个，排23个，班70个，有民兵1003名。排以上干部65名。普通民兵为6686名，其中退伍军人528名。排级以上干部902名。民兵人数占总人口数的8%。

第二节　教育训练

民兵的教育训练，始终贯彻“军事政治并重”方针。

1958年，雷山县召开民兵政治工作会议，明确提出在民兵组织中开展“政治思想好、学习文化好、生产劳动好、执行‘三大’任务好、组织纪律好”的“五好”教育活动。1963年，在民兵中开展“学雷锋”

活动。民兵组织自编自演反映雷锋事迹的节目，进行宣传演出。

1972年，在民兵组织中，陆续建立政治夜校，辅导民兵学习时事政治、文化和农业科技知识。1975年，全县民兵政治夜校有139个班，参加学习人数占民兵总人数的68%。

1973年前，民兵没有稳定的训练计划，每年只根据上级军事机关临时下达的训练任务，因地制宜地确定组训工作。农村基干民兵以射击、投弹和利用地形地物等作战基本知识训练为主，城关机关、厂矿企业、学校的基干民兵以专业技术训练和简易防空、防原子、防化学、反空降训练为主。时间每年3～7天。农闲时以小型、分散、就地为主要方式进行。1973年以后，按照总参谋部颁发的《民兵军事训练三年纲要》进行训练。至1975年，全县共训练民兵8812名。其中武装民兵661名，基干民兵1739名。

1981年，规定每月上一次政治课，结合两个文明建设，开展先进单位和先进个人的评比活动。民兵组织调整后，根据“减少训练人数，精简训练内容，改进训练方法，提高训练质量”方针，以总参谋部颁发的《民兵军事训练大纲》为依据，对基干民兵进行“两年为一周期”军事、政治教育训练，每年时间为15天。技术兵训练时间相对延长，对象为未服过现役的基干民兵，以公社或区为单位集中，走训与驻训相结合。1984年，完成两个周期的民兵军事训练，编入基干民兵的总人数为2098名。1985年，改周期训练为年度训练，训练时间30天。由县人民武装部集中驻训。1986年，在民兵中开展刊授教育，由县人武部指定教材，民兵干部组织实施。每季度上一次政治课。军事训练为适应国家经济建设的需要，压缩训练规模，训练对象改为民兵干部和专业技术兵，由县人民武装部集中驻训。此时期共训练基干民兵214名，民兵干部150名。1987年，县人武部组织考试，及格率75%以上。

第三节　武器装备

雷山县1950年为叛匪盘踞，乡村武器多已资匪。在清匪、清枪、清赃中，用搜缴乡、保及匪部武器，装备农协会自卫队员。全县643名自卫队员持有步枪30支、火药枪249支。余为大刀、长矛和钢叉。1953年12月，建立雷山县第一个基干民兵队。装备步枪137支、手榴弹104枚、子弹3494发。1966年6月“文化大革命”开始后，凯里军分区司令部指示，逐步收回发给民兵组织的武器。1972年，为搞好民兵工作“三落实”，加强战备。经中共黔东南州委、州政府、凯里军分区批准，在城镇附近及交通沿线的防空、防空投、防空降的重点地区的基干民兵组织中，配发步枪207支、冲锋枪27支、轻机枪14挺、手枪4支、子弹2670发。又陆续装备六〇炮和八二迫击炮、重机枪、电台等，武器质量有所改善，民兵实力也大为增强。其配备原则是根据备战、执勤的需要，保证重点，兼顾一般。为加强管理，定期对民兵进行武器防护、使用安全、爱护武器等教育。农村一般为分散保管，机关、厂矿、企业等一律集中保管。1983年，农村改为以区保管。1985年12月，按凯里军分区命令，所有民兵武器，统一交县武器库保管，撤销各区保管点。

第四节　重要活动

民兵代表大会和代表会议

1955年1月，以区为单位召开民兵代表会议，到会250人，时间3天。会议内容是贯彻义务兵役制，检查“三大任务”完成情况，表彰先进。

1963年3月，雷山县召开第一届民兵代表大会。1967年12月，县人民武装部召开民兵学习毛主席著作积极分子代表大会，到会200人，受表彰的有掌雷、桥桑等5个民兵连，民兵干部莫文光、白考文，女民兵李荣美、李锦英和基干民兵龙正才等10人。1972年6月，县委召开民兵工作“三落实”先进代表大会，纪念毛泽东主席提出民兵工作“三落实”10周年。会期5天，出席代表605人。会上表彰丹江镇革委、平祥、也牛、乌江民兵连等8个先进单位和20名先进个人。与会代表和县领导干部开展步、机枪实弹射击等军事训练活动。驻县中队战士、雷山中学师生举行军事体育表演。

1975年1月，雷山召开县第二届民兵代表大会，会期4天，出席会议有14个民族的代表，共320名。总结1963年第一届民兵代表大会以来的工作，表彰先进单位和个人，受表彰的先进单位有望丰大队民兵连、方祥公社党委、西江红旗大队党支部等20个单位，先进个人有莫文光、毛文昌、李华荣等5名。

1978年10月，县委召开民兵工作会议，纪念毛泽东主席提出“大办民兵师”二十周年，会期6天，到会120人，会议主要任务是贯彻党的十一大路线，深入揭批林彪、江青反革命集团破坏民兵工作的罪行，讨论落实全国民兵工作会议精神的意见。

参军、剿匪

1951年3月和7月，民兵组织响应县扩军委员会的号召，积极报名参军，有736名参加抗美援朝。其中有260名参加警卫营。

1950年9月至1955年，全县民兵配合部队执行作战、侦察敌情、传递情报、清匪清枪、押送犯人等勤务。共参加清剿战斗170余次，捕捉、清获土匪800余名，缴获长、短枪170支。协助公安部门破案260余起，捕捉罪犯136名。

筑　路

1956年1月，炉（山）雷（山）公路动工，全县组织4个民兵连共713人，参加筑路工程。组成520人的运输队，从凯里挑运筑路物资，保证公路施工需要。

1970年9月，执行贵州省军区“动员全省民兵，参加湘黔铁路会战”的命令，雷山县组建会战民兵团，人武部副部长王连席任团长。辖4个营，14个连，53个排，民兵2300名。两年中共打通隧道1144米，建桥366米，挖填土石方77550立方米，完成主线2.26公里，工程便道9.5公里，有1406人（次）评为先进个人。

第五节　防空战备

1954年4月26日，成立防空指挥部。领导反空投、反空降工作。办公室设在人民武装部。指挥长吕潼川，副指挥长王雨亭、王亚平。每区建立3—5人的防空指挥组。城关、桃江两地区为防空重点。城关由驻军公安中队负责，桃江派驻剿匪分队，实行民兵包干联防。

1963年5月，建县防空防暴指挥部，办公室设在公安局。指挥长杨昌伦，副指挥长朱明、张天新。负责县境内的防空降、防空投、防暴乱。并主持制定战备方案，整顿民兵组织，配备武器，建立“三防”武装。确定方祥、大沟、西江、达地四地区为“三防”重点区域。重点区乡建指挥所、组。1964年5月4日，“三防”组织调整，补充指挥部人员，增设基层组织。调整后，杨昌伦任指挥长，朱明、杨敬、郑学忠任副指挥长。重点设防地区有：方祥配步枪15支，火药枪28支，大刀33把；大沟配步枪3支，火药枪15支，大刀18把；达地配步枪5支，火药枪21支。1965年5月，“三防”指挥部改称反空投指挥部。

办公室设在公安局。指挥长杨昌伦，副指挥长朱明、吕潼川、郑学忠、黄自庭、龙义声。1967年11月，建立战备支前办公室。

1973年4月，改称人防战备办公室，负责制定县城防空疏散方案，组织民兵防空射击队，并加强人民防空的宣传工作。对全县的兵要地志、医疗卫生、交通运输力量作调查统计。是年，中共雷山县委成立战备人防工作领导小组，加强对这一工作的领导。1984年9月，机构改革以后，人防战备办公室裁并，业务由政府办公室统一管理。

第四章　战　事

第一节　雍乾时期反清抗暴

控稗之战

清雍正十三年（1735年）十二月，清副将寿长、参将哈尚德随巡抚张广泗进驻苗疆，安屯设堡，沿挂丁左、右山而进，初一日破格细等三寨，初二日破朗利等寨，初三日破交蒿等寨，初四日进兵控稗(今控拜）。清将见山头土城绵亘数里，城内人马熙攘，枪炮矢石密布，即下令进攻，抢占土城。民军在首领杠汪、杠洞、杠保指挥下，与清军激战。终因力量悬殊，民军失利，民军有147人战死。跌岩、滚坡死的百姓甚多。子母炮、钢鞭炮、鸟枪、盾甲等武器尽皆损失。牛羊等损失无数。初六日清军进攻鸡讲等七寨。杠汪、杠保被俘，唯杠洞（即生羊）逃脱，其妻遭清军杀害。

马家屯之战

清乾隆元年（1936年）2月，贵州巡抚张广泗自清江厅（今剑河）巡视鸡摆尾、台雄、控稗一带军情，移节凯里，以震慑丹江周围之苗寨，遣副将曾长治袭乌尧、黄里等寨为左路；遣守备吴仁佐、游击姚宅中等袭占乌叠、枯桶（今公统）等寨为右路；遣参将哈尚德、马世禄进驻桃绕（今陶尧)、鸡勇、囊荡（今郎当）等寨为中路，三路并进。游击李子昌、王先等巡回穿梭接应，并续调川军总兵王廷诏统兵2000人日夜赴援哈尚德进击大丹江。

曾长治攻焚乌尧、黄里后，进兵桃绕与哈尚德合兵进攻大丹江诸寨。时马家、鸡勇二屯对峙河坝，苗族民军首领香第香、久保力（均为陶尧人）率部驻马家屯，筑碉于要隘之地，防守森严。哈尚德率部驻扎老府城顶。攻城经年，亦未能破。后哈尚德挑选精壮80人，以火箭射烧屯城，后队鼓噪大进，民军被烧死300余人，不支溃散。马家屯被攻破。鸡勇屯失去犄角，亦为哈部清兵乘势攻取。

第二节　咸同时期苗民起义

苗族义军攻占老丹江城

清咸丰五年（1855年）5月，苗族义军在张秀眉、杨大六的指挥下，围困台拱（今台江）厅城。6月初攻克黄平州岩门司。7月，张秀眉、杨大六为分散敌兵力，由张部继续围攻台拱厅，杨部回军进击丹江厅。回师途中于昂德（今郎德）与清兵外委傅灿莲部遭遇，力斩傅灿莲，傅部500余人溃逃。后杨大六率部直指丹江厅（今老丹江）城，将城围得水泄不通。通判严锡珍、参将乌尔滚珠闻风丧胆，蜷缩城内，不敢出战，并遣使化装上省请援。

9月13日，杨大六分兵八路猛攻，丹江厅城遂破。通判严锡珍、参将乌尔滚珠、守备计维富、卫千总周开广等均被义军杀死于城中。清兵被歼400余人，逃往凯里者仅10余人。

牛皮箐之战

清同治十年（1871年）三月初四日，湘军主帅席宝田令总兵谢兰阶、苏元春、提督唐本有等自台拱西进排养，初七日攻取鸡讲，次日下乌瑶（今乌尧），初十日攻连城堡，杨大六率义军援鸡讲，与副将邵德胜战后撤回。四月初一日，席宝田进驻雷公山。义军包大度部以桥洛、开屯、桥王、莲花闸、丹江等100余寨为根据地与清军对峙。二十六日苏元春、谢兰阶复率部出南刀、排养。二十九日再进雷公坪、九眼塘，直逼雷公山顶。张秀眉率义军聚于黄茅岭一带。戈鉴部与张秀眉战于格头，龚继昌、唐本有、苏元春、谢兰阶复出黄茅岭，踞老丹江。龚继昌、苏元春攻黄羊山，唐本有、谢兰阶出格头攻太子燕，继而会攻破桃绕（今陶尧）大寨。义军刁禾等20余人遇难。十一月初，义军杨大六遣兵攻击黄茅岭毛树勋部。同治十一年（1872年）二月，戈鉴遣毛树勋出乌垤（今乌这）取乌香（今乌江），邓有德、罗应旒出石板、风塘（今丰塘），顺抱得、桃绕一线追击，义军退入乌东山、黄羊山后，首领姜老拉、张秀眉先后被俘，杨大六突围走，与毛树勋战于乌东山，兵败被俘。是役义军死亡万余人，烧毁寨子100余个。

大坪山聚众反清

清咸丰五年（1855年），古州（今榕江）、八寨（今丹寨）、都江等州厅所辖之达地、宰勇、上江、平永、桥来、排调一带的苗、侗、水、瑶等少数民族人民，在余老科（正纪）、唐协理的率领下，在大坪山上建营筑垒，封官点将。以王老里为军师，潘老帽为元帅，陆天福、潘老稳等为将军，王文科为联络官，聚众1万余人，称“太平军后备队”（史称斋教军），四出攻略，一度曾占领古州的陇头寨，以及平永、八开、下江（今从江）、都江等地。

咸丰六年（1856年）5月，余老科袭占永从县城，代理知县肖赓、守备段兆锡逃遁。同治二年（1863年）12月，余老科、罗光明攻占古州（今榕江）诸营，游击穆双有、都司范国玺败走麻高洞。同治三年（1864年）9月，余老科、罗光明联络太平军李文彩部攻陇头寨，古州镇总兵刘元勋、定旦游击莫芝茂、穆双有退守王岭。张亮基奏请三省会剿。12月，余老科率部于都江汛、八开汛、高阳、高孖、平宁、坝街诸塘卡阻截清军，清将田宗起由都江汛南渡，沿途破卡前进，余老科、柳天成率斋教军驻屯于上江城内。

同治七年（1868年），湘军入黔，大坪山形势日益恶化。义军叛将闻国兴（小播五）连营开屯、岩寨、乌洛、八宝山；清将邓有德、李德贵自大小登高而进；古州镇总兵张文德、黎平营副将张喜元、徐定邦、游击杨佑春、戴荣宗驻古州城，余老科等四面受敌，且内部有奸细勾结闻国兴秘密组织敢死队，于夜间从水洞中攻入，城遂破。兵民死伤甚多，尸首合葬，后称“万人坟”。此次反清抗暴斗争前后坚持达13年之久。

杨定国夜袭鸡讲司

清同治十二年（1873年）正月，张秀眉、杨大六领导的苗族义军被清将苏元春、龚继昌镇压下去之后，善后总局成立，分道安抚。贵州巡抚曾璧光（枢元）以黔省已肃清，除川、湘军食川湘饷外，周达武所部黔军尚有1.5万人，拟遣散6460人，以纾经费，黔军士兵颇感失望。此时，丹江属之义军又活跃起来，常出袭击驻桃绕（今陶尧）清军防地。丹江厅同知屠翰将此密告清将龚继昌，继昌率兵至，义军闻讯潜伏不出。待其离去后，又不断袭击其防地。

9月初，咱刀团首徐廷桢因罚金未缴，丹江厅通判陈起霖没收其田产入官。廷桢当时无奈，只好逆来顺受。后与八寨乌洛人李必茂（兴友）、原义军首领李公鸡（洪基）、莲花闹蜡垢干角人杨定国聚众于肖家寨、桥洛沟等地，待机袭击丹江厅署。因咸丰五年（1855年）丹江厅城破后久圮，清朝官吏驻鸡讲汛城（今营上）。9月26日，桃江通事侯定邦密告此变，同知屠翰始求救于清将席启悌并转告龚继昌，经商之巡抚曾璧光及提督周达武(渭臣)后，以无兵可拨遂罢。27日夜，义军200余人在杨定国、李必茂、徐廷桢等率领下，夜袭鸡讲司，斩杀同知屠翰及其妻儿，幕友从山、候补知县张铸（一作倚）、署右军守备车武仑、署左哨千总戴洪胜、署右哨千总罗用昌、署左哨头司把总杜积棠、署左哨外委吴得贵以及千总肖大全、肖天祥等皆被义军击毙。

10月1日，龚继昌、苏元春率兵驰至排养（今排羊），2日唐本朋率部继至，战于开觉莲花塘，义军退守黄茅岭，龚继昌进驻鸡讲，苏元春逼近党高，唐本朋进逼治安堡，再追至莲花闹，义军退干角。

11月2日，清将邓有德遣副将刘德顺、肖启富自开屯进逼干角，约茅平（今毛坪）储裕立进击。4日，毛际惠、马承宗击桥王后合围干角，何世华亦自排调至，义军走雷公山被龚继昌截于九眼塘、桥鸟（今雀鸟）；邓有德、马承宗再击桃江、冷竹山，义军伤亡甚大。都匀知府罗应旒、丹江通判杨兆麒复率部驻黄茅岭，利用义军中之动摇者招抚之，杨定国、徐廷桢、李必茂受抚。唯李公鸡走脱，数百人均被收编。不久，又以流言蜚语诬之再叛，计赚义军数十人歼之，合葬于脚雄坳。后称“万人坟”。

李学高攻打凯里卫

清光绪二十五年（1899年），苗族义军幸存者李学高（即陆里贤高，西江平寨人）经常来往于旁海、凯里、西江、挂丁等地，秘密组织“护防队”与官府作斗争，并与挂丁、旁海、鸭塘等地民军联络，决定相机袭击凯里卫千总衙门。农历九月二十二日，李学高接到情报，知把总杨占标派营兵80人去台拱（今台江）接少奶奶（卫千总夫人），城内空虚，于是召集500余人，于光绪二十六年（1900年）9月23日下午亥时集中于赏郎，丑时进攻凯里。队伍到达洗马河后，从东南两门攻入城内，武营都司管肇玉（昆山）认为无关紧要，只带五六个侍卫前来抵抗，在凯里何云程家的干田里与李学高遭遇，被李学高一刀两断，割下首级。李学高乘胜直取武衙门，外委张文成持梭镖抵抗，亦被砍死于头门外。随即攻入内衙，世袭陆子香不支，率队逃往官桥。千总谢善卿、把总杨占标逃往龙头河，土司淳清山匿入民房，世袭之陆云廷、陈钧庭化装逃往大冲山，驻守西门之十长田锦云依墙顽抗。其余兵丁各自逃命，不知去向。李学高缴获洋炮（土枪)30多支，长矛短标100余件，火药400余斤，铅弹2箱以及守备署印信、朝衣、骡马等财物。

农历九月二十七日，贵州巡抚部院调镇远总兵岑有富、营务处会办张胜严先后率兵来凯镇压，见人即捕。十月八日，勒令四门民工在牛场坝皂角树脚右挖一大坑，深宽各一丈余，将捉到的民军，尽行砍杀，尸首抛入坑内，埋为一冢。李学高、杨有当隐匿雷公山，清军利用挂丁团总许志诚兄弟将李学高诱捕，解送凯里。农历腊月二十二日，清军将李学高、杨有当杀于凯里牛场坝官亭右侧。

第三节 民国时期的战事

杨昌隆、何名超之战

民国13年（1924年），李伯修任丹江县知事，莫克俊任中区（丹江）区长，收缴房捐遭到保董杨昌隆的反对，于是企图暗害杨昌隆。

李、莫二人以约议事为幌子，计赚杨昌隆到县署，将其捆绑下牢，并打算将杨昌隆送往独山，以抗税罪名借上司之手将其杀害。杨昌隆之弟串联猫猫河余六植（拉你龙）、乌开当嘎俄、脚雄杨绍明等，准备破城劫狱。是年农历九月十三日凌晨，以余六植为首的劫狱队500余人，冲入城内直取监狱。狱卒杨发祥做内应，背着杨昌隆逃出牢门。李伯修越城往治安堡方向逃遁，莫克俊躲于仓脚下幸免，师爷（秘书）赵某遇害。此次破城劫狱，称为“九一三”事件。杨昌隆、余六植率部占据丹江县城，区长莫克俊投奔乌洛（今永乐）何统带（名超），请求发兵援助。民国14年（1925年）农历二月，何名超带兵1000余人直奔丹江县城。余、杨见来势凶猛，知不能敌，带所部隐蔽于雷公山原始密林中，以窥动静。何名超进驻丹江后，抓住破城一头领杨绍明枭首示众。几个月后，杨昌隆联络人马，决意驱逐何统带。于是联络台拱、八寨、凯里等地来2000多人，聚集于雷公山，尊昌隆为大哥。

民国15年（1926年）农历九月八日三更时分，杨昌隆率领2000多人，将丹江城团团围住，随即攻入城中。何部200余人仓皇应战，在城内十字街与杨昌隆的大刀队短兵相接，何部伤亡惨重。县知事钱寿乔逃脱，主任科员陶吉阶被杀，衙署被打毁，文案被焚。后来60余具尸首集葬于犀牛塘（今丹江二小处）。何名超兵败回乌洛，莫克俊无处藏身，被杨部士兵搜出处死，悬首城门示众。

9月23日，何名超增调援军，凯里民团来丹江协剿，杨、余部始退出城。

丹江“双十”事件

民国28年（1939年）10月10日，以脚雄大寨余文彬（苗），咱刀寨石金玉（苗）为首组织200余人以反苛捐为号召攻破丹江县城。丹江县自县长程毅莅任后，受贿徇情，政治腐败，保警兵横行乡里，强迫换币，征兵课税漫无标准，并随意捆绑吊打商民，民众久已不满，遂有破城戕官之意。脚雄大寨余文彬自部队开小差逃回，畏政府缉拿，旦夕不安，大家即怂恿其为总大哥。高岩、羊排诸寨亦暗里组织反抗政府，互相联络，其众益多。

10月10日为民国的“国庆日”，余、石等乘县机关“双十”国庆节放假，又逢场天，趁驻守县城的保警队第一分队官兵多不在营，枪支全部存放分队部之机，午后一时许，余、石等带领200余人，分成三路自脚雄寨出发，两路混在赶场人中入城，一路占领后山老府城。进城后即分别进攻县政府及自卫总队部，先砍死卫兵，入内杀死保警队士兵童定国、朱学富、金玉贵3人，拿走存放队部的枪支弹药。继又进入县长程毅家搜查。程毅躲于帐后，未被发现，幸免一死。驻守武庙（今党校）的保警第二分队闻警，队长杨光勋与警长唐蒙高率队从左右两面包抄，当场击毙2名，击伤多名。余、石遂率队退出城去，保警队亦未追赶。

经查，余文彬部抢去步枪34支，手提式机枪3挺，连枪3支，左轮手枪1支，子弹1924发，手榴弹9枚。打死保警队士兵4人，重伤2名，失踪6名。损失公款公物极巨。在押犯2名被劫走。第四区和平联保第一保保长余自强来县解缴公款，亦被刺丧命。

余文彬部退出城后，分散潜伏于县城附近村寨，并联络台拱水牛寨股匪，扬言再次攻城。贵州省政府派黄友群接替程毅任县长，并饬令榕江县保警大队协助剿办。黄到任后，以抚为主，以剿为辅。只究为首，不办胁从。遣当地士绅深入农村抚慰，自带兵奔袭咱刀石金玉住地，在当地父老的劝说下，石金玉投诚，高岩寨父老亦促余某某、杨某某缴械投诚。除惯匪余某某被政府判处死刑外，余允自新悔过。所失枪械全数追回。持续整整一年，始告平息。

西江农民暴动

民国31年(1942年)9月，台江县西江区(今属雷山县西江区)以陈信斋、侯教之为首领导农民武装暴动，时间持续半年之久。

民国时期，吴鼎昌任贵州省主席，推行民族压迫政策，歧视少数民族，强制民族同化，强迫苗族妇女改装；苛捐杂款，横征暴敛；治安不好，盗匪横行，人民怨声载道。由是以陈信斋(祖洪，同善社正恩)和当地人士陈文渊(学海)、侯教之(国富，苗)等为首，在炉山、丹江、台江、榕江接壤地带组织一支有29支队伍、近4000人的农民武装，以"不交军粮、不当奴兵、打倒恶劣政府，打倒贪官"相号召，在脚高(今凯里市属)召开会议，陈信斋在会上宣布：(一)奉天命充任救国救民军第六军军长；(二)委侯教之为总指挥，陈文渊为参谋长，邰胜江为第一师师长，陈凤之(瞎子)为第二师师长；(三)委杨炳廷、向振华、龙远志、李金亮为团长；委吴绍华、杨通文、侯德明、顾怀林、杨文勋、陈治明、许汝昆为大队长；(四)恢复丹江县治，解除人民痛苦。11月9日，召开营上会议，决定攻打台江县城。12日晚，暴动队伍夤夜直趋台江城外，拂晓攻城，县长王堂信缒城遁逃，保警大队副曹启灿被杀死，保警第二分队被全歼。暴动队员谢世荣阵亡。

11月下旬，贵州省保安第三团第三大队刘奕昆部会各县保警队300余人前来增援。侯教之、陈文渊、邰胜江等人指挥暴动队伍乘其立足未稳，出其不意地截击刘部于革东。晨6时许开始攻击，刘部招架不住，于8时左右退到距革东20余里的内寨，并在内寨松林坡设防还击，双方相持不下。下午5时许，暴动队伍兵分两路，沿两面山脊搜索向下冲击。8时左右，将刘奕昆大队全部歼灭，生俘保安团大队长刘奕昆以下100余人。缴获六〇炮1门，重机枪1挺，轻机枪7挺，冲锋枪2支，七九步枪100余支，木柄手榴弹100余枚，步枪子弹2000余发。是夜刘奕昆等30余人被暴动队伍处死于内寨寨脚。暴动队有蒲世昌、李洪昌二人战死。

次日，暴动队伍继续挥师东进，攻取剑河。先遣部队以迅雷不及掩耳之势，摸岗哨杀死哨兵，攻入县城。县长彭晓甫弃城而逃，保警队士兵群龙无首，全部被缴械。

攻占剑河县城后，由吴绍华、邰胜江、侯德明、邰秀中、张金培等留守，其余全部由侯教之、陈文渊率领返回西江营上休整。

台江、剑河两县城失守后，贵州省政府大为震惊。民国31年(1942年)12月10日(农历冬月初三日)调保安第二团团长陈精亮率第二、三大队沙盈璜、李柏龄部直奔西江。西江区区长侯兴华和壮丁大队长龙远志率壮丁100余人到羊排寨背后石门坎阻击。枪战约一小时，壮丁队寡不敌众溃退，保安团乘势冲上野夫高(山名)制高点，并不断向东南伸延，冲下东引、羊排背后和水寨对面，用重机枪扫射大寨，封锁各交通要道，当场打死来不及疏散的老弱妇孺多人。下午5时许，驻在营上的暴动队伍闻讯赶来参战，6时，保安团放火焚烧东引、平赛两村民房370余栋。西江被保安团占领后，保安第二团团长陈精亮驻扎西江。

是年农历腊月下旬，暴动队伍多路合围西江。李烈勋、杨炳廷率700～800人从挂丁向西江进攻；吴绍华、李树明率500～600人从雷公坪方向逼近；李志福、侯德明等率600～700人由开觉直逼西江；周玉星等率200～300人从乌尧向西江开进；陈凤之、杨胜兰等率400～500人布阵在西江对面各山头。6时许，各路攻击开始。杨炳廷、李烈勋率部抵达水寨，当场斩杀下山来碾米的3名保安团士兵。暴动队伍有3000余人参加此次战斗。战斗一直持续五昼夜。正当陈精亮部筋疲力尽，寻机溃逃之时，贵州省保安处副处长刘鹤鸣从镇远星夜带兵增援，刘、陈内外夹攻，暴动队伍不支，向雷公山方向退却，西江围攻战失败。

民国32年（1943年）初，刘鹤鸣率领驻西江的保安团队及驻丹江的税警团、驻凯里的盐务缉私队、陆军第199师共5000余人，对雷公山实行合围，暴动队伍指挥失灵，各自为战。是年2月至4月，侯教之、陈文渊仍率领余部在台江县的番召、交密、交包、乌里、九里、大田角和榕江县的两汪、朗洞、八万山以及黎平县的高扬、大卡、上硐等地打游击，与当地民团杨体仁、杨焕文等部作战，刘鹤鸣动用保安第二、三、六团和陆军199师的雄厚兵力，持续追剿，暴动队伍被迫解散。首领侯教之、陈文渊隐匿黎平、湖南等地；陈信斋隐蔽在都匀农村。

暴动失败后，区长侯兴华、壮丁大队长龙远志、震威联保主任汤泰清以及排羊杨光亚、密细顾怀林、控拜龙启祥、西江宋枝祥等，分别被保安团大队长沙盈璜及贵州省保安司令部以叛逆之名杀于凯里和贵阳。无辜被杀害的百姓有十余人。

韦洪彬攻打保安团

民国32年（1943年）9月，水族农民韦洪彬等以政府当局强征大包军米，强迫民工长途挑运，又以当年发生灾荒，百姓生活困苦，无粮可交，于是在乌空的桥撒屋背唱歌坪以“议榔”形式召开有羊福、千家寨、甲雄（现属三都县）、桥桑、草坪、达地、上马路、乌空等10余寨的苗、瑶、水、汉族群众500余人参加的会议，宣布抗粮。会上宣布：“抗兵抗粮；不准投降国民党；战时百姓要扛土枪、马刀、钢叉、勾刀出击。”不久，又在三都县千家寨召开第二次会议，杀牛一头，重申前议。并推选韦洪彬为大队长，韦占标（水族）为副大队长。下分3个中队，以王治勋（水族）、韦秀高（水族）、潘正章（水族）为中队长；邓有普（瑶族）、潘正龙（水族）、钟占标（侗族）任分队长；潘正朝（水族）为文书。约有兵员300余人。有赤水造和汉阳造步枪30多支。采取战时集中打仗，平时回家生产的办法，与区、乡公所对抗。军粮开仓动用积谷，不够向大户征借。

韦洪彬领头抗粮抗役的消息传出后，震动三都县政府。驻扎在上江（今都江）的保警队立即出动，袭击甲早（属三都甲雄乡）。韦占标指挥队伍阻击，保警队大败。当时桥桑驻有一个保警分队，一日夜晚，韦洪彬带兵到保警队驻地埋伏，派二人挑谷糠到驻地叫门请收军粮，乘睡眼惺忪的保警兵开门时，伏兵立即开枪射击，分队长黎某某当场毙命。是役击毙保警队兵13名，生俘6名，缴获轻机枪1挺，步枪10余支。继而有排老、排兄、乌空屋背、空勒、也蒙、雅灰、岩门寨等大小战斗，都是与保警队搜剿中的遭遇战。由于兵民结合，战时为兵，平时为民，打的是麻雀战，惹起保警队兽性大发，找老百姓报复，烧毁乌空、也蒙、大竹山、排老、岩门寨、也辽和新寨大小村庄，数百户百姓无家可归，啼饥号寒。

民国33年（1944年）6月，贵州省政府派保安团会同丹寨县保警队500余人，分进合击。韦洪彬率队100余人埋伏于高车夺乌坳口（海拔1225米），与敌激战三天三夜，终因弹尽粮绝，韦部失利。韦洪彬躲于永乐乡排告山中，后被永乐乡乡长王某某诱捕，押送独山杀害。副大队长韦占标也为甲雄乡乡长杨某某所诱杀。

第四节　新中国成立以后的战事

解放军进驻雷山的遭遇战

1949年12月初，中国人民解放军第17军51师151团3营奉命围剿盘踞在雷山境内的佘辉庭、谢世钦等国民党军残部。

1950年1月，151团团长刘英率领该团3营抵达三都县，完成对三都、丹寨、榕江、雷山四县边区匪特的围剿任务后，2月中旬，进抵丹寨县排调，然后兵分一路向雷山县桃江地区前进。担任中路的营部和第八连，与王朝相匪部遭遇，迅速将敌包围，令其投降。王朝相慑于大军威力，被迫率部起义。2月12日（农历腊月二十六日）下午5时，营部和第八连进驻桃江干角寨，遭谢世钦部突然袭击，排长陈库牺牲。营长田笑海、连长娄彩芹即指挥部队还击，火速攻占北面和西面两个制高点。战斗3个小时，敌被击溃，俘敌兵5名。14日中午，3营由桃江向雷山县城挺进，在翻越猫鼻岭时，抓获匪部将级高参两名。

2月15日（农历腊月二十九日除夕），部队进驻雷山县城。获悉佘、谢残部逃窜望丰一带。当晚即以八连为基础，抽调人员组成两个加强侦察排。16日清晨，一排从西门出发，向望丰疾进，尾追逃敌；二排从南门出发，向乌江、荣防挺进，实行包抄。上午9时30分，二排进至南香顿（地名）时，即遭到佘、谢部的阻击，双方展开激战。佘、谢探知解放军追击，集中121师的曾应东、石开、王德清、李健等所率领的361、363团和补充团及佘辉庭的警卫部队，共2000余人，在荣防寨设指挥部，排卡览设临时指挥部，以4挺重机枪组成交叉火力网，居高临下，阻击解放军。经30分钟激烈战斗，解放军全部控制排卡览及3个制高点，佘部见失高地，先后七次组织反攻，均为八连击退。下午3时许，佘谢司令部命令放火烧山，敌兵趁火势不断逼近八连阵地，但未得逞。5时，解放军51师闵学胜师长率部由北面的波引虾（地名）山顶增援，炮弹连续落在掌窝村。佘、谢部溃不成军，四散奔逃。这次战斗历时8个小时，共毙俘敌兵17名，缴获电台1部，轻机枪1挺，冲锋枪9支，步枪10支。解放军炊事班班长许贵源、七班班长向竹轩、机枪射手刘松保、战士郭子辰壮烈牺牲。

2月17日，八连和七连分两路向望丰开进，在距离望丰堡不远的地方，七连尖兵班突然与谢世钦司令部遭遇，短兵相接，敌措手不及，纷纷落荒而逃，谢世钦打开后门逃走。解放军缴获谢世钦印章1枚，步枪16支，缎子被条1床，俘匪40余人。

解放军186师合围雷公山

1950年8月，中央军委命令“驻西康之186师直出黔东南，由贵州军区指挥，剿灭有关匪特。”

8月中旬，全师在师长蒲大义、政委胡立声率领下，9月2日到达麻江集结。9月10日，师部召开营以上干部会议，研究作战方案，决定第一阶段以一个月时间，对盘踞雷山、台江、凯里地区的“贵州东南绥靖区司令部”所属匪部进行合围。同日，师部下达合围雷公山的命令。9月15日，该师556团由麻江乘车出发，途经炉山、黄平、施秉、镇远，与镇远军分区外线堵截部队取得联系后，17日集结施洞口，夜渡清水江。18日拂晓占领台江县城。19日5时，派出两个营的兵力，日夜兼程，直插榕江县的两汪、乌牛、羊社一线。21日进驻龙井街、南寨、中寨一线；22日进至怀恩堡、西江、木姜坳一线，形成左半弧包围圈，进逼雷山。

9月16日，557团由麻江出发，途经虎场、宣威、兴仁堡，17日到丹寨、朱砂厂一线，与独山军分区外围堵截部队取得联系后，18日以勇猛突然动作，歼击乌洛之匪，19日进至榕江县羊社一线，与556团部队衔接，形成右翼包围圈。21日进击毛坪、桥港、掌批。22日进至岩寨、桃江、桥王一线，从东南面威胁雷山。当进至莲花掌坳时，遭到匪支队长李树成率数100余人阻击，在沙子坳展开激战。解放军排长吕子安、战士高五林牺牲。

9月18日，554团由麻江出发，搜索黄土坝、六个鸡、陈家寨，进至平寨、凯里、白午、南皋一线。

21日进至开怀、黄金岭、乌这、笔尖坡一线。22日进至报德大寨、青杠、掌窝等寨，从西面进逼雷山。

9月20日，师部率领直属队由麻江出发，经下司、舟溪、牛尾坡、公统、望丰直插雷山县城。9月22日，集结于封锁线上的各团机动部队同时出动，向雷山发动攻击。谢世钦知雷山不保，弃城南逃，至教场坝遭到557团的迎头痛击，于是只带少数精干逃入雷公山原始森林。

9月26日，186师师机关由师长蒲大义、参谋长李长春率领进驻雷山县城，宣布雷山解放。查明谢世钦率121师师部、363团一个营及司令部警卫营300余人窜入乌东、雀鸟一带密林中。27日师长蒲大义和556团团长刘光奇带部队分多路入山搜剿，五次上到海拔2178.8米的雷公山主峰。30日，在格头与匪残部遭遇，谢匪的警卫营大部被歼，仅20余人随谢钻入深山密林，最后星散，只谢世钦一人在丛林中潜伏。

10月11日晚，556团7连3排排长李良法带八班战士在雷公山西坡搜索时，于黄里也东坡一个牛棚中将谢世钦活捉。雷公山合围从9月15日开始，至10月15日结束，计歼中将司令官谢世钦、军统局西南军事专员兼电台台长柏家华（肖崇辉）以下7459名，缴获轻、重机枪26挺、小炮2门、各种枪支2117支、电台3部。10月17日，雷山县城召开万人大会，庆祝雷公山合围大捷。

国民经济管理篇

第一章　经济发展综述

第一节　经济建设

解放37年来，国民经济仍以农业为主，其间，工农业产值的比重有变化，工业产值比例上升，农业产值比例下降。农业产值占工农业总产值的比重：1950年占98.93%；1953年占90.94%；1957年占80.96%；1965年占85.52%；1970年占90.4%；1975年占87.66%；1980年占89.63%；1985年占76%。1987年社会总产值4760.8万元（按1987年现行价格计算）。其中：农业总产值2793.73万元，占社会总产值的58.70%；工业总产值1233.92万元，占社会总产值的25.92%；建筑业371.9万元，占社会总产值的7.81%；运输邮电业90.53万元，占社会总产值的1.9%；商业饮食服务业270.72万元，占社会总产值的5.7%。

第一个五年计划（1953—1957年）期间，在完成土地改革的基础上，农村组织互助组、初级农业生产合作社，进入高级农业生产合作社；城镇完成对私营工商业和手工业的社会主义改造，建立和发展全民所有制和集体所有制经济，确立全民所有制经济的主导地位，国民经济有较大发展。全县地区生产总值由1952年的366万元增加到1957年664万元，增长81.42%。工业总产值由13.36万元上升到122.63万元，增长8.18倍；农业总产值由359.41万元上升到578.45万元，增长60.94%；粮食总产量由20853.1吨上升到30121.3吨，增长44.45%；社会商品零售总额由60.33万元下降至50.3万元，下降16.63%。

第二个五年计划和三年调整时期（1958—1965）。1958年，在全县范围内掀起“大跃进”“人民公社化”运动，由于“共产风”“浮夸风”“高指标”“高征购”“瞎指挥”等错误，造成人力、财力、物力的极大浪费，使工农业生产大幅度下降，国民经济严重困难，加之1960年与1961年连续遭受严重自然灾害，粮食产量锐减，人民生活水平急剧下降。1962年至1965年为三年调整时期，贯彻执行“调整、巩固、充实、提高”的八字方针和《农村人民公社工作条例》（即《农业六十条》），推行“三包一奖四固定”（三包：包产、包工、包成本，一奖：超产奖励；四固定：定劳动力、定土地、定耕畜、定农具），纠正农村工作中“左”的错误，工农业生产得到恢复和发展。1965年，全县地区生产总值为749万元，比1961年的442万元增长69.46%。工业总产值为88.82万元，比1961年的38.62万元增长129.98%；农业总产值为613.36万元，比1961年的364.44万元增长68.3%；粮食总产量为23326吨，比1961年的14910.2吨增长56.44%；社会商品零售总额为230.2万元，比1961年的143.38万元增长60.55%。

第三及第四个五年计划时期（1966—1975）。正值“文化大革命”十年动乱，生产停滞不前。加上无政府主义泛滥，国家计划失去控制力，国民经济一度处于混乱状态。1970年，全县地区生产总值为804.47万元，比1965年增长7.41%。工业总产值为74.56万元，比1965年下降16.05%；农业总产值为632.39万元，比1965年增长3.1%；粮食总产量为21167吨，比1965年下降9.26%；社会商品零售总额为294.91万元，比1965年增长28.11%。在第四个五年计划时期，"左"的错误指导一度受到抵制，农业开展农田基本建设，工业办起"社队五小企业"，工农业总产值又逐步回升。1975年，全县地区生产总值为1068.62万元，比1970年增长32.84%。工业总产值为207.87万元，比1970年增长1.79倍；农业总产值为798.35万元，比1970年增长26.24%；粮食总产量为26869.9吨，比1970年增长26.94%；社会商品零售总额为528.1万元，比1970年增长79.07%。

在经济结构调整中，轻工业得到较大发展，增长速度超过重工业的增长速度，工业内部结构进一步专业化。"五五"期间，情况进一步好转。1980年，全县地区生产总值为1999万元，比1975年增长87.06%。工业总产值为243.53万元，比1975年增长17.15%；农业总产值为1775.73万元，比1975年增长1.22倍；粮食总产量为23877吨，比1975年下降11.14%；社会商品零售总额为909.61万元，比1975年增长72.24%。

"六五"计划期间，从雷山县情的实际出发，进一步执行对外开放，对内搞活经济的政策，大力推进各项改革的深入开展。在农村推行"包干到户"的承包责任制，工业实行经营承包责任制，调整产业结构，加强企业管理，挖掘内部潜力，开展增收节支，利用本地区资源开发新产品，把资源优势变为商品优势，发展乡镇加工工业，使本县国民经济进入一个新的历史时期。1985年，全县地区生产总值为3562万元，比1980年增长78.19%。工业总产值为403.11万元，比1980年增长65.53%；农业总产值为2577万元，比1980年增长45.12%；粮食总产量为21925吨，比1980年下降8.18%；社会商品零售总额为1199.23万元，比1980年增长31.84%。

解放后37年中，全县地区生产总值由1950年的328万元增加到1987年的3446.42万元，年均增长6.56%。工业总产值由1950年的2.98万元增加到1987年的861.5万元，年均增长16.55%；农业总产值由1950年的334.73万元增加到1987年的2794万元，年均增长5.9%；粮食总产量由1950年的18392.5吨增加到1987年的28446吨，年均增长1.19%；社会商品零售总额由1950年的17.62万元增加到1987年的1589.29万元，年均增长12.94%。

党的十一届三中全会以后，农业生产纠正过去片面强调"以粮为纲"的单一发展倾向，坚持以农业为基础，以林业为主，农、林、牧、副、渔全面发展的方针，各个行业的发展比例较为协调，工副业产值上升较快，1985年以后，森工、冶炼、食品、电力、乡镇企业、商业企业等得到稳定协调地发展。到1987年，乡镇企业的比例大于森工和食品业的比例。

第二节 人民生活

农民生活

解放前，雷山地区的农民因受自然地理条件限制，山高坡大，气候恶劣，土壤瘠薄，耕地偏少，兼以交通闭塞，文化落后，耕作技术长期处于刀耕火种，赶山吃饭，广种薄收的原始状态，生产力水平极低。粮食亩产只在150～200公斤之间，人均产量约270公斤。如遇自然灾害，毫无抗御能力。名目繁多的赋税派捐，均用大米支付，一般自耕农户，一年耕耘所得仅够半年生活所需，"半年糠菜半年粮"就是当时的真实景况。在雷公山以南的掌雷、桥港等产棉地区，衣被靠自纺自织自缝。山北的方祥、高岩、丹江一带，则以地产的坛、罐、碗、碟等土陶器长途贩运到榕江、黄平等地去换旧衣衫，换取食盐、油料，以解决日常生活所需。绝大多数农村人口冬无棉衣，脚无鞋袜，夜寝无棉被，寒冬腊月用木皮铺在火塘边烤火过夜。饮食方面，每年食肉、油极少，平时均以“甑脚菜”、酸汤、米汤作菜肴。盐巴更是贵如金，一颗半斤重的岩盐（川盐），五口之家至少要吃一、二个月，有吃“打滚盐”之说（即将盐放在辣碟内打滚，稍有盐味即取出晾干）。农民过的是缺吃少穿，缺医少药，饥寒交迫，贫病交加的困苦生活。

解放后，农民的经济状况逐步改善，人民的生活水平不断提高。1950年，全县粮食总产量18392.5吨，农业人口平均287公斤；1952年，进行土地改革，解放农村生产力，农民的生产积极性很快提高，生产迅速上升；1953年，全县粮食总产量为20853.1吨，农业人口平均317公斤；1956年，粮食总产量26797.8吨，农业人口平均394.5公斤；1957年粮食总产量为30121.3吨，农业人口平均443公斤，每人除交粮食征购50公斤外，人均口粮有390公斤。1958年至1961年，“大跃进”、刮“五风”（共产风、浮夸风、强迫命令风、生产瞎指挥风、干部特殊化风），农业生产急剧下降。1960年粮食总产量14722.3吨，农业人口平均241.5公斤，农村生活处于全面困难时期。经过三年调整之后，1965年，全县粮食总产量上升到23326吨，经济复苏，困难局面有所缓和。“文化大革命”十年，由于人口逐年增长，人均耕地面积逐年下降，单产虽有提高，但人均口粮仍呈下降趋势。1987年，农业人口平均占有粮食244公斤，除去征购之外，人均不足200公斤，缺粮由国家回销供应。人均口粮虽然少了，但农民的商品观念逐渐增强，由于饲养业的发展及经济作物的扩大种植，农民生活水平不是下降而是上升。1987年，农民人均纯收入155元，比1949年的34元增长3.56倍，比1978年的46元增长2.37倍。

农村房屋建设在改革开放以后大增。1980年至1985年，建成住房494216平方米，是1950年至1959年建房的2.6倍，是1960年至1969年的4.2倍，是1970年至1979年的2.3倍。1987年农房总建筑面积1029082平方米。农业人口人均住房面积为16.5平方米。

农村文化生活日益丰富。从1953年起，农村有电影巡回放映，每村每月可以看一次电影。20世纪80年代以后，永乐镇、西江镇均建有电影院和文化站；25个乡有电影队。1987年，丹江、大塘、开屯等乡（镇）建有图书室和文艺宣传队。全县和区乡有电视机1090台（每24户1台）、缝纫机8000余部（每3户1部），每20户有收录机1台。农村有75.6%的户使用电灯照明。

职工生活

据资料记载：清光绪十八年（1892年），丹江厅员役每人每月俸禄为大米100公斤（高的175公斤，低的50公斤）。绿营兵每月毛银1至2两。厅署官员每人每月毛银2至3两或4至5两。

民国23年（1934年）以前，员役薪俸为银圆。一般员役月薪1至2元，科（局）长4至5元，县长7元。以后改发纸币（法币），区、乡长及小学校长和财务委员会主任、科（局）长每月工薪160元。民国36年（1947年），物价暴涨，货币贬值。每月补发生活费和附加3万元（关金券、金圆券），仍不能维持基本生活，又改发大米，以食物为标准，另加发纸币，用当天大米市价折合发给。县（局）长每月大米4石（200公斤），科长3石，乡长2石；保长1.4石。

新中国建立后，职工工资水平不断提高。1951年3月，工资以大米折发。每人每月100公斤至225公斤不等。1952年，机关干部及土改队学员仍实行供给制，每人每月发零用钱（旧人民币）1.88万元或2.5万元不等。机关留用职员及学校教师共484人，每人每月17.41万元（旧人民币）。

1956年，机关干部职工全部改为工资制，平均每月每人工资30.47元（新人民币、下同。1元新人民币等于1万元旧人民币）；1963年平均每月每人工资37.5元，比1956年增长23.07%；1970年末全县职工1633人，年工资总额73万元，较1963年略有下降；1979年，人均月工资50.5元，比1970年增长35.7%；1985年，人均月工资74元，比1979年增长46.53%；1987年，人均月工资84.47元，比1952年增长4.85倍，比1979年增长67.27%，比1985年增长14.15%。除正式工资外，为使职工生活不受物价波动的影响，每人按月还有粮价补贴、副食品补贴、书报费、洗理费以及年终福利、综合奖、增产节约奖等项，相当于职工年工资30%的收入。

国家机关和企事业工作人员、离退休人员还享受公费医疗的待遇，病休的工资在半年内仍按原额发给，职工困难还给予福利费照顾，并对死亡、病故职工予以安葬、抚恤，对残废者按月或年发给残废金，对死亡职工遗属按规定发给抚养生活费，使之老有所终，幼有所养。

据1985年全国第一次城乡居民房屋调查统计资料，全民所有制职工人均居住面积已达8至10平方米，有电灯照明和自来水设施。1987年底止，98%以上职工有了手表，85%的职工家庭有了缝纫机，75%的职工家庭有了电视机，30%的职工家庭有了洗衣机等高档家电商品。

社会购买力

1951年，全县商品纯销售为740万元（旧人民币，下同），人均1.5万元；1953年，全县商品纯销售为220800万元，人均4.34万元；1957年，全县商品纯销售为226.9万元（新人民币，下同），人均40.77元，比1953年上升9倍；1965年，全县商品纯销售为291.28万元，人均40.62元，与1957年持平；1972年，全县商品纯销售为321.2万元，人均36.7元，较1965年下降；1979年，全县商品纯销售为458.6万元，人均42元，比1970年上升9%；1981年，全县商品纯销售为720.9万元，人均64.29元，比1979年上升53.07%；1985年，全县商品纯销售为1428.7万元，人均120.15元，比1981年上升86.89%；1987年，全县商品纯销售为1019.9万元，人均82.61元。

储蓄存款

1953年农民存款为64873469元（旧人民币，下同），城镇居民存款为122384615元；1957年农民存款为257230元（新人民币，下同。1元新人民币等于1万元旧人民币），比1953年增长38.65倍；城镇居民存款为75261元，比1953年增长5.15倍。1965年农民存款为697092元，比1957年增长1.7倍；城镇居民存款为141913元，比1957年增长88.56%。1970年农民存款为623000元，比1965年下降10.63%；城镇居民存款为146888元，比1965年上升3.51%；1979年农民存款为1111800元，比1970年增长78.46%；城镇居民存款为383400元，比1970年增长1.61倍；1981年农民存款为828300元，比1979年下降25.5%；城镇居民存款为543100元，比1979年上升41.65%。1987年总存款上升为883.7万元，比1981年增长5.44倍，比1953年增长471.57倍。

雷山县部分时期工农业总产值比重示意图

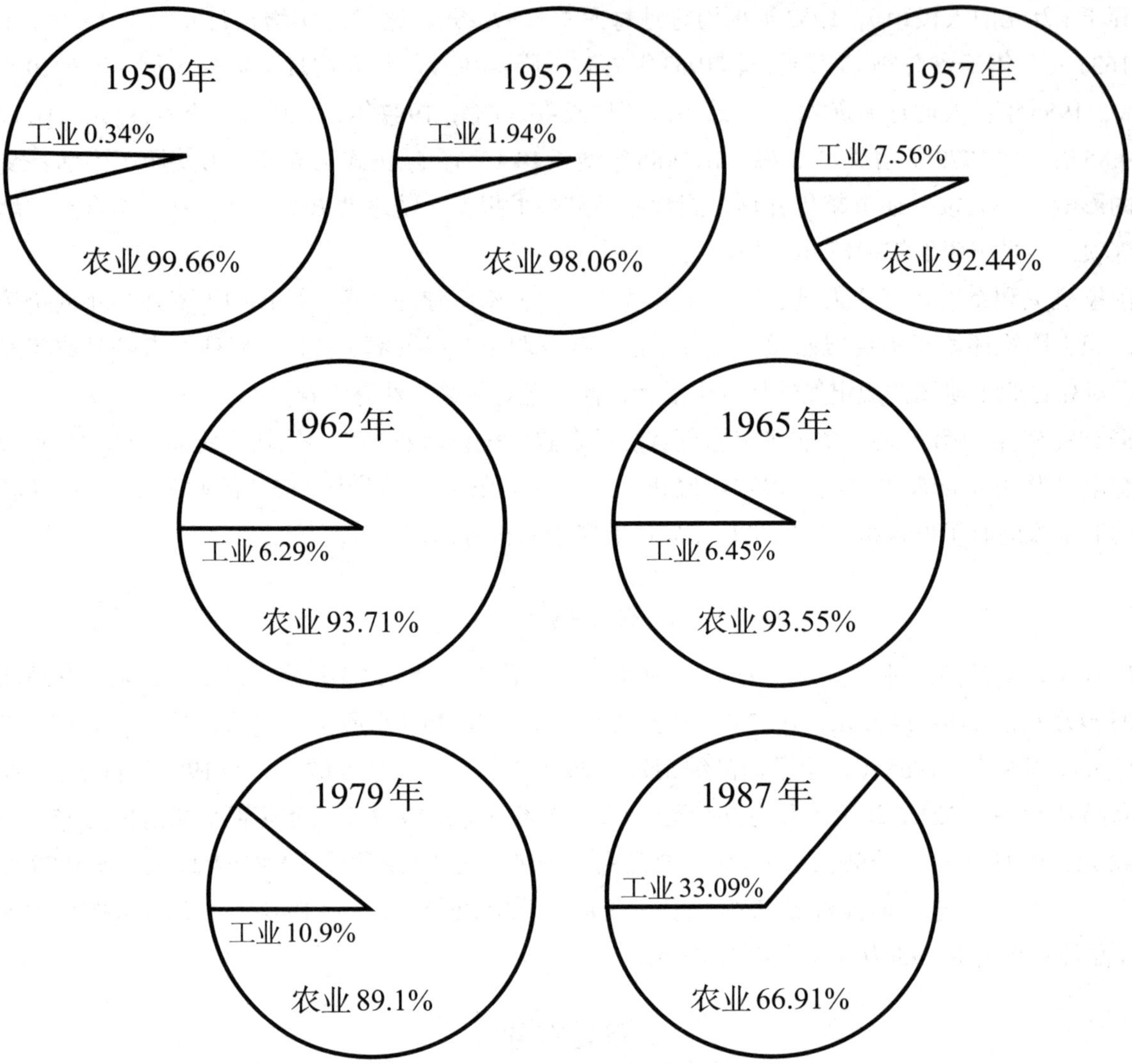

1987年雷山县农业内部结构比重示意图

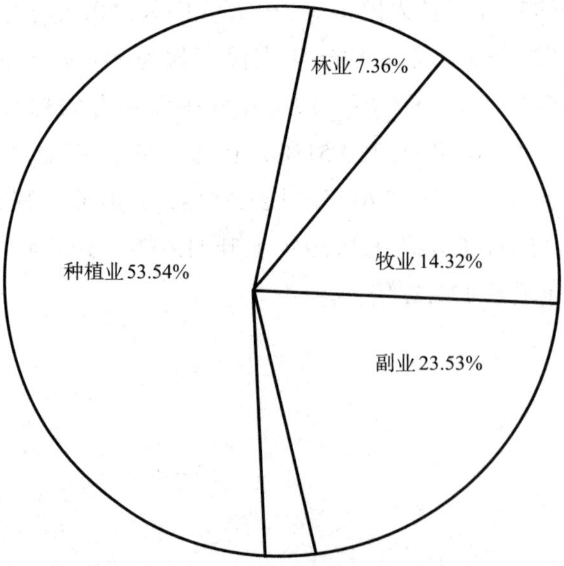

第二章 生产关系变革和经济体制改革

第一节 生产关系变革

解放前的土地制度

雷山为自给自足的小农经济社会，自垦自耕，村寨都拥有较大的自主权。清雍正七年(1729年)建置，“安屯设堡”，给屯军授田，平坝地区及“死亡绝户产”均被没收授予屯军，当地居民退避高山大岭，垦荒造田，新辟安身之所。民国3年(1914年)以后，部分富人在官府标卖屯田时购置田产，继而出租。地主阶级除了对农民实行地租盘剥外，还巧取豪夺，霸占贫苦农民土地。根据1952年初调查(土改前)，全县99%的土地属私人所有，其中地主、富农和半地主式富农人口占9.23%，占有土地29%；中农、富裕中农和小土地出租者人口占36.2%，占有土地48%；贫农、雇农和佃农人口占51%，仅占有土地21.96%；其余0.15%的土地为占人口1.63%的小手工业者，小商贩、贫民和自由职业者所有；0.86%的土地为公祠、庙、族、学田(见附表)。

土地改革

1950年9月，雷山解放后，经过安定社会秩序，清剿残匪，恢复生产等工作。1951年12月28日，中共雷山县委召开以贫农为主吸收中农参加共有1532人的农民代表会议，宣传贯彻《中华人民共和国土地改革法》。同时调集干部组成353人的土改工作组，分期分批进行土改。第一期为西江、丹江和大塘3个乡(镇)共23个村3856户17926人。从1952年1月开始至4月结束。第二期为震威、建安、报德、望丰4个乡共27个村4646户23535人。从2月底开始至7月结束。第三期为桃江和方祥两乡共14个村1771户8311人。从6月26日开始至8月中旬结束。土改分四步进行。第一步，各乡召开贫雇农代表会议，宣传学习土地改革法，贯彻执行“依靠贫农、雇农，团结中农，中立富农，有步骤、有分别地消灭封建剥削制度，发展农业生产”的阶级路线和政策。建立农民协会，运用阶级对比的方法，访贫问苦，扎根串连，发动群众。第二步，划分阶级成分。按照中共中央《关于划分农村阶级成分的决定》，普查登记各户土地占有量和劳动力数，剥削程度或被剥削量，以劳动与不劳动为主要界限，进行阶级分析排队，通过评议，张榜公布。第三步，依法没收地主土地、山林、房屋、耕牛、农具及其财产，征收公田、祠田、学田、庙田。对于富农则按照保护富农经济的政策，只征收其出租部分的土地；对中农(包括富裕中农)的财产和耕地加以保护，不允许侵犯。第四步，民主分配斗争果实(没收的土地、浮财和实物)，尽量做到“缺啥补啥，缺多补多，缺少补少，不缺不补”。先分田土，再分房屋、宅基和山林(地主也分给一份)，逐户落实造册登记。据第一期土改3个乡镇统计，土改后雇农、贫农、佃农占有的土地，分别是土改前的92.4倍、37.5倍和15倍，从而解放农村生产力。

雷山县土改前各阶层土地占有情况统计表

表8-1　　　　单位：亩

项目/数目/阶层	户数	人口	占总人口%	占有耕地				人均占有土地	备注
				田	土	合计	占总耕地%		
地主	509	3045	6.03	18007	205	18212	22.22	6	人口占9.23%，土地占29%
半地主式富农	18	99	0.19	381	3.2	384.2	0.5	3.9	
富农	231	1514	3	5094.8	55.5	5150.3	6.28	3.5	
小土地出租者	74	252	0.5	1175.5	15	1190.5	1.45	4.7	人口占36.2%，土地占48%
富裕中农	719	3246	6.43	11004.8	134	11138.8	13.6	3.4	
中农	2945	14767	29.26	26661	418	27079	33.04	3.9	
佃中农	174	1002	2	838	28.4	866.4	1.05	0.9	人口占51%，土地占21.96%
贫农	3603	17103	33.9	14761.4	340.6	15102	18.4	0.9	
佃贫农	648	3329	6.6	1145.7	66.7	1212.4	1.53	0.36	
雇农	1137	4288	8.5	750.8	76	826.8	1	0.19	
贫民	85	295	0.5	22.7	4	26.7	0.03	0.09	人口占1.63%，土地占0.15%
小手工业者	52	221	0.43	34.3	2.5	36.8	0.04	0.17	
小商贩	45	267	0.53	36.4	11.4	47.8	0.06	0.23	
自由职业者	11	34	0.07	16.5	0.6	17.1	0.02	0.5	
手工业工人	3	10	0.02	—	—	—	—	—	
公祠庙族学田	—	—	—	584	—	584	0.72	—	人口占1%，土地占0.86%
其他	15	52	0.1	113	0.4	113.4	0.14	—	
合计	10273	50466	—	80626.9	1361.3	81993.2	—	1.62	—

在土地改革运动中，强调认真贯彻执行民族政策，尊重少数民族风俗习惯。全县在土改时，保留有祭祠田4亩，祭菩萨田6亩，斗牛场17处，马郎坡（苗语 ghab daxyex fangb，即青年对歌的场地）42处，跳花场3处，寨山3幅。并保留机动田585.8亩，修塘田21亩。

全县土改中共划地主509户，占总户数4.95%。鉴于土改时产量畸高畸低，1952年10月，又进行核实产量的工作，做到面积和产量相符，赋税负担合理。土改后，农民生产情绪高涨，这年虽遭伏旱，但依靠农民组织起来，进行抗旱斗争，仍取得土改后第一个丰收。西江镇4村人民积极投入抗旱保苗，并在雷公山修沟引水，灌田250亩。

雷山县土改前后各阶层粮食产量变动情况比较表

表8-2　　　　　　　　　　　　　　　　　　　　　　　　　　　　单位：公斤

项目 数目 阶层	户数	人口	土改前粮食产量		土改后粮食产量		增减比较 %
			常年产量	每人平均	常年产量	每人平均	
地　主	509	3045	4644060.5	1525	994546	376.5	-78.58
半地主式富农	18	99	97937.5	989	56192.5	567.5	-42.62
富　农	231	1514	1313071.5	893	1038745.5	671	-20.9
小土地出租者	74	252	303599	1204.5	224379	890.5	-26.09
富裕中农	719	3246	2840371	875	2835098.5	873.5	-0.19
中　农	2945	14767	6905201.5	446.5	6999052.5	474	+1.36
佃中家	174	1002	221078	220.5	421195	420.5	+90.52
贫　农	3603	17103	3851005	226.5	5562562.5	325	+44.44
佃贫农	648	3329	309173	92.5	1150756	345.5	+2.7倍
雇　农	1137	4288	210639.5	49	1408322.5	378.5	+5.68倍
贫　民	85	295	6881	23	119856	406.5	+16.46倍
小手工业者	52	221	9353	43.5	615045	278.5	+5.58倍
小商贩	45	267	12196	59.5	68306	330	+4.6倍
自由职业者	11	34	4366	128.5	12012.5	353.5	+1.75倍
手工业工人	3	10	—	—	2739.5	274	—
公祠庙族学田	—	—	148901.5	—	—	—	—
其　他	15	52	29171	561	20990	403.5	-28.04
合　计	10273	50466	20907005	414	21529817	415	—

农业合作化

互助组　1952年4月，在春耕生产中开始建立临时互助组，实行以工换工或人工换畜工的办法，解决生产中的困难。据1952年12月22日统计，全县已组织临时互助组1643个，参加的农户有6552户，占总农户63%。1953年1月，贯彻“自愿、互利和民主管理”的“三大原则”，以西江镇水寨村杨正德互助组和丹江镇羊常堡金文德互助组为试点办常年性互助组。参加农户17户76人，有田92.5亩，劳动力32个，耕牛22头。同年11月，深入宣传过渡时期总路线，发展互助合作运动。1954年，各种季节性和常年性的互助组实行简单的评工记分，推广先进技术。1955年底，全县有常年性互助组827个，入组农户7732户，占农户总数的53.23%；有耕地51141亩，占全县总耕地面积的44.15%。互助组发挥集体的智慧和力量，修沟渠，筑塘库，造水车，共扩大灌溉面积1.6万亩，战胜旱灾的威胁，农业获得连续增产。是年，全县粮食产量达24101250公斤，比1949年增长35.3%；比1953年增长17.9%。

初级社 1954年3月，西江镇水寨村杨正德互助组和杨金往互助组联合建立雷山县第一个以土地入股为主要内容的半社会主义性质的水寨初级农业生产合作社。7月，县委举办有269人参加的骨干训练班，学习“一化”（实现国家工业化）、“三改”（对农业、手工业、资本主义工商业进行社会主义改造）的过渡时期总路线及办社的方针政策。9月，在响楼、农场、西江、白连、大塘、桥港等乡（镇）建立8个初级农业生产合作社。11月，在报德、新龙、桥港等乡建立3个初级农业社。年底，全县共建立初级农业生产合作社12个，入社农户245户，占总农户1.8%。1955年秋，全县又分两批先后建立53个初级农业生产合作社。至1955年11月，全县共建立初级农业生产合作社66个，入社农户1344户，占总农户9.3%。1956年10月，全县有初级社173个，入社农户9761户。当年，试办高级农业生产合作社3个，入社农户1119户。入社户数占总农户77.5%，基本上实现初级农业合作化。在合作化的高潮中，兴修大小水利工程107处，灌田7571亩；推广黄泥选种，新式秧田和撒稀秧、育壮苗等先进生产技术，农业继续获得增产。其中：粮食总产达2679.78万公斤，比上年增长12.5%；经济作物比上年增长32.4%；副业增长20.4%。社社增产。

高级社 1956年初，中共雷山县委贯彻执行中央关于农业合作化问题的指示和毛泽东《关于农业合作化问题》的报告，根据“全面规划，加强领导”的方针，制定县农业合作化规划。1956年3月，以响楼、城关，农场3个乡（镇）为试点，建立3个社会主义性质的高级农业生产合作社，取消土地股，实行按劳分配。10月中旬，县委组织工作组到固鲁、报德、西江、黄里、大塘、桥港等6个乡（镇），选择基础好、骨干强的初级社，进行升级并社工作。至1957年3月15日，全县173个初级社合并为65个高级社，入社农户10837户，占总农户的74.14%。1958年春，全县并转为69个高级社。高级社以下分生产队，队以下编生产组，实行包工、包产、包成本、超产奖励的责任制。至此，全县实现高级农业合作化。

人民公社

1958年8月，中共中央发出在农村建立人民公社的指示之后，雷山县委于8月26日，以城关、龙头、陶尧、乌东、固鲁等5个乡（镇）的14个高级社为试点，首先建立红旗人民公社，实行“政社合一”。此后全县大办人民公社由重点示范到全面开展未足1个月，至9月20日，实现“人民公社化”。全县69个高级社合并为8个人民公社，入社农户达14654户，占总农户99.4%。耕地、山林、耕畜、农具、果木等均属人民公社所有；工副业统一由人民公社经营，实行工、农、兵、学、商一体化。在组织上，按军事化编制为7个团，26个营，105个连，301个排，865个班。在生产上，劳力由公社统一调配，实行“大兵团”作战。在生活上，推行供给制，大办公共食堂。过急地改变集体所有制为全民所有制，不切实际地提出“粮食翻一番”，全民夜战搞深耕。大办土高炉炼铜、炼铁。在公统、固鲁、报德、独南、望丰、大塘等地办6个铜矿厂，开采铜矿石共2112吨，炼出的铜不到两公斤。西江、黄里、郎德、龙塘等地的农民为放钢铁“卫星”，把许多还完好的铁制生产生活用具砸毁，用作炼钢原料。1959年1月，合并成立凯里县后，因行政体制变化，生产和管理渐趋混乱，使“高指标、瞎指挥、浮夸风”为标志的“共产风”蔓延滋长，违法乱纪的事情频繁发生。社员无力生产，土地荒芜，牛马死亡，森林被毁。加上自然灾害影响，粮食产量和牲畜存栏数急剧下降，农民口粮持续紧张，有的地区还发生饿死人的事件，严重挫伤农民的生产积极性。

1960年7月，中共中央发出《关于农村人民公社当前政策问题的紧急指示信》。10月，县委召开五级干部会议和县委扩大会议，着手纠正“五风”和“一平二调”的错误。1961年，县委按照中央和省委指示，全面调整农村经济政策，实行公社、生产大队、生产队三级所有制，以生产大队为核算单位。8

月，雷山县治恢复，原丹寨县永乐、排调两区划属雷山，又一次调整公社、生产大队和生产队的规模。人民公社调整为14个，生产大队调整为115个，生产队调整为925个。12月，县委召开四级干部会议，贯彻执行《农村人民公社工作条例（草案）》（即《六十条》），在生产队实行包工、包产、包投资、超产奖励的“三包一奖”和劳力、土地、耕牛、农具“四固定”。在此期间，国家银行拨出无息贷款422096元，帮助雷山县农民战胜困难，度过灾荒，恢复和发展生产。同时，清退平调财产（物资和劳力折款）共1027314元，平反纠正被错误处理的干部和群众，使农民和干部受压抑的生产积极性重新得到解放，农业生产形势出现转机。

1962年，县委先后召开三级干部会和四级干部会，贯彻中共中央《关于改变人民公社基本核算单位问题的指示》，组织216名县、区、社干部深入农村，进行分配大包干，纠正在大办人民公社过程中发生的“左”的错误，重申人民公社是集体所有制的经济组织，实行“三级所有，队为基础以生产队为基本核算单位”的制度。

1963年初，为适应农村生产管理，有利于发展农业生产，又将公社规模划小，全县14个公社划为25个公社（后又调为26个公社），将115个生产大队调整为123个大队，将925个生产队调整为915个生产队。

1964年，在农村开展社会主义教育运动，继续贯彻执行《六十条》。并明确在集体经济占绝对优势的条件下，允许和鼓励社员利用剩余时间发展家庭副业，经营生产队分配的自留地、饲料地和开垦荒地，饲养猪、羊、鸡、鸭等家畜家禽，也可以养大牲畜。通过政策的调整，全县农业生产迅速恢复。至1965年，胜利完成调整任务。

1966年，开展“文化大革命”，农业生产秩序又趋混乱。1968年，开展“农业学大寨”运动，实行“政治”工分，“割资本主义尾巴”，限制社员家庭副业和经营“三地”，改变集市贸易场期，农业生产遭受严重干扰和破坏。1969年，又将26个公社合并为13个公社，再度扩大公社、生产大队和生产队的规模，更加滋长平均主义和“吃大锅饭”的弊病，造成不少生产队穷得连简单再生产也难以维持。农民为求温饱，“包产到户”或“包干到户”的生产形式，在农村特别是在边远地区暗暗地发展起来。

1978年，党的十一届三中全会后，恢复党的优良传统和作风，贯彻实事求是的思想路线，“左”的错误逐步得到纠正，农村生产力再次得到解放。1980年以后，广大农村普遍推行“包干到户”的承包责任制。

1984年，原公社管理委员会改为乡（镇）人民政府，乡（镇）设立经济委员会专门管理经济工作，生产大队改为村民委员会，生产队改为村民小组，完全废除了人民公社的管理体制。

手工业合作化

解放前，雷山县城有个体缝纫户5户，造纸作坊1户，铁器加工业2户。农村亦有少数农民兼营手工业，从事铁器、竹器、缝纫、土陶器、木器、榨油等的加工生产。手工业产品主要是为当地农业生产和人民生活服务，自产自销。原料除毛铁外，绝大部分来自农业。

1951年，全县有手工业72户（缝纫业15户、榨油业6户、土陶业30户、铁器加工业20户、造纸业1户），从业人员95人。

1952年，全县有手工业者1539人（农民兼营1400人，个体专业户139人），总产值22.8万元。1954年，手工业发展到217户，324人。主要产品有铁制农具，铁制家具，砖、瓦、土陶器、服装、碾米、榨油、竹木制品、棉絮、皮件、粉丝、纺线、鞭炮、印刷品、胶草鞋、棕绳等。是年，手工业主管部门，遵循“典型示范，积极领导，稳步前进”的方针，按照自愿互利的原则，引导个体手工业者走合作化道路。组成了雷山县铁木农具生产合作社、雷山县缝纫业生产合作社及10个手工业合作小组。

1955年4月，全县推选13名手工业者代表赴镇远参加专区手工业劳动者第一次代表大会。会后，手工业合作化深入开展。10月，陶尧和长丰两个土陶业合作小组合并组成雷山县陶器业生产合作社。是年底，全县共组成手工业合作社3个，入社67人；此外，还通过供销社业务和包销合同，组成6个生产合作社和1个生产小组，开展竹器、砖瓦、铁器、棉絮、成衣加工业务，产品由供销社包销。参加的有127人。当年，全县手工业总产值为327269元，其中，集体手工业社、组产值85213元。比1954年增长1.06倍。铁质农具生产合作社的铁匠张清云，每天打镰刀24把，比过去增加10把，提高工效70%；缝纫社每天生产成衣30套，比过去增加10套，提高工效50%；砖瓦社平均每人每天打砖坯300块，比过去增加100块，提高工效50%。产品质量也有提高。1956年1月，成立雷山县手工业劳动者协会。6月，联合建立手工业生产合作社雷山县联合社，实现手工业合作化。

1957年，全县共有手工业生产合作社9个（缝纫社3个、土陶业2个、木器业1个，铁器业2个，砖瓦业1个），有社员111人，年产值15.54万元（不包括农业社的手工业产值）。主要产品有铁制小农具10.3万件，砖5.1万块，瓦7.28万片，土陶器6.1万件，服装7.63万件，土布5.29万米，木制家具2300件。

私营工商业社会主义改造

雷山县在20世纪50年代初仅有个体经营小作坊。丹江镇何大本、张伯平等6户联办的“同兴纸厂”，1953年交国营民贸公司经营；朱子龙、金振国等4人联办的“新记烟厂”（手工卷烟），1953年停业；杨光先、朱云华等人办织布厂，为国营民贸公司加工土布，收取加工费，不久停业；包忠臣等经营的3个砖瓦窑，1953年转为国营。

解放前夕，有私营商贩178户，多系半农半商，农忙务农，农闲经商；纯经营商业的仅10户。1952年后，随着土地改革胜利完成和工农业生产的恢复和发展，个体商户发展为287户。但资本小，经营额不大。较大的有县城百货商彭怡生、胡松阶和布商杨通华及永乐镇邱玉华的“广和兴”商号，每人资本300万～500万元（旧人民币，下同），月经营额1000万元左右。其他乡、镇及农村的小商户，大多数在土改中分得土地，农商兼营，每户平均资本100万元左右。1952年，在工商业中开展反行贿、反偷税漏税、反盗窃国家资财、反偷工减料、反盗窃国家经济情报的“五反”运动后，进一步提高工商业户的守法观念，端正经营态度。1953年，党中央制定过渡时期的总路线，提出对私营工商业实行社会主义改造。是年，国营、合作商业发展较快，零售网点和门市部增多。但批零差率偏低，并限制私商的经营范围和经营品种，规定私商每月只准赶三场，致使部分私商转业、歇业。1954年底，全县私营商业减少到156户，停、转业131户，零售比重由1953年上半年的42.4%下降到27.7%。

1955年，根据“先安排，后改造”的原则，对私营商业进行归口分工改造，经营棉布、百货、屠宰、香烟、酒、肉的商贩归供销社；土产归民贸商店；木商归森工局；银器归银行。各业均由工商部门发证经营。在“统筹兼顾，全面安排，积极改造”的方针指导下，纠正干部中存在“左比右好”“改造就是改掉”的思想，妥善安排私营商贩的零售业务。当年，组织布业合作小组1个（4户），资金852元；百货合作小组2个（9户），资金1007元；盐业合作小组2个（7户），资金360元；屠宰业合作小组1个（6户），资金160元。政策调整后，提高了私商经营的积极性，营业额迅速回升。棉布合作小组第三季度销售额10075元，比第二季度销售4490元上升1.24倍。与县城赶场天私商零售额比较，组织后的第一个场天（5月31日）零售额达762元，比组织前最后一个场天零售额339元上升1.25倍；第二个场天零售额1032元，上升2.04倍。

1956年，对私营商业的社会主义改造形成高潮。1月15日至28日，全县各区分别召开私营商贩大会（到会236人），县、区党政领导宣讲国家对私营工商业实行社会主义改造的重大意义，与会个体商户纷纷要求参加公私合营。2月5日，全县各个行业的公私合营商店相继成立。参加公私合营的私营商户有82户（85人），占私营商户的40.2%，入股资金8937元。公私合营企业有：公私合营棉布商店，6户6人，资金1082元；公私合营丹江百货商店，12户12人，资金2103元；公私合营盐业商店，9户9人，资金374元；公私合营饭店，11户13人，入股资金532元；公私合营烟、酒、油商店，6户6人，入股资金961元，公私合营屠宰业小组，4户4人，资金303元（不久，直接由民贸公司管理）；西江公私合营商店，19户20人，入股资金2147元；永乐公私合营商店，11户11人，入股资金800元；永乐公私合营饭店，3户3人，入股资金400元。此外，还有饮食、理发、屠宰、糖食、食盐、百货、棉布等合作小组7个，41户44人。尚有81户99人另行安排。其中，44户46人由商转农；2户2人系干部家属，停止经商；1户1人年老歇业；34户50人不宜参加公私合营，安排从事各种个体经销和代销。

公私合营后，私方人员的股金，一律按月息5厘定息支付。各合营企业经营和核算方法是：棉布和烟、酒、油、盐业为集体核算，分散经营；照相业为独立核算；区、乡合营企业采取集体核算，划片分散经营，各负盈亏，工资采取基本工资加奖励的办法。合营之后，经营情绪普遍高涨，商品销售额上升。盐业商店与60个农业社挂钩，订立供货合同，送货下乡。其他合营商店亦有22人送货下乡到66个村寨。1956年营业额347396元，较1955年上升74.9%；1957年营业额414470元，又较1956年上升19.3%。

1978年，私方人员先后过渡加入供销社或国营公司，成为国家商业职工。唯城关饮食和理发业仍为集体经营。

1983年按中央文件规定对私营工商业者进行核查，确定全县所有的工商业户都属肩挑叫卖的个体劳动者。

1956年雷山县对私营工商业社会主义改造情况统计表

表8-3

类型/数额/行业	合营前实有			参加公私合营				参加合作小组			未参加合营合作小组		
	户数	从业人数	资金（元）	户数	人数	入股资金	入户占%	户数	人数	资金（元）	户数	人数	资金（元）
合　计	204	228	12412	82	85	8937	40.2	41	44	2090	81	99	1385
棉布业	6	6	1082	6	6	1082	100	—	—	—	—	—	—
百货业	54	58	5377	31	31	4061	57.5	9	9	840	14	18	476
盐　业	10	10	474	10	10	474	100	—	—	—	—	—	—
烟、酒、油、糖业	24	28	1599	6	6	961	25	4	4	350	14	18	288
屠宰业	22	22	663	4	4	303	18.2	11	11	300	7	7	60
饭　店	24	27	1716	24	27	1716	100	—	—	—	—	—	—
照相业	1	1	340	1	1	340	100	—	—	—	—	—	—
粑粑、米粉业	56	68	901	—	—	—	—	13	15	420	43	53	481
理发业	7	8	260	—	—	—	—	4	5	180	3	3	80

第二节 经济体制改革

农业家庭承包责任制

1979年1月，中共雷山县委根据十一届三中全会精神，总结回顾28年来的工作，讨论改革措施，确定把全县的工作重点，转移到经济建设特别是农业生产上来。7月，县委发出《解放思想，执行政策，加快我县农业发展（讨论稿）》的指示，要求各级干部认真把农业生产搞上去。

1980年初，开始出现“包产到户”的责任制。7月15日，中共贵州省委发出《关于放宽农业政策的指示》，承认和支持“包产到户”的责任制。指出：“居住分散、生产落后、生活贫困的生产队可以实行包产到户”。“对于少数经营管理水平极低，集体经济长期搞不好，实行包产也有困难的生产队，允许实行包干到户”。9月27日，中共中央发出《进一步加强和完善农业生产责任制的几个问题》指示中指出：“穷队可以搞包产到户，包干到户，解决温饱问题”。至此，全县以“包干到户”为主要形式的生产责任制，在广大农村普遍实行起来。12月，县委总结放宽农业政策、落实农业生产责任制的经验，部署1981年的农村工作。印发《柳乌公社柳排大队长田生产队实行包干到户的作法》《八一公社掌雷四队落实农业生产责任制的作法》《永乐区在落实生产责任制中处理具体问题的作法》《乌江公社乌的大队落实山林“三定”试点工作的报告》等经验文稿，并发出《关于完善农业生产责任制若干具体问题的处理意见》。此后，全县普遍实行“包干到户”的农业生产责任制。1983年春，全县149个大队，1225个生产队，全部实行“包干到户”的家庭承包责任制。

实行家庭承包责任制之后，农村生产关系适应生产力的发展，加快农业生产发展的步伐。各族人民开始从封闭式的自给半自给的自然经济中解脱出来，走发展商品经济的道路。出现葡萄村、银匠村、陶器村、竹器村、爆竹村等专业村、组，以及众多的种植业、养殖业、林业、茶叶、烤烟、果树、建筑、采矿、运输、商业、饮食服务、加工、修理等专业组和专业户，户均收入达2000～5000元以上。开屯乡桥洛村是全县最贫困的村寨之一，全村800多人原来吃粮靠回销，穿衣、用钱靠救济。农业政策放宽后，为脱贫致富，除抓粮食生产外，组织开采锑矿，出售矿石。1985年，全村组织10个联合采矿小组，开采锑矿460吨，产值41.5万元，纯收入40万元，人均493元。其中吴光林、蒋荣辉、吴通纯等22户组成第一联合采矿组，是年，采矿160吨，总产值17.6万元。扣除购买炸药等各种费用外，纯收入15万多元，每户平均纯收入7000多元，人均1200多元。除添置衣被用具之外，还购买录音机、收音机、手表等高档商品，物质生活和文化生活均有较大改善，初步改变了贫穷落后的面貌。1987年，全县粮食总产量达28446吨，比1956年增长6.15%；比1965年增长22%；与1978年持平。生猪存栏数50472头，比1956年增长2.15倍；比1965年增长1.2倍；比1978年增长46.55%。

工商企业承包经营责任制

工业企业 1986年，雷山县饮料食品厂在企业内部实行产品销售承包责任制，把当年的全部产品承包给供销、财会两科的部分人员销售。承包方式为“基本工资加奖励”，按总销售额提取3%。以个人原工资70%为基本工资，30%与任务挂钩计算奖惩。完成任务80%可以享受年终奖（综合奖），完不成任务则扣减工资30%作惩罚。当年，销售实绩比上年上升17.96%。

1987年与凯里830厂联营，根据饮料生产所用原料季节性强、市场变化大的特点，在企业内部采取“人财物、产供销”一条龙承包方式，实行计件工资，组成4个承包实体，定额上缴利润。即“包死基数，确保上缴，超收分成，亏损自负”。承包项目包括产值、销售利润、资金周转、质量、安全、治安、创优、适销、卫生达标、精神文明等11项指标。总分达95%以上的，从上缴中返还10%给承包实体，超收部分对五分成。达不到指标的按百分比递减。总分70%以上的，超收部分三七分成。总分只达70%的不奖不惩。总分在60%以下的扣发承包人及职工1至2个月的工资。有创优品种，除发给例定奖金外，创利全部留给承包实体。1987年，实现总产值134500元，较上年上升160.82%。

根据国务院《全民所有制工业企业承包经营责任制暂行条例》的规定，县属国营、集体工业企业，物资、中西药等公司均先后纳入承包经营范围，并经公证机关公证生效。

商业企业 1983年，供销合作社系统实行体制改革，推行“五定一奖”。即定任务、定资金、定费用、定损耗、定库存、超收奖励。有的实行联产计酬，或工资套任务计奖。

1985年，国营、供销、饮食服务业均实行分组承包或个人承包，有的实行租赁经营。

1987年，国营公司中的纺织品、民贸、糖酒、盐业向国家承包经营。承包的原则是“包死基数，确保上缴，超收多留、亏损自负”。一定三年不变。

承包合同的奖惩规定为：凡完成利润基数及递增幅度的，承包人奖金可高于职工平均奖金的一倍。凡销售额、费用水平、资金周转、库存四项指标中完成一项的，对承包人增发职工平均奖金额的25%。四项指标达到合同要求的，承包人年度奖可高于职工平均奖金额的两倍。其中正副职之间差距为50至70元。完不成上缴基数和递增比例的，不发全年奖金，并扣承包人工资抵补。即：完成90%的，扣基本工资10%（副职7%）；完成80%的，扣基本工资15%（副职10%），完成80%以下的，扣基本工资20%（副职15%）。

供销社系统承包五项指标为：购进总值5%、销售总额4%、上缴行政管理费3%、利润净值5%、所得税5%。年终按照合同兑现奖惩。即完成各项指标的承包人收入可高于职工30%；利润指标超20至50%的，承包人收入可高于职工50%；利润指标超50%以上的，承包人收入可高于职工100%。完不成购销指标其中一项的不奖不惩；购销两项均未完成的，罚100元（副职70元）；按时上缴所得税和行政管理费，年终奖给承包人50元；不按时上缴的从承包人收入中扣罚50元。

通过承包之后，调动了企业职工的经营积极性，有50%的企业获得高额奖励；有近10%的企业因市场疲软和经营不善等原因，连职工生活费都难以维持。

第三章　计划　统计

第一节　计划编制与监督

民国时期，丹江县（雷山县）政府未设专门的计划管理机构，一切生产事宜均由建设科（局）或第二、第三科管理，商品生产完全由生产经营者自己安排，完全靠市场调节，既无计划性，也没有预见性，完全处于无政府状态。

解放后，县人民政府重视发展国民经济，发展工农业生产，在“一五”至“五五”时期，为使社会主义经济符合“有计划、按比例”的发展规划，政府设置专门的计划管理机构。1954年，在财政经济委员会内设计划统计科。1955年，设计划委员会，负责全县经济、社会发展计划的制订和指标的平衡工作，按各年度和各“五年计划”阶段编制国民经济和社会发展计划。计划项目由简而繁，逐步增多。包括工农业总产值、国民生产总值、社会总产值、主要工业品和农产品产量，基建项目、农轻重比例、农林牧副渔比例、商业购销、财政收支、交通能源建设、科学、教育、文化、卫生事业的发展计划和人口增长比例等。在“一五”时期，计划经济体系尚未全面形成，制订计划以农业生产为主。当时指导思想比较实事求是，在国民经济的发展中，起到很好的指导作用。

1958年以前，县里没有单独制定计划，计划指标由上级直接下达，年终由县检查执行结果。各业务部门的计划亦由条条直线下达，省直接管理。当时的计划，多为指令性的。县内还没有工业生产，计划内容纯为农业生产指标。大项分农、林、牧、副、渔业。农业分耕地、播种面积、复种指数等。粮食作物分夏粮(含洋芋、麦类、杂粮)、秋粮(含水稻、玉米、洋芋、薯类、豆类、杂粮)，经济作物分烤烟、油菜、麻类、花生、棉花。林业为木材砍伐。畜牧业分猪、牛、马、羊、家禽。渔业有稻田养鱼(无打捞)。副业有药材收购等等。

1958年1月，中共雷山县委根据《全国农业发展纲要(草案)》结合县情向雷山县第二届人民代表大会第三次会议提出《1958—1967年农业生产计划》(简称“十年规划”)的建议，本次会议讨论并形成决议，将此作为“二五”到“三五”时期的行动纲领，要求1958年实现粮食亩产400公斤，人均纯收入66元。到1967年实现亩产600公斤。人均纯收入162.2元。计划共包括20个部分。即：大力巩固合作社；提高粮食产量；发展技术作物；发展林业；发展畜牧业；发展副业、渔业；发展交通和邮电事业；加强农业技术科学指导；加强气象水文工作；大力除“四害”，积极消灭危害人民严重的疾病；勤俭办社，勤俭持家；保护妇女儿童；实行“五保”，优待烈军属和残废军人；扫除文盲，发展农村文化事业；调整农村商业网；发展农村信贷事业；提高农村青年的社会主义积极性；维护农村社会秩序；调查研究民族风俗习惯；关于领导问题。由于在较长时间中强调执行计划经济，制订的计划多属指令性的，只讲需要，按需要定项目，定指标，统得过细，管得过死，造成有的生产单位只追求产值，不讲质量和效益，盲目性也大。1958年到1965年，国民经济发展经受严重挫折。在“浮夸风”“高指标”的影响下，“二五”计划提出了一些极不切实际的口号和指标，一切都要“大干、快上”，各个经济部门无力实施，这时的计划和指标脱离客观实际，失去其指导生产的作用。“三五”“四五”计划受到“文化大革命”的干扰破坏，国民经济和社会发展计划根本无法按预定发展目标组织实施。

1979年，对计划管理体制进行改革，要求经济计划要管大不管小，管粗不管细，不要追求无所不包的空想计划，只通过计划的综合平衡和宏观调节，做到大的方面管好管住，小的方面放开搞活。物价实行“双轨制”以后，将以前的水稻生产、木材砍伐、调拨、粮食作物种植、物资分配(除石油、钢材)等指令性计划统改为指导性计划。计划内容有：农业生产、工业生产、商业贸易、基本建设、人口发展、物资分配、财政收入支出、金融信贷、教育卫生、劳动工资、外贸收购、土地开发等。编制的层次分为：国家计划、部门计划、地方计划、企业计划，由各企事业单位、行政部门逐级编报，县计划委员会综合平衡，经县人民政府审核后，送县人民代表大会审议通过，下达各级政府组织实施。计划编制工作坚持从实际出发，掌握以计划经济为主，市场调节为辅；以发展农业、轻工业为重点，带动其他行业的发展。年度计划编制的时间一般是上年的第四季度即着手进行下年计划的安排，以上年工农业生产和各部门的实绩为基础，按常年的发展规律和平均发展速度，衔接国家计划，适当地按比例分别制定各项指标，使计划指标既可靠又留有余地，措施定位定量并切实可行，力求需要与可能相结合，同时注意处理好效益与速度、质量与数量的关系。

1987年5月，县建立以副县长周定生为组长的“雷山县经济社会发展规划领导小组”，遵循经济工作为一切工作的中心的指导方针，尊重两个规律，充分注意与全国经济发展战略紧密衔接；坚持经济效益、社会效益和生产效益的统一，先脱贫、继致富，脚踏实地地改变雷山的贫困面貌；决不放松粮食生产，走农林牧相结合的道路；按照经济开发要立足当前，放眼长远，长中短相结合、分层次、按比例的发展战略，制定了《雷山县1987—2000年经济发展规划》。《规划》将雷山县的经济发展分为近期（七五计划期间）、中期（八五计划期间）、远期（九五计划期间）三个阶段，到2000年，工农业总产值以9%的速度递增，达到8517.5万元，森林覆盖率达65%以上。实现人均国民收入541.3元，工农业总产值576.28元；粮食总产量3769.5万公斤，人均253公斤；活立木蓄积量780万立方米；工业总产值达到3407万元，占工农业总产值的40%，实现翻两番的目标。

改革开放带来计划指导思想的转变，缩小指令性计划的范围，并且不断地、有步骤地扩大指导性计划范围，逐步改变计划统得过死的局面，有利发挥生产部门的积极性。1980年（“五五”末期），农业产值为1798万元。其中：种植业994.15万元，林业220.15万元，牧业161.50万元，副业407.33万元，渔业14.6万元。工业产值208.12万元。1985年（“六五”末期），农业产值为1931万元，比1980年增长7.4%。其中：种植业1007万元，林业123万元，牧业309万元，副业460万元，渔业32万元。工业产值609万元，比1980年增长1.93倍。1987年，农业产值2171万元，比1985年增长12.43%。其中：种植业1151万元，林业82万元，牧业391万元，副业500万元，渔业47万元。工业产值917万元，比1985年增长50.57%。

1980年粮食总产量为23877吨，烤烟33吨，油菜籽170.15吨。1985年，粮食总产量为21925吨，比1980年下降8.18%；烤烟789.7吨，油菜籽221.25吨，比1980年分别增长22.93倍、30%。1987年，粮食总产量28446吨，比1985年增长29.74%；油菜籽299吨，比1985年增长35.14%；烤烟420吨，比1985年减产369.7吨（减产原因是收购国标不切合实际）。1980年，财政收入为77.96万元。1985年为113.24万元，比1980年增长45.25%。1987年为177.87万元，比1985年增长57.07%。

计划执行好坏的检查监督方式，一是召集各生产部门和区乡负责人的汇报会，听取汇报，按“时间过半计划完成必须过半”的要求，进行检查，随时做好部门之间的协调、衔接工作，理顺其关系；二是蹲点跟踪，计划下达之后，在执行中往往会遇到各种困难和矛盾，计划管理部门深入调查研究，帮助生产部门找出问题的症结，推动其发展。

第二节　统　计

民国时期，政府中未专设统计机构，统计资料零星分散，遗漏缺项，极不完整，不能反映社会经济和文化教育的发展概貌。

县人民政府建立后，1954年，专设统计机构，实行统一领导，并逐步完善和健全统计制度，统计工作成为党政领导指导工作、反映事业成果的必不可少的重要手段。

统计项目包括下列几个方面：1.基本情况：乡（镇）、村、组、劳动力、户数、人口（农业、非农业）、耕地面积；2.农业生产：总产值，播种面积和产量，分夏粮、秋粮、经济作物、茶叶、果类、林业（林产品）大牲畜、羊、生猪、水产品、电站、发电能力、农业机械、“四化”水平；3.工业生产：总产值、劳动生产率、主要产品产量；商业：纯购进、纯销售、社会商品零售额、集市成交额；4.基本建设；5.财政：收入、支出；6.国家职工和劳动工资；7.科教文卫等。1950年至1953年，在国民经济恢复阶段，对农业经济如总产值、劳动就业等进行调查，开始建立统计报告制度，为国民经济的恢复和第一个五年计划的制订搜集整理各种资料，提供科学的数据。

1953年至1957年，制订较为切合实际、能反映事业发展的统计方法，规定了农业、工业、林业、基本建设、邮电运输、商业、物资、劳动工资、教育、卫生等部门的统计指标体系和定期报表制度。对于第一次人口普查、私营工商业和手工业、物资库存普查等，分别制发了统计报表。

1958年，因“左”的错误思想泛滥，提出“统计工作大跃进”，违背统计工作的客观规律，不适当地处理在统计工作中的政治和业务的关系，国家统计制度得不到认真执行，任意修改统计方法和篡改统计数字的现象屡有发生。若干重要数字，如农业产量、播种面积、工程建设、人工造林、财贸实绩、扫盲工作等都严重失实，对“大跃进”中的“浮夸风”和“高指标”，起了推波助澜的作用。

1960年冬季以后，逐步恢复实事求是的作风，重新发挥统计工作在社会主义建设中的作用。1962年4月，国务院发布了《关于加强统计工作的决定》，1963年3月，国务院发布了《统计工作试行条例》，纠正了“大跃进”中统计工作的缺点和错误。

1966年至1976年“文化大革命”10年中，统计机构被撤销。这一时期，统计工作又遭到破坏和削弱。1978年12月以后，统计工作得到党、政领导机关的重视，各生产单位设有专业统计机构或专职人员，建立月、季、年报表制度，使生产、贸易、财税实绩等得到及时体现。统计工作重新走上正轨。

农村实行“包干到户”的责任制后，农村经济统计的起报单位发生了变化。如果继续采用全面统计的方法，农村的各项数字难以取得，其准确程度也将受到影响。从1978年起，建立了农村住户调查点。以脚猛（固鲁乡）、桥港、开屯3个村为点，抽样调查统计。1981年增加鸡勇点（龙头乡），1987年撤销脚猛点，增加也蒙（达地镇）、雀乌（方祥乡）、南小（高岩乡）3个点。是年末，有6个住户调查点。1986年以后，对夏秋农作物产量，乡（镇）开展了简易抽样调查。每乡（镇）抽3个村民小组，每组抽5户，要求将抽中户各种作物的产量单独过称记录，然后计算。用抽样调查代替年报。每区（镇）、乡（镇）都配有专（兼）职统计员，有的由秘书兼任。

1982年进行的第三次人口普查，1986年进行的工业普查，都能及时、准确，全面地完成任务，受到国务院工业普查领导小组和省、州的嘉奖。

第四章　审　计

第一节　财政预算审计

民国时期，曾设立过监察审计机构，配备有审计人员，并订立工作规程和规定监督检查权限。虽曾制订了若干制度法令，强调会计独立与会计监督，并推行审计监督，但均未认真执行。

1950年10月，县人民政府设立财粮科（后改财政科），负责对财政资金的筹集和各项经费的收支活动进行监督检查。以后随着事业的发展和门类的扩展，工作部门渐次增多，财政和企事业财务管理的任务日趋繁重，1951年至1955年，由财政科在编制人员中，明确一名干部负责审计工作，对财政经费的收支标准进行审核和对财经纪律进行监督。

1956年至1981年，财政局没有设专职监察员和审计员，业务并入预算股兼办。1982年，县财政局增设监察股，专管财政监察和审计工作，组织开展财经纪律检查。

1983年以前，在财审合一的体制下，重点检查审核财政收支的合法性、含理性。其监督范围较小，对国家行政机关、企事业单位的监督检查，一般由财政局负责主持，采取互审互查或重点抽查相结合，开展群众性的监督，加强民主管理。

1983年12月，县人民政府设审计局，履行对重大违反财经纪律的审查职能。

1984年1月开始，对财政预算和信贷计划的执行结果，实行审计监督。对各级行政机关、人民团体、事业单位和军队的财务收支，进行审计监督。对国营企业、基本建设单位、金融保险机构以及人民政府管理的国营集体经济组织的财务收支，进行审计监督，并考核其经济效果。

1984年上半年，在财政预算审计中，发现1983年年滚存结余264651元。其中：财政净结余为94311元；属于可结转下年度继续使用的专款54628元；属于各级行政单位预算包干结余经费115712元，农林水等部门造林补助费和其他事业费81200元；文教科学、卫生等部门事业费13780元；行政部门经费20732元。经审计认定结转资金符合（83）黔财预字第93号文件规定。

在对1984年度预算收入指标和支出指标的审计中，发现1至6月份预算收入完成34%，比上年下降2.18%，预算支出完成48.02%，比上年同期上升37%。均未能达到时间过半任务过半的要求。特别是专项拨款支出完成得不好，表现在不发达地区发展资金支出仅18.2万元，仅占总拨款72.5万元的25%，而农村“两户一联”又急需资金，国家为帮助老、少、边、穷地区发展的资金不能取得应有的效益。通过审计之后向政府领导提出“大力推动各经济部门搞好生产经营，努力完成国家下达的各项生产计划，保证财政增收，实现收支平衡，略有结余”的建议和协同主管扶贫单位做好受援单位的思想工作，把国家下拨的有偿扶贫资金利用起来，发展生产。年终财政收入完成146.62万元，比原预算收入142.78万元增长2.69%；支出完成619.52万元，比预算支出562.85万元上升10.07%，较好地完成任务，支持工农业生产和文化教育事业的发展。

第二节　工商企业审计

工商企业审计包括经济效益审计和财经法纪审计（亦称财政财务收支审计）。经济效益审计分为产品产值变化、资金利润率、定额资金周转率、可比产品降低率等；财经法纪审计分为商品销售收入、销售成本、费用、营业外收入、营业税等。

经济效益审计

1984年12月，对雷山县酒厂1983年的经济效益进行审计。通过审核1983年度的财务收支、成本核算以及会计核算资料、报表和统计资料相互间的钩稽关系和比例，对酒厂的经济效益进行考核。发现酒厂的产值产量都分别比上年增长35.23%和44.89%，但资金利润率却比上年下降1.1%，定额资金周转率比上年延缓25天，可比产品成本降低率达不到要求，反而比上年每吨酒平均单位成本上升18.3%，影响企业经济效益的提高。原因是：会计基础工作薄弱，财会人员兼职过多，导致精力分散，削弱财务核算工作，造成账物不清，数据不全，账表不符，不能正确及时反映经营活动的全貌；随意性大，乱摊乱挤，成本不实；市场信息不灵，资金使用效率不高；管理不善，内部控制不严，手续不全，长期不清仓查库，家底不清等等。经审计后，提出“加强财务管理，按照会计制度规定，认真搞好成本核算；加强经营管理，定期盘点，明确各个环节的经济责任制度；狠抓降低成本，增盈扭亏；增加产品品种，以拳头产品带动其他产品的销售；开拓新市场，多设销售网点，疏通积压产品的流通渠道”等6条建议，并得到较好的贯彻实施，使企业的生产经营有了转机。

财经法纪审计

1987年3月，县审计局对县农机公司1984年至1986年的财务收支进行审计。其审计项目包括：商品销售收入，销售成本、费用、营业外收入、营业税等。经审计发现农机公司从1984年至1986年的三年中，除1984年稍有盈利外，1985年和1986年连续亏损，总额达8463元。但公司负责人为了获取奖金，却虚报盈利16223元。虚报“人为利润”收入，非法发放奖金4631元。导致此错误的原因是：主管会计未经专业培训，不熟悉业务，不能正确执行财务会计制度；公司领导人没有认真学习会计法和国家制定的财政纪律、财务制度，错误地干预会计核算工作；主管部门未能及时深入调查发现和纠正。对此，中共雷山县纪律检查委员会给公司经理以留党察看二年处分，挽回损失和影响。从而促进企业依法办事，正确贯彻兼顾国家、集体、个人三者利益相结合的原则，保护改革开放的顺利进行。

第三节　行政事业审计和内部审计

行政事业审计

1986年6月，对全县自筹基建资金的来源和使用情况进行审计；1987年7月对预算外资金和中小学危房维修资金的使用情况和茶叶生产资金的投放、使用情况进行审计；1987年8月，对水利水电经费进行定期审计。

关于预算外收入的核查。全县应审预算外收入的单位有12个，通过自查后列入审计对象的单位有教育局、水电局、林业局等6个。总预算外收入为118656元。来源渠道为事业单位各种预算外项目收入，留用的各项基金，执法机关的罚没款及管理费收入等。在审计中发现违纪金额占总收入的17%。违纪现象表现为：把预算外资金和预算内资金混在一起，不专项储存，脱离了会计监督，变成“小金库”；擅自挪用，专款不专用，违背预算外资金管理办法；执法单位的罚没款未足额上缴国库；财务手续不清等。经审计后对各单位自收自支，自提自用，项目越来越多，数额越收越大的违纪现象，通过各种会议及颁发文件作了纠正。

内部审计

1985年在单位内部开展审计工作。至1987年底，已有林业局、司法局、卫生局、粮食局、税务局、烟草局、水电局、商业局、乡镇企业局、邮电局、农牧局、人民银行、工商银行、农业银行、县供销合作社、农机公司、石油公司、县酒厂、饮料食品厂等19个单位明确了专职或兼职的内审人员。内部审计的实施，促进了企事业单位在经济活动各个环节中建立和完善内部控制制度，加强经常的、及时的、有效的内部监督。县人民银行稽核审计人员以各专业银行的信贷资金增减为内容，稽核金额1349万元，核利息积数为294万元，查出有问题存款137万元。商业局对民贸公司、糖酒公司、食品公司进行重点审计，发现漏欠应补缴税款6120元，应退税费965元，应补提3819元。通过会计账目调整，使经营效益正确地体现出来。县供销合作社组成内审小组，对本系统内在营业中的短款等问题在西江、水乐、大塘3个基层供销社进行重点核查，共追回货款计84561元，对当事人给予行政或刑事的处理，使国家免遭损失。

第四节　扶贫资金审计

1987年8月，县审计局对由乡镇企业局承担的扶持开采锑矿项目专项投资进行效益审计。1986年，省级财政共拨扶贫专款20万元，用作开发锑矿，投资项目22个，从业人员483人。开采锑矿1938吨，产值204.9万元，农民直接收入186万元，国家征收税款20余万元。资金投入办法是在既定项目内按需购买实物付给或见物付款，确保资金的专款专用和专项专用。采取这种办法好处是见效快，投资少，社会效益和经济效益较好。但是，在账目设置、核算方法、账务处理等方面还应加以改进，即是在购进机械设备时应设置进、出、存的材料明细账户，加以控制，以免形成管账不管实物及管实物不管账的相互脱节的现象；同时，还应加强效益跟踪和资金的管理。

第五章　工商行政管理

第一节　市场管理

民国时期，县城曾设有交易所管理集市贸易，农村集市无人管理。1951年，由县工商科负责城乡集市贸易的管理。1952年10月，成立雷山县市场管理委员会，由工商、税务联合管理，有交易员2人。其任务是稳定物价，推进物资交流、协助政府征收交易税。1954年后，实行粮食统购统销，市场管理委员会对自由成交，随行就市的农副产品和手工业产品的售价采取教育或必要的限制。市管会负责安排行市摊点，维持市场秩序，限制病畜肉食上市等工作。

1954年，在西江、掌批、报德、望丰等集市建立市管会。

1955年，市场管理工作是开展增产节约运动和妥善安排市场，改造私营商贩，反对投机倒把。国营商业包揽物资，私营商业只准行业归口经营，不准跨行业经营。市场管得过死，导致集市贸易萎缩。

1962年后，接受上述教训，遵照“管而不死，活而不乱”的方针管理城乡集市贸易。三年调整时期，市场又出现商品多样和贸易繁荣的局面。“文化大革命”开始以后，集市贸易由商业局革命生产领导小组直接管理。市场管理工作坚持阶级斗争，将打击投机倒把列为“三反一粉碎”运动的重要内容，市场又渐次萧条。1973年9月，县工商行政管理局恢复后，接收市场管理工作。1979年，设市场管理股。主要抓社队的农机具、动力设备等生产资料私自买卖的管理，未经农业局革委批准，不得自行买卖。化肥、农药等国家主管物资，只准国营和供销合作社经营。未经批准擅自宰杀耕牛的，将其入场货品平价收购交由食品公司平价销售。对以钢精制品熔铸后加工成假银首饰欺骗客户的，则按伪劣商品予以没收。对滥伐乱砍林木入场销售的，按平价收购交林业局，情节严重的则予以没收。

1981年4月，恢复市场管理委员会。为加强市场管理，先后两次组织公安、商业、供销、税务、粮食、林业等部门，在丹江、西江、永乐等农贸集市开展有关市场管理法规的宣传教育，并着手整顿市场，普查度量衡。商品摆设要求按行归市。

1982年，市场管理委员会加强对猪肉上市的管理，限制无证屠宰商贩和未完成派购任务的社员宰杀生猪上市出售，同时宣布关闭县内木材市场。1983年7月，雷山县工商行政管理局、雷山县税务局联合颁发《关于肉食市场管理的通告》，规定从8月1日起，凡上市出售的肉食，必须先到当地工商所、税务所指定的地点报检纳税、过秤登记、缴纳税款和管理费之后，方能入场交易。未经登记和没有加盖检验章而私自入场出售的，均以偷漏税收和管理费论处，按规定处以罚款。

1987年，工商行政管理局对无证商贩进行一次清理，并对短斤少两，掺杂使假，损害消费者利益的，予以处罚。对不符合标准的计量器具予以没收。是年7月至9月，与县标准计量局配合，在全县范围内开展了一次伪劣商品大检查，共查获变质香槟酒14641瓶，价值9322元；霉变饼干610包，价值299元；变质水果糖2258公斤，价值5989元；不合格散装白酒620公斤，价值864元；霉变卷烟17845条，价值2270元。查获彩色电视机、自行车、缝纫机、收录机、三用机、皮鞋等伪劣商品共值3773元。对有害人民健康的变质食品全部销毁，对电器商品、自行车、缝纫机等商品则限价出售。对未经申请批准而乱伐的木材4245立方米予以没收。

第二节　个体工商户管理

1951年，雷山县人民政府工商科对全县工商业户进行调查清理，经登记发证批准营业的个体工商户有755户。在各个历史时期，工商业户时多时少，时分时合，情况各异。

1981年，根据国务院《关于城镇非农业个体经济若干政策的规定》，为社会闲散人员就业广开门路，发展个体商业48户。1982年，对个体工商户进行清理和整顿，不符合政策规定发证的予以吊销执照，符合政策规定的准予营业并扶持其发展。整顿后，换发执照的有52户，新发执照的10户。其中手工业18户22人，商业34户34人，饮食业3户3人，服务业4户4人，修理业3户3人。同时核准发放农村工、副业许可证215个(份)241人。

1983年，农村经济政策进一步放宽，个体工商业户发展迅速，全县有236户269人。工商行政管理局筹建雷山县个体劳动者协会，以“自我教育，自我管理，自我服务”为宗旨，作为政府联系个体劳动者的纽带和桥梁。8月，永乐、大塘、丹江、西江4个区的个体劳动者协会相继成立。9月8日，召开雷山县第一届个体劳动者协会会员代表大会，参加会议代表61人。会议通过《雷山县个体劳动者协会章程》，选举产生雷山县个体劳动者协会第一届委员会，有主任委员1人，副主任委员3人，委员4人。会议号召全体个体劳动者遵守国家法律法令，按照国家政策规定，积极经营，发挥自己的作用，全心全意为人民服务。

1985年9月15日，召开雷山县个体劳动者协会第二届代表大会，出席会议代表91人。会议选举产生第二届个体劳动者协会委员会，有主任委员1人，副主任委员2人，委员17人。副县长覃榜远为名誉主任委员。会上表彰先进个体工商户6人。

1987年，全县有个体劳动者协会分会6个，会员1447人。其中手工业270户345人，商业640户806人，饮食业91户104人，服务业56户62人，修理业60户66人，运输业59户59人，其他行业3户5人。分会有资金149.7万元。为讲究职业道德和加强对个体工商业户的政治思想教育，是年，开展以“文明经商，优质服务”为内容的演讲竞赛活动，评选出“文明经商，优质服务”者42名。经过年终评比，全县共评选先进个体工商户45户，其中出席州先代会代表3户。达地镇个体工商户袁通权为出席全省先进个体户表彰大会代表。

1983—1987年雷山县个体工商业户统计表

表8-4

行业＼年度	1983年		1984年		1985年		1986年		1987年	
	户数	从业人员	户数	从业人员	户数	从业人员	户数	从业人员	户数	从业人员
手工业	26	35	189	206	124	179	155	214	270	345
商业	177	190	266	283	385	454	524	575	640	806
饮食业	10	11	19	24	52	541	80	90	91	104
服务业	11	21	—	—	36	38	48	51	56	62
修理业	10	10	22	22	23	26	37	37	60	66
运输业	2	2	—	—	8	8	56	56	59	59
房屋修缮业	—	—	3	11	3	11	1	24	—	—
其他	—	—	—	—	—	—	2	4	3	5
合计	236	269	499	546	631	1257	903	1051	1179	1447

第三节　工商企业登记

民国时期，工商业户登记由雷山设治局委托第二科办理。民国33年（1944年）4月，对丹江镇宿客业进行清理登记，并发给经营许可证，共有宿客业22户。9月，建立木工业产业公会，有会员74人；同时建立陶器业产业公会，有会员49人。民国34年（1945年）上半年，开始取缔各类奸商囤积居奇，并对重要物品分别进行登记，对其存销进出数和各项日用必需品亦分别登记。民国35年（1946年），雷山设治局发布取缔未经登记厂商非法营业的通告，并令各乡镇调查严格执行。民国36年（1947年）5月，雷山设治局要求所有宿客旅店，一律依法到警察局登记，并接受其检查。令各宿客旅店业一律悬挂由商会统一制发的牌子，否则停止其营业，违者必究。

民国36年（1947年）雷山设治局手工业概况报告表

表8-5　　单位：元（法币）

厂名	经营性质	实际资本	人数	工资总额	产品
永吉木号	民营	65.600.000	3	25.200.000	桌子、椅子、柜子
长乐木号	民营	78.700.000	4	33.600.000	桌子、椅子、柜子

民国36年（1947年）雷山设治局商业业务报告表

表8-6　　单位：元（法币）

专业品种	经业户数	资本总额
饮食业	4	6.000.000
旅馆业	13	33.400.000
建筑业	2	144.300.000
服务业	6	75.620.000
其他	10	185.760.000
总计	35	445.060.000

县人民政府成立后，由工商科对工商业户进行调查统计和管理。1951年，持证营业的有小布贩33户，百杂货业38户，经营额为3925万元(旧人民币、下同)；铁作业8户，年加工毛铁1.5万公斤，收入1300万元。12月28日，经县工商科批准，雷山私营“新记烟厂”建成投产，资金为775万元。

1952年4月17日，县工商科对城关织布业、铁工联营、缝纫等工商业户进行清理登记发证。11月，对理发、盐业、油业、酒店业、弹花、榨油、碾米、豆腐坊、布匹、百货、旧衣、花丝线、土产、旅栈、杂货、成衣、屠宰、纸烟、铁作、木工、织布21个行业的城乡私营工商业户进行全面调查，补发营业执照计834户。

1954年4月，遵照贵州省人民政府商业厅《关于独立手工业者走向合作社过程中的工商登记问题的通知》，独立手工业或家庭手工业组织起来以后，如生产上仍以户为单位的按户登记，以合作社为单位的由集体系统登记。全县共登记70户，涉及缝纫、织布、砖瓦、土陶器、铁器、木器、竹器、榨油、碾米等行业。是年，全县有旅馆业、米粉、糍粑、饭店、糖食等熟食业8个。1962年2月，按国务院发布的《工商业企业登记管理试行办法》，对国营、合作社企业和公私合营企业、个体工商业进行登记。

1952年雷山县工商业户调查表

表8-7

业　别	户　数	业　别	户　数	业　别	户　数
理发业	2	纸烟业	1	碾米业	368
盐巴业	16	铁作业	8	旅栈业	19
油业	45	织布业	3	豆腐业	13
酒业	67	土产业	88	百货业	17
花线业	18	弹花业	8	纱布业	28
成衣业	12	榨油业	14	旧衣业	53
屠宰业	32	造纸业	1	杂货业	21

1951—1952年雷山县主要行业经营情况调查表

表8-8　　单位：万元(旧人民币)

年度 业别	1951年		1952年	
	户　数	营业额	户　数	营业额
布　业	23	200	28	18460
成衣业	9	722	12	2615
百货业	36	3925	38	18103
织布业	—	—	3	924
铁作业	8	1300	8	1900
花线业	9	1010	18	8020
总　计	85	8957	107	50022

1964年雷山县国营、公私合营企业登记情况表

表8-9　单位：元

项目 业别	国营企业				公私合营企业			
	户数	生产经营单位	从业人数	资金	户数	生产经营单位	从业人数	资金
工业、手工业	1	1	24	13000	—	—	—	—
商业	12	17	160	1270045	2	17	34	63779
饮食业	1	1	14	3976	—	—	—	—
服务业	—	—	—	—	1	1	2	—
合计	14	19	198	1287021	3	18	36	63779

1964年雷山县供销合作企业、人民公社企业登记情况表

表8-10　单位：元

项目 业别	供销合作社企业				人民公社企业			
	户数	经营单位	从业人数	资金	户数	经营单位	从业人数	资金
工业、手工业	1	1	11	10910	5	5	5	713
商业	6	33	136	376914	—	—	—	—
饮食业	—	1	3	—	—	—	—	—
合计	7	35	150	387824	5	5	5	713

1964年雷山县城、乡合作企业和个体工商业者登记情况表

表8-11　单位：元

项目 业别	户数	经营单位	从业人数	资金		
				股金	公积金	合计
工业、手工业	11	11	86	1406	11506	12912
饮食业	1	1	9	141	—	141
服务业	1	1	7	130	—	130
合计	13	13	102	1677	11506	13183

1972年，鉴于有的营业执照被损毁或丢失，有的未经登记也开业经营的情况，工商行政管理部门于是年3月前统一换发补发新执照34户。

1979年，工商行政管理局会同公安局、银行联合发出换发营业执照及补办登记手续的《通告》后，换发了农村工副业许可证230户(个)，同时对外地流入的个体经营工商业户也进行清理登记和加强管理。1980年，成立工业企业普查办公室，对全县的工业企业进行普查，共发放个体工商业户执照27户、农村工副业许可证232户。1981年，登记116户，发照448份。其中国营43户、集体20户、个体53户。1982年，通过对企业的清理整顿，登记核发国营、集体企业73户，发执照315份，并于1983年建立了经济档案。1985年，进一步清理和整顿公司，对51户不符合条件的公司予以撤销，4户更改名称。

1987 年，对全县工商企业全面清理调查，同时进行年检注册。为加强经常性的监督，使企业在经营活动中依法办事。工商局举办一期有 60 人参加的企业法人代表和法人联络员培训班，学习企业法和经济合同法。

1987 年雷山县工商企业统计表

表 8-12

类别		国营	集体
工业	户数	11	17
	从业人员	682	457
	资金(万元)	971	154
商业	户数	25	18
	从业人员	516	327
	资金(万元)	485.5	957.14
建筑业	户数	—	6
	从业人员	—	547
	资金(万元)	—	195.5
服务业	户数	4	1
	从业人员	35	4
	资金(万元)	13.7	0.96
饮食业	户数	1	2
	从业人员	37	9
	资金(万元)	20	1.33
修理业	户数	1	1
	从业人员	3	15
	资金(万元)	—	—

第四节　经济合同、商标、广告管理

经济合同管理

1953 年以后，在各国营企业及各经济实体和农业社之间推广使用经济合同制。如购销结合、预购和包销等合同。合同的管理和监督由商业、供销业务主管部门负责，地方政府协调检查，合同的签订和履行均由双方协商。此业务在“文化大革命”中因无人过问而中断。20 世纪 70 年代以后，经济合同的管理和有争议的重大经济合同案件，由县革命委员会直接负责处理和裁决。1978 年，经济合同下放给工商行政管理部门作为部门职能之一。1983 年，工商行政管理局在丹江区望丰乡茶场进行农商合同管理试点，共签订合同 8 份，履约率为 82%。

1984 年，工商行政管理局设立合同、商标、广告管理股。同年 9 月，在永乐、大塘、西江等区市场开展《中华人民共和国经济合同法》的宣传，并在区、乡（镇）贯彻执行。10 月，实行“凭法人授权委托书、法人代表证明书签订经济合同”的制度。是年，签订合同共 220 份，金额为 615.21 万元。

1986 年 8 月，对县内金融系统所属 7 个单位在 1985 年至 1986 年 6 月签订的经济合同（含保险合同）进行检查。计签订借款合同 216 份，到期的合同 288 份，实际履行 227 份，占到期履约合同的 78.8%。

违约49件，占到期合同的17%。是年，共签订各类经济合同231份，金额为505万元。

1987年，共审核发放法人授权委托书38份，接待咨询110人（次），签订各种经济合同1614份，金额2618.77万元；有经济合同管理员47人。

经济合同签证

1980年后，工商行政管理局为协调产销关系，维护经济领域的正常秩序，对农商合同、产销合同、基建合同、加工订货合同等实行了签证。签证的要求是主体合格，内容合法，意思表示真实确切，形式符合规定。通过签证进行审核后，可以避免“无效合同”“违法合同”“不平等合同”的出现。1980年至1987年，全县共签证合同书1066份，金额1272.79万元。签证数占签约总数66%。

经济纠纷仲裁

1984年，工商行政管理局内设经济合同仲裁委员会，置主任、副主任和仲裁员、书记员。至1987年，共受理经济合同纠纷7起，调解6起，仲裁1起，为企业追回款额2.77万元，挽回经济损失108.88万元。1986年，广东省高要县南岸镇生产资料公司与雷山县乡镇企业局签约订购杉木床板3000副，总金额11.4万元的合同，预付货款1.05万元；后因办不到出境手续，乙方要求延期执行合同遭甲方拒绝，并提出终止合同，要求乙方退回预付款并承担利息。纠纷案件拖了两年，后经甲方申诉，仲裁委员会调查提出仲裁意见，由甲方赔偿乙方在经营活动中耗尽的经费250元，并承担案件受理费，乙方将预付货款汇还甲方，纠纷案件就此了结。

商标管理

解放前，政府没有专门设置管理商标的机构。雷山地区发生的商标业务纠纷也极少。民间的陶器业和铁器加工业是在自己生产的产品上，烙印自己的姓名作为标志。

1951年，“新记烟厂”生产卷烟，用“新记”商标包装，开启雷山县地方产品使用商标的先河。以后，政府曾多次行文，要求国营、集体经营和私营企业生产的产品要申请注册商标登记，防止不法商人伪造或假冒商标所造成不应有的经济损失，但是商标注册登记仍被忽视。1963年，国务院颁布《商标管理条例》，实行商标全面注册，并结合商标管理，监督商品质量，保护商标专用权。当时，县内尚无定型地方产品，商标注册未予重视。1978年，雷山县酒厂生产“雷公山大曲”，经过三年实践后，最终试制成功，投入批量生产，商标为“雷公山”。并报经雷山县工商行政管理局审核，转呈报黔东南州工商行政管理局批准注册。该厂出品的大曲、白干、艳山酒、猕猴桃酒等系列产品均予注册使用“雷公山”商标。1982年，雷山饮料食品厂生产的猕猴桃酒在质量鉴定稳定后同意其使用“雷公山”商标。1983年，雷山饮料食品厂生产的“天麻茶”“云雾绿茶”等试制产品申报商标注册，县工商局对其进行审查和质量监督而未予注册，待产量质量稳定后方同意其使用“雷公山”商标。

县工商局在商标注册管理登记中，对生产厂家不执行《商标管理条例》，不经批准而擅自使用商标的进行了清理和处罚。1984年，雷山饮料食品厂未经上级批准注册，擅自使用“雷公山”图形为标志，包装“雷泉”曲酒，经工商局审查后，责令其停止使用。雷山县酒厂未经批准，擅自到河南滑县印刷厂、广东汕头印刷厂、浙江苍南印刷厂印制有“雷公山”图形的“雷泉”商标40万张作为“雷泉二曲”酒的商品标志，经核查后认为不合规定，责令其停止使用并通报批评。雷山县酒厂生产的“丹江窖酒”“丹江特曲”“苗岭春”“禧酒”等产品后，未经批准和质量评审竞标，擅自上优质符号和中国名酒标志，违反商标法有关规定，均被责令停止使用。雷山饮料食品厂注册的“杜鹃”和“雷公山”商标，原只规定用于“蜜饯”“果酱”两种产品，但这两种产品停产后，该厂又将“杜鹃”和“雷公山”商标挪用于白酒、果酒、汽酒、罐头等产品的包装，被整顿后责令重新申请商标注册。

1986 年，县工商局在各生产厂家清理出不合规定的商标 3 件，涉及品种 15 个，并根据情节轻重，分别作批评和停止使用处理。

1987 年，工商行政管理配备有企业商标管理员 3 人。当年，核转商标 1 件，指导使用未注册商标 2 件。

广告管理

1986年，全省商标广告清理会议以后，雷山县接着进行此项管理工作。工商行政管理局对橱窗、门面、张贴、绘画等宣传广告的形式和内容进行审查和监督。1987 年，对雷山县酒厂、饮料食品厂、锑矿冶炼厂所使用和人民印刷厂所印刷的广告进行一次清理检查，未发现虚假广告。

第六章　物价管理

第一节　管理体制

民国时期，县内无专门价格管理机构，仅食盐批发价由都匀盐务局制定，县政府督办；零售价则由盐会或商会呈报县政府批准施行。市场物价无人管理，完全由供求关系自发调节，因而物价波动很大，出现“一市三个价”的现象。

1950年10月，雷山县人民政府成立后，物价管理机构迭经变更。1952年前，是工商科负责制定价格并组织实施；1953年至1967年9月，由物价委员会制定价格并监督执行；1967年10月至1977年12月，在计划委员会内设物价科，配备专管干部管理物价。1978年2月，建立物价局，作为计委系统专管物价的机构。1980年9月以后，物价局作为政府职能部门独立行使职权。1984年4月，设立物价检查所，作为价格监督检查的执法机关，隶属物价局领导。

基层单位的物价管理，由各企业设置机构配置人员，在县物价委员会的领导下开展工作。

1962年，商业局和供销合作社设物价科，配备专职干部。各专业公司配备专职物价员，负责计价。粮食、林业、物资、烟草等企业主管部门的价格管理工作，由业务科或财务科（股）兼管。各厂矿和基层供销社都配备专、兼职物价员承担计价工作。

1982年以后，物价管理体制进行改革。改革前执行指令性价格，县内定价的权限很小，企业无权定价。不论其合理与否，都必须按照国家指令性价格执行。改革以后，从发展商品经济的需要出发，采取多种物价管理形式，分为国家定价、浮动价、议价3种。国家直接调拨分配和计划购销的商品，由国家统一定价。有的商品允许企业在规定的幅度内上下浮动，属计划价格范畴。议价是市场贸易价格，包括三类工业品及国家定价以外的农副产品以及计划外的工农业生产资料等，结合市场供求关系，企业可以制定批量价、批次价、季节差价、质量差价等。

县的制价权限，只管县内生产的工业产品，有雷山酒厂生产的散装苞谷酒、中级酒雷公山大曲、银球茶系列产品和饮料系列产品等。

第二节　物价演变

雷山地区历来场集贸易少，商品经济极不发达，民间常以物易物，或以物换银两。大多数以粮食为基础计价。

清乾隆元年（1736年），官府“采购军粮”，初规定一斗粮一钱六分银。地方官吏随心所欲，百姓实不得价。乡市斗实溢省斗之三，再加以尖量，每斗实溢二、三升。买乡谷一石，已得省斗二石，实合京斗三石。不久，“石谷”一两三钱银改为“石米”一两银。

咸丰三年（1853年），遭受严重的自然灾害，粮价上涨。九钱银子一碗小米，一分二厘一碗小麦。同治八年（1869年），斗米制钱二千。

民国15年（1926年），1升大米售价1元（银圆，下同）。民国29年（1940年）3月，丹江、大塘食盐公卖店老秤每斤盐零售价0.64元。同年4月、6月，丹江县政府拟加教育附加费，老秤每斤盐零售价分别提为0.71、0.72元。望丰食盐公卖店零售价每斤0.77元，其中含县城至望丰人力运输损耗2分，但私商售盐每斤1元。民国33年（1944年）6、7月，各乡、镇盐价暴涨，每斤法币达160元。之后发生盐荒，设治局急令调盐应市，每担批发价川盐（岩盐）法币1万元、川粤花盐法币9200元。民国34年（1945年）7月，丹江镇食盐公卖店每担盐批发价为法币32927元，零售价每斤法币393元。米价老秤每斤法币25元。民国35年（1946年），一担50公斤稻谷售银圆2.2元。是年2月，西江集市每老斗粳米价法币123600～135000元，糯米140000~145000元。民国38年（1949年）7月，每市石谷金圆券价2000元。

民谣“斗米斤盐”，即1斤盐巴换购50市斤大米，是当时正常年景盐米交换的实际比价。人民政府成立后，经过多次价格调整，工农产品的“剪刀差”逐步缩小。

在国民经济恢复时期，除国营工业品，手工业产品的销售以及土特产品的收购，由国家定价外，自由市场的物价仍主要靠商品供求关系调节。1952年，50公斤稻谷能换食盐7公斤。1953年10月，国家先后对粮食、植物油实行统购统销，对主要商品及劳务实行计划价格，对关系国计民生的第一、二类商品实行统购、派购、统销、包销，由国家统管的商品价格“基本不动，个别调整”，使物价保持稳定。

1959年至1962年，国民经济处于困难时期，由于取消集市贸易和市场调节，上市商品极少，市场供应极度紧张，集市贸易价格上升。一只鸡卖30元，一只狗卖60元。国家对主要生活必需品实行凭票定量平价供应，对县内供不应求的糖果、糕点、名酒、香烟等商品除平价定量供应外，也实行高价敞开供应，使物价仍相对稳定在原有水平上。

1966年至1976年，“文化大革命”的10年中，物价长期冻结，停止合理调整，质量好坏一个价，使生产下降，商品匮乏，品种单一，供应紧张。主要生活消费品仍定量凭票供应，有的平价商品变相涨价，助长了商品“走后门”歪风。

1979年以后，国家实行以“计划经济为主，市场调节为辅”的方针，运用价值规律和物价杠杆作用，对商品产销价格进行合理调整，降低工业品价格，提高农副产品售价，采取多种价格并存形式，调动工农业的生产积极性。同时取消生猪派购，对猪、羊、牛肉实行议购议销，对粮、煤等人民生活必需品的差价实行财政补贴，极大地活跃了市场，保障了供给。工农业产品的“剪刀差”也逐渐被缩小。以食盐为例，1987年，每50公斤稻谷可换食盐53公斤。

1952—1987年雷山县部分年度工农业产品交换比价表

表8-13　　　　单位：元

农产品	工业品	比值	年度					
			1952	1956	1965	1979	1984	1987
稻谷（中等50公斤）	食盐（500克）	数量	14	21	41.5	63.4	105.3	106.5
		比值	100	150	296.4	452.9	752.1	760.7
	白糖（500克）	数量	3.7	4.9	10.2	11.7	20	22.9
		比值	100	132.4	275.7	316.2	540.5	618.9
	白布（米）	数量	3.3	4.3	8.8	10.1	16.2	18.6
		比值	100	130.3	266.7	306.1	490.9	563.6
	火柴（10小盒）	数量	16.9	21	41.5	47.6	52.7	60.3
		比值	100	124.3	245.6	281.7	311.9	356.8
	煤油（500克）	数量	4.8	6.3	15.7	23.8	39.5	45.3
		比值	100	131.3	327.1	495.8	822.9	943.8
		平均比值%	100	133.7	282.3	370.5	583.6	648.8
油菜籽（中等50公斤）	食盐（500克）	数量	20.8	46	112.5	186.7	273.3	275.3
		比值	100	221.2	540.9	897.6	1313.9	1323.6
	白糖（500克）	数量	5.6	10.8	27.8	34.6	51.9	59.2
		比值	100	192.9	496.4	617.9	926.8	1057.1
	白布（米）	数量	4.9	94	23.8	29.6	42.1	48
		比值	100	191.8	485.7	604.1	859.2	979.6
	火柴（10小盒）	数量	25	46	112.5	140	136.7	156
		比值	100	184	450.4	560	546.8	624
	煤油（500克）	数量	7.1	13.8	42.5	70	102.5	117
		比值	100	194.4	598.6	985.9	1443.7	1647.9
		平均比值%	100	196.9	514.3	733.1	1018.1	1126.4
鸡蛋（100个）	食盐（500克）	数量	0.8	1.5	2.5	3.7	8	10.6
		比值	100	187.5	312.5	462.58	1000	1325
	白糖（500克）	数量	0.2	0.4	0.6	0.7	1.5	2.3
		比值	100	200	300	350	750	1150
	白布（米）	数量	0.2	0.3	0.5	0.6	1.2	1.8
		比值	100	150	250	300	600	900
	火柴（10小盒）	数量	1	1.5	2.5	2.8	4	6
		比值	100	150	250	280	400	600
	煤油（500克）	数量	0.3	0.5	0.9	1.4	3	4.5
		比值	100	166.7	300	466.7	1000	1500
		平均比值%	100	170.8	282.5	371.8	750	1095

续表

农产品	工业品	比值	年度					
			1952	1956	1965	1979	1984	1987
烤烟（标准级50公斤）	食盐（500克）	数量	170.8	232.3	332	442.7	480	511.8
		比值	100	136	194.4	259.2	281	299.6
	白糖（500克）	数量	45.6	54.6	82	82	91.1	110.1
		比值	100	119.7	179.8	179.8	199.8	241.4
	白布（米）	数量	40.2	47.6	70.3	70.3	73.8	89.2
		比值	100	118.4	174.9	174.9	183.6	211.9
	火柴（10小盒）	数量	205	232.3	332	332	240	290
		比值	100	113.3	162	162	117.1	141.5
	煤油（500克）	数量	58.6	69.8	125.3	166	180	217.5
		比值	100	119.1	213.8	283.3	307.2	371.2
		平均比值％	100	121.3	185	211.8	217.7	255.1
杉原木（径级14~18厘米长级4~5.8米）	食盐（500克）	数量	—	52.5	146.5	200	413.3	882.4
		比值	—	100	279	381	787.2	1680.8
	白糖（500克）	数量	—	12.4	36.2	37	78.5	189.9
		比值	—	100	291.9	298.4	633.1	1531.5
	白布（米）	数量	—	10.8	31	31.7	63.6	153
		比值	—	100	287	293.5	588.9	1416.7
	火柴（10小盒）	数量	—	52.5	146.5	150	206.4	500
		比值	—	100	279	285.7	393.7	952.4
	煤油（500克）	数量	—	15.8	55.3	75	155	375
		比值	—	100	350	474.7	981	2373.4
		平均比值％	—	100	297.4	346.7	676.8	1591
	农产品同工业品交换比值％	—	100	144.5	312.3	406.8	649.2	943.3

1952—1987年雷山县部分年度部分工农业产品价格比较表

表8-14　　单位：元

品名或项目	规　格	价　别	单　位	年　度					
				1952	1956	1965	1978	1984	1987
稻　谷	黏稻中等	购价	50公斤	3.37	4.2	8.3	9.5	15.8	18.1
大　米	黏米中等	购价	50公斤	4.85	6	11.8	13.8	22.5	25.9
大　米	黏米中等	统销价	50公斤	5	6.5	10.86	13.8	13.8	13.8
玉　米	黏玉米中等	购价	50公斤	3	4.1	8.3	9.5	15	15.7
玉　米	黏玉米中等	统销价	50公斤	3.15	4.45	7.5	8.5	9.5	9.5
油菜籽	中　等	购价	50公斤	5	9.2	22.5	28	41	46.8

续表

品名或项目	规格	价别	单位	年度					
				1952	1956	1965	1978	1984	1987
桐　籽	中等	购价	50公斤	—	—	23	28	37	37
烤　烟	标准级	购价	50公斤	41	46.45	66.4	66.4	72	87
鸡　蛋	鲜蛋	购价	10个	0.2	0.3	0.5	0.55	1.2	1.8
猪　肉	中等带骨	销价	公斤	0.5	0.82	1.36	1.36	2.6	3.4
茶　叶	青毛茶三级六等	购价	公斤	0.4	1.04	1.44	1.74	2.1	2.52
杉原木	二等、长4米、径14-18厘米	购价	立方米	—	10.5	29.3	30	62	150
松原木	二等、长2米、径20-28厘米	购价	立方米	—	—	33.4	31.1	48	60
食　盐	川粤花盐	零售价	公斤	0.48	0.4	0.4	0.3	0.3	0.34
白　糖	2#机制糖	零售价	公斤	1.8	1.7	1.62	1.62	1.58	1.58
白　布	筑产粗布14×15	零售价	米	1.02	0.975	0.945	0.945	0.975	0.975
火　柴	遵义安全火柴	零售价	小盒	0.02	0.02	0.02	0.02	0.03	0.03
煤　油	2#灯用煤油	零售价	公斤	1.4	1.33	1.06	0.8	0.8	0.8
卷　烟	朝阳桥乙二级简装	零售价	包	0.26	0.26	0.28	0.28	0.37	0.37
手　表	上海19钻全钢	零售价	只	—	—	120	120	70	70
阿司匹林	复方0.42	零售价	片	0.03	0.03	0.01	0.01	0.01	0.01
青霉素	20万单位钾盐	零售价	支	1.5	0.84	0.3	0.14	0.14	0.14
柴　油	0#轻柴油	零售价	公斤	—	1	0.543	0.5	0.66	0.66
氮　肥	尿素	零售价	公斤	—	1.3	0.66	0.45	0.521	0.521
磷　肥	过磷酸钙二级	零售价	公斤	—	—	0.8	1	1.55	1.35
白　酒	散装40° 苞谷酒	零售价	公斤	—	—	0.7	0.7	0.72	0.72
雷公山大曲	55° 异型瓶装	零售价	瓶	—	—	—	1.83	2.04	2.9
银球茶	一级小盒精装	出厂价	公斤	—	—	—	—	—	60
天麻茶	小盒精装	出厂价	公斤	—	—	—	—	—	50
清明茶	简装	出厂价	公斤	—	—	—	—	—	24
绿　茶	一级精装	出厂价	公斤	—	—	—	—	—	36

第三节　检查监督

1953年至1956年，价格监督主要是对私营工商业是否执行国家价格进行监督，不执行商品牌价者，由市管会按情节轻重进行处罚。

20世纪60年代，价格监督和检查以物价综合部门为主，业务主管部门、企事业单位内部自查和职工、街道群众义务抽查为辅。

1977年6月以后，物价检查开始走上正轨，每年都实行定期或不定期的实地检查。是年，县派出物价检查组5人到永乐区开展试点，对永乐区供销社、铁器社、缝纫社、公社综合厂、区卫生院等单位进行检查。抽查2217种，纠正差错202种。其中抽查库存商品751种，发现商品价格存在漏调4种；抽查门市部商品1062种，纠正103种；抽查医疗处方221张，发现有差错77张；核对药房标签183张，发现差错18张。查出乱提价贪污金额232.35元，责成单位查处。

1980年10月，检查190型柴油机乱提价5台，发现多收价款1931.35元；检查195型柴油机2台，发现骗取削价损失补贴金额960元，并督促其上缴财政。

1981年11月，物价局、工商局、财政局对州、县计委下达的地销材20%的优待作价执行情况进行检查，发现不执行优待作价的有1233立方米，多收价款29749.97元，并予以收缴。

1983年，查处违法案件12起，没收非法所得2127.31元，罚款216元；7—11月，为制止钢材、水泥、木材等生产资料乱涨价，查处违法案件4起，收缴非法所得12357.04元。

1984年6月后，物价检查所经常对门市物价进行检查，约束业务主管部门和企事业单位、个体工商户的价格行为。

1986年9月，物价局、计量局在全县的商业企业和个体经营者中，开展“物价、计量信得过”活动，制定“双信”活动评比标准5条：比严格执行物价政策，看价格的准确情况；比严格执行计量法，看计量器具的精确和齐全情况；比明码标价，看价格的齐全和准确情况；比自我监督措施，看制订服务公约和设立公平尺、秤以及计量器具是否按期检定情况；比店容店貌，看商品陈列的整齐、美观、卫生及服务态度热情周到情况。经过三次大规模检查，评选出百货大楼、丹江区供销社、盐业公司等为“物价计量信得过”门市，并挂红牌，以示褒扬。

价格违法案件的审理，一般经过立案（准备）、初审、索取证据、复审、被检查方复查、定案、处理、结案等程序。处理违法案件做到“事实清楚，证据确凿，定性准确，处理恰当，手续完备”的要求。物价违法案件可分为以下5类：

（一）主管部门越权定价。1986年，烟草公司同意超下浮收购中黄五级、上黄四级烟叶115991.5公斤，使烟农蒙受损失1149.97元。

（二）生产资料乱涨价。主要是钢材、水泥、农机、化肥、农药、汽油、柴油、发电等。这类商品，基本上是独家经营，将计划内转变为计划外高价销售；也有加大费用计价和不按国家规定的差率及价格执行的。1986年至1987年，两年查出生产资料的涨价款分别占全年查出非法所得款的93.2%和85.7%。

（三）名牌、高档、紧俏消费品乱涨价。主要是名烟、名酒、名牌缝纫机、彩色电视机、洗衣机、收录机以及圆钉等的乱提价。企业乱提价的手段是价外加价，将低档商品按高档价格出售，高档紧俏商品搭售劣质滞销商品，以及将批发价按零售价格执行，以提高费用水平。1985年，查获瓶装酒提价1440瓶，名牌缝纫机提价466部，自行车提价44辆，彩色电视机提价6台。个体商户则是以零售价购进随意加价销售，导致紧俏商品价格上涨。

（四）劳务收费名目繁多，以县城医疗收费和学杂费较为严重。1986年春，学校收费名目达15种。

（五）短尺少秤，降质减量，变相涨价。主要是粮油、酒类、集市贸易商品、个体工商业户随意提价，短斤少两等违法现象更为普遍。

违法案件在新的历史条件下有新的特点：一是检查容易处理难；二是在记账与原始单据上弄虚作假。1985年11月，检查xx单位乱提价非法所得10104.38元。检查后该单位又将账面变为亏损17000元，目的逃避处罚。有的则是借用户不懂工程技术原理而多收费用。

1984—1987年雷山县查处物价违法情况统计表

表8-15　　单位：元

年度＼项目	1000元以下		1000元至1万元		1万元以上		合　计		上缴非法所得	退还用户款	罚款
	件数	金额	件数	金额	件数	金额	件数	金额			
1984	39	1360	1	5992	—	—	40	7352	6192	—	664
1985	27	7763	4	10635	—	—	31	18398	17597	69	1372
1986	18	4233	1	1497	2	38435	21	44165	28971	2485	309
1987	14	1079	7	16772	4	77738	25	95589	27175	58397	263
合计	98	14435	13	34896	6	116173	117	165504	79935	60951	2608

第七章　物资管理

第一节　管理体制

雷山县原无物资统一管理部门，建筑材料由基建单位自行采购。1955年，县成立林业站，木材由林业站经销。加工锄头镰刀等铁制农具需要的扁钢、毛铁则由供销社或百货公司组织供应。20世纪60年代，砖瓦生产由计委安排指标，基建单位与厂家直接订货。炸药、水泥、钢材、玻璃、煤炭和石油燃料，由计委下达计划，国家统管统配，县百货公司和供销社等分别经营。1964年，州物资局在雷山县派驻物资员，收集各单位需要材料的申请或计划，汇总上报，由州直接调拨物资供应。

1968年，成立农业机械供应站，兼营金属、机电、建材和化工产品。1970年6月，县革委组建政企合一的物资科，经营金属、机电、建材、化工四大类物资，财务、业务、人员纳入行政事业编制，实行独立核算，自负盈亏。1979年，设物资管理局和物资供应公司，实行统管统配，统一经营，为“分配调拨型”企事业单位，管理计划内统配物资计791种。1983年，实行物资体制改革，将工业生产资料作为商品，进入市场参加流通。物资管理由“统一计划分配管理型”向指令性计划、指导性计划和市场调节相结合的“经营服务型”转变。在国家对重要物资宏观平衡的基础上，有步骤地缩小指令性计划，扩大指导性计划和市场调节，将原计划内统配物资从791种减为256种，后又减为23种。在企业内部实行承包责任制，利润分成；超利上缴40%，企业留60%。后又实行层层承包，将任务与报酬挂钩，并落实到组，分解到职工个人。在经营管理上，减少流通环节，对炸药、水泥、玻璃、钢材等物资直接从生产厂家购进，以销定购，勤进快销，保持合理库存。在费用和资金管理上，压缩资金占用，加速资金周转。经营物资要求做到不贷款或少贷款，充分利用自有资金和一切闲散资金。对紧俏物资则采取预付定金的形式，由需货方预交货款，方能发货。

第二节　物资分配与供应

物资分配的主要品种有：钢材、生铁、汽车、动力机械、机床、布电线、轴承工具、水泥、玻璃、沥青、油毡、轮胎、炸药、导火绳、烧碱、雷管、纯碱、硫酸等。根据计划内物资的来源数量和基本建设的需求，采取“地区平衡，差额调拨”的办法进行物资分配。对县内各生产基建单位的物资分配，根据建设单位申报所需物资的规格、型号和数量来组织货源。列入国家计划项目的优先供应，自筹、贷款的和无物资供应计划的项目后供应。1985年以后，除少数计划内物资由计委计划分配外，一般由市场调节。

在1980年以前，分配供应的渠道是由州计委下达分配计划，州物资局负责供给物资。州内生产的物资如水泥可直接到厂进货。对个别规格、型号不相称的品种，可以串换。市场逐步开放以后，除州计划分配以外，全由物资企业自行组织货源，不分地区和单位，只要品种适合，质量达标，价格合理，又有销路的均可订货。

1983年，金属材料及建筑材料中的水泥、玻璃均为统配；电机产品、化工产品均由上级分配按指令性计划供应。1984年以后，省内水泥均在贵州、都匀、水城等厂自行组织货源。计划分配钢材只能满足需求的50%～60%，其余40%～50%由市场调剂，随行就市。电机产品、化工、火工即雷管炸药产品除指令性计划外，可以根据上级计划批准安排，满足需要；机电产品中的汽车仍为统一分配物资。1985年，机电产品除汽车外，均为自行组织调节，唯纯碱、烧碱和硫酸的“两碱一酸”仍为计划分配。

1970—1987年雷山县部分年度物资购销情况统计表

表8-16　　　　单位：元

年　度	购　进	销　售	备　注
1970	266802.18	279425.66	包括农机销售
1971	290694.82	329457.14	包括农机销售
1975	532633.76	406569.05	—
1980	505606.63	60717	—
1985	1172812.93	1369376	—
1987	1394403.42	1530823	—

第八章　标准计量管理

第一节　度量衡的演变

雷山历史上使用的度量衡器有竹、木尺、墨尺（木匠尺）、皮尺（裁衣尺）、木秤、戥子、方斗、圆斗、升、合等，市场上使用的度量衡很不统一。衡器有16两为1斤的木杆秤，有10斤、30斤、100斤、

300斤、500斤的大木杆秤。地主和高利贷者为了剥削穷人，采取“大进小出”剥削敲诈办法，即称进时用18.3两的大秤，称出时用16两秤。称贵重物品的有分、厘、毫、钱的精制骨杆秤即戥子。民间还有用石块作砣、竹篾编织作盘的自制自用秤。量具有合、升、斗。民国19年（1930年）以前为木制方形斗，10升为1斗，10斗为1石。但大小各地不统一。丹江和大塘地区用的是“六碗升”，每碗约380克，每升5市斤；西江和永乐地区用的是“五碗升”，每升4市斤。民国30年（1941年），政府的粮食仓库收公粮改用木制圆形斗，每斗10市斤。量酒、油之类的液体，市上用竹筒或铁皮制成的吊提，按十六两市制计算，有1斤、半斤（8两）、4两、2两诸种。长度用竹或木制的尺，10分为1寸，10寸为1尺，3市尺为1米。木匠另有一种墨尺，比市尺稍大。

县人民政府建立后，废出计量旧制，采用国际单位制。1953年3月，国务院发布《关于统一计量制度的命令》，并开始推行。1961年下半年，县内商业和供销部门已试用“十两制”市秤。1965年，国务院又颁发禁止使用“十六两”秤文件，雷山地区统一使用“十两制”市秤。1978年10月，雷山县革命委员会根据国务院批转国家计量局文件精神，成立“改革中医处方用药计量单位工作领导小组”。1983年，从安顺购进5支以“克”为单位的戥秤后，将中药计量以“钱”为单位改为以“克”为单位。1984年2月，国务院发布《关于在我国统一实行法定计量单位的命令》。1985年3月，建立“雷山县法定计量单位推行办公室”，开始推行“千克秤”“毫升提”“米尺”等新度量衡。1986年9月，县标准计量管理局根据国家规定，监督制造和修理计量器具的工商户生产法定计量器具“千克秤”“米尺”“毫升提”，禁止生产原用的市制度量衡器具。1986年10月，县粮食局开始按“千克”（公斤）售粮，政府机关的各种报表、统计和公文等，均使用法定单位。1987年4月，各种液体商品改用“毫升提”。量提、台秤、案秤，杆秤禁止使用。

第二节 计量管理

民国17年（1928年）7月18日，丹江县政府曾推行过“衡度标准方案”。当时，由于没有成立专门机构负责管理及组织检查，以至流于形式，未能贯彻执行。

1951年，市场交易度量衡由工商行政管理科负责监督，在统一市制计量器具上，做了宣传教育和监督检查等具体工作，基本上杜绝“大秤进小秤出”的剥削敲诈行为。1978年7月13日，建立雷山县计量所，每年均不定期对市场上通用的度量衡器具进行抽查和普检，逐步制止在交易中从秤、提、尺上克扣顾客的伎俩。1983年，县人大常委会作出贯彻实施《中华人民共和国计量法》的决议。9月，县人民政府发布《关于加强对衡器等计量器具管理的通告》；1984年8月，又发布《关于取缔制造假秤砣及旧杂秤的通告》。1985年7月，县人民政府办公室发出《关于进一步推行法定计量单位做好单位改制工作的通知》。1986年5月，县人民政府批转县标准计量局《关于作好“计量法”实施前的准备和实施后的监督管理意见的通知》。1986年5月，县人民政府办公室发出《关于在公文和报表中使用法定计量单位的通知》。1986年9月，县九届人大常委会第十七次会议作出《关于进一步贯彻实施“中华人民共和国计量法”的决议》，由县标准计量局具体组织实施，抓好计量法规的宣传，切实加强以商贸和医疗单位计量为重点的计量法制管理，同时与工商、物资、卫生防疫等部门密切配合，定期与不定期地开展市场商品质量检查，安排各有关单位的计量器具每年至少周检1次，对盐业等公司的计量衡器一年周检4次。在1984年进行计量大检查中，对原来用白铁皮生产重量提的五金社，因制作达不到要求被责令停业。先后被抽查的有1066户涉及115人次，共查计量器具1702件次，没收不合法定的计量器具973件。其中，杆秤171件，量提232个，各种尺510把，弹簧秤60把。查出在秤上作弊的20人，短斤少两45起，罚款24户、金额691元。

1987年，在县饮料食品厂进行计量定级工作，加强该厂计量管理机构，建立健全管理制度，并进行合格验收。由于经常对各厂、场、专业公司、基层供销社（点）、粮管所等单位加强计量检查，全县的计量合格率不断得到提高。

1987年7月，对从事衡器生产、修理的单位和个人进行登记考核，对杆秤实行定量砣。是年9月，从浙江省永康县聘请一名秤工建立“雷山秤店”，生产“千克秤”，年产500支，以满足县内商户和民间的需要。年底，全县建立衡器、量提、米尺及医疗卫生方面使用的血压计等计量器具和标准器具的使用、保管、维修、检定、修理、检查等制度，并明确有专人加强计量器具的监督和管理，以确保各种器具计量单位数的精准与统一。

第三节　标准化管理

1985年7月以后，雷山县在县办企业中，实行标准化管理。制订10个地方企业产品标准，并经黔东南州标准计量局审核发布实施。这些产品标准是：丹江窖酒标准，代号为黔Q／东QB07-85；丹江特曲标准，代号为黔Q／东QB08-85；猕猴桃酒标准，代号为黔Q／东QB09-85；杨梅酒标准，代号为黔Q／东QB10-85；猕猴桃汁标准，代号为黔Q／东QB11-85；杨梅汁标准，代号为黔Q／东QB12-85；猕猴桃果酱标准，代号为黔Q／东QB13-85；多味杨梅标准，代号为黔Q／东QB14-85；银球茶标准，代号为黔D／东QB02-88；天麻茶标准，代号为黔D／东QB03-88。

全县有17个生产企业实行标准化管理。其中，国营7个，集体4个，乡镇企业6个。39种地方产品有19种产品达标。其中，国家企业标准5个，部标5个，地方企业标准9个。县标准计量管理局搜集整理标准资料262种。各级各类标准1773个，其中1S056个，国外先进标准22个，国家标准1331个，行业标准123个，地方标准241个。

农业标准化方面，向烟草部门提供了烘烤标准。1985年和1986年，县标准计量局派出人员，到望丰乡三角田村和报德乡郎德村进行了烤烟烘烤标准试点工作。通过实地培训，烟农懂得了烘烤标准知识，年烘烤黄烟率达80%，经济收入增加到40%左右。

农牧水利篇

第一章　农　业

雷山农业历史悠久。据史书记载，早在唐代，牛皮大箐地区即雷公山区有“伐木耕山，土薄则去”“刀耕火种，赶山吃饭”的游种农业生产。约在元代以后，苗族人民开始开辟层层梯田，种植水稻，圈养家畜，畜牧业亦有发展。至明代，稻谷已有六七个品种，役畜增加，稻田养鱼亦有发展。清代雍正初年，清皇朝推行“蛮悉改流，苗亦归化”政策，设官设置，打破雷山地区的封闭落后状态，加强中央同雷山地区的联系。汉人进入苗乡，先进的农业技术和农作物品种随之引入，更多地使用牛耕和铁制农具，促进境内农业生产迅速发展。农作物品种已有水稻、大麦、小麦、玉米、红苕、南瓜、蔬菜等品种。据民国《贵州通志·前事志》记载：“稻谷产量每亩上田可产谷五担，中田可产谷四担，下田可产谷三担”（注：一担等于50公斤）。生产上逐渐使用畜耕，施肥已成习惯，耕地逐年扩展，稻田养鱼盛行。民国时期，由于帝国主义、封建主义和官僚资本主义的压迫，县内盗匪横行，战乱扰攘，兵匪交加，农民在沉重的赋税及地租、高利贷的盘剥下，无力发展生产，致使农业生产一直处于停滞和萎缩状态。

1950年后，在中国共产党领导下，经过土地改革和农业合作化运动，农村生产力得到解放，农业生产有较大发展。38年来，全县各族人民在不断改革生产关系和完善农业生产体制的同时，改善农业生产条件，促进农业的发展。党的十一届三中全会以后，纠正了“左”的错误，实行以“包干到户”为主要形式的承包责任制，使农业生产发展到一个新的高度。20世纪80年代以来，陆续出现一批“重点户”“专业户”和“专业村”，乡镇企业也迅速发展，农村从自然经济向商品经济转化，农业逐步由单一经营向多种经营协调发展。1987年，农业总产值2794万元，比1949年的328.9万元增长7.49倍，比1978年1815.43万元增长53.9%。其中，种植业产值在农业总产值的比重已由1978年的58%下降为53%；牧、副、渔各业产值的比重由1978年的31.8%上升为43.2%。1987年粮食总产量为28446吨，比1949年的18177.1吨增长56.47%。小麦、油菜、烤烟、玉米、茶叶、果树等的种植亦相应发展，改变解放前单纯种植水稻的传统习惯。

第一节　农业耕地

明至清初，雷山县属于“管外苗族地区”，苗族内部自治自理，耕地无记载，无从查考。清雍正七年（1729年）虽置丹江厅通判，但田亩未清丈。民国33年（1944年）9月，雷山设治局编整户口统计记载，共有田粮8454石（注：1石合250公斤）。1949年，全县有耕地103063亩，其中稻田93953亩，旱土9110亩，人均1.61亩。

解放后，经过恢复和新垦，耕地面积逐步扩大。1957年，全县有耕地123812亩，人均1.74亩。1958年后，因迭遭洪灾，水冲沙压和建房占用等，耕地逐年减少。1962年，全县耕地减至94512亩，比1957年少29300亩，比1949年还少8551亩。此后，耕地每年都保持在10万亩上下。1987年，全县实有耕地102398亩，农业人口人均0.81亩；其中，田84986亩，土17502亩。（见附表）

耕地分布

坝田占2.68%，冲沟田占13.7%，塝坡田占83.59%。其中：分布在海拔500～600米占0.5%；在海拔600～800米占6%；在海拔800～1200米占89.4%；在海拔1200米以上的占4.1%。

旱地分布在坡度小于10度的占土总面积的11.77%；在11～25度的占38.85%；在26～35度的占42.41%；在35度以上的占6.97%。

耕地土壤

寡黄泥田占田总面积的3.23%；黄沙泥田占34.56%；沙泥田占7.91%；冷水、冷没、冷沙、烂锈田占11.75%；潮沙泥田占3.67%；黄泥田占19.23%；黄油沙田占7.26%；其他泥田占12.39%。黄沙泥土占土总面积70%；黄油沙泥土占12%；黄泥土占4.4%；黄胶泥土占6.1%；其他土种占7.5%。

耕地质量

旱涝保收、亩产400公斤以上的高产田占田总面积8.98%；亩产250～400公斤的中产田占73.96%；亩产250公斤以下的低产田占17.06%。田的耕作层深度约在15厘米以上。高产土占土总面积5.95%；中产土占43.16%；低产土占50.89%。土的耕作层深度约在10～15厘米之间。

县境内土壤多呈酸性。因处亚热带季风湿润气候区，气候温和，雨量充沛，而且雨热同步，自然条件较好，适宜于粮食作物和烤烟、茶叶等经济作物的生长。

1949—1987年雷山县农业耕地增减情况一览表

表9-1　　　　单位：亩

年　度	合　计	田	土	人均耕地
1949	103063	93953	9110	1.61
1950	103092	93964	9128	1.66
1951	107394	97541	9853	1.66
1952	108241	97541	10700	1.66
1953	108959	97216	11743	1.64
1954	109333	97236	12097	1.6
1955	115836	97563	18273	1.69
1956	123262	97085	26177	1.75
1957	123812	97085	26727	1.74
1958	102562	91627	10935	1.53
1959	102562	91627	10935	1.64

续表

年　度	合　计	田	土	人均耕地
1960	102562	91627	10935	1.66
1961	100729	90787	9942	1.61
1962	94512	85338	9174	1.47
1963	93522	84532	8990	1.41
1964	96528	86198	10330	1.41
1965	104204	88596	15608	1.45
1966	107598	90801	16797	1.45
1967	105474	90586	14888	1.39
1968	106889	89863	17026	1.34
1969	97761	89101	8660	1.18
1970	102852	88746	14106	1.19
1971	99387	84587	14800	1.12
1972	99900	84800	15100	1.08
1973	100844	84825	16019	1.06
1974	101408	84630	16778	1.04
1975	103708	85563	18145	1.03
1976	104044	85574	18470	1.01
1977	103971	85619	18352	0.99
1978	103964	85490	18474	0.98
1979	103501	85413	18088	0.95
1980	103395	85382	18013	0.99
1981	103251	85203	18048	0.97
1982	103398	85224	18174	0.9
1983	103247	85223	18024	0.93
1984	102644	85053	17591	0.87
1985	102663	85027	17636	0.86
1986	102458	84919	17539	0.84
1987	102398	84896	17502	0.81

第二节　农作物

1979年，普查汇编入册的农作物种类有242个，分为粮食作物、经济作物和其他作物三大类。以粮食作物为主，经济作物次之，其他作物居三。20世纪70年代初，大面积撒播绿肥（紫云英），其他作物播种面积跃居第二位。经济作物播种面积虽有增加，但居第三位。粮食作物播种面积由于耕地减少而有所下降。1987年，全县农作物总播种面积167462亩，复种指数为163.5%。其中粮食作物播种面积115669亩，占农作物总播种面积的69.1%；经济作物播种面积14742亩，占总播种面积的8.8%；其他作物播种面积37051亩，占总播种面积的22.1%。稻田春季全部种植水稻，秋季部分复种小麦和油菜、绿肥、蔬菜等作物；旱土春种玉米、红苕、烤烟、豆类和蔬菜，秋种小麦、蔬菜、油菜等。

1949—1987年雷山县农作物播种面积一览表

表9-2 单位：亩

年度	农作物播种面积	其中					
		粮食作物面积	占总播种面积%	经济作物面积	占总播种面积%	其他作物面积	占总播种面积%
1949	106207	99176	93.5	6018	6	1013	1
1950	107470	100383	93.5	6054	6	1033	1
1951	112598	104748	93.2	6817	6	1033	0.9
1952	114380	105445	92.4	7902	7	1033	0.9
1953	116022	105808	91.4	8881	7.4	1333	1.2
1954	118700	107931	91.2	9236	8	1533	1.3
1955	137329	123093	90	12403	8.6	1833	1.3
1956	154141	135027	88	13811	8.6	5303	3.4
1957	172708	134559	81.2	30944	14.4	7205	4.3
1958	151403	135368	89.4	9970	6.6	6065	4
1959	134179	121932	90.9	6182	4.6	6065	4.5
1960	146945	116098	79	23282	15.8	7565	5.1
1961	114405	101445	88.7	1925	1.7	11035	9.6
1962	121839	107861	88.5	2230	1.8	11748	9.6
1963	117763	103653	88	6722	5.7	7388	6.3
1964	121183	107096	88.4	9646	8	4441	3.7
1965	135683	112417	82.9	14394	10.6	8872	6.5
1966	155062	128834	83.1	16316	10.5	9912	6.4
1967	160617	141139	87.9	10302	6.4	9206	5.7
1968	124985	118804	95.1	2741	2.2	3440	2.7
1969	128949	121135	93.9	3716	2.9	4098	3.2
1970	126802	121755	96	2837	2.2	2210	1.8

续表

年度	农作物播种面积	其中					
		粮食作物面积	占总播种面积%	经济作物面积	占总播种面积%	其他作物面积	占总播种面积%
1971	127694	120150	94.1	4022	3.1	3522	2.8
1972	135816	121337	89.3	8758	6.4	5721	4.2
1973	137172	124948	91.4	6263	4.6	5961	4.4
1974	139112	126134	90.7	6764	4.9	6214	4.4
1975	150880	134761	89.3	9095	6	7024	4.7
1976	158947	139226	87.6	11261	7.1	8460	5.3
1977	151866	131937	86.9	7882	5.2	12047	7.9
1978	169304	140685	83.1	14273	8.4	14346	8.5
1979	154529	127908	82.8	10115	6.5	16506	10.7
1980	153100	122906	80.3	9236	6	20927	13.7
1981	161475	122131	75.6	13009	8.1	26335	16.3
1982	162400	120076	74	15090	9.3	27118	16.7
1983	158620	117934	74.4	12857	8.1	27829	17.5
1984	160193	115970	72.4	11913	7.4	32310	20.2
1985	169164	119149	70.4	15821	9.4	34194	20.2
1986	171521	116947	68.2	15005	8.7	39569	23.1
1987	167462	115669	69.1	14742	8.8	37051	22.1

粮食作物

粮食作物有水稻、玉米(苞谷)、小(大)麦、薯类(红苕、洋芋)、大豆(黄豆)、杂粮(小米、高粱、稗子、豆类)等，为历来主要种植的作物。其播种面积占总耕地面积的80%~90%。20世纪70年代以后，因绿肥作物种植面积增加，夏粮作物的种植面积随之减少。1987年，粮食作物播种面积115669亩，占总播种面积的69.1%。解放后的37年中，全县粮食生产经历了“三起两落一徘徊”的曲折过程。即1951年粮食总产量为19252吨，1957年上升为30121吨，比1951年增长56.46%；1960年，粮食总产量下降为14722吨，比1957年下降51.12%，甚至比解放初的1951年还少；1966年，粮食总产量上升为25823吨，虽不及1957年，但比1960年增长了75.4%；到1977年粮食总产量上升为29457吨，比1966年增长14.07%。1987年，全县粮食总产量为28446吨，平均亩产246公斤，总产量和亩产分别比1949年增长56.5%和34.2%。十年徘徊，仍未能超越1977年的粮食总产量。各年度的粮食产量与上年度比较，增产有23年，减产有15年。其中连续增产的有4次、17年，连续减产的3次、9年。

水稻 水稻为雷山县粮食作物的主要品种。1957年前，水稻播种面积每年都在9万亩以上。1958年至1987年的30年中，除了20世纪60年代初期因灾害严重有3年播种面积不到8万亩外，其余27年每年都播种8至9万亩左右，年均产量占粮食总产量的90%。

水稻的生产中，其选择品种情况可分为三个阶段。第一阶段为1951年至1970年，主要栽植本地历来选用的老品种，如小红谷、大麻谷、大白谷、小白谷、马尾粘、三道筒、九月谷、三百棒、小柱子、长须糯等高秆品种，优点是适应性强，病虫害少，但是株型高大，不耐肥，又容易倒伏；株行距过稀，不易增产，也无潜力可挖。20年中，亩产200公斤以上的只5个年度，最高的1957年亩产224公斤，其余年度均在190公斤以下，最低的1960年亩产仅124公斤。第二阶段为1971年至1977年，这一时期，矮秆品种逐步取代高秆品种，引进的外地良种逐渐取代了本地老品种。普遍种植的品种有珍珠矮、凯中1号、梅选、桂朝1号、桂朝2号、黔育272、农育1744、西农175、农垦58、湘东、广谷粘、遵7201、双桂11号等。与本地老品种比较，这些品种耐肥、抗倒伏，又能增产。一般亩产较老品种增产50至100公斤。第三阶段为1978年至1987年，杂交品种逐渐取代常规品种。1976年，杂交水稻引入雷山试种成功，是年秋，县委、县革委决定扩大繁殖。于是年10月至1977年4月，组织以县委常委赵朝光为首的南繁工作队38人，赴海南岛冬繁杂稻良种。繁殖制种组合为“二九南1号A× 二九南1号B”“二九南1号A× 恢复系国际24”。繁殖面积4.5亩，收不育系原种132.75公斤；制种面积47.5亩，收杂交种1330公斤。1977年10月至1978年4月，南繁工作队19人，再次赴海南岛冬繁杂稻良种。共繁殖、制种39.2亩，收种子617.4公斤。1978年后，农业部门在县良种场和响楼、陶尧、望丰等乡进行杂稻繁殖、制种和水稻“三系”原种的提纯复壮。1981年至1983年，先后在县良种场制种，每年制种面积14.25亩，制种组合为籼优2号、籼优6号、威优6号和白优6号。1984年，先后在陶尧乡治安村租田制种，是年制种面积232亩，组合为籼优6号和威优6号，收种子17516公斤。1985年，制种面积212.72亩，组合为籼优2号、籼优6号、威优6号和威优64号，共收种子22214公斤。1987年，制种面积256亩，组合为威优63、籼优63和威优64，共收种子24510公斤。全县各乡村相继推广杂稻良种，均获得增产。1986年，桥港乡掌批村种植杂稻783亩，平均亩产560.4公斤；桥港村种植杂稻465亩，平均亩产657公斤，分别为全县1985年水稻平均亩产232公斤的2.45倍和2.83倍。据县农牧局对县境内海拔650～1250米范围内的25户种植“籼优63”杂稻产量的调查，除1户平均亩产481.5公斤外，其余各户平均亩产都在500公斤以上，最高亩产达782公斤。由于杂稻良种能保丰产，农民争先种植，县内制种远远不敷需要，种子公司每年都到湖南、四川等省调进大批杂稻良种供应农户。1987年，全县共推广杂稻种子44377.5公斤，种植3.5万亩，加上常规良种，基本上实现了水稻种植良种化。

玉米 玉米是县内仅次于水稻的重要粮食作物。1978年，种植面积达10972亩，总产921吨。1987年，种植8654亩，总产686吨。

在20世纪60年代以前，玉米品种有白马牙、黄马牙、大黄玉米、小黄玉米、大白玉米、九籽玉米、白糯玉米、黑糯玉米等。1971年9月至1973年3月，县农业局组织专业人员7人赴海南岛进行杂交玉米繁殖制种工作。后推广杂交玉米良种中单2号、郑单2号等，由于杂交种比常规种增产幅度大，80年代后普遍推广。1984年，播杂交玉米种3900公斤，种植面积2100亩。1987年，播杂交玉米种6040公斤，种植面积3200亩，亩产79公斤，总产686吨。当年，县良种繁殖场进行杂交玉米制种成功，收种子350多公斤。

小麦 解放前种植极少。1950年只种33亩。1955年后扩大种植，年种植数千亩。1987年，全县种植3574亩，亩产81公斤，总产289吨。

小麦品种20世纪50年代和60年代主要种植矮粒多。农村习惯种植大麦（习称老麦），品种有光头米麦、长芒黑壳老麦、长芒老麦、六轮光头老麦等。大麦品种的优点是成熟早，不影响大季，缺点是产量低，一般亩产75至100公斤。70年代后，大量引进阿波、阿夫、白泉565、繁六、泰安1号、泰安4号、苏克斯、黔麦4号、毕麦5号等小麦良种，以阿波种植面积最广。80年代后，小麦种植面积减少，品种以矮粒多和阿波居多。

薯类 薯类有红苕和洋芋两种。红苕为重要粮食作物之一。解放初期，年种植1000余亩。1955年后扩大种植。1958年种植面积达21637亩，亩产折原粮130公斤，总产2809吨。1975年后，年种植面积在1万亩左右。

红苕品种有本地红苕、紫心苕、广西白苕、广西黄心苕、胜利百号等，红苕一般亩产鲜苕1500至2000公斤。

洋芋主要为春洋芋。解放后逐渐引进新品种和扩大种植面积。1987年，全县种植5355亩，亩产折原粮121公斤，总产647吨。

洋芋品种主要为白洋芋。1958年，从贵阳引入红洋芋，产量虽高，但质量不如白洋芋好，群众仍以种植白洋芋居多。

大豆 大豆主要在玉米地里套种，种植较少，产量亦低。一般年种植2000余亩。1987年，全县种植1294亩，亩产41公斤，总产58吨。品种有小黄豆和小绿黄豆两种。

杂粮 有小米、高粱、稗子、饭豆、豌豆、胡豆和其他杂豆等，产量较低，亩产最高100公斤。丰年或风调雨顺之年，种植偏少；灾年或旱年为补主粮之不足，种植偏多。

小米品种有黄矮小米、黑壳小米、籼小米3种。高粱品种有本地大种高粱、高脚黑壳高粱、糯高粱和1977年从海南岛引进的高粱蔗4种。稗子品种有黄稗子等。饭豆品种有白皮饭豆、红皮饭豆、长藤饭豆、黑花饭豆等，豌豆品种有肉豌、壳豌和大刀豆等。胡豆主要为本地多年种植的胡豆品种。其他杂豆品种有四季豆、白洋豆、鲫壳鱼豆、大篱笆豆、小篱笆豆、青皮豇豆、红皮豇豆、白皮黑籽豇豆、大白皮豇豆、老鼠豆等。

经济作物

经济作物以烤烟为主，最高年产量近80万公斤（详见第三节）。茶叶，以其土质、气候、温差等独特条件，质量优良，近年迅速发展，已成为雷山县重要经济作物之一（详见第四节）。其次为油菜、辣椒、魔芋、土烟等。棉、麻和花生等油料作物种植不多，果品、药材亦有良好的发展条件。

油菜籽 民国时期，主要种植本地白菜型油菜，亩产20多公斤。1950年，全县种植480亩，亩产20.5公斤，总产9800公斤。1955年，上升为3283亩，总产7.5万公斤。1957年，油菜种植面积为12732亩，总产20.4万公斤。1958年至1964年的7年中，油菜籽年产均在10万公斤以下。1963年至1964年冬春，雪凌霜冻严重，气温降到摄氏零下5.9度，高寒地区的油菜受冻损失50%以上，一般地区损失30%～40%。1964年，全县油菜籽亩产仅11.5公斤，总产5.9万多公斤。1965年，大面积推广芥菜型良种和甘蓝型胜利油菜，总产上升到12.16万公斤。之后由于品种混杂蜕化、防治病虫害不力等，油菜籽产量再次大幅度下降。1978年后，国家提高油菜籽收购价格，调整夏季作物的种植比例，调动了农民种植油菜的积极性，普遍推广湘油5号、西南302等甘蓝型良种，油菜生产又有发展。1979年，全县种植油菜7506亩，亩产25.5公斤，总产17.65万公斤。1982年，发展到10026亩，亩产64.5公斤，总产64.89万公斤。红旗公社红旗大队推广甘蓝型油菜良种6.09亩，总产791.7公斤，亩产130公斤，比其他品种亩增35公斤。是年，全县各地种植的油菜良种有西南302、凯油1号、川油9号、湘油5号、杂交油菜、低芥酸油菜和双低油菜等，良种面积达95%以上。1987年，种植6307亩，亩产47.5公斤，总产29.9万公斤。

辣椒　辣椒是山区经济作物之一，各地普遍种植。其质量以丹江区、永乐区产的为上乘。特点是果形长大，肉质厚，成熟后色泽鲜红锃亮，晾晒干后称“雷山干辣椒”。苗族人民习惯用切碎的鲜辣椒和磨糯米粉掺拌做成“面辣”，入坛储存备用。当地群众还喜将鲜红辣椒剁细，掺以甜酒、白糖、生姜、蒜头做成“糟辣”。永乐地区以细鱿鱼与糟辣拌装成“鱼酱”，以坛装备用。“面辣”“糟辣”“鱼酱”都可分别用作佐餐或用作炒菜佐料，经常食用能增进食欲，帮助消化，有利健康。“雷山干辣椒”外销凯里、都匀、贵阳等地，远售湖南、四川等省。近年来，仅永乐区每年就有2万公斤上市出售。据统计，1952年，全县辣椒种植2695.8亩，总产27.45万公斤。1957年，种植2954.4亩，总产29.44万公斤。20世纪60年代初期，产量下降。1960年仅种植906.64亩，总产4.3万公斤。之后，产量又逐渐上升。1978年，种植3982亩，总产39万公斤。1987年，种植4635.8亩，总产49.56万公斤。

辣椒的品种以羊角辣和大长辣种植最多，其次为灯笼甜辣和朝天椒。

魔芋　县内海拔、气候、土质等自然条件均适宜魔芋生长，农民亦早有种植魔芋的习惯。但因缺乏商品市场，销路不广，种植不多。农民种植主要用于加工“魔芋豆腐”供自己食用，所以仅在粮、菜地里套种或在小块土地零星栽培，年产量约在10万公斤左右。20世纪80年代以后，国内外关于魔芋形成商品市场的信息广为传播，魔芋加工食品的药用价值和营养价值的科学介绍不断在报纸杂志发表。经科研部门实验发现，食用魔芋可以减肥、降血压，治疗淋巴结核、糖尿病、冠心病，具有养颜、散毒、开胃、帮助消化等作用，特别是治疗便秘有奇效。近年来，湖南、四川等省客商到雷山收购和加工魔芋者络绎不绝，刺激和启动了县内的魔芋生产。1984年，雷山县人民政府责成乡镇企业局把此项生产列为必抓项目，把扩大魔芋生产作为开发山区经济、引导农民脱贫致富的一项重大措施，运用先进方法，实行成片栽植。报德乡乌流村和乌江乡乌响村还涌现了一批重点户和专业户。乌响村李正金1987年种植12亩，产鲜魔芋2.5万多公斤，产值近2万元。1983年，全县产魔芋外销20多万公斤。1985年，外销40多万公斤。1987年，外销50多万公斤。

土烟　土烟习称旱烟，有白花烟、红花烟、犁头烟等品种。农民历来多在田边土角小块土地栽种，成片种植不多。土烟栽培技术简便，生长期只需施少许粪肥，经过几道掐尖，成熟后即割叶扎把晾干收藏，不需烘烤。生长好的还可多收一至二道再生烟，亩产干烟可达50～100公斤。土烟叶肉肥厚，烟味浓烈，吸取能够化痰止嗽，深受消费者喜爱。农民种植土烟，一是自吸和待客，二是上市出售，填补家中零用钱。解放前，年种植约2000亩，总产10万余公斤。1949年至1955年，年种植2500～3000亩，总产10至15万公斤。1956年后，因限制自留地和强调集体出工，种植面积大幅度下降。1956年至1979年，年种植仅几百亩至1000亩，年产量在1万至3.5万公斤之间徘徊。1980年，实行“包干到户”后，土烟生产回升。1984年种植1800亩，总产7.77万公斤。1987年，种植1400亩，总产7.4万公斤。

果树　果树历来均系在房前屋后和田边土角零星栽植，产量不多。品种有沙梨、半斤梨、大白杨梅、大红杨梅、猕猴桃、李、桃、杏、樱桃、板栗、枇杷等。1956年产量约为5000公斤，至1959年增至8万公斤。1962年，引进苹果试种。1967年，从山东引进水晶葡萄试种，收效甚微。1975年，引进大批梨子树苗，分给公统乡青杠村、响楼乡大郎当村以及在丹江镇老府城、部分林场和农户栽植；由于缺乏栽培管理技术，除青杠村果园稍有效益外，其余无大效果。1981年，县人民政府开始重视果树栽培，在公统乡、县农场等果园实行科学管理，效益始见。当年，全县产果量达13.9万公斤。1983年，引进柑橘、梨等10个优良品种在响楼乡百灵坳建立果苗试验示范基地，面积30亩，栽植果树1250株。由于采用科学栽培、管理、修剪和防治病虫等新技术，单株产量高。其中柑橘亩产已达1115.5公斤。到1987年止，全县果树种植扩大到30.37万株，面积6800亩，产果量达21.9万公斤。有的果园亩产果已达500～1000公斤。

药材 境内药用植物资源丰富，共153科，306属，462种（含变种）。供销部门及药材公司收购的中草药近200种。常年收购有天麻、杜仲、三七、益母草、雷五加、三楂果、麦冬、天冬、半夏、龙胆草、首乌、桔梗、黄连、厚朴、党参等70余种。

历来民间只栽培少量珍贵药种，纯为自用。1963年，县供销社从广西购进三七种苗42万株，响楼乡掌排村购进三七种6万粒，在全县建立三七生产场16个，专人栽培。20世纪70年代初又购进三七种苗80万株，在县内办三七生产场56个。1973年，收购1000公斤，后因销路不畅而停办。1980年，还种植杜仲、黄柏、天麻、松茯苓、五倍子等，总面积为410亩。近年，天麻、杜仲等名贵中药材人工种植已获成功。1983年，县科委在龙头乡进行人工栽培五倍子试验。1986年，县林业局在永乐、桥桑等地扶持发展五倍子生产。

棉花 棉花种植在少数民族地区已形成习惯，农民种棉主要供自己纺纱织布用，国家不收购。年种植面积约1500亩左右，品种为本地土棉，亩产皮棉25公斤。1956年，从外地引进良种"岱字"棉种植，亩产皮棉35公斤。此后，由于农村限制自留地，且种植棉花效益低，国家又有棉花、棉布供应，棉花种植面积减少。1978年，种植114亩，总产1550公斤。1987年，种植98亩，总产2000公斤。

麻 清代已有种植。品种为苎麻即白麻和青秆麻。从民国至解放初期，年种植面积约100—400亩左右，产量2200～3500公斤。均系个体经营，零星分布，数量不多。1956年，从榕江引进黄麻在丹江、龙头、响楼、固鲁等地种植，平均亩产皮麻66公斤，全县共收3239公斤。1978年，从外地引进红麻、黄麻种，种植1287亩，总产5.2万公斤。之后，由于无销路，红麻、黄麻逐渐被淘汰。1987年，种植黄麻96亩，总产2000公斤。

花生 种植品种有大种、小种花生，亩产150公斤左右。由于花生效益低，农民很少种植。田边土角偶有种植，均供农民自家食用。

葵花 民间习惯在房前屋后、田边土角种植葵花，也与红苕、瓜、菜等套种。农民种植葵花，主要供自家食用，作商品出售的不多。

芝麻 芝麻主要分布在丹江河一带，品种为小种芝麻，亩产20～25公斤。芝麻种植面积少，产量不多。

苏麻 境内各地均有零星种植，有大苏麻、小苏麻和白叶苏麻3种。一般亩产20～30公斤。农民种植苏麻除自食外，也作商品上市出售。

蓖麻 农民多在房前屋后零星种植蓖麻，产量不多。

蚕桑 民国4年（1915年）1月，丹江县知事陈嘉言曾派莫民怡赴贵州省蚕桑讲习所学习种桑养蚕技术。同年5月，县里将贵州巡按使颁发的《蚕桑浅说》一书缮发各区、团，教育农民种桑养蚕，并在教场坝开辟桑园。解放以后，妇女仍习惯种桑养蚕，有的户养万条，取丝自用。1958年3月，大塘区新塘乡排洛农业社组织有养蚕经验的女社员培育蚕种，共培育60多万条供全社养殖，后发展到800万条。县妇联在"三八妇女节"组织108名女社员栽桑树7524株。是年冬，县里从辽宁省引进100万粒柞蚕种，在丰塘建立柞蚕场。由于技术差和管理不善以及鸟雀危害、效益不高而停办。

苡仁米 解放前，民间有零星栽培苡仁米。20世纪60年代，各地均有种植，尤以丹江、大塘、桃江等地为多。所产苡仁米除自食外，由供销社收购上调。

西瓜 1982年，桥桑乡有7户农民试种成功，收西瓜42653公斤。1983年扩大种植，永乐镇的棉花坪、加鸟等地亦试种成功。是年，县农业局果苗场亦在果树空地试种，收西瓜2500多公斤。1984年，收西瓜4000多公斤，取得较好的经济效益。

甘蔗 解放前，桥桑、永乐、丹江等地均有种植，但经济效益不高，未有发展。

甜菜 亦称“糖萝卜”。1958年，曾引进在丹江等地种植，为县办糖厂提供原料，生产白糖。后因技术及管理等原因，停止生产。见历年经济作物播种面积产量一览表（293—294页）

其他作物

蔬菜 蔬菜栽培历史悠久。据农业部门调查，蔬菜品种有89种。民国时期，“丹江白菜”以甜脆著名。由于地处山区，交通闭塞，市场萧条，商品率低，蔬菜生产的发展十分缓慢，农民尚未形成商品观念，全系自给自足式的生产，栽培面积不多，品种单一，产量较低。20世纪80年代后，随着城镇居民的增加和养殖业的发展，蔬菜种植面积有所扩大，年种植4000亩至9000亩之间，单季亩产1000公斤左右。80年代中期，西江镇引种大白菜和莲花白试种成功，结束西江无白菜的历史。1986年和1987年，县农业技术推广站在丹江镇、响楼乡、县良种场试种早熟蔬菜，引进番茄“北京早红”等品种在稻田种植，亩收番茄3000公斤。

绿肥 1956年后才逐渐被推广。绿肥品种有菜花、苕子、紫云英3种。1958年，引进苕子。1963年，引进紫云英（又名红花草）。1963年后，苕子被淘汰，只种紫云英。绿肥播种面积由1956年的600亩扩大到2万多亩。

花卉 主要为庭院栽培，以美化环境，供人观赏。庭院栽花以陶尧乡治安村的牡丹花最负盛名。牡丹在当地栽培已有200余年的历史。此外，还有桂花、栀子花、月月红、夜来香、靠墙梅、栽秧花、粉团花、荷花、太阳花、紫金花、菊花、芍药花、鸡冠花、指甲花、牵牛花、石榴花、昙花、仙人掌等。

雷公山中的杜鹃、玉兰等珍贵野生花卉，已逐步被改为家培。1987年，雷公山自然保护区在庭院栽培花卉，采用单枝皮层割环技术，喷激素促根生已获成功。

1949—1987年雷山县粮食作物播种面积产量一览表

表9-3

项目 年度	粮食作物播种面积（亩）	亩产（公斤）	总产量（吨）	农业人口人均（公斤）	一、秋粮			1、稻谷			2、玉米			3、红薯		
					播种面积（亩）	亩产（公斤）	总产（吨）	播种面积（亩）	亩产（公斤）	总产（吨）	播种面积（亩）	亩产（公斤）	总产（吨）	播种面积（亩）	亩产（公斤）	总产（吨）
1949	99176	183.5	18177	287	96724	187	18087.5	92645	193	17865	1300	50.5	65.7	1178	82	96.8
1950	100383	183	18393	289	97676	187	18290.7	93100	193	18030	1472	53.5	79	1263	88	111.75
1951	104748	184	19252	300	101721	188	19138	96800	194.5	18848	1557	55.5	86.7	1358	90	122.95
1952	105545	190	20069.9	310	102112	195	19941	96800	202.5	19610	1781	55.5	99	1456	99.5	144.85
1953	105908	197	20853	317	102244	202.5	20713	96910	210	20357	1792	58	104	1542	107	165.1
1954	107931	200	21565	322.5	103311	207	21386	97110	216	20994	1805	59	106.5	1646	106	175
1955	123093	196	24103.3	358	113477	208.5	23715	97843	232.5	22658	5467	58.5	321	4581	106.5	488.8
1956	135027	198.5	26797.8	394.5	116974	223	26065	96820	253	24504	8231	51.5	425.5	2747	214	587.95
1957	134559	224	30121.3	443	114733	257	29495	96820	274.5	26598	5284	74.5	393.5	5599	382.5	2141.4
1958	135368	180	24379.7	388	114962	205.5	23649	80179	253.5	20311	8568	52	444.7	21637	130	2809.1
1959	121932	167.5	20397.8	328.5	107505	184.5	19816	83853	214.5	17995	8482	55	466.8	8258	122	1009
1960	116698	127	14722.3	241.5	100574	140.5	14109	87181	156.5	13626	3555	21.5	77	4495	43.5	196.35
1961	101445	147	14910.2	251	85621	168	14390	71695	173.5	12431	2830	50	140.8	5447	151.5	824.1
1962	107861	140.5	15166.7	246	95425	155.5	14829.2	74431	183.5	13675.45	990	54.5	53.95	3407	148.5	505
1963	103653	186.5	19348.4	304.5	89059	209.5	18677.5	78558	222.5	17469.1	2792	92	256.65	4966	151.5	751.4
1964	107096	220.5	23614.1	360	43477	245	22392	85849	259.5	22287	3565	56	199.15	3388	118.5	400.7
1965	112417	207.5	23326	340.5	98290	232.5	22871.2	88633	246	21818	3861	69	266.4	5264	146.5	771
1966	128834	200.5	25823	364.5	111197	222.5	25305.45	91410	267.5	24474	5467	45.5	247.7	12565	40.5	508.55
1967	141139	153	21598.7	296.5	102314	197.5	20256.4	90131	215	19358	3957	50.5	200.25	6957	89	618
1968	118804	188.5	22421.2	293	101675	214.5	21801	89282	214.5	21100	3701	73.5	272.45	5944	42.5	252

续表

项目 年度	粮食作物播种面积（亩）	亩产（公斤）	总产量（吨）	农业人口人均（公斤）	一、秋粮			1、稻谷			2、玉米			3、红薯		
					播种面积（亩）	亩产（公斤）	总产（吨）	播种面积（亩）	亩产（公斤）	总产（吨）	播种面积（亩）	亩产（公斤）	总产（吨）	播种面积（亩）	亩产（公斤）	总产（吨）
1969	121135	180.5	21838.6	275.5	102041	207	21130.55	89069	223	19861	4150	96.5	359.8	5157	123	633.8
1970	121755	174	21167	258	102927	198	20362	88469	217	19180	4381	82	360	6218	87	585
1971	120150	198.5	23865	281	100409	227.5	22860	84493	250.5	21145	6402	105.5	675	6748	121.5	820
1972	121337	157.5	19114.7	218	98392	179	18088.65	84910	201	17076.4	5928	84.5	501.7	6300	70.5	443.3
1973	124948	189.5	23688.5	258.5	102057	220.5	22507.75	84897	243	20625	6380	86	548.8	8128	135	1095.6
1974	126134	180.5	22768.1	244	104467	207	21654	84653	234.5	19863.4	7367	84.5	621.15	8430	109	919.1
1975	134761	199.5	26869.9	279	110152	234	25765.25	85176	277.5	23617.3	8435	67	566.6	10086	120.5	1214.65
1976	139226	187	26019.4	264.5	109145	224.5	24499.25	85460	265	22630.6	9069	77	697.5	9185	99	907.95
1977	131937	223.5	29457.4	294	110483	258	28478	85533	306.5	26203.25	9771	78.5	766.95	10222	119	1216.25
1978	140685	202.5	28540	280.5	110901	245.5	27228.65	85392	288	24575	10792	85.5	920.9	11160	137	1528.7
1979	127908	195	24946.1	229.5	105740	226	23881	85285	261	22262.65	8178	65	532.25	7787	111	865.35
1980	122906	194.5	23877	229	108500	13.5	23165.75	85207	251	21387	9182	67.5	619.3	10113	98	991.6
1981	122131	170.5	20828	197	110365	183.5	20242	85223	220	18770.25	9344	54.5	508.9	10917	25	770.5
1982	120076	204	24483	213.5	110580	217	24016.15	85104	259	22036.35	9508	62.5	596.7	11974	102	1220.7
1983	117934	213	25155	228.5	4109326	226	24683.35	84967	267.5	22719.75	9001	67.5	605.85	11459	103	1181.65
1984	115970	224	25990	221.5	107925	236	25467.25	84943	278	23605.45	8440	72.5	613.55	10796	99.5	1077.5
1985	119149	184.5	21925	194.5	108428	196	21259.2	84937	232	19707	8851	58.5	518.6	11016	182	902.25
1986	116147	236	27552	240.5	106879	251	26840.5	84495	296	25008	8654	77	662.55	9630	98	943.8
1987	115669	246	28446	244	105881	259	27438	84647	300	25397	8654	79	686	9684	124	1199

续表

项目 年度	4、杂粮			二、夏粮			1、小麦			2、洋芋			3、杂粮			三、大豆		
	播种面积(亩)	亩产(公斤)	总产(吨)	播种面积(亩)	亩产(公斤)	总产(吨)	播种面积(亩)	亩产(公斤)	总产(吨)	播种面积(亩)	亩产(公斤)	总产(吨)	播种面积(亩)	亩产(公斤)	总产(吨)	播种面积(亩)	亩产(公斤)	总产(吨)
1949	1601	37	59.5	1880	37.5	71.15	33	31.5	1.05	370	44.5	16.5	1477	36.5	53.5	572	32.5	18.45
1950	1841	38	69.9	2135	39	83.3	33	31.5	1.05	417	46.5	19.5	1685	37	62.75	572	32	18.45
1951	2006	40.5	81.3	2442	39	95.2	41	31.5	1.3	486	49.5	24.1	1915	36.5	69.8	585	32.5	19.15
1952	2075	41.5	86.85	2738	38.5	109.25	180	34.5	6.25	406	62	25.1	2152	36	77.9	595	33.5	19.9
1953	2000	43	86.55	2937	39	119.05	338	34.5	11.75	454	62.5	28.4	2145	36.5	78.9	627	34	21.45
1954	2750	40.5	111.2	3981	39.5	156.55	979	36	35.2	635	52.5	33.35	2367	37	88	639	34.5	22.2
1955	6086	40.5	246.85	8228	42	344.1	4022	40.5	164.55	812	58.5	47.75	3394	38.5	131.8	1388	30.5	42.2
1956	9176	59.5	546.8	10351	40.5	659.25	9033	39.5	355.45	276	144.5	39.85	7042	37.5	263.95	1702	43.5	74
1957	7030	51.5	361.75	17551	32	559.55	13733	21.5	298.95	1486	103	153.3	2332	47	110.3	2275	29	66.7
1958	4578	18	83.5	17996	38	680.65	13587	29.5	405	1710	86	152.55	2699	45.5	123.1	2410	20.5	49.85
1959	6912	50	345.6	11934	44.5	535.65	8194	42.5	346.75	1469	39	57.9	2271	58	131	2493	18.5	45.7
1960	5342	39	209.5	14329	42	597.7	12659	41.5	530.65	1394	37	51.45	276	56.5	15.6	1195	13.5	15.95
1961	5649	176	994.75	15537	32.5	509.7	12678	34	436.75	825	34	28.05	2034	22	44.9	287	35.5	10.2
1962	16597	35.5	594.75	12258	27	331	10849	25.5	278.25	353	95.5	33.8	1056	17.5	18.95	178	36	6.45
1963	2730	73	199.5	13750	47.5	654	11683	47	553.7	383	70.5	27	1684	43.5	73.3	844	20	16.85
1964	675	67	45.3	12589	52	658.2	11116	52.5	583.7	410	50	20.6	1063	50.5	53.9	1030	23	23.9
1965	449	35	15.75	12783	33.5	426.4	10772	34	368.3	553	43	23.8	1458	23.5	34.3	1344	21	28.3
1966	1755	43	75.65	15814	31.5	496.45	13618	32	436.3	673	33	22.35	1523	24.5	37.8	1823	11.5	20.6
1967	1269	63.5	80.55	38116	34.5	1323.6	33061	35	1168.25	839	41.5	35	4216	28.5	120.35	709	26.5	18.65

续表

项目 年度	4、杂粮			二、夏粮			1、小麦			2、洋芋			3、杂粮			三、大豆		
	播种面积（亩）	亩产（公斤）	总产（吨）	播种面积（亩）	亩产（公斤）	总产（吨）	播种面积（亩）	亩产（公斤）	总产（吨）	播种面积（亩）	亩产（公斤）	总产（吨）	播种面积（亩）	亩产（公斤）	总产（吨）	播种面积（亩）	亩产（公斤）	总产（吨）
1968	2748	64.5	176.65	16284	37	598.6	13694	36	495.1	705	30	21.35	1885	42	82.15	845	25.5	21.6
1969	3665	75.5	276	18638	37	694.15	15292	35	538.9	487	70	34.15	2859	42.5	121.1	456	30.5	13.85
1970	3352	70.5	236	18353	43	795	13406	41	550	653	73	35	4294	49.5	211.1	475	21	10
1971	2766	79.5	220	18996	51	970	11186	45.5	510	1173	67.5	80	6637	57	380	745	47	35
1972	1254	53.5	67.25	22420	45	1014.25	11775	40	481.6	1409	56	78.9	9236	49	453.75	525	22.5	11.75
1973	2652	90	238.6	22130	52.5	1161.75	8216	42.5	351.2	2171	59.5	129.6	11743	54.5	680.95	791	25	19
1974	4016	62.5	250.45	20813	52	1084.4	6795	53	359.05	2079	55	114.85	11939	51	610.5	855	34.5	29.55
1975	6455	57	366.7	23440	45.5	1064.9	6770	40.5	273.6	2236	55	123.8	14434	46	667.5	1169	34	39.7
1976	5328	48.5	258.25	28848	51.5	1489.4	84645	50.5	427.65	2788	63	175.9	17596	50	885.8	1233	25	30.7
1977	4687	58.5	274.65	19688	46.5	919.45	7428	46.5	343.95	2471	59	145.6	9789	44	429.9	1766	34	59.95
1978	3152	62.5	197.3	27804	44.5	1240.75	13017	44	571.4	4291	59	253.3	10496	39.5	416.05	1980	35.5	70.55
1979	3404	55.5	188.2	22168	48	1065.1	11078	44.5	492.15	2805	54.5	151.8	8285	51	421.15	845	23.5	19.65
1980	2685	47	126.8	14406	49.5	711.55	7040	51	360.65	2614	45.5	119.25	4752	45.5	231.65	1054	27.5	28.8
1981	2686	45	121.5	11766	49.5	585.1	5714	52.5	299.5	3262	49	159.2	2790	48.5	126.4	1500	28.5	42.6
1982	2568	49.5	127.05	9496	49	466.75	4126	48	197.95	3287	54	177.15	2083	44	91.65	1180	20.5	24.15
1983	1430	58.5	84.1	8608	55	471.9	3678	51.5	189.95	3538	62.5	221.45	1392	43.5	60.5	1376	27.5	38.2
1984	1414	60	84.95	8045	65	522.7	2664	71.5	191.05	3965	68.5	272.15	1416	42	59.5	1595	27.5	44.2
1985	938	50.5	47.5	10721	62	665.4	3566	62	221.65	5418	72	389.65	1737	31	54.1	1887	27	51.05
1986	1449	77	111.85	10068	71	711.45	3960	60	236.7	5375	80	430.1	733	61	44.3	1793	35	62.4
1987	824	72.5	60	9788	103	1008	3574	81	289	5355	121	647	859	84	72	1429	41	58

1949—1987年雷山县经济作物播种面积产量一览表

表9-4

项目/年度	棉花			油料作物			其中：油菜籽			烟叶			其中：土烟			麻类			药材作物播种面积（亩）	其他经济作物面积（亩）
	播种面积（亩）	单产（公斤）	总产（吨）	播种面积（亩）	单产（公斤）	总产（吨）	播种面积（亩）	单产（公斤）	总产（吨）	播种面积（亩）	单产（公斤）	总产（吨）	播种面积（亩）	单产（公斤）	总产（吨）	播种面积（亩）	单产（公斤）	总产（吨）		
1949	1547	3	4.4	530	20.5	10.85	480	20	9.6	3811	44.5	169.7	2500	43.5	108.75	130	17.5	2.25	—	—
1950	1574	3	4.5	530	21	11.05	480	20.5	9.8	3817	44.5	170	2500	43.5	108.75	133	17.5	2.3	—	—
1951	1640	3	4.65	660	20.5	13.5	600	20	12	4382	45	196.25	2500	43.5	108.75	135	18	2.4	—	—
1952	1767	3	4.9	810	20.5	16.8	750	20	15	5188	45	233.75	2500	43.5	108.75	137	18	2.45	—	—
1953	1884	3	5.95	1070	20.5	22.1	1000	20	20	5826	46.5	272.3	2700	47	126.9	141	17.5	2.45	—	—
1954	1981	4	7.6	1220	21.5	26.1	1150	21	24	5890	44	260	2890	47	140	145	18.5	2.7	—	—
1955	2022	4	8.4	3663	22	80	3583	22	78	6540	50	327.15	3000	50.5	151.5	178	21	3.75	—	—
1956	1905	5	9.6	4610	19.5	89.8	3985	17.5	69.75	6856	34	233.05	108	33	8.25	405	9	3.55	—	35
1957	1469	5.5	7.85	20502	11.5	240.4	19572	10.5	210	8642	42.5	366.1	1812	55	99.7	331	9	3	—	—
1958	122	2	0.25	4605	23	106.55	4246	16.5	69.75	4912	35.5	173.15	1500	50	75	331	6.5	2.15	—	—
1959	—	—	—	4026	16.5	65.9	3744	9	34.05	2101	34.5	72.55	1000	42.5	42.5	55	3.5	0.2	—	—
1960	—	—	—	20481	4.5	90	20275	4.5	88.55	2649	26	69.45	700	30	36.55	152	6.5	1	—	—
1961	—	—	—	996	8	7.9	952	7.5	7.35	925	20.5	18.85	819	21	17.55	4	12.5	0.05	—	—
1962	7	14.5	0.1	1674	12	20.35	1624	10.5	17.2	484	31.5	15.2	372	33.5	12.55	31	42	1.3	—	34
1963	210	4.5	0.9	4810	14	67.75	4507	14.5	65.55	1662	31.5	52.65	696	21	14.8	40	5	0.2	—	—
1964	1108	7	8	5271	12	62.75	5147	11.5	59.85	3250	38	123.8	791	31	24.65	17	6	0.1	—	—
1965	1874	6	11.45	8065	16	130.15	7745	15.5	121.65	4364	39	169.55	1053	24.5	25.65	84	6	0.5	—	7
1966	1247	5	6.1	10166	12.5	125.45	9792	12	116.05	4846	25	121.8	696	23.5	16.45	57	9	0.5	—	—
1967	581	5	2.9	7688	11	84.3	7592	10.5	81.55	2021	28	56.85	540	25	13.5	12	12.5	0.15	—	—

续表

项目/年度	棉花			油料作物			其中：油菜籽			烟叶						麻类			药材作物播种面积（亩）	其他经济作物面积（亩）
													其中：土烟							
	播种面积（亩）	单产（公斤）	总产（吨）	播种面积（亩）	单产（公斤）	总产（吨）	播种面积（亩）	单产（公斤）	总产（吨）	播种面积（亩）	单产（公斤）	总产（吨）	播种面积（亩）	单产（公斤）	总产（吨）	播种面积（亩）	单产（公斤）	总产（吨）		
1968	331	8	2.7	1549	10.5	16.4	1525	10.5	15.85	846	29	24.65	490	25	12.25	15	6.5	0.1	—	—
1969	388	12	4.65	2532	13.5	34.7	2513	13.5	33.65	781	28	22	480	25	12	15	6.5	0.1	—	—
1970	583	8.5	4.85	1908	17	32.9	1823	17	31	340	29	9.85	317	24.5	7.85	6	16.5	0.1	—	—
1971	374	11	4.05	2539	26	65.65	2381	26	61.85	927	33	30.4	665	36.5	20.75	44	7	0.3	32	106
1972	404	6.5	2.7	7269	16	116.65	7243	16	115.7	1018	33	33.8	631	42.5	17.3	39	11.5	0.45	27	1
1973	280	7	2	4492	31.5	140.5	4252	32.5	138.5	1364	34	46.05	809	37.5	30.35	30	11.5	0.35	72	25
1974	251	9	2.25	4310	22.5	47.7	4052	23	92.8	1671	34	56.6	915	35	32.05	50	15	0.75	42	440
1975	270	12	3.25	5240	27.5	145.25	4932	27.5	136.6	3444	39.5	135.35	1123	34.5	38.65	61	14	0.85	46	33
1976	178	13	2.3	6419	25	160.5	6142	25	154.6	4072	40	162.9	1099	37.5	40.95	30	18.5	0.55	91	471
1977	131	12.5	1.65	3462	17	58.1	2998	15	45.4	3832	40	154.1	952	30.5	28.9	38	30.5	1.15	46	373
1978	114	13.5	1.55	8920	19.5	174.4	8225	18	149.35	3294	47	150.75	927	38.5	35.2	1287	40.5	5.22	58	600
1979	37	8	0.3	7925	23.5	187.1	7506	25.5	176.5	1184	38.5	45.75	914	35	32.15	391	22.5	8.8	3	575
1980	71	10	0.7	6467	27.5	178.25	6066	28	170.15	1896	38	71.9	1141	27.5	38.9	375	24.5	9.15	410	17
1981	276	9.5	2.65	10209	41	417.35	9651	42	403.8	2149	41.5	89.2	1636	29.5	57.5	101	32.5	3.3	—	274
1982	242	11	2.7	10406	63.5	659.2	10026	64.5	648.9	3972	59.5	237.2	1594	34.5	55	138	17	2.3	—	334
1983	305	11.5	3.45	8148	46	376.3	7777	47	365.25	4300	62	266.6	1700	37	62.9	60	27.5	1.65	16	28
1984	312	8	2.5	6359	51.5	326.05	5998	52	312.45	4986	92.5	472.75	1800	43	77.7	108	15	1.65	57	—
1985	181	11.5	2.1	6274	36.5	228.6	5978	37	221.25	8957	98.5	880.65	1662	49.5	81.95	70	23	1.6	261	78
1986	171	17	2.85	7043	46	289.4	6597	41	270.55	7702	57	526.35	1675	56	93.95	54	34	1.85	—	8
1987	98	18	2	6683	48	350	6307	47	299	7862	63	494	1448	51	74	96	19	2	—	3

1949—1987年雷山县蔬菜、绿肥等作物播种情况表

表9-5　　　　单位：亩

年　度	播种面积	其　中		
		蔬菜面积	绿肥面积	其　他
1949	1013	1013	—	—
1950	1033	1033	—	—
1951	1033	1033	—	—
1952	1033	1033	—	—
1953	1333	1333	—	—
1954	1533	1533	—	—
1955	1833	1833	—	—
1956	5303	3328	600	1375
1957	7205	2640	4565	—
1958	6065	1500	4565	—
1959	6065	1500	4565	—
1960	7565	3000	4565	—
1961	11035	6470	4565	—
1962	11748	6470	4565	713
1963	7388	2965	4290	133
1964	4441	2153	2062	226
1965	8872	3475	4459	938
1966	9912	3765	6084	63
1967	9206	3765	5255	186
1968	3440	1342	2098	—
1969	4098	2000	2098	—
1970	2210	1508	701	1
1971	3522	2524	987	11
1972	5721	2636	2402	683
1973	5961	3202	2152	607
1974	6214	2764	1931	1519
1975	7024	2843	3308	873
1976	8460	2836	3064	2560
1977	12047	2430	8303	1314
1978	14346	2284	10527	1535
1979	16506	2517	12881	1108
1980	20972	3660	15558	1754
1981	26335	4300	20410	1625
1982	27118	4784	20388	1946
1983	28329	5727	21396	1206
1984	32310	5861	23393	3056
1985	34194	6433	26020	1741
1986	39569	9166	25991	4412
1987	37051	8500	24849	3702

第三节 烤 烟

生 产

民国33年(1944年),雷山县望丰乡蜂糖(今丰塘)村文炳华、文炳贵、文炳明、文炳仁4人与麻江县大中乡徐锡九合股,在蜂糖(今丰塘)村雇人挖土整地,修建烤棚,试种"美烟"10亩,年收入500公斤,每斤售价法币5.5元。种子系贵州省农业改进所引进的美国费吉利亚"黄金烟叶"纯种。以后,望丰乡排肖村余送略、望丰村何子光、三角田村李松节、乌响村李保送、乌香(今乌江)村李翁九、荣防村李者略、南猛村杨你略、乌瓦村杨勇衣、报德村余德祥、莲花村李代忠、咱刀村石开、永乐街王明召等人,也分别试种或合伙租地试种"美烟"。民国34年(1945年),栽种的农户逐渐增多。民国35年(1946年),雷山设治局局长吴修勤指令各乡(镇)试种"美烟",计划栽植300万株。并在老丹江建美(烤)烟农场,工人有33人。委托刘茂隆负责农场,聘请罗开云担任农场技术员。望丰、桃江等9个乡(镇)亦聘罗传授技术,并在龙塘、报德、老丹江、咱刀,城关等地兴建烤烟棚10个。是年,将生产烟叶送贵州省参加物产展览,获优等奖。民国37年(1948年),又引进美国特字400号优良品种种植以后,烤烟种植区域逐步扩大到报德、望丰、丹江、西江、震威、建安、大塘、桃江等8个乡(镇)的80多个村寨。根据民国38年(1949年)10月4日雷山县县长郑铸成向贵州省主席谷正伦呈送的《雷山县38年度美烟收成情况调查表》记载:当年美烟种植面积为357亩,收获19950公斤。其中:丹江镇40亩,2500公斤;大塘乡25亩,1500公斤;桃江乡25亩,1550公斤;建安乡62亩,3250公斤;西江镇64亩,3400公斤;震威乡47亩,2750公斤;报德乡36亩,2000公斤;望丰乡58亩,3000公斤。

解放后,农民种烟的积极性日益高涨,种烟区域逐年扩大,产量增加。1956年,种烟区域由解放前夕的80多个村寨扩展到164个;种植面积由357亩扩大到6748亩;产量由19.95吨上升到224.8吨。1957年,种植面积为6830亩,总产量266.4吨。1958年后,受"大炼钢铁""大兵团作战"影响,强调"以粮为纲",种植面积和产量有所下降。1961年,全县只有丹江、陶尧、望丰、桃江4个乡(镇)的部分地区种植烤烟,面积仅106亩,产量1.3吨。1962年后,调整政策,允许发展副业,烤烟生产又逐年回升。1966年,全县烤烟种植面积为3311亩,总产143.9吨,种植区域扩展到全县24个乡(镇)。1966年,号召大搞粮食生产,忽视烤烟种植,烤烟生产又趋下降。1970年,全县烤烟只种植23亩,产量2000公斤。

1977年,全县烤烟种植面积2880亩,总产125.2吨。1982年,实行"包干到户"责任制,烤烟生产继续回升。1984年,种烤烟年收入在1000元以上的有27户。1985年,全县烤烟种植面积7295亩,总产798.7吨。当年,全县有丹江、西江、大塘3个区、14个乡(镇)、65个村寨、3588户种植烤烟,计1658万株。是年种烤烟年收入在1000元以上的有63户。此后,因国家制订收购标准以叶的长度论质,不切合实际,影响烟农积极性,产量再度下降。

1987年,全县种植6414亩,总产420吨。岔河乡有363户种烟,占总户数的88.97%,卖烟收入157960元,户均收入435元。

技术培训

为发展烤烟生产,农业、供销、烟草等业务部门,多次联合举办烤烟技术培训和技术交流。1955年,全县举办烤烟烘烤技术训练班1期,参加学习有150人。召开烘烤技术座谈会1次,参加座谈有35人。1956年至1957年,分别培训技术人员530人次,内容有烤烟育苗、防治病虫害、田间管理、烘烤、分级扎把等技术。1964年，农业和供销部门联合培训烘烤技术人员80人。1972年，县供销社从河南省许昌专区聘请两名烤烟技术人员到县传授技术，改一年一季为一年两季，推广稻田栽烟，力求“稻烟两熟”。

20世纪80年代以后，县每年召开一次大型会议，宣传政策，总结交流经验，表彰先进等。1987年，共组织培训3324人次。县烟草局还组织产烟区的干部及烟农代表赴施秉、麻江等县参观烤烟规范化栽培。

良种引进

烤烟种植的品种，原是美国费吉利亚“黄金烟叶”和“特字400号”。因种植多年，加之没有认真选育，出现蜕化和变异现象。20世纪70年代末，引进云南“大金元”。80年代初，引进“春雷3号”“红花大金元”“北卡82”“广140”等品种。经过实践，县内土壤、气候适宜种植“红花大金元”和“北卡82”。

烤棚改进

20世纪60年代以前，烤棚沿用民国时期的式样。自中国烟草工业公司推广河南省乔庄生产队烟叶优质高产经验以后，1973年，供销社技术员在报德乡指导改进旧烤棚10个，仿建“乔庄式”烤棚3个。丹江区供销社还组织也利、报德、也改、乌流、郎德、羊卡、荣防、乌响、甘益等村的党支部书记、生产队长赴丹寨学习改进烤棚的经验。嗣后，全县均仿建“乔庄式”烤棚。

80年代后，农村生产单位变小，原有的大烤棚已不适应需要。1982年5月，派13人赴福泉、贵定、麻江等县参观，又修建改建小型烤棚215个，既省柴又适应农户分散经营的特点。每烘干1公斤烟仅用5至6公斤毛草柴，时间由原来的4～5天缩短为3～4天。1987年，县烟草公司派人赴大方县学习火管平走式(水泥板)烤棚，全县建成70个。此种烤棚更省燃料，而且升温快，易于控制干湿度。

栽培技术

分育苗、移栽、中耕管理、打顶打杈等步骤。育苗的苗床要选择平坦、向阳、背风、排灌方便的稻田或旱土(沙质土)为宜，如果当年种过辣椒、茄子、洋芋的不能用作苗床。20世纪50、60年代播种的时间是“立春”以后“雨水”以前；到70、80年代育苗则在上年的12月(大雪左右)至当年的1月。苗床每厢宽1米，低厢育苗，经过整土、烧土消毒、施肥后再把经过消毒后的种子播下。下种后用竹片在苗床上搭成弧形支架，用塑料薄膜覆盖，以保温保湿，并注意白天揭开薄膜通风，晚上再盖薄膜，过3—5天后即可拆卸薄膜不再加盖了。苗期每隔7—8天喷洒一次波尔多液，防病灭虫。拉十字架后要注意保苗，防止高温烧苗。

20世纪50年代，烟农采用平地育苗，不拉厢，播种以后用杉树枝覆盖，待烟苗生长后才揭开追肥管理。到60年代，又提倡温床育苗。70年代后，都推行现在的新法育苗，播种的时间也比以前提早1个多月。

其次是移栽。在60年代前，栽烟与插秧同时进行；有部分地区先插秧后栽烟。到70年代以后，每年清明前后就开始栽烟，结束后才插秧。连续种过番茄、洋芋、辣椒的土地不宜栽烟，以防“死地火”。株行距视土地肥瘦而定，每亩控制在1600～2000株为宜，栽烟的土应一次施足底肥。

再次是中耕管理和打顶打杈。烟苗移栽后10—15天，要浅锄松土、除草追肥，此后每隔10天进行一次。如追用化肥，务必在中耕前施完，中耕深度一般不超过2寸。

最后是刨沟上高厢壅蔸（也可结合施肥）。近60天左右，烟叶长势茂盛，会出现花蕾，就要打顶打杈。土瘦、肥少、烟株小的早打，土肥、烟株壮的可以开花后再打。打顶打杈不仅仅只一次，而是要打到烟叶成熟时为止。此是提高单叶的重量和质量的重要措施，但并未全面推广。经过中耕和打顶打杈以后，烟叶日趋成熟，就可以摘叶绑竿烘烤了。

1949—1987年雷山县烤烟生产情况统计表

表9-6　　单位：亩、吨

年　度	亩　数	总产量	年　度	亩　数	总产量
1949	1311	60.95	1969	301	10
1950	1317	61.25	1970	23	2
1951	1882	87.5	1971	262	9.65
1952	2688	125	1972	387	16.5
1953	3126	145.4	1973	555	15.7
1954	3000	120	1974	756	24.55
1955	3540	175.65	1975	2321	96.7
1956	6748	224.8	1976	2973	121.95
1957	6830	266.4	1977	2880	125.2
1958	3412	98.15	1978	2367	115.55
1959	1101	30.05	1979	279	13.6
1960	1949	32.9	1980	485	33
1961	106	1.3	1981	513	31.7
1962	112	2.65	1982	2373	182.2
1963	966	37.85	1983	2600	203.7
1964	2459	99.15	1984	3186	395.05
1965	3311	143.9	1985	7295	798.7
1966	4150	105.35	1986	6027	432.4
1967	1481	44.35	1987	6414	420
1968	356	12.4	—	—	—

第四节　茶　叶

茶园建设

县境的地势、土壤、气候都适宜茶叶种植，具有发展优质茶叶生产得天独厚的自然条件。清代，已有人在桥兑、桃江等地开垦茶园，引入茶叶生产技术。但因山区交通闭塞，农民种茶只在当地市场零星出售，销路不广，因而茶叶生产长期处于自产自用状态。

1955年，贵州省对外贸易局、贵州省茶叶公司派出茶叶工作组，两次到雷山调查，并发动农民垦复荒芜茶园。当时，全县3个区的14个乡有茶树13万多株，其中100株以上成片的有140处，面积1591亩，以桥兑、桃江、新塘、独南、乌江等乡居多。桥兑、桃江两乡垦复4万多株。1957年，贯彻全国茶叶专业会议提出的“大力扶持茶叶生产，提高产量质量，扩大出口”的精神，县供销合作社派7名干部深入产茶区，发动农民垦复茶叶约10万株。是年，全县原荒芜的茶叶垦复完毕，还由社队派人专门管理。县人民委员会专门召开茶叶技术培训会议，推行“及时采、分批采、留叶采”“老叶嫩叶分采分制”“鲜叶分筛分制”的制茶方法。1958年，在桥兑乡开办茶叶中学1所，为发展茶叶生产培养人才。1959年，县社土产经理部收购干茶6100公斤，比1955年增长1倍多。以后因片面强调“以粮为纲”，忽视茶园的垦复和管理，茶园再度被撂荒。1974年春，县外贸站从黄平东坡农场调进茶叶种子，在白连公社大坪子和达地公社大坪山开辟新茶场，同时发动社队开辟茶园。6月，县革委曾组织部门的负责干部40人，前往湖南省桃江县参观茶叶生产。之后，以县外贸站为主，县供销社互相配合，共同筹集资金到浙江、福建等省调进大批茶叶种子，县、区、社三级革委组织全县社队开垦荒地种茶。1975年春，全县开辟和改造新老茶园达8405亩，兴办公社、大队、生产队茶场45个。达地公社组织400余人在大坪山开辟茶园500多亩，建成大坪山茶场。还在茶地套种玉米和花生，收获玉米9130公斤、花生180公斤。1978年后，县委将茶叶生产作为发展经济作物的重点，区、乡党政领导以及供销、农业、财政，税务等部门，抽调干部深入农村，发动和组织农民垦复茶园，至1982年底，恢复茶场23个，有专业人员338人。1984年后，省、州、县继续拨专款200多万元有偿扶持。1986年，除垦复老茶园外，还在部分乡村建设高标准“密植免耕生态型”新茶园。1987年，全县已垦复老茶园5513亩，建设高标准密植免耕新茶园1980亩，兴建茶叶加工厂、点11个。县供销社亦建立民族茶厂，与饮料食品厂分工经营，年产茶叶10225公斤。

经营管理

1955年至1972年，茶叶生产技术指导和管理归农业局，购销业务归供销社。1973年至1975年，茶叶经营管理归外贸站，产品购销由供销社代办。1976年至1978年，茶叶产、供、销业务全部划归供销社。1979年至1981年，生产管理归乡镇企业局即原社队企业局，购销业务归供销社。1982年至1983年，茶叶产、供、销业务全部划归供销社。1984年至1985年，茶叶生产管理划归县经济委员会，茶叶交饮料食品厂加工出售。1986年以后，茶叶生产分属供销社和饮料食品厂。供销社分管永乐、西江两区全部和丹江区大部茶场；饮料食品厂分管大塘区和龙头乡、公统乡各茶场。1987年，为加强对茶叶生产的领导，建立了雷山县茶叶生产领导小组，由分管农业的副县长陈文发任组长、县委副书记陆定洲和县政协主席余国茂任副组长。同时成立雷山县茶叶科学研究所，配备中级技术人员2人。县供销社亦建立茶叶公司，配备干部职工20人。

茶叶的生产经营，1955年至1957年，由互助组或农业社生产经营。1958年至1972年，由生产大队或生产队经营。1973年至1980年，社队兴办茶场，谁办谁有，生产经营权属茶场。1981年后，各级茶场的生产经营重新组合，其经营形式有五种：一是县办试验场；二是组织专业组，收入按比例分成；三是专业户承包；四是包产到户；五是租赁经营。1987年，租赁和承包成为茶叶生产的主要形式，县供销社和饮料食品厂租赁茶场11个，茶园面积3328亩，租赁期分别为10年、15年、20年和30年；专业户承包茶场8个，茶园面积1091亩。县农村经济委员会、县农业区划办公室、雷公山自然保护区以及县林业局、科委、良种场等单位也分别办茶场、承包经营茶园。

技术措施与学习交流

1987年3月，县委书记余金才、副县长周定生带领4个区和有关部门的负责人、茶场和茶农代表40余人，前往湄潭、贵定等地学习茶树栽培和茶叶加工技术。

1985年，县供销社聘请羊艾茶场技术人员、助理农艺师周顺琴承包公统茶场，示范传授技术。1986年，邀请贵州省茶叶学会理事、农艺师宫光华到雷山传授茶叶栽培技术，并聘其为雷山县茶叶生产技术顾问。1987年，邀请贵州省茶叶科学研究所栽培研究室主任、副研究员冯绍隆到雷山传授茶叶栽培技术，并聘其为县茶叶生产技术顾问、县茶叶生产领导小组成员。

技术队伍

全县直接或间接从事茶叶科研、生产经营的科技人员有10人，其中中级科技人员4人，初级科技人员6人。茶叶科学研究所配备所长1人和中级科技人员2人。

技术培训

1985年起，县供销社在公统办示范茶场，每年召开一、两次现场会议，现场培训茶园管理和栽培技术。1987年，供销社改在达地镇桐油坳办示范场，在乌江乡满天星办密植免耕生态型新茶园示范场。县茶科所在县城西郊建成高标准密植免耕新型茶园8亩，既作技术培训，又作建点示范。

加工操作规程

县茶科所编制银球茶、天麻茶、云雾翠绿、龙珠茶等茶叶珍品的工艺操作规程和茶青定级标准，并呈报有关部门批准实施。

雷山茶叶进入全省名茶之列，并在国内有一定的知名度。据茶叶专家研究证实，在漫射光条件下生育的茶树新梢中的氨基酸、咖啡碱等含量和水浸出物比较丰富，茶叶纤维含量却较低，使茶叶肥厚柔软，持嫩性强，芳香性好，加上茶园海拔度高，境内无工业污染，为优质茶叶创造了有利条件。经化验：雷山茶叶氨基酸总量1.36%，儿茶素总量153毫克／克，咖啡碱2.8%，茶多酚27.75%。还具有香味持久，滋味爽甜，生津解渴和耐于冲泡的特点。1984年4月，雷山县饮料食品厂生产的银球茶、天麻茶荣获贵州省优质产品称号。1985年6月，银球茶获轻工业部优质产品奖。1986年，银球茶、天麻茶均获轻工业部优质产品奖，并取得国家专利。1987年，县民族茶厂生产的云雾翠绿，经贵州省茶科所检测，各项指标达优，荣获贵州省优质产品奖。

第五节　耕　作

耕作技术

雷山地区在宋代就有简单的农业生产活动。元、明至清康熙四十一年（1230—1702年）的400多年中，生产方式和技术均极落后，粗放耕作，没有中耕施肥的习惯。以后，农业生产有所发展，大部分地区实行牛耕，但边远山区仍有用人拉犁、脚踩田和焚山而种、轮歇耕种的生产方法。

清雍正七年（1729年）建厅设治以后，新的耕作技术随汉人迁入而引进，加快了雷山农业经济的发展，耕地面积增加，耕作渐趋精细。除边远闭塞山区仍实行“刀耕火种”撒播小米外，坝子以种稻谷为主，山地则以种杂粮为主。鸦片战争前后，生产上有新的发展，铁质农具水犁、水耙、旱犁、薅耙、刀斧、钉耙、挖锄等大量增加，刀耕火种、轮憩歇作的落后生产方式渐次减少，牛耕已较普遍，施肥和中耕也已形成习惯。

民国时期，在条件较好的地方，因耕作技术有所改进，生产有所发展，稻谷亩产在200～300公斤左右。

解放后，各族人民在共产党和人民政府的领导下，完成土地改革和农业合作化，积极改进耕作技术，不断提高农业生产水平。

犁田整土技术 20世纪50年代初，毛坪、方祥、开屯等边远山区，还沿用"刀耕火种"、脚踩田等落后方式。尤其在毛坪，农民不会使用牛耕地，耕作粗放，产量很低。1953年，党和政府通过发放无偿农具和耕牛，派工作组驻毛坪乡，教农民使牛犁田。全乡89户，在13户中试验，每户仅犁几分面积。1957年，全乡男劳力大部分已学会用牛犁田，并驯熟耕牛37头，改变用脚踩田的方法。

1956年，开始试用七寸步犁、山地犁、无轮一铧犁和双轮双铧犁等新式农具。1957年春耕开始，全县训练农具手201人，53部双轮双铧犁等新式农具全部下田，共犁田2500多亩。1958年3月31日至4月4日，全县在南屏农场召开技术学习推广会，县委书记、副书记亲自主持。参加会议的有760人。经过5天实地学习，参加推广会的760人有752人学会使用新式农具，驯熟耕牛49头。嗣后，各区、乡都制订推广新式农具的计划，并展开竞赛。是年，全县使用新式农具犁田达1.2万亩，占总耕地的12%。此后，因双轮双铧犁等新式农具较为笨重，在山区不便搬运，逐渐被停止使用。

1968年，国家无偿拨给丹江公社（今丹江镇）东方红拖拉机1台。1972年，建立公社农机站，城关附近开始使用拖拉机耕作。1978年，机耕面积达4074亩。

播种移栽技术 1953年起，逐渐推广水稻黄泥选种、盐水选种、新式秧田、湿润秧田、撒稀秧育壮苗、旱地育秧、合理密植、三角丛植，推广插秧机插秧、药肥浸种、浸秧根等技术。20世纪80年代提倡"两段育秧法"。1984年，全县建温室74个，推广两段育秧面积1321亩。1985年后，采用此法的农户愈来愈多。据桥港乡科普协会统计，1986年，全乡采用"两段育秧法"栽插1321亩，平均亩产474公斤，每亩平均比一般育秧法增产26公斤，采用此技术后，全乡节约杂稻种2399公斤。

使用播种器，小麦改点播为条播和宽幅条播；油菜实行育苗移栽；红苕改老式育苗移栽法为温床育苗、栽坎坎苕、大窝苕等，增产效果显著。1957年，大塘乡咱刀农业社在雄结（地名）栽大窝苕1000多窝，每窝结苕40多个，最高每窝有150多公斤。

田间管理技术 解放前，多数作物种后不管或少管，禾苗枯黄或遭病虫危害后，则敬神敬鬼，企望神灵保护。土地改革以后，逐渐改变不薅追或少薅追的习惯，实行精耕细作，逐步推广看苗追肥，科学施肥（氮磷钾配合施用），叶面施肥，喷施微肥，合理灌溉，化学除草，施用植物生长激素，进行人工辅助授粉等科学技术。

收割技术 解放前，收割籼谷用镰刀割、挞斗打，收割糯谷用手扯和摘刀，工效很低。20世纪50年代末，推广"围席挞斗"、打谷机、脱粒机、割禾器等，工效有所提高。"包干到户"后，多数农民继续使用镰刀割、挞斗打收割，做到细收细打。

耕作制度

解放前，田里仅种一季水稻，有的秋后复种菜花，以作肥料；土里大部种植瓜菜，小部种植烟草，复种指数极低。土地改革和农业合作化完成后，先进农业生产技术陆续在农村推广应用，耕作制度大为改进。20世纪50年代中期，田里复种小麦、油菜，土里实行玉米、红苕、豆类、麦类、蔬菜等作物的复种和间作套种。60年代，在秋季种小麦、油菜的同时，又扩大绿肥种植面积。70年代，推广双季稻和“稻烟两熟制”。80年代，主要实行稻麦、稻油两熟制。1987年，各种农作物播种面积167462亩，复种指数达163.5%，除阴、冷、烂、锈田外，大多数耕地均推行复种。

稻麦、稻油两熟制 1955年开始推广稻麦、稻油两熟，扩大小麦、油菜种植面积。1956年，属高寒山区的毛坪乡金星农业社试种油菜8亩，总产400公斤，平均亩产50公斤。1957年，种植油菜250亩，收油菜籽4150公斤，平均亩产16.6公斤，改变了雷公山区不能种植油菜的传统习惯。是年，全县小麦、油菜种植面积达26065亩，占总耕地面积21%。1960年，小麦、油菜面积扩大到32929亩，占总耕地32%。之后，小麦、油菜播种面积经常保持在15%～20%左右。20世纪80年代后，群众有感于种小麦挤占肥力，成熟较晚，影响水稻栽插，采取“小麦上坡，油菜下田”的方法，田里种植小麦逐渐减少。

稻绿两熟制 1957年后，逐渐扩大绿肥种植。20世纪70年代末期，为适应种植杂交水稻的需要，大幅度增加绿肥种植面积。20世纪80年代以后，绿肥年播种面积均达总耕地的20%以上。1987年，绿肥种植面积24849亩，占总耕地面积的24.3%。

双季稻 1970年，在响楼乡脚雄村和龙头乡羊排村试种双季稻。1971年，种植早稻18亩，总产5049公斤，平均亩产280.5公斤。早稻在3月下旬育秧，5月1日前移栽，8月1日前收割，随即插晚稻。早稻品种为二九青、矮南1号、金小青早、广陆矮等，晚稻品种为农垦58和珍珠矮等。1972年，双季稻扩大到1002亩，丹江、永乐、大塘、西江的低海拔地区相继试种。1973年，从湖南、江苏等省聘请农民技术员21人，到各区、乡担任双季稻技术指导员。是年，双季稻种植面积达1954亩，其中早稻亩产156.5公斤，总产30.6万公斤。后因早稻鸟雀危害严重，晚稻又易遭病虫害和受秋风影响，增产不大。农民有感于“两季不如一季”，双季稻种植逐渐减少，至1978年后消失。

稻烟两熟 1974年，丹江区供销社技术员在报德公社（今报德乡）进行水稻、烤烟两熟试验。以郎德大队1队和也利大队1队为试点，于年前10月下烟种，塑料薄膜覆盖育苗，“惊蛰”前移栽，试种面积3.35亩，“小满”前摘叶烘烤。其中郎德1队试种1.35亩，收入干烟95.5公斤，亩产73公斤，斤均价0.964元。烟叶收完后移栽水稻，亩产平均450公斤，比上年增产13.7%。1975年，陶尧、龙头、莲花、永乐、桥桑、柳乌等公社均实行稻田种烟，“稻烟两熟”波及全县101个生产队。

第六节　农田基本建设

农田基本建设，有突击性建设和常年性建设两种。项目有引水排涝、深耕、浆砌田坎、改良土壤、改造低产田、改河造田、防洪等。

引水灌溉

解放后，开沟引水、筑坝提灌及排除冷锈水等农田基本建设工作常抓不懈。1950年到1987年，全县共修大小水利工程1191处，有效灌溉面积67473亩，占总耕地面积66.15%（详见水利章）。

深　耕

为加深耕作层，提高土地涵养力，1956年后，用双轮双铧犁等新式农具进行深耕。1958年，全县集中力量在丹江、西江、报德、固鲁、陶尧、望丰、龙头、大塘等大小坝子田进行深挖翻土。"大跃进"时期，认为愈深愈好，挖深达1米，将田底挖漏不能蓄水，造成劳民伤财，得不偿失。

浆砌田坎

县内农民素有浆砌田坎的习惯。每年春节至清明节，农民对每块田的田坎三年要用黄泥浆糊一次，以防漏水。对被水冲垮的田坎在冬春两季也要进行修整，以利防洪蓄水。丹江区乌秀村以"块石干砌法"筑就的保坎，石块垒石块，间隙不需水泥，整坎坚固如壁，防洪效果特佳。1958年，省内江口、黔西等县曾组团到乌秀参观学习"块石干砌法"。

改良土壤

为查清土地资源，提出切实的土壤改良措施，雷山县曾组织两次大规模的土壤普查。1959年4月，全县举办土壤学培训班，参加学习的有县、区、乡、社四级干部共210人，学习土壤分析、化验和改良方法。之后，全面开展土壤普查和土壤改良工作。是年，桃江乡桃良农业社因稻田土壤酸性太重，亩产粮食均在200公斤以下；后从凯里购进石灰24万公斤，对500亩稻田进行土壤改良，即每亩施放石灰200公斤。事后经复测鉴定，所改良的田变为微酸性壤（PH6～6.5）和中性壤。1981年至1982年，全县又进行第2次土壤普查，基本完成外业调查和内业各种资料和数据汇总的整理工作，并提出不同类型的土壤利用与改良、合理施肥和改进耕作技术等措施，使土壤改良工作有的放矢，立竿见影。

改造阴冷烂锈田

在边远高寒山区和阴山深谷中，全县有阴冷烂锈田22749亩，占总稻田面积的26%。亩产仅100～150公斤左右，是粮食高产的主要障碍。历年来，各地采取修排水沟，引出冷、锈水；砍掉阴山田周围草木，增加日照，提高热量；施放石灰，改良土壤结构等措施加以改造。1979年，县农技站与西江和大塘区农技站配合进行改造试验。西江站改造10.8亩，亩均产粮469.4公斤，比常年亩产192公斤增收277.4公斤，增产1.4倍；大塘站改造6.75亩，亩均产粮亦比常年产量增加50.5%。

筑堤防洪、改河造田

县境内共有大小河流216条，好田多分布在河谷两岸，山洪暴发，良田沃土屡遭洪水冲毁。1962年5月26日降暴雨，丹江河、望丰河两岸冲毁田土10898亩；1970年7月11日降暴雨，又冲毁田土12894亩。筑堤防洪、改河造田成为农田基本建设的主要项目。多年来一直实行小工程户办、联户办、村组办，中等工程乡办、联乡办，大工程县、区办。1957年冬至1958年春，报德乡和平农业社在望丰河下游修干南瓦堤坝，经过一冬一春苦战，修筑河堤360米，加高堤坎2.5米，把河床拉直，保护30多亩良田免受洪水威胁，变沙滩为良田12.5亩。丹江河经过县城关河段，因泄洪不畅，洪水多次进城，危害甚大。从1956年至1985年的29年中，断续施工11次，开凿马家屯、马颈坳、农场坳、响楼坳4个山坳，截弯取直，泄洪畅流，并修筑护城堤、防洪堤共3150米。又完成了龙头乡水寨、中寨间龙头坳的开凿，和大固鲁与小固鲁之间固鲁坳的开凿。这些工程能抗御二十年一遇的大洪水，保护两岸良田1500余亩，也免除了县城水灾的危害。还变旧河床为良田400余亩，新筑养鱼塘面积156亩。扩充县城的基本建设用地，拓展城区规模。

第七节　植物保护

病虫种类及危害

解放前，农民文化落后，知识贫乏，农作物遭受病害，认为是“天火”烧的；遭受虫害，认为虫是天公放的，不敢抗拒，只有求神祭祀，祈神灵保佑消灾。每年插完秧后，选用“虎”（寅）日或“鸡”（酉）日，用鸡、狗作祭品请鬼师“打口嘴”（当地苗语叫做 dibghabniuxLot），以免作物遭受病虫灾害。民国33年（1944年）8月，报德乡第一保排党坡和第二保乌流坡发生稻包虫，30多亩稻田抽不出穗；报德上寨大坝亦有四分之一的稻田遭虫害，均未采取措施及时救治，稻田虫害泛滥成灾，损失惨重。

解放后，人民政府教育人民破除迷信，采取各种办法，积极防治病、虫、鼠、兽等灾害。1951年8月，发生稻包虫，各乡（镇）组织动员12589人捉虫，捕获害虫1700多公斤。1952年8月，稻包虫蔓延，全县共动员30867人灭虫，半月内捕获稻包虫3600多公斤，消灭水老鼠500多只。望丰、大塘等乡发生兽害，乡政府及时组织民兵围剿。农业部门以无偿发放、贷款、出售、有价推广等方式，推广滴滴涕、可湿性六六六、硫酸铜、单管式喷雾器等农药械，支援农民抗灾。此后，农作物病虫害防治由人工捕捉转向用药械扑灭。

各种病虫除借助自然媒介传播外，随着作物良种的引进推广和果树、茶叶、烤烟等扩大种植，种苗调运，串换频繁，极大地增加了病虫害的传播途径和发展空间。根据1959年普查和1973年至1987年的记载比较，农作物病虫种类大为增加。主要是水稻稻瘟病、白叶枯病，纹枯病、菌核病等11种病害和稻包虫、二化螟、稻纵卷叶螟虫、稻飞虱、负泥虫等20种虫害；麦类有麦锈病、赤霉病，麦红蜘蛛、麦蚜等病虫；玉米有干腐病，玉米螟；甘薯有黑斑病；马铃薯有晚疫病；高粱有高粱蚜虫；棉花有棉花炭瘟病、棉蚜、棉铃虫、棉红蜘蛛；油菜有菌核病、油菜霜霉病、油菜蚜虫；大豆有大豆蚜虫；麻类有苎麻夜蛾；茶叶有茶饼病、白星病、茶毛虫、小绿叶蝉；蔬菜有白菜软腐病、番茄青枯病、番茄病枯病、番茄病毒病、辣椒炭疽病、翁菜蚜；烟叶有烟草炭疽病、烟草青枯病、烟蚜、烟草夜蛾；果树有梨锈病、梨黑星病、梨象甲、桃炭疽病、柑橘疮痂病、柑橘潜叶蛾、桔蚜等。

此外，还有蝗虫、黏虫，蝼蛄、地老虎、蛴螬、油葫芦6种杂食性害虫和玉米象、米象、麦蛾、绿豆象等仓库害虫。

上述各种病虫，严重危害农作物的生长发育，一般减收五成，严重的颗粒无收。即使用高效农药防治，仍难免造成损失。县测报站1981年至1985年对水稻的稻螟虫、稻纵卷叶螟、稻飞虱、白叶枯病、稻瘟病、稻蝗、食根叶甲、稻包虫等“6虫2病”的危害情况和防治情况进行统计，5年中，全县累计发生水稻病虫害面积为662547亩，防治面积为520576亩，占水稻病虫害面积78.6%，防治后仍损失稻谷1150.35万公斤。地老虎从每年都使烤烟、玉米、蔬菜等作物缺苗20%左右。1979年和1980年的两年中，油菜蚜虫危害油菜15372亩，防治后仍损失油菜籽9.75万公斤。1981—1986年，玉米螟危害累计27000亩，损失玉米17.8万公斤。每年黏虫危害作物面积在385亩至750亩之间，经防治后粮食仍有损失。

防治措施

预测预报　1973年7月21日，建立雷山县病虫害预测预报站，着手调查研究雷山县主要病虫害的发生规律，及时进行预测预报，对指导防治收到较好的效果。1983年，把县内危害水稻最大、受害面积最多的负泥虫、二化螟、稻飞虱、稻纵卷叶螟、稻瘟病等病虫列为主要观察对象，并将观察结果分别作6期预报、将预报资料印发农村传阅，并由县广播站广播。预报准确度达90%。

农业防治　合理运用栽培管理技术，创造有利于作物生长和不利病虫孳生的环境。县农业部门有目的地引进抗稻瘟病的籼优和威优杂稻良种，以减轻病虫危害；食根叶甲虫危害严重的田块，改泡冬田为炕冬田或小季田；螟虫危害严重的田块，及时清除稻草。此外，还通过合理施肥和科学管理，以促进作物生长发育，增强抗病能力；薅杂草，以消除害虫的中介寄居和越冬场所。

物理机械防治　利用温度、光、风力、比重等物理因素或机械作用，采取晒种、风力选种、泥（盐）水选种、温汤浸种等办法防治和消灭病虫害。

生物防治　利用有益生物或生物代谢物防治病、虫、鼠害。除沿用养鸭吃虫、养猫灭鼠等行之有效的老办法外，春雷霉素、井冈霉素等生物农药也被推广使用。保护螳螂、蜘蛛、蛙类、猫头鹰、蛇、黄鼠狼、老鹰等有益动物，不断增加害虫的天敌。

化学防治　利用化学农药防治病、虫、鼠害，威力大，见效快，特别对暴发性病虫，能在短期内迅速歼灭，又不受地区和季节的限制。

植物检疫　县测报站于1986年安排专职植物检疫员2人，严格执行国务院和贵州省人民政府发布的检疫法规。

1987年防治稻瘟病主要采用4点有效措施：一是推广籼优63和威优63等抗病高产品种；二是进行种子消毒处理；三是对病区田园稻草督促清除；四是对常发田打预防药。

第八节　农用机具

手工工具

整地工具有锄头、钉耙、薅刀等。解放前，农民使用的整地工具，多是由凯里、湾水、八寨（丹寨）、榕江等地生产运入。以后，县内组织生产供应。交腊、莲花、大塘、西江、永乐等地有铁制农具生产点，农民可就近购买。莲花加工厂年均产铁制农具上万件。

收获工具有镰刀、挞斗、摘刀等。1979年曾使用过打谷机，1986年推广割禾器。因条件限制和囿于习惯，未全面推广。

运输工具有米箩、鸡公车、手推胶轮车等。米箩为肩运必需之物，县内交腊、桥洛、排告等地均产。1958年，使用过鸡公车在田间运肥，现多用胶轮手推车。1986年底，全县有胶轮手推车797部。

灌溉工具有抽水筒、吊桶、盆、桶、龙骨车、水车等。抽水筒用楠竹或金竹制成，至今有的地方仍用此工具抗旱。龙骨车用木制成，长10余米，有手摇式和脚踏式两种，是当地农民惯用的提灌工具。水车是将竹筒系于水车上汲水，塞坝搭架引灌。

加工工具有擂钵、石碓、石磨、水碾等，边远地区仍使用其加工谷物。1958年，改用砻子加工稻谷。以后使用电动打米机和饲料粉碎机。1986年，全县有打米机和粉碎机412台。

畜力工具

畜力工具有犁、耙、牛马车。解放前，农民使用犁耙耕地，分水田犁、旱地犁两种。水田犁的铧口为两节衔接，安装在犁柱上，旱地犁的铧口为一节。每架重约7～12公斤。耙水旱兼用，每架重

10—12公斤。由于构造简单，搬运操作方便，适用性大，成为山区农民主要的耕作工具。

雷山原未生产犁铧口，农民需要时，到凯里、榕江等地购买。20世纪40年代中期，四川铁匠张清云在城关开红炉作坊铸造铧口供应，并于1958年建立雷山县通用机械厂，大批生产铧口。

1956年，炉榕公路凯（里）雷（山）段通车后，部分乡村用役牛拉车，搞短途运输，长途则用马车。由于拖拉机、汽车等交通运输工具逐渐增多，牛拉车逐渐绝迹，马拉车仍在报德、响楼等乡使用。

动力机械

动力机械有柴油机、汽油机、拖拉机、水轮泵等。

柴油机 柴油机是无电源地区农副产品加工和提灌等机械的动力机械。1956年8月，开始使用柴油机，作为电机启动之用。1960年，水电、农业部门为抗旱、灭虫，相继购进小型柴油机。1969年，丹江镇东门8队购进295型柴油机1台，搞农副产品加工。1980年，实行农业生产责任制后，农用柴油机增多。1987年，全县有柴油机331台，3303千瓦。

拖拉机 1968年，国家无偿拨给丹江公社东方红—28型拖拉机1台。1987年，全县农用拖拉机有64台，1093千瓦。其中，大中型37台，小型27台。拖拉机除用于耕作外，主要用作运输。

汽油机 1960年，水利电力部门从上海购进一批汽油抽水机。1980年后，农民独户或联户购买汽油机增多，使用型号有176F、IR50F、Q581、AK-10、BT11、165F、XISB、Z07、Z08等13种。1987年有59台，253千瓦。

农用汽车 1968年，国家无偿拨给桥桑公社解放牌4吨载重汽车1辆、66.24千瓦（90马力），为雷山县第一辆农用汽车。以后陆续增多。1969年有2辆，132.5千瓦；1971年有3辆，198.7千瓦；1974年有4辆，265千瓦；1975年有2辆，132.5千瓦；1976年有11辆，625.6千瓦；1978年有11辆，625.6千瓦；1980年有8辆，530千瓦；1984年有22辆，1252.7千瓦；1987年有9辆，633千瓦。

电动机 电动机是有电源地区农副产品加工和提灌的动力机械。1957年，龙头乡长丰堡建成电灌站，电动机在农村首次使用。固鲁、响水岩电站兴建后，电动机已在农村普遍使用。1987年，全县有农用电动机202台，1171千瓦。

水轮泵 1962年，龙头乡水电村建成雷山县第一座30型的加坡水泵站，灌田面积20.4亩。1963年，响楼乡乌秀水轮泵站建成，灌溉面积15亩。1964年后，全县先后建有响楼乡的犀牛塘、小郎当、老场坝，莲花乡的掌坳、小河，龙头乡的水电南坝、党这、水寨、水寨碾坊水轮泵站9座，灌田239亩。

农机作业

机耕 传统田间作业为役牛耕作。1972年，建立丹江公社农机站，开始用拖拉机进行田间耕作。1978年，机耕操作较多，机耕面积4074亩。1980年后，实行以户为生产单位的承包责任制，机耕面积逐渐减少。据农机部门统计，1987年，累计机耕面积18137亩。

植保 20世纪60年代初，农村开始使用喷雾器。1972年，全县有机动喷雾器9台，手摇喷雾器319架。1980年，有机动喷雾器12台，手摇喷雾器600架。1987年，有机动喷雾器20台，手摇喷雾器3091架。

电灌 1957年，兴建龙头乡长丰电灌站后，全县先后在白连、大沟、黄里、长丰、雷劈岩等处兴建电灌站。1986年止，全县共有电灌站5个，电灌面积765亩。

运输 1968年，有农用汽车和拖拉机以后，各乡镇积极开办运输业务。据农机部门统计，1987年，有拖拉机64台（79.8吨），全年货运周转量263695吨公里；农用汽车9辆（32吨），年货运周转量262080吨公里。

农副产品加工

20世纪50年代末，粮食局粮油加工开始用机械加工。1970年，固鲁等电站兴建后，柴油机等动力机械便在农村广泛使用。1987年，全县共有农副产品加工机械457台，年加工量3336万公斤。

农机修理

1958年，先后建立县、乡农机修理厂，培养出一批农机修理工，组成三级农机修理网点。

雷山县农机厂 1958年3月建立。翻砂犁头铧口、制造铁制农具、插秧机、脱粒机、马车、滚珠、压面机、和面机、粉碎机、玻璃钢瓦等，兼修理各种型号的拖拉机、汽车。1987年，有汽车修理、检验技术员2人，有车工、刨工、铣工、锻工、汽车修理工、电焊工等各种技术工人共24人，有普通车床、牛头刨床、铣床、磨床、空气锤、空压机等各种设备27台，各种检验设备、量器件19台（件）。

雷山县汽车修配厂 1985年4月成立。集体性质，隶属铁木社。1987年，有工人20人，有各种修理设备18台（件），经上级批准可从事汽车二级保养。

响楼乡农机修理厂 1976年建立，乡办企业。工人10人。有车床、刨床、铣床、镗缸机、空压机、电氧焊机等设备，可以从事汽车、拖拉机、内燃机等修理。1980年止，已修理汽车23辆、大中型拖拉机139台、小型拖拉机75台、内燃机61台、提灌机械9台、犁耙320件，加工脱粒机罩壳100件。有工人4人。经上级批准可以从事汽车二级保养。

永乐农机综合厂 1975年建立，乡办企业。有职工14人，从事各种机械修理，兼加工、运输、发电等项目。1981年后停产。

个体农机修理点 个体农机修理点（户）有13人（户），分属丹江镇、永乐镇和响楼乡。有2人（户）获得正式修理工执照。修理范围为拖拉机、汽车及农业机械。修理的程度为一般修理及一级保养。

农机供销

1969年，农业局原设农机物资科，人员3人，经营拖拉机、内燃机、电机产品、各种配件等。1970年，农机物资科改称农机供应站，人员3人，与物资局合并办公。1975年11月28日，成立雷山县农机供应公司，人员6人，隶县农业机械局。1978年，农机供应公司在丹江镇南门坝修建仓库、办公室及职工宿舍楼，建筑面积为768平方米。1980年，永乐镇设立农机供应点，经销机械零配件，兼营小修理。1982年，农机供应公司在县城解放东路修建综合门市部，建筑面积560平方米。至1987年止，共销售推土机3台，154.6千瓦；大中型拖拉机9台，225.9千瓦；小型拖拉机29台，287.7千瓦；农用汽车2辆，96.6千瓦；柴油机274台，2508.6千瓦；汽油机48台，165.6千瓦；发电机20台，827.5千瓦，电动机122台，559.2千瓦；收获机械15台，33.1千瓦；耕作机械3台；农副产品加工机械1083台；各种农机配件数万件。总销售额为2090854元。

第九节　农牧场、果苗场

国营农场

民国34年(1945年)1月，雷山设治局建立局属农场，场址在老丹江，主要任务是从事烤烟生产。局农场下设丹江、建安、报德、望丰、大塘、桃江、龙塘等9个分场。分场由各乡(镇)管理，局农场负责技术指导。全场共33人，以分队、班为单位进行生产。此后，雷山设治局又在长丰堡和老场坝分别设立农场，从事育苗和植桐。民国36年(1947年)，长丰堡育苗区、老场坝植桐区、老丹江烤烟区统属设治局农场。

1953年3月16日，雷山县人民政府在长丰堡建立国营农场，县农林科调配干部2人负责管理。1955年撤销，耕地移交给当地行政村，牲畜、农具、家具等变价出售，款交国库。1962年10月4日，雷山县人民委员会决定恢复农场，共收回耕地24.44亩，其中稻田21.94亩、土2.5亩。县农推站派技术干部驻场负责。1965年12月，县国营农场改为良种繁殖场。1969年9月，县良种繁殖场归并县陶瓷厂。工人、田土、物资财产全部移交陶瓷厂。1971年，县革命委员会将良种繁殖场划出，以繁殖良种为主，适当开展多种经营。主要任务是：1.繁殖农作物良种；2.开展以良种为中心的增产示范；3.进行品种对比试验和必要的生产技术试验。1975年，县革命委员会建立红旗工程指挥部，组织民兵500多人改河造田。1976年，良种繁殖场由长丰堡迁红旗公社犀牛塘建场，原长丰堡农场经营的耕地划属红旗公社响楼大队。1977年，乌东畜牧场归并良种繁殖场。总场有耕地65.7亩，其中稻田55.8亩、菜地9.9亩。1979年，者雄“五七”干校的山林、土地、房屋、农具、猪等移交良种繁殖场经营管理，县国营良种繁殖场规模逐渐扩大。1981年，有稻田82.8亩(包括果树苗地6.8亩)，菜地9.9亩，鱼塘19.5亩。者雄分场有土12亩，果园17亩，猕猴桃园57亩，茶园13亩，山林581.3亩。共有职工49人(其中干部3人)。房屋1674平方米，仓库280平方米，猪舍1148平方米，门市部85平方米。良种繁殖场试验、繁殖早稻良种科1号和科2号，中稻良种科字糯、科7、科6、玉南1号、玉南2号、005号、苏异2号、武农早、加农、四八(2)号共10个品种，共种植15.11亩，收种子8188.5公斤。推广良种5250.7公斤。在“一业为主，多种经营”方针指导下，以繁殖良种为主，实行“种、养、加一起上”“农、工、商一条龙”的经营管理方法。共繁殖、选育水稻小品种327个。其中本地辐射育种品种比较试验及杂交后代观察选育186个，品种试验比较8个，观察25个，杂交后代选育153个，最高亩产达678.75公斤，最低亩产400公斤。试验小麦3.46亩，总产523公斤，亩产151.65公斤。试验品种为特抗矮2号、4号、5号、6号、黔麦31号、3号、2号、73—3 —7—2、矮粒多、雅安4号、阿波、阿勃共12个品种。

1981年，进行杂稻籼优6号制种，面积14.25亩，总产522.5公斤，亩产36公斤。1982年，制籼优6号、威优6号。同年，常规良种繁殖面积11亩，品种有桂朝2号、双桂36号、遵7201等8个品种，总产6050公斤，亩产550公斤。1983年，制白优6号，面积6.86亩，总产343公斤，亩产50公斤，纯度达98%。推广效果平均亩产在600公斤左右。此外，还进行蔬菜、水果、药材、养猪等生产，年产蔬菜5万公斤。品种有山东白菜、小立青、大萝卜、雷山白菜、花菜、大头菜、大葱、洋葱、大蒜、生姜、甘蓝、豇豆、番茄、辣子、茄子、青菜、四季豆等。年产葡萄1000公斤、梨子苹果2170.7公斤。试种天麻700窝，收商品麻779.6公斤。共养母猪39头，其中内江猪31头、本地猪1头、旁海猪4头、苏白猪2头、巴克夏1头。种公猪5头，其中内江猪2头、苏白猪2头、巴克夏1头。架子猪和肥猪28头。年产仔猪368头，出售240头，年上调肥猪24头。由于小猪是杂交生食，有耐粗饲和生长快等优点，远销湖南省新晃县及州内榕江、台江、凯里等地，连续获省、州、县奖励。养马1匹、牛7头、鸡100多只、鸭300多只、鹅20只。建成池塘25亩，其中养鱼面积19.5亩，引进草鱼、鲢鱼、鳙鱼和本地鲤鱼混养，年产成品鱼2000公斤。

果苗场

1983年1月，建立果苗场。场址在响楼乡百灵坳，海拔840米，面积30亩。投资34331.86元，其中国家投资22445.52元，银行贷款11886.34元。建场后，栽植各种果树1056株。其中：梨树258株，面积13.7亩；柑橘415株，面积5亩；苹果300株，面积7.6亩；桃40株，面积2.4亩；板栗30株，面积1亩；杨梅13株，面积0.5亩。有职工6人。1983年，建立果苗基地，并在果树空间种植西瓜。第三年果树开始挂果。至1987年，水果总产量为3535公斤。1984年起，基地供给全县各乡（镇）营造果树苗木。1987年，共出售葡萄、梨、柑橘，桃等果苗33398株。

乌东畜牧场

1957年建立，地址在雷公山腰乌东坡。有工人、干部5人，技术员2人。1958年8月，附设畜牧中学1所，招生49人，实行半工半读。场饲养绵羊536只、山羊33只、马61匹（其中优良品种9匹）、黄牛3头、良种猪17头、长毛兔8只、良种鸡32只。后因气候不适，管理不善，不少牲畜死亡，于1961年以后停办。场地、财产移交林业中学。1973年复建，有职工3人，共养山羊50只、良种鸡250只、火鸡2只、鸭鹅30只、生猪28头。1977年，并入雷山县良种繁殖场。

畜牧配种站

1961年10月建立，地址在龙头乡长丰堡。有工人和技术员4人。养有荷兰种公牛1头，荷本杂二、三代牛各1头，巴本杂一代公猪2头，马2匹。任务是指导社员作母畜配种改良工作。1962年，改良本地母猪121头。1964年，改良本地母猪146头。1967年撤销站。1978年6月恢复，地址迁响楼坳。有职工3人，养苏白公猪3头、长毛兔17只、良种鸡16只。1981年后，划归县畜牧局畜禽品种改良站管理，饲养畜禽良种，推广人工授精技术和先进的饲养管理方法，为畜禽基层服务中心。

第十节　农业区划

1980年10月，雷山县综合农业区划，土壤普查领导小组成立。12月，县人民政府决定将综合农业区划、土壤普查领导小组改为农业区划委员会，原领导小组正、副组长改为正、副主任。委员会下设农业区划办公室和土壤普查办公室，并分别成立相应的技术指导组。下设土壤、农业气候、水利、种植业、林业、畜牧业、社队企业、农业机械、农业经济、测绘10个组，全面开展农业自然资源调查和农业区划工作。

资源调查

1980年秋，县委、县政府先后组织近百名科技人员，在全县范围内开展一系列自然和社会经济条件方面的调查研究。经过3年多时间，除完成气候、种植业、水利、林业、畜牧业、农机、乡镇企业等部门资源的调查外，还进行土壤普查、待开发土地资源调查、雷公山区农业气候考察、水资源调查、雷公山综合考察、林业二类调查、中草药资源调查、野生猕猴桃资源调查、三尖杉分布及应用前景考察、农村能源调查、人才资源情况亢进、社会经济条件调查和社会资源动态监测等，从不同角度对雷山县县情作比较全面和系统的反映，为制定雷山县农业发展方向和发展战略提供科学依据。

部门区划和综合区划

农业区划委员会各专业组，经过资源调查之后，陆续完成了农业气候、土壤改良利用、林业、水利、农业机械化、种植业、畜牧业、乡镇（社队）企业、渔业、农村能源、农业经济11个部门区划。1981年3月，县农业区划委员会综合组根据境内不同的地貌类型、气候差异、农业生产历史、农业结构等自然条件和发展趋势，先将全县划分为3个一级农业区及6个二级农业区，此分区方案经广泛征求意见和反复论证修改之后，于1983年再由周定生执笔撰成《雷山县粗线条综合农业区划》（稿），最后定案将全县划为3个一级农业区，并在第Ⅲ区内分设两个亚区。即南部低中山林牧农区（Ⅰ区），全区含达地镇、柳乌乡、桥桑乡全部及排告乡、开屯乡、永乐镇的大部，共31个村民委员会，面积229.98平方公里（344971亩），占全县总面积19.04%；有耕地28273亩，占全县总耕地面积21.76%；林地面积110509亩，蓄积量61.78万立方米，覆盖率为32.03%。西北部低中山林牧农区（Ⅱ区），全区含丹江镇和报德、岔河、公统、望丰、乌江、龙头、固鲁、白连、莲花等乡的全部及西江镇、黄里乡、陶尧乡、大塘乡、桥港乡、掌雷乡的一部分，共75个村民委员会，面积463.62平方公里（695437亩），占全县总面积的38.38%；有耕地61756亩，占全县总耕地面积47.5%；林地面积262582亩，占全县总林地面积33.95%，蓄积量66.68万立方米，覆盖率为37.76%。东部雷公山自然保护区（Ⅲ区），全区含方祥、大沟、高岩、桃江等乡的全部及西江、黄里、陶尧、大塘、掌雷、桥港、开屯、排告、永乐等乡（镇）的一部，共45个村民委员会，面积514.4平方公里（540120亩），占全县总面积42.58%；有耕地39921亩，占全县总耕地面积30.7%；有林地面积400420亩，蓄积量236.52万立方米，覆盖率51.9%。全区设两个亚区：一是雷公山中心自然保护区，含陶尧乡的乌东、高岩乡的交腊、方祥乡的毛坪、陡寨、格头、雀鸟等自然寨，面积172.8平方公里（259224亩），有林地160920亩，森林覆盖率为62.08%，蓄积量126.1万立方米，全区人均林地47.6亩，人均活立木蓄积373.3立方米。该区地广人稀，每平方公里仅为19.3人。二是雷公山经营保护区。全区含大沟、桃江两乡全部和西江、黄里、陶尧、大塘、桥港、掌雷、排告、开屯、永乐、方祥等乡（镇）的部分地区，面积341.6平方公里（512368亩）。有耕地24462亩、林地239500亩，森林覆盖率为46.74%，森林蓄积量110.42万立方米，人均耕地0.93亩，林地9.07亩，活立木蓄积41.83立方米。

测绘组绘制《雷山县综合农业区划图集》，共收入各类图表49幅。1983年8月，黔东南州人民政府在雷山县召开“黔东南州县级农业区划成果验收会议”，《雷山县粗线条综合农业区划》经黔东南州农业区划委员会批准验收，评语为：“通过农业区划，初步查清并评价主要农业资源，找到农业生产中的主要问题，明确农业发展方向，划分农业区，提出实现农业发展方向的战略措施；边区划边应用效果显著”。1987年8月，由胡志鸿执笔，完成《雷山县综合农业区划》一书的编写工作，全书共17万余字，附图28幅，由贵州人民出版社正式出版。

成果应用

《雷山县综合农业区划》提出的“科学养用山区资源，振兴林业，加快林业恢复和发展，使林、粮、牧更好结合，创造良好的生态环境，建立合理的农业经济结构”的农业生产发展方向，第一次科学地提出雷山县在农业现代化建设中应该走的道路，得到党政领导机关和社会各界的充分肯定。此外，区划完成的其他著作，对指导雷山农业生产亦发挥其重要作用。其中1986年写就的《关于振兴雷山经济的设想》，雷山县政府以1986年1号文件下发，作为1986年及此后的一段时期内雷山县农村工作的指导方针。1987年编写的《雷山县1987—2000年经济发展总体规划》，经县人大常委会议审议通过。认为《规划》提出的各项目标对雷山县大农业生产结构调整中的中低产田改良、速生丰产林建设、牧草人工种植和畜禽品种改良、农机产品结构调整等建议，对发展农业生产有重要指导意义，对茶叶生产的发展亦提出有益的建议。1981年，区划办把茶叶生产作为农业区划的重要发展项目。1982年，区划办在党散茶场进行5年多的茶叶生产气候观测及两个生育年度的茶叶物候期详细观测记录，并据此提出《雷山县建设高产茶园可行性论证报告》，有效地指导全县的茶叶生产。

著作与奖励

至1987年末，县农业区划委员会及各专业组在省级刊物发表或交流的论文有《认清雷山县情，振兴雷山经济》等12篇5.3万字；县级发表或交流文章有36篇22.5万字；编辑《农业区划与雷山经济翻番》等农业区划文集5集43.9万字。其中《雷山县综合农业区划及成果应用》1986年2月获贵州省人民政府农业区划优秀科研成果三等奖、《雷山县野生猕猴桃资源调查及应用》1986年获黔东南州人民政府科学技术进步成果四等奖。

第二章　畜牧、渔业

第一节　牧草、水面资源

牧草资源

雷山县牧草资源比较丰富。1979年4月，对乌东、雷公坪、乌香坡、翁养等草场进行过调查。1980年及1981年，由黔东南州农牧局主持，雷山县派专业技术人员组成草场资源调查队，对全县26个乡（镇）进行草场资源调查。根据调查统计，全县各类草场有18片，面积653521亩，占全县总面积36%，载畜量约7.2万个畜单位。其中，草山草场321476亩，可载畜546509个畜单位；疏林草场257960亩，可载畜10318.4个畜单位；灌丛草场50585亩，可载畜3035.1个畜单位；田坎及四旁零星草地和人工栽种的大芭茅草23500亩，可载畜3760个畜单位。畜单位是按一头250公斤重的黄牛日食鲜草27.4公斤，年食1万公斤鲜草为一头黄牛单位计算。一个畜单位等于1头黄牛等于5头猪等于10只羊。一头水牛等于1.5个畜单位等于100只家禽。

天然牧草　县境山多草茂，天然草场较多，全属次生植被。牧草种类多，分布广，计有68科、208属、360种。其中，禾本科优质牧草占70%，豆科和莎草科比例很少。禾本科牧草主要有五节芒、白茅、鼠尾粟、金草、雀稗、黄背茅、荩草、狗尾草、野青茅、野古草、纤维鸭嘴草、硬秆子草、拂子草等；豆科牧草主要有葛藤、铁扫帚、野豌豆等；莎科牧草有三轮草、牛筋草等。其中五节芒、金茅、野古草、硬秤子草的生长期长，侵占性强，枝叶多，产量高，分布广，是牛羊越冬的主要饲料。草场中带毒性有害植物较少，青秤叶等有毒植物，均分布于疏林地带。蕨类植物虽在草场中有分布，但也因草萌发更早，牛羊不喜采食。灌丛草场中藤刺植物不多，牛羊亦很少卷食。另有毒植物如天南星科的老虎芋，多数生于峭壁深谷，牛羊不致误食。大牲畜主要放牧地为五旁四坎零星草地和灌丛草场。丹江和西江两区以舍饲为主，放牧为辅。永乐、大塘、达地等区（镇）以放牧为主、舍饲为辅。田土承包到户后，集体草场亦划到户，由户管理和利用，并按“乡规民约”加以保护。禁止放火烧山和毁草开荒，保护天然植被，并由户自栽大芭茅草。对退化的草场，实行封山育草，恢复草场植被，提高草场的产草量和载畜量。永乐镇新丰村封育草场3000亩，亩产草量达1067公斤。

大芭茅草　又叫五节芒、芭茅，属禾本科芒属草本植物，有野生和栽培之分。栽培的芭茅苗语称为“壤及”（nangx jenl），野生的芭茅苗语称为“壤劳”（nangx jLod）。丹江、西江两区的苗族农民历来有栽种大芭茅草的习惯，并已有数百年的栽培史。芭茅草是耕牛越冬的好青饲料。1987年，全县已栽种大芭茅草1.4万亩，亩产达2000公斤。大芭茅草秆又可作造纸原料。1980年，县供销社收购芭茅秆500万公斤，农民增加收入20万元。为了促进大芭茅草的发展和提高它的饲用价值，大芭茅草已被列入科研项目。20世纪80年代以后，为发展牧草，农牧局购买芭茅草蔸无偿给永乐、桥桑、达地等乡（镇）农民栽植。

大芭茅草的营养成分，据贵州省畜牧兽医研究所分析，含风干物粗蛋白质5.17%，粗脂肪2.24%，粗纤维38.96%，无氮浸出物45.09%，粗灰分0.32%，钙0.32%，磷0.2%，营养成分比较全面。

水面资源

据土壤普查资料，全县有稻田面积100185亩，除望天水田外，均可养鱼。稻田养鱼是县内发展渔业生产的主要形式，历年养鱼稻田面积在6万亩以上。全县有山塘面积531.48亩，池塘面积58.46亩。有能排能灌的养殖塘58.46亩。有农用水库9座，加上小型电站调节库，共有水库面积1191.4亩。有小河溪216条，总面积11545亩。

第二节　饲　料

粮食饲料

据粮食部门的资料统计，全县每年奖售饲料粮8.18万公斤；统销饲料粮7.56万公斤：非农业销售饲料粮2.18万公斤；农村集体提留和农民自留地提供的饲料共201.68万公斤，占全县粮食总产量8.45%。田土包干到户后，粮食产量上升，农民用于饲养畜禽的饲料增加，将玉米、红薯等杂粮的一部分用作饲料。

糠麸饲料

粮食部门收贮的粮食，每年产统糠约11.24万公斤，麦麸约19.59万公斤，均用作饲料销售。农民口粮加工产米糠和麦麸约700万公斤左右。

油饼

全县生产油饼10.5万公斤，大部返还农村，直接作肥料或饲料使用。

酒糟

酒厂酿酒后年产副产品酒糟228.25万公斤。主要低价销售作畜禽饲料。

水生饲料

全县浮萍、田青藤等水生植物面积20679亩，年产饲料约2067.9万公斤。生可养牛，熟可喂猪。

秸秆饲料

粮食作物和经济作物的秸秆，每年可作粗饲料的有3320.26万公斤，除部分作造纸原料和作肥料外，大部分作牲畜粗饲料。其中稻草约2448.3万公斤，豆秆约52.2万公斤，玉米秆约160.26万公斤，红苕藤约659.5万公斤。

野生饲料

据对山地草场资源调查，作畜用青饲料约有1.29亿公斤，品种有糯米、藤、水麻叶、杨桃叶、鹅儿肠、一点红、车前草、野苋菜、马蹄叶等。

第三节　畜、禽、蜂饲养

家畜饲养

生猪　养猪属传统养殖业。1949年，全县有猪11977头，户均0.88头。解放后，实行“私有、私养、公助”，政府采取发放农贷，拨饲料粮等措施帮助农民养猪，使生猪生产迅速发展。1957年，全县有猪18255头，比1949年增长52.4%，户均1.24头。除自宰自食外，交售国家肥猪2204头。1958年后，全县办集体猪场122个，生猪由原来的私养转为公养。由于集体饲养管理不好，生猪大量死亡。大塘公社独南大队生猪入社仅几个月就死亡200头，导致生猪饲养量连年大幅度下降。1961年，全县仅有存栏猪2579头，比1957年下降86%。1962年，纠正“共产风”错误，实行“公养私养并举、以私养为主”的方针，允许私人养猪，并按《农村人民公社工作条例（草案）》即《农业六十条》规定划拨饲料地，实行“购五留五”的收购政策，推广优良品种和加强病疫防治等措施，使养猪业得到恢复和发展。1966年，有存栏生猪23929头，比1961年增长8.28倍，比1957年增长31.08%。其中出栏肥猪14924头，出栏率达62.4%。1967年至1970年，办集体猪场714个，再次收回自留地、饲料地，挫伤农民养猪积极性，使生猪生产再度下降。四年平均出栏率仅为40%，商品率为15%。1973年后，县委吸取养猪发展缓慢的教训，决定按《六十条》规定划拨饲料地，实行奖售政策，每交售一头65公斤以上的合格肥猪，国家奖售饲料粮25公斤、化肥25公斤和布票2尺，生产队另补助部分饲料粮；饲养母猪每产一窝仔猪，国家奖售饲料粮10公斤。并组织县、区、社畜牧管理人员到外地参观学习，建立各级畜牧业家禽业委员会，加强领导，推行生猪合作医疗等，生猪生产又逐渐恢复发展。1977年，全县生猪存栏数36195头，出栏肥猪11003头，出栏率为

30.4%。其中养猪较多的报德公社，户均养猪已达2.55头，超过《全国农业发展纲要》的要求。20世纪80年代后，农业实行包干到户，农民养猪积极性迅速提高。1985年，全县生猪存栏达46863头，出栏肥猪17394头，出栏率37.1%。户养20头、30头、40头以上的养猪专业户纷纷涌现，其中桥桑乡明公惠一户养44头。1986年，全县生猪存栏数51504头，比1949年增加3.3倍。1987年，生猪存栏数50472头，出栏肥猪达21161头，出栏率41.9%。

解放前，主要饲养地方品种“龙河猪”，属肉脂兼用型。其特征是：体型小，四脚、额心、尾尖均为白色；嘴短，背腰微凹，肚大下垂，怀孕后期触地；四肢正直，鬃毛发达，奶头5～6对。一般10个月内可育肥，体重为65～70公斤。性成熟早，公猪体重20～25公斤可充种用，母猪30公斤开始配种。初产每胎平均4～5头，经产每胎平均7头。但由于未注意选配良种，饲养粗放，退化严重，产仔率低，生长缓慢。20世纪50年代末，畜牧部门先后从外地引入苏白猪、杜洛克、巴克夏和内江猪等良种猪推广。至1987年，杂交猪和良种猪推广面已达70%。

牛 1949年，全县有13243头，户均近1头。土地改革后，国家制定政策严禁滥宰耕牛，对农民养牛实行繁殖保护措施，使大牲畜稳步发展。1957年，全县牛存栏数19296头，比1949年增长45.7%。1959年，实现人民公社化后，耕牛全部纳入集体饲养，饲料不足，饲养粗放，发生牛瘦弱死亡现象。1961年末，仅有10397头，比1957年减少8899头，下降46.12%。1962年，贯彻中央《关于发展大牲畜的几项规定》，实行“分队分户喂养，养用合一”和“五定一奖”即定劳力、定饲料、定报酬、定任务、定肥料，产仔繁殖奖励的办法，规定饲养员的合理报酬，养牛业得到恢复发展。1964年，耕牛存栏13790头，比1961年增长32.63%。发展较快的永乐区增加牛2472头，除满足自用耕地外，还调出600头牛支援外省。1965年，贯彻国务院《关于民间兽医工作的决定》，组织兽医人员对牛实行“看槽保健”制度，进一步改善饲养管理。1966年，全县有耕牛16480头，比1964年增长19.51%。1967年至1976年“文化大革命”时期，把私人养牛当作“资本主义尾巴”来批判，强调“以粮为纲”和“以猪为首”，忽视发展养牛业，致使牛长期徘徊在1.5万头至1.9万头之间。1980年以后，牛全部折价保本归私人养用，废除禁止私人买卖大牲畜等一些“左”的规定，恢复牛集市贸易。1980年，将雷公坪、翁养、刘家湾、脚尧、乌香、乌东等7个畜牧场的66头牛，全部折款转给农户喂养。1981年后，国家又陆续拨款扶持农民养牛，饲养户与县畜牧局签订合同，由国家出钱买牛给农户养，待母牛产仔后获利偿还。1982年，县拨款4.5万元，购买牛108头，分给黄里、方祥、开屯、交腊和高岩等乡村的农户饲养，1983年繁殖仔牛81头，饲养户获利1.3万元。采取这些措施后，养牛业得到迅速发展。1985年，全县耕牛存栏数24279头，比1976年18789头增长29.22%。黄里乡脚尧村19户，共养牛86头，户均4.5头，其中养牛最多的吴秀忠一户达20头。1987年，全县共有牛25956头，比1949年增长96%。

牛有黄牛、水牛两种。黄牛属西南型品种。1987年，有黄牛18602头，其中能繁殖的母黄牛4859头。雷山黄牛个体较小，但结实，各部发育匀称，母黄牛乳房较大，皮层较薄；公黄牛头部宽大，颈粗壮，肩脊隆起，腰深腹大。阉黄牛躯体硕大，肌肉丰满，骨骼较粗。毛色以黄、绛、褐色居多，为役肉兼用体型。据体尺和体重测定，分为大、中、小三种类型。大型黄牛占总头数8%，中型黄牛占40%，小型黄牛占50%。1979年，为改良本地黄牛，引进关岭黄牛8头，黑白花黄牛（奶牛）5头，分布在大塘、大沟、桥桑、达地4个乡镇喂养。关岭黄牛役用耐劳，能力较强。据测定，耕作黄胶泥田用旧式七寸步犁，母黄牛一天可耕田1.5亩，公黄牛可耕田2亩。经选用4头黄牛屠宰测定，净肉率为48%，躯体及内脏器官发育正常，肉的味质均好。但因引种耗资大，只在本地品种中“选优去劣”自然繁殖。

水牛为华南沼泽型，属晚熟品种。体型较大，役力比黄牛强。1987年有水牛7354头，其中能繁殖母水牛2671头。水牛外形披毛为黑褐色，头部粗，鼻大额宽，眼大，角呈弧形，胸深而宽，肋骨开张，四肢粗壮，蹄部坚实且有“木碗蹄”和“剪刀蹄”两种之分，尾粗短，性温和。在水田耕作力量速度均胜过黄牛。犁板田时母水牛每天可耕2亩，公水牛每天可耕3亩。生育年限较长，20岁龄的母水牛仍能繁殖后代。

羊 县境农民饲养的山羊为黔白山羊，属皮肉兼用型。主要产区为永乐、开屯、方祥、脚尧、公统、乌江等地。境内山高林密，草木繁茂，适宜发展山羊。解放前，山羊饲养较少，1949年仅有60只。解放后，山羊饲养量逐渐增多，1958年发展到570只，1968年有961只。20世纪70年代以后，山羊发展尤快，1978年有9357只，1979年有10916只，1984年有10876只，1987年有7746只，其中能繁殖的母羊3616只。山羊肉多供自食，在市场有少量出售，皮由供销社收购出口。1979年，收购山羊皮3663张，1980年收购4938张，山羊出栏率为34.8%。

1980年，从陕西省渭南县引进沙能奶山羊44只，在永乐公社加鸟村饲养，逐步改良本地山羊体型。因饲养技术和奶山羊自身的适应性等原因，未能发展。

1956年，从新疆引进15只细毛绵羊，交乌东畜牧场饲养。以后又几次引进，1958年达549只。但绵羊不耐山地杂草星黏，舔毛厌食，未能发展。1987年，只有绵羊10只。

马 属西南马型品种，个体小而灵活，适宜山区役用。民国时期，有少数富裕农民喂养，用作代步和节日赛跑。1949年，全县有马171匹。1958年发展到687匹，在发展运输业方面有一定作用。但因饲料要求过精，一般不易饲养，兼以马车运输已逐渐为拖拉机和汽车所取代，农民饲马兴趣锐减，数量骤降。1987年，全县仅有马158匹，多为山地人骑驮物饲养。

兔 1981年，从贵阳、凯里引进西德长毛兔和新西兰兔265只，在黄里、陶尧、响楼、桃江、大塘等乡重点喂养。因饲养管理技术跟不上，加上预防疾病措施不力，兔的死亡率高，经济价值差，未能发展。

家禽饲养

常养的有鸡、鸭、鹅。鸡种多为地方品种。特点为个体小，饲养不求精，抗病力强，但生产性能低，生长缓慢。据1981年品种调查，成年公鸡体重1.5～2公斤，母鸡1.2～1.5公斤。6至7个月开始产蛋，年产蛋100～120个，蛋重42～48克。1979年至1985年，先后从贵阳、凯里引入白来航、白洛克、贵州黄、贵农黄等良种鸡7408只，逐步改良本地鸡种，为养鸡户提供良种鸡源。1987年，全县有鸡154411只。鸭多为从三穗、镇远等县引进的品种，体小结实，尾上翘，似船形，耐粗饲，觅食力强。鹅属本地自养繁殖，有黑灰色和白色两种，饲养量少。

蜜蜂饲养

饲养的蜂种为中蜂。20世纪60年代中期，县供销社曾在南门外征地建养蜂场。1975年，发展1874箱。1979年，收购蜂蜜3970.5公斤。1985年，全县养蜂降至899箱。

1949—1987年雷山县大牲畜生产情况统计表

表9-7

年　度	生　猪(头)		大牲畜(头)					羊(只)		
	饲养头数	母猪	合计	黄牛	水牛	奶牛	马	合计	山羊	绵羊
1949	11977	701	13414	9523	3720	—	171	60	60	—
1950	12624	701	13435	9522	3730	—	183	55	55	—
1951	12768	779	14176	10104	3859	—	213	92	92	—
1952	10906	866	15226	11012	3988	—	226	108	108	—
1953	13368	919	15561	11241	4097	—	223	180	180	—
1954	13765	1092	16342	11888	4231	—	223	198	198	—
1955	15141	1236	18104	13378	4435	—	291	243	243	—
1956	16039	1178	19671	14050	5364	—	257	277	262	15
1957	18255	1692	19486	13726	5570	—	190	572	551	21
1958	16035	4008	17383	12287	4409	—	687	1219	570	549
1959	6511	1627	14863	10989	3535	—	339	493	470	23
1960	3453	863	12017	9016	2777	—	224	313	305	8
1961	2579	747	10587	7513	2884	—	190	206	205	1
1962	5876	1315	10612	7447	3020	—	145	127	127	—
1963	12874	1719	11830	8378	3279	—	173	277	268	9
1964	17958	1811	13968	9669	4121	12	166	596	586	10
1965	22913	1959	15558	10891	4512	6	149	649	643	6
1966	23929	1356	16617	11704	4776	1	136	937	931	6
1967	20839	1780	16308	11335	4877	—	96	792	787	5
1968	21242	1799	16773	11672	5003	—	98	961	961	—
1969	19827	1605	15849	11031	4735	—	83	146	146	—
1970	22214	2066	16328	11028	5223	—	77	1853	1853	—
1971	22519	2479	17050	11432	5556	—	62	2505	2505	—
1972	23864	3181	17125	11525	5536	—	64	3322	3319	3
1973	27103	3614	17118	11475	5585	3	55	3005	3003	2
1974	27757	3358	18900	12892	5952	—	56	5339	5339	—

续表

年度	生猪(头)		大牲畜(头)					羊(只)		
	饲养头数	母猪	合计	黄牛	水牛	奶牛	马	合计	山羊	绵羊
1975	30148	3475	19480	13262	6168	—	50	6000	6000	—
1976	32588	4127	18849	12659	6130	—	60	7042	7042	—
1977	36195	4690	18394	12302	6012	—	80	7539	7539	—
1978	34440	5112	19077	12739	6252	—	86	9357	9357	—
1979	36065	5172	20014	13333	6519	—	162	10916	10916	—
1980	34225	3811	20880	14060	6521	—	299	10732	10709	23
1981	36138	3567	21824	14774	6656	—	394	10766	10744	22
1982	35297	4005	22048	15143	6586	—	319	10305	10283	22
1983	38911	4534	22856	16153	6437	—	266	9698	9673	25
1984	46122	4600	23828	16892	6680	—	250	10883	10876	7
1985	47863	4090	24480	17302	6977	—	201	8136	8121	15
1986	51504	4026	24824	17959	6689	—	176	7133	7123	10
1987	50472	4278	26114	18602	7354	—	158	7756	7746	10

第四节　畜、禽疫病防治

疫病及危害

县人民政府建立后，对畜禽疫病采取积极防治措施，有的疫病已经得到控制。1979年7至9月，黔东南州组成畜禽普查队81人，对雷山县1977—1979年发生的畜禽疫病进行普查。在全县26个公社中，22个公社有猪瘟、猪丹毒、猪肺疫三大传染病；16个公社有牛出败，1个公社有牛炭疽，19个公社有牛结核；10个公社有羔羊痢疾；26个公社均有鸡瘟。全县各种畜禽疫病计91种，其中传染病20种，中毒病14种，寄生虫病10种，普通病47种。危害严重的疫病有猪瘟、猪肺疫、猪丹毒、仔猪副伤寒、仔猪白痢、猪传染性胃肠炎、牛结核、牛出败、鸡瘟、禽霍乱等。

雷山的气候适合各种病原微生物的生长与传播，因此，四季均有畜禽传染病发生和流行，又以3月、4月、5月、9月、10月、11月、12月发病率为高。其中猪瘟、牛结核、鸡瘟四季均有发生，猪肺疫发生在2至5月和9至11月，猪丹毒发生在6至9月，牛出败发生在7至9月，禽霍乱发生在3至5月和8至11月。其流行规律是：猪瘟、猪丹毒、猪肺疫、猪传染性胃肠炎、鸡瘟、禽霍乱、牛结核等呈地方性流行，牛出败多为散发性传染。

1977至1979年，全县生猪共发病14168头，发病率为12.53%。生猪因病死亡10660头；其中传染病发病11394头，占总发病数的80.42%；死亡8869头，占存栏数的7.84%，占总死亡数的83.2%。牛共发病1020头，死亡840头；其中传染病发病330头，死亡303头。鸡因传染瘟疫、霍乱两病死亡有88863只，占存栏数35.5%。

防治措施

县畜牧兽医部门平时本着“防重于治”的原则，开展病疫防治工作。

防治网 1956年7月，县畜牧兽医站配技术员4人，1978年增至19人，其中中专生7人，大专生8人。各区农推站配兽医技术员1至3人。并依靠这批骨干去不断培养乡村兽医人员，建立乡(镇)兽医站，每站配兽医员1至3人，村、组配备防疫员。1977年，全县共建立26个公社畜牧兽医站，计有兽医员39人。生产大队配备防疫员75人，生产队配备防疫员543人。1979年至1986年，县畜牧兽医部门对全县兽医防疫人员进行三次考核和调整。1987年，有乡(镇)兽医站27个，专职兽医员44人。是年，共培训乡(镇)级兽医员318人次、村级兽医防疫人员4995人次。

兽医门诊 1979年6月，雷山县兽医站在县城西门设兽医门诊部。门诊部后迁设河东街，赶场天在畜禽市场开展畜禽门诊服务。门诊部设药房，为兽医业务干部和乡镇兽医员提供兽医药品，也为群众上门购买兽医药提供方便。1981年，兽医门诊部出诊463头(次)，治愈病猪139头、病牛14头、病马4匹；1982年出诊1054头(次)，治愈病猪368头、病牛18头；1983年出诊1038头(次)，治愈病猪302头、病牛27头；1987年出诊1187头(次)，治愈病猪885头、病牛5头。

贸易检疫 1954年，开始进行畜禽集市贸易检疫，主要由市场管理委员会进行。1956年，县畜牧兽医站成立后，由市管会、卫生、农牧、税务等部门联合进行、兽医干部具体执行贸易检疫。1964年4月，县委、县人民政府对畜禽检疫作出决定：一是由农业、税务、商业、供销、卫生、公安、市管会等部门有关人员组成检疫小组，成立检疫办公室，具体业务由农业局兽医站负责；二是凡国家、公社、生产队社员私人进入市场出售的猪、牛、羊、鸡、鸭及其宰杀出售的肉食，都必须进行检疫登记，发给合格证；三是在市场出售的家畜都必须坚决执行检疫制度，对患有传染病的畜禽和肉食品一定要听从和执行检疫人员提出的处理意见和整改措施；四是对检疫的畜禽收取检疫费。是年，共检疫生猪2850头，发现并宰杀病猪27头，全部进行高温消毒处理；在市场注射猪瘟疫苗2422头。1966年，在城关、西江、大塘、桃江、望丰等农贸市场进行检疫，检验肉品859头(案)，检疫牛274头、猪3513头；在市场注射猪瘟疫苗1290头。1981年8月，县畜牧、工商、卫生、税务、公安等部门共同颁发《关于开展市场畜禽和肉品检疫检验的联合通告》，并在丹江畜禽市场开展检疫工作。至年底，共检验肉品537头(案)，其中猪516头(案)、牛21头(案)；肉品检疫检验不合格的75头(案)，被当众作高温消毒处理。1984年7月起，在丹江、永乐两个畜禽市场开展检疫工作，共检疫生猪6258头，注射猪瘟、猪肺疫二联苗1106头，检疫牛1802头，注射牛出败菌苗293头、鸡瘟禽霍乱菌苗2325只。1986年增加西江市场检疫。6月，雷山县人民政府根据国务院《家畜家禽防疫条例》要求，颁发《关于家禽畜及畜禽产品上市检疫检验的通告》，在丹江畜禽市场组织实施。是年，全县共检疫120场(次)，检疫生猪达16910头，其中检出病猪32头，检疫补针1909头，年检疫补针460头；检验猪牛肉品2650头(案)，其中检出病猪肉63头(案)，病牛肉6头(案)。病猪牛肉全部被高温无害化处理，并烧毁湖南肉商贩运腐质肉品79公斤。

1987年，增加开展对达地、永乐两个市场的畜禽检疫及肉品检验工作。是年，共检验畜禽肉品5890头(案)，其中检出病猪肉136头(案)、病牛2头，均进行高温无害化处理。同时在全县各个农贸市场开展活畜禽的检疫，在市场注射猪三联苗、二联苗共4436头，检查出瘟猪40头、肺疫猪1头。禽类共检疫接种297547只(次)。

疫病预防

预防注射以春秋两防为主。每年的春防安排在3至5月，秋防安排在9至10月。1964年，因畜禽病疫频发，猪肺疫、猪瘟及牛出败等疫病大量暴发，县畜牧兽医站抽调公社兽医员和大队防疫员25人、干部5人，分片包干，定期完成。并由农办、农业局、供销社、商业局、卫生局、公安局等单位联合建立雷山县兽疫防治委员会，领导兽疫防治工作。是年，注射生猪317头、牛44头。为照顾困难户，提高预防注射密度，县人民委员会每年拨款1万元，以作“两防”经费和实行免费预防注射。对注射预防发生意外死亡的要给予一定的补偿。1985年，除特别贫困的掌雷、独南、桃江等乡村免费预防注射外，其余乡村一律实行有偿服务预防注射。是年，共注射生猪3769头、牛284头，全县预防注射密度为67.8%。1987年，随着农民对注射预防收费服务有更多的理解，注射密度不断加大，全年预防注射生猪6185头、牛544头。

县畜牧兽医站为提高预防注射功效，在农村建立兽医和养畜户签约的责任制。20世纪60年代中，全县各地普遍建立“看槽保健”，公社兽医站与各生产大队、生产队签订合同，各自承担义务，生产队按时按量供给公社兽医员口粮、工资和医药费用；兽医员承担牲畜的防疫、检疫、保健、医疗和帮助生产队选配良种等。70年代以后，全县各地普遍推广畜病合作防治制度，实行包预防、包治疗、包药费、包补偿、包阉割的“五包”责任制。1985年，试行养猪技术承包责任制，由养猪户与兽医业务部门签订合同，双方各承担一定的义务。在承包期内，兽医业务部门对承包的猪进行“五包”。通过技术有偿服务，控制各种疫病的流行和传播。

第五节　畜、禽品种改良

猪种改良

1958年引进巴克夏公猪5头，在红旗公社新民养猪场和乌东畜牧场进行自然交配，着手改良本地猪种。1961年至1962年，县畜牧兽医站先后从贵阳种猪场调入苏白种猪9头。1966年，县猪场引进威宁猪280头。1973年，乌东畜牧场从凯里引进旁海猪8头、内江猪20头。1978年6月，县畜牧兽医站从黔东南州奶牛场引进内江猪40头。同年12月，又从贵阳引进枫经猪7头、内江猪4头、巴克夏猪2头、苏白猪14头。1979年9月，县畜牧局从贵阳种猪场引进苏白猪10头。1982年后，县畜牧品种改良站先后引进苏白、巴克夏、杜洛克等良种猪18头，每年繁殖推广苏白、杜洛克、巴克夏和本地杂交猪种约500头，在西江、丹江、大塘、永乐等地乡村喂养。苏本杂交和杜本杂交的一代仔猪，杂交优势显著，适应性强，深受农户欢迎。1983年，县畜牧局畜牧师穆昌华和金华忠在丹江、响楼等地采用人工授精技术试验成功，杂交猪后代具有躯体长大、生产性能好等优点。1983年至1987年6月，共输配母猪1265头，受精率达84%，平均每胎产仔猪7.8头，成活率为85%。为推广人工授精技术，开展生猪杂交优势的推广利用，畜牧部门培训技术人员200人次。除县城外，还相继在永乐、达地等地建立民办公助的人工授精点。至1987年止，全县杂交猪和良种猪的推广面达70%。

牛种改良

1962年，县畜牧配种站从贵阳引进荷兰牛2头，与本地黄牛杂交，产杂交仔牛2头。1头由黄里公社农场饲养，体重554公斤；1头由陶尧公社陶尧大队第7队饲养，体重539公斤。1964年，从贵阳引进荷兰奶牛12头，因社队农户饲养与本地黄牛杂交改良，生产少量杂交仔牛，其外貌介于本地黄牛和荷兰奶牛之间，后因肩脊低小难以架桠使役和生产队缺乏挤奶技术等原因，没有发展。1979年2月，畜牧局集中全县畜牧兽医人员在红旗公社（今响楼乡）红旗大队进行耕牛良种选配试点，对公牛进行综合鉴定，交流各地良种公牛的选留经验。之后，派12名技术干部赴各公社负责指导体尺测量鉴定工作。经过普查摸底，全县24个公社（不含桥桑、达地）共检测公牛989头（水牛449头，黄牛540头），其中可充种牛用的有713头，由畜牧局发给种公牛合格证书，严格限制不合格的公牛配种，以免耕牛退化。是年，畜牧局从凯里引进荷兰公牛5头，后引进本省关岭牛8头，分发给方祥、大塘、永乐、固鲁、大沟、桥桑、达地等公社农户喂养，进行品种改良。是年10月，在黔东南州科委和州畜牧局的支持下，进行辛地红、巴拉福、黑白花、坦桑尼亚红牛和么拉水牛的冷冻精液输配，在丹江、五一、红旗、固鲁、莲花5个公社进行药物催情和自然发情输精配种121头（水牛100头，黄牛21头），受孕率为23%。1980年，扩大到望丰、陶尧、报德、西江、永乐、开屯等11个公社，先后输配191头（黄牛73头，水牛118头），受孕16头。两年共生杂交牛犊46头，其中26头为么拉杂交水牛，20头为辛地红和巴拉福杂交黄牛。经测定13头杂交么拉水牛，平均初生重为30.95公斤，比本地初生水牛犊增重40.1%，体高增加7.2%，体长增加10.7%，胸围增加6.7%，管围增加19.5%；测定10头杂交黄牛犊，平均体重18.8公斤，比本地牛犊增重39.4%，体长增加6.28%，体高增加3.8%，荐高增加11.3%，胸围增加10.74%，管围增加10.49%。龙头乡乌开村杨保耶喂养的一头杂交水牛，1.5岁开始犁田，持续耕作2小时，比本地牛多1小时。1981年至1984年，继续在红旗、固鲁、五一（龙头）、望丰、开屯等公社进行输配。后因输配技术不过硬，受孕率低，耗资大，1985年停止推广。

鸡种改良

957年，乌东畜牧场引进蛋用来航鸡20只，在乌东村改良鸡种。1973年，该场又从贵阳洛湾引进芦花鸡、白洛克鸡、来航鸡250只，火鸡2只喂养繁殖。1975年，县畜牧兽医站从贵阳引进来航鸡1000只，分在丹江、龙头、响楼、望丰等地喂养。1979年，县良种场引进来航鸡100只。1983年1月和5月，畜牧局从贵阳引进白来航鸡2000只，贵农黄鸡500只，种蛋2000枚。1984年5月至8月，从贵阳引进来航鸡2000只、贵农黄和白来航种蛋100枚。1985年5月，从贵阳引进罗斯鸡种蛋1500枚、贵州黄鸡500只、种蛋2000枚。1986年7月，从榕江引进星布罗鸡100只。1987年8月，引进保新鸡500只、罗斯鸡100只。经过上述多年连续引进推广，城关居民及周围农户已多饲养杂交鸡、良种鸡，逐渐改良乡村鸡种。

第六节　稻田养鱼

1949年，全县稻田养鱼面积为2705亩，鱼总产量8100公斤。1956年，稻田养鱼面积2990亩，鱼产量8950公斤。1958年后，稻田养鱼下降。1960年，全县稻田养鱼只有815亩，鱼产量2450公斤。1963年后，稻田养鱼又有恢复和发展。1966年，全县放养面积3225亩，鱼产量9700公斤。“文化大革命”中，将社员稻田养鱼当作“资本主义尾巴”割掉，所有能养鱼的好田全部收归集体放养。因集体放养后无人看管，稻田养鱼比例再度下降。

1980年，实行包干到户后，稻田鱼放养面积又有提高。是年，全县放养面积为67663亩，产量11.8万公斤。1984年，放养面积67402亩，产鱼22.7万公斤。并在稻田混养草鱼。1987年，放养面积70911亩，产鱼36.5万公斤。品种有鲤鱼（含高坡鲤、河鲤、镜鲤、玉鲤、荷包红鲤）、鲫鱼。

第三章　水　利

民国时期，政府对兴修水利不甚重视。1944年，全县可耕地面积30975亩，其中水田面积为17258亩。主要水利设施为各户或联户兴修的引水沟渠、山塘及汲水筒车。民国35年（1946年），始有承办小型水利工程的民间组织"雷山设治局西江农田水利协会"，有会员50人，但收效甚微。1949年底，全县水利有效灌溉面积仅5498亩。主要引水工程为小型堰坝和沟渠，大塘、掌雷等地有人工筑设的山塘，多数也用于养鱼，灌溉面积为5至6亩左右。丹江河两岸有竹筒汲水提灌的水车约300架。

新中国建立后，人民政府把水利建设当作农田基本建设的主要内容，从20世纪50年代初起，就专设管理农田水利的机构。当时，以引水工程为主，完成了大沟、加鸟、小龙坳、和平、冷竹山、南脑等渠道。60年代，在丹江河沿岸的莲花、龙头、丹江、响楼等乡（镇）的沿河台地兴建一批水轮泵提灌站。70年代后，在县内的重点旱区采取以蓄为主的办法，修筑了八一、公统、九九、排告、党高等水库，初步地解决干旱严重地区的灌溉用水问题。80年代后，以"整顿、巩固、提高"已有水利工程为主，并兴建一批人畜饮水工程，解决极端困难地区的人畜饮水。

从1949年到1987年，雷山县共建有大小水利工程1191处，有效灌溉面积67473亩。其中山塘63口，蓄水量43万立方米，灌溉面积3699亩；小（二）型水库4座，蓄水量147万立方米，灌溉面积2086亩；引水工程1111处，引水量8.69立方米/秒，灌溉面积61037亩；水轮泵提水站10个，灌溉面积211亩；电力提灌站3个，灌溉面积440亩。共建有人畜饮水工程17处，受益16321人、牲畜12206头。

第一节　蓄水工程

民国时期的蓄水工程为山塘。掌雷乡虎排塘群有9口，大塘乡翁掌些塘群有12口，桃江乡冷竹山塘群有4口。山塘是当地农民联合兴建或自然形成的水塘，一般多用于养鱼，灌溉农田极少。据民国30年（1941年）丹江县政府建字第98号文载："本县有十二联保，每保规定开凿塘一口，并依照订定凿塘办法及开凿蓄水说明实施。所有塘址，均属荒地，由联保主任征用民工修筑。"但并未完全实施。

20世纪50年代初修建的山塘，一般是土坝或土石混合坝，坝高2～7米不等，采用木质水管或石砌涵管，蓄水量在1万立方米以下。1957年，动工修建西江区翁养水库，设计筑土坝高15米，石砌涵管，水库蓄水量为21万立方米，灌田1056亩，由国家补助材料。由于是时经费、粮食、交通运输困难，1958年春，翁养水库工程被迫下马。70年代，全县先后修建了八一、排告、九九、公统等小（二）型水库。除九九水库外，灌溉效果明显。

八一水库

位于掌雷乡的虎排山腰，库区集雨面积0.7平方公里。工程始建于1974年11月，1978年竣工，历时4年。大坝为混凝土心墙堆石坝，坝高26米。旁侧溢洪，溢洪道宽10米，主干渠长9.5公里。有隧洞1座，长200米，蓄水量30万立方米。放水设备为闸阀，最大过水流量4立方米/秒。库水灌溉掌雷、乌勇、掌八、南八、略果、年显等村农田共846亩。总计完成土方1.25万立方米，石方9.34万立方米，砼429立方米，国家投资11.5万元。

排告水库

位于排告乡境内，集雨面积2.58平方公里。该工程为堆石坝，迎水面混凝土砌石防渗，坝高20米，坝顶溢流，蓄水量15万立方米。放水设备为浆砌石涵水卧管，最大过水流量0.2立方米/秒。1974年12月开工，1979年9月完工。完成土方0.12万立方米，石方2.33万立方米，砼428立方米。国家补助经费5.2万元。灌溉排告、和平、加勇等村农田计680亩。

九十九水库

位于大塘乡境内，在炉（山）榕（江）公路99公里处。库区集雨面积0.4平方公里，开引库区以外7处水源汇入，集雨面积3.6平方公里，总计集雨面积4平方公里。该库有主坝2座，均为土坝。坝高分别为22米、17米，放水设备为浆砌石涵水卧管，最大过流量0.2立方米/秒，旁侧溢洪，溢洪道宽7.4米。灌溉支渠共5条，设计蓄水量为90万立方米，灌溉面积1644亩，实灌200亩。工程始建于1975年10月，1976年8月完成主坝及引洪渠。1976年11月，开始施工渠系工程，已完成排略所支渠12公里。全部工程国家共补助经费12.7万元，补助粮食5.54万公斤，完成土方10.55万立方米，石方4.96万立方米，砼866立方米。该库蓄水到1167.2米时高程处渗出清水，作了“上堵下排”设计，但1980年只完成“下排”工程，“上堵”工程未进行，不能通水。

公统水库

位于望丰乡鸦口寨脚。集雨面积1.16平方公里。大坝在原已建砼浆砌石坝上加高而成。坝型为浆砌块石堆石坝，坝高20米，迎水面采用1：0.3预制水泥砖浆砌，背水坡采用1：1.5干砌块石护坡，坝顶溢流，溢流槽宽10米，蓄水量11万立方米。放水设备为浆砌石涵水卧管，最大过水流量0.3立方米/秒。完成土方0.027万立方米，石方3.297万立方米，砼1378立方米。国家补助经费10.8万元。灌溉公统村农田计360亩。

1987年，全县有蓄水塘库67处，蓄水量189万立方米，灌溉面积5785亩。

第二节　引水工程

民国时期，由农户联合修建的有红屯堰、乌开堰、王沟渠道、白水河渠道、虎高生渠道等工程，总计灌溉面积2400余亩，但渠道坡度较陡，流速较快，冲刷力大，渗漏严重，每条渠道实灌面积在500亩以下。

20世纪50年代中期，由县水利部门指导，以社、队联办方式，先后兴修大沟、和平、南脑、冷竹山、加鸟、小龙坳、雷公山等引水渠道和涵洞、隧洞、渡槽、倒虹管、跌水等附属建筑物。全县的大小引水工程的灌溉面积占总稻田面积的80%以上。主要的引水工程有：

白水河渠道

工程于民国34年（1945年）由雷山设治局组织民工开挖。位于白连乡境内，集雨面积7.4平方公里，引白水河水，为无坝引水渠道。1962年和1979年，由雷山县人政府先后两次投资续建。灌溉面积1037亩，灌区为平寨、营上两村。该渠道主干渠有2条，长24.5公里。其中，白水河干渠长17公里，白学干渠长7.5公里。有支渠2条，长7.2公里。其中，营（上）连（城）支渠长4公里，掌卡支渠长3.2公里。有铸铁倒虹管1座，长60米，管径0.25米。配套续建时，国家共补助经费6.27万元。完成土方4.85万立方米，石方1.38万立方米。渠系水利用系数为0.4。

王沟渠道

工程建于民国时期。位于西江镇境内，引雷公坪溪流。上游集雨面积6.8平方公里，为无坝引水渠道。该渠地处原始林带，植被较好，水源丰富，变幅极小。1956年和1974年，县人民政府两次续建，配套加固。工程主干渠长22公里；支渠4条，长10公里。有泄水闸5处，隧洞1座长501米、高1.6米、宽1.2米。配套山塘4口，坝高3.5至6米不等，均为砌石小拱坝，总蓄水量为9万立方米、灌溉面积800亩。国家补助经费29.5万元，完成土方5.2万立方米、石方4.9万立方米、砼0.07万立方米。

虎高生渠道

民国时期修建。位于陶尧乡境内，集雨面积2.5平方公里，为无坝引水渠道。解放后，国家补助经费0.4万元，县人民政府组织续修。干渠长2.8公里，灌溉面积502亩。

大沟渠道

民国时期由当地农民自建。位于大沟乡境内，引汇雷公坪、乌相两条溪水，集雨面积7平方公里，为无坝引水渠道，灌田100亩。国家补助经费8.08万元。1956年和1964年，县人民政府组织续建。完成土方7.3万立方米，石方3.5万立方米，砼0.01万立方米。有引水干渠3条，长20.9公里。其中，白肖干渠长6公里，乌相干渠长8.2公里，雷公坪干渠长6.7公里。灌溉控拜、开觉、掌乌等村农田共1200亩。因雷公坪干渠水源与台江县南刀村发生争执，经州裁定，雷山分水三分之二，台江分水三分之一，并设分水闸控制入渠水量。1974年，仍复发用水纠纷，毁去渠首石闸，至今未修复。

和平渠道

位于排告乡境内，引排告溪水。集雨面积为4.5平方公里，为无坝引水渠道。国家共补助经费5.95万元。1959年兴建，1984年续建。完成土方3.33万立方米，石方1.53万立方米，砼0.012万立方米。主干渠长11.5公里，支渠2条，长9公里。灌溉排告、加勇、卡文坳、党开、也牛等村农田共600亩。

加鸟渠道

位于永乐镇加鸟村，引九洞山和加鸟两条溪水。集雨面积1.13平方公里，为无坝引水渠道。国家共补助经费5.5万元。1954年兴建，1958年、1963年及1978年三次续建。完成土方3.9万立方米，石方1万立方米。主干渠长17公里，支渠2条，长9公里。其中，加支支渠长6公里，永乐支渠长3公里。灌溉加鸟、加支、棉花坪、永乐、杨家湾等村农田共895亩。

小龙坳渠道

位于黄里乡小龙坳，引脚尧溪水，集雨面积9.6平方公里，为无坝引水渠道。国家补助经费0.75万元。1951年兴建。完成土方1.46万立方米，石方1.22万立方米。干渠长7公里。灌溉小龙坳、大龙坳、乌尧、羊吾等村农田共848亩。

冷竹山渠道

位于桃江乡境内，引冷竹山溪水，集雨面积4.2平方公里，为无坝引水渠道。国家补助经费0.4万元。1957年修建。完成土方0.12万立方米，石方2.54万立方米。干渠长4.3公里，支渠2条。其中，谷沟支渠长1.8公里，谷羊支渠长1.7公里。灌溉干角、岩寨等村农田共545亩。

南脑渠道

位于桃江乡乌兑河口，引桥兑、乌兑两溪水，集雨面积13.1平方公里。国家补助经费4.5万元。1966年动工，1969年竣工。完成土方2.59万立方米，石方4.05万立方米。渠首为浆砌石坝，坝高3.5米，长10米。干渠长14公里。灌溉南脑、白水寨、孔勇等村农田共503亩。

雷山县引水工程一览表

表9-8

工程名称	地 点	渠长（公里）	引用流量（立方米/秒）	灌溉面积（亩）
乌开渠道	乌开	1	0.04	300
磨刀石渠道	掌排	3.5	0.04	320
脚雄渠道	脚雄	2	0.03	300
红屯堡渠道	红屯堡	0.7	0.05	350
虎高生渠道	陶尧	2.8	0.05	502
岔河渠道	岔河	6	0.04	350
白水河渠道	白连	24.5	0.2	1037
小龙坳渠道	小龙坳	7	0.1	848
野送独渠道	野送独	10	0.1	416
王沟渠道	王沟	22	0.15	800
大沟渠道	大沟	20.9	0.15	1200
雀鸟渠道	雀鸟	6	0.05	300
开屯坳渠道	开屯	9	0.06	451
掌南渠道	桥洛	12	0.05	320
播见料渠道	肖家	7.5	0.04	300
和平渠道	和平	11.5	0.01	600

续表

工程名称	地　点	渠长（公里）	引用流量（立方米/秒）	灌溉面积（亩）
排尧渠道	排告	15	0.1	585
冷竹山渠道	桃江	4.3	0.08	545
南脑渠道	南脑	14	0.1	503
桥王渠道	桥王	5	0.07	423
加鸟渠道	加鸟	17	0.1	895
灌溉300亩以下	共1111处	—	—	49692
总　计	—	—	—	61037

第三节　提灌工程

1957年5月，县人民政府拨款首建龙头14千瓦电力提灌站，受益面积132亩。以后逐年发展电力提灌站和水轮泵提灌站，截至1987年，全县有电灌站3个，灌溉面积440亩。水轮泵站10个，灌溉面积211亩。筒车231架，灌溉面积481亩。全县总计提灌面积为1132亩。

雷山县电力提灌站一览表

表9-9

工程名称	电动机（千瓦）	提水扬程（米）	灌溉面积（亩）	修建时间（年）
长　丰	15	27	80	1957
白　连	34	146	250	1980
黄　里	11	86	110	1983
合　计	60	—	440	—

雷山县水轮泵站一览表

表9-10

工程名称	型号	提水扬程（米）	灌溉面积（亩）	修建时间（年）
莲花小河	10	3	2	1959
响楼乌秀	20	4	15	1963
响楼小郎当	10	5	10	1964
莲花掌坳	20	2	25	1964
响楼犀牛塘	20	12	20	1964
水电南坝	20	4	20	1966
龙头水寨	20	5	11	1968
响楼老场坝	40	20	50	1968
水电党这	20	10	20	1969
水寨碾坊	20	3	38	1969
合　计	—	—	211	—

第四节 小型水电工程

境内河流多源于雷公山，水流较稳定，河床比降大，具有山高水高，林茂水丰的特点，适于建高水头小流量电站。全县可开发的水力资源1.913万千瓦。从20世纪50年代中期开始，用木质旋桨式水轮机修建6米以下的低水头电站，80年代后发展为修建250米高水头电站。

1987年，全县有水电站64个，总装机2848千瓦，10千伏输电线路140公里，变压器107台，5804千伏安。全县200千瓦以上的电站有响水岩电站、固鲁电站、桃江电站、达地电站、雷公坪电站。有4个区、19个乡（镇）15589户用上了电。小水电站虽有较大发展，但大部分电站送电不正常，丰水季节电力过剩，枯水季节电力不敷。原因一是管理不善，二是电站一般只引用基流，水量没有调剂余地。1987年，全县总装机的保证出电力1444千瓦，年发电量213万千瓦时。

龙头电站

是全县最早修建的小型农村水电站，位于县城南2公里的龙头乡境内，引用丹江河水发电，集雨面积83平方公里，引用流量0.67立方米/秒。国家补助10053元，地方自筹1949元。1956年11月施工。电站基建工程为挖通中寨、水寨之间的山坳，截弯取直，挖河筑堤长280米。总计完成开边山1300立方米，料石95.5立方米，拱石4.5立方米，块石250立方米。利用水头4.5米，装机20千瓦，1957年7月正式输电。主要供给龙头乡长丰、新寨、老寨、红屯堡、鸡勇、水寨、中寨、排卡等村照明和农副产品加工及提水灌溉等动力用电，效益较好。1958年8月，《民族画报》曾予以报道。1987年，由凯里接国家电网供电后停产。

响水岩电站

位于陶尧乡境内，引用雷公山麓乌东和大塘湾等溪水发电，集雨面积21平方公里。引用流量0.36立方米/秒，利用水头250米，装机容量640千瓦，为全县20世纪80年代初期最大的水电站，亦为当时全州水头最高的电站。电站总投资180.6万元，单位千瓦投资2800元。工程由县人民政府主持，县水电局组织施工。厂房由凯里金泉水库施工队承建，机电设备由州水电局安装队安装，压力管道制作和安装由贵州省水工机械厂承担。根据省人大常委会主任徐健生指示："施工要注意两个文明建设，既要保证工程按计划完工，又要保护好电站周围的森林资源和响水岩瀑布"。1982年5月施工，至1983年12月建成投产。历时1年零7个月，完成土方900960立方米、石方164563立方米、块石浆砌15312立方米、砼2837立方米，比原计划建设工期提前5个月送电。电站无偿供给附近4个大队电量30千瓦，享受无偿照明用电270户。生产队划出响水岩周围1270亩林地归电站所有，以利管理。主要工程项目有：（1）响水岩调节水库拱坝。拱坝为小石子混凝土砌块石单曲，局部周边缝厚高比为0.072，底绞缝为平缝，边绞缝为圆弧形。坝顶长60米，坝顶溢流面宽20.6米，最大泄流量93立方米/秒。该坝采用局部边缝拱坝，比一般拱坝节省工程量50%。（2）响水引水坝。位于拱坝下游600米处，为浆砌石溢流重力拱。高1.65米，坝轴长16.6米。（3）乌东引水坝。为浆砌石溢流重力坝，高2.4米，坝轴长8.2米。（4）隧洞渠道。乌响干渠长0.337公里，响水支渠长2.17公里，乌东支渠长1.81公里，响水隧洞断面2×2米，长206米。（5）10千伏输电线路9公里。（6）进厂公路2.7公里。（7）厂房面积270平方米。（8）压力管道。管道为钢管，管径0.5米，长597米。电站主要供应县城厂矿、企业、机关、居民用电，还供应陶尧、固鲁、响楼、黄里、白连、西江、龙头、莲花、大塘、桥港等乡镇用电。1984年，发电量65万千瓦时，1985年，发电量205万千瓦时，1986年为253万千瓦时，1987年为160万千瓦时，效益较好。1987年3月，凯里国家电网接通雷山，县政府决定分片区供电：雷山变电站供东半城及线路经过之农村；响水岩电站供西半城及线路经过之农村。

固鲁电站

原称东风电站，位于固鲁乡固鲁村桃子寨丹江河东岸。1984年易名为固鲁电站。电站利用原小固鲁河段的改河造田工程，筑坝栏水，开渠引流，中经南屏、教厂两渡槽，渠全长2.5公里。站址以上集雨面积260平方公里，引流为1.8立方米 / 秒，利用水头20米，装机250千瓦。

工程于1970年1月开工。土建工程由县水电局主持，机电设备由黔东南自治州水电局负责安装，于1977年10月建成输电。历时近8年，总投资46万元，共完成土石方8.3万立方米，砼960立方米。主要工程有：水工建筑拦河坝1座，长60米，高10米，为刚性心墙堆石坝；南屏河砼渡槽1座，跨径34米，高7.6米；教厂河砼渡槽1座，跨径35米，高14.8米；砼封闭式厂房面积120平方米；压力钢管长30米，直径1米；10千伏安输电线路长6公里。电站原供给县城厂矿、机关、学校、居民及固鲁、脚猛、猫猫河3个村用电，1985年与响水岩电站并网送电，称固鲁车间，属响水岩电站。从1977年至1984年，共发电70万千瓦时，年收入5万元。

桃江电站

位于桃江乡干脑村，利用桃江、桥兑河水发电。站址以上集雨面积19平方公里，引用流量0.3立方米 / 秒；利用水头96米，装机250千瓦。1974年12月施工，因资金无着停工8年。1983年，黔东南州水电局派技术人员进行勘测设计，工程总投资为29.99万元，国家补助16.8万元，余为群众投工。完成土石方57917立方米，砼97立方米。主要工程项目有：毛石浆砌重力坝1座，坝高4米，坝轴长25米；引水渠长3100米；砖混厂房面积147平方米；压力管道长166米，管径0.5米；10千伏输电线路14公里。供桃江乡7个村、48个村民组、394户、3867人照明和副业加工用电。

达地电站

位于达地镇小巫河与乌达河交汇处。引用小巫河水发电。站址以上集雨面积10平方公里，引流量0.3立方米 / 秒，利用水头98米，装机250千瓦。由县水电局设计施工和安装。1978年3月动工，1984年6月正式输电。历时9年，电站总投资36万元，完成土石方11248立方米，砼210立方米。建成拦河坝1座，坝高2.2米，轴长30米；引水渠长918米；砖木结构厂房面积80平方米；压力管道长265米，管径0.5米；10千伏安输电线路19公里。电站最高出力70千瓦，供小巫、乌达、达勒、达良、高车、排老、背略、也蒙等8个村、753户、4088人的照明及副业加工用电。

雷公坪电站

位于西江镇东青杠坳。开挖动力渠道220米，既引用王沟渠道之水发电，又充分利用落差115米高的发电尾水，引进王沟渠道灌田。站址以上集雨面积12.5平方公里，引流量为0.25立方米 / 秒，可装机200千瓦。1978年1月开工，1979年4月正式输电。电站总投资21万元，建主要水工项目有：引水动力道220米；输水钢管长200米，管径0.5米；砖木结构厂房面积85平方米；10千伏安输电线路长12公里。

雷山县小水电站一览表

表9-11

电站名称	所在河流	所在乡镇	装机容量（千瓦）	投产时间
合　计	64站	—	2848	—
响水岩电站	陶尧河	陶尧	640	1983.12
固鲁电站	丹江河	固鲁	250	1977.10
达地电站	小巫河	达地	250	1984.10
桃江电站	桃江河	桃江	250	1984.8
柳乌电站	南江河	柳乌	100	1981
开觉电站	新寨河	大沟	100	1984.10
白连电站	黄里河	白连	100	1976.7
中寨电站	黄里河	黄里	70	1980.11
孔勇电站	桃江河	桥港	55	1970
新丰电站	永乐河	永乐	55	1979.9
草坪电站	也卡河	桥桑	50	1985.7
甘益电站	公统河	公统	50	1985.7
独南电站	羊乌河	大塘	50	1986.12
桥港电站	羊乌河	桥港	50	1981.10
掌卡电站	西江河	西江	50	1987
永乐电站	永乐河	永乐	40	1981.3
控拜电站	新寨河	大沟	50	1979.4
桥洛电站	永乐河	开屯	40	1978.5
南脑电站	桃江河	掌雷	24	1969
羊卡电站	望丰河	望丰	20	1976.12
乌流电站	乌流河	报德	20	1971.8
下乌流电站	乌流河	报德	20	1971.8
下郎德电站	丹江河	报德	20	1973.7
干阳秀电站	望丰河	乌江	20	1975.3
小龙坳电站	乌尧河	黄里	20	1965
陡寨电站	乌迷河	方祥	20	1972.11
黄里电站	黄里河	黄里	20	1974
毛坪电站	毛坪河	方祥	20	1979.10
开屯电站	永乐河	开屯	20	1986.5
格益电站	格益河	永乐	20	1982.12
桥桑电站	桥桑河	桥桑	20	1977.12
党开电站	永乐河	永乐	20	1985
肖家电站	永乐河	永乐	20	1978
小独南电站	羊乌河	大塘	20	1978.8

续表

电站名称	所在河流	所在乡镇	装机容量（千瓦）	投产时间
平寨电站	丹江河	莲花	20	1979
也利电站	望丰河	报德	17	1965.1
乌江电站	望丰河	乌江	12	1979
乌响电站	望丰河	乌江	12	1985
也改电站	乌流河	报德	12	1971.8
上郎德电站	望丰河	报德	12	1969.5
望丰电站	望丰河	望丰	12	1970.5
鸡鸠电站	丹江河	莲花	12	1982.6
水寨电站	乌迷河	方祥	12	1973.8
南尧电站	乌尧河	黄里	12	1976
桃香电站	乌迷河	方祥	12	1979.6
荣防电站	望丰河	乌江	12	1979
片库电站	南江河	柳乌	12	1975.12
迪气电站	乌迷河	方祥	12	1980.5
明公惠电站	桥桑河	桥桑	10	1982
水溪电站	交腊河	高岩	10	1974
文绍海电站	公统河	公统	5	1969.4
棉花寨电站	望丰河	报德	5	1985.4
交腊电站	交腊河	高岩	5	1974.1
乌这电站	公统河	公统	5	1976.11
乌杀电站	新寨河	大沟	5	1980.8
乌忙电站	乌迷河	方祥	5	1980.10
永乐粮管所电站	永乐河	永乐	5	1985
坝子电站	桥桑河	桥桑	5	1978.9
新寨电站	桥桑河	桥桑	5	1983.4
永乐中学电站	永乐河	永乐	5	1980.11
鸡鸠联户电站	交腊河	莲花	5	1984.7
李光树电站	望丰河	乌江	3	1985.6
杨家湾电站	乌鸟河	永乐	3	1985
也公电站	丹江河	报德	20	1976.12

第五节　人畜饮水工程

县内村寨多居山腰，依山而不傍水，居住集中，寨有数十户乃至数百户、上千户。枯水季节，泉干井涸，人畜饮水困难。1980年以来，县人民政府拨专款兴建人畜饮水工程17处，解决16321人、12206头牲畜饮水困难。

城关自来水工程，取水口位于雷山大桥南侧，引用丹江河水。有防洪堤1处，长60米；吸水井1座，容积176立方米；蓄水池1座，容积1838立方米；输水主管长293米，支管长1240米。1978年冬施工，1981年12月竣工。工程经费为国家补助与地方自筹相结合。州水电局补助5万元，民族补助费2.5万元，不发达地区发展资金5万元，地方财政拨款5.5万元，总计18万元。实际支出16万元。完成土石方6.7万立方米。用钢材60吨，木材22立方米，水泥296.5吨。供城关地区5000人、2000头牲畜的饮水。

此外，受益人口达1000人以上的人畜饮水工程还有：开屯大寨人饮工程，受益1512人、牲畜1350头；永乐镇也牛人饮工程，受益1056人、牲畜530头；报德乡乌流人饮工程，受益1005人、牲畜1047头。（详见下表）

雷山县人畜饮水工程一览表

表9-12

工程名称	所在乡（镇）	效益		建成时间（年）
		人	畜	
掌坳	莲花	450	465	1980
丛木	开屯	405	485	1980
中寨	黄里	461	505	1982
南八	掌雷	356	360	1983
白碧	白连	585	940	1984
猫鼻岭	白连	658	456	1984
虎阳	陶尧	598	714	1984
开屯	开屯	1512	1350	1985
固鲁	固鲁	882	545	1985
南猛	岔河	582	587	1986
也牛	永乐	1056	530	1986
大寨	报德	820	460	1987
乌流	报德	1005	1047	1987
掌窝	乌江	353	270	1987
大龙坳	黄里	757	635	1987
陡寨	方祥	843	857	1987
城关	丹江	5000	2000	1981

第六节　防洪工程

丹江河水常因山洪暴发猛涨，冲屋淹城，危害甚烈，历史屡有记载。

县人民政府为治理洪灾，1956年开始兴建“丹江防洪工程”，至1958年，基本建成县城丹江防洪工程体系，初步控制洪灾对县城的危害。

丹江河从源头交腊至县城长30公里，集雨面积128平方公里。流经雷山城关段，河道迂回曲折，水流不畅，洪水期威胁城关640亩农田及5000余人的生命财产安全。20世纪50年代末，县人民政府责成水利部门制订治理方案，采取河道局部截弯取直，加宽过水断面以畅其流，修筑防洪堤以束其势的办法。治理范围从龙头乡龙头水电站溢流堰起，到响楼乡县农场止。治理办法是：（1）扩大龙头电站溢流口宽度，增加过水断面；（2）修建护城堤900米；（3）砌教场坝河堤300米；（4）在马家屯坳截弯取直；（5）降低马家屯坳口河段高程；（6）修建县农场防洪堤400米；（7）修建雷山第二中学校防洪堤450米；（8）修建北门小河防洪堤450米；（9）修雷毛公路防洪堤600米。

1958年，开挖马家屯坳口，截弯取直，缩小河道弯度，并筑护城堤。1963年，继续挖掘马家屯坳口，不断缩小河道弯度，拓宽河道断面30米，进一步加高增厚护城堤。1970年至1978年，先后动工的有马颈坳、农场坳、响楼坳截弯取直等工程项目。1981年至1985年，先后对教场坝、小河沟、农场、响楼等防洪堤段进行除险加固、清淤、炸礁、除障。先后施工11次，共完成防洪堤3150米，可抗御二十年一遇的洪水。

第七节　管理养护

民国35年（1946年），西江镇成立水利协会，兼顾水利管理事宜，解决各种水利纠纷。协会每年要请各寨活路头、寨老参加会议，议定用水管水制度。要求管水人员每年必须清理一次渠道；若水头有水，水流不到分水点，按停水时间，扣发管水员的报酬；民众谁不出谷支付报酬，就不给用水；偷水者由“沟头”罚款银洋3至6元，规定每年由水利协会以罚款购酒肉，组织民众聚餐一次，以示警告。并修订民约，设“石马口”分水，按田亩多少分股用水。

1953年，在人民政府的领导下，逐步建立健全水利管理机构和养护制度。全县1100余处灌溉工程，根据“谁建、谁管、谁有、谁受益”的原则，划分管理层次，制定用水制度。1979年以来，把水利工作的重心转移到管理上来，明确“建是基础，管是关键，用是目的”，落实水利管理工作责任制，不断提高水利管理工作效率。

现行的管理体制为乡、村负责组织群众管理。有3种形式：

1.灌溉面积500亩以上的工程，由乡组织管理，建立管理委员会，固定专职管水员。

2. 灌溉面积在500亩以下的工程，根据规模大小和受益多少，建立管理组织，分别由村、组管理，小工程承包给个人管理。

3.跨区、跨乡、跨村、跨组的，委托一个和几个主要受益单位管理。

管理委员会（组）的负责人和专管人员，由群众选举大公无私、责任心强的人担任。专管人员的报酬为：1.全年固定补贴，按受益大小分担；2.由集体土地中划出“养水田”，管水员自种自收；3.由专管机构计收水费统一开支；4.专管人员开展多种经营，自负盈亏；5.由水费中提成，或在粮食征购任务中附加管理人员报酬。

按灌溉面积大小和历史用水习惯，采用3种管理办法：1. 固定专人管理（全县骨干水利工程主要采用这类形式）。2.轮班放水，共同维修。3.由受益户联合组织管理，共同安排劳力，互助互利，合理用水。

1980年以来，农村实行联产承包责任制，水利管理责任制没有及时跟上，虽然开始改变管理方法，但由于重视不够，管理人员报酬不兑现，制度不健全等原因，以致有的工程没有发挥应有的效益。全县有小（二）型水利工程13处，落实管理责任制10处，管理人员15人。灌溉100亩以上的工程有158处，落实管理责任制的40处，管理人员45人。

第四章　乡镇企业

第一节　发展概况

雷山县乡镇企业（原称社队企业），是在原农村小手工业、副业和个体户工业、商业、加工业、服务业的基础上发展起来的。1976年以前，未设专管机构。1977年6月，设立社队企业管理局，配备专职人员管理。1984年，县委、县人民政府根据中央提出“乡镇企业是多种经营的重要组成部分，是农业的重要支柱，是广大农民群众走向共同富裕的重要途径，是国家财政收入的重要来源”和“乡镇企业的发展有利于促进专业承包，促进集镇的发展”等指示，把乡镇企业列入农村经济体制改革事项，加强领导。至1987年，全县共有加工业、采矿业、建筑业、建材业、运输业、商业、服务业、种植业、养殖业9个行业。有大小企业1567个（乡办38个，村办39个，联户办69个，个体经营1421个），从业人员3827人，产品70多个，总产值645万元，总收入610.7万元。其中工业产值383.4万元。总产值超过100万元的乡（镇）有3个：丹江镇145.6万元，开屯乡111万元，大沟乡129.32万元。乡镇企业实现利润126.5万元，上缴国家税金26.6万元。其主要产品有芦笙、土陶器、电光爆竹、魔芋干片、酱油、铁制农具、竹制品、蜂窝煤、苗族刺绣、服装、冰糖、糖果、月饼、铜矿石、锑矿石、玻璃瓶等产品。

1978—1987年雷山县乡镇企业收入及税利统计表

表9-13　　　　　　　　　　　　　　　　　　　　　　　　单位：万元

年　度	企业数	总收入	其　中					纯　利	上缴税金
			乡办	村办	组办	联户办	个体办		
1978	173	80.81	36.18	44.77	—	—	—	14.7	2.28
1979	94	46.14	17.47	28.68	—	—	—	12.14	4
1980	200	66.9	30.7	27.3	8.92	—	—	13.65	2.33
1981	204	86.49	24.28	24.93	32.95	4.38	—	9.64	4.1
1982	79	206.61	11.19	195.42	—	—	—	9.64	1.4
1983	134	64.93	5.5	59.43	—	—	—	1.49	0.4
1984	610	236.91	100.97	35.51	100.43	—	—	4.25	5.9
1985	1440	378.35	21.4	152.62	—	204.33	—	61.23	14.46
1986	1044	551.29	198.03	19.49	5.02	18.9	309.85	31.01	7.04
1987	1567	610.7	170.8	78.1	—	49.9	311.9	126.5	26.6

第二节　乡镇工业

1978年，全县有社队工业企业71户，从业人员1960人。按行业分有腐殖酸化肥工业1户，机械业1户，建材砖瓦业4户，日用土陶业4户，森工企业37户，食品加工业13户，棉花加工业2户，缝纫业2户，其他工业企业7户。年完成主要产品产量为：铁制小农具6.5万件，木材7226立方米，砖31万块，瓦35万片，日用陶器27.3万件，打谷机100台，腐殖酸肥料329吨，木制家具13164件，竹制农具546件。1984年，恢复和加强乡镇企业管理机构，乡镇工业又有较大发展。年末，有350户，从业798人。1985年末，有乡镇办工业企业13户，个体与联户办工业企业661户，从业783人。主要产品有：锑矿石1182吨，铅锌矿石43.5吨，铁制农具3.74万件，日用土陶器239.2万件，加工粮食1300吨，水泥预制板5716块，砖302万块，瓦68万片，砂石2912立方，鞭炮4961万响，银器1230件，服装1.7万件。1987年，乡镇工业企业有1078户，从业2315人。按行业分：矿石采选业53户，763人；采石业12户，50人；自来水1户，5人；食品加工业140户，220人；屠宰业7户，19人；饮料业3户，10人；缝纫业32户，48人；皮件加工业1户，1人；竹木器加工业22户，24人；竹藤草制品1户，1人；烟花爆竹制造业86户，165人；农村小型水力发电业41户，78人；蜂窝煤1户，6人；医药工业1户，1人；建筑材料工业173户，383人；黑色金属冶炼及压延加工业1户，2人；有色金属冶炼及压延加工业10户，10人；金属制品加工业482户，503人；其他工业11户，26人。

1987年，重点工业企业有：雷山县乡镇企业综合食品加工厂，丹江镇酱醋厂，响楼乡朱永祥酒厂，达地江礼明粮食加工厂，达地陆绍安副食品加工厂，固鲁采石厂，丹江郑秉康预制板厂，丹江张绍扬预制板厂，桃江综合厂，丹江东门带锯厂，陶尧碗厂，长丰联办碗厂，莲花农具厂，雷山县乡镇企业民族刺绣厂，丹江蜂窝煤厂，雷山县玻璃制品厂。

主要产品产量有：锑矿石745.5吨，铁制小农具5.31万件，木制中小农具4万件，竹制中小农具4万件，砖160.7万块，瓦60.5万片，砂石6.7万立方，木制家具2.5万件，预制件1600立方米，加工服装6.71万件，鞭炮10.9万饼，日用土陶器60万件，粉条8吨，白酒11吨，加工大米7560吨，面粉117吨，食用植物油11.4吨，茶叶1.5吨。

第三节　建筑业

1978年以前，建筑业均属临时性自发组织，没有固定队伍。1978年有建筑企业5个，从业人员101人，总收入8.68万元。1984年有建筑企业4个，从业人员595人，总收入89.2万元。1986年，乡镇建筑企业经县城乡建设环保局审核整顿后，已批准为固定的建筑企业有6个，其中五级企业3个，等外级企业3个。

响楼乡建筑队

1981年组建，集体性质，隶属县乡镇企业管理局，为专业房屋建筑队。1986年，审定为五级建筑企业，限承担4层以下（含4层）房屋建筑，跨度在9米内的厂房、库房建筑。1985年末，有职工120人，其中固定职工109人，管理人员11人，技术工人50人。平均技术等级为3.5级，受专业培训结业技术人员有3人。企业下设预制加工厂、木工组、施工组、材料供应组、安全生产组、财务组等。有固定资产原值6万元，净值5.4万元，流动资金4万元。有机械装备6台，总功率45马力。已承包修建大小工程100余个。

丹江建筑队

1963年组建，集体性质，隶属县乡镇企业管理局，为专业房屋建筑队。1987年末，有职工300人，其中管理人员27人，技工75人。平均技术等级为3.3级，受专业培训技工有10人。下设木工组、预制组、汽车运输组、施工组、管理组、材料供应组、财务组。机械设备有18台，总功率150马力。有固定资产原值5.643万元，净值4.5万元。1986年4月，审定为五级建筑企业，限承担4层（含4层）以下房屋建筑，12米跨度内的厂房、库房，30米以下的烟囱。

雷山县乡镇企业建筑公司

1981年5月组建，集体性质，隶属县乡镇企业管理局，为专业房屋建筑队。1986年4月，审定为五级建筑企业，限承担4层（含4层）以下房屋建筑，以及跨度不超过9.3米的厂房和公共建筑，39米以下的烟囱。1987年末，有职工249人，其中固定职工231人，管理人员18人。有技工87人，平均技术等级为3.6级。受过专业培训的技术人员4人。下属施工队5个及预制件厂、办公室、安全科、财务科等。施工机械设备有18台，总功率203马力。主要机械设备13台，总功率124马力。1985年末，有固定资产原值9.41万元，净值8.28万元，流动资金6.49万元。

雷山县乡镇企业局建筑队

1985年建立，集体性质，隶属县乡镇企业管理局。1987年末，有职工80人，其中管理人员6人，技术职称人员3人。1986年6月，经审定为等外级企业，下属桥梁施工组、房屋施工组、木工组、办公室和财务室。限承担2楼1底以下住房和仓库、跨度30米以下的桥梁。

西江镇建筑队

1983年9月组建，集体性质，隶属西江镇政府。1986年4月，经审定为等外级企业，限承担2楼1底以下住房。1985年，有职工100人，其中管理人员5人，技术工人18人。下属2个施工组、木工组、财务组、安全组、材料组等。有固定资产原值0.45万元。

响楼乡保坎桥梁建筑队

1981年5月4日建立，集体性质，隶响楼乡政府，为专业保坎、桥梁建筑队。有固定职工21人，其中管理人员2人。1987年5月9日，经审定为等外级企业，允许修建跨度20米以内的桥梁，以及保坎、围墙的施工。

第四节　种植业

20世纪60年代以后，各区、乡兴办一批社队（乡、村）林场和茶场。1987年，全县共有乡村林场10个，面积32400亩。农村经济体制改革后，原由集体经营的林场改由个体户或联户承包经营，已列入乡镇企业系列。（经营面积和场员人数与原来的规模均有差异，有的扩大，有的缩小。没有人承包的，已统计在林业篇内）

林　场

白水河林场　在西江镇境，1965年开办，集体性质。面积3000亩，有杉木林1000亩，固定场员8人。

博物就林场　在西江镇境，1985年开办，集体性质。面积4000亩。有杉木林500亩、橘子林3亩、茶叶2亩。场员4人。

乌江林场　在乌江乡境，1964年开办，集体性质。面积5900亩，系杉木林。亩蓄积量19.5立方米，产值约300万元。有场员8人。

岔河林场 在岔河乡境，1966年开办，集体性质。面积6000亩，杉树占90%，亩蓄积量12立方米。由3人承包，其收益乡占20%，造林户占20%，承包人占60%。

大塘林场 在大塘乡境，1974年开办，集体性质。面积1500亩，95%为杉树，5%为华山松。有场员3人。

排里坳林场 在桥港乡境，1958年开办，集体性质。面积2000亩。有场员4人。

排告林场 在排告乡境，1966年开办，集体性质。面积1700亩。有场员3人。

柳乌林场 在柳乌乡境，1958年开办，集体性质，面积3400亩，亩蓄积量14至15立方米。

桥桑林场 在桥桑乡境，1965年开办，集体性质。面积600亩，由个体户承包，三七分成。有场员2人。

里广东林场 在桥桑乡境，1977年开办，集体性质，分属永乐区与达地镇。面积1万亩。70%为杉树，30%为松树。有场员4人。

茶 场

全县乡、镇、村办茶场35个，面积6333亩，由县饮料食品厂和县供销社分别与村、组挂钩和订立生产加工合同，收入分成。

1987年雷山县乡镇企业茶场一览表

表9-14

场 名	面积(亩)	管理单位	场 名	面积(亩)	管理单位
响楼村茶场	150	供销社	望丰乡茶场	50	供销社
乌秀村茶场	64.5	同上	羊卡村茶场	206	同上
固鲁村茶场	70	供销社	三角田村茶场	340	供销社
报德乡茶场	80	同上	望丰小学茶场	50	同上
丹江镇茶场	90	同上	望丰村茶场	395.2	同上
治安村茶场	50	同上	大坪子茶场	365	同上
龙头乡茶场	350	饮料食品厂	开觉村茶场	21	同上
羊排村茶场	150	同上	永乐镇茶场	300	同上
莲花乡小河村茶场	50	同上	肖家村茶场	150	同上
莲花乡平寨村茶场	50	同上	小巫村茶场	150	同上
桃江村茶场	120	同上	乌达村茶场	400	同上
干角村茶场	50	同上	背略村茶场	450	同上
桥兑村茶场	120	同上	桐油坳茶场	450	同上
公统乡茶场	142.3	同上	达地镇茶场	525	同上
乌响村茶场	101.7	供销社	柳排村茶场	200	同上
掌窝村茶场	40	同上	柳乌村茶场	200	同上
荣防村茶场	54.4	同上	长坡村茶场	150	同上
高车村茶场	200	同上	—	—	—

第五节　养殖业

1987年，全县有养牛场2个，养羊场1个；集体渔场11个，面积719.5亩；联户和个体办鱼塘11个，面积50亩。

养殖场

乌香牛场　1978年开办，集体性质，属大沟乡开党村。牧场面积2000亩，承包经营。1987年末，有牛40头，场员6人。

桥港乡羊场　1986年开办，集体性质，属桥港乡新塘村。草场面积2000亩，承包经营。有羊80只，场员4人。

大坪山牛场　1985年开办，联户办，在达地镇境。有牛16头。草场面积1000亩。

渔　场

响楼渔场　1985年开办，集体性质，属响楼乡。水面积24亩。其中育鱼苗8亩，养成鱼16亩，亩产鲜鱼150公斤。

固鲁渔场　1983年办场，联户办，在固鲁乡境。水面积100亩，承包经营，年产鲜鱼1000公斤。

公统水库渔场　1985年开办，集体性质，承包经营，属公统乡公统村。总库容11万立方米，养鱼面积12亩。1987年产成鱼750公斤。

水电渔场　1969年开办，集体性质，属龙头乡水电村。面积12亩。承包经营。

掌卡水库渔场　1986年开办，集体性质，属西江镇掌卡村。面积150亩，有成鱼约2500公斤，鱼苗5.2万尾，职工4人。

七里冲水库渔场　1986年建场，联户办，属方祥乡提香村。面积200亩，库容量113万立方米。

水寨水库渔场　1986年建库养鱼，集体性质，属方祥乡水寨村。面积100亩。

九九水库渔场　集体性质，分属桥港、大塘两乡。承包经营，面积68亩。

八一水库渔场　1977年建场，集体性质，属掌雷乡。实有养鱼面积40亩，承包经营。

桥兑水塘渔场　属桃江乡桥兑村，集体性质。面积7亩。承包经营。

党高水库渔场　1977年12月建场，集体性质，属龙头乡党高村。总库容3.6万立方米，养鱼面积6.5亩。

另有个体户承包小山塘养鱼约27亩。

第六节　商业、服务业

1980年，个体商业、服务业有较大发展。全县个体商业有30户，从业人员36人。1987年，有613户，从业人员780人。其中，商业472户，619人；饮食业67户，77人；修理业31户，32人；服务业43户，52人。共有资金484880元，年营业额1617587元，上交国家税金288374元、工商管理费20548元。1987年，有商业经营性公司乡镇企业3个。

供销公司

属预算外国营企业。1986年末，有固定资产原值9085元，流动资金58412元。核定经营范围为铁、竹、木器半成品，水果、水产、农副土特产品，兼营烟、酒、糖、百货、民贸商品、五金、成衣、粮食、矿产等。承包经营。1987年末，有职工3人。

农林副产品采购供应公司

集体性质。经营范围为竹木器成品、半成品、副食品、土特产品、水果、水产，兼营烟、酒、糖、百货、五金、成衣、棉絮。有门市部4个。承包经营。1987年末，有职工7人，其中管理人员3人。

矿产资源开发公司

属预算外国营企业。公司下设开屯、桥洛、毛坪3个采矿队和开屯、毛坪两个矿产收购站。经营范围为采购和销售各种矿石。1985年，收购锑矿石319吨、铅锌矿43.5吨，收购总额260219元，销售收入337626元，实现利润1.35万元。1986年，收购锑矿石645.2吨，收购总额506215元，销售收入717081元，实现利润7.45万元。1987年，收购锑矿石256吨，收购总额184970元，销售收入233585元，实现利润2.3万元。年末，有职工17人。

第七节　运输业

1984年6月，建乡镇企业运输公司，属集体性质，为个体松散式联营。1984年，有9户，有解放牌载重汽车9辆。

1987年，全县有载重汽车22辆，74.25吨，完成货运周转量140万吨公里，收入28万元。客车3辆，座位130个，客运周转量为68.6万人公里，营业收入1.79万元。

1987年，全县有中、小型拖拉机68台，80.8吨。从事运输。年货运周转量为19.39万吨公里，营业收入5.81万元。

第八节　管　理

管理机构

1977年6月，县成立社队企业管理局，统一管理社队企业。1984年5月，机构改革，雷山县社队企业管理局改称雷山县乡镇企业公司。1984年8月，改称雷山县乡镇企业管理局。下设计财股、业务股(后撤销)、生产安全股、技术推广站。1986年11月，在丹江区、达地镇、西江区、大塘区、永乐区、开屯乡、响楼乡、龙头乡分别建立乡镇企业管理站。乡镇企业管理局下辖商业性或带工业性的经营公司，由公司直接管理企业。

政策措施

遵照中央对乡镇企业“积极扶持、合理规划、正确引导、加强管理、大力发展”的方针，引导农民致富，陆续制订相应的政策措施。在发展形式上，采取因地制宜，扬长避短，宜工则工，宜农则农，宜商则商，国家、集体、个人三者一齐上，多成分、多层次、多形式地发展。在经营方式上，灵活多样，可以工业为主，搞农、商、林、运综合经营；可以自销、经销、代销；可以跨地区、跨行业经营。在税收政策上给予优惠照顾。对于农村新办的乡镇企业，不论是乡办、村办、联办或个体户办，除国家规定的烟、酒、糖等21种产品外，其他产品从正式投产之日起，经县人民政府批准，可以减免产品税、增值税和营业税、所得税1年。原有的乡镇企业，全年利润不足3000元的，可免征所得税。对边远贫困地区新办的集体企业，可免征所得税5年，免征产品税、增值税和营业税1—3年。在资金上，除自筹和积累外，国家给予必要扶持，贷款由县财政贴息。在所有制方面，规定乡镇企业的所有制长期不变，不准任何部门和个人以任何方式或借口平调、摊派、挤占、挪用、侵吞、私分乡镇企业的资金、利润、设备、原材料和商品等一切资产。在财务管理上，建立利润分配制度。企业的税后利润，用于扩大再生产的部分不得低于50%。乡镇企业的管理费由县乡镇企业管理局收取。

技术培训

为促进乡镇企业的发展，县乡镇企业管理局在挖掘已有乡土人才和引进人才的同时，还举办学习班培养人才。1978年，先后举办财会培训班、柴油机修理培训班、基建管理和施工人员培训班等，共培训121人。1986年，分别举办矿山爆破培训班，安全员培训班、魔芋培训班、会计培训班和矿山组织管理培训班等，共29期，280多人次。1987年分别举办魔芋栽培、魔芋片烘烤、统计、会计等培训班12期，培训300多人次。

协调服务

1987年，全县经济发展规划中，对乡镇企业发展作专门规划。对各区、乡、镇集体和个体技改及新上项目，都进行实地考察和论证。是年，乡镇工业企业新建项目4个，技术改造项目5个，投资46万元。其中国家扶贫款31万元，占67.4%；主管部门拨款5万元，银行贷款9万元，自筹1万元。在原材料上，积极组织供应；在产品销售上，帮助沟通信息，组织对外销售。对直属国营、集体办的企业实行服务监督，层层抓经济承包，自负盈亏，择优扶持。对区、乡办集体企业实行有偿扶持和具体指导。对村组和个体户的企业，在政策上一视同仁。对企业的内部管理，经常派业务骨干和技术人员到各企业巡回帮助，整顿财务，健全制度，堵塞漏洞，开辟财源，检查质量，落实经济责任制等等。

第九节　专业村

南屏爆竹村

固鲁乡南屏村，有82户，416人。从事爆竹生产有50余年历史。1987年，全村从事鞭炮、产销有72户。不能独立加工出售的户，为爆竹专业户加工半成品。全村年产鞭炮3372万响，产值11.4万元，产品销往凯里、台江、丹寨、榕江等县(市)。

犀牛塘建筑村

响楼乡犀牛塘有70余户，400余人。参加建筑队伍有225人，占总人口52%。响楼建筑队组建于1961年，承担建筑项目100多个。经县审定为五级建筑企业。人均年收入达1000元以上，高的达3000元。

控拜银匠村

大沟乡控拜村，以加工银饰工艺著名，人称银匠村。1987年，控拜村（含麻料、白高、乌高、乌杀等自然寨）有420户，1500多人。加工银饰工艺精湛，已有400余年历史。农村经济政策放宽后，银匠师傅以老带新，亲朋互教，银首饰加工技术又添生机。男人绝大多数熟悉银饰加工工艺，有500多人操此业。有些妇女也跟随男人学习加工，少数妇女熟练掌握银饰工艺。清末至民国初，控拜村银匠终年在湘西、广西、黔东、安顺和云南等地加工银饰。解放后，凯里市民贸公司银器厂和雷山县民贸公司银器厂的银器加工业务，多数是由控拜村的银匠师傅承担，银匠的年收入除伙食外，净收入可达1000～2000元。

治安土碗村

陶尧乡治安村，有12户从事烧制土碗生产。1987年，有五硐窑1座，年产土碗3万件，产值1.7万元，人均收入1000～1500元。1979年后，农村政策放宽，治安村农民以此作主要副业。治安村从事土碗生产的历史较久，清光绪二十七年（1901年），治安堡陆朝进即在陶尧大田边开办碗厂，由四川师傅陈尧贺等2人传授技术。以后陶尧果梅寨杨顺发在果梅冲开办碗厂。民国5年（1916年），迁到陶尧皆尧寨建窑。民国19年（1930年），杨玉河、杨玉池、石清良合办土碗厂。民国23年（1934年），又有陆可有、陆宏钧、陆宏清合办碗厂。

菜园圃蔬菜村

丹江镇菜园圃是雷山县的蔬菜生产基地之一。清朝光绪初年，丹江厅迁设肇泰堡。农民为供应厅城居民，开始蔬菜专业生产。菜园圃靠丹江河，土壤肥沃，气候湿润，适宜各种蔬菜生产，尤以种植白菜、萝卜、地瓜等为最，素有“丹江白菜、下司萝卜”的美誉。1952年组成蔬菜队，集体交售。后为个体经营。从事此业的有25户，126人。每亩菜地冬季产白菜5000公斤，夏季产瓜、豆及地瓜5000公斤，户可收入5000元。

乌秀砌匠村

响楼乡乌秀村，有128户，490人，210个劳动力。能掌握“块石干砌”技术的师傅有45人，其中技术较好的13人。乌秀村的农民从20世纪50年代起就开始以砌保坎为主要副业。那时，县城机关、学校、企业修建房屋基脚都用块石干砌，乌秀的农民承担80%的工程。1959年以来，乌秀农民负责块石干砌成的工程有：雷山城关防洪堤长3000余米，高4至7米；公统水库、永乐电站、响水岩电站、龙头电站等渠道和拦河坝；雷毛公路大中型保坎；雷西公路桥梁保坎；柳乌公路、毛丹公路保坎等。由于干砌保坎坚固牢实，石块之间衔接紧密，收坡整齐，受到县工程指挥部门的称赞。村民任有清生前主持砌的雷毛公路猴子岩悬岩大型保坎，其质量尤为优异，公路工程指挥部为之立碑纪念。

交腊米箩村

高岩乡交腊村地处雷公山腹地，盛产楠竹、毛竹、金竹、水竹，有竹林160余亩。用竹篾编织竹器，是当地农民变资源优势为商品优势的手段之一。其所制米箩出售，已有60多年历史。全村54户，68个劳动力都擅长篾工，年产米箩1000余对。其工艺精湛，结实耐用。有的工匠曾被聘往外县编制米箩和传授技术。户均年产米箩80多对，收入1000余元。

羊排木瓢村

西江镇羊排村，历来家家户户青壮年均有用杂木松枝剜饭瓢、木碗、水瓢、汤瓢、粪瓢的技术。造型有大有小、长把短把。瓢器销往黔东南州部分县（市）。工艺造型美观，质量好，厚薄均匀，经久耐用。该村与原始林带雷公坪紧连，森林里有大雪压断的古松树或树桩，是制作木瓢的好原料，农闲时农民入山扛回家剜瓢应市，成为一项重要的副业收入。

羊常堡豆腐村

丹江镇羊常堡有43户，295人。磨制豆腐专业户有34户，占全村总户数80%。旺季每天户均磨制豆腐高达30桌。全村日出售豆腐达500桌以上，收入600余元。同时，利用豆腐渣养育肥猪，多的户年出栏商品肥猪5至6头，少的2至3头。1987年共出售商品猪125头，总计18750公斤，产值53550元，户均收入1575元。每头猪年积肥2500至3000公斤。猪多粪多，稻粒饱满，亩产在750公斤左右，实现农业、副业双丰收。

羊乌簸箕村

排告乡羊乌村有52户，成年人都会编制簸箕，世代相传。有70人深谙此道。清咸丰六年（1856年），当地祖辈从江西迁入贵州时，就带来编制技术，已有130年的历史。其制作用料考究，用绵竹篾锁边，用毛竹做骨架，底平而光滑，结构紧密扎实，坚固耐用。每年户均产簸箕100至200个，远销黎平、从江、丹寨、麻江、凯里等地。户均年收入500至1000元。

脚牛挑箩村

排告乡脚牛村共有57户，男劳动力均会编箩筐技术。有编挑箩技术的熟练工匠10人。手艺高、速度快的人每天编一对，年收入1000元以上。20世纪60年代，挑箩由区供销社包销。80年代，自产自销。产品销往永乐、平永、达地、排调等地。

乌江晒席村

乌江乡乌江寨有200户，其中有30户男劳力会编晒席。年产晒席3000至5000床，户均收入1000至2000元。晒席有大、小号规格。20世纪50年代，专为县供销社加工。70年代后，自产自销。因乌江晒席质量好，远销麻江、丹寨、凯里等县（市）。

老寨筲箕村

黄里乡大龙坳老寨有25户，20岁以上的男劳力均会编制蒸饭用的筲箕。县城市场出售的筲箕多系老寨编制。材料为毛竹。产品坚固耐用，式样好，滤水快。规格有大、中、小多种。

排卡竹篮村

陶尧乡排卡村有100户，会编竹篮的有110人。竹篮为长方形，有大、中、小3个规格。篾细而均匀，结构紧密，式样美观，经久耐用。每只竹篮售价为3至5元，深受绣花妇女的喜爱。

大郎当葡萄村

响楼乡大郎当村有147户，709人，300个劳动力。有120户栽种水晶葡萄，发展庭院经济。平均每户有3至4株，最多的户有39株。户均年收鲜葡萄200至250公斤。该村1972年开始栽植葡萄，并聘请园艺师傅传授剪枝方法，葡萄结果又多又大，味美而鲜。全村年产鲜葡萄3万多公斤，收入3万余元。

小脚雄弹花村

响楼乡小脚雄寨，自1929年万宏胜投师学弹棉花和加工棉絮手艺以后，为小脚雄寨留下了弹花制絮的技艺；1953年，为丹江、西江、大塘区供销社加工棉絮。1955年，丹江区供销社成立棉花加工厂（组），万宏胜、余茂华、杨有林，万定新、万运国等8人参加，并改手工弹花为机器弹花。1960年，生产队组织弹花、棉絮加工厂，又为丹江、大塘、西江区供销社加工棉絮，由全寨青壮年轮流参加，有30余人掌握弹花和加工棉絮技术。农村政策放宽以后，万定新、余茂华两家组织个体户棉絮加工厂，有弹花机、绕线机各1台，年加工棉花1.5万公斤，收入1.5万元到2万元。

西江绣花村

西江是千户苗寨，有1100余户6000余人。姑娘长到7至8岁时，母亲就传授绣花技艺，世代相传。有30%以上妇女刺绣工艺高超。西江苗家妇女穿的衣服、背带、裙子、童帽、寿衣和布鞋都绣有花。花色鲜艳，形象逼真。其绣法有绉绣、缠绣、平绣、叠绣、贴绣多种。家住在高坡的喜绣花、草、鸟、蝴蝶，住在河边的爱绣鱼、虫、龙、蛙。农村政策放宽后，有的以此作副业，将绣花背带、衣服拿到凯里、台江、雷山城关等地市场摆摊销售。由于西江苗绣别具民族特色，工艺精湛，受到日本朋友的赞赏，并自费购买带回珍藏。国家民委、民族文化宫、贵州省民委等多次购买作展品，一铺花裙售价300～400元。

长丰土陶器村

龙头乡长丰堡是土陶器业专业村。全村110户，有70户从事土陶器生产。村有爬坡窑7座，工棚3000平方米，有碗、碟、盆、坛、罐、盘、钵、杯、壶等产品55个，有大小不同的规格。1987年，从业人员有280人，产量50余万件，产值17.4万余元，除去燃料、工资外，纯利为45%，年利润8.4万余元。

林业篇

第一章 森林资源

第一节 森林分布

林地分布

雷山县森林资源以雷公山原始林区为核心，植物资源丰富，森林类型多样。据考察有木本植物217属，465种，19个变种。植物区系、地理成分复杂，起源古老。特有林种和国家重点保护的珍稀植物较多，如秃杉（台湾杉）、马尾树、钟萼木、香果树、福建柏、鹅掌楸等。森林群落的垂直分异组成及结构为：海拔500米至1300米之间分布有各类常绿阔叶林和针叶林。除甜槠栲外，还有银木荷、薯豆、杉树、秃杉、马尾松、华山松、樟、枫香等乔木；海拔840米至1330米之间的分布除甜槠栲、银木荷、薯豆和丝栗栲外，还有西南米槠、大果马蹄荷、硬斗石栎、多穗石栎、杉树、枫香、贵州润楠、基脉润楠、小叶青冈、台湾冬青、五裂木等；海拔1140米至1700米之间的分布以贵州石栎、枫香、中华槭为主，还有华杜英、紫楠、木莲、鹅耳枥、宜昌润楠、长柄水青冈等；1400米至1820米之间分布有亮叶青冈、巴东栎、越橘、多脉青冈、杜鹃、野樱、大果卫矛等；1850米以上分布中山常绿阔叶落叶混交林，如冬青、柃木、吊钟、木荷、裂叶白辛树、贵州山柳、亮叶水青冈、石栎等。

秃杉为国家一类保护树种，分布在雷公山保护区内的格头、方祥等地，保存完好的天然林群落35片，面积230余亩，县内现存包括散生的秃杉约5000株左右。

全县除丹江镇外，各乡（镇）均有森林分布，集中成片的天然原始林分布在雷公山、雷公坪、冷竹山、白竹山、大坪山、七里冲、交腊山等高海拔地带，以阔叶林居多，属黔东南地区的水源涵养林。人工杉木林分布在柳乌乡的里广东、碓窝坳，排告乡的上和平、高洞，桥桑乡的桥毫坳、万亩林场，大塘乡的何家坡、九九工区、排里坳，响楼乡的大树坳，乌江乡的母猪石及乌江乡办林场，报德乡的干翁欧流等地。油茶林集中成片分布在大沟乡的开觉和控拜。油桐林以永乐、开屯、柳乌、桥桑、排告、达地等乡（镇）为多。

林地面积

解放前，无精确统计。1953年至1963年，在11个乡作可伐木的清理调查，有活立木约600万立方米，覆盖率约为60%。1965年，县人民委员会抽调100名调查人员，由州林业局作技术指导，对全县林业用地和林地进行全面实地勾绘，后因开展“文化大革命”而中断。1974年，在全县布点1700个，以县为总体，查清森林分布数据。是年，全县林业用地有1330137亩，占总面积的73.06%，覆盖率23.79%。其中用材林面积313691亩，占林业用地面积（下同）的23.58%；经济林面积14928亩，占1.12%；疏林地面积127709亩，占9.6%；灌木林地面积104504亩，占7.86%；无林地面积774306亩，占58.21%。

1985年，在贵州省林业勘察设计院的指导下，全县抽调14名专业人员，作二类资源清查。历时3个月，完成全县2000个系统的抽样调查样点，推算得出乡级数据。全县林业用地为1370595亩，占总面积75.64%，覆盖率为45.48%。

林业用地中，有林地773551亩，占林业用地面积(下同)的56.43%；无林地254495亩，占18.57%；疏林地257970亩，占18.82%；灌木林地50580亩，占3.69%；新幼林地33840亩，占2.47%。另有苗圃47亩。

在有林地中，用材林450480亩，占有林地面积(下同)的58.24%；防护林122160亩，占15.79%；特用林188085亩，占24.31%；经济林11400亩，占1.47%。

活立木蓄积量

据1974年资源清查资料，全县活立木蓄积量3088735立方米。其中，成片林蓄积量2743687立方米，占总蓄积量88.83%；散生木蓄积量345048立方米，占11.17%。1985年，进行二类资源清查，全县活立木蓄积量为3658773立方米。其中成片林蓄积量为3328157立方米，占总蓄积量(下同)的90.96%；散生木蓄积量为330616立方米，占9.04%。国有林蓄积量为1869999立方米，占51.1%；集体林蓄积量为1458158立方米，占40%；自留山蓄积量为330616立方米，占8.9%。

按树种分(不含散生木)：杉木蓄积量为738952立方米，占总蓄积量(下同)22.2%；马尾松蓄积量406126立方米，占11.1%；阔叶林蓄积量2205327立方米，占60.27%；华山松蓄积量4750立方米，占0.13%。

按林分龄组分(不含散生木)：幼龄林蓄积量为90979立方米，占总蓄积量(下同)的0.25%；中熟林蓄积量515097立方米，占14.08%；近熟林蓄积量544314立方米，占14.9%；成熟林蓄积量1776719立方米，占48.56%；过熟林蓄积量400848立方米，占10.96%。

蓄积量在100万立方米以上的有方祥乡。在10万立方米以上的有大沟乡、开屯乡、柳乌乡、高岩乡、报德乡、桃江乡、乌江乡、西江镇、永乐镇、达地镇、国营乌东林场。靠近河流及公路沿线的丹江、响楼、固鲁、岔河、陶尧、龙头、掌雷、莲花、桥港、黄里、白连等乡(镇)均属森林过伐区，蓄积量都在5万立方米以下。

1985年雷山县森林分布情况统计表

表10-1

单位	森林分类(亩)							活立木总蓄积(立方米)	林分龄组(立方米)					散生木总蓄积(立方米)	覆盖率(%)
	合计	用材林	防护林	薪炭林	特用林	经济林	竹林		幼林	中熟林	近熟林	成熟林	过熟林		
报德乡	43746	39501	3681	—	117	401	45	193714	4885	75455	64924	20806	14189	13455	48.9
陶尧乡	24074	19488	—	—	4586	—	—	30607	—	1871	2014	19352	—	7370	37.3
乌江乡	40061	38133	720	—	—	685	523	114212	7517	63490	25909	9147	1077	7072	62.1
公统乡	29757	28492	299	—	—	966	—	84562	2537	40742	28523	11524	—	1236	64.9

续表

单位	森林分类（亩）							活立木总蓄积（立方米）	林分龄组（立方米）					散生木总蓄积（立方米）	覆盖率（%）
	合计	用材林	防护林	薪炭林	特用林	经济林	竹林		幼林	中熟林	近熟林	成熟林	过熟林		
望丰乡	18859	16886	—	—	—	1973	—	34339	1294	11134	13287	3175	—	5449	49.1
固鲁乡	16949	16874	—	—	75	—	—	21428	978	9423	2730	3169	1305	3823	41.4
响楼乡	20155	20155	—	—	—	—	—	6818	—	2565	3554	207	—	492	66.5
龙头乡	17140	16990	150	—	—	—	—	38403	1456	12191	2961	3980	8494	9321	37
岔河乡	9615	8940	—	—	—	675	—	18886	—	3983	12467	—	—	2436	42.8
乌东林场	37554	10274	—	—	27280	—	—	232425	142	2901	239	193699	35370	74	90.3
莲花乡	4940	4223	717	—	—	—	—	25766	5072	5640	4230	—	—	10824	17.9
桥港乡	4893	4608	—	—	239	—	46	20922	780	5063	896	2228	—	11955	24.6
高岩乡	42646	18733	—	—	23913	—	—	25441	794	2052	11420	237864	—	3311	67.5
掌雷乡	9360	8102	1258	—	—	—	—	43457	1294	2802	6648	13761	7526	11426	34.6
桃江乡	39948	12065	5563	—	22236	84	—	193010	4599	13759	37028	117636	—	19988	49.4
大塘乡	25460	16477	7319	—	1664	—	—	70843	291	32259	7696	16515	—	14082	37.7
九九林场	4666	4559	107	—	—	—	—	20015	286	7632	4585	6155	—	1357	65.5
永乐镇	49703	13455	35381	—	—	708	159	290918	8698	26484	21133	196081	13252	25270	41.1
开屯乡	26058	5965	20093	—	—	—	—	157968	—	19753	98517	27704	1648	10346	43.9
排告乡	9706	9336	370	—	—	—	—	72801	—	29922	32672	1265	—	15942	28.9
柳乌乡	28337	14186	13073	—	—	1078	—	121632	10906	37490	10938	48932	—	13356	48.3
桥桑乡	20944	8413	11340	—	—	1191	—	86667	8708	27372	25575	978	—	24025	41.2
黄里乡	34049	26440	—	—	7609	—	—	54534	—	341	1967	39681	6737	5808	43.8
白连乡	11950	11950	—	—	—	—	—	21094	—	7112	4331	5242	—	175	27.1
方祥乡	110357	25985	—	—	84250	122	—	1043817	3399	17478	76477	695813	202012	48638	56.3
西江镇	38540	22329	98	—	16113	—	—	179313	797	22023	11627	37291	96308	11267	47.1
大沟乡	22477	17137	5340	—	—	—	—	112811	761	15582	15680	56679	12930	11179	29.8
丹江镇	1168	—	—	—	—	—	—	531	174	150	—	—	—	207	19
达地乡	30439	10788	15489	628	—	3522	12	110649	25611	25628	16289	7826	—	35295	30.9
全县合计	773551	450484	122167	628	188082	11405	785	3658773	90979	515097	544314	1776719	400848	330616	45.48

1985年雷山县林种树种面积蓄积量统计表

表10-2

树种	林种/数量	有林地										合计		疏林地		散生木蓄积量(立方米)	总蓄积量(立方米)
		用材林		防护林		特用林		薪炭林		经济林面积(立方米)	竹林面积(立方米)						
		面积(亩)	蓄积量(立方米)	面积(亩)	蓄积量(立方米)	面积(亩)	蓄积量(立方米)	面积(亩)	蓄积量(立方米)			面积(亩)	蓄积量(立方米)	面积(亩)	蓄积量(立方米)		
杉木	数量	192090	599187	8538	40178	8145	99587	—	—	—	—	208773	738952	110639	149772	—	888724
	占本林种%	42.65	54.96	6.99	6.79	4.33	6.06	—	—	—	—	26.99	22.2	42.89	46.39	—	24.29
马尾松	数量	187755	302150	6360	14414	14820	89562	—	—	—	—	208935	406126	83495	86729	—	492855
	占本林种%	41.68	27.72	5.21	2.44	7.88	5.44	—	—	—	—	27.01	12.2	32.37	26.86	—	13.47
阔叶林	数量	35010	184038	107265	563991	164355	1455542	630	1756	—	—	307260	2205327	54800	86157	7758	2299242
	占本林种%	7.77	16.88	87.8	90.77	87.39	88.5	100	100	—	—	39.71	65.45	21.24	26.69	—	62.1
华山松	数量	35640	4750	—	—	750	—	—	—	—	—	36390	4750	9026	200	—	4950
	占本林种%	7.9	0.44	—	—	0.4	—	—	—	—	—	4.71	0.15	3.5	0.06	—	0.14
其他	数量	—	—	—	—	—	—	—	—	11400	780	12234	—	—	—	—	—
	占本林种%	—	—	—	—	—	—	—	—	—	—	1.58	—	—	—	—	—
合计	总量	450519	1090125	122163	618583	188070	1644691	630	1756	11400	780	773551	3355155	257960	322858	7758	3658773

第二节　林副产品

林副产品主要有果木类（水果、干果）、食用菌类、特用经济产品等3类。

果木类

果木类有人工培植和野生两种。桃、李、杏、梨、柿子、柚子、核桃、板栗等多为房前屋后零星栽植。1958年，从外地引进苹果，由生产队、组集体成片营造，因管理不善和果、粮争地而转为各户自栽自管。1983年，县人民政府为发展果木生产，拨款23910元，在响楼乡百灵坳建立果苗场，培育梨、柑橘、桃、葡萄等苗木供应各乡（镇）栽植。1985年，大郎当村引进葡萄种植，1987年产量达1000公斤。1987年止，果苗场供应各种苗木共3万多株。果苗场还栽植苹果、柑橘、梨、桃、板栗、杨梅等果树1000余株，并开始挂果。野生果木主要有茅栗、猕猴桃、杨梅等。茅栗分布较广，全县各地均有。杨梅以永乐、大塘两区为多，年产量50万公斤左右，由雷山饮料食品厂加工制成杨梅干、杨梅原汁、杨梅罐头等饮料食品。猕猴桃年收购近50万公斤，加工制成猕猴桃汁、酒、果酱、果脯。此两项系列产品均为雷山饮料食品厂的畅销产品，远销省内外。为发展资源，确保原料供应，除宣传保护好野生资源外，1986年，还拨专款4万元在丹江、永乐等地人工培植猕猴桃4000余亩。

食用菌类

菌类食物有木耳、香菇等，以香菇为多。1972年以前，群众采摘的鲜香菇和加工的干货，多到市场出售。1973年以后，县土产公司加强技术指导和投放资金组织生产，收购量逐年有所增加。1982年以后，年收购量1万公斤左右。

特种经济林产品

特种经济林产品有油桐籽、油茶籽、乌桕籽、生漆、棕片、松脂、山苍子、栓皮、五倍子、杜仲、肉桂、黄柏皮、厚朴、漆蜡、松香、花椒、茶叶等数十种之多。主要有以下几种：

油桐籽　是县内木本油料产品中的主要品种。1979年，引进岑巩“三年桐”栽植，产量逐年上升。1985年，在二类森林资源清查中查明油桐林面积2500余亩（不含混交和散生），常年产量40万公斤左右。1987年，收购油桐籽111吨。1950年至1987年，共收购油桐籽8015550公斤。

油茶籽　为木本食用油料。在大沟乡有成片油茶树2000余亩，产量不多。1957年，收购茶籽67.4吨。1966年，收购11.65吨。1979年，收购29.65吨。1987年，收购15吨。1950年至1987年，全县共收购油茶籽503900公斤。

五倍子　是工业、医药、化工的重要原料，多为野生，在农业方面的用途亦广泛。解放后，共收购115850公斤。1986年，县林业局向省财政厅申请有偿无息贷款15万元，培育五倍子的盐肤木基地林。

山苍子油（木姜子油）　为食品、化工、制药的重要原料。1964年以后开始生产，年收购500余公斤。1984年，收购山苍子油1500公斤。

茶叶　是雷山名产。解放前，因交通不便多为自采自用。解放初，供销社收购雷公山毛尖茶，最多时仅达100公斤。1955年以后，主管部门积极组织指导，产量逐年上升。1970年，收购量已达5000公斤。1974年，县委、县革委狠抓茶园建设，派出数十名干部到湖南省桃江县学习，各区先后建立茶叶基地。全县有茶园8000余亩，茶叶产量由1970年的5000公斤上升到1987年的10225公斤。

第二章　营　林

第一节　采种、育苗

采　种

民国时期，政府对采种育苗工作曾下达任务，但对采集什么品种，育何种树苗未作具体规定。民国29年（1940年），丹江县政府训令各乡采摘适合当地土质生长的树种育苗。民国35年（1946年），雷山设治局曾分配各乡育苗任务158亩，规定树种由各乡自行征集。但缺乏检查督促，未见效果。

县人民政府成立后，认真贯彻执行自采种、自育苗、自造林的“三自”方针。1954年开始采集杉木种子。在杉树球果成熟时期，林业科派技术人员下乡指导农民采种，与农民签订采种合同，规定种子数量和质量要求。当年，全县收购杉木种75公斤。1956年，收购杉木种750公斤。1959年，杉木种收购量达到4950公斤。从1966年到1975年，先后调往州林业局杉种4200公斤，支援全州飞播造林。从1963年开始，采集马尾松球果加工，全县共建晒坝1400平方米，并在报德、丹江、大塘、永乐、达地、西江等地修建烤棚6个。1963年至1969年，共收购马尾松树球果20多万公斤，净收种子5000多公斤，自用100余公斤，剩下4800多公斤调往州林业局。

为增加育造品种，1954年曾从湖南调进檫木种100公斤；1957年，又从广西调进柑橘(果)4000公斤；1961年，从毕节调进核桃4000公斤；1962年至1983年，先后从毕节、云南曲靖、四川和州林业局调进华山松种5250公斤；1978年从广西调进楠竹苗6万余株；1979至1981年，从岑巩调进“三年桐”种15万公斤；1983年，仅有永乐区林业站收购杉木种150多公斤，1984年以后已无杉种可采。为了满足县内杉木育苗的需要，先后从锦屏、天柱、台江、剑河等县调进杉木种5600公斤，马尾松种2500公斤。1987年，从大方调入漆树苗10万株。

秃杉，属珍稀树种之一。1983年，采集秃杉种2.5公斤，调给州内部分县林业局和省、州林科所。1983年，县林业局在雷公山采摘檫木种25公斤，在国营者雄苗圃育大苗，供应县内四旁植树。1984年，全县收购秃杉种500余公斤，销往北京，江苏、广西、云南、浙江等10个省市。

1954年至1986年，全县共采种28527公斤。其中杉树种27725公斤，秃杉种727公斤，檫木种75公斤。

育　苗

民国29年(1940年)，丹江县育苗22亩。其中杉木苗6亩，油桐苗8亩，漆树苗2亩，茶树苗2亩，樟树、冬青、白杨、核桃苗各1亩。民国34年（1945年），雷山设治局在长丰堡营建苗圃地10亩。民国35年(1946年)，各乡利用公地育苗158亩。次年，全县共产苗木84.5万株。有油桐、油茶、杉、松、杨槐、柳树、梓木、冬青、乌桕，青枫、白杨、枫香树、漆树、核桃等树种。

1955年，雷山县苗族自治区人民政府林业科在白连乡营上村建苗圃地10亩，产优质杉木苗50余万株，苗木由农业生产合作社无偿供各生产队造林。1956年，在龙头乡乌开村育杉木苗20亩，在丹江镇包家冲（地名）建果树苗圃2亩，培育柑橘、泡柑、核桃苗。1957年，在方祥乡平寨、桥港乡大坳、龙塘乡鱼田、龙头乡乌开等地建苗圃18亩。1964年以后，育苗任务由县林业局按县计划委员会下达的计划任务，分配给各区林业站。林业站自办骨干苗圃3至5亩。是年，各公社、生产大队自采自育共58亩。1970年，各公社、大队育苗均以杉木为主，兼育油桐苗。是年，全县育苗8亩。林业局对育苗给予补助，每亩80元，苗木由林业局、站掌握分配。20世纪70年代末，育苗任务完成较好，1977年为178亩，1979年为170亩。育苗每亩补助120元。1987年，全县育亩99亩，每亩补助160元，要求亩产优质苗5万株以上。尽管每年育苗任务和实际完成数均大于造林计划，但因苗圃管理好坏程度不一，出现有的苗圃产量不高，不能满足需要；有的不能按时出苗，使苗木成为留床苗。

1981年以后，农村出现育苗专业户23户，育苗面积68亩，产苗340万株。其中，较好的有桥桑乡专业户刘光举自育杉苗2亩，产苗5万株，除自用造林外，其余无偿送给本村各户在自留山和房前屋后种植；乌东专业户金正荣等2户，1984年育杉木苗1.3亩，出售苗木约8万株，收入近1000元。

种子园建设

1964年，县林业局在响楼乡脚雄村者雄山建立国营种子园，园址距县城4公里，海拔1150米。已建工棚128平方米，有工人7人，经营面积490亩。其中，有林地380亩，无林地110亩。营建杉木、秃杉、檫木种子园各50亩。至1987年，先后培育苗木2000万株。品种有秃杉、杉木、红豆杉、葵花松、华山松、黄白皮、楠木、厚朴、楠竹、檫木、红花油茶、中国梧桐、法国梧桐、滇南杉、三尖杉、紫玉兰、白玉兰、沙兰杨、泡桐、柑橘、核桃、刺槐、葡萄23种。除供县内造林及行道绿化用苗外，檫木苗调给州内麻江县，秃杉苗调往江苏等省。国营种子园还营造秃杉示范林230亩。1987年，测定1964年植的树高25米，最大植株胸径46厘米，三株实生秃杉已经开花，突破了天然秃杉林40年才挂果的先例。每亩蓄积量15.52方米，年均树高77厘米，年均胸径1.28厘米，每亩年均生长量为0.97立方米。1973年，为中国科学院植物研究所提供一株9年生秃杉原苗标本，被存放于北京植物研究所。

1979年，永乐区里广东万亩林场和丹江区鸡勇塘万亩林场分别辟有杉木种子园10亩。

第二节　造　林

民国29年（1940年），丹江县政府训令：各乡以3月12日至18日为“造林宣传周”；各区、乡、保和各学校均须造纪念林一处，并列报表呈核。民国31年（1942年），区机关、保警队及各乡、镇，各学校营造“抗日战争纪念林”。民国32年（1943年），上述单位又遵令营造“新贵州纪念林”。同时明令各业主要在自有的荒山上植树，逾期不种的，即将土地没收归乡、镇所有。民国34年（1945年），雷山设治局机关、保警队共营造纪念林3000株，各乡（镇）营造纪念林10000株，各乡小学营造纪念林1000株。据民国35年（1946年）统计，雷山设治局共造林165亩。其中桐96亩，杉47亩，松17亩，梧桐5亩。民国36年（1947年），雷山设治局定年度造林任务为70万株。当年，实际完成造林3300亩。树种有松、杉、桐、茶、槐、柳、梓木、冬青、乌柏、青枫、白杨、枫香等。所造林分别称为“纪念林”“风景林”“学校林”。每个乡还营造有“保育林”。当年，保警中队在老府城坡顶营造“新雷山纪念林”30亩；西江镇在石门坎营造“新贵州纪念林”25亩；大塘乡在高岩寨营造“新民林”25亩；桃江乡在冷竹山营造“中正林”35亩；望丰乡在翁足（今乌局）营造“裕民林”30亩；报德乡在乌流营造“中山林”25亩；建安乡在龙坳营造“复兴林”30亩；震威乡在开觉营造“胜利林”30亩；方祥乡在平寨营造“民生林”40

亩。民国37年(1948年),雷山设治局在老丹江营造公有林1250亩、25万余株。营造公有林由各乡(镇)征集劳力,自带口粮、炊具、被条等到指定地点造林。

县内农户历来有个体造林的习惯,冬春时节在房前屋后、田边土坎零星栽植苗木。品种有柑橘、杨梅、桃、李、杏、柿、核桃、油桐、油茶、棕树、漆树等。每个自然村寨都集体营造有风水林,而且很重视管护。

1955年,初级农业生产合作社建立后,田土入社,改农户个体植树为集体大面积人工造林。是年,造林面积为5608亩。1956年后,初级社转为高级社,山林入社,集体造林成为人工造林的主要形式,社配有1名专职林业委员,负责造林工作。是年,造林67603亩,为上年的12倍。

1957年,为提高农业社集体造林质量,县人民委员会林业科在老丹江试办样板林200亩,实行全面整地,带状植株,每亩植苗220~240株。1958年,丹江区首先组织1000人的专业队伍,在乌降大坳开展大面积人工造林,其他区也开展大兵团作战,吃住在山上,不完成任务不下山,营造“三八试验林”“青年试验林”。是年,全县造林14427亩。1960年至1962年,人民群众生活极度困难,无力再从事造林活动,造林面积大幅度减少,三年中仅造林3.17万亩。1964年后,国民经济经过调整,农业生产恢复正常,造林活动继续开展起来。1963年至1965年,造林3.47万亩,较前三年有所提高。

1955年至1975年的21年中,国家投入造林补助费13.64万元,营造杉木、华山松245782亩,油桐95237亩。但因重造轻管,保存率较低。人工用材林保存面积仅36447亩,保存率为14.82%。经济林保存面积14928亩,保存率为15.67%。1965年,要求造林工作实行“三分造,七分管”,巩固造林成果。雷山因山高坡陡,土壤多为沙石壤,但当时领导思想一味追求高指标,不从雷山地形复杂、坡度高低差异大的实际出发,盲目追求“全面整地造林或带状造林”,暴雨来袭,洪水冲刷造成水土流失,影响造林的成果。在块状整地造林中,又未严格执行植窝要深挖20~30厘米、宽30~50厘米的要求,而是一锄一个窝,一窝一棵苗的简单粗糙栽植,影响幼亩的成活和生长,成活率极低,出现一块地重复几次造林的现象,造成“年年造林不见林”的不良后果。1976年,为了扭转“造林一阵风,护林怕花工”和“年年造林不见林”的局面,推行建立杉木林基地造林和社队林场造林相结合的办法,要求造林地段的坡度一般要在25~30度以下,采取全面整地或带状造林。对块状整地要求植窝必须深挖一市尺左右,宽度50厘米 ×50厘米,抚育时再逐步加宽。移栽苗木时要做到“三次埋土,两次踩紧,一次提苗”。苗木要选用呈菊花头和筷子般粗细的壮苗,并注意植苗方向,以保证造林质量。是年,在永乐区桥桑乡营造里广东基地林,由区委副书记袁有澄率领,集中柳乌、排告和达地4个公社民工500余人,在山上连片造林1万多亩。树种以杉木为主,兼造部分华山松、檫木等。并实行“造好一片林,留下一批人,管好一片林”的办法,常年有场工30人管护,现已成林间伐。丹江区以大树坳为中心,北至岔河乡杨柳大坳,东至乌江乡母猪石,在总长35公里的地段,营造大树坳万亩基地林。林场集中了响楼、固鲁、龙头、望丰、乌江、岔河6个公社(乡)的民工1000多人,由区委书记李乃贵率领,以民兵连建制分片包干,造林近万亩,有场工100余人常年管护。1977年,将该场建为“知青”林场后,在幼林地实行林粮间作,以耕代抚,收入粮食2万余公斤。是年,大塘区亦用造基地林的办法,建有何家坡林场,经营面积3000亩;西江区在方祥乡雀鸟村营造杉木及华山松1900余亩;排告伐木场营造杉木林1000亩;桥兑、开屯采育林场除完成迹地更新造林任务外,也进行营区内的荒山造林,共实行迹地更新280亩。

1979年以后,农村个体造林有了发展。1980年和1981年,方祥乡陡寨大队以户为单位出动296个劳动力,造林8929亩,收入造林费4.6万元。乌江乡林场集体造林6910亩。

1975年至1985年,全县累计造用材林(以杉木为主)184589亩,保存面积42437亩,保存率为

22.94%；造经济林（油桐为主）41429亩，保存面积11405亩，保存率为27.52%。国家投入造林补助费41.08万元。因1975年以后，改分散营造为连片营造，改粗放经营为集约经营，造林后有专人常年管理，有条件的林地都进行林粮间作，造林保存率有所提高。

1955年至1987年，全县共营造人工林589802亩。其中，集体、个体造林551887亩，占97.33%；用材林445986亩，经济林143816亩。共投入造林补助费570.27万元；国营造林37915亩，占2.67%，投资99.96万元。

1955—1987年雷山县造林一览表

表10-3　　单位：亩

年　度	合　计	用材林	经济林	年　度	合　计	用材林	经济林
1955	5608	5608	—	1972	17500	17500	—
1956	67603	34153	33450	1973	8334	7247	1087
1957	13060	10000	3060	1974	4204	4204	—
1958	14427	10127	4300	1975	12343	11823	520
1959	58882	38082	20800	1976	19746	19746	—
1960	29624	18600	11024	1977	15119	15119	—
1961	70	60	10	1978	16226	16226	—
1962	2020	2020	—	1979	6701	6701	—
1963	3976	725	3251	1980	22007	17152	4855
1964	18602	6290	12312	1981	32903	12082	20821
1965	12243	6846	5397	1982	41331	30769	10562
1966	20927	20907	—	1983	27525	26326	1199
1967	21478	21478	—	1984	17076	16106	970
1968	3355	3355	—	1985	15040	12538	2502
1969	2500	2500	—	1986	11695	8479	3216
1970	10316	10316	—	1987	11617	7119	4498
1971	25845	25845	—	总计	589802	445986	143816

第三节　育　林

幼林抚育

民国28年（1939年），丹江县政府行文规定："注意林区中耕除草，保护天然林苗；全县各区林场，属公有者，由区、乡、保甲长实行征工中耕除草；属私有者，则由保甲长督导推行"。民国37年（1948年）3月中旬，雷山设治局征集民工在老丹江公有林场抚育幼林，历时10天。其中建安乡实到52人，抚育幼林5万株；震威乡实到45人，抚育幼林8万株；西江镇实到31人，抚育幼林4万株；方祥乡实到35人，抚育幼林8万株。

解放初期，山林多属私有，以垦复油茶、油桐为主，由农户自行安排。1956年，实现农业合作化后，山林作价入社，所有权归属集体，幼林抚育由集体完成。抚育树种以杉木为主，马尾松次之，经济林则以垦复油桐、油茶为主。抚育时间，一般在9至10月刀抚一次，砍掉杂草、灌木，不进行松土、培土。以后，又要求在25° 以下的新造林地中，实行林粮间作。通过对农作物的中耕除草施肥，以耕代抚，达到"林茂粮丰"的目的。1964年，乌江乡办林场营造500亩杉木人工林，经过10年的对比观察，搞间作的林地比不搞间作的树高超出1.5米至2米。1975年以后，全县大多数乡、村办林场都以林粮间作的抚育方式，用锄抚林，用尿素追肥。1982年调查，大树坳林场六年生杉木人工林，实行林粮间作的苗木平均树高达5米，胸径达6厘米；未进行林粮间作的苗木，平均树高只3米，胸径只3.5厘米。桥桑乡草坪林场以耕代抚的6年杉木，平均树高5米，胸径达8.3厘米；未搞林粮间作的苗木平均树高2.5米，胸径只4.7厘米。据1972年、1974年、1975年、1978年统计，林粮间作收入玉米、饭豆等各种杂粮计409932公斤。仅1975年，林粮间作就达1885亩，收入各种杂粮达25万公斤，平均亩产132公斤。

1981年，实行林业"三定"以后，南贵、报德、乌秀、棉花坪等村的部分农民，对自留山和管理山营造的杉木林施用农家肥，用锄抚施，用尿素作追肥。

1958年，全县共抚育324239亩；1966年，全县抚育10638亩；1979年，全县抚育52136亩；1987年，全县抚育11810亩。

抚育间伐

间伐抚育主要是在成片的人工造林地进行。1986年，雷山县林业局在丹江区乌江乡举办了第一期抚育间伐技术培训班，学习杉木、华山松、马尾松和各种混交林抚育间伐技术。同年，国营乌东林场对乌东工区的华山松和"九九工区"的200亩杉木林进行抚育间伐，生产小径材211立方米；乌江乡对高峰林场300亩杉木林抚育间伐，生产小径材140立方米。1987年，大塘区何家坡林场抚育间伐杉木林300亩，生产小径材6立方米。大塘乡翁元村间伐抚育中幼林18亩。多年来，间伐后林木植株主干明显，颜色由黄变青，枝叶葱茂，促进了林分的材质和材积的增长。

封山育林

民国28年(1939年)，丹江县政府发布布告："查天然林苗木遍野皆是，以二、三、五区为最多，各区、乡、保甲严禁放火烧山及牛马践踏。取缔人民滥伐幼树，严禁挖掘树根，保护天然森林之树苗"。民国32年（1943年），丹江镇公所护林"榔规"规定："偷砍盗伐他人杉木或偷摘桐、茶果者，罚大洋（银圆）12元；偷剥他人木皮或砍劈油柴者，罚大洋13元；偷砍桐、茶树者罚大洋4.8元……"布告和规定，在一定程度遏制了破坏天然森林资源的现象发生。

解放后，县人民政府非常重视封山育林工作。1956年，在固鲁、报德、大塘、桃江、桥港等地较为成片的林带，竖有木制的"封山育林"牌，牌上写明封育区域、四抵和公约。有的乡、村还写牌另插"乡（村）规民约"。是年，全县封山育林16万亩。1987年，县林业局又另制成水泥封山育林牌5套，将县人民政府颁布7条封山育林通告刻于牌上，分别竖在各林区主要路口和重点封山育林区。1987年，全县封山育林共计616647亩。响楼乡乌秀村从1974年起，群众议定对3800亩林地实行封山育林，同时把部分山林划作半封，以解决割草喂牛和砍柴煮饭的需要，制定护林"村规民约"印发各户，互相监督执行。封山育林14年，该村森林覆盖率已达74.11%，人均活立木蓄积4.949立方米。岔河乡20世纪70年代初是过伐林区，1975年，乡政府决定封山育林，全封2250亩，半封10917亩，共13167亩，占全部森林的58.55%。为解决封山后的烧柴困难和减少森林的消耗，岔河乡推行改灶节柴，已有381户使用节柴灶，占总户数90%，至1985年，全乡森林覆盖率达42.8%。黄里乡羊吾村5000余亩森林封山育林已20多年，推选8名护林员巡护森林，从未发生山林火灾，森林覆盖率达54.5%。

第四节　林　场

据民国36年(1947年)11月雷山设治局档案记载，全县有以下公有林场：第一场，西门外烟墩坡10亩，树木甚少。第二场，黄毛汛10亩，树木甚少。第三场，设治局后山3亩，树木甚少；玉皇阁桐林5亩；长丰农场农推所苗圃10亩；螺蛳盖“万人坟”植树约万株；大小乌秀桐林场150亩，植桐10万株；老丹江桐林场6000亩，植桐30万株；大树坳桐林场2000亩，植桐10万株。

解放后，陆续建立以造林、护林、管林为主的国营林场、乡（村）办林场、联户林场，还建立采伐与育林相结合的采育林场。

国营林场

1958年，在方祥乡雀鸟村建场，招收农村知识青年51人，实行半工半读，在国有荒山上营造杉木林1000余亩，至1960年因经费困难停办。1962年，经省、州批准，在炉榕公路侧99公里处建立“国营雷山县大塘林场”(亦称九九林场)，有干部3人，工人15人，经营面积3000亩。1969年，场部迁至乌东，改称“国营雷山乌东林场”，原大塘林场改为工区，并将雀鸟林场并入该场。1973年，该场在海拔1600米地带试种华山松388亩，成活率90%以上。1976年，林场全面规划，当年营造华山松2000亩。1978年至1980年，再营造6000亩，累计有华山松9000亩，每亩190株以上。树年均增高21厘米，胸径年均长0.7厘米。经过实测，每亩年平均活立木蓄积量增长3.6立方米，最高达5立方米。

1984年，贵州省人民政府批准建立雷公山自然保护区后，乌东国营林场经营范围属自然保护核心区，不宜设立林场独立经营。经省、州林业部门批准，1986年，乌东国营林场有干部3人、工人58人，经营面积5万亩，已划归雷公山自然保护区管理处领导，经费由保护区管理处核算列支。

1960—1986年雷山县国营乌东林场经营情况统计表

表10—4

年度	造林面积（亩）				迹地更新（亩）	采种（公斤）	育苗（亩）	抚育面积	间伐材积（立方米）	抚育幼林（亩）
	合计	用材林	经济林	其他林						
1960	7465	6310	977	178	—	—	210	—	—	3161
1961	83	60	10	13	605	—	5	—	—	131
1962	5000	5000	—	—	—	10	1	—	—	31
1963	438	414	—	24	—	—	5	—	—	1966
1964	400	252	15	133	—	—	10	—	—	1960
1965	383	383	—	—	—	6	17	—	—	765
1966	4280	2699	—	1581	130	115	33	—	—	2456
1967	2336	2336	—	—	—	65	19	—	—	4824
1968	366	366	—	—	—	—	3	—	—	4403
1969	—	—	—	—	—	—	—	—	—	—

续表

年度	造林面积（亩）				迹地更新（亩）	采种（公斤）	育苗（亩）	抚育面积	间伐材积（立方米）	抚育幼林（亩）
	合计	用材林	经济林	其他林						
1970	316	316	—	—	—	1750	2	—	—	162
1971	1000	1000	—	—	—	—	—	—	—	—
1972	1000	1000	—	—	—	—	44	—	—	—
1973	—	—	—	—	—	—	—	—	—	—
1974	—	—	—	—	—	—	—	—	—	—
1975	—	—	—	—	—	—	—	—	—	—
1976	6500	6500	—	—	—	—	—	—	—	—
1977	8060	8060	—	—	—	—	12	1300	100	800
1978	551	551	—	—	—	—	4	—	—	—
1979	6328	6328	—	—	—	—	27	—	—	2056
1980	310	310	—	—	—	—	7	—	—	3367
1981	505	505	—	—	—	—	19	400	—	6000
1982	277	277	—	—	—	—	52	2680	—	3482
1983	425	425	—	—	50	—	3	—	—	4350
1984	500	500	—	—	—	—	24	—	—	1000
1985	425	425	—	—	—	—	3	—	—	4350
1986	150	150	—	—	—	—	—	—	—	—
合计	47098	44167	1002	1929	785	1946	500	4380	100	45264

乡（村）林场

20世纪60年代中期始兴办乡（村）林场。1965年春，首先建立乌江乡林场，有场员18人，经营面积1万亩。公社党委选派党员李虾九担任场长。建场当年，营造杉木林500亩。林场坚持“造管并重，多种经营，以短养长，长短结合”的办场方针，坚持年年造林，年年抚育。据1985年调查，最高植株20米，最大胸径38厘米，每亩蓄积22立方米。有6900亩人工林已郁葱成林，产值约250余万元。建场以来，场员精心管护，林场区内从未发生山林火灾。先后被评选为省、州、县先进林场。1986年，开始抚育间伐。是年间伐200亩，产小径杉材120立方米，马尾松15立方米，共收入14000元。还在幼林地进行林粮间作，套种玉米、小米、黄豆、饭豆等作物，并饲养猪、羊和开展其他副业。收益分配按合同规定，木材收入以10%“认主”（即乡政府）、10%由乡提成、10%归场做积累、70%归场内工人分配，农、副业收入全部归场积累。1979年，林场抚育5000亩，国家付给抚育补助费5000元；养猪15头，收入350元；养蜂16群，产蜂蜜75公斤，收入130元；育苗收入100元。十年动乱中，全场场员顶住不给场员分配口粮的做法，在粮食困难的情况下，场长李虾九带领场员一面抚育幼林，一面抽人挖蕨根做蕨粑解决口粮不足，历尽艰辛，终于使林场巩固下来。1975年，大塘乡在何家坡建林场，从建场时起，就采取“插牌造林”即栽时每苗插牌一块的办法，树苗成活率达95%以上。经营面积1500亩，经过16年培育，杉林葱绿。1986年测查，全场平均树高7.5米，平均胸径12厘米。1977年，永乐区建里广东林场，经营面积3700亩。该场在“造好一片林，留下一批人，建好一个场”的思想指导下，以林为主，走林粮间作道路，在幼林区间作玉米、红苕、洋芋、旱稻、饭豆、小米、花生、辣子等作物。并新开稻田1亩，鱼塘2口，建小型水力发电站1座，发展副业，以副养场。柳乌乡碓窝坳林场，岔河乡杨柳村林场，桥桑乡坝子、高枧、草坪、高庄等村办林场，均采取林粮间作，互补发展。至1978年止，全县共建乡（村）林场36个，有场员522人，总经营面积117097亩，其中新造林48101亩。

1980年以后，农村实行“包产到户”，新的管理体制没有跟上，场员报酬得不到落实，多数林场无人照管。1987年底，仍能坚持管护的林场有7个，即乌江乡林场、大塘乡何家坡林场、开屯乡林场、排告乡林场、桥港乡排里坳林场、永乐区里广东林场和岔河乡杨柳村林场。

雷山县乡村林场一览表

表10—5

场名	性质	场员人数	经营面积（亩）			场名	性质	场员人数	经营面积（亩）		
			总计	原有	新造				总计	原有	新造
乌江	乡办	18	10000	3090	6910	方祥	乡办	26	5231	3366	1865
柳乌碓窝坳	乡办	11	9800	4700	3600	永乐乌鸟河	乡办	—	1300	—	1300
大塘	乡办	30	1500	—	1500	达地野狗坡	乡办	—	1000	—	1000
永乐	乡办	21	4250	1500	2750	达地桐油坳	乡办	—	20	—	20
排告	乡办	4	3000	—	3000	桥桑坝子	村办	6	735	335	400
柳乌半沟	乡办	7	700	300	400	桥桑高枧	村办	6	1000	436	544
桥桑	乡办	7	1000	300	700	桥桑草坪	村办	5	1531	231	1300
公统	乡办	20	7000	6518	482	桥桑高庄	村办	14	3000	1520	1480
报德	乡办	15	4000	2821	1179	岔河南猛	村办	10	173	—	173
固鲁	乡办	12	2000	951	1049	岔河杨柳	村办	7	1000	519	481
响楼	乡办	19	5000	4240	576	固鲁猫猫河	村办	5	1000	650	350
望丰	乡办	20	4000	3750	150	响楼脚雄	村办	8	1500	1150	350
岔河	乡办	42	7000	4141	2859	大塘咱刀	村办	12	3000	2265	735
龙头五一	乡办	32	1700	891	859	永乐区	区办	30	7000	4900	2100
莲花欧勇根	乡办	16	5000	3156	1844	西江白水河	联户办	8	3000	1000	2000
桥港	乡办	7	3500	2130	1370	西江博物就	联户办	6	2257	1249	1008
掌雷八一	乡办	19	2000	1162	838	西江乌者贵	联户办	12	900	800	100
桃江	乡办	40	7000	5517	1483	—	—	—	—	—	—
西江	乡办	27	5000	3654	1346	—	—	—	—	—	—

采育林场

1973年，雷山县林业局在开屯坳试办开屯公社采育林场，属公社集体所有。贯彻“以营林为基础，造多于伐，采育结合，青山常在，永续利用”的方针，在生产中有专人管理，操作时有专人指导，场员个人砍伐任务明确，克服了盲目性。要求及时地完成采伐迹地的更新，保证采伐数量和质量。县林业局和开屯公社为改进木材出山运输方法，减轻劳动强度，架设“空中钢丝索道”4公里，提高功效3倍以上。1974年9月，贵州省林业厅曾组织全省代表参观开屯公社采育林场。是年，该场被评为省林业先进集体单位。1975年1月3日，《贵州日报》发表文章，充分肯定这一先进经验。建场8年中，该场共生产规格材6000立方米，背顶材28.1万公斤，薪柴34万公斤，“五把一杠”5100根，制成包装箱900个，总计收入252700元；迹地更新800亩。1981年，开屯采育林场停办。

从1975年到1979年，全县先后建立采育林场11个，有场员263人。县林业局派出技术人员，帮助各采育林场设计和架设无动力“空中钢丝索道”19.7公里，集运木材25220立方米。逐年更新造林4187亩。后因森林小片而分散，不能连续生产，于1984年全部停办。

1973—1984年雷山县采育林场情况统计表

表10-6

场　名	办场起讫时间	场员人数	钢丝索道（公里）	生产木材（立方米）	更新造林（亩）
开屯公社采育林场	1973—1981	28	4	6000	800
桥兑大队采育林场	1974—1984	38	4	8963	1253
和平大队采育林场	1975—1980	12	—	—	20
桃江公社采育林场	1976—1983	42	4	6095	654
达地公社采育林场	1977—1980	30	2	477	1161
岩寨大队采育林场	1977—1983	19	1.2	1279	160
阳苟大队采育林场	1977—1981	23	—	—	27
毛坪大队采育林场	1977—1980	17	—	—	—
五一大队采育林场	1978—1979	15	1	119	—
桃江田坝队采育林场	1978—1981	15	0.5	510	84
开屯大队采育林场	1979—1980	24	1.5	400	28
桥水山场	—	—	1.5	1377	—
全县合计	—	263	19.7	25220	4187

联户林场

1979年，农村普遍推行家庭承包责任制。1980至1983年，全县开展山林“三定”，划定自留山，明确山林管理的生产责任制，因而出现几户联合与村民组或村委会签订荒山造林、护林合同的形式。1986年，西江镇博物就联户林场首先建立。该场共6户，有劳力6人（忙时可临时增加），承包经营荒山2000亩。是年，营造杉木林170亩。承包到户，责任明确，用工精细，在抚育时逐株松土，并施放化肥，幼苗年长高60厘米。1987年冬，县林业局给博物就联户林场有偿投资造林2000亩。1987年，西江镇乌者贵建立联户林场，该场有12户，承包经营荒山500亩；西江镇白水河联户林场，有9户承包经营荒山和低产林3000亩；西江镇送农联户林场，有13户承包管理中幼林2000亩；桥港乡排略所联户林场，有4户承包经营管理面积500亩。至1987年，全县共有联户办林场10个，经营面积32400亩，全部被列入乡镇企业中的种植业分类管理。

第三章　森工生产与经营

第一节　采　伐

解放前，山林多属富裕户所有，当时，交通闭塞，木材生产多系少数有能力经营的大户雇工采伐及木商以株论价购买后采伐。采伐的条木靠涨水时由小溪单根放运至丹江河边，再扎排运到王寨（今锦屏）和湖南洪江一带出售，每年外销约500立方米。

解放后，为合理使用森林资源，从1959年起，历年的采伐计划指标均由县人民政府下达到各区、乡（公社），全县年采伐控制在1.5万至2万立方米之间。20世纪70年代以前，杉木占收购量的70%，松杂材占30%。以后杉木生产逐渐减少，松杂材逐年上升。1983年后，鉴于可伐木逐渐减少，采伐量限在1万立方米以下。1985年，木材市场开放，实行议价购销，采伐的杉材虽趋上升，但均以中小径材即直径20厘米以下居多。

采伐木材的方式，解放前和解放后都是斧砍、择伐（砍大留小）。其间，曾试用油锯、弯把锯代斧伐木，但因地势陡峭不便操作而作罢。现部分地区使用斧头伐根，兼用弯把锯或大马锯截节齐头，大多数仍用斧伐木。

第二节　运　输

木材运输有陆运和水运两种方式。陆运是在木材截成原木后，大径材由两人直至一二十人用钉牛套绳拖运，在地势条件许可的地方，则采用架厢拖运。1973年，建立木材生产专业队之后，县林业局派技术员首先在开屯采育林场架设空中索道运材成功，各采育林场即仿效架设无动力架空索道运材，比人力提高功效3～5倍。前后共在各集运点架索道9条，长19.7公里。水运是秋冬砍伐，待木材干后肩运到溪河边，待春夏溪河涨水时流放。雷山山多溪窄，弯道较多，不能放运长的木材，多截成原木漂送。唯乌江、莲花、固鲁、报德、陶尧等少数地区能将原木扎排放运，每排约5立方米。1955年至1961年，县林业部门派专人指导，先后在荣防至郎德、报德至挂丁、高岩至郎德、干力至小郎当等河段炸礁疏浚。共投资34960元，爆破石方8674立方米。

1956年前，雷山未通公路，枋板材肩运凯里，圆条木水运挂丁制材厂。1959年起，由国家补助和民工建勤方式，先后投资406.3万元，修筑雷山至毛坪的林区公路长47.8公里，于1977年通车。1965年，县投资4.4万元，修筑开屯坳至排告和平伐木场公路，长2公里。1971年，县投资4万元，修筑公统至舟溪公路，长6公里。1975年（含1980年）县投资11.5万元，修筑雷山至西江、大沟公路，全长44.2公里。1976年，县投资0.5万元，修筑郎德至报德公路，长5公里。1977年，县投资1万元，修筑桥毫坳至里广东万亩林场便道，长3.3公里。同年（含1982年），投资46.35万元，修筑永乐两岔河至柳乌公路及桥1座，长7.74公里。1982年投资23.9万元，修筑卡文坳至排告公路，长7.6公里。以上属林区公路，均已通车，为木材运输提供便利。县林业部门为修筑林区公路，前后共投资465.63万元。

第三节 购 销

收 购

1953年起，县供销社开始经营木材，至1956年共经营木材5948立方米。1954年，黔东森工分局炉雷支局在雷山县报德设立木材收购组。两家均经营此项业务。1956年，报德收购组扩建为收购站，统一经营木材。1958年，雷山森工支局与县林业科合并为雷山县林业局，统一管理林业生产和木材经营。

1956年秋季以前，雷山未通汽车，木材均在木材收购组（点）所在地交售。炉（山）榕（江）公路雷山段通车后，实行定点收购，按里程计价。全县设收购点12个。为方便林农交材，下设集材点12个。

木材购销价格，由省物价局和林业厅统一制定。收购价格为林业山价（下称林价）加采制工资，再加人力肩运里程工资和管理等四部分组合而成。林价加采制费为固定价，固定价加起点里程（在起点里程内不足起点里程仍按起点里程计算）运费为保护价。1957年以前，以10华里（5公里）为起点，每增加5华里（2.5公里）为一个价级，后改为5华里为起点，增加1华里算1华里（不足0.5里的不计，0.5里以上计算为1里）。1973年改为以3华里为起点，1984年后实行议价收购。

收购价还视其树种（杉、松、阔叶）、材种（如圆条、原木、锯材等）、规格（长级、径级）而有所不同。按照优材优价、长材大材好价的原则，在同一树种中还具体规定了长级差价、径级差价、等级差价等等。

收购价中的林价是活立木的价值，也是木材收购价中重要的组成部分之一，为使经营者在经济上得到更多的实惠，曾几次调整林价。以杉原木为例，1960年，每立方米为8元，1973年调为10元，1979年调为16元，1981年调为38元。通过调整，林价在收购价中的比重逐步增大，按标准品(4×14~18）二等材以起点价计，1973年占50%，1981年占66%。同时，相应地提高采制工资和肩运里程工资。对水上运费也多次调整提高。为制止乱砍滥伐，保证国家建设用材和民用材的需要，根据中央关于“中间全面管理，两头适当控制”的政策，1959年起，木材购销计划由国家下达，林业部门统一收购，统一分配。根据各区、乡的森林资源、交通、劳力等情况，将木材生产任务分配到乡、村，林业部门按照任务指标，与生产队（村）签订包括砍伐地点、材种、规格、数量、交材地点、交材时间和更新计划等内容的“预约收购合同”，实行“凭证采伐，订约收购”。农民利用农闲季节，采伐木材，运到集材点，收购单位则按照合同规定的项目检尺验收付款。1954年至1987年，全县共收购木材521878立方米，投放收购资金16267641元（不含供销社经营部分）。

1954—1987年雷山县收购木材统计表

表10-7　　单位：立方米、元

年度	收购		年度	收购	
	数量	投放金额		数量	投放金额
1954	5139	63621	1972	13008	538032
1955	12245	150746	1973	15456	591626
1956	11190	143008	1974	17167	616474
1957	22581	312879	1975	16989	547188

续表

年度	收购		年度	收购	
	数量	投放金额		数量	投放金额
1958	49852	523945	1976	19103	592002
1959	34736	677339	1977	19657	629917
1960	17786	273904	1978	21524	673660
1961	1143	21847	1979	21220	679618
1962	8144	189401	1980	22346	907714
1963	8315	210269	1981	16777	854774
1964	17270	390561	1982	15551	650836
1965	16355	407749	1983	9325	482558
1966	14027	279171	1984	9997	573200
1967	16665	382163	1985	6297	735589
1968	13536	327306	1986	3576	458031
1969	10502	268945	1987	6780	992071
1970	10282	372681	合计	521878	16267641
1971	17337	749338			

销　售

木材销售按上交国家、直接调拨、地方销售的原则办理。上交国家的任务是指令性的，由县林业部门按照上级下达的任务、材种，直接运交凯里的黔东南州贮木场；直接调拨是供应中央在省的企事业单位和省内用材，由黔东南州林业局将木材指标分配到县，用材单位到产区提货，按供应价结算；地方销售是供应本县地方用材，按照分配的供应任务，在计划用材指标内按供应价倒扣20%计算。

1985年，雷山县取消木材统购统销，实行议购议销，调整流通渠道，木材价格得到提高，增加林农的收入。但少数无证照的人和非经营木材的单位，趁机进入林区非法低价套购盗运木材，进行黑市交易，偷漏税费，牟取暴利。因乱收乱购导致超砍盗伐，无证砍伐。中发［1987］20号文件和贵州省人民政府〔1987〕21号文件规定木材由林业部门统一经营的指示下达后，县工商行政管理局、公安林业派出所、林政管理部门、木材检查站等进一步加强对木材产、运、销各个环节和城、乡市场的管理，才使林区秩序逐步好转。1954年至1987年，全县销售木材521620立方米，总值31049577元。缴纳税金2299008元，利润3075995元（不含供销社经营部分）。

1980年，雷山县林产品经销公司成立后，县提留的自主材及小径材、木竹成品（半成品）、旧房料等业务，由该公司经营，单独核算。1980年至1985年，共收购木材12575立方米，林产品17504件，投放资金1101598元；销售木材12164立方米，林产品9909件，收入2854036元。缴纳税金291729元，利润1059383元。其中，返还林农696953元。同时开展各计各价的以材换粮，解决农村粮食供应不足的困难。共计要杉材3251立方米，换回大米225万公斤，黄豆22.5万公斤。

1954—1987年雷山县销售木材情况统计表

表10—8　　单位：立方米、元

年度	销售		年度	销售	
	数量	金额		数量	金额
1954	5139	—	1972	11935	757808
1955	12412	—	1973	15079	1093169
1956	12239	—	1974	17075	1184101
1957	16566	—	1975	17153	1068555
1958	20469	—	1976	18335	1200658
1959	35743	—	1977	20956	1325290
1960	48245	2057950	1978	22882	1450301
1961	3161	133437	1979	20140	1336061
1962	15071	570031	1980	22254	1797648
1963	14279	574059	1981	16012	1398460
1964	17056	822715	1982	12579	1227296
1965	14551	777595	1983	9367	914491
1966	12946	746652	1984	8805	882361
1967	12575	862799	1985	3031	667999
1968	14869	1021419	1986	6853	1779791
1969	11639	836035	1987	7027	2917737
1970	8339	550246	合计	521620	31049577
1971	16838	1094463			

1980—1985年雷山县林产品经销公司购销情况统计表

表10—9

年度	收购			销售		
	木材（立方米）	林产品（件）	投放资金（元）	木材（立方米）	林产品（件）	收入（元）
1980	5974	154	309493	2246	75	512450
1981	469	7582	51748	3731	227	1022864
1982	4340	2246	293528	4291	2250	613147
1983	529	3354	121694	967	2758	216781
1984	1122	1930	232872	546	2103	268957
1985	141	2238	92263	383	2496	219837
合计	12575	17504	1101598	12164	9909	2854036

第四节　民用材

解放初期，农村经济基础薄弱，起房造屋用材较少，每年耗于燃料约3.7万立方米。随着工农业生产的发展，人口日益增加，农村建房用材和燃料用材以及集体农副业生产用材（如烧砖瓦、陶器）大量增加。据1970年抽样调查，全县在20年中共增加7000户、36000余人，除部分分房分户外，每年建新房约200栋，用材约6000立方米；燃料用材6.1万立方米，烤烟生产年耗材700立方米；陶器生产年耗材1100立方米，年耗材共计6.88万立方米。农村实行土地承包责任制后，农、副、渔和乡镇企业发展很快。如烤烟年产70余万公斤，农村砖瓦窑50多座，陶器窑由3座增至11座。人口剧增，烧炭、薪柴亦大量增加。1978年和1987年，先后对民用材作抽样调查，全县民用材年消耗量为：建房用材，全县每年增加住房341栋，用材10230立方米；家具、农具、维修房屋及牲畜棚圈、稻草堆杆等项用材，年耗2404立方米；农村烧柴（可用材，下同），年耗81148.5立方米；居民用柴，年耗513.7立方米；取暖用柴，年耗4837立方米；砖瓦窑用柴，年耗101.7立方米；陶器窑用柴，年耗3300立方米；烘烤烟用柴，年耗1055立方米。全县每年在生活、生产方面用材，共消耗103590.9立方米。

第四章　森林保护与管理

第一节　火灾防范

民国29年（1940年）12月，丹江县政府曾发布《森林法令》，对护林防火作过规定：“森林区内不得有引火之行为，但经该管区公务人员之许可者不在此限；许可引火之行为时，应预为防火设备并通知邻近各森林之所有者或管理人”。对纵火者亦作了较为详细的处罚规定。民国34年（1945年），雷山设治局发布训令：“从9月起至12月止，严禁放火烧山，并奖励检举放火烧山者”。并颁发布告，“雷山之森林是未来建筑之宝库，雷山的林业应是护林重于造林，凡故意放火烧山者处死刑”。民国37年（1948年）2月14日，西后街居民李某某，因扫墓焚纸不慎，延烧脚雄寨左右侧山坡，一时火势甚炽，当即派警兵施救扑灭，并将李某某带局讯究，照违警法处以三日拘留。民国时期，由于没有防火组织，防火措施不力，令不行，禁不止，连年都有山林火灾发生。

解放后，县人民政府对护林防火非常重视，历年在秋冬草木干枯季节，都发布布告，严防山林火灾的发生。1953年3月4日，县人民政府发布《严禁放火烧山，防止破坏森林》的布告。指出“火灾是森林的最大敌人，一把火可能毁灭成千上万亩森林、苗木，使山林长期不能恢复，这样不仅森林资源日趋减少，更易因气候失掉调节而发生旱、涝和冰雹灾害，以致严重影响农业生产。今后凡在森林区和森林附近地区，严禁烧垦、烧荒、放火狩猎及其他（如烧火取暖、烧泡炭等）可能引起山火的行为，以根除山林火灾”。是年，西江镇平寨村陆某某因故意放火烧方祥七里冲数千亩原始森林，被处死刑。1955年3月3日，中共雷山县委、县人民政府召开有公安、民政、文教、财经、邮电、贸易、银行、合作社、粮食局等单位负责人参加的防火工作会议，成立雷山县防火检查委员会，负责布置、检查防火工作。1955年4月27日，县公安局就山林火灾问题向全县发出通报，要求对广大群众进行防火安全教育；

火灾发生后，必须组织人员全力扑救，以达到减少损失的目的。同时要及时查清起火原因，严肃处理。1956年5月20日，雷山苗族自治县人民委员会总结推广开觉乡（今大沟乡）成立护林委员会，由正副主任分工负责；订立护林公约；以基干民兵90人组织3个扑灭队，结合生产加强巡逻和保卫工作，防止坏人纵火毁林；建立生产用火批准制度，凡在野外用火，一律经护林委员会批准的经验。是年，开觉乡被评为护林防火模范乡。1962年2月10日，县成立安全委员会，各区、社、大队先后建立防火安全组织，对山林火灾采取严密的防范措施。是年，全县发生山林火灾104起，比上年的144起下降28%；烧毁面积10361亩，比上年下降75%；烧毁林木106773株，比上年减少损失33%。1965年12月31日，新塘大队发生山火，大队治保主任任九虾带领群众进行扑救，减少集体山林的损失，受到县公安局表彰。1977年1月19日，建立县护林防火指挥部，下设办公室在林业局，由县林业局负责办公室的日常工作。

1979年后，县委、县人民政府进一步加强对护林防火工作的领导，认真贯彻“预防为主，积极消灭”的方针，把护林防火工作纳入议事日程，适时部署检查，健全各级护林防火指挥部和办事机构，配备专职人员，乡、村也健全各种形式的护林防火责任制和防火措施，把护林防火列入“乡规民约”主要内容，把责任单位和承包者护林的责、权、利三者结合在一起，开展火险预测预报，并陆续对集中成片的中幼林地开挖防火线。全县共挖防火线350公里，每公里付给80至100元。林业部门还增置交通工具和通信设施，以提高控制山林火灾的能力。

1953—1987年雷山县部分年度山林火灾损失情况统计表

表10—10

年　度	次　数	毁林面积（亩）	烧毁树木（株）	折合材积（立方米）
1953	—	530	2350	—
1955	43	—	297900	—
1960	36	13803	537800	26890
1961	204	87381	500000	25000
1965	6	169	500000	1000
1968	3	1240	372000	18600
1970	3	1000	10000	5000
1971	7	12277	3683100	61385
1975	15	2730	191310	8199
1978	9	1405	94000	4700
1980	9	780	40000	750
1981	4	423	20000	300
1985	5	832	16732	309
1987	2	800	5000	94

1984年，县人民政府在春冬季节先后召开电话会议4次，并出动宣传车在6个区（镇）、12个乡（镇）进行护林防火宣传，张贴护林布告。是年12月，县人民政府责成县公安局、林业局召开冬防会议，表

彰护林工作成绩显著的集体单位和个人。是年，山林火灾得到有效控制，仅发生2起，山林火灾控制在有林面积3‰以下，损失幅度达到国家规定的要求，受到黔东南州人民政府的嘉奖。

1985年2月6日，成立县护林绿化委员会，下设办公室，由林业局处理日常事务。区、乡(镇)也建立相应的组织，护林防火工作走上经常化、制度化。1987年，全县共有森林防火组织178个，人员1690人。

第二节　病虫害防治

森林在整个生长发育过程中，不仅会遭到各种自然灾害，而且还经常遭受病、虫的危害。据1980年黔东南州森林病虫害普查和贵州省森林病虫害普查资料统计，雷山县主要的病虫害有：

病　害

杉木细菌性叶枯病　该病大多发生在海拔低的洼地，透光通风和卫生条件不良的林分，常呈圆状分布。1987年，桥桑乡桥毫坳林场感染此病，感病指数为23.5，感病率达100%。

杉木炭疽病　主要分布在土壤瘠薄，立地条件较差的林分，呈单株、星团状分布。

马尾松赤枯病和赤落叶病　此两种病害在县内常有发生，特别是海拔略高、迎风面的林分危害较烈。1986年以来，马尾松感病普遍严重，达地、桥桑、开屯、大塘、陶尧、黄里等乡(镇)平均感病指数为41.2，感病率达100%。该病是县内马尾松的主要病害，其次还有松针锈病和松瘤锈病等。

华山松落针病　1984年，国营乌东林场大面积华山松林发生此病，感病率达100%，后采用“621”烟剂防治，取得较好效果。

油桐角斑病　全县普遍发生，尚未造成严重危害。

油茶炭疽病　全县普遍发生。1987年，柳乌乡柳排村发生较为严重，感病指数达27.5，感病率达88%。

虫　害

木杉卷蛾天牛　杉木有杉梢小卷蛾和双条杉天牛，常呈单株危害。

马尾松螟娥　马尾松的虫害有马尾松毛虫、马尾松尺蠖、松梢螟、松实小卷蛾等。其中，毛虫是境内马尾松林中最主要的虫害，呈局部发生，树枝叶被蚕食殆尽，危害甚大。

思茅松毛虫　1986年，在桥桑街对面坡发现此虫害，虫口密度达53只/株，叶被食尽。由于天旱，虫群下田饮水，田里浮起一层厚达4厘米的虫盖，当地农民不敢下田干活。该虫害是低海拔地区马尾松的主要虫害。

油茶象鼻虫　全县油茶生产区均有发现，尚未成灾。

油桐尺蠖　呈团状分布。1983年，桥桑乡水碾组油桐尺蠖危害严重，果实成熟前叶被食尽，造成落果，油桐树枯死率达50%。

防治措施

雷山县林带多地处高寒，冰凌较多，因之病虫害发生多为单株或小丛。1985年，乌东林场营造华山松发生落叶病，采用741和敌对烟雾剂在清晨烧熏。社队林场防治病虫害，一般是采取在育苗时对种子和苗床进行消毒，在单株发生或小丛发生时，将其病树砍掉，根茎叶全部焚毁，已达到消灭病虫之目的。有的则是通过通风透光抚育，防止病害蔓延。

第三节　林　政

县人民政府历来极为重视森林的保护和管理，凡是山林纠纷比较严重的地区，县长或副县长都亲临现场处理。《中华人民共和国森林法》公布后，为贯彻执行党的林业政策，切实保护森林资源，县人民政府派出宣传车辆，到6个区（镇）和15个乡（镇）向群众进行宣传。召开各种会议259次，到会人数9万余人（次）。印发宣传简报5期，撰写林政管理提纲480份，并用播放讲话录音、张贴标语等形式进行宣传。按照森林法规定，坚持采伐量不超过生长量的原则，执行采伐“一本账”，发放采伐许可证，坚持“四不准”即不准转让，不准买卖，不准异地采伐，不准商品材和民用材互换、转让和出售和“六不发”即超过“一本账”计划指标的不发，有林权纠纷的不发，无森林资源的不发，乱砍滥伐的村组不发，只砍伐不更新的不发，五保户、无劳力和无成熟林的户不发。各乡（镇）配备林业辅导员，建立林政管理队伍，实施林政管理。为强化林政管理，建立林政管理机构。

木材检查站

由县、区公安、林业部门在交通要道设立检查站4个，共有检查人员20人，对过往车辆进行检查。重点查验“三证”（木材运输许可证，木材采伐许可证，木材检尺码单）以及交纳税费、出境手续等是否办理齐全。如发现不符合规定，则予扣留或没收。1974年至1987年，木材检查站查处过境车1101辆次，没收木材489立方米（折款293400元），罚款14540元。

林政管理股

1985年5月，县林业局设立林政管理股，经营管理发放木材采伐许可证，办理木材运输手续，征收和代征有关木材的各种税费，协同有关单位处理山林纠纷，制止和处理乱砍滥伐森林事件。1985年至1987年，共发放采伐许可证和流通券（1986年停止使用流通券，改用木材运输许可证）11779份，数额为19600立方米。其中，商品材采伐证2009份，木材10727立方米；民用材采伐证1302份，木材5493立方米；流通券8462份，木材3380立方米。

公安林业派出所

1980年10月建立，依法治林，缉拿罪犯，深入林区检查，依靠群众破案。至1987年底，共处理案件203起，侦破案件186起，处理罚款483人，其他处罚148人，罚没款73526元。

第四节　林业“三定”

林业“三定”，即指稳定山林权，划定自留山，确定林业生产责任制。

1981年，中共中央、国务院《关于保护森林发展林业若干问题的决定》颁布后，中共雷山县委和县人民政府成立林业“三定”领导小组。县委副书记余国茂任组长，副县长杨光胜、周定生任副组长。抽调干部352人，组成工作队，于1981年上半年，在全县全面开展林业“三定”工作。1984年3月结束。

共开支经费13.4万元。

全县除2个蔬菜专业组没有山林，14个村民组因山林界限不清，情况复杂，一时难于处理而未进行林业“三定”外，已填发“三证”的有1209个村民组，占全县1225个村民组的98.86%。填发集体山林所有权证4129份，划定集体山林14500幅，面积1167652亩。为20363户农民划定自留山59330幅，面积282338亩，颁发自留山使用证24110张，占集体山林面积的24.18%，户均13.87亩。填发集体山林管护责任山证13014张、26267幅、885314亩，占集体山林总面积的75.82%。

雷公山国有林与方祥乡接壤地区山林界线历史情况复杂，从未划清，只给方祥乡农民划定自留山，暂不确定集体山林所有权。国有林地区因绝大部分尚未落实划界定权工作，暂定为40万亩。

林业“三定”中，解决山林纠纷173起。其中，县与县的17起，乡与乡的57起，村与村的99起。尚未处理好的32起，查处乱砍滥伐森林案件493起，清出木材2057立方米，分别予以罚款和没收，并依法逮捕5人。

林业“三定”后，农民对造林护林的积极性进一步得到提高。从1981年到1983年，完成造林103685亩。永乐镇棉花坪村70岁高龄的老农龙老八在自留山营造油桐100余株、杉木300多株；西江区羊排村侯正发联络13户村民承包集体荒山，一冬春完成造林425.6亩，验收时成活率95%。全县有1380个村、组都认真讨论制定以护林为宗旨的“乡（村）规民约”。乌江乡乌节村在通过“乡规民约”后，还以传统的隆重仪式，杀猪共食，表明恪守“乡规民约”的决心。并给邻近乡、村送去“乡规民约”一份，以示共同遵守。同时，选出5人为山林管理小组，负责查处违犯“乡规民约”的事件和调解山林纠纷。许多村寨认真执行自己制定的“乡规民约”，减少了乱砍、偷砍、盗伐等破坏森林的现象。1987年3月7日，大固鲁村对19个无证收购和贩运木材及乱砍滥伐的人，按“乡规民约”的规定，没收木材并处以罚款2153元，刹住了该村的乱砍山林歪风。

第五章　雷公山自然保护区

第一节　自然生态环境

雷公山位于贵州省东南部，县城的东部，主峰距县城30公里。其海拔2178.8米，是苗岭山脉的主峰。地理坐标为北纬26°15′~26°32′，东经108°05′~108°24′。地跨雷山、榕江、台江、剑河4县，总面积709500亩。山体巍峨峻峭，雄伟壮阔。据《贵州通志·古迹志》载：“雷公山深在苗疆，为台拱、清江、丹江、麻哈、凯里、古州、八寨交界之地，绵亘二三百里。曰冷竹山、曰乌东山、曰野鸡山、曰黄阳山，叠嶂重峦，皆是山支，林木幽深，霾翳雾郁，水寒土软，人迹罕至，即昔称牛皮箐也。”乡民称“山有连天之高，是雷电之源”。故名雷公山。

雷公山既是清水江、都柳江的分水岭，又是清水江、都柳江流域水量的补充和调节的泉源。

保护区内雪峰运动引起下江群岩石的变质，产生一些断裂，加里东运动形成区内主要的构造骨架，燕山、喜山运动的形迹则一再叠加其上，现今的构造乃旋回造山运动的结果。纵观全区，褶皱并不严密，断层亦不多见，唯节理之发育则非常复杂而密集。以板岩为主要成分的下江群岩石，塑性极强，抗压强度及弹性较小，易于风化，难以产生裂隙，在地貌上形成缓坡和丘陵。地形破碎而陡峭，风化裂缝带发育很好，浅层地下水极其丰富，从而形成一个特殊的生态环境，是一种宜林地程度极高的土壤类型。其山地地貌形态可划分为台状高中山、波状中山、脊状低中山及低山4个地貌类型。

雷公山水资源贮存富集条件特殊，大气降水、地表水及地下水循环交替，环境比较和谐，水资源极为丰富，为动植物的生存和发展提供良好的水文地质环境。地下水富集带沿高海拔地带分布，一方面是由于高海拔地带降水量多；另一方面是高台地向斜轴部附近绢云母岩分布广泛，风化裂隙极为发育，剥夷面广，地形起伏小且多宽缓谷地及盆地；再是森林覆盖率高。因之，山高水也高，具有独特的水文地质特征。

雷公山地理纬度较低，太阳高度角较大，由于云雾多，阴雨天候频率大，日照属全国低值区。且距海较近，水汽供应充足，加之东南季风和西南季风的影响，南北气流常在此交汇，形成春夏降水多，秋冬降水少，夏季气温高，冬季气温低，雨热同步，有明显的中亚热带季风山地湿润气候特征，为各种生物繁衍提供良好的环境。

雷公山的土壤物理性状，除山地灌丛草甸土外，大部分为山地黄壤和黄棕壤，厚度在60～80厘米以上。土质疏松，质地良好，蓄水能力强。有机质含量可达0.5%以上，腐殖质层厚度大多在15～20厘米之间，且呈酸性反应。pH值在5左右，肥力高，能满足杉、秃杉等优良树种的生长要求。

雷公山高大的山体及优越的地理位置，得天独厚的水、热、土等自然条件，并且地史上未受到第四纪冰川的侵袭，成为许多古老孑遗植物的“避难所”，现蕴藏着丰富的生物资源，有各种生物近2000种，其中，列为国家保护的达43种。森林植物区系相当丰富，地理成分属温带向热带过渡性质，即亚热带性。据《雷公山自然保护区综合科学考察》资料载，曾采集标本1390种，分属273种，679属。其中，种子植物有825种，19个变种，分属146科，425属。木本植物465种，19个变种，分属91科，217属。草本植物360种，分属55科，207属。中国特有植物16属，占雷公山种子植物的4.9%，占中国特有属的8.4%。列为珍稀、濒危保护的重点植物有20种，植物区系具有古老性和原生性。自然保护区的秃杉（又名榧杉、土杉、台湾杉），是第三纪古热带植物孑遗种，是世界上稀有的树种，国家一级保护植物。尤其难得的是区内有秃杉小片纯林或以秃杉为主的针阔叶混交林的群落。秃杉树干高耸，林冠深绿，给人以“万木之王”之感。秃杉林的存在，对雷公山地区的古气候、古生物、古地质和历史植物区系演变的研究，有着极为重要的科学价值，是保护区最主要的特色和重点保护对象。

蕨类植物有89属，249种，占贵州省蕨类植物的77.4%；苔藓植物鉴定出112种，78属，46科；大型真菌初步鉴定有204种，87属，37科。有食用菌55种，常见的香菇、木耳、油菇、牛舌菌即产于雷公山中。有药用菌30种，如灵芝、硫黄菌等。还有真菌14种。

雷公山是贵州省中药材的主产区。经鉴定有625种，171科，313属。另有大宗中草药32种，民间常用药近300种。

野生动物资源经鉴定有518种，分属132科，39目，另有蚊相29种，4个属。其中，兽类52种，20科，43属，8目。有猕猴、灵猫、黑熊、穿山甲等11种，为国家二级保护动物。有鸟类121种，13目，28科，占贵州省鸟类的28.6%。列为国家二级保护的有鸳鸯、小仙鹟、白鹇、红腹锦鸡等10种。两栖动物有36种，2目，8科，14属，占贵州省两栖类的56%。列为国家二级保护的有大鲵（娃娃鱼）、细痣疣螈2种。斑腿螈和雷山髭蟾为雷山特有种。爬行类动物资源丰富程度闻名全国，有56种，3目，8科，33属，占贵州省爬行类的52.8%。新种“贵州小头蛇”即产于此地。鱼类有29种，4目，10科。陆栖寡毛类有22种，4科，5属。无锡杜拉蚓、中华泮蚓、三点远目蚓、缙云远目蚓、通俗腔蚓、暗灰异唇蚓6种为贵州省新发现。

第二节　保护区的范围与保护措施

雷公山自然保护区总面积近70.95万亩，核心区有20万亩。东西宽15公里，南北长30公里。总面积中，雷山县辖地占75%，台江县占8.9%，剑河县占8.5%，榕江县占7.6%。有林地面积43万亩，占总面积的60.87%。活立木总蓄积量为300.78万立方米。地跨雷山县的丹江、西江、大塘、永乐4区，台江县的台拱区，剑河县的太拥区和榕江县的寨蒿、乐里两区，有13个乡，42个自然村，180个村民组。区内有3147户、18245人。保护区范围东起台江县的乌密、剑河县的大坪山、榕江县的小丹江一线；西抵雷山县的脚尧、乌东、猫鼻岭一线；南达雷山县的开屯、高岳山；北至台江县的南刀坡。

1982年6月12日，贵州省人民政府批准建立雷公山自然保护区。同年，黔东南州人民政府成立“雷公山自然保护区管理委员会”，陆光玉（侗族）任主任委员。下设保护区管理处（县级）主持日常工作。潘国龙（苗族）任处长。管理处设人事秘书科、公安科、管理科、科技科、实验场（区级），共有干部职工116人。并在雷公山、桃江、西江、交密、小丹江各设管理站（区级），在雷山、交密、小丹江、昂英各设公安派出所，雇用林政员75人。已砍防火线195条，计860公里，封山育林4万余亩。为堵截木材无证流放和防止乱砍滥伐森林，在响水岩、国营乌东林场等处设资源检查站3个，聘请懂得护林知识和熟悉山情的农民80人为护林员，制定“无乱砍滥伐，无山林火灾，无乱捕滥猎”的“三无”目标责任制，采取分组包干，经常巡山，各组互查的办法，促进护林工作的有效开展。对属重点资源的村寨，则由保护区派专人协同村民委员会制订“乡规民约”，加强群众性的护林工作。大范围多举措地保护区内的森林资源。

1985年4月至11月，黔东南州人民政府组织102人参加的“雷公山自然保护区科学考察团”，由副州长姚茂森、贵州农学院教授周政贤带领，分25个学科对该区进行综合考察，历时两年。采集标本7600多号，分析样品223件，调查样方133个。1987年8月，在凯里召开雷公山自然保护区科学考察成果鉴定会，由云南大学副校长教授姜汉侨任鉴定委员会主任，有北京林业大学教授任宪威、中国林科院研究员洪涛、海南大学校长教授林英、贵州社科院顾问康健、贵州科学院植物研究所副研究员吴至康、贵州省林业厅总工程师刘盛洲和主任工程师徐焕章、江苏省植物研究所研究员刘昉勋、中国林业科学研究院副院长高级工程师刘永龙、中国林业科学研究院研究室主任副研究员张允孚、贵州省林业勘测设计院总工程师袁加庚、遵义医学院副教授方维刚、贵州省农业区划委员会办公室副主任副研究员朱成松、贵州省气象局高级工程师李良骐、梵净山自然保护区管理处处长高级工程师杨业勤、贵州农学院教授汪汾、贵州108地质队高级工程师林树基等教授专家参加。

工建交邮篇

第一章 工 业

第一节 发展历程

清末及民国时期，雷山有土陶、白皮纸、银饰、木器、砖瓦、铁制农具、竹器、缝纫、爆竹等手工业作坊和个体工业。

光绪二年（1876年），通判甘雨时督修丹江厅砖石城，在湖南聘请师傅在丹江城外建砖瓦窑3座，烧制100号强度35×11×20砖，供建城墙用。光绪二十七年（1901年），陶尧建土碗作坊，有工匠2人；后果梅、治安堡等地相继建窑烧碗。此时，乌东及长丰堡等地亦开办手工抄纸作坊，用雷公山盛产的构皮、竹子做原料。民国时期，抄纸、制砖瓦、成衣业有所发展，永乐、大塘、西江、望丰等地均建有民用砖瓦厂。民国11年（1922年），城内杨寿松从榕江买进英国造缝纫机1台，开成衣加工作坊。民国24年（1935年），连城堡李文忠雇请师傅开白纸作坊；民国38年（1949年），治安、陶窑、长丰堡等地共有土碗作坊4个，从业50余人，生产碗、碟、盆、罐、坛、缸、壶等产品，自产自销。县城瓦厂街建有砖瓦窑3座，每窑可装瓦3万片、砖1万块；抄纸作坊2处，从业人员8人；缝纫铺16个，缝纫机16台；木器作坊1个，从业2人；打铁炉1个，从业2人。余则为农民兼业，农忙务农，农闲务工。合计年产值（折新人民币）约3.2万元左右。

解放后，1951年，人民政府即安排陶器业和抄纸业恢复生产，木工作坊、缝纫铺照常开业，对铁器加工更是加强领导，使之为农业服务。此时，金振国等联办“新记烟厂”投产，生产“新记”烟应市，成为雷山历史上第一个注册商标的工业企业。1952年，在河东教场坝建砖瓦窑3座。是年，全县手工业产值为22.8万元（含农民兼营8.8万元），比1949年上升6.1倍，有手工业者1539人。

1953年，由国营民族贸易公司筹办雷山纸厂（后与县纸木业生产合作社合并）。1954年，组织手工业互助组和生产合作社，7月，成立雷山县铁木农具生产合作社和雷山县缝纫业生产合作社。参加合作社有217户，324人，年产值125.1万元。1955年10月，建立雷山县陶器业生产合作社。1956年8月，建雷山县火电厂，用汽车引擎带动发电，开启雷山用电照明先河。1957年8月，在观音阁建雷山县酒厂。至此，县办工业初具雏形。机器设备有了发电机、石印机、榨油机、砻谷机、织布机。手工业社有土陶、木器、铁器、砖瓦、缝纫等行业，共计9个。全县工业（含手工业）年产值152.3万元，比1952年增长5.68倍。

1958年，全县响应中央“大办工业，大炼钢铁”的号召，在一无资金，二无技术设备，三无地质勘测资料和可行性论证的情况下，全民动员，一哄而起，遍地开花。年末，投产的县办工业有通用机械厂、万能机械厂、骨粉厂、火药厂、石料厂、石灰厂、化肥厂、公统铜矿厂、乌江铅矿厂、粮食加工厂、酒厂、火电厂等13个；商业办工业出产品的有33个，其中丹江区17个，西江区8个，大塘区6

个，县商业局2个；再加上粮食局办榨油厂等14个，全县共有47个厂（矿），有职工2048人，年总产值206.3万元。其产品产值统计数字夸大不实，水分不少。

1961年8月县治恢复后，工业重新起步。1962年末，工业年产值62.5万元。县办有电厂、酒厂、纸厂、制米厂、糖果糕点厂、制材厂等。集体办的有缝纫社、土陶社、被服社。社队办有“五小”工业。

1963年至1965年，县办工业和手工业均有不同程度的恢复和发展。1965年，全县工业总产值为107万元，机器设备增加了打米机、手摇钻床、台虎钳、带锯等。

1966年6月25日，县人民委员会决定将县电厂扩建为机械修配厂，电厂改为发电车间，职工增至32人。1970年1月，县人民印刷厂建成投产。1971年1月，县陶瓷厂建成投产。同年10月，县农林水科在马家屯河边利用原林业局制材厂厂房，扩建为县农林水综合厂。同年，县砖瓦厂及县车木厂先后建成投产。1973年1月，县农林水综合厂改为县农机修配厂。3月，并入县机械厂。12月，农机厂与电厂分设。1975年5月建开屯采矿厂，1976年5月关闭。

1975年，国营地方工业企业有19个，工业年总产值达168万元（含手工业生产合作社9个，总产值40.78万元），比1965年增长57%。

1978年，工业设备拥有量为：县直工业有工业锅炉1台，泵1台（套），制冷机1台，焊接及切割设备1台，工业电热设备3台，锻压设备1台，金属切削机床11台，木工机械1台，蒸汽机及内燃机6台（套），载重汽车9辆，发电设备3台（其中水轮发电机组2台，内燃机发电机组1台），卷扬机1台，印刷机4台，糖果生产设备3台，日产30吨新式升运大米生产线1条，榨油设备14台（套），面粉加工日产3吨200型和60型混装生产线1条，面粉加工联合机组1台，日产3.5吨统糠生产线1条。

乡镇工业设备有：各种金属机床156台（化工3台，建材3台，机械工业14台，食品工业86台，缝纫机50台），农副产品加工机械112台，弹花机6台，榨油机15台，制茶机5台，电焊机3台。年工业产值238.8万元，比1975年增长42%。

1981年12月，城关自来水厂竣工投产。同月，县农机厂试制玻璃钢瓦和装饰板投产后，分建雷山县化工建材厂。1984年3月，迁往凯里办厂，改名为黔东南苗族侗族自治州玻璃纤维制品厂。1985年10月，改为凯里玻璃纤维制品厂，由凯里市领导。工业年产值253.8万元，比1978年增长6%。

1982年，陶瓷厂转产，试制猕猴桃酒、汁及杨梅酒、汁、多味杨梅等，改名为贵州省雷山饮料食品厂，增建罐头、杨梅、果酒、制茶、糖果等车间，设备生产能力4200吨。

同年，乡镇企业管理局将黄莲素粉精制车间与农副产品加工厂合并，建成食品加工厂，后改称雷山县乡镇企业局综合食品厂，生产各种糕点糖果食品20余种。县酒厂进行挖潜改造，增加灶4眼，混合白酒产量由原来175吨增加到321吨。1981年共贷款112万元，扩建、新建酿酒车间2个，新增产量240吨，年产窖曲酒300吨。

1983年，县林业局成立木器加工厂，生产沙发、文柜、家具。县供销社建茶叶加工点5个。县粮食局建饲料工业公司，年生产能力为2500吨。12月，响水岩水电站建成投产，装机容量2×320千瓦。.

1985年，建成松针粉厂，年产500吨。是年末，工业年产值上升到609万元，比1983年增长1.7倍。

1986年7月，在响楼乡排堤坡兴建雷山民族锑矿冶炼厂。12月，完成第一期工程，年产500吨精锑生产线试产。

1987年，共有工业企业1090个。其中国营11个，乡镇村办、联办企业108个，手工业集体企业4个，城乡个体工业企业967个。工业总产值917万元，比1978年增长2.84倍。其中国营工业企业533.6万元，乡镇办工业383.4万元。

1949—1987年雷山县历年工业产值一览表

表11—1　　单位：万元

年　度	产　值	年　度	产　值	年　度	产　值	年　度	产　值
1949	3.2	1959	323.3	1969	49	1979	219.7
1950	3.7	1960	228.2	1970	60	1980	208.1
1951	20.8	1961	46.5	1971	139.5	1981	253.8
1952	22.8	1962	62.5	1972	123.1	1982	279.4
1953	42.1	1963	99.8	1973	109.9	1983	244.2
1954	125.1	1964	106.6	1974	160.8	1984	336.7
1955	125.7	1965	107	1975	168	1985	609
1956	138.7	1966	65.5	1976	169.4	1986	600.78
1957	152.3	1967	76.1	1977	206.2	1987	917
1958	206.3	1968	25.8	1978	238.8	—	—

县办工业设备拥有量为：工业锅炉4台，泵8台（套），气体压缩机3台，制冷机2台，焊接及切割设备3台，工业电热设备8台，锻压设备1台，金属切削机床11台，木工机械17台，发电设备11台（其中水轮机组10台、内燃发电机组1台），包装机械14台，卷扬机2台，分离机械2台，载重汽车19辆，3000吨玻璃制品生产线1条，碾米设备11台，制粉设备8台，榨油设备10台，饲料加工设备1套，印刷设备14台，饮料设备6台，罐头生产设备12台（套），制茶设备7台，500吨精锑冶炼生产线1条，酿酒冷却器18套，玻璃纤维制品专用设备89台。乡镇企业设备总计180台，其中金属切割机床8台，专用设备164台（碾米机89台，磨面机16台，弹花机2台，榨油机10台，制茶机5台，电焊机12台，非农副产品加工设备30台）。

第二节　重工业

电　力

1957年，雷山县火电厂建成投产，城关居民及县机关开始使用电灯照明，结束了点煤油、燃油柴的历史。1977年、1983年，固鲁电站、响水岩电站相继建成供电。1987年，凯里至雷山电网接通供电，全县年发电量已达164.26万千瓦时，县内有60%的地区有了电力加工和照明。

雷山火电厂　1956年8月筹建，发电设备为镇远专署电厂调拨。1957年1月安装完毕输电，供给县城机关、企事业单位及居民照明。随着地方工业的发展，用电量日益增大。1967年，更换90马力50千瓦柴油发电机组1台，至1968年，又增拨90马力50千瓦柴油发电机组1台。1970年发电量为12.15万千瓦时，有固定资产63908元。1977年10月，固鲁水电站（250千瓦）建成投产供电，并取代了火电厂。

凯里—雷山电网35千伏输电工程　因地方工业用电不断增加，响水岩电站不能满足需要。1984年

5月，贵州省电力局以〔1984〕黔农电字357号文件同意凯里—雷山输变电工程列入1985农村高压电网整改计划。工程概算投资150万元(其中省电力局补助50万元，贷款100万元)。工程由凯里供电局设计，并负责线路架设和变电站设备安装，土建部分由雷山县完成。

主要建设项目有：①3.5千伏线路全长35.05公里，线径为钢芯铝绞线95平方毫米。线路走向为：凯里青山变—鸭塘—舟溪—董公—丰塘—公统—三角田—望丰—干河沟—雷山变。在线路始端及终端1公里范围内架设避雷线，余为圆钢接地。②雷山站站址设响楼乡脚雄坳，占地5.23亩，变电站容量为2×2000千伏安。第一期安装1台主变为1×2000千伏安，站用变50千伏安1台，变电站共六回出线。③10千伏配电线路共二回。一回出线至县烟草局1.7公里，一回出线至县锑矿冶炼厂为2.6公里。1986年5月动工，12月底全部竣工投入试运行，1987年3月正式供电。工程总计使用经费152万元。主要供给锑矿冶炼厂、饮料厂、自来水厂、乡镇企业综合食品厂、县城东半部及龙头、大塘、莲花、桥港等乡用电。

冶　炼

1957年“大办钢铁”，雷山县土法上马建铜矿、铁矿冶炼厂。据1958年10月统计，铜矿冶炼厂有：公统铜矿厂，筑土高炉9座；乌江铜矿厂，筑土高炉3座；独南铜矿厂，筑土高炉6座；望丰铜矿厂，筑土高炉1座；固鲁铜矿厂，筑土高炉5座；雷山中学铜矿厂，筑土高炉1座。参加炼铜有干部132人，工人、学生5747人。铁矿冶炼厂有：郎德铁厂，筑土高炉2座；大塘铁厂，筑土高炉6座。参加炼铁有干部13人，工人925人。

1958年10月，全省号召在20日内放万吨“钢铁卫星”。雷山县共动员干部274人，农民工人11068人，学校师生565人，建土高炉20座，油桶炉10个，补锅炉5个，土小高炉12座。炼出生铁1.2吨，冰铜456公斤(30%是粗铜)。1959年11月全部关停。

1986年3月，贵州民族经济发展总公司与雷山县人民政府达成协议，联合投资建锑矿冶炼厂。7月，在响楼排堤坡动工兴建，12月试产成功。基建投资69万元，新建和改造厂房2319平方米(生产用房1713平方米，职工宿舍和办公用房606平方米)，占地7.53亩。主要生产设备有：直井炉，反射炉，锅炉鼓风机4台，带式除尘器2台，轴流式通风机1台，破碎机2台，圆盘粉碎机2台，水泵2台，75千伏安变压器1台，空压机2台，15吨地磅1台，小台钻1台，载重汽车1辆。1987年底产精锑72.9吨，锑氧粉223.16吨。

机械修造

民国时期，只有铁器手工业作坊，生产铁制农具犁铧、钉耙、锄头、镰刀等。据1945年调查统计，从业有61户，69人，产值14166元。

1954年，建立铁木农具生产合作社1个，从业19人，年产值1.8万元。1957年，建城关铁木器生产合作社1个，从业16人，年产值1.3万元；西江区建农具生产合作社1个，从业24人，年产值2.2万元；大塘区建农具生产合作社1个，从业6人，年产值1.54万元。1957年全县共完成铁制农具10735件，年产值4.64万元。

1958年，提出生产运输“车子化”、机械“轴承化”、插秧“机械化”、提排灌“机械化”后，农机工业随之有了较快发展。10月27日，农具修配厂改为雷山县通用机械厂。全县共办机械厂56个，有职工360人，主要产品有插秧机、脱粒机、滚珠、马车、铁木竹制农具等。但都设备简陋，资金紧缺，无原材料，产品质量低劣，销路极少，一年后均被迫停办。1960年，国营雷山县通用机械厂并入凯里县农机厂，雷山铁木社、莲花铁业社、永乐铁业社、雷山五金修理社经整顿巩固后保留下来，生产修理一般铁木制农具，为农业生产服务。

1966年6月25日，雷山县火电厂扩建为雷山县农具机械修配厂。10月，县革命委员会将雷山县农具机械修配厂改称雷山县东风农具机械厂。1970年3月，改为雷山县修理制造厂，生产插秧机、脱粒机、切碎打浆机、压面机、台虎钳、玻璃钢瓦等产品。有机修、铸造、翻砂、蜂窝煤等车间。1987年末，有固定资产363699元，年产值18.4万元。

建　材

国营砖瓦厂　1952年，个体户包忠臣、顾永成联办砖瓦厂。1954年，由民贸公司经营，1956年由县供销社接办，1957年拨归县商业局管理，1959年6月并入凯里县龙头河砖瓦厂。

原厂址占地8亩，有厂房3幢，面积300平方米。建窑3座，每窑装砖1万至1.5万块，装瓦4万~5万片。每年春、夏、秋打坯，冬季烧窑，燃料为木柴。1955年烧砖5万块，烧瓦7万片。1957年烧砖37.8万块，烧瓦72.7万片。全厂有职工53人。

1971年5月，在观音阁和尚坟建砖瓦厂（现酒厂酿酒车间处）。征用土地5亩，建厂房250平方米，有工人42人，干部4人。1972年产砖629439块，产值28191.48元；1975年产砖681094块，瓦123549片，产值29673.17元；1976年产砖934700块，产值4206.31元。9月停办。

国营石灰厂　1957年2月建厂，厂址在龙头乡龙头山。1958年有工人73人，窑1座。每窑产石灰5.5万公斤，年产石灰883吨，产值12997元。1959年2月停办。

郎德制材厂　1957年12月，县林业局在郎德建厂，制材外调，有职工3人。有直径90厘米圆盘锯1台，直流小型发电机组1台。每天生产板材1立方米，原木1.5立方米。1959年2月停办。

红屯堡石料厂　1958年4月8日建厂，厂址在红屯堡，从业农民42人。1958年产值为9993.07元，产料石6694.14立方米。1959年1月停办。

火药厂　1958年3月建厂，有职工3人。年产火药5537公斤，导火绳1799根，产值9024元。1959年1月停办。

雷山县制材厂　1961年8月，在马家屯河边建制材厂，由林业局经营。厂房200平方米，有40千瓦水轮发电机组1台，90厘米圆盘锯2台，工人7人。日产板枋材4~5立方米。1971年停办。

森　工

1954年建森林工业站，直属黔东森工支局。1980年，成立林副产品经销公司，专营森工生产。1954年生产木材5139立方米，1958年生产48952立方米，1980年生产22346立方米。

林业局（站）从1954年到1987年的34年中，共生产木材521878立方米，总收购金额1626.76万元；共销售木材521620立方米，销售金额3104.95万元。

第三节　轻工业

粮油加工业

1958年，粮食局建制米厂，开始用簋子簋米（即双斗离心式砻谷机），8小时可簋糙米5000公斤。

制米厂安装有榨油机、粉碎机，开展榨油、淀粉加工等业务。1984年，制米厂扩建为粮油食品综合厂。1986年10月，将粮油食品综合厂和饲料工业公司、松针粉厂合并为粮油饲料工业公司，有职工21人。厂房建筑面积2462平方米，其中生产用房2026平方米，职工宿舍436平方米。主要设备有：碾米机7台，制粉机6台，制油机6台，精炼机2台，吸式比重去石机1台，1/100天平1台，制粉机械去石洗麦电干机1台，制油平底炒锅2口，磨粉机1台。有固定资产17.7万元。年加工大米165万公斤，面粉210万公斤，榨油36万公斤。产值20.61万元。

永乐、大塘、西江粮管所均有小型打米机和磨面机，就地加工大米、面粉供应。

酿酒业

1957年8月建雷山县酒厂，为地方国营企业。经30年的不断扩建，1987年年末，厂区占地面积8355.12平方米，建筑面积11439平方米（其中生产用房6703平方米）。年生产混合白酒56吨，曲窖酒300吨，产值130万元。主要设备有：发酵池（窖）231个，烤酒冷却器18套（一蒸一烤为1套），4吨快装锅炉1台，80匹马力柴油发电机组1台，蓄水池2个（容水量250立方米），提水泵1台（动力17千瓦），5吨载重汽车2辆，化验室1个，其他设备36台（个）。主要产品有30度、35度、40度、45度玉米白酒，最高年产量371.2吨（1983年）。地方中级酒“雷公山大曲”，以高粱为主要原料，用大米、小麦、中药材制曲，经固态法酿制而成。酒呈无色（或微黄）透明，无悬浮物，无沉淀物，有曲型窖香，酒精度为55度。生产周期为12个月。麸曲酱香型白酒（本品为贵州省轻工科研成果转让）原料为高粱、小麦，用麦麸皮纯菌种制曲，经固态法酿制成酱香型白酒，无色（或微黄），清澈透明，无悬浮沉淀物，酒精度为55度，生产周期为6个月。

1959—1987年雷山县部分年度酒类生产统计表

表11—2

年　度	产量（吨）	产值（元）	税金（元）	盈利（元）
1959	60	33238	19343	784
1960	109.4	60000	36000	8077
1965	160.7	78800	115452	9115
1970	92	45422	56865	−11172
1975	105.7	154200	77680	11113
1978	155.7	214400	97387	6738
1980	324.4	259700	83487	14927
1983	389.2	477000	163744	14889
1985	335.8	585700	142167	19107
1987	512	679000	201734	−48398

饮料食品业

糖果糕点厂　1953年，县民贸公司开办糖果糕点厂，有职工4人。产品有蛋糕、饼干等。1954年，县供销社开办糕点糖果厂，职工6人。产品有月饼、饼干等。1956年，两厂均移交县糖业烟酒公司经营。1958年，县商业局开办糖食厂，有职工13人。产品有水果糖、桃花片、泡饼、灯火糕、饼干、酥桃片、糖条、花生糕、蛋糕、米花糖等，还生产干鱼、干豆腐、百合粉、红薯干等其他副食品，年产值2万元。是年，西江区供销社亦开办糖食厂。

饮料食品厂 1983年5月，雷山县陶瓷厂转为饮料食品厂，设有年产60吨的糖果糕点车间。1983年，试制多味杨梅、猕猴桃果脯、猕猴桃汁、杨梅汁、冬瓜糖、姜糖等产品。1984年，猕猴桃汁、酱获贵州省优秀新产品奖。1985年，猕猴桃汁、酱、多味杨梅、杨梅汁获贵州省轻工系统优秀新产品奖。1984年，银球茶和天麻茶获贵州省优秀新产品奖。1985年，获贵州省轻纺系统优秀新产品奖。1986年至1987年连获轻工业部优质产品奖。1986年12月，生产“八月笋”罐头首销日本。饮料食品厂设杨梅车间、果酒车间、罐头车间、茶叶车间。1987年，共拥有固定资产1781367元，年产值113.9万元。

造纸业

1951年，由何大本、张伯平、李文忠等6户联办“雷山同兴纸厂”，用构皮作原料生产白纸、夹纸。1953年，县民贸公司开办国营“雷山民贸公司纸厂”。1956年初，民贸纸厂、同兴纸厂和雷山纸木业生产合作社合并为“雷山县造纸厂”，有职工17人。20世纪70年代初，改手工抄纸为机械生产。产品有白皮纸、黄板纸、包装纸、卫生纸等，年产白纸1000捆，其他纸5吨。产值3万元。1979年11月关闭停产。

印刷业

石印组 1954年9月，从镇远专署印刷厂调入三号石印机1台，技工1人，成立石印组。专印公文、布告之类的政府文件，不对外营业，由政府管理。后贵州省新华印刷厂调给三号石印机1台，业务增加，人员亦增多。1955年5月划归县供销社经营。1956年“雷山县报社”成立，石印组划归县报社领导，仍属企业性质，对外营业，有职工3人。1959年并入凯里县印刷厂。1962年7月，商业局新购石印机1台，重新开办石印业务。1966年6月，石印业划归县农机厂经营管理。

人民印刷厂 1969年7月，筹建“雷山县人民印刷厂”，1971年1月投产。1987年末有职工27人，厂房837平方米，其中生产用房606平方米，职工宿舍231平方米。主要设备有：12马力柴油机1台，铸字机2台，切纸机1台，2.8吨汽车1辆。1987年，生产总值为16.65万元。先后11次被评为省、州、县先进企业和工业生产先进单位。

缝纫业

民国11年(1922年)，西门街个体裁缝杨寿松从榕江购进英国产老式缝纫机1台，用机器缝衣，为雷山地区机械缝纫业之始。民国19年(1930年)后，陆续有丹江陆光明、邓忠仁、李文美、尤国民、张开明，西江李忠，永乐刘超群、李荣华、陶发林全县共10户购买缝纫机经营缝纫业。丹江、永乐、西江、桥桑都相继有了缝纫铺。民国38年(1949年)，全县共有缝纫业16户，从业23人。

1952年，县民贸公司和县供销社先后成立两个缝纫组。1954年7月，成立城关镇缝纫生产合作社，有从业人员44人。1956年，西江镇成立西江缝纫生产合作社。1957年，永乐乡成立永乐缝纫生产合作社。1966年，成立丹江镇缝纫生产合作社。全县共有缝纫社(组)6个，从业人员117人。进入20世纪80年代以后，个体经营的缝纫机剧增，缝纫社解散，独立经营。至1987年，仅存雷山轻工公司被服厂1家。轻工被服厂的前身是雷山城关缝纫生产合作社，厂址原在正中街东侧，后迁解放西路左侧，有木质结构瓦顶生产用房1栋，面积150平方米。砖木结构职工宿舍1栋，面积150平方米。1987年年末，有缝纫机19台，三线绕线机1台，电熨斗1个，固定资产为2.2万元。有职工7人，年生产成衣6万件，产值22.5万元。

织布业

1952年，有私营织布厂1个，小型织布机10台，从业14人（农民兼营）。棉纱由民贸公司供应，产品包销，只计加工费。1952年织布2000米，1953年织布8000米，1954年织布1.2万米，1955年织布1.8万米，1956年织布3万米，1957年织布2万米。1959年停办。

印染业

清末至民国初，独山一染匠到丹江与西街胡某联合开染坊，用进口染料加染黄州布和家织土布，民国34年（1945年）停办。永乐李茂斋在中街雇请染匠开办印染坊，民国30年（1941年）停办。同年，达地联保乌空寨王志成开印染作坊，解放后仍继续营业。

1952年，县供销社开办染布作坊，1954年停办。1957年重开染布作坊，1960年停办。1957年，县商业局开办染布业务，1958年停办。1970年，西江缝纫社内组织职工轮流收染土布，1980年停业。1974年，县轻工局五金社成立染布组，收染土布，连续营业至1987年。此外，有报德、达地、大塘、永乐、桥桑、毛坪、桥港、高岩、方祥等乡（镇）的农民自办染坊。

木器、涂漆业

木器 清代和民国时期，有少数技术精良的木工能加工古式雕花家具、嫁妆、瓦形抱柱对联、横匾、机关学校办公桌凳、学生课桌以及棺材等。民国14年（1925年），湖南衡阳木匠陈年茂在湖南会馆（今县财政局办公处）租房加工木器。民国23年（1934年）以后，在场坝街开木器铺，自产自销。也有来料加工，或上门为用户加工。加工品种有箱、桌、凳、椅、柜、瓦形抱柱木对联、横匾等，还承包修建木楼房。

1954年，县成立木器生产合作社、纸木业生产合作社。1962年，永乐成立铁木器综合社，集体生产，由手工业管理局领导。林业局和供销社亦组织农村木工加工产品供应市场。1971年，县农林水科建综合厂，设木器车间。1973年，县农具厂建木器车间，生产木器。但时间不长均相继停业。

1974年1月，轻工局及大沟、黄里等公社建车木厂，生产算盘，1978年关闭。1980年，林工商公司建木器加工厂，劳动服务公司建沙发加工厂。1985—1986年，县劳动服务公司在脚雄坳开办竹藤器厂，不久即关闭。

至1987年，继续开业的有：雷山铁木器业生产合作社，有职工8人，来料加工或上门服务，为用户加工木制家具。林工商木器加工厂，有职工10人，加工捷克式和中式家具。1982年，从贵阳引进技工加工沙发，能加工各式沙发和各式家具20余种，年产400余件。

涂漆 清光绪三十三年（1907年），周文清从江西迁入丹江，首操此业，历时50余年。民国19年（1930年），王贵清从湖南迁入，专操涂漆业，1954年加入木器社。至1987年，有王贵清、刘武璋两户传艺其子，分散经营涂漆业务。

化纤业

1981年6月，县农机厂试制装饰板。1981年12月，该厂玻璃钢瓦产品投产后，分设雷山县化工建材厂。1982年生产玻璃钢瓦31550张，玻璃钢加强石棉瓦399张，玻璃钢黑板1543平方米，玻璃钢落水管900米，玻璃钢平板1250平方米，玻璃钢机槽225米，玻璃钢笼式养鸡食槽、水槽92米。玻璃钢制品总重为51.6吨，产值713286元。

1982年，该厂迁设凯里市后，市、县联合办厂，税利分成。1987年底有固定资产125万元，年产值46.9万元。

饲料加工业

1983年7月，县粮食局成立饲料公司，属国营企业，既加工又经营。1985年11月，县粮食局开办松针粉厂，1986年6月投产，当年10月并入“贵州省雷山县粮油饲料工业公司”。1987年，饲料工业主要设备有：厂房面积630平方米，1000型饲料组合机1套，工业锅炉2吨，立式弯水管双层炉排锅炉1台，切碎机1台，锤式粉碎机1台，厢式烘干机1台，定量秤2台。加工能力为年产机制饲料1000吨，松针粉1000吨。

第四节　企业管理

领导体制

20世纪50年代前期的县办工业，学习苏联的经验，实行厂长负责制。1958年以后实行党委（支部）领导下的厂长负责制。较大的企业均配有党支部书记（兼）。1968年建立有领导和群众代表参加的革命委员会或革命生产领导小组，全权领导企业。1970年以后，实行党的一元化领导。1979年，贯彻中共中央关于加强工业发展若干问题的决定，扩大企业自主权，实行厂长负责制和经济责任制。县内多数企业均是厂长、支书集于一人。1984年，贯彻国务院关于进一步扩大国营工业企业自主权的暂行规定，并遵照贵州省人民政府规定，小型国营企业按集体所有制的办法管理，实行全民所有，集体经营，国家征税，自负盈亏。1985年，进一步扩大企业自主权，以保证厂长（经理）在企业生产上的中心地位。下放人事任免权，中层干部由厂长任免，副厂长由厂长提名，报上级机关批准任命。1987年，推行厂长招聘制。

管理制度

1955年以前，多系个体手工业作坊，个体经营、农民兼营或联办。自找原料，自产自销。在生产过程中，以技术师傅为主，全盘掌握和指挥生产。1955年，建立手工业生产合作社（组），实行集体生产，除以厂长（社主任）为主指挥生产外，还建立民主管理制，实行简单的记账和核算，制订有社章。1956年以后，逐步发展国营地方工业，制订生产经营管理制度和经济核算制度，并注意加强职工的政治思想教育。“大跃进”时期大搞群众运动，没有科学的可行性研究，不搞设计，生产措施和经营管理制度松弛，造成劳力、资金、原材料的巨大浪费。后贯彻毛泽东主席提出的“鞍钢宪法”，实行“两参一改三结合”（两参：干部参加劳动生产，工人参加企业管理；一改：改革企业中不合理的规章制度；三结合：在技术改革中实行企业领导干部、技术人员、工人三结合的原则），倡导技术革新和技术革命，对改善企业管理起到了一定作用。1961年后，贯彻中共中央《工业70条（草案）》，企业与主管部门实行“五定”（即定产品方案和生产规模、定人员和机构、定原材料消耗和来源、定固定资产和流动资金、定协作关系）“五保”（即保证产品质量数量、保证不超过工资定额、保证完成成本计划并降低成本、保证上缴利润、保证设备使用期限）。1964年，推广工业学大庆、靠“两论”（《实践论》《矛盾论》）起家的经验，按照“三老”（对待革命事业，要当老实人，说老实话，办老实事）、“四严”（对待工作，要有严格的要求，严密的组织，严肃的态度，严明的纪律)、“四个一样”(对待革命工作要做到：黑天和白天一样；坏天气和好天气一个样；领导不在场和领导在场一个样；没有人检查和有人检查一个样)的要求重视抓企业管理的基础工作，实行记台账、生产记录、经济活动分析和成本核算、计划管理、生产管理、设备管理、财务管理、技术管理和劳务管理等一系列的生产管理制度。

十年“文化大革命”中，全盘否定了新中国成立以来的企业管理经验，视规章制度为“关、卡、压”和“封、资、修”，抓生产被视为“唯生产力论”，抓技术被视为唯技术挂帅，企业管理再度混乱，产量质量下降，效益极低。

1978年，党的十一届三中全会以后，逐步恢复企业的生产管理制度。1980年，开始在酒厂重点进行整顿工作，面上普遍抓企业管理六项基础建设(即标准化工作、定额工作、信息工作、规章制度、基础教育、班组建设)，对各级干部和职工进行各种形式的培训，建立健全管理制度，推行标准化生产，完善计件和定量工作，开始加强和重视企业内外的信息管理，建立台账、凭证制度，推行定额管理，扩大定额管理范围。

企业整顿

1982年至1984年，遵照中共中央、国务院中发〔1982〕2号文件《关于国营工业企业进行全面整顿的决定》，县成立领导小组和办公室，对企业管理进行全面整顿和验收。1985年上半年，国营工业企业全部验收合格后，分别颁发“合格证书”。合格企业的标准是整顿健全加强领导班子，建立健全各种规章制度，完善各种承包责任制，加强企业管理基础工作，整顿劳动纪律和生产秩序，整顿美化厂貌厂容，提高经济效益，消灭企业亏损，整顿财经纪律，健全财务会计制度等。

1983年，企业进行“清仓查库”和机电产品报废降价处理。清查农机厂、物资局、商业局、邮电局、县汽车队等6个单位。核查结果，1980年库存机电产品总值210388.47元，报废总值为110430.59元，占库存52.48%。其中农机产品89537.62元，电子产品30892.91元，机电产品降价净损失18821.88元，占库存总值8.95%。

1985年下半年，开始第二次工业普查，1987年1月结束。此次普查，因进度快，质量好，荣获国家级三等奖。自来水厂获省级“银杯奖”。

第二章　交　通

第一节　驿道、乡村道路

解放前，雷山县境内无公路运输，也无航道载运，各族人民靠肩挑背驮，跋山涉水，步行于羊肠小道，运输极为困难。

乾隆三年(1738年)，以丹江厅址为中心修筑驿道。乾隆《贵州通志·建置驿传》载：在城铺东28里至营上，15里至控稗，15里至排羊，22里至台拱厅排扎铺；在城铺南20里至黄茅岭铺(今老场坝)，30里至乌叠铺，15里至竹留铺，50里至八寨厅同知衙门；在城铺北8里至排洛铺，10里至凯里卫老鸦寨铺。

光绪二年(1876年),丹江厅治所迁设肇泰堡(今丹江镇),交通要道有:东南自县城的牛场坝起(今雷公山电视转播台驻地),经沙子坳、莲花、猫鼻岭、桃江、开屯坳、乌洛(今永乐镇),直达榕江县城;西从脚雄寨起,经大树坳、干河沟至乌叠司(今望丰),在三角田分路,南往五岔路、脚高坡到南皋、八寨至都匀;北走牛尾坡经舟溪、下司、麻江、干粑哨直达贵阳;西北从县城起,经老场坝、固鲁、老丹江,在老丹江分路,西北经腰营、松林汛、排洛、老鸦寨、开怀、凯里到清平(今炉山镇);东北经龙塘、连城、培墉(今营上)、鸡讲(今西江)、开觉、排羊直达台拱厅城;东从治安、陶尧、黄里、乌尧至西江;东南经红屯堡、沙子坳、莲花、咱刀、桥港、掌批进入八寨的雄虎、党吊、羊乌达排调;南经乌开、乌降大坳、满天星、独南入乌利、脚卓(今新华)直达八寨厅城。还有从西江经营上、连城到清平县(今炉山)的摆底、乌烧、排洛直达凯里、炉山;从西江经木姜坳到达方祥;从乌洛(今永乐镇)经排告、和平、乌喜坳、加配、排调、望乡台、朱砂厂至八寨厅城;从乌洛经塔石、桥桑、夺鸟、排洛、雅灰、马颈坳到三合(今三都)县城;从桥桑经达地、千家寨、甲雄、上江(原都江厅城)直达三合县城。驿道路面宽1米,平坦地段用小石块铺成花街路。

民国时期,境内乡村道路有:丹江至桃江30公里,丹江至舟溪30公里,丹江至报德15公里,丹江至震威35公里,丹江至建安13公里,丹江至望丰12公里,望丰至报德15公里,建安至方祥30公里,建安至西江14公里,方祥至毛坪15公里。县境内要道必经的关隘有:独南关,在城南15公里,为往八寨县必由之路;乌鸦关,在城北10公里,为晋省大道;沙子坳,在城南5公里,为往榕江必经之路;蒲家坳(今猫鼻岭),在城南15公里,山高路陡,鸟道盘空,为一奇险地段;开屯坳,在城东南35公里,峻岭深谷,为著名险道;大坳(乌降坳),在城南5公里,两峰夹道,高深难越;黄里坳,在城北10公里,为北去之锁钥;鸡颈坳,在城东北25公里,地势险要,为北面咽喉;石门坎,在县城东北30公里,磴道悬空,形势险峻,为往台拱、镇远要冲。

第二节 公路建设

公路修筑

民国时期,曾数次倡议修筑公路。民国30年(1941年),撤销丹江县建置后,台江县政府曾组织修建台江至西江的公路。民国32年(1943年),贵州省保安团进驻西江,曾强迫当地人民修建西江至营上和西江至开觉公路,均未修通。民国34年(1945年)11月,雷山设治局局长吴修勤将修筑公路列入《基本建设意见》的主要项目,对修筑公路作了如下决议:先修雷山至麻江线,因雷山至舟溪无特工(即悬崖巨石地段工程),较易修通下司,决定聘请技术人员测量后,于春耕以前动工,每保派民工50名,以1月为期,尽力修通。民国36年(1947年)冬至翌年春,为修通雷山至下司公路,建立司(下司)榕(榕江)公路司(下司)雷(山)段工程处,令每保派民工50名修建,并向群众摊派"特工费"银洋1万元。民国37年(1948年)1月,《贵州日报》报道:"司榕公路司雷段业于11月8日开工修复,时已月余,该段民工经常每日可达3000余人。近为提高民工修建兴趣,局长郭宝昌偕各乡镇参议员赴全线慰劳并加督导,现全段工程已竣工二分之一,情绪热烈,全部可望2月底完工"云云。但实际并未完工,只修筑几段毛坯。丹寨县政府也征集民工修筑司榕公路雷榕段的永乐区境内路段。

据民国《贵州通志》载:全境桥梁概用木物,并无石桥。据统计,全县有人行便桥235座。

1950年,县人民政府成立后,为改变落后的交通面貌,促进民族经济、文化的发展,1955年到1987年,由国家勘察、测量设计,采取民工建勤、民办公助、粮棉布"以工代赈"等建路措施,先后投资1108.61万元，建成公路12条，总长226.1公里。其中经县境的省干线公路1条，长79公里。县、区、乡公路9条，长136.4公里。专线公路2条，长10.7公里。

炉（山）榕（江）公路雷山段 炉榕公路从63公里至142公里，在雷山县境路段共长79公里。1955年12月开始修建，1958年4月竣工通车。贵州省交通厅公路测量队徐正标、陈朝荣、顾正先、毛振华、李占春、杨国栋等人先后领队测量设计。筑路工程指挥部先设于镇远，后迁雷山，由刘学民、杨精本、张正中、杨昌伦、余志良等先后担任正、副指挥长。在雷山县境内路段分设郎德、固鲁、中寨、大塘、排里坳、干脑6个工区。干脑至乌鸟河段，由贵州省交通厅公路工程队负责修建。参加修建雷山县境内路段的有雷山、黄平、施秉、剑河、丹寨、从江等县民工以及省交通厅公路工程队和省劳改大队等单位。1958年4月建成通车的雷山县境段79公里中，除干脑至永乐段24.5公里为4.5米宽的单车道路基以外，其余54.5公里均为6.5米宽的双车道路基。共建成半永久性的木桁构中小桥梁15座。加宽改建干脑至永乐段24.5公里的双车道任务，由榕江县组织民工修建。1959年10月开工，1960年3月竣工。公路建成通车后，由于洪水冲刷导致地形变化，凯里公路养护段逐年将半永久性木桁构桥梁改建成永久性桥梁的计有18座，长306.8延米。1962年5月26日，连降大雨，山洪暴发，炉榕线雷山路段水毁严重，路基上塌下坍21处，计长295米；洪水冲断路基8处，长620米，冲毁桥梁1座，长6延米，冲毁涵洞2个，长15米。中共雷山县委、县人民政府决定成立抢修水毁公路指挥部，由县长杨昌伦任指挥长，交通局局长元子奇主持抢修工程。县机关抽干部18人，每个公社抽调1名副书记或副社长担任中队长，动员民工570人，从7月25日起，突击抢修，历时35天，完成抢修水毁公路一期工程，于9月1日恢复通车。

雷（山）毛（坪）公路 从雷山县城东起至方祥乡毛坪村，为雷公山森林公路。1958年12月开工，其间几上几下，直至1977年12月始建成通车，全长46.47公里。筑路指挥部先后由吴周宜、潘洪才、潘树荣、李永昌、罗邦发、王正兴、余金才、姜家林、杨通成、李治明担任正、副指挥长。

1958年1月，由黔东南州公路工程技术人员冉茂和第一次测量从县城至羊排坳，长4公里。2月，由雷山县人民政府组织县内民工200余人施工。1959年8月，州公路工程队朱林熙领队进行第二次测量，名为雷（山）孝（弟）雍（太雍）公路。1959年9月，由凯里县筹组雷（山）毛（坪）公路指挥部领导施工，民工约8000余人，破土25公里，1960年9月停工。1971年11月，由雷山县工交局侯正富领队第三次测量雷山至格头坳段，12月筹组雷（山）格（头）公路指挥部领导施工，1973年3月修通，长27.03公里。1972年10月，由贵州省林业勘察设计院测量队刘汉邦领队测量格头坳至毛坪段，长19.74公里，1973年3月开工至1977年12月竣工。至此，雷毛公路全线通车。1986年，毛坪村组织村民修筑0.7公里，直达毛坪村。总计完成路基土石方294万立方米，石拱桥4座，长75.3延米。干砌石箱涵洞121道，长1315.4米。浆砌石拱涵洞6道，长58.8米。泥结碎石路面21.64万平方米。1979年，在全省公路普查中，被贵州省公路局评为国家四级公路双车道。此路修建过程中，因工伤或疾病死亡96人。

塔（石）达（地）公路 由榕江县塔石水族瑶族乡经桥桑、高枧、桥豪、桥豪坳、乌达至达地镇，全长20.33公里。有永久性桥梁4座，长77延米。由永乐区民工建勤和民办公助建成。1958年，雷(山)榕(江)公路指挥部塔石工区派技术员测量设计塔石至桥桑段，由桥桑公社组织民工建勤修建。1959年，凯里县永乐公社组织民工建成塔石石礅木面桥。1960年冬至1962年6月，由达地公社、桥桑公社两次组织民工施工。8月，塔石至桥桑段竣工通车。1966年10月，由州交通局陈仁瑞、县交通局侯正富领队对桥桑至桥豪坳段进行测量设计。同年11月，组织民工700余人施工，由杨光权任指挥长。因“文化大革命”干扰而停建。1968年，永乐区再次组织施工，由元子奇任指挥长。1969年3月，修通至桥豪坳后，8月至9月又由贵州省交通设计院第三测量队杭祉祥领队对桥豪坳至达地段测量设计，同年12月组织施工3公里。1970年10月，由龙效民任指挥长，再次组织民工修建。1972年4月，全线竣工通车，为等外级简易公路。1972年10月，将塔石桥改建为永久性双曲拱桥，长40延米。

雄(水)西(江)公路 1968年12月，修建西江至营上段。1970年10月，黔东南州公路工程队魏应智领队测量设计，拟从凯里县的小排乐河口与炉(山)榕(江)公路接线，经小乌烧、摆底、连城、营上至西江，全长14.15公里。部分路段开工后，因跨县占田，1973后11月停建。1974年11月，县工交局侯正富领队重新测量设计，从陶尧乡雄水与雷毛公路分线，经陶尧、黄里、羊吾、连城、营上至西江镇。12月，组建公路指挥部，区长侯正贵任指挥长，由西江、白连、黄里、大沟、陶尧等公社民办公助修建。1975年2月开工，1978年4月15日全线完工通车，全长30.6公里。总投劳110.5万个工日，完成土石方114.77万立方米，砌保坎5.65万立方米。永久性桥梁7座，长180.6延米。干砌石涵洞40道，总投资62万元。

西(江)大(沟)公路 1980年6月，县交通局侯正富领队对西江至大沟公路进行测量设计，侯正贵任指挥长，由黄里、白连、西江、大沟等公社民办公助修建。同年11月动工，1981年4月14日竣工通车，全长8.2公里。国家投资16万元。

郎(德)报(德)公路 郎德至报德公路由余国科测量设计，公社负责人朱明勇、余你往组织民工修筑。1974年12月开工，1976年1月竣工通车。全长5.55公里。县林业局、交通局两个单位投资1.73万元。

岔(河口)柳(乌)公路 1977年7月和1980年7月，由县交通局侯正富两次对永乐两岔河至柳乌公路进行测量设计，袁有澄、张有庆任指挥长。由柳乌、排告、桥桑、达地、开屯、永乐、桃江、掌雷、响楼等公社民工建勤和湖南、浙江等外省民工承建。1987年1月建成通车。全长7.74公里。桥梁2座，长75延米。国家共投资46.35万元。

卡(文坳)排(告)公路 1982年6月，由县交通局侯正富领队对卡文坳至排告公路进行测量设计，公社(1984年6月后为排告乡)党委书记韦锦才、主任(乡长)张镇武组织排告、乌江、响楼、陶尧、黄里等乡民工承建。1982年11月开工，1987年1月竣工通车。全长7.6公里。国家投资23.9万元。

鸡(勇塘)乌(江)公路 1977年和1979年，群众自发修建掌排村水库至乌节村至乌江村公路，公路工程仅完成20%左右。由于缺乏资金，有80%的公路工程被迫停工。1983年，乌江公社党委、管委委托吴炳贤、李德通写经费请示呈报县计委获批。1984年4月，由县交通局测量设计。同年7月4日，乌江乡党委、乡政府及公路指挥部印发《关于测量雷山至乌节至乌江公路的决定》。并将具体路段的施工任务分给乌江、乌的、荣防、掌窝、乌响、乌节6个村。同年11月，公路全线动工。至1985年4月，乌节至乌江9公里的公路段被修通。为达到国家标准公路要求，从鸡勇塘起至乌节村的公路段，由县交通局重新测量，再将施工任务分给上述6个村的村民继续完成。鸡(勇塘)乌(江)公路总长19.89公里。至1987年10月止，公路总投资31万元，其中省州县从不发达地区发展资金补助8万元，省从粮棉布物资补助17万，县交通局从望丰公路工程款补助6万元。

毛坪至大湾公路 1984年11月，由县交通局测量设计并组织施工，1986年8月竣工通车(此公路通达榕江县小丹江)，全长3.77公里。有桥梁1座，长20延米。总投资36.8万元。

雷公山电视台专用公路 电视台专用公路在雷(山)毛(坪)公路24公里加300米处接线，直上雷公山顶。1976年6月，由县交通局测量设计，电视台组织施工。1977年5月竣工通车。全长8公里，总投资36.6万元。

响水岩电站公路 在雷(山)毛(坪)公路8公里加560米处接线达电站机房。1983年，由县水电局李世光测量，当年竣工，长2.7公里。乱石拱桥1座，长19.8延米。总投资13.1万元。

汽车便道 也保谷至乌响3.4公里，八毛至乌东1.6公里，新联村至雷榕公路94公里桩1.7公里，望丰至干排亥20.33公里，雷山至乌节10.6公里，国营乌东林场入场便道0.99公里。

公路桥梁

雷山桥 在县城东，跨丹江河，为雷毛、雷西公路桥。1956年，由省公路工程队修建石礅木面单车道桥梁。1986年改建为钢筋混凝土桁架2孔拱桥，桩号0公里加50米处，长68.5延米，跨径25米，桥高8.2米，桥面净宽7米，人行道宽1米。由黔东南州水电一队和凯里市乡镇企业一公司桥隧工程队修建。1986年9月建成。国家投资26.7万元。

西江桥 在西江街南，跨西江河，为雷西公路桥。桩号35公里加700米处。长30延米。单孔跨径20米，桥高5.2米，桥面净宽7米，人行道宽1米。构造为钢筋混凝土双曲拱桥。由县工交局组织施工，1981年8月建成。总投资6.5万元。

塔石桥 在榕江县塔石乡与雷山县桥桑乡交界处，跨永乐河，为塔（石）达（地）公路桥。桩号0公里加44.9米处，长40延米。单孔跨径28.7米，桥高11.7米，桥面净宽6米。为钢筋混凝土双曲拱桥。由桥桑、达地公社组织民工施工，1973年2月建成。国家投资4万元。

岔河桥 在永乐镇南，跨永乐河，为岔（河口）柳（乌）公路桥。桩号0公里加100米处。桥长39.4延米，单孔跨径30米，桥高9.4米，桥面净宽6.2米，人行道宽0.5米。为浆砌乱石拱桥。由县交通局组织修建，1982年12月建成。国家投资8万元。

郎德桥 在报德乡下郎德村境，跨望丰河，为炉榕干线公路桥。桩号65公里加400米处。1956年，由省公路局桥梁工程队建成石礅木面单车道公路桥。1984年，省公路局桥梁工程队改建成钢筋混凝土钢梁桥。桥长60延米，2孔，跨径25米，桥高9米，桥面净宽8米，人行道宽1.5米。由凯里公路养护总段桥梁工程队修建。1984年3月建成。国家投资16万元。

此外，还有小型公路桥梁24座。即陶尧桥、龙颈桥、羊吾桥、南尧桥、黄里桥、桥桑桥、小巫桥、加支桥、永乐桥、干南桥、开屯桥、苦李冲桥、三湾河桥、大塘新桥、莲花小河桥、乌亚桥、乌坝桥、乌开桥、小河沟桥、猫猫河桥、也公桥、响水岩桥、响水岩电站桥。全县境内共有永久性公路中小型桥梁37座，总长803.2延米。

人行永久性桥梁

丹江桥 在县城南，跨丹江河，为羊常坝和南门坝的连接桥，钢筋混凝土结构，专供民族节日观光游览。长58米，高6米，宽2.5米。1983年建成，地方财政投资3万元。

二中桥 在县城北，跨丹江河，为县第二中学专用桥。钢筋混凝土结构，长50米，高8米，桥面宽2米。1983年建成。地方财政投资2.5万元。

南贵桥 在西江镇南贵村，跨西江河，为两岸连接桥。钢筋混凝土板式结构，长31.8米，宽2.1米。1983年9月建成。民族经费投资1万元。

水寨桥 在方祥乡水寨村境内，跨方祥河。预制板水泥混凝土礅结构，长49.7米，宽3.2米。1985年5月建成。省民委投资2.5万元。

加绞桥 在方祥乡平寨村境内，跨方祥河。预制板水泥混凝土礅结构，长23.2米，宽2.4米。1985年5月建成。省民委投资2.5万元。

人行干道桥梁

人行干道桥梁有木质和钢筋混凝土、石礅木面3种。

乌开桥，为丹江镇经满天星至乌节。乌尧桥，乌尧至大、小龙坳。干荣两岔河桥，西江至凯里市的挂丁、朗利。黄里桥，大龙坳至黄里大寨。方祥桥，平寨、陡寨至中寨、水寨。开觉桥，平寨至开觉大寨。治安桥，雷山县城至陶尧。小郎当桥，雷山县城至治安、陶尧。陶尧桥，碗厂至干皎、虎阳。阳苟桥，雷山县城至乌东。菜园圃桥，雷山县城至犀牛塘。固鲁桥，大固鲁至教厂、南屏。脚猛桥，岔河至脚猛。党高桥，雷山县城至高岩。上羊吾桥，上羊吾至羊吾村小学。龙塘桥，黄里至龙塘。咱刀桥，王家寨至石家寨。大塘桥，连接大塘民族学校。毛坪桥，连接毛坪与水寨。格头桥，连接格头两寨。桃子寨桥，连接固鲁电站与桃子寨道班。下郎德桥，下郎德至岩寨。小巫桥，达地至小巫、高车。仙人礅桥，达地至背略。乌空桥，达地至乌空。达地桥，连接达地镇机关学校。南脑桥，大塘至掌雷。排洛桥，大塘至桥港。孔勇桥，桥港、掌批至孔勇、掌雷。永乐街桥，永乐至排告。

公路养护

炉（山）榕（江）公路为省内干线。1950年1月，由黄平公路养护段接收管理，20世纪60年代初建立凯里公路养护段后，由凯里段管理。1962年11月成立雷山公路养护段，又由雷山段管理。县境内分为桃子寨、雷山、大塘、排里坳、大湾、桃江、开屯、干南桥8个道班，每个班负责10公里。平时铺沙平整路面，遇大坍方则抽调民工突击抢修。凯里至雷山段建成初期，路基不牢，路面凹凸，影响行车安全。1957年初，在60公里至80公里路段突击维修养护，雷山县派出劳力参加维修工作，计8400个劳动日。

1957年12月，动员民工400名，建勤养护公路，从郎德63公里到干脑113公里处，每公里备碎石40立方米。同时抽调固鲁、响楼、龙头、桥港4个公社的民工400人，用6000多个工作日，完成每公里备砂24立方米和路旁植树任务。

1970年7月11日，雷山地区连降暴雨，山洪暴发，炉榕线雷山境内路段因水灾造成大小塌方56处，计17730立方米。山洪冲毁路基长1341米。雷山县革命委员会动员民工2000余人参加抢修水毁公路，9月初恢复通车。所有水毁公路于年底全部修复。

1973年10月，建立县群养公路养护工区，负责划属群养的县、乡公路的养护工作。是年，接养塔达公路20.33公里。1986年12月，接养雷西公路36.34公里，州拨款列养西江至大沟公路8.2公里，共计64.87公里。塔达公路有高枧、卡力两个群养道班，有养路工7人。雷山县城至西江至大沟公路有陶尧、黄里、白连、大沟4个群养道班，有农工12人。报酬由每月发固定工资改为定公路里程承包到人养护，每人3公里，实行包任务、包质量、包经费的“三包”责任制。

属乡、养护的村公路有：郎德至报德5.55公里，也保谷至乌响3.4公里，雷山县城至乌江17公里，雷山县城至干排亥35.6公里，永乐岔河口至柳乌7.74公里，卡文坳至排告7.6公里，大塘94公里桩至新联1.7公里，八毛至乌东1.6公里。以上8条线路共计80.19公里，由乡、村自管自养。

林业、电视台和电站专用公路有4条，共54.8公里。其中雄水至毛坪公路40.33公里，毛坪至小丹江公路（雷山境内段）3.77公里，雷公山电视台公路8公里，响水岩电站公路2.7公里。专用公路由专用部门投资建成，亦由部门自管自养。

第三节 运 输

运输机构

交通运输管理站 原称群众运输管理站。1955年，交通科组建搬运组。1956年2月，成立雷山县运输业初级合作社，有社员27人。同年6月，升高级运输合作社，有社员16人，马车4辆。1957年初，成立雷山县群众运输管理站，与雷山汽车站合并办公。合并建凯里县后，群管站撤销，人员及车马并入凯里县交通局马车搬运公司。1961年8月恢复雷山县，原雷山县运输社的人员、马匹、车辆划回。1962年3月，恢复"雷山县群众运输管理站"，并成立大塘、永乐两个"群运管理分站"。1965年1月29日，黔东南苗族侗族自治州交通局通知，建立"黔东南苗族侗族自治州交通局雷山群众运输管理总站"，负责雷山县境内的群众运输管理工作。1980年12月，黔东南州革命委员会将交通管理总站下放县管理。1981年1月1日，更名为"雷山县交通运输管理总站"。1987年末有职工3人。

雷山汽车站 1956年9月1日，由凯里运输公司建立雷山汽车站，开办营运业务，有职工2人。原站址在西门，为木质平房。1963年发生火灾被毁后，1964年州运输公司拨款3万元，在县城解放东路修建砖木结构站房，计300平方米。1987年有职工6人。1979年7月，为扩大营运业务，增设永乐汽车站。有职工2人。

雷山县汽车队 1977年11月，成立雷山县汽车队，有解放牌汽车2辆，职工12人。1979年6月，购进载重货车4辆。1983年，购进国产大客车1辆。是年，共有客货车7辆，职工18人。1985年1月，撤销县车队，人员、车辆下放。

雷山县乡镇企业运输公司 1984年6月，成立乡镇企业运输公司，为集体企业。1987年末，有国产客货车9辆，职工11人。

运输工具

马车 1958年公路通车后，有马车4辆。1962年有马车52辆（含农副业）。后来马车运输逐渐被淘汰。

拖拉机 1968年，丹江镇购进"东方红"拖拉机1台，以后逐年增加。1971年，有农用拖拉机14台，1977年有54台，1986年有64台，1987年有68台。由县农机站领导。农忙助耕，农闲营运。

汽车 1968年，国家无偿拨给桥桑公社农用解放牌载重汽车1辆，1969年，国家分配给县委会公务用解放牌载重汽车1辆。以后，县人民政府购置解放牌载重汽车1辆。1980年以后，农村政策放宽，允许个体户购置汽车营运，农民、企业单位拥有汽车数量逐年增多。1987年，全县共有各种汽车119辆。其中大客车4辆，大小货车61辆，各种小汽车（含中巴车）54辆。

运输业务

客运 1957年，每两日，镇远专署所在地有1班客车发往雷山。1958年，黔东南州府迁设凯里后，每日都有1班客运班车往返于凯里和雷山。1979年起，增为每日两班，后又增至每日3班。县内客运始于1979年5月，凯里经雷山发往西江1班，当日往返。1984年4月，雷山县城至达地日往返1班，至1985年10月停发。后由永乐区供销社大型客车1辆专跑永乐至达地线。1984年后，有个体客车1辆。1987年有个体大型客车3辆，每日上午由雷山开往凯里，下午由凯里返回雷山。

1978年，全县总客运量为4.35万人（次），周转量为168.49万人公里。1987年总客运量为14.36万人(次)，周转量554.53万人公里。其中，国营客运量为11.27万人(次)，周转量为424.53万人公里；个体客运量为3.09万人(次)，周转量为130万人公里。

货运 1958年4月，炉(山)榕(江)公路凯(里)雷(山)段通车后，始有汽车、拖拉机经营货运业务，货运量和周转量逐年增长。1963年，车站被烧毁，资料不全。据1978年统计，年总货运量为1.53万吨，周转量为114.19万吨公里。其中国营公司货运量为0.52万吨，周转量为96.83万吨公里；集体货运量为1.01万吨，周转量为17.36万吨公里。1987年，年总货运量为3.44万吨，周转量为158.66万吨公里。其中，国营公司货运量为0.48万吨，周转量为106.08万吨公里；个体户货运量2.96万吨，周转量为52.58万吨公里。

第四节 交通监理与路政管理

交通监理

炉(山)榕(江)公路全线通车后，县委、县政府即开始重视交通安全工作。1958年，县人民委员会行文由交通、公安、商业、粮食等部门负责人组成县交通安全委员会，由县长杨昌伦兼任主任委员。在公路沿线公社、大队建立安全小组，随时向群众进行交通安全知识教育。县安全委员会每年在公路沿线公社、大队运用放映电影、幻灯或到学校召开师生座谈会等形式，开展交通安全宣传活动。1974年8月，县革命委员会副主任李焕培主持召开全县交通安全工作会议，交流经验，制定安全防范措施。会上组建车辆驾驶员联组4个，互相监督。并评选出遵章守纪安全行驶先进工作者8名。1975年6月，县建立车辆年检领导小组，由分管工交的县革委会副主任兼任组长。自此，县建立严格的年审年检制度。对事故处理坚持事故原因不查清不放过，事故责任者和群众未受到教育不放过，没有制定防范措施不放过的“三不放过”的原则。年检中对机动车驾驶员进行理论知识、操作技术和驾驶作风等三个方面的考核，并对机动车进行年检。经审检合格后，方发还驾驶执照。1980年5月和9月，遵照国务院指示，组织开展“安全月”和“安全质量月”活动，由县革委会副主任文胜德带队，以宣传车宣讲和举办图片展览等形式，到公路沿线村镇进行交通安全宣传。并召开乡村干部、学校师生座谈会，举办电影晚会等。受到教育的群众达3.6万余人(次)，排除路障17处。监理人员年上路达240天，查车4213辆次，纠正违章1042次。是年，县安全委员会荣获黔东南州“安全月”活动先进单位称号。1983年后，县安全委员会在全县推行机关包职工、工厂包工人、生产队包社员、学校包学生、家长包孩子的“五包责任制”，采取主动派技工到有车单位检修，建立事故档案等措施，交通事故逐步下降。

附：交通事故

1977年至1987年，全县共发生重大交通事故22起，死亡34人。1978年8月，红旗公社(响楼乡)农机站长文某某无证驾驶丰收—35型拖拉机，在炉榕公路79公里加100米处，翻下30米的土坎，文当场死亡。1983年3月19日下午5时，县车队修理工余某某无证驾驶解放牌汽车，车上装瓦又违章搭载小学生11人。行至报德公社门前下坡转弯处，翻下1.3米的水田里，人挤货压，当场死亡11人，肇事者被判6年徒刑。同年4月24日，黔东南州林业汽车场驾驶员彭某某驾驶解放牌货车违章载34人，在大塘区炉榕线94公里加900米处，将车交给无证人朱某某酒后驾驶，翻下12.5米，死亡2人，重伤5人。

路政管理

1958年1月，县交通局开展路产、路权、路政的管理。1962年1月，县人民委员会发布《关于立即制止农民乱砍滥伐公路行道树的通告》，要求公路沿线各区、社、队爱护和保护公路行道树，制止任意砍伐公路行道树的行为。1984年5月3日，召开路政管理工作会议，宣传贯彻国务院、省、州政府有关路政管理文件。同年5月30日，雷山县人民政府以县府〔1984〕56号文件批转县交通局《关于认真贯彻执行贵州省公路路政管理暂行办法的报告》。1985年1月19日，县政府以〔1985〕10号文件批转县交通局《关于划定公路两侧自留地的报告》。当年，在全县境内完成炉榕线、雷西线和塔达线共135.6公里公路两侧留地画线和埋设界桩工作。共占用农田99.71亩，土71.52亩，荒山171.61亩，砂场769.51亩，土坡荒地261.56亩，合计1373.91亩。并造册登记公路留地，办理使用证。1986年3月30日，雷山县被评为全州路政管理工作先进单位。

农机安全监理

1985年1月，成立“雷山县拖拉机监理站”，有职工3人，隶属县农机局。1985年3月7日，从凯里交通监理站接收农用拖拉机档案和驾驶员档案。1985年4月15日至20日，召开全县农用拖拉机驾驶员年检、年审暨换证会议，到会驾驶员98人，全部换用农机部门核发的行车证和机车牌号、驾驶员操作证。其中有60台拖拉机检验合格。1986年2月3日至7日，召开全县1986年度年检、年审会议，到会106人，其中驾驶员68人，实习和学习驾驶员38人。经审验合格的驾驶人员65人。

1985年，全县开展拖拉机行驶安全检查。计田检路查12次，查车130台次，纠正违章17台次。1986年，田检路查9次，查车117台次，纠正违章12台次。在公路沿线乡村发展农机义务安全检查员25人、驾驶员队伍义务安全检查员10人。全县拖拉机驾驶员编为3个联组，选正、副组长和秘书各1人。每月15日由正、副组长召集全组学习、进行安全检查等活动，农机监理站对每台机车进行临时或季节性安全检查。

因工作成绩突出，1984年，雷山县农机管理服务站被评为贵州省农机系统安全监理先进单位；1985年，被评为黔东南州和贵州省农机系统先进单位。

第三章　邮　电

第一节　机　构

清代邮传

清丹江厅理苗（民）府为传递军情，在厅境的营上背后山、控拜屋背山、猫猫河对门山、排羊背后山等山头设烽火台（习称烟墩坡），与附近州、厅联络报警，设专人守卫，如有军情，以燃烟火为信号。

乾隆三年（1738年），丹江设7铺，即在城铺（今老丹江）、乌叠铺（今望丰堡）、鸡讲铺（今营上）、牌养铺（今台江县排羊）、黄茅岭铺（今老场坝）、竹留铺（今丹寨县竹留）、控拜铺（今大沟堡子），每铺驻兵4名，司兵书公文传递事宜，归丹江通判管理。乾隆十年（1745年）8月，丹江厅设塘房11处，公文由塘房传递。宣统三年（1911年）10月，准建丹江厅邮寄代办所，刘开文负责承办。

民国时期的邮电机构

民国元年（1912年）12月31日，丹江厅邮寄代办所编号为“2”，等级为二等代办，直辖于贵阳地区代办所。民国3年（1914年）7月7日，丹江厅邮寄代办所归贵定邮局直辖。民国6年（1917年）10月，丹江邮寄代办所归都匀邮局所辖，代号为“土”。民国32年（1943年），丹江邮寄代办所改为丹江邮政代办所。民国33年（1944年）4月，雷山设治局成立。同月18日，建立信差通讯网。有信差3名，归局收发室领导。

民国27年（1938年）6月，开始架设电话线。民国33年（1944年）4月，雷山设治局成立电话室。民国36年（1947年），建立贵州省政府第16无线电分台。民国38年（1949年），西江设邮政信柜（乙种）。1950年6月，土匪叛乱时期，在桃江设无线电台。

人民政府建立后的邮电机构

雷山县邮电局 1950年9月，县人民政府接收原雷山县政府电话室和邮政代办所的电话机线设备及人员。1951年1月21日，成立雷山县电信营业所。同年4月改为邮电营业所。1952年1月，将邮政代办所、电信营业所业务合并，成立雷山邮电局。1953年4月，县政府电话室移交邮电局统一管理，开始对外营业。1959年1月1日，雷山县邮电局并入凯里县邮电局。1961年8月恢复雷山邮电局。1970年1月分设雷山县电信局、雷山县邮政局，业务分开。1973年12月又合并为雷山县邮电局。

邮电分支机构 1952年，成立西江、大塘、桃江、报德4个邮政代办所，设邮政信箱4个。8月25日，郎德设长途线路巡房。1957年，改西江、大塘邮政代办所为邮电所。桃江、望丰设邮政代办所，有信箱19个。1958年，桃江邮政代办所升为邮电所，郎德增设邮政代办所。1958年12月，并县后，西江、大塘邮电所下放到公社管理，改称公社邮电支局，雷山县邮电局改为雷山公社邮电支局。1961年8月，恢复雷山县邮电局。西江、大塘公社邮电支局归雷山县邮电局管理，仍为邮电支局。丹寨县的永乐和排调邮电支局划归雷山县邮电局管辖。同年10月，望丰代办所升格为自办邮电所；达地成立自办邮电所，归公社管理。1962年，排调邮电支局复归丹寨县邮电局辖。1963年1月20日，达地邮电所委托邮电局代管，并于1965年交邮电局管理。

第二节 邮 政

邮递线路

清光绪时期，有旱班邮路1条，从都匀经八寨（今丹寨）到丹江（今雷山），丹江至台拱（今台江）。主要传递政府军事公文书信，一般信件只“托便捎寄”。宣统三年（1911年）10月22日，建丹江厅邮寄代办所后，开始对外营业，办理信函、包裹、汇兑、报刊订阅等业务，代办员负责县城内投递，乡、村的信函自取或由各乡的乡丁每周领取1次，有时由政府自办信差投送，代办酬金按出售邮票的10%～15%收取。代办所由上级局发给代办衔牌1块和邮戳1枚。

民国3年（1914年），镇远地区旱班邮路有清平（今炉山）经凯里至丹江（今雷山），行程75公里，称官邮。专为政府传书送信，投送公文。民国29年（1940年），辟都匀至丹江邮路，行程91公里，为5日1人步班。

丹江代办所距贵阳210公里，从贵阳出发，3日到达，每2日发班1次。贵阳至炉山为汽车运输。

炉山至丹江为肩挑步行。民国30年(1941年),炉山至丹江为隔日昼夜班,22小时。民国33年(1944年),丹江所开设代办汇兑。同年4月18日,雷山设治局建区内通信网,划为东、西、北3线,伸延到各乡、镇。各线雇信差1人,专司沿线各机关公文信件传递事务,不寄递钱物,3日1班。

1950年,县际邮路只有雷山—凯里—炉山。2人交叉邮运,为隔2日班。境内的邮路,为丹江—猫猫河—报德—乌流—小坳—凯里。沿途山高路险,邮差不畏晴雨雪凝,历尽艰辛,完成任务。时人赞曰:"沐雨栉风,弗能喻其劳;戴月披星,不足喻其勤。"

9月,雷山县解放,新辟县际邮路有:雷山—台江—镇远邮路,有邮递员2人,3日往返。返程镇远—台江—雷山,3人隔日交叉。1952年,增辟雷山—凯里—炉山邮路,逐日班,2人交叉往返。军政机要文书由通信班专职交通员执勤投送。

1953年初,增辟县内邮路2条,即雷山—黄里—西江—白连—雷山,为隔日班;雷山—方祥—毛坪—雷山,为3日班。下半年,乡(镇)行政区划变动,全县改划为3个区、36个乡(镇),邮路也随之调整和拓展。

1956年,县内邮路为7条,即雷山—陶尧—黄里—乌尧—西江—白连—龙塘—老丹江—教厂—雷山;西江—开觉—绥阳(属台江县)—麻料—新寨—乌香—掌乌—掌卡—西江;雷山—治安—乌东—毛坪—平祥—中提—平祥—雀鸟—大龙坳—黄里—陶尧—雷山;雷山—农场(即龙头)—莲花—高岩—雷山;雷山—固鲁—报滴—乌流—报德—岔河—杨柳—也东—脚猛—猫猫河—雷山;雷山—雄翁—望丰—三角田—石板—丰塘—公统—乌响—掌窝—荣防—乌的—独南—乌江—雷山;大塘—新塘—桥港—掌批—孔勇—掌雷—桥王—桥兑—桃江—岩寨—干脑—排里—新塘—大塘。1957年末,自编乡村邮路已通到3个区、36个乡(镇)、42个初级农业生产合作社和区、乡所在地的农业社,占农业社总数的53.71%。社会力量投递的农业社有79个,占46.29%。计有邮路9条,总长为388公里,均为环行路线。1960年,取消社会投递。

1958年4月,炉榕公路全线通车,步班改为自行车邮运,机要邮路也改为自行车邮运,均为逐日班。以后普邮、机要邮件合并,改为汽车邮递,由邮汽与委托客车交叉运行,实现汽车逐日班。线路为凯里—雷山—大塘—永乐—榕江,县内计程为79公里。乡村新辟的邮路有雷山—望丰—报德—雷山,雷山—大塘—桃江—雷山,西江、黄里两地的邮件,由县际邮运员代办。

1962年,县内邮路有12条(含永乐区和达地镇),计427.5公里。其中自行车邮路19公里。20世纪70年代,邮路增加到24条,总计915公里。以后因投递业务量减少,邮路随之缩短。1980年,雷山—西江实行委托客车运行,计程30.59公里。1987年末,全县乡村邮路为20条,总计长度710公里。其中自行车邮路30公里。

县城内投递路线有2条,每日投递1次。西向为邮电局(今直属粮店处)—粮食局—公安中队(今百货公司宿舍处)—县医院(原畜牧局职工宿舍处)—林业局—县邮电局,计程0.5公里。东向为县邮电局—公安局—县人民政府—法院(今广播站处)—中学—丹江小学—县供销社(今土产公司门市部处)—税务所(今劳动服务公司招待所处)—武装部—县委会—人民银行—丹江区公所(今县幼儿园处)—民贸公司(今工商局处)—邮电局,共计1.5公里。

1957年,机关、企业、事业单位增加,并扩展到城外,邮路随之伸延至酒厂、造纸厂(今玻璃制品厂处)、气象站(今电影院处)等处。1958年10月,重新作了调整,县城内投递路线增至3条。即:县邮电局—商业局(今纺织品公司处)—县供销社(今土产门市处)—通用机械厂(今劳动服务公司招待所处)—武装部—县委会—银行—医院—丹江区公所(今县幼儿园处);县邮电局—国营饭店—缝纫社—

雷山中学—丹江小学—法院(今广播站处)—县人民政府—公安局—民贸公司(今工商局处);县邮电局—气象站(今电影院处)—纸厂—酒厂—林业局—粮食局。计程4.5公里,为逐日班。

1965年,增辟城郊邮路2条,即邮电局—龙头—水电—党高—羊排—羊常堡;邮电局—脚雄—响楼—郎当—乌秀。计程8公里。

1983年,县城内与城郊均改为自行车邮递。以邮电局为基点,分东、西两段。所有邮件不分机关单位和居民均投到户,计程18公里。郊区线路维持不变。

邮政业务

信函 清宣统三年(1911年),丹江邮寄代办所开办信函邮寄业务。民国时期,丹江邮政代办所沿袭开办信函邮寄业务。1950年9月,雷山解放,丹江地区仍设信函邮寄业务。1952年,西江、桃江、大塘设信箱7处,是年,全县业务量为9805件。1957年,望丰开办信函业务。1958年,设邮政代办所收寄信函和出售邮票。全县邮政信箱增至20个。是年,邮政业务量为41700件。以后邮政业务量逐年递增,1965年为69518件,1975年为74956件,1980年为270946件(含进口函件170396件)。以后随着改革开放政策的实施,与国际和港、澳、台地区的信函来往日增,雷山邮政开始收投进口函件。1985年,邮政信函业务量为340359件(进口206124件)。1987年为364871件(含进口215810件)。

包裹 清宣统三年(1911年),丹江邮寄代办所即已开办包裹邮寄业务。民国时期沿袭此业务。解放以后,丹江地区属县局业务范围,照常开办包裹业务。唯大塘、西江两地延至1956年才开办包裹邮寄业务。是年,全县邮寄包裹业务量为670件。1958年,县际汽车邮路开通,增开体积1立方米以内的包裹邮寄。1965年,包裹邮寄业务量为920件。1969年,达地、望丰、桃江相继开办。1975年,包裹邮寄业务量为1245件。1987年为3627件,其中出口1174件,进口业务量2453件。

汇兑 清宣统三年(1911年),丹江邮寄代办所始办汇兑业务,一直延续到1949年。

1952年,邮电局承办并扩大汇兑业务种类,如代收货款等。全年业务量为1620张。1956年,西江、大塘始办汇兑业务。1965年,业务量为3175张。1969年5月,桃江、达地、望丰开办汇兑业务。1975年,业务量为2689张。1980年为3865张。1987年,雷山县邮电局汇兑业务量为13403张,其中出口业务量8087张、进口业务量为5316张。

报刊发行 1952年,县邮电局全面开办报纸杂志发行业务,全年发行报刊累计5.69万份。1956年,西江、大塘亦开办报纸杂志发行业务。是年,全县发行报刊累计18.2万份。1957年后,乡邮员、农业社投递员、代办所均办理报刊收订,县级单位推行报刊发行站制度。1958年“大跃进”时,要求每个干部订报刊2至3份,农村户户订《贵州农民报》,发行量剧增。全县全年发行报刊累计28.2万份。1960年后,处于困难时期,报刊发行量下降至10万份以下。1965年后,报刊发行业务量又逐年增长,当年报刊发行累计30.89万份。在每年征订季节,中共雷山县委宣传部均行文或召开专题会议,布置发行工作。1975年,报刊累计发行53.54万份。1980年,报刊累计发行76.22万份。1987年,报刊累计发行115.73万份,其中报纸106.29万份,杂志9.44万份。

机要通讯 1950年10月,中共雷山县委设置机要交通班,负责上呈地、专机关和下发县级党、政、军、企事业和各区委、区公所机密邮件的投递工作。县委机要收发室办理收封和分发登记等具体业务。1957年4月,机要通讯移交县邮电局办理。1961年,各区邮电支局亦开办机要邮件业务。1965年,办理机要邮件业务量1964件。

由于人民政权的巩固和事业发展的需要,机要通讯业务量机密范围逐渐缩小。20世纪60年代后,机要业务量呈下降趋势。1975年为704件，1980年为847件，1987年为4647件（含进口2284件）。

邮政储蓄 1987年5月28日，雷山县邮电局与人民银行雷山县支行签订《关于开办邮政储蓄的协议》。明确“办理邮政储蓄的基本任务是为人民提供方便，以达到积聚社会闲散资金，发展国民经济为目的”“个人储蓄归个人所有，任何单位和个人不得侵犯。实行存款自愿，取款自由，存款有息，为储户保密”的原则。同年6月20日，正式开办“邮政储蓄”。邮政储蓄开户账号为0327号。

第三节 电 信

民国27年（1938年）1月，丹江县开始筹备架设长话线路。民国33年（1944年）2月，县际长途电话线路竣工。丹江与炉山县悦平乡（今平乐）正式通话。年底，雷山设治局内安装10门交换机1部。同年架通雷山经莲花、大塘至桃江；雷山至丹寨南皋；雷山经望丰至报德；雷山经建安、西江、绥阳至台江等5条线路，共计164杆公里，其中县内148杆公里（含县至乡电话98杆公里）。有电话机12部。

民国36年（1947年），雷山设治局与镇远专员公署、贵州省政府开通无线电报。1950年6月，省调给哈脱莱式15瓦无线发报机和再生式4灯收报机及手摇发电机电台1部。

1950年9月，雷山县人民政府接收原雷山县政府电话室。有管理员1人，助理员1人，电话兵即电线工与接线员5人。电话已通达9个乡镇，每个乡镇配有管理员兼话务员1人。

设施设备

长途电话机线 1951年9月，架通雷山由台江转镇远至台江2.6毫米单铜长话线路，长度48.5杆公里。1955年1月29日，架通凯里至雷山直径为4毫米的铁质长话线路，长度计26杆公里。1958年，拆除雷山至台江长途电话线路。1962年，大修雷山至凯里线路，同杆加挂4毫米铁线，全长522对公里。

1985年，大修雷山至凯里长途电话空架明线，原有4毫米铁线改用7／1.8钿心铝绞线，增设12路载波终端机1台，实占7路。其中出租县公安局、县委机要室专用电路2对。

市内电话 1952年，安装10门交换机1台，实占10门。1953年，安装30门交换机1台，实占20门。1956年，安装50门交换机1台，实占34门。1958年，安装100门交换机1台，实占58门。1978年，安装200门交换机（2／200），实占135门。1987年，安装500门交换机（3／500），实占276门。

明 线 1953年，市内明线杆路长度共1公里，线长度4.39对公里。1956年，明线杆路长度3.53公里，线长度14.97对公里。1965年，明线杆路长度1.63杆公里，线条长度4.74对公里。1978年，明线杆路长度2.99公里，线条长度6.23对公里。1987年，明线杆路长度4.56公里，线条长度7.87对公里。

电 缆 1958年，架空电缆皮长0.66公里，电缆蕊线长度15.87对公里。1965年，架空电缆皮长0.95公里，电缆蕊线长度18.27对公里。1978年，架空电缆皮长1.27公里，电缆蕊线长度51.89对公里。1987年，改造市话电缆，将架空明线改为地下糟道埋设。其中，电缆皮长2.3公里，电缆蕊线长度139.4对公里。

电报机线 1952年，开办有线话传电报，用雷山—台江—镇远长途电话线路通报，无线电台作为备用。1955年，无线电台关闭上交。1956年，省配发莫尔斯电报机1台。1957年，省配发音频振荡电报机1台，改用雷山—凯里幻线作收发电报专线。1961年8月，配发第二、三代改装音频振荡收发报机1台。1985年，省配发安装BDQ55型电传打字机1台，用雷山—凯里载波专用线路收发电报。1986年8月30日，省配发BDQ55型电传打字机2台备用。

会议电话设备 1957年5月，县邮电局安装单响会议电话机1台。1958年6月，省配发单响会议电话机2台。1958年以后，乡镇（公社）的会议电话均用电话单机收听和发话。1959年上半年，西江、大塘、永乐公社邮电支局配发单响会议电话机各1台。1960年后，均改换为双响会议电话机。1963年，县安装半导体电话会议终端机各1台。1980年，配发普通会议电话机26台给各乡（镇）政府安装使用。1981年，县增配半导体会议电话终端机2台。

农村电话设备 1956年，县内有中继线路34.53杆公里。其中雷山—西江24.67杆公里，雷山—大塘9.86杆公里。1961年10月，架通雷山—永乐37.28杆公里，38.88对公里，雷山—望丰8.7杆公里，永乐—达地17.91杆公里，大塘—桃江17.06对公里。总计98.42杆公里，117.06对公里。

1961年至1963年，对雷山至西江、雷山至大塘、雷山至桃江中继线路进行改造，统一换成4毫米铁线。并对县至区的中继线加挂一对新线，区、乡中继线均改造成4毫米铁双线。1983年，对中继线路又进行一次改造。

交换设备 1956年，西江安装30门磁石交换机1台。1961年，在桃江安装20门磁石交换机1台，在望丰安装20门磁石交换机1台，在达地安装20门磁石交换机1台。1987年，西江、永乐、大塘支局均更换为50门磁石交换机。达地、桃江、望丰更换为30门磁石交换机。全县共计有农村电话磁石交换机7台，310门。

电话线路 1952年，农村电话线路有99杆公里，1958年为216.47杆公里，365条公里，多系单线。1957年至1958年，对原架设雷山—望丰—报德，雷山—建安—西江，雷山—大塘—桃江线路进行大修更新，线路统一改为3毫米铁线，共计148条公里。

1961年8月至1965年，对全县电话线路进行更新改造，单线一律改成双线，计19条，即雷山—报德，雷山—岔河，雷山—固鲁，雷山—响楼，望丰—公统，望丰—乌江，雷山—龙头，雷山—陶尧，永乐—桥桑，永乐—排告，永乐—柳乌，永乐—开屯，大塘—莲花，大塘—桥港，桃江—掌雷，西江—方祥，西江—白连，西江—大沟，西江—黄里。

1979年后，从不发达地区发展资金中，逐年拨出专项资金进行改造。1987年全部改造结束。总改造线路75.22杆公里，133.53对公里。电缆皮长3.24公里，蕊线长度54.89对公里。并新架雷山—高岩线为8.7杆公里4毫米铁线。1987年，全县实有92.9杆公里，262对公里。

用户电话机 1950年10月为6部。1956年为14部。1965年为148部。1978年为143部。1987年为106部，其中计费95部。

业务量

电　报 1952年起，开办话传业务，总业务量为606份，无进口业务。1962年，各区邮电支局开办话传电报，以后随着经济文化事业的不断发展和人际交往的日益频繁，电报使用量逐年上升。1965年为2877份，1975年为5415份，1980年为6176份。1987年总业务量12135份，其中进口4966份，出口7169份。

长途电话 1953年，开办长途电话业务。当年，总业务量为3580张（无进口长话业务）。1956年，永乐、西江、大塘均开办长话业务。1961年，达地、望丰、桃江开办长话业务。1965年业务量为6768张，1975年业务量为5463张，1980年业务量为11547张。1987年总业务量为38477张，其中出口长话19016张，进口长话19461张。

市内电话 民国时期，城关已有市内电话，但不对外营业，全为国家机关和企业单位内部使用，用户均不计费。

1952年，市内电话为18户，其中计费16户。1965年为65户，其中计费61户。1978年为121户，其中计费114户。1987年为206户，其中计费195户，专用2户。

农村电话 民国时期，农村有电话机6部。1952年后，机关事业单位增多，农村电话用户也随之增加。1957年底，实现乡乡通电话。1965年，农村有电话148户，大队（村）级电话占95%。1976年以后，开发机线出租代理维修业务，农村电话用户数减少为146户。20世纪80年代以后，农村体制改变，村级电话逐渐减少。1981年为97户。1987年农村电话有106户，其中计费94户。

第四章 城乡建设、环卫管理

第一节 县城建设

建设沿革

清雍正七年(1729年)置丹江厅时，城址设于野邑(今老丹江)，海拔1351.8米。据乾隆《贵州通志》载："丹江厅于雍正九年，提建土城，周围六百二十六丈，高一丈四尺。门四：东称布德、南称抚远、西称宣威、北称向化。城内居民1000余户。"

同治十一年（1872年），丹江厅治所从老丹江迁黄茅岭（今老场坝）。光绪二年（1876年）再迁驻肇泰堡（今雷山县城）。当时，肇泰堡有居民40户，堡址在郑家山侧。建厅城后，原住户迁楼梯坝。

旧厅城的区域，东至教场坝，西到鼓楼顶，南至郑家山（今自来水厂高位水池），北到观音阁（今雷山酒厂）。东西宽，南北窄，面积0.45平方公里。光绪二年（1876年），都匀府知府罗应旒提建砖城于肇泰堡，通判甘雨时领款承修。门四：东称紫气，南称蒸风，西称万成，北称承恩。周围三百九十七丈二尺五寸。光绪十九年（1893年），四门城倾，通判郝庆贵请款补修。城墙建筑采用石条，从基础砌高一丈，厚五尺五寸。再用100号强度35×11×20砖块砌高二丈六尺，厚二尺（以上均为市尺）。四城门洞上修建木质结构小青瓦盖城楼，城墙留有338个垛口。建筑历时3年方告竣工。后四门城楼倾斜，城墙倒塌70余丈，民国33年（1944年）9月，雷山设治局补修，新增碉楼11座。城门四：东曰震东，南曰卫南，西曰宁西，北曰拱北。城内有十字街、正中街、南门街、西后街，街面宽4米。民国37年（1948年），城区范围扩大。城内有正中街、十字街、西后街、西街、南门街、桥头街、瓦厂街、场坝街、江西会馆巷、猴子巷，长1454米，路面宽5米、窄1.5米不等，均用鹅卵石铺就。城郊有牛场坝、菜园圃、楼梯坝、羊常堡、红屯堡等，面积为1.24平方公里。城区居民280户，有1527人。

1950年9月，雷山县人民政府成立后，县城区域逐渐扩展，东至马家屯、包家冲，南至红屯堡、长丰堡，西至荒寨、楼梯坝、小脚雄，北至排堤坡（今石油仓库、民族锑矿冶炼厂）。总面积为3.3平方公里，其中建筑占地0.53平方公里。新建的街道有解放路、新兴路、军民路、建设路、建设南路、菜园圃路，总长2700米。

民国时期雷山县城区街巷一览表

表11—3

街巷名称	起点至终点	长(米)	宽(米)
正中街	西门城门口至东门城门口	430	5
西后街	西门城门口至北门城门口	260	4
南门街	丁字口至南门城门口	190	3.5
北门街(十字街)	大操场(雷山民中球场)至北门城门口	60	3
场坝街	东门城门口妹娘潭河边	99	4
桥头街	场坝街东头至四川会馆	120	3.5
瓦厂街	东门城门口至原陶富礼家	95	2
猴子巷	东门城门口至原莫大富家	90	1.5
江西馆巷	正中街西段至江西公馆	110	1.5

1953年，原城墙的砖块拆作基建用。1956年，修筑炉榕公路，城墙已陆续拆毁。

1982年，雷山县人民政府筹款24万元，修建雷山城区柏油路和地下排污水道。是年9月，拆除占用路面的建筑物。补填解放路、新兴路、军民路，整修边坡和护路保坎。1983年9月，从响楼坳至雷劈岩用高温油渣(习称柏油)作“两油三砂”(即撒两次油、铺三层碎石)进行路面表层处理，共3.4公里(含解放路、军民路和新兴路)。并对城内的建设路、南门街、建设南路、卫生街等街道进行清淤，后用鹅卵石垫路基再敷混凝土作路面。至年底，路面建成，总长1.08公里。

1987年，县城居民有1250户、7075人。

1987年雷山县城区街道一览表

表11—4

道路名称	起　点	终　点	长(米)	宽(米)			路　面
				合计	其　中		
					车行道	人行道	
解放路	酒厂	卫生局	2000	13	8	5	油渣
建设路	县林业局	县供销社	529	5	—	5	水泥
军民路	雷山桥	县委	200	8	—	—	油渣
新兴路	大十字	县税务局	210	18	10	8	水泥、油渣
南门街	丁字口	盐业公司	190	3.5	—	3.5	水泥
卫生街	县林业局	北门巷	260	4	—	4	水泥
菜园圃路	监理站	菜园圃	160	4	—	4	—
建设南路	丹江小学	丹江河堤	130	4	—	4	水泥
北门巷	雷山民族中学球场	大十字	60	4	—	4	水泥
桥头巷	建设东路	县劳动服务公司招待所	105	2.5	—	2.5	水泥

主要建筑

从1953年起，县机关和企事业单位陆续修建砖木结构楼房，一般为1楼1底。其中有公安局办公楼、民族贸易公司办公营业楼、县委办公楼、商业局及供销社办公营业楼等，面积约3000平方米。以后又陆续修建。至1987年，县城砖混结构建筑面积已有252023.28平方米，并逐步向高层楼发展。

1987年雷山县城主要建筑一览表

表11—5

名　称	建成时间	结　构	层　数	投资（万元）	占地面积（平方米）	建筑面积（平方米）
雷公山自然保护区办公楼	1986年	混合	5	22.7	388	1500
中共雷山县委办公楼	1956年	砖木	2	2	290	560
县人民政府大礼堂	1974年	混合	—	14	990	1702
农资公司综合楼	1981年	混合	4	15.6	500	1300
民贸公司综合楼	1982年	混合	5	15	450	1217
百货公司营业楼	1983年	混合	4	16.8	400	1500
民族中学教学楼	1984年	混合	4	20	480	1565
税务局综合楼	1984年	混合	5	30	660	2200
烟草局综合楼	1985年	混合	5	34	1065	2400
县人民政府办公楼	1986年	混合	5	21	376	1620
卫星地面接收站	1986年	混合	1	9	124.29	124.29
丹江镇人民政府办公楼	1987年	混合	4	15.6	350	1200

公共设施

供　电　1957年1月27日，雷山县火电厂投产。当年发电21401千瓦时。1967年，更新内燃机发电机组1台，当年，供电能力5万千瓦时。1968年，新增柴油机50千瓦机组1台，供电能力为12万千瓦时。1977年11月，建成固鲁水电站，装机容量250千瓦。1984年12月，建成响水岩电站，装机容量640千瓦，与固鲁水电站并网发电。1986年12月，建成凯里—雷山35千伏输变电站后，城东半部由雷山变电站供电，城西半部由响水岩电站供电。

供　水　城区的居民和牲畜历来是饮用井水或河水。城内有水井2口，一为江西会馆水井（今打米厂处），二为西门水井（今百货公司职工宿舍处）。井水为县公署和西门街居民用水。东门、北门、场坝、南门等街居民，分别在四川会馆坎下（雷山桥头处）、场坝街水沟边（县供销社处），北门外（今大十字处）等河段汲用河水。

1951年初，雷山县人民政府修建粮食仓库，江西会馆水井被填。1962年，县人民政府和雷山县民族中学，用楠竹、铸铁管作水管，由高到低引“炮台湾”的泉水作饮用水。1981年冬，以地方自筹资金和国家补助相结合，共投资16万元在雷山桥上游修建丹江提水站。丹江提水站筑有栏河堤，长60米，有11×4×4立方米的汲水井1个、200平方米厂房1座、4千伏安水泵1台、30千瓦电动机（配套）1台、

40千伏安变压器1台。提水管内径150毫米，提水扬程47米，提水量为0.02立方米/秒。高位水池容积为35×15×3.5立方米，落水压力为15公斤/秒，输水主管内径为200毫米。从高位水池到大十字，管长293米。一号输水支管内径为150毫米，从大十字到县委，管长510米；二号输水支管内径为150毫米，从大十字到县电影管理站，管长210米；三号输水支管内径150毫米，从大十字到县林业局，管长300米。输水分管有：从县林业局沿建设路到县民族贸易公司，管内径为80毫米，管长480米；从雷山车辆监理站到气象站，管内径为80毫米，管长430米。从县民贸公司到城东河堤分支管，管内径为50毫米，管长80米。居民用户水管内径为15毫米。

路　灯　1965年，解放路、建设路和军民路三条主要街道安装路灯，栽木电杆，安装31只50瓦、100瓦、150瓦的白灯泡。1984年5月，县地方财政拨款3.7万元，在解放路、新兴路、军民路、建设路、南门街、卫生街栽水泥电杆，安装汞灯泡400瓦20盏、250瓦34盏。

公　厕　民国时期，县城有县公署、中学等5个土墙或木板公厕，农民仍沿用一家一户私厕。1953年，县机关单位和学校陆续建砖木结构公厕10处。20世纪70年代，共有公厕13处。1984年，县财政拨款3万元，在雷山民族中学球场边建2层砖混结构、马赛克贴墙体和铺底的用自来水冲洗的公厕1座。至1987年止，县城共有公厕21座，面积688.66平方米。

下水道和排水沟　城区街巷道路路面原为“鱼背形”，利用自然坡度，在道路两侧挖明沟排水。原东、北、西3门城墙脚下留有直径1米的出水洞，雨水和污水通过水洞注入丹江河。

1956年，修筑炉榕公路时，在县民贸公司、十字路口、铁木社等处修筑涵洞3个，宽70厘米、高80厘米。城内的雨水、污水通过明沟汇入涵洞排入丹江河。

1987年9月，修建丹江镇地下排污水道，总长2004米，宽70厘米，高100厘米。一是从西门桥头起沿解放路两侧到南门雷山民族中学教职工宿舍止，长822米；二是从十字路口起沿新兴路两侧到丹江区供销社土产收购门市部止，长180米。盖板每块长100厘米、宽60厘米、厚7厘米，混凝土盖板共3500块。盖板亦作人行道。雷山民族中学球场到十字路口为地下排污水道暗沟，城内的雨水、污水通过建设路、南门街、卫生街等明沟流入地下水道，汇入涵洞排入丹江河。

建设规划

民国34年（1945年），雷山设治局曾规划从西门起，沿城垣外至南门止，修筑宽7米的环城路。

1990年11月7日，成立雷山县城乡规划委员会，由县长余金才任主任，覃榜远、张子武任副主任。1984年4月16日，贵州省城乡建设环境保护厅拨县城地形图测绘补助专款1.2万元，开始对雷山县城区进行1∶1000地形图测绘，于1985年4月完成。11月，贵州省城乡规划设计研究院派出工程师张汝闾为总体规划负责人，负责雷山县城（丹江镇）1986—2000年的总体规划。1985年5月完成“四图一书”（四图：现状图、规划图、设施图、住宅设计参考图；一书：村庄整治规划的说明书）的规划编制。

第二节　集镇、农房建设

集镇建设

清嘉庆五年（1800年）以前，境内人烟稀少，没有场集。咸丰五年（1855年）后，开设培墉堡（今白连营上）、老场坝（今响楼）、乌洛堡（今永乐）3个场集。

民国初期后，农村副业、小手工业逐渐发展，商品交易增多，除丹江、西江、永乐3个小集镇外，还有治安堡、望丰堡、桃江、方祥、水寨、掌批、孔庆（今属丹寨县辖）、桥桑、达地老街等9个乡场。民国后期，苛捐杂税繁多，盗匪横行，民生凋敝，多数场集逐渐萧条或停歇。

中华人民共和国成立后，县内集镇发生了较大的变化。经过扩展兴建，现初具规模的有丹江、西江、永乐、达地4个场集，另有桃江、桥桑两个赶场点。桃江、丹江、西江、永乐、达地、桥桑等场集，设有摊棚，街道为柏油路或水泥路，并划行归市。场集相距10～25公里，影响半径为5～30公里，平均经济联系半径18公里。其余21个乡驻地均设有国营或集体百货商店，151个村（大队）均有代销点。

乡村房屋建筑

农用建筑历来以木质结构架穿斗板壁房为主，多为三开间两层楼，有的则为三开间带一厢阁三层吊脚楼，少数为四开间三面走廊三层吊脚楼，四坡屋面和两头带重檐。1949年底，木质结构农房总建筑面积935212平方米，人均建筑面积14.65平方米，人均居住面积7.12平方米。

1970年以后，有少数农民建砖木结构和砖混结构房屋，但多在县城或区镇驻地。1980年以后，农村放宽政策，实行家庭承包责任制，农房建设有了较大的发展，县城大多数农户修建砖木或砖混结构房屋。1985年底，城乡各类结构的民房建筑面积共1964294平方米，人均建筑面积16.52平方米，人均居住面积7.55平方米。按建筑结构分，混合结构9345平方米，占0.48%；砖木结构4861平方米，占0.25%；木质结构1950088平方米，占99.27%。按建成年代分，1949年以前建成的有935212平方米，占47.61%；1950—1959年建成的有201636平方米，占10.27%；1960—1969年建成的有118706平方米，占6.04%；1970—1979年建成的有222544平方米，占11.33%；1980—1985年建成的有486196平方米，占24.75%。中华人民共和国建立后的35年中，各类农房建筑总面积为1029082平方米，占农房总建筑面积的52.39%。人均居住2平方米以下的占4.64%，居住2～4平方米以下的占10.5%，居住4～6平方米以下的占24.3%，居住6～8平方米以下的占25.52%，居住8~10平方米以下的占13.8%，居住10平方米以上的占21.24%。

第三节　庙宇、会馆建筑

1949年以前，县城有观音阁、城隍庙、火神庙、武庙、文庙、飞来佛、江西会馆、四川会馆、湖南会馆、丹心亭等木质结构青瓦盖顶的古式建筑。

观音阁

清光绪年间建造，在西门外山上。依山临水，坐北朝南。塔式主楼为4层，前楼正房和左右厢房为2层的天井木质吊脚楼，小青瓦盖顶，临水一面有雕花木栏杆走廊，主楼屋顶竖有矛叉3个，形如避雷器。阁内供奉观音菩萨。占地面积1350平方米。1957年筹建雷山县酒厂，厂房设在观音阁内，阁被拆毁，原有的紫荆花、栀子花及绿竹苍松等因受污染而枯死。

城隍庙

清光绪年间建造。庙址在今丹江第一小学南端。正殿为1幢3间，为小青瓦盖顶木质结构平房，连成“井”字，习称“四角天井”。占地面积332平方米。庙内供置有大小菩萨200多个。民国34年（1945

年），雷山设治局代局长杨西横破除迷信，派兵将庙里的菩萨搬出抛入丹江河。1952年，用作职工业余学校教室。1953年，扩建丹江小学校舍时被拆除，周围的樟木、桂花等亦被砍掉。腰径2米、高逾15米的枫香树，在20世纪50年代自然枯死。

火神庙

建造于清光绪年间。庙址在今林业局办公楼处。木质结构，小青瓦盖顶，1幢3间。占地面积120平方米，造型与普通民房相似，庙内供有火神菩萨1个。民国34年（1945年），设治局在庙内开办民众教育馆。1953年，修建雷山县森工站办公用房时被拆除。

武　庙

清光绪年间建造。庙址在今县委党校处。为木质结构小青瓦盖顶井字平房，有正堂、左右厢房、门房共4幢，占地面积280平方米。庙内供有黑底金字“关圣帝君”“岳武穆王”牌位2块。1950年9月，用庙房关押匪首。嗣后劈坡砌砖围墙，修建砖体木质小青瓦盖顶监狱，武庙原来的木质结构房屋拆除，仿照原样修建井字形木结构瓦房为警卫人员营房和预审用房。1964年，监狱迁出。1974年，改为雷山县委党校用房。

文　庙

清光绪年间建造。庙址在今雷山民族中学办公楼处，为木质小青瓦盖顶连接组成井字形庙房，占地面积330平方米。庙内供有金粉“大成至圣先师孔子神位”的木板牌位。民国33年（1944年）筹建设治局局立中学时被拆除，在原址上建雷山中学校舍。

飞来佛

城外有飞来佛2处。一在观音阁西南侧下悬崖处；一在马家屯半坡的峭壁上。观音阁飞来佛建有10平方米的木质结构小青瓦小亭1座。马家屯半坡的飞来佛，为民国初年在悬崖半坡上修建有一幢长7米、宽1.7米、高3.5米的木质结构半边角楼。1956年，佛阁倒塌。

江西会馆

清光绪年间建造，馆址在今雷山县粮食局制米厂处。建有4幢连接成井字形的木质结构小青瓦2层楼房，占地0.5亩。1951年初，修建粮食局仓库时被拆除。

四川会馆

清光绪年间建造，馆址在今雷山县农资公司化肥门市部处。为1幢3间木质结构小青瓦2层楼房，建筑面积200平方米，占地150平方米。1950年，改为雷山税务局办公楼和宿舍。1957年，改为雷山火电厂厂房。20世纪60年代被拆除。

湖南会馆

清光绪末年建造，馆址在今县幼儿园处。为1幢木质结构小青瓦2层楼房，占地面积120平方米。民国9年（1920年），因火灾烧毁。

丹心亭

建造于民国33年（1944年），亭址在今雷山桥头丹江镇公安派出所处。造型为六角式枋凉亭、木栏杆、反挑檐建筑，盖小青瓦。面积30平方米，占地50平方米。1957年，修建雷山桥时，亭被拆毁。

第四节　建筑设计与招标

1978年前，无建筑设计人员，建筑工程均由建设单位自行设计或委托设计。1979年，建立建筑设计室，属全民性质。配备设计员2人，作一般民用建筑设计。1985年12月，建筑设计室改称规划设计室，有设计员7人，能设计跨度7.5米以内单层框架结构及跨度15米以内的单层民用建筑、跨度7.5米以内3层以下的轻型厂房和仓库。完成主要设计项目有：雷山县民族商店、县人民政府办公楼、烟草局综合楼、石油公司住宅楼、县政协办公楼、中共雷山县委职工住宅楼、县人民银行办公住宅楼等。

1984年下半年，推行“招标投标制”。1986年6月，成立招标、投标领导小组。对投资5万元（含5万元）以上工程，一律实行招标投标。5万元以下的工程由建筑单位推荐施工队伍，县建设局进行资质审查，下达施工通知书后，方可施工。工程单位造价由建设局会同建设银行审定。

第五节　污染源与环境卫生管理

污染源

县城污染源为工业污染源和生活污染源。根据工业废水排放标准，对废水中含有镉等重金属废水不能排入江河、湖、海地下水水体。而县城工业废水未经处理就直接排入河里，使环境质量发生不良变化，影响对环境资源的使用。

1985年，雷山县酒厂和饮料食品厂的废水经州监测站实测，测出废水中有害物质有5项：即悬浮物、COD、镉、挥发性酚、硫化物。根据1985年工业污染源调查资料，县城排放污染废气有4项：烟尘、二氧化硫、一氧化碳、氮氧化物。18个厂矿企业中，工业废水年排放量为44281吨，二氧化硫72.7吨，以雷山县饮料食品厂和雷山县酒厂最多。工业废气年排放量为1349.3万标立方米。其中雷山县酒厂废气排放量为795万标立方米，占全县59%。饮料食品厂废气排放量为343万标立方米，占全县25%。雷山县民族锑矿冶炼厂排放有害气体，造成附近十余亩农田禾苗枯死。噪声污染较大的是雷山县玻璃制品厂，空气压缩机的噪声值为84分贝。县城居住区域属一类混合区，噪声值超过国家规定标准。

环境卫生管理

民国34年（1945年）1月，雷山设治局雇用清道夫3人，属卫生院和保警队双重领导，负责县公署门前和城门洞内外的清扫工作，其余由保警兵督促各住户自行清扫。

1951年以后，县城卫生由县爱国卫生运动委员会、防疫站、卫生局、公安局定期或不定期组织督促机关企事业单位和居民户打扫。1978年12月，雷山县革命委员会决定建立城区环境卫生队，属县卫生防疫站领导，配清洁工3名。1981年，有环境卫生季节性合同工8人。1982年10月，县人民政府决定成立县环境卫生管理站。1985年有环卫职工10人，配130型载重2吨自卸车1辆，胶轮手推车2辆。1987年职工增至15人，其中国家干部1人，汽车驾驶员1人。

财税金融篇

第一章 财 政

第一节 财政体制

清、民国时期的财政体制

清雍正七年(1729年)建丹江厅后，即沿用明代“赋出于地，役出于丁”的体制。地方一切收入，一律上解中央，地方岁出，由中央拨款和私人捐款，一切支出按定额使用。

民国4年(1915年)，丹江县开征屠捐，捐款全数上解中央。民国5年(1916年)，开征地方木植捐，捐款收入留县使用，不敷由省拨款支付。民国12年(1923年)，开征地方户捐，捐款岁入留作地方岁出和教育经费，不足由中央拨款补助。民国18年(1929年)，征收丁粮，屯粮及死亡绝户田租粮等田赋额，全数上解中央。民国21年(1932年)，征收田赋额各税，正税金额及死亡绝户田租额的37%上解中央，63%留作地方教育经费。县政府及区、乡(镇)的一切费用，由中央拨款。民国22年(1933年)，征收田赋额各税，从死亡绝户田租额分成50%，丁粮、屯粮附加6%，留作补助地方教育经费，余均上解国库，实行统收统支。县政府及区、乡(镇)的一切开支，由中央拨款支付。民国24年(1935年)12月，贵州省政府令丹江县政府编造经费预算书上报。从此，开始执行财政预算制度。是年，因缺经费，呈请救济。

民国24年(1935年)12月贵州省丹江县政府经费预算书

表12-1　　单位：银圆

项目 数额 年月	全年预算数	本月预算数	本月实支数
行政经费	—	—	—
第一款县署经费	11310	942.5	662.48
第一项俸给费	9660	805	553.5
第二项办公费	1464	122	85.4
第三项购置费	78	6.5	4.55
第四项孤儿口粮	108	9	9

民国33年（1944年）4月，雷山设治局成立后，实行中央、省、县三级财政体制，田赋额分成。中央三成，省二成，局留五成；地方附加赋额。省二成半。局留七成半，收入5.5万元（法币，下同）。田赋粮全部上解中央。省政府在中央划拨国税项内先后拨补16万元。民国37年（1948年）10月前，营业税、契税、屠宰税、碾捐、房产税、公田税等项收入交省50%，局留50%；设治局升为县后，营业税收入改为交省40%，县留60%，其他各税均留县。年收入75万元，省拨补7072.95万元。其中贫瘠县补助费900万元。

中华人民共和国建立后的财政体制

县级财政管理 中华人民共和国成立以后，财政收支分别实行下列体制：1950年10月，县人民政府建立，各项收支纳入国家财政预算，收入全部上解中央，支出由中央拨款，实行统收统支。1953年，实行中央、省、县三级财政管理体制。县设财政总预算，屠宰税、牲畜交易税划作县的固定收入。1954年，以印花税、利息所得税划作县的收入。1956年，以农业税收入的50%，公债收入的40%，商品流通税和货物税收入各35%，工商业税收入的40%划作县财政预算收入。1957年，工商营业税、工商所得税、商品流通税、货物税等县分成60%，农业税县分成20%，作为县财政收入预算。财权下放，划税分成，预算归口管理，支出包干使用。1958年，国务院颁布《关于改进财政管理体制的规定》。县内开征各税收入（包括农业税），企业事业收入及其他收入，以收定支，全部留用。不敷部分，由省财政厅拨款补助，以实现收支平衡。1959年，实行收支挂钩，总额分成。1962年总额分成县留88%，上解州12%；1963年县留67.7%，上解州32.3%；1965年至1968年县留80%，上解州20%；1969年县留96.8%，上解州3.2%。1971年至1972年，实行财政收支包干，超收分成。其超收部分县留80%，上解20%。1973年，实行定收定支，收支挂钩，一年一定，超收分成，结余留用，自求平衡。超收部分县留50%，上解50%。

1975年起，实行财政收入固定比例留成和定收定支，收支挂钩，超收分成，节余留用，一年一定。超收部分县留40%，上解省60%。1976年超收部分县留20%，上解省80%。1977年超收部分县留50%，上解省50%。1978年超收部分县留40%，上解省50%，上解自治州10%。1980年起，实行划分收支，分级包干，一定五年不变。1980年，森工、粮食、金融等企业的利润收入，全部划归省和中央财政。当年，县的各项收入为77.96万元，不敷支出，自治州财政拨款337.01万元，包干使用。1981年，县收入111.98万元，自治州财政拨款411.31万元，包干使用。1983年，县收入137.71万元，自治州财政拨款375.25万元，包干使用。1984年，县收入146.62万元，由自治州财政拨款471.53万元，包干使用。1985年，实行划分税种，核定收支，分级包干。能源交通重点建设基金，城镇土地使用税债券收入，全数上解中央金库；烤烟、白酒产品税上解中央40%，县留60%；预算调节基金上解中央50%，县留50%；耕地占用税上解中央70%，县留30%（1987年改为上解中央30%，县留70%）。当年，核定县地方财政收入113.24万元，国家拨款补助711.95万元；1986年，核定县地方财政收入160.34万元，自治州财政拨款补助716.41万元；1987年，核定县地方财政收入177.87万元，自治州财政拨款补助781.72万元，包干使用，超支不补。

区、乡财政管理 1951年至1952年，各区配备一至二名财政干事或财政助理员，办理区、乡两级的经费收支报解事宜。乡（镇）财政收支不属于国家财政预算，只单独设立地方粮会计，由专署统一管理，收入上解专署，支出由专署拨款。1953年后，县成立总预算，由县核定收支。1962年6月，撤销丹江、西江、大塘、永乐区公所，分设25个人民公社，公社配备专职财政人员，办理经费收支。12月，恢复区公所，区配备财政助理员，办理区公所和人民公社两级的财政收支预决算。1969年4月，再次撤销各区公所，设11个人民公社，公社配备专职财政会计，办理人民公社革命委员会的财政收支预算和经费支付报销。1970年3月，再次恢复各区公所，区配财政助理员，办理区和人民公社的财政收支预决算。1974年，建立区级财政体制，试行"收入固定留成，超收另定分成"的办法。区级财政收入区留1.5%，解县98.5%。超收部分区留20%，解县80%。1982年，设丹江、西江、大塘、永乐等四个区财政所，26个人民公社亦配备财政专职人员。1984年，在丹江和达地两个区级镇增设区级财政所。1987年底，全县共有财政所6个，乡（镇）级财政专职人员25人，管理区、乡两级的财政收支包干和预算事项。县、区分成仍按原定比例执行。

第二节　财政收入

清、民国时期财政收入

雍正八年（1730年），大、小丹江（即今丹江、望丰等地）各寨认纳"苗粮"折色银203两；同年，丹江营领取黔省标镇协营生息银1619.96两。雍正九年（1731年），高坡（即今桃江、桥港等地）各寨认纳"苗粮"折色银37两6钱。雍正十年（1732年），乌降寨（今乌江乡）认纳"苗粮"折色银3钱2分，是为地方财政收入。乾隆元年（1736年），尽行豁免，永不征收，饷俸由清都匀府直拨。但地方官吏仍摊派人民交纳过境招待费和当差应夫等。

民国4年（1915年），财政收入来自屠宰捐，年收入白银360两，折银圆500元。民国18年（1929年），财政收入以田赋额为主，年收入银圆2127元。其中丁粮801元、屯粮613元、死亡绝户田租粮银圆713元。民国19年（1930年），田赋征收白银1284两，折合银圆1927元。其中丁粮征银400两，折合银圆601元；屯田粮征银409两，折合银圆613元；死亡绝户田租额476两，折合银圆713元。民国21年（1932年），财政收入银圆4092元。其中田赋额2334元，占57.04%；印花税票39.62元，占0.97%；屠宰税582.3元，占14.23%；水碾捐710.4元，占17.36%；息捐426.3元，占10.42%。民国24年（1935年），田赋征收额为银圆1213.53元，贵州省财政厅核准全部蠲免。民国26年（1937年）省拨教育经费2520元。民国28年（1939年），县财政收入35900元（法币，下同）。其中正捐款收入33526元，占93.39%；附加捐收入2374元，占6.61%；民国29年（1940年），县财政收入35119元。其中田赋28034元，占79.83%；屠宰税2682元，占7.64%；斗息捐1150元，占3.27%；牲牙捐660元，占1.89%；各项附加税收入2374元，占6.75%；其他收入219元，占0.63%。同年，省拨行政补助费、义务教育补助费、死亡绝户租补助收入费计16349元。

民国时期雷山设治局部分年度财政收入细目表

表12-2　　　　单位：万元（法币）

项目＼数额＼年度	民国33年（1944年）	民国36年（1947年）	民国37年（1948年）
合　计	439.4	15712.5	172978.19
各项附加税收入	130.3	4548.03	—
各项捐税收入	—	—	73546.35
补助收入	51.24	936.9	7072.95
分配县市国税收入（国赋）	6.75	1018.19	13626

续表

项目 \ 数额 \ 年度	民国33年（1944年）	民国36年（1947年）	民国37年（1948年）
国税附加收入	0.21	—	—
惩罚及赔偿收入	5.2	8.5	85
规费收入	0.3	7.5	75
财产孳息收入	20.61	906.9	5054
租金收入	19.05	—	—
遗产收入	1.2	6.4	10400
地方性的捐献及赠予收入	26	6507.91	48933.75
其他收入（县公粮、小教食米）	178.54	857.14	8698.64
财产售价收入	—	228.03	1050.25
营业盈余及事业收入	—	5	1500.25
特种课税收入	—	682	2936

民国33年（1944年），雷山设治局财政总收入439.4万元。其中田赋额（包括正附国税）6.75万元，占1.54%；死亡绝户田租额19.05万元，占4.34%；遗产收入1.2万元，占0.3%；财产孳息收入20.61万元，占4.69%；补助费51.24万元，占11.66%；罚没及赔偿收入5.2万元，占1.18%；国税附加费0.21万元，占0.05%；规费收入0.3万元，占0.07%；地方捐献收入26万元，占5.92%；各项附加税收入130.3万元，占29.65%；其他收入（包括设治局员役及小学教员食米折款）178.54万元，占40.63%。民国36年（1947年），设治局全年田赋不满1万元，岁入总数不满2亿元，省拨补局贫瘠县补助费936.89万元。同年，省在中央划拨国税项目中拨给16万元。民国37年（1948年），财政总收入172978万元。其中田赋额13626万元，占7.88%；房产捐2765万元，占1.6%；屠宰税14427万元，占8.54%；营业税22760万元，占13.16%；契税3116万元，占1.8%；牲牙捐18062万元，占10.42%；斗息捐2409万元，占1.39%；公地租9474万元，占5.48%；地价税533万元，占0.3%；罚没及赔偿85万元，占0.05%；规费75万元，占0.04%；财产孳息收入5054万元，占2.92%；遗产收入10400万元，占6%；地方捐献48934万元，占28.29%；财产销售收入1050万元，占0.65%；营业盈余及事业收入1500万元，占0.87%；特种课税2936万元，占1.7%；公教食米折款8699万元，占5%；省拨补收入7072.95万元，占4%。其中贫瘠县补助费900万元。

中华人民共和国建立后的财政收入

雷山县属少数民族聚居的山区小县，财政收入不敷支出，主要依靠上级补助拨款。1950年10月，县人民政府开始征收以农业税为主的各项税收。当年，财政收入5.81万元（已折新人民币，下同），其中工商各税0.46万元，占7.92%；农业税3.6万元，占61.96%；专署财政补助1.75万元占30.12%。1951年至1952年，财政总收入106.68万元，年平均收入53.34万元。其中工商各税7.85万元，占7.35%；农业税63.89万元，占59.89%；其他罚没与赔偿收入5.18万元，占4.86%；专署财政补助共29.76万元，占27.89%，年平均补助14.88万元。1953年至1957年，财政总收入281.39万元，年平均56.28万元。其中县地方财政收入133.78万元，占47.45%，年均为26.76万元。自治州财政补助收入147.61万元，占52.46%，年均补助29.52万元。地方财政收入中，工业企业收入2.21万元，占1.6%；农林企业收入1.93万元，占0.14%；工商各税31.37万元，占23.44%；农业税收入90.15万元，占67.38%；债务收入6.13万元，占4.57%；其他罚没及赔偿收入3.93万元，占2.93%。

1958年，因“左”的思想影响，浮夸风蔓延，县财政收入亦有不实。财政总收入为102.42万元，比1957年上升37.91%。其中县地方财政收入80.2万元，占78.33%，自治州财政拨款补助收入22.22万元，占21.67%。是年，将手工业生产合作社、商办工厂，过渡为全民所有制企业，独立核算，财政收入范围扩大，总收入有所增加。企业利润收入18.74万元，占23.34%；工商各税30.32万元，占37.8%；农业税收入20.58万元，占25.63%；债务收入7.88万元，占9.81%；其他预算外收入2.68万元，占3.34%。

1961年8月恢复雷山县。1962年，企业进行调整，财政收入下降。全年财政总收入76.94万元。其中县级地方收入54.27万元，占总收入70.54%；自治州财政拨款补助22.67万元，占总收入29.46%。当年，贯彻中央“调整、巩固、充实、提高”的方针，纠正经济工作中“左”的错误，按所有制调整生产关系，收入范围缩小。其中企业利润收入2.43万元，占地方财政收入3.84%；工商各税收入24.82万元，占39.23%。

1963年至1965年，国民经济经过调整后，工农业生产得到恢复和发展，财政收入有了回升，三年累计财政收入314.4万元，年均104.8万元，其中县地方财政收入201.93万元，年均67.31万元，占总收入64.23%，自治州财政补助112.47万元，年均37.49万元，占总收入35.77%。地方财政收入中，企业利润收入年均1.32万元，占1.96%；工商各税年均收入37.25万元，占55.34%；农业税年均收入25.61万元，占38.05%；公产、罚没及其他收入年均3.13万元，占4.65%。1966年至1975年，财政总收入1443.57万元，减除地方企业亏损53.92万元，实际总收入为1389.65万元，年均138.97万元。县地方财政收入645.24万元，减除亏损后，实际收入591.22万元，年均收入59.12万元，占总收入42.55%；自治州财政拨款补助为798.33万元，年均收入79.83万元，占总收入57.45%。地方财政收入中，工商各税年均收入32.1万元，占49.75%；农业税年均收入30.33万元，占47.13%；公产、罚没及其他收入21.04万元，年均收入2.15万元，占3.12%。“文化大革命”持续十年，生产停滞，产量下降，财务管理混乱，企业连年亏损，地方财政收入徘徊在60万元左右。

1976年10月，“文化大革命”结束，贯彻执行农村各项经济政策，工农业生产得到发展，经济效益有所提高，财政收入扭转停滞不前的局面。至1978年，财政总收入754.33万元，年均251.44万元。其中地方财政收入249.25万元，年均83.08万元，占总收入33.04%。自治州财政拨款补助505.25万元，年均168.43万元，占总收入的66.96%。地方财政收入中，企业利润年均收入0.72万元，占0.87%；工商各税年均收入47.3万元，占56.93%；农业税年均收入32.47万元，占39.08%，罚没及其他收入年均2.59万元，占3.12%。

十一届三中全会后，贯彻改革开放的方针，各种生产制度逐步建立健全，工作秩序恢复正常，农业产值和经济效益稳定增长。1979年以后，国营企业进行经济体制改革，实行各种经济责任制，企业向主管部门实行包干。至1986年底止，财政总收入4624.93万元，年均578.12万元，与“文化大革命”十年相比，年均上升141.91%。其中自治州财政拨款3642.92万元，年均455.37万元，占总收入78.77%，上升277.20%；地方财政收入991.97万元，年均122.75万元，占总收入21.23%，上升67.68%。地方财政收入中，企业利润年均收入1.99万元，占1.62%；工商各税年均收入94.42万元，占76.92%；1985

年至1986年因农业税税额减免，年均征收21.62万元，占17.61%；罚没、财务大检查等其他收入年均4.27万元，占3.48%。

1987年，开展深化企业改革，地方经济得到发展，财务管理实行"双增双节"（增产节约，增收节支）。是年，财政总收入959.59万元，与前8年年均收入比较，上升65.98%。在总收入中，自治州财政拨款781.72万元，占总收入81.46%；地方财政收入177.87万元，占总收入18.54%。

1950—1987年雷山县财政收入一览表

表12—3　　单位：万元

年度	合计	其中：		年度	合计	其中：	
		县财政收入	国家拨款补助			县财政收入	国家拨款补助
1950	5.81	4.06	1.75	1969	127.18	46.84	80.34
1951	54.64	42.15	12.49	1970	110.93	44.05	66.86
1952	52.04	34.77	17.27	1971	140.44	62.35	78.08
1953	44.36	21.5	22.86	1972	173.39	55.75	111.64
1954	48.65	22.9	25.75	1973	160.01	59.22	100.79
1955	58.85	24.1	34.75	1974	181.05	61.77	119.28
1956	68.33	32.01	36.32	1975	188.96	64.66	124.3
1957	63.21	33.28	29.93	1976	204.79	68.28	136.51
1958	73.02	50.8	22.22	1977	247.92	86.34	161.58
1959	属凯里县	—	—	1978	301.62	94.46	207.16
1960	属凯里县	—	—	1979	340.57	76.14	264.43
1961	125.33	53.43	71.9	1980	454.97	77.96	377.01
1962	76.94	54.27	22.67	1981	407.82	92.75	315.07
1963	108.35	58.66	49.69	1982	523.29	111.98	411.31
1964	99.82	69.76	30.06	1983	512.96	137.71	375.25
1965	106.23	73.51	32.72	1984	618.15	146.62	471.53
1966	97.81	67.68	30.13	1985	885.19	113.24	711.95
1967	102.8	64.73	38.07	1986	876.75	160.34	716.41
1968	106.98	64.15	42.83	1987	959.59	177.87	781.72

第三节　财政支出

清、民国时期的财政支出

清雍正七年（1729年）三月，清政府拨给丹江营银1019两，为丹江营兵丁吉凶支出。以后中央拨银只给丹江营兵丁，地方官吏薪俸经费自筹。

民国24年（1935年），丹江县政府呈专署：“丹江地瘠民贫，为全省之冠”，请列作特殊县，破例救济之处理。丹江县财政总支出15498元（银圆，下同）。其中县政府行政经费支出11310元，占73%；教育经费支出4080元，占26.4%；社会救济、孤贫口粮支出108元，占0.06%。民国25年（1936年），以县情特殊，呈请省政府拨款救济。民国26年（1937年），保甲及国民军训经费列入年度地方岁出概算。民国27年（1938年），财政支出31432元（法币，下同）。民国29年（1940年），财政支出4.43万元。其中县党部经费支出0.05万元，占1.13%；县政府行政经费支出2.86万元，占64.55%；国民军训经费支出0.41万元，占9.25%；区、乡（镇）、保经费支出1.11万元，占25.07%。财政支出中另有教育经费银圆0.65万元，经济建设经费银圆0.02万元，共0.67万元。

1940—1948年民国时期雷山县（局）部分年度财政支出情况表

表12—4　　单位：万元（法币）

项目＼数额＼年度	民国29年（1940年）	民国33年（1944年）	民国36年（1947年）	民国37年（1948年）
合　计	法币4.43，银圆0.67	481.32	8007.28	32057
县公署（含设治局）行政费支出	2.86	35.52	3376.62	6535
县党部经费支出	0.05	—	—	—
县参议会经费支出	—	—	0.29	2369
国民军训练费支出	0.41	—	—	—
乡（镇）、保经费支出	1.11	66.42	333.61	2825
公安经费支出	—	—	2592.71	1111
经济建设支出	0.02	116.81	340.5	1031
教育文化支出	0.65	38.21	1083.51	7669
卫生经费支出	—	5.11	214.84	3484
社会救济（含福利）支出	—	9.32	65.2	776
户政经费支出	—	1.07	—	—
其他支出	—	208.86	—	6257

民国33年（1944年），雷山设治局全年收支发生差额，由原丹寨、台江两县负担半数，视两县划出区域之大小，收入之多少比例拨局，其余半数由省在中央划拨国税项内拨补。全年财政总支出为

481.32万元(法币，下同)。其中设治局行政人员薪俸及其办公费用支出35.52万元，占7.83%；乡(镇)、保人员薪俸及其费用支出66.42万元，占13.8%；户政经费支出1.07万元，占0.22%；教育经费支出38.21万元，占7.94%；经济建设支出116.81万元，占24.27%；卫生事业支出5.11万元，占1.06%；社会救济支出9.32万元，占1.94%；其他支出208.86万元，占43.39%。民国37年(1948年)10月，雷山县财政总支出为32057万元。其中县参议会经费支出2369万元，占7.39%；县政府人员薪俸、办公费用等支出6535万元，占20.39%；乡(镇)、保人员薪俸等支出2825万元，占8.81%；公安经费支出1111万元，占3.47%；经济建设支出1031万元，占3.22%；教育经费支出7669万元，占总支出23.92%；卫生事业经费支出3484万元，占10.87%；社会救济费支出776万元，占2.42%；其他支出6257万元，占19.52%。民国38年(1949年)，解放大军渡江，时局动荡。物价飞涨，货币贬值，经济崩溃，贵州省政府令雷山县改进公教人员待遇，调整支出。全年支出预算数51273万元，追加10943163万元，比原额预算数增加2134倍。其中行政经费支出16781465元，参议会支出550.212元，乡(镇)、保人员经费支出2012112元。

中华人民共和国建立后的财政支出

1950年10月成立县人民政府。当时的财政支出主要用于人员供给和行政开支。10月至12月，财政总支出人民币5.82万元(已折新人民币，下同)。其中上解中央金库支出4.07万元，占总支出的69.93%；县地方财政支出1.75万元，占30.07%。1951年至1952年，财政支出项目增加，总支出106.69万元。其中上解中央金库76.93万元，占总支出72.11%；县地方财政支出29.76万元，占总支出27.89%，年均支出14.88万元。地方财政支出中，行政经费支出22.34万元，占75.07%；经济建设支出0.65万元，占2.18%；文化教育、卫生事业支出5.1万元，占17.14%；优抚及社会救济支出0.32万元，占1.08%，其他支出1.35万元。

1953年至1957年，财政总支出为276.4万元。其中上解中央金库86.06万元，占总支出31.14%，年均上解17.21万元。地方财政支出189万元，占总支出68.86%，年均支出38.07万元。“一五”时期，因经济建设规模扩大，地方财政经费投向发生了变化。经济建设支出2.98万元，占地方支出1.57%。建成的地方国营雷山酒厂投产；兴修小型农田水利和丹江河道截弯取直工程开工，共支出14.13万元，占7.5%。文化教育、卫生事业支出58.9万元，占31.4%。优抚及社会救济支出10.95万元，占5.71%。国家机关工作人员由供给制改为工资制，支出比例上升，共支出100.66万元，占53%。其他支出1.38万元，占0.73%。

1958年，财权下放，财政支出范围扩大，各项事业费支出有所增加，全年财政总支出86.63万元(不含自治州财政拨款补助“大办工业”18万元)。其中上解中央金库5.63万元，占总支出6.5%。地方财政支出81万元，占总支出93.5%。当年，“大办钢铁”，地方经济建设投资22.6万元，占27.9%。在公统、乌江、独南、望丰、固鲁、大塘等地开采铜矿，建大小土高炉24座炼铜。由于资源不清，缺乏冶炼技术，土法上马，没有经济效益。农、林、水利、气象事业支出17.32万元，占支出21.38%。其中用4万多元购进粳稻种5万公斤及大白菜、大萝卜、胡萝卜等种子2.5万多公斤，因土壤和气候关系，效果亦不好。文化、教育、卫生事业支出13.8万元，占17.04%。如雷山民族中学增设高中班、修建县广播站、县医院、保健站、防疫站和区医院等的业务用房。优抚及社会救济支出0.69万元，占0.85%。行政费用支出26.5万元，占32.72%；其他支出0.09万元，占0.11%。

1961年恢复县治，财政总支出127.18万元。其中上解中央金库40.07万元，占总支出31.36%；地方财政支出87.71万元，占总支出68.64%。当年，贯彻中央“调整、巩固、充实、提高”的方针，财政支出主要用于恢复和发展农业生产和教育卫生事业，防治“三病”（浮肿、闭经、子宫脱垂），保护劳动力，以及优抚、社会救济，设儿童福利院收养孤儿等方面。其中支援农村生产支出18.95万元，占21.61%；农、林、水利、气象事业建设支出3.96万元，占4.5%；文化、教育、卫生经费19.68万元，占22.44%；优抚及社会救济支出12.48万元，占14.23%；行政费用支出31.68万元，占36.12%；其他支出0.96万元，占1.09%。

1963年至1965年为国民经济调整时期，县地方财政支出因各项建设事业的恢复和人员增加又有增加。财政总支出315.85万元，年均105.28万元。上解中央金库48.44万元，年均16.15万元，占总支出15.34%；地方财政支出267.41万元，年均支出89.13万元，占总支出的84.66%。地方财政支出重点用于小型农田水利岁修和发展文化教育、卫生事业及优抚、社会救济等项共157.96万元，占59.1%，经济建设支出2.65万元，占1%，行政经费支出79.41万元，占29.7%；其他支出27.39万元，占10.24%。投资比例经过调整，工农业生产回升，粮食产量与1961年比较，递增56.43%，农贸集市繁荣、市场购销两旺。

1966年至1975年“文化大革命”的十年中，财政支出仍为上升趋势。财政总支出1400.24万元。上解中央金库52.69万元，年均上解5.269万元，占总支出的3.76%；地方财政支出1347.55万元，年均134.755万元，占总支出96.24%。地方财政支出中，经济建设支出121.86万元，占9.04%，主要用于地方工业四项费用，“五小”企业补助，新产品试制，工业流动资金；农村生产支出47.2万元，占3.5%；农、林、水利、气象部门事业费支出200.23万元，占14.86%。主要用于修建水库、电站、防洪堤、渠道等农田水利基本建设；工业、交通、商业企业事业费支出6.92万元，占0.51%。城镇知识青年就业（上山下乡插队落户补助）费支出8.38万元，占0.62%。文化教育、卫生、科学事业费支出469.06万元，占34.8%。主要用于修建雷山中学教学楼、中心完小校舍，城区电影院等文化教育设施。优抚及社会救济费支出81.63万元，占6.06%。行政经费支出376.16万元，占27.91%。其他支出36.11万元，占2.65%。

1950—1987年雷山县财政支出细目一览表

表12-5　　　　金额单位：万元

年度	支出总计	其中：													
		上解中央金库	地方财政支出	其中：											
				经济建设	支援农村生产	农林水气事业费	工交商业事业费	城镇维护费	城镇青年就业费	文教卫生科学费	优抚社会救济费	行政管理费	其他支出	价格补贴	留待调资
1950	5.82	4.07	1.75	—	—	—	—	—	—	—	—	1.75	—	—	—
1951	54.65	42.16	12.49	0.28	—	—	—	—	—	1.68	0.15	10.32	0.06	—	—
1952	52.04	34.77	17.27	0.37	—	—	—	—	—	3.42	0.17	12.02	1.29	—	—
1953	43.68	19.65	24.03	—	—	0.7	—	—	—	6.99	2.41	13.93	—	—	—
1954	45.8	19.26	26.54	0.6	—	0.85	—	—	—	6.48	3.51	15.1	—	—	—

续表

年　度	支出总计	其中：													
		上解中央金库	地方财政支出	其中：											
				经济建设	支援农村生产	农林水气事业费	工交商业事业费	城镇维护费	城镇青年就业费	文教卫生科学费	优抚社会救济费	行政管理费	其他支出	价格补贴	留待调资
1955	57.68	21.14	36.54	0.4	—	3.98	—	—	—	11.24	2.33	18.59	—	—	—
1956	69.29	16.26	53.03	1.23	—	3.52	—	—	—	18.07	1.69	28.39	0.13	—	—
1957	58.61	9.75	48.86	0.75	—	5.08	—	—	—	16.12	1.01	24.65	1.25	—	—
1958	86.63	5.63	81	22.6	—	17.32	—	—	—	13.8	0.69	26.5	0.09	—	—
1959	属凯里县														
1960	属凯里县														
1961	127.78	40.07	87.11	—	18.95	3.96	—	—	—	19.48	12.48	31.68	0.96	—	—
1962	76.29	10.45	65.84	0.34	—	5.04	—	—	—	18.46	12	26.27	3.73	—	—
1963	109.86	18.88	90.98	0.6	7.2	12.86	—	—	—	18.58	15.72	26.61	9.41	—	—
1964	98.37	14.35	84.02	0.58	—	16.95	—	—	—	24.77	8.37	27.97	5.38	—	—
1965	107.02	15.21	91.81	1.47	1.41	14.49	—	—	—	30.77	6.84	24.83	12	—	—
1966	96.65	13.54	83.11	1.82	—	12.56	—	—	—	33.97	6.02	25.86	2.88	—	—
1967	98.92	13.74	85.18	1.76	1.75	11.42	—	—	—	32.25	6.69	30.29	1.02	—	—
1968	105.78	12.84	92.95	730	3.03	11.18	—	—	0.46	33.82	4.97	29.4	2.79	—	—
1969	126.64	1.49	125.24	19.91	4.65	21.64	—	—	0.51	40.53	7.91	26.39	3.7	—	—
1970	129.65	6.23	123.42	12.61	4.26	22.41	0.02	—	0.23	38.9	12.11	29.58	3.3	—	—
1971	138.16	0.27	137.89	18.88	3.29	14.37	—	—	0.02	49.74	7.89	43.27	43	—	—
1972	175.03	—	175.03	31.86	8.15	18.47	1.5	—	—	51.86	5.68	48	9.51	—	—
1973	163.69	—	163.69	13.69	3.3	23.71	2.3	—	0.66	57.84	12.16	47.37	2.66	—	—
1974	172.18	—	172.18	8.25	3.19	33.84	1.25	—	4.17	61.6	10.76	45.42	3.70	—	—
1975	193.81	4.59	189.22	5.78	15.56	30.63	1.85	—	2.33	68.55	7.44	50.96	6.12	—	—
1976	198.65	3.18	195.47	7.25	19.36	33.32	0.59	—	0.95	72.18	4.34	48.39	9.09	—	—
1977	239.29	19.62	219.67	1.44	15.3	49.68	0.59	—	2.16	76.86	12.94	53.44	7.26	—	—
1978	294.97	9.25	285.72	18.15	25.85	70.06	0.83	—	0.48	88.76	8.01	62.39	11.19	—	—
1979	342.28	1.32	340.96	7.34	6.98	97.99	0.2	—	0.12	106.42	26.93	70.19	24.79	—	—
1980	396.98	—	396.98	1.17	11.78	73.97	0.27	0.2	—	118.9	23.9	93.69	73.1	—	—
1981	436.06	17.03	419.03	7.03	14.7	59.04	0.42	1.65	1	141.1	24.37	99.39	67.35	—	2.98
1982	538.38	29.5	508.88	7.55	24.02	81.36	1.9	1.51	2.05	197.28	27.25	102.97	62.87	—	0.12
1983	517.37	—	517.37	8.7	23.69	40.09	0.89	4.9	4.26	223.63	22.63	147.73	43.95	—	-3.1
1984	691.52	—	691.52	12.02	38.24	43.02	1.63	5.66	1.93	255.33	23.52	174.03	136.14	—	—
1985	764.56	15.07	749.49	43.74	33.03	43.06	2.45	5.2	0.97	271.72	48.59	164.62	131.61	4.5	—
1986	921.32	0.52	920.8	38.49	50.58	60.99	4.31	5.69	2.29	335.43	41.62	195.15	154.53	31.72	—
1987	965.2	5.77	959.43	12.04	41.55	60.49	4.24	4.31	2.89	351.03	40.1	218.68	168.84	55.26	—

党的十一届三中全会以后，随着形势的发展和建设项目的增加，财政支出增加较大。1979年至1986年，财政总支出4611.23万元，年均支出576.4万元。其中上解中央金库63.44万元，年均上解7.93万元，占总支出1.38%；地方财政支出4547.79万元，年均支出568.47万元，占总支出98.62%。地方财政支出中，经济建设支出126.04万元，占地方财政支出2.77%；支援农村生产支出202.62万元，占4.46%；农、林、水利、气象事业支出499.52万元，占10.98%；工业、交通、商业企业事业费支出12.07万元，占0.26%；城镇维护费支出24.81万元，占0.54%；城镇青年就业补助支出12.64万元，占0.28%；文化、教育、卫生、科学事业费支出1649.81万元，占36.28%；优抚及社会救济费支出为238.83万元，占5.25%；行政经费支出1047.79万元，占23.04%；其他支出694.34万元，占15.27%；留待调资支出3.1万元，占0.07%；1985年起至1986年发放干部职工的物价补贴共支出36.22万元，占0.8%。

1987年，财政总支出965.2万元。上解中央金库5.77万元，占总支出0.6%；地方财政支出959.43万元，占总支出99.4%。地方财政支出中，经济建设支出12.04万元，占1.26%；支援农村生产支出41.55万元，占4.33%；农、林、水利、气象部门事业费支出60.49万元，占6.31%；工业、交通、商业企业事业费支出4.24万元，占0.4%；城镇维护费支出4.31万元，占0.45%；城镇青年就业补助支出2.89万元，占0.3%；文化、教育、卫生、科学事业费支出351.05万元，占36.59%；优抚及社会救济费支出40.1万元，占4.18%；行政经费支出218.68万元，占22.79%；其他支出168.84万元，占17.6%；价格补贴支出55.26万元，占5.76%。

第四节　财政审计与监督

民国26年(1937年)，丹江县政府设地方财务委员会，办理地方财政岁入岁出预决算，配备审计主任1人，负责审核全县的经济收支，处理经济案件。民国33年(1944年)，雷山设治局设会计室，由省政府检定合格人员担任会计室主任，办理设治局财政事务事项，掌管经费收支，审核签发地方款项支付命令。民国35年(1946年)，贵州省政府训令，由设治局会计室执行局参议会的财务预决算与审核之职责。

1950年10月，县人民政府设财粮科，办理全县财政资金的筹集与各项经费收支，并进行财政收支审查与监督。1951年，县财粮科配备审计员1人，实行“财审合一”的体制，负责全县财政收支的合法性、合理性审查和监督，范围较小。1952年11月，财政科配备审计员1人，负责全县财政经费收支标准进行审核，并对财经纪律进行监督。从1956年至1981年财政局设专职监察员与审计员，其业务并入预算股兼办。年终决算采取互审互查或重点抽查相结合，开展群众性监督。

1982年，县财政局设监察股，专管财政审计监察工作。根据国务院关于“审计机构要迅速组建”的指示，1983年，县设审计局，负责重大财经违纪的审查，日常监督业务仍由财政局办理。1984年1月，一切审计业务统由审计局承担。

1985年，县财政局审核雷公山调频电视转播台的财务决算，查出违反制度开支17641元，后将其款收归国库。1986年，审核林业局派出所收支时发现自1981年以来的罚没款39192元未缴国库，监督其上缴金库(审计事例见国民经济管理篇)。

第二章　税　收

第一节　清代、民国时期的税捐

清朝，丹江厅各种赋税皆列入田赋额征收，时称“认纳苗粮”，至乾隆元年（1736年）尽行豁免，永不征收。

民国时期，税制分为国税（亦称直接税）和地方税两种。国税税种有：契税、货物税、营业税、遗产税、印花税、盐税、关税等，征收税金全部上解中央。地方税有：营业牌照税、使用牌照税、筵席娱乐税、屠宰税、户捐（后称房捐）、水碾捐（含榨油）、交易税（含斗息捐和牲牙捐）、木植捐、公地租（即场棚捐）等。临时征收的地方税有：地价税，“反共救国”捐，门牌款、壮丁捐、自卫特捐、保安兵经费、建乡建校特工款、公教员役食谷、各项附加税等。

民国4年（1915年），丹江县公署征收屠捐，收入白银360两，折银圆500元，全部上解贵州省财政厅。民国5年（1916年），丹江县设厘金局，开征客商运销木材过境厘金，税率10%。民国12年（1923年），征收户捐，税率按房屋幢数计征，盖瓦木房每幢年征银圆20元，盖木皮木房每幢年征银圆10元，因民众反对负担过重，发生暴力抗税事件，于民国14年（1925年）被迫停征。民国18年（1929年），丹江县厘金局撤销，税捐由县政府稽征，税制渐趋统一。是年，停征木植捐。民国20年（1931年），丹江县政府征收契税，税率为“买六典三”；屠宰税，每头征收银圆6角；烟酒公卖费，按摊征收，每摊征收银圆2角；斗息捐，每斗（合25公斤）抽一碗（合0.44公斤）。民国21年（1932年），征收印花税，税票面额为1分、2分、1角三种；水碾捐，每架碾坊年征银圆2元7角。民国22年（1933年），屠宰税调整，每头征正税银圆8角，附加税银圆2角。民国23年（1934年），征收“反共”特捐银圆78元2角。民国24年（1935年），不分正附税，征收法币。屠牛每头征2元，屠猪每头1元。对行商、客商及盐摊、肉摊开征公地租，按货摊行征，每摊收银圆1角，其他货摊每摊收银圆5仙（即5分）；牲牙捐按成交牲畜头数计征，猪、羊每头征银圆1角4仙、牛、马每头（匹）征银圆6角；复征木植捐，税率1%；契税减为“买三典一”，征收法币；门牌费每户收铜圆80文至120文。民国26年（1937年），屠宰税每头收银圆2元；斗息捐1斗抽1合；水碾捐每架碾坊年征收银圆2元7角；木植捐分等征收，甲等每根征收银圆2角8仙，乙等每根征收银圆1角6仙，丙等每根征收银圆1角；牲牙捐征收照旧。

民国27年（1938年），新开征工商业营业牌照税，全县19户，每份执照征收银圆2角；烟公卖费，场天甲等每摊收铜圆300文，乙等每摊收铜圆200文，闲场天每摊征收法币2角；酒公卖费，场天每摊收铜圆200文，闲场天每摊收法币2角。民国29年（1940年），房捐改按等级征收，甲等年征7元2角（法币，下同），乙等年征4元8角，丙等年征2元4角，丁等年征1元2角；屠宰税分畜种征收，牛每头征收2元，猪每头征收1元；盐斤公卖，每市斤征收教育附加费1分。民国30年（1941年），按省政府《各县房捐征收细则》规定，按住房价值计征，分季交纳，自住房屋价值1000元以上的，年征捐0.75%（即7元5角），租赁房屋月收租10元以上的，征0.75%（即7角5分）；屠宰税，牛每头销售价在200元以内的，税率3%，征收6元；猪每头销售价在100元以内的，税率为3%，征收3元；牲牙捐按头征收，马每匹纳捐6元，牛每头纳捐4元，羊每只收8角，架子猪（30市斤以上）每头收1元，仔猪（30市斤以下）

征收5角。水碾捐每架10元。同年6月，丹江县治裁撤，财政局均造册咨交。民国33年（1944年）4月，建立雷山设治局，按设治局财政划分原则，国税应得部分之划拨，由省统筹决定之后，再令饬遵，局境各项地方税捐之划分，凡征收区域属全局境内者，自4月1日起，收入全部归局，以前欠税由局代为催收；凡征收区域跨及县与局界的，应由县、局视所辖征收区域之大小，人口多少等，自行洽商办理具报凭核。自民国34年（1945年）度起，征收区域应即改照县、局界限划定之。民国33年（1944年），雷山设治局征收的税种有：房捐（除方祥外），按各乡、镇户数多寡比例，分甲、乙、丙三等，派额征收，最高100元，最低60元，分季交纳。水碾捐，原征大米，后征法币，按等征收。甲等每架年征200元；乙等每架年征100元；屠宰税，全县市场招标承征，按头计征。在市场出售每头征税1500元；自宰自食的，每头征税1000元。土地改良物税，每亩征300元。木植捐按3%；寿木（棺材）征税5%；条木征税按2%。营业税按营业额4%计征。营业牌照税按资本额2%计征。地价税按亩征收，每亩征500元。自卫特捐按户征收，每户400元。公田租按田赋原额征收，1元征稻谷6斗（合75公斤）。水碾捐征大米，甲等每架年征2斗5升，乙等每架年征2斗，每斗折代金8500元交纳。牲牙捐，全县有丹江、西江、望丰、掌批4个场集，招标承征，每头按10%税率征收。契税分为买卖契和赠予契，税率15%，典契10%，交换契与分割契6%。印花税应贴花的有发货票、合同单据、租赁单据、申请书和诉讼书、借贷抵押字约、典当买卖契约等；公地租按每摊征收100元至300元。同年，开征电话机、电话线费，雷山至镇远及各乡、镇电话线路，向民众按户摊派，每户0.5元。民国34年（1945年），地价税在办理田亩测量登记后，按等级征收，上等田每亩征700元，中等田每亩征500元，下等田每亩征350元。9月，设治局向民众摊收军粮、工粮稻谷128510市石（每石为125公斤），献金450万元，献粮22694石。对婚丧屠宰不上市销售的牲畜，每头征收1000元。民国35年（1946年），按田亩面积征收公教食谷，上等田每亩征谷10市斗（每市斗12.5公斤），中等田每亩征谷7市斗，下等田每亩征谷5市斗。同年，房捐分甲、乙、丙三等，按质征收，赤贫免征。民国36年（1947年），因物价上涨，曾作三次调整。屠宰税，猪每头征正税16000元，附加税8000元，共24000元；牛每头征正税24000元，附加税8000元，共32000元。木植捐，在丹江、西江、郎德三条河流设木植征收所，划分范围征收，分等计征。甲等条木（长6市丈以上）每根征3000元，乙等条木（长5市丈以上）每根征2000元，丙等条木（长4市丈以上）每根征1000元；短截原木，每截征500元，寿木（棺材）每台征15000元。公地租，曾三次调整，先征收法币、金圆券，后征银圆。盐摊每摊征银圆2角5分。肉摊、布摊、油摊每摊征银圆2角。花线摊、烟叶摊每摊征银圆1角；小杂货摊每摊征银圆5分；牲牙捐不分畜种，统以10%课征。营业税，无法开征，经省核准，暂缓征收。临时征收的税捐有：每户年缴纳国防款500元，保警队款400元，看哨款300元，枪弹款1000元，户征修建设治局公署、局立中学校舍、修筑舟溪至雷山公路特工款银圆2元（当时银圆与法币比价为1∶5000元）。此外，还有常备队经费每户征稻谷1市斗，清匪伙食款每户征法币500元，保警兵安家费每户征法币1000元，壮丁款每户征收银圆3角，抚恤金每户征法币400元，购买电话机、线，每户征收银圆5角，加工军粮工具购置款每户征法币800元，联保国民学校经费及乡（镇）、保公所办公费，每户征银圆1元等。民国37年（1948年），征收营业税以营业收入为课征标准，税率1.5%；以营业纯收益为课征标准，税率4%。货物税，按产品征收，烤烟、桐油、五倍子、油菜籽、构皮麻等土特产品，税率10%。屠宰税，原规定比额作三次调整，从法币、银圆到金圆券。猪每头征收法币（下同）200万元，牛每头征收400万元，羊每只征收100万元。所有民间冠婚、丧祭，年节宰杀牲畜，均依法征收。公地租，亦作了三次调整，盐摊每摊征收40万元，布摊、花线摊每摊征收30万元，花纱摊、杂货摊每摊征收20万元。屠宰税改按10%税率征收。民国38年（1949年），县政府征收自卫特捐，粤盐、边盐每担（50公斤）征收银圆1元。棉花、棉布、棉线、纸张及其他日杂百货等，按5%计征。水碾捐按营业牌照税分等征收，甲等年征银圆3元，乙等年征银圆2元，丙等年征银圆1元。油榨捐每架年征银圆2元5角。房捐改征稻谷，每户征谷5斗5升（合70.5公斤）。6月30日起，屠宰税另征自卫特捐。屠猪1头，另收银圆3角；宰羊1只，另收银圆1角5分；屠牛1头，另收银圆4角。税款一律解交省金库。7月，原按货物税征收的烤烟、土烟叶、酒类、桐油、五倍子及木植、耕牛等，改按自卫特捐税种征收。税率为：烤烟15%，土烟叶60%，酒类50%，桐油、菜油、生漆、桐子等5%，五倍子、构皮麻等3%，木植捐照当地市价20%，耕牛每头照市价8%课征。

1950年4月，贵州东南绥靖区司令部新辟“反共救国捐”，向雷山县境内民众开征银圆（下同）4400元，斗息捐112元，牲牙捐149元。全县有水碾377架，油榨15架，全年征收675元。

民国时期的税捐名目繁多，又多为招标承包，稽征流弊甚多，有的暗中加征20%以上，有的区、乡、保随意加征税目，如每年按户征区、乡、保办公经费银圆4角，招待款法币1000元，壮丁训练款银圆3角，火坑钱（即火烟捐）银圆2角，区丁、乡丁、保丁到甲催收各项税款、索交纳“草鞋钱”，每次要收法币500元等。

1931—1950年丹江县（雷山设治局）税捐征收情况统计表

表12-6　　　　单位：元

年　度	民国20年（1931年）	民国21年（1932年）	民国22年（1933年）	民国23年（1934年）	民国24年（1935年）	民国25年（1936年）	民国26年（1937年）	民国27年（1938年）	民国28年（1939年）	民国29年（1940年）	民国30年（1941年）
税捐额合计	银圆748	银圆2031	银圆1856	银圆1910	银圆3340	银圆2261	银圆2906	银圆2876	银圆3160	法币37641	银圆16620
木植捐	—	—	—	—	82	—	250	—	—	360	150
契　税	250	407	683	632	835	—	—	476	564	720	1617
印花税		221	—	—	—	—	—	—	—	—	300
屠宰税	72	353	1173	1200	1359	1404	1525	1424	1439	2682	6104
房　捐	—	—	—	—	—	—	—	—	—	30209	—
营业税	—	—	—	—	—	—	—	153	—	—	—
营业牌照税	—	—	—	—	—	—	—	—	—	—	—
水碾税	—	710	—	—	832	857	891	823	880	900	3100
交易税	426	340	—	—	232	—	240	—	277	1540	4794
反共特捐	—	—	—	78	—	—	—	—	—	—	—
公地租（场棚捐）	—	—	—	—	—	—	—	—	—	180	555
土地改良物捐	—	—	—	—	—	—	—	—	—	—	—
地价税	—	—	—	—	—	—	—	—	—	—	—
附加税	—	—	—	—	—	—	—	—	—	1050	—
自卫特捐	—	—	—	—	—	—	—	—	—	—	—
公田租	—	—	—	—	—	—	—	—	—	—	—

1931—1950年丹江县（雷山设治局）税捐征收情况统计表

续表

单位：元

年度	民国33年（1944年）	民国34年（1945年）	民国35年（1946年）	民国36年（1947年）	民国37年（1948年）		民国38年（1949年）		1950年3—9月
税捐额合计	法币 1383194	法币 9278420	法币 12863415	法币 152694315	法币 2682831440	银圆 1327	法币 1007010012	银圆 12801	银圆 5875
木植捐	—	—	3645500	—	—	—	—	935	—
契税	4120	436036	495215	11885346	11155888	—	23070012	—	—
印花税	—	3000	123454	—	—	—	—	—	—
屠宰税	41700	3980000	3252000	56064625	74266134	—	—	6927	739
房捐	1291540	2027185	1291500	12938600	2473040000	—	—	3267	—
营业税	—	—	315946	7800000	3592000	—	—	—	—
营业牌照税	—	—	—	43317	—	—	—	—	—
水碾税	45834	1823285	3739800	36908460	—	1327	—	1672	675
交易税	—	980000	—	520517	23708071	—	787440000	—	261
反共特捐	—	—	—	—	—	—	—	—	4200
公地租（场棚捐）	—	—	—	13673850	94738500	—	196500000	—	—
土地改良物捐	—	—	—	12859600	—	—	—	—	—
地价税	—	28914	—	—	2330847	—	—	—	—
附加税	—	—	—	—	—	—	—	—	—
自卫特捐	—	—	—	—	—	—	—	—	—
公田租	—	—	—	—	—	—	—	—	—

注：1941年6月至1944年3月撤销丹江县建置，1944年4月置雷山设治局。

第二节　中华人民共和国成立后的税收

税　制

1950年10月，雷山县人民政府开征货物税（含烤烟、白酒、原木等）、工商税（含临时商业税、营业税、工商所得税）、屠宰税3种。1952年12月26日，中央人民政府政务院决定简化纳税手续，对工商税制作了修正。全国有12个税种，雷山县开征的有货物税（含土烟叶、砖瓦、植物油、粮食、白纸等）、商品流通税（含烤烟、白酒、原木）、工商业税（含营业税、临时商业营业税、工商所得税、供销合作社所得税）、印花税、屠宰税5种。

1958年9月13日，国务院公布《工商统一税条例（草案）》，对工商税制进行第二次改革。全国有9个税种，县内征收的有工商统一税(含烤烟、白酒、机制糖、粮食、麦粉、植物油、棉布、白纸、砖瓦、原木、电力、饮食服务、交通运输、商业零售、临时商业等）、工商所得税（含供销合作社、手工业合作社、合作商店等）、屠宰税、文化娱乐税、牲畜交易税、车船使用牌照税、集市交易税等7种。

1972年3月30日，国务院发布《中华人民共和国工商税条例(草案）》，把工商统一税、工商所得税、地方各税合并为工商税，分9个部分开征。雷山县征收的有工业产品税、农副产品采购税、营业税、工商所得税、牲畜交易税、地方各税等6个部分。1982年12月15日，国务院发布《国家能源、交通重点建设基金征集办法》，次年，县对国营企业、供销合作社及其他事业单位的税后余利、折旧费、更改资金、固定资产变价收入、预算外收入、管理费收入等项开征能源、交通重点建设基金，比率为15%，全数上解国库。1983年9月20日，国务院公布《建筑税征收临时办法》，翌年，县开征建筑税。

1950—1957年雷山县工商各税征收情况表

表12—7　　　　单位：元

年　度	征收金额合计	工商业税	货物税	商品流通税	印花税	屠宰税
1950	4627	285	869	—	—	3473
1951	20638	4048	7190	—	—	9400
1952	55299	11439	30622	—	—	13238
1953	68925	13207	19630	19308	35	16745
1954	101499	18832	32283	31587	106	18691
1955	105670	22013	23182	35170	230	25075
1956	172708	36619	70286	42415	352	23036
1957	216563	41750	102290	52017	272	20144

1958—1971年雷山县第二次工商税制改革税收情况统计表

表12—8　　　　单位：元

年　度	合计	工商统一税	工商所得税	屠宰税	牲畜交易税	文化娱乐税	车牌使用牌照税	集市交易税	补税罚款
1958	221650	177355	23149	21146	—	—	—	—	—
1959	225460	181880	21456	22124	—	—	—	—	—

续表

年　度	合计	工商统一税	工商所得税	屠宰税	牲畜交易税	文化娱乐税	车牌使用牌照税	集市交易税	补税罚款
1960	191436	161447	15645	14344	—	—	—	—	—
1961	170425	158601	2877	4874	1813	152	2108	—	—
1962	248069	219907	17081	6127	957	476	332	3189	—
1963	309227	260127	26326	17585	673	563	239	3255	459
1964	376299	321114	18354	32503	1789	100	195	1477	767
1965	431949	342178	32396	46027	9464	683	490	711	—
1966	362715	311640	17022	25028	7814	290	440	481	—
1967	333380	297365	11943	20607	37	—	215	4	3209
1968	318555	283892	9508	24844	14	—	267	—	30
1969	220246	184744	13466	21671	—	—	353	12	—
1970	221624	190686	9369	18882	—	—	679	35	1973
1971	328030	296884	9438	20701	—	—	703	—	304

1972—1983年雷山县工商税征收情况统计表

表12—9　　　　单位：元

税种 年度	合　计	工业产品税	农副产品采购税	营业税	工商所得税	地方各税			滞纳罚金
						屠宰税	车船使用牌照税	牲畜、交易税	
1972	320003	157286	2456	124914	12660	22320	367	—	—
1973	359470	185977	16026	128418	12853	16150	46	—	—
1974	355122	162669	17377	141853	8106	24907	210	—	—
1975	367618	46783	156645	138418	7721	17848	203	—	—
1976	398631	156438	52910	156066	10738	22193	286	—	—
1977	510331	255623	56239	171315	4820	22118	216	—	—
1978	512334	238694	50029	186374	7234	30003	—	—	—
1979	548881	267581	46046	193089	18852	23313	—	—	—
1980	619710	314907	35902	212065	38500	17806	—	530	—
1981	782158	459609	32205	245541	25408	15165	—	4230	—
1982	823483	319416	147868	292646	38536	14986	—	10023	8
1983	869069	327973	137633	334627	35558	25471	—	7804	3

1984年9月18日，六届全国人民代表大会常务委员会第七次会议决定全面改革工商税制，将第一步利改税实施的“税利并成”改为“以税代利”，将工商税按性质划分为产品税、增值税、盐税、营业税、

资源税、国营企业所得税6种，单列的有国营企业调节税、建筑税、屠宰税、牲畜交易税4种。1985年—1986年，国务院发布命令，开征城市维护建设税、集体企业所得税、国营企业奖金税、城乡个体工商户所得税、教育费附加、房产税、车船使用税9种。全国共有19个税种。至1987年止，县内开征的有产品税（含白酒、白纸、煤、电力、化工产品、建材、烤烟、茶叶、原木、生猪、植物油等）、营业税（含商业、交通运输业、饮食服务业、金融保险等）、集体企业所得税、城乡个体工商户所得税、城市维护建设税、建筑税、奖金税、牲畜交易税、屠宰税、车船使用税、房产税等11种。

征集的有：国家能源、交通重点建设基金、教育费附加2种。

全县经税务登记纳税的有国营、集体企业87户，城乡个体工商户1126户；纳税义务人有1214人。

1984—1987年雷山县“利改税”后工商各税征收情况统计表

表12—10　　　　单位：元

税种＼年度	1984	1985	1986	1987
总计	947593	1366206	1527398	1772970
1. 产品税	520847	637026	688761	786293
2. 营业税	312866	459202	551474	674621
3. 集体企业所得税	48783	60877	23713	9672
4. 城乡个体工商户所得税	—	—	—	576
5. 城市维护建设税	—	23913	43131	58392
6. 建筑税	29685	132297	182797	178614
7. 奖金税	—	26666	26275	1774
8. 屠宰税	27332	13762	9834	7769
9. 牲畜交易税	8080	11673	610	2410
10. 车船使用税	—	—	36	7562
11. 房产税	—	—	306	44010
12. 滞纳罚款	—	790	411	1277

1983—1987年雷山县“利改税”后征集基金、税、费等收入情况统计表

表12—11　　　　单位：元

年度＼基金、税、费名称	国家能源交通重点建设基金	国营企业所得税	教育费附加
合计	412767	284123	13803
1983	11045	—	—
1984	47879	—	—
1985	103629	173806	—
1986	122951	60087	—
1987	127263	50230	13803

税　率

雷山县征收的工商各税税率，经历4次改革。

1950—1987年雷山县工商各税征收税种税率变化情况表

表12—12

年度 / 税率(%) / 科目	1950至1957年			1958至1971年	1972至1983年	1984至1987年	
税种名称	货物税	商品流通税	工商业税	工商统一税	工商税	产品税	营业税
烤烟	40	45	—	50	40	38	—
土烟叶	40	—	3	—	40	38	—
茶叶	20	—	—	40	40	25	—
粮食酒	60	50	3	60	60	50	—
果木酒	—	—	—	—	15	15	—
原木	5	10	5	10	10	10	—
砖瓦	8	—	8	11	10	10	—
水泥制品	—	—	—	—	—	5	—
化工产品	—	—	—	—	—	18	—
粮食	2	—	—	4	4	4	—
麦粉	—	—	—	10	10	10	—
植物油	10	—	—	12	8	5	—
生猪	—	—	—	—	3	3	—
机制土糖	30	—	—	27	30	10	—
纸	5	—	—	10	10	5	—
印刷	—	—	—	—	—	5	—
电力	—	—	—	5	15	10	—
煤	—	—	—	—	—	3	—
陶器	20	—	2	—	12	5	—
鞭炮	20	—	3	—	35	30	—
焚化品	80	—	3	—	—	35	—
其他工业品	—	—	—	5～15	5	5～15	—
商业批发	—	—	—	—	—	—	10
商业零售	—	—	—	6	3	—	3
交通运输	—	—	—	2.5	3	—	3
饮食服务	—	—	4	7.5	5	—	3～10
建筑安装	—	—	2	—	10	—	3
金融保险	—	—	—	—	—	—	5
临时商业	—	—	4	10	—	—	5～8

税 种

屠宰税 1950年10月开征。对宰杀上市出售的猪、牛、羊、马等，从价计征，税率为10%。方祥、桃江等边沿地区，委托代征，手续费扣除5%。1953年1月，屠猪征10%，加营业税3%。屠牛征15%，另加营业税、所得税4.5%。1957年3月，不分畜种，均征8%。1959年9月，对经营屠宰的国营企业分为就地屠售征8%，向外调拨肉食，按调拨起运地收购价征10%。1965年，对经营肉食的国营、合作社商业征4%。10月，对社员、机关学校食堂自养自食的按头数征收，屠猪每头3元。若在春节前40天(即过苗族年)宰杀的每头征1.5元。1973年2月，国营商业、供销合作社或个人经营宰杀牲畜分为：猪每头3元，牛马每头(匹)2元，羊每只0.4元。1983年改为屠猪每头5元，牛马每头(匹)3元。1985年8月，规定凡上市出售肉食的有证屠商每头猪征3元，另交管理费2元或2%；牛每头征2元，零售税3元。无证屠宰上市的猪每头征3元，另加零售税5元，管理费4%；牛每头征2元，另加零售税5元。农民自养自宰上市零售持有乡以上政府证明的征屠宰税，免征零售税。

货物税 按1950年政务院颁布的《货物税暂行条例》规定，从价计征。1953年划入商品流通税种，税率最低为2%（粮食），最高为80%（焚化品）。粮食由粮食部门以收购总额乘税率计算征收。

城乡个体工商户所得税 1950年12月起，按工商税种临时商业税目和屠宰税税率征收；1954年按货物税税率征收；1956年手工业合作社列入工商所得税，公私合营企业列入营业税，分别按其税率征收；1961年对从事商贩经营、工副业加工及经营的分别按小商贩统一综合税率征收工商统一税和工商所得税；1982年按工商税的营业税税率征收；1986年统一按所得税税率征收。百货、针织、烟酒糖等商品则以月营业额为计算标准，600元以下的为0.5%，1500元以上的为2%。

工商业税 1951年开征。凡向县工商科登记营业的工商业户均征收工商业税，以营业额计征。最低的1.5%，最高的4%。1953年分为营业税、所得税、临时商业税三种，工商业税以营业额计征，税率为1.5%~3.5%；商业营业税税率为2%~3.5%；工业营业税按效益计征，税率为2%~15%。国营、供销合作社批发商品不纳税，零售征收营业税。所得税按全额累进税率，临时商业税为3%。1958年，工商业税并入工商统一税，所得税改为工商所得税。

交易税 1951年1月开征。粮食沿用旧制，售大米每市斗(25公斤)征1合(0.44公斤)，由卖方交纳，征收食物变价缴解财政。棉花、药材、山货等税率为5%。9月1日，根据财政部规定，凡在市场交易的货物列入临时经营，以营业额计算。粮食、棉花、药材为4%，其他货物为6%。1952年3月，财政部调整税率，粮食、棉花、山货、药材为6%，其他货物为8%；工业产品、手工业产品按工商税税率为2%。1953年1月，粮食、土布改按货物税税率8%。停征药材交易税。

牲畜交易税 1951年开征牲畜交易税，由买方交纳，从价计征，税率为3%。1953年，对猪、牛、马、羊，从价计征，买方交纳，税率为5%。7月，猪羊交易税停征，买卖耕牛免征。1961年恢复征收。1969年停征。1980年又恢复征收。1986年1月，对个人就地购买不宰杀的征收5%。

商品流通税 1953年，对烤烟、白酒、原木三品种开征，分别按营业额的10%、45%、50%的税率计征。1958年并入工商统一税。

印花税 1953年开征。资本账簿按资本总额贴花3%，营业账簿摺每年贴花0.5元。1958年并入工商统一税。

工商所得税 1954年，按21级全额累进税率征收，最高为30%，最低为5%。1958年，仅对供销合作社按5级累进税率征收，分基层社和县联社两部分，最高80%，最低30%。1963年统按39%计征，不再分开。1961年对手工业合作社开征，按8级累进税率计征。1984年对建筑企业开征，按8级累进税率计征。基层供销社、乡镇企业、国营企业营业收入在3万元以上的开征。

文化娱乐税 1957年1月开征，电影放映的营业收入按工商营业税征收，税率为4%。1961年1月，按文化娱乐税中电影税目征收，税率为5%。1967年并入工商统一税。

工商统一税 1958年，停征货物，商品流通、营业、印花4个税种，开征工商统一税。烤烟叶按收购价50%计征；余均按3%。使用单位在市场上收购原木，按实际成交额3%计征。1964年以后烤烟叶改按40%征收。1972年改征工商税。

车辆使用税 1961年开征自行车、畜力车使用牌照税，每辆每季征收0.5元～5元。1986年非机动车辆免征牌照税，牌照由省统一制发，收工本费。是年对机动车、非机动车均征收使用税。载人客车有10～40个座位的年征税120～240元；40座以上的，每增加10座，增征40元。载重货车0.5吨～4吨的，年征18～44元；4吨以上的，每增加1吨，增征36元。拖拉机运输折半。轻骑、二轮、三轮摩托车每辆年征20～40元。自行车免征。

集市交易税 1962年在丹江市场试点开征。手工业品起征点10元，税率为5%；其他货品起征点为5元，税率为10%。8月，停征。12月，对猪、羊、梨、橘、黄果等货品征10%，猪、羊、牛、马肉，铁、木、棕、竹、藤制品及木炭、甘蔗等征5%，未列入的免征。1964年在丹江、西江市场恢复征收集市交易税，活猪、羊在10和15公斤以上的征10%，其他货品起征点降为5元。1971年停征。

工商税 1972年开征。划分为工业、商业零售、交通运输等24个税率，最低2%，最高60%。1980年，对采伐林场自伐原木向省外议价出售按森工采伐税10%征收。1984年停征。

能源交通重点建设基金 1983年，对国营商业、工业企业、供销合作社等的税后余利、折旧费、更改基金、固定资金变价收入、预算外收入、管理费收入等项实行征收，税率按当年的15%。

建筑税 1984年1月开征。凡属国家预算外资金、地方机动财力、企事业单位各种自有资金、银行贷款及自筹资金的基本建设，更新改造项目中的建筑工程投资、不纳入国家计划的固定资产等，由建设方交纳10%。

产品税 1984年10月开征。对农民个人自有木材进入市场交易，到点登记，证券齐全，按现行价先税后卖，税率为10%；收购、贩运生猪、大牲畜宰杀出售，按收购价3%计征。1986年，个体屠商经营生猪、大牲畜等，不论是否宰杀，均按收购价3%征收；在县内农村购买或从外地购进未曾纳税而宰杀的菜牛、生猪，每头固定交纳3.9元。1987年，对经营桐油的粮食部门按销售价款征收8%；私人赁租国营酒厂生产又销售给国营和个体户的，按实销价款征收30%；销售给直接消费者的按实销收入3%计征。

营业税 1984年10月，对商业、交通运输业、服务性行业及其他营业单位和个体户开征。批发税率为10%，零售为3%。1985年，对屠商、农民、居民宰杀生猪上市出售开征，税率为3%；电视录像营业按综合税率4%计征。1985年，对保险企业开征，税率为5%；木材销售为4%；生猪、菜牛宰杀上市出售每头固定征收3.55元。1987年，对租赁国营酒厂生产白酒、个体书摊零售征收3%。

城市维护建筑税 1985年，对户口、粮食关系在县城及西江、永乐二镇的单位和个人开征。县城为5%，镇为1%。1986年5月，对屠商、农民、居民宰杀生猪、菜牛上市出售的，按地区适用税率交纳。

国营企业所得税 1985年，对国营商业、工业企业、饮食服务业、供销合作社、招待所等营业单位开征，税率按所得税税率。

集体企业所得税 1985年，对经工商行政部门批准、税务机关办理登记的工商、建筑、商业、饮食服务等行业开征，将工商所得税改征集体企业所得税。乡镇企业年利润不到3000元的免征，基层供销社从1986年起免征3年。

奖金税 1985年，对国营企事业单位年终奖超过标准工资2个半月的部分开征。超过2个半月至4个月的征收30%，超过4个月至6个月的征收100%，起过6个月以上的征收300%。集体企业执行国营企业工资等级的比照执行，每人平均月工资达不到70元的按70元计算，未按国营企业工资等级又未发物价补贴的乡镇企业及新办企业，其标准工资放宽到每人月平均80元。

房产税 1986年10月开始，对丹江镇辖地所有国营、集体及城郊厂矿企业的房产，行政单位用于营业的房产，个人房产用于营业的部分，均按原值减除30%以后计算征税，税率为1.2%；租赁房产以租金收入计算，税率为12%。

增值税 1987年7月，对国营、集体企业、个体经营户实行"扣税法"测算，即以"实耗扣税法"和年中测算征收率、年终决算的方法计征。印刷厂为6.5%；饮料厂饮料为9%，罐头为5%，食品、糕点、糖果为4%；乡镇企业厂为4.5%；林业家具厂3.5%；农机厂6%。余均按10%。

教育费附加 1987年，对缴纳产品、增值、营业3税的企业和个体经营户征收，附加率为1%。经营烟叶产品的单位减半。

征　收

解放前，雷山县境内工商企业极少，市场萧条，商业极不发达，税源枯竭，县内税收多由专署税务机关委托代征或招标承征，未设税务稽征机构。解放后，始在县城设立税务所（1954年升为税务局），承担税务征收和开辟税源、扶持生产的工作。1951年，全县工商税收为20638元，仅占地方财政收入的4.39%；1953年，全县税收为68925元，占地方财政收入的6.1%。以后，随着农村生产力的解放，农贸市场的日益繁荣，国营工业企业和商业企业的开办，税源不断拓展，税收逐年上升。1957年，全县税收为216563元，占地方财政收入的40.25%。1959年以后，因受"左"的思想干扰，各项生产下降，商业购销萎缩，税收锐减。1961年仅征收170425元，比1957年下降21.3%。1962年国民经济调整，纠正经济工作的失误，工农业生产得到恢复发展，1965年工商各税收入为431949元，占地方财政收入的58.76%，比1961年上升1.54倍。1966—1976年，十年浩劫，生产停滞，工商各税征收始终徘徊在20万~35万元之间。1976年，全县税收为398631元，仍比1965年低7.7%。粉碎"江青反革命集团"，结束"文化大革命"之后，1977年，全县税收迅速增加。是年，工商各税为510331元，占地方财政收入的59.11%。党的十一届三中全会果断地把工作着重点转移到经济建设上来，以后又坚决贯彻执行改革开放的政策，工农业生产持续稳定地发展，工商各税收入直线上升。1979年，全县工商税收入548881元，比1976年增长37.69%。1987年，全县工商税收为1772970元，又比1979年增长2.23倍，占地方财政收入的97.47%，年均递增87.42%。1951—1987年，工商各税总收入为16745984元，占地方财政收入66%。

第三节　农业税

田　赋

清雍正七年（1729年），丹江厅曾开征"苗粮"田赋银。乾隆元年（1736年）全部蠲免，咸丰十年（1860年）、同治五年（1866年）、光绪四年（1878年）都重申前旧制，继续蠲免。

民国3年（1914年），丹江县开征田赋额，分丁粮、屯粮、死亡绝户田租3种。民国18年（1929年），丹江县田赋额为2127元（银圆，下同）。其中丁粮800元，田4225.99亩；屯粮612元，田3627亩；死亡绝户田89.5亩，租额713元，征稻谷256石6斗5升。征收科丁粮上田每亩年征2角，中、下等田每亩年征1.5角，中等土每亩年征1角；屯田每号（80挑）征银1觔（斤）；死亡绝户田租按原额每石征2元7角8仙。民国19年（1930年），征丁粮银400.46两，折银圆600.7元；屯粮征银408.54两，折银圆612.81元；死亡绝户田租征银475.65两，折银圆713.49元。全县共征银1284.24两，折合银圆1927元。民国21年(1932年)废丁粮制，改为新升科地粮。全县征银圆2014.98元，上解省1171.54元。民国22年(1933年），丹江县呈省批复，对己（1929年）至壬申（1932年）各年丁粮加收之滞纳金一律豁免，只征正税。全县田面积5667亩，征正税2038元。民国24年（1935年），全县田赋额1213元全部蠲免。民国26年（1937年），丹江县将新升科地粮、屯田粮改为民粮，分3等，上等田年亩征2角5仙，中等田年亩征1角5仙，下等田年亩征1角。死亡绝户田租额每石折收银圆3元6角。全县计赋额1213.52元，死亡绝户租额1946.28石，共征银圆7015.08元，减征五成。征收之半数留地方做教育经费，半数上解省库。民国33年（1944年），雷山设治局进行土地丈量，办理土地登记，全局田赋原额为1213元8角2分（银圆），田赋附加每元征粮（稻谷）1斗。民国35年（1946年）按田赋原额征稻谷12927石，实征9009石1斗8升5合。分为：公粮7755石4斗8升，公教食谷110石7斗零5合，田赋附加1243石6斗3升。此外，配征献粮2269石，献金405万元，此数随赋征收和向富户摊筹。民国36年（1947年）加征军粮627石。民国38年（1949年），雷山县田赋一律改征稻谷。其标准为每赋额1元征收7市斗（合87.5公斤），分为田赋3市斗，征借1斗5升，省、县公粮1斗5升，地方附加1市斗。是年，征收稻谷7497石9斗9升6合，另地方附加征收1249石6斗6升6合，合计为8747石6斗6升2合。

农业税

1950年10月，雷山县人民政府将民国时期的田赋改为农业税（即公粮），以原田赋额“元”为基础，以常年产量为计征标准。是年11月20日，雷山县人民政府召开全县各族各界人民代表会议，通过开征公粮的决议，把征粮列为“五大任务”之一，结合清匪、反匪首、减租、退帮工帮粮工作，深入地宣传贯彻“取之于民，用之于民”的爱国缴粮政策，采取清报户口，查田评产，自报公议的方法，核定全县常年产量为1728.98万公斤。其中出租收入1072046公斤，佃耕收入1200500公斤，自耕收入14608725公斤。以此作为征收农业税的依据。以户为单位，按人口平均常年产量计算，依全额累进税率征收。人均常年产量在1706公斤以上的征收税率为42%；人均常年产量在65公斤以上的，税率为3%；人均60公斤以下的免征。开征公粮的户，另加地方附加15%。1952年，根据中央人民政府政务院《关于一九五二年农业税收工作的指示》，实行1~24级全额累进税率，仍以户为单位，人均粮食75公斤以下的免征。人均粮食75公斤为最低级，税率为7%；人均粮食975公斤为最高级，税率为30%。是年，按照贵州省人民政府的指示，取消一切附加，依率计征，依法减免。全县征收税率最低为16%，最高为20%，平均税率为17%，分夏秋两季征收。经过土地改革以后，纠正面积畸高畸低的弊端，核实全县常年产量为1571.57万公斤。

1953年，国家对粮食实行统购统销（毛坪、龙河、乌东、平祥、中提、桥王6个乡未执行），征收粮食统称公余粮。1954年，实行5~24级全额累进税率，人均常年产量175公斤为起征点，最低税率为11%；人均常年产量975公斤为最高级，税率为30%。人均为13.3%，1955年，实行粮食“三定”政策（即定产、定购、定销），定产、定购“一定三年”，定销则“一年一定”。是年，全县常年产量为

1561.12万公斤。农业税改以货币计算，公粮由财政科填发通知单，发给纳税单位和个人，入库粮食由粮食局收购保管作价入地方财政账目。同年，开征林木特产税，税率为7%。1956年，建立农业生产合作社。农业税征收分为：高级农业生产合作社以社为单位计征，统一交纳，税率为16%；初级农业生产合作社以户计征，集体交纳，仍按累进税率征收，最低为15%，最高为20%；个体农户沿用1955年分户计算，按累进税率最低为11%，最高为30%。1958年6月，根据《中华人民共和国农业税条例》统一实行比例税制，常年产量在1957年的基础上，平均调高18%。调高后，正税税率为12.99%，地方附加税率为1.92%。林木特产税只征松、杉林种，税率仍为7%。全县常年产量为1910.61万公斤。1961年8月恢复雷山县治后，原属丹寨县的永乐、排调两区划入，常年产量为2330.67万公斤。农业税征收以生产队为单位，按实际收入计征，税率为7%。社员自留地和机关生产所得收入免征。是年，完成征购数比1957年减少20.3%。1962年，农业实行"大包干"，全县常年产量核定为1560.26万公斤。农业税统一由生产队交纳，全县平均税率为14.6%。对单干户加征3~5成(不能参加集体生产的鳏隔户，经批准不加成征收)。对贫困社队适当照顾，税率按10%~13%。1963年，贯彻"合理负担，巩固农业集体经济，发展农业生产"和"稳定负担"的政策，"一定三年"不变，粮食常年产量一直到1971年均稳定在1665.02万公斤。1964年，农业税负担部分进行调整，调整面一般为10%~20%，税率调为10%。附加税在1963年3%的基础上，调为8%。1970年，农业税率又降为7.2%，蔬菜专业队按实际产量计算，征收代金，税率为7%。1972年，县革命委员会发出《关于继续稳定农业税负担的通知》，仍保持在原基础上"一定五年"不变。1973年，全县常年产量为2237万公斤。1981年以后，农村经济体制改变，土地承包到户，农业税仍以原分配到生产队负担的数额计征，"税随地走，落实到户，由户交纳"。是年，常年产量为2236.5万公斤，税率为7.6%~8.1%。1987年，常年产量为2264万公斤，税率为10%。

1929—1941年民国时期丹江县田赋征收情况统计表

表12-13　　单位：银圆

项目 年度	丁　粮	屯　粮	死亡绝户田租	合　计	备　注
民国18年(1929年)	600.7	612.8	713.5	1927	—
民国19年(1930年)	600.7	612.8	605.3	1863.8	—
民国20年(1931年)	600.7	612.8	599.1	1812.6	—
民国21年(1932年)	600.7	612.8	750.1	1963.6	—
民国22年(1933年)	600.7	612.8	725.1	1938.6	—
民国23年(1934年)	610.7	602.2	825.7	2038.6	—
民国24年(1935年)	全部蠲免				
民国25年(1936年)	613	600.5	缺	1213.5	只征正税
民国26年(1937年)	620	573	800	1993	—
民国27年(1938年)	1213.5		7006.6	8220.1	—
民国28年(1939年)	1213.5		5730.5	6944	—
民国29年(1940年)	缺		缺	缺	—
民国30年(1941年)	1213.5		3900.5	5114	—

1944—1949年民国时期雷山县（设治局）田赋征收情况统计表

表12—14　　　　单位：谷石、币元（法币）

项目/年度	田赋			军粮配征	公粮		公田租额	公教食谷	免赋拨补	附征
	原额	实征	减免		县级公粮	省补公粮				
民国33年（1944年）	15362.82	—	—	—	38575.13	400000	600504	—	—	—
民国34年（1945年）	—	—	—	—	7816.48	—	1408.85	27255	—	—
民国35年（1946年）	12927	12426.34元	—	—	7755.48	—	—	—	395160元	1243.63
民国36年（1947年）	12727.39	101819.04元	47959.24元	627	9545.54	395160元	—	10075	9368964元	—
民国37年（1948年）	12711.91元	12657.73元	54.18元	—	47129.62	—	—	10075	2036569元	—
民国38年（1949年）	—	—	—	—	—	—	541.85	—	—	—

1950—1987年雷山县农业税征收粮食数额情况统计表

表12—15　　　　单位：稻谷、公斤

年度	计税常年产量	依率计征		减免	实征税额					
		税额	占常产%		合计	占常产%	其中：			
							正税	占常产%	附加税	占常产%
1950	17289765.5	3242300.5	18.75	531477	3117452.5	18.03	2710828	15.68	406624.5	2.35
1951	19733599.5	4170191.5	21.13	525676.5	4390941	22.25	3644515	18.47	746426	3.78
1952	15715703.5	2732759.5	17.39	31629.5	2701130	17.18	2701130	17.18	—	—
1953	16181611	2626000.5	16.23	777377	1903623.5	11.76	1848623.5	11.41	55000	0.35
1954	15688671.5	2504479	16.49	415359.5	2194119.5	13.98	2089119.5	13.32	105000	0.66
1955	15611186	2475177	15.86	396708	2223469	14.24	2078469	13.31	145000	0.93
1956	16041385	2469725.5	15.85	639294	1958809	12.6	1830431.5	11.77	128377.5	0.83
1957	16009231	2512118	15.69	290139.5	2555287	15.69	2221978.5	13.88	333309	2.08
1958	19106069.5	2697871	14.12	253308	2811243	14.71	2444563	12.79	366680	1.92
1959	属凯里县	—	—	—	—	—	—	—	—	—
1960	属凯里县	—	—	—	—	—	—	—	—	—
1961	23306724.5	2815274	12.08	780157.5	2035116.5	8.73	2035116.5	8.73	—	—
1962	15620553	2092958	14.68	551779	1587414.5	6.81	1541179	6.61	46235.5	0.2
1963	16650215.5	1766039.5	10.61	252609	1558833	9.36	1513430.5	9.09	45402.5	0.27
1964	16750000	1683310	10.05	—	1817975	10.85	1683310	10.05	134665	0.8

续表

年度	计税常年产量	依率计征		减免	实征税额					
		税额	占常产%		合计	占常产%	其中:			
							正税	占常产%	附加税	占常产%
1965	16600000	1653278.5	9.96	—	1785631.5	10.75	1653278.5	9.96	132353	0.79
1966	16650000	1705357.5	10.24	—	1841477.5	11.06	1705357.5	10.24	136120	0.82
1967	16650000	1690791	10.15	—	1826054	10.97	1690791	10.16	135263	0.81
1968	16650000	1846013.5	11.09	758	1949585.5	11.71	1845255.5	11.08	104330	0.63
1969	16650000	1693500	10.17	548405	1239595	7.45	1104595	6.88	94500	0.57
1970	16650000	1193500	7.17	189000	1119500	6.72	1004500	6.03	115000	0.69
1971	15473115	1193500	7.71	40950	1245236.5	8.05	1152550	7.45	92686.5	0.6
1972	14335333	1702059	11.87	333786	1480288.5	10.33	1368273	9.55	112015.5	0.78
1973	22640000	1708500	7.55	53000	1788000	7.9	1655500	7.31	132500	0.59
1974	22640000	1712500	7.56	81000	1757500	7.76	1631500	7.2	126000	0.56
1975	22640000	1703500	7.52	160000	1667000	7.36	1543500	6.81	123500	0.55
1976	22365000	1810000	8.09	100000	1845000	8.25	1710000	7.65	135000	0.6
1977	22360000	1810000	8.1	20000	1935000	8.65	1790000	8	145000	0.65
1978	22365000	1830000	8.18	250000	1705000	7.62	1580000	7.06	125000	0.56
1979	22365000	1810000	8.09	770000	1145000	5.12	1040000	4.65	105000	0.47
1980	22365000	1810000	8.09	1005000	865000	3.87	805000	3.6	60000	0.27
1981	22365000	1810000	8.09	1155000	710000	3.17	655000	2.93	55000	0.24
1982	22365000	1810000	8.09	955000	930000	4.16	855000	3.82	75000	0.34
1983	22365000	1810000	8.09	100000	1855000	8.29	1710000	7.65	145000	0.64
1984	22365000	1810000	8.09	250000	1700000	7.60	1560000	6.97	140000	0.63
1985	22365000	1810000	8.09	1695000	127422	0.57	115000	0.51	12422	0.06
1986	22365000	1811565	8.10	1695000	130291.5	0.58	116565	0.52	13726.5	0.06
1987	22365000	1814200	8.11	1137500	718800	3.21	685700	3.10	33107	0.11

第四节　减　免

工商税减免

1951年9月18日，雷山县粮油市场交易税起征点由0.5公斤改为1公斤；10公斤以下的仔猪及角斗用的水牯牛，免交牲畜交易税；农民自养自宰自食的牲畜，免征屠宰税，对出售的部分仍依率征税。1954年，取消免税，实行按重量减征15%的屠宰税照顾。1956年，苗族“过年”“吃新”“吃鼓藏”等三大节日和娶、嫁、丧事宰杀的牲畜，免征屠宰税；自酿、自饮的土酒，免征商品流通税。是年，免征税额共1403元。1957年，贵州省税务局、供销合作社联合通知，免征供销合作社工商所得税和附加税。1962年，对农村生产队社员在集市上购买耕牛、仔猪饲养、供销社供应的农用化肥等6种货物，减征、免征工商统一税与集市交易税，当年，免征19425元。

1963年，对苗族“吃新”“过年”“吃鼓藏”3个传统节日宰杀自养自食牲畜免征屠宰税，自酿自饮土酒免征工商统一税，当年，免征税额共8961元。1964年，农村社员在集市出售土烟叶，免征集市交易税；自酿、自饮的土酒，免征工商统一税；对轻工企业，文教企业、商业企业等减征工商统一税；娶、嫁、丧事等宰杀的牲畜，免征屠宰税。当年，免征税额为10076元。1965年11月，县人民委员会决定：在春节前40天，农村社员宰杀肥猪过春节，每头猪减半征收屠宰税1.5元。在生产大队内，各生产队相互销售手工业产品，自制自用砖瓦等免征工商统一税。1966年，“文化大革命”开始后，取消了对少数民族传统节日及农村娶、嫁、丧事等宰杀自养自食的牲畜及自酿、自饮土酒的免税和春节前40天宰杀肥猪过春节减税的照顾。

1978年，对社、队办的小锑矿、小水电站等，免征工商所得税3年。对农村社、队办的水碾、磨坊、榨油、代国营商业、供销合作社加工及为公社社员加工的收入，社员外出承包修缮，基建施工、属包工不包料的，均不征税，同时，根据省革命委员会批转省财政厅《关于改进农村工商税征收办法的请示报告》。对集市交易税，保留税种，暂不征收。对机关、部队、团体、学校、农村社、队等集体单位买卖的牲畜、农村自行车牌照税，社、队兼营车辆牌照税，自榨自食的植物油，社队出售的水电、风车、木犁、耙、挞斗等农具免征、停征，农民出售应税产品在5元以下者，免征。1982年3月，县人民政府根据省人民政府指示，对少数民族“吃新”“过瓜年”（水族）“过苗族年”等3个传统节日宰杀自养、自食的牲畜和自酿、自饮的土酒、给予免征照顾。1984年，根据中共中央〔1984〕1号文件有关税收问题的规定，对少数民族在“过苗族年”“吃新”“过瓜年”“吃鼓藏”等4个传统节日及娶、嫁、丧事等宰杀的牲畜，免征屠宰税；自酿、自饮的土酒，免征产品税。根据省财政厅《关于有关税收问题的补充通知》精神，对农村个体艺匠走村串寨、上门服务所得的收入免征工商税，对少数提供商品肥猪较多的专业户，经批准用议价粮或中价粮烤酒，以糟养猪，交专卖公司或基层供销合作社销售的，按30%税率征税。对乡、镇企业年所得额不满3000元的免征集体所得税；对农民自养宰杀的肥猪和菜牛，持有乡人民政府证明上市出售的，征屠宰税，免征零售税。对用支援不发达地区发展资金安排的基本建设项目、地方财政和企业单位自筹资金修建房屋的，免征建筑税；供应农用化肥、种子等免征营业税；牲畜用盐减半征收营业税；银行贷款、县财政无偿拨款补助贫困户购买耕牛，免征牲畜交易税。基层供销社减征3年的工商所得税；利润在3000元以下的，免征所得税。是年，共减免税额12万元。1986年，对城乡集体企业和基层供销合作社全年利润不满3000元的继续免征集体企业所得税。1987年，对省、州、县三级拨给专项资金建小型农田水利的施工单位及个人，免征营业税；对租赁国营酒厂的承包人，生产白酒批发给国营商业的，免征批发营业税、所得税；对供销社经营的各种改良农具、小型提水工具，中、小型农机器具，免征营业税。全年计减免各种税额计10万余元。

农业税减免

1950年，雷山县人民政府根据镇远专区专员公署批示，对贫农和鳏、寡、孤、独以及军工烈属等困难户，对因自然条件或病残、无劳力，生活困难无力纳税的，分别减免农业税。共计减免3439户，16011人，税额稻谷171488公斤。1951年以后，采取先减后征办法。1954年，农业受灾，按“轻灾少减，重灾多减，特重全免”的原则，实行灾情减免。全县减免面为8%。其中轻灾区减免面为5%，一般灾区减免面为10%，重灾区减免面为25%。1955年，贵州省人民政府决定，对雷山民族地区农业税按公粮原额减免10%。免征林木特产税稻谷2.5万公斤，应征粮额改征货币。1956年，对修筑公路、兴修水利等基本建设占地，减征农业税10%，减购余粮15%。1958年以后，采取“先征后减”办法。1961年，贵州省人民委员会指示，雷山属少数民族贫困县，农业税统按12%的税率征收。1963年，农业税税率再次调低10%。1979年，贵州省革命委员会发出关于农业税实行起征点若干具体政策问题的补充规定，以生产队为单位核算，人均口粮和人均分配收入折粮达不到规定口粮标准的，免征农业税。其口粮标准是：水稻产区200公斤，杂粮产区150公斤，稻杂兼产地区175公斤。生产队集体留粮每人平均为25公斤至35公斤。当年，全县免征农业税的有22个生产队，占全县总生产队数的7.9%，免征粮额38559公斤；减征农业税的有607个生产队，占总生产队数77.12%，减征粮额664565公斤。1980年，遵照黔东南苗族侗族自治州人民政府关于征收农业税的规定，全县农业税减免“一定三年”不变，减轻贫困社、队负担，使其休养生息，发展生产，尽快改变落后面貌。全年计减免农业税100.5万公斤。1981年减征粮额115.5万公斤。1982年全县减免1148个生产队，占总队数93.87%，减免粮额95.5公斤。1985年，贵州省人民政府发出关于解决少数民族贫困地区农民温饱问题的指示，全县减免农业税稻谷169.5万公斤，应交农业税稻谷11.5万公斤改用货币交纳；1986年减免农业税稻谷169.5万公斤，应交农业税稻谷11.66万公斤，仍以货币交纳；1987年，减免农业税稻谷113.75万公斤，应交农业税稻谷78.88万公斤，以稻谷交纳。

第三章 金 融

第一节 机 构

财务委员会

民国26年(1937年)，丹江县政府设财务委员会，兼办货币储存和上解下拨支付事宜。

公库

民国33年(1944年)，雷山设治局设独立公库(即金库)，有主任1人，职员2人。专办田赋及各项税款收入、货币储存和上解下拨支付事宜。直至1950年9月雷山县解放后废除。

人民银行雷山县支行

1950年10月，雷山县人民政府设中央金库雷山支库，由财粮科代理发行人民币。

1951年9月4日，中国人民银行雷山县支行成立，配备副经理1人，工作人员10人，接管中央金库雷山支库业务。1953年，经理改称行长。配副行长2人，设人事秘书、会计、出纳、计划、信贷5个股。1954年11月，设大塘营业所和县城十字街储蓄所。1956年，计划、信贷2股合并为计划信贷股，增设货币流通、农村金融管理2股。下辖西江营业所，大塘营业所和县城十字街储蓄所。1959年3月，雷山县支行并入凯里县支行。雷山地区设雷山、西江、大塘3个营业办事处。1961年8月，恢复人民银行雷山县支行，设人事秘书、借贷计划、会计出纳、农村金融管理4股及县城十字街储蓄所。下辖丹江、西江、大塘、永乐、排调5个营业办事处。1962年10月，排调营业办事处划入丹寨县。1979年12月，丹江、西江、大塘、永乐等4个营业办事处改称营业所。1980年1月，4个营业所由农业银行雷山县支行领导。1984年4月，工商银行成立，人民银行雷山县支行与工商银行雷山县支行合署办公，实行一个机构，两块牌子、两套账目，资金分开。1986年8月，根据国务院的决定，人民银行雷山县支行与工商银行雷山县支行分开办公，人民银行县支行直接经理国库，管理金融系统业务，不办理存款、贷款业务。1987年，人民银行下设人事秘书、保卫、会计、货币发行、计划统计、稽核6股。有行长1人，工作人员15人。

农业银行雷山县支行

1956年7月，设立农业银行雷山县支行，配备副行长2人，工作人员10人。下设综合、信用、农业放款3股。1957年6月，并入人民银行雷山县支行。1964年5月，恢复农业银行雷山县支行。1965年11月，又并入人民银行雷山县支行。1979年10月，再次恢复农业银行雷山县支行，专管农业贷款、信用合作等业务。设人事秘书、会计出纳、社队信贷、计划统计、信用合作5股。下辖丹江、西江、大塘、永乐4个营业所。1987年，农业银行设办公室、监察、企业信贷、资金组织、审计监督5股、室和支行储蓄所，丹江储蓄所。辖丹江、西江、大塘、永乐4个营业所。有行长1人，副行长2人，职工60人。

人民建设银行雷山县支行

1972年，开始在县财政局配备基本建设专职拨款员1人，办理基建设拨款、贷款、结算及监督等业务。1978年11月，建设银行雷山县支行成立，接管县财政局原管理的基本建设投资预算和全县建设单位的财务监督，发放县内集体施工企业流动资金及短期贷款。1983年，开始管理发放固定资产投资项目中期贷款，对基本建设单位和建筑安装施工企业实行财务监督。1987年，建设银行有副行长1人，职工6人。

工商银行雷山县支行

1984年4月，建立工商银行雷山县支行。设人事秘书、信贷、计划、会计、出纳5个股，下辖城关储蓄所，十字街储蓄所。办理工商企业信贷、城镇储蓄、货币管理等业务。1987年，增设保卫股、统计股。有行长1人，副行长1人，职工32人。

人民保险公司雷山县支公司

1951年10月，设中国人民保险公司雷山县特约代理处与人民银行合署办公，配专职干部1人。1982年2月，改为雷山县代理处，配专职干部1人。1986年9月，建立中国人民保险公司雷山支公司，配经理1人，业务人员4人。设财务、业务2个股。

第二节　货　币

货币流通

清代及民国时期货币　丹江地区市面流通的货币有5种。

制钱，明弘治十六年至十八年（1503—1505年）及崇祯元年至十七年（1628—1644年），铜铸方孔圆形“弘治通宝”“崇祯通宝”。清代铜铸顺治、康熙、雍正、乾隆、嘉庆、道光、咸丰、同治、光绪、宣统各朝皇号方孔圆形“通宝”。民间称为“小钱”。

铜圆，清光绪三十二年(1906年)，铸制面额十文的“大清铜圆”；民国元年(1912年)，四川军政府铸制面额五十文的“汉版铜圆”及版面有两面旗帜，面额二十文的“中华民国铜圆”；湖南、湖北等铸制十文、二十文、五十文、一百文、二百文的铜圆等。

银两，用白银铸制的“翘宝”(马蹄形)，每锭重50两；“元宝”每锭重10两、20两、30两不等，民间称“银宝”；还有“碎银”“银块”(片子银)等。银宝多为商贾进行大宗物品交易中使用。民国16年(1927年)后，为富裕户收兑贮藏，市面流通逐渐消失。

银圆，(亦称“大洋”“光洋”)清末，有清光绪二十四年(1898年)，四川铸制面额为一元的“光绪元宝”，云南铸制的“光绪元宝”，面额一元、半元；广东铸制面额为十毫二十毫的圆形银毫，还有面额一分、二分、五分、十分、二十分等五种铝毫。民国元年(1912年)后，流通的有南京铸制面额一元的孙中山半身像“开国纪念币”(习称小头)银圆。民国3年(1914年)后，流通北洋政府铸制有袁世凯头像(习称大头银圆)及“民国三年”“民国九年”“民国十年”诸种面额为一元的银圆。以“三年”“九年”银圆含银度高。

民国20年(1931年)后，流通贵州省赤水铸制面额为一元，正面为孙中山半身像，背面为谷穗圆周的“中华民国开国纪念”银圆。还有面额一元的帆船版、飞机版等银圆，此类银圆含银度低，习称“杂版”，多为交换者挑剔或拒收。

纸币，民国20年(1931年)5月，流通国民政府发行的“关金券”。民国24年(1935年)11月后，流通中央、中国、交通、农民四行发行的纸币(法币)。民国37年(1948年)8月后，“金圆券”开始发行流通时，1元折抵法币300元。民国38年(1949年)6月，发行“银圆券”，实行银本位体制。“银圆券”与“金圆券”混合流通。1950年，匪雷山县政府宣布废除纸币，通用银圆。

1935—1949年雷山县(设治局)部分年度银圆与法币(金圆券、银圆券)在市面流通比价表

表12—16

时　间	比　例
民国24年(1935年)	为1：1元
民国33年(1944年)	为1：95元
民国33年(1944年)	为1：350元
民国34年(1945年)	为1：2200元
民国35年(1946年)	为1：5000元
民国36年(1947年)	为1：5500元
民国36年(1947年)	为1：7万元
民国37年(1948年)	为1：8.4万元
民国38年(1949年)	为1：12.6万元

中华人民共和国成立后货币　1950年9月起，人民币与银圆在市面混合流通。以后，县人民政府

执行镇远专区专员王耀华发布的《禁银令》，禁止使用银圆，通用人民币，并挂牌收兑金银和银圆。对农民斗争胜利果实中的金银和银圆，实行优惠价格收兑。当时有的工商户，自动挂牌拒用银圆交易。国家发放农贷、工商信贷、收购农副土特产品，一律支付人民币。1951年底，人民币已成为市面唯一的流通货币。人民币面额有壹圆，伍圆、伍拾圆、壹佰圆、贰佰圆、伍佰圆、壹仟圆、伍仟圆、壹万圆、伍万圆等11种。1955年5月21日，国务院发布《关于发行新的人民币和收回现行人民币的命令》，发行新人民币，收回旧人民币。新旧币的折合比率为：新币1元换旧币1万元。新人民币发行时的面额有：壹分、贰分、伍分、壹角、贰角、伍角、壹圆、叁圆、伍圆、拾圆等10种(拾圆券于1961年发行)。发行后，物价稳定，市场繁荣。全县共收回旧人民币面额9586万元。1957年12月，国家发行金属白色圆形硬分币。面额有：壹分、贰分、伍分3种，与纸分币等同流通。1961年发行蓝黑色壹圆券(1956年版)与1955年发行的壹圆券等同流通。1962年发行棕色伍圆券(1956年版)和枣红色壹角券(1960年版)与1955年发行的同面额券种等同流通。1964年4月15日，停止流通黑色拾圆券、酱紫色伍圆券、深绿色叁圆券(1953年苏联代印版)三种面额的纸币，并公开兑换收回。新发行(1962年版)贰圆券和墨绿色贰角券。1966年1月10日，发行墨绿色拾圆券(1965年版)和深棕色壹圆券(1962年版)。1967年12月15日，发行玫瑰色壹角券。1969年10月20日，发行浅黄色伍圆券(1960年版)和浅红色壹圆券(1960年版)。对流通中的红色壹圆券(1953年版)，只收不付，逐步收回。1974年1月5日，发行伍角券(1972年版)。1980年4月15日，发行黄色壹角、贰角、伍角、壹圆等4种面额金属币，与流通中的面额纸币等值，在市面上混合流通。发行后多为群众收藏，市面流通不多。1986年9月20日，发行面额壹圆“国际和平年”金属纪念币，为纪念性流通货币，与流通中人民币等值。发行后，亦被群众收藏，市面流通较少。1987年4月25日，国务院发布《关于发行新版人民币的命令》，责成中国人民银行自4月27日起，连续发行一套新版人民币(纸币)。新版币均为1980年版，主币面额有：壹圆、贰圆、伍圆、拾圆、伍拾圆、壹佰圆6种；辅币面额有：壹角、贰角、伍角3种，与现行币的比率为1∶1发行后，在市面与现行货币混合流通。当年，雷山县发行流通新版人民币有伍拾圆券和伍角券两种。

货币管理

1950年3月，中国人民银行总行决定，“把分散在国家机关、企业事业单位及合作社等的现金，由人民银行集中统一管理”。1952年起，人民银行雷山县支行对国营商业、粮食、供销合作社等单位的当日销货款(即现金)实行当日入库；国家机关、企事业单位，根据费用支付情况，核定库存现金限额30元至200元；对农产品采购单位，由采购单位作出需款计划，报经银行审批，保证现金供应，但库存现金限在500元至1000元以内。1956年后，对国营企业、供销合作社、公私合营及国家机关、事业单位采购所需的货款，开办汇兑、转账、托收等业务，实行非现金结算。1977年，国务院发布《关于实行现金管理的决定》后，县人民银行根据国营企业、事业部门及国家机关的经费支付情况，核定库存现金为50元至500元；对交通不方便，农副产品收购量大的边远地区，核定当地信用合作社的库存现金最多不超过2000元，由采购点作出用款计划，经审查后支取。

1978年7月，人民银行贵州省分行、贵州省邮电管理局发出联合通知，雷山县决定对国家机关、部队、企业、事业、人民团体及人民公社等采购支付或汇兑的货款，一律由银行办理；凡国家机关和集体单位、个人的工资、退休金、福利费及其他汇款由邮电局办理，亦可由银行汇出。邮电局对个人的汇款，一概收现金。

第三节　存款、储蓄

存　款

民国32年(1943年)，丹江、大塘、望丰、报德、桃江等乡(镇)推行建国储蓄，金额计34200元(法币)。民国33年(1944年)8月，设治局全国节约建国储蓄劝储委员会雷山分会在境内劝储50万元，向富有之绅商业主劝储十分之五，向普通农商劝储十分之五。人民银行建立后，开展存储业务，分为工商企业存款及农业存款。

工商企业存款　1953年，企业存款余额1万元(已折新人民币)。1957年，企业存款余额为11.4万元，比1953年上升10.4倍；1963年，企业存款余额48.1万元，比1957年上升3.23倍；1966年至1975年，均在20万元至60万元之间；1979年，企业存款余额105.9万元，比1975年增长70.53%；1987年，企业存款余额653.1万元，比1979年上升5.18倍。

1953—1987年雷山县年末存款余额统计表

表12－17　　　　单位：万元

年　度	年末存款余额合计	企业存款	农业存款	年　度	年末存款余额合计	企业存款	农业存款
1953	7.4	1	6.4	1971	118.9	45.3	73.6
1954	7.7	4.2	3.5	1972	137.3	52.8	84.5
1955	8.9	5.6	3.3	1973	133.1	54.6	78.5
1956	29.9	8.2	21.7	1974	127.7	41.6	86.1
1957	37.1	11.4	25.7	1975	153.5	62.1	91.4
1958	57	23.7	33.3	1976	172	74.1	97.9
1959	属凯里县	—	—	1977	212.4	74.4	138
1960	属凯里县	—	—	1978	205.8	82.2	123.6
1961	51.6	32.3	19.3	1979	217	105.9	111.1
1962	34.6	11.9	22.7	1980	258.8	159.7	99.1
1963	63.9	48.1	15.8	1981	272.6	189.8	82.8
1964	57.5	24.1	33.4	1982	304.4	188.4	116
1965	92.3	22.6	69.7	1983	298.7	202	96.7
1966	104.6	26.8	77.8	1984	38.08	242.4	138.4
1967	104.5	33	71.5	1985	442.3	280.3	162
1968	106.8	41.7	65.1	1986	769.2	599.8	169.4
1969	93	37.1	55.9	1987	870.6	653.1	217.5
1970	96.9	34.6	62.3	—	—	—	—

农业存款 1953年，农业存款余额为6.4万元。1957年，存款余额25.7万元，比1953年上升3倍。1958年后，因受自然灾害和“左”的思想影响，集体经济遭受损失。1963年，存款余额下降为15.8万元。1963年，调整国民经济比例关系，农村经济回升。1965年，存款余额上升为69.7万元。1966年“文化大革命”开始，因受“文化大革命”冲击，生产停滞，存款增长较慢。1968年，存款余额65.1万元，比1956年上升2倍。1976年，存款余额97.9万元。1977年，存款余额138万元，比1976年上升40.96%。1979年，农村人民公社投向集体生产项目增加，存款相对减少。1984年，农业存款开始回升，年末余额138.4万元。1987年，存款余额217.5万元，比1984年上升57.15%。

储 蓄

城镇储蓄 1951年9月，设储蓄专柜。在企业单位职工、国家机关工作人员和私营工商户中，开办城镇活期储蓄存款。当年，储蓄存款余额4006元（已折新人民币，下同）。1953年，开办定期储蓄存款。1957年4月，举办活期有奖储蓄存款，当年，储蓄存款余额7.5万元，比1951年末上升17.75倍。1958年后，储蓄存款趋于下降。1962年储蓄存款余额6.8万元，比1957年下降10.29%。1963年，储蓄存款余额9万元，比1962年，增长32.35%。1966年至1975年，城镇储蓄存款余额在15万至20万元之间。1979年，储蓄存款余额38.4万元，比1975年末上升92%。此后，城镇储蓄存款逐年上升。1987年，储蓄存款余额561万元，比1979年末上升13.61倍。

1951—1987年雷山县城乡储蓄年末余额统计表

表12—18　　单位：万元

年　度	合　计	城镇储蓄	农村储蓄	年　度	合　计	城镇储蓄	农村储蓄
1951	0.4	0.4	—	1970	86.1	14.7	71.4
1952	0.8	0.8	—	1971	111.6	17.6	94
1953	2.6	1.2	1.4	1972	119.3	20.5	98.8
1954	4.6	1.1	3.5	1973	112	19.7	92.3
1955	5	1.7	3.3	1974	126.6	20.8	105.8
1956	29	7.3	21.7	1975	128.6	20	108.6
1957	33.2	7.5	25.7	1976	139.2	21.4	117.8
1958	42.6	9.3	33.3	1977	125.7	22.7	103
1959	属凯里县	—	—	1978	114.4	23.9	90.5
1960	属凯里县	—	—	1979	134.6	38.4	96.2
1961	42.2	7.5	34.7	1980	128.2	38.3	89.9
1962	47.2	6.8	41.4	1981	141.5	54.3	87.2
1963	10	9	1	1982	182.6	83.7	98.9
1964	45.7	12.2	33.5	1983	221.7	112.1	109.6
1965	83.9	14.2	69.7	1984	281.6	149.3	132.3
1966	101.4	15.7	85.7	1985	402.5	211.2	191.3
1967	98.2	16.8	81.4	1986	599	369.1	229.9
1968	96.6	16.6	80	1987	883.7	561	322.7
1969	82	15	67	—	—	—	—

农村储蓄 1953年，农村储蓄存款余额1.4万元。1954年，农村信用合作事业逐渐发展与巩固，农村储蓄存款增加。1957年，农村储蓄存款余额25.7万元，比1953年末上升17.36倍；1958年，储蓄存款余额33.3万元，比1957年上升29.57%。1962年，储蓄存款余额41.4万元，比1958年上升24.32%。1976年，储蓄存款余额117.8万元，比1962年上升1.85倍。1978年以后，农村经济政策放宽，多种经营迅速发展，农村储蓄存款持续上升。1984年，储蓄存款余额132.3万元，比1976年末上升12.31%。1987年，储蓄存款余额322.7万元，比1984年末上升1.44倍。

第四节 贷 款

工商企业贷款

1951年9月，开办工商企业贷款业务。当年，对资金不足的工商户及土陶器、铁匠红炉等手工业者贷款2500元（已折新人民币，下同），扶持土陶器手工业者生产土碗、土坛等产品，运销榕江、黎平等地。1952年7月，"五反"以后，根据贵州省人民政府"关于迅速恢复市场繁荣，促使物资交流，解决群众生产生活问题"的指示，恢复对工商业者贷款。当年，年末贷款额9000元（含手工业、小商贩3000元）。1953年，雷山县国营商业企业和供销合作社实行经济核算制，商品流动资金由上级拨款转向银行贷款。是年，工商业贷款余额为4.6万元。其中工商企业贷款4.1万元，手工业者及小商贩贷款为5000元。1954年，扩大对国营商业、供销合作社贷款，年末贷款余额5.5万元，比1953年上升19.57%。因再次紧缩对私营工商业者贷款，年末贷款余额4000元，比上年下降20%。1956年，私营工商业、手工业进行社会主义改造，工商业贷款扩大。1957年，工商业商品流动资金贷款余额9.5万元。1958年，在"大跃进"中，商业部门开展大购大销，工商企业贷款激增，年末，流动资金贷款余额154万元。1959年后，工农业生产停滞，贷款业务亦相对减少。1961年8月，国营商业、供销合作社、森工企业、手工业生产合作社等，重新铺设摊子后，年末贷款余额上升为266.6万元，比1958年上升73.12%。1962年，工商企业进行清产核资，加强经济核算，核定贷款指标，年末贷款余额191.6万元，比1961年下降28.13%。1966年后，受"文化大革命"冲击，生产经营处于停滞状态，工商企业贷款每年在125万至360万元之间。1975年，贷款余额297万元。1979年，进行城镇经济体制改革，工业企业生产设备资金由财政拨款转银行贷款，工商业贷款逐年增多。当年，贷款余额1368.1万元。其中饮料食品厂固定资产和流动资金贷款239.5万元；锑矿冶炼厂技术改造贷款90.1万元；酒厂挖潜革新改造贷款100万元；玻璃制品厂设备贷款60万元；商业系统商品流动资金贷款600多万元；乡镇企业贷款28.3万元；个体工商户贷款7.4万元。

农业贷款

1951年9月，人民银行为扶持农业生产发展，对缺乏耕牛、农具的农民发放小额贷款6500元（已折新人民币，下同）。1952年，土地改革后，对缺乏耕牛、农具的农民，发放贷款4.1万元。1953年，继续发放贷款12.8万元。1954年，发放农民贷款10.4万元，购买耕牛392头，仔猪1353头，修沟渠9条，水车4架，水坝1处，受益田面积850亩。1955年10月，人民银行贵州省分行发出"关于改进信贷计划管理办法，适当扩大地方管理信贷资金权限的通知"后，1956年，将农业贷款资金权限下放到县，改指标管理为现金管理。1957年，农业贷款10.4万元，支援农业生产合作社购买双轮双铧犁、山地犁、喷雾器、铁木农具共计1148件，修建烤烟棚5个，集体粮食仓库1幢，购买油枯54614.5公斤，骨粉291.5

公斤，以及水稻良种等。同时发放社员个人贷款，购买仔猪1533头，口粮82789.5公斤。1958年，支持人民公社大办钢铁、交通、兴修水利，办养猪场，年末贷款余额为60.2万元。1959年后，农业贷款渐趋减少，1961年，农业贷款51.3万元，比1958年下降14.78%。1963年上半年，县人民银行与财政、商业等部门，清理"大跃进"时期大购大销、赊销预购及各项贷款，经过清理后，对部分生产队和社员个人贷款酌情予以豁免或改为长期贷款。

1963年8月15日雷山县集体贷款豁免或改为长期贷款情况统计表

表12—19 单位：元

区别	豁免部分							改为长期贷款
	遭受灾害	组织拆散	大办钢铁	大办交通	大办水利	大办养猪场	小计	
丹江	—	11	—	3100	3680	1570	8361	28137
西江	20176	252	—	700	230	3658	25016	80737
大塘	108	—	97	2360	—	—	2565	12228
永乐	—	—	—	—	—	2756	2756	—
合计	20284	263	97	6160	3910	7984	38698	121102

1963年8月16日雷山县社员个人欠款豁免或改为长期贷款统计表

表12—20 单位：元

区别	豁免部分												同意延期归还部分
	死亡绝户		外迁户		五保户		受灾户		生产资料入社		小计		
	户数	金额	户数	金额	户数	金额	户数	金额	户数	金额	户数	金额	
丹江	110	2547	17	447	39	1127	97	3686	13	239	276	8046	9670
西江	87	2737	15	524	66	2079	81	3492	40	578	289	9410	7074
大塘	72	1562	9	107	33	1185	4	62	1	27	119	2943	2796
永乐	230	6662	41	474	85	3100	92	3549	1	14	449	13799	7364
合计	499	13508	82	1552	223	7491	274	10789	55	858	1133	24198	26904

1966年至1975年，农业贷款年末余额在42万元至69万元之间。1980年，农业实行家庭承包责任制后，农业贷款逐年上升。1984年，农业贷款211.9万元；1987年，农业贷款409.6万元。其中农村专业户发展种养业贷款144.9万元，扶贫低息贷款245.5万元。

1951—1987年雷山县各类贷款年末余额一览表

表12—21　　单位：千元

年度	合计	工商业贷款				农业贷款
		小计	工商企业	乡镇企业	个体工商户	
1951	9	2.5		—	2.5	6.5
1952	50	9	6	—	3	41
1953	174	46	41	—	5	128
1954	163	59	55	—	4	104
1955	166	68	65	—	3	98
1956	186	80	80	—	—	106
1957	199	95	95	—	—	104
1958	2142	1540	1540	—	—	602
1959	属凯里县					
1960	属凯里县					
1961	3179	2666	2666	—	—	513
1962	2440	1916	1916	—	—	524
1963	2422	1883	1883	—	—	539
1964	2263	1792	1792	—	—	471
1965	2489	2111	2111	—	—	378
1966	1679	1251	1251	—	—	428
1967	1876	1413	1413	—	—	463
1968	2769	2364	2364	—	—	405
1969	3063	2435	2435	—	—	628
1970	3423	2725	2725	—	—	698
1971	3638	3290	3290	—	—	348
1972	3876	3517	3517	—	—	359
1973	4092	3615	3615	—	—	477
1974	3392	2973	2973	—	—	419
1975	3412	2970	2970	—	—	442
1976	3231	2797	2770	27	—	434
1977	3591	3263	3244	19	—	328
1978	4311	3709	3654	55	—	602
1979	4136	3338	3261	77	—	798
1980	3553	2805	2708	97	—	748
1981	4293	3612	3530	82	—	681
1982	4629	4008	3929	67	12	621
1983	5262	4562	4538	11	13	700
1984	9649	7530	7273	192	65	2119
1985	13645	11941	11679	228	34	1704
1986	15414	13263	13003	213	47	2151
1987	18134	14038	13681	283	74	4096

第五节　基建拨款和贷款

1953年至1957年，县基本建设投资拨付监督、结算等工作，由财政部门直接办理。1958年至1972年，国家财政预算基建拨款和地方各级主管部门基建拨款，由县财政部门签署用途后，人民银行代理监督拨付和管理使用。1973年以后，在县财政局设专职基建拨款员，根据国家批准下达的基本建设投资计划，在县人民银行单独立户实行专户管理和监督使用。1978年11月，由县建设银行办理国家财政预算基建拨款、自筹资金投资及基本建设贷款的监督拨付、管理和进行预、决算。

1978年至1987年，全县基本建设投资1333.18万元，建设187个项目，其中重点项目有：雷公山调频电视转播台（764工程）、雷山至毛坪和毛坪至小丹江公路、响水岩水电站、雷公山自然保护区以及雷山桥等工程。

建设银行在拨款中，坚持按计划、按预算、按程序、按进度拨款，对基本建设单位施行财务监督，共审查基本建设投资89份，金额65.88万元，审减4.01万元。1980年至1982年，在支援不发达地区发展资金使用上，发现违纪金额650元；柜台监督拒付2.35万元；对雷公山自然保护区超规模建筑393平方米，资金11万元不予拨付；对建设单位清产核算，剔除不合理开支868元。

第六节　代理业务

金库

1951年10月，人民银行雷山县支行，接受代理财政金库业务，经收各纳税单位交库的各种税收款项和罚没等其他收入，办理各级财政分成、上解入库，经办县财政各类款项的拨付，代管财贸、盐业、工会金库业务。金库解交时间为城关营业所当日收入当日上划，各区营业所（处）当日收次日上划。县金库5日或10日办理分成解交一次。1964年5月，颁发《中央金库条例施行细则》后，解交时间改为逐日报解，按时汇兑、对账，边远的基层营业所（处），允许月终后几天收入合并一次上交县金库。

公债

1954年1月，国家发行经济建设公债，县成立公债推销委员会，县人民银行办理业务，11月结束。国家发行经济建设公债，面额为壹万元，贰万元、伍万元、壹拾万元、伍拾万元（旧人民币）5种，公债利息年均为4厘，每年支付一次。从第二年起抽签还本，8年还清。对提前交款的，采取贴息办法。1955年，发行公债面额为壹元、贰元、伍元、壹拾元、伍拾元（新人民币）5种，偿还期为10年，年息4厘。1956年发行的公债从发行后的次年起，每年2月开始采取抽签办法，分期偿还。中签的，本息一次付清。未中签的，凭券付给利息（剪息票）。1958年，发行的公债改为利随本清，中签的一次还本付息。1954年至1958年，全县购买公债任务为132095元，实际完成176563元，为任务的133.67%。1956—1957年，发行公债上解60%，县留40%。1958年，发行的公债全部作地方财政收入。

1954—1958年雷山县发行经济建设公债业务统计表

表12—22　　　　单位：元

年　度	任务数	实绩数	占任务%
1954	17645	21266	120.52
1955	12800	15190	118.67
1956	19250	22578	117.29
1957	22400	38759	173.03
1958	60000	78771	131.28
合计	132095	176564	133.67

国库券

1981年，发行中华人民共和国国库券，由县组成推销办公室，向国营企业、集体企业和地方政府发行，部队、团体、学校、医疗卫生等事业单位和农村富裕社队、个人自愿购买。国库券面额为伍元、壹拾元、壹佰元、伍佰元、壹仟元、壹万元、壹拾万元、壹佰万元8种。1月1日发行，6月30日交款结束。自7月1日起计息，年息4厘，定期10年，本息一次偿还。发行额22100元，占任务142%。全部为单位购买。1982年至1984年三年发行的国库券，由全民所有制单位和集体所有制单位与城乡人民自愿认购，单位购买的发给国库券收款单(代国库券)，个人购买的发给国库券。面额为壹元、伍元、壹拾元、壹佰元4种。期限为10年。单位认购年息为4厘，个人认购年息为8厘，单位认购的从第六年起，按总额每年偿还20%，不再抽签。按单位购买总额平均5年作5次偿还。个人认购的，发行后第一次抽签，按发行额分5年作5次偿还，每次偿还总额的20%。1985年发行的国库券，单位购买年息5%，个人购买年息9%。兑付办法与1984年相同。

1987年，全县发行国库券135105元，其中单位购买34650元、职工购买86685元、农民购买13770元。各年所发行的国库券全部解交国库，不作分成收入。

1981—1987年雷山县国库券发行额统计表

表12—23　　　　单位：元

年　度	任务数	完成数	其　中	
			单位购买	个人购买
1981	15000	22100	22100	—
1982	81780	83632	23262	60012
1983	81000	85850	29070	56780
1984	81000	83715	25350	63365
1985	123000	124570	29600	94970
1986	120000	133720	31150	102570
1987	120000	135150	34650	100455
合计	621780	668737	195182	478152

第七节　结　算

银行办理结算分为现金结算和转账结算两种。现金结算通过现金进行；转账结算按区域又分为同城结算和异地结算。异地结算的金额起点，汇兑结算方式为5元，支票为30元。托收无承付结算金额起点为10元，异地托收承付起点为30元。零星金额或尾数，可在月终不受托收金额起点的限制。托收承付的承付期是以付款单位收到通知后的第3天为限，如果不提出异议，3天后，银行则主动扣付对方托收款。银行办理转账手续，严格遵守结算纪律，不准拖欠，不准赊销商品。未经批准，不准预付货款，不准套取银行信用，不准租、借在银行开立的账户。

1951年至1952年，同城结算只办理支票结算。异地结算办理了汇兑结算的票汇和信汇。1954年，鉴于西江区供销合作社需到凯里、炉山、下司、重安江等地采购商品，要携带300元以上现金，提出要求批准西江营业所与凯里办事处建立通汇关系。人民银行贵州省分行于4月8日，以业(54)字第4033号函复同意以信票汇兑。1955年，总行制定《国营企业、供销合作社、国家机关、部队团体非现金结算暂行办法》，将异地结算和同城结算作了修改。是年，汇兑结算取消票汇，增加电汇。1956年，雷山县开展异地托收承付结算。对供销合作社以托收结算货款，如有商业信用，帮助其找销路；如是信贷单位，给予信贷资金支持。对邮电局、发电厂则开办付款委托书。是年，西江营业所与镇远县支行开办特约汇兑。5月，县人民政府批复同意县支行《关于农业社出售农产品试行非现金结算的请示报告》，限定在丹江、响楼、报德，望丰等乡（镇）试行。1957年，县支行与辖区各营业所之间的汇兑增加电话汇款业务。1961年7月，停止预收预付货款和赊销商品，执行起运托收，按期承付的规定。延付者按日万分之五计收赔偿金，付给销货单位。1964年规定托收承付期为3天；调入商品须在3日内验收，主动汇款；逾期加万分之五的滞纳金。1965年，托收承付规定：托收承付期满3天的次日划款；购销双方在合同内证明由销货单位保管的商品，允许销货单位向银行提出购货单位委托保管商品的证明或合同，凭此证据办理托收；中转运输单位代垫运杂费，可以单独办理托收；销货单位对购货单位自提自运的商品办理托收时，银行见到购货单位同意采取提货托收的证明后，才能办理。销售单位重新办理托收时，购货单位必须按期付款。如果提出拒付，银行不予受理，并执行扣款。1973年1月，停用联行凭证行名专用章，改为使用总行统一制发的联行行号专用章，同时使用总行统一规定的异地结算凭证。1977年，实行《农村社队采购结算试行办法》，采购凭证只准转账，不准付现金。多余款项，转回原开出账户。1978年7月，执行人民银行贵州省分行和省邮电局的联合通知，机关、部队、企业事业、团体和人民公社等国家机关和集体单位汇款，收款人属于上述单位的，或收款人虽属汇款人之单位但为采购款的，一律由银行办理；“邮电公事”汇款，由邮电局办理；邮电单位的采购款，应由银行汇出，不得使用“邮电公事”汇款；国家机关和集体单位等汇出属于个人的款，如工资、退休金、福利费等，由邮电局办理，亦可由银行汇出。个人汇出的款，一律由邮电局办理。邮局个人汇款，一概收现金，不收票据。同年，执行省分行制定的同城结算试行办法，规定支票有效期为5天，节假日顺延；支票有效期可跨日，不能跨年；对签发空头支票的，按票面金额处以1%的罚金。付款委托书限期5天，遇假日顺延。付款委托书金额期起点为30元；结算账户和上缴税利不受起点限制；托收无承付结算金额起点为10元，托收承付期为两天，遇假日顺延。迟付按期金额每日计付万分之三的罚金。1980年2月，省分行规定属同城结算的养路费，可采取托收无承付方式办理，县支行仍用支票结算。对逾期两个月不能承付的货款，从逾两个月以后第一天开始，每日加收万分之二的罚金；异地委托收款，银行不承担扣款责任。凡符合办理托收承付结算条件的集体所有制单位与全民所有制单位一视同仁。是年10月，试行异地委托收款结算，托收承付结算金额起点由30元提高为1000元。1985年，异地结算增加票汇结算。1987年，使用转账结算方式有：异地托收承付、异地委托收款、汇兑、票汇等4种；同城结算只用转账支票结算。

第八节　信用合作社

民国时期信用合作社

民国27年（1938年）3月，丹江县政府设合作室，从“一村一社”编制合作事业发展计划。当年，建立信用合作社46个。民国28年（1939年），丹江县政府合作室计划四年内发展信用合作社30个，全县共设立信用合作社96个。其中一区34个、二区7个、三区7个、四区28个、五区17个、六区3个。有社员2921人，股金5867元（法币）。民国30年（1941年），法币贬值，信用合作社只收不贷，名存实亡。民国33年（1944年）4月，雷山设治局设合作指导室，根据国民政府颁发的《合作社章程》，登记解散信用合作社，筹建设治局合作社联合社。12月，设治局合作社联合社成立。有理事7人，监事5人。每股股金定为法币10元。共认3.6万股，已交股金16万元。

中华人民共和国成立后信用合作社

农村信用合作社　解放后，从1954年4月起，在报德、望丰、西江、白连、桥港、龙头等乡（镇）的农业生产互助组中开办信用合作组试点，主要业务为组织存款和贷款，调剂资金余缺，制止农村高利贷剥削。随后，根据中央“积极领导，稳步前进”的方针，在报德乡重点试办信用合作社，发展社员。由群众自愿，个人申请入社。7月15日，雷山县第一个农村信用合作社—报德乡信用合作社成立，入社社员495人，认506股（每股股金人民币2元，下同），共交股金938元，占认股数的92.68%。存款89户，存款额1430元。贷款160户，贷款额1831元。8月，望丰、西江、桥港3乡（镇）分别成立信用合作社。1955年，农场、响楼、乌东、岔河、公统、丰塘、乌江、开觉、黄里、龙塘、新龙、白连、掌乌、乌龙、教厂、平祥、中提、大塘、桥兑、桃江、莲花、龙头、龙河等乡成立了信用合作社，1956年1月至3月，城关镇及陶尧、独南、固鲁、毛坪、新塘、掌雷、桥王、高岩等乡（镇）信用合作社亦相继成立。至此，全县36个乡（镇）均建立信用合作社。有信用社干部38人（其中，半脱产的2人），入社户数9941户，占应入社的97.72%。社员12831人，应交股金25690元，已交股金17829元，占应交股金69.4%。11月，全县36个乡（镇）合并为29个乡（镇），信用合作社亦随行政区划并为29个。有专职干部37人，兼职干部29人。年末存款余额318115元，贷款余额108736元（内含代理国家银行发放贷款40193元）。

信用部　1958年6月，报德乡的郎德、乌流、和平等高级农业生产合作社分别建立非独立核算的信用服务部。1959年1月，根据国务院《关于适应人民公社的形势改进农村财政贸易管理体制的决定》和中共贵州省委、贵州省人民委员会“两放、三统、一包”（即下放人员、下放资金；统一政策、统一计划，统一流动资金管理；包财政任务）的要求，把农村信用合作社下放人民公社管理，以管理区（工区）为单位，将信用合作社改称信用部，原雷山县辖区有丹江、龙头、陶尧、固鲁、报德、岔河、望丰、乌江、丰塘、西江、大沟、新龙、白连、龙塘、乌龙、黄里、方祥、大塘、莲花、独南、桥港、龙河、桃江等23个信用部，实行独立核算。有专职干部39人，兼职干部27人。入社11093户，社员25909人，股金46707元。年末存款余额523744元，贷款余额331537元，公共积累（盈利）2985元。

信用合作社 1960年上半年，取消信用部，恢复信用合作社，干部及财务管理体制不变。

1961年8月，丹寨县永乐、排调两区划入，信用合作社随人民公社调整合并为19个。另设信用服务站57个。有脱产干部61人，不脱产32人。1962年12月，根据人民公社的设置调整为丹江、陶尧、望丰、报德、固鲁、乌江、公统、岔河、龙头、西江、开觉、黄里、方祥、大塘、莲花、桃江、桥港、龙河、达地、桥桑、开屯、永乐、排告、柳乌、白连等25个信用合作社。有干部92人。其中有脱产干部50人，半脱产42人。社员29966人，股金59932元，年末存款余额142540元，贷款余额197776元，公共积累(盈利)2356元。1964年10月，撤销信用服务站，农村金融事业由信用合作社直接办理。1966年至1975年，农村信用合作社由贫下中农管理。因制度不严，资金、账务混乱，退社的社员有2561人，股金减少5122元。1977年，人民银行雷山县支行对农村信用合作社“文化大革命”期间的财务进行清理，核查股金、存款、贷款及积累等账目，损失资金49583元，报请人民银行总行核准豁免，拨款弥补。经过清理整顿，恢复信誉，入社人数及股金又恢复到1962年的水平。社员为29966人，股金59932元。1984年，农村信用合作社进行管理体制改革，实行自主经营，独立核算，开展农村金融活动。1985年，扩大社员入股5743股，增加股金15868元。年末，共有35705股，股金71410元。1987年，全县有丹江、响楼、龙头、陶尧、固鲁、报德、岔河、公统、望丰、乌江、西江、大塘、白连、黄里、方祥、大沟、莲花、掌雷、桃江、桥港、永乐、开屯、排告、柳乌、桥桑、达地等26个信用合作社。有信用社干部42人(合同工3人)，社员入股36734股，股金72749元。年末存款余额407.66万元，贷款余额289.09万元，当年收回贷款111.09万元。年末结算积累106369元。信用合作社现已成为农村金融企业自负盈亏的经济实体。

1956—1987年雷山县部分年度农村信用合作社发展变化情况表

表12—24

年　度	社　数	职工人数		社股数	股金数（万元）	年末存款余额(万元)	年末贷款余额（万元）	公共积累（盈利)(元)
		合计	其中：固定职工					
1956.6	36	38	38	12831	1.78	3.17	6.67	—
1956.12	29	66	37	18434	2.21	31.81	10.87	12.46
1959.12	23	66	39	25909	4.67	52.37	33.15	2985
1961.9	19	93	61	33746	6.74	19.11	17.47	1443
1962	25	92	50	29966	5.99	14.25	19.78	2356
1969	25	49	49	27045	5.48	64.76	25.81	8022
1975	25	49	49	29944	5.99	108.9	36.66	24591
1979	26	51	51	29962	5.99	142.05	41.13	17224
1980	26	51	51	29966	5.99	135.6	59.9	23426
1985	26	45	45	35705	7.14	255.3	231	81327
1987	26	42	39	36374	7.27	407.66	289.09	106369

注：1.1961年包括永乐、排调两区合作社的数字。1962年末，包括永乐区，不包括排调区

2. 本表社数不包括非独立核算的信用服务部和信用服务站

第九节　保险事业

1951年10月22日，设中国人民保险公司雷山特约代理处，有专职干部1人，办理农村耕牛保险和国营企业事业的财产保险。1954年，对县供销合作社财产固定保险按九折优待。1955年1月，交纳保险金406500元（旧人民币）。1955年，实行企业财产保险的有县粮食局、县民族贸易公司、县供销合作社等3户，交纳保险金415元（新人民币，下同）。1958年，中国人民保险公司雷山特约代理处停办。

1982年2月，中国人民保险公司雷山代理处成立，配专职干部1人，与县人民银行合署办公，业务由银行信贷股经办。当年，办理企业财产、机动车辆保险24户，投保金额196.8万元。

1983年8月20日，实行对机动车辆第三者责任法定保险，办理38辆机动车保险手续，同时办理企业财产保险和个人家庭财产保险20户，投保金额128.1万元。

1985年4月25日，黔东南苗族侗族自治州人民政府办公室颁发《贯彻落实国务院关于全面实行机动车辆第三者责任法定保险的通知》，雷山代理处与县交通、农机、监理等部门协调，新办理17辆机动车的保险手续。年末，机动车辆投保共56辆。是年，中国人民保险公司贵州省分公司下达《农村房屋保险试行条例和定额保险单》规定。定额保险单分为：伍佰元、壹仟元、贰仟元3种。费率2%。

当年，永乐镇街上个体户冷文才的木结构房屋作为旅社投保。6月5日，该地区普降暴雨，山洪暴发，洪水冲垮木房，淹死旅客3人，房毁人亡。雷山保险代理处赔偿经济损失人民币4104元。7月1日，中共雷山县委北京牌吉普车在炉榕公路线122公里处（地名苦李冲）翻车，死亡1人，重伤3人，车毁人亡。雷山代理处理赔小车损失人民币6200元。

1986年，雷山县保险支公司开办企业财产、家庭财产、机动车辆、货运机动车辆副驾乘、公路旅客意外、团体人身意外、团体人身、学生团体平安、团体幼儿平安等共10个险种的保险业务。计1249件，投保金额为551.2万元，保险金50921元。

1987年，保险业务扩大到农业、森林、简易人身（储蓄性）、子女教育婚嫁（储蓄性）等方面。当年，开办15个险种，计2671件，保险金额人民币1570.3万元，保费209299元。

商业篇

第一章 管理体制

第一节 国营商业

雷山因地处偏僻，境内崇山峻岭，交通阻塞，历来生产落后，经济贫困，场集少，市场萧条。解放前，从事商业经营的均属肩挑小贩，县城有几户坐商，亦本小货缺。国营商业经营机构是雷山解放以后才建立的。

1950年10月，雷山县人民政府设工商科，负责管理全县城乡私营个体工商业，宣传贯彻中央人民政府“发展经济，保障供给”和“统筹兼顾，全面安排”的财政经济工作总方针，领导工商联合会和国营商业开展农副土特产品的收购和调运工业品供应。

1951年3月，贵州省贸易公司雷山贸易组成立。1952年10建立西江区贸易商店(后改称贸易组)、大塘区贸易组、雷山盐业组。1953年，建立国营永乐商店(1955年并入永乐供销社)。是年，国营商业部门有干部职工33人(不含永乐区)。商品购进总金额为18.38万元(已折算新人民币，下同)，销售总金额为23.14万元，农副土特产品(含大米、烤烟、桐油、皮张、中药材)收购金额为806元。

1953年，县及各区贸易组均扩建为国营贸易商店，停止收购大米、烤烟，皮张改为代购。是年，购进金额为14.84万元，销售金额为13.83万元，上缴税金0.39万元，实现利润900元。

1955年，国营雷山县贸易商店改为贵州省雷山县民族贸易公司。撤销西江区贸易商店，其人员、业务、财产移交西江区供销合作社。雷山盐业组改称盐业商店。国营、供销合作社的经营业务明确划分，国营主管城镇(县城)商业，供销合作社主管农村商业(含区镇)，外贸业务由供销合作社代购运交专区外贸站。

1956年，设雷山县商业局，同时设立局辖的民族贸易、百货、花纱布、药材、专卖、盐业等公司。商业局负责县城区市场管理，领导工商联合会及城关公私合营商店的经营业务。各公司按各自的经营业务范围，组织商品流通，以批发业务为主，兼营县城零售业务。其商品流转计划、财务计划由省级各专业公司垂直下达，实行“条条为主，条块结合”的管理体制。除民贸公司和盐业公司以外，其余的专业公司所得利润全部上缴中央财政，会计、统计报表，按月、季、年归口逐级上报各专业公司。是年，国营商业系统有干部职工54人，购进总金额为20万元，销售总金额为72.4万元，农副土特产收购28845元。

1957年四季度，棉布实行定量凭票供应，药材公司划归县卫生科管辖。

1958年“大跃进”中，商业机构变化频繁。1月，成立服务局，将商业局所属专卖事业公司及盐业公司、商办养猪场、糖食糕点厂，县城公私合营烟酒油业、屠宰业、公私合营饭店、饮食店、理发店等行业划归服务局管理。不久，专卖公司与服务局实行“政企合一”，统一核算，开展糖酒批发业务。全县城乡有烟酒专卖零售点37个，县盐业公司仍实行独立核算，盐业系统有限公司、西江、大塘区批发商店，农村有报德、望丰、郎德、丰塘、公统、桃江、黄里、新龙、龙塘、白连、乌龙、掌雷、方祥、毛坪等15个盐业分销点。3月，民族贸易、百货、纺织品3个公司与商业局合并，实行政企合一、统一核算、条块管理，局以下设民族贸易、民用器材、布纱百货等经理部，有零售网点6个。5月，服务局与县供销合作社合并，成立第二商业局。原商业局称第一商业局。7月，第一、第二商业局合并为商业局，挂雷山县商业局和雷山县供销合作社两块牌子。下设人事秘书、财会、统计、业务、生产加工、卫生检疫、物价、储运、检查保卫等科室和民族贸易、棉布百货、民用器材（含生产资料）、农产品、土产品、副食杂品、肉类蔬菜等7个经理部，丹江、西江、大塘3个区商店，外贸业务（主要为畜产品）仍随供销社机构变迁，未单独设立机构。

1958年12月，撤销雷山县建置，商业局并入凯里县商业局，雷山片区辖凯里县雷山商店、西江商店、大塘商店、永乐商店。是年，在“大购促大销”的方针指导下，丹江、西江、大塘大量收购毛竹（收购量为169.49万公斤）及木制牛马板车、切片机和杉木炭、地泡藤、土茯苓等（1960年清仓查库时，报损5.56万元）。1959年大塘、永乐商店先后从黔东南州商业局鱼苗繁殖场调运鱼苗38.2万尾，途中因缺氧死尽，损失0.88万元。

1961年8月，恢复雷山县建置，永乐区划属雷山县。复建县商业局、县供销合作社。商业系统经营日用工业品、副食、盐类等批发和县城零售业务。为发展外贸商品生产和指导收购，商业局设外贸工作组，收购业务由供销社代理。1961年底，外贸收购边茶8担、牛皮93张。

1962年1月，恢复雷山县百货公司，新建雷山县五金公司（9月并入百货公司）。2月，撤销外贸工作组，人员、业务并入县供销合作社推销经理部（后改称土产经理部、公司）。4月恢复纺织品公司。根据城市饮食服务业归国营管理，农村归供销社管理的规定，雷山饭店交商业局（1963年成立县饮食服务公司，与国营饭店一套人员两块牌子）。8月，将副食杂品公司改称食品公司。同时复建盐业公司。是年，商业局设人事秘书、工商行政管理、物价、财会、统计5科，各专业公司仍实行“条条为主，条块结合”的管理体制。计划由条条直接下达，会计、统计报表逐级上报，利润由地方财政代收上缴中央财政，百货、纺织、食品公司主要商品实行计划管理，各种商品价格由各专业公司按国家规定计价。

1961—1965年初，由于商品匮乏，国家为缓解供需矛盾，回笼货币，开放市场，对部分针棉织品、手表、自行车、食糖、糖果糕点、白酒等商品实行两种价格（高价与平价销售）。国营商业负责全县工业品、副食、石油、西药批发和县城零售业务，协助管理县城市场，领导城关公私合营和饮食、理发店。百货公司经营百货、五交化、石油、西药和县计委委托经营的水泥、钢材、炸药、雷管、原煤等商品。纺织品公司经营针纺织品、银饰品、花边、丝线。食品公司经营肉食、禽蛋、副食、蔬菜、水产、食糖、糖果、烟、酒等。盐业公司经营盐类。1965年底，有商业职工108人，批发机构4个，零售网点22个，购进金额为171.63万元，销售金额为193.14万元。

1966年5月，为加强生猪收购工作，食品企业机构下延，建立丹江、大塘、永乐、西江食品购销站，业务由县食品公司领导，行政归各区公所领导。1967年，受“文化大革命”冲击，领导班子瘫痪。1968年2月，成立商业局“文化革命”领导小组（后称商业局革命委员会），行使商业局行政权力。各公司成立革命生产领导小组。9月，百货、纺织、食品3公司合并成立工业品贸易公司，隶属商业局“文化革命”领导小组领导。12月撤销4个区食品购销站，分别并入各区供销合作社。

1969年7月，撤销工业品贸易公司，恢复百货、纺织、食品3公司。1970年1月，恢复永乐、大塘、西江区食品购销站。6月，商业局革命委员会改称雷山县革命委员会商业科。9月，商业、供销再次合并，成立雷山县革命委员会贸易局。12月，县工商科并入县贸易局。1972年3月，复建丹江区食品购销站。6月，贸易局改称雷山县革命委员会商业局，行使商业、供销、工商三项管理职能。行政机构下设办公室、政工组、业务组、工商组。经营机构有百货公司（经营百货、五交化、石油、针纺织品、民贸商品）、食品公司（经营肉食、糖烟酒、蔬菜、盐巴）、农资公司、土产公司、中西药公司、饮食服务公司（含国营饭店）和丹江、永乐、大塘、西江区供销合作社，外贸业务由县土产公司兼管。1973年1月，食品与盐业分设，百货与纺织品分设。3月，恢复民族贸易公司。4月，国、合再度分设，国营商业、供销合作社、工商行政管理恢复合并前的业务范围。5月，外贸业务从供销合作社分出，设立雷山县外贸工作站，有职工5人，业务由州外贸局直接领导，实行报账制。业务是指导和帮助发展外贸商品生产，产品收购仍由供销社负责。

是年，国营商业有固定资产62.63万元。购进金额为386.04万元，销售金额为460万元，上缴税金4.73万元，实现利润11.5万元，商业系统有职工209人（其中外贸5人）。

1976年3月，糖业烟酒由食品公司分出，设糖业烟酒公司。1977年12月，撤销城关公私合营，将人员、财产分别并入百货、纺织品、糖烟酒、民贸4个公司。1978年4月，燃料经营业务从百货公司分出，设立燃料公司（经营石油和煤炭）。各专业公司以从凯里二级站进货为主，实行固定回扣、作价调拨办法，按照“少渠道、多环节”商业独家经营的管理体制，组织商品流通。会计、统计报表按月、年分别以条、块双线逐级上报。1979年，商业局设秘书、人事保卫、业务、财会、统计、物价6科，经营机构有百货、纺织品、民贸、糖烟酒、盐业、燃料、中西药、食品（含4个区食品购销站）、饮食服务9个公司，职工有251人。有固定资产82.22万元，自有流动资金91.51万元。购进金额为499.72万元，销售金额为573.15万元（其中调拨供销社330.86万元）。上缴税金4.6万元，实现利润8.08万元，资金周转2.75次。

1980年11月，中西药公司划归县经济委员会领导，商业系统不再经营中西药业务。1982年，县商业局增设教育科，开展对青年职工进行初、高中文化补习和业务培训的工作。

是年，丹江食品站并入食品公司，纺织品公司与民贸公司合并（一年后又分设），业务经营上缩小一、二类商品范围，扩大三类小商品范围，并将三类商品价格放开。

1983年1月，取消棉布全省统一价，恢复城乡差价。1984年，取消棉布统购统销，不再凭票供应。取消生猪派购，实行市场调节。是年底，成立烟草专卖公司，实行烟草专卖。人、财、物由条条管理，同时设烟草专卖管理局（局、公司一套人马）。

1985年6月，雷山县燃料公司易名石油公司，由黔东南州石油公司直接领导。各区食品购销站亦先后并入食品公司。

商业体制改革初期，各专业公司推行经营承包责任制，进而推行集体承包经营和租赁经营。价格进一步放开，实行国家定价、计划指导价和市场调节价三种形式，同一商品同一市场允许不同价格，改过去封闭式、少渠道、多环节、固定作价调拨为开放式（打破地区封锁）、多渠道、少环节的流通体制，政企分开，实行间接管理，各专业公司按照“包死基数、确保上缴、超收多留、欠收自补”，与财政税务主管部门签订合同，经公证机关公证生效，一定3～4年不变。商品流转计划由县计划委员会下达，商业局转发，财务指标由局直接下达。会计、统计报表向条、块双线上报。

1985年，购进金额为714万元，销售金额为847万元，上缴税金9.21万元，实现利润19.6万元。

1987年，商业系统有职工200人（其中石油系统18人、外贸7人），批发机构10个，零售网点24个

（县以下7个），营业员55人，有固定资产205.24万元，有流动资金91.23万元。购进总额555.59万元，销售总额为683.1万元，纳税12.8万元，实现利润11.94万元。

第二节　供销合作商业

合作社

民国27年（1938年）3月，设立丹江县合作指导员室，是贵州省农村合作委员会的派出机构，旨在丹江县推行合作事业。民国28年（1939年）3月，贵州省政府制发各县政府接办合作施政办法，将合作指导员室改为合作室，移交县政府管辖。合作室工作人员的任免及经费开支仍由省农村合作委员会管理。民国29年（1940年）9月，先后建立98村寨、联保信用合作社和1个生产社。民国30年（1941年），合作室受县长指导监督，经费人员划归县政府统筹。民国33年（1944年）4月，成立雷山设治局合作指导室。9月，按国民政府颁发的县各级合作社《组织大纲》规定，先后建立丹江镇、西江镇、震威乡、建安乡、方祥乡、望丰乡、报德乡、大塘乡、桃江乡等9个乡（镇）兼营系统合作社和员工消费合作社。初建时，9个乡（镇）合作社共有社员7541人，股金83万元（法币、下同）。民国34年（1945年）4月，建立雷山设治局合作社联合社（以下简称县联社），9个乡（镇）合作社为集体社员，有股金50万元。各乡（镇）合作社有社员7554人，股金119.92万元。民国35年（1946年）3月，实有周转金70万元。是年，信用社因为受法币贬值的冲击，全部解散。11月，撤销员工消费合作社，将其经营的20个文具商品全部交给县联社经营。并建立4个保合作社(建安2个，西江1个、报德1个）。合作社建立后，因民生凋敝，股金迟迟未能交齐，兼之法币不断贬值，流动资金不足，合作社只经营食盐、文具、小农具、日用杂货和收购小土产品。后因生意萧条，资金严重不足，合作社的业务便由消费转向生产，在乡村建农场，种植美烟（即烤烟）。民国38年（1949年）11月以后，各乡（镇）保合作社自行消亡。

供销合作社

1952年8月，雷山县人民政府决定建立雷山县合作社联合社筹备委员会（以下称县联社）。9月，从各区，乡土改工作队抽调干部和干校学员共36名参加县联社的筹备工作。10月1日，正式营业。同月中旬，组建第一区（丹江）供销合作社。1953年2月和6月，先后组建第二区（西江）、第三区（大塘）两个区供销合作社。并陆续开设望丰、报德、桃江3个分销店（永乐分销店〈当时属丹寨县〉于1952年6月建立）。全县开设14个代购代销店。县联社下设秘书、干部、组导、业务、财会、生产6个行政股和推销、供应两个业务股(后改为站）。在县城和区乡所在地开设百货、布纱、农具、日用杂品、食品、食盐以及农副土特产品收购等，共13个购销门市部。生产股负责组织加工生产的工作，负责县城砖瓦、织布等手工业作坊生产原料供应。为保障对本系统的工业品货源供应和农副产品推销，以及对私营商业的批发，1953年上半年，县联社推销、供应股分别设立了推销、供应两个批发门市部。是年，供销社系统共有资金5万余元（已折新人民币、下同），贯彻执行“勤进勤销”，加速资金周转，多搞代购代销和其他占用资金少的业务。除经营自购自销业务外，为国营贸易公司代销棉布、百货、食盐和为粮食部门代销大米、米糠等商品，从中提取手续费，县联社在城关收购有烤烟、油桐籽、五倍子、土烟叶、牛皮、生漆10个品种，供应日用工业品及生产资料，计有100余个品种。

1953年10月，达地、桥桑两个乡划入永乐后，业务扩大，永乐分销店扩建为区供销社，下辖达地、桥桑两个分销店。是年，贯彻中共中央《关于调整若干商业部门分工和组织机构的指示》后，收购品种增加粮食、木材、杂铜、废铁、活猪、猪鬃、构皮及部分中药材；供应品种增加煤油、火柴、布匹以及其他各种百货日杂，生产资料供应增加油饼肥、化肥、农用喷粉器、农药六六六粉。10月，丹江区社与县联社合并。是年，农副产品收购金额5.1万元；纯销售金额16.4万元。其中生产资料供应1.7万元。全县有网点29个，职工49人（不含永乐）。

1954年4月，县社增设计划统计股。5月，县、区供销合作社分别召开第一届社员代表大会，民主选举各级供销合作叙的理、监事会。自此，供销社正式成立，实行独立核算。6月，雷山县苗族自治区建立后，雷山县合作社联合社易名为雷山县苗族自治区供销合作社。是年下半年，根据中央财政经济委员会《关于国营商业与合作社城乡初步分工的决定》，明确供销社经营范围及品种。县城以下的收购业务为：农副产品、土特产、林副产品、桐油、茶油、烤烟、茶叶、木材、土烟叶、麻类、棉花、中药材、废品、化工原料、生漆、火硝、畜产品、手工业产品，以及生猪、鲜蛋等。县城除由民贸公司收购生猪、土烟叶、干辣椒、花椒、中药材、副食品等部分品种外，余归供销合作社收购。生产资料无论城乡统由供销合作社组织供应。日用工业品、布纱等生活资料县城以国营商业为主经营，区、乡市场由供销社经营。农村的私营商业、手工业的改造、市场管理、公私比重的掌握等，由供销社主管。

国合经营分工后，物价管理体制和业务经营情况都发生了变化。分工前，供销社的工业产品价格，均按国营贸易公司安排执行。分工后，供销社经营的部分，由供销社根据上级规定的作价方案计价执行；地方工业产品属供销社经营，由供销社核算成本，按规定加差价计算后，呈报当地物价主管部门审批执行。1954年，供销社收购品种由1953年10个上升为130个；供应品种由1953年的100个上升为500个。经营网点由1953年的27个增至55个。其中，县城设门市部7个，西江、大塘、永乐区供销社设门市部12个，望丰、报德、桃江、方祥、达地、桥桑6个分销店均设门市部。全县代购代销点26个，原供应、推销、批发门市部改为批发站，开展收购杉原木和木枋板材业务。

1954年度，农产品收购总金额13.98万元，纯销售金额35.3万元，分别较1953年度增长1.74倍、1.15倍。对私批发金额0.71万元。全年实现利润30108元，完成税收3170元。

1955年11月，“雷山白纸厂”移交供销社管理经营；年底，西江、永乐区商店并入区供销社。是年，县联社认真贯彻“统筹兼顾、全面安排、积极改造”的方针，加强对私改造工作，对私商采取“利用、限制、改造”的政策，将1954年被挤掉而转业、歇业的54户工商业重新安排后，代销代购点由1954年26个减少为17个。

1956年1月1日，县农产品采购局成立，供销社分出棉、麻、茶、烟、畜产等五类商品归采购局经营，油脂、木材、中药材、食品等商品的收购亦交由粮食、林业、食品等部门经营，供销社经营小土产，抓扩大工业品的销售，活跃城乡物资交流。在乡驻地普遍建立销店。是年，零售门市部由15个增加至18个，有代购代销点9个。7月，黔东南苗族侗族自治州成立，易名为雷山县供销合作社。下设秘书、干部、业务、组导、物价、财会、经济计划、生产企业、供应、采购等科。

1956年度，收购、供应的品种大幅度上升。农副土特产品收购品种由125个增加至196个，工业品应品种由1084个增至1824个，分别比上年上升56.8%和68.26%。

1957年1月，丹江区供销合作社由县社分出，实行独立核算。2月，县、区社先后召开第二届社员代表大会。3月，撤销农产品采购局，五类商品复交供销社经营。县社设办公室、人秘、业务、计统、物价、财会5科和供应、采购、储运3站。当年，与农业生产合作社签订农副产品、土特产品“预购合同”152份，26个品种。是年，完成农副产品收购总金额27.22万元，比上年上升1.19倍，比1953年上升5.33倍；纯销售金额75.9万元，比1953年上升4.63倍。实现利润2.33万元，完成国家税收3.6万元。

1958年1月，成立雷山县服务局，承接农产品采购局业务。4月，供销合作社、服务局、药材公司合并为第二商业局，分设秘书、业务、统计财会、储运加工、卫生检疫5个股和农产品、土产品、生产资料、副食杂品、肉类蔬菜5个经理部。丹江、西江、大塘、永乐区供销社成为第二商业局的区商店。7月1日，又与第一商业局合并为雷山县商业局。

1961年9月，恢复雷山县供销社体制，下辖丹江、大塘、西江、永乐、排调5个区供销社和推销经理部、供应经理部、雷山饭店、纸厂等，实行独立核算。县社下设秘书、人事保卫、组导、业务、物价、财会、计划统计7科。供销社体制恢复后，经营的品种和范围，仍执行1957年以前“国合分工”的规定。区供销社，担负本区范围内农副土特产品的收购和农业生产资料及工业品、日用杂品等的供应以及饮食服务业的经营，推销、供应经理部（后改为农资公司和土产公司）承担组织农业生产资料、日用杂品等商品的供应，以及中转、推销农副产品和加工、调剂耕牛、调配种手、引进技术、培训人员、指导生产等业务，并协助社队和社员个人开展多种经营。兼营少量零售业务。

1962年2月，县商业局外贸组撤销，业务归并县供销社推销经理部经营。4月，饭店划归县商业局管理，商业局糖厂划归供销社管理。县供销社成立中药材经理部。推销经理部易名为土产经理部。是年，县、区供销社由下而上地召开第三届社员代表大会，选举产生了县、区社理、监事会。县社下设办公室，人事保卫、业务、组导、物价、财会、计划统计、加工企业7科；土产、供应、中药材3个经理部。下辖丹江、西江、大塘、永乐、排调5个区供销社。有望丰、报德、方祥、桥桑、达地、桃江6个分销店；13个代销点和4个农村饮食服务点。兼管纸厂。全社职工161人。10月，恢复丹寨县治，排调区供销社划回丹寨县。11月，糖厂移交商业局经营，县社加工企业科撤销。

1963年1月，中药材经理部并入土产经理部。1964年1月，永乐公社合营饭店（附设旅社）过渡为永乐供销社饭店（即今民族旅社）。1965年，纸厂移交县轻工业局管理。

1965年，县社下设办公室、人事保卫科、业务科、财会科、物价科、组导科、计划统计科及供应、土产两个经理部。下辖丹江、西江、大塘、永乐4个区基层供销社，有望丰、报德、公统、方祥、黄里、桃江、桥桑、达地8个分销店和34个代购代销点，有农村饮食服务业4个，全社职工202人。农产品采购金额为64.4万元，纯销售金额为18.37万元，分别较1962年上升2.8倍和32.44%。实现利润6723元，完成税收4.7万元。

1968年2月，在“文化大革命”中，县、区供销社先后被群众组织夺权，分别成立县、区供销社“文化革命”领导小组。次年，改称“革命委员会”。是年11月，供应、土产两经理部与县社并为一个核算单位。

1969年8月，撤区并社，全县由26个公社合并为13个公社，除丹江区社与县社合并外，其余12个公社均建立公社供销社。1970年初，恢复原区供销社建制。5月，供应、土产经理部与县社分开核算。6月，县供销社改为雷山县革命委员会供销科。下设办公室、政工组、业务组。原土产、供应经理部改为土产公司和农资公司。9月，县供销科和商业科合并为“雷山县革命委员会贸易局”。

1973年4月，恢复县供销社。下设秘书、人事保卫、业务、财会、计划统计、物价6科。农资（附设农药化肥厂）、土产两公司。1975年底，分销店增至22个，代购代销点增至85个。1979年3月，县社建立基建储运科。负责全县供销社系统商品调运、仓储、基建管理工作。1980年，为适应全党工作着重点的转移，开展三类土特产品议购议销。是年6月，组建贸易货栈。经营范围为三类农副土特产品，废旧物资、干鲜果品、干菜调味品、各种副食品、日用杂品、小农具，完成计划后允许议购议销的一、二类物资和轻工业品、社队企业委托推销的其他产品；经营方式为信托贸易、代购、代销、代运、代签订现货、期货合同，并自营议购议销，设立展销门市部。1982年前，土产、农资两公司（经理部）实行条条核算，盈余由地方财政代收划转，购销计划由省、州直接下达，以“块块为主，条块结合。”

1983年，3月，农村供销社体制实行改革。7—8月，县、区供销社先后召开第四届社员代表大会，民主选举理、监事会。县供销社改称雷山县供销合作社联合社。下设理事会办公室、监事会办公室和人事保卫、业务基层、统计物价、财务会计4科。系统业务改“官办”为“民办”，变全民所有制经济管理体制为集体所有制经济民主管理体制。各专业公司，基层供销社实行经营责任制和经营承包责任制两种形式。即“联销（购）计酬”，工资套任务；“五定一奖”（定任务、定资金、定费用、定损耗、定库存，超购、超销奖）。在执行过程中，普遍实行经营承包责任制。县联社向县人民政府承包，各专业公司、各区基层供销社向县联社承包，以下分组、片区、柜台为单位承包。承包的原则是：“包死基数，确保上缴，超利返还，亏损自负”。即承包购、销、利、税4项指标，按签约的递增幅度测定承包各年的项目指标，一定三年不变。

1985年6月，成立雷山县供销合作社联合社贸易中心，自筹资金，合资经营。

1987年4月，建立茶叶公司和雷山民族茶厂，专业经营茶叶产销业务。

1987年底，县社设理事会办公室、监事会办公室和人事保卫、业务基层、财务会计，统计物价等4科。下属农资、土产、信托、贸易（原称贸易货栈）、茶叶4个公司和贸易中心、民族茶厂，丹江、西江、大塘、永乐4个区基层供销社，22个分销店。有干部职工254名。是年，纯销售金额为617.1万元，为1966年的3.5倍，为1957年的8.13倍。农副产品采购额为49.6万元。为1957年的1.82倍。1952—1987年，推销农副产品金额为1145.6万元，（未含合并入商业局的数字）。零售金额为7971.6万元；完成国家税收224.8万元；利润122.5万元；拥有固定资产164.73万元，自有资金307.3万元。

第三节　集体及私营（个体）商业

民国29年（1940年），丹江县成立县商会，有会员146人。多为肩挑叫卖小贩。全县有私营小货铺16个（丹江10个，西江6个）。民国35年（1946年），雷山设治局二科统计，境内有私营工商业188户（含永乐）。大多是农忙务农，农闲从商，无田无土常年经营商业的仅10户。其中布业25户、日杂百货业45户、旅栈业14户、饮食理发业12户、油业13户、大米业1户、丝线（花线）业16户、屠宰业41户、盐业9户、卷烟业1户、鞭炮业2户、造纸业1户、土陶器业8户。地区分布：丹江93户、西江35户、大塘18户、永乐42户（当时属丹寨县）。丝线业以西江苗族大寨最集中，占80%以上。鞭炮、造纸、陶器等业集中在丹江。屠宰业如买不到肥猪就歇业，经营不正常。布业多系销售土布，日杂百货以经营毛巾、粗线袜、梳子、染料、小百货为主，兼营成衣，有的经营旧衣和小土产收购或换购。小商小贩经营的货物，均由榕江、重安江、湖南的托口、洪江等码头贩运输入，摆摊出售，品种不多，资本在100元之内（银圆，下同）较大的有丹江镇百货商彭怡生经营的“怡生昌”商号资本约400元。永乐邱玉华经营的“广和兴”商号，经营布匹、食盐、百货等，资金约1000元。系从湖南、广西等地迁入，在雷山行商落户。

1951年，个体商户有287户，统由工商科领导，国营公司负责商品批发。1952年，在私营工商业者中开展反行贿、反偷税漏税、反盗窃国家资财、反偷工减料、反盗窃国家经济情报的“五反”运动后，提高私营工商业的守法观念，经营态度有了改变。

1952年底，全县个体工商户发展到911户。其中碾米业368户、榨油业14户、弹花业8户、小商品经销业518户，平均每户每月经营额约为476元(新人民币、下同)。比1951年月经营额150元上升2.17倍。

城关百货商人均有资金约300元，旺季每月营业额达1000元。布商有资本约400元，年营业额为2058元，永乐“广和兴”商号每月营业额达1000元以上。

1953年，国营、合作社商业零售网点和门市部增多，对私商经营范围和经营品种限制过死，批零差价幅度偏小，并规定私商每月只赶3个场，部分私商停业转业，经营户数由521户下降为156户，商品零售比重由42.48%下降为22.71%。

1955年5月，纠正对私营工商业“左比右好”“改革就是改掉”的倾向。按照“一方面给私商饭吃，一方面不让私商赚钱过多”的原则，提高了批零差率和代销手续费，银行贷款给予支持，当年，重新安排原已停业的38户复业。年底，私营商户恢复到190户，从业人员196人。其中布业14户、百货50户、油业6户、盐业24户、香烟业4户、酒业2户、屠宰业13户、饮食业71户、杂货6户，共有资金7884元。商品零售额比重回升到45%。销售额占市场销售总额的22%。

1951–1955年雷山县私营商业基本情况表

表13-1　　单位：户、元

行业 \ 数额 \ 年度	1951年		1952年		1953年		1954年		1955年	
	户数	资本	户数	资本	户数	资本	户数	资本	户数	资本
布业	15	538	32	780	13	1485	13	1072	14	975
百货	68	2065	72	2937	62	7272	46	2322	50	4019
盐类	37	499	17	419	12	662	17	385	24	710
花线	17	310	18	320	10	210	10	250	—	—
屠宰	50	1691	42	1255	412	230	10	167	13	279
饮食服务	29	390	32	620	94	1271	58	632	71	1259
土特产	42	338	88	753	—	—	—	—	—	—
油业	24	279	45	865	30	865	—	—	6	367
杂(含香烟)货	5	210	43	714	—	—	4	210	10	220
旧衣裤	—	—	65	1314	—	—	—	—	—	—
酒类	—	—	67	670	—	—	—	—	2	55
合计	287	6320	521	9945	233	11995	158	5038	190	7884

根据“先安排，后改造”的原则，对原有个体商户进行安排。全县安排有布业合作小组1个(4户)，百货业合作小组2个(9户)，盐业合作小组2个(7户)，屠宰业合作小组1个(6户)。有资金2381元，季度营业额为10075元。

1956年2月5日，雷山县公私合营商店成立，参加公私合营的共77户、79人，占总户数的40.2%。入股资金8937元，占总资金额的72%。其中棉布公私合营商店5户、5人，入股资金1082元。丹江百货合营商店12户、12人，入股资金2103元。盐业公私合营商店8户、8人，入股资金374元。丹江镇公私合营饭店9户、10人，入股资金532元。烟酒油合营商店6户、6人，入股资金961元。屠宰业公私合营4户、4人，入股资金303元。西江公私合营商店19户、20人，入股资金2147元。永乐公私合营饭店3户、

3人，入股资金400元。永乐公私合营商店11户、11人，入股资金800元。合作小组7个，41户，44人，占个体总户数的21.5%，资金1263元。其中，城关饮食合作小组6户、8人，城关新民理发合作小组4户、5人；永乐饮食业合作小组7户、7人；屠宰业合作小组11户、11人；盐巴代销小组4户、4人；糖业合作小组4户、4人；棉布、百货代销小组5户、5人。除城关饮食合作小组和新民理发合作小组坚持集体经营外，其余的不久又恢复个体经营。

全县共有个体商业户204户，从业人员228人，参加公私合营和各种合作小组后，尚有81户，99人未参加，有的转为农业，有的停业，有34户安排为代销。

1956年雷山县对私营（个体）商业社会主义改造情况表

表13-2

类型/数额/行业	合营前实有			参加公私合营				参加合作小组			未参加合营合作小组		
	户数	从业人数	资金（元）	户数	人数	入股资金（元）	入户占%	户数	人数	资金（元）	户数	人数	资金（元）
合计	204	228	12412	82	85	8937	42.2	41	44	2090	81	99	1385
棉布	6	6	1082	6	6	1082	100	—	—	—	—	—	—
百货	54	58	5377	31	31	4061	57.5	9	9	840	14	18	476
食盐	10	10	474	10	10	474	100	—	—	—	—	—	—
烟酒油糖	24	28	1599	6	6	961	25	4	4	350	14	18	288
屠宰	22	22	663	4	4	303	18.2	11	11	300	7	7	60
饭店	24	27	1716	24	27	1716	100	—	—	—	—	—	—
照相	1	1	340	1	1	340	100	—	—	—	—	—	—
粑粑	56	68	901	—	—	—	—	13	15	420	43	53	481
理发	7	8	260	—	—	—	—	4	5	180	3	3	80

1957年，城关公私合营划归国营商业领导，区以下由供销合作社领导，至1978年，私方人员先后过渡到供销社或国营公司，成为国家商业职工。城关粑粑业和理发业仍为集体经营。

1980年恢复发展个体工商业，有个体工商户30户，从业36人。其中，代销3户，4人；经销27户、32人。

1981年7月，贯彻国务院《关于城镇非农业个体经济若干政策性规定》，改由县工商行政管理局领导。县个体劳动者协会负责经营业务协调。当年，个体工商户发展到53户。1982年，有营业执照的个体户计62户，68人。1983年，随着政策放宽和市场开放，个体工商业成为农村调整产业结构、为剩余劳动力找出路和劳动致富的途径。当年，全县共有个体商户396户，从业419人。1984年9月，全县个体工商户485户，从业539人，资金327382元。1985年，有个体工商户672人，从业831人，营业额161.7万元，其中，商品零售119.88万元。1986年，个体工商户有959户，从业1220人，资金229.6万元，全年营业额282.65万元。1987年，全县有个体工商户1121户，从业1343人。资金121.6万元。其中，商业622户，711人；饮食业91户，104人；修理业55户，57人；服务业56户，61人；运输业54户，54人；手工业240户，290人。营业额371.2万元。其中，商品零售351.2万元，纳税45.48万元，占全县工商税的23%。

第四节　饮食服务业

民国时期，饮食服务业多为家庭个体开业，设备简陋。民国36年(1947年)登记，有私营客栈14户，饮食业10户，理发业2户。

1953年有饮食服务业96户，经营家庭客栈、粉馆、粑粑和理发等项目。1954年，供销社先后在报德、桃江、望丰、黄里等地建立食宿店，除为挑运货物的民工提供食宿外，还对外营业。

1955年7月，全县城乡安排饮食服务业73户，从业人员73人。1956年1月，实行全行业公私合营，县城私营饮食服务业成立公私合营雷山饭店，附设旅社，有床位46个，有9户、10人参加合营。设私方经理1人，县民贸公司派员任公方代表，实行独立核算。在此时期，永乐区由3户组成合作饭店，西江建立公私合营饭店，大塘区供销社附设饭店。

1956年，修筑炉(山)雷(山)公路期间，县供销社设合作食堂，有床位16个。通车后，商旅增多，民贸公司投资和公私合营雷山饭店集资在县城修筑5间2楼1底木房1幢(约400平方米)，开设雷山饭店。有床位68个。是年，雷山始有照相业，理发业亦建立合作小组，由商业局管理。

1957年，永乐合作饭店改为公私合营饭店。由供销社管理。是年，由国家投资3.5万元，在县城大十字兴建雷山饭店营业楼，面积950平方米，有床位70个。并建凯里县后，公私合营雷山饭店人员过渡为国营饭店职工，由凯里县雷山商店管理，独立核算。1960年，西江公私合营饭店过渡为供销社饭店。1961年，恢复雷山县建置，国营雷山饭店由供销社经营。次年4月，移交商业局管理。县城饮食服务业有国营雷山饭店(兼旅社)、饮食合作小组、理发合作小组，均由商业局领导。

1963年，成立雷山县饮食服务公司，与国营雷山饭店合署办公。次年，永乐公私合营饭店过渡为供销社饭店。

1965年6月，县城有国营雷山饭店(附设旅社)1个，有床位81个，全店职工20人(其中饮食18人)。饮食合作店1个，职工8人。理发合作店1个，职工7人。公私合营照相馆1个，职工2人。永乐、西江、大塘、桃江等基层供销社和分销店开办饭店(附设旅社)4个。

1969年，国营雷山饭店经营照相业务，增加染布项目。随着县境内流动旅客增多，原有网点不能适应需要。1976年，在县城兴建2楼1底混合结构旅社1幢。总建筑面积900平方米，扩大照相业务用房，增加照相座机1部。1978年，国营饮食服务业有职工37人。内设旅社2个，餐厅3个，照相馆1个，染布店1个。兼管饮食合作店1个，职工10人；理发合作店1个，职工6人。永乐、西江、大塘、桃江基层供销社和分销店附设有饭店4个。

1979年4月，国营雷山饭店附设理发店，有职工4人。

1982年，投资32.5万元，建立永乐民族旅社(附设停车场)9间3楼1底钢筋混凝土营业楼1幢。总建筑面积1800平方米(1984年开业)。是年，国家拨款在西江建造2楼1底吊脚楼式砖木结构楼房1幢。建筑面积500平方米，开设民族招待所，设床位40个，由区公所管理。

1985年，国营系统饮食、照相、理发、冷饮全部租赁给职工个人经营，以合同形式，经公证机关公证，一定三年。各区供销社饭店(含旅社)，永乐民族旅社亦由职工个人向区社承包经营，交纳定额承包费。

1987年，国营饮食服务系统有职工33人，营业面积3500平方米，床位170个。自有资金27637元，固定资产181628元，营业收入(含旅社)33205元，缴纳税金7418元，利润6878元。机关企事业单位附设招待所的有县委、人民武装部、劳动服务公司、农机公司、粮食局、林业局、商业局，种子公司等。一般设有床位20～40个。全县个体饮食服务业有147户，165人，资金7.5万元，营业收入45万元。

第二章　工业品购销

雷山历史上因交通不便，场集少而分散，群众所需日常工业品均由肩挑商贩由榕江、黄平重安江、麻江下司或湖南洪江等地贩运输入。经营品种、数量极为有限。

1951年，镇远专区民贸公司派贸易小组驻雷山，开展贸易业务。当年，销售额7.4万元（已折新人民币）。次年，又派盐业组到雷山经营食盐批发业务。1956年，工业品销售总额72.4万元，较1951年增长8.78倍。工业品仍由镇远、重安江、凯里等地人工肩挑运入。1956年炉（山）雷（山）公路通车后，改为汽车运输，工业品购销额逐年增多。1961年，百货、文化用品、针纺、五交化、糖果、食盐、石油等，均以凯里二级批发站为主要进货地，部分工业品由省外或贵阳、都匀等地购入。1964年，县国营商业有工业品批发机构4个，零售网点22个，营业员25人。以批发为主，兼营零售。在经营中，依靠基层供销合作社，面向全社会，坚持“二优先”（农村和城市都需要的工业品优先供应农村；农村和城市都需要的副食品优先供应城市）的原则，开展经营业务。1965年，按经济区划组织商品流通，西江区除黄里、方祥公社供销店直接由凯里供货；榕江县平永、乐里两区供销社由雷山县各专业公司供货，百货、纺织两公司常年派联络员驻各区供销社，直接送货到基层供销社、分销店。各专业公司，继续开展送货下乡，流动服务。1965年，购进金额为193.61万元，销售金额为285.2万元，分别比1956年增长2.95倍和4倍。1978年，购进总金额520.54万元，比1965年增长1.69倍，销售总金额539.94万元，比1965年增长0.89倍。

1979年后，增设商业网点，县民族贸易商店和百货商店相继建成营业。食糖、食盐、石油仍由凯里州公司分配调入，其余工业品除保持向凯里各专业公司调入一定数量外，逐步扩大省外调入和直接向省内外生产厂家购入。1985年，购、销、利均有上升。购进总金额713.96元，比1978年增长37.16%；销售总金额846.77万元，比1978年增长56.8%；实现利润9.6万元，比1978年增长1.06倍。1985年后，个体商业户不断增加，计划商品又逐年减少，市场竞争激烈，国营商业购、销、利均呈下降趋势。

1987年，有批发机构10个，零售网点24个，营业员55人，营业面积2409平方米，仓库面积2613平方米，购进总金额为555.59万元，销售总金额为683.1万。

1951–1987年雷山县国营商业部分年度购销情况统计表

表13-3　　　　单位：万元

年　度	1951	1952	1957	1965	1976	1978	1984	1987
购进	—	18.18	112.74	193.61	404.67	520.54	581.72	555.59
销售	7.4	23.14	90.54	285.2	495.25	539.94	638.53	683.1

第一节　百货、针纺

百货、文化用品

百货旧称“广货”，民国时期无专营百货商号。

1951年，国营商业开始经营百货商品，主要品种有火柴、棉布、布胶鞋、布伞、日用小百货。文化用品有笔、墨、构皮纸、毛边纸。1952年，百货类购进金额18495元，占工业品总购进10%，销售金额20140元，占总销售8.6%。20世纪50年代后期，经营百货，文化用品逐步增多，始有竹壳热水瓶等商品应市。

1962年，百货类购进金额172143元，较1952年增长8.31倍，占总购进13.69%；销售金额169365元，较1952年增长7.41倍，占总销售13.47%。1966年，百货类购进金额30.76万元，较1962年增长0.78倍；销售金额44.91万元，较1962年增长1.65倍，占总销售15.4%。文化类购进金额1.42万元，占百货类购进0.4%；销售金额10.48万元，占总销售3.6%。20世纪60年代后期，百货、文化用品逐渐充裕，钢筋、搪瓷、玻璃、铝制品等激增，洗涤用品肥皂、洗衣粉逐渐代替农村常用的灰水、油饼、皂角，铁壳水瓶代替竹壳水瓶。

20世纪70年代，电池销售量大增。1973年，销售电池55143（10只），较1965年增长3.32倍。随着新材料、新工艺的发展，百货商品品种逐渐增多，塑料制品、面盆、提桶占了一定比重。1978年，百货类购进金额122.13万元，比1966年增长2.97倍，占总购进23.46%；销售金额110.15万元，较1966年增长1.45倍，占总销售20.4%。

20世纪80年代初，市场开始大宗销售气压水瓶、旅游胶鞋、高档皮鞋、半自动雨伞、手表、高级香皂、缝纫机等，儿童玩具、化妆用品销售亦渐增多。文化用品仍以笔墨纸张为主，但琴、棋、体育用品，照相器材的销量逐渐增大。1985年，百货类购进金额195.93万元，较1978年增长0.6倍，占总购进27.44%；销售金额198.08万元，较1978年增长0.8倍，占总销售23.39%。文化用品类购进金额，19.7万元，较1978年下降13%，占总购进2.76%，销售金额18.18万元，较1978年下降8.9%，占总销售2.15%。1987年百货购进金额111.4万元，销售金额123.12万元，文化用品购进金额19.12万元，销售金额19万元。

胶鞋　20世纪50年代中后期开始进入市场，主要品种为球鞋。以后品种增多，除各种球鞋外，有解放鞋，力士鞋、元宝雨鞋，高、中统雨鞋等，年销1.5万双左右，农村尤喜元宝雨鞋，年销近1000双。1960年前后，商品匮乏，曾用布胶鞋换购农副产品。1966年，购进22921双，较1963年增长0.64倍。销售25317双，较1963年增长0.9倍。

20世纪70年代后期，球鞋销量减少，解放鞋销量大增。1978年，购进11.96万双，较1966年增长4.21倍；销售8.75万双，较1966年增长2.46倍。

1980年以后，群众经济收入增加，农民需求剧增。胶鞋类主要销售解放鞋，其次，为蓝、白网鞋、中统全胶鞋。近几年来各式旅游鞋亦有一定销量。1985年，购进鞋类14.55万双，较1978年增长22%，销售10.47万双，较1978年增长20%。以后减少流通环节，个体商户及供销社直接向外地或工厂进货，购销量均下降。1987年，仅购进8.47万双，售出8万双。

缝纫机　民国时期，市场未有出售，用户均从外地购入。1956年以后，市场始有销售，但数量极少。1963年，购进8台，全年销售2台。1966年至1976年，十年动乱时期，货源紧缺，列为计划分配商品，除职工购买外，多销往外地，进入农民家庭甚少。1978年后，销量激增，全年购进347台，较1963年增长42.4倍；销售323台，较1963年增长160.5倍。1980年后，城乡人民家庭购买缝纫机逐渐增多，有的把缝纫机作陪奁。1985年购进1758台，较1978年增长4.07倍；销售1916台，较1978年增长4.93倍。1979至1987年的9年中，共购进8952台，较1970至1978年增长6.33倍；销售8848台，增长6.15倍。

钟表 钟表销售始于20世纪50年代中期。品种为座钟、挂钟。后期，手表销售曾对机关、学校职工、教师采取分期付款办法销售。以后手表货源偏紧，按计划分配调入，除城镇人口戴手表者较多外，农民甚少。1978年，销售手表553只，较1966年106只增长4.22倍。1980年以后，国产手表大增，并且降价销售，大量销往农村和学校，购、销量大幅度上升，石英钟、表亦有一定销量。1979年至1987年9年中购进手表30297只，较1970年至1978年增长9.24倍，销售28460只，增长7.61倍。

纺织品

民国时期，98%以上的人口居住农村，县内仅有两户布商经营纺织品，经营品种为平江布、黄州布、线布和士林布。

解放后，由国营民贸商店经营纺织品批发，兼营零售。主要品种为土布，其次为士林布、哔叽、元贡呢。1952年，纺织类购进金额52533元，占总购进28.58%；销售金额51496元，占总销售22.25%。

1956年后，农村实行集体生产，家庭自纺自织时间减少，机织布销售逐步扩大。1965年，机织布购进金额55.62万元，较1952年增长9.6倍，占总购进28.72%；销售金额52.45万元，较1952年增长9.18倍，占总销售18.39%。

20世纪70年代，化学纤维纺织品增多，成为纺织品类主要商品。1978年，购进金额130.05万元，较1965年增长1.34倍，占总购进24.98%；销售金额106.22万元，较1965年增长1.03倍，占销售19.67%。

1984—1985年，按国务院指示对农村贫困农户实行棉布赊销，购销量均上升。此后，货源偏紧，价格上升，购销又下降。1985年，购进金额127.12万元，较1978年下降2%，占总购进17.8%；销售金额163.47万元，较1978年增长0.54倍，占总销售15.13%。纯棉布和化纤、混纺布销售比重为1比0.25。1987年，购进金额84.59万元，销售85.7万元，呈下降趋势。

土布 土布有宽、窄两种。一般幅宽0.31米，匹长4米，颜色为红青色和墨青色，为解放前群众穿着的主要布料。除少数由湖南输入外，多为农民自纺土纱手工织成，然后加染，手工缝制成衣。1952年，国营商店由镇远贸易支公司调入湖南土布2560匹（折10240米），本地加工1896匹（折7584米），全年销售3964匹（折15856米）。1955年，购进248匹，销售803匹，均较1952年下降。1956年后，随着机织布产量增加，土布生产下降，市场上土布基本消失，但雷山苗族中老年人素有穿着土布习惯和缝制民族服装的需要，至今，农村仍有自织土布自染成衣的。

棉布 1951年，国营商业开始经营棉布。1952年，由镇远专区贸易支公司调入933匹（折27990米），销售801匹（折24030米）。1954年全国实行棉布统购统销，雷山县属少数民族地区实行计划销售定额供应政策。1957年起，开始实行定量凭票供应，计划管理，由凯里州二级站按计划分配调拨，对各区供销社和零售企业按比例分配（农村85%，县公司15%）。1965年，购进482343米，较1955年9180米增长51.54倍；销售345767米，较1955年25290米增长12.67倍。

棉布的主要销售品种为纯棉布。其中又以士林兰、精元贡呢、线哔叽、平绒、灯芯绒等销量最大，白粗布幅宽、价廉，则行销于农村。

20世纪70年代以后，各种化纤布、混纺布逐步成为纺织品中的重要商品。1978年购进纯棉布89.45万米，销售82.14万米，均较1965年上升1倍以上。其中化纤、混纺购进1.42万米，销售1.38万米。

1985年，购进纯棉布60.67万米，较1978年89.45万米下降32.2%。化纤、混纺布购进15.86万米，较1978年增长10.17倍。销售纯棉布63.37万米，较1978年下降22.8%。化纤、混纺布销售15.54万米，较1978年增长10.26倍。1987年，购进纯棉布33.68万米，销售34.35万米；购进化纤、混纺布11.51万米，销售9.54万米。

针织品 针织品为毛巾、袜子、汗衫、背心、棉毛衫裤、卫生衫裤、床单、毛线等。上海“63”皇后毛巾最受苗族妇女青睐，大红棉毡最为农民欢迎。1964年，购进总金额14万元，销售总金额17.95万元。以后化纤针织品日渐增多，又成为针织品中畅销商品。1978年，购进总金额43.06万元，较1964年增长2.08倍，占总购进7.1%。销售总金额49.68万元，较1964年增长1.77倍，占总销售9.2%。

20世纪80年代，苗族妇女戴毛巾减少，毛巾销量亦减。服装行业大发展，花色品种繁多，款式不断翻新，国营、个体服装经营者甚多，销量迅速增加。1985年，购进53.93万元，较1978年增长25.2%，占总购进7.55%；销售62.85万元，较1978年增长27%，占总销售7.42%。1987年，购进44.59万元，销售52.6万元，较1985年均有下降。

第二节 五金、交电、化工

五金、交电、化工三类商品均靠外地购进。1962年成立五金公司，经营此项商品。9月以后，由百货公司经营。五金主要商品有镀锌铁丝、元钢钉、铰链、插销、匠作工具、锯条等。交电商品有自行车、轮胎、车配件、电灯泡及电业机械用材、电视机、收录机等。化工类为油漆、染料、碱、白矾等。20世纪60年代，直接染料销量较大。年达4.7吨。1965年，购进金额27.73万元，占总购进14.32%，销售金额29.02万元，占总销售10.18%。

1980年，雷公山调频电视转播台建成后，电视机销量剧增，年销69万元。民用建筑材料，随着单位建筑投资增加，钢丝、元钉、油漆等销量亦大幅度增加，1985年，销售21.14万元。销售洗衣机117台，电冰箱5台，电灯泡6.5万只，电视机256台，一些高、中档家用电器，逐渐进入城乡居民家庭。百货公司及区供销社在县城设有维修服务点。1985年，购进自行车595辆，较1978年增长3.16倍；当年，销售587辆，较1978年增长3.66倍。1983年，电灯泡销售7.6万只，农村占75.6%。

1985年，五交化商品购进金额为85.88万元，较1978年增长3.65倍(其中交电增长8.23倍)，占总购进12.02%，销售金额为90.66万元，较1978年增长5.75倍(其中交电增长22.97倍)，占总销售10.71%。后因建筑材料及交电商品多渠道经营，国营企业的经营额大幅度下降。1987年，五交化商品购进金额仅41.6万元，比1985年下降51.56%。销售金额仅47.61万元，比1985年下降47%。

第三节 糖 酒

食糖

民国时期，市场上只有少量广西红糖、云南碗糖和农民家庭熬的米花糖面市。1954年，全县购进红糖7.2吨，销售6.5吨。20世纪50年代后期，始有白糖进入市场。1958年，购进食糖35.7吨(其中，白糖7.1吨)，销售19.8吨(其中，白糖5.4吨)。

20世纪60年代，红糖购入减少，白糖购销比重上升，成为食糖的主要品种，并一直是计划管理商品。由黔东南州糖酒公司计划分配调入。产地均为广西、云南和四川等省、区。1962年以后，曾一度销售进口的古巴糖。1966年，购进25.45吨，销售20.85吨，较1958年增长5.3%。

20世纪70年代以后，食糖销量增加，购销上升。1978年购进138.2吨（其中白糖78.2吨，占56.58%），较1966年增长4.43倍；销售120.3吨（其中白糖92.8吨，占77.14%），较1966年增长4.77倍。

由于白糖销量增加，货源紧缺，供需矛盾突出。1987年，国家采取“保、压、停”的供应政策。在保证高温、井下作业和婴儿、病人、军队需要的前提下，安排市场供应。价格上实行国家定价和计划外实行最高限价的“双轨制”。1987年，购进食糖185.5吨（均为白糖），较1978年增长34.23%。销售184.4吨（均为白糖），较1978年增长53.3%。

酒

雷山市场以白酒销量最好。1956年以前，市场上的白酒供应，一是由州专卖公司拨款，委托商业部门在县城加工。二是从县外购入高度白酒加浆勾兑成低度酒供应。1956年，成立专卖公司，酒类实行专卖。1957年，国营雷山酒厂建成投产后，以销售地产白酒为主。

1964年，县酒厂用玉米为原料，取代稻谷原料酿造，统由商业部门收购供应市场。以40度白酒销量最大。1964年至1966年，国营雷山酒厂总产量为（按45度计算）3329.6吨。少量外调，多为内销。1966年，购进181吨（其中白酒180.5吨），较1958年增长2.37倍。销售174.8吨（其中白酒172.9吨），较1958年增长1.03倍。1975年，雷山酒厂以高粱为主要原料，大米、小麦（加中药材）为制曲原料，用固态法试制“雷公山大曲”。酒精度为55度，为地区中级酒。1978年，购进326吨（其中白酒312.6吨），较1966年增长80.11%。销售321.6吨（其中白酒321.5吨），较1966年度增长84%。

1982年，市场销售白酒大部分由县酒厂生产，商业部门收购、销售。是年，购进359.8吨，较1978年增长10%。销售351.4吨（其中白酒340.9吨），较1978年增长9.2%。1983年后，各区供销社及个体户直接向生产厂家进货，商业部门酒类购销逐年下降。商品多渠道流通后，湖南省新晃、会同等地低度散装“米双”白酒进入县内市场，价格低于县酒厂同度白酒，县内农村市场一时为“米双”白酒取代。1984年，啤酒、汽酒销量上升，年销5550公斤。1987年，县糖酒公司购入湖南白酒172.2吨，占总购进254.4吨的67.69%。全年销售酒244.2吨（其中白酒227.2吨）。1987年，糖酒类购进69.63万元，占工业品总购进12.53%。销售79.44万元，占工业品总销售11.63%。

第四节　盐　业

民国时期，食盐多由小商贩由都匀、下司、凯里等地肩挑贩运入境。民国28年（1939年），贵州盐务办事处都匀督运员在丹江县（今雷山县）开设盐斤公卖代销店。民国33年（1944年），雷山设治局设“荣记食盐公卖代销店”，承销邻县盐商贩运的岩盐（川盐）。民国33年至民国34年（1944—1945年），食盐匮乏，出现盐荒，盐斤价格陡涨，每斤食盐换大米25公斤，群众深受“斗米斤盐”之苦。许多农民无力购买，边远村寨如方祥、毛坪、乌的、独南等地群众，只得用草木灰化水代盐。民国38年（1949年）后，食盐自由销售，不受政府管制。

1952年10月，镇远专区驻雷山盐业组专营食盐批发，个体盐商零售。1956年，食盐实行计划管理，批发业务由盐业公司统一经营，公私合营盐业商店零售。农村食盐由供销合作社供应。食盐库存指标按每人每月0.5公斤计算，县盐业公司保证经常储备总人口6个月的用盐量，农村各供应点则应储备各供应区人口3个月的供盐量。

20世纪50年代后期，四川巴盐（岩盐）不再调给贵州，全部改供海盐。统由黔东南州盐业公司计划调拨。1965年，购进盐331.8吨，较1954年增长2.29倍，金额7.32万元，占工业品总购进3.78%；销售盐323.7吨，较1954年增长2.8倍，金额11.13万元。

1978年，为防治地甲病，一律供应加碘食盐。同年，购进碘盐504.4吨，较1965年增长52%。金额10.18万元。销售碘盐511.2吨，较1965年增长58%。金额为15.17万元。其中，用于保障耕牛过冬和选种的农牧业用盐销售42.7吨。

20世纪80年代后，农牧用盐停止供应。经销食盐的个体户增多。1986年，县盐业公司改建仓库，将储备20余年的粗盐经加碘后供应全县。1987年，一律供应加碘精盐，由凯里直达运输到县内各盐仓所在地。即县盐业公司仓库、陶尧、固鲁、报德、公统、大塘、莲花、桃江、西江、大沟、白连、黄里、格头坳、永乐、开屯、排告、柳乌、桥桑、达地等20处，然后由各点人工肩挑到农村各供应点。是年，购进盐659吨，金额12.85万元，较1978年增长30.6%。销售724.3吨（含原库存）。金额19.7万元，较1978年增长41.7%。

1954—1987年雷山县部分年度盐类购销情况统计表

表13-4

项目 / 年度	购入		销售		其中食用盐销售		备注
	数量（吨）	金额（万）	数量（吨）	金额（万）	数量（吨）	人均（公斤）	
1954	100.7	—	85.2	—	85.2	10.6	
1964	88	2.65	341.2	12.13	329.6	9.6	销售含农牧用盐
1974	427.7	8.43	502.59	15.45	490.35	10.12	销售含农牧用盐
1984	595	11.32	654.4	17.32	654.4	11	
1987	659	12.85	724.3	19.7	724.3	11.7	

第五节　石　油

民国时期，除城镇少数富裕家庭用煤油照明外，农村照明多为松油柴或桐油、茶油。

解放后，煤油由民贸商店经营，批发兼零售。1954年，购进金额0.17万元，销售金额0.22万元。20世纪60年代，由县百货公司经营，销量逐步增加。以经营煤油为主。1965年，购进金额5.92万元，占总购进3.06%。较1954年增长33.8倍，销售金额7.65万元，占总销售2.68%，较1954年增长33.8倍。20世纪70年代，销量大幅度上升。1978年，设燃料公司，专营石油，实行计划管理。同年，购进金额42.18万元，占总购进的8.2%，较1965年增长6.13倍，销售金额49.38万元，占总销售9.15%，较1965年增长5.45倍。

1981年12月，建县石油仓库、加油站。1983年后，油源较紧，用油量增加，对汽油、柴油实行平价、高价“双轨制”。1985年，燃料公司改称石油公司，属条条管理，由县经济委员会领导。1987年，购进金额91.85万元，占总购进16.5%，较1978年度增长1.18倍。销售金额112.84万元，占总销售16.5%，较1978年增长1.29倍。

煤 油

煤油主要用于生产照明，90%以上销往农村。1954年，购进0.7吨，销售1.6吨（含原库存）。20世纪60年代后，销量逐年上升。1964年，购进62.93吨，较1954年增长88.9倍。销售56.77吨，较1954年增长34.5倍。占石油产品总销量96.39%。1978年，购进223.73吨，较1964年增长2.56倍。销售226.7吨，较1964年增长2.99倍，占石油产品总销量29.35%。1982年，国家煤油货源紧缺，实行计划包干，定量到户，凭票供应，供应较为紧张。1987年，购进301.71吨，较1978年增长35%。销售289.37吨，较1978年增长28%。

汽油、柴油、润滑油

汽油、柴油、润滑油为主要生产资料，历来严格实行计划管理，在节约用油的前提下，按农轻重秩序，保证重点，压缩一般，统筹安排，合理分配。

1964年购进汽油7.7吨，销售8.68吨。20世纪70年代，机动车、拖拉机增多，汽、柴油购销逐步上升。1978年，购进汽油174吨，较1964年增长21.6倍。销售235吨，较1964年增长26.1倍。柴油购进272吨，销售285.9吨。20世纪80年代初，石油公司对全县用油机具进行普查登记，立户建卡发证，平价、高价油均实行计划供应。农村抗旱，抢运粮食、化肥、烤烟和食盐等用油优先安排。1986年，鉴于石油供需矛盾突出，为便于统筹兼顾，合理安排，节约用油，保证重点，实行“一支笔”批准用油或分口控制的办法。1987年购进汽油465.77吨，较1978年增长1.68倍。销售469.18吨，较1978年增长1倍。购进柴油452.33吨，较1978年增长0.66倍。销售458.3吨，较1978年增长0.6倍。

1954–1987年雷山县部分年度石油产品购销情况统计表

表13-5

年　度	石油类（万元）		其　中							
			汽油（吨）		煤油（吨）		柴油（吨）		润滑油（吨）	
	购进	销售	购进	销售	购进	销售	购进	销售	购进	销售
1954	0.17	0.22	—	—	0.7	1.6	—	—	—	—
1964	6.54	7.21	7.7	8.68	62.93	56.77	—	—	—	—
1966	7.8	7.9	—	9.5	74.14	71.8	—	8.85	—	1.05
1974	31.99	26.91	106.67	101.69	242.54	199.3	110	111.13	11.5	9.41
1976	39.61	38.32	214.97	157.47	230.14	230.7	204	216.5	15.8	13.17
1978	42.18	49.38	174	235	223.73	226.7	272	285.9	27.46	24.6
1981	50.84	56.9	284.89	280.37	307.16	280.54	302.99	289.76	13.9	15.2
1985	71.12	78.17	395.27	384.99	287.99	291.7	356.84	391.72	20.9	22.3
1987	91.85	112.84	465.77	469.18	301.71	289.37	452.33	458.3	24	21.5

第六节 卷 烟

解放前，雷山无卷烟专营部门，由肩挑小贩从麻江下司、黄平重安江、三都等地购入，在市场零售。

1950年，县城关“新记烟厂”日产烟20至30条，运销黎平、榕江、从江、三都、丹寨等地(1954年停办)。1953年后，由民族贸易公司、县供销合作社经营卷烟业务。1956年，设雷山县专卖公司(后改为烟酒糖业公司)，卷烟由烟酒糖公司专营。

1952年，全县销售41箱，1957年，销售187箱，1962年，销售123箱，1965年，销售134箱，1978年，销售503箱，1980年，销售685箱，1985年，销售1153箱，1987年，销售2067箱，卷烟由贵阳卷烟一、二厂、贵定复烤厂和黄平卷烟厂购进。1981年以后，政策放宽，为扩大经营品种，保证市场供应，又向遵义、安顺、毕节、四川什邡、湖北建始等烟厂进货。据1984年至1987年统计，全县销售甲级至戊级卷烟53个品种。1984年《烟草专卖条例》公布后，复建烟草专卖公司。为制止多头批发，县烟草专卖局颁发烟草专卖许可证和烟草准购证。1984年，全县发放烟草专卖许可证192户，1985年，发放246户。1987年，发放烟草专卖许可证136户，烟草准购证136户，烟草委托批发证2户。

1985年，与工商部门配合，取缔了手工卷制冒牌烟点1个，没收冒牌烟48条，同时，在市场上没收白包烟142条销毁。1987年，收缴假制冒牌烟24条，处理无证批发1户。

第七节 建材、金属、爆炸品、汽车

20世纪50—60年代，建材等物资的供应量很少，经营品种主要为农田水利工程需要用的炸药、雷管、五金工具和加工农具用的扁铁、生铁、钢等，当时，由国营公司和供销社组织供应。1970年成立物资科后，建材、金属、机电等商品经营业务，方逐渐开展起来。20世纪70年代后期，随着工农业生产的发展，商品的购销量逐年上升。1978年，购进金额69.85万元，较1970年增长1.68倍。销售金额65.23万元，较1970年增长1.34倍。进入20世纪80年代，国家对少数民族地区实行照顾，每年都拨给不发达地区发展资金、民族补助费等，数额达80余万元，用于发展交通、水电站、人畜饮水、教育、卫生等事业，民间建房及企业基建项目突增，建材等物资的供应量急剧增加。1987年，购进金额达139.44万元，较1978年增长1倍，销售153.08万元，较1978年增长1.35倍。

建 材

主要经营水泥、玻璃、沥青、油毡等。实行统筹安排。计划内商品保重点及农田水利工程，用计划外商品供应市场。1981年，调入水泥1000吨，直供响水岩水电站。1987年，购进水泥4684吨，比1970年(472吨)增长8.9倍，销售4902吨，比1970年(472吨)增长9.4倍。购进玻璃827箱，较1978年增长8.1倍，销售836箱，增长9.3倍。

金 属

经营品种为小型元、板、管、线材、生铁及少量有色金属。1978年前，为指令性计划分配。是年购进钢材128吨，比1970年增长4.8倍；销售125吨，增长5.6倍。购进生铁115吨，比1970年增长3倍；

销售131吨；增长4.5倍。1978年后，除由州物资供应公司配给一定数量的计划内钢材外，大部分为计划外调剂调入。1984年以后，先后从贵阳、都匀、湖南、铜仁、成都等地调入钢材210吨。1987年，总购进钢材360吨，较1978年增长1.8倍。销售352吨，较1978年增长1.82倍。

爆炸品、纯碱

主要经营品种有炸药、雷管、纯碱等。炸药在20世纪50、60年代由百货公司经营，70年代初，由物资科经营，以计划分配为主。用户购买需要的数量，须经公安局出具证明，方允供应。1978年，购进炸药159吨，较1970年增长1.5倍，销售98吨，增长53%。购入炸药97吨，销售63吨。

汽　车

经营品种为汽车和汽车配件，但由于用户多直接外购，销量甚微。1978年，购进汽车1辆，1985年，采取“以销定购”，购进汽车12辆，销售11辆。购入轮胎75套，销售64套。1987年购入66套，销售77套。

1970–1987年雷山县部分年度主要物资购销情况统计表

表13–6

年度	总值（万元）		钢材（吨）		水泥（吨）		玻璃（箱）		炸药（吨）		备注
	购	销	购	销	购	销	购	销	购	销	
1970	26.68	27.94	22	19	472	472	27	27	64	64	
1974	42.98	33.51	87	70	318	314	49	56	42	44	
1976	36.51	41.86	30	38	817	705	1	9	39	43	
1978	69.85	65.23	128	125	1607	1580	91	81	159	98	
1981	51.72	65.2	233	260	2424	2424	114	109	37	37	
1985	117.28	136.94	279	255	1831	1717	104	93	27	38	
1987	139.44	153.08	360	352	4684	4902	827	836	91	63	

第三章　农业生产资料经营

农业生产资料经营品种有化肥、杂肥、农药、农药械，农用塑料薄膜和铁、木、竹、棕等中小农具以及耕牛等，由供销合作社负责组织供应。1952年12月，县社建立生产、供应股，区社成立生产小组，负责生产资料加工、采购、供应业务。1961年，县社建立供应经理部（后改为生产资料公司），专营生产资料，采取“淡季储备、旺季供应”方式，做到“品种齐全，数量充足，质量好，价格便宜，规格对路，供应赶在季节前面，不误农时”。每年春耕前，要召开生产资料供应专业会议，制订全年供应计划。1954年，供应生产资料5.2万元。1955年，全县设生产资料专营门市部5个，供应生产资料14.5万元。1956年，供应生资金额为10.6万元，为1954年的2.04倍，1957年，供应生产资料金额7.2万元，比上年下降32%。1958年达25.6万元，比1956年上升1.415倍。

1962年后，生产资料经营强调树立“三大观点”（政治观点、群众观点、生产观点）。扭转经营生产资料“麻烦大、利润小”的错误认识。为加强领导，县供销社成立生产资料办公室，指挥生产和供应。

1963年，供销社系统抽调52人（占总干部数的31%）组成工作组到区社和生产队检查生产资料的库存、加工、供应情况。当年，供应金额31.9万元，比1957年上升3.43倍。20世纪60年代后，抓了化学肥料和农用塑料薄膜的推广使用，供应金额逐年上升，1974年为30万元。1976年为33.2万元。1978年为67.3万元。1982年，超100万元。1987年，供应生产资料金额为110.8万元。35年中，生产资料供应金额共计达1591.7万元。

第一节　肥　料

1952年，雷山县供销社开始经营杂肥。根据“就地取给、短距运输、不足时再辅之以远地调拨”“薄利、廉价”的经营原则，重视开辟肥源，采用“现销、现换”“规销订购”“赊销预购”等经营方式。银行、信用社发放肥料贷款时，对贫苦农民、烈军属、供销社社员优先；“赊销预购”的，可先付50%贷款；供销社社员现款现货的，优待销价2%；农业互助组和农会小组购肥优先。1952年，加工供应骨粉4000公斤。1953年，县内加工骨粉20吨，县外购进10吨，共供应30吨。1954年，经营大粪（人粪便）900公斤。是年，开始经营化学肥料硫酸铵。

1956年，供销社曾经营油饼肥（又名油枯。含菜油饼和桐油饼两种），后改由油脂部门批发，供销社零售。1962年后，全由油脂部门经营。从1952年至1987年的35年中，共经营油饼肥4871公斤。重点供应种烤烟的农民。1957年，为改造阴、冷、烂、锈水田，曾购销石灰50吨。1958年，销售化肥（硝酸铵和硫酸铵）16吨。

1962年后，重视对化学肥料的推广使用，供销社干部带肥下乡宣传试验，印发《尿素使用说明书》1000份发至基层。经过实地试验，区、乡重视了尿素的推广使用，逐步取得农民的信任，1965年，销售尿素13万公斤。1966年，采取“合理分配，集中使用，保证重点”的原则，首先保证各种奖售的兑现和经济作物专用化肥的供应。氮、磷、钾复合肥供应烟农，一般肥料只供集体。当年，供应180吨。20世纪70年代后期，赤水天然气化工厂大批量生产尿素，化肥紧缺状况逐渐缓和。1984年，销售1145吨。1987年，采取凭供销社“社员证”购买和烤烟农民凭票购买的办法，供应复合肥534吨。1965年，开始推广磷肥，当年，销售113吨，1967年，销售481吨。1968年，销售1575吨。1978年，销售2000吨。1980年，农村土地实行包干到户，以户为单位生产，农家肥和自然肥增加，磷肥供应量下降。1987年，只销售279吨。

1974年，开始推广碳酸氢铵以后，当年，销售110吨。1978年，销售340吨。1981年，销售409吨。1983年，销售223吨。

1976年，县社开办农药化肥厂，产品供应县内市场。共生产腐殖酸、氮、磷复合肥168吨，敌敌畏乳剂12.14吨（于1978年停办）。

第二节　农　具

铁、竹、木、棕制中小农具

20世纪50年代初，贯彻执行“在供、产、销平衡的原则下，就地取材，就地加工，就地供应”的方针，经营上实行“县社督办调剂，基层加工供应”，保证质量，不误农时。1954年，销售497件。1964年，销售18925件。1974年，销售29002件。20世纪70年代初，铁制农具仍由供销社组织铁匠炉加工包销，以后，市场逐步开放，牛耙绳、粪篮、挞斗、镰刀、锄头等由农民自产自销，供销社经营中小农具的品种和数量逐年减少。1978年，销售铁制农具14066件。1980年，销售11825件。塑料薄膜出现以后，蓑衣、耙绳等棕制农具，又为雨衣、尼龙绳所代替，上市量亦呈下降趋势。1979年，全县供应中小农具70246件，其中，供销社销售51246件，轻工业加工厂自产自销19000件。1986年，全县供应13166件，其中，供销社销售5966件，轻工业加工厂自销7200件。以后，个体户自产自销，供销社不再包销。

新式农具

1955年，采取“积极试验示范，稳步推广”和“包教、包学会、包修理”的办法在农业社推广使用。供销社还配合农业部门召开现场会，示范表演使用技术，举办农具手培训班，教授农民使用。全县共销售双轮双铧犁59部，无轮一铧犁572部，山地犁241部，玉米脱粒机190部，谷物脱粒机8部，切片切丝机97部，其他新式农具203部。

第三节　农药、农药械、农用薄膜

1953年，供销社开始经营化学农药。实行“上大下小，面大量小”和“交通线上储备多，偏僻乡镇储备好”的原则。

农　药

1953年，购销“六六六”药粉1吨。1957年，购销5吨。1965年，购销7.7吨。20世纪60年代以后，供应品种由粉剂转向水剂、乳剂，曾先后经营30个品种，敌敌畏乳剂和乐果为常备品种。1975年，购销27吨。1976年，因货源紧缺，仅供应23.3吨，后县农化厂配制7.2吨补缺口。1981年，购销农药4.4吨，1985年，购销59吨，1986年，购销61吨，1987年，购销34吨。

农药械

1953年，销售喷粉器7部。后水剂、乳剂农药推广使用，喷雾器销量增加。1956年，销售174部，1957年，销售23部。1965年，销售113部。1979年，销售206部。1981年，销售395部。1983年，销售399部。1986年，销售3262部。1987年，销售1885部。供销社还开展农药械义务修理和出租业务。

农用薄膜

1974年，开始推广使用，当年，供应1.5吨。1977年，供应4.2吨。1985年，供应5.6吨。1986年，供应7.4吨。1987年，供应7.7吨。供应对象为生产烤烟的农户。

第四节　耕牛调剂

耕牛调剂有三种形式：即供销社经营，农村余缺调剂，市场议价交易。从1956年起，供销社承担农村耕牛余缺调剂的任务，是年，调剂55头。1964年，为禁止二贩手投机贩运，贵州省供销社规定，凡省外买主进入省内市场购牛，一律由省统一安排，不能擅到产地洽购。1982年后，开放耕畜市场，外地买主进入雷山市场买牛，由供销社带领其与卖主面议定价，收2%的手续费。市场全面放开以后，允许贩运和自由调剂。至1987年止，通过供销社调剂的共有耕牛2714头。

1952–1987年雷山县部分年度农业生产资料销售情况统计表

表13-7

年度	肥料(吨)			农药械		中小农具(百件)	农膜(吨)	耕牛(头)
	氨	磷	杂肥	药(吨)	械(部)			
1952	—	—	4	—	—	—	—	—
1957	2	—	110	5	23	559	—	—
1965	130	113	487	7.7	113	481	—	329
1974	206	712	144	19	44	606	1.5	15
1976	149	1076	194	23.3	55	596	1.1	—
1978	791	1917	242	31.5	107	697	3.7	76
1981	2271	767	189	44	925	330	6.7	24
1985	1744	279	268	59	740	205	5.6	50
1987	2560	334	56	34	1885	375	7.7	—

第四章　收购及外贸

第一节　农副土特产收购

棉　花

棉花是国家委托供销合作社管理和收购的重要农产品。雷山历来种植不多，产量不高，年产约80担，多系农民自产自用。1952年10月，镇远专区明确雷山为“自购自销”县，没有上调任务。1953年，收购1150公斤。1957年，收购1600公斤。1962年，实行“先留后购”，农产品收购大包干。至1967年，全县共收购5600公斤，1968年以后，停止收购。

烤　烟

烤烟是雷山县的支柱产业之一，民国时期即已引进栽种。民国37年(1948年)，全县约产17.5万公斤。

1956年前，由国营和供销社两家收购。1957年后，全部由供销社收购。1984年，交由烟草公司统一经营。

烤烟长期列为骨干收购品种，在人力、物力、财力和生产技术方面均给予扶持。1952年，收购113650公斤。1953年，推行烤烟“结合合同”。1955年，推行“预购合同”，按预购数的15%折款预付订金，不计利息，交售时扣抵收购款。当年，发放预购订金35900元，收购152900公斤。1957年，发放预购订金36720元，收购303500公斤。1958年，种植面积锐减，只收购173850公斤，下降43%。1962年，只收购2800公斤。1963年，政府鼓励恢复烤烟生产，执行农产品奖售政策，每交售1公斤烟叶可抵1公斤统购粮，交售50公斤，奖售大米25公斤，化肥25公斤。1964年，收购量又上升到99100公斤，比1962年上升34.4倍。1967年至1974年，烤烟收购量大幅度下降，8年只收购150400公斤，年均18800公斤。1970年，只收购400公斤。1971年，实行粮食补贴，每交售50公斤黄烟，补贴粮食25公斤，青烟补助15公斤。当年，收购10500公斤。1973年，推广温床育苗和“稻烟两熟”，改造旧式烤棚。推广“乔庄式”烤棚。1975年，从河南聘请烤烟技术员2人来县指导培训烟农（2次，计180人），同时，采取发放扶持穷队烤烟生产资金支持生产的措施，1976年，收购量上升到127500公斤。1982年，全面推广小烤棚，以适应单家独户生产的需要，当年，收购206500公斤。1985年，收购752700公斤，创历史最高水平。1986年，因收购烟叶片面强调执行“国家标准”，中下级烟叶按比例只收购30%，挫伤烟农积极性，当年，收购量降为432400公斤。1987年，收购343000公斤。收购量再度下降。

茶　叶

1952年，收购50公斤。1953年，收购100公斤，数量极少。1955年，贯彻“巩固提高现有茶园，加强改造低产茶园，积极发展新茶园，努力提高单产，提高质量。在茶叶不断发展的基础上，保证边销，适当增加内销，积极扩大出口”的生产经营方针，抽调干部深入农村，发动农民垦复荒芜茶园，并签订“预购合同”，当年，收购上升到3000公斤。是年，开始收购边茶（南边茶）。

1956年，国家将茶叶划为二类农副产品，实行“合同派购”，当年，收购2400公斤。1957年，贯彻“大力扶持茶叶生产”的政策，召开茶叶专业技术培训会，垦复荒芜茶树10万多株，当年收购2900公斤。1963年，在农村贯彻“大集体、小自由”的政策，当年收购3250公斤。1964年上升到4600公斤。1967年至1970年，每年收购在5000公斤以上。

1974年以后，县委、县政府将茶叶生产列为发展多种经营的重要品种，组队到湖南省桃江县参观，各社队相继营造集体茶园。全县新开辟和垦复茶园面积8405亩，开办45个茶场，组织专业队伍管理。1975年，收购6050公斤。1979年，茶叶收购上升到13750公斤，比1966年上升186.6%。1980年，收购20200公斤，比1979年上升46.9%。1980年到1987年，省、州共发放扶持茶叶生产专用资金684850元。1981年，再次抓荒芜茶园垦复。1984年，收购上升为40100公斤。后因管理机构多变，影响生产。1985年，收购下降为14000公斤。1987年，收购17500公斤。

香　菇

1970年以前，没有重视香菇，且收购价格偏低，群众采摘的鲜货和加工的干货，多在自由市场出售。1972年，派人到广东、湖北、黎平、锦屏等地学习生产和加工技术，县土产公司派员在大塘区交腊村蹲点指导生产，并投放生产资金。1974年，在桥桑乡召开香菇生产现场会，交流生产经验。1976年，收购800公斤。1977年，收购1800公斤。1982年，收购8850公斤。1984年，收购4000公斤。因与封山育林工作相悖，已停止生产。

麻　类

大麻产量历来不多，多为群众自产自用，少量拿到市场出售。1956年，发动群众种植苎麻，当年，收购3400公斤。1977年，从外地引进黄红麻栽植621亩，至1981年，共收购72850公斤。1981年后，因无销路，停止收购。

百合粉

雷公山区盛产百合花，其根块经加工精制成百合粉。民国35年(1946年)，曾获贵州省物产展览优等奖。

解放后，供销社组织收购，1955年，收购2200公斤，远销湘、桂、川、鄂及上海等省市。1959年，省、州曾以此珍品向建国“十年大庆”献礼。以后因未予重视，收购量逐年减少。1982年，转为议购，当年，购入1050公斤。1986年，丹江区供销合作社与乌江乡农民联营加工成品，收购上升为2000公斤。

蜂　蜜

蜂蜜出产于雷公山麓的方祥、毛坪、乌东、桥歪、交腊等村寨，年产量约5000公斤以上，但因收购价格和市场价格悬殊过大，收购数量极不稳定。1966年，收购4000公斤。1967年，下降为1150公斤。1972年，为革新养蜂的技术，派人到锦屏等地学习，引进蜂窠。县土产公司办养；蜂试验场，对旧式蜂桶、分群、采蜜技术进行改进，全县办14个集体养蜂场，年底，新发展中蜂185群，当年，收购蜂蜜4200公斤。以后，由于市场开放，货主自产自销，价格面议，未有收购。

西　瓜

1982年，永乐区供销社在桥桑乡辅导农民种植，并派人到汕头购买良种，从广西聘请技术员临场指导生产。1982年，有7户试种12.7亩，产42653公斤，供销社购销34905公斤。1983年后，永乐、棉花坪等地亦开始种植。年产达6万公斤，均由农户自销。

野生纤维

供销社收购的野生纤维品种有构皮、梦花皮、芭茅秆、杂竹、稻草、麦秆、玉米内叶等。其中，以构皮、杂竹、芭茅秆、麦秆为多。

构　皮　是造白纸的原料，年产5000公斤以上。1955年，收购8500公斤。1957年，收购12050公斤。1965年，收购18850公斤。1976年，收购25650公斤。1987年只收购650公斤。1952—1987年，年均收购12700公斤。

杂　竹　造纸原料。1958年，收购304.98万公斤。1962年，收购9.8万公斤。1965年，收购181.9万公斤，以后未大宗收购。

芭茅秆　造纸原料，运销凯里纸厂。1979年开始收购。当年，收购332万公斤。最多的1981年，收购达430.33公斤。1987年，收购385万公斤。

麦　秆　造纸原料，1979—1981年，共收购56.5万公斤。以后因多头经营，供销社未经营此品种。

山苍子油(木姜子油)

工业原料，为食品、化工、制药工业所必需。永乐区为主要产地。1964—1967年，年均收购500~600公斤。1973年，收购1200公斤。1980—1986年，年均收购1150公斤。1987年，因销路不畅，停止收购。

第二节　猪、畜、禽、蛋收购

1956年，开始收购猪畜禽蛋。县城关由国营食品公司收购，区、乡由基层供销社代购并负责安排农村市场供应。1966年，各区食品站成立，除边远地区外，其收购业务统由食品系统经营。

生　猪

1954年，收购1052头。1955年，收购1996头。1956年，国家将生猪划为二类物资，实行“派购派养”，国家供应饲料粮。先在响楼、固鲁、莲花、龙头乡试点。当年，收购1524头。1957年，全县推行生猪派购政策，将任务逐级分至基层，并落实到户，2至5户承担一头生猪交售任务。当年，收购2204头，较1955年上升10%。1958年，生猪归集体喂养，实行“大购大销”，当年，收购6502头，较1957年提高1.95倍。1961年，处于经济困难时期，农村饲养生猪极少，统由国家收购。实行“肉案一把刀”。当年，仅收肥猪56头。1962年，提倡家庭养猪，并制定“母猪不经公社、大队批准，不准阉割”及母猪供饲料粮等规定，供销社又从外地调进仔猪890头供应农村。收购政策上实行“统筹兼顾，全面安排，兼顾国家、集体、个人三方面的利益”并执行“先留后购”“购五留五”的政策，对交售肥猪的户给予粮食、工业品奖售。交售每头60公斤以上的活猪，奖售大米60公斤，布票3.3市尺，胶鞋1双。1962年，收购量回升为839头。1964年，收购肥猪实行“大包干”，将任务逐级分到基层村、组、户。1965年，收购6581头。收购量恢复到1957年的水平。

1966—1976年“文化大革命”的十年中，共收购36894头，年均3689头。1978年，肥猪收购仍执行派购。1979年，收购4644头，较“文革”十年年均数上升26%。1980年，市场开放，个体屠宰户增多，国家收购量下降。1980—1982年，每年收购1500多头。1984年后，二类物资全部列为三类，取消生猪派购，价格开放，实行议购议销，市场调节。

菜　牛

耕牛老残无耕作役力后视为菜牛。对菜牛收购采取分配包干的办法。1958—1985年，共收购3693头，年均136.8头。市场开放后，允许私人收购宰杀，年均宰杀500余头。

家禽、鲜蛋

1957年前，鸡、鸭、蛋为三类物资，自由交易。后定为二类物资。1958年，实行家禽派购，每户1只，当年，收购2048只。1959年，鲜蛋实行派购，当年，收购3.25万公斤。1964年，鲜蛋列为农副产品收购“大包干”品种之一，以母鸡定蛋，每只10个，当年，收购2350公斤。20世纪70年代后，收购任务分到队、户，1975年收购1250公斤。1977年，收购家禽2372只。20世纪80年代后，家禽停止收购。

第三节　废旧物资

收购的废旧物资有：废钢铁、杂铜、废铝、废锡、废铅、废锑、废胶、废塑料、杂骨、废纸等。

废钢材

为常年收购品种。1953年，国家供应钢材困难，每年要从收购的废材中选用部分供应当地的铁匠炉加工农具。1954年，收购废钢铁10150公斤(含锅铁)。1955—1957年，共收购50100公斤，年均16700公斤。1958年，大炼钢铁时，将一些半成品和完好铁锅作为废钢铁收购，收购上升为118650公斤。1980年，废钢铁直调贵阳钢厂，置换部分基建用材。至1987年，共收购废钢铁427750公斤，年均11850公斤。

杂　铜

列为主要品种收购。20世纪50年代，因军工生产急需杂铜，收购全部上调，1956年，将杂铜、废铝、废锡、废锑列为国家统一收购的二类物资，至1987年止，共收购杂铜13210公斤。

杂　骨

以牛、猪骨为主。1956年以前，收购就地加工骨粉供应。1957年后，统一调州土产站处理。至1987年，共收杂骨178900公斤。

此外，废纸、废胶、废塑料、破布、碎玻璃等，常年收购，调州土产站或凯里纸厂。

第四节　中药材收购

雷公山区中药材种类繁多，曾收购过134种。其中，多年保持收购的品种有麝香、冰球子、白芨、牛黄、白芍、黄连、当归、穿山甲片、虎骨、杜仲、黄柏皮、麦冬、天门冬、天麻、龙胆草、金银花、松茯苓、瓜蒌仁、何首乌、勾藤、茜草20余种。1953—1987年，收购金额为80.3万元，年均2.29万元。

五加皮(又名雷五加)、毛慈菇(又名三道箍)为当地特有品种，1952年，收购五加皮2758.5公斤。1957年，收购五加皮1275公斤。后因只剥皮不护树，20世纪80年代已无货收购。1962年，上海中药材公司曾派人常驻雷山指导收购毛慈菇，连续4年，共收购800公斤。

1963年，从广西购进“三七”种苗42万株，建16个场栽种。20世纪70年代，购进种苗80万株，建56个场栽种，基层供销社派技术员指导生产，生产队派专人管理。1973年，收购1000余公斤，金额14万元。后因管理不善和销路不畅，此品种消失。1974年，种植松茯苓61161窝，收购3850公斤。种植杜仲4600株，黄柏皮树1000株。当时，也曾派人专营，后因农村经济体制改变，这些人工栽培的中药材，均未发挥效益。

第五节　外　贸

雷山县外贸商品在解放初期仅有畜产品一种。1951年，即纳入国家计划收购。1953年分别由国营贸易公司(后称民族贸易公司)和供销合作社代购。1955年，国营商业与供销合作社实行经营分工后，统一由供销合作社代购。1956年1月后，由县农产品采购局代购。1957年3月，仍由供销社代购。1958年4月，供销社与国营商业合并后，先后由“雷山县第二商业局”“雷山县商业局”代购。1959年1月，为适应外贸业务发展的需要，凯里县商业局内设外贸组，承担发展外贸商品生产和指导基层单位收购工作。雷山片区由雷山、西江、大塘、永乐4个商店代购。雷山片区曾选派11人（次）参加州、省外贸部门举办的专业培训班学习。供销社亦采取以会代训的形式，集中外贸采购人员学习外贸工作的方针、政策和畜产品收购的品种、规格、评级等业务知识，并组织农民交流猎取经验。

县内收购的品种有：牛皮、虎皮、豹皮、狗熊皮、家猫皮、麂子皮，各种杂皮、野禽皮、毛类等89个品种，有294个规格等级。

牛皮为军工原料，1956年，划为二类物资，由国家委托供销社统一收购。从1951—1959年，畜产品收购总金额为14.05万元。其中，收购牛皮7457张，各种杂皮7047张。

1961年8月，恢复县治后，雷山县商业局设外贸组，外贸商品由各区供销社代购。1962年2月，商业局外贸组被撤，业务移交供销社土产经理部（后称土产公司）经营。1962年3月至1973年4月，州对外经济贸易局为县供销社支付3人的工资，由县供销社明确土产经理部（公司）1名负责人和2名职工专司外贸商品生产和指导基层供销社的收购、上调工作。

1963年至1968年，收购品种先后增加了茶叶、五倍子、棕榈子、芳香油（含山苍子油）、人发（含人辫发及发渣）、活牛、猪鬃、猪肠衣、马鬃尾、羽毛、公鸡三把毛、乱鸡毛等16个品种，较20世纪50年代经营品种增加17.98%。1969年后，猪肠衣、山羊毛、棕榈子等品种停止收购。五倍子转为内贸经营。1963—1969年，收购总金额为275938元，较1959年上升196.38%。其中，收购牛皮5753张，山羊板皮1022张，麝羊皮8415张，黄狼皮1580张，家兔皮1022张，野兔皮262张，其他各种皮20280张；活牛279头；棕榈子6600公斤，绿茶4850公斤，边销茶26100公斤，五倍子23500公斤，山苍子油2600公斤，人发3950公斤，猪鬃730公斤，猪肠衣2558根，羽毛363.5公斤，马鬃尾27.5公斤，公鸡三把毛21公斤，乱鸡毛403.5公斤。

1973年5月，设立外贸工作站（简称外贸站），为州外贸局派出机构，财务实行报账制，人事由州局和县人民政府双重管理。州拨款3.35万元，兴建办公住宅楼1幢，面积411平方米。派任站长、副站长，有工作人员5人，负责外贸商品生产的指导和规划，收购业务仍由供销社承担，收购打包后直调州外贸局仓库。外贸站曾在开屯公社指导农民开发锑矿石，收购矿石总金额达7.98万元。

20世纪70年代，外贸收购商品增加了各种名贵鲜活鱼、野生动物、鸟类、蛇类、矿产品等共23个品种。根据外贸出口的需要，1972年，共收购活野生动物22种。其中，飞鼠328只，蛇类1150公斤，七星鱼66.5公斤，甲鱼（团鱼）30公斤，竹鸡28只，野鸡6只，大鲵（娃娃鱼）72.5公斤，黄鼠狼12只，猸子6只，老鹰4只，锦鸡4只，穿山甲7只，活猴3只。还有狗熊、泥鳅、黄鳝等品种。

1977年，活牛转为内贸商品收购，猪鬃、头发于1979年停止收购。外贸收购品种为130个，较20世纪60年代增长16.7%。1979年底止，外贸收购总金额为50.66万元，较1969年增长83.4%。

1982年，茶叶的加工指导和生产管理、收购业务均移交供销合作社，停止收购珍贵动物、珍禽、活鱼等品种。以后，市场开放，外贸收购的品种全部放开，社会多渠道、多成分收购经营。从出口的需要出发，外贸系统亦扩大了经营的范围，将油菜籽、桐油、油桐籽、杂豆、活牛、酒类、各种矿石、土特产品、中药材、木材等都作为收购品种。

1987年1月，外贸工作站升格为对外经济贸易公司（局级），实行独立核算，自负盈亏，执行少数民族县可提留利润20% 的规定，成为雷山县对外经济贸易的经济实体。

1951—1987年，雷山县收购外贸物资总金额为169.62万元。

第五章　民族贸易

1951年，设立雷山县民族贸易商店，在大塘、西江两区设贸易组。按照“扶持生产、发展民族经济，支援出口”的方针组织商品流通。1951—1955年，除经营日用工业品批零业务外，还经营部分铁制小农具，铁锅、鼎罐，收购农副土产品，组织工业品下乡，开各种物资交流会等。

1955年5月，扩建为雷山县民族贸易公司，次年7月后，专营绸缎、花边、丝线、银饰品，民族服装加工。1958年，体制改革，并入商业局称民族贸易经理部。1962—1973年3月，民族商品由县百货公司和纺织品公司兼营。1973年4月后，恢复民族贸易公司，专营民族商品。1981年12月，商业部拨专款7万元，县自筹部分和省、州拨补10万元，修建雷山民族商店综合楼1幢，建筑面积1212平方米。1986年，省、州又拨款改建仓库324平方米。

1987年，民族贸易公司有职工20人，自有流动资金11.59万元，固定资产22.13万元。有工业品批发点1个，零售门市部7个，营业员8人，营业面积200平方米。其中，民族商品专柜2个。全年，购进93.71万元，销售总额102.7万元。其中民族特需商品销售9.59万元，绸缎12.9万元。实现利润2.46万元，上交国家税金1.86万元。

第一节　特需供应

银饰品

苗族银饰是一种工艺精品，是苗族人民喜爱的装饰品之一，尤以青年妇女为最。妇女常穿刺绣衣裙，喜佩各种银饰，如银角、项圈、压领、手圈、耳环等。

1956年，国家每年专项拨给一定数量白银，作加工银饰品之用。是年9月，县民族贸易公司设银饰品加工组，有银匠6人，当年，加工成品695件；1957年，调入白银155218克，加工银饰品2384件，销售132313克。1959年后，停止加工。

1963年，国家拨给白银96875克，恢复银饰品加工。共加工2563件，销售1874件。“文化大革命”中，把银饰品视为“四旧”，禁止加工，不准佩戴。1973年，恢复民族贸易公司，此后，国家每年拨给一定数量的白银，加工银饰品，但仍供不应求。1973—1978年，国家分配白银指标26.75万克，实际调入29.49万克，加工银饰品8090件，重28.27万克，供应7998件，重28.41万克。

十一届三中全会后，重申民族政策，少数民族对银饰品的需求量急剧增加，民族贸易公司除继续组织就地加工外。1980年，从上海、贵阳加工调入。当年，国家分配白银6.5万克。县内加工954件，4.43万克；由上海加工调入3个品种，5443件，15.15万克；贵阳加工2个品种，639件，6.54万克，共计7036件，26.12万克。其中，供应5758件，23.3万克。1985年，白银价格调高后，敞开供应。在银饰加工中，注意到照顾大多数人的需要，以小件用银量少的为主，大件用银量多的为辅。

1986年，银角1只重800克，价579元；马花1副重730克，价530元；长角梳每把重158克，价109元；围腰链每根重129克，价90元。是年，县民委拨款0.6万元，新建加工房3间，面积45平方米，有银匠4人。1987年，调入白银5.52万克，加工银饰品1988件，13.18万克，销售8.97万克，金额8.18万元。

1979—1987年，国家分配白银64.8万克，实际调入84.15万克，供应89.49万克。加工银饰品30842件，销售37964件（含库存）。以1956年和1980年销售银饰品较多，年均在15万克以上。

绸缎、花边、丝线

缎面长衫及女式大领古装，是苗族老人节日必着的盛装。其用料男的为品蓝、墨青的大团花缎和克利缎，女的节日盛装为克利缎、上缎。1957年，调入绸缎1.05万米，销售0.69万米。1965年，购进绸缎13812米，金额36994元。销售16687米，金额45054元。1978年，购进绸缎1.45万米，金额5.16万元。销售1.55万米，金额6.02万元，较1957年增长1.25倍。1985年，购销量大幅度上升，购进绸缎4.9万米，金额21.66万元。销售4.58万米，金额19.55万元，较1978年增长2.25倍。

苗族妇女擅长刺绣，服装及围腰喜镶配各式鲜艳图案。刺绣用的丝线、花边多从湖南、四川等省运入，“石阡花线”亦占一定比重。1957年，购入花边14200米，销售12700米；购入丝线380公斤，销售329公斤。1982年，购入花边花线等民族特需品金额达5.12万元，销售金额4.49万元。销售花边16300米，销售丝线394公斤。随着个体经销户的增多，直接从省外、县外购进，国营购销有所下降，但市场容量并未减少。1987年，除民贸公司专柜经营民族特需商品外，场天县城个体经销设摊有20余个。

1957—1987年，共调入绸缎254400米，销售231300米；调入花边172500米，销售202900米，调入丝线2321公斤，销售2388公斤。

第二节　民族地区照顾

1952年起，国务院对民族地区贸易有“自有资金、利润留成、价格补贴”三项照顾。雷山县在民族贸易中享受此种照顾。

贷款利率照顾

1987年4月前，非民贸地区银行贷款月利率4.2‰。雷山国营商业各专业公司银行备款月利率为3.3‰，后国家利率提高，非民贸地区月息6.6‰，雷山民贸企业按4.2‰。1980—1984年，银行贷款利息照顾金额为45868元。

利税照顾

1982年2月起，对民贸企业的利润留成比例由20%扩大到50%。1984年8月，实行第二步利改税，利润留成比例照顾随之消失。1986年，贵州省人民政府规定，为进一步发展少数民族地区商品流通，搞好民族贸易工作，从1986年1月起，三年内对民贸企业减免所得税。按1985年利润总额2.5万元以下免缴所得税，销售2.5万～5万元减免20%。盐业、烟酒糖公司全免，民贸、纺织品公司减免20%。1986—1987年，国营民族贸易减免所得税为34394元。减缴交通能源税15504元；免征建筑税18219元。

棉布、絮棉赊销照顾

1984—1985年，国家对贫困地区农业人口连续两年实行棉布、絮棉赊销（10年内偿还），两年总共赊销照顾5万人。赊销棉布537452米，金额1145968元；絮棉29831床，金额459109元。

商品分配照顾

1982—1987年，国家专项照顾民贸缝纫机2545部，自行车804辆，手表6879只。1982—1987年，专项照顾商品销售金额达77.64万元。满足了少数民族人民物质生活的需要，扩大了市场供应量。

第六章 粮油经营

第一节 粮油收购

民国时期，粮食商品贸易国家未实行统一管理，粮食买卖在自由市场进行，价格随行就市。雷山属高寒山区，山多田少，历来农户多为自给自足，仅有少数为买而卖的农民出售少量粮食，也仅是余缺之间调剂，没有形成粮食规模市场。政府征收的田赋粮，入库后均由政府财政科掌握，仓库统一保管收发，用作行政人员和教员的月俸，无权经营粮食。民国36年（1947年），设治局加征军米627石，亦为无偿供给。

中华人民共和国成立后，县人民政府设财粮科统一管理粮食，作为人员工资及地方建设的开支。1953年，供销合作社成立，将收购经营粮油，作为一项业务。是年秋，国家对粮食实行统购统销，征收公粮和统购余粮统称公余粮、征购粮，入库粮食以货币折价计算，由粮食部门收购保管，作价金额计入地方财政收入项目，平价售粮亏损由地方财政补贴，供销合作社亦在市场收购粮食，在市场议价销售，解决余缺调剂。

粮食收购

1953年12月，征购粮食按每户常年产量计算，规定人均口粮5～6挑（每挑合42.5公斤）后，凡人均225公斤以上的即为起购点。是年，收购粮食3824700公斤，折金额（人民币）420717元。1954年，根据“多余多购，少余少购，不余不购”的原则，向农民统购粮食。是年，收购粮食3142100公斤，折金额345626元。1955年，实行定产、定购、定销，定购“一定三年”不变。是年，收购粮食3610850公斤，折金额397193元。1961年，实行粮食包干，增产不增购，减产不减购，并实行工业品奖售的政策。是年，收购粮食3471800公斤，折金额767250元。1965年，粮食征购“一定三年”，同时实行超产、超购、超奖的政策。是年，收购粮食3219000公斤，折金额759684元。1971年，实行征购“一定五年”。是年收购入库3544300公斤，折金额978226元。1980年，农村实行家庭承包责任制，原征购基数分解到户包干，五年不变。是年，收购粮食2522150公斤，折金额696113元。超购57400公斤。1985年，取消粮食统购统销，改为“合同定购”，粮食部门根据国家下达的定购计划与农户签订合同，在正常年景必须完成，重灾可以减免。是年，雷山县列为贵州省贫困县之一，免征公粮1695000公斤（至1987年止），全县购入粮食下降为555650公斤，议购63900公斤。1987年，合同收购粮食40万公斤，议购19800公斤，折金额20.72万元。

粮食议购

1962年以前，粮食议购业务由供销合作社承担。1963年10月，县人民政府决定交由粮食部门统一经营。1964年，议购粮食244500公斤。1968年，为127650公斤。以后，粮油议购议销工作停顿，没有议购任务。1980年末，成立雷山县粮油议购议销公司，为一经济实体，独立核算，负责全县粮油议购议销业务，各区粮管所为其代购代销。至1985年止，共议购粮食142万公斤，其中，县内购入14.5万公斤，外地调入127.5万公斤。县外调入作价办法是按各个时期的物价水平计算，以木材换购，各计各价。1986年以后，因受灾粮食歉收，调入粮食数量逐年增多。当年，调入粮食103.8万公斤。1987年，调入粮食99.2万公斤。

油菜籽收购

1954年，镇远专员公署分配油菜籽统购任务27500公斤，收购业务由供销合作社办理，是为雷山县收购油菜籽之始。1955年后，转归粮食部门经营。实行“多产多购多留”“少产少购少留”的政策。1962年，实行“购六留四，包干定购，超产超购奖励”。1966年，对已完成统购任务再交售的部分，加价20%收购，并奖售粮食及工业品（即平价供应）。1971年，油菜籽统购数量比照粮食基数核定，全县收购量定为2.5万公斤，“一定五年”不变。发生重大灾情按减留减购的原则处理，但超购部分加价比例提为30%。1979年，超购部分加价比例提为50%。1980年后，仍执行收购基数、政策、价格、奖售“四不变”，全县收购数量定为20万公斤，按“包干到户”后的农村体制落实到户认购。当年，收购油菜籽229450公斤。此政策实行后，农民种油菜籽的积极性大增。1982年，全县油菜籽收购量大幅度上升，是年，共收购70万公斤，为历史上的最好水平。1983年，取消定购基数，按“倒四六”计价，即以40%按计划收购计价，60%按超购价付款，敞开收购。因收购价格起伏不定，影响农民种油菜的积极性，收购量大幅度下滑，连年减少，年只收购20万～30万公斤。1987年，全县油菜籽只收购166100公斤。其中，平价收购116700公斤，议价49400公斤。

1953–1987年雷山县粮食收购入库统计表

表13-8　　　　单位：百公斤、元

年度	征购粮		议购粮		年度	征购粮		议购粮	
	数量	金额	数量	金额		数量	金额	数量	金额
1953	38247	420717	—	—	1971	25443	978226	—	—
1954	31421	345625	—	—	1972	29617	817443	—	—
1955	36108	397193	—	—	1973	34781	959956	—	—
1956	30325	363900	—	—	1974	34697	957637	—	—
1957	43957	567052	—	—	1975	33893	935447	—	—
1958	76793	1075102	—	—	1976	35405	977178	—	—
1959	89450	1238600	—	—	1977	36119	966884	—	—
1960	82586	1346143	—	—	1978	34595	954835	—	—

续表

年度	征购粮		议购粮		年度	征购粮		议购粮	
	数量	金额	数量	金额		数量	金额	数量	金额
1961	34718	767250	—	—	1979	26231	723975	—	—
1962	26001	574622	—	—	1980	25221	696113	1	—
1963	27243	602059	—	—	1981	15725	433996	5050	346928
1964	26922	594965	2446	—	1982	20000	552000	3350	222339
1965	32190	759684	—	—	1983	20500	565800	750	45448
1966	32366	893302	—	—	1984	2405	108247	1640	96282
1967	34133	942071	349	—	1985	5556	255599	1660	81904
1968	35632	983443	1277	—	1986	6573	302358	10380	657300
1969	34945	964468	89	—	1987	4000	207200	9920	780700
1970	30902	852881	—	—	—	—	—	—	—

第二节 销售

粮食集市交易

雷山粮食交易初以集市贸易的形式出现。各集市设有交易市场，城关设交易所，群众自由交易，收取斗息捐。

民国时期，丹江、西江、望丰、永乐、桥桑、达地等6个集市中，以丹江(城关)市场粮食上市量较大，旺季可达5000公斤左右，淡季1500公斤左右；永乐、西江两地次之。旺季始于秋收后至次年5月，淡季形成于青黄不接时至秋收之间。由于交通闭塞，没有粮商贩运，亦无粮食专营户，上市粮源主要来自耕地面积宽，地理条件优越的富裕户；部分家庭对青年少妇，以粮食作“私房钱”给予，需上市换货币购物。均属为买而卖。上市品种以大米为主，稻谷不入市。糯米、黄豆、玉米、油类较少。

市场粮食交易由斗行操持，斗为量具(正四方形，木制)。每斗为25公斤，10升为1斗。后统一为以铝合金铸造的圆形斗。

粮食价格以年景好坏而定，遇风调雨顺，农业丰收，农民不需要买粮或少买粮，价格就下跌，1元大洋(银圆)可买1斗米。民国15年(1926年)，雷山大旱，加以兵匪掠夺，1元大洋(银圆)只买1升米。当时，国民政府无力控制粮食和粮价。通货膨胀，货币贬值，1斤大米要价几十万元(法币)。

1950年9月，雷山县人民政府成立后，建立国家粮食仓库，储备粮食，以稳定市场，平抑粮价，保证农民口粮供应。1952年8月，城区和西江区交易所及国家仓库共销售大米416227公斤。

1953年，实行粮食统购统销以后，粮食购销由国家粮食部门统一经营，自由市场粮食交易极少。

粮食统销

1953年以前，实行自由购销粮食，销售不定量。1953年，销售221.19万公斤，金额265338元。1954年3月，镇远专署分配统销计划控制数为943250公斤，定量供应。农村缺粮人口每人每月15公斤，机关干部职工15公斤，学生17公斤，工人22.5公斤，居民13公斤。供应户为3852户，占总户数44.36%。供应人口为18770人，占总人口36.61%。其中，非农业人口622人。是年，销售200.18万公斤，金额240216元。

对熟食业供应的商品粮，根据场集大小，从严掌握供应。婚丧嫁娶，农场工人，农村商业户实行临时供应。

1955年，根据国务院《农村粮食统购统销暂行办法》《市镇粮食定量供应暂行办法》的规定。对农村和城镇分别采取不同的办法销售。

城镇粮食供应

城镇粮食供应主要对居民、国家机关、团体工作人员、工人等非农业人口粮的供应。

1955年10月17日，中共贵州省委批转省财粮办公室《关于进一步开展城镇粮食定量供应工作的意见》，明确粮食定量的范围，按9等18级的定量标准，实行以人定量。同月21日，贵州省人民委员会颁发《贵州省市镇粮食定量供应暂行办法实施细则（草案）》规定，市镇居民口粮，按劳动差别，年龄大小，分等定量。工商行业用粮，根据不同季节，按户定量，牲畜饲料用粮，分类定量，凭证买粮。全县人均定量水平为15公斤，年供应63.11万公斤，金额75732元。

1961年，全县对非农业人口吃商品粮进行全面核实。具体规定各基层粮店、站、点建立健全各种售粮底账，做到底账（卡片、清册、户口）、供应证、实际人口、定量“四相符”，分户填发供应证。工商行业用粮，实行计划平衡，按户供应。是年，供应粮食68.39万公斤，金额101232元。

市镇供应经过整顿后，下放到农村生产队的非农业人口吃大队分配粮。1958年以后，流入城镇的非农业人口，动员回乡生产。1962年，全县粮食定量水平压缩为12.5公斤。并明确居民口粮定量以内的粮食，“节约归已，储蓄备用”。是年，供应粮食81.77万公斤，金额117219元。

1972年，整顿口粮定量。1973年，全县吃商品粮人口为4349人，月定量57550公斤，人均13.4公斤。是年，供应121.96万公斤，金额336609元。低工种吃高定量、供应手续混乱、虚报冒领现象得到纠正。1978年，整顿3125个定量供应单位共4673人。整顿前月定量为64548.5公斤，经过整顿后，月定量为63950公斤，人均13.65公斤。是年，供应126.44万公斤，金额348974元。此后，粮食供应增加了品种，供应办法亦有所改进，市镇定量供应标准分为4类：工人、特种重轻体力劳动日定量14.5至23公斤；国家机关、企事业人员、脑力劳动者13.5公斤至15公斤；高、初中学生13.5至16.5公斤；居民12.5公斤。儿童则按年龄大小分6等定量。1981年，供应粮食158.91万公斤，金额438952元。至此，城镇定量基本稳定。1987年供应粮食138.61万公斤，金额382564元。

农村粮食销售

农村中的粮食统销包括农业中学学生、菜农、国营农林牧场工人、农村缺粮户、受灾户等。1955年，实行粮食“三定”，定销仍为一年一评。每年夏秋两季，派干部深入农村，根据上级政府拨给的农销指标，本着“统筹兼顾”原则，将定销逐户造册登记，落实到户，凭乡政府签具证明供应。全年销售粮食120.63万公斤，金额151500元。1956年，农村因灾害造成减产，兼之有购“过头粮”现象，入库后又调为周转粮32149公斤，有236户提前供应，新增供应户170户，补供应粮食49868公斤。全年共供应222.4万公斤，金额288520元。1958—1960年，农村粮食处于极度困难时期。加以大购带来大销，供应面宽而量大。1960年，农销粮食达346万公斤，金额512073元，占全县征购入库数的41%。1961年，农村缺粮面更大，但在政府生产自救、克服困难的号召下，群众以“低标准，瓜菜代”。集体食堂组织社员上山挖蕨粑、摘野菜、用代用品加工淀粉等，采取多种办法解决问题。是年，农销粮食317.09万公斤，金额469308元。

1965年，在全县进行试算分配摸底调查，建立生产队粮食储备。对个别缺粮的生产队实行借销；对国营农、林、牧场实行定产、定销管理；农民参加国家投资的建设项目施工和集运国家粮食、物资的，实行口粮补贴；国家收购农副产品、生猪等，供应奖售粮，使农民口粮得到部分补充。是年，农销大幅度下降。全年农销粮食86.99万公斤，金额192248元。较1961年减少230.11万公斤。

1970年，农村生产门路拓宽，农民交售木材、油菜籽、中药材、竹制农具、小猪等均予奖售粮食，农销口粮继续下降。是年，农销粮食74.83万公斤，金额206431元。1973年后，因农村人口增加，人均耕地减少，农销口粮逐年上升。是年，农销粮177.45万公斤，金额489762元。1979年以后，粮食偏紧，自给自足的局面被打破，从外省调进粮食，以木材换粮换油，方能满足县内口粮需要。是年，农销158.21万公斤，金额227589元。1981年，为支持农村体制改革，实行“少购多销，保证口粮供应”的办法。是年，农销196.54万公斤，金额542450元。1987年，农销267.74万公斤，金额538962元。

粮油议销

议销是统销的计划外调节。本着“保本微利，高于统销价，低于市价”的原则，随行就市，灵活掌握。坚持“计划经济为主，市场调节为辅”的方针，在统购统销前提下，作为补充渠道，调节市场，平抑市价，以弥补行业用粮不足。

1964年8月，粮油归口经营，全县议价销售贸易粮为47448公斤，食油650公斤。以后停止议销工作。1981年，县粮油议购议销公司成立，恢复议价经营。至1981年止，全县销售议价粮382.67万公斤。

食油销售

1954年起，除特殊用油外（含卫生院病人食油供应，商店、合作社加工食糖用油），居民户未供应生活用油。

1963年3月，开始实行非农业人口的食用植物油供应。原为每人每月0.1公斤，后增加为0.2公斤。年销7100公斤，金额9372元。1985年后，提为0.25公斤。节日、会议、保健补助等特殊供应和行业用油，均按核定计划控制供应。年销83150公斤，金额119966元。1987年，平价销售39700公斤，金额57168元；议价销售14900公斤，金额30545元。

1953–1987年雷山县粮食销售情况表

表13–9　　　　单位：万公斤

年度＼项目	合计	非农业	农业	年度＼项目	合计	非农业	农业
1953	221.19	—	221.19	1971	208.01	102.42	105.09
1954	200.18	—	200.18	1972	227.445	111.515	115.93
1955	183.735	63.11	120.625	1973	299.41	121.96	177.445
1956	416.985	194.59	222.395	1974	249.75	135.985	113.765
1957	218.33	148.73	69.6	1975	253.595	132.065	121.525

续表

年度＼项目	合计	非农业	农业	年度＼项目	合计	非农业	农业
1958	352.115	168.345	183.77	1976	262.71	144.635	118.075
1959	450.71	108.41	342.3	1977	303.97	143.475	160.495
1960	473.425	127.43	345.995	1978	241.625	126.44	115.135
1961	385.475	68.39	317.085	1979	315.91	157.705	158.205
1962	263.325	81.765	181.5	1980	288.155	155.29	132.865
1963	202.39	73.72	128.67	1981	355.44	158.905	196.535
1964	176.04	77.055	99.015	1982	368.545	180.04	188.505
1965	176.4	88.41	86.99	1983	227.355	137.38	89.975
1966	145.565	87.015	58.55	1984	389.925	181.285	208.64
1967	143.36	94.58	48.78	1985	340.32	143.935	196.385
1968	140.515	95.805	44.76	1986	427.87	133.16	294.69
1969	164.44	87.325	77.115	1987	406.35	138.61	267.74
1970	171.88	97.15	74.83	—	—	—	—

注：1.1952年以前未分项统计

2. 销售数为平均供应，不含议价部分

第三节　粮食调运

民国时期，雷山县的粮食调运靠人工挑运到麻江下司或杏山仓库。民国35年（1946年），设治局拨城区田粮办事处糙米1681.45石，运交下司仓库，分两批启运。第一批民夫1333名，每名挑5市斗（每斗为10公斤）。第二批民夫1966名，每名挑40公斤。民国35年（1946年）后，调出粮食主要以“大包”军粮为主，民国38年（1949年）5月，雷山承担调运军粮500大包（每包75公斤）的任务，并限于7月底全数运交清楚，否则以贻误戎机论处。

1951年至1955年，雷山未通公路，粮食调运仍然是靠民工肩挑背驮。1956年，炉（山）榕（江）公路通车，粮食调运逐渐使用机械交通工具，运输量也随之增大。1973年，粮食局购买丰收35拖拉机1台，开始自营粮食运输业务。1976年，又购进解放牌汽车1辆，为全县粮食部门调剂品种，平衡余缺，保证军需民食服务。为搞好粮食调运，力求达到时间短、里程近、环节少、损耗小、费用低的目的，县粮食局在实行统一征购，统一销售，统一调拨，统一库存的“四统一”制度下，做好粮源、流向、运输工具的调查研究工作，编制调拨计划和运输计划。外省调进用火车运达凯里站，再由交通部门派汽车集运直达粮点。县内则由粮食局的自备车辆启运。

1953年，国家粮食实行统一调拨制度，雷山因交通不发达，有的地区形成“死角”粮。必须采取人工集运，才能平衡余缺，保证供应。对“死角”粮的集运，主要是利用农闲，合理付给工资和口粮补贴，动员群众集运。1956年11月12日，州调（56）字第172号文件规定。一般粮食集运，开支费用标准按每人每日负重35公斤，行程（单程）为30公里的，付给人民币9角至1元，不足或超过规定时，均按此标准计算开支。1963年，集运“死角”粮劳力报酬改按50公斤、50公里付工资人民币3.5元，每天补助口粮0.25公斤。由于雷山“死角”粮站、点较多，每年花费人力和费用都较大。1987年，全县尚有方祥、掌雷、乌江、望丰4个“死角粮”点。

1953–1987年雷山县粮食库存调运情况表

表13–10　　单位：万公斤

年度	库存	调出	调入	年度	库存	调出	调入
1953	83	0.1	1.5	1971	308.5	133.5	25
1954	240	14.4	1.85	1972	237.5	159.5	12.1
1955	307.5	70	2.25	1973	255.5	49.5	8.95
1956	356.5	32	5.4	1974	291	125	13.15
1957	245	84.5	3.2	1975	306.5	17	69.5
1958	442	263	6.25	1976	250	168	20.85
1959	375	328	51	1977	295.5	127.5	25
1960	440.5	650.5	89.5	1978	222.5	146.5	4.55
1961	144.5	143.5	17.4	1979	217	31.5	79
1962	139.5	34	13	1980	183.5	58	63
1963	261.5	53.5	7.95	1981	226	15.5	233.5
1964	341	125	8.5	1982	261.5	58.5	153
1965	256.5	299	36.15	1983	291	82.5	79
1966	273	235.5	29.5	1984	—	13.875	286.305
1967	201.5	203	27.65	1985	—	13.875	443.82
1968	273	18	13.65	1986	—	1.89	363.45
1969	214	185.5	3.55	1987	—	—	363.69
1970	265.5	136.5	27.5	—	—	—	—

1965年雷山县“死角粮”集运情况表

表13–11

运出单位	接收单位	里程（公里）	数量（吨）	承运人数	费用开支（元）	口粮补助（公斤）
毛坪	开屯	20	5	700	700	175
雀鸟	丹江	36.5	9	1300	2079.5	325
黄里	丹江	11.5	15	2100	1207.5	525
达地	桥桑	15	10	1400	1050	350
掌雷	桃江	12.5	12	1500	1050	375
独南	大塘	14	6	700	588	175
高岩	莲花	15	0.88	12	92.4	30
方祥	丹江	42.5	15	2100	4200	525
新塘	大塘	12.5	1	14	87.5	35

第四节　仓储保管

仓库建设

民国27年（1938年），成立丹江县田赋征收处，开始升科纳粮。在城关修建简易木质仓库1幢，容量1300石；在西江修建简易木质仓库1幢，容量为2000石。民国30年（1941年），国民政府行政院决定田赋改征实物，丹江县将城关“江西会馆”改修为仓库，容量4000石。民国时期，雷山共有仓库3幢，容量55万公斤。

1950年10月，雷山县人民政府遵照中央关于“三年解决仓容，五年改善仓储”的指示，修建仓库，改善仓储。1951年至1953年，先后在城区（丹江粮站）、望丰、公统、报德、大塘、西江等地修建木质仓库8幢、58间，总容量为280万公斤。1954年至1959年，陆续修建方祥、桥桑、达地、永乐、黄里、西江、莲花、桃江等站、点仓库共32幢、168间，总容量为757.5万公斤。20世纪60年代以后，以修建合理仓、土园仓为主。1961年，先后在丹江、大塘、永乐等区改建、新建合理仓9幢、26间，总容量450万公斤。据1984年仓容普查统计：全县共有仓库36幢、172间，总容量1120万公斤。为减轻农民交粮运输往返途程较远、日往返“两头黑”的实际困难，县内曾增设雀鸟、独南、毛坪、排告、高岩等5个临时收粮点，同时实行跨县入库，即麻料、乌高、控拜等跨台江县排羊；龙塘、白建跨凯里排乐；公统、丰塘跨凯里舟溪；方祥跨台江交密等。

粮食保管

粮食保管主要是预防谷物的发霉、发热和鼠虫害。鉴于入库粮食品种多，为确保储粮安全，制定一系列粮食保管规章制度。1955年，实行保管员分工包干责任制。对入库粮食，必须建立保管卡片，按仓、按品种入账，建卡，注明品种、数量、等级、来源、水分、杂质、虫害等情况，并对安全粮、半安全粮、危险粮进行排队、分析和处理，便于定期检查粮情，同时坚持“三天一小查，七天一大查，一月一普查，刮风下雨及危险粮随时查”的制度，保持仓内、外清洁卫生，做到“仓内面面光，仓外三不留（杂草、垃圾、污水）”，出一仓，清一仓，不清仓，不装粮。坚持轮流值班，定期组织安全大检查，发现隐患，及时调整消除，清除不安全因素。对于储粮虫害的防治，是在粮食入库前，彻底检查，清扫仓库，虫巢缝隙用石灰涂塞或粉刷消毒，有虫的采用日光曝晒除治。1955年起，开始使用化学药剂，以六六六粉、磷化氢、磷化钙熏蒸杀虫。1963年，禁止药剂直接与粮食接触，同时推广使用磷化铝、敌敌畏。仓储防治虫害的办法有：清洁卫生防治、物理机械防治、化学药剂熏蒸防治。

1955年，县粮食局组织人员深入基层开展“四无”（无虫、无毒、无鼠、无事故）粮仓活动。坚持以防为主、防重于治，防治并举。坚持每年进行春、夏、冬三季粮油大普查。1978年，经全州粮食大普查鉴定，永乐区粮管所实现“四无”。全县“四无”标准达到68%。1984年，全州粮食大普查鉴定，全县“四无”粮站有7个。“四无”标准达76%。桥桑、永乐、开屯、桃江、大塘、莲花、丹江、望丰、公统、黄里等站、点，取得了“四无”合格证书。

第七章　集市贸易

第一节　场　集

清朝，场集有老丹江、响楼、培墉(今营上)、西江、排羊(今台江县属)、望丰、乌洛(今永乐)、桥桑、达地老街9个。光绪二年(1876年)，丹江厅治所迁肇泰堡(今雷山县城)，老丹江场集随之移至丹江城。响楼(今老场坝)圩场自行萧条。民国28年(1939年)以前，后增开雄虎(今丹寨县属)、桃江、蜂糖(今丰塘)寨等3个场集。据民国29年(1940年)2月丹江县略图载：第一区市场为丹江城(场坝)；第二区市场为桃江；第三区市场为雄虎；第四区市场为望丰、蜂糖(今丰塘)；第五区市场为培墉(今营上)、西江；第六区市场为排羊等，除培墉、蜂糖(今丰塘)寨两地外，其余属区驻地。稍后，又增开方祥，送扁富(属控拜村)场集。民国30年(1941年)6月，丹江县被撤销，以丹江河为界，东部并入台拱县，西部并入八寨县。台江县为与丹寨县争夺市场，遂在治安堡建新场，乌洛场亦移至河对面河滩。民国33年(1944年)4月，雷山设治局成立，在原丹江县区域内，除将排羊、雄虎等两地分别划归台江县和丹寨县外，其余属设治局所辖。是时，治安堡场集消失；蜂糖(今丰塘)寨场移到公统，增设报德场和掌批新场。解放前，场集地点多由行政长官意志而定，建安乡公所建在龙塘后，即在龙塘建场；建安乡公所后迁黄里，场集亦移至黄里；震威乡公所驻震威堡时，送扁富场集移至震威堡。之后，因交通闭塞，货源不足，加上货币贬值，民生凋敝等原因，各新兴市场于民国37年(1948年)以前，先后自行消失。存丹江、西江两个场集。

新中国建立后，雷山县人民政府十分关心场集的建设和发展。为了繁荣市场，方便人民贸易，促进商品生产发展，拨款修建道路、桥梁、墟棚、货摊。1957年，先后在望丰、公统、桃江、大塘、掌批、方祥等地鼓励支持兴建场集，但因多种原因，除桃江场集能巩固以外，其余均未巩固下来。1961年8月，原属丹寨县的永乐区划归雷山县辖，增加了永乐、桥桑、达地3个市场。至1987年止，雷山县辖境共有丹江(即城关)、西江、永乐、桥桑、达地、桃江6个场集。

丹江场

丹江场在县城，位于县的西北部。是县机关、丹江区、丹江镇机关驻地。清光绪二年(1876年)由老丹江场移此。集市置于东门外(称场坝街)。1956年修筑炉(山)榕(江)公路时，拆除西门至南门城墙为路基。经过30年的修建，城关市场范围逐步扩大，东门河滩和新扩建的街道，均作为集市场地。每逢辰(龙)戌(狗)日赶场(即隔五赶六)。

丹江场地理条件较优越，炉(山)榕(江)、雷(山)西(江)、雷(山)毛(坪)、雷(山)舟(溪)等公路在此交汇，日有班车往返，交通方便。场集占地面积约1平方公里，街道约15000平方米。场集设施较好，街道为柏油路，有蔽雨淋日晒的固定摊棚(钢架、水泥预制板结构)29节，长100米，能容纳58个摊位，有统一设置规范的活动货摊206个，设有公平秤。集市分为牛马市、猪市、鸡鸭禽蛋市、竹木农具用具市、肉食市、蔬菜市、瓜果市、农副土产品市、土陶器市、木质家具市、米糠市、鞭炮市、花线市、杂货市、成衣市、五金修配市和补鞋市等17类。赶场人数一般为1万人，多时达1.5万人，节日赶热闹场则超2万人。国营设有百货、布纱、食品、文化用品、五金交电、日用杂品、副食杂品、生产资料等52个零售门市部和2个农副土特产品收购门市部，4个饭馆，1个照相馆，1个理发店。市场开放以后，个体经销门市部及赶场天临时摊点不断增加，计有固定的门市部摊点51个，饮食店13个，理发店2个，诊所2个，中药摊3个，照相馆2个，钟表修理棚5个，打米、加工面条点5个，补鞋配钥匙摊6个，玻璃制品加工店1个，豆腐皮加工点1个。赶场天流动摊点计有：杂货成衣摊222个，鞋袜摊20个，钟表修理点4个，小五金、日杂用品摊3个，酒曲摊6个，食糖摊8个，瓜果蔗秆摊35个，中草药摊3个。农民自产自销蔬菜、牛马、仔猪、鸡鸭、禽蛋、各种农具用具、鞭炮、土陶器，食肉摊等共计1600人摊。其中，鞭炮摊55个，土陶器摊45个，肉案42个。1953年，平均每场成交额为75370万元(旧人民币)。1987年，场均成交额为78.06万元。

西江场

西江场在县城东北部，距县城36公里，为西江区和西江镇驻地，场期为午(马)亥(猪)日，逢“午”日为大场(隔六赶七)，逢“亥”日为小场(隔四赶五)。

清雍正七年(1729年)，建鸡讲司于培墉堡(今营上)，原场集设在培墉。后因西江人烟稠密，为照顾两地需要，当局改为逢“午”日(大场)赶培墉，逢“亥”日(小场)赶西江平寨。民国20年(1931年)，西江区长徐频洲强行取消西江场，将大小场均移赶培墉。由于墟场的变化，给边远村寨人民带来不便，尤其是方祥地区的群众，因地处深山老林，主要靠出售粮食等农产品来换取食盐、衣物、用具等生活日用品，农副产品挑到培墉交易一时卖不完的，因无亲戚留宿，要挑回西江亲戚家，多方不便。民国26年(1937年)，西江人侯兴华任区长后，根据人民的需求，排除一切压力，组织“西江市场建设委员会”，在西江恢复场集，西江集市遂逐渐兴旺，培墉集市逐渐衰落。在西江恢复建场时，连城堡亦建场，但为时只一年。

西江场集迁至西江平寨时，原设在“干丢免”(地名，即今西江镇人民政府驻地)。后移至平寨对面河滩(今西江酒厂处)。恢复建场时，设于“干富耶”(今西江街头至西江桥处)。民国31年(1942年)，拓宽街道后形成现在的规模。

西江原是雷山通往台江、镇远主要通道。1978年，雷(山)西(江)公路通车后，每天有两班客车往返州府凯里，交通运输比较方便。赶场人数小场有3000余人；大场有5000人以上。逢年过节“赶热闹场”则达1万人。集市面积为1800平方米。分为肉市、柴炭市、杂货市、成衣市、副食瓜果市、修表补鞋市、蔬菜市、鸡鸭禽蛋市、米糠市、土烟市、农具市、猪牛市等。街道为水泥路面，设固定肉摊5个。供销合作社、食品站设销售门市部11个，收购门市部1个。个体经销计有门市部9个，流动照相馆2个，理发摊1个，诊疗摊1个，修理钟表摊2个，打米擀面加工点1个。赶场天流动摊点有杂货成衣摊85个，鞋袜摊5个，花线摊9个，瓜果摊19个，豆腐摊15个，补鞋摊2个，修表摊5个，理发点2个，饮食摊3个，肉摊24个。农民自产自销如蔬菜、鸡鸭禽蛋、猪牛、各种农具用具、米糠、烟叶等共有290个人摊。1953年，场均成交额为39925万元(旧人民币)。1987年，平均成交额为18.39万元。

永乐场

永乐场在雷山县东南部。距县城55公里，为永乐区、镇驻地，是凯里通黎(平)榕(江)从(江)必经通道。清时属八寨厅，民国时期属丹寨县辖。习称乌洛场。民国30年(1941年)，丹江县裁撤，区划变动，以永乐河为界，东面划归台江县，西面仍属丹寨县。永乐场集为台江县领地。因距台江县城200

公里，群众不愿归属台江，而将场集移至河西沙滩（即今永乐粮管所对面大湾处）约一年许，当局无奈，仍划回丹寨县，场集迁返原地。

场集占地面积约2000平方米。街道长1公里，柏油路面。逢子（鼠）午（马）日赶场。人数一般为8000人，多时达1.2万人。集内分为猪狗市、牛马市、羊市、鸡鸭禽蛋市、杂货成衣市、修表补鞋市、蔬菜市、肉市、柴炭市、米糠市、簸箕市、竹器市、农具用具市等。供销合作社设有销售门市部16个，收购门市部1个，民族饭店（旅社）1个。个体经销门市部16个，饮食店20个，理发店2个，钟表修理摊2个，打米擀面点1个，诊所1个。场天摊点有：杂货成衣摊102个，鞋袜摊15个，补鞋摊3个，瓜果蔗秆摊26个，中草药摊5个，五金日杂用品摊1个，肉摊21个。农民自产自销蔬菜、鸡鸭禽蛋、猪狗、牛马羊、辣椒、各种农具用具等有343个人摊。1953年，场均成交额为5.5万元(旧人民币)，1987年，场均成交额32.3万元。

达地场

达地场位于雷山县最南端，距县城84公里，为达地镇（区级镇）驻地。地处雷山、三都、丹寨、榕江县交界处，距各地场集均远。达地便成为四县边区120多个村寨人民物资交易场所。清朝时期已建场，场集原设达地老街。1965年移至达勒河边。塔（石）达（地）公路通车后，雷山、永乐有班车直达。集市面积1500平方米。逢辰（龙）戌（狗）日赶场（即隔五赶六）。平时赶场人数为2000人。逢节日有2500人。分为牛马羊市、猪狗市、鸡鸭禽蛋市、杂货成衣市、辣椒烟叶市、肉市、果品市、大米市、米糠市、蔬菜市、农具家具市等。供销合作社设供应、收购门市部6个，个体经销门市部有7个，饮食店2个。入场个体经销流动摊点计有杂货成衣摊51个，修表摊4个，补鞋摊2个，狗肉锅汤摊16个，瓜果蔗秆摊9个，理发点3个。农民自产自销蔬菜、辣椒、柴炭、山货、牛马羊、鸡鸭、禽蛋、农具用具共210个人摊。1953年，场均成交额为3.1万余元（旧人民币），1987年，场均成交额为1.5万元。

桥桑场

桥桑场位于雷山县南部，距县城67公里，距炉（山）榕（江）公路3公里。有塔（石）达（地）公路过境。是桥桑乡人民政府所在地。集市面积500平方米，街道长300米，鹅卵石砌地面。逢卯（兔）酉（鸡）日赶场。人数一般为800人至1000人，分为猪狗市、肉市、杂货成衣市、农具用具市、木炭市、农副产品市、水果市、土糖市、大米市、米糠市等。供销分店设有销售、收购门市部5个。个体经销有门市部12个，大小饮食店10个。1987年，入场个体经销临时摊点有杂货成衣摊34个，修表摊3个，补鞋摊2个，肉摊8个，五金日杂品摊1个，理发点3个。农民自产自销蔬菜、猪羊、辣椒、鸡鸭、禽蛋、农具用具、柴炭、水果等共125个人摊。1953年，场均成交额为2万元(旧人民币)，1987年，场均成交额为0.8万元。

桃江场

位于雷山县南部，距县城37公里，地处炉（山）榕（江）公路线上，为桃江乡人民政府所在地。集市面积约300平方米，顺公路设摊。逢巳（蛇）亥（猪）日赶场。大塘区原无场集，1964年，县人民政府决定在此建场，每场赶集一般为200人至300人左右。集市分为杂货成衣，鸡鸭禽蛋、肉食、棉纱、木炭、仔猪、土特产品等。桃江设有供销社分销店和粮站。有百货布纱、生资日杂、食品等供应门市部和收购点，分销店附设饭店1个。个体经销有门市3个，饮食店1个。入场个体户摊点计有杂货成衣摊15个，肉摊4个，瓜果摊3个，棉纱摊2个，修表、刻章摊各1个。农民自产销鸡鸭禽蛋等品种上市约60个人摊。1965年，场均成交额为0.11万余元，1987年，场均成交额0.4万余元。

第二节 集市贸易

解放前，多为农民自产自销，价格随行就市，双方面议成交，既无市场管理，亦无固定价格。摊租由私人按占用门面收取。丹江场原设有交易所，牛、马、猪等大商品成交由经纪人、凭中人，收取“捆中钱”等劳务费。尔虞我诈之事常有之，估骗哄抬之事亦常见。没有公营商店，且货源缺乏，日用工业品极少，纯为私人开业的自由贸易。农民因生产生活水平低下，只有以米换盐巴，以自产的土陶器等到榕江、黎平等地串换旧衣服。雷山农村属自给半自给的小农经济类型。因而市场萧条，生意冷淡。

解放后，经过土地改革，贫困农民分得了土地，生产力得到解放，衣食初获解决，市场随之兴旺起来。人民商业为提高群众购买力，采取价格补贴办法，对食盐、煤油、布纱、日用百货等商品，均异地同价。为使群众有活钱用，除鼓励农民就地取材发展家庭副业外，每年秋收以后，发动“小秋收”，鼓励农民上山抢宝、采收土产和中药材，由商店、供销社通过大小型的物资交流会组织收购和推销，市场较为活跃，商品比较充裕。每年市场成交额为60737元。人均1元。

1958年，开展“大跃进”，为集中劳动力搞“深耕”“炼钢铁”，不准群众赶场，把场期改为半月一场或星期日赶场。农村办食堂，集体开伙，农民日必出集体工，不能自由行动，集市贸易大幅度下降。年均市场成交金额为25850元，人均0.4元。

1962年，调整国民经济后，农业经济很快复苏，市场商品增多，经济比较繁荣。但对农副产品实行统购或派购，生猪屠宰实行“一把刀”政策，这些在当时属于必不可少的措施，但在一定程度上制约着市场经济的发展和集市贸易的繁荣。1965年，年均市场成交额40.5万元。人均4元。

“十年动乱”期间，只“抓革命”而不重视生产，市场贸易更谈不上发展。1980年以后，农村实行承包责任制，鼓励发展商品生产，开发利用山区资源，调整产业结构，实行市场调节，给农村集市贸易注入生机和活力。全县6个场集除本县农民、手工业者、个体经销和当地国营、供销商业为主贸易成交外，还有县外省外生产者经销者参与交易。丹江、永乐、达地等场集，肩挑小贩尤多，货源较为充足，生意兴旺。上市品种除工业品外，农副产品、手工产品有：黄牛、水牛、马、羊、仔猪、小狗、猪肉、牛肉、羊肉、狗肉、鸡、鸭、鹅、鲜蛋、鲜鱼、土烟、棕片、辣椒、葱蒜、番茄、各种蔬菜、豆腐、豆芽、魔芋、生姜、花椒、香菇、地瓜、大米、糯米、米糠、板栗、梨子、橘子、葵花、晒席、箩筐等竹器，以及各种木质家具、木炭、砧板、画眉笼、鞭炮、锄头、镰刀、斧头、铁三脚（火炉烹煮用）、炉桥、犁弯、少数民族的各种刺绣品、银饰品，以及各种药材、土陶器等计约150多种。

上市的品种和成交形式均为议价，公买公卖。长丰堡的土陶器、排卡的竹编花篮、南屏的鞭炮等产品为丹江地区特产，外地客商拥入，加速了市场的繁荣，打开地方产品的销路。丹江场每场上市的南屏鞭炮达50多个摊，200余万响。占全县鞭炮上市量的90%。永乐场有排告的簸箕以质好耐用著称，行销全县和三都、榕江、丹寨、凯里等县（市）。耕牛平均每场上市量150头，旺季200～300头，是全县最大的耕牛市。达地场的马匹，西江场的木瓢，均列全县第一。西江麻料等村寨则以银饰著称，成年男子半数以上的人能加工。1987年，生产银饰（包括代用品）达5万多件，每件均价40元，一年成交额达180万～200万元，并远销三都、荔波、独山、都匀和广西北部的少数民族地区。历来习惯为生产者以走乡串寨形式成交。

据1987年11月份统计，全县场集贸易成交额为672万元，其中，个体经销成交额为268万元，农民、手工业者成交为404万元，人均为55元。

教育篇

清雍正七年(1729年)，置丹江厅，雍正八年(1730年)，始设义学、社学，随之乡村逐渐有私塾。继设丹阳、鸡窗书院。光绪三十四年(1908年)，创办官办小学堂。宣统元年(1909年)，设师范传习所(未几停办)。民国7年(1918年)，创办丹江女子初级小学。民国11年(1922年)，在丹江城创办蚕桑传习所(半工半读)。民国13年(1924年)，丹江城兵火交加，学校停办达4年之久，蚕桑传习所因而夭折。民国18年(1929年)，社会秩序相对安定，公办小学有所发展。民国26年(1937年)，贵州省政府教育厅拨款设省立丹江小学，民国35年(1946年)创办雷山设治局局立初级中学。抗日战争胜利后，国民党发动内战，大量压缩教育经费，裁减学校，教育事业停滞不前。民国38年(1949年)11月9日；雷山县政府以“时局紧张”，通令学校一律停办。1950年5月，土匪盘踞期间，贵州东南绥靖区司令部、雷山县政府通令各学校恢复上课，有8所中心国民学校及部分保国民学校先后复课。

1950年9月26日，雷山解放。雷山县人民政府成立，对学校进行接管，清除暗藏在教师队伍中的反革命、特务分子，废除旧的教育制度，实行新教育制度。学校为工农兵开门，先后设立西江民族初级小学、雷山民族中学。通过抗美援朝、土地改革运动，教师的政治思想觉悟有很大提高，为学校教育的发展创造了条件。1953年以后，县委、县人民政府根据教育部“整顿巩固、重点发展，提高质量，稳步前进”的教育方针，贯彻省人民政府“迅速克服中小学校混乱现象”的指示，对学校进行适当的调整和整顿，通令不准随便抽调学校教师，不准占用校舍及活动场地。县成立总学委会，区设分学委会，在各级党委的领导下，督促和指导教师的政治、业务学习。各级学校根据党的教育方针、任务和培养目标，结合学校情况制定了合理的规章制度，运用汉语、苗语(双语)结合讲课，抓紧课堂教学工作及政治思想教育工作。同时因地制宜地开展各种文体活动，扭秧歌、演话剧以及球类友谊赛等成为学校师生主要的文娱生活，《东方红》《没有共产党就没有新中国》等革命歌曲随处可闻。1957年，贯彻毛泽东主席提出的“我们的教育方针，应该使受教育者在德育、智育、体育几方面都得到发展，成为有社会主义觉悟的有文化的劳动者”的指示，对学生进行教育。年底，全县中小学教师集中在县城进行“整风”学习，参加“反右派”斗争。由于反右斗争被扩大化，伤害了一部分教师。1958年贯彻“两条腿走路”(国家办学与群众办学)的办学方针，勤工俭学，勤俭办学，开展学校办工厂、农场。为了加强党的领导，县人民政府指派乡党支部书记、人民公社主任79人兼任完小、初小校长，掀起了教育革命的高潮。当时，由于受“高指标”“浮夸风”的影响，雷山县向省、州呈送普及小学教育和已扫除文盲的“喜报”。与此同时，在“左”的错误思想指导下，党的民族政策被干扰，民族教育的特殊性被忽视，民族中、小学被取消“民族学校待遇”，作一般学校对待，接踵而来的全民“大炼钢铁”“深耕”等政治运动和生产劳动，打乱了正常的教学秩序。1959至1961年，国民经济处于暂时困难时期，学生的流动性很大。1962年至1963年调整学校布局，1964年推行“两种教育制度”(全日制学校与半耕(工)半读学校)，发展一批耕(工)读学校。“文化大革命”开始不久，学校“停课闹革命”“红卫兵”串联。1968年，“复课闹革命”，学校由工人宣传队和贫下中农进驻管理，许多教育工作者横遭批斗、迫害。以后，又提出“读小学不出队，读初中不出社，读高中不出区”的口号，小学、中学数量盲目增加，校舍、设备、师资相对缺乏，学校教育违背了客观发展规律，教学质量明显下降。1977年，经过批判“江青反革命集团”的“两个估计”（即“文化大革命”前十七年教育战线是资产阶级专了无产阶级的政，知识分子的大多数世界观基本上是资产阶级的），“工宣队”“贫管会”由学校撤出，逐步恢复正常的教学秩序。但是，由于“左”的思想影响没有根除，教育事业发展的步子迈得过大，脱离实际，削弱了基础教育，造成恶性循环。中共十一届三中全会以后。拨乱反正，根据“调整、改革、整顿、提高”的方针和邓小平提出的“三个面向”（面向现代化、面向世界、面向未来），按照贵州省教育厅“适当发展幼儿教育，调整提高初中，整顿改革高中，发展职业教育，集中力量办好重点学校”的精神，调整学校布局。同时恢复党对发展民族教育在经费、招生、管理、教学等方面所采取的特殊政策措施。加强教育行政领导及教育科研工作，吸收先进教师入党，加强学校中的党、团组织建设和少年先锋队组织的建设。举办各类业余培训班，鼓励干部、职工参加函授、报授、广播、电视学习和高等成人自学考试，促进了教育事业的发展。

第一章　义学、书院、塾馆

第一节　义学、书院

清设“新疆六厅”后，在少数民族聚居区广开义学，开科考试，加额招收少数民族子弟入学。雍正八年（1730年），设大丹江（今丹江陶尧一带）义学和小丹江（今望丰一带）义学各1所，苗民子弟愿入学者一律入学肄业，并令官员严加督察。六年之后，能通晓文义，可参加岁科考。塾师选择老成谨慎文品兼优之生员，课读“圣谕”及经书，旨在用封建礼教来消除苗族人民的反抗意识。但是，残酷的剥削和压迫并不因设立义学而稍减，苗族人民反压迫的斗争仍此伏彼起。因连年不断的战乱，义学徒具虚名。同治十一年（1872年），张秀眉、杨大六所领导的农民起义军被镇压后，丹江厅署迁设黄茅街（今响楼乡老场坝）。为使苗族人民“稽首归诚”，光绪元年（1875年），复设义学32所，借资“化导苗民子弟”由于其办学目的不是为了提高民族文化，而是从思想上加强控制，每处义学，俱先将圣谕广训，逐条讲解，俾令熟读，然后课以经书。出于统治阶级的民族偏见，犹恐“开其智”不利剥削和奴役。光绪六年（1880年），裁撤义学24所，保留8所。丹江地区因历经战乱匪患，经济凋敝，入学者寥寥，因而成材为数极少。从议准办学到停止科举，凡160余年，雷山学子参加科考，“加额进取”文秀才有王香秋、陶玉美、梁玉仁（苗）、李莲芳（苗）、何明超（苗）5人。

光绪二年（1876年），丹江厅置迁设肇泰堡（今雷山县城）之后，在厅署右侧（今县人民政府食堂处）设丹阳书院，在鸡讲汛培墉堡（今白连乡营上村）设鸡窗书院。两书院各有主讲主持院务。光绪九年（1883年），废鸡窗书院改设义学。光绪三十四年（1908年），通判李文宝废丹阳书院，改设学堂。至此，书院、义学一律废止。

在雷山设立义学的同时也开设社学（汉人居住地办学称社学）。选择生员学优品端者任社师，办学经费由公费银内动支。乾隆十六年（1751年），清政府以贵州苗疆设立社学，原期化犷野渐知礼义，但在士子中稍有才学者，又不肯深入苗区设教，而一些侥幸堂试之徒，既不能导人以善，犹恐其相诱为非，社学遂被裁汰。

第二节　塾　馆

县私塾开始是由官宦士绅人家到外地延师登门授业。以后，各村寨三家五户凑钱凑米到外地聘请塾师前来设馆，学制无年限。入学的蒙童，先读《三字经》《百家姓》《千字文》《增广贤文》《声律启蒙》等句子较短的韵文。只领读，不讲解，要求学生能唱读、识字、背诵，否则施以体罚。对年龄较长，程度较高的学生，则教以《四书》《五经》《幼学琼林》《古文观止》《东莱博议》等书。教师领读、讲解，学生除要求读、写、背诵外，还有作文和作古诗、对联等内容。私塾在清朝时与义学同样要先熟读“圣谕广训”。

私塾开设的多少，取决于农村年景的丰歉，塾师聘金的厚薄由塾师与学生家长自议，官府不过问。每馆10~20人不等。清末，境内有陶文章等7人开设私塾课蒙。民国期间，虽开办公学，但为数甚少，私塾仍占很大的比重。民国25年（1936年），实行改良私塾。全县有塾馆28所，学生570人（其中男545人、女25人）。塾师28人，年聘金银圆1200元。

中华人民共和国成立，人民政府重视发展民族地区教育，拨出大量教育经费，开办学校，1951年塾馆结束。

第二章　幼儿教育

第一节　幼稚班

自清末兴学以来，入学年龄惯例是年满5周岁，由先请塾师“发蒙”，然后送入蒙馆（私塾）读书。民国31年（1942年），开始在丹江、西江两所小学设幼稚班。民国37年（1948年），全县有幼稚班学童共79人。

1952年秋，开始在丹江、西江等小学设幼稚班或学前班，由于当时未纳入编制，学校有条件则办，条件不具备则不办，形成自流。1957年，全县有学前班学童计125人。“大跃进”时期和“文化大革命”时期，学校秩序混乱，各学校的学前班时设时停，无确切统计数据。党的十一届三中全会以来，幼儿教育列入了党委和政府的重要议事日程。1981年秋，由县妇联商同教育局在永乐区桥桑乡的草坪小学设幼儿班，入学儿童22人。此后，各地小学相继开设。1986年，全县有23所小学及3个自然村设幼儿班，入学儿童计473人。1987年进行整顿，有20所小学及1个自然村设幼儿班，入学儿童473人。从1981年至1987年，县妇联拨给各小学幼儿班补助费共5883元。

第二节　幼儿园

1982年，由县妇联牵头筹措联系开办幼儿园，州、县拨款6万元，在县城建设路修建砖木结构楼房1幢，建筑面积216平方米。1983年8月31日，开办雷山县幼儿园（后更名为县机关幼儿园）。1984年，州、县妇联拨款9400元，在永乐镇建立永乐区中心幼儿园。是年，入园儿童85人，分大、中、小

3个教学班。1986年，省、州及县妇联拨款14300元，在西江镇平寨村修建面积为50平方米的砖木结构楼房1栋，开办西江农村幼儿园，入园儿童60人，分大、小两个班。1987年，全县有幼儿园3所，有大、中、小10个班，教职工19人（其中合同工2人），入园儿童249人，属县妇联领导。

附：雷山县机关幼儿园简介

1983年10月23日，正式开园，刘彩姜（女、侗族）首任园长，入园儿童94人（其中男50人，女44人），分大、小两个班。教师5人，医务人员1人，炊事员2人。

1987年，有儿童104人（其中男45人、女59人），分大、中、小3个班。教学内容有：生活卫生习惯、体育活动、思想品德及语言、常识、计算、音乐、美术等。幼儿园占地240平方米，建筑面积216平方米。设备除一般的桌凳及用具外，有大型玩具4件，价值2000元。4年间，先后有158人升入小学。

第三章　小学教育

第一节　发展概况

清光绪三十四年（1908年），在城关、鸡讲、排羊（今属台江县）设初等小学堂3所。宣统元年（1909年），在城关增设高、初两等小学堂。民国7年（1918年），在城关创办丹江女子初级小学，校址设在昭忠祠（今丹江小学处）。开学时有学生18人。民国9年（1920年），发展到50人。女学生蔡邦元、余国珍等人在学校负责人谢静仁（女）的支持下，得到教师侯教之、秦筱泉的教育鼓励，首开雷山县妇女剪辫放足的先例。民国18年（1929年）至民国23年（1934年），先后创办了西江、望丰、排羊等县立高、初两级小学，区、乡亦开办初级小学33所。民国24年（1935年），贵州省教育厅以雷公山地区闭塞、经济文化落后，列为发展重点，在丹江县开办短期小学，经费由省拨专款，校长由县长任免报省教育厅备案。课本、笔、墨由学校免费供给，在肇泰、掌雷等地办一年制短期小学6所。民国26年（1937年），省教育厅开办省立丹江长丰初级小学（详见大塘民族学校节）。民国29年（1940年），女子小学与城区小学合并。是年，全县有省立小学1所；县立两级小学4所；区、乡办初级小学33所；短期小学10所（不含乌洛、达地两处的短期小学），共有学生1652人。民国30年（1941年），推行“新县制”，次年，国民政府颁行普及国民教育法令。省立长丰小学、县立两级小学、区办初级小学及短期小学均改为乡（镇）中心国民学校及保国民学校。民国34年（1945年），全县有中心国民学校9所，保国民学校41所，学生2612人（其中女生210人）。教师121人（其中女7人）。私立初小1所，学生29人，教师1人。民国37年（1948年），全县有中心国民学校10所，保国民学校47所，学生3077人，教职工149人。是年12月，实行并校、减班、裁员。民国38年（1949年）底，全县有中心国民学校9所，保国民学校14所，教职工112人，学生2208人。学生数占全县总人口的4.5%。学校被裁减后，群众纷纷集资办私塾17处，学生共263人。塾师薪食由学生家长自行筹付，年薪银圆12元至24元或白米1石（10斗）2斗（每斗25公斤）至1石6斗。

在20世纪20年代，县内有小学毕业生100余人。有梁聚五、蔡西庚等10余人负笈徒步赴贵阳深造，梁聚五得亲友资助，毕业于湖南大学；蔡西庚留学日本士官学校。20世纪30年代，毕业学生600余人，升入中学的60余人，占毕业生总数的10%。远道负笈者，多为富庶家庭或有富裕亲友的资助，才能勉强毕业。贫穷者只能望洋兴叹。40年代，小学毕业生近1000人，是时，榕江设有国立师范学校，邻县设有中学，就读较为方便，升入师范、中学的有270余人。占毕业生总数的27%。

1950年9月，雷山解放，人民政府接管公、私立学校时，有教师46人，学生914人，为全县总人口数的2%。10月下旬，县人民政府将原9乡（镇）中心国民学校改为完全小学，原保国民学校改为初级小学。当年，将原有小学校长、主任及教师集中进行为期半月的培训。12月，有8所学校先后开学上课。1951年，根据贵州省人民政府“乡镇小学应根据可能条件，适当注意逐步恢复发展”的指示，全县小学逐步恢复。有公办完小、初小25所，私立村小6所，在校生计4029人，教师88人。1952年土地改革，完全小学校部分教师被抽调参加土改工作组查田评产，但学校仍继续上课。1953年，全县有完小9所，初小22所，教职工94人，在校生3871人，其中少数民族学生3502人。此后，经过逐步整顿和发展，至1957年，全县有完小10所，初小43所，教职工148人，在校生6806人，其中少数民族学生5948人，占全县总人口的12.4%。1958年，强调以“跃进”步伐加快普及小学教育，适龄儿童必须入学，一些超龄生也纷纷进校，全县小学增至102所，在校生增至10053人，教师、学生均参加“大炼钢铁”“深耕”“除四害”等活动。连续夜战，学习时间被占用。1960年，国民经济困难时期，学生生活困苦，流动性较大，入学率下降，全县不少学校形成教师多，学生少，有的学校无学生上学，教师回家种地。1961年贯彻执行“调整、巩固、充实、提高”的方针，1962年，全县学校调整为47所，在校生2685人。1964年随着国民经济的逐步好转，开展多种形式办学，发展耕读小学，全县有小学285所，在校生8224人。1966年6月，开展“文化大革命”，从县教育行政领导至各级学校负责人，多数被视为“牛鬼蛇神”“学术权威”而横加批斗、打倒。耕读小学亦先后停办。1970年，全县小学减到98所，在校生减至4324人。以后，按照“读小学不出村，读初中不出社”的要求，各生产队兴办小学。1977年，全县公办、民办小学增至226所，有27所完小开办附设初中班(亦称戴帽初中)，有教职工832人，在校生增至16010人，其中少数民族学生13051人。学校大量增加，教师凑合使用，教小学的骨干教师让其上初中课程；小学课程则由只有初中甚至小学文化水平的教师担任，没有专用的语文、数学课本，学生均背着《语录》书包，上《毛主席语录》课，学校教学秩序紊乱，质量甚低。1979年以后，贯彻执行中央和省、州的指示，合理调整学校布局，加强领导班子，建立健全规章制度。为提高教学质量，划分辅导区，加强中心完小对村级小学的辅导。年末，全县有小学221所，在校生13479人。1981年，对小学附设初中班除保留方祥、达地两所小学外，一律停办，集中力量办好区、乡中心完小，并在边远村寨增设初小和教学点，推行全日制教学，逐步改五年制为六年制，运用“双语”教学，大抓“四率”（即入学率、及格率、升学率、巩固率），教学秩序步入正轨。1982年经省人民政府批准，在达地、方祥两地设立民族小学。1987年，全县有县级小学1所；区级小学5所；乡级小学21所；村级初小75所。教学点52个，在校学生计17904人，占全县总人口的14.5%。其中少数民族学生14681人，占学生总数的82%。有教职工851人，其中民办教师191人。丹江镇（区级）、柳乌乡已基本普及小学教育。37年间，全县高小毕业学生计28100余人。

民国34年（1945年）4月雷山设治局实施国民教育概况调查表

表14—1　　　　　　　　　　　　　　　　　　　　　　　　单位：人

<table>
<tr><td></td><td colspan="4">区域划分</td><td colspan="9">人口状况</td></tr>
<tr><td rowspan="5">区域及人口</td><td colspan="3" rowspan="2">乡镇数</td><td rowspan="2">9</td><td rowspan="3">全县人口数</td><td>男</td><td>17666</td><td rowspan="3">学龄儿童</td><td rowspan="3">6162</td><td rowspan="2">受教育儿童数</td><td rowspan="2">2612</td><td rowspan="2">受教育成人数</td><td rowspan="2">1958</td></tr>
<tr><td>女</td><td>16734</td></tr>
<tr><td colspan="3">保数</td><td>62</td><td>总计</td><td>34400</td><td>失学儿童数</td><td>3550</td><td>失学成人数</td><td>8620</td></tr>
<tr><td colspan="6" rowspan="2">总计</td><td rowspan="2">中心国民学校</td><td rowspan="2">—</td><td rowspan="2">国民学校</td><td rowspan="2">幼稚园</td><td colspan="3">省立小学</td></tr>
<tr><td>高级小学</td><td>初级小学</td><td>幼稚园</td></tr>
<tr><td rowspan="13">学校概况</td><td colspan="4">学校数</td><td colspan="2">51</td><td>9</td><td>—</td><td>41</td><td>—</td><td>—</td><td>1</td><td>—</td></tr>
<tr><td rowspan="12">小学部</td><td rowspan="4">学级数</td><td colspan="2">高级</td><td colspan="2">10</td><td>10</td><td>—</td><td>—</td><td>—</td><td>—</td><td>—</td><td>—</td></tr>
<tr><td colspan="2">初级</td><td colspan="2">78</td><td>36</td><td>—</td><td>41</td><td>—</td><td>—</td><td>1</td><td>—</td></tr>
<tr><td colspan="2">幼稚班</td><td colspan="2">—</td><td>—</td><td>—</td><td>41</td><td>—</td><td>—</td><td>—</td><td>—</td></tr>
<tr><td colspan="2">共计</td><td colspan="2">88</td><td>46</td><td>—</td><td>—</td><td>—</td><td>—</td><td>1</td><td>—</td></tr>
<tr><td rowspan="5">学生数</td><td rowspan="2">高级</td><td>男</td><td colspan="2">197</td><td>197</td><td>—</td><td>—</td><td>—</td><td>—</td><td>—</td><td>—</td></tr>
<tr><td>女</td><td colspan="2">42</td><td>42</td><td>—</td><td>—</td><td>—</td><td>—</td><td>—</td><td>—</td></tr>
<tr><td rowspan="2">初级</td><td>男</td><td colspan="2">2205</td><td>927</td><td>—</td><td>1254</td><td>—</td><td>—</td><td>27</td><td>—</td></tr>
<tr><td>女</td><td colspan="2">168</td><td>108</td><td>—</td><td>58</td><td>—</td><td>—</td><td>2</td><td>—</td></tr>
<tr><td colspan="2">共计</td><td colspan="2">2612</td><td>1271</td><td>—</td><td>1312</td><td>—</td><td>—</td><td>29</td><td>—</td></tr>
<tr><td rowspan="3">教师数</td><td colspan="2">男</td><td colspan="2">114</td><td>72</td><td>—</td><td>41</td><td>—</td><td>—</td><td>1</td><td>—</td></tr>
<tr><td colspan="2">女</td><td colspan="2">7</td><td>7</td><td>—</td><td>—</td><td>—</td><td>—</td><td>—</td><td>—</td></tr>
<tr><td colspan="2">共计</td><td colspan="2">121</td><td>79</td><td>—</td><td>41</td><td>—</td><td>—</td><td>1</td><td>—</td></tr>
</table>

1950—1987年雷山县小学教育基本情况统计表

表14—2

年度	校数（所）	班级数		在校学生数（人）		毕业数（人）		招生数（人）
		合计	其中复式班	合计	其中少数民族	合计	其中少数民族	
1950	8	—	—	914	—	—	—	—
1951	33	77	25	4757	2565	—	—	—
1952	31	65	25	2415	—	—	—	—
1953	31	78	27	3821	3507	—	—	—
1954	36	78	27	3609	3601	181	—	—
1955	42	91	27	4600	3984	192	—	1626

续表

年度	校数（所）	班级数		在校学生数（人）		毕业数（人）		招生数（人）
		合计	其中复式班	合计	其中少数民族	合计	其中少数民族	
1956	42	91	27	4600	3969	182	—	1393
1957	53	35	6	6806	5905	347	—	1450
1958	102	—	—	10053	—	—	—	—
1959	属凯里县	—	—	—	—	—	—	—
1960	属凯里县	—	—	—	—	—	—	—
1961	60	—	—	3808	3513	—	—	—
1962	47	148	64	2685	2282	73	—	—
1963	77	174	—	5024	—	149	—	—
1964	285	277	—	8224	—	—	—	—
1965	244	—	—	9980	—	—	—	2777
1966	241	339	106	1261	—	308	—	—
1967	163	—	—	8591	—	486	—	—
1968	163	—	—	8100	—	906	—	—
1969	123	—	—	7220	—	1475	—	—
1970	98	348	—	4324	—	1092	—	2146
1971	153	—	—	8825	6846	796	—	4308
1972	194	438	128	10398	8516	597	—	1919
1973	184	438	—	10879	—	435	—	3985
1974	184	539	—	11961	—	533	—	3530
1975	248	725	—	15383	13200	496	—	6793
1976	238	734	—	15190	—	1560	—	3554
1977	226	793	—	16010	13051	1719	—	4675
1978	226	657	—	13479	—	1649	—	3675
1979	221	667	—	13479	—	1512	—	3843
1980	189	637	—	14317	12016	1553	—	3955
1981	174	612	—	14786	12333	1482	—	3986
1982	164	583	—	14914	12705	1452	—	3931
1983	165	590	—	16167	13382	1396	—	4703
1984	170	626	—	16445	13512	1318	—	4359
1985	157	627	—	17717	16472	1333	—	4120
1986	199	663	—	18221	15320	1412	—	3755
1987	156	651	—	17904	14681	1440	—	2988

第二节　学校简介

达地民族小学（含附设初中班）

达地镇(区级镇)位于榕江、三都、丹寨、雷山4县交界处，世居有水、苗、瑶、彝、汉、侗等民族。1987年全镇有1484户，7865人。其中，水族2825人，是水族聚居区。

民国初年，王仲先、平忠明、何达成、张柏轩在此设馆施教。民国24年（1935年），都江县（今三都县）在老街设短期小学。民国34年（1945年），设达地乡中心国民学校。

解放初期，三都县在老街设达地初级小学。有学生60人，校长1人，复式教学。1952年，划属丹寨县。1954年，在达地乡巫达村开办达地新勇民族初级小学。政府每年发给人民助学金和寒衣，贫困学生每人每月人助金8元，极贫困的包吃包穿。在校学生120人，设一至四年级。1958年，有学生250人（其中，有一部分是超龄学生），升格为完小，开办五、六年级。1959年9月，动员超龄生回乡生产，在校学生减至110人。1960年，学生流动较大，部分教师离职回家，学校停办。1961年，恢复上课，增设新勇民族学校党高分校。8月，划属雷山县。1964年，合并新勇民族小学党高分校及老街初级小学校，在达勒设达地中心完小。有教师7人，学生180人，按省颁教学计划排课，学校秩序较好。1970年，有教师13人，学生200人。开办初中1个班。由于师资、设备条件不够，教学质量较差。粉碎“江青反革命集团”后，1982年，经贵州省人民政府批准建达地民族小学校（含初中班）。1984年，县委、县人民政府决定，在达地地区工作的大专毕业学生，享受浮动两级工资的待遇。1985年，毕业生有21人参加初中升学统考，全被录取。1987年，在校学生597人（女生161人）。其中少数民族学生388人。小学设14个班。附设初中3个班，在校学生100人（女生37人）。在达地镇辖境内共有初、完小16所。1987年，适龄儿童入学率为71.1%。附设初中班先后毕业15期，共334人。

从1981年至1987年，县民委拨给学校的民族补助费50500元，用作困难学生“三包”（包吃、包住、包学杂费）补助和维修课桌凳。

方祥民族小学（含附设初中班）

方祥乡地处雷公山腹地，山高谷深，交通不便，是雷山县边远高寒地区之一。1987年，全乡有866户，4613人。

民国28年（1939年），建立方祥初级小学校，有学生20余人。民国29年（1940年），设凤祥短期小学校（二年制），有学生28人。同时，在毛坪设短期小学1所。民国31年（1942年），改为保国民学校。民国34年（1945年），方祥设乡，改为方祥乡中心国民学校。是年，建成136平方米的1楼1底木结构教学用房1幢。开设一至四年级，有学生94人。民国38年（1949年），开设六年级，入学学生12人。全校有学生106人。

1950年10月，人民政府接管方祥小学，继续开课。政府予以特殊扶持，贫穷学生发给困难补助费和寒衣，并拨款装修原校舍。1951年，有学生163人，分设一至六年级，4个班（复式班）。1957年，在校学生246人（男215人，女25人），分设5个班，先后毕业学生2期，共66人。其中，有12人考入雷山民族中学，有3人考入贵阳民族师范学校。2人参加人民政府工作。1958年，在校学生320人。1959年，在国民经济暂时困难期间，群众生活困苦，学生流动较大，兼之有的教师经常回家生产，学校有时停课。1962年，国民经济恢复发展，学校教学恢复正常。1965年，在校生179人，设一至六年级共6个班。1970年，增设初中班。1976年，粉碎“江青反革命集团”以后，拨乱反正，建立健全各种规章制度，教学秩序有所好转。1978年。学校校址迁到平寨村对面坡上。1982年，经贵州省人民政府批准，改设方祥民族小学。每年拨给民族补助费用作贫困学生生活、寒衣补助及购置图书、维修课桌凳等。1983年，省拨专款12万元，建新教学楼，校舍总面积为1200平方米，有教室、宿舍、仪器室和图书室。各种教学仪器价值5000元，图书价值1000元。1984年，拨款2.5万元，在乌迷河上修建成通往学校的水泥桥1座。1987年，在校学生350人（男276人，女74人），10个班。附设初中3个班，学生97人（男91人，女6人）。教职工36人。

从1981年至1987年，县民委拨给学校的民族补助费4.7万元。

丹江小学

丹江小学在县城，为县级完全小学。

清光绪三十四年（1908年），丹江厅通判李文宝废丹阳书院设丹阳初等小学堂。宣统元年（1909年），扩建为丹江高初两等小学堂。民国8年（1919年），在“五四”运动的影响下，教师梁聚五等发动组织“学生联合会”，反对学校当局推行旧教育制度，请愿从军报国。民国14年（1925年），丹江城兵匪交加，师生逃散，学校停办。民国18年（1929年），始恢复上课，易名为丹江县立第一两级小学。民国25年（1936年），又易名为丹江县立城区小学。“九一八”“七七事变”发生后，为抗议日本帝国主义的暴行，丹江小学师生组织宣传队，进行抗日救亡宣传活动。民国30年（1941年），称丹江镇中心国民学校。有学生405人，分设12个班，教职工18人。该校从建校以来的41年间，先后毕业学生25期，计600余人。

1950年11月，人民政府接管，称雷山县丹江完全小学。当时，全校有学生285人，其中女生78人，设6个班。1952年秋，招收一年级试行“五年一贯制”，一年后停办。1957年，有学生755人，设14个班。1961年，有学生169人，设6个班。1962年，县人民政府定为重点学校，人力、物力优先照顾。1965年，设10个班，学生490人。1969年11月，开办附设初中班。11月，改称红卫小学，后改称丹江中学、新丹江小学。1971年，称丹江“七年一贯制”学校，“教育革命”时，学校改为五年制。1976年。复称丹江小学。是年，在校学生802人，设一至五年级，共17个班。

1981年，全县小学开始实行统一命题考试，丹江小学语文科及格率为82.7%，数学及格率为72.9%，获“教学质量奖”，被评为黔东南州小学教育先进单位。在贵州省中小学“班班有歌声”活动中获优秀奖。1987年，获贵州省少年科技活动“先进集体”奖和黔东南州“实验工作先进单位”奖。1983年该校教师周选贵（女）被评为全国优秀班主任；杨明龙（苗）被评为全国优秀青少年科技辅导员。

1987年，教职工45人，在校学生1200人，其中女生539人，少数民族学生832人，占69.33%。分设一至六年级，23个班。解放后毕业学生35期，共2485人。

人民政府先后6次拨款修建校舍，现学校占面积为8亩，校舍建筑计2338.84平方米。有小学一类教学仪器。

西江小学

西江小学为区级小学。设在西江平寨。

清光绪三十四年(1908年)，在平寨设鸡讲初等小学堂，尔后，改为初级小学校。民国18年(1929年)，改为丹江县立第二两级小学校。民国21年(1932年)，以便于苗族学生学汉语为由，将学校迁设培墉堡(今白连营上)。民国27年(1938年)夏，复迁回西江平寨。民国29年(1940年)，苗族姑娘宋国贞、陆德英在本校高级班毕业后，校长杨文华(苗)破例聘请宋国贞、陆德英留校任教，苗族女教师首登讲台。民国31年(1942年)冬，“黔东事变”爆发，西江人民遭贵州省保安第二团镇压，房屋被毁，学校停课。民国38年(1949年)，称西江镇中心国民学校，有学生182人，分设一至六年级，8个班。教职工12人。是年11月，雷山县政府通令停办，教师停发工薪。当时，杨文华校长拿出家里的粮食解决教师生活，坚持正常上课。至1949年止，先后毕业学生共13期，共计320人。

1950年10月，人民政府接管，改为西江完全小学，有学生120人，教师4人。1951年3月，改设贵州省雷山西江民族初级小学，有学生250人。1952年10月。升为贵州省雷山西江民族小学。经费由省教育厅拨发，贫苦学生享受人民助学金及寒衣、书籍、学杂费等补助。1957年，有学生605人，分设13个班。1958年，取消民族学校待遇，更名为西江小学。1959年，附设初中班，称“七年一贯制学校”1962年，仅有学生212人。1963年，以后学生逐渐增多。1966年，有学生356人。1969年，附设初中班(次年移交区中学)。1971年，西江遭重大火灾，学生入学率下降为160人。1976年，学生又回升为310人。1978年以后，恢复正常教学秩序，校风日渐好转，教学质量逐年提高。1986年，获贵州省“班班有歌声”活动“优秀奖”，黔东南州教委奖给脚踏风琴1部。1987年，有学生837人，苗族学生占95%以上，教职工41人。学校占地面积4.76亩。校舍面积2690.26平方米，有图书室、仪器室等教学辅助设备。该校先后毕业学生1200余名，约20%的毕业生升入上一级学校。

永乐小学

永乐小学设于永乐镇，为区级小学。

清宣统三年(1911年)，八寨同知王礼寿开办乌洛简易学堂(永乐小学的前身)，以永乐场集的屠、斗捐为常年经费，有学生25人，教师1人。民国24年(1935年)开办短期小学。是年，七县统带何明超、区长王开国在当地筹款建校，设两级小学，后改为八寨县立永乐小学校，侯教之(苗)首任校长。民国37年(1948年)全校有学生250人。民国38年(1949年)，经过减班裁员之后，有学生170人。该校先后毕业学生3期，共256人。

解放后，改名为永乐完全小学，有学生88人。1952年，建立语文、数学教研组，开展教学研究。以后，学生逐年增多。1957年，在校生426人，分设一至六年级，12个班。有教师18人，1958年，开办附设初中班(1960年停办)。1968—1975年，学校开展“勤工俭学”活动，有劳动基地5.36亩，在“教育要革命”的影响下，曾开设初中班(以后与永乐中学分设)。1984年，人民政府拨款11.5万元，群众捐款508元，修建砖木结构教学楼1幢，面积1062平方米。并发给小学演示实验仪器1套。1982年，毕业统考，语文科人均分数居全州同级同类学校第一。1987年，有教职工32人，在校学生332人，其中少数民族学生259人，占78.01%。截至1987年止，共毕业学生34期，共1497人。

望丰小学

民国21年(1932年)，将望丰初级小学校与羊卡私塾合并，设丹江县立第三两级小学。民国36年(1947年)，当地群众捐工献斜，修建木房两栋，开设一至六年级，6个班，有学生205人。民国38年(1949年)，称望丰乡中心国民学校，有学生100人，教师9人。先后毕业学生7期，共260人。该校毕业学生姚祖成曾荣获贵州省运动会万米长跑亚军。

解放后，称为望丰完全小学。1951年，在校学生145人，教师5人。此后，学生人数逐年增多。1955年，人民政府拨款修建木质结构教学用房1栋。1956年秋，毕业学生32人，考入中学的有22人，为毕业生总数的71.2%。1957年，有学生347人。1958年，在校学生302人，开办1个初中班(学生20人)。1960年，学生流动较大，初中班停办。1970年，复办初中1个班，有学生34人。1970年秋，县革委决定，创办丹江区中学，望丰小学成为区中学的附属小学。是年，初中在校学生190人，小学在校学生180人。1976年，升格为完中，初、高中在校学生175人，小学在校学生145人。1979年，人民政府拨款建成砖木结构一楼一底教学楼1栋。1980年，中、小学分设。是年，小学在校学生218人。1986年，配给小学二类教学仪器。1987年，在校学生407人，其中少数民族学生329人。先后毕业学生632人，考入上一级学校的毕业生占15%左右。

郎德小学

郎德上寨是咸同年间各族农民反清抗暴苗族首领杨大六的出生地。清末，此地已办有私塾。民国期间有保国民学校1所。

1951年3月，人民政府在下寨设初小，当地群众捐工献料修复校舍，有学生20人。此后，学生人数逐年增加。1957年，有学生120人，开办一至三年级，3个班，复式教学。1958年，升为完小，有学生189人，设一至六年级，6个班。1973年，开办附设初中班。1976年，学习“五七”办学经验，把初中班搬到野营(老丹江)，名为野营中学，有学生38人，分两个班。由于条件不具备。1978年撤销，并入报德小学附设初中班。党的十一届三中全会以后，复办郎德初级小学。1986年，全县小学统一命题考试。该校四年级列数学科成绩之首。是年，人民政府拨款6万元，决定在郎德河口劈山建校，郎德人民投工18500个，建成砖木结构一楼一底教学楼1栋，面积437平方米。1987年，在校学生254人，分设一至六年级，7个班，有教师11人。

柳乌小学

柳乌地区在清朝时设有塾馆。民国29年(1940年)，设保国民学校，1950年10月，更名为柳乌初级小学。1951年，有学生36人，教师1人，复式教学。1958年有学生188人，教师4人。在三年暂时困难时期，学校停办。1962年复课，1963年，人民政府拨款1700元，当地群众献工修建教学楼1栋。1965年，有学生213人，开办完小。1975年，附设初中班。粉碎“江青反革命集团”以后，学校制订各种规章制度及“教师十不准”制度，严格执行考励，奖勤罚懒。同时，还建立语文、数学两个教研组，经常开展各种教学研究活动。重视对学生的思想政治教育及家访工作。并利用课余时间，组织开展文体活动及勤工俭学，劳动建校，教学质量日渐提高。1986年，获县教育局“全面提高教学质量奖”，黔东南州教委命名为“文明单位”。1987年秋，全县小学升入初中统考，双科人均132分，居全县统考成绩之首。1987年，在校学生有310人，分设8个班，有教师16人。该校为柳乌乡普及初等教育作出了积极的贡献。

第四章　中等教育

第一节　发展概况

民国34年(1945年)，创办雷山设治局局立初级中学。民国37年(1948年)10月，改称雷山县立中学。民国38年(1949年)12月停办。

1952年秋，经贵州省人民政府批准，设立雷山民族初级中学，在校学生89人，教师10人。1958年，在“大跃进”中增设高中。易名雷山县中学，在校学生378人，教师24人。同时，在雀鸟、桥兑、公统、南屏、乌东等厂、场开办初等专业中学6所，在校学生301人，教师6人。1959年，各专业中学均停办。1961年8月，恢复雷山县建置时，有雷山中学1所，在校学生299人，教师35人。其中，初中5个班，学生214人；高中3个班，学生85人。1964年，根据“两种教育制度并举”的精神，开办半耕(工)半读中学5所，在校学生217人。1966年，“文化大革命”开始后，5所半耕(工)半读中学停办。雷山中学“停课闹革命”，学生外出串联。1968年秋，“复课闹革命”，后提倡学工、学农、学军，以“语录”为教材，学术课程并未开设。1969年，根据“学制要缩短，教育要革命”的精神，取消升学考试制度，招生全凭推荐。1970年，在丹江、西江、望丰、大塘、永乐5所小学内开办区中学，各乡(村)完小先后办附设初中班(亦称“五七中学”)。1971年，丹江区中学并入雷山中学。1975年，将西江、望丰、大塘、永乐4所初级中学升格为完全中学，并开办雷山师范学校。1976年，全县有师范1所，两个班，学生81人；完全中学5所，高中10个班，学生471人；初中53个班(含雷山师范附中及小学附设初中班)，学生2040人。1977年初，高中招生恢复考试制度。1978年，全县设初中班的学校有27所，81个班，中学在校学生4173人。1979年以后，调整学校布局，压缩高中班。1980年9月，创办雷山县第二中学(初中)，并逐年停办小学附设的初中班。1981年9月，4所区中学高中部停止招生。经过调整，全县有完全中学1所，初级中学5所，在校学生3644人。1982年，贵州省人民政府批准设大塘民族学校(九年制)，同时恢复雷山民族中学。

1984年9月，雷山师范与凯里师范合并，停止招生。1985年9月，创办雷山县职业中学。

1987年全县有完全中学1所，县级初级中学1所，区级初级中学3所，民族学校1所。在校学生3878人，教师306人。其中：高中14个班，学生717人，教师36人；初中61个班，学生3161人(含达地、方祥民族小学附设初中班)，教师269人。其中少数民族学生3179人。职业高中1所，学生150人，其中少数民族学生146人。

1952—1987年雷山县中学教育基本情况统计表

表14—3　　　　单位：个、人

年度	总计				初中						高中						备注
	在校生				在校生				毕业生		在校生				毕业生		
	班数	总计	女	其中少数民族	班数	总计	女	其中少数民族	总计	其中少数民族	班数	总计	女	其中少数民族	总计	其中少数民族	
1952	2	89	9	40	2	89	9	40	—	—	—	—	—	—	—	—	
1953	—	139	—	89	—	139	14	89	—	—	—	—	—	—	—	—	
1954	—	172	—	124	—	172	14	124	—	—	—	—	—	—	—	—	
1955	—	190	—	151	—	190	17	151	65	—	—	—	—	—	—	—	
1956	—	305	—	239	—	305	37	239	43	—	—	—	—	—	—	—	
1957	—	349	—	278	—	349	26	278	42	—	—	—	—	—	—	—	
1958	—	378	—	336	—	350	—	—	74	—	1	28	—	—	—	—	
1959	—	—	—	—	—	—	—	—	—	—	—	—	—	—	—	—	
1960	—	—	—	—	—	—	—	—	—	—	—	—	—	—	—	—	
1961	8	299	59	215	5	214	—	—	64	—	3	85	7	43	28	24	
1962	7	234	—	—	4	159	—	—	—	—	3	75	21	37	63	41	
1963	7	285	—	—	4	196	—	—	—	—	3	89	30	48	49	35	
1964	8	303	—	—	5	214	—	—	—	—	3	89	31	73	50	37	
1965	10	364	—	—	7	276	37	—	65	—	3	88	22	72	35	29	
1966	10	380	—	—	7	291	—	—	—	—	3	89	27	71	32	19	
1967	11	491	157	—	8	360	101	—	—	—	3	131	56	41	26	17	1.1959年、1960年属凯里县 2.初中生在校生栏含小学附设初中班 3.1985年高中改为三年制
1968	11	463	136	—	8	342	91	—	—	—	3	121	45	100	101	75	
1969	11	504	107	—	8	387	72	—	—	—	3	117	35	75	100	67	
1970	—	1812	—	—	—	1492	—	—	—	—	—	320	50	200	114	13	
1971	—	1280	—	—	—	1036	—	—	—	—	—	244	50	201	45	30	
1972	31	1285	—	—	27	1125	185	—	559	—	4	160	45	111	50	30	
1973	29	1030	—	—	23	763	118	—	—	—	6	267	37	115	45	31	
1974	40	1230	—	—	34	1085	200	—	289	—	6	145	32	104	47	27	
1975	—	1286	—	—	18	1050	233	—	328	—	7	236	—	—	43	29	
1976	64	2571	—	—	53	2040	496	1663	471	—	11	531	—	—	45	31	
1977	103	3737	—	—	91	3234	851	2837	432	—	12	513	118	—	97	72	
1978	112	4173	—	—	100	3652	759	3004	755	—	12	521	116	—	185	95	
1979	110	4790	—	—	98	3627	747	2974	970	—	12	563	121	—	244	173	
1980	106	3791	—	—	93	3180	736	2608	768	—	13	611	140	—	253	175	
1981	87	3644	—	—	75	3063	722	2296	986	—	12	581	141	—	330	210	
1982	64	2900	—	—	56	2477	606	2115	813	—	8	423	89	—	102	81	
1983	62	3049	—	—	54	2657	874	2258	605	—	8	392	90	—	196	103	
1984	66	3275	—	—	58	2849	691	2127	672	—	8	381	—	—	250	121	
1985	73	3681	—	—	61	3074	870	2133	762	—	12	607	160	—	—	—	
1986	77	4021	—	—	63	3272	921	3403	980	—	14	749	197	—	200	139	
1987	75	3878	—	—	61	3161	916	—	834	—	14	717	205	—	142	97	

第二节　学校简介

雷山民族中学

民国33年（1944年）4月，雷山设治局成立，苗族学者梁聚五先生等倡议筹办初级中学。是年，成立设治局“中学筹备委员会”，局长杨西横任主任委员。先后两次向县属9个乡（镇）摊派“中学建校款”银圆1.62万元，并征派木料240根，民工300人，修建木质结构宿舍1栋，下层砖上层木的一楼一底的教学楼1栋。民国34年（1945年），呈准试办，名为雷山设治局局立初级中学。是年2月下旬，招考初中新生1班40人。次年，由于学生流动太大，第二学年即合并为1个初中班，有学生24人，并招考初一新生45人。民国38年（1949年）有学生152人，分设4班，教职工24人。是年12月，校舍被匪贵州东南绥靖区司令部政工干校强占而停办。办校5年，更换8任校长。先后毕业学生4期，90余人。

民国35年（1946年），进步青年王铣才、陈秀元受聘到学校任教，利用各种合法形式，对学生进行革命教育。民国36年（1947年）9月，进步青年杨光文（革命烈士）应聘在学校任教，随身带来部分革命书刊，指导学生李雄、余庭梁等人阅读。是年10月，杨光文出任校长，进步教师王天行（中共地下党员）、李谦、杜青、孟庆仁先后到雷山中学任教，以教书为掩护，进行革命活动，传授科学文化知识，组织开展文体活动，激励学生奋发学习，校内民主空气活跃。民国37年（1948年）3月1日，贵州省主席杨森，镇远专署专员范埏生密令雷山设治局局长郭宝昌将杨光文、李谦、杜青秘密逮捕送贵阳。王天行、孟庆仁亦在贵阳被捕。解放前夕，杨光文、王天行在贵阳被秘密杀害。解放后，国家追认为革命烈士。

解放后，1952年9月，经省人民政府批准，建立雷山民族初级中学，将原炉山县（今凯里市）舟溪乡划归雷山民中招生范围。是年，招收新生89人，设2个班，教师10人。80%的学生享受助学金，15%的学生享受服装补助费。至1957年，共招收新生629人，毕业3届。1958年9月，经黔东南州教育局批准增设高中部，招收高中新生28人，全校共有学生378人，教师24人。是年，改名为雷山县中学，取消民族中学待遇。此时，正是“大跃进”时期，全校师生投入“大炼钢铁”，高中部师生到固鲁办铜矿厂。是年10月，下到生产队帮助秋收，参加“深耕夜战”，入冬始回校上课。1959年，学校开垦生产基地5亩，学生轮流劳动，学习秩序较为松弛学业呈下降趋势。1962年，学校教学秩序恢复正常。1963年3月5日，毛泽东主席号召“向雷锋同志学习”，各个班级组织“学雷锋小组”。1966年6月，“文化大革命”开始，县委组织工作组进驻雷山中学，领导学校“文化大革命”，批斗“黑帮”“破四旧”“立四新”，校长、主任和部分教师横遭折磨。学校教学秩序渐次混乱。此时，学校先后更名为“新雷中”“东方红中学”。10月，中学“红卫兵”代表40余人赴北京串联，学校“停课闹革命”。1969年10月，串联师生陆续回校“复课闹革命”，11月，有30名高、初中毕业生上山下乡，由教导主任张礼勋等带队到白连、桃江乡插队落户。次年6月，县成立“工人宣传队”进驻学校，校务、教务统归其管理。语文课和政治课统为《毛主席语录》《老三篇》，物理、化学代之以《农基》《工基》，外语课停开。在“学制要缩短、教育要革命”的口号下，将原初、高中6年制改为5年制。1976年10月，粉碎“江青反革命集团”后，对学校进行整顿。1977年，恢复考试制度，学校教学秩序有了好转。党的十一届三中全会以后，调整充实学校领导班子，为受害的教师落实政策。1981年秋开始，高中二年级分设文科、理科班。1982年秋，恢复雷山民族中学，在经费、设备等得到特殊照顾。学校除按部颁教学计划开课外，部分班级还增开苗语课，各科充分运用“双语”教学，副校长唐千武（苗）在语文课教学中，根据苗族语言的特点，运用苗语和汉语相结合，对汉语语音、语法及古典文学的讲解（详见双语教学节），收到良好的效果。1985年8月，县委、县人民政府根据省教育厅《关于试办和办好寄宿制中小学民族班的意见》，决定本校开办边远地区民族初中班，招生50人，学制4年。每人每月补助生活、书籍费15元。1987年，在校学生1319人（高中843人，初中476人），分23个班（高中15个班，初中8个班），其中少数民族学生1152人，为学生总数的87.34%；教职工94人。学校占地面积10270平方米，校舍建筑面积7035.5平方米。其中：物理、化学、生物实验室及仪器室216平方米；图书室、阅览室114平方米，体育场面积1800平方米。配备有中学一类教学仪器；藏书7041册，报纸、杂志86种，但学校教学、体育等设备条件仍然较差。1982年以后，教师被评为州级以上先进工作者10人（次），其中，省级2人，部级1人。学生参加州以上举办的各种文化、体育竞赛也获得较好成绩。学生唐录青（女、苗）1985年获在上海举办的全国"少数民族小歌手大赛"三等奖；1987年获全国"大中学生业余歌手大奖赛"优秀奖；杨燕芬（女、苗）获省级"科技刺绣"一等奖；徐人杰（苗）、徐子剑（苗）获贵州省"环境保护中学生征文"三等奖；石宗开（苗）获黔东南州"中学生征文"二等奖；1986年，篮球队代表黔东南州参加全省中学生篮球赛获"丰收杯"奖。

1982—1987年，县民委先后拨给学校的民族补助费共计18.1万元。作为贫困学生的生活、寒衣等补助费和购置图书、订阅报刊、维修课桌凳等经费开支。

1952—1987年，初中毕业学生共7611人，高中毕业学生共2004人。

大塘民族学校（九年制）

大塘民族学校设在大塘区石家寨。前身为原大塘中学。

民国26年（1937年），由省统筹办省立丹江初级小学，校址长丰堡。后改为省立丹江小学。省派杨幼琴首任校长。经费由省教育厅拨发，教师待遇、学校设备较普通小学为优。民国30年（1941年）5月，有3个初级班，1个高级班，学生178人（男生152人、女生26人）教师6人，每年经费法币2081元。民国32年（1943年）省教育厅停发经费，交由地方接收。校址迁到莲花闹，易名为大塘乡中心国民小学。解放后，更名为莲花完全小学。1956年迁到咱刀，称大塘完全小学。1970年以小学为基础，增设大塘区初级中学。1975年增设高中部。1981年高中停止招生。1982年贵州省人民政府批准将小学与中学合并，设大塘民族学校（九年制），分中学部和小学部。是年，县人民政府拨款8万元，修建教学楼1栋，面积528平方米。

学校制定《大塘民族学校教职工工作制度》《大塘民族学校学生学习制度》《大塘民族学校学生一日常规》《大塘民族学校关于贯彻中小学生守则的补充规定》《三好学生评选办法》等规章制度。1983年初中部开设苗文课。1985年在初中部一年级3个班试行教学承包合同制。1986年小学部（包括学前班）开设苗文课。学校在抓第一课堂教学的同时，重视开展第二课堂活动。设有写作通讯组、科技组、墙报刊物组、书法绘画组、民族刺绣组等，各组均由有专长的教师负责指导。1986年元旦，举行第一个校庆，开展较大规模的文娱活动。1987年举行两次全校性的团体操比赛和智力竞赛。

学校占地面积9.68亩，建筑面积共计3293平方米。有实验室、图书室，配备实验教学仪器，有各种教学图书计781册。1987年，在校学生736人。小学部分设9个班，有323人（男生206人、女生117人），其中少数民族学生299人，占92.57%；初中部分设8个班，有413人（男生320人、女生93人），其中少数民族学生378人，占91.53%。全校有教职工56人。

县民委每年拨发一定数量的民族补助费，至1987年止，共计11.6万元。

雷山县第二中学

为县级初级中学，位于城北丹江河畔，占地面积12亩。

1980年9月，借响楼乡红旗小学校址开办，招收学生351人，设初中一至三年级，7个班。1981年，县人民政府拨款征地12亩，修建教学楼1栋。1982年5月，迁新校址。

学校制定《教师职业道德和班主任工作要求》《科任教师课堂要求》《学生课堂纪律规定》《住校生及宿舍管理制度》《学生违纪处罚意见》等规章制度。并根据在校生中80%系苗族的特点，各种教学活动，针对苗族学生说汉话和理解汉文的困难，运用双语结合教学。英语教师滕树立（苗）、文明美（女，苗）等运用苗语词汇，发音等特点，讲解英语的语法、单词及句子结构，帮助苗族学生解决学英语的困难，提高其学习英语的兴趣。同时，开展第二课堂活动。1985年县举办的“青少年爱科学月活动”，参加展出植物标本60件，美术作品36件，航模1件，小发明6件，民族刺绣13件，书法16件，小论文6篇，有17件获奖；文艺会演获县“先进集体奖”；篮球比赛获县中学生男篮冠军。是年6月，贵州省科协、省教育厅、省文联、省妇联、团省委、省体委联合授予“青少年爱科学月活动先进集体”。同年10月，中共雷山县委、县人民政府授予“教学管理先进单位”奖。1986年6月，被贵州省教委、省卫生厅、省体委、团省委表彰为1985年全省学生体质健康调研工作“先进校点”。教师被评为州先进教育工作者2人，省先进教育工作者3人。同年，在黔东南州中学生田径运动会上，学生金梅（女、苗）获3000米赛跑第二名，5000米第五名；杨永清（苗）获1500米赛跑第一名，以17分24秒的成绩打破州纪录。同时，在省中学生运动上获5000米赛跑第六名。1987年在全州中学生运动会上，金梅（苗）获女子组1500米赛跑第一名，3000米赛跑第三名；杨永清（苗）获男子5000米赛跑第三名，3000米赛跑第四名。

1987年，在校学生946人，设17个班，教职工55人。初中已毕业7期，计1638人。考入中等专业学校79人，考入高中388人，占毕业生数的28.51%。学校建筑占地4.1亩，建筑面积为1800平方米。有仪器柜12个，实验桌25套，配备有中学二类教学实验仪器。

丹江中学

1958年在望丰完全小学开办初中班。1959年9月停办。1970年以望丰小学附设初中班为基础，开办丹江区中学，有学生190人，其中少数民族学生185人。1976年8月设高中部，招收高中一年级新生44人。根据“五七”办学精神，高中部设在公统，露天教学。校革委号召师生劳动建校，公社社员捐工献料，建起3间木房。1977年，迁回望丰。1978年中小学分设。1981年高中部停止招生。1983年7月，因望丰交通不便，燃料、粮食、蔬菜等供应困难，迁响楼乡红旗小学校址上课，更名为丹江中学。设5个班，学生306人，教职工21人。1985年冬，全国人大常委会视察团叶林团长率团亲临学校视察，盛赞学校的艰苦办学精神。在给全国人大常委会的报告中写道：“雷山县是贵州省26个贫困县之一，因为财力不足，办学条件相当困难。我们参观了1个区办的中学校，看到校舍陈旧破烂，设备奇缺。有的学生每日要走几十里山路来上学，在校寄宿的学生两三个人睡一铺床。但那里的教师工作勤奋，学生学习认真，他们的数学、语文、外语作业本，字迹工整，成绩优良。”1986年3月，中共贵州省顾委主任苏钢偕全国人大代表视察组到校视察后，在与黔东南州吴邦建州长的谈话中指出：“要特别关心一下雷山县丹江中学，女生住宿很差，26个女生住在1间不足16平方米的房子里，人均只0.6平方米”。“丹江中学校长很好，他13口人居住在3间小屋里，实在困难”。“拨款要戴帽下去，只能专用”。

1987年，全校有6个班，在校学生366人，教职工28人。校舍建筑1262.77平方米，除教室外，学生宿舍191.99平方米，厨房95.08平方米，设有图书室和仪器室，无体育场地。学校多数教师无宿舍。至1987年底止，已毕业高中学生5期，155人，考入大专院校10人，中等专业学校8人，参加工作40人。占高中毕业生数的37.42%。初中毕业10期，1013人。其中少数民族学生913人，占90.13%。升入高中及其他学校847人，占初中毕业数的83.61%。

永乐中学

1958年在永乐小学开办附设初中班。1970年创办永乐区初级中学。设2个班，学生149人。1976年县拨款7万元，在永乐街西首河岸修建中学教学楼1幢。是年8月增设高中1个班，招收新生25人。全校共有学生240人。1981年高中部停止招生。学校制定《永乐中学学生一日常规》《永乐中学学生奖惩制度》《永乐中学学生宿舍管理制度》《永乐中学学生品德评分暂行规定》等规章制度，学校坚持以课堂教学为中心，致力于提高教学质量，要求教师熟悉教材，充分备课，不备课不得进教室等。并定期召开校会、班会，举办文艺会、故事会、英模报告会以及开展共青团、少先队的各种活动，对学生进行政治思想教育。把开展第二课堂活动与勤工俭学和科学实验结合起来。尽管体育场地狭窄，设备简陋，仍进行“达标”训练。生物教师根据山区特点，组织学生搜集制作生物标本，增进课外知识。1983年，参加在天柱县举行的全州中学生运动会上，获女篮冠军。是年，生物标本制作获黔东南州教委“先进集体”奖。1984年，师生劳动建校，修建永乐中学发电站供电。学生张家义（苗）获1987年6月全州中学生田径选拔赛男子5000米冠军。1987年，在校学生494人，其中少数民族学生407人，占82.39%。分设9个班。有教职工35人。至1987年，高中毕业4期，学生109人，初中毕业16期，学生1151人。

西江中学

1969年在西江小学内开办初中班，称西江七年制学校。是年10月，招收初中新生108名，分设两个班，学制2年。1970年，改名为西江区中学，西江小学为附设。校革命委员会之下设政治组，主管政治思想教育；业务组主管教学业务。1974年改学制为3年。有学生303人。（男生265人，女生38人）。其中少数民族学生294人。1975年秋增办高中，招收高中新生1个班，41人，学制三年。是年，开展勤工俭学，学校建“五七算盘厂”，有车床、刀具等全部设备。生产算盘100余架，后因算盘销路不好，改办小火电厂，日发电可供本校及附近村民组的照明。1978年，中、小学分设，学校工作逐渐走向正轨，有初中4个班，学生199人；高中2个班，学生96人。1981年，县人民政府拨款在平寨河对岸修建砖木结构教学楼1栋，占地面积5亩，建筑面积1100平方米。1982年，全县调整学校布局，9月，高中停办。初中在校生有259人，分设6个班。1985年，在校学生592人，分设12个班。1987年初，州教委拨款5000元，修建体育场，全校师生运毛石166.7立方米，河沙144立方米，铺垫基础工程1088平方米，建成水泥篮、排球场及乒乓球台。是年，在校学生572人（男生416人，女生156人）。其中少数民族学生545人，占95.28%。教职工37人，其中少数民族教工31人。至1987年止，先后毕业初中学生16期，1457人（男生1135人、女生322人）。其中少数民族学生1437人；高中毕业6期，学生267人（男生232人、女生35人）。其中少数民族学生257人。

1977—1987年雷山县高中毕业生报考大专院校录取情况统计表

表14—4　　　　单位：人

年　度	报考人数	录取总数	本科院校	大专	中专	备考
1977年	480	30	3	1	26	报考人数栏内为预考上线数（下同）
1978年	269	20	2	3	15	
1979年	373	21	5	3	13	
1980年	253	29	5	5	19	
1981年	330	24	3	10	11	
1982年	120	35	8	10	17	
1983年	164	37	17	10	10	
1984年	139	45	8	11	26	
1985年	94	40	12	14	14	
1986年	105	38	17	8	13	
1987年	147	44	11	19	14	

第三节　职业学校（班）

小学教师培训班

1956年春，县人民委员会决定，由文教科、人事科主持，在小学毕业生和复退军人中招收学员26人，开办小学教师培训班，学制半年。课程按中等师范设置，有政治、语文、数学、教育学等课程。学员学习期间，享受公费待遇，结业后分配到小学任教。1965年9月，县人民委员会决定，委托雷山中学办速成师范班，学制1年。经过考试录取54人。学生学习期间享受公费待遇。1966年9月，因受“文化大革命”的冲击而停课，学生分配到各小学任教。

雷山师范学校

1975年8月29日，雷山县革命委员会决定借城关二小校址（犀牛塘）建立雷山师范学校，二小改为师范附小，政治、业务由县教育局领导。8月30日，中共雷山县委组织部任命姜毓槐为副校长，潘文才任教导主任，由公社推荐学生40人入学。10月，正式开学上课。1976年秋，开办附设初中班。粉碎“江青反革命集团”以后，恢复考试制度。1977年至1978年，招收高中毕业生及部分初中毕业生。1979年至1980年招收高中毕业生。1981年，招收初中毕业生及部分民办教师。1982年以后招收初中毕业生。学制根据招生的对象；分别为2年或3年。经费由县财政开支，学生享有人助金（人均每月18元）。因师资不配套，常常不能按教学计划开课。1984年秋，遵照上级教育行政部门的指示与凯里师范学校合并，停止招生。1986年7月，第十届学生毕业后停办。

至1986年，先后毕业学生十届，共计374人（男290人、女84人）。其中少数民族273人。缓解了雷山县缺小学师资的困难。

1975—1983年雷山县师范学校基本情况统计表

表14—5

年份	招生人数	生　源	学年	年份	毕业人数	分配情况
1975	40	公社推荐	2	1977	37	“社来社去”由公社按民办教师安排
1976	41	公社推荐	1.5	1978	37	按分数高低分配工作20人，余“社来社去”
1977	24	招考高中、初中毕业生	1.5	1979	24	全部分配
1978	37	招考高中、初中毕业生	2	1980	36	全部分配
1979	44	招考高中毕业生	2	1981	40	全部分配
1980	46	招考高中毕业生	2	1982	46	全部分配
1981	14	招考民办教师	2	1983	14	全部分配
	37	招考初中毕业生	3	1984	37	全部分配
1982	59	招考初中毕业生	3	1985	57	全部分配
1983	47	招考初中毕业生	3	1986	46	全部分配
合计	389	—	—	—	374	—

职业中学

1958年“大跃进”时期，新办林业（校址雀鸟）、茶叶（校址桥兑）、工业（校址公统）、卫生（校址城关）、农业（校址南屏）、畜牧（校址乌东）等职业中学6所，招收小学毕业学生共301人，开设初中语文、数学课及专业技术课，由有关厂、场主办，教育部门配备教师。1959年，合并成立凯里县后，先启停办。

雷山县六所初等专业中学基本情况统计表

表14—6

校　名	校　址	主办单位	起止时间	学生数	校长	教师数	备注
林业中学	雀鸟林场 大塘林场	林业局	1958.4—1960.9	51	潘启林	1	先设雀鸟后设大塘
茶叶中学	桥兑	茶场	1958.4—1959.5	31	陆胜昌	1	
工业中学	公统	公统铜矿厂	1958.4—1959.5	58	赵奎中	1	
农业中学	南屏	县农场	1958.4—1959	62	文　记	2	
畜牧中学	乌东	畜牧场	1958.4—1959.5	49	朱明勇	1	
卫生中学	县卫生院	卫生科	1958.9—1959.7	50	高学会	1	合并凯里县炉山卫校

半耕半读中学

1964年，林业、农业、卫生等部门，开办5所半耕（工）半读中学，招收学生217人。部门负责人兼任校长，县文教科派教师。学生来源主要是当地劳动人民子女，部门可根据需要选送参加培训。课程按“少而精，理论联系实际，学以致用”的原则设置。开设政治、语文、数学、植物、育林造林、森林测量、体育等课程。

上午上四节文化课和技术课，下午劳动。经费及设备本着因陋就简，自力更生，集体筹集为主，国家补助、家长负担我为辅，后由勤工俭学收入解决。其中林业中学向林场包育林、造林、间伐等，每学期人均月收入24元。1965年5月，出席黔东南州半工半读经验交流会，被评为州级先进单位。1966年“文化大革命”开始后停课，1968年解散。

雷山县五所半耕（工）半读中学情况统计表

表14—7

校　名	校　址	主办单位	起止时间	学生数	教师数	备　注
乌东林校	乌东林场	林业局	1965.9—1966.9	84	3	先设大塘后迁乌东
柳乌林校	柳乌	柳乌公社	—	11	1	
西江农校	西江	农业局	1964.9—1966.9	17	1	
七里冲农校	方祥七里冲	农业局	—	57	1	
永乐卫校	永乐	卫生科	1965.4—1966.7	38	2	

雷山县职业中学

1985年9月，县人民政府委托雷山县第二中学筹办职业高中班，招收初中毕业生42人。10月，开学上课。同年，黔东南州教委拨款1万元作教学经费。1986年，贵州省教委拨款20万元，在县城北郊修建教学楼1栋，占地2.43亩，建筑面积1517.6平方米。是年，招考初中毕业生50人。以后，省、州教委拨款7.18万元购置电教设备和农、林、果及畜牧兽医教学仪器。1987年秋，招收新生100人。设3个班。在校生共计150人（其中男生100人、女生50人），其中少数民族学生46人，占30.7%。分设3个教学班，其中农、林、果专业2个班，开设政治、语文、数学、物理、化学、作物栽培、果树栽培、植保，茶叶栽培及加工、土壤与肥料等课程；畜牧兽医专业1个班，开设政治、语文、数学、物理、化学、英语、畜禽生理及解剖。畜禽病理学、畜禽饲养学等课程，学制为3年。有教职工16人。常年经费列入县教育经费。

第五章　成人教育

第一节　农村扫盲

民国25年（1936年），丹江县政府根据国民政府教育部及贵州省教育厅的指示，由各保设民众学校，对超过义务教育年龄（12岁）的失学民众，强迫入学，不收学费，课本免费供给。学校开设国文、公民、算术、音乐、体育等课程。县民众教育馆在城区一、二保（今丹江镇辖区）开办民众学校两个班。民国29年（1940年），贵州省政府颁发《贵州省战时民众补习教育工作委员会章程》《贵州省战时民众学校强迫入学办法》《贵州省保甲人员参加战时民众学校办法》《贵州省各机关团体办理战时民众学校办法》，每个联保民众学校1所，入学民众有29～48人。民国31年(1942年)，国民政府教育部颁布的《国民教育实施纲领》，丹寨县(当时属丹寨县辖)在保国民学校及乡镇中心小学内设小学部及民教部。同年，贵州省制定《贵州省实施国民教育办法》后，丹寨县在丹江地区各中心小学民教部中设高、初级成人班各1班；保国民学校初级成人1班。民国33年(1944年)，雷山设治局成立，亦沿袭此制。

民国34年(1945年)学年度第二学期雷山县设治局民教部国民教育报告表

表14—8

类别			总计	中心学校	国民学校
班级数	初级	妇女班	102	18	84
		成人班	102	18	84
		小计	204	36	168
	高级	妇女班	9	9	—
		成人班	9	9	—
		小计	18	18	—
	共计	妇女班	111	27	84
		成人班	111	27	84
		小计	222	54	168
学生数	初级	妇女班	2550	450	2100
		成人班	3060	540	2520
		小计	5610	990	4620
	高级	妇女班	203	203	—
		成人班	227	227	—
		小计	430	430	—
	共计	妇女班	2753	653	2100
		成人班	3287	767	2520
		小计	6040	1420	4620
毕业生数	初级	妇女班	2286	436	1850
		成人班	2725	517	2208
		小计	5011	953	4058
	高级	妇女班	380	380	—
		成人班	420	420	—
		小计	800	800	—
	共计	妇女班	2666	816	1850
		成人班	3145	953	2208
		小计	5811	1753	4058

民国37年(1948年)4月16日雷山县设治局社会部国民教育报告表

表14—9

类别			总计	中心学校	国民学校
班级数	初级	妇女班	20	2	18
		成人班	33	4	29
		小计	53	6	47
	高级	妇女班	4	4	—
		成人班	3	3	—
		小计	7	7	—
	共计	妇女班	24	6	18
		成人班	36	7	29
		小计	60	13	47
学生数	初级	妇女班	616	84	532
		成人班	864	168	696
		小计	1480	252	1228
	高级	妇女班	168	168	—
		成人班	386	386	—
		小计	554	554	—
	共计	妇女班	784	252	532
		成人班	1250	554	696
		小计	2034	806	1228
毕业生数	初级	妇女班	189	89	100
		成人班	345	136	209
		小计	534	225	309
	高级	妇女班	28	28	—
		成人班	82	82	—
		小计	110	110	—
	共计	妇女班	217	117	100
		成人班	427	218	209
		小计	644	335	309

1951年冬，县人民政府因地制宜地组织农民参加冬学，学习党的政策和文化知识，教材由驻村干部及小学教师就地取材，根据当地农民常用的农具以及农活名称自编自教。文教科曾组织力量编印了一册三字一句的《注音识字读本》，下发给各地冬学的学校作教材。课文有“桥王村、好妇女、余凤英……三个月、识两千……”等，农民学得快，用得着，学习情绪很高。学习场地借用学校教室或民房，照明用桐油灯或煤油灯，也有用松柴火把的。1952年，县成立扫除文盲工作委员会。1953年，县文教科配备扫盲专干承办扫盲事宜。1954年，文教科先后组织在县城集中培训两批扫盲教师，共182人。1955年，改为“扫盲协会”。是年1月，县召开全县扫盲骨干工作会议，有乡、社干部、团支书、扫盲教师、小学校长计120余人参加，专门研究扫盲工作。当年，省人民政府下发部分《农民识字课本》供教学用。是年，农民参加业余扫盲班学习有1505人，其中，村乡干部15人，妇女231人。1956年参加扫盲学习的青壮年有11080人，为青壮年文盲总数的54%。其中，读《农民识字课本》第一册和《农民看图识字课本》的2184人，读第二册的400人，读第三册的144人，读第四册的24人。1957年，全县有农民业务夜校209所，扫盲教师361人。设635个班，61组。包教包学85人，送学上门120户，参加泥塑10080人，其中妇女1785人。经检查考试，能识字500字以上的68人，能胜任扫盲教师59人。在这期间，由小学教师划片包干，包发动、包教学。白天在学校教课，晚上下村、组扫盲。三年级以上的学生，每天放学回家，教师都布置扫盲任务，要求教自己的父母、兄姐识字。1958年县设“文化革命”指挥部，在交通要道设“识字岗”，规定行人必须能读认几个字才放行。学生身背小黑板，遇不识字的人，就写字教读。在雷毛公路、龙头电站、公统铜矿、西江、独南、乌江等乡(镇)，各开办1个苗文扫盲试点。县“文化革命”指挥部曾以“苦战十天十夜，基本实现无盲县”向省、州作了汇报。1963年，全县完成扫盲任务为1300人。1964年1712人。1965年成人教育渐次走向正轨，全县农民业余夜校有490所，参加学习6917人，1966年入学7199人，完成任务的83.7%。是年，在16个公社进行脱盲测验升级工作，参加测验有1812人，脱盲741人，达到高小结业程度的有45人。1967年以后，农民业余夜校改名为政治夜校，“以会代学”，着重搞“大批判”，文化学习有名无实。扫盲工作陷于停顿。1978年，国务院颁发《关于扫除文盲的决定》，提出“一扫、二堵、三巩固”的方针，扫盲工作得到恢复。1980年11月，成立雷山县工农业余教育委员会。县教育局下设农教股，区教育办公室配备扫盲专干，各完小校长一手抓学校教育，一手抓扫盲。并抽调教师1人，承办扫盲工作。1981年起，开始用苗文在农村扫盲，实行“汉文、苗文都算数”的扫盲办法。1982年11月，省教育厅召开农民教育先进代表会，丹江区荣获先进集体称号，杨永良(苗)荣获先进工作者称号。1987年，全县共有苗文扫盲试点103个，学员2806人。是年底止，丹江镇已实现无盲镇，非文盲率为95.06%。陶尧乡的治安村和望丰乡的青山村(背后山)已实现无盲村。

1979—1987年雷山县农民教育基本工作情况统计表

表14—10

项目 \ 数据 \ 年度	1979	1980	1981	1982	1983	1984	1985	1986	1987
青壮年文盲及半文盲人数	49875	48521	45632	44159	37762	36810	36749	17857	16898
入学人数	256	600	1515	3404	4921	7869	5220	2730	1616

续表

项目＼数据＼年度	1979	1980	1981	1982	1983	1984	1985	1986	1987
脱盲人数			61	297	946	2612	2236	895	1054
入学数占州任务数％	100	100	105.1	105.1	120	130	无任务	无任务	116.1
入学数占县任务数％	100	100	180	84	86	113	50.8	18.8	75.28

第二节 职工进修

1951年3月26日，贵州省人民政府转发中央人民政府政务院《关于办工农速成中学和工农干部文化补习学校的指示》后，5月，成立雷山县机关在职干部文化补习学校，组织机关干部35人参加文化学习。由县委宣传部领导，文教科管理业务。采取以练为主的成人教学方法，经过一年文化补习，部分原是文盲的干部能写简单书信，三分之二的人学会多位数加减法和两位数乘法除法，一般都能认能写常用汉字500个以上。学校经常召开以“是否勤学”为内容的生活检讨会，开展批评和自我批评，教学秩序较为良好。1952年10月，改称“雷山县机关干勤业余文化补习学校”。是年，参加学习有43人，分为早、中、晚、初4个教学班（早班高级班17人、中级班16人；晚班中级班5人；初级班5人）。专任教师1人，兼任教师2人。1953年设1个初级班42人；1个中级班31人；1个市民班47人。每周各上12节课。有专任教师1人，兼任教师1人，义务教师2人。1954年，编为4个班，共计53人，经常参加学习的有30人左右。1955年，有学员58人。1956年，毛泽东主席提出“向文化进军”号召后，设“文化补习学校”，修建木质结构房屋1幢，作业余学校和文化馆用房，有教室6个，计240平方米，双人课桌100余张。共有学员54人。1957年，有学员123人，按文化程度分别编3个班。识字班9人，高小甲班28人，乙班26人。经过学习，由文盲提高到初小程度的占60%，由初小提高到高小的占48%。同年开设初中班，入学60人。1958年在“反右”斗争中，教师被错误处分，补习学校停办。

1971年以后，县陶瓷厂、砖瓦厂、酒厂、印刷厂等，先后组织工人70余人，利用夜间开展政治、文化学习，每周坚持“一、三、五学政治、二、四学文化”。政治课主要是读报。轮流领读，然后讨论，以提高政治、文化水平；文化课，主要是在黑板上认、写日常生活用语及生产用语等。选文化高的4个人做兼职教师。原为文盲的10余人，经过学习达到了初小程度。原有初小文化的20余人达到了高小程度，原有高小以上文化的得到巩固提高。1978年起，有30余人提为干部，调县行政、企事业单位工作，有的成为县的领导干部。

1980年11月底，雷山县工农教育委员会成立。1982年，县设职工教育办公室。全县机关、企业青壮年职工分3批进行初中文化摸底考试。报考人数314人，主考语文、数学、物理、化学4科，3科及格的有61人，4科都不及格的有181人。对3科考试及格的发给初中文化合格证书，对不及格的组织起来，由职教办雇请教师继续补课。并采用中专试用《商业会计》教材及职工业余文化补习《语文》《数学》教材，举办了3期培训班，参加补习的共92人。1983年，办3个文化补习班，参加学习有81人。1984年8月和1985年，开办高中文化补习班，对象是已经取得毕业证书的原高中毕业生。1985年4月，职教办与财政局联合举办企业会计、统计人员培训班，参加学习有23人，每周集中学习6个晚上。学习内容有《会计基础》《工业会计》《工业统计》《工业企业管理》。通过考试，绝大部分获得“会计员”“助理会计师”等职称。至1987年，除职教办主办各种文化补习和业务培训外，还有财贸系统、粮食系统等部门自办的营业员和财会人员培训班，县委组织部办党训班，县农委主办的函授大学及各单位鼓励职工读电大和参加自学高考等。全县参加成人高考共录取入学63人，自学参加高考获得合格证的1人。

第六章　政治思想教育和教学改革

第一节　政治思想教育

清代，义学、书院、塾馆的教育，是以“忠君、尊孔、尚公、尚武、尚实”为宗旨，用《圣谕广训》《四书》《五经》《幼学琼林》《三字经》《百家姓》《千字文》等为教材，训迪学童。民国初年，亦袭用此教学方式。民国18年(1929年)后，学校开设《党义》课，以《三民主义》为基础，讲授“四维”“八德”，训练自治能力，增进生活智能，培养国民道德。民国23年(1934年)，国民党倡导“新生活运动”，向学生灌输“礼义廉耻”，称之为“国之四维”扩大为“国家兴亡之道”。民国27年(1938年)，国民政府教育部通令以“忠孝仁爱，信义和平”为国训，“礼义廉耻”为校训，各学校将“国训”“校训”大字楷书贴于校门墙壁，或作成匾额悬挂于礼堂中央。以“亲慈子孝、兄友弟恭、夫妇和顺、邻里和睦”“格物、致知、诚意、正心、修身、齐家、治国、平天下”的道德观念为训育准则。民国29年(1940年)以后，学校每周星期一上午举行纪念周。由校长主持，全体师生庄严肃穆地恭读《总理遗嘱》(注：总理即孙中山先生)及“青年守则”后，校长训话。除星期天及雨天外，每天清晨升旗，放晚学前降旗。升降旗时，全体师生必须衣着整齐，站队成排，高呼“六个纲领”。即国家至上，民族至上；军事第一，胜利第一，意志集中，力量集中。学校的学生组织，有按童子军编制为大、中、小队的，各设正、副队长；有按保甲编制，每个班为1个保，设正副保长及保书记。学生15人为1甲，设甲长。均按级职佩戴标志，轮流值日或值星(一周)。要求学生穿统一的学生制服或童子军服，衣着整齐，仪容端庄。小学三年级至六年级、中学一、二年级，实行童训，中学三年级实施军训。学校开“公民”课，宣讲“一个党”“一个主义”“一个领袖”，树立国民党及其“领袖”的绝对权威，以利其专制独裁。对学生中发生吵闹打架，赌博、偷窃、侮辱师长，荒废学业等行为，除训斥外，处以罚站、罚跑、打手心、手背、打屁股等体罚，直到开除学籍。

中华人民共和国建立初期，根据中国人民政治协商会议《共同纲领》的“新中国的文教政策是新民主主义的，即民族的、科学的、大众的文化教育”“人民政府的文教工作，应以提高人民文化水平，培养国家建设人才，肃清封建的、买办的法西斯主义的思想，发展为人民服务的思想为主要任务”的规定，各学校结合清匪、反匪首、抗美援朝及土地改革等中心工作，对学生进行以课堂教学为中心、开展各种形式的课外活动，并对学生进行反帝反封建教育和爱国主义的思想教育。1954年在中、小学中加强劳动教育，培养学生热爱劳动的思想感情和劳动习惯，树立正确的劳动观点及“一颗红心，两种准备”的思想，服从国家建设需要。同时，加强民族团结教育，消除历史上造成的民族歧视、民族隔阂。1957年2月27日，毛泽东主席在《关于正确处理人民内部矛盾的问题》中提出，教育方针应该使受教育者在德育、智育、体育几方面都得到发展，成为有社会主义觉悟的有文化的劳动者。是年5月9日，雷山县成立学校办公室，加强对中小学政治思想教育工作和教学工作的指导。各级学校通过课堂教学和课外活动，对学生进行爱国主义和国际主义教育，培养具有诚实、勇敢、团结互助、遵守纪律、热爱劳动的社会主义道德。1963年，毛主席号召“向雷锋同志学习”，学校中掀起了“学雷锋、见行动”的热潮。勤俭节约，助人为乐，公而忘私，艰苦奋斗，努力学习，刻苦钻研的好风尚处处可见。十年“文化大革命”期间，鼓吹“反潮流”精神，宣扬“造反有理，”学校行政领导瘫痪，学生中无政府主义、极端民主化思潮泛滥。1976年10月，粉碎“江青反革命集团”以后，全县各学校开展揭批“江青反革命集团”的罪行，同时开展“把雷锋请进来，把张铁生请出去”活动。1977年9月，根据中共中央《关于当前教育工作的几点意见》，各级学校在“以学为主”，上好政治和社会主义文化课的同时，狠抓政治思想教育工作。1979年，着重进行“四项基本原则”教育（即坚持社会主义道路；坚持人民民主专政；坚持共产党的领导；坚持马列主义、毛泽东思想）和为四个现代化而奋斗等革命传统教育、革命纪律教育。1980年以后，各学校先后建立校务委员会，教职工代表会，加强学校民主建设。1982年3月，贵州省教育厅发出《关于开展“五讲”“四美”“三热爱”活动和全民“文明礼貌月”活动的通知》，全县各级学校开展以讲文明、讲礼貌、讲道德、讲卫生、讲秩序；心灵美、语言美、行为美、环境美；热爱祖国、热爱党、热爱社会主义为内容的“文明礼貌月”活动。把学校的思想品德教育推进到了一个新的阶段。同时，贯彻执行教育部颁布的《中、小学学生守则》，并积极开展第二课堂活动。1983年，贵州省教育厅转发教育部《关于深入开展学习宣传张海迪活动的通知》，各级学校积极宣传张海迪的事迹，号召学生学习张海迪百折不挠、乐观向上的生活态度；渴求知识、刻苦自励的顽强毅力；对社会负责，为人民多作贡献的精神。1985年5月，贯彻执行中共中央《关于教育体制改革的决定》和邓小平提出的“教育要面向现代化、面向世界、面向未来”的指示精神，在学生中开展“有理想、有道德、有文化、有纪律”的教育，培养“四有”新人。1986年以后，受资产阶级自由化的影响，学校一度忽视政治思想教育，片面强调分数，学生中打架斗殴、毁坏公物、抽烟、偷摸等不良现象时有发生，给如何在学校开展思想教育提出了新的任务。

第二节　教学改革

清代及民国时期的私塾，对初入学儿童以识字、习字为主。教师只引读课文，不做讲解。每天一次背诵课文和认字，写一篇毛笔大楷等。读了三五年后才开始讲解、释义，并习作古诗、对联及写策论。民国初期的公办学校，采取教师讲，学生听的“注入式”教学法。民国29年（1940年）以后，盛行杜威的实用主义“五段教学法”（引起动机、决定目的、讲授新课、复习旧课、布置作业）。但是，一般教师仍是“满堂灌”，要求学生死记硬背。语文教师还丢开课本，选教一些杂文或古文。以体罚为检查督促的手段。课堂教学一律用汉语。

解放后，首先取消民国时期的“公民”“童子军”“军训”课。1951年，贯彻执行教育部提出的“改善教学方法”及贵州省第二届教育行政会议对教学工作的要求：“在教学中贯彻理论与实践一致的原则，实行有准备的教学”；“课前备课，课中讲解，课后复习指导”；“以课堂教学为中心，结合开展各种形式的课外活动、实行教导合一”。并强调运用汉语和苗语结合教学。1952年秋，采取苏联凯洛夫“五个教学原则”“五个教学环节”的教学法，小学试行“五级记分法”，中学根据“稳步地进行教学改革，以教学内容的改革为主：相应的改革教学方法”，实行“先生与学生相结合；文化学习与政治学习相结合；

课堂教学与课外活动相结合；学校教育与社会教学相结合”。深入钻研教材和教学大纲，深刻领会和掌握所教学科的思想内容，启发学生独立思考和培养逻辑思维与正确分析问题的能力。寒暑假期间，县人民政府均组织教师集中到县学习，总结交流经验。1953年，毛泽东主席发出“身体好、学习好、工作好”的“三好”指示后，各级学校在上好体育课的同时，组织学生开展课外活动。同时，组织教师学习时事政治及有关教育理论。设教学科研组实行集体备课，互相听课，公开讲课。1955年，组织全县中、小学教师进一步学习凯洛夫《教育学》。1956年，全县中、小学推广运用普通话教学，并推行“少年儿童广播操”。1957年，毛泽东主席提出德、智、体全面发展的教育方针，各完小除抓好课堂教学外，并加强对体育、卫生知识的学习指导。中学推行“劳卫制”体育锻炼。1961年，推广辽宁省黑山县北乡实验学校的教学经验。1964年，根据省教育厅“教学方法的改革，是提高课堂教学质量的关键”的精神，各学校力抓“双基”（基础知识教学和基本技能训练）教学，贯彻“少而精、精讲多练”的原则，运用“启发式”教学。在中学中推行上海市育才中学的“十六字”（因材施教、精讲多练、教得活泼、学得主动）教改经验。1965年9月以后，各学校学习长沙市政治学校经验，开展评教评学活动。“文化大革命”期间，各学校在“造反有理”“教育要革命”的口号下，学生天天“造反”“批判”，学校领导班子瘫痪，正常教学秩序遭到破坏。

党的十一届三中全会以来，澄清教育工作上的是非，教学规章制度得到恢复。1980年秋，遵照贵州省教育厅的指示，各学校认真上好音乐、美术课，培养学生的审美观点、美的情趣和高尚情操。办各门学科知识竞赛，全县实行统一命题考试。1982年，在县文化、科技部门的协助下，中、小学生开展小科技（含民族工艺）、小发明活动及文体活动。1984年4月，召开全县教育工作会议，探讨教学方法，提高课堂教学效果，强调“向45分钟要质量”，摒除“题海”战术，减轻学生过重的作业负担。1986年，雷山民族中学教师在教学实践中，探索“发现教学法”（用顺逆向两方面思维，加以分析，再做结论）和“质疑教学法”（先提出问题，让学生思考、议论，最后由教师归纳总结）。

1987年，各级学校学科教研组，致力探索“以学生为主体，教师为主导”的教学原则；加强对学生智力的开发，诱导学生预习的自觉性和积极性，培养独立思考，逻辑推理和对事物的分析能力，同时，探索幼儿教育、小学教育、中学教育之间的衔接，深化教法、学法、考法的改革。

第三节　双语教学与推行苗文

县内各级学校在校生90%是苗族，课本是汉文。语言不通，语义不谙，适当用苗语结合汉文课进行“双语”教学，运用第一语言的语音、语法和词句结构与第二语言的语音、语法和句式互相对应比较，以其内在规律启发诱导学生学好第二语言或第三语言。

语音教学

苗族学生说汉话、读汉文、发音不准，如“唐 tāng”读成“陶 tāo”“满 mǎn”读成“马 mǎ”“老 lǎo”读成“脑 nǎo”等。在教学中对汉字进行语音分析，如汉语中有 zh、ch、sh 音，苗语没有；苗语有 dl、Izl、hf、hx、hs 音，汉语没有，苗语没有“u”介音，所以常把“黄 huang”读成“房 fá ng”“端 duan”读成“丹 dān”等。讲课时要指出差异之处，掌握规律，树立音素观念，使之融会贯通。同时苗语和汉语对同事物的称谓也各异，所以入学儿童还要把课本上的汉字译成苗语，如“菜”译成“Voh 窝”，“树”译成“dut 豆”等。随教随译。

词语教学

苗语和汉语的语法大致相同，主、谓、宾的排列顺序也是一致的，不同的是偏正结构的词和词组。汉语中偏正结构的词语是中心词放在后面，修饰、限制词放在中心词的前面，而苗语则相反。如汉语中的“白菜、水桶、铁锅、草房”等词语，用苗语来说，就是“vohdmb 菜白，difeh 锅铁，ziidmangx 房草”；人的哭泣及各种禽畜的叫声，苗语概以“genx”（汉意为哭）谓之；而汉语的表达就分得比较详细。再如杀鸡、杀猪的“杀”和打架的“打”，苗语统谓之“dib 的”（汉意为打）。在教学中通过举对照，灵活运用，强调遣词造句要根据汉语语法，在说汉话或作文时要注意汉语词汇灵活多变的特点，掌握汉语规范，不要把苗语生硬的译成汉语，或把苗语的证序硬套成汉语。对汉语文学作品的修辞以及古汉语中的倒装句，结合运用苗语或苗族歌谣作解释。也可以变抽象为具体，有效地提高教学质量。

苗语的语音，语法与英语也有相同和相近似之处，在英语教学中结合运用苗语的特点，讲解英语语音、语法及句子结构，也能使学生易于领会。

附：用苗语促英语教学的几个范例

国际音标拼注苗语

苗语	国际音标	苗语	国际音标
gheib（公鸡）	<gei>	kheib（捆）	<kei>
hab（鞋）	<he>	zaib（家）	<za>

形同意异的苗英单词

苗语	汉意	英语	汉意
bad	爸	bad	坏
not	多	not	不

表示领属关系的苗英句子

苗语	Li Ling mal	李林的母亲
英语	Li Ling’s mother	李林的母亲

宾语从句中的苗、英、汉句对照

苗语	Nenx hot nehx nongl kad Linx dud
英语	He said he would go to kai Li to study
汉语	他说他要去凯里学习

部分苗英句子的倒装规律

苗语	Lob tb kib（直译　烧水开　意译　烧开水）
英语	What is this（直译　什么是这？意译　这是什么）

苗文进入学校

1956年，黔东南州为雷山县培训苗文教师80人。1958年初，开始在雷山民族中学等7所学校进行试验教学。授课学生有940人，效果尚佳。后由于“左”的思想的冲击而中断。党的十一届三中全会以后，重申党的民族政策，1981年10月，恢复推行民族文字。1982年以来，县民委、教育局先后开办苗文师资培训班5期，参加学习有99人（次）。1983年，在部分中小学开设苗文课。1987年，全县开设苗文课的中、小学和幼儿园有14所。其中：小学11所，中学1所，幼儿园2所，计30个班，学生1140人。

第七章　教　师

第一节　教师队伍

师资来源

民国时期，全县的小学校长由县政府委派，中学校长由省教育厅推荐或由县选任报省教育厅备案。教员则由校长聘请。时间半年或1年，连聘连任。教员的任用，省教育厅设有检定委员会，规定凡充任教员，应授有许可证。但是，并没有贯彻执行，而是讲人事关系，明知不合格，不应聘用的也聘用了。每到寒暑假，教员就要为下期的工作而忙碌，争相找熟人，拉关系，请客送礼，争取连聘。大打所谓“六腊之战”。民国37年（1948年），小学校长实行考试选拔。民国38年（1949年），全县有小学教师112人，中学教师24人。

小学教师　1950年10月，县人民政府接管学校，留用小学教师46人。1951年，对教师进行整顿，校长、主任（含副职）由县委宣传部任免，教育部门管理，年末，有小学教师88人。1952年起，先后吸收农村知识青年56人，通过县办小教师资培训班和送镇远师范学校进修，炉山县（今凯里市）师资培训班培训，分配各学校任教。在复退军人中，安排中共党员及文化程度较高的12人，作为骨干力量，充实学校。从省、州师范学校连年统一分配毕业生来县等途径。至1957年末，全县有小学教师148人。在“肃反”“反右派”“反右倾”运动中，除行政纪律处分外，错受开除，刑事处分30余人。1958年末，全县有小学教师151人。1960年至1963年，国家经济处于暂时困难时期，有的教师自行离职回家生产，全县有小学教师198人。1965年委托雷山中学举办速成师资培训班一期，吸收农村知识青年、复退军人54人参加培训，年末，有小学教师202人。1975年，县开办师范学校培训师资，各中专及榕江师范学校等逐年统一分配毕业生到县，同时，从代课教师中将一部分有高、初中文化的转为正式教师。1976年末，全县有小学教师329人。其间，有10余人受错误处分。1978年，落实教师及知识分子政策，平反冤假错案，有60余人得到平反。按照省教育厅《关于进一步做好中小学教师管理工作的通知》和中共中央《中、小学教师应由国家派遣，教育行政部门管理》的精神。小学校长、主任（含副职）由县人事局任免，教育部门管理。民办教师经考核，择优转为公办教师。1986年末，县师范学校先后毕业分配学生374人，每年接收各中专统一分配毕业生，年末，全县有小学教师598人。1987年，有851人（含民办191人、代课76人），其中少数民族697人。

中学教师 解放前夕，全县有中学教职工24人。1952年开办雷山民族中学，校长、主任（含副职），教师由镇远专区任免管理，行政上由县领导。年末，有教职工10人。以后，省教育厅从外地调配部分教师，各大专院校相继统分部分毕业生。1955年，有教职工20人。1957年至1958年，在"肃反""反右派"运动中，错误处分教职工7人。随后从小学抽调少数素质较好的教师充实，年末，有教职工24人。以后，学校行政及教职工全部由县任免管理。1963年，有教职工36人。1971年，有教职工62人。1978年，有教职工150人。党的十一届三中全会以后，落实干部政策，平反冤假错案，有12人收回工作。此后，县、区先后开办中等学校，又调出部分支援黔东南师专。教师缺乏，从小学优秀教师中挑选一部分素质较高的增补。1980年，全县有中学教职工204人，以后，开展人才流动，有的教师应聘出去，学校开课困难，又从湖南省及外地招聘教师40余人。1987年底，全县有中学教职工306人（含代课8人）。其中，少数民族233人。

民办教师 在教师队伍中，民办教师占有相当的比例，是教育战线一支重要力量。1950年至1963年，民办教师为数甚少。1964年，贯彻执行"两种教育制度"。兴办耕读小学，大量启用民办教师。到1965年，全县有民办教师193人。1970年，提倡"读小学不出队"，民办教师逐年增加。至1975年，全县民办教师422人。1979年，民办教师470人。以后，州属师范学校在招生中安排一定名额，录取通过考试合格的民办教师入学就读，毕业后列入分配名额。1981年9月14日，贵州省人民政府发出《关于整顿民办教师队伍的意见》，是年12月17日，雷山成立整顿民办教师队伍领导小组，组织力量对在职民办教师进行考核。1982年7月，辞退去69人，分别发给辞退补助费170元到200元。之后，有部分自己申请辞职，留下继续教学的经过培训考核，逐年转为公办教师。1987年，全县尚有民办教师191人。

师资培训

1953年5月6日，根据贵州省文教厅的《贵州省小学教师政治业务学习计划》，组织学习《政治常识读本》和凯洛夫的《教育学》。雷山县设立总学习委员会，区设分学委会。在各级党委领导下，督促指导教师的政治业务学习。1957年县教育科提出"以师带徒"的办法，开展教研活动，请有经验的老教师辅导。1958年以后，特别是十年"文化大革命"中，批判"白专道路"，把钻研业务视为畏途，对教师文化素质的提高无人问津。中共十一届三中全会后，重视教育，重视人才的培养，积极组织教学研究，鼓励教师参加自学考试，把自学成才、钻研业务作为评选先进教师的主要内容之一。1983年根据省、州指示，开始对中小学教师"过教材关"考核。每年暑假，中学教师集中县城、小学教师集中到区进行学习。聘请老教师作辅导。1984年，选送10名青年教师到贵州省民族学院、贵州师范大学代培4年。通过考试，择优录取小学教师10人，送州教育学院培训。1985年，成立中师函授班，组织未取得中师文凭的小学教师学习。每三年一届。1986年8月，请省民盟的专家、教授来雷山为中、小学校长、教导主任作短期培训。是年底"过教材关"考核、教学能力考核、文化考试，小学教师双合格（即教材、教法）的有440人（含民办教师96人），占应"过关"教师的64.7%。初中教师双合格的125人，为应"过关"的85.3%。高中教师双合格的23人，为应"过关"的82.5%。1987年7月27日，根据贵州省教委《关于进一步做好1987年中小学教师"专业合格证书"文化专业知识考试工作的通知》精神，县教育局正在积极组织进行。

1982年至1987年，先后送出进修、培训及参观、学习的中小学教师共100余人。

1950—1987年雷山县学校教职工人数一览表

表14—11 单位：人

年度	合计	其中			少数民族教工	年度	合计	其中			少数民族教工
		小学	中学	职业学校				小学	中学	职业学校	
1950	46	46	—	—	—	1969	—	—	33	—	—
1951	88	88	—	—	—	1970	455	359	96	—	—
1952	83	73	10	—	—	1971	577	515	62	—	—
1953	106	92	14	—	—	1972	554	492	62	—	—
1954	110	92	18	—	—	1973	606	533	63	—	—
1955	124	104	20	—	73	1974	553	490	63	—	—
1956	130	107	23	—	—	1975	801	738	63	—	592
1957	171	148	23	—	—	1976	855	751	104	—	611
1958	181	151	24	6	—	1977	921	812	109	—	—
1959	属凯里县	—	30	—	—	1978	1002	844	158	—	—
1960	属凯里县	—	38	—	—	1979	1048	880	158	—	767
1961	属凯里县	—	35	—	—	1980	984	763	221	—	694
1962	219	184	35	—	—	1981	908	729	179	—	547
1963	233	198	36	—	—	1982	1024	826	198	—	806
1964	339	304	35	—	—	1983	1002	808	194	—	775
1965	432	396	36	—	—	1984	1010	808	202	—	656
1966	373	344	29	—	—	1985	1077	818	259	—	689
1967	—	—	33	—	—	1986	1167	873	280	14	767
1968	307	274	33	—	—	1987	1252	927	306	19	929

第二节　政治待遇

民间历来尊师。把“师”列为供奉之列，神龛上有“师”之位。民国时期，政府也提倡“尊师重道”。然而教师的工作不稳定，称之为“自由职业”。20世纪40年代，物价飞涨，教师的经济待遇很低，生活清苦，谑称教师为“教书匠”，学校为“避难营”。所谓“避难”，即担任教师可缓征服兵役。

中华人民共和国建立后，教师被誉为“人类灵魂的工程师”“辛勤的园丁”。党和人民政府对教师的政治进步、社会地位、物质生活等都关怀备至。1953年，开始评选优秀教师。是年12月20日，县人民政府召开第一次教师代表会议，表彰10名优秀教师。1954年，开始在全县中小学教师中发展党员，年末，有3人加入了中共党的组织。同年5月，教育系统有6人被选为县人民代表大会代表。小学教师余国民、阚平涛被选为县人民政府委员，阚平涛调任县民政科副科长。1956年，李成良、李绍武、刘彩姜被评为先进教师，出席省优秀教师代表会；12月，余国民被选为雷山县人民委员会副县长。1957年1月，成立县教育工会筹备会，有工会会员97人；同年3月，县教育科与卫生局建立中共文教卫生党支部，全县中小学教师中有共产党员23人。1957年以后，历次政治运动中有部分教师被错误处分(1979年，遵照上级指示，已全部纠正，平反昭雪)。1978年4月25日，县革委会召开全县劳模大会，有教师代表134人。23人出席州优秀教师代表会。1982年8月，县人民政府组织20年以上教龄的老教师36人赴北京参观学习。1984年4月29日，为120名25年以上教龄的教师颁发“园丁纪念章”；1986年9月10日，为87名30年以上教龄的教师颁授了“荣誉证书”。截至1987年，全县中小学教师有186人加入了中国共产党，实现了多年梦寐以求的夙愿。教育系统建有中共党支部22个。县教育工会有会员827人，为全县教师总数的84.2%，有10所学校建立了“教工之家”。中小学教师被选为县党代表的有30人(次)，选为县人民代表的有27人(次)，被推荐为县政协委员的有31人(次)；被选入县级领导班子的有12人，其中县委3人、人大常委2人、政府4人、政协3人。还有被推荐和选举为州政协委员1人，州人大代表1人，选拔担任县人民政府正、副科局长26人，区委书记、正副区长3人。受省级以上表彰的优秀教师和先进教育工作者共32人(次)。

1985年，国务院提请第六届全国人大常委会第五次会议通过，决定每年9月10日为“教师节”以来，每年的“教师节”及“春节”，县委、县人大、县人民政府、县政协领导及各机关团体负责人分组到学校慰问教师，赠送礼品，为教育工作和教师办好事，办实事。特别是全国人大常委会财经委副主任叶林、清华大学副校长刘达率领的全国人大常委会视察组，中共贵州省顾问委员会主任苏钢、省委副书记丁廷模、副省长徐采栋、省公安厅副厅长文明铣及州教委的领导等先后到县内部分学校视察、慰问，给部分老教师赠送礼品等，社会尊师风气与日俱增。

1956—1987年雷山县受省以上机关命名的先进个人名单

表14—12

年　度	所在单位	姓　名	性　别	民　族	命名机关	称　号
1956	莲花小学	刘彩姜	女	侗	贵州省教育厅	优秀教师
1956	西江民小	李绍武	男	苗	贵州省教育厅	优秀教师
1956	雷山民中	李成良	男	汉	贵州省教育厅	优秀教师
1980	丹江小学	周选贵	女	汉	贵州省人民政府	先进教师
1980	望丰中学	文明三	男	苗	贵州省人民政府	模范教师
1980	丹江小学	潘叶珍	女	苗	省教育厅、团省委	优秀教师
1980	雷山民中	陶为良	男	苗	贵州省人民政府	五讲四美为人师表个人
1980	桥桑小学	岑远国	男	汉	贵州省人民政府	先进工作者
1981	丹江小学	杨明龙	男	苗	全国青少年科技活动领导小组	优秀少先队辅导员
1981	丹江小学	潘叶珍	女	苗	贵州省人民政府	优秀少先队辅导员
1982	县教育局	杨永明	男	苗	省教育厅、省工农教委	农民教育先进工作者
1982	县教育局	杨永良	男	苗	省教育厅、省工农教委	农民教育先进工作者
1982	丹江教办	莫为龙	男	苗	省教育厅、省工农教委	农民教育先进工作者
1982	岔河小学	杨正清	男	苗	省教育厅、省工农教委	农民教育先进工作者

续表

年　度	所在单位	姓　名	性　别	民　族	命名机关	称　号
1982	岔河乡	文小平	女	苗	省教育厅、省工农教委	农民教育先进工作者
1983	丹江小学	周选贵	女	汉	教育部、人民日报社	全国优秀班主任
1983	丹江中学	文明三	男	苗	国家民委、劳动人事部、全国科协	民族地区长期从事科技工作先进个人
1983	报德小学	杨光荣	男	苗	教育部、全国教育工会	五讲四美为人师表个人
1983	永乐小学	杨昌洲	男	侗	贵州省教育工会	五讲四美为人师表个人
1983	丹江小学	杨发祥	男	苗	贵州省教育工会	五讲四美为人师表个人
1983	雷山二中	刘长书	男	汉	省教育厅、省卫生厅、省体委	优秀班主任
1983	雷山二中	宋　阳	男	俈家	省教育厅、教育工会	五讲四美为人师表个人
1983	雷山民中	陈子玉	男	汉	省教育厅、教育工会	五讲四美为人师表个人
1983	丹江小学	杨明龙	男	苗	省教育厅、省科协	优秀少先队辅导员
1984	永乐中学	白考才	男	苗	省教育厅	教材考试教法考核优秀
1984	大塘民校	任立英	女	苗	省教育工会、团省委	优秀少先队辅导员
1986	丹江小学	李光仪	男	苗	省科协	青少年科技辅导优秀
1986	县教育工会	姚　鹏	男	汉	省教育工会	工会先进工作者
1987	县教育局教研室	张志雄	男	苗	贵州省教育委员会	优秀教研员
1987	雷山职中	谢子明	男	汉	省科协	青少年科技辅导员优秀

第三节　经济待遇

工资待遇

民国22年（1933年），小学教师月薪为银圆4至6圆。民国26年（1937年），一般小学教师月薪为3圆。省立小学、短期小学教师为4圆。民国29年（1940年），法币开始贬值、市场物价上涨，教师的生活水平日下。丹江县政府遵照省政府“筹集经费、提高小学教师待遇”的指示，决定增收屠宰、水碾捐附加及食盐售价附加，由县财务委员会统筹收付，填补教育经费。但是，领款手续繁多，各学校不能按月领取，祸及教师。民国35年（1946年），教师的“薪俸、生活补助费”，折价发大米，小学教师1.4市石，中学教师2.8市石，中小学工役0.8市石。民国37年（1948年），分为“薪俸、薪俸加成、生活费”计发。其中，薪俸及加成：小学校长分别为法币16万元，11.2万元，主任14万元，9.8万元，级任教师12万元，8.4万元，专任教师10万元，7万元，职员8.5万元，5.95万元；中学校长36万元，48.2万元，主任34万元，40.8万元；级任30万元，36万元；专任28万元，33.6万元，职员12万元，14.4万元；工役为4万元，2.8万元。生活费：

小学教职员为12万元，折发稻谷2市石；中学教师为24万元，折发稻谷4市石；职员15万元，折发稻谷2.25市石；工役统为7.2万元，折发稻谷0.6市石。民国38年（1949年），取消“薪俸加成、生活费”，薪俸折发银圆券和稻谷。一般小学教师月领银圆券8元，稻谷3市石；中学教师月领银圆券32元，稻谷4市石。中学外籍教师，每月另加稻谷2市石；中小学工役每月只领稻谷1.5市石。从数字上看，教师的待遇逐年改善，然而所得实惠甚少，工资的增加，跟不上物价的暴涨。由于法币天天贬值，货币屡屡更换，教师的工资不能按月领取，往往拖欠1至2个月。领到手时，货币几成废纸，生活唯依靠食米维持。随田赋粮征收的“公教食谷”，是由县政府批发“拨粮凭单”，持单向乡（镇）公所领粮，有的乡（镇）则任意刁难，或拖欠，或转拨到保甲，由学校自己去收“滥账”。还有易区域而拨的。如方祥乡的教师食米拨到建安乡去领，路远山遥，交通不便，学校经办人只得将“拨粮凭单”就地贱价卖给当地与乡（镇）经办人员有勾结的米贩子，吃亏的仍是教师。在20世纪40年代，雷山县小学教师的经费待遇，难求个人的温饱。据档案记载：民国38年（1949年），政府欠报德小学食谷120市石，望丰小学食谷30市石，西江小学食谷115市石，震威小学食谷63市石。中学教师虽比小学教师较为优厚，薪俸、食米能按月领取，也只能维持最低的生活水平。雷山中学代理校长邓述璋，在中学任教4年，离开雷山时，不得不变卖大衣、被盖、床单等作路费。

解放后，人民政府对小学教师的生活待遇是以工资额折发大米。1951年，月平均为155公斤。1952年，小学教师工资分完小、初小两个标准。完小教工月均大米折人民币21元，初小教师月均大米折人民币18元。1953年实行工资制，小学教师工资进行了调整，调整后小学教师月平均为25.7元。1955年，雷山民族初级中学拨归地方财政开支。是年，中学教师最高月工资为70.4元，最低工资为38.5元；小学教师，最高月工资31.1元，最低工资20.2元。1956年，从事教育事业人员的工资实行改革，工资标准分为中学教师级、行政级；小学教师级、行政级。工改前，工资总额2565.66元，平均工资24.17元。工改后，增加总额873.09元，每人平均增加8.14元。1957年，中学教职工月平均为42.3元，小学教师月平均为30.4元。1963年9月，根据贵州省人民委员会调整职工工资方案的要求和省教育厅《关于我省中小学、师范教职工工资调整工作的意见》，对教育系统工资进行调整。小学教师参加调资204人，调整前标准工资5518元，平均工资27.04元，调整后标准工资6333元，平均工资31.04元。加上调整工资区类别及解决工资过低，转正定级等，全县小学教师月平均工资33.06元，中学教师月平均工资46元。

1977年，根据国务院《关于调整部分职工工资的通知》，以及1979年9月24日，中共中央、国务院批转的《全国物价工资会议纪要》精神，1977年至1979年，中小学教师有225人调资升级。1981年，按照国务院《关于1981年调整部分职工工资的通知》决定，从10月起，给中、小学教职工调整工资。调整的范围是“各级各种普通中等专业学校（含中师进修学员）和各类业余学校的职工、校外辅导员，专业扫盲教师。……落实政策收回安排工作人员”。升一级的691人，月增资3643元，人均6.75元。升二级的275人，月增资1742元，人均增资6.03元。1983年，国务院发出《对国家机关科学文化教育卫生等部门部分职工工作人员进行工资调整的决定》，对中、小学教师工资再次进行调整。调升一级工资的534人，在调升一级的基础上再升一级的143人。1983年，小学教师月平均工资46.8元，中学教师月平均工资55.66。1984年9月，县制订《关于落实知识分子政策的暂行规定》，对在方祥、达地、高岩、掌雷4乡（镇）任教的，工资浮动两级（不再享受生活补贴）。在上述地区工作满8年的转为本人固定工资；继续留下的，工资再向上浮动一级。8年内离开的，不再保留浮动工资。全县有46人享受此待遇（其中方祥10人、达地18人、高岩4人、掌雷14人）。1985年8月，进行工资制度改革，废止1956年以后执行的固定工资标准，建立新的、能够体现按劳分配原则的、便于管理和调节的工资制度，全县执行《中学教师基础职务工资标准》《小学教师基础职务工资标准》，中、小学、幼儿园教师参加工改的全县计846人。工改前，月平均工资59元，工改后，月工资总额70989元，月平均工资82.8元，人均增资23.77元，增长率为39.83%。1987年，小学教师月平均工资78.6元；中学教师月平均工资80.9元。

福利待遇

1953年，按省教育厅规定，从1月起，按各学校工资预算总额的2.6%，列入预算，提取福利，作为解决个别员工困难的补助。同年，与国家机关工作人员一样，发给边沿地区特殊困难补助费，在县城任教的，每人发20万元（旧人民币），在区乡任教的，每人发10万元。1955年按小乡干部标准，每人发6元（新人民币）。1956年停止执行。对中、小学教师实行公费医疗及探亲休假、离、退休、伤亡抚恤等制度。1963年，调整工资区类别后，均按标准发给粮食补贴。“文化大革命”中，福利费，先后由县革委、组织部掌管，年终一次分发各学校使用。1980年以后，仍由教育部门掌管，年终分发各学校。1984年，县委、县人民政府为进一步落实知识分子待遇，根据省、州有关文件指示，拟定对知识分子生活补贴的暂行规定，以中、小学教师为对象进行补贴，从8月1日起，全县享受补贴的教师214人，月补贴金额2292元。其中，每月享受补贴20元的16人，17元的26人，13元的2人，11元的52人，8元的112人，6元的6人。1985年，根据省劳动局文件规定，对现任中、小学教师和班主任发给教龄津贴及班主任津贴。1986年，计发教龄津贴945人，金额79361元；发班主任津贴883人，金额42394元。1987年，发教龄津贴587人，金额49304元；班主任津贴508人，金额24041元。是年，全县中、小学教职工发福利补助费共计123746元。其他书报费、洗理费等，均与国家机关工作人员同等享受。

民办教师待遇：1951年至1952年，为义务教学。1953年12月以后，由县财政拨发部分教学补助费。在合作化时期，除从社、队公积金中抽出一定的比例给予教师补贴，或由小队记工分外，另由教育事业费给予适当补助。党的十一届三中全会后，实行生产责任制，生产队分给责任田。县财政将民办教师补助列入教育支出预算，县教育局根据文化程度、教学年限和教学效果给予补助，从20元至30元不等。随着国家经济建设的发展，补助费也逐年增加。

1987年，民办教师月平均补助工资为44元。

附：民国时期教师向政府申请拨发经费及省教育厅申饬速发的签呈、报告、代电四份。

民国29年2月29日，丹江县西江小学呈

窃职校二十八年度应办理一切早已结束，所有应领之经费洋一百余元，迄今日久，尚未领获，无从筹补各教员之欠薪，现各教职员纷纷催补其欠薪，实无法应付，拟恳钧长俯念各教职员之清辛，准予核发……。

校长　董光伯

民国二十八年十一月十五日

报告

窃查属校于本年十月五日以物价飞涨，不能维生缘由，呈请黄前县长增薪310元，以资救济在案……。殊知为时已久，未奉增薪接济，学校教职员薪公等费均已亏欠甚巨，无法维生。近日物价更为高涨，势不能再行画饼充饥。钧座临席有日，当能察及属校教职员之生活苦况。今已热炉待炊，期望迫切……。谨呈

县长　彭

丹江小学校长　文绍奎

民国三十五年二月九日

代电

雷山设治局：查地方教育经费……。此次省府杨主席及本厅傅厅长出巡视察各县，教育经费仍未达县总支出之百分之四十之标准（仅占百分之二十至百分之十）。学校经费及教员薪津亦多拖延数月不予发放，甚有拖延一学期之久，责成教员自行挨户催索据取，此殊属非是……。贵州省教育厅三十五教二丑佳印。

民国三十八年六月六日

签呈

案奉钧座本年5月13得三教字第12号训令，派赴各乡镇视导各学校……，各学校食谷，据称：每多领发支付拨谷证，执向乡镇公所拨领食谷，多不按月发付，甚有数月颗粒未领获者，以致生活常感桎梏，多借贷维生，几受断炊之苦，教不安心……谨呈

县长　周

职　王宸帷（督学）

第八章　经费、设备

第一节　经　费

清朝光绪年间，丹江厅原以“死亡绝户租”作为地方教育经费，但因租田“时被水淹，经费支绌”。民国初年，拨各场集屠宰捐、斗息捐增补，由教育行政部门经管，出包征收。而承包人又常以年景不好为口实，拖欠或申请减免，漏洞很大。民国26年（1937年）以后，教育经费改由县财务委员会收付。是年，县拨支2810元，省补助2520元，共5330元（银圆、下同）。短期小学及省丹江小学由省直拨，不在此数。民国29年（1940年），教育经费为6516元。其中，初等教育经费2700元，义务教育经费2736元，社会教育经费1080元。是年，贵州省政府饬令筹集教育经费，提高教师待遇。4月，县政务会议通过加收屠宰、水碾捐及食盐附加税，以补教育经费的不足，并明确由县财务委员会统一支付。但是领款手续繁杂，到处刁难，不能按时领获。民国33年（1944年）4月，雷山设治局成立，兴办学校有所增加，全年教育文化经费为382060元（法币、下同）。其中，教育行政费10800元，国民教育费213100元，社会教育费140000元，其他经费18160元。民国35年（1946年）以后，法币贬值，对公教人员生活费，折发稻谷（随田赋征收的公教食米）。民国36年（1947年），为10835119元。民国37年（1948年），奉贵州省政府令，县国民学校进行调整，压缩经费开支，全年教育文化经费为51561400元。其中，教育行政费120000元，中等教育费11897360元，国民教育费25858286元，社会教育费4605160元，其他经费8968594元。另从地方临时经费中补助局立中学设备补充费200万元，图书购置费300万元，中心国民学校设备费1100万元，教师暑假讲习费20万元，民众学校课本印刷费218万元，图书购置900万元。民国38年（1949年），小学教师月薪增为稻谷3市石，中学外籍教师另补助稻谷2市石。学校另向学生收取学费作学校公杂费开支。

1951年，县人民政府成立后，教育经费14347元(人民币、下同)。小学教师实行薪给制，以大米折发。1952年，教育经费21901元。是年秋，雷山民族初级中学建立，其经费由贵州省教育厅拨发，县只补助地区学生4336元。1953年，教育经费40092元。教师实行工资制，民族初级中学经费由贵州省财政厅预算。1955年，雷山民族初级中学经费由县财政预算，是年，教育经费为83734元。其中，中学人助金3577元，小学生寒衣补助费1722元。1957年，小学经费实行“全额管理，差额补助”。是年，教育经费为114378元，占地方财政支出的23.4%。其中，小学经费为74759元，中学经费为36170元，业余教育和扫盲经费为3449元。1958年以后，教育事业不断发展，经费逐年增加。1965年，教育经费200790元。1976年，教育经费475089元。1980年教育经费80.9万元。1987年，教育经费为1840207元，占地方财政支出20.2%。比1957年增长16.4倍。1981年至1987年，民族补助费和不发达地区发展资金拨给教育事业共202.72万元，用作学校基本建设和添置教具及学生困难补助。1985年至1987年，动员群众集资9.2万元(含献工、献料)。补助民办学校经费11.8万元，为教育事业费的0.7%。

1951—1987年雷山县部分年度教育支出统计表

表14—13　　　　单位：元

年度 \ 项目	合计	中等专业教育经费	中学经费	小学经费	幼儿园经费	业务及扫盲经费	民办教师补助费	其他教育事业经费	职业教育经费
1951	14347	—	—	14347	—	—	—	—	—
1953	40093	—	—	40043	—	—	50	—	—
1957	114378	—	36170	74759	—	3449	—	—	—
1961	127815	—	31740	94664	—	1239	—	172	—
1965	200790	—	34712	90122	—	2995	9970	62991	—
1971	314993	—	41000	219990	—	—	—	54003	—
1975	443900	31320	71803	264721	—	—	66975	9081	—
1978	569000	63010	143483	288896	—	—	63639	9972	—
1980	809000	40446	226723	378012	—	—	77081	86738	—
1985	1508046	40000	375000	845000	—	—	75000	159846	—
1987	1840207	—	495735	819700	13200	9698	107592	360182	47300

第二节　设　备

清代及民国时期，城乡学校校舍多以庙宇、祠堂、会馆或依法没收的房产稍事改装后使用。新建校舍时，则向当地派款或征料征工。一般都狭窄矮小，光线阴暗。校具、教具设备只有黑板及课桌凳。雷山局立中学有图书室，藏书500多册。

人民政府接管学校后，逐年拨款维修和新建校舍。1983年至1987年，县拨款73万元，计新建、改建校舍面积7778平方米；1985年至1987年，省、州共拨款84.2万元，改造部分危房和新建钢筋混凝结构砖瓦房，建筑面积为7100平方米。1987年全县教育系统有固定资产1409万元。中学占地面积53.03亩(含职业中学)，校舍建筑面积15571.08平方米；小学占地面积为2520.5亩，校舍建筑面积53809.48

平方米。雷山民族中学、大塘民族学校、县第二中学、永乐中学、西江中学配备有成套中学教学仪器，职业中学有专门实验仪器。雷山民中、大塘民校均有图书室，藏书共7822册。雷山民中还配有电教设备，有甘光F16—71Ⅱ型、甘光FL—8.75型放映机各1台，702型1千瓦、DF750型750瓦发电机各1台。西江、大塘、丹江、永乐等中学各置有1套甘光16—17Ⅱ型放映机和DF750型发电机组。丹江小学及二小、永乐、西江、方祥、陶尧、望丰、柳乌等区、乡小学配有小学教学实验仪器。

第九章　教育管理

第一节　教育行政机构

县级教育行政机构

清代，丹江义学统归通判稽查管理，设教谕掌文庙祭祀，教育所属生员。清末，设劝学所，置劝学总董及劝学员。民国初年，改劝学总董为视学，主管教育工作，下设劝学员承办教育事务。民国18年（1929年），县政府设教育局。民国24年（1935年），改由第三科管教育。民国33年（1944年），设治局由第一科分管教育。民国37年（1948年），设第三科主管教育，下设督学及科员。

1950年10月，雷山县人民政府成立后设文教科，主管教育文化、卫生。1952年底，卫生系统另设机构。1956年，文教科分为教育科、文化科。1958年5月，合并为文教局。1961年8月，恢复雷山县后仍设文教局主管教育、文化、体育。1965年，改为文教科。1966年5月，“文化大革命”开始后，文教系统被群众组织夺权。1967年，县革命委员会以政治部兼管教育，后又设学校工作领导小组主管教育。1970年，以后恢复教育局，置局长副局长，下有专管学校教育、财会、业余教育、扫盲等专干。1984年以后，在县教育局内分设人事秘书、财会基建、普教、农教等股及纪检、职教、工会、业教、招生等专管干部，分管有关业务。

1977年，恢复招生考试制度，县成立招生委员会，在教育局内设招生办公室，有专职人员承办日常工作。学校每届招生在县招生委员会的领导下，由招生办负责招生统考工作。

区级教育行政机构

1951—1957年，各区设文教助理员。1962年以后，各区设教育视导员，负责检查督促辖区内学校的教学工作。“文化大革命”开始不久，大部分区视导员被打成“走资派”遭批斗。1970年，各区视导员先后复职。1980年10月，设区教育办公室，区视导员兼办公室主任，下设普教、农教及财会等专职人员。为县教育局的派出机构。

第二节　教育科研

1956年，抽调2名教师到教育科为专职教研人员，开展教研工作，不定期地编印《简报》下发各学校，交流教学经验。1958年中断。1961年8月，设立教研室，杨秀庭任教研室主任，有教研员3人。1964年，“四清”后撤销。1976年恢复，改为教育科学教研室，设主任、副主任、教研员。1980年，州拨款2万元，县教育局投资2万元，在城北修建房舍1栋建筑面积820平方米，作教研室办公用房1栋，设主任1人、教研员3人。根据国家教委和省、州教委关于加强教学研究工作的指示精神，结合雷山县的实际，教研室为从事中小学（含九年制义务教育）教育、教学研究和教学业务管理的机构，受县教育行政部门和上级教研部门的领导。

1981年以来，曾组织全县中小学普通班学年统考，进行质量分析，总结经验，检查指导学校教学工作，进行教改实验。先后在龙头、陶尧、丹江、二小等学校设试点班，主编《雷山教育》，每年出刊4～5期，总结推广教学经验，报道教育信息，吸收信息反馈；根据民族特点，探索推广“双语教学”规律，辅导教师“过教材关”学习等。至1987年止，共印发30册。

教学科研人员曾在省级刊物上发表多篇文章。《雷山民族教育调查报告》，刊于《贵州教科通讯》（作者张志雄）；《浅谈学习苗文对汉语的促进作用》，刊于《贵州教科通讯》（作者张志雄）；《借助母语教学，促进英语学习》，刊于《贵州双语教学论文集》（作者张志雄）。

第三节　学校管理体制

清末学堂以分班教学为基本形式。在高初两等小学堂时期，设堂长1人，主持学堂工作。下设学监1人，专管学生学业考核，按月出榜公布。教习（教师）由堂长择品学兼优者任之。教习所任的学科必须按日教授，并将学生所习之功课考核记分，按月呈送堂长。民国7年（1918年），改称高初两等小学校，设校长1人，主持学校工作。民国8年（1919年），设学监、教务、训育主任，班级设级任导师。民国24年（1935年）后，实行教导合一，设教导主任协助校长工作，有专职童训教练。学生学习成绩，通过月考，半期考，期终考，按各学科总分的平均分，分“甲、乙、丙、丁”四等出榜公示。雷山局立初级中学，设校长1人，教导主任1人。教导处之下有教务、教导、事务员承办有关业务。有专职军训、童训教官（教练）。学生学习成绩通过月考、期终考试，在学期结束后，学校分别给学生家长寄发学生“学习成绩通知单”，对学生中发生吵骂、打架、赌博、偷窃、侮辱师长、荒废学业等行为，除训斥外，有罚站罚跪，打手心、手背、打屁股等体罚，施行“棍棒出好人”的管教方法。

解放初期，学校设校长或副校长，管理学校工作，设教导主任1人，协助校长工作，班级设班主任，教师管教管导。1952年3月18日，贵州省教育厅转发教育部《关于废止对学生体罚》的指示，县文教科组织教师学习，体察体罚之危害、提高认识，渐次纠正这种不良方法。1954年，各级学校先后建立工会、共青团、少先队等组织，由校长、主任及团、队、工会负责人共同组成校务会议，实行民主管理学校、民主教学。对待学生，特别是遵守纪律差、学习差的“双差生”进行热情帮助，耐心教育，家庭访视，做到学校、家庭、社会教育相结合。1958年以后，学校各种管理秩序比较混乱。1966年6月，“文化大革命”开始，学校“停课闹革命”，学校领导班子瘫痪，正常教学被迫停止。1968年“复课闹革命”“工人宣传队”“贫（下中农）管会”进驻各级学校。学校成立革命委员会，取代了校长的职权。党的十一届三中全会以后，学校恢复了以前的体制，并逐步建立健全学校中的各种组织，各中学及完小建立了中共党支部。在各级党组织的领导下，由学校校长、主任及党、团、少先队、工会负责人组成校务委员会，对学校的大事集体进行商讨决定。每逢当地民族节日，学校酌情放假，还配合区乡政府组织开展文体活动。学校建立教师业务档案，中学还有学籍登记卡。学生的学习成绩，通过半期、学期考试进行评定。每学期结束，由班主任签发成绩通知单（册），分送学生家长。1984年6月23日，贵州省教育厅转发教育部《关于坚持正面教育，严禁体罚和变相体罚学生的通知》，要求进一步加强政治思想教育，提倡尊师爱生，坚持正面教育，做到既不能简单粗暴地对待学生，也不能放任自流，弃之不管。县教育局、教育工会翻印有关教师职业道德文件，组织教师学习，并深入检查，对个别有违反《通知》行为的教师进行了严肃的批评教育。1986年，学核实行“党政分管”，校长负责行政及教学工作，学校党支部专管思想教育。

第四节　学制及课程设置

小学学制及课程设置

民国初年，高初两等小学堂学制为7年。即初等4年，预科1年，高等2年。高等设修身、读经、国文、算术、历史、地理、理科、手工、唱歌、家事、图画、体操、外语等13门课程；初等设修身、读经、国文、算术、手工、唱歌、图画、体操、家事9门课程。

民国8年(1919年)，县立两级小学采取“四二”分段制，即初级4年，高级2年。初级班毕业后，通过招生考试，择优录取进入高级班。民国24年(1935年)，采用“六年一贯制”，以学期考试确定学生升留级。高级班课程设公民、国语、算术、珠算、历史、地理、自然、体育、音乐、美术、劳作等11科；初级班课程设公民、国语、算术、社会、体育、音乐、美术、手工等8科。民国34年(1945年)，仍沿袭“六年一贯制”，课程设置有所增加，五、六年级增加童子军，三、四年级增加常识、童子军，一、二年级增加常识、童体。

解放后，1951年，仍实行六年制。1952年，学习苏联“五年一贯制”。1953年，又恢复六年制，以期终考试确定学生升留级。五、六年级课程设语文、算术、历史、地理、自然、农业知识、体育、唱歌、图画及周会，每周29个课时；一、二、三、四年级课程设语文、算术、唱歌、图画、体育5科及周会，每周为24—26个课时。1966至1970年，为五年制。三、四、五年级课程设语文(阅读、作文、写字)、数学(数学、珠算)，英语、农业知识、体育、唱歌、图画及周会，每周为25个课时；一、二年级课程设语文(阅读、写字)、数学、体育、唱歌、图画及周会，每周为23个课时。1971—1974年，丹江小学实行“七年一贯制”。1981年至1986年，五年制与六年制并存。1987年，统一为六年制。一、二年级课程设语文(讲读、说话、写字)、思想品德、数学、体育、音乐、美术6科及周会，每周25个课时；三年级加作文、珠算、自然共9科；四年级加作文、自然共8科；五年级加作文、常识、地理共9科，每周27个课时；六年级加作文、历史共8科，每周25个课时。

中学学制及课程设置

民国时期，初中为3年制，春秋两季招生。

解放后，1952年，开办民族初级中学，仍为三年制。1958年，开办高中班后，实行“三、三”制，即初中3年，高中3年，统一秋季招生。1970年实行“二、二”分段制，即初、高中各2年。1976年秋季，初中改为三年制，高中仍为二年制。1985年，高中改为三年制。至此，统一为“三、三”分段制。

1956年，初中一年级设语文、数学、政治常识、英语(1958年改为俄语)、生物(植物)、体育、美术、音乐、劳动、历史、地理科，每周分别为31—34个课时，二年级增设物理，三年级增设化学，每周计35个课时。1958年开办高中班，设政治、语文、数学、俄语、物理、化学、地理、历史、解剖、体育等10门课程，每周31个课时。1972年，初中开设语文、数学、政治、历史、地理、农业基础知识、劳动、体育、美育9科，每周31个课时；高中开设语文、数学、政治、历史、地理、化学、物理、工业基础知识、劳动、体育10科，每周31个课时。1987年，初中开设语文、数学、政治、英语、物理(二至三年级)、植物(一年级)、动物(二年级)、生理卫生(三年级)、体育、音美、苗文(一年级)11科，每周分别为31、32、30个课时；高中开设语文、数学、政治、英语、物理、化学、历史(一、二、三年级)、地理(二、三年级)、生物(二、三年级)、体育、苗文(一年级)11科，每周分别32、32、35个课时。

文化科技篇

第一章　文化事业

第一节　文化馆、站

民众教育馆

民国25年（1936年），设立丹江县民众教育馆（地址今法院宿舍处），有馆长1人，事务员2人。遵照国民政府教育部颁发《实施失学民众补习教育大纲》及贵州省教育厅制定的《实施失学民众补习教育大纲实施细则》规定，在城区一、二保（今丹江镇境）开办民众学校，设两个班。民国27年（1938年）迁火神庙（今林业局处）。民国33年（1944年）12月改为雷山设治局民众教育馆，迁驻湖南会馆（今财政局处），由设治局第一科科长兼任馆长，配干事2人。民国34年（1945年）增配工人1人。民国35年（1946年）设专职馆长1人，干事2人，开展一般性的象棋、军棋、乒乓球竞赛和娱乐活动。民国37年（1948年），省政府将设治局升格为三等乙级县，11月，颁发《县级机构调整方案》，民众教育馆保留，不设专人。民国38年（1949年）11月，交丹江镇中心国民学校接管，由校长兼任馆长。

雷山县文化馆

1953年建立文化站，兼图书阅览工作。站址在原县“纪念台”（今人大常委办公楼处），有干部2人。业务是配合党的各项中心工作，肩挑幻灯、图片到农村放映、展览，开展和辅导青年业余文艺活动。1954年有农村幻灯组7个，放映员6人，全年放映幻灯180场，观众达1438人。在城关摘抄报刊文章、出黑板报，宣传时事政策和科学知识。1955年4月，将文化站扩建为文化馆，唐德海（苗）首任副馆长，有干部4人。7月“吃新节”，首次举办放水牯牛角斗和举行赛马、唱歌等活动。参加角斗的水牯牛共33头。参加赛歌的男女青年歌手23人。晚上组织文娱晚会，演出节目12个，观众达1000余人。11月，配合物资交流会，在赶场天晚上举办机关、学校文娱晚会。是年，有幻灯机7部，放映157场，观众达9218人次；用扩音器广播14次，听众4万余人。遵照党的“百花齐放，推陈出新”的文艺方针，组织搜集、挖掘、整理民族民间歌舞。1956年组成调查组，首次对莲花、岔河、桃江、西江、毛坪等12个乡（镇）的苗族芦笙、铜鼓舞、山歌等进行调查。并组织文艺队，参加省、州文艺演出比赛。1957年省拨款3000元，与干部业余文化学校合建木质结构2层楼房1幢（今财政局办公楼处），面积580平方米。设有教室、排练厅、图书阅览室、采编室。同年，动员机关干部、宣传员、学校师生、民间艺人等17496人，组成宣传大军，分赴36个乡（镇）开展宣传演出活动，演出话剧175场，快板78则。副馆长、苗族歌手唐德海深入农村，利用唱山歌等形式，调解各种纠纷数十起，深受领导和群众称赞。“文化大革命”初期，文化馆被视为宣传旧思想、旧文化、旧风俗、旧习惯的“四旧馆”，改名为“毛泽东思想宣传站”。

中共十一届三中全会后，恢复文化馆。1979年，州文化局拨款5万元，在县城解放西路新建砖木结构的业务专用房1幢，面积680平方米。有排练厅、办公室、图书阅览室，工作开始走上正轨。1980年7月“吃新节”，在县城举办对歌、吹木叶等项比赛。结合对苗歌、芦笙舞、民间故事的搜集整理，辅导农村业余文艺宣传队开展活动，排演节目54个，印发资料340份。1985年7月“吃新节”，在丹江、陶尧等地分别举办民歌比赛，参加的歌手有40余人，观众5000余人。同年，对全县民族民间舞蹈进行一次普查，初步归纳为10大类，88种。已开始整理的民族歌舞素材3种，还搜集整理大塘、永乐两地部分苗族《夜箫曲》37首，芦笙舞15种。1987年搜集整理《夜箫曲》40首，已刻印成册。并与团县委、县工会、县妇联联合举办“春节”“六一”儿童节、“八一”建军节歌舞晚会3场，演出节目93个，观众达万余人次，评选出优秀节目34个。有10名儿童获“小百灵”歌手奖。1981年至1987年末，配合计划生育、安全防火等开展宣传活动，放幻灯23场。举办农村业余文艺培训班120期，培训文艺骨干4300余人次，排练节目390多个。

西江文化站

1979年6月建立，区公所拨给房屋1幢，占地60平方米，有合同工1人。经费由县文化局开支。有锣鼓、乐器各1套，照相机1部，收录机2台。全年辅导乡、村业余文艺宣传队，组织演出26场，节目336个，观众7万余人次。7月“吃新节”，举办小型文艺晚会，有5个业余文艺队参加，演出节目76个。同年，被评为黔东南州先进文化站，获奖电视机1台，人民币1500元。1987年“鼓藏节”，在黄里乡举办农村业余文艺会演，有4个队，100余人参加。自编自演出节目37个，观众万余人次。在黄里建有橱窗2个，42平方米，开展图片展览。

永乐文化站

1983年建立，区公所拨给房屋3间，计50平方米，雇请社会青年1人。经费由文化局开支。1985年“春节”，举办全区篮球、田径、芦笙、龙灯、象棋等比赛及文娱晚会，历时3天。参加活动91人次，观众4000余人次。7月，在排告举办对歌、球类、吹《夜箫曲》等比赛，有6个文艺队，80余人参加。配合“教师节”，举办全区文艺晚会，演出节目32个。自制宣传橱窗2个，42平方米。有照相机1部。

第二节　文艺演出队

民族文化工作队

1976年5月，按“组织不散，保留骨干，人员轮换，服务本县”的原则，组建县亦工亦农宣传队。1983年改名民族文化工作队，定员20人。至1987年，已轮换队员8人，共有队员22人。先后为省、州输送文艺专业人才25人。其中，送省以上大专院校深造8人，送省、州团体及其他工作单位17人。为县级机关输送18人，组织辅导农村文艺宣传队30个，举办培训班18期，为农村培养骨干430人。其中，辅导岔河乡芦笙队排练《喜迎军人到我家》，参加黔东南州民兵文艺调演，获优秀节目奖。

民族文工队坚持“文艺为工农兵服务，为社会主义建设服务”的方针，深入农村采访、挖掘、搜集民族民间歌舞，加工提炼，将民间六管芦笙进行工艺加工，编演民族民间歌舞，结合党的各项中心工作，到农村为各族群众演出。1978年创作节目43个，演出68场，观众6.4万人次。1979年到1981年6月，文工队自编自演具有民族特色的芦笙舞、铜鼓舞、苗族歌舞等节目191个，深入农村演出，行程

2500多公里，演出470多场，观众达39.2万余人次。是年，被评为贵州省农村文艺先进集体。1983年，下乡演出60余场次，被誉为“雷公山下的轻骑兵”。9月，赴北京出席全国“乌兰牧骑”会演大会，被评为全国16支“乌兰牧骑”式先进集体之一，获国家民委和文化部嘉奖，受到党和国家领导人乌兰夫、阿沛·阿旺晋美等的接见。1984年，全队深入县内50个村寨，演出70多场次。1986年，被评为全国“民族团结进步”先进集体，受到国务院的表彰。1987年，下乡演出86场次，观众达5.2万余人次。民族文工队还参加北京电影制片厂、新闻电影制片厂拍摄的《雷山风情》《龙在苗家》两部影片的演出活动。建队以来，民族文工队获国家级嘉奖5人，11次，省级嘉奖7人，11次。

重要演出活动

1953年，岔河芦笙队参加贵州省文艺表演大会。1954年，桥王乡苗族女歌手余凤英参加全省文艺会演。1956年6月，县组织岔河芦笙队等计20余人，参加庆祝黔东南苗族侗族自治州成立大会文艺会演。7月，民主德国文艺考察团到雷山访问，县组织丹江、西江、大塘等区的20多支芦笙队、铜鼓队计600余人到县城联欢。12月，县选拔岔河芦笙队、掌坳铜鼓队、飞歌队等计20余人，参加黔东南州第一届工农业余文艺会演及全省工农业余文艺会演。同年，岔河芦笙队参加全省音乐、舞蹈会演。1957年春，岔河芦笙队，参加全国民间音乐、舞蹈会演。7月，岔河芦笙队杨炳芳、杨炳福参加中国青年代表团赴苏联出席莫斯科第六届世界青年与学生联欢节。1958年，县组织岔河芦笙队、掌坳铜鼓队、桃江莽筒芦笙队参加黔东南州第三届业余文艺会演。1962年元旦，县组织大型文娱晚会，有机关职工、学校师生和公社社员参加，演出相声、合唱、舞蹈、话剧等节目22个，有12个节目分获一至三等奖。1964年3月，县组织桃江、岔河芦笙队、掌坳铜鼓队及黄美芝（女）、余胜九等15人，出席黔东南州第五届群众业余文艺会演。5月1日，全县举办“大唱革命歌曲”比赛，参加600余人次，有5人和12个单位分获一至三等奖。10月，苗族女歌手黄美芝、李玉珍等4人，参加全省少数民族群众业余艺术观摩演出，后赴北京参加全国少数民族群众业余观摩演出，毛泽东、周恩来、刘少奇、朱德等党和国家领导人观看了演出。之后，又赴全省17个县、市作汇报演出，历时7个月。1970年7月，县组织机关、学校、农村业余文艺骨干临时宣传队34人，参加黔东南州在镇远举行的第六届业余文艺会演。1971年8月，县组织机关业余文艺队27人，参加黔东南州在岑巩举行的第七届业余文艺会演。1972年5月，县举办业余文艺创作调演大会，参加的有6个队，150人，演出节目40个，大塘公社也宜大队被评为先进队。1975年1月，县举办业余文艺调演，4个区和县直机关115个业余文艺宣传队参加演出。1976年3月，黔东南州在雷山举办雷（山）、台（江）、剑（河）文艺调演，计150人，雷山县有6个队参加。1977年7月，县文艺宣传队9人，参加黔东南州建州20周年文艺调演。1978年9月，县文化馆黄美芝（女）等3人，参加黔东南州民间文艺独唱调演。同月，县组织亦工亦农文艺宣传队32人，参加黔东南州第八届业余文艺会演。1979年，县文艺宣传队在凯里为全国少数民族参观团作表演。1981年7月，县文艺宣传队参加黔东南州建州25周年文艺会演。1982年10月，县组织亦工亦农文艺宣传队30人，参加黔东南州第九届民族文艺会演。1983年7月，县民族文工队28人，参加贵州省少数民族地区“乌兰牧骑”式文艺调演，9月，县民族文工队11人，赴北京参加全国“乌兰牧骑”文艺调演。后又参加省“乌兰牧骑”式演出队，赴都匀、凯里、兴义、水城及大方、三都等10市、县（自治县）巡回汇报演出，历时月余。1984年7月，县民族文工队及岔河、方祥、桃江芦笙队参加黔东南州建州28年文艺调演和黔东南州首届芦笙会演，岔河芦笙队被评为优秀芦笙队。7月20日至23日，雷山县举办“民族团结月”活动和凯里、麻江、丹寨、雷山4县边区民族文艺联演，邀请广西壮族自治区融水苗族自治县文工团、黔南州三都水族自治县文工队参加演出。计8个队，240人，演出节目185个，观众5.6万人次。10月，县民族文工队14人，赴贵阳参加在花溪拍摄电视—《王朝文省长和全省各族人民欢度春节》的节目演出。1985年5月，县民族文工队参加黔东南州“五四”青年业余歌手大奖赛，潘冬梅（女）获演唱二等奖。7月，参加黔东南州在岑巩举行的首届“家乡之声”音乐会。10月，参加黔东南州举办的“清水江之秋”音乐、舞蹈交流会演出。1986年7月，县民族文工队参加全省民族民间音乐、舞蹈比赛。同年，县民族文工队出席全国民族民间音乐、舞蹈比赛会。1987年7月，县民族文工队27人，参加黔东南州第十届文艺调演。

农村业余文艺宣传队

苗族历来爱好歌舞。解放前，每逢重大节目，各村寨均自发组织青年男女吹芦笙、跳铜鼓、唱歌等活动。解放后，在党的民族政策光辉照耀下，贯彻执行党的“百花齐放，百家争鸣”的方针，各民族文学艺术得到进一步繁荣发展。1956年，各农业生产合作社俱乐部均开展文艺活动。1958年建人民公社后，根据群众自愿原则，由社员组织起来的业余性、综合性的农村俱乐部又有较大发展，全县共建有俱乐部101个，每半年分片联合举行一次业余文艺会演。1964年由文化馆长带队，组成俱乐部工作组，下到西江、丹江、大塘3个区协助建立区俱乐部。当时，全县文艺活动较为活跃，羊排俱乐部编写有社会主义内容的山歌100余首。“文化大革命”中，各俱乐部被政治夜校和业余文艺宣传队所代替。当时，主要演唱“样板戏”，跳“忠”字舞。1972年，全县建立文艺宣传队52个，自编自演节目。是年，大塘区举办业余文艺会演2次，有13个文艺队参加，计130人，演出节目265个。1974年7月，大塘区在桥港公社举办文艺调演大会，有文艺队员318人参加，演出节目155个。咱刀、掌批、九十九农场被评为先进。1975年，在县城举办农村业余文艺调演大会，有望丰、丹江、岔河、开觉、平祥、也宜、掌坳、永乐中学、柳乌小学等14个业余文艺代表队、观摩队参加，计387人，演出节目158个。望丰、也宜、掌坳、永乐中学被评为先进队。1979年下半年，西江区4个公社业余文艺宣传队133人在区内巡回演出21场，观众达3万余人次。1980年6月，固鲁乡教厂村苗族姑娘滕冬艳、滕天春参加贵州省在惠水举行的布依族“六月六”歌会，滕冬艳获一等奖。1981年7月，西江“吃新节”，区公所、文化站联合举办赛歌会，参加的男女歌手有110人。1982年5月黄里“爬坡节”，西江文化站组织赛歌会，有23名歌手参加。9月，岔河乡苗族姑娘杨胜兰、杨胜芬、余珍、王正春4人，赴内蒙古自治区呼和浩特市参加全国第一届少数民族体育运动会，演出《女子芦笙舞》被誉为“苗岭飞来的四只白天鹅”。11月，苗年节，西江区公所、文化站联合举办农村小型文艺调演，有6支业余文艺宣传队及县民族文工队参加演出。1983年4月，望丰、公统两乡联合举办“五岔路爬坡节”赛歌会，有丹寨、麻江、凯里等县、市比邻村寨男女歌手参赛，并举行斗雀、赛马等活动。中共黔东南州委书记李仁山（苗）、州长吴邦建（侗）、州人大常委会副主任蒋光荣（女、苗）及县委书记余金才（苗）、县委常委、宣传部部长陆定洲（苗）等领导专程赴会，贵州省电视台为之拍了电视。7月“吃新节”，西江区、文化站举办业余文艺会演及赛歌会，44个宣传队和歌手32人参加，演出节目28个。1984年11月“鼓藏节”，西江区(镇)举办业余芦笙、文艺会演，邀请岔河芦笙队、桃江莽筒芦笙队等计56个队、500余人参加，演出42场，表演节目204个。1985年7月“吃新节”，西江区举办小型文艺晚会，西江区及台江县排羊乡等5个业余文艺宣传队参加，演出节目76个，观众万余人。1987年，黄里乡“鼓藏节”，举办农村业余文艺会演，有4个队、100余人参加，自编自演节目37个，观众万余人。是年，全县有业余文艺宣传队54个，队员700余人。其中高排芦笙队12个，莽筒芦笙队7个。

第三节　图书发行

民国时期，雷山无专业图书发行机构，学校所需课本和教材，委托县邮政代办所代为邮购，或由学校自行派人到下司、都匀、凯里、台江等地采购，其他书籍多是外地书贩来此设摊销售。民国36年（1947年），始由张学敏与镇远“黔东文化服务社”联系，在县城设黔东文化服务社雷山分社，销售中、小学课本及有关参考书籍。

1953年9月，新华书店镇远支店在雷山设图书销售点。1954年改为新华书店镇远支店雷山门市部，统一由镇远支店核算。有工作人员2人。租中街民房（50平方米）营业。全年销售图书3.4万册。1956年5月升格为新华书店雷山支店，有工作人员4人。除门市营业和开展农村巡回流动推销外，还委托西江、望丰、大塘等地供销社代销图书，当年，共销售各种图书9.4万册。1958年书店管理体制下放，雷山支店改为雷山县新华书店。是年，在西江、公统铜矿增设门市部。当年，购进图书17万册，仅销售8万册，造成大量积压和亏损。属凯里县期间，改为“凯里县新华书店雷山门市部”，附设西江、永乐门市部。1961年8月书店恢复，排调、永乐两区门市部划归县店辖。1962年，书店进行“三清”（清仓查库，清产核资、清理在途）。将积压的各种图书统一清理报损和削价，一些书籍报废化浆。全县共报损3.09万册，削价出售3.1万册，占总库存的62%。同年，区的门市部撤销，排调仍归丹寨县书店。雷山县书店直接开展农村巡回流动售书。1968年省拨款2.1万元，在解放路修建砖木结构用房一幢，面积为329.1平方米。“文化大革命”中，许多名著及古典文学书籍、年画及政治书籍，被视为“封、资、修”而禁止发行，并实行“闭架售书”。1974年底，恢复图书发行业务。根据“因地制宜，合理布局，方便群众，讲求实效”的原则，召开全县区供销社、知青点、瓷厂等单位代表会议，宣传开展售书业务。党的十一届三中全会以后，农村经济有所发展，学校增多，农民群众对科学文化的需求量增加。书店配合党的各项中心工作，开展图书预订业务，销量日渐增加。1979年销售各种图书28万册，实现扭亏为盈。1983年被评为省、州图书发行先进单位。为进一步满足广大读者对精神食粮的需要，以区门市部为发行点，在乡（村）发展个体户售书。1984年省投资11.9万元，在西江区修建门市部（建筑面积110平方米）和在县城解放西路修建仓库（建筑面积583平方米）。年销售各种图书50.5万册，被评为全国新华书店系统先进单位。1985年按上级指示，对书店人事、业务、财务实行“三权统一”“省、州、县三级管理”，改名为贵州省新华书店雷山支店。年末，全县发展常年和季节图书销售网点21个，征订各种图书900多种，3.2万册，销售各种图书52.9万册，被评为黔东南州新华书店系统“三优”先进单位。1987年有工作人员7人，全年销售各种图书51万册。

第四节　图书阅览

县图书馆

民国时期，民众教育馆存有一般儿童读物和报纸，在馆内开展书报阅览。民国38年（1949年）11月，由丹江镇中心国民学校管理后停办。

1953年，雷山县文化站（后改为文化馆）建立，设图书阅览室，有书柜2个，书桌1张。购有政治、教育、文艺、历史、科技及连环画等各种读物计850多册，订有各种报纸杂志20多种，每日中、下午开放。节日举办新闻图片展览，共展出图片3套，观众399人次。1955年接待阅览者2697人次，借阅280人次。1957年在县城中街租用木房1间，作图书阅览室，节、假日及星期天全天开放。1961年在县城设展览亭2个，全年展出图片1350帧。1965年底，馆藏图书2000余册。"文化大革命"时期，大部分图书被封存，图书阅览亦关闭，部分藏书丢失。1978年，图书阅览随文化馆同时恢复，由文化馆干部兼管。1979年1月，对图书重新清理，计各类图书1744册，新购图书2899册。年末，有书架5个，馆藏图书计4643册，报纸杂志9种。是年，接待阅览者1420人次；借阅图书300余人。展出图片3次。1985年馆藏图书4700余册，借阅图书1400人次。以后，实行财政包干，资金缺乏，增添图书报刊较少。1987年馆藏各种图书4990册，报纸杂志50余种。有书柜2个，书架14个。阅览室1间，40平方米，年接待读者1120人次。

县委宣传部图书室

1954年建立，有书柜2个，藏有各种图书200余册，各种报纸杂志资料50多种。"文化大革命"中，因无人管理，藏书大部分丢失。以后，经重新清理，1987年藏有各种图书2047册，各种报刊资料40多种。

县委党校图书室

1978年建立，有书柜2个，藏有马克思、恩格斯、列宁及毛泽东主席经典著作与政治、理论等读物。以历史读物为主。1987年底，有各种图书2300多册，各种刊物13种。

雷山民族中学图书室

1954年建立，有图书室1间，40平方米。有书架16个，专职图书管理员1人。藏有政治、历史、教育、文艺、科技及青少年读物等计4100余册，各种刊物、资料4000余册。"文化大革命"中，大部分图书丢失。1977年后，重新整理。1987年末，藏有各种图书4723册，各种刊物3100余册，订阅报纸20余种。

农村图书室

1955年，在丹江区新民（城关）、响楼等农业生产合作社建立6个图书室，4个读报组。团县委曾发动机关向农村图书室赠送图书1283册。1958年，全县有农村图书室95个。1959年大办农村食堂，又在各食堂内设图书室，用公益金购有少量通俗科技读物，供社员阅览。1962年食堂下放，图书随之散失。"文化大革命"结束后，农村图书阅览逐步恢复。其中，较好的有：西江图书阅览室，由西江文化站兼办业务，利用业余时间开放和带书下农村流动借阅。1979年订报刊8种，用图片和剪贴画报展览5次。1984年开放图书阅览200余次，接待读者1000余人次。用橱窗展览图片19期，915帧。1985年阅览室接待读者1000余人次，借阅图书120人次。展览图片12次。1987年藏书500余册。

永乐图书阅览室

由永乐文化站兼办业务。1985年州文化单位赠送图书、杂志作藏书，利用业余时间开放和带书下农村流动借阅。全年开放图书阅览120天，接待阅览者1600余人次，借阅图书600余人次。1987年藏书1800册。

永乐镇格益村个体文化室

1986年12月建立，为个体户杨昌仁自办。投资250元，购买各种通俗读物300余册，向邮电局订购有关杂志20多种，利用业余时间和节假日向群众开放。1987年阅览人数达600人次。

第五节　电影放映

电影发行放映公司

1961年8月，建立县电影管理站，配站长1人，管理全县电影队行政和业务工作，1972年增配工作人员2人，1978年改为电影发行公司，配经理（副）2人，工作人员3人，有电影拷贝发行和放映权。年均发行国内外故事片、科教片、新闻纪录片等。有16毫米和8.75毫米电影拷贝300余部。其中有苗语、侗语译制片3部。

电影院、队

县电影院　1972年建立，配经理1人，工作人员6人。有103型35毫米提包机1套，租用县革委会大礼堂为放映场。面积1415平方米，座位1464个。售票放映，独立核算。1982年配经理（副）2人，有工作人员9人。租用县人民政府礼堂作影院。有座位864个。有甘光型和华蓥型电影放映机各2台。1985年增置遮幅宽银幕镜头1对，开始宽银幕放映。

西江电影院　1984年建立，有国产南宁放映机及701型发电机各1台，售票放映。有座位390个。1987年承包给个体经营。

县科协电影队　1979年建立，有专职工作人员1人，兼职1人。有54型16毫米电影放映机及1101型发电机各1台。向州、县电影发行公司租片放映，以放映科学技术教育片为主，不收放映费。

雷山民族中学教学放映队　1980年建立，有专职工作人员1人，兼职1人。有甘光F16—71Ⅱ型，甘光FL—8.75型及702A1000瓦·DF750型750瓦放映机、发电机组各1台。主要对学生进行电影教学。由学生集资，学校补贴，租片校内放映。

公统乡电影队　1972年建立，放映员2人。由乡人民政府管理。属集体经营。有FLⅡ型8.75放映机和75型发电机各1台。1982年改为个体经营，包场放映。

方祥乡电影队　1972年建立，放映员2人。由乡人民政府管理，属集体经营。有FLⅡ型8.75放映机、300型发电机各1台。1982年改为个体经营，包场放映。

莲花乡电影队　1982年建立，放映员2人。有FLⅡ型8.75和71型16NV放映机及75型发电机各1台。由乡政府管理，属集体经营。包场放映，自负盈亏。

白连乡电影队　1983年建立，放映员1人。有FLⅡ型8.75型放映机、300型发电各1台。个体经营，自负盈亏。

报德乡电影队　1983年建立，放映员2人。有71型16NV放映机、75型发电机各1台。由乡政府管理，集体经营。包场放映，自负盈亏。

桥桑乡电影队　1983年建立，放映员2人。有FLⅡ型8.75型放映机及300型发电机各1台。乡人民政府管理，集体经营。包场放映，自负盈亏。

大沟乡电影队　1983年建立，放映员2人。有FLⅡ型8.75型放映机及300型发电机各1台。乡政府管理，集体经营。包场放映，自负盈亏。

望丰乡电影队 1984年建立，放映员1人。有国产南宁16NV型放映机及707型发电机各1台。乡政府管理，集体经营。包场放映，自负盈亏。

达地镇电影队 1985年建立，放映员1人。有71型16NV放映机及702型发电机各1台。镇人民政府管理，集体经营。包场放映，自负盈亏。

掌雷乡电影队 1985年建立，放映员1人。有FLⅡ型8.75型放映机及75型发电机各1台。乡政府管理，集体经营。包场放映，自负盈亏。

柳乌乡电影队 1985年建立，放映员1人。有FLⅡ型8.75型放映机及75型发电机各1台。乡政府管理，集体经营。包场放映，自负盈亏。

乌江乡电影队 1986年建立，放映员1人。有FLⅡ型8.75型放映机及75型发电机各1台。乡政府管理，集体经营。包场放映，自负盈亏。

开屯乡电影队 1986年建立，放映员1人。有71型16NV放映机及发电机各1台。个体经营，包场放映。

电影放映业务

解放以前，雷山县没有电影。1951年，贵州省民族访问团到雷山慰问，首次在县城放映电影。1954年镇远专区建立雷山、台江电影小队，有工作人员3人，由镇远专区电影中队领导。每年巡回到雷山区一级地区放映2至3场，经费由专区开支。1956年，县建立电影队1个，有工作人员3人。用54型16毫米放映机，在全县巡回放映。计有放映点54个，全年放映250场，观众26万人次。为使苗族群众看得懂，电影队在放映前用苗语介绍影片的基本内容，放映中插用苗语作通俗解释。1958年贯彻深入农业社、深入工地、深入边远山区放映的工作方针，配合党的中心工作，映前还加放幻灯。11月，增建县电影队第2队，有工作人员3人。全县计有71个放映点，年放映计500场。放幻灯片17套，观众达52万人次。1961年，建县电影队第3队，有工作人员3人。此后，实行定点、定线、定时、定场、定收费的“五定”方法，分工跑点。平时深入农村，节日回城放映。城区实行售票，以县人民政府礼堂作为放映场。全年放映500场，放幻灯片14套，观众40万人次。1962年至1966年，贯彻执行“政治第一，教育为主”的方针，强调配合社会主义教育运动，重点放映《夺印》《槐树庄》等故事片。并与妇联、青年团等单位配合，举办“社会主义电影宣传月”。每年的放映计划均在头一年的第四季度前落实。电影队与生产队按巡回放映路线、时间和收费等项目签订合同，报请县人民委员会批准执行，由公社监督检查。全县有107个放映点，除县城、永乐两地售票放映外，其余均按包场放映收费。放映费按村寨大小收取，每场在20至30元之间。5年中，共放映2500场，观众213万人次。1967年至1971年，大部分影片被封存，除放映“样板戏”影片外，放映工作基本处于停顿状态。5年中，全县只放映150场，观众7.5万人次。与1956年比较，放映场次下降38%，观众下降67%。1972年，建立县电影队第4队。全年共放映1112场，观众83万人次。1973年5月，县委将电影队下放4个区管理。机器属县电影管理站所有，人员由区统一安排，财务收入由各区独立核算，盈亏统一由县财政平衡。1974年和1975年，分别举办“革命样板戏影片汇映”，并兼放“工业学大庆”“农业学大寨”等7部影片，为期1个月。1978年，全县放映1196场，观众93万人次。1981年，电影队、院推行承包责任制，全县放映948场，观众75万人次。1983年，几个电影队原使用的机器超过使用期限，全部作报废处理，人员收回由县统一管理。以后，由于电视机逐渐增多，电影观众有所下降。1984年，全县放映2312场，观众13万人次。1987年全县放映2584场，观众47万人次。

第六节　文物管理

文物工作，原由文化馆兼管。1984年，县设文化局，明确工作人员1人专管。1986年，建立雷山县文物管理所，专司文物搜集和管理工作。

1984年12月，县举办“纪念张秀眉、杨大六反清起义130周年座谈会”，省、州文化界及民委均派员出席，还邀请黔东南民族师专、州民族研究所、黄平县民委等单位参加，会议期间发表论文、讲话等文章23篇。会上讨论了民族文物的搜集整理工作。随后，文化局组织对全县境内的文物、古迹、风景区、民族节日活动场所的历史和现状进行调查，呈请贵州省人民政府批准，将农民起义遗址一雷公坪点将台和郎德上寨民族文物村，明确为省级文物保护单位；并呈请县人民政府批准，将丹江厅遗址、龙头山、犀牛潭摩崖石刻、达地革除夫役碑、脚雄聚歼“叛苗”碑等5处明确为县级文物保护单位。

1985年，在全县15个乡（镇）普查搜集铜鼓、木鼓、碑刻、民族服饰、银饰、民族乐器及生产生活用具等文物共172件。其中完成铜鼓和碑刻拓片15张，文物照片56张，搜集古兵器“九节连”铁炮1门，大刀5把、长矛3件，铁钩1件。并搜集民族生产生活用具实物64件送日本国立民族博物馆，征集花裙和精绣传统花衣“乌摆”2件送北京民族文化宫。

1986年，省、州拨款9.2万元，由文化局、城乡建设环境保护局主持维修郎德上寨民族文物村工程。是年，中央民族学院师生10人对郎德上寨的文物、民俗等作58天的考察，写出文字资料15万字。

1987年，县拨专款0.7万元，在全县搜集刺绣、银饰、陶器、竹木器、剪纸、图案等民藏精品150件，送省、州参加首届民族民间工艺美术品展销会，获州先进集体奖。完成全县文物地图集的编制，对坐落地址、方位、形成时代写了3000余字的说明，省文化出版厅颁发“荣誉证书”。写完4万余字的《雷山县文物名胜志（初稿）》。是年，上海同济大学建筑规划学院师生31人，对郎德上寨的地形、民房建筑及民俗作为时1个月的调查，整理资料10余万字，绘图104幅。1987年止，全县出土铜鼓有大龙坳、羊乌、排老3处。

黄里乡大龙坳出土铜鼓民国36年（1947年），建安乡（今黄里）大龙坳一村民，在村南2.5公里原张秀眉起义军扎营处挖葛根时，挖出铜鼓1个。测定为清道光年间所制。鼓面直径49厘米，高28厘米，重20公斤，鼓面有用刀击伤痕约6厘米。现存于该村民家。

排告乡羊乌出土铜鼓1975年，在排告乡羊乌村北3公里处，一女村民上山打猪草，发现洞里放有铜鼓1个，鼓面直径50厘米，高30厘米，重22公斤，完好无损。现存于该村民家。

达地镇排老出土铜鼓1978年，在排老村开挖小学校舍地基时，出土铜鼓1个，测定为清嘉庆年间所制。鼓面直径47厘米，高28厘米，重17.5公斤，鼓脚已锈朽2~3厘米，鼓面完好。现存村内，为集体所有。

1987年雷山县文物保护单位一览表

表15—1

名　称	级　别	所在地	形成年代	批准建立日期
雷公坪点将台	省	方祥乡	代考	1985.8
郎德上寨民族文物村	省	报德乡	清咸丰五年（1855年）	县1985.2，省1987
丹江厅遗址	县	固鲁乡	清雍正七年（1729年）	1985.2

续表

名　称	级　别	所在地	形成年代	批准建立日期
龙头山	县	龙头乡	清乾隆三年（1738年）	1985.2
犀牛潭摩崖石刻	县	响楼乡	清光绪末年	1985.2
达地宋家坳革除夫役碑	县	达地镇	清同治十三年（1874年）	1985.2
脚雄聚歼叛苗碑	县	响楼乡	清同治十三年（1874年）	1985.2
干南桥民议财礼碑	县	永乐镇	民国28年（1939年）	1987

第七节　节日娱乐场所

望丰五岔路歌场

位于望丰乡三角田村境内，在乌江、公统与望丰乡交界处，距县城18公里，场地约200亩。每年农历三月下旬，即三月的第一个子日（鼠场天）为爬坡赛歌日。以后每13天举行一次，连续3次。以第二次最为热闹。雷山、丹寨、麻江、凯里等县（市）边区的各族人民汇集于此，以赛歌为主。同时开展斗雀、赛马及其他体育活动，极盛时达2万余人。

教厂东山坪歌场

位于固鲁乡东山坪，面积约3000平方米。每年农历三月第一个子日（鼠场天），附近村寨的苗族青年男女聚集于此“游芳”对歌1至2天，参加活动1000余人。

新联送吉坳歌场

位于大塘乡西南约3公里的新联村送吉坳，面积约2500平方米。每年农历三月第一个午日(马场天)，丹寨、雷山等邻近村寨青年男女汇集于此对歌、赛马、斗雀等，参加活动1000余人。

报德养流坡歌场

位于县城西北16公里的郎德上寨村对面。面积约30亩。有跑马道150米。每年农历三月第一个午日（马场天）欢庆爬坡节。凯里、雷山、麻江、丹寨4县（市）邻近村寨男女青年汇集于此对歌、斗雀、赛马等，极盛时达万余人。

控拜村送扁富歌场

位于大沟乡控拜村背后山腰，面积约50亩，距县城47公里。在雷山台江两县交界处，原为场集。每年农历六月“吃新节”时，雷山、凯里、台江等县（市）比连村寨的苗族男女青年汇集于此，举行对歌比赛，并“游芳”寻找意中人，极盛时达万余人。

黄里乡牛角坡歌场

位于黄里乡大龙坳村左侧，海拔1059米，距县城19公里。每年农历四月六日，雷山、凯里、台江等县（市）的苗族男女老少汇集于此，对歌1~3天，人数约3000左右。

丹江吃新节游卯场

在雷山县城关街上，长约3000米。每年农历六月上旬卯日（兔场天），丹江地区周围各苗族村寨逢“吃新节”赶热闹场，近百个村寨的男女老少汇集于此，彻夜欢歌，通宵达旦。还举行对歌、跑马、放牛打架等活动。时间2～3天，参加活动3万余人。

郎当河口斗牛坪

位于响楼乡排堤坡脚河滩，距县城2公里。每年农历六月“吃新节”，在丹江场游卯的第二场，响楼、固鲁等乡苗族人民在此放牛打架。时间1天，参加活动1000余人。

黄里斗牛坪

位于黄里乡黄里村河沙坝。长约500米，宽30米。每年农历五月下旬卯日（兔场天）“吃新节”，男女老少汇集于此放牛打架、赛歌。时间1至2天，参加活动1000余人。

陶尧斗牛坪

位于陶尧村皆南则河沙坝。长约1000米，宽70米。每年农历六月上旬苗族“吃新节”，附近村寨男女老少汇集于此放牛打架和对歌。时间1至2天，参加活动5000余人。

莲花斗牛坪

位于县城南7公里的莲花乡平寨河滩上。长约1000米，宽50米。每年古历七月上旬卯日（兔场天）“吃新节”和十一月上旬卯日“苗族年”及“鼓藏节”，苗族男女老少均汇集于此放牛打架和对歌。时间3至7天，最长时9天。极盛时达万余人。

报德斗牛坪

位于报德村平寨河沙坝。长约1000米，宽100米。每年农历八月上旬卯日（兔场天），邻近村寨青年男女老少汇集于此，举行斗牛、赛马、对歌、跳芦笙。时间1至2天，参加活动约5000人。

西江芦笙场

即西江街中心的小学操场，面积约3400平方米。每年农历十月上旬卯日“苗族年”，男女老少汇集于此跳芦笙。时间3至5天，参加活动万余人。

麻料芦笙场

在麻料寨内。面积约1300平方米。农历十月上旬“苗族年”和13年一次的“招龙节”，附近村寨男女老少汇集于此，举行跳芦笙、讨花带、敬牛角酒等活动。时间1至3天，参加活动1000余人。

岔河芦笙场

在岔河乡南猛村，面积约500平方米。每年农历六月上旬苗族“吃新节”和农历十一月上旬“苗族年”，村民汇集于此欢跳高排芦笙1~5天，参加活动1000余人。

黄里芦笙场

在黄里“干能邦”和小学操场。面积约1700平方米。每年农历十月上旬卯日“苗族年”，邻近村寨男女老少汇聚于此跳芦笙、踩铜鼓、敬牛角酒。时间1至3天，极盛时达5000余人。

桥港芦笙场

在距桥港乡政府200米的一山坳间，长约50米，宽40米。每年农历八月“吃新节”及10月“苗族年”，邻近村寨男女老少汇聚于此，放牛打架和跳铜鼓、芦笙及斗雀。时间3至5天，参加活动2000余人。

公统芦笙场

在公统乡政府附近的田坝上，面积约1500平方米。每年农历正月初一起，丹寨、雷山、凯里等邻近村寨青年男女汇集于此，举行跳芦笙、赛马、放牛打架等活动。时间1至3天，参加活动5000左右。

羊排芦笙场

在龙头乡羊排村，面积约1200平方米。每年农历十一月上旬“苗族年”，附近男女老少汇集于此，举行跳芦笙、讨花带等活动。时间1至3天，人数达万余人。

永乐芦笙场

在永乐镇大寨，面积约1500平方米。每年春节，周围村寨的男女老少，汇聚于此，举行跳芦笙、踩铜鼓活动。参加活动3000余人。

第二章　文学艺术

第一节　文　学

解放前，雷山地区地处偏僻，教育极不发达，文化十分落后，文学作品极少。民间文学方面，有自编自唱的山歌、花灯调、苗家飞歌、酒歌、古歌、丧葬歌、嘎别福歌、祝贺歌等，还有民间流传的故事、传说、神话等等，虽然比较丰富，但无人搜集整理印行。文学创作方面，仅有少数政府官员、乡村知识界应景生情，互相酬唱的五言或七言古诗和词。民国时期，雷山中学教师编演的讽刺世俗的话剧《有理和有礼》曾轰动县城，但只有手抄本。在20世纪40年代，雷山文学创作较有影响的作者为苗族学者梁聚五，他在抗日战争时期赴缅甸参加抗战时写有日记体的长篇纪实文学《缅甸征尘》和特写《安顺钟楼下的钱市》以及约100首的手抄古体诗稿。其中，尤以《缅甸征尘》影响较广。民国33年（1944年）曾在《力报》上连载，后又汇集成册行于世。诗作以古诗文为多，以原任丹江县长潘咏笙及罗雨峰的作品刊行和流传较广，还有蔡伯村、陈简侯、张醉墨、覃茂如、覃翰青、陶济舟、张保初等，亦有酬和之作行于世。潘咏笙（侗）擅长古文。在丹江县任职期间，作有《雷公山游记》，刊于民国23年（1934年）《贵州文献》。诗有《雷公八景歌》《跳鼓词》《登马家屯》《丹江岁暮寄怀李柴大陈五》《赠铁罗汉》等，今均刊于《侗族文学资料》。罗雨峰系当地乡绅，善田园咏景古诗，其代表作有《咏观音阁》《浪淘沙·雷山八景》《赞跳芦笙》《恢复雷山县治抒怀》《咏南门古枫》等。

解放后，经历37年的发展，文艺工作者的精心搜集整理和创作，不论是作品的内容、形式，或是作者的素质方面，都有较大的提高和进步。20世纪50和60年代，发表在省以上报刊的作品有：《独臂英雄李安家》，1953年刊于《西南文艺》，作者徐世芳（女）等；1969年贵州人民出版社出版专集《鸟谁问苦》，被评为少儿读物一等奖，作者吴刚。

1972年4月，召开全县业余创作会议，各区亦召开相应的会议，年底共搜集创作苗歌、快板、小说、诗歌等作品62件，其中有部分作品是质量低的应景之作。1973年召开有机关职工、学校教师、农村社员等业余文艺爱好者22人参加的创作研讨会。1978年创办文艺季刊《雷公山》，编发稿件57件，其中有小说、散文、诗歌、民间故事、叙事古歌等。当年，苗族歌手唐德海被选为贵州省文联委员、全国民间文学研究会理事。1987年，唐飞（苗）被推选为贵州群众文化学会理事和贵州省音乐舞蹈协会理事。

在文学创作方面，1958年至1987年，全县在省以上报刊发表的诗文有631篇（首），雷山县和雷山籍的文艺工作者和爱好者，有余正生（苗）、杨胜邦（苗）、王润深、唐千武（苗）、张希成（苗）、张晓（女，苗）、文志光（苗）、杨光磊（苗）、韦荣慧（女，苗）、余敏（苗）、周定生、余志芳（苗）、苏学文、吴兴权（苗）等20余人。王润深代表作为独幕剧《军民一家》、四幕京剧《春到苗山》、七场民族歌剧《美霞花》、歌词《大干社会主义多豪迈》《劳动致富唱新歌》等；杨胜邦代表作为小说《彩礼》、歌词《越唱心里越红火》；余志芳代表作为散文《肩挑扁担送货忙》《把青春献给山乡苗寨》；张希成代表作为散文《苗寨银花开不败》《苗岭银花》《贵州西江访苗寨》和诗歌《肩挑金谷献北京》等；唐千武代表作为《简文枉的故事》《囊犹香》《雷公山上的水井》《苗山恋》《蕨草颂》《苗岭春晓》等；余正生代表作为散文《在西江苗寨过年》《雷公坪散记》《雷公山，崇高的山》《漫游响水岩》等；文志光代表作为散文《苗寨风貌》《红太阳永不落》《芦笙欢奏迎春》等；周定生代表作为童话《投弹记》《一个细胞办两个工厂》《漫话猕猴桃》；张晓代表作为散文《假如这也是追求》；韦荣慧代表作为专著《爱的超越》；杨光磊代表作为诗歌《苗岭高高搭歌台》；苏学文代表作为《台湾杉》《八月竹》《芦笙和木叶》；吴兴权代表作为《山里的孩子》《山寨晨曲》《山魂》；余敏代表作为《石级怀古》《鼓声山曲》《夕阳山梦》；李世堂代表作为《一枝红杏驻春光》。

第二节　艺　术

摄　影

摄影艺术传入雷山较晚，民国30年（1941年）以前，没有照相业。官方的重大活动，特约外地摄影师来此拍照，故历史照片极少。1952年，有凯里、炉山等地的专营户来此流动营业。1956年，雷山始有专业照相馆，不久停业。1961年下半年，商业局在饮食服务公司内开设照相馆，对外营业。1987年，县内有国营照相馆1户，个体照相业5户。

业余摄影始于1957年，县公安局、县报社、县财委各有照相机1部，并置有冲洗设备。20世纪80年代以后，业余摄影发展很快，到1987年止，全县已有手提照相机300余部。主要用作拍摄党政机关活动、新闻图片，景物风貌等资料之用。1981年，引入彩照技术，业余摄影的作品逐渐增多。1984年，县民委和文化馆联合举办摄影作品展览2次，展出作品106帧。1985年春节，举办全县美术、摄影展览，展出作品64帧。1987年举办“雷山风情”展览，展出作品74帧。每次召开的县党代会、人代会、政协会，都以“会议剪影”形式展出大会实况。科委、科协、城乡建设、教育等单位，专业展出共70多期。有的作品被省级报刊和《贵州画报》《民族画报》采用，有的被送到北京和美国、加拿大参展。作品较多的作者有张希成（苗）、李玉仪（苗）、杨少辉（苗）等人。主要作品有《稀有树种一秃杉》《雷公山下银匠村》《绣丰年》《活跃在苗岭山区的乌兰牧骑》《苗族姑娘的秘密刺绣》《雷公山乌芒瀑布》《绿色珠宝》《苗家芦笙盛会》《选购土陶》《药用植物三尖杉》《雷公山自然保护区考察》等近200帧。

音乐舞蹈

1981年6月，由余文烈（苗）、任永福（苗）搜集、王承祖编辑、贵州人民出版社出版的《雷山芦笙曲选集》第一集，已在全国各地发行。1983年以后，民族文化工作队余文烈（苗）、吴廷彪（苗）、龙世忠（苗）、黄美芝（女、苗）、潘秀杰（苗）、任永福（苗）创作了数以百计的歌舞。其中，以西江苗族芦笙舞为素材创作的《讨花带》，以雷公山南着短裙的苗族芦笙舞为素材改编的《锦鸡舞》，以苗族“根苗菊”芦笙舞为素材创作的苗族双人芦笙舞《斗鸡》，以苗族莽筒芦笙舞为素材改编的《欢乐的苗乡》，以岔河女子芦笙舞为素材创作的《欢乐的苗家姑娘》等7个舞蹈节目，于是年9月以雷山民族文工队为主体组成“贵州省乌兰牧骑式演出队”，参加全国乌兰牧骑式文艺会演，获“全国乌兰牧骑式演出先进集体奖”，《讨花带》《欢乐的苗家姑娘》获全国乌兰牧骑式演出优秀节目奖。1984年，根据苗族民间传统婚俗创作的《半夜出嫁的姑娘》《夜箫声声》，芦笙合奏《欢乐的苗年节》等5个节目，7月参加黔东南州首届文工队会演，分获一等奖和三等奖。1986年以苗族迎宾敬牛角酒为素材，创作的苗族三人舞《尝新酒》，芦笙二重奏《芦笙会歌》《新春曲》、苗族独舞《欢乐的小伙》等节目，分别参加全国及贵州省举办的民族民间歌舞比赛，《尝新酒》获全国编导三等奖和表演奖，《芦笙会歌》《新春曲》获丰收奖，1987年创作的苗族古典舞《铜鼓人》获全国民族民间歌舞比赛铜牌奖。《月下夜箫》《存款路上》《采香菇》等节目获黔东南州第十届文艺会演一、二等奖和组织奖。苗族女歌手唐绿青获上海民间歌手大赛三等奖。

在音乐舞蹈创作方面，有吴廷杰（苗）、陶钟麟、蒋立等成果较多。

吴廷杰（苗），莲花乡人，在黔东南州歌舞团工作，国家二级舞蹈演员。1953年参加赴朝慰问团到朝鲜演出。1988年随州歌舞团赴意大利、奥地利、匈牙利等国演出。主要创作有《锦鸡舞》《芦笙舞》《踩鼓舞》《铜鼓舞》等。他创作的《八女放排》曾在全国文艺会演获奖。

蒋立，丹江镇人，上海音乐学院毕业，现在厦门大学任教。他的代表作《征粮》，获贵州农村征集歌曲一等奖。

陶钟麟，丹江镇人，现在镇远县文化馆工作。中国音乐家协会贵州分会会员，贵州民族音乐研究会会员，镇远音舞协会主席。擅长花灯歌舞词及谱曲。1983年以后，陆续在全国和省级刊物上发表作品。其代表作有：《迎春贺劳模》（花灯歌舞），发表于1984年文化部编辑的《春节演唱资料》；《看龙船》（歌曲）1986年中央人民广播电台转播节目；《最高的山顶是雷达兵的家》（歌曲）发表于《解放军歌曲》；《这里是红军走过的地方》（歌曲）发表于《宁夏民族之歌》等。

书法、美术、剪纸

解放前，这类作品无人重视，均只作为增强婚、丧、喜事和节庆的气氛或应酬交往。书法以乡绅罗雨峰的行草书较佳。剪纸专用于妇女刺绣。1958年为扩大“大跃进”的宣传，曾组织胡德辉、毛克翕、侯正玺等人在全县农村画壁画，写标语。1972年，县革委政治部两次召开美术作品座谈会。是年国庆节，首次举办美术展览，展出包括水彩画、油画、水粉画、铅笔画、炭粉画、蜡笔画等美术作品共128幅，选送省、州参展24幅。1978年10月，雷山中学首次举办书法、绘画作品展览，展出作品53幅。1980年文化馆举办"国庆"美术画展。1984年春节、"吃新节"期间，县民委、文化馆联合举办全县美术作品展览，展出美术作品66件，书法32件。1985年春节，举办美术摄影作品展览，展出作品84件。8月，文化馆举办业余美术学习班，为期25天，学员23人。学习期间，举办展览一次，展出水彩画90幅，素描画134幅。9月，"教师节"期间，由教育工会组织教师书法美术竞赛，向州推荐6幅作观摩展出。1986年西江过苗族年，区文化站举办农民美术、书法、摄影展览会，展出作品97幅。1987年，文化馆收到民间合作的美术图案5件，泥制各种鸟兽模型110件，剪纸34件。

雷山县籍和现在雷山的美术、书画作者，有莫维贤（苗）、胡志鸿、侯勇（苗）、张有群、秦伟宏、侯兴元（苗）、赵德芳（苗）、杨睿鹏（苗）等人。其代表作有《扫盲小先生》（木刻），刊于《贵州日报》；《女民兵》（剪纸），刊于《贵州日报》；《姊妹歌》（版画），刊于《贵州画报》；《鼓藏乐》（速写），刊于《贵州日报》；《山乡巨变》（国画）参加黔东南州美术摄影展览，获创作奖，《毛主席·西江月》书法，参加东北三省书画联展获三等奖。赵德芳、杨睿鹏为州书法家协会会员。其中以侯兴元成就较高。

侯兴元（苗），美术工作者，黄里乡人。现在贵州省工艺美术研究所工作。1985年，其作品《苗龙》信插系列设计3件在波兰国际博览会展出；《贵州陶》包装装潢系列设计15件参加全国展出。有30件作品获省级以上优秀设计奖。

民间传统艺术

民间传统艺术有玩龙灯、花灯、吹唢呐、吹大号等。

龙灯 县内的丹江、长丰、治安、连城、营上、北建、震威、望丰、桥桑等汉族居住地区，春节时有"玩龙灯"的风俗。每年春节，由群众自愿集资，以一村或一片合办。解放后，除1958年至1962年经济困难时期和十年"文化大革命"横扫"四旧"而停止外，每年都开展玩龙灯的活动。1985年春节，县民委、体委、文化局曾联合举办"龙灯"表演比赛，有13个龙灯队参加。桥桑龙灯队以制作精巧，画工优美，技艺别具一格，获得冠军。

龙灯为神龙的造型，用竹篾、白皮纸、布制成。龙宝为圆形，在前引导。其次为龙头。中有5至6节1.5米长的节子，用带连接为龙身，最后一节为龙尾，有的用数丈长的白布连接罩住，画上鳞甲。耍龙时，宝、龙头和各节均点上蜡烛，夜间望去，犹如真龙，上下翻腾盘旋。配以蚌、兔、虾、鱼、船、鸟、花钵等各种形状的花灯，并敲锣打鼓陪耍。有进屋贺岁，鸣炮接龙，放焰火烧龙，二龙抢宝等表演项目。从农历正月初九日起，直到正月十五日"元宵节"才算结束。

花灯 仅流行于丹江城关和桥桑两地。由品貌端庄的男女各1人和伴唱数人组成。女的头戴鲜花，身着彩衣，腰系红绸，薄施脂粉，手摇白扇，以女声"花灯调"清唱。男的亦身着盛装，头戴八瓣顶子帽，与女并肩齐唱，有时戏谑打闹，诙谐滑稽，令人捧腹。解放前，唱词多为《三国演义》《杨家将》和《水浒》《封神演义》等古典故事。解放后，则以各个时期党的中心工作和方针、政策为主要内容。既有传统形式，又有新鲜内容，起到宣传教育群众的作用。

唢呐 又称八仙，用竹管和铜制成，竹管上有声韵孔，全长0.5米。有的自制，也有的机制。为汉族地区及侗族、水族地区婚、丧喜庆奏乐之用。二人吹奏，声音悠长而有拍节，曲调各地不尽相同。

大号 全为铜制成，全长1.5米，可以伸缩。为汉族地区婚、丧喜事吹奏之用。

第三章　报刊、广播、电视

第一节　报　刊

民国35年（1946年），雷山设治局创办《新雷山》油印小报，为八开单张，每周1期。民国38年（1949年）停办。

《雷山县报》

1956年6月由中共雷山县委主办，是县委机关报。为四开双面石印周报。有兼职主编1人，专职编辑，记者各1人。有石印机1台，工人3人，照相机1部。由雷山县报社负责编辑发行。7月1日发行创刊号，是年出版31期。辟有“国内外简要新闻”“工作经验介绍”“农村通讯”“政策时事讲话”“文艺”等栏目。围绕党的各项中心工作，宣传党的方针、政策和建设社会主义的经验与成就，表扬各条战线上的好人好事，批评各种错误思想与行为。还向新华通讯社提供胶版图片及自己摄影制版刊用。1957年出版69期，1958年改为3日刊，出版106期，每期发行870份。1959年1月并入《凯里县报》。

《雷公山》

县文化馆主办，1978年创刊。为文艺季刊，32开本，铅印，发行250册。只印行1期，8万字。后因经费困难停办。

《雷山科技》

1979年创办，由县科技局（现为科委）主办，为16开铅印单张小报。1982年8月停刊。印发14期，14万余字。

《雷山民族研究》

雷山县民族研究学会主办，为16开本铅印刊物，每年印行2期。贵州省内部报刊登记证黔刊字第D—0354号。1982年3月创刊。截至1987年底，共发行11期，90余万字。辟有“民族经济论坛”“民族教育研究”“民族文化研究”“故事传说”“民族历史探源”“史海钩沉”“苗岭行”“民族歌舞”“人物传记”等栏目。

《雷山文史资料》

雷山县政协文史资料研究委员会主办。为16开本油印（铅印）不定期刊物。贵州省内部报刊登记证黔刊字第D—0353号。1985年2月创刊，截至1987年底，共发行15期，1120册，40余万字。

《雷山县志通讯》

雷山县志编纂委员会主办，为16开油印刊物。黔东南州内部刊物登记第35号。1986年5月创办。

至1987年12月共发行54期，印发5400余份，计40余万字。

《雷公山》(苗文刊物)

雷山县民族事务委员会苗文办公室主办。为16开本不定期苗文油印刊物。1982年2月创刊。至1987年止，已发行18期，计3600余份。

《雷山党史资料》

中共雷山县委党史办公室主办。为16开本油印刊物，不定期印发。1983年创刊。至1987年底，发行18期，1380分，约20万字。

第二节　通讯报道

民国24年(1935年)至1950年，雷山有4人向省级报刊投稿见报。

1953年，县委宣传部为《新黔日报》发展通讯员3人，撰稿见报13篇。1956年7月，雷山县报社在丹江、西江、大塘及县机关聘通讯员393人，开展通讯报道工作。1957年收到各地来稿2024件，编发各种稿件1493件，张贴画、连环画、漫画42幅，图片83张。1958年收到各种稿件2868件，编发文章2385篇。

1956年，设中共雷山县委通讯组，由县委办公室兼办，任务是为《贵州日报》组织通讯报道。1958年投稿见报3篇。1963年投稿见报4篇。1968年投稿见报5篇。1973年县革委会建立通讯报道组，有专职干部1人。同年，召开全县通讯报道工作会议，到会52人。全年投稿见报5篇。1974年通讯组设在县委宣传部内，配组长1人，通讯工作人员2人(含聘用1人)。任务是采写县内的重要新闻和农村生产典型性报道。1975年全县在省级以上报刊发表稿件11篇。1976年见报1篇，省广播电台采用9篇。1977年召开全县通讯工作与业余通讯员会议，与会54人，以会代训，提高通讯员的写作水平，促进通讯报道工作的开展。1979年见报31篇，1982年见报38篇，1983年见报56篇。1984年9月，县委宣传部决定设“新闻作品奖”，凡全年被县广播站采用稿件20篇以上的，评为一等奖；6至11篇，评为二等奖；稿件被州级以上报刊和电台采用者，凭用稿通知单，按稿酬另加发奖金50%。至此，全县投稿人员逐年增多，用稿量增加。1986年投稿见报69篇。1987年举办首届少数民族通讯训练班1期，同年见报85篇。

《黔东南报》复刊后，1986年县设“记者站”，由县委通讯组兼办。

第三节　广　播

县委宣传部收音站

1951年10月建立县委宣传部收音站，配干部1人。由镇远专区发给五灯直流超外差式收音机1台。1953年交县文教科管理。收音站记录贵州人民广播电台播放的新闻，刻印分发县、区、乡领导参阅和用黑板报进行宣传。1954年根据“联系群众，联系实际，为党的中心工作和生产服务”的方针，记录新闻240件，选用80件，记录中央广播稿件8件，选用6件。出黑板报54期，刻印资料5580份。组织收听广播节目33次，听众2587人(次)。1955年9月，记录新闻工作由县委宣传部管理，称“中共雷山县委宣传部收音站”，有收音机7部。在县站帮助下，丹江、农场(现龙头)、响楼、大塘咱刀、西江水寨5个农业生产合作社先后建立收音站，每站有兼职收音员1人，收音机1部。县曾举办农村收音员培训班1期，培训36人。是年，抄录省台节目75件，中央台11件，刻印宣传资料63期，5000余份。组织群众收听节目60余次，听众约2000余人(次)。

雷山县广播站

1958年建“雷山县广播站”，设于县委会内，有工作人员3人由省、县投资1万元，购250瓦扩大机2台，架杆1500根，62杆公里，安装喇叭233只。当年，全县3个区29个乡40个农业合作社和90个自然村，安装了广播喇叭，占总社数的60%。有38.3%的群众听到了广播。年末，全县机关安装喇叭87只。农村安装喇叭241只。1959年1月改称“凯里县雷山协作区广播站”，有工作人员1人。1961年8月，恢复雷山县广播站，有工作人员2人。1963年，贯彻“广播网实行收费自给，群众办广播”及“自筹、自建、自管、自用”的方针后，因电源缺乏而停办，线路被毁坏。1965年7月，广播业务恢复，经费由财政预算内开支，设副站长1人，工作人员3人。新架线10公里，安装喇叭61只。1966年，广播站迁设县人民委员会内。1972年开始架设大塘、报德、望丰、岔河公社的专用线，全长80余杆公里。同年，广播站建砖木结构业务用房，独立开展业务。1974年架设城关至乌江、永乐至排告、开屯的专线，全长27杆公里。广播站还开展修理业务，全年修各种收音机及喇叭400余只(件)。1975年，建砖木结构楼房1幢，面积80平方米，作办公、播音房。并架通县城至陶尧、固鲁等公社的专用线。年底，全县有4667户农户安装小喇叭，76个生产队通广播。1978年购24马力14千瓦发电机1台，架设电源线450米，解决县站第二、三次的播音发电。全年为群众修理三用机、收音机、扩大机245部，修喇叭300余只。有394个生产队通广播，农户安装喇叭9336只。1979年，农村广播专用线有158杆公里，全县有74个大队通广播，9470户农户安装喇叭。有专线86.5杆公里，支线(含区、乡自接广播线)71杆公里，高音喇叭27只，入户喇叭1900余只。1987年，对县城各街道线路进行整顿，将原装置的高音喇叭改为低音喇叭，提高覆盖率25%。县城90%以上住户听到广播。全年为群众修理电视机10台，修收录机27台，修收音机186部及各种喇叭22只。12月，建立《贵州广播电视报》发行站。

区、乡广播站

永乐区广播站 1972年8月建立，10月1日正式播音。原为开屯广播(放大)站，1973年迁永乐区改为永乐区广播站。有苗岭250瓦和上海产550瓦播音机各1台，有工作人员2人，每天播音3次。主要转播省台和中央台节目。因电源缺乏，1985年停播。1987年11月恢复播音业务。

西江区广播站 1973年建立，配工作人员1人。安装上海产275x2型播音机1台，每天转播省台和中央台节目3次。因电源缺乏，1976年停播。1979年购置一楼一底砖木结构房屋1幢，面积140平方米，安装24马力14千瓦发电机1台。1980年11月，恢复播音，有工作人员2人。1987年聘用业余采编1人。除保证正常转播外，还自办节目，用苗、汉两种语言播音。

桥港公社广播(放大)站 1974年建立，聘用亦工亦农广播员1人，安装苗岭500瓦扩音机1台，每天转播中央台、省台及县广播站新闻节目3次。1979年因电源缺乏停办。

报德公社广播(放大)站 1976年建立，聘请亦工亦农广播员1人，安装娄山关250瓦和苗岭500瓦扩音机各1台，每天转播中央台和省台及县广播站新闻、自办节目3次。1980年因电源缺乏停办。

黄里公社广播(放大)站 1977年建立，聘请亦工亦农广播员1人，安装苗岭250瓦扩音机1台，每天转播中央台、省台新闻节目3次。1985年因电源缺乏停办。

响楼公社广播(放大)站 1981年建立，聘用广播员2人，安装苗岭250瓦扩音机2台，每天按时转播中央台、省台、县广播站的节目。

桃江公社广播（放大）站 1983年建立，聘用广播员1人，安装苗岭250瓦、150瓦扩音机各1台。不定时转播中央台、省台新闻节目，或摘录报刊文章进行广播。

播音业务

县广播站除转播中央台、省台的节目外，还自办县内地方节目。1958年自办节目42个，领导宣讲政策10次，开广播大会10次，节假日还邀请民族民间歌手播唱、吹奏芦笙等。1974年，站设编辑室，配采编1人，当年采编稿37件，录音报道12次、会议材料12件。1976年收到来搞478件，采用375件，录音报道10次。1978年摘选广播报刊、文件、资料500余篇，群众来搞270件，记者采写50余件，播出620件。1980收到来稿546件，用稿467件，报刊选摘300件，其他通知、广告、启事57件。1985年增聘采编1人，全年组稿1908件，用稿145件，录音报道4次，大会直播2次，座谈录音广播2次，节目联播3次，广播法律、法令等6次。1987年全县组稿2285件，采用1459件，比上年增长94%。举办"法律讲座"及"中共十三大文献学习讲座"57次，录音报道18组。用苗语广播108次，用苗文组稿25篇，重大活动直播2次。每天开机3小时10分。自办节目40分。场天、节假日，开机4小时40分，自办节目1小时30分，节目内容为农村科技、广播与听众、经济信息、法律顾问、雷山文艺、青少年节目、苗语之音、专题讲座等。

稿件采编

在组稿与播放中，对长稿进行删繁就简，要求在15分钟的节目时间内，播出8至10条消息。同时，开设"听众的话"节目，每天播出2次。1976年10月，举办"深入批判'江青反革命集团'反革命罪行"的专题报道，播出的稿件有《热烈欢呼粉碎'江青反革命集团'的伟大胜利》《苗家人民世世代代跟党走》《除四害、人心快》等。1979年雷山新华书店被评为全国新华书店系统的先进单位时，对这一荣誉及时作了广播。1985年9月10日，第一个"教师节"期间，县站发出《纪念第一个教师节活动的征稿通知》，收到各方面稿件200篇，选播了《苗乡恋—记老教师胡德辉》《四化征途育新人》《县城隆重举行庆祝第一个教师节》。民族节日期间，陶尧、桥港、西江等村寨，先后举行盛大芦笙、铜鼓会。县站及时采编国内外宾客前来观光采风的重要消息，作4次以上重播。雷山饮料食品厂生产的"银球茶""天麻茶"被评为轻工部优质产品，受到省人民政府的表彰，县站作了连续报道，采写的《银球茶、天麻茶获国家轻工部优秀产品称号》一稿被《贵州日报》采用。西江"鼓藏节"，县站记者以《古节今欢》一文报道，获黔东南州广播电视作品特等奖和省优秀作品二等奖。县民族文化工作队多次荣获国家级、省级奖励，县站将《雷公山下走轻骑》《发扬乌兰牧骑精神，热心为各族群众服务》等文章进行转播。1987年10月25日，中国共产党第十三次代表大会开幕后，采用多种形式，播发录音报道6组，"十三大专题"10组，稿件60余篇。县站记者采写的《与党同心》文章播出后，《贵州经济报》采用，获一等奖。

第四节　雷公山调频电视转播台

组织机构

1976年4月15日，贵州省人民政府决定在苗岭山脉主峰、海拔2178.8米的雷公山顶，建立调频电视转播台（简称"764"工程）。属中央、地方合资工程项目，直属黔东南州广播电视局领导。除中央投资

42.5万元外，余由省财政支付。当年，由雷山县抽调15名干部进行筹备工作。1977年后，陆续招收工人11名，由国家统分中专毕业生22名，并由州广播电视局从凯里、三穗、雷山等县(市)调入部分人员充实。为提高人员素质，工程筹备组选送部分人员到北京、成都等地培训。1981年2月，正式命名为“雷公山调频电视转播台”。设正、副台长3人，以及办公室、机房、后勤、发电、技术等工作机构。1984年2月，实行机构改革，10月，改为贵州省雷公山调频电视转播台。1987年底，计有干部38人，工人16人。

基本建设

山腰房屋建设 山腰房屋建在国营林场公路岔口，海拔1540米，为钢筋砖混泥小平房，正方形四合大院。计38间，面积1391平方米，投资16万元。分为宿舍、办公室、电视室、仓库、食堂等。另建柴油发电机及库房一栋于雷毛公路左侧50米处。1977年9月动工，1978年底竣工。房屋建成后，因气候恶劣，职工生活所需供应困难，在城关宿舍建成后，停止使用。

丹江城关房屋建设 城关房屋建在县城南大桥头，与丹江镇政府毗邻。1977年建砖混泥结构4层12间楼房作宿舍，左、右侧各建一楼一底砖房1栋作库房、食堂。1985年分别将宿舍与食堂升高为5层作办公用房，并建电视监视室与门市部1栋。建筑总面积2864平方米，计投资32.8万元。

山顶房屋建设 山顶房屋建于雷公山顶，为混泥结构平房，正方形、四合院，分为主机、附属机房、值班室、办公室、宿舍、食堂等。主机房面积350平方米，地面铺两层油毡防潮后用混凝土覆盖。从屋面到基脚，均用钢筋、扁铁电焊入地，与铁塔防雷坑连接，形成防雷实体。其接地阻为2至3欧姆，墙壁、天花板均装隔音设备。因山上一年有三分之二时间处于云雾缭绕中，为使机器及值班人员不受潮湿侵袭，在房前四周加一道1米宽的防雨、防潮走廊。屋面圆形为密封窑洞型建筑。1978年动工，1980年完工。山顶技术区建筑总面积1505平方米，计投资32.7万元。1987年，投资25万元，增建围墙348米和完善其他续建工程。

供电设备 建台初，基建用电为手扶拖拉机带动3.5千瓦发电机供电。1977年购75KYY6135型和160KYY6160型柴油发电机组各1台。1979年6月，在山顶西北面自建小水电站1座。因天降大雨，山洪暴发，电站被毁，将75KYY6135型机组临时露天发电。1980年，发电机房建在山腰住宅区，输电线上下两端安装250KYA变压器，因几次遭雷击，1982年迁建于山顶，又因机器安装的位置超过适应高度，功率降低。1983年8月，增购120KYY80135型柴油发电机组1台，油罐4个，并将发电机房建在离发射房100米的公路里坎。机房为钢筋砖混结构平房，160平方米。内装160型、120型、75型3台柴油发电机组。油库建于离发电机房120米的公路坎下，方便输油。4个油罐容积为14吨。1987年12月，省拨款20万元，从响水岩电站架设KY电压线直达山顶。供电设备总投资为36万元。

供水设施 山顶技术区公路修通后，建蓄水池1个，容积20立方米，贮雨水饮用。因大雨过后即干涸无水，改用拖拉机及汽车轮流往返运水，将车运之水放入贮水池中沉淀饮用。为彻底解决用水难，1982年3月，在山顶西北沟谷里，发现一小潜流后，用水泥砂浆灌成贮水20立方米的蓄水池，安装扬程222米、功率22千瓦的AGK—5型锅炉水泵1台，将水引入池中，再引进山顶食堂。遇春冬季节，山上冰冻大，水池结冰，水管炸裂因流水中断只好化雪饮用。

通信设备 山顶距县城32公里，离周围村寨亦远，无通信设备，用人工来往传递信息既延误又困难。1978年4月，投资3.2万元安装电话。全长17.5公里，用正杆、拉杆、支撑杆465根，全线路设交叉区4个。每逢春冬两季，常遭雷电、冰雹袭击，造成上下联系常中断。1981年，投资1.27万元购置安装KBG301型、功率10千瓦对讲机1套。1985年5月，增购J2n36型功率15千瓦对讲机1套，交替使用。

铁塔天线 铁塔天线（又称发射天线），位于海拔2178.8米的雷公山山顶，与主机房相连。1978年3月开工，测定四周长各9米，宽1米，深3.5米，在中央积土上开挖十字沟，一次浇灌完成。4个塔脚跨度均为9米，每个脚有固定螺丝6个，深3米，宽2米，重50公斤。由北京铁塔安装队和四川成都630厂安装，1980年5月27日完成。计13层，高61米，部件计275个，整重25509公斤，属小型铁塔。

防雷设施 建塔时，在距塔30米处挖防雷坑4个将引雷物资埋于坑底，外用扁铁焊接相通，主机房亦用扁铁圈围，与铁塔相连，引雷入地。但在电话线和高压线架通山顶后，仍遭雷击十余次。1980年11月29日夜遭雷击，主机房内电视机、台钻、电源开关闸刀、灯泡、电话机等均被击毁，造成山上山下工作联系中断。1981年3月29日夜发生雷击，变压器全被击毁，造成信号节目停播。4月10日又遭雷击，照明电源线被毁。1983年2月28日夜雷电交加，持续2小时，机房电源线起火，电灯泡全毁。为避免雷击事故，保障人机安全，后将变压器撤离主机房20米处，改用电缆接变压器入机房。在电线杆上增装避雷针，山腰通山顶的电话线改为地线，发电机房防雷坑的主坑增防雷塔，用16至18毫米钢架小塔3座，塔高各22米，塔脚各挖2×2×2米防雷坑，引雷入地，现雷击已避免。是项投资0.87万元。

公路运输 1976年6月，为便利工程施工，派工程人员测量专用公路，从雷山桥头电视台本部起沿雷（山）毛（坪）公路至24公里+300米处接线傍山盘旋至山顶，长度为8公里，路面为泥碎石中级路面，宽3.5米。1977年5月竣工通车。投资36.6万元。已先后购置大小汽车3辆，价值7.9万元。

信号转播

雷公山电视台承担地面传送调频、电视信号任务，主要是传送中央电视台和贵州电视台的调频电视信号。1979年购Ⅱ型10KYY调频发射机及10KYY11频道彩色电视发射机各2台及双功器、假负载等附属机件，以及六层蝙蝠翼形与角锥形10千瓦电视调频发射天馈系统等机件。1980年4月至1981年5月先后由成都630厂和贵州省广播电视局技术员安装了4台发射机（一备一用），发射功率均为10千瓦，调频彩电均为直射信号电波。通过接收天线和贵阳761台频率94.6兆的调频信号，经过本机的高功放、一变频、中功放，一、二混频，中功放、高功放，通过馈管，把信号送到角锥形天线发射播出；彩电发射机通过其接收天线，接收贵阳761台9频道彩电信号，经过本机高功放、变频、中功放、变频（本机发射为11频道）、高功放，通过馈管，把信号传到蝙蝠形天线发射播出。1980年5月，机器安装结束，开始试播。1981年6月10日正式开播，每天信号转播10小时。调频，彩电信号覆盖面以雷公山为中心，覆盖半径为200公里的水平线。包括黔、湘、桂三省（区）边区65个县、市。即贵州省的雷山、榕江、从江、黎平、锦屏、天柱、三穗、镇远、剑河、台江、岑巩、施秉、黄平、麻江、丹寨、三都、荔波、独山、龙里、贵定、福泉、罗甸、惠水、平坝、长顺、瓮安、修文、息烽、开阳、紫云、清镇、黔西、金沙、遵义、绥阳、凤冈、余庆、湄潭、玉屏、思南、德江、松桃、石阡、印江、江口等县和贵阳市、安顺市、铜仁市、都匀市、凯里市、遵义市、万山特区；湖南省的通道、靖州、会同、新晃、凤凰等县和怀化市；广西壮族自治区的天峨、南丹、河池、环江、融水、融安、三江等县。

第五节　电视差转台、卫星电视地面站

马家屯电视差转台

1984年7月，县人民政府拨款4万元，在县城东北面海拔988米的马家屯山顶建电视差转台。修筑混泥小平房1幢3间，面积84.5平方米，分机房、办公室、宿舍。在房屋右侧建铁塔天线1座，高23米。

安装10千瓦米波机1台。由响水岩电站供电。1985年元旦建成试播，发射米波第6频道收转贵州电视台节目，聘请2人值机，平均每天转播6.5小时。

1987年11月，新建西江电视差转台1座。

卫星电视地面接收站

1986年9月，县人民政府决定，“以县拨款，单位赞助”的办法在马家屯电视差转台处，增建卫星电视地面接收站，台站合一。雷公山自然保护区管理处、县粮食局各赞助1万元，城乡建设局赞助3000元，雷公山调频电视转播台赞助5000元，其余由县财政拨款支付。购置6.2M锅底天线、接收机GD—Ⅱ—10型米波10m差转机NT—1中频调制器，发射CH4的天线和馈线各1套及两台监视器。工程由县广播电视局负责施工建成。1987年1月由凯里振华公司安装竣工。发射米波第4频道，接收东经66° 国际卫星中央电视台节目。白天转播中央电视二台信号节目。晚上七点以后，收转中央电视一台信号节目。平均每天转播13.5小时。覆盖面占全县总人口15.4%。

电视录像

1984年9月，县建筑公司、县劳动服务公司、永乐镇流动放映个体户曾家等3户开办录像放映点，办证营业。另有雷公山调频电视转播台录像为内部放映，不对外营业。以后，增加城关徐家集体录像放映点，办证营业。1985年6月6日，县人民政府召开全县录像整顿工作会议，对营业放映点的51部录像片进行审查后，作出决定：“凡录像放映单位和个体户，一律通过县广播电视局统一进片，交换放映”。1986年相继停办。1987年，遵照上级有关录像管理的规定，全县录像放映统一由县广播电视局直接办理放映，在县城关设点2个，西江、永乐两区各1个，售票放映。对两个非营业性放映单位的设备，作注册登记。

第四章　文物、名胜

第一节　城堡遗址

丹江厅城

清雍正七年（1729年）建丹江厅。厅署在雷山县城北11.5公里野邑坡（今固鲁乡教厂村野邑自然寨）。海拔1352米。中有漏泉，四季长流。东对雷公山，西望烟灯坡，南峙南屏，北倚北建。从三角坡到松林汛，路转峰回，高峻险要。雍正九年（1731年）建土城。雍正十一年（1733年）改建石城。周长625丈，高1.4丈。有四门，东称布德、西称宣威，南称抚远，北称向化。咸丰五年（1855年），城垣毁于兵燹。厅城旧址现已垦殖，宅基、瓦砾、花街路（用鹅卵石砌成的人行道）、城垣残痕尚存。1987年，有村民12户居住。1985年2月，经雷山县人民政府批准为县级文物保护单位。

丹江厅治所于同治十一年（1872年）迁驻肇泰堡（今雷山县城）。光绪二年（1876年）建砖石城墙，周长397.25丈。有城门四座，东称紫气，南称蒸风，西称万成，北称承恩。民国34年（1945年），雷山设治局整修城门，四门东称震东，南称卫南，西称宁西，北称拱北。1956年修筑炉（山）榕（江）公路时，城墙被拆毁，今尚留有残痕。

鸡讲司城

鸡讲司为清丹江厅辖三土司之一，土司治所设于培墉堡（今白连乡营上村）。海拔1068米，距县城35公里。土城始建于雍正九年（1731年），高2米，周长1133米。有东南西北四门。堡中道路均用鹅卵石砌成，城内分十字街、上街、下街。土司衙门、守备衙门及牢房遗址、花街路练兵场等尚存，唯遗址已垦殖。

震威堡

震威堡位于雷山县东北（即今大沟乡堡子村），距县城44公里。始设堡于乾隆二年（1737年）。建有土城，高2米，周长2500米，设东西北三门，亦称上、中、下城门。道路为鹅卵石铺砌。现仅余残垣，多已垦殖。

治安堡

治安堡位于县城之东北，距县城4公里，即今之陶尧乡治安村。陶尧河由东绕南西流过境。堡后一山突兀，称为“龙坡”。松青杉翠，绿竹成荫，昔有“秀水甲山”之称。堡始设于乾隆二年（1737年），为下七堡之首堡。四周筑有土城墙，周长1500米，高2米，有东西南北四门，东西门为过境通道，道路用鹅卵石砌成。当时，有个规定，“行人骑马过境不下马者，要锯掉马脚”。现城墙遗址尚存。

武显庙

武显庙坐落于龙头乡碗厂街的团坡上，为光绪十七年（1891年）所建。庙宇为一楼一底木房，坐北朝南。有佛堂、宿舍、厨房及一口大铁钟。内供南海观音、燃灯古佛、送子娘娘等泥塑神像8个。苍松翠柏及桂花、紫荆花、银杏等古树环列，雅静清幽，为丹江风景区之一。民国26年（1937年），贵州省立长丰小学设于此。解放后，庙宇被拆除，今仅存遗址。

第二节　战场遗址

马家屯

马家屯位于县城关，海拔988米。奇峰拔地而起，丹江河绕山而流。东望雷公山，南峙鸡勇屯，西对老府城，北临老场坝。山后丘陵起伏，层叠逶迤延伸至乌秀、治安堡，南北两面悬崖峭壁，极难攀登，山腰有“飞来佛”庙（已毁），沿“护山碑”有羊肠鸟道直登山顶。清雍正初年，苗领马大王举旗抗清，反对清军进驻，屯兵于此。时清将哈尚德驻扎老府城，与马大王率领的苗族义军隔河对峙，攻战3年，未分胜负。后清军施计，在一个漆黑的夜里，集羊百只，以利刃系于羊角，羊尾系棉球浸以油脂，点燃之后，驱羊上山，清兵营内铁炮轰响，鼓角齐鸣，呐喊助威。马大王闻炮声连天，又见一把把火炬迎面冲来，集中兵力防守正面，清军则分兵绕道从治安、乌秀等地偷袭其后，马大王兵败身亡。后人为纪念死难者，名之为马家屯。

1985年，山顶建电视差转台和卫星电视地面接收站。1987年，丹江镇人民政府在山腰竖“护山碑”，筑铁曲桥跨丹江河，供游人登山游览。

大坪山

大坪山在达地镇境内，与葫芦山、八宝山相连。距县城84公里，海拔1471米。森林茂密，高山环列，地势险要。据民国《贵州通志》载："八宝山与大坪山相连如屏，三面绝壁，唯南稍平，鸟道羊肠，人迹罕至"。山峰之巅呈一槽形，东西长约5000米，南北宽500米。中有一小溪自北向南流。最高处三角架，海拔1471米。有用青石垒砌的城墙，高五六米不等，周长约2万至2.5万米。分设东、南、西、北4个路口，各有哨卡。在东路口五里桥处，竖有大青石碑2块，城内有余王爷、唐王爷行馆，有"国厅宫""观音庙"和练兵场。咸丰五年（1855年），余老科（榕江桥来摆猫断颈龙人），唐协里（丹寨排调人）等领导苗民反清抗暴，称"太平军后备队"（史称斋教军），扎营此地，升"帅"字旗，住有9000余户，屯兵8000余人，曾出兵攻占古州（榕江）、下江（从江）、三脚屯（三都）等地。同治七年（1868年），义军首领闻国兴（小播五）叛变投敌，引狼入室。内部亦发生矛盾，指挥不灵，清军乘夜偷袭，大坪山被攻破。今城墙、哨卡、宅基尚存，房屋建筑已毁。

石门坎

石门坎位于西江镇羊排寨后，在也夫够（地名）和东引条（地名）两山相接处，海拔1100米，为雷山通往台江的咽喉要道。由西江攀登1.5公里，由开觉攀登约2公里。西面高地也夫够可俯瞰皆王，掌卡、营上及西江、开觉等周围村寨。东面高地东引条隔石门坎与也夫够对峙。咸丰年间，杨大六义军部将保力条据守也夫够控制石门坎，与清将席宝田部在石门坎鏖战3昼夜，后为席宝田攻占，保力条兵败退入雷公山，西江失守。民国31年（1942年）11月，"黔东事变"爆发，贵州省保安处派保二团团长陈精亮领兵"进剿"。曾在石门坎发生多次激战。

沙子坳

沙子坳位于雷山县南，距县城3公里，介于龙头乡和莲花乡之间。南面也拖坡与干条干坡相连，北面也条坡连也条岭直抵高岩至羊排的长堰沟；也尖坡由掌坳向南延伸，沙子坳为两山之间的凹地。民国时期，驻军曾在也条坡顶筑碉堡驻守。1950年9月22日，中国人民解放军186师557团由桃江、岩寨向雷山进击，先遣部队从掌坳后抄小道行至沙子坳山腰，遭到谢世钦匪部李树成支队的伏击，战斗中，解放军副排长吕子安、战士高五林壮烈牺牲。后在人民解放军强大的炮火轰击下，李树成匪部溃败，往排翁方向逃窜。

干 角

干角是苗语"干骨"音译，寨名，苗族聚居。位于桃江乡人民政府西北3公里的冷竹山支脉南麓，海拔1318米。住地倾斜，后靠陡峭高山，前为梯田，不通公路。1950年2月14日，中国人民解放军第51师151团3营8连奉令由排调进驻干角。是时，谢世钦匪部张启忠、王统基等正蚁聚于此，并占据寨后高地及寨边隘口。当解放军先头部队行抵干角寨前时，遭到土匪的突然袭击，排长陈库壮烈牺牲。营长田笑海、连长娄彩芹随即指挥部队还击，经过三小时战斗，张启忠匪部败逃，俘匪5名。

排卡览

排卡览（苗语寨名）在雷山县城西15公里，处乌响、掌窝、荣防三寨之间，村寨距沟底约100米。乌响河自西沿排卡览坡东流与荣防河、乌江河汇于南响。山陡谷狭，地势奇险，易守难攻。1950年2

月16日，中国人民解放军第51师151团3营进驻雷山县城。贵州东南绥靖区余辉庭司令部驻排卡览，其直属大队李登文部驻掌窝，石开、李松节部驻荣防，并分兵控制各隘口及制高点。18日上午，人民解放军第51师151团3营先头部队攀向排卡览村，突然遭到石开等部的伏击。在地理条件极端不利的情况下，人民解放军英勇奋战，战斗持续至下午五时许，余、谢部伤亡10余人，向乌的、独南方向逃窜。战斗中人民解放军班长许贵源、向竹轩和战士刘松保、郭子辰壮烈牺牲。

第三节　摩崖、碑刻

犀牛潭摩崖

犀牛潭摩崖在县城北，距县城0.5公里。在黄茅岭延伸到老场坝和菜园圃之间，有一段凸起的悬崖峭壁，高18米，长500米。崖壁中央阴刻“浑犀牛潭”4个大字，每字有1.56米见方。据考为清朝官吏安道人所书。现除“浑”字损坏脱落外，余三字皆清晰完整。1985年2月，雷山县人民政府公布为县级文物保护单位。

桥洛水灾碑

桥洛村在永乐河源头，属开屯乡，海拔1051米。桥洛河穿寨而过，河床宽40米。寨脚有青石碑一块，据碑文载为民国28年（1939年）2月4日立。碑高90厘米，宽65厘米，厚9厘米，阴刻碑文。记述清咸同年间，一次天降暴雨，山洪暴发，河水猛涨，村内有七、八人被水冲走丧命。民国23年（1934年）3月24日夜二更时，忽然大雨倾盆，兼有冰雹，洪涨水涌，须臾间，村内被淹没31户，冲走19人，毁田600石，土300石。村人立“水灾碑”一块，记其事昭示后人。石碑已作文物保护。

附：桥洛水灾碑文

永远流芳

明说此地水灾害，年满六十又水灾，说与儿孙代代看，轮登六甲须防患，不可造屋近水边。同治年间有一次，洪水流去七、八人。现在民国二十三年三月二十四日夜二更时，忽然大雨倾盆，冰雹撒来，洪涨水涌，陡然骤集。须臾间竟将该寨打淹去三十一户，水冲流去男女老幼十九人，田地崩去六百石上下，土三百余石。呈报区长报县长雷，转呈报上贵州省主席王，复文丹江县，召集全县各区长对于讨论灾难款，通行（同情）人民痛苦，所帮来钱买器物。照立碑说子孙久永好身（生）看，莫把先言不信者，流予后知悟也。

捐款人（略）

民国二十八年二月初四日立

镇压苗民碑

此碑原立于响楼乡脚雄坳（今雷山供电局变电站处），习称“万人坟”。碑现为村民挪动铺于脚雄水井边。字迹磨损较多，唯碑文标题尚可辨认，文化局已拓片收藏。

碑文为都匀府知府罗应旒于清同治十三年（1874年）六月所作。时值咸同贵州苗民起义被镇压后之次年。内容叙述镇压苗民的经过，并明确指出地方官吏敲骨吸髓，剥民自肥，是引起民变的主因，有警戒后来者之意。

1985年2月，雷山县人民政府公布为县级文物保护单位。

附：碑文

汉以来，史称苗之叛，皆守令暴敛虐取有以致之。黔之下□□□□□□□□□定苗疆，设六厅，宴然数十年。守弁、文武苛敛于其上，土司、通事、屯军、汉民剥取于其下，故乙卯之乱，官兵汉民死几尽，岂其天道之循环、人事之往复哉？辛未夏，予以抚军曾公枢元，提军周公渭臣檄令，率一旅会各军讨之。破其巢，焚其积粟，先后擒斩数万人。老弱妇女，饿殍相枕藉，期年而平。大吏方请于朝，发粟以赈之，而有司则反其所为，任土司、通事、奸民为爪牙，益相鱼肉。癸酉秋，众复叛。予时守都匀，复会各军讨平之。拒者诛，顺者抚，狡狯者数百人，散伏箐林，时出焚劫，我军搜捕，奔命不过，乃用降酋收之为军，其意固自有在也。远近宁谧数月矣，屯军、汉民则相与诽语，苗军疑畏，溃去者半，纷纷劫杀，境内骚然。予于是复往黄茅岭，聚其众歼之于此，合瘗为大塚。嗟乎！予即正叛军之罪，而又悲苗之叛非其志也，故书其大略以告来者。其从事是役者，则新署丹江厅杨牧兆麒，武字中右营邱总兵俊书，纬武中营房总兵宝源也。

同治十三年岁在甲戌六月吉日

布政使衔川黔各军营务处即后补道署都匀府事

罗应旒　撰并书

革除夫役碑

石碑二块立于距达地镇1.5公里的宋家寨左侧山坳上。一块署名为“都江理民府”，高1.5米，宽0.6米，经过洗刷涂色，除个别字模糊不清外，大多数字迹尚能准确辨认（见碑文）。另一块署名为“贵州提刑按察使”，碑身虽尚完好，但碑文风化，字迹难以辨认。

咸同年间苗民大起义虽然失败，但已震撼清廷。为缓和矛盾，清政府以告示形式立此碑，列出禁令数款，昭示地方官吏勿再胡作非为，致引民变。

1985年2月，雷山县人民政府公布为县级文物保护单位。

附：革除夫役碑碑文

赏换花翎署理都江理民府升用直隶州候补县正堂周　革除夫役碑示

同治拾叁年　案奉

巡抚部院部曾　牌发告示为开

照得苗疆粗定，民团未苏。亟应剔除积弊，加意抚绥，以图长治久安之计。文按

善后总局转据都匀罗守具禀：地方官吏及土司衙门向有苗民轮流当差应夫并供应恭具什物。每遇差使过境或因公下乡之土司复联成一片，勒派夫马酒食，无不恣意苛求。且有营汛弁兵绅团责令苗民服役，其弊相等。见布以后，仍有营汛弁兵相率拉夫，似此劳烦民力，剥削民膏，实不堪命。应即严行禁革，以安闾阎而实行善后。用特示告之：所属地方官绅及营汛弁兵土司书吏苗人等知悉，嗣后除本府学院过境，照旧派夫迎送以外，无论何项差使，不准派令苗民应夫供役，一切供应迎送尽行革除。倘有仍偷摊强派情事，一经查出，即行解府究办。等因奉此。合行抄示遍贴晓谕。为此示仰都江所属土司绅团苗人等一体遵照毋违。特示

右谕通知

大清同治拾叁年六月初八日十八股同立

实贴达地坳

苗族婚嫁财礼碑

财礼碑竖于永乐区开屯乡干南桥公路左侧，距永乐街1公里，距县城53公里。石碑为青石阴刻，高1米，宽0.6米。民国28年（1939年）2月，由丹江（今雷山）、八寨（今丹寨）两属连界各寨的保甲和父老集议后，定出苗族婚嫁财礼钱条例，拟成文字竖碑，并注与会者姓名，要求共同遵守。

附：苗族婚嫁财礼碑文

兹将丹、八两属联界邀集各甲长及父老等改造进行议决，规定财礼钱不得多取，所有婚嫁自由，不得强迫女方成婚，倘违当众议决规定条例，多取及强迫者，均以碑章证明，否则天诛地灭，永不发达。仰望各界父老须知。此碑万古不朽。所议各条开列于后。计开

第一条　对于回娘头先由媒人说合或由双方子女愿意成婚者，乃能决定婚配。若不得双方子女同情者，而父母决无强迫阻滞及野蛮之行为。

第二条　准定财礼钱：上富者一十五元八角。

第三条　准定财礼钱：贫者一十二元八角以下。贫富财礼钱须向嫁家取，定平收分。

第四条　准定娘头钱一律柒两乙钱，依古法律每两扣小钱一千二百文，不许任意折扣。

第五条　施行本简章呈请丹八两属县府核准之日实行。

（姓名略）

民国二十八年二月十五日立

第四节　雷公山风景区

雷公山

雷公山为苗岭山脉主峰，海拔2178.8米，属苗岭东段山系。东北伸向台江，西南伸往丹寨。由冷塘山、乌东山、野草坡、木姜坳、雷公坪、冷竹山、猫鼻岭、白竹山、九洞山、黄阳山、野鸡山等11座海拔1800米以上的山峰组成。雷公山为群峰之首。古人以山色神奇、幻说种种。有说山高接天，故名雷公山。苗语名“方薅别勒”（FangbHobBilLal）。民国《贵州通志》载：雷公山“狼谷槽回，复岭盘郁，树古铁色，不知其年。落叶数尺，俯履无地。雾雨冰雪，四时不春。狼牙交厉，蛇毒喷蝎”。言其神奇险峻，荒僻深幽。

顶峰呈一平台，直径350米，南高北低，最高处有一口水井，水深过膝而终年不涸。游人可在此观日出和拍摄云海。每当晨光曦微，雨后初晴之时，极目远眺，可遥望贵阳的图云关和凯里的香炉山。足下群山纷驰，沟壑纵横，云涛泛涌。在山腰举首仰望山顶行人，仿如穿行于缥缈云雾之中。由于海拔度高，时晴时雨，时风时雾，变幻无常。山上与山下气候迥异。有时山下细雨蒙蒙，冰雪封冻，山顶却云开日现，艳阳高照。农历三月，山花盛开，高山杜鹃怒放，玉兰花生于老树上，未曾绿叶披身，却已花红似锦。盛夏，山风飕飕，登山则暑温顿消。六七月间的暮霭晚霞之际，穿过雾幛，可见到天际映有绮丽绚烂的彩色光环—佛光。

雷公山是清水江和都柳江的分水岭，天然植被优厚，雨量充沛。自然形成3个垂直分异林带，800米以下为常绿阔叶林；800米至1300米是以甜槠为主的常绿阔叶林；1300米至1700米为青㭎、板栗，枫香等阔叶混杂林；1800米以上多为裂叶白樟木，野茉莉、山梅花、桐、小叶红豆等灌木，是典型的中亚热带生态系统。

雷公山森林茂密，在一片原始森林中，有枝干苍劲老态龙钟的苔藓林，手臂粗的蔓生藤，悬空高搭在大树枝上。手指般的小树，苔藓附着，变粗如腿。有被誉为“活化石”的秃杉（台湾杉），有营养价值高的猕猴桃，有可提取芳香油制作香精、香皂的山苍子（俗名木姜子）。名贵的中草药如天麻、杜仲、党参、当归、白术、三尖杉、独活、蛇莲、血藤、雷五加以及三颗针、七叶一枝花和罕见的竹节三七等多种。有属于国家明文保护的珍稀动物苏门羚（野牛）、大鲵（娃娃鱼）、穿山甲、狗熊、灵猫、猕猴、水獭、麝羊及各种形状的蛇，山溪中有两栖爬行动物“角怪”（髭蟾）。

雷公山中有众多的飞瀑流泉，远望犹如白练悬空，银河泻地，尤以响水岩瀑布最为壮观。雷公山还有苗族农民起义的战斗遗址雷公坪。咸同年间，苗族起义首领张秀眉、杨大六曾以此为依托抗击清军。昔日人迹罕至的雷公山，现已修筑了盘山公路，驱车可登山顶。

1976年4月，在雷公山顶修建调频电视转播台，61米高的铁塔，巍然耸立，覆盖黔、湘、桂边区65个县（市）。1982年建立雷公山自然保护区，加强生态保护。同年，贵州省人民政府批准辟为乙类农村旅游区。近年来，已接待数以千计的中外游客。

响水岩瀑布

响水岩在雷山县城东16公里，距白岩村2公里。两山峡谷中一股清泉冲出，经百尺悬崖，流泉飞泻入涧，响声震耳欲聋，故名响水岩。瀑布高110米，宽15米。

响水岩属陶尧乡辖境，雷（山）毛（坪）公路经此。岩上的青松岭，形如雄狮，人称“狮子望月”。岭上苍松终年郁绿，雾霭缭绕；岩下谷曲涧深，两岸峭石壁立，岩缝中簇生灌木和野草。春秋季节，山花开放与飞瀑溅起的水雾浪花交相辉映。如遇晴日，阳光反照，举首仰望，形如彩虹横空。俯视溪涧，游鱼戏水，蛙鼓雷鸣，偶有大鲵游弋觅食，更别有风趣。

1983年此处建起落差250米的响水岩水力发电站，装机容量640千瓦，供应城关、响楼、陶尧、西江等乡镇的生产生活用电。电站压力池在“狮子望月”坡顶。沿陡壁向上，用水泥浇灌成1983级阶梯，示1983年兴建之意。游人拾级攀登，即使在寒冬也会汗流浃背。从响水岩桥沿溪上溯0.5公里的山谷中，建有调节库，坝高24米，坝长20米，蓄水量30.5万立方米。两岸山峰碧绿，山雀栖于树，翡翠巢池边，池水清澈，天青山净。池可泛舟，有“雷公山天池”之称。

雷公坪

雷公坪在雷公山北麓，为一高山坪坝，约300余亩，地处方祥乡和西江镇之间，分大雷公坪和小雷公坪。大雷公坪海拔2041米，小雷公坪海拔1721米。大雷公坪有清泉潺潺东流。两侧高山环列，古木参天。晴日，阳光透过茂密树枝，铜钱般的光环映在地上，耀眼夺目。严寒不觉太冷，酷暑凉爽异常。有羊肠小道可攀登。现七处险关要隘遗址尚存。正南面有“点将台”，青石砌垒。一说是1855—1872年张秀眉、杨大六领导的苗族人民起义期间，于1866年驻扎在此地时所建。一说为雍乾苗民起义时期黔兴王张报九所建。今尚无定论，有待查考。点将台分3道阶梯，第一阶长40米，宽2.8米，高1米；第二阶长27米，宽1.7米，高0.7米；第三阶长9米，宽4.8米，高4米。台前竖有高2米，宽1.5米，厚0.2米的青石碑一块，阴刻碑文，形同汉字，仅笔画或少或多，阅之不识，人称为“孔明碑”。民国35年(1946年），雷山设治局局长杨西横在拓片上批注：“雷公山为苗岭主峰，海拔二千五百公尺，山林丛箐，地势险要，绵亘六百余里，毗连炉、台、榕、剑、丹等县。明初平黔乱，曾择此为用兵根据地。咸同洪杨之乱，石达开取道四川，派人至此策动苗胞张秀眉、杨大六等，聚二、三万人作民族复兴运动，演贵州十八年之乱。现尚有点将台，石碑遗址，俗称孔明碑。因年湮代远，仅拾存一角，阅之未谙其意，谨模印以供文字学家之参考，幸赐教焉”。现存雷山县档案馆的碑刻文字模印，出自蜀汉，或出自张、杨之时，有待考证。

在雷公坪左侧山脚还有99根木板凳。距4公里处的小道旁边，有一崖壁，上有清晰的马蹄印痕，可供鉴赏，也有研究的价值。

雷公坪距雷山县城47公里，由西江攀登约20公里，由方祥攀登约10公里。现除石碑已遭损坏外，点将台、7道关隘以及99根木凳尚存。

贵州省人民政府于1985年将雷公坪点将台公布为省级文物保护单位。1986年在距雷公坪约1公里处，凿通1条长501米的隧洞，引雷公坪河水供西江、开觉地区人畜饮水和灌田之用。1987年在雷公坪北10公里处修1水塘，面积30亩，坝高6米，长41米，容水量8万立方米。春来水波荡漾，入秋池水碧绿，给雷公坪增添了新的景色。

第五节　民族村寨

西江千户苗寨

西江位于雷山县东北，距县城37公里。距州府凯里81公里，日有班车往返。比邻台江、凯里两县（市）的排羊和挂丁镇。是西江区和西江镇机关驻地。

西江系苗语音译，原译鸡讲，清乾隆三年（1738年）置鸡讲司。为丹江厅通判所辖三司之一。管寨40个。是八寨（今丹寨）、丹江（今雷山）通往镇远、柳霁（今剑河）的必经孔道。也是丹江厅东北边陲的战略要地。

西江苗寨由平寨、东引、也通、羊排、也薅、南贵、乌嘎、两岔河、掌卡、皆荣、乌仰等12个自然寨组成。1987年有1052户，5751人。是黔东南自治州苗族千户大寨之一。有侯、宋、杨、董、梁、毛、顾、龙、唐、蒋、陈、陆、李、王等14个姓氏。语言为苗语中部方言的北部次方言。男人勤朴耐劳，妇女能绣善织，性格敦厚诚实，待人热情。但也很有反抗精神。清咸同年间的反清抗暴，雷公坪扎营点将，坚持斗争18年（1855年—1873年）之久；民国32年（1943年）爆发“黔东事变”，都是在这里起事或以此为根据地。

西江苗寨的房屋建筑以木质杆栏式为主，有平房、楼房，傍山依地势而建的多层半边吊脚楼，栉比相连，次第升高，更是别具特色，为山区坡地房屋建筑的一枝奇葩，建筑界誉为瑰宝。木楼最大的为三层八柱五间，一般的为三间搭一厢阁。第一层存放生产工具，关养禽畜、贮存肥料；第二层作客厅、寝室、伙房；第三层存放谷物、饲料、瓜菜等生活资料。客厅中央摆木制花边长桌宴客。厅前外廊有长条木凳，饰以曲形木条栏杆，供观景和乘凉憩息。门窗雕刻各种花鸟图案，造型典雅古朴。屋前屋后竖晾禾架和谷仓，户与户之间有小青石铺砌的小道连接，整洁卫生，舒适清爽。

西江苗族人民的饮食，以酸、辣、甜等味食品为主，按季节备有酸菜、糟辣、腌鱼、腌肉、酸笋、酸蕨等。以鲤鱼煮酸汤味美可口，名为“酸汤鱼”。逢苗族年节，还备甜酒、煮冻鱼以待嘉宾。

西江苗族姑娘讲究打扮，服装分盛装和便装。平时身着花、白、蓝、青各色便装，肩胛和袖口镶有花边，下着涤卡或涤纶、呢料等制成的女西装裤，头上包扎印花枕巾或梳光滑的凸簪型发髻，插银木梳，别银簪或塑料制的鲜花；挂花围腰，脚穿绣花布鞋或市场上卖的女式布、皮鞋，手戴银手圈或手表，既入时大方，又带浓郁的民族色彩。逢节日着盛装，戴银花，挂压领，簪银角、银雀、佩耳环、手镯、拴银围腰链，戴项圈。还有一种古装，上身为无领大花衣，衣角、肩胛、衣袖都钉上各式银花片，下着家织布制的百褶裙，腰系24条绣有花、鸟、虫、鱼、蛙、龙、虾等各种动物图案的花飘带，银铃叮当，神采飞扬，数千名姑娘在一起歌舞，真有一路花飞满地歌之感。

苗族青年在节日时，进行一种公开的社交活动，苗语称为“游方”。是青年男女用歌传情寻觅终身伴侣的形式。经过互恋一定时间之后，双方感情融洽，遂订终身。有的通过父母请媒撮合，也有的在夜深人静时由男方邀人来悄悄接走，称为“夜嫁”。寨内供青年“游方”的场所有10处之多，有的是早期约定俗成，有的则选择在村前寨后的风景林中。

苗族姑娘心灵手巧，喜欢刺绣，七八岁时就向母亲、姐姐或外婆学绣花、挑花、剪纸等工艺。银饰制作工艺精湛，用手工操作，木炭熔银，轻捶锻打，图案随手绘来，纹采细密，花木鸟兽，鱼虾虫蛙，栩栩如生。然此艺又非一人所专有，“银匠村”的村民，半数以上能操此业。上海民族博物馆和贵州省博物馆于1982年费万元巨款到西江礼聘银匠加工或代制模型。

西江常被人们誉为“歌舞的海洋”“芦笙的故乡”。人民能歌善舞，以歌传情，赞政策，颂党恩；以舞庆丰收，报吉祥，已成为世代相传的民族古风。农历六月的“吃新节”，农历十月的“苗族年”和十三年一次的“祭鼓节”，是苗族人民的盛大节日，芦笙吹，铜鼓响，凯里、台江等县（市）边界的苗族人民均汇聚于此观赏，万人空巷，热闹非凡，极盛时有万人之多。

1982年，贵州省人民政府将西江列为乙类农村旅游区东线民族风情旅游点。近几年来，欧美及日本的友人及港澳同胞、国内各省市到此观光采风者，每年近1000人。

郎德上寨民族文物村

郎德上寨位于雷山县北端的望丰河畔，与凯里市平乐乡比连。距县城16公里，距州府凯里29公里。乘车由凯里至下郎德桥后，转郎（德）报（德）公路约1公里即达。

1987年全寨居住有95户，496人，全为苗族，为陈、吴二姓。村寨始建元末明初，至今约600年历史，是清咸同年间苗民起义首领平杨王杨大六（苗名杀略）的出生地。

郎德上寨四周群山拱峙，狼谷槽回，松青杉翠，一水环流，古有“万马归槽”之称。杨大六凭借此天然屏障，设大本营于此。领导苗族人民反清抗暴，辗转鏖战18年之久。义军失败之后，村寨被洗劫，房屋被焚毁，人民被杀戮，原已有200人的村寨，幸存者仅15人。现堑壕、土堡等遗址尚存。

住房全为木质结构，吊脚楼式，青瓦盖顶，木板装修，花格窗棂，工艺考究，又用桐油敷涂一至二次，以作防腐防朽。1986年，省、州拨款支持维修寨容，全寨86条大小道路均用鹅卵石和料石翻修铺砌。进寨的三条主路，建有工艺精致的木质“护寨门”。寨中央，有两个用鹅卵石仿铜鼓面的造型，精工铺砌的一形如太阳放射十二道光芒的铜鼓芦笙场。中立桅杆，作跳舞时悬挂铜鼓之用。寨西南为杨大六陈列馆，陈放长矛、大刀、钢叉、九节连铁炮等古兵器及铁盔，并附设住宿，作游客和专家考察时憩息之所。跨望丰河建“杨大六桥”，长48米，高8米，宽2米。古朴典雅，整洁美观的寨容，衬之以浓郁的民族风情和秀丽的自然山川，相映成趣。

1985年以来，郎德上寨村接待前来考察和观光采风的美、英、法、西德、印尼、日本、意大利、加拿大、新西兰、瑞典、瑞士、比利时、新加坡、澳大利亚、联合国人口基金会等15个国家和地区的国际友人和国际组织的专家学者、港、澳、台同胞，以及北京、上海、天津、海南、吉林、四川、江苏、江西、新疆、青海、云南、山东、山西、广东、甘肃、安徽、福建、宁夏、内蒙古、黑龙江、陕西等22个省、市、区的党政领导、民族、文化工作者，共1910多人次。平均每周招待一次。郎德上寨现列为贵州省民族文物村之一。

歌舞之乡陶尧

陶尧系苗语音译，旧志书译为桃绕。位于县城东4公里的雷公山脚，陶尧河自东而西蜿蜒流过。雷（山）西（江）公路穿过其境，雷（山）毛（坪）公路经白岩直抵雷公山顶。1987年有417户，2875人。周围有大小苗寨15个，依山环水，形成小盆地。清代有小路经乌东山为通榕江要道。清雍正六年（1728年），贵阳营副将苏大有领兵4000洗劫陶尧；乾隆元年（1736年）正月，骑兵营参将哈尚德领兵3000进攻陶尧，屠杀苗民；6月，川北镇将军王廷诏领兵3000，火焚陶尧，惨杀苗民；清咸同年间，轰轰烈烈的苗民大起义，即以雷公山为依托，与清军悍将席宝田率领的官兵在此进行激烈的战斗。民国年间，军阀周西成部旅长毛秉权以剿匪为幌子，焚烧虎羊（今虎阳）、干皎等寨。解放前，曾流传“陶尧好地方，坝子平泱泱，好水洗蕨根，粑槽响叮铛”的民谣。这是陶尧人民受苦受难的真实写照。

这里有悠久的文化历史，浓郁的民族风情，是雷山著名苗族歌手唐德海的故乡。每逢过苗年或吃新节，在陶尧河畔长1000余米、宽70米的斗牛坪上，举行牛打架和芦笙会，而尤以虎（寅）兔（卯）龙（辰）蛇（巳）年的苗年节最为热闹，参加者上万人。六月的“吃新节”还开赛歌场，百十个歌手汇聚于此，欢唱酒歌、飞歌、古歌、情歌、叙事歌，汇成歌的海洋。当夜幕降临，寨边大树下，草坪上，对对男女青年，以细腻委婉的情歌，倾吐衷肠，抒发爱慕情怀。中老年人在堂屋里，火炉边，一群群地围听老人说说唱唱，那便是讲述历史的叙事长歌《嘎别福歌》，一会儿引起人们哄堂大笑，一会儿却使人阴沉悲伤。有的则在堂屋里摆酒宴客，洪亮的酒歌声和欢笑声交织在一起，感情激越真挚，令人久久回味。每年省、州文化部门都要来此采风，挖掘苗族民间文化艺术。

掌坳铜鼓村

掌坳村位于雷山县城南，距县城7公里，属大塘区莲花乡。炉（山）榕（江）公路经此。1987年全村有70户，450人。苗族吴姓世居。逢年过节，附近村寨男女老少，身着节日盛装汇集于此跳铜鼓，故有“铜鼓村”之称。

相传，掌坳村苗族先民为祭祀祖先，欢庆节日，费了七七四十九天时间，制作1个九抱粗、九尺长，取九九八十一之数的大木鼓。用木槌敲击，能发出各种奇妙清脆悦耳的声音。村人随着鼓声起舞，舞姿舞技，独具风格。

今掌坳村敲击的鼓是铜鼓，圆周1.6米，长0.33米。用木槌敲击，声音高亢清脆，鼓点节律多变，村民成群地踏着鼓声和鼓点跳舞。其舞步有12种，继承下来的有9种，50多个动作。奔放激越，刚柔相济，跳转结合，动作优美。如“鸡打架舞”是模拟鸡打架形态，反映苗族人民勇敢顽强敢于拼搏的性格；“捉螃蟹舞”体现在劳动之余，下河捉螃蟹的悠闲情景；“送鼓舞”则是节日即将过去，表现要铜鼓送回藏鼓洞存放的依依惜别之情。1978年，《人民日报》专文报道，被誉为“铜鼓之发源地”。1986年，日本友人为追踪铜鼓的历史，曾到村中作客。

岔河芦笙村

岔河，苗语称南猛。位于雷山县城西北13公里，在乌营溪和乌朋溪的汇合处。岔河村由上、中、下3个自然寨组成，苗族世居。有杨、余、李3个姓氏。全村127户，家家都备有芦笙，人称“芦笙村”。

芦笙是苗族人民特别珍爱的一种祖传乐器，祖祖辈辈在逢年过节时都吹奏芦笙，聚众欢乐。青年男女还借芦笙传情，寻觅终身伴侣。据文献记载，远在唐代，黔南朝贡者曾带芦笙到长安宫廷吹奏。清陆次云在《峒溪纤志》中云："男执芦笙，笙六管，长二尺"。"笙节参差吹且歌，手则翔矣，足则扬矣，睐转肢回，旋神荡矣。初欲接还离，少则酣飞畅舞，交驰迅逐矣"。民国时期，民族歌舞和乐器被歧视。解放以后，贯彻党的民族政策，芦笙之乡受到党和人民政府的重视。1957年秋，岔河村苗族青年杨炳芳、杨炳福兄弟参加中国青年代表团赴莫斯科出席第六届世界青年联欢节，使雷山苗族芦笙登上国际舞台。1961年春，岔河民兵连一行12人，应邀参加昆明军区民兵文艺调演，受到军区首长的接见。"文化大革命"时期，芦笙被诬为"四旧"全部搜缴。岔河村的一位老芦笙手悄悄将一支芦笙捆在屋梁上，用木板钉在外面作障物，使这支芦笙得以保存下来。党的十一届三中全会以后，重申党的民族政策，芦笙又吹响在苗族山寨。

岔河村的芦笙多为6管，也有20管；有的长2尺，也有长4尺、5尺或丈余。曲调有50多首，舞步有30多种。其中如"滚山猪""猴子掰玉米""溪边水车天天转""老虎戏猪"等，曲调变化多端，舞技难度极大。有自吹自跳，也有吹跳分开。随着芦笙曲调的缓急变化，舞步时而缓和，时而激越；舞姿时而仰翻，时而倒卧。内容健康，民族特色浓郁。1981年春，岔河村业余宣传队参加丹寨、凯里、麻江、雷山四县(市)边区联演，获赛区第一名；同年7月，参加黔东南自治州成立25周年州庆，与全州16个县(市)的文艺队角逐于凯里，受到国家民委领导的好评。

岔河村的芦笙技艺一代传一代，原为儿子继承，现已改变这种传统观念，女儿一样可以继承。老芦笙手杨炳科膝下无儿，把芦笙技艺传给女儿和侄女，打破姑娘不能吹芦笙的旧习俗。1982年，女子芦笙队杨胜兰等4人参加在呼和浩特举行的全国少数民族传统体育运动会开幕式，被誉为"苗岭飞来的四只白天鹅"。1983年10月，岔河芦笙队赴京参加全国"乌兰牧骑式"演出队会演，《女子芦笙舞》被评为优秀节目，受到文化部和国家民委的嘉奖。

控拜银匠村

控拜村位于雷山县北面，距县城47公里，海拔979米，苗族聚居。清置控稗汛。民国时属震威保，今为大沟乡控拜村。全村148户，村民除从事农业外，80%以上以制作银饰为副业，因而有"银匠村"之称。银饰是控拜村擅长的传统工艺，世代相传，父子相承，言传身教，代代创新。制作的银饰品有银角、银雀、银花、银梳、耳环、项圈、压领、手镯、别簪、八仙、罗汉、响铃、围腰链以及衣肩银片、衣角银片、衣袖银片、背带银片、童帽银片等20余种。一副银雀，底部是花，中部是雀，顶部是凤，工艺精美，造型别致。姑娘们带在头上，花草迎风招展，鸟雀跃跃欲飞，立体感极强。1956年黔东南苗族侗族自治州民贸公司在"银匠村"雇请匠人专门加工银饰供应市场。1982年上海博物馆及贵州省博物馆专程来人，订制各种银饰作陈列品。本县及邻县村寨来料加工亦应接不暇。银匠村的匠人，足迹遍及黔东南、黔南、安顺和广西等地，为苗、侗、水族人民加工各种银饰，年收入人均达数千元。

锦鸡舞之乡掌批村

掌批位于雷山县南部，西南与丹寨县孔庆乡接壤。驱车至排里坳步行2.5公里即达。掌批为苗语音译。"掌"为平地，"批"为五倍子，因原有成片的五倍子树，故名。1987年有250户，1200人，房屋依山而建，四周苍松翠柏围绕，房前屋后有桃、李、樱桃等果树。梯田梯土如带，把村庄点缀得古朴、典雅。

掌批由毗连两个自然寨组成，民族风情浓郁，风俗特异。两寨中间有一悬岩洞穴，苗语称“干这略”，意为“藏鼓陡岩”。高30米，上凸下凹，怪石嶙峋，人迹罕至。民间有“村里一老人背一铜鼓进洞，再也没有出来。每当村上过节，洞里老人便敲响铜鼓”的传说。如今，村里敲铜鼓时，洞里有回音，实为绝妙的回音壁。崖的四周，古树参天，浓荫覆盖，苔莽丛生，更给人以一种阴森恐怖的感觉。

掌批是丹寨县东部地区与雷山县丹江地区往来的孔道。解放前，有场集贸易，现已消失。一年一度的“苗族年”和“吃新节”，都举行芦笙舞、斗牛、跑马等活动。男女老少身着节日盛装，聚集于此，跳芦笙游乐。夜间，男女青年成群结队，在村头寨尾的林荫下、竹林旁、“游芳”对歌。婉转动听的声声夜箫，不绝入耳，别有一番情趣。

这里苗族的服饰与丹江地区不同，男人上着家织布对襟衣，有9、11、13颗布扣不等，外为青色，中为白色，内为青或黑色；下着青色家织布裤子；缠4米长的头帕，一端为丝线编成的彩色图案，一端则编成长缨须。女的头挽凸簪型发髻，再戴银冠、银花，插银梳。上穿青色大领衣，衣角钉有各种图案的银饰，腰间系一根五寸宽的花锦带，前后各有一张花织罩巾；下着小管裤，外罩青色细褶短裙，后面罩巾垂至脚跟，清风吹来，犹如孔雀开屏。颈戴银项圈，耳挂银环，手戴银镯，一身上下，银饰叮当作响，在芦笙场上，手牵着手，缓慢的舞步，随着悠悠的芦笙曲调，翩翩起舞。县民族文工队创作的《锦鸡舞》《孔雀舞》，其素材即取于此。

第五章　科学技术

解放前，民间的科研活动由于没有引起政府的重视，县内未系统组织研究，在银饰制作工艺、木工技术、块石干砌保坎及水利设施方面，虽有较为精湛的工艺造诣，但未能推广。新中国建立后，党和政府非常重视发展科技事业。1972年4月，在县革委内设置专管机构，普及科学知识，鼓励创造发明，推广应用技术，各类科研人员逐年增加，群众性的科研活动在农业、工业、教育、卫生以及社会科学各领域均有开展。

第一节　科协、专业学(协)会

县科协

1980年11月29日至12月1日，召开雷山县科学技术协会第一次代表大会，到会104人。选举产生第一届委员会，有委员27人，常务委员13人，主席1人，副主席3人。分设学会、科普、青少年3个工作组。1985年7月5日，召开第二次代表大会，到会101人(特邀代表15人)。选举产生第二届委员会，有委员30人，常务委员9人。推选名誉主席1人，选举主席1人，副主席4人。修改通过《中国科学技术协会章程贵州省雷山县实施细则》。1980年11月至1985年12月，全县先后建立丹江区、丹江镇、大塘区、西江区、永乐区、达地镇、龙头乡、响楼乡、陶尧乡、固鲁乡、报德乡、岔河乡、望丰乡、公统乡、乌江乡、大沟乡、西江镇、白连乡、黄里乡、方祥乡、大塘乡、桃江乡、掌雷乡、高岩乡、桥港乡、莲花乡、永乐镇、桥桑乡、柳乌乡、开屯乡、排告乡31个区乡(镇)科普协会。设理事长，秘书长。共有会员1000余人。

专业学(协)会

1980年至1987年12月，全县建立学会、协会10个，即：农学会、畜牧兽医学会、水利电力学会、医药卫生学会、教育学会、民族研究学会、科普创作协会、青少年科技辅导协会、电子爱好者协会及卫生经济学会。分别设正副理事长、秘书长。现共有会员607人。

1987年雷山县各类学会情况统计表

表15—2　　单位：人

名　称	成立时间	成立时的会员数	会员增减	
			1984年	1987年
农学会	1979.10	13	40	56
畜牧兽医学会	1980.3	43	41	41
水利电力学会	1980.3	30	35	40
医药卫生学会	1980.11	59	138	138
教育学会	1980.10	24	78	83
民族研究学会	1981.10	48	72	86
科普创作协会	1981.10	22	—	20
青少年科技辅导协会	1981.10	28	42	75
电子爱好者协会	1983.11	36	43	45
卫生经济学会	1987.2	23	—	23

第二节　科技队伍

民国时期，有民间的科技活动，但尚未形成科技队伍。

解放后，为发展社会生产力，科学技术普及工作列入重要议事日程。1953年在长丰堡建立种子繁殖场，有试验田23亩。1958年在乌东建立畜牧场饲养新疆细毛羊；在饲养场建配种站，有苏白猪、荷兰牛配种；在雀鸟建林场，开辟苗圃。对各类学校分配到县工作的毕业生和有一定技术专长的人员，提供应有的科研条件，以便进行各方面的科学实验和技术推广。

“文化大革命”时期，对科学人员横加诬蔑和批斗，斥之为“只专不红”。以致科技工作停滞不前。党的十一届三中全会以后，党中央、国务院提出“经济建设必须依靠科学技术，科学技术必须面向经济建设”的方针，提倡“尊重知识，尊重人才”，肯定知识分子是工人阶级的一部分。雷山县委、县人民政府把知识分子工作列为重要议事日程，对科技人员的生活、学习和工作给予应有的重视，知识分子政策尽快落实，对所学非所用的科技人员调整归队，对冤假错案进行平反，收回工作。科学队伍又逐年发展、壮大。

1978年11月23日，成立雷山县自然科技人员普查调整领导小组，下设办公室，对全县自然科技人员进行调查，根据普查结果，逐年为部分原安排在学非所用单位的科技人员调整了工作，选拔录用4名闲散社会科技人员，又向外省招聘46人。按照德才兼备和干部“四化”的标准，选拔一批科技人员进入各级领导班子。1982年止，已先后选拔173人分别担任县属各部门领导职务。其中副县级2人，部办级4人，科局级19人，科股级65人，中学正副校长18人，小学正副校长65人。

1980年12月2日，根据贵州省人民政府批转省科干局《全省自然科学技术干部技术人员职称座谈会纪要》和《贵州省各级自然科学技术干部技术职称评定委员会组成细则（草案）》文件精神，成立雷山县自然科学技术干部职称评定委员会，开始进行技术干部职称评定。至1985年止，共评定中级职称6人，初级职称182人。并开始为知识分子家属办理农转非，解决夫妻两地分居及子女就业问题。同时，根据各级各类知识分子的文化程度及工作经历，分别发给知识分子生活补贴。1987年2月3日，成立雷山县职称改革领导小组，开展职称评定和晋升工作。至1987年底，高级职称18人，有中级职称的155人，初级职称178人，先后办理知识分子家属农转非84户，解决其子女就业40人，解决两地分居的54人。

从1984年以来，还采取多种方式和渠道，培训专业技术人员，先后聘省内著名专家、学者69人（次）来县讲学，选送培训2368人（次）。

由于采取“稳定、引进、培养”的正确方针，科技队伍不断壮大。1959年，全县有自然科学科技人员33人，社会科学科技人员19人。1970年，有自然科学科技人员43人，有社会科学科技人员40人。1979年，有自然科学科技人员75人，有社会科学科技人员179人。20世纪80年代以后，中小学教师大量流动，社会科学方面的人员锐减，自然科学方面的人员由于逐年理工农医大中专毕业生分配来县，数量有所增加。1987年，全县有科技人员493人。其中自然科学388人，社会科学105人。

1958—1987年雷山县部分年度自然科学技术人员统计表

表15—3　　单位：人

年度	合计	其中					职称		
		工程技术	农林技术	科学研究	卫生技术	教育工作	高级	中级	初级
1958	40	3	15	—	14	8	—	—	—
1963	63	6	21	—	24	12	—	—	—
1978	168	21	55	—	71	21	—	—	—
1987	388	35	102	1	139	111	13	116	167

1958—1987年雷山县部分年度社会科学技术人员统计表

表15—4　　单位：人

年度	合计	其中			职称		
		教育工作	会计工作	统计工作	高级	中级	初级
1958	11	7	4	—	—	—	—
1963	16	9	7	—	—	—	—
1978	80	44	31	5	—	—	—
1987	105	45	45	15	5	39	11

第三节 科普活动

1980年11月，雷山县科学技术协会建立后，科学技术的宣传和普及活动逐步开展起来。1980年至1983年，主要是培训青少年科技辅导员，进行科教电影宣传，建立区、乡(镇)基层科普协会和专业学(协)会。1984年至1987年，贯彻“经济建设必须依靠科学技术，科学技术必须面向经济建设”的方针，围绕振兴经济，开展科学研究、科技培训、科技推广等活动。

科普宣传

为提高全县各族人民科学技术水平，截至1987年底，创办有《科技与信息》油印刊物，印发25期，4366份，编印《科普通讯》24期，4300份，编印《山区多种经营技术资料》1505册，《烤烟生产栽培技术》3224册；《响楼乡科技扶贫论证会资料集》113册；其他科技资料6842份。办科技专栏橱窗84期，科普知识橱窗7期。放映科教电影1093场，观众达31.85万人(次)。组织科技赶场115次，组织致富经验交流18次，参加人员725人(次)。组织科技人员下乡传授科普知识119次，300余人(次)。组织群众参观科技示范户、专业户8次，参加的有265人(次)。举办科技展览15次，观众达2.52万人(次)。

科技培训

雷山县科技局自1972年成立以来，在各部门和社会各界的配合下，根据种植业、养殖业、乡镇企业等行业的需要，采取不同形式，不同层次举办培训班，培训乡土人才。是年11月，以公社为单位组织学习香菇栽培技术，参加的有1380人；1976年举办腐殖酸肥料培训班1期，参加的有35人；1984年培训省柴灶的建造与使用技术，参加的有4128人(次)；1985年培训各种技术人员4091人(次)；1986年培训烤烟栽培与烘烤技术10212人(次)；1987年继续培训烤烟和水稻“两段育秧”技术共15380人(次)。在桥港乡培训“两段育秧”技术人员后，当年，该乡有86%的农户采用了此项新技术。岔河乡经对农户烤烟技术连续培训后，产值和产量分别上升60%和55%。

科技扶贫

从1986年起，县科协配合民政、民族部门，开展科技扶贫工作，组织科技人员下乡，向农民传播农业科学知识，推广先进技术；引导贫困户自力更生，开拓生产门路，实行“科技兴农”。以桥桑乡为扶贫试点，以响楼乡为早熟蔬菜试点，以桥港乡和脚尧村为扶贫联系点。在乡村办“两段育秧”“垄稻沟鱼”“双杂”良种栽培、果树、早熟蔬菜栽培、五倍子人工栽培技术培训班。教技术，送资金。是年，桥桑乡粮食产量比1985年增产48.12%。1987年比1986年增产13.24%。栽种柑橘27900株，梨树1400株。响楼乡34户菜农栽种番茄、茄子、无藤瓜、芸豆、棒豆、牛角椒等早熟瓜菜20亩，创产值26300元，纯收入22260元，实现稻田菜—稻—菜轮作多熟。桥港乡1987年粮食总产比1986年增长8%。栽种柑橘、葡萄等果树12700株。脚尧村19户，108人，户均养牛5.4头，猪5.6头。1987年人均粮食510公斤，人均产值430元。形成猪牛多—肥料多—粮食多的良性循环。

第四节　科研成果鉴定

根据1978年国家科委发布《关于科学技术研究成果管理办法》，1984年国家科委制定《关于科学技术研究成果管理规定》及贵州省科委制定的《贵州省科学技术研究成果管理实施细则》，对完成任务应鉴定的科学技术项目及时组织了鉴定。基层单位自己安排的科学技术研究项目完成任务后，提请鉴定的也积极组织鉴定验收。对于成果鉴定，除列为省、州科研项目的成果由省、州科委或委托有关部门鉴定外，属于县的科研技术成果，由县科委主持，按行政人员不超过三分之一的规定，邀请有关方面的专家、专业技术人员组成鉴定委员会，下设审查、测试、评议等小组，分别进行鉴定工作，然后召开全体委员会，并由各组分别作测试结果报告，最后由鉴定委员会作出鉴定结论。

麦草粉在室内培育平菇

1981年6月25日，县科委邀请县内科技人员13人，对科技人员毛克翕的麦草粉在室内培育平菇项目作出鉴定。结论是以草代木培育食用菌，工艺简单，周期短，成本低，条件适宜，不受地区限制，且能作工厂化培育，经济效益较高，可以推广。

农业机械化区划

1982年10月农机研究所刘镜光、陈来瑞写出初稿，黔东南州农机局、农机研究所在天柱召开全州农业区划首次评议会，给予较高评价。1982年4月，又在凯里召开全州农机区划阶段成果验收评审会，认定达到粗线条验收标准，颁发了合格证。

盐酸黄莲素生产工艺革新成果

1981年6月，县科委在陶尧黄莲素厂对乡镇企业局任德、药材公司杨星炳研究的盐酸黄莲素生产工艺革新成果召开鉴定会，会议认为革新黄莲素生产工艺是成功的，适合本地区的原料和水质的特点，技术成果显著，经济效益较好。

人工栽培天麻试验

1980年11月，黔东南州农牧局在雷山召开鉴定会，对县农牧局科技人员何际杰、文明章等人工栽培天麻试验成果作出鉴定。雷公山国营林场试种2窝，平均窝产6.5公斤，最大的个重214克；者雄苗圃试种305窝，平均窝产3公斤。经济效益显著，应予普遍推广。

牛冷冻精液人工授精试验

1981年6月，黔东南州科委、州农牧局在雷山召开现场鉴定会，对傅庆福、李熙德、陆权光、潘兴仁等于1978年11月在固鲁、丹江、莲花设点，进行牛冷冻精液人工授精试验成果作出鉴定。共配种牛121头，受孕28头，受胎率为23%。初生水牛犊体重比本地牛犊提高40.1%，杂交优势明显。该项技术的应用试验成功，必须予以推广。

雷公山大曲研制

雷公山大曲于1976年由文明元、唐炳志开始研制。1980年2月曾获黔东南州经委颁给“优良产品”证书，三次参加全州大曲（窖）酒评比，荣获第二名。1981年6月，县科委、经委组织鉴定，认为雷公山大曲度数足，色清味正，味道可口，且有滋补功效，可以扩大生产。

台湾杉栽培研究

1977年起，县林业局科技人员廖兴明等，在海拔1250米的者雄苗圃开始台湾杉无性嫁接试验。嫁接2169株，成活1758株，成活率为86%。砧木定植成活率达99%。4年后，最高达1.76米，一般为1.2米，地径为5厘米左右。经县科委组织观摩，认为此研究是成功的，有一定的经济效益和社会效果。

库店一条龙风力输送设备

丹江粮管所技术人员陈光灿、李和英等，于1980年11月开始库店一条龙风力输送设备试验。1981年4月竣工。6月，黔东南州粮食局、雷山县科委组织召开鉴定会。认为基本达到原设计要求，且性能良好，结构简单，操作、维修方便，节约劳动力，降低劳动强度，增进粮食的食品卫生，经济效益较好，年可为国家节约搬运费2180元。

801电动售粮器及电动售油器

1980年1月，丹江粮管所技术人员陈光灿、李和英等着手801型电动售粮器和电动自流售油器的试验工作，10月完成投试运行。黔东南州粮食局、雷山县科委于1981年6月召开鉴定会，认为801电动售粮器及电动自流售油器达到设计要求，可提高工作效率，节省时间，方便群众，有益于食品卫生，有推广价值。

猕猴桃酒试制

1980年，县酒厂韦春平和经委杨秉学等开始猕猴桃酒试制。1982年10月，黔东南州科委、轻工局在雷山召开鉴定会，认为利用本地资源，发展猕猴桃经济，方向对头；试制品色泽较好，具有浓郁的猕猴桃固有风味，酸甜适度，理化指标符合果酒质量要求，保存了一定的维生素C，生产工艺基本可行，可以投入批量生产。

杨梅汁、多味杨梅

1984年9月，由雷山县人民政府主持，邀请州科委、经委、轻工局及县科技人员进行鉴定：据卫生监督机关和轻工研究所理化指标检验，杨梅汁符合GB132759—81卫生标准，大肠杆菌、致病菌及其他细菌符合GB2759—81卫生标准，食品添加剂符合GB2760-81标准。杨梅汁为橙红色，色泽鲜明，透明度好，无杂质、无沉淀、无悬浮物，气味柔和，杨梅味浓；多味杨梅暗红色，无杂质，酸甜适度，保持杨梅的独特风味。包装的瓶盖封口符合要求，试销情况良好，填补贵州省的空白，两种产品均可批量生产。

猕猴桃汁、酱

1984年10月，由雷山县人民政府主持，邀请州、县科委、经委、轻工局对此项产品进行鉴定：猕猴桃原汁具有橙黄色和黄绿色，有光泽，汁液均不混浊；猕猴桃酱具有黄褐色或黄绿色，色泽较好，酱呈胶状，黏稠适度，饮味较纯正，具有猕猴桃的特有风味，且有一定的药用价值，汁、酱均符合食品卫生标准，发挥了本地资源优势，填补州内的空白，属新产品。

天麻茶、银球茶、云雾绿茶

1984年10月，由县人民政府主持，邀请州、县有关部门进行科学鉴定：天麻茶银黄麦绿，条索园细匀整，无断片、茶末，汤色明亮绿黄，无沉淀物，叶片鲜活均匀，无红梗叶，回味带甜，香气持久、耐泡；银球茶球形银灰墨绿，冲泡散成菊花形，嫩度好，汤色明亮，香味持久，茶味浓郁；云雾绿茶条索园细匀整，色泽灰绿，无梗无末，汤色明亮呈绿黄色，嫩度一般，香气持久，生甜耐泡。以上三种产品已达到国家炒青茶一级一等、一级二等标准，可以投入批量生产。

松针粉添加剂育肥猪

1986年1月4日，县科委邀请州、县有关人员22人，对穆昌华、李和英以松针粉作添加剂育肥猪试验进行鉴定，结论为松针粉作为配合饲料添加剂是可行的，效果及效益均较为明显。

基本消灭疟疾

根据《农业发展纲要》的要求，医务人员孙文发、吴绍尧、李正良等承担消灭疟疾项目的研究工作。从1956年至1987年经过准备、降低发病率、巩固成果等三个阶段的反复预防治疗，开展以发现传染源，消灭传染源，管理流动人口，防蚊灭蚊等综合性措施，发病率由1953年321.9/万降至1985年的0/万。1986年8月，黔东南州基本消灭疟疾考核组在雷山召开技术鉴定会，认为雷山县防疟工作组织措施严密，技术措施有效，达到州内先进水平。各项指标达到卫生部、省卫生厅1984年颁布的基本消灭疟疾标准。

杂交稻两段育秧技术

1986年9月19日，县科委邀请县内科技人员9人，对农牧局张志永作杂交稻两段育秧技术进行鉴定，结论为较常规育秧增产效益显著，应予以推广。

杂稻制种可行性试验

1986年12月4日，县科委邀请县内技术人员8人，对张志永作杂稻制种可行性试验进行成果鉴定，结论为比常规稻良种增产22.3%，同意制种供应。

不同配比敌鼠钠盐大规模灭鼠

1986年12月9日，县科委邀请县内科技人员7人，对文炳志用不同配比的敌鼠钠盐在不同环境中进行大规模灭鼠技术进行鉴定，结论为成本低，效果好，应大力推广。

五倍子人工栽培试验

1984年，县科委杨通福、唐炳军在龙头乡脚散村民组进行五倍子人工栽培技术研究，种植五倍子200亩。1987年平均亩产鲜倍5.2公斤，最高株产鲜倍1.2公斤，经抽样验收，认为是成功的，应继续推广人工栽培。

第五节　科技成果应用

1962年，县畜牧配种站开始耕牛杂交试验，从贵阳购进荷兰种公牛2头，与本地黄母牛杂交，产仔2头，长成后体重分别为554公斤和539公斤。后在固鲁、莲花等乡推广。1964年，县良种繁殖场由贵阳引进荷兰奶牛12头，每头日挤奶由15公斤增至25公斤。后因下放给农户饲养，逐渐退化。

从1975年至1987年，全县共取得科技成果92项，其中由县内组织推广的14项。这些推广项目是：雷公山大曲（中级酒），由雷山酒厂组织生产，年产150余吨；麦草室内培育平菇，由县科委组织专项生产，并在民间推广此项技术；盐酸黄莲素精制品由陶尧乡乡镇企业推广，含量达97.43%，产品由贵阳制药厂收购；秃杉栽培、嫁接由县林业局者雄种子园营建苗圃86亩，育苗供应，并试验砧木嫁接；人工栽培天麻由者雄苗圃和雷公山国营林场为主推广应用，窝产分别5.7和12.5斤，最大的个重214克；农业机械化区划成果由县农机厂应用此项成果调整农机工业，试制塑料装饰板和玻璃钢制品投放市场；牛冷冻精液人工授精由县畜牧局在固鲁、莲花、丹江等社（镇）设点试验，1980年在10个社（镇）设8个输精点，当年共配191头（黄牛73头，水牛118头），受孕16头，占8.4%；电动售粮器及电动售油器，库店一条龙风力输送设备二项由丹江粮管所推广应用，已达到设计要求，运转正常；猕猴桃酒由雷山饮料食品厂投入批量生产，经化验已达到理化指标，符合果酒质量要求；省柴灶（雷山一号）由县科委节能办公室在全县推广，经选点验收，已达到农业部的要求，全县有70%的农户已改“老虎灶”为省柴灶；五倍子人工栽培由县科委技术人员在龙头乡选点推广200亩，1987年收鲜倍子91公斤；松针粉作添加剂育肥猪，由县粮食局饲料公司利用该项成果建立松针粉厂，纳入饲料生产系列；高海拔山区杂稻制种，由县农业局（原为农牧局）推广应用。1985—1986年该局农技人员在陶尧乡治安村进行早熟、高产、抗逆性强、适应性广的“籼优六四”组合制种生产。制种面积53.38声，共收种子10325.5公斤。平均亩产193.4公斤。最高达250.5公斤。种子纯度、质量均达到国家标准。1986年通过近1000亩高海拔山区推广应用，较本地品种每亩增产100公斤以上。

1981—1987年雷山县获州级以上奖励的科技项目一览表

表15—5

获奖时间	项　目	命名机关	称　号	项目负责人
1981	用麦草粉在室内培育平菇	州人民政府	科技成果三等奖	毛克翕
1981	稻瘟病发生流行系统观察	州人民政府	科技成果三等奖	包太文
1981	利用土壤普查成果促进农业丰收	州人民政府	科技成果三等奖	周定生
1981	大面积推广杂稻	州人民政府	科技成果三等奖	张志永
1981	大种油菜稻田丰收	州人民政府	科技成果四等奖	张金权
1982.2	雷公山大曲	州经委	优良产品	文明元 唐炳明
1982.9	雷山县农业机械化区划	州农业局	科技成果二等奖	陈来瑞 刘镜光 唐炳军

续表

获奖时间	项　目	命名机关	称　号	项目负责人
1983	用麦秆在室内培育平菇	州人民政府	科技成果二等奖	毛克翕
1983	套种作物对天麻的增产效应	州人民政府	科技成果三等奖	何际杰
1983	雷山野生稻资源考察	州人民政府	科技成果四等奖	张金权 张学斌
1983	根据山区特点开展的病虫联防	州人民政府	科技成果四等奖	县植保站
1983	查清土地资源提出改良措施	州人民政府	科技成果四等奖	毛文刚
1983	雷山县畜牧规划	州人民政府	科技成果三等奖	穆昌华 彭树柏
1983	提高防疫密度减少死亡	州人民政府	科技成果四等奖	杨世臣 王志高
1983	雷山县农业气候区划	省区划办	气候区划二等奖	朱德君
1986	银球茶	轻工部	优质产品	毛克翕
1986	猕猴桃系列产品	省人民政府	优质产品	杨秉学 韦春平
1986	松针粉添加剂育肥猪重复试验	州人民政府	科技成果四等奖	李和英 穆昌华
1986	雷山县农业区划成果应用	省人民政府	农业区划成果三等奖	周定生 胡志鸿 傅庆福等
1986	高海拔山区杂稻制种技术	州人民政府	科技成果三等奖	张志永
1986	用不同配比的敌鼠钠盐大规模灭鼠	州人民政府	科技成果四等奖	文炳志
1987	依靠科技振兴经济	州人民政府	先进集体	雷山县科协
1987.1	雷山县野生猕猴桃资源调查及应用	州人民政府	科技成果四等奖	周定生 胡志鸿等
1987.5	雷山县农村能源区划	省区划办	农业区划工作一等奖	陈晓华

卫生体育篇

第一章　卫生机构与设施

第一节　业务机构

县属医疗卫生单位

县医院　民国21年(1932年)4月10日，由地方人士捐款，政府资助，创设民办公助性质的丹江县丹善医院，有中医生1人。民国26年(1937年)11月8日，改称丹江县医务所。民国29年(1940年)3月15日，易名丹江县卫生所，属官办。有西医师1人，西医士1人，护士1人，护理员1人，管理员1人。民国30年(1941年)6月，撤销丹江县治后，降为丹寨县丹江镇卫生室，有医士1人。民国33年(1944年)4月，设置雷山设治局，丹江镇卫生室复升格为设治局卫生所。民国36年(1947年)10月10日，局卫生所改名为局卫生院。民国37年(1948年)10月1日，改称雷山县卫生院。

1950年10月8日，雷山县人民政府接管县卫生院，时有卫生技术人员5人。11月27日，改名为县人民政府卫生院。1956年4月10日，更名为雷山县人民医院。1987年，共有职工75人。其中西医师10人，中医师3人，西药师2人，西医士2人，中医士1人，西药剂士2人，中药剂士1人，护士20人，助产士4人。检验士1人，放射线医士2人，口腔医士1人，中药剂员1人，检验员1人，卫生员1人，护理员8人，工勤和管理人员15人。

卫生防疫站　1956年4月10日，将县人民医院卫生防疫组扩建为县卫生防疫组，隶属县卫生科。时有职工4人。其中西医士1人，卫生员2人。1957年初，改名为县卫生防疫队。1959年并建凯里县后，降为凯里县卫生防疫站雷山防疫队。1961年8月，恢复雷山县治，即建雷山县卫生防疫站，作为全县卫生防疫业务技术指导中心，有职工24人。其中西医士5人，卫生员17人。1968年5月，并入县人民医院。1970年4月14日，分设卫生防疫站。1987年，全站职工计24人。其中卫生技术人员18人(西医师1人，西医士13人，检验员1人，卫生员3人)。

妇幼保健站　1956年12月，将县人民医院妇幼保健站扩建为雷山县妇幼保健站，有职工3人。其中，助产士、护理员、卫生员各1人。1959年，并建凯里县后撤销。1961年8月，恢复雷山县妇幼保健站。1968年5月，并入县人民医院。1972年初，恢复县妇幼保健站。1987年底，有职工7人，其中卫生技术人员4人(妇幼保健医师1人，助产士3人)。

皮肤病防治站　1985年11月23日，县人民政府决定建立雷山县皮肤病防治站，作为对麻风等皮肤病防治机构。有兼职卫生技术人员2人。

卫生学校　1958年8月，建立雷山县卫生学校，学制半年或1年半，作为全县卫生系统医学教育培训中心。1979年6月起，县卫校配备有专职管理人员1人。1987年，共培训8期，结业学员计200人。

区卫生院

西江区卫生院 1952年7月，建立西江区民族卫生所，有职工27人，其中卫技人员6人。1958年10月，改为雷山县西江公社医院。1959年1月，并县后，改称凯里县西江公社医院。1961年8月恢复县治，称雷山县西江区卫生院。1955年底至1962年8月，西江区曾设置方祥民族卫生所，作为区卫生所（院）的分所。1987年底全院有职工17人。其中卫生技术人员13人（西医师1人，西医士8人，护士1人，助产士1人，护理员1人，卫生员1人）。

丹江区卫生院 1953年6月，在望丰建民族卫生所，有职工4人。1958年10月，改为丹江公社医院。1959年1月，改称凯里县雷山公社医院。1961年8月，改为雷山县丹江区卫生院。1967年4月，在城关建业务用房后，即从望丰迁入县城，望丰作为医疗点。1983年5月20日，县人民政府决定恢复望丰医院，作为丹江区卫生院的分院。1987年底，全院有职工31人。其中卫生技术人员25人（西医师4人，西药师1人，西医士9人，护士3人，助产士2人，西药剂士1人，检验技士1人，护理员2人，检验员1人，卫生员1人）。

大塘区卫生院 1953年4月16日，建立大塘区卫生所，有职工5人。1958年10月，改为大塘公社医院。1959年1月，改称凯里县大塘公社医院。1961年8月，改为雷山县大塘区卫生院。1958年3月至1959年1月，曾设置掌雷卫生所，作为区卫生所（院）的分所。1987年底，全院有职工10人。其中医务人员9人（西医师1人，西医士4人，护士1人，西药剂士1人，护理员1人，卫生员1人）。

永乐区卫生院 永乐原属丹寨县，1959年1月并县后，永乐公社院改称凯里县永乐公社医院，隶属雷山协作区卫生系统。时有职工9人，其中卫技人员8人。1961年8月，永乐区划入雷山县，改为雷山县永乐区卫生院。1987年底，有职工18人。其中卫生技术人员15人，（西医师3人，中医士1人，西医士6人，护士3人，助产士1人，护理员1人）。

乡、镇卫生院

民国37年（1948年）8月1日，雷山设治局在西江镇设镇卫生所。有职工3人。其中西医士1人，护理员1人，管理员1人。属官办。同年12月2日撤销。

1958年上半年，全县36个乡（镇）中，有30个乡（镇）建立了卫生所，有卫生员31人。同年10月，改称管理区卫生所，属民办公助的集体所有制单位。1960年至1963年，部分卫生所停办。1964年，又陆续恢复。1973年后，卫生所改称卫生院。1984年，各公社卫生院易名为乡（镇）卫生院，共计有26个。同年，丹江镇和达地镇升格为区级镇，但所属卫生院仍属集体所有制单位，并分别继续受丹江区卫生院和永乐区卫生院的业务指导。1987年，乡（镇）卫生员有81人，其中获得农村医生技术职称的有56人。

村卫生室

1951年，县人民政府卫生院在丹江镇建立村卫生组（室）。1952年，县人民政府卫生院和土改卫生工作队在全县各地建立村卫生室。1956年，改称为农业合作社保健室。1958年10月，建立人民公社后，改名为大队卫生室，同时，还配备有小队卫生员。1982年后，小队和村民小组的卫生员因报酬不落实，多数自行去职。1987年，有村卫生室13个，卫生员13人。

其他卫生机构

1950年至1987年，县内厂、矿、场等企业和学校设置规模不一的卫生室，担负着单位的医疗卫生工作任务。1952年，工商联合会设有卫生股(室)。1956年，有60所中小学校设置校卫生室，配有兼职保健人员。1958年开办公统铜矿厂，建有厂卫生室，有医护人员3人。县办的各铁矿厂和铝矿厂均建立卫生室，各有医务人员1人。1965年10月，雷山民族中学设置医务室，配有1名专业医务人员。1984年，县饮料食品厂设置医务室，有卫生员1人。

农村中有民族医、中草医就地行医，串寨治病；县城有3家私营诊所，3名从业者均为退休卫技人员。

1932—1987年雷山县(含丹江县)卫生系统部分年度国家职工统计表

表16—1　　　　单位：人

年度	总计	卫生技术人员																	管理人员	工勤人员
		合计	中医师	西医师	西药师	中医士	西医士	护士	助产士	中药剂士	西药剂士	检验技士	其他技士	护理员	中药剂员	西药剂员	检验员	其他卫生员		
1932	4	1	—	—	—	—	—	—	—	—	—	—	—	—	1	—	—	—	3	—
1940	5	4	—	1	—	—	1	1	—	—	—	—	—	1	—	—	—	—	1	—
1949	3	3	—	—	—	—	1	—	1	—	—	—	—	—	—	—	—	1	1	1
1953	30	24	—	—	—	—	3	—	1	—	—	—	—	2	—	2	1	15	4	2
1957	70	53	—	—	—	—	6	—	3	—	1	—	—	5	—	2	3	33	10	3
1965	101	89	—	8	—	—	26	6	6	—	2	1	1	15	—	2	1	21	11	1
1978	160	118	2	25	1	3	38	20	16	2	6	3	1	—	1	—	—	—	28	14
1985	190	140	3	22	1	2	38	31	10	1	4	2	4	13	1	—	—	8	10	40
1987	191	144	2	21	3	2	42	28	11	1	4	2	3	14	1	—	3	6	9	38

第二节　设　备

房　屋

县医院　民国36年(1947年)以前，县卫生所(院)均租用民房开业。民国37年(1948年)，在西门建有木房2幢，建筑面积375平方米(1956年转让其他单位使用)。

1955年11月，在教场坝修建县医院门诊部、住院部，建筑面积1125平方米。1956年7月竣工使用。

1976年10月，建成1幢9间两层的住院楼，建筑面积996.18平方米。1978年自筹资金建职工宿舍1幢，面积304平方米。1982年，建宿舍楼1幢，面积900平方米。1984年开始，逐年拨款修建门诊大楼，总面积为1541平方米。其他用房面积960平方米。1987年底，共计建筑面积6440.18平方米，实际使用面积5618.5平方米。

县卫生防疫站 1976年5月，修建砖木结构业务住宿两用房1幢，面积770平方米。1985年6月，建成业务用房1幢，面积860平方米。至1987年，有用房面积1630平方米。

县妇幼保健站 1973年7月，县革命委员会将县原属气象站1幢5间砖平房划拨给保健站永久使用，面积160平方米。1985年秋，上级拨款在原址建成砖房1幢，面积为524平方米。

县卫生学校 1979年夏，拨专款建成校舍1幢，面积为200平方米。

区卫生院 西江、丹江、大塘、永乐4个区卫生院，原分别建有木房，共计面积1020平方米。1969年，丹江、永乐区卫生院分别建成砖木结构平房开展业务，共计面积610平方米。1970年至1979年，各区卫生院均分别建成木房或砖木结构的业务用房，面积共1300平方米。1980年至1987年，丹江、西江和永乐区卫生院由支援不发达地区发展资金拨给专款，分别建成砖木或砖混结构的业务用房，面积共计1808平方米。1987年，各区卫生院实际使用面积共计4248平方米。

乡镇卫生院 1968年以前，除方祥乡卫生院外，各院均借用公社房屋设门诊。1969年至1975年，国家对公社卫生院实行“民办公助”建房，县卫生局拨款82400元，补助全县21个公社卫生院修建木房21幢，面积为2949平方米。1980年至1983年，用不发达地区发展资金13.5万元，增建达地、桥桑、桃江、莲花、黄里、固鲁等6个乡镇卫生院业务用房，面积共1608平方米。

1987年，全县医药卫生单位共有业务用房6177.7平方米，办公用房1094.8平方米，职工宿舍8284平方米。

器 械

民国35年（1946年）2月，设治局卫生所有外科手术刀1把，换药镊子2把，缝合针3根，2毫米注射器1具，换药碗2个，手套1对，听诊器1具。

1950年10月，人民政府接管县卫生院时，医疗器械有：换药镊子2把，敷料钳1把，洗眼杯1个，2毫升注射器1具，针头1颗，止血钳1把，刀片2张，滴管1根，玻璃漏斗1个，木质压舌板1块，煮沸消毒锅1个，10毫升注射器1具，软膏板1块。以后，县、区医疗卫生单位的主要器械由省、州卫生行政部门配发，简易器械自筹资金购买。

1987年县级医疗卫生单位器械有：300毫安、200毫安、100毫安x线诊断机各1台，电冰箱8个，恒温箱2个，干燥箱2个，分光比色计2件，分析天秤2件，显微镜6台，蒸馏器2件，心电图机1台，B超机1台，麻醉机1台，牙科治疗机1台，万能手术床1张，膀胱镜1件，各种手术刀包2件，产科手术床2张，立式消毒器3件。区级医疗单位的主要器械有：100毫安、30毫安线诊断机，分别为1台或3台。电冰箱1个，万能手术床3张，产科手术床1张，立式消毒器4件，丙、丁种手术刀包各4件，显微镜5台。

26个乡镇卫生院（所）建立时，由县卫生行政部门配发部分简易器械。1977年以后，州、县卫生行政部门配发丁种手术刀包和计划生育手术器械。1978年至1985年，配发达地、方祥卫生院30毫安x线诊断机和显微镜、手提式消毒器等。

第三节 经 费

民国时期的卫生经费，主要为地方人士捐助和政府资助。民国21年(1932年)4月10日，由政府资助，地方人士捐助筹银圆200元，创建丹江县“丹善医院”。民国33年(1944年)至民国37年(1948年)，丹江县政府和雷山设治局共拨给卫生院(所)经费计法币3710.31万元；业务收入银圆9139元，法币1155.45万元(含药品成本)。

解放以后，卫生事业经费主要由地方政府直接拨发，或将业务收入移作开支。1952年至1987年的35年中，人民政府为卫生事业拨款总计517.63万元，占地方财政收入的6.27%。用于医疗、卫生防疫、妇幼保健等单位的工资福利、购置器械设备、房屋修缮、集体医疗单位补助、烈军属、高寒地区医疗困难补助(减免医疗费)等。其中工资福利为368.73万元，占卫生事业费总额的71.23%；房屋修缮费为60.41万元，占11.67%。

1962年至1980年，省、州卫生防疫部门拨给防治传染病、寄生虫病、地方病的各类药械价值人民币14.18万元；用于预防接种的生物制品价值人民币6.79万元；各类药物和专款共计15.68万元。1981年以后，省、州卫生行政部门对贫困地区配发医疗器械实行自付20%，省、州防疫部门拨给卫生防疫装备生化室、冷链器材、医疗器械等共折款12.85万元。

第二章 医疗卫生

第一节 医 疗

门诊医疗

民国年间，丹善医院和丹江医务所开设中医门诊室，以后的丹江县卫生所、设治局卫生院(所)和雷山县卫生院都设置有综合性的门诊室(部)。

1950年11月，县人民政府卫生院开设门诊。1956年设门诊部，下设诊断室、消毒室、治疗室、药房、化验室。诊断室除妇产科和中医科单独设室外，其余各科疾病同室应诊。1965年，改革门诊制度，延长应诊时间，简化收费手续。1974年，进一步健全门诊制度，增设副班(即加班应诊)。1987年，门诊科室有内儿科、外科、中医科、妇产科诊断室和内儿科、外科、妇产科治疗室、口腔科诊疗室、化验室、放射线室、心电超声室、中药房、西药房等。

1977年和1980年，县妇幼保健站和卫生防疫站分别开设门诊室，开展专科疾病诊疗业务。西江、丹江、大塘、永乐区卫生院建院(所)后，都开设门诊。除妇产科诊疗室、中草药、民族医诊疗室、化验室、放射线室外，均为综合性门诊。配有1~2名医护人员。乡镇卫生院和村卫生室也分别设有综合性的门诊室。

住院医疗

民国36年(1947年)底，雷山设治局卫生院设病床4张。民国37年(1948年)设病床6张。

1952年底，县人民政府卫生院设有病床10张。1987年底，县人民医院有病床68张。各科主管医生分管一定床位，护理人员则分为主班、临床班、晚班、夜班和治疗班，实行“分级护理制”，实施医嘱的各项治疗措施。医护人员坚持“三基”（基本理论、基本知识、基本技能）、“三严”（严肃态度、严格要求、严密方法）要求，讲求提高医疗质量。

1962年以前，各区卫生院（所）都分别安置2~5张简易病床，1963年后逐渐增加。1987年，4个区卫生院共有病床61张。在26个乡镇卫生院中，条件稍好的院开设有2~5张简易病床。1987年，共有病床24张。

分科医疗

小儿科 1962年前，临床诊断靠望、触、叩、听和化验等方法进行诊疗，开展肌肉注射和静脉注射、输液等。1963年以后，技术和设备逐步充实，使用小儿头皮静脉输液、氧疗、气管切开术等疗法，县医院经常开展腰穿等技术。乡镇卫生员仅能诊治一般常见多发病，抢救一般内科重危病人。20世纪70年代以后，多数能作静脉输液和小儿头皮静脉输液。

外科 1958年以前，县、区医院只能作一般的清创缝合和表浅脓肿切开引流术。1959年，县医院在州医疗队的指导下，开始作阑尾切除术和疝修补术。1961年，始作膀胱取石术。1964年起，与妇产科合作开展剖腹取胎、输卵管结扎术。1972年，在上级医院指导下，开展胃大部切除术、肠切除、肠吻合术、甲状腺肿摘除术。1978年，开展胆囊摘除、胆总管十二指肠吻合术。1980年，能作创伤性膝关节功能障碍切开探查术，锁骨骨折切开复位固定术。1983年，可作胸硬膜外血肿清除术、颅胸探查术等。1963年，永乐区卫生院开始作疝修补术和阑尾切除术。1973年，作肠切除肠吻合术。1979年作胃大部分切除术。其他区卫生院也分别开展了疝修补术和阑尾切除术等下腹部手术。乡镇卫生院只能作外伤清创缝合和脓肿切除引流术。1975年后，部分卫生员可作输精管结扎术。1962以前，县、区医院一般只作局部麻醉和腰麻醉。1963年起，先后开始作乙醚开放点滴麻醉、硬膜外麻醉和氯氨酮麻醉等手术。

妇产科 1962年以前，县、区医院只开展产前检查、产后访视、平产接生、用产钳助产、胎头吸引器助产和对死胎作断头、穿颅等毁胎术。1963年，县医院开始作上环、人工流产术。1964年，开始作输卵管结扎术、妊娠中期引产和子宫下段剖腹产术。1968年后开展卵巢囊肿切除术。1984年，作腹式、阴式子宫切除术和阴道前后壁修补等手术。1974年后，区卫生院可作上避孕环、人工流产、妊娠中期引产、输卵管结扎术等计划生育手术，个别医院可作剖腹产术。1975年后，多数乡镇女卫生员可作人工流产手术和上、取避孕环术。在上级医师指导下，有的女卫生员可作输卵管结扎和妊娠中期引产术。

五官科 县、区医院对眼科疾病诊疗由内外科医生兼职，开展过内翻倒睫矫正术、麦粒肿切除术、翳状胬肉摘除转移术、老年白内障针拨和冰冻摘除术。1973年后，县医院设口腔科诊疗室，开展一般口腔疾病的诊疗工作。

中医科 1956年，县人民医院开设中医针灸业务。中医人员对症施用中草药，并用针灸、按摩、拔火罐等疗法。1960年后，医生以中医理论作指导，对就诊病人按4诊（望、闻、问、切）8纲（表里、寒热、虚实、阴阳）、理（生理病理）、法（立法）、方（方剂）、药（药物）辨证施治。同时，开展针灸、推拿、按摩等疗法。

检验放射

1952年，县卫生院设置检验室，开展血、尿、便等3个常规化验。1963年，开展血沉、三胆试验、隐血试验、脑脊液常规、血小板测定以及出凝血试验和定血型等检验项目。1985年以后，开展生化检验工作和肝功能、二氧化碳结合力、血尿素氮测定、血清钾、钠、氨等电解质的定量测定、乙型肝炎病毒表面抗原测定等生化检验项目。

20世纪70年代，永乐、丹江、西江、大塘区卫生院先后设检验室，开展血、尿、便3种常规检验和疟原虫镜检工作。

1965年，县人民医开始设置放射线室。有30毫安X线诊断机1台，开展透视和胸部、四肢、头颅的拍片。1977年3月，安装200毫安X线诊断机1台，开展一般透视和拍摄胸膜、四肢、头颅、腰椎、骨盆、胎儿平片。1980年后，开展胆囊造影、静脉肾盂造影、肾肠钡餐检查、支气管造影术等。1975年后，永乐、西江、大塘区卫生院先后开展一般透视和胸部、四肢拍平片。1981年，县人民医院开展心电图和A型超声波诊断业务，设置心电超声室。1987年，派员到州人民医院进修B超诊断技术。县、区、乡自建院（所）时起，均设有供应室，配备有专职或兼职医护人员负责全院（所）的敷料和器械的消毒工作。

药　房

中药房　县、区各院（所）开展中医业务后都设有中药房，担负中医科门诊和住院病人的配方、发药等任务。1976年，县人民医院建中药加工房，除加工中药材外，还负责住院病人用药的煎熬工作。

西药房　民国29年（1940年），丹江县卫生所设置西药房。解放后，县人民医院设置西药房，配备专职药剂员。1952年以后，各区、乡（镇）卫生院（所）均设有西药房。药剂人员除按医生处方配发门诊、病房临床用药外，还配制简易的常用制剂，如软膏、红汞、碘酊等。1975—1979年，县人民医院药房设有制剂室，生产5%葡萄糖氯化钠、10%葡萄糖、5%葡萄糖、0.9%氯化钠等，共制剂2.6万瓶，除供应院内需要外，还供应部分区卫生院。

巡回医疗

1951年9月，贵州省和镇远专区组织土改卫生工作队在县内各地开展巡回医疗工作。1952年8月，贵州省民族卫生工作队在西江镇、平祥、毛坪乡进行巡回医疗。1954年5月至12月，贵州省防疫大队第6分队一行16人，在毛坪、平祥、龙河乡开展巡回医疗。以上巡回医疗的工作重点是向群众宣传医药卫生知识，破除迷信鬼神的旧观念，并对边远地区常发的产褥热、鸡窝病、疟疾、性病进行医疗防治。1959年1月，州卫生防疫站和州卫生学校的部分师生计46人，到全县各乡镇开展以扑灭麻疹为中心的巡回医疗。1965，州委、州人民委员会派出医务人员105人，县派出89人，组成医疗队到西江、丹江、永乐、大塘等区的生产队开展以“治水管粪”为中心的预防、治疗工作，帮助培训基层卫生人员。以后，县亦派出医疗组下农村驻村治病，结合培训辅导乡村赤脚医生和基层卫生人员，帮助其提高医疗技术。防疫站和妇幼保健站每年都要派医务人员下乡，开展调查和防治专科疾病，这已形成制度。各区卫生院每年都组织有2~8人到所辖村寨开展巡回医疗、卫生防疫、妇幼保健等工作。

医疗制度

劳动保险医疗 1952年，全县厂矿、企业和部分集体所有制企业单位工人、职工实行劳动保险医疗制度，按1951年2月政务院颁布的《劳动保险条例》和1953年1月2日修订的条文执行。工人、职工生病和因工受伤后，到医院就医取据回本单位报销门诊医药费和住院费。其供养的直系亲属患病就医，无收入的医药费由工人、职工所在单位报销50%。近年来，由于种种原因，医疗费用不断上升，为加强对经费的管理，已采取不同形式的限额包干措施，不断完善医疗制度。

公费医疗 1953年，按照政务院颁布的《关于全国各级人民政府、党派、团体及所属事业单位的国家工作人员实行公费医疗预防的指示》，全县开始执行公费医疗制度，公费医疗经费由财政局（科）按月或季下拨到卫生局（科），由卫生局（科）按县人民政府制订的有关规定管理支付，年终向县财政局（科）核销。凡享受公费医疗的人员患病，均应到指定的医疗机构就诊，若病重需住院或转上级医院治疗的，经县卫生局（科）同意，须有县医院医师开具转院证明才能报销医药费。因公出差和请假在县外的，途中因病治疗，须取得国家医疗卫生单位的正式发票和单位证明，方予报销。自1958年起，挂号费和滋补药品费均由患者自理。1984年12月，县人民政府发出《关于1985年公费医疗经费实行改革的通知》，决定从1985年1月1日起，门诊医疗经费按职工（含离退休人员）工龄分档次随工资发到个人，职工看病自理，节余归己。重病人须住院治疗，医药费实报实销。1953年至1958年，全县共支付公费医疗费37772元，年人均12.28元；1961至1967年共支付115847元，年人均19.79元；1971至1980年，共支付338183元，年人均26.42元；1981年至1987年，共支付938190元，年人均57.1元。其中1987年共支付204799元，人均69.14元。

国家每年下拨专款，对农民、城镇居民和烈军属中的困难户，因病住院医治的，实行全免和部分减免医疗费。并且下拨一定的卫生防疫、计划生育专款和药品。免费对某种传染病、寄生虫病和地方病流行地区的有关患者进行重点防治，对全县有关人员和适龄儿童进行疫苗预防接种。1950年至1987年，国家共拨免费款650970元。其中医疗费434562元，药品费139294元，预防接种经费77113元。

合作医疗 1958年4月，固鲁公社开始兴办合作医疗。1969年后，各地农村又陆续办起合作医疗。1975年，全县均以公社为单位开办合作医疗。公社配备医生3名(其中1名为女性)，大队配卫生员1名(赤脚医生)，生产队配备卫生员1名。这些人员都经过1年或者1个月的业务培训，具备一定的病理知识和诊断能力。1976年，全县有公社医生67人，大队卫生员88人，生产队卫生员55人。经费以生产队公益金支付和向社员个人筹集（每个社员年交人民币0.3元～1元）。社员看病，有的收取挂号费（0.05元），有的全免。对外出看病和重病住院治疗，可以报销部分医药费（但须经合作医疗管理委员会审批）。当时，由公社党委、贫下中农代表和卫生员组成“合作医疗管理委员会”，负责制订各种规章制度，监督合作医疗经费的收支账目，研究解决有关合作医疗问题。1980年后，由于资金筹集困难，坚持合作医疗制度的社队日渐减少，1983年后，全县合作医疗基本消失。

自费医疗 自费医疗的对象为农民、居民（含国家工作人员、教职工的家属子女等）以及没有实行公费医疗、劳保医疗制度的集体单位和个人。20世纪50年代，县内农民相信医药科学的人甚少，多数都享受免费医疗。60年代，实行收、减、免的政策，确属经济困难户享受部分减免。70年代后，基本实行自费医疗（享受合作医疗经费除外），农民中的特别贫困户患者，经乡镇人民政府证明，可享受部分免费医疗。烈军属、复员退伍军人凭单据向民政部门报销。

1948—1987年雷山县部分年度医疗工作情况统计表

表16—2

年度	诊疗人次			健康体检人数	年底床位数	住院	
	合计	门诊	出诊			人数	天数
1948	4248	4062	186	665	6	162	973
1953	80860	60940	19920	111	11	76	1364
1957	41079	23564	17515	166	35	435	3258
1965	99921	65815	34106	1190	49	1296	9240
1978	152133	125449	26644	1317	113	1893	16890
1985	108149	95045	13104	1078	152	2677	24793
1987	103231	85298	17933	1240	155	3355	36460

1952—1987年雷山县人民医院部分年度医疗工作情况统计表

表16—3

年度	门诊人次	健康体检人数	年末床位数	住院人数	床位使用率(%)	平均住院天数	住院诊断符合率(%)	治愈好转率(%)	死亡率(%)
1952	11633	213	10	49	20.5	15.4	—	95.3	0
1957	20221	166	25	375	32.6	—	—	67.4	2.8
1965	22730	1004	30	814	66.2	8.1	—	88.3	2.4
1978	33050	401	60	1388	68.4	7.5	—	96.1	2.2
1982	25472	519	60	1508	70.5	6.2	—	93.3	1.1
1985	18670	774	70	1726	81.3	12.3	88.8	92.2	2.7
1987	12604	652	68	2106	107.3	13.7	95.2	90.7	2.4

第二节　卫生防疫

传染病防治

民国时期，在城镇部分人群中注射牛痘苗、霍乱菌苗，对天花、霍乱等传染病进行预防。1951年起，人民医疗卫生事业坚持"预防为主"的方针，针对构成传染病流行的三个环节（传染源、传染途径、易感人群），采取综合性防治措施，控制传染病源，切断传染途径，早期发现病人和报告疫情。根据1955年卫生部《传染病管理办法》和1978年《中华人民共和国急性传染病管理条例》规定，严格疫情管理。县、区、乡（镇）都有专人搜集疫情，按规定准时逐级上报，设有专柜保存资料。同时，对病人就地隔离治疗观察，注意保护易感人群。在有传染病流行地区，对人群进行应急预防性服药或注射药物，并对全民或一定范围的人群进行预防接种。1982年后，实行计划免疫。对一定年龄的儿童接种"四苗"（即麻疹疫苗、脊髓灰质炎疫苗、百白破三联制剂、卡介苗），预防六病（即麻疹、脊髓灰质炎、百日咳、白喉、破伤风、结核病）。卫生人员在逐户调查登记的基础上，建立计划免疫卡片，按照免疫程序，将疫苗分期分批地接种于易感儿童。

20世纪50年代初期，霍乱、天花、斑疹伤寒和回归热已在县内绝迹。1955年，疟疾流行，患者533人，死亡23人。60年代初基本消灭性病。1975年后，脊髓灰质炎、白喉、百日咳、破伤风等病的发病率大幅度下降。痢疾、传染性肝炎、流行性感冒、流行性脑脊髓膜炎等病仍时有局部流行或散发。1986年，全县发生乙类法定传染病9种，即百日咳、流感、细菌性痢疾、乙型脑炎、狂犬病，流行性脑脊髓炎、麻疹，死亡45人。

天花　解放前，县内天花流行猖獗。民国34年（1945年），雷山设治局卫生所开始在城镇的部分人群接种牛痘苗。

1951年，省人民政府下达3万人份的牛痘苗接种任务。县卫生院按照县人民政府的安排，培训区、乡基层种痘员30名，分散到各乡开展接种。是年，完成2.7万人份。以后每年春、秋两季各接种1次。到1955年，县内已无天花发生。鉴于省外尚未消灭天花，每年仍安排接种任务。1963年，卫生部重新颁布《种痘办法》，要求新生儿初种，逾期未种须补种。到6岁、12岁、18岁时又分别接种1次。1964年和1975年，在全县进行普种牛痘苗各1次。1982年，根据卫生部的指示，全县停止牛痘苗接种工作。

霍乱　解放以前，在县内经常流行，加上农村缺医少药，此病死亡率很高。民国17年（1928年），丹江一带霍乱流行，仅猫猫河村1次就死亡40余人。民国32年（1943年）夏，西江猫鼻岭等地霍乱流行，有50余人死亡。

1951年以后，在县内未发现有该病发生。1982年9月，县人民政府根据8月在省内某地发现有外源性副霍乱病发生的情况，成立县防治副霍乱病领导小组，同月20日，县政府再次发出通知，提出5条行政措施，并要求各级医疗卫生单位加强肠道门诊工作，对从疫区来的人进行登记、处理、观察5天等严格措施。

白喉　白喉在县内时有发生，防疫部门采取综合性防治措施予以防治。1956年至1974年，使用"百白"（百日咳和白喉）二联制剂对易感儿童进行预防接种。1975年，开始接种"百白破"（百日咳、白喉、破伤风）三联混合制剂。1978年春，县革命委员会成立县"百白破"三联制剂普种工作领导小组加强领导，全县普种。初种应种22120人，实种16889人；复种应种16889人，实种16404人。此后，年发病率逐年下降。1979年发病率由1971年的4.6/万降为零。1980年和1984年，各发生1例，均系未接种制剂者。1985年至1987年无此病发生。

百日咳　1956年，开始对易感人群的预防接种。此后年年防治。1978年春，在全县普种"百白破"疫苗后，发病率逐年下降。1987年，发病率为2.43/10万。

麻疹　麻疹历来在县内流行，久治未绝。1958年，龙塘、白连等地流行此病，染病630人，死亡37人。县卫生科组织人员下乡救治。1970年至1973年，曾对8个月至7岁的部分儿童进行麻疹疫苗预防接种，年发病率有所下降。1977年12月16日至18日，在全县进行普种。1979年，发病率由1974年的6951.96/10万下降到54.34/10万。

伤寒 1977年以前，县内此病经常发生，经开展爱国卫生运动，做好水源保护，加强粪便管理，以及开展预防接种后，1978年至1987年，无发生病例。

脊髓灰质炎 1964年，对1500名儿童口服小儿麻痹活疫苗糖丸。以后，每年均给部分儿童服用。1971年，开展计划服用脊髓灰质炎糖丸疫苗，1978年至1987年，无发生病例。

斑疹伤寒 民国36年（1947年）及37年（1948年）曾发生过此病。1951年县人民政府组织医务人员对此病人进行专项防治。此后已无发生病例。

回归热 1954年以前在县内常有病例发生。以后，政府发动群众开展爱国卫生运动，蒸煮衣服灭虱，讲究卫生，并积极防治。1955年后，已无发生病例。

炭疽病 1962年、1964年和1974年曾在永乐地区发现炭疽病人。县卫生防疫站和区、社的医务人员及时对患者进行治疗，处理疫源。1974年后，已无此病发生。

麻风病 1953年，开始对麻风病进行调查。1955年，大塘区调查发现病人5例。1957年，卫生部颁布《全国麻风病防治规划》，1958年9月，县卫生科派员到省卫生厅举办的皮肤病防治班学习；同年11月，县组织卫生人员对全县进行调查，查出病人9例，先后转送8人去炉山县和丹寨县的麻风村隔离治疗，由专业医生负责，治愈后才准出院。1985年9月1日至23日，对麻风病进行随机分层抽样调查，抽查26个行政村，19558人，受检率为98.6%，加上线索调查等，共查出病人7例。1985年底，有病人11例，其中住丹寨县麻风村治疗的4例，社会治疗7例。对社会治疗者，由专业医务人员会同基层卫生人员签订合同，负责实施。同时，对患者家属进行定期检查，采取措施加以防护。1987年，新发现1例，死亡1例，仍有病人11例。其中住麻风村隔离治疗4例，社会治疗7例。

结核病 全县历年都收治有以肺结核为主的各种结核病人。1985年，卫生部组织第二次全国结核病流行病学抽样调查。县以丹江区龙头乡水电村为调查点。同年6月5日至11日，完成该点的现场调查。共查1363人，受检率达99.1%。经省技术指导小组确诊有活动性肺结核8例，患病率为0.59%，标准化患病率为0.63%。10月7日，县卫生防疫站设结核病人防治科，开设专科门诊。11月，开始接收城关的肺结核病人进行院外治疗。同时与龙头乡卫生院签订合同，对水电村的病人按省统一的治疗方案进行全程监督治疗。1980年5月，全县采用划痕法对15岁以下儿童进行卡介苗普种。应种43789人，实种为40623人，接种率达92.7%。1985年以后，每年在丹江镇及其附近农村按新生儿初种和7岁、13岁各复种1次的规定进行计划接种。1987年，对全县适龄儿童进行冷链运转，接种卡介苗。

性病 1954年开始进行性病防治工作。1959年3月，凯里县卫生科组织人员在雷山片区开展性病线索调查，进行波氏反应和村田氏血清检查。发现阳性者225人，后用“三仙丹”等治疗，直到验血考核治愈为止。20世纪60年代以后，没有发现病例。

狂犬病 县内历有发生。1982年2月，永乐区肖家、格益、野牛和加支等地，8只狂犬病狗咬伤多人，永乐区采取了打狗等紧急措施。同年2月24日，县人民政府发出《关于预防狂犬病的紧急通知》，提出5条防患措施，病例逐年减少。

其他病 县内还有流行性感冒、细菌性痢疾、病毒性肝炎、流行性脑脊髓膜炎、流行性乙型脑炎等传染病。解放后，各级政府组织医务人员和广大群众采取综合性措施，进行防治，发病率有所下降，但仍未得到根本控制，偶有局部流行。

1945—1987年雷山县部分年度预防接种情况统计表

表16-4　　　　单位：人

年　度	脊髓灰质炎疫苗	百白破混合剂	麻疹疫苗	卡介苗	牛痘苗	伤寒菌苗	乙脑疫苗	流脑菌苗	霍乱菌苗
1945	—	—	—	—	1619	—	—	—	—
1948	—	—	—	—	2517	962	—	—	1939
1952	—	—	—	—	42653	—	—	—	2597
1957	—	—	—	—	7057	—	—	—	—
1961	—	2263	—	—	5159	1160	—	—	—
1965	3638	1348	—	—	3219	—	—	—	—
1970	—	340	505	—	—	—	—	—	—
1974	2440	430	—	—	2159	—	6145	1885	—
1978	14785	33293	3752	—	4461	—	—	3516	—
1980	10405	5061	3124	40623	3810	—	—	—	—
1985	9383	4304	6232	2448	—	—	2817	12600	—
1987	11336	11654	10732	4241	—	—	273	5152	—

1947—1987年雷山县急性传染病发病情况统计表

表16—5　　单位：人

年度	白喉		流脑		百日咳		麻疹		流感		痢疾		伤寒		病毒性肝炎		脊灰炎		乙脑		疟疾		斑疹伤寒		回归热		炭疽		天花		总计	
	病	死	病	死	病	死	病	死	病	死	病	死	病	死	病	死	病	死	病	死	病	死	病	死	病	死	病	死	病	死	病	死
1947	10	—	—	—	2	—	—	—	—	—	241	—	18	1	—	—	—	—	—	—	825	5	100	—	—	—	—	—	—	—	1196	6
1948	42	—	—	—	44	—	—	—	—	—	300	—	—	—	—	—	—	—	—	—	695	4	23	1	—	—	—	—	—	—	1104	5
1949	—	—	—	—	1	—	—	—	—	—	135	—	68	—	—	—	—	—	—	—	297	—	—	—	4	—	—	—	—	—	505	—
1950	—	—	—	—	—	—	—	—	—	—	—	—	—	—	—	—	—	—	—	—	—	—	—	—	—	—	—	—	—	—	—	—
1951	—	—	5	—	—	—	271	25	—	—	17	1	1	—	—	—	—	—	—	—	77	1	1	1	33	7	—	—	18	—	423	35
1952	—	—	—	—	23	2	325	64	—	—	24	1	1	—	—	—	—	—	—	—	414	7	—	—	1	—	—	—	—	—	1288	74
1953	1	—	—	—	90	3	177	2	—	—	553	4	8	—	—	—	—	—	2	—	2340	1	—	—	8	—	—	—	—	—	3179	10
1954	—	—	—	—	4	—	24	—	—	—	111	—	—	—	—	—	—	—	—	—	1101	—	—	—	—	—	—	—	—	—	1240	—
1955	—	—	—	—	684	12	22	4	—	—	359	22	—	—	—	—	—	—	—	—	1833	1	—	—	—	—	—	—	—	—	2898	39
1956	—	—	—	—	1449	30	1515	19	—	—	380	45	—	—	—	—	—	—	—	—	966	2	—	—	—	—	—	—	—	—	4310	96
1957	—	—	—	—	90	5	1041	26	275	—	133	4	—	—	—	—	—	—	—	—	414	—	—	—	—	—	—	—	—	—	1953	35
1958	—	—	—	—	13	—	862	64	1671	16	75	3	—	—	—	—	—	—	—	—	24	—	—	—	—	—	—	—	—	—	2645	83
1959	—	—	—	—	1	—	924	63	59	1	120	6	—	—	—	—	—	—	—	—	40	1	—	—	—	—	—	—	—	—	1162	71
1960	—	—	—	—	—	—	1048	8	—	—	—	—	—	—	—	—	—	—	—	—	—	—	—	—	—	—	—	—	—	—	1048	8
1961	—	—	—	—	219	—	1	—	—	—	115	3	5	—	—	—	—	—	—	—	10	—	—	—	—	—	—	—	—	—	350	3
1962	—	—	—	—	533	2	150	1	398	—	185	5	3	—	—	—	—	—	—	—	299	2	—	—	—	—	10	—	—	—	1578	10
1963	—	—	—	—	1968	10	83	2	679	—	609	12	39	—	2	—	11	—	—	—	308	—	—	—	—	—	8	—	—	—	3707	24
1964	—	—	—	—	303	4	4107	151	1454	—	435	5	4	—	—	—	4	—	—	—	189	—	—	—	—	—	5	—	—	—	6501	160
1965	—	—	—	—	—	—	2040	54	589	2	197	4	—	—	17	—	—	—	—	—	36	—	—	—	—	—	—	—	—	—	2879	60
1966	—	—	—	—	—	—	1093	25	73		123	—	—	—	12	—	—	—	—	—	28	—	—	—	—	—	—	—	—	—	1329	25
1967	—	—	229	57	—	—	1614	54	4143	6	161	7	2	—	5	—	—	—	—	—	5	—	—	—	—	—	—	—	—	—	6159	104

续表

年度	白喉		流脑		百日咳		麻疹		流感		痢疾		伤寒		病毒性肝炎		脊灰炎		乙脑		疟疾		炭疽		天花		钩体病		狂犬病		总计	
	病	死	病	死	病	死	病	死	病	死	病	死	病	死	病	死	病	死	病	死	病	死	病	死	病	死	病	死	病	死	病	死
1968	—	—	8	3	6	—	164	10	325	—	57	1	—	—	1	—	—	—	—	—	16	—	—	—	—	—	—	—	—	—	577	14
1969	—	—	7	1	429	8	425	11	—	—	—	—	—	—	—	—	—	—	1	—	—	—	—	—	—	—	—	—	—	—	868	20
1970	31	6	—	—	46	3	—	—	1711	1	—	—	—	—	2	—	—	—	7	4	—	—	—	—	—	—	—	—	—	—	1797	14
1971	42	10	7	—	—	—	1284	39	244	1	205	—	—	—	—	—	—	—	11	7	2	—	—	—	—	—	—	—	—	—	1795	57
1972	3	—	14	2	158	—	3019	75	6946	18	252	—	2	—	21	—	—	—	10	4	4	—	—	—	—	—	—	—	—	—	10430	99
1973	5	1	1	—	1239	—	869	19	3433		108	—	2	—	15	1	4	1	2	—	20	—	—	—	—	—	1	—	—	—	5698	22
1974	34	14	1	—	2239	20	6779	105	13367	159	257	1	—	—	6	—	—	—	13	4	8	—	1	—	—	—	—	—	—	—	22705	303
1975	13	4	—	—	1526	5	1504	38	21429	81	1427	3	—	—	12	—	—	—	21	3	45	—	—	—	—	—	—	—	—	—	25977	134
1976	5	3	2	1	178	2	1124	12	9385	6	632	—	—	—	18	3	—	—	6	1	37	—	—	—	—	—	—	—	—	—	11387	28
1977	22	6	154	6	1094	1	1685	20	10927	16	407	2	1	—	25	—	—	—	6	1	8	—	—	—	—	—	—	—	—	—	14329	54
1978	2	1	12	1	2482	8	77	—	7994	5	1253	24	—	—	49	1	—	—	8	2	7	—	—	—	—	—	—	—	—	—	11884	42
1979	—	—	58	4	316	1	59	—	10648	9	625	5	—	—	33	1	—	—	8	1	10	—	—	—	—	—	—	—	—	—	11757	21
1980	1	—	97	11	150	—	454	5	14486	2	408	7	—	—	20	1	—	—	9	1	2	—	—	—	—	—	—	—	—	—	15627	27
1981	—	—	6	2	—	—	1064	14	5376	4	1191	17	—	—	12	1	—	—	3	—	19	—	—	—	—	—	—	—	—	—	7671	38
1982	—	—	2		597	—	310	10	8466	24	592	6	—	—	11	—	—	—	2	—	32	—	—	—	—	—	—	—	—	—	10012	40
1983	—	—	3		285	1	737	9	3479	2	924	12	—	—	12	1	—	—	5	2	17	—	—	—	—	—	—	—	3	3	5464	30
1984	1	—	23	3	1	—	1202	28	6882	13	228	2	—	—	256	1	—	—	3	1	5	—	—	—	—	—	—	—	1	1	8602	49
1985	—	—	218	28	—	—	1188	65	2291	17	355	7	—	—	54	—	—	—	11	1	10	—	—	—	—	—	—	—	—	—	4127	118
1986	—	—	95	18	8	—	16	—	5245	13	1271	8	—	—	48	—	—	—	13	6	4	—	—	—	—	—	—	—	—	—	6700	45
1987	—	—	16	5	3	—	25	—	52	1	409	1	—	—	49	—	—	—	12	—	116	—	—	—	—	—	—	—	2	2	684	9

寄生虫病防治

疟疾 民国33年(1944年),雷山设治局卫生所对疟疾曾进行过防治,多次向省政府报告疫情和请求发给奎宁等药物。

解放后,全县对疟疾采取综合防治措施。1952年至1956年为调查、重点防治阶段。1952年土改卫生工作队和省民族卫生工作队以西江区为重点,对疟疾进行调查和防治。1953年全县开展疟疾调查。1954年,省防疫大队第6分队在平祥、毛坪、龙河等乡进行调查和防治。1958年起进行全县性防治。1959年至1978年为全面防治阶段,医务人员通过各种途径发现并治疗病人;处理好病灶点,居民预防服药;消灭成蚊和铲除蚊蝇孳生地。1962年4月,丹江和西江部分村参加凯里灭疟联防区。1972年,全县参加黔东南、黔南州部分县(市)灭疟联防区,按统一的防治方案实施。1979年以后,为灭疟后期管理和监测阶段。以侦察病例为主,开展全面疟疾监测。1983年,县、区、乡实行分级管理责任制。至1987年止,共取血镜检125319人(次)。其中对初步诊断为疟疾、疑似疟疾、疑似感冒和发烧不明等4种发热病人血检88829人;对病源点和定点居民进行血检33278人(次);对高疟区来的人员血检3212人。通过血检发现疟疾病人438例。医务人员进行巡诊、门诊、住院诊疗和群众自报互报等方式发现病人7964例,总计8402例。经采取综合性防治措施后,由1953年的351.9/万下降到1987年的0.49/万。1986年8月和1987年8月,分别经州卫生局和省卫生厅组织现场考核,雷山县已达到卫生部颁布的"基本消灭疟疾县"的标准。

丝虫病 1958年9月,在丹江镇、公统铜矿及黄里、大塘、莲花等地对1000人取血镜检,在黄里发现马来微丝蚴阳性病人1例,象皮肿4例,事后对病人进行了根治。1970年至1981年又4次对有病例的社、队分别取血镜检19545人(次),均未发现微丝蚴阳性病例。

钩虫病 1958年底,在独南、大塘、龙头、丹江、西江等乡镇的农村和小学、中学共12个点,对1900人进行粪便钩虫卵镜检,发现虫卵阳性314例,感染率为16.5%。1959年,在黄里、丹江城关、龙头、大塘、西江等地镜检5255人,发现虫卵阳性病例1529人。对查出的病人均进行了治疗,并采取加强粪便管理,建化粪池,高温速成堆肥,用中草药消灭虫卵等措施预防。

血吸虫病 1962年秋,县林业局派工人到洞庭湖疫区清理雷山被洪水冲走的木材期间,有2人染上此病,已给予治疗并定期复检。1970年4月,县血防领导小组组织专业人员深入溪沟河流、池塘和田野调查钉螺,未发现能传播血吸虫病的螺种。

地方病防治

地方性甲状腺肿(简称地甲病、泡颈) 1954年在大塘区3个乡对2664人进行调查,发现地甲病患者189人,患病率为7%。1965年12月,贵阳医学院、州、县卫生防疫站在永乐随机调查3575人,发现地甲病患者2088人,患病率为58.41%。在7~14岁的666名儿童中,发现克汀病患儿12例,患病率为1.8%。1978年7月,对全县95625人进行调查,发现甲状腺生理性肿大的9563人,肿大率为10%。地甲病患者8270人,患病率为8.6%。各地发病率在2.5%~19.2%之间。同时发现克汀病148人,患病率为0.15%,其中轻型69例,中型56例,重型23例,已进行有效治疗。1978年9月以后,全县普食碘盐。对部分Ⅱ度以上患者加服碘化钾片,或注射碘油制剂。1987年,经省、州地方病防治办公室进行防治效果考核,考察6537人,查出甲状腺生理性增大410人,肿大率为8.67%。发现患者157人,患病率由防治前的5.8%降至2.4%,已达到国家控制指标要求。还调查服碘盐3年后出生的儿童492人,未发现克汀病患儿；抽查学校学生6264人，有甲状腺生理性增大的742人，肿大率为11.8%。地甲病患者20例，患病率为0.32%。全部项目达到卫生部规定的控制指标的要求。

地方性氟中毒 1987年6月，州、县卫生防疫站在桥港等8个乡的学校对2610名学生进行调查，均未发现氟斑牙患者。

“三病”防治

1959年至1961年，群众生活困难，营养不足，导致许多人发生浮肿、小儿营养不良、妇女子宫脱垂和闭经等疾病，简称“三病”。1959年5月，西江公社发现浮肿病人108人，子宫脱垂71人，小儿营养不良及其他病253人。凯里县雷山协作区的医务人员投入以防治“三病”为中心的防病治病工作。1959年7月，凯里县建立急救浮肿病委员会，以后又改称“三病”防治指挥部，将“三病”防治工作列为中心工作之一。1961年8月，雷山县治恢复后，成立雷山县“三病”防治指挥部，区、乡相应建立机构。1962年1月，中共雷山县委成立灭病领导小组，卫生、民政、粮食、商业、交通、财政、妇联等部门领导为成员。各区亦建立灭病领导小组。公社、生产队干部亲临医院加强领导，管理病人生活。在防治中，实行中西医结合，土洋并举、以土为主，坚持治疗、营养、休息相结合的综合治疗原则，采取边查边治的方法，及时抢救危重病人。对重病者集中治疗，轻病者分散治疗，划区分片，责任到人，并组织民族医和中草医参加“三病”防治，献出了不少有效的药方。经采取积极防治措施后，“三病”病人逐年下降。1960年至1962年治愈“三病”病人13717人，治愈率为71.5%。以后，农民生活好转，身体健康恢复。至1963年春，“三病”防治工作结束。

公共卫生监测

饮水卫生监测 民国34年（1945年），雷山设治局曾对城关居民饮用丹江河水规定分段取用，并改良水井，要求定期用漂白粉消毒，责成局卫生所会同警察所人员随时监督。

解放后，1952年至1979年，卫生行政部门抓紧水源保护和改良水井的工作，提倡喝开水。1981年12月，丹江城关建自来水厂，居民开始饮用自来水。有的农村亦建自流供水设施。1983年10月调查，全县共有饮用水源1906处。其中地面水源558处，有25274人饮用；地下水源1339处，有83870人饮用；简易自来水水源9处，有6668人饮用。其中有污染的水源1786处，占93.7%。

粪便管理 民国33年（1944年），设治局批准实施卫生所提出的《关于取缔不符合卫生的厕所和畜圈方案》。1956年，农村将垃圾采用高温堆肥法处理，并改良厕所。1965年，州、县卫生工作队深入农村，开展“改水管粪”工作。1974年在猫猫河村和犀牛塘试建沼气发酵池处理粪便。县卫生防疫站对新建、扩建的厂矿和房屋建筑进行卫生监督，维护环境和水源卫生。

食品卫生 民国29年（1940年），丹江县政府批准发布《贵州省丹江县卫生所管理饮食物品制造场所暂行规定》，并责成县卫生所会同警察所派员监督执行。

解放后，对清凉饮食物和食堂加强管理，经常检查销售食品的卫生质量。并定期对炊事员、保育员作体格检查。1982年11月，《中华人民共和国食品卫生法（试行）》公布后，县卫生防疫站对食品生产和经营单位，颁发卫生许可证，从业人员建立健康档案，定期对从业人员实行健康检查，签发健康证。

劳动卫生 1957年，曾对厂矿、工地的作业卫生条件进行调查，提出改进意见。1958年在公统铜矿设卫生室，负责该矿劳动卫生监督。1975年对125个接触粉尘作业的工人，进行矽肺调查，经州矽肺诊断小组确诊为0～Ⅰ度矽肺患者有4例。1978年至1980年，对农机厂、印刷厂、铁木厂、建筑队等单位接触铜、锰、苯毒物作业的工人调查32人（次），未发现病人。1984年，全县开展矽肺普查，发现Ⅰ度患者1例，0~Ⅰ度患者9例。同年8月，对县贸易货栈棉花加工作业和粮食局打米厂进行调查，测定空气中粉尘浓度平均值分别为6.25毫克/立方米和13.75毫克/立方米。1985年10月，在印刷厂、农机厂、打米厂、酒厂、饮料厂的219名职工中，对其中作业接触毒害物的职工87人进行检查，发现患职业病5人。卫生防疫部门给予建档建卡，采取相应的治疗措施。

放射卫生 1978年，州、县卫生防疫站先后对县、区各医疗卫生单位进行医用X线诊断工作人员受照剂量与健康的调查，虽未发现病人，但各单位的防护设施很差，只有铅椅、铅手套和铅围裙等极简易的防护设备。

学校卫生 民国34年（1945年），雷山设治局要求卫生所每年对学生进行健康检查，掌握学生健康状况。民国36年（1947年），设治局卫生院在学校作卫生演讲4次，听讲514人，同时散发宣传品67份。

解放后，县、区各医疗卫生单位经常对学生进行健康检查。1951年，县人民政府卫生院医生给丹江小学学生讲授卫生课。1952年，各区卫生所在当地中心小学举办卫生图画展览，定期上卫生课，讲授勤洗手、剪指甲等卫生知识。20世纪60年代后，县卫生防疫站常到学校给学生上卫生课，讲授青少年生理卫生知识。1980年后，中学生理卫生课列为教学内容之一。1981年6月，县卫生防疫站对丹江小学、丹江二小、雷山民族中学、第二中学7至19岁的2045名学生进行体重、身高、座高、胸围、肩宽和盆宽6个形态发育项目检测。1982年6月，丹江区卫生院对丹江小学、丹江二小和县幼儿园563名儿童进行检查，发现患龋病的有178人，患龋率为31.6%。1984年6月，丹江区卫生院对学生进行第二次调查，在被调查的212人中，男性患龋率为30.9%（38/123），女性为32.6%（29/89），女性高于男性，有显著性差异。1985年3月，黔东南州学生体质健康调查研究队对雷山民族中学、第二中学、丹江中学、雷山师范和丹江小学2603名苗族、侗族学生进行26个项目检测，对2573名学生进行视力检测。其中视力减弱者267人，减退率为10.37%。男女生视力下降率分别为8.6%和13.4%。视力减弱的505只眼中，轻度（0.9～0.4）占21.4%，中度（0.6～0.4）占22.6%，重度（0.3以下）占56%。

第三节　妇幼保健

妇女保健

推行新法接生 民国33年（1944年），雷山设治局责成局卫生所推行新法接生，即科学接生。开展产前检查和产后访视，但工作仅限于丹江城关，且时断时续。在广大乡村，妇女分娩仍靠旧法接生。新生儿破伤风，甚至母婴双亡时有发生。

1952年，在全县宣传“无痛分娩法”，推广新法接生，培训新法接生员31人，给接生员配备简易的接生药械。1958年，新法接生要求提高质量，提倡住院分娩。是年，全县建简易产院27所，每所每次可收住2至4个产妇。有接生站81个，接生小组173人，接生员455人。全年新法接生809人。1972年下半年恢复县妇幼保健站，1976年充实妇幼保健干部4人。农村逐渐实行合作医疗制度，新法接生工作又有进展。1979年起，每年对基层接生员进行培训和复训，同时配发接生包。1977年至1987年，共配发接生包701个。但由于农村卫生员的报酬未得到合理解决，因此，新法接生率仍很低。1987年新法接生率为36.57%，其中计划内生育的新法接生率为57.9%。

查治妇女病 1959年至1963年，对子宫脱垂和闭经等项妇女病进行查治。1960年至1963年，全县治疗子宫脱垂病人2138例，闭经4831例。治疗方法以民族医、中草医的验方为主。1964年后，各级医务人员结合开展节制生育工作，对子宫脱垂患者，给予治疗。1978年，对农村妇女的子宫脱垂和尿瘘患者，实行免费治疗，每年都对妇女进行一次妇科检查。

1944—1987年雷山县新法接生统计表

表16—6　　　　单位：人

年　度	出生数	新法接生	新法接生率％	其中住院分娩	产前检查	产后检查	产后访视
1944	不详	12	—	—	6	6	—
1947	不详	14	—	—	—	—	—
1949	1356	13	0.96	—	21	7	—
1950	1472	—	—	—	—	—	—
1951	1509	—	—	—	12	10	—
1952	1871	81	4.32	2	221	77	101
1953	1876	286	15.25	16	210	238	635
1954	2109	181	8.58	74	397	423	829
1955	1982	494	24.92	38	211	78	227
1956	1870	903	48.29	42	444	576	69
1957	2268	1468	64.73	44	747	506	1845
1958	缺	809	—	68	1499	2411	2411
1959	缺	904	—	32	1548	1914	1078
1960	缺	230	—	24	419	539	788
1961	1019	354	34.74	28	767	—	671
1962	2493	533	21.38	36	—	62	140
1963	2844	709	24.93	40	664	—	1312
1964	4034	1040	25.78	96	1506	1615	1615
1965	4479	1101	24.58	88	661	—	1338
1966	3178	58	1.83	58	356	—	720
1973	3870	41	1.1	41	—	—	—
1974	4280	44	1.03	44	—	—	—
1975	4687	158	3.37	74	—	—	—
1976	3881	142	3.66	102	—	—	—
1977	3410	178	5.22	117	—	—	—
1978	3243	199	6.14	68	—	—	—
1979	3454	145	4.2	45	100	9	9
1980	2863	78	2.72	55	695	—	—
1981	2964	190	6.41	116	—	48	48
1982	4108	323	7.86	304	36	—	—
1983	2991	161	5.38	72	32	—	—
1984	2888	410	14.19	46	299	—	231
1985	2692	417	15.49	90	389	—	96
1986	3354	961	28.65	120	1361	—	846
1987	3298	1206	36.57	211	1741	—	1709

注：1945、1946、1948、1967—1972无统计数据

妇女劳动保护 解放以前，由于农村经济穷困，知识匮乏，妇女的经、孕期卫生极少受到重视，以致引起产时感染，产后因不注意休息，常导致子宫脱垂等疾病。

解放后，提倡男女平等，妇女解放，妇女卫生得到重视。1952年11月，县妇联、卫生院即深入宣传妇女劳动保护，发动使用月经带。1957年，农业社和生产队对在经、孕期的劳动妇女予以照顾，规定产期休假照记工分。1959年"大跃进"中，对经、孕期、哺乳期妇女，实行"五调五不调"，即调干不调湿，调轻不调重，调伸不调弯，调坝不调坡，调近不调远。对女职工"四期"(即经期、妊娠期、产期、哺乳期)的休假，也作了明确规定。

儿童保健

预防儿童传染病 民国34年(1945年)，设治局卫生所在丹江城关及其附近部分农村对儿童接种牛痘苗。民国36年(1947年)，医务人员到局属机关、学校和部分乡镇给儿童接种牛痘苗及其他预防疫苗。

1951年，县人民政府卫生院培训种痘员30名，完成牛痘苗接种2.7万人(次)。1952年至1955年，每年接种2次；1956年后，每年接种1次。1960年后，先后对幼儿进行百日咳、白喉、破伤风三联混合疫苗、麻疹疫苗、脊髓灰质炎糖丸、卡介苗等的接种。1982年后，实行计划免疫。

儿童健康检查 民国35年(1946年)，设治局卫生所曾对城关儿童和小学生进行体格检查，并对儿童疾病进行分析。民国37年(1948年)4月4日，"儿童节"，设治局在卫生所举行儿童健康比赛会，给优胜者发奖。

解放后，从1953年起，县、区医院(所)对部分儿童进行健康检查，调查儿童的健康状况。1954年，西江区民族卫生所对342个儿童作体格检查，发现部分儿童佝偻、龋齿、发育不良等病症，患病率为21.4%。

1980年下半年，县妇幼保健站对丹江镇居民和县机关7岁以下儿童951人进行体格检查，发现33人分别患有先天性心脏病、肺门淋巴结核、胸膜炎、气管炎、慢性扁桃腺炎、急性肺炎、慢性肠炎、脱肛等多种疾病，占检查人数的3.4%。1981年县妇幼保健站和各区卫生院对在县城关和各区所所在地的9岁以下儿童4146名进行检查。发现患贫血症107人，佝偻病15人，营养不良189人，其他疾病175人，合计486人，占检查人数的11.72%。1984年10月，县妇幼保健站对桃江、开屯等乡的苗族儿童146名进行体格发育调查。

新法育儿 1954年，贵州省防疫大队六分队在平祥乡(今方祥乡)指导农业社办托儿组3个，入托幼儿46人。1955年末，全县共办托儿组41个，入托儿童259人，有保育员41人。1956年5月，雷山县民主妇女联合会在社队开办保育员培训班，共培训保育员810人，组织托儿组262个，入托儿童2035人。由卫生部门承担托儿组织的卫生保健业务指导。

1959年至1961年，县城及各区均建立孤儿院，收养困难时期父母双亡已无人抚养的幼儿，吃穿均由政府包下来，患病由卫生医疗部门派医生治疗，民政部门承担费用(至20世纪70年代孤儿长大并安排后撤销)。1962年后，食堂下放，大部分托儿组亦自行解散。1966年3月，县办托儿所1个，有保育员5人，入托儿童50余人；1972年县商业局办托儿所，有保育员3人，入托儿童50余人，都未坚持下来。1981年7月，雷山县托幼领导小组成立，托幼工作又提到日程上来。1983年10月，由县妇联主持在城关开办雷山县幼儿园，配幼教老师和医生共9人。1987年，全县有幼儿园3所，入园儿童249人。各小学办学前班18个，入学儿童750人。幼儿园和学前班的卫生保健工作规程，均按卫生部颁布的《托儿所、幼儿园卫生保健制度》执行。

常见病防治 1959年至1961年，营养不良症患儿较多，当时作为儿童保健的重点。1961年，治疗1488例，治愈893例。1979年至1983年，国家免费给12岁以下的儿童18984人治疗肠蛔虫症。1984年以后，重点加强对婴幼儿佝偻病、营养性缺铁性贫血、肺炎和腹泻的防治。

第四节 计划生育技术指导

技术咨询和节育手术

1957年，县人民委员会决定：避孕工作可在机关和县城重点进行。从此，凡群众有避孕要求的，卫生部门均予以分别指导，宣传生殖、生理和节育方面的科学知识。1959年，有102人口服避孕药和采用其他避孕措施。1963年，县人民医院和县妇幼保健站在城关机关干部和家属中进行节制生育的技术指导。

1964年，县人民医院指定医生专门作计划生育技术指导和施行节育手术，完成节育手术30例。

1975年后，采取经常与突击相结合，在全县普遍开展计划生育工作。各级医务人员积极配合，开展节育宣传和节育手术。县、区每年都组织计划生育手术小分队，深入农村作节育手术和培训农村公社卫生员，传授节育手术技术。1976年，全县有节育手术小分队8个，技术人员56名。

1984年，对从事计划生育手术的人员进行严格考核，获得合格证书后才能作节育手术。对较大的手术，在县、区医疗单位进行，其他手术在乡（镇）卫生院进行。

1964—1987年，全县累计完成各种计划生育手术5.12万例。

节育手术鉴定

1982年6月，成立县计划生育技术指导组。1985年初，易名为县计划生育手术并发症、后遗症鉴定小组，承担节育手术并发症、后遗症的诊断工作，调解处理手术后发生的医疗纠纷。1985年至1987年，共诊断和处理手术并发症12例，调处医疗纠纷4例。

第五节 爱国卫生运动

民国36年（1947年）5月，雷山设治局成立夏令卫生运动委员会，组织居民开展环境卫生、食品卫生等活动。

1951年8月，成立雷山县卫生委员会。次年8月，改名卫生防疫委员会。1953年4月，称爱国卫生运动委员会（简称爱卫会），负责组织动员人民消灭病媒，开展粉碎美帝国主义细菌战为中心的爱国卫生运动。1955年至1965年，配合《全国农业发展纲要（草案）》的宣传，在全县开展除“四害”（麻雀、苍蝇、老鼠、臭虫）讲卫生运动，1966年至1978年，在农村开展“两管五改”（管水、管粪、改良水井、改良厕所、改畜圈、改炉灶、改良环境），以改善卫生条件。1979年后，开展治理“脏、乱、差”活动，宣传“五讲四美”，建设社会主义精神文明。

除四害

民国29年（1940年）11月，丹江县卫生所奖励居民捕鼠，每只奖铜圆1枚。

1952年8月，县人民政府组织全县人民开展以除“四害”为主的爱国卫生运动。1953年至1955年，全县消灭大量蝇、蛹、蚊子、臭虫，灭鼠12500余只。1956年2月，县除“四害”指挥部组织以青少年、机关干部为主体的除“四害”突击队126个，1015人。任务以消灭麻雀、蛹蛆、苍蝇、蚊子、老鼠为主，曾受到镇远专署和贵州省人民政府的表扬。1957年至1960年，全县灭鼠25.3万只，以及大量的蚊、蝇、蛹。

1965年3月，不再要求农村社队上报除“四害”的具体数字，转向因地制宜，讲求实效。对蚊蝇和臭虫等病媒虫害，采取改良环境，填平孳生地、除草、喷洒敌敌畏药物等办法灭杀。1986年，由县爱卫会统一布置在县城实行统一时间放饵灭鼠。县城共消灭老鼠51.99万只。全县在疟源点洒用各种药物6292.55公斤，喷洒面积达710120平方米。

两管五改

民国28年（1939年）11月，丹江县政府对县城环境卫生曾作明确规定，居户门前必须逐日打扫，城门、街道、公共场所，由居民轮值洒扫。并责成保警队每日派警兵2名，逐户挨家检查，凡不照规定办理的，由保警队督其打扫，否则科以罚款。督促居民逐日打扫城门、公共场所和道路。民国36年（1947年）明确规定：城关水井每周消毒一次。民国36年（1947年）至民国38年（1949年），设治局和县政府先后在城镇取缔不符合卫生条件的厕所，按规定的图式在城关建成公厕1个，每日派工役打扫，用石灰消毒。居民自行改良厕所71个，新建4个，改良水井13口，清除垃圾4559担。

1952年，在土改卫生工作队指导下，各地农村改良水井，修“护井房”，使用公共水瓢打水，并订立爱国卫生公约。1953年，机关单位和学校都建立“卫生日”，定期进行大扫除，采取节日突击与经常打扫相结合的方式搞好环境卫生。1959年，发动农民在房屋、村寨边铲除杂草、清扫垃圾作堆肥。在城关设垃圾箱，改善食堂卫生和托儿所、幼儿园及集体场所的环境卫生。动员饮用开水，不符合卫生的厕所要求自行搬迁或整修，高层建筑物要求建化粪池。1963年6月，县人民委员会批准实施《雷山县城关卫生管理暂行条例（草案）》，加强对县城环境卫生的管理。1965年，在州农村卫生工作队的指导下，全县改良水井724口，改良畜圈9752个。1978年1月，成立县城环境卫生管理组，每日清除街道垃圾箱1次，每周扫街1次。1981年，县人民政府颁布《城镇环境卫生管理暂行条例》，此后，每年3、4月份，统一部署各地开展以大扫除为主的“文明礼貌月”活动，重点治理“脏、乱、差”。城镇街道和机关单位，坚持星期六进行一次大扫除。农村继续改良水井，兴建简易自来水；建省柴灶，改变农村厨灶不安装烟管的习惯，改善厨房的卫生条件。1987年，全县共建省柴灶8885个。

食品卫生监督

民国29年（1940年）10月20日，丹江县卫生所曾制订《贵州省丹江县卫生所管理饮食物品制造场所暂行规则》。民国35年（1946年），设治局卫生所会同警察所派员检查市场，禁卖瘟、死猪、牛肉及不卫生的肉类，禁卖腐烂、生冷及不卫生的食物。

1953年，县、区机关食堂实行“公筷”和“分食制”。市场管理委员会禁止陈腐食品、瘟死猪、牛肉上市。1959年，县爱卫会要求定期对炊事员、保育员作健康检查。1979年9月，县爱卫会和县工商行政管理局发出《关于加强我县农村集市贸易食品卫生管理的通知》，要求加强食品卫生监督。1983年，各级爱卫会认真贯彻执行《食品卫生法》，整顿食品市场，严格食品卫生管理，经常组织有关人员对街道、集市的食品卫生进行检查，依法取缔违章经营的食品，查处违法事件。1984至1985年，县爱卫会组织对县城和各区（镇）所在地的食品生产、经营单位和个体饮食摊点进行6次大检查，计315家（次），销毁不能食用的饼干220公斤，全脂奶粉87包，植物蛋白肉391包，各种发酵沉淀酒类22种1855瓶，冰棒385支，散装白酒81公斤，花生糖14公斤，各种混合糖459支，水果糖75公斤，软管水3860支；吊销营业执照5户，责令停业整顿12户，对违法案例9起处以罚款。

附：猫猫河卫生村开展爱国卫生运动情况

固鲁乡猫猫河村距县城2.5公里，苗族聚居。解放前，各种疫病流行猖獗，农民贫病交加。民国17年（1928年），该村霍乱流行，死亡40余人，占当时人口的1/3。

1952年，土改卫生工作队发动群众开展爱国卫生运动。猫猫河村开始改良厕所，饮用水井盖"护井房"，村设卫生室。做到牛有栏、猪有圈。各户坚持天天扫除，扑灭蚊、蝇、鼠，擦拭家具。公共环境坚持10天1小扫，1月1大扫，设垃圾点4个。1965年，在州、县农村卫生工作队的指导下，整饰寨容，砌成鹅卵石路面7条，总长3公里，并挖有排水沟。住房前后均用石块铺平，房前屋后植树，绿化环境。为防治疫病，村卫生员按时给群众打预防针，送预防药，要求讲究个人卫生。提倡喝开水，不吃生冷食物，村民的患病率从此逐年下降。

1965年7月，《贵州日报》报道了猫猫河卫生村开展爱国卫生运动的消息。1966年2月，黔东南州在此召开卫生现场会，推广农村卫生工作经验。1976年7月，省委书记李葆华亲临该村视察卫生工作。贵州省人民广播电台曾多次播发该村开展爱国卫生运动的新闻。猫猫河卫生村爱国卫生运动坚持38年不间断，成为雷山县农村卫生的先进典型。

第六节　民族医药

县内苗族、水族、侗族、彝族和瑶族人民，长期以来用民族传统医药抗御疾病，保护健康，生存繁衍。

民族医有较长的历史，为治病防病作出很大贡献。民族医药技术，多为祖传或师传。利用雷公山地区丰富的药材资源，采取适合当地情况的行医方式，防疾治病有其独特之处。诊断疾病，以问病和望色为主，对疾病命名则根据病人的主要症状或体征，以形象比喻的方法称之。如盘肠症（肠梗阻）、绞肠痧（剧烈腹痛）、水牯症（水肿）、团鱼疮（淋巴结核）和脱尿泡症（子宫脱垂）等。一种症或疾中又分成多种类型。治疗疾病，除对症用药外，还施以捏拿、卡、按摩、刮痧、拔火罐、放血、针挑、艾灸等多种疗法。用的药物种类多，而且多用生药，现采现用。对有特效的不易采集或季节性强的药材，便适时采集晾干贮存，或在庭院栽培，以备急需。药物加工简易，很少炮制。用药有水煎剂（治疗感冒、咳嗽、腹泻、吐血），酒浸剂（治跌打损伤、风湿痨伤）。外用药如蛇、虫咬伤、骨折、刀伤、疮疖等，多用鲜药捣烂后敷患处，或擦或包按病情而定。内服药有用鲜药与蛋、肉、米等拌煮食用，治疗虫积、补虚弱等病症。伤科中的接骨，疗程短，方法简便，仅用小块夹板固定，敷以伤药，半月或1月即可痊愈。还能使用内服药进行人工流产和绝育，效果也较好。

县内大的村寨都有民族医。1954年至1958年间，在西江、丹江和大塘的部分地区调查，有苗族医50人。在有年龄和医龄记录的42人中，70岁以上的有7人，60至69岁的有15人，50至59岁的有6人，40至49岁的有7人，30至39岁的有5人，16至24岁的有2人。医龄少的5年，多的达47年。据1988年4月调查，全县共有苗族医176人，水族医7人，侗族医6人，瑶族医3人，彝族医1人。

20世纪30年代末，在西医传入之前，各族人民主要靠民族医和中草医防疾治病。丹江羊排寨苗族医杨连农，清光绪二十二年（1896年），即开始行医，主治内科杂症和跌打损伤，擅长接骨。毛坪苗族医金虾条，民国5年（1916年）开始在家乡行医，医术为祖传，主治跌打损伤，兼治内科杂病和皮肤杂病。柳乌苗族医何昌彦，13岁时跟随其祖父和叔父学医，18岁独立行医，主治骨折、毒蛇咬伤、疖肿等病。达地乌达村水族医陆绍刚，从20年代起在家乡行医，主治骨折、跌打损伤、风湿麻木和红白痢等病症。柳乌桥配村侗族医陈通明，从30年代起在家乡行医，主治内科和妇科杂症。达地背略村瑶族医赵天辉，从医40余年，主治骨折、胃痛、毒蛇咬伤等病症。震威堡彝族医吴正云，民国30年（1941年）开始行医，采用祖传秘方，主治麻疹等传染病。

1951年以后，县人民政府遵照中央关于“对于用草药土方治病之民族医，应尽量团结与提高”的指示，帮助民族医继承、发展民族医药，组织民族医、中草医流动小组在民间开展治病。1958年7月，县人民委员会召开全县民族医和中草医代表大会，到会代表45人。会上学习中央有关文件后，代表抛弃“三人不传艺”的旧观念，主动献出秘方353个。县卫生行政管理部门也曾多次召开民族医和中草医的经验交流会。在治病活动中，涌现了一批民族医先进人物，如毛坪乡苗医金虾条，1957年被评为全县二等卫生模范。是年3月，他代表雷山县出席贵州省中医代表会议。龙头乡羊排村年逾古稀的苗医杨连农，在三年困难时期，不顾年高体弱，上山采药，积极参加“三病”防治，1960年代表雷山出席凯里县群英会。岔河乡苗医杨里杀献出治水肿祖传秘方，曾出席州中医代表会。柳乌乡侗医陈通明、达地镇瑶医赵天辉，1958年分别被吸收到柳乌、达地公社卫生所担任卫生员。

1979年后，民族医除运用本民族传统医学知识和技术为各族群众治病外，有文化的年轻民族医，从中、西医中吸取新的医学知识和技术，探讨本民族医药学理论，医疗水平有了新的提高。

第三章　药品、医疗器械

第一节　药品、器械供应

1950年以前，全县卫生院（所）的西药和医疗卫生器械，由省卫生委员会和省卫生处统一供应、配发，中药则向私人药店或厂家订购。1951年至1955年，县内仍无药品器材经营单位，药械需到贵阳、镇远等地采购。1956年，炉（山）榕（江）公路雷山段通车，中西药品和器械由县商业局经营。1959年1月，西药械由凯里县医药经理部供应，中药由土产公司供应。1961年9月后，西药和器械由雷山县百货公司供应，中药由县土产公司供应。1970年，建立雷山县中西药公司，采购供应全县的中西药品和器械，并负责收购中药材。据不完全统计，1964年，供应西药和器械615种，金额6.79万元；中药169种，金额0.25万元。1971年，供应西药704种，金额13万元；中药247种，金额3810元。1973年，供应西药814种，金额14万元；中药356种，金额1.2万元。1980年，供应西药901种，金额11.56万元；器械318种，金额1.01万元；中药473种，金额2.7万元。1982年，供应西药1176种，金额16万元；器械389种，金额6万元。1987年，供应西药950种，金额22.9万元；器械250种，金额2.15万元；中药450种，金额3.2万元；中成药180种，金额3.25万元。

第二节　药政管理

麻毒药品管理

20世纪50年代，麻醉药品很少，只有吗啡针剂1种。具有麻醉药品处方权的医生2人，药品用量限1天。县人民医院指定专用处方和专柜保管。

1963年，全县有麻醉药品处方权的医生6人。县人民医院对麻醉药品建立专人负责制。实行专用处方，专用账目，专柜专锁保管，一季度一盘点的制度。丹江、西江、大塘、永乐区卫生院也先后订立专人专柜保管制度。要求购进数、消耗数、结存数“三对账”，要求做到账药相符。以后，州卫生局根据麻醉药品管理的有关规定，同意按甲表一级限量供应县人民医院的麻醉药品。

70年代，全县有麻醉药品处方权的医生16人。丹江、西江、大塘、永乐4个区卫生院均有专人负责，专用处方，专用账目，专柜专锁保管。1979年，州卫生局给县、区医疗单位下发麻醉药品专用卡片，规定药品分级供给，由县卫生局审批，用药单位凭卡片到州医药公司购货。1980年3月，召开药品管理人员会议，强调加强对强痛定、安钠加、复方樟脑酊等精神药品的管理，事后并组织人员进行自查。

伪劣药品管理

1964年10月，县卫生科发出《关于取缔不合格药品的通知》，经自查未发现不合格药品。1982年9月，县卫生局转发卫生部《关于淘汰127种药品的通知》，要求各级医药卫生单位进行清查，凡属淘汰药品一律销毁，县人民医院报废药品价值2845元。1985年8月，县卫生局根据州卫生局转发福建省卫生厅《关于晋江地区一些厂商伪造批准文号违法生产、出售药品的通知》，会同县工商局对县内各级医药卫生单位进行11次伪劣药品检查，未发现晋江地区制造的伪劣药品。1986年7月和9月，州卫生局、州药检所和县卫生局先后两次对县、区医疗卫生单位和县中西药公司贯彻执行《药品管理法》的情况进行检查，发现变质药品94种，伪劣药品6种，价值1296元，将其当众销毁。

处方用药管理

1963年6月，全县各级医疗卫生单位制定药品管理制度，每月对药品盘点1次。对霉烂变质、过期失效药品及时处理，并按月上报。医务人员背药箱下乡，按据发药，按月结账。县人民医院制定处方用药管理制度。内容如下：1. 自1963年7月1日起，另建账簿，处方每天统计，做到账物相符；2. 账簿和处方保存3至5年，到期经院长审查批准方能销毁；3. 贵重药品，每张处方不得超过1天用量，需要超过者须经院长批准。剧毒药、麻醉药品按有关规定执行；4. 列为特种药品的，限在医院内治疗使用。

1982年9月，县卫生局转发省卫生厅《关于制止医疗机构滥开大处方等不良倾向的通知》，各单位进行了检查，对滥开大处方现象作了纠正。

市场药品管理

1985年7月1日，实施《中华人民共和国药品管理法》。各医疗单位配备相应的药学技术人员，按规定办理普通制剂许可证。并经常检查本单位使用药品的质量、疗效和不良反应。

1986年5月17日，一游医在县城以拔牙为名，先将一粒植物种子放入患者口中，借口冲洗，放入水后立即发胀，形如小虫，谎说牙齿生虫，欺哄患者，骗取钱财，违反药品管理有关法规。县卫生局、工商行政管理局将假药没收，责令其停止行骗活动。是年，县卫生局配备2名药品监督员，不定期对全县各级医药卫生单位的药品质量进行检查。11月，对中西药公司职工进行一次培训，学习药品一般常识和药政管理有关法规。对公司的业务用房、设施、经营场所等，进行实地检查、验收后，确认符合药品经营要求，准予发放药品经营许可证。

第三节　中草药

品　种

1958年，贵州省中医研究所曾5次进入雷公山调查中草药资源，采制标本1089种。其中发现原始类群裸子植物药6科，13属，20种；蕨类植物药41科，189属，249种。1985年4月至11月，自治州人民政府组织93人参加的雷公山自然保护区科学考察团，深入雷公山进行实地考察。发现中国特有植物品种48种，其中20种被列为国家重点保护珍稀品种。这20种中已定为植物药一级的有秃杉；二级的有鹅掌楸、木瓜红、马尾树、金佛山兰等；三级的有穗花杉、红花木莲、半枫荷等。

1986年9月，县人民政府组织专业人员12人，进行中药资源普查。采获压制标本1002种。其中经上级审定813种，待定189种。在813种中，有植物药163科，802种；动物药7科，10种；矿物药1种。

附：813种药物名称

植物药802种　尖叶扁萼苔、地钱、大桧藓、大金发藓、石花、暖地大叶藓、石松、石子藤石松、蛇足石松、千层塔、蔓出卷柏、江南卷柏、垫状卷柏、卷柏、翠云草、问荆、节节草、钝头瓶尔小草、阴地蕨、马蹄蕨、福建连座蕨、原始连座蕨、紫萁、海金沙、小叶海金沙、芒萁、稀子蕨、蚌壳蕨、磷乃蕨、天鹅抱蛋蕨、掌叶凤尾蕨、岩凤尾蕨、溪边凤尾蕨、凤尾蕨、旱蕨、西南旱蕨、翅柄铁线蕨、鞭叶铁线蕨、铁角蕨、乳头凤丫蕨、蛾嵋蕨、华中蛾嵋蕨、三羽新月蕨、披针新月蕨、毛子蕨、变异铁角蕨、单叶新月蕨、普通针毛蕨、单芽狗春蕨、贯众、黄山磷毛蕨、无盖磷毛蕨、尖齿耳蕨、尖耳贯众、槲蕨、伏石蕨、骨牌蕨、抱石莲、长瓦苇、瓦苇、羽叶星蕨、金鸡脚、庐山石苇、水龙骨、陕西假密网蕨、石蕨、苹、槐叶苹、银杏、马尾松、三尖杉、柳杉、杉木、柏木、蕺菜、三白草、毛菊、及已、草珊瑚、沙柳、朝鲜柳、杨梅、胡桃、毛桤、亮叶桦、糙皮桦、茅栗、栓皮栎、光叶山黄麻、小构树、天仙果、无花果、粗叶榕、珍珠莲、地瓜、葎草、构棘、桑、鸡桑、毛叶水苎麻、苎麻、悬铃木叶苎麻、大蝎子草、都米阿、乌蔹梅、艾麻草、糯米团、毛花点草、西南冷水花、粗根、荨麻、白活麻、急折白蕊草、桑寄生、毛叶桑寄生、棱枝槲寄生、扁枝槲寄生、马蔸铃、白金古榄、杜衡、蛇菰、葛菌、短毛金钱草、扁蓄、拳参、丛枝蓼、野蓝靛、苦荞麦、辣蓼、支柱蓼、毛蓼、头花蓼、九节连、水蓼、戟叶蓼、火炭母草、赤胫散、虎杖、皱叶酸模、尼泊尔羊蹄、土荆芥、牛膝、莲子草、鸡冠花、紫茉莉、商陆、苍耳、漆茹草、大种鹅儿肠、生蝇子草、子午莲、乌头、类叶升麻、野棉花、女萎、拦路虎、黄连、铁脚威灵仙、柱果铁钱莲、尾叶铁钱莲、牡丹、毛茛、西氏毛茛、白接骨莲、三叶升麻、山木通、水乌头、立金花、野黄瓜、草芍药、鸡爪莲、水辣菜、盾叶唐松草、小唐松草、白木通、猫儿屎、大血藤、毛叶小檗、小叶刺黑珠、八角莲、淫羊藿、阔叶十大功劳、湖北十大功劳、苍白称钩风、青牛胆、青风藤、白药子、石蟾蜍、山乌龟、莽草、辛夷、凹叶厚朴、红果楠、樟木、猴樟、川桂皮、川桂、青香姜、山鸡椒、香叶子、黑壳楠、黔桂润楠、蛾嵋润南、紫南、紫堇黄水芋、博落回、马兰、荨菜、荠、水田碎米荠、萝卜种子、茅裔菜、虎耳草、珠芽天景、费菜、佛耳草、栌兰、垂盆草、胡豆莲、落新妇、岩白菜、大叶金腰、常山、腊莲、八仙花、白侧耳、花古帽、钻石风、光叶海桐、金刚口摆、杜仲、龙牙草、龙枸子、野山楂、蛇莓、枇杷叶、草莓、华西枸子、日本水杨梅、棣棠花、川西南梨、杏仁、山桃仁、火棘、毛叶欧李、蛇含、空心泡、腺毛莓、月季花、掌叶覆盆子、大红泡、红藤泡刺、软条七蔷薇、三月泡、灰白毛莓、灰白泡、金樱子、白花悬钩子、红铁泡制、野蔷薇、蒙自扁黑木、三叶荽凌菜、黄泡、蔷薇莓、奶泡、缫丝花、光叶绣线菊、绣线菊、爪瓣花椒、蛇藤、云甲羊蹄甲、假地兰、云南锦鸡儿、黄檀、山蚂蟥、肥皂荚、鸡眼草、草毛木兰、截叶铁扫帚、细叶白脉根、杨氏木兰、印度草木樨、贵州岩豆藤、含羞草、厚果鸡血藤、光叶红豆、野菊、假地豆、峨嵋葛藤、鹿藿、刺槐、西南槐树、毛宿苞豆、白车轴草、蚕豆、红豆、大巢菜、山酢酱菜、尼泊尔老鹳草、香橙、吴茱萸、日本常山、花椒、黄皮树、构橘、飞龙掌血、樗叶花椒、西藏花椒、竹叶椒、楝树、川楝、远志、草茼茹、地锦、续随子、气盘子、白揪余甘子、蓖麻、乌桕、细叶黄杨、黄杨、三角咪、马桑、盐肤木、野漆树、木蜡树、冬青、狭叶冬青、大柄冬青、猫儿刺、铁冬青、卫茅、棱枝卫茅、扶芳藤、野杜仲、西南卫茅、疏花卫茅、绵藤、南蛇藤、灯油藤、雷公藤、鸡爪槭、笔罗子、凤仙花、单花凤仙花、勾儿茶、拐枣、枣、闪光蛇葡萄、三裂蛇葡萄、白蔹、喜马拉雅山青荚叶、三角风、三叶崖爬藤、红五茄、崖爬藤、野葡萄、葛萝、网脉葡萄、扁担杆、椴树、秋葵、蜀葵、木芙蓉花、冬葵、拔毒散、肖梵天花、梧桐、软枣猕猴桃、京梨、猕猴桃、毛花杨桃、狗枣猕猴桃、油茶、茶、厚皮香、贯叶连翘、金丝梅、匍伏蔺、紫花堇菜、马鹿莲、堇菜、地耳草、蔓胡颓子、胡颓子、园叶节节菜、石榴、喜旱连木树、八角枫、赤楠、地念、小连翘、一点血秋海棠、周裂秋海棠、爬山猴、香叶树、瑞香、朝天罐、尖子木、石用、乌菱、毛脉柳叶菜、心胆草、小二仙草、偬木、横叶五茄、轮伞五茄、常青藤、异叶梁王茶、大叶三七、三七、鹅掌柴、鹅掌藤、通脱木、积雪草、刺五加、蛇床、茴香、中华天胡荽、白云花根、天胡荽、辽藁本、川芎、水芹、加阿红、白花前胡、乌豆草、直刺变豆菜、野当归、囊瓣芹、荚木、中华青荚叶、青荚叶、构骨树、普通鹿蹄草、云南白株树、小米柴、百合花杜鹃、红花杜鹃、丁香杜鹃、石生越橘、米饭花、短茎朱砂根、朱砂根、紫金牛、毛基紫金牛、少花信筒子、黔西报春、珍珠菜、聚花过路黄、重楼排草、黑腺珍珠菜、花被单、长蕊珍珠菜、退血菜、狭叶桃草、斜倾报春花、过路黄、大叶白蜡树、迎春花、日本毛女贞、女贞、木樨、柿、巴东醉鱼草、醉鱼草、中国扁蕾、龙胆草、秦岭龙胆草、花锚、大龙胆草、黑及草、夹竹桃、络石、牛皮消、白薇、双剪菜、徐长卿、青蛇藤、马连鞍、昆明杯冠藤、菟丝子、篱打碗花、土丁桂、大菟丝子、番薯、臭牡丹、大叶紫珠、珍珠枫、腐婢、长柄臭黄荆、黄荆、马鞭草、筋骨草、蕾香、风轮草、阴风轮、天人草、欧夏枯草、香薷痱子草、活血丹、香茶菜、道浮香茶草、地瓜儿苗、皱紫苏、益母草、夏枯草、蜜蜂花、华西龙头草、薄荷、圆形薄荷、紫苏、大锥香茶、滇丹参、岩藿香、耳挖草、草石蚕、白补药、并头草、滇黄芩、铁轴草、地海椒、毛曼陀罗、黄姑娘、白英、茄、龙葵、珊瑚樱、枸杞、刺天茄、来江藤、纤细通泉草、通泉草、半枝莲、狭叶益母草、沟酸浆、黑马先蒿、羊肝狼头草、鸡爪参、松蒿、阴行草、野甘草、北水苦荬、四方麻、灯笼草、散母草、腹水草、蝴蝶花、梓木、野菰、岩苘苣、旋蕨、苣苔、珊瑚苣苔、降龙草、岩豇豆、青竹标、对节树、优雅狗肝菜、毛叶鱼秋串、拟地皮消、观音草、透骨草、大车前草、车前草、猪殃殃、栀子、黄毛茸草、穿心草、鸡屎藤、钩藤、肚子金银花、忍冬、贵州忍冬、吊子金银花、腺叶忍冬、红山花、水红木、黑汗条、冷饭子、荚莲、异叶败酱、白花败酱、黄花龙牙、柔垂缬草、川续、绞股蓝、蛇莲、栝蒌、线齿沙参、大花金钱豹、管花党参、半边莲、西南山梗菜、铁栏杆、铜锤玉带草、桔梗、兰花参、三褶脉紫苑、艾蒿、三轮蒿、丝瓜、杏香兔耳风、掌叶蒉吾补、鱼秋串、毛茎马兰、牛蒡、乳白香青、下田菊、白术、蒌蒿、白蒿、大籽蒿、宽穗兔儿风、西南蓍草、狼把草、八角香、兔耳风、花蟹甲草、刺儿菜、天名精、柴胡叶、垂头菊、烟管头草、秋鼠曲草、野菊、黄鹌菜、大蓟、石葫荽、白菊花、深山蟹甲草、小蓟、黄菊花、鱼眼草、华泽兰、东菊、异叶泽兰、鲤肠、佛耳草、豹子草、鼠曲草、白背鼠曲草、毛大地丁、三七草、止血丹、向日葵、旋复草、羊耳菊、苦麻菜、细叶苦麻、山苦菜、苦苣菜、丁萝菜、鹿蹄橐吾、莲叶橐吾、长花枯、绢茸火绒草、台湾莴苣、无啄齿冠草、毛莲菜、朱砂根、山牛蒡、白茎鸦葱、虾须草、腺梗豨莶、蒲儿根、肥猪菜、叶头凤毛菊、千里光、蒲公英、蟛蜞菊、苍耳、宽叶香蒲、小黑三棱、长叶泽泻、水车前、石芒草、野燕麦、野青茅、密穗、黑穗画眉草、牛筋草、黄茅、茅草根、滨麦、淡竹叶、五节芒、芒、金丝草、芦苇、紫竹、显子草、蜀黍营、黄背草、茭笋、酱果苔草、扁穗沙草、芒尖苔草、褐穗飘拂草、香附子、夏飘拂草、水蜈蚣、细杆鹿草、棕榈、菖蒲、多疣天南星、石菖蒲、异叶天南星、雪里见、海芋、芋头、野芋、半夏、狗爪半夏、谷精草、鸭跖草、水竹叶、杜若、川杜若、竹叶子、灯芯草、百味参、天门冬、蜘蛛抱蛋、羊齿天冬、蒜、肺筋草、韭、大百合、披头草、玉簪、百合、麝香百合、细叶百合、加麻格杠、阔叶土麦冬、玉竹、麦冬、蚤休、东北黄精、吉祥草、缺叶重楼、万年青、粉菝葜、土茯苓、刺瓜米草、鹿药、牛尾菜、草茎算盘七、葱地笑、仙茅、石蒜、黄独、薯莨、薯芋、毛狗苕、射干、扁竹兰、倒胆草、豆豉草、蘘荷、三品一枝花、芭蕉、剑叶虾脊兰、绿花杓兰、山兰、金钗石槲、细茎石槲、毛叶山珊瑚、小斑叶兰、条叶角盘兰、绿花阔蕊兰、二褶羊耳蒜、小山兰、杜鹃兰、细叶石仙桃、独蒜兰、云南独蒜兰、金佛山兰、黄海棠、元宝草、椎木、水白菜、内杨柳、异叶茴芹、栓皮栎、食朱萸、贝角棱叨里木、翼萼藤、长蕊斑种草、多苞斑种草、钝萼附地菜、老鸦糊、兔耳风花、肾蕨、锦香草、开喉箭、盖宝草、紫苏、地涌金莲、距药姜、姜黄、夜寒苏、虾脊兰。

动物药10种　泥鳅、大鲵、赤链蛇、翠青蛇、五步蛇、山烙铁头、银环蛇、脆蛇蜥、穿山甲、螳螂。

矿物药1种　黄铁矿。

开发利用

桔梗　年产1万余公斤。1957年收购4000公斤，1960年收购1500公斤，1965年收购2800公斤，1970年收购16公斤，1973年收购264公斤，1983年收购47公斤。

雷公藤　藏量约46万公斤。1971年至1979年，收购2500公斤，供遵义医学院作科研用。1987年收购3.2万公斤，售给江苏泰州制药厂。

三颗针　藏量约8.4万公斤。1958年采购2万余公斤。1973年社队企业局办黄莲素加工厂，用料1.5万公斤，粗制黄莲素225公斤，产值2.7万元。

金银花　藏量约3000公斤。1957年收购1600公斤，1960年收购1500公斤，1965年收购2500公斤，1970年收购1062公斤，1978年收购897公斤。

十大功劳　藏量约12.2万公斤。1975年至1977年，雷山中学师生上雷公山采集约3000公斤（含三颗针），生产黄莲素粗制品，产品由贵阳制药厂收购。

经中草药普查查明，全县中草药蕴藏量为17276吨。其中动物药3吨，植物药16973吨，矿物药300吨。比较大宗的有：杨梅4500吨，猕猴桃4500吨，魔芋1500吨，五倍子220吨，雷公藤460吨，十大功劳122吨，三颗针84吨，冰球子50吨，拳参60吨，土茯苓615吨，喜树11吨，三尖杉906吨，桂皮150吨，木莲800吨，大百合35吨，五花血藤70吨，车前草50吨，金樱子20吨，白芨30吨，桔梗12吨。

此外，还收购杜仲、荜澄茄、龙胆草、川续断、紫萁蕨、穿山甲、竹节三七、麝香、黄柏、虎骨、豹骨、象南星、花南星、多花黄精、独蒜兰、泡参等大宗药材。

1971年至1980年，丹江区卫生院开展中草药加工业务。先后派卫生技术人员到北京、湖南等地学习加工技术，以后召集9社1镇的医务人员10人，大队卫生员42人，集中培训。有4个公社和1个生产队开设中草药加工房，生产各种简易中草药制剂。报德公社乌肖大队在生产中草药制剂中，成绩显著，1977年，被评为黔东南州先进集体。

第四章　体　育

第一节　机构与设施

机　构

1958年9月以前，体育工作由文教科（局）、教育局（科）指定人员负责兼理。1958年10月15日，建立县体育运动委员会，配有干部1名，负责协调事务，未设专人办公。1972年4月12日，改设体育局。12月，改称体育运动委员会。1987年，体育运动委员会有职工4名。其中国家二级篮球裁判员2名。全县有13名职工评为国家三级篮球裁判员。

场　地

县内各少数民族在民族节日都要开展民族传统体育活动，西江、黄里、陶尧、郎德、报德、乌流、郎当河口、丹江河坝、岔河、莲花、五岔路等地都辟有斗牛场和赛马道。民国25年（1936年），丹江、西江、望丰等小学都辟有简易篮球场。以后建安（今黄里）、大塘（今莲花）、桃江、方祥、震威（今开觉）、报德亦设有简易篮球场。但场地狭窄，一般仅1副篮球架，场地周围立木条围栏。

1951年后，各中小学校先后新辟有1至2个体育运动场地。1985年，雷山二中建成面积约8亩的体育场。内设有长273米的椭圆形跑道，篮球场2个，跳高跳远两用沙坑1个，砖砼结构乒乓球台2张，爬杆1副，单双杠各1副。1987年全县完中、初中、完小、村小共160余所学校均有设备不同的体育运动场地。其中雷山民族中学有篮球场2个、排球场1个和跳高跳远两用场地1个。

1987年，县级机关场地有：县工会灯光球场（篮排两用），面积510平方米，可容观众1500人。县人民广场，面积4800平方米，内设篮球场2个，老年门球场3个。各企事业单位均有乒乓球室、棋室等。农村中以大队或夜校利用空地、沙滩等自建简易篮球活动场地。

器　材

20世纪20年代，境内仅有简易和自制的民族传统体育器材，如箭、弩、芦笙、毽子、刀、矛、棒等。以后，篮球、排球、乒乓球、木马、单双杠、哑铃等先后传入。1953年后，中小学校、行政机关、企事业单位和部分农村购置了篮球、排球、羽毛球、乒乓球、铅球、铁饼、跳箱、木马、海绵垫子、单双杠、爬杆、爬绳、拔河绳、手榴弹和各种棋类。各小学主要有篮球、羽毛球、乒乓球、跳绳、拔河绳和各种棋类。

经　费

解放以前，政府无专项体育经费，在开展全县性体育活动和参加全省、专区运动会时，临时拨支专款。民国34年（1945年），雷山设治局召开运动会，拨款326780元（法币）。选派运动员8人，赴专区、省参加运动会，拨款1279380元（法币）。民间的体育活动经费自筹。

1952年后，城镇和乡村以及机关学校、企事业单位经费自筹或用工会经费开支，县人民政府逐年拨有专项体育经费。遇民族节日开展体育活动时，民族事务委员会拨款资助。1953年至1987年，县财政局共拨体育活动经费（含行政经费）人民币23.43万元。

第二节　学校体育

清代，在义学、学堂设有武术科目，未经常开展活动。清光绪二十九年（1903年）公布《奏定学堂章程》，规定“体操”为各级学堂通习科目，内容为立正、稍息、队列训练之类。民国12年（1923年），国民政府教育部公布《中小学课程纲要》，正式将“体操”科目改为“体育”。丹江县内各小学除体操外，还有跳绳、跑步、跳高、篮球、游戏、爬山等内容。20世纪30年代后，各中小学每周有2节体育课。以体操为主，次为田径项目。

民国时期，局立中学开设体育课，有专业体育教师1人。校内活动主要有篮球、跑步、登山等竞赛。逢节日学校组织球队到其他学校进行友谊比赛或锦标赛。民国32年（1943年），望丰小学师生组成男女篮球队参加丹寨县南皋区举办的运动会，双获冠军。民国34年（1945年），庆祝雷山设治局成立一周年举行运动会，除田径外还举办登山、球赛及拔河等项目。

解放后，人民政府要求全县各级学校贯彻德、智、体全面发展的教育方针，每周安排体育课2节。1956年，各中小学校组织小学高年级学生和初中学生，开展“准备劳动与卫国”（简称劳卫制）为内容的课外活动，以班组或“劳卫制锻炼小组”组织活动，由学校统一安排时间、场地和运动器材。1958年雷山中学通过测验，达到“劳卫制”一级的学生占学生数的90%。“文化大革命”期间，学校体育课为“学军”取代。1977年以后，学校恢复体育课程安排，按照教育部重颁的教学大纲和体育教材，结合学校的场地及器材的具体情况进行教学，同时开展“国家体育锻炼标准”为中心的课外体育达标活动。1979年和1981年，对雷山中学及大塘、永乐区中学和雷山师范学校进行测试，学生有210人达标。1986年，对雷山民族中学和雷山二中的1286名学生进行测试，有574名达标，占测试学生人数的44.6%。

各中小学坚持每天早操和课间操，早操以跑步和体操为主要形式，课间操则以广播体操和眼保健体操为主要活动项目。雷山第二中学对体育教师规定“四不准”和“五认真”即不按大纲要求不准上课；没有教材不准上课；没有教学计划不准上课；不穿运动服不准上课。要求认真备课；认真上课；认真组织学生；认真辅导技术；认真注意安全。幼儿园每周安排1至2节体育游戏，每节课时为15至30分钟，内容为广播操、丢手帕、拍皮球、捉迷藏等活动，达到娱乐身心的目的。

1987年，中学有专职体育教师9人，尚无统编教材，由教师自编讲义讲授。授课的内容是：队列体操、篮球、跳高、跳远、三级跳远、撑竿跳高、跨越跳箱、木马、倒立、单双杠、拔河、爬杆、登山、接力赛跑等。

第三节　群众体育

民族传统体育

县境各民族传统体育都有悠久的历史。沿袭流传下来的运动项目有：

射弩　农民上山劳动时，都随身携带着弩具，用以射猎野兽和山雀。在节日集会或场集上比试时，射手用竹制箭射靶心，争名次，最大射程可达40米。

赛马　赛马是苗族、水族、侗族人民极喜欢的运动。跑道有专用的，也有利用公路的。跑马道长2至5公里，赛程末段选取30至40度的斜坡，以考验马和骑手的后劲和耐力。比赛中，以最先到达终点者为优胜，取前5名。丹江地区苗族4月“爬坡节”和7月“吃新节”均举行赛马比赛，以望丰五岔路、丹江城关、大塘新联赛场最为热闹。达地镇水族则在农历九月“端节”举行。

武术　主要有棍棒、拳术、刀术等。此项运动各地均有，尤以开屯乡苗族人民最为喜爱。苗族拳术的风格受本民族生活方式的影响，它具有短手短打，拳、掌、勾并用，步法重闪，突出“一攻二防三变四合”等特点。

拉牛脚　每年7月“吃新节”，苗族人民集中在陶尧、龙头、城关等地河沙坝举行牛打架比赛，以一头为抵牛，一头为碰牛，展开角斗。约10～20分钟后，如果不分胜负，双方牛主各集中10～20人；分别用一条棕粑绳套住各自一方的水牯牛的一只后脚，再由指挥者吹口哨，双方一齐用力拉绳，将牛拉开，形同拔河，直至两头牛脱离接触才停止。

跳芦笙　在民族节日里，以村寨为单位举行跳芦笙活动。吹奏者自吹自跳，腾挪翻越，凌空飞舞。有的像公鸡打架，动作激越，跳挪剧烈，但笙歌不绝。也有爬杆、翻筋斗、对角跳等高难度动作。

跳铜鼓　苗族、水族节日期间，聚集在跳鼓场上，由2～3人在场中击鼓奏乐。跳铜鼓者则随鼓点跳跃，有对抗跳，踩鼓跳，进退跳等剧烈动作。每次约跳20分钟。

板凳舞　苗族妇女在庆贺生育吃“满月酒”时举行此项活动。有时过苗年或稀客来时亦跳板凳舞。当饮酒有几分醉意之后，每人拿两条小木凳，用凳面对击，发出“啪啪—啪”有节奏的音响，双脚腾挪跳跃，身躯互相撞击，力小者往往被撞倒在地。

坐翘板　少年儿童常用一圆木置于地，另用一块木方或条木置于其上，两头坐着相等的人数。双方坐稳后，随着木方的上下升降，落地的一方用脚蹬地，使横板再起，看谁最会用力及坐得最稳。

打陀螺（习称格罗）　各族少年儿童常开展此项活动。用一段木棒削尖，用一根约0.7米长的小木棒，一头捆上约0.7米长的野生构皮绳，再将绳绕在陀螺上，左手按着置于地，右手持棒拉绳，让其转动，继以绳击之，使其旋转不休，并发出阵阵动听的呜呜声。比赛时，双方还将陀螺抽打相撞，以旋转时间长和发声洪亮者为胜。

扭扁担　为苗族青壮年常开展的一项比臂力活动。在上山砍柴或田间劳作休息时举行。取一根结实的扁担，两人各持一端，各自以双手使劲向相反的方向扭动，以先将扁担扭翻者为胜。

扳手劲　双方各握对方的手，手肘放在桌上或膝头上，靠手腕用劲扳倒对方为胜。

职工体育

民国30年（1941年），国民政府修正《国民体育法》，县内职工体育活动日渐开展运动项目有篮球、田径、游泳、登山等。

1952年，县人民政府各机关、企事业单位职工，每日清晨到县政府球场（即今县民族中学球场）集合，先绕城跑步一圈，又回球场做体操或唱歌。晚饭后，职工球队进行篮球比赛。星期日多举行篮球友谊赛。20世纪60年代以后部分职工仍坚持早起跑步和进行气功锻炼。

机关、学校和企事业单位的职工，以本单位或联合组织各种体育运动队，平时自行抽空组织训练，逢元旦、春节、“五一”劳动节、国庆节和民族节日，由体委、工会牵头举办各种体育比赛。1953年，“群力”“群策”“燎原”“保卫”“星火”等球队是县内驰名一时的较强篮球队。以后，职工体育比赛活动开展日益频繁，内容更加丰富，参加人数也增多。1985年春节，县城机关、学校、企事业单位组成46个男女代表队参加篮球比赛。其中40岁以上的中壮年男队9个，40岁以下中青年男队22个，女子队15个，计队员368人，比赛近100场次。象棋比赛有6个队，18人参加。另有28名职工参加5000米长跑。此外，“三八”劳动妇女节，举行拔河比赛。“五一”国际劳动节举行篮球、羽毛球、象棋、跳棋等项目比赛。“教师节”举行男女教职员工参加的篮球比赛。除了单位之间进行友谊赛外，系统和单位内部也开展友谊竞赛或锦标赛。1985年4月，县体委举办一期离退休职工和部分壮年职工参加的“大雁气功”训练班，有51人参加锻炼。1986年10月14日，成立县老年人体育协会。自此之后，离退休职工有组织地开展象棋、太极拳、气功、门球等体育运动。1987年，县委机关基层工会在春节和“五一”劳动节期间，举行乒乓球、象棋、跳棋、羽毛球、拔河、赛跑等竞赛活动。

农民体育

农民在农闲、业余时间以及逢年过节时，除开展民族传统体育活动之外，还有踢毽子、游泳、爬山、登山、跳绳、狩猎、滑冰、打雪仗等活动。

1953年，土地改革结束，社会秩序稳定，现代体育活动在农村中逐渐开展。其项目有篮球、乒乓球、赛跑、跳远、跳高、拔河等，以丹江区岔河乡南猛村开展体育活动最为活跃。村自建有体育场地，购有拔河绳等体育器材。每天劳动回来，中青年男子就上球场打球，举行拔河比赛。村里召开社员大会时，男女青年先举行两场篮球赛，或男女老少先赛一场芦笙。还经常邀约邻近乡村社员举行各种友谊赛。

县内各个村寨每逢民族节日均举行各种体育竞赛。1963年农历四月，望丰三角田五岔路“爬坡节”，望丰公社举办篮球友谊赛，参赛的有公社社员、机关干部、学校教师以及凯里市里禾、开怀等8个男子篮球队，计58人。1974年7月1日至5日，大塘区在桥港举行运动会。参赛的有大塘区5个公社和西江区、丹寨县羊乌公社共13个男女篮球队，119人参加。1981年7月15日，丹江区龙头、陶尧、响楼、固鲁等公社在“吃新节”举办赛马、斗牛、篮球友谊赛等体育活动。1982年5月5日，黄里公社在“爬坡节”举办有13个队参加的篮球锦标赛。1983年7月上旬，西江苗族“吃新节”，共青团区委和区文化站联合举办篮球、斗牛、斗雀等比赛活动，来自县内外20个男女篮球队参加比赛。1983年，岔河乡组织篮球、拔河、象棋运动会，邀请乌江、报德、望丰、青山（背后山）等村组队参加。1984年，岔河乡组织篮球、象棋、拔河、爬山等项目的锦标赛，邀请凯里市的青曼、舟溪和麻江县的铜鼓村10个男队、8个女队参加比赛。1987年1月，方祥乡平祥村自筹资金1100元，举行为期4天半的农民运动会。项目有：篮球、乒乓球和象棋等，来自剑河、榕江、台江及县内邻近乡村的250多名男女体育爱好者参加比赛。是年9月，达地镇邀请丹寨、三都、榕江等邻近村寨的农民，在达地举行篮球友谊赛。此外，白连乡龙塘村、公统乡甘益村逢节日均邀请凯里、台江、丹寨等县、市的比邻村寨举行篮球、拔河、象棋等友谊比赛，农民体育活动日趋活跃。

第四节 体育竞赛

县级比赛

民国34年（1945年）4月，为庆祝雷山设治局成立一周年，在丹江城关举行全局运动会。比赛项目有篮球、跳高、跳远、铅球、铁饼、马家屯登山等。1958年10月，举办全县体育运动会，历时3天，有500名运动员参加比赛。李勤获1万米长跑第1名，成绩为36分钟，打破省的纪录。杨光清获第2名，达三级运动员标准。选拔106名优秀运动员参加同年11月在镇远召开的全州体育运动会。1962年元旦，县举行小型运动会。参加的有机关干部、学生、教师、部队和农村公社社员，计120人，16个队。比赛项目有男子篮球、乒乓球，历时一周。1972年8月，举办全县青少年篮球、乒乓球运动会。1974年8月，在西江举行全县篮球锦标赛，邀请凯里县的格冲、挂丁和台江县的排羊、东风等地的男女篮球队参加。1976年7月，为纪念毛泽东主席畅游长江10周年，举行全县游泳锦标赛和其他项目的比赛。全县共2000余名运动员参加比赛。1978年5月，举行全县成年田径运动会。竞赛项目有800米、1500米、3000米和1万米赛跑。同年10月，举行全县成年少年棋类友谊赛。比赛项目有象棋和围棋。1983年5月，在永乐举行首次全县民族体育运动会，历时5天。有10个代表队参加，运动员236人。邀请三都水族自治县的都江区、丹寨县的排调区、榕江县的平永区、乐里区组队参加。比赛的项目有男、女篮球、5公里长跑、赛马和民族传统武术等。1984年7月，在大塘举行第二次全县民族体育运动会。有代表队7个，运动员160人，历时5天。比赛的项目有100米、400米、1500米、3000米赛跑。1986年7月，在县城关举行全县篮球运动会，有10个男队，9个女队，参加运动员200人。1987年6月，在丹江城关举行全县少年儿童田径运动会。比赛项目有200米、400米、1500米和3000米赛跑。同年7月，在丹江城关举行全县农民篮球运动会，历时5天。有6个男队和6个女队共118名运动员参加。

参加地区级比赛

民国34年（1945年）6月，镇远专区举行运动会，雷山设治局派8名运动员参加。杨玉章（苗、龙头乡人）获100米、400米赛跑第1名，3000米赛跑第2名；杨世明（苗、龙头乡人）获跳高和掷标枪第1名，高栏第2名，铁饼第3名；黎保标（雷山中学教师）获游泳100米第1名，撑竿跳高第2名。

1957年，雷山女子篮球队参加全州女子篮球分区赛，获第一名。1958年在镇远举行全州运动会，县派110人参加，民族中学潘昌义（女、苗）被选入省军区田径队。1973年1月，参加在从江县举办的全州中学生排球赛，雷山代表队获女子第2名。1976年2月，全州象、围棋锦标赛，雷山中学教师孙千祥获第3名。5月，在镇远举行的全州武术赛，潘启学（苗）、张志能（苗）获棒对打第2名。1978年7月，在锦屏、黄平举行全州青少年游泳、田径运动会，凌胜光（侗）获青年组200米蛙泳第2名；李昭宇获少年组100米蛙泳第2名；刘玉成获铅球第3名；文志勇（苗）获手榴弹投掷第3名。1978年12月，在凯里举行全州马拉松锦标赛，雷山代表队获总分第4名。1979年1月，在凯里举行全州象、围棋锦标赛，唐仁勇（苗）获少年象棋第1名；王和（东家）获少年围棋第2名；宫玉军获第3名。雷山代表队获团体总分第2名。1980年2月，在天柱举行全州长跑锦标赛，雷山代表队获团体总分第1名。1980年8月，在凯里举行全州少年田径运动会，冯昌明获男子1500米、3000米第1名；铅球第2名；王治华获男子1500米第2名。1981年6月，在镇远举行全州中学生篮球运动会，雷山初中组男女代表队均获第1名；高中组男队获第1名。1983年9月，在凯里举行全州运动会，雷山代表队获女子组第2名，并被评为"五讲四美"运动队。1985年在凯里举行全州老年人田径运动会，吴振中（盐业公司离休人员）获5000米第3名。1985年8月，在凯里举行全州少年田径运动会，杨永清（苗）获男子1500米第1名、3000米第1名；顾建华（苗）获男子1500米第2名；侯建平（苗）获男子800米第2名；杨卫江（苗）获男子3000米第2名。1986年5月，在凯里举行全州中学生田径运动会，杨永清（苗）获男子1500米第1名、5000米第2名；金梅(苗)获女子3000米第2名；蒋志培(苗)获男子1500米第3名。1986年11月，在凯里举行全州老年人马拉松赛，杨玉章(苗)获第3名。1987年8月，全州中学生田径选拔赛，金梅(苗)获女子组1500米第1名、3000米第3名；张家义获男子组5000米第1名；杨正武（苗）获男子组5000米第2名；杨永明（苗）获男子组5000米第3名。

参加省级以上比赛

民国34年（1945年）7月，雷山设治局组队参加在贵阳举行的贵州省运动会，杨世民（龙头乡人）获撑竿跳高第1名，低栏赛跑第2名；杨玉章（龙头乡人）分别获400米、500米田径赛第2名。民国36年（1947年）9月，设治局组队参加全省运动会，朱子龙（丹江镇）获万米长跑第1名；杨玉章获200米第1名、1000米第2名和3000米第2名；杨世民获跳高第1名、高栏赛跑第2名和标枪第2名、铁饼第5名；黎保标（雷中老师）获男子100米蛙泳第2名、撑竿跳高第3名；张毕秋和王纯芬分别获女子100米蛙泳第1名和第2名。

中华人民共和国成立后，1973年文兴萍（苗）等3人被选为州代表队参加全省中学生体育运动会。1979年4月，组队8人参加全省第四届运动会，杨永清（苗）获男子组3000米赛跑第6名；李明东（苗）获男子70公斤级抓举第5名；唐仁勇（苗）获少年象棋第5名。1982年5月，组队参加全省少数民族传统运动会。岔河乡苗族女子芦笙队杨胜兰、杨胜芬、余珍、王正春被选拔参加9月在内蒙古呼和浩特市举行的第二届全国少数民族传统体育运动会。1986年5月，莲花乡掌坳村苗族青年吴英雄等被选入黔东南州少数民族射弩队，赴贵阳参加全省少数民族射弩比赛。同年，雷山民族中学男子篮球队代表黔东南州中学生参加在都匀举行的全省中学生"三好杯"篮球友谊赛，获得第4名，并被评为"五讲四美"（五讲："讲文明、讲礼貌、讲卫生、讲秩序、讲道德"；四美："心是美、语言美、行为美、环境美。"）队。

人物志

香第香

香第香(1705—1736),苗族,清康熙四十五年(1706年)生于丹江厅陶尧羊旺寨(今雷山县丹江镇治安村),从小务农,农闲习武,青少年时练就一身武艺,弓弩娴熟,百步穿杨,在陶尧一带颇有威望,名声传遍鸡讲、台拱等地。

清雍正七年(1729年),清廷在苗疆建置六厅,丹江设厅于老丹江。丹江设治建政后,清廷官吏歧视苗民,任意打骂屠杀苗族民众,肆意侮辱蹂躏苗族妇女,掠夺苗族财产,激起苗族民众的反抗。第香忍无可忍,率先组织民众拿起锄头、钉耙、弓弩对抗清廷官府的贪官污吏,鸡讲(西江)、控拜等自然地方的首领曰宝扬也组织民众遥相呼应声援第香,与厅城官吏作对。一时苗族民众抗暴斗争风起云涌,丹江厅城官吏无计可施,即上书直呈清廷。清廷下令清军"见苗不留",肆意屠杀民众。从雍正九年至雍正十三年(1731—1735年),第香聚众与清军血战数十次,以马家屯一战最为著名。清将哈尚德将陶尧一带近万苗民杀戮,仅剩88人。第香仍坚持带领几十个人顽强抗争,终因寡不敌众,加上清军的挑拨离间,分化瓦解和内奸出卖而失败。乾隆元年(1736年)夏天,清军得到密告,悉知第香在陶尧干则略河潭洗澡,立即派兵赶到干则略将其杀害,时年仅30岁。近300年来,每逢佳节,在陶尧一带,人们永世不忘祭祀第香。

杨大六

杨大六(1830年—1874年),苗族,丹江(今雷山)地区的苗族反清抗暴领袖。本姓陈,祖父名先里占,父名略先里,按"子父连名制"取名为杀略。大六身体魁梧,生性刚烈,青少年时,上山放牧曾奋力追打咬牛犊的猛虎,使虎落岩自毙。因此,寨上的人都说他"昂达喽"(苗语,为勇敢、凶悍之意)。于是"昂达喽"成为杨大六的"诨名"。在与清军交锋时,听人呼他为"昂达喽",便按谐音呼之为杨大六。《清实录》亦如此记载。

大六于清道光十年(1830年)出生于丹江厅郎德上寨(今报德乡上郎德村)一个苗族农民家庭,因父母早逝,留下大六姐弟三人相依为命,因而养成了勤劳踏实、倔强耿直的性格。12岁时,即学射弩,上山射杀野猪、山雀,15岁时,即学使棍棒,研拳术,练就一身武艺。时值太平天国革命爆发,清廷为加强对苗区的统治,进行户口登记,推行"一家反抗,九家连坐"的政策。一张门牌,索钱800文。加之连年灾荒,粮食歉收,官府逼粮。郎德上寨距厅城较近,屯兵进村追逼尤为频繁。有一次屯兵进寨逼粮,打死无辜百姓,大六路见不平,将屯兵打死1名。随即组织寨中百姓折矛为誓。以郎德为大本营,在山头筑碉挖壕,设炮台,置滚木礌石等防御工事,准备迎战清军。

清咸丰五年(1855年),大六率部众与台拱张秀眉会师于邛水(今三穗)、台拱(今台江)、镇远三府厅的交界处,商讨御敌。后攻打台拱厅城。6月,率众与义军攻占岩门司;7月,率部回攻丹江厅城,途中与清外委傅灿莲战于郎德，毙敌500余人。后直逼丹江厅城(今老丹江)，清文武官员蜷缩城内，不敢接战，丹江厅城被大六所率义军围得水泄不通。经历时3个月的围困，清兵丁粮弹奇缺，高悬免战牌。9月14日寅时，大六率义军八路攻城，午时城破，署通判严锡珍、参将乌尔滚珠、守备计维富、卫千总周开广均被义军杀死于城中，清军死伤数以千计。12月，大六率部援清平(今炉山)，于鸡场截击贵东道承龄、参将图拉纳，阵斩贵阳额外外委周世熊。

咸丰六年(1856年)，大六复与张秀眉夹攻台拱厅城，8月26日城破，全歼守敌。张秀眉被推为大元帅，大六被推为平杨王，义军声威大震。咸丰八年(1858年)正月22日，大六率部又配合独山义军杨龙喜部攻击麻哈(麻江)州城，毙清提督佟攀梅、知州何铤、守备刘尊权、千总栾玉、王元魁等，歼敌二千余人。咸丰九年(1859年)，大六率兵会攻黄平旧州，春华营及夹崖山团营就歼。7月，攻平越(今福泉)州城，知州高沐仁败殁。

咸丰十一年(1861年)，大六和张秀眉再度会师东下，与侗族义军首领姜应芳联合击取王寨(今锦屏)、天柱。同治元年(1862年)11月，清湘军提督席宝田率田兴恕、毛鸿宾部会川军蒋玉龙等部相继入黔镇压义军，姜应芳败退清江滴洞司，后大六与张报九只好率部转进丹江、台拱一带，以避其锋锐。

同治六年(1867年)12月至次年9月，大六率部汇合张秀眉、包大度、潘老帽等又东下邛水，攻思州(今岑巩)、玉屏、青溪。10月，出羊坪至青溪，击毙团首杨通本，逼迫席宝田部退出晃州(今新晃)凉伞。同治七年(1868年)，清廷调集川、湘、黔三省兵力，向义军根据地发动猛攻，湘军席宝田部攻入施秉、清江(今剑河)；川军唐炯部攻陷清平、重安江；黔军则陷麻哈、都匀等地，义军四面受敌。是时，大六率众驰援黄平义军包大度部。与清军血战于黄飘，湘军提督黄润昌及荣维善、邓子垣等大员均被义军伏兵击毙。同治九年(1870年)，清军为雪黄飘大败之耻，于是复调集七省兵力，大举入黔镇压。义军众寡悬殊难敌，大六率军退守丹江、凯里一线，力拒清军于大小丹江、郎德、报德、黄茅岭等地。

同治十年(1871年)，清军继续攻击，先后复占台拱、清江、山丙、革一等地之后，直逼雷公山。大六在竹留、南皋、九门一带率部拒敌，迎战清总兵毛树勋、龚继昌、苏元章等部，毙清军功王世昌、把总黄武青、外委李步庭等于阵。12月，清将苏元章、龚继昌复出黄茅岭、郎猛、报德一带，大六自番瓮回军，与敌军战于郎德，毙把总刘士垣；继续转战于九门、舟溪、排卓、南皋、乌肖一线。同治十一年(1872年)3月，席宝田率军包围雷公山，大六与张秀眉、九大白、金大五等聚集于南烧，集所率万余人与敌战于挂丁河沿，战败后张秀眉于乌东山被俘，大六仍率部顽强战斗于黄阳山顶。为解救张秀眉，大六领兵杀下乌东山，在陶瑶(今陶尧)与清将毛树勋、龚继昌血战，结果在敌军重重包围之中被清军所俘，清将为大六设宴诱降，不从，即槛枷送长沙湘军总部，于同治十三年(1874年)4月，被清廷以惨绝人寰的暴刑——骑火铜马折磨而死。

杨定国

杨定国(1835—1915)，苗族，清道光十五年(1835年)生于丹江厅(今雷山县)干角村一个富裕农民家庭。

清咸丰五年(1855年)，杨大六在郎德起义反清抗暴，是年定国20岁，血气方刚、举旗响应，率领桃江地方民众加入抗清队伍，成为杨大六的一员部将。

同治十二年(1873年)正月，丹江地区农民义军风起云涌，不断袭扰清军防地。9月初，咱刀团首徐廷祯因被罚款未交，被通判陈起霖没收其田产入官，激起民恨。定国即与徐廷祯等会商并聚众于肖家寨、桥洛沟待机袭击丹江厅。27日夜，定国率义军200余人奔袭鸡讲司，将同知居翰及其妻儿女、候补知县张铸、右军守备车武仑、左哨千总戴洪胜、右哨千总罗用昌、把总杜积棠、外委吴得贵、千总肖大全、肖天祥、幕友从山等斩杀。事后清廷即遣龚继昌、苏元春等从毛坪、开屯、莲花落、桥王等地多路合围干角寨。定国等知不敌，受抚收编。定国受贵州抚台衙门委以地方官职，治理地方。定国在任期间，多次向抚台反映粮税太重，百姓负担不起，终得抚台恩准减轻赋税。地方百姓无不称赞“定国做官上粮少，交税轻，一年一户只要三个铜板”。定国为官虽小，却为治理地方，稳定社会，减轻百姓赋税做出贡献。

民国4年（1915年），定国病故，终年80岁。

李莲芳

李莲芳（1864—1915），苗族，清同治三年（1864年）生于丹江厅鸡讲（今雷山县西江镇西江村）平寨。其父李春茂在清同治末年，被授予副将衔。莲芳在其父的熏陶下，少读义学、私塾，学习勤奋。光绪二十年（1894年），连芳参加“甲午恩科”科举，“加额进取”录取生员（秀才）。丹江通判奉行“怀柔”政策，布施“皇恩”，令其迁居丹江城，居住在十字街西侧，住房为“四角天井”，置田业羊常坝，家境宽裕。

乾隆二年（1737年），清政府为巩固其对“苗疆”的统治，安屯设堡。安置汉人住屯堡，驱逐苗民居山寨，造成民族歧视和隔阂。咸同年间，张秀眉、杨大六领导的农民起义被镇压，苗民村寨横遭清剿，苗民对汉人的怨恨加深。莲芳卓识远见，致力于冰释前嫌，善言相劝苗汉之间团结和睦相处，融洽民族感情，推动苗汉通婚。并会同秀才王香秋等人，议请创办丹阳（丹江）、鸡讲（西江）、排羊（1940年前为丹江县属）等初等小学堂。莲芳生前为民族团结、开拓民族教育做出应有贡献。

1915年，莲芳辞世。

王香秋

王香秋（？—1922），祖籍江西省南昌。清朝时期，迁徙到丹江厅乌叠司望丰堡。清光绪二年（1876年），丹江厅署从老丹江迁驻黄茅岭司肇泰堡，香秋父子随即从望丰堡迁入丹江厅城居住，买田建房，安家创业。在当地购买杉原木，水运至锦屏茅坪出卖，从事木材经营。

香秋少时，在其父的教诲下，攻读《四书》《五经》《幼学琼林》《古文观止》《东莱博议》等书，后入书院，研读经史典籍。由于勤学苦练，好诗作词。清咸丰九年（1859年），香秋参与童生文武科举，获文秀才（生员）。香秋学识渊博，在教育、文学、史学、艺术理论等领域均有造诣。其除了从事杉原木经营外，常为民间百姓书写请求、调解文书和买卖、抵押、典当、租赁、田土、山林产权等契约。

清光绪三十四年（1908年），都匀府知府王玉麟倡办丹江厅小学堂，香秋与梁玉仁等学者曾奔走呼吁，促使时任丹江厅通判李文宝废丹阳书院，设立丹江、鸡讲、排羊初等小学堂。宣统元年（1909年），在丹江城内设师范传习所。香秋在丹江厅对推动官办学堂做出一定的贡献，为丹江厅的民族教育事业发展奠定基础。

民国11年（1922年），香秋与世长辞。

胡仲毓

胡仲毓（1902—1936），又名胡钟武，小名海云，清光绪二十八年（1902年）6月生于丹江厅肇泰堡（今雷山县城）。

仲毓早年就读于丹江县初、高等小学堂。时值五四运动爆发，仲毓在梁聚五的指导下，阅读许多进步书刊，受“科学与民主”的思想启迪，积极参加“学生联合会”，掀起反对旧的教育制度，抵制日货，请愿从军，洗雪国耻等活动。仲毓小学毕业后，曾在抚远小学任教，后出任丹江县西区（望丰）副区长。是时，贵州处在军伐统治之下，兵戈扰攘，人祸天灾频繁，百姓处于水深火热之中。仲毓宁辞官职，不作帮凶逼民纳粮派款，借以邀同乡包东山（小鲁）外出做生意，实走他乡寻找革命真理，不时往返于湖南洪江、沅陵、平江、济阳、醴陵等地。民国14年（1925年）10月，贺龙的部队在铜仁扩军，仲毓与包东山、陶富国踊跃参加贺龙部下贺锦斋团部。从此，仲毓结识中国共产党的早期党员周逸群，并随军参加北伐，转战慈利、石门、澧州、公安、石首、许昌、临颍、逍遥镇一带。1927年初，胡仲毓经周逸群、谭平山介绍，与包东山一起加入中国共产党。

1927年8月1日，胡仲毓随贺龙部队开赴南昌参加“八一”起义。1928年1月，贺龙组建第四十九工农革命军，后改称中国工农革命军，胡仲毓任第四十九路军一师一团团长。1929年1月，仲毓奉湘鄂西前委派遣与李光庭、包东山等返回黔东南地区开展秘密革命活动。同年3月1日，贺龙（字云卿）于湖北藕池地区写亲笔信：

仲毓、光庭、东山同志：

工作需要我到湘、鄂、西一带建立游击，冠生望你们坚守本地壮大队伍，迎合红六、七军到来。

贺云卿

中华民国十八年三月一日于藕池区

信中提到的冠生就是周恩来（冠生是周恩来的曾用名）。周恩来时任中共中央政治局常委兼中共中央军事部部长、中央军委会主任，实际主持中共中央的工作。这完成上级指示的这一艰巨任务，仲毓先打入正在丹江招兵买马的张元勋（王家烈部第二路清乡司令）部任编修。1930年5月，趁张元勋欲向黎平发展，仲毓催促张元勋进击黎平，使之相互残杀，消耗实力，以减轻红军北上的阻力。张元勋率部进击黎平兵败退驻丹江，不久移驻紫云，仲毓趁机脱离该部，打入丹江民团杨昌隆部（王家烈委任）任副团长，秘密开展地下工作。1932年初，仲毓以调查军情为名，率部属杨应权、陆天兆（宴清）等人行经都匀、独山、南丹、河池等地，在广西怀远与红七军取得联系，带回马号一对，马灯两盏，作为联络信物。1934年，仲毓第二次南下广西，雇请邱政等铁匠到丹江县政府背后武庙开设兵工厂，以备扩充队伍枪支之需。1935年初，毛秉权（王家烈部旅长）率队攻打榕江，取道南下广西，仲毓即率民团跟随挺进，在榕江西门坡遭到阻击兵败。毛秉权出走，仲毓率部返回丹江，仍在杨昌隆部任副团长。之后，凯里中共地下党员王毅、喻雷等前来丹江与仲毓商议，决定在雷公山建立革命武装根据地。为开展地下活动发展革命武装力量的需要，仲毓再一次打入丹江县中区（区长徐频洲）任副区长。丹江县政府发觉王毅、喻雷等人在丹江活动，仲毓行动诡秘、甚为疑忌，加之仲毓掌握民团武装，又操持中区政务，丹江县政府亟欲除其而后快，但又不敢明目张胆地对其进行残杀。后县官探知杨昌隆与其部属杨应清（营长）有隙，乃以中区区长一职允诺给杨应清，并重金（大洋300元）收买杨昌隆的弁兵张启光、李国忠、余德清、余正隆等人，于1936年11月1日（农历九月十八日）夜，趁胡仲毓、杨昌隆、徐频洲等人议事之机偷袭，将其杀害于丹江县城南门，仲毓遇难时年34岁。

仲毓英年遇难，遗1子3女。其妻谢翠兰悲恸不已，按其夫生前叮嘱，将其遗物（信件及马灯）秘密保存。直至1988年1月，其妻翠兰将保存半个多世纪的信件（贺龙元帅亲笔信）交送中共贵州省委党史办公室转送中央档案馆做科学鉴定，确认信件是贺龙元帅亲笔原件后收藏于中央档案馆。1989年，中央档案馆为其妻谢翠兰颁发“荣誉证书”。雷山县人民政府经充分调查后据情呈报省人民政府，1994年5月26日，贵州省人民政府以黔府函〔1994〕103号文件批复，追认胡仲毓为革命烈士。是年8月24日，民政部为其家属颁发“革命烈士证明书”。证明书中写道：“胡钟毓同志为党发展革命武装力量，开展地下活动，壮烈牺牲，经批准为革命烈士，特发此证，以资褒扬。”

仲毓烈士曾为中国人民的解放事业历尽艰险，忠贞不渝，为黔东南地区发展革命武装力量，秘密开展地下革命活动，不幸被害。众说纷纭，谜团未解。半个世纪后，仲毓的真实身份和革命业绩得以解密，最终得到党和人民政府的公认，从此昭雪。

1999年7月，原老红军、南京军区炮兵顾问陈靖将军“重走长征路”，莅临雷山造访仲毓烈士子女，并合影留念。

李　冰

李冰（1877年—1942年），当地人称之为“铁罗汉”。清光绪三年（1877年）生于四川省简州（今简阳）东乡木城，12岁上峨眉山习武，武功造诣颇深，运气时周身肌肉硬如铁块，有好事者，征得冰同意，用棕绳系其颈，让两个健壮青年用力往两边拉，冰坦然自若，因而乡人都称冰为“铁罗汉”。20岁返回乡里，不久参加四川“红灯教”聚义反清，事败，更名为李树浓。光绪二十七年（1901年）参加“哥老会”被尊为“大爷”。光绪三十年（1904年）经他人检举告发，为避缉捕，逃到贵州。寄居于同门兄弟贵阳黔灵山铁肩和尚处，后经铁肩和尚介绍到遵义、桐梓等地设馆收徒。又到黔南、黔东南十余县设馆授徒。民国4年（1915年）在雷山娶妻王氏，遂定居雷山白连乡白键堡。

李冰性格耿直，好打抱不平，有侠士之风。民国11年（1922年），炉山洛棉有个姓黄的财主仗势欺人，指使家丁打手20余人强抢段姓之女为妻，冰路见不平，仗义相助，打败了黄家一伙强徒。黄姓抢亲受挫，买通了官府将李冰逮捕入狱，后因治好炉山县长熊世清长子的刀伤而获释。冰习中草医偏方，医治跌打损伤、风湿痛疽等病症有奇效。民国24年（1935年），雷山县丹江镇羊常堡农民陈长林，由田间挑稻草回家，途中跌倒，被挑草扁担的铁尖穿通肚子，生命垂危，经冰医治1个月痊愈。

李冰在设馆授业时，白天教读经书，晚上教习武术，要求严格，指点认真。还兼传授中草医药。对贫苦学生不但不收学金，还解囊相助。乡村农民争相敦聘，达官显贵也来求教。国民革命军第十军第二十八师师长王天锡，台拱县长严济普等都曾拜其为师。民国23年（1934年），丹江县长潘咏笙聘冰为家庭塾师（其子女念慈、念荣（女）、念湘曾在其馆受业）。

李冰从教三十余年，设馆授业遍及贵州的20多个县市，学生、门徒在黔东南甚多。

侯教之

侯教之（1897—1943年），苗族，原名国富，字教之，以字行。苗名往恒你，排行第三。清光绪二十三年（1897年）出生于贵州丹江厅鸡讲司西江平寨。

侯教之9岁时入私塾读书。民国初年，丹江县设置新式学堂，教之考入丹江高初两等小学堂。毕业后入贵阳师范学校。民国8年（1919年），进入周西成办的贵州崇武学堂学习军事，分在周西成部任连副、编修官等职。当时，贵州军阀混战，周西成与李燊（小炎）争夺贵州统治权，连年战乱，民不聊生。教之不愿再为军阀卖命，遂解甲归田，结束了军旅生涯。从民国13年（1924年）起，从事教育工作，先后在凯里、台拱等地小学教书。民国18年（1929年）筹办西江两级小学，首任校长。后又调任丹江县立城关小学校长。教之喜读新书报、新杂志，崇拜孙中山，信仰《三民主义》，致力“教育救国”，在创办乌洛小学时，亲自经手校舍的修建，教师的选聘，并制订严格的校纪。在执行中，不但要求别人遵守，自己也身体力行，以身作则。一次，教之迟到5分钟，便主动先去中山遗像前肃立反省，然后才进办公室工作，在乌洛小学教书3年，享有很高声望，镇远专署专员刘时范在《黔东事变纪实》中也承认：侯教之“居里教学垂20余年，颇得乡人信仰”。

教之主张民族平等。当时，政府强迫少数民族妇女改装，他极表反对，认为这是大民族主义的同化政策。但对苗族妇女的装束也主张改进，认为长裙盛装，既不利于生产劳作，又颇费钱财。并曾与梁聚五对便装简束问题交换过意见。

教之性情刚直，疾恶如仇，对贪赃枉法、欺压百姓者深恶痛绝。民国28年（1939年），吴鼎昌任贵州省主席，推行蒋介石提倡的“新生活运动”和“保甲制度”，禁烟贩烟，强征夫粮，抓兵派款、民不堪命，西江各族丁壮数百人在侯教之等人的统率下，曾攻陷台江和剑河县城，赶走了县长王堂信、彭晓甫。“西江事变”后，教之为免遭毒手，出走避难他乡。

民国32年（1943年）年底，教之因忧愤呕血，在湖南靖县城关河街友人刘定杰家含恨去世，终年46岁。

何名超

何名超（1878—1944），苗族，清光绪四年（1878年）11月生于八寨厅乌洛（今雷山县永乐镇）柳乌村。

名超天生聪颖，入塾读经，勤奋刻苦，学业有成。光绪二十二年(1896年），名超赴都匀府参加科举，荣中秀才。

民国13年（1924年）春，名超被委任为八寨县第4区（永乐区）区长。时值北洋军阀当政，川、滇、黔各派军阀明争暗斗，争夺地盘，谋占厘金税收以发横财，连年争战，可谓群魔乱舞，百姓徒唤奈何！此时，贵州军阀袁祖铭组成“定黔军”返回贵州夺取政权，遭到滇系军阀唐继尧、唐继虞兄弟竭力反对，引起滇军二次入黔。为了抗拒滇军的骚扰，保护地方安宁，名超派莫让三（八寨烧茶人）与袁祖铭取得联络，袁即委任名超为“左路独立旅南方游击统带部”统带之职。名超立即奉命组织队伍，抗御滇军，招募约600余人，下辖1个团4个营，1个直属大队。文墨香、王开国、侯宝田、王顺明、韦明清等人分别任正副处长。名超统辖八寨、三合、都江、榕江、剑河、丹江、台拱等7县，故名超有“七县统带”之誉，人称“何统带”。民国14年（1925年）正月，统带部移驻丹江县城，名超奉命守城并抗击丹江民团杨昌隆所率领的破城民团。4月，统带部改称“建国联军第十一军二师南方游击统带部”，受孙中山先生委派的建国联军第十一军军长李世荣（剑河人）的节制。5月，名超返回乌洛（永乐）缩制，辖一团二营。统带部只留60名常备士兵，其余返乡从事农业生产，随时待命征发。从此，名超率部长驻乌洛（永乐），剿匪缉盗，安抚地方，维护社会治安，并在棉花坪对面山上（即今天马山）设守望哨，加强匪情侦察，鸣锣吹号，以示百姓防御自卫，对乌洛地区的社会稳定及民众的生产生活的发展繁荣起到保护作用。名超治军严明，办事公道，尊重劳苦民众，赏罚分明，重义轻财，抑富济贫，深受当地民众爱戴。

民国33年（1944年）1月24日，名超在永乐家中去世，终年66岁。

谢静仁

谢静仁（1875—1944年），女，生于清光绪元年（1875年）。原籍四川省荣昌县。少时入学读经书。及长，因家境困难，辍学居家做针线活。19岁与佘雨民结婚。光绪二十四年（1898年），佘雨民在贵州省定番州（今惠水）衙门任师爷，静仁随职去定番。光绪二十五年（1899年），佘弃政从教后，于光绪二十八年（1902年），经友人介绍到丹江（雷山）设馆课读，静仁随夫由定番迁往丹江。到此以后，她深爱当地民风淳朴，水绿山青，但看到雷公山山峦重叠，交通闭塞，文化极为落后，尤其经常与之接触的妇女，大多是文盲，但又有要求上学读书的心愿。于是静仁决心在丹江开拓女子教育事业。与其夫相商，决意定居此地。清末至民国初，静仁在丹江城内租用尤姓的一间半木房作居室，在家里开设私塾，收女学童教授经书及手工作业。民国7年（1918年），得到地方人士及县知事的支持，创办丹江女子初等小学堂。并聘请当地名塾师莫让三、胡孔章等教授经书，自己教算术及手工课。民国8年（1919年），受"五四"爱国学生运动新思潮的启示，静仁决心改革旧的教学制度，学堂停止教经书，聘请刚由贵阳蚕桑学校毕业返乡的青年秦筱泉以及贵阳师范学校毕业的苗族青年侯教之等到学校任教，并开设国文、算术、音乐、体育等课程，但因此而引来了封建势力的讽议。静仁劝教师不要气馁，并劝说家长，顶住逆流。在秦、侯等教师的宣传教育下，女学生放开缠足，剪掉长辫。静仁身为学堂主事，支持进步，鼓励学生大胆为之，首开丹江地区汉族妇女剪辫放足的先例。

静仁在办学中，循循善诱，犹如父母之对子女，爱之深，责之严，以身作则，并注意照顾大龄女生的特点，要求教师善教善导。多年以后，学生蔡邦德（现已80多岁）每念及此，仍感叹不已。她对待自己的子女更是严格，绝不允许沾染社会恶习；视敲诈、嫖赌为仇雠。静仁一生更是清贫自励，长子佘辉庭任国民党陆军少将十余年，她不愿去随子享清福，长住在丹江城内一间木平房里，和睦邻里，爱护儿媳，宽厚仁慈，淡泊生活，也喜与家庭妇女叙家常，摆谈持家为人和教育儿子的方法。晚年，手中仍不离针线活，自食其力，颇受乡邻的尊敬，都尊称她为"佘师太"。

民国33年（1944年）2月28日，因病在丹江城内本宅寿终，享年69岁。

韦洪彬

韦洪彬（1908—1944年），水族，雷山县达地镇也蒙村岩门寨人。清宣统元年（1909年）生于都江厅达地十八股岩门寨，家庭是自耕农。洪彬既长，侠义好客，尤喜扶危济困，打抱不平，在乡里具有一定的威望和号召力。

民国32年（1943年），洪彬年35岁，血气方刚，当时，国民党政府强拉民夫修飞机场，又改田赋征实，强征大包军米，逼迫群众挑到100里之外交纳，山路崎岖难行。又兼连年旱灾，收成大减，人民饥寒交迫，已感求生无路，心里埋下抗暴拒征的火种。当年9月，洪彬借谷充饥未得，与保长发生冲突，保长以韦抗命，拟送区署法办。洪彬无奈，便在巫空桥撒唱歌坪及三都千家寨牛打角主持召开了两次群众大会，被选举为大队长，集合起300余人枪，宣布"三年不交粮，不应夫，不当兵"，深得群众拥护。

洪彬领头抗兵抗粮的消息传出以后，震动了三都县政府，驻都江保警队立即前来镇压，在甲早（三都县甲雄公社）与保警队接火，洪彬首战告捷，继而乘胜夜袭桥桑区署，击毙保警队长，毙俘保警兵

19名，缴枪10余支。以后两年，先后经历排老、排兄、空勒、也蒙、雅灰、岩门寨、夺鸟坳等9次大小战斗。洪彬所部平时为民，战时为兵，与保警队打麻雀战，使保警队连连受挫。迫使贵州省保安司令部派来重兵“围剿”，民国33年（1944年）6月，保安团与丹寨县保警队500余众，分进合击，与洪彬部遭遇于夺鸟坳，激战三昼夜，洪彬部以弹尽援绝失利。洪彬只好携子义德避难于永乐乡排告。民国33年（1944年）7月，为永乐乡乡长诱捕，其子被枪杀于丹寨县望乡台，洪彬被押送独山专署杀害。至今，达地、巫不、桥桑、怎冷、排路、雅灰等地人民，仍传颂其不畏强暴、仗义为民的事迹。

杨光文

杨光文（1923—1949），苗族，台江县排羊乡岩寨人。大学文化，中共党员。

幼年就读于丹江县（今雷山县）丹江小学，天赋聪颖，勤奋好学，备受师长钟爱，少年随父母旅居贵阳，入达德中学读书。

民国26年（1937年），七七事变爆发，光文同达德中学师生一起参加全市学生上街游行，宣传抗日，抵制日货，从而受到革命的影响。与安毅夫、蔡之诚、张桂筑等进步同学秘密传阅进步书刊，开展抗日宣传活动。民国31年（1942年），光文考入贵州大学法律系，接触到许多进步师生，阅读许多进步书刊和马列主义书籍，同时参加组织读书小组——群社。光文衣着简朴，学习刻苦，待人热情，被同学选为学生会领导成员，和师生一起，积极参加“反迫害、反饥饿、要民主、要自由”的斗争，向政府请愿，要求抗日，反对迫害。

民国33年（1944年），日寇进犯贵州独山，贵州大学移至遵义。光文回到雷山，积极联络发动当地一批知识青年，筹划组织武装力量。不久，日本侵略军撤退，贵大搬回贵阳。民国34年（1945年）光文返校，“群社”读书小组被特务机关发现被迫转移，得到在贵定当田粮处副处长的叔父杨用宜的同意，化名杨炳铭，冒用贵定田粮处科长身份，顺利离开贵州。是年7月在重庆找到中共地下党组织。

民国35年（1946年）初，中共南方局委派光文打入四川垫江女子中学任教，同革命教师张仁信（亦名张秘军）、徐晓鸣等引导学生走革命道路。民国36年（1947年），国民党特务在重庆大肆镇压革命志士，光文被迫出走。是年7月，中共四川特委刘光决定派光文、杜青等经贵阳辗转雷山，通过亲友关系，到雷山中学以教书掩护，宣传发动群众，团结当地上层人士，利用矛盾，促使当地绅士靠拢进步组织。是年下半年，雷山中学校长罗裕祥解聘进步教员，调戏女生，光文乘机发动全校师生把罗赶走。省教育厅派王永嗣代理其职，王政治上反动，对开展革命活动不利，光文组织当地民族绅士弹劾王。经过多方努力，光文被任命为雷山中学校长，聘用一批进步教师和一些开明绅士任教，团结融洽，民主空气活跃。光文带领教师创办油印小报《新观察》，散发给学生和全县各中心小学，宣传革命形势。经常组织学生演出话剧，唱革命歌曲，以影响学生和群众。是年秋，光文等计划发动武装起义，写信到重庆请求中共地下党组织派干部来加强领导。

民国37年（1948年）1月，光文和杜青去贵阳接重庆派来的张仁信。2月初，得知仁信到贵阳失踪的消息，决定杜青即返凯里，通知王天行、唐树本、李长青等人隐蔽；光文留在贵阳打听到张仁信因叛徒出卖而被捕的情况，立即回雷山研究对付敌特的办法。为稳住局势，学校照常招生，办理学生入学手续。3月11日，雷山设治局局长郭宝昌执行杨森密电，以共党嫌疑，将光文、杜青、李谦秘捕，投入文昌阁监狱，毒刑审讯。光文坚贞不屈。后经亲友活动，特务机关勒索法币5万元。5月，光文被释放出狱。是年冬，原达德中学同学安毅夫由上海回贵阳，组建中共特别支部，光文在安的直接领导下开展学生运动和少数民族上层人士的工作。

民国38年（1949）年春，光文设法拿到谷正伦制定的“贵州应变计划”情报，及时交给中共贵州省地下组织。5月，贵阳敌特实行大逮捕、大屠杀，安毅夫介绍光文加入中国共产党。在白色恐怖下，贵州大学有人向敌特情报处供出进步师生名单。贵阳特别支部组织人员疏散隐蔽。6月初由光文任组长，带领廖崇美、安鄂（即廖妻）、陆景堂（陆思明）等，以受威宁聘任为由，往威宁工作，迎接解放。行至赫章县城，不料被特务暗探发现，三人同时被捕，押回贵州省保安处拘禁受刑。光文母亲用银圆买通看守，到监探视，见其惨状，悲痛欲绝。光文安慰母亲说：“妈妈，不要哭。哭，只能使敌人得意，使自己同志丧气……”

1949年10月6日，贵州解放前夕，光文殉难于贵阳。

谢世钦

谢世钦（1913—1950年），苗族，民国2年（1913年）出生于丹江厅培墉堡（今营上）。

谢世钦少年时入都匀中学就读，18岁投笔从军，入贵州陆军崇武学校学习。1929年毕业后，在国民革命军第25军王家烈部第8师任准尉、少尉排长。1930受训于“陆军第25军政治训练团”。1932年在第25军第3旅任见习中尉、参谋、特务连连长。1935年参加南京“中央军校高级教育班”第四期学习，毕业后历任国民革命军陆军第121师参谋、营长、团长、参谋长等职。1937年7月后，相继参加淞沪会战、武汉会战。谢世钦临阵沉稳，颇受第94军军长、师长器重。

1940年第94军人事调整，谢世钦调任第55师164团团长，参加武汉至重庆段江防，在长沙会战策应作战中于湖北三斗坪负伤。1943年参加鄂西会战、常德会战。1944年，任第121师361团团长。1945年4月参加湘西会战；是年7月参加收复桂林；是年8月15日，日本宣布无条件投降，抗战胜利。第121师361团团长谢世钦衔命率部飞往上海，在大场机场强行着陆，担任保卫名城，掩护受降的任务。

1946年第94军驻防天津。同年秋，第121师开往冀东与解放军作战，继转战冀、察边区，后移防平汉铁路北段，谢世钦率361团作先锋随121师作战。后在河北涿州与解放军作战时身受重伤被俘，被解放军遣返。1947年任南京联勤总部上校监察官，后调任国防部副官局发布科上校科长。

1948年，谷正伦主政贵州，调任“贵州省保安司令部”参谋处长，后又调任“贵阳警备司令部”参谋长。1949年再又调任联合勤务第四十二补给分区第五十一支部支部长，支少将薪。

1949年9月，解放军准备进军大西南，湘西、黔、桂吃紧，贵州省主席谷正伦电召谢世钦到贵阳，授命编组“保安第10团”。10月任贵州省保安第十团团长。11月15日贵阳解放，国民党在大西南的统治已摇摇欲坠。谢世钦率保安10团新军在黔南山区一面整训，一面负隅顽抗。与此同时，“贵州东南绥靖区司令部”成立，第七区行政督察专员佘辉庭把麻江、炉山、台江等县作为其纵队的辖区，把保安10团作为基干扩军。

1950年春，为国内外形势所迫，在中国共产党政策的感召下，专员兼保安司令佘辉庭主动给驻麻江县下司的人民解放军特派员去电请求投诚。1950年2月21日到达凯里，与解放军50师副师长黄学义谈判，22日通告所属于一周内集结凯里接受改编。谢世钦与石开勾结，坚持反动立场，拒绝受命，于3月14日夜率部潜回雷山，并接受台湾“国防部”任命，充任贵州东南绥靖区中将司令官，以雷山为据点组建匪司令部，下辖20个纵队和8个指挥部、司令部，搜罗国民党军残部和散兵游勇，逼民为匪，聚众叛乱，攻打人民解放军和县、区、乡人民政府，强行解散雷山中学，改建为“中国人民反共自救军雷山干部学校”，招收学员300人，培训反共骨干。亲手写“复兴台”三字悬于会场讲演台上（现人大常委办公楼处），书写对联：“干校是军中之黄埔，雷山是大陆的台湾”，企图长期盘踞雷公山区与人民为敌到底。

1950年8月，人民解放军第62军186师从川西进入黔东南剿匪，与中共独山、镇远两地委组成中共黔东南临时工作委员会和歼敌指挥部，以两翼包抄、中间突破、村村有兵，山山有人的梳篦战术，向盘踞雷公山区的匪贵州东南绥靖区司令部实行合围，历时一月，歼灭匪部7500余人。谢世钦于10月10日被解放军556团1个小分队在建安乡（今黄里乡）黄里村也东坡牛棚里生擒后，拒不认罪。1950年10月17日，在雷山被判处死刑，执行枪决。

佘辉庭

佘辉庭（1902—1951年），字耀荣，雷山县丹江镇人。生于清光绪二十八年（1902年），原籍四川荣昌县。

佘辉庭生长在清贫的教师之家，受父母的教育熏陶，5岁读经书，7岁进官办小学堂，15岁就读贵阳模范中学。因喜踢脚弄棍，曾与同乡学友侯教之、秦筱泉等拜峨眉弟子黔灵山铁肩和尚为师，习得一身好武艺。后考入贵州陆军崇武学堂，毕业后，任滇军唐继尧部排长；民国14年（1925年）任湘军谭延闿部第一教导队队长；民国15年（1926年）任国民革命军第十军第二十八师王天锡部连长、营长；民国17年（1928年）以后，任陆军第八十五师参谋主任、团长及一二一师上校参谋处长；民国27年（1938年）入陆军大学高教班，毕业后任陆军二十七军和九十军少将参谋长，参加太行山抗日战争；民国36年（1947年）在郑州参加内战，被中国人民解放军俘虏遣返；民国37年（1948年）复到广东、湖南收罗国民党军残部，成立二六八师，任师长；同年10月接受薛岳、白崇禧委派回贵州；1949年11月，贵州省主席谷正伦委任为贵州省第七行政督察区专员兼保安司令；12月被任命为贵州东南绥靖区司令。

1949年11月，中国人民解放军进军贵州，11月15日贵阳解放，在解放大军压境、国内形势急剧变化的情况下，佘辉庭于1950年2月9日，在榕江县乐里主动给驻麻江下司的贵州省军区特派员去电请求投诚。2月16日，佘辉庭在雷山县城主持召开紧急军事会议，21日决定率部投诚。亲赴凯里与解放军50师副师长黄学义谈判。当佘辉庭与解放军代表商谈改编之际，其部属谢世钦、石开等拒绝受命，3月14日夜，把驻在凯里龙头河的武装带回雷山。由于当时真相难明，佘辉庭及佐属人员被扣押解送镇远军分区，后又解送贵阳关押。1951年1月14日，在镇反运动中以“假投诚”罪论处，佘辉庭在镇远被枪决。

1983年5月10日，贵州省高级人民法院批复黔东南苗族侗族自治州中级人民法院复查报告：裁定原判佘辉庭等五人处死刑不当，属于错杀，撤销原判，予以纠正，对佘辉庭等五人按起义人员对待，平反昭雪。

蔡良才

蔡良才（1875—1953），清光绪元年（1875年）生于丹江厅肇泰堡（今雷山县城）中街。

良才少时就读丹江初等小学堂毕业，后就读贵州省公立法政学堂毕业。民国6年（1917年），良才当选贵州省议会议员；民国10年（1921年）任贵州省咨议及任大定（今大方）县官产委员；民国14年（1925年）任台拱（今台江）县官产委员；民国21年（1932年）任省溪县承审员；民国24年（1935年）任紫云县政府一科科长。后良才卸职返乡，从事地方慈善公益事业。民国28年（1939年），丹江县食盐监销委员会成立，良才任常务委员；民国29年（1940年）丹江县食盐监销委员会易名为丹江县战时食盐监销委员会，良才为委员；民国34年（1945年）良才任雷山设治局参议会副参议长。

良才自从出任雷山设治局首届参议会副参议长后，积极参政议政，出谋献策，为雷山的政治、经济、交通、文化、民族团结和改局为县做大量工作，做出一定贡献。

1953年1月29日，良才因病辞世，终年78岁。

蔡用宾

蔡用宾（1894—1953年），雷山县丹江镇人。幼时家贫无力供其读书，但求学心切，每天都偷偷地跑到私塾门外去站着听课。虽常挨父亲的打骂，但读书心情迫切，无论寒暑，都找机会到私塾去，因而感动了塾师和乡邻，劝说其父母送他入学读书，塾师同意只收半费。12岁时才进入塾馆。清宣统元年（1909年）进入丹江高初两等小学堂，毕业后，投入黔军任副官、军需主任、编修等职。在作战中右腿负伤，治愈后成为残废。民国17年（1928年）离队回到家乡，先后任丹江县东区、南区区长、丹江镇镇长、丹江小学校长、丹江仓库主任及县政府科员等职。

用宾任丹江镇长期间，出面为百姓减免捐税，正因为他肯为地方说话，反映贫困情况，上级官员竟以办事不力将其撤销职务。

1950年9月，雷山解放，用宾积极靠拢人民，拥护共产党的领导，第一个出面与解放军和人民政府接洽。是年10月，以民主人士身份参加雷山县第一届各族各界人民协商会议，被任命为雷山县人民政府建设科科长。1951年3月，在第三届各族各界人民协商会议上，当选为常务委员会副主席，主持日常工作。在清匪追赃、抗美援朝、土地改革运动中，不顾腿酸脚痛，走乡串寨，发动群众，争取逃匿散匪投诚自新，也为征粮支前，做了大量工作。

1953年12月，蔡用宾因病医治无效，在雷山丹江本宅去世，终年59岁。

周树清

周树清（1889—1958年），白连乡营上村人，清光绪十五年（1889年）生于丹江厅鸡讲司培墉堡（今雷山县西江区白连乡营上村）。

树清幼年时因家境贫寒，无力上学读书。24岁时，应募到云南军阀唐继尧部队当兵。后患重病，住进法国人在贵阳开的诊所，久治无效。后得友人张兰轩介绍，到平越（今福泉）县城张医生处就医，经4个月治疗痊愈。病愈后，拜张为师，专心钻研中草医药医术。从挖药、煮药、切脉、开处方，到临床治病，都认真地向师傅学习。30岁时，回到培墉堡安家，当时，西江地区缺医少药，树清将学到的医术为民治病。他对小儿科的抽筋惊风、急性肝炎和产后流血等病症治疗，药到病除。对便血、接骨、羊癫疯（母猪疯）的治疗尤有奇效。

树清为人治病，不先索费用，而先让病人拿药去服用，病愈后，才要一只鸡、一升米谢“药根”。几十年都如此。

解放后，人民政府重视中草医术的继承和发展。1953年，他当选为县人民代表。1957年6月，雷山县人民政府任命他为雷山县卫生院副院长。任职直到1958年8月逝世。周树清勤恳耐心为民治病的医德医风，在群众中受到广泛称赞。

杨文华

杨文华（1912—1968年），字家兴，苗族，雷山县西江区西江镇羊排人。

民国22年（1933年）毕业于丹江两级小学，后考入都匀五中。民国23年（1934年），入青岩乡村师范（后师部）学习毕业；民国26年（1937年），先后任小学教导主任、校长等职。民国30年（1941年）应友人之邀，到安龙县制糖厂任会计。民国33年（1944年）出任西江镇镇长、镇民代表会主席。1950年任西江小学校长。

文华任西江镇长时，一次为西江镇的百姓免除房税款银圆450元，受到当局申斥。在任小学校长期间，用家里的谷米预支给教师生活，又将自己的薪金聘请苗族女教师到学校任教，首开雷山聘用苗族女教师的先例。

解放以后，1951年，雷山县人民政府任命为文教科副科长。任职期间，经常深入到雷山县的各个学校，督促、指导学校工作，宣传党的教育方针和政策，每到一所学校，总是先与炊事员、工友交谈，了解他们的困难。直到深入课堂听课，检查学生作业，查阅教师教案，与教师促膝谈心，启发学校教师要关心政治，不能只为教书而教书。

1956年，文华被任命为镇远专区联合政府委员，积极参加筹建黔东南苗族侗族自治州的工作，宣传民族区域自治政策。黔东南苗族侗族自治州成立后，文华当选州第一、二、三、四、五届人民代表大会代表，担任州人民政府委员，州畜牧局副局长，州农田水利局局长，并兼任下司水电站和红旗水电站等大型水电工程的指挥长，在严冬酷暑里，与技术员、民工奋战在第一线，直至工程竣工。

1957年2月，参加贵州省少数民族参观团，赴首都北京和延边、沈阳、上海等地参观，回来后，精神更加振奋，对党和人民的事业更加热爱。曾多次表示："干党和人民事业就是要兢兢业业、鞠躬尽瘁，死而后已。"1968年5月在"文化大革命"中，被迫害致死。中共黔东南苗族侗族自治州水利电力局党组于1979年4月25日根据党的政策，对在林彪"江青反革命集团"横行时期，强加给杨文华的一切不实之词全部推倒，给予彻底平反昭雪，恢复其政治名誉。

罗雨峰

罗雨峰（1890—1969年）雷山县丹江镇人，清光绪十六年（1890年）生于丹江厅黄茅岭司肇泰堡。幼时家贫，发奋为学，刻苦自励。15岁时，左手患疾致残，后辍学居家，靠自学苦读成才。民国3年（1914年）以后，先在知县衙门及厘金局任录事、文书，后任县政府财务委员会主任等职。每月薪俸多用于购买书籍和笔墨纸张。工作之余，闭门读书习字。年已三十仍拒谈婚事，矢志为学。

雨峰酷爱诗文，尤喜书画；对中国历代名人诗句，大多能背诵长吟。对颜、柳、欧、苏字帖，临摹不辍。集各家之长，使他的行、楷书圆润丰满，潇洒俊逸，时人视为珍品，惜在"文化大革命"时被焚烧罄尽。雨峰热爱家乡，喜欢体验苗族人民生活，曾攀登雷公坪访古，走千家苗寨采风，足迹遍及雷山各地。曾以《浪淘沙》词描绘"雷山八景"，情景交融，比喻贴切，信手拈来，皆成佳句。如赋雷公山："四百里纵横，云锁雾吞。出头敢说众山惊……"；赞美西江苗寨跳芦笙"裙钗结队舞翩翩，独咏霓裳出众仙"；写苗族姑娘的装饰"头角峥嵘皆俊俏，满身银甲赛婵娟"；描绘当时民间生活"家贫儿女衣单薄，米贵爷娘饭少添"的凄凉景象和父母爱子之情。雨峰也有不少诗句，慨叹人世无常，流露出悲观厌世的情绪。

"文化大革命"中受冲击，忧郁伤戚，且生活艰困，于1969年冬在家病故，享年79岁。

余国民

余国民（1911—1975年），苗族，苗名保略敢。清宣统三年（1911年）出生于丹江厅（今雷山县）乌叠司排肖寨。兄弟四，行三。民国27年（1938年），迁居丹江镇城关西后街。

国民12岁入私塾。民国18年（1929年）入丹江县立第一两级小学；民国21年（1932年）考入贵州省立（都匀）第五中学（四年制）。毕业后返梓，即投身教育事业。曾先后在望丰、永乐、丹江等小学任教员，1950年任丹江镇中心小学校长。是年9月雷山县解放，余国民积极靠拢人民政府。10月，参加雷山县各族各界人民协商会议第一次会议，后被推为常务委员、副秘书长，为解放初期稳定社会秩序，争取散匪自新，宣传党的民族政策，做了有益的工作。1951年至1955年，先后任西江民族小学及望丰、丹江完小校长。1956年，出任雷山县人民政府教育科副科长。1956年12月，在雷山县第二届人民代表大会上，当选为副县长。

国民几十个春秋的粉笔生涯，专教小学高年级算术，对小学算术的内在规律，课堂讲授艺术等都精心钻研，在教学中做出较好的成绩。

国民在任副县长期间，主管教育。1956年，为适应民族地区教育文化发展的需要，他创办了为期一年的小学教师训练班，招收26名苗族知识青年进行培训，扩大民族师资队伍。1957年又与炉山县洽商办了一期小学教师培训班，选送18名失业知识分子去学习，初步解决雷山县师资缺乏的困难，现在这些人多已成为雷山县小学校中的骨干力量。

1958年，国民因冤案被判刑劳改，1975年9月在安顺轿子山煤矿因抢救同伴因公殉职，时年64岁。1979年7月，余国民的冤案得到平反昭雪，恢复政治名誉。

宋闹少

宋闹少（1905—1977年），女，苗族，西江镇平寨人。

闹少7岁开始向母亲学绣花，十七八岁已是刺绣高手。绣成一件件的盛装，在西江市场出售，深受苗族妇女欢迎，称闹少为“苗家绣花商”。

闹少能绣各种花样，尤擅绉绣，用八股线绣成的龙、凤、花草、虫鱼、鸟雀及各种飞禽走兽，形象栩栩如生，独具风格。她的作品首先注重线条的运用和花色的巧配。通过线条的曲直、长短、粗细、疏密等巧妙组合，花色构成的和谐、生动，体现特有的情趣和浓郁的生活气息，凡到西江考察的国内外专家，都必去观赏她的制绣品，外国友人多次用高价购买带回去。贵州省美术研究所亦专程到西江购买她绣制的一件盛装收藏。

闹少在蜡染工艺上也有很深的造诣。其构图形式自然、灵活、多变、多样，各具特色，很有地方情调。现存有两幅长30厘米、宽12.5厘米的蜡染布，上有九种花纹图案，构图对称、匀称（有方形的、棱形的、半圆形的、齿轮形的、波浪形的、排比形的）等等。惟妙惟肖，巧夺天工。

宋闹少于1977年10月去世，终年72岁。

张清云

张清云（1919—1977年），人称“张铁匠”，原籍四川省遂宁县桂花村。原姓章，迁雷山后改姓张。

民国30年（1941年），清云被抓兵到贵州黎平，结识雷山县高岩乡杨某，因两人都会打铁，交情日深。民国33年(1944年),两人结伴逃离部队,到高岩杨家暂住,从事打铁。民国34年(1945年),迁居丹江镇红屯堡。1951年,迁居雷山城内。清云会打铁,在掌火、吃水上有一套过硬本领,打制工具,不仅速度快,而且质量好。他与别人同样用铁,打同样工具,但他打成的工具,重量总要比别人重一些,打出的刀、锄等都比别人打的锋利。因而“张铁匠”的声誉不仅传遍雷山,而且远扬榕江、剑河等地,不少人常登门订购他的产品。1956年,他加入铁业生产合作社,这个社的产品全部由县供销合作社包销。远近的铁匠同行前来请教、学艺,他都无保留地传授。对找上门来请制作工具的群众,特别是贫苦农民,不管是在个体掌炉或是集体生产期间,总是热情接待,及时赶制,而且酌量少收费用,群众赞为“好心人”。在三年困难时期,群众上山挖蕨根制蕨粑充饥,很多人主动赠予,但他坚拒不受。1963年,他只身回四川老家探望亲人,亲友们都再三劝全家迁回故土,但他却说:“那里的群众对我太好,我不能离开他们”。假期未满,就返回了雷山。1966年5月经上级批准,张清云转为县农机修理厂正式工人。党和人民政府的关怀和信任,使他工作更加积极,先后带出了五六个徒弟,都能继承他的锻打技术,并都自立门户营业。

梁聚五

梁聚五(1892—1977年),苗族,苗名九。清光绪十八年(1892年)出生于丹江厅(今雷山县)鸡讲司(今西江区)西江村欧嘎寨。

聚五12岁进入丹江两等小学,后求学于贵阳模范中学、贵州省政法学堂。民国3年(1914年)考入长沙商业学校,后入湖南大学肄业。因家庭经济不支,民国4年(1915年)转入贵州陆军测量学校,享受公费。民国6年(1917年),任靖国军叶荃部机枪连见习军官。民国13年(1924年)出任贵州陆军第二混成旅吴厚安部参谋,随军入川,在四川璧山参加孙中山逝世追悼会时,接触左派人士。次年,赴广东,经聂功卓介绍,结识潮汕警备司令何辑五(贵州兴义人),出任国民革命军第一军补充团第三营政治指导员。蒋介石发动“四一二”反革命政变,聚五因写《农民不应称为赤匪》一文,被驱逐出境。于是辗转上海、武汉,到周逸群(中共党员)担任政治部主任的国民革命军第二十军任参谋。后又任国民革命军第四十三军李燊(小炎)部少校参谋、政治部主任。民国22年(1933年)任南京国民党“政治训练班”区队长。民国24年(1935年),在湘军陈渠珍部第一旅任参谋长、农村研究室副主任,与陈纯斋一起奉派赴广东参加陈济棠、李宗仁组织的“倒蒋运动”,失败后返回贵州。

民国25年(1936年),聚五在丹江县当选为贵州省参议员。民国28年(1939年)加入中国国民党,出任国民党贵州省党部监察委员及榕江、下江、上江、丹江等5县党务特派员兼“黔南边区各族青年训练班”副主任。为促进民族团结,动员各族青年参加抗日救亡工作;亲撰“汉满蒙回藏亲如兄弟;苗瑶夷侗水本是一家”的对联贴于校门两侧。民国29年(1940年),聚五任兴仁专署秘书和县党部书记长,时驻兴仁的陆军第六军奉命开赴缅甸抗日,聚五出任该军政治部代主任,参加远征。在征途中写成《缅甸征尘》一书。

民国32年(1943年),再次当选贵州省参议员,并担任《贵州民意》刊物的副社长。利用合法地位,抨击当局的“高压政策”和民族“同化政策”,维护少数民族利益。同时深入边远民族地区访察民情,考证和研究民族历史,著书立说,曾撰写《苗夷民族发展史》《西南边地概况》等书。

民国35年(1946年),聚五在重庆经史良介绍与李超然、张吉武、赵自立等加入中国民主同盟,成为民盟贵州省的领导人之一。

1949年11月15日，人民解放军解放贵阳，聚五组织少数民族学生和农民以“苗彝人民自救会”代表名义，欢迎解放军入城，并以苗族民主人士身份参加贵州省人民政府成立大会。

1950年夏，聚五作为特邀代表，列席全国政协一届二次会议，对民族地区的发展问题提出：发展苗区交通和土产贸易；普设苗民学校，发展苗族语言文字；选拔苗族有为青年进入中央主办的民族教育机关学习，培养民族干部；在苗区设立医院；苗区具备土改条件的地方，实行土地改革等“五条建议”。这些建议受到中央的重视，周恩来总理还特约聚五商谈苗区的土改和推行民族语言文字的问题。会议期间，聚五还参加全国性的民盟工作会议，被推选为民盟西南总支部临时工作委员会副主任委员。中央人民政府毛泽东主席任命聚五为西南军政委员会委员、民族事务委员会副主任委员、文教委员会委员，参与西南军政委员会的工作。在西南军政委员会第一次会议上，聚五又向大会提出如下的建议。一、少数民族较多的地方开办苗夷中学；二、设立民族学院于贵阳；三、选送少数民族有为青年去北京、重庆深造，以作为地方干部；四、在贵阳设科学馆；五、在贵阳设少数民族研究所等。后聚五因公来筑，与唐弘仁等商谈组织中国民主同盟贵州支部问题，并与中央民族访问团一起深入到少数民族地区去访问，宣传党的民族政策。1951年至1952年，聚五先后担任西南土改工作团正、副团长，到川北地区和贵州省榕江等少数民族地区进行土地改革工作。

1954年，西南军政委员会撤销后，聚五先后任四川省民族事务委员会委员、重庆市人大代表、四川省政协第一、二、三、四届委员和副秘书长，民盟四川省委委员。

1957年在反右斗争扩大化和“文化大革命”中，聚五虽然遭受冲击，但仍始终相信共产党的纲领，拥护共产党的领导，没有丝毫怨言。

聚五是苗族学者，对苗族历史有较深的造诣，《贵州民族研究》刊物在翻印其专著《苗夷民族发展史》的按语中评价说：“这本书写成于解放战争时期，印行于1950年，本书资料丰富，叙述也有见地，对研究苗族和西南各民族的历史有一定的参考价值”。1955年，聚五又撰写《贵州苗族人民在反清斗争中跃进》一书，对研究清代苗民起义提供了许多有价值的资料。聚五平时也爱写诗，其诗朴实无华，浑厚旷达，感情真挚，真是诗如其人，表达了对共产党、对人民领袖的崇敬仰慕之情，如《吊周恩来总理》：“逝世周年犹感伤，难忘道德与文章。一生艰苦经风雨，两点分明斗虎狼。大众有情皆下泪，百花无语且留香。每当农遇春耕时，遥忆东江与珠江”。

毛泽东主席逝世周年，他在成都杜甫草堂瞻仰毛主席像展，写了《怀念毛主席》一诗：“导师像展草堂开，瞻仰遗容映胸怀。四壁砖碑思过去，满园春色喜将来。歌功颂德非私愿，赶美超英有俊才。逝世周年抑下泪，好花好景待安排”。

江青反革命集团被粉碎后，聚五犹如枯木逢春，心情特别舒畅，写下了许多热情洋溢的诗词。

聚五于1977年12月19日病故于四川省成都市，享年85岁。逝世后，中共四川省委统战部赞誉他“爱国进步，追求民主，热爱民族事业，热心民族研究，提倡民族团结，对国家对人民都有一定的贡献”。

聚五的骨灰于1985年归葬雷山烈士陵园右侧。

李新三

李新三（1918—1978年），名学铭（学明）。民国7年（1918年）出生于山东省肥城县边家院区汶阳乡李家孝门村。民国25年（1936年）毕业于济南乡村范学校，后参加“中国民族解放先锋队”，担任组长。

抗日战争爆发后，民国28年（1939年）3月，任山东省泰安县九区抗日动员委员会宣传干事。民国

29年（1940年）4月，任泰安县九区孝门乡抗日乡长，9月，任泰安县抗日政府科员；民国34年（1945年），在山东省筑先县政府任科员、第八区副区长；民国35年（1946年）加入中国共产党；民国36年（1947年），在冀鲁豫六区武装部任干事、副科长。同年，随军南下。

1949年5月，在江西省贵溪专署任教育科副科长，西进支队四大队留守处政委。进入贵州后，任贵州省镇远专署建设科副科长。1950年10月随军进入雷山县，先后任县政府秘书、副县长，中共雷山县委书记。

新三工作作风艰苦朴素，善于联系群众，在农村蹲点，与群众同吃同住，每到一地，对情况必透彻了解。在清匪、反匪首、清枪清赃、土地改革、“三反”“五反”、统购统销、农业互助合作等工作中，都亲临工作第一线，深入调查研究，参与具体工作。雷山县苗族区域自治政府是在他的主持下建立的。他是雷山民族工作的开拓者之一。

新三在担任雷山县领导职务期间，非常重视培养民族干部。早在1954年就认为：“对于汉族干部、特别是党的领导干部，要继续反对大汉族主义残余，大力培养少数民族干部，帮助他们学会做领导工作，放手让他们干，反对包办代替，才能使他们在实际工作中得到锻炼”。

新三于1978年4月在贵州省总工会财务部长任内因患脑溢血在贵阳病逝，终年60岁。

唐德海

唐德海（1901—1980年），苗名农往保。清光绪二十七年（1901年）生于丹江厅（今雷山）陶尧新寨。德海3岁丧父，5岁丧母，从小跟着祖父、祖母过日子。六七岁开始参加田间的农事劳动。民国25年（1936年）做木材生意，木材被洪水冲走后，为还债而变卖了全部田地和房屋。从此，一贫如洗，过着凄苦的生活，直至1950年雷山解放。

1953年10月，德海开始参加调解民事纠纷和筹建“雷山县苗族自治区”等社会政治活动。当选为一、二、三届县人民代表、苗族自治区政府委员、自治县人民委员会委员、州人民代表、州政协委员。1956年被雷山县人民委员会任命为县文化馆副馆长。“文化大革命”中，德海被打成“四旧”头子，受尽折磨。1979年2月，彻底平反，恢复政治名誉。后出席贵州省第三次文学艺术联合会代表大会，当选为贵州省文联委员；9月下旬，出席全国第四届文学艺术联合会召开的全国少数民族歌手、诗人座谈会，当选为全国民间文学研究会理事。

德海从小就受到苗族歌谣的熏陶和张秀眉、杨大六等英雄故事的教育感染，青少年时代，常跟着寨中的歌师学歌，跟理老学评理。逢节日请客喝酒或嫁娶、建新居等喜庆日子唱的酒歌、嘎别福歌、祝福歌等，听后一一记在心中；鬼师祭鬼时念的巫词，也认真地听和记。由于勤恳好学加上有较好的记忆力，经过日积月累，掌握了大量的传说、故事、古理词、巫词、祝词、议榔词；会唱苗族的古歌、飞歌、酒歌、嘎别福歌、哀歌（丧歌、开路歌）、喜庆歌、嫁娶歌、起造迁居歌以及反歌（反抗压迫的歌）。经过融会贯通，自成格调，别有韵味。贵州省民间文学工作组先后收入《民间文学资料》的有古歌6180行；反歌720行；理词114行；议榔词780行；宴客祝词135行；嘎别福歌20多首。已刊印了近万行，6万多字。

德海是唱苗族传统歌的能手，也能见物即兴，创作新歌，不落俗套。如他的飞歌《苗族跟着共产党》，就唱出了翻身苗族人民的心声：“鸟栖在深山，鱼不离水塘。禾苗靠土壤，娃儿靠爹娘。苗家有今天，全靠共产党。皮麻砍去了，还留有桩桩。旧社会的苦，我们岂能忘。过去像苦瓜，现在如蜜糖。

河水顺道流，葵花向太阳。苗家跟着党，幸福万年长”。

德海先后创作了1400多首新歌，在州、县报刊共登载了100首。《人民日报》《光明日报》《山花》《南风》等报纸、杂志上也有过登载或报道，有的歌还录有原声磁带。

德海对共产党衷心拥护，对革命事业充满信心，即使在“江青反革命集团”横行的日子里，他被戴上高帽游寨，仍然用歌来安慰不忍看着他受难的乡亲们：“受冤莫心慌，挨斗莫悲伤，地裂有泥补，云遮有风推，云散见太阳。好人自有路，坏人丑下场”。

1979年9月，德海乘飞机去首都北京参加全国少数民族歌手、诗人座谈会，在飞机上用飞歌兴奋地唱道：“我近八十啦，银须配白发。想不到今天，腾云把雾驾。登上飞机舱，心里喜洋洋。太阳来引路，云彩架桥梁。飞机翅膀短，我的翅膀长。快快飞呀快快飞，飞到天安门广场。献上苗家心万颗，献上苗歌九箩筐……”。

德海一生热爱唱歌，在弥留之际，还用微弱的声音哼道：“山河才是主，人像花一朵。一个在一久，哪能活百岁。大树在山梁，久也成枯柴。我虽然去了，还有你们在。好生跟着党，一代传一代……”。

1980年2月23日晚，德海因患病治疗无效在陶尧寨本宅寿终，享年79岁。

张伯平

张伯平（1903—1980年）原名文钦。清光绪二十九年（1903年）出生在丹江厅南屏堡（今固鲁乡南屏村）。

伯平祖籍江西，清代云贵广西总督鄂尔泰奏请设丹江营时，其先祖随军迁到丹江厅定居。民国25年（1936年）迁居丹江县城。伯平8岁开始读书，寒窗十年，未得高中。民国10年（1921年）开始经商。至此，遂投身商界，为落后山区的物资交流，方便群众，劳碌经营，度过了大半生。

1950年，伯平与何大本、岑国彬、李文忠、何永富、翟永清等合资开办“同兴纸厂”，利用雷公山丰富的造纸资源—构皮，生产白纸和夹纸，既开发利用雷山县的资源，发展地方手工业，又满足学童的文化学习和社会上的日用必需，为发展雷山地区的工业创了先例。

雷山解放后，伯平拥护共产党的领导，支持人民政府的工作。在稳定市场、发展地方经济方面，做了有益的贡献。1951年下半年，雷山县工商联合会成立，被选为县工商联合会第一届委员会副主任委员，后又连续选为第二、第三届委员会主任委员、贵州省工商联代表。1956年，当选雷山县第二届人民代表大会代表和县人民委员会委员，还被推选为黔东南苗族侗族自治州第一届政协委员会委员。同年，被县人民委员会任命为县商业局烟酒专卖公司副经理。在反右斗争扩大化时，被错划为“右派”。从此，受到不公正的待遇，直到1979年3月才落实政策，得到彻底平反，恢复政治名誉并恢复工作。1980年4月，因病于丹江城内本宅去世，享年77岁。

周忠烈

周忠烈（1963—1984年），苗名迭保金，雷山县黄里乡乌尧村人。

忠烈少时家贫，9岁才入乌尧小学读书。少年时乐于助人，热爱集体。在路上见老人挑柴、扛物吃力，主动替代挑到目的地；看到队里的田漏水了，主动将缺口堵好；4岁儿童周九云落水，他奋勇跳入水库抢救，村上的人都称赞忠烈是苗家的“欧嘎嗒”（即好孩子之意）。

1979年2月对越自卫还击战打响后，忠烈从报纸上得知越南侵略者炮击我边境地区，射杀我桂、滇边民，萌生了参军惩罚小霸的决心。

1982年冬季征兵中，周忠烈得到母亲的允许，抢先跑到民兵连长家报名参军，民兵连长以忠烈不是初中毕业生为由，不给报名。忠烈于是步行15公里，到西江区公所找武装部长请求，终于获得了批准，于1982年12月15日入伍。

忠烈到部队后，把苗家忠厚、朴实、勤劳、勇敢的良好作风带到部队。上课，聚精会神地听讲；实战训练，别人练一遍他练十遍，直到练熟了才休息；军农生产，执勤站岗，都实心实意地干，从不叫苦怕累。入伍半年，他就被批准加入共青团，年底被评为模范团员。

1984年春，越军在云南边境挑衅，武装入侵我边疆，部队党委发出“奔赴前线，立即反击”的命令，忠烈心潮澎湃，立即向党支部递交了“决心书”。在4月18日连队召开的誓师大会上，平时言语不多的忠烈，第一个站起来说：“上了战场，我决不会当怕死鬼，只要我活着，就一定勇敢战斗！”

4月29日，连队接受了攻打老山主峰左侧松毛岭227号高地的任务，忠烈和班长申建益等人，冒着敌人的炮火向前冲击。在接近敌阵地时，几颗地雷爆炸了。申班长壮烈牺牲，两个战友身负重伤，忠烈的胸部和腿部也被弹片炸伤。战友们要来抢救，忠烈严词拒绝道：“这里是雷区，不能过来，伤员由我抢救，快些绕道前进！血要流到敌人的阵地上去”！忠烈全然不顾自己，拖着伤腿给两个重伤的战友包扎，取出冲锋枪的通条探雷，把伤员背出雷区。后因昏迷在路上，被救护组发现，才送到野战医院。

6月18日，忠烈见一批伤愈的战士回部队，就去找医生请求出院，医生没有答应。第二天，就悄悄爬上开往前线的卡车，返回本班坚守的142号高地。

7月12日凌晨4点起，越军向142号高地发起了进攻，当越军的第三次进攻被击溃时，一发炮弹在离周忠烈几米远的地方爆炸了，弹片炸伤了左臂，被震昏过去。醒过来时，听到越军的说话声，便翻身坐起，紧握机枪，对准逐渐接近堑壕的越军一阵猛扫，一大群越军应声倒下。忠烈胸部也不幸中弹，扑倒在一个弹坑里。此时，又有一群越军向阵地冲来，忠烈迎着扑来的敌人爬行了7米，把机枪里剩下的子弹都射向敌人。敌人见周忠烈的机枪不响了，一窝蜂地涌上来，忠烈取下身上仅有的两个手榴弹，当3个越军扑向他的瞬间，毅然拉响了手榴弹，与敌人同归于尽，时年仅21岁。

打扫战场时，发现忠烈的遗体周围，躺着3具越军尸体。在防御的前方，还有21具越军尸体，他一人消灭了24个敌人。根据烈士的事迹，中国人民解放军昆明军区授予周忠烈“战斗英雄”的称号，追记一等功。中共中央政治局委员、中国人民解放军总参谋长杨得志上将亲自接见周忠烈的母亲李扁农。

为纪念周忠烈烈士，北京市玉器厂一车间盆景小组自己取名为“周忠烈小组”，以表示对烈士的缅怀。

李茂祥

李茂祥（1934—1984年），苗族，雷山县西江镇人。茂祥1951年10月加入中国新民主主义青年团，后经农会推荐到镇远专区民族医疗卫生训练班学习，参加镇远专区土改卫生工作团剑河土改卫生工作队赴剑河县参加土改。被评为土改卫生工作队甲等模范。1952年6月，分配到贵州省卫生防疫大队。1954年12月加入中国共产党。1955年考入贵阳医士学校。1958年9月毕业于医校公共卫生专业，又入贵阳医学院医疗系深造。1963年9月毕业后，茂祥放弃留校和回省防疫站工作的机会，要求分配回雷山工作，又积极动员在州人民医院从事护士工作的爱人，一起回县，为家乡医疗卫生事业出力。先后担任过雷山县人民医院医师、门诊部主任、内科主治医师。

茂祥是雷山籍第一个回故乡从医的医科大学毕业生。他到雷山县医院工作后，见到技术力量十分薄弱，设备简陋，连小儿头皮静脉输液术和乙醚开放点滴麻醉术都不能做，就言传身教，耐心指导医护人员掌握这些技术，使不少脱水婴幼儿患者得救。又与外科医护人员一道开展乙醚开放点滴麻醉动物试验并临床运用，获得成功。在治疗工作中，还积极提倡中西医结合治疗。

“文化大革命”期间，茂祥遭受迫害，入狱达半年之久。中共十一届三中全会以后得到平反，恢复了政治名誉。出狱后，积极为党工作，毫无怨言。1984年9月因病去世，终年50岁。

李木九

李木九（1931—1984年），女，苗名木九萝（Hmubjuxbol）。民国20年（1931年）生于雷山县桃江乡桥兑村花腊寨。兄妹3人，木九最小，父母特别喜爱，希望长大后织布绣花，打扮得像花一样美。取名叫木九萝（苗语称木为布，意思是以后织布绣花满九箩筐）。

木九自幼聪明好学，在母亲的指教和熏陶下，十二三岁已精通绣花织布工艺。在少年时，织绣的花布衣、花围腰、花手帕、花带、百褶裙等，在芦笙场上深受寨中老少的夸赞。成年后，工艺更精，制作的辫绣、刺绣、挑绣、纳丝绣，织的花带、棉布、围腰，缝的古装、便装等尤为行家里手所赞美。木九的刺绣取材，多借鉴彩虹、锦鸡、蝴蝶、花草等动植物的光色，结合自己的审美情趣，绣品图案新颖，配色恰当，既继承了传统的刺绣方法，又发挥了自己的独特风格。绣花底样和工艺手法成了寨上姑娘们的样板。

木九18岁出嫁到桥兑杨家，因公婆早逝，就担起了家中对妯娌、姑娘们的刺绣技术言传身教的责任，后来又传给亲朋好友。当母亲以后，着重于纺织。缝制的服饰合身适体，特别是妇女们为之头痛的雄雌黑白套衣，做的都恰到好处，为人喜爱。木九一生刺绣了不少花衣、花帽、花围腰，织绣很多花带和百褶裙，都有较高的艺术价值，有的作品已被北京、贵阳等地收藏。

李木九曾被推选担任村妇女委员多年。1984年病逝，终年53岁。

任有清

任有清（1922—1986年），苗族，雷山县响楼乡小乌秀村人。

有清自幼家境贫寒，从小与父辈一起劳动，外出给人打短工砌石坎挣钱度日。因常年在外流动做工，终身未娶。

解放后，将学成的砌坎技术为建设社会主义服务。在块石干砌工艺方面，不用灰浆水泥，只从选料、清基、夯实和周边齐整上下功夫。从20世纪50年代起县城机关单位的地基保坎，雷（山）西（江）、雷（山）毛（坪）、柳乌等几条公路的30多处保坎和丹江河3000多米的防洪堤，大部分是有清主持下砌成的。尤其是雷毛公路猴子岩段，保坎高30米、长200米，地形地质复杂，起脚处是一段狭长的悬崖，在高达数十米的悬岩上施工，要搬动重达千斤的巨石，殊非易事。有清凭着数十年的经验和为发展雷山公路交通的责任心，安全施工，保质保量地完成任务，深为工程负责人所赞许。为使块石干砌的技术流传下去，有清还带出20多名徒弟，都掌握了这一操作规程。

1986年1月30日，有清病逝，终年64岁。1987年3月20日，雷山县公路指挥部为表彰任有清为县内公路修筑所做的贡献，在雷毛公路猴子岩边竖“丰功千古”碑。

李正隆

李正隆（1903—1986年），苗族，清光绪二十九年（1903年）生，雷山县大沟乡麻料村人。

民国7年（1918年），正隆年方15岁，跟随其叔外出学习银饰加工技术，直至1977年因年事已高，眼花手拙，才歇业休养，前后从业59年。

经过数十年的琢磨钻研，正隆对银花、银角、压领、银雀、围腰链、银梳等数十个品种都能制作，信手拈来，皆成格调，尤以制作姑娘头戴的银角工艺最为精致。还有用手拿银锭冶铸锤炼和抽银丝的绝技，其工艺已达到炉火纯青的地步，为制作银饰师傅所称道。

银花制作工艺亦是正隆的拿手。一套银花，底部是花草，中部是山雀、蝴蝶，上部是龙凤。姑娘戴在头上，花草随风摇曳，山雀展翅欲飞，双龙戏珠，百鸟朝凤，形象栩栩如生。

1964年至1978年，正隆受县民族贸易公司的雇请，在公司银器加工组当师傅，十余年间，为苗族群众加工数以万计的银饰品，用国家专供的白银就有100万克之多。为贯彻执行民族政策，满足苗族人民的特殊需要，做出了积极的贡献。他还受上海民族博物馆之请，做了一副银饰模子，供馆方照模加工。正隆对技术毫不保守，只要徒工向他请教，都悉心传授，先后传徒12人之多，使加工银饰技术后继有人。

1986年3月李正隆因病在麻料家中病逝，终年83岁。

余金才

余金才（1936—1987年），苗族，苗名往尖农。民国25年（1936年）1月出生于雷山县报德乡乌瓦村。

金才出生贫苦，生母早逝，临解放时，才读到小学四年级。1953年参加革命，1954年加入中国共产党。历任岔河乡乡长、中共丹江区委副书记、副区长、县交通科科长、雷（山）毛（坪）公路指挥长、大塘区委书记、县革委主任、县长、县委书记、县人民武装部第一政委，是雷山县第八、九、十届人民代表，黔东南自治州第七届人民代表。

金才具有苗家艰苦纯朴的品德，对事业执着追求的精神和公而忘私、先人后己的情操，被《人民日报》誉之为“苗家的好书记”。

1975年后，金才先后担任县革委、县政府、县委的主要领导职务，工作孜孜不倦、殚精竭智，为发展山区经济文化不遗余力。中共十一届三中全会以后，更重视知识和人才，他亲自主持制订了“稳定、培养和引进知识分子”的政策。为鼓励职工自学成材，在他关心下，一批干部职工带薪到各级各类学校深造。还亲自主持制定引进人才的计划和措施，从湖南的宁乡、邵东等地区招聘了40名教师，解决雷山中学师资缺乏的困难。

为改变雷山的落后面貌，1984年底，县委、县政府邀省、州的专家、学者到雷山共商“兴雷富民”大计，确定了“以农业为基础，以林业为主，农林牧副渔全面发展”的方针。为了实现“兴雷富民”的计划，他跑遍雷公山的山山水水。为发展水果，他把懂得栽培技术的人员接到公统乡，指导当地将100余亩濒于荒芜的梨树园，实行剪枝追肥，使这些梨树当年挂果，年产达1万多公斤，收入1.6万余元。又请州广播电视台把大郎当农户家家栽葡萄的情况制成录像带，在全县播放，突出种水果致富之路。

1974年时，全县曾营造茶叶8000亩，后因无人管理，有半数以上已经荒芜。1984年金才担任县委书记以后，便带领县、区、乡三级干部，步行到离县城8公里的脚散茶场参观学习。以后又明确划分管理区域和制定管理体制，并请省里的茶叶专家来县指导生产，提出“一年种，二年摘，三年过双百，四年五年夺高产，争取实现‘三个一（1万亩茶园，1万担茶叶，100万元收入）”的奋斗目标。

中共中央决定放宽农业政策以后，金才深入农村，总结“联产承包”经营和指导山林“三定”试点，明确“山有主，主有权，权有利”，调动农民护林、造林的积极性，使雷山县1986年实现覆盖率、蓄积量和林地面积的“三同步”增长。

为查清县内锑矿资源，1987年3月，金才带领县属有关部门的领导干部、工程技术人员，冒雨顶风，到冷竹山、交腊一带查勘，夜宿荒山，为时半月之久，发现18个矿点，并向省、州申请开采，使这些地区的人民增加了数十万元的收入。桥洛、毛坪等村农户原来是用钱靠贷款，穿衣靠救济，吃粮靠返销，现已有20多户成为“万元户”，在信用社有了存款。

金才参加革命工作以来，多年从事公路工程和水电建设工程的勘测设计，雷毛、雷西公路和固鲁、响水岩水电站，都是他参与或主持设计的。他文化虽低，但勤于钻研和总结实践，对工程的勘测设计已成为内行，被群众誉为“土工程师”。

余金才严于律己。参加工作三十多年，爱人和小孩7人长期生活在农村，有3个子女已达到招工年龄，却无一个是国家正式职工，县里主张给予特殊照顾，他都婉言谢绝，把指标让出解决知识分子的家属子女。

余金才廉洁奉公，不谋私利，深受全县人民的尊敬。1987年12月，在商业局党风检查汇报会上，突发心肌梗塞逝世后，人们深为惋惜。出殡时，城内千余群众主动参加送殡队伍送葬。雷山民族中学师生以“卅年革命生涯，克勤克俭，爱抚生灵，一尘不染，政畅人和，带病孜孜，鞠躬尽瘁，赞颂歌讴传郡里；顷刻间猝然逝世，可泣可悲，悬封缟素，百姓咸哀，山颓木坏，哭声阵阵，行吊冢庐，凄怆唢呐诉离情”的挽联，表达哀痛和怀念之情。逝世时，年仅51岁。

解放雷山牺牲烈士英名录

表17—1

姓　名	性　别	籍　贯	所在单位、部队	职　务	牺牲地点	葬　地
李清溢	男	四　川	人民解放军17军51师151团	指导员	公统丰塘寨	烈士陵园
吕子安	男	山西永济	人民解放军62军186师557团	副排长	掌坳沙子坳	烈士陵园
陈　库	男	福　建	人民解放军17军51师151团	排长	桃江干角	烈士陵园
郭继盛	男	安徽当涂	丹寨县复兴乡	工作员	武庙老监狱旁	烈士陵园
许贵源	男	福　建	人民解放军17军51师151团	班长	乌江乡排卡览	烈士陵园
向竹轩	男	湖北建始	人民解放军17军51师151团	班长	乌江乡排卡览	烈士陵园
郭子辰	男	河南濮阳	人民解放军17军51师151团	战士	乌江乡排卡览	烈士陵园
刘松保	男	广东台山	人民解放军17军51师151团	战士	乌江乡排卡览	烈士陵园
齐登先	男	山东单县	人民解放军17军51师151团	战士	永乐镇两岔河	烈士陵园
高五林	男	山西夏县	人民解放军62军186师557团	战士	掌坳村沙子坳	烈士陵园

丹江县抗日阵亡人员名单

表17—2

姓　名	性　别	年　龄	籍　贯	职　务	所在部队	阵亡时间及地点
文志格	男	—	丹江县脚猛	列兵	—	—
姚春和	男	—	丹江县二区一保	列兵	—	—
杨文和	男	—	丹江县二区三湾	列兵	—	—
梁正奎	男	—	丹江县三区	列兵	—	—
鲁少华	男	22	丹江县	二等兵	陆军138师412旅823团1营	民国27年（1938年）2月12日安徽省怀远县上窑
吴玉清	男	32	丹江县	一等兵	陆军138师412旅823团1营	民国27年（1938年）2月8日安徽省定远县芝麻
姚祖明	男	32	丹江县一区	列兵	陆军第15师	—
李国钧	男	32	丹江县三区南所	列兵	陆军第98师294旅587团3营	民国26年（1937年）10月23日江苏省嘉定县广福
蔡大成	男	—	丹江县城南街	列兵	陆军121师22团3营7连	民国27年（1938年）9月23日湖北省武穴县
吴炳荣	男	—	丹江县	中士	陆军138师43旅823团1营	民国27年（1938年）9月28日安徽省霍山县落儿岭
侯兴发	男	—	丹江县三区排羊	中士	—	—

雷山县革命烈士英名录

表17—3

姓　名	性　别	民　族	籍　贯	所在单位	职　务	牺牲时间及地点
王正全	男	苗	雷山大沟	四川黔江县警卫营	战士	1950.7黔江
张玉申	男	苗	雷山桥王	人民志愿军2纵4旅	战士	1949.10朝鲜
杨正明	男	苗	雷山掌雷	人民解放军8纵22师	战士	1948.10辽宁锦县
罗永先	男	苗	雷山方祥	人民志愿军194师582团	战士	1950朝鲜
李振义	男	苗	雷山西江	人民志愿军74师220团	战士	1950.6朝鲜
李富往	男	苗	雷山西江	人民志愿军铁3师	战士	1953朝鲜
杨昌德	男	苗	雷山黄里	人民志愿军铁3师8团	班长	1953朝鲜
李俊国	男	苗	雷山方祥	人民志愿军67师199团	文书	1953.5朝鲜
余文伦	男	苗	雷山掌雷	人民志愿军60军180师538团	战士	1953.7朝鲜
白文辉	男	苗	雷山排告	人民志愿军60师179团	战士	1953.5朝鲜
胡世荣	男	汉	雷山永乐	人民志愿军铁4师10团	副班长	1952朝鲜
高光荣	男	苗	雷山排告	人民志愿军铁4师	战士	1953朝鲜
吴通明	男	苗	雷山永乐	人民志愿军铁4师	战士	1953朝鲜
陈锦明	男	苗	雷山郎德	人民志愿军铁3师8团	战士	1953朝鲜

续表

姓 名	性 别	民 族	籍 贯	所在单位	职 务	牺牲时间及地点
李松伦	男	苗	雷山报德乌肖	人民志愿军补11师25团	战士	1953.5朝鲜
陆光荣	男	汉	雷山龙头长丰	人民志愿军222团	战士	1953.7朝鲜
刘明富	男	汉	雷山柳乌	人民志愿军铁11师25团	战士	1953朝鲜
余文显	男	苗	雷山柳乌	人民志愿军铁11师	战士	1953朝鲜
李玉先	男	苗	雷山西江	人民志愿军20军58师173团	战士	1951.8朝鲜
金玉先	男	苗	雷山丹江	人民志愿军581团	班长	1953朝鲜
李志仁	男	苗	雷山乌江荣防	解放军82师249团	战士	1953.5福建
王启富	男	苗	雷山公统	人民志愿军581团	战士	1953朝鲜
张绍明	男	苗	雷山黄里	人民志愿军194师582团	战士	1955.5朝鲜
任有华	男	苗	雷山桥港新塘	青海9231部队3中队	战士	1958青海
张志良	男	苗	雷山龙头鸡勇	镇远军分区警卫营	战士	1956.1镇远
余德生	男	苗	雷山报德	安顺7613部队	班长	1965安顺
王启财	男	苗	雷山白连白建	四川万源5837部队7小队	班长	1969.9四川
李忠祥	男	苗	雷山桥桑	沈阳1343部队	副营长	1969沈阳
杨秀武	男	苗	雷山达地	云南沙甸35305部队58分队	排长	1975.7云南
杨大奎	男	苗	雷山桃江干角	云南前线53254部队81分队	战士	1979.2云南
余恩来	男	苗	雷山柳乌	云南前线53254部队3分队	战士	1979.2云南
余和民	男	苗	雷山固鲁猫猫河	云南前线53253部队76分队	战士	1979.2云南
陈国建	男	苗	雷山报德郎德	云南前线53251部队7分队	战士	1979.2云南
宋 华	男	苗	雷山响楼脚雄	云南嵩明53013部队	战士	1979.5云南
周忠烈	男	苗	雷山黄里乌尧	云南老山步兵119团8连	战士	1984.7云南，战斗英雄
王志华	男	苗	雷山响楼大郎当	云南老山前线35207部队	班长	1984.7云南，三等功
杨庭忠	男	苗	雷山龙头羊排	云南老山前线35207部队	战士	1984.7云南，二等功
龙道文	男	侗	雷山排告	云南老山步兵119团1连	战士	1984.7云南，三等功
肖坤立	男	汉	雷山桥桑高枧	云南老山步兵119团5连	战士	1984.7云南，三等功
余志新	男	苗	雷山望丰三角田	云南老山步兵119团炮连	战士	1984.7云南，三等功
杨昌旭	男	苗	雷山大塘独南	云南老山步兵119团1连	战士	1984.7云南，三等功
岑远峰	男	汉	雷山永乐加乌	云南老山步兵119团机2连	战士	1984.7云南，三等功
文永刚	男	苗	雷山响楼脚雄	云南老山陆军33师工兵营	班长	1984.7云南，三等功

杂　志

丹江通判《黔南识略》(节录)

道光二十七年丁未岁

丹江通判在府治东220里，省城东南340里，明以前为“化外生苗”。

国朝雍正六年十月，八寨既平，巡抚张广泗以十一月率兵进剿，十二月讨平之，七年平余党，设通判驻其地。其境东至镇远府台拱同知交密寨界80里，西至八寨同知老东寨界75里，南至八寨同知乌罗(洛)寨界130里，北至清平县乌邪关界18里，东南至都江通判桥桑场界150里，西南至八寨同知岔河场界135里，东北至台拱同知排杂塘界100里，西北至八寨同知靖彝塘界80里，横亘100余里。厅处六厅之中，最为险僻，控临捍御，屹为岩疆。雍正九年，建设土城，十一年改建石城，周三里四分，计625丈，高一丈四尺，门四。九门山在城西南，山势盘旋，内有九洞；衙门山在城西，群峰屏列，一水环之；牛皮菁在城东南，自厅属南亘古州、八寨、都江地界，迤逦数百里，复嶂萦纡，深林蒙密，雾雨阴翳，蛇虎交行，从古人迹未至……。鸡花山在城南，黄茅岭在城东北。……丹江在城西，发源城南，高坡上有泉名大塘，溢而下流，合诸山之水成江，下流合台拱之小江入于清江，沿江苗人有大丹江、小丹江之称，实只一江也。雍正六年，苗人桃绕等四十余寨据大丹江，乌叠等二十余寨据小丹江，鸡讲十余寨切近九股，与大小丹江相勾结。巡抚张广泗以八寨既平，率兵进取丹江，相度形势，以乌邪为大小丹江要隘，抱得亦大丹江出没之区，乌骚则延属鸡讲。又囊猛者，大丹江绾毂处也，旬日之间，次第平定。防里河在城东，发源城东防里寨山中，西经桃绕寨入丹江。九股河在城东，发源九摆罗山中，东经风党诸寨入清江。乌尧河在城北，发源城东乌尧寨山中，流经乌邪关入清水江。高坡河在城南，发源城西囊路寨山中，经桥港、趱披诸寨南入都江。学校未设，附府考试。田亩无甚肥，瘠大率，畏旱。丹江卫屯堡十二：曰震威、曰连城、曰南屏、曰治安、曰肇泰、曰长丰、曰永定、曰望抚、曰抚远、曰绥宁、曰北键、曰培墉。安屯军八百三十户，卫千总一员领之。屯军每户额米六斗，不加耗。苗民只种山坡沟涧畸零之田，永不征赋。厅仓实贮谷一万六千九百石有奇。丹江卫分贮四千九百八十石，凯里卫分贮六千二百一十六石。社仓分设各堡，丹江卫社谷三千四百六十石零，各堡户总小旗自行经营。兵粮前系采买屯米及平越府县輓运供之，至乾隆三十七年裁存实兵八百一名，改赴粮库请领。采买屯军苗民余米二千一百八十一石供支，籴岁屯粮为各堡百户总小旗工食及修整器械之用。地僻人稀，产米仅敷民食，苗民贫富俱食糯米，市斗准仓斗二斗四升。场市以辰戌为期。树多松杉，无铜矿厂，亦无税课。苗唯黑苗一种，性本顽悍，今渐驯良，略通汉语，其俗与各处同。设土千总三名，皆循分供役，通属苗寨一百三十有奇，计五千三百余户。重山叠嶂，苗穴四通，鸡讲、黄茅岭、乌邪关等处尤为扼要。设六汛，十一塘，城中驻扎丹江营参将一员，守备一员，千总二员，把总六员，于嘉庆三年裁汰二员，外委三员，兵三百八十名，又分防鸡讲汛守备一员，把总一员，兵一百九十名。顶冠汛外委一员，兵二十名。空稗汛外委一员，兵二十名。黄茅岭汛千总一员，兵八十名。松林汛外委一员，兵二十名。其原设厅标把总一员，已经裁汰。无驿递渡口，由松林出凯里为入郡晋省大道，别有一径通牛皮箐，最为险峻。

雷山今昔

（原载民国35年7月贵州《边铎》月刊）

彭嗣竟

一、前言

自丹江县裁归八寨（改丹寨）台拱（改台江）后，至黔东事变前夕，政府当局之视线，亦复注意到雷公山之一隅。雷公山系贵州东南一幅天然屏障，横贯七县，为清柳两江之总锁钥。汉苗杂居，习俗特异。明代平苗用兵以雷公山为依据。清初设厅，民国时由厅改县，自县治裁并，由于无良善之政治机构管制，几酿成大患。民国三十三年，拨回丹江原地，设立雷山设治局，藉得有所管制，几被遗弃之丹江，而今日竟成为我贵州边地研究特殊区域之一。

据传雷公山在咸同年间，洪杨倡导革命时，石达开部曾派人至雷公山活动，当地苗人杨大六、张秀眉等啸聚二三万人演成贵州十八年之乱，迄今留有点将台及石刻等古迹，惜字迹模糊不清，难以考证。清朝时代，为压制农民运动，亦曾于此设置重兵，民国三十三年日寇侵进黔南，一区专员刘时范先生曾决以雷公山为我黔东南游击根据地。据此，雷公山之在军事史上，确占我全贵州之重要地位。

雷山在民族方面，分汉苗两大类，苗族占雷山全人口总数百分之九十五强。其中分长裙、短裙两种，然均属青苗。据传说苗族人民，原本多无姓氏，在前清咸丰同治之际，因政府压迫过甚，高唱农民运动，反抗清政府，然以缺组织，卒为清廷用兵平定。清廷为求一劳永逸，饬各寨民互相联保联坐，因无姓氏，未便取结，乃各以其名字为姓，如名老董，即以董为姓，虽弟兄数人，均各以其名一字为姓，互相联保（见丹江县民国三十年行政计划），怪姓殊多，虽各为异姓，然实系弟兄或系同宗。其生活非常简单，男妇均以务农为本。每当农忙之际，多以田野为家，日出而作，日入而息。住宅多建于深箐密林中。以出产木材，房屋建筑多高至三五层楼者。人居楼上，楼下则为猪圈牛栏及草料堆积之处。一般人民多不注意卫生。且均迷信鬼神。凡有病者，均延巫屠狗宰鸭，祈神做鬼，不以医药为重。语言各异，如“一、二、三、四”则读为“噎、阿、拜、锁”；“吃饭”则读为“染假”“睡觉”则读“鼻晒”“政府人员”则称“加腊”（即大老爷之意）等等。现懂汉语者，除妇女外，几乎普遍。在雷山人民之婚姻问题，则纯任自由择配，有“摇马郎”及“吃牯藏”等之古俗。所谓“摇马郎”者，即青年男女每于月夜或白昼，聚会于门首或山中，相歌唱，浪谑欢笑，男女两情相悦者，遂订鸳盟，不受任何干涉；“吃牯藏”者，系当地人民一种富有历史传统性之古俗。每一村寨，各有所谓“迎神山”一座，远者有十里之遥，每隔十三年全村寨居民，均往祭扫，各家须杀猪宰牛，聚众歌唱，痛饮狂欢，并举行“跳月”，数日不散者有之。如遇外界参观人延为上宾，以牛角奉酒，及醉为欢。

综上各端，雷山之在历史地理上，均占有重要性。至生活习惯，婚丧礼俗，亦各有特异之点。如政治设施能臻健全，不但启迪边民，其有益于国家民族甚大。

二、雷山之前身

在明朝以前，贵州许多地方，尚属“化外之地”，及清代时，始渐次“改土归流”。雷公山一带，几遍为苗民散居，清以雷公山为苗民重心，且地广人稀。咸同末年，遂派遣席宝田、田兴恕等大员率大军进占雷公山，设大本营于南屏堡(即今之老场坝)，残杀人民，强占土地，致民不聊生，当时人民因受压迫过甚，激发公愤，由苗民簸箕氏率领反抗，相持十数年。终因众寡不敌，武器不全，卒为之平定。雍正七年，清政府为有效管理苗民起见，设丹江厅理苗府于雷公山东麓，即今老丹江山顶旧址，并作寓兵于农之永久计，遣派清兵占领人民之田园土地，人民不堪其扰，继起反抗者不乏其人，迭经古州道台张广泗，都匀府罗司大人等，先后领军协剿诱醉苗兵数千人，坑葬脚雄大寨，今城之西廓犹存“万人坑”之古迹，游人至此，每感毛发悚然！自此而后，政府之压制逾高，而人民反抗意志逾坚。同治十年破凯里，袭杀贪赃官员，并攻丹江城，烧毁府署，袭击文武官员住宅，官吏在逃，兵丁尽散。翌年，光绪二年，始改建丹江城于肇泰堡，为防乱计，建筑较前稳固，此即今之雷山城。原建城地改称老丹江，迨至光绪十八年，重划新疆六厅。新疆六厅计：一、八寨厅(今之丹寨)；二、都江厅(今之三都)；三、清江厅(今之剑河)；四、古州厅(今之榕江)；五、台拱厅(今之台江)；六、丹江厅(今之雷山)等。同时改丹江厅理苗府为丹江厅理民府。

丹江厅理民府设三司二卫，三司即黄茅司、鸡讲司、乌迭司，掌管民情，以有功之臣派遣之，称为土司，均为世袭，掌铁印以决人民生死。二卫则为丹江卫与凯里卫，又称丹江左卫，凯里右卫。掌管屯军。各设卫千总，下分设百户，总旗、小旗、哨长等官职，屯军各顶屯田一号(一号为六十挑)，均为强占之民田，各以自耕自食；丹江卫计屯军八百三十一名，分屯于肇泰堡，长丰堡、南屏堡、望丰堡、永定堡、治安堡、抚远堡、连城堡、北键堡、培墉堡、震威堡、西宁堡(今之排羊)等十二堡。治安、西宁、震威等三堡各镇百户一，总旗、小旗、哨长分镇各堡。凯里卫计屯军一千三百名，分屯于舟溪堡、千箱堡、平乐堡、螃海堡、乐土堡、老雅寨堡(原堡名不详)，开怀大堡、开怀小堡、平寨堡、龙塘堡、隔冲堡、湾水堡、排乐堡等十三堡、舟溪、隔冲、湾水、开怀大堡等各镇百户一，总旗、小旗、哨长分镇各堡，各堡以务农三日讲武一天为律，每年二月则集中演武一月或二月，习以为例。

此外尚设丹江营参府，营参府设参将一，管理在营清兵，下设左右营守备各一，及四千总、八把总，九外委统领清兵八百另一名，专司镇压苗民。

迨至宣统三年，清廷即有改厅为县之意，后帝制推翻，民国建立，至民国三年，中央明令正式改丹江厅为丹江县，并撤府(营参府)裁卫(凯里右卫奉令划拨炉山)，标卖屯田。屯军名义，一律撤销，并由政府标卖屯田军所霸占之无主民田，准人民自由购置为民田。查清代各府三十县之公田民田，均应完粮纳税，而各所属公田、民田则无此项税款之交纳，丹江厅自改厅为县后，因田亩未及编查丈量，至民国二十七年始升科纳粮，此亦为清朝时特制之一。

丹江由厅改县后，除原厅属之凯里右卫十三堡及丹江左卫之西宁堡(今之排羊)分别划拨炉山麻江台江县辖治外，尚有人口四二二四八人；有土地九七零四八平方华里。丹江县成立共二十有七年，惨淡经营之结果，已渐次向民主大道前进。不料于民国三十年调整县治之时，竟将此安危据点—丹江为之裁并，河西划归八寨，改为“丹”寨，河东划归台拱，改为台“江”，西丹东江。致激起轰动全省之“黔东事变”，设非政府当局措施得力，几难免不酿成大患。事变既息，政府当局方体雷公山之重要，经贵州省临时参议会一再建议，及丹江人民代表梁聚五、陶怀民、蔡良材、郑祉祥、陶济舟诸先生之一再请愿，政府方面，一则有感雷公山之重要，再则以尊重人民舆情，卒于民国三十三年四月拨回丹江原地，设立雷山设治局。

三、今日之雷山

雷山设治局成立于三十三年四月一日，其组织设第一、二两科，秘书、会计二室，后以事实之需要，先后增设田粮科、国民兵团等，雷山设治局成立后，遵照贵州省雷山设治局设置计划第三条之规定："雷山设治局成立后，以丹寨县划出之丹江镇、望丰、报德、大塘、桃江等乡及台江县划出之西江镇、震威、建安等乡为区域"，当即分区接收，以雷公山盘七县，为肃清境内盗匪及其加强雷公山之管制起见，除就原有地区重新调整，设置丹江、西江两镇及建安、震威、大塘、桃江、望丰、报德六乡外，并增设方祥乡于雷公山东麓，借以管制。现在局计有九乡镇，六十二保、六一四甲、七七一一户、三四四零零人（三十三年九月编整全局保甲户口之统计），二五六零余平方华里面积。自雷山设治局成立后，正所谓百废待兴，首任局长杨西横先生特别注意（一）教育之普及，（二）经济之开发，（三）电话之沟通，（四）公路之修筑等，以此四者为中心工作，兹分另简阐于后：

（一）教育之普及　雷山设治局接收丹寨、台江两县之区域后，并接收丹、台两县之中心学校七所，保国民学校三十一所。接收之初，校舍多破烂不堪，教师多不健全，且学生均属寥寥无几，竟有五所国民学校，停闭已久，有名无实。接收后，积极调整人事，充实内容，先后增设中小学校及保国民学校十数所，现有中心国民学校九所，保国民学校四十一所；计教员一一四人，学生四零七二人，已达到三保二校之标准，并先后发动建校运动，现已建筑完成新校舍之中心国民学校六所，改装二所，已建设完成新校舍之国民学校十八所，改装十三所，每校均开辟广大之运动场，令饬各校增加生产，借以补充教学及运动器材等之用。

三十三年秋，即开始筹设中学事宜，三十四年二月正式成立雷山局立初级中学一所，新建校舍数栋（内西式洋楼一楼），同年春季招初中及简师新生各一班，秋季招初中新生一班，三十五年春季招初中新生一班，现有学生计四班，共一三五人。三十四年呈报省府教育厅备案，已奉准试办，本年度当可正式立案。

（二）经济之开发　雷山全年田粮共八四五四余石，全年县级公粮共一二七二余石，全年课税一六一二二九五〇元。雷山之穷，在表面谁也不能否认，吾人若稍为将头脑冷静，翔实研讨，雷山有广大之杉林、茶林、有肥沃之土地荒山，有富实之矿藏、药材等，只要分别加以利用或开发，又何能谓穷？故雷山设治局成立以后，曾拟具有开发雷山经济之三大计划，第一计划为垦殖荒地，计分局农场、乡镇农场、保农场、学校农场、员工农场，共开发荒山地千余亩。人民则按户开垦，效井田制方式行之，督导播种大量美烟，及栽种各项杂粮；第二计划为成立锯木厂，将全局杉林，加工制造，水运长江一带出售；第三计划为矿藏之开发，以采取蕴藏地下之各种矿藏。现第一计划已全部实施，经理继续得人，则每年收入，预计在五十万元以上；第二计划刻正聘请技师购置机器并在详细策划中，将于本年内实施；第三计划以工程浩大，将俟呈报省府贷借大量经费后，自行开发，或将在明年实施。

（三）电话之沟通　雷山设治局成立后，为求盗匪之肃清，政令之传达，故集中全力，在三个月内，全局各乡镇电话，全部畅通。同时与台江及炉山通话，并直达镇远专署。现为与邻近各县速取联系起见，将于最短期内沟通麻江属之下平寨及舟溪，直接与麻江，都匀通话，以及丹寨之南皋及乌洛等，直接与丹寨、三合、榕江通话，使内外消息互相沟通。

（四）公路之修筑 雷山山岭纵横，交通不便，自难否认，为欲开发雷山富源，须修筑公路，实为急不容缓之要务。自雷山设治局成立后，第一步修筑乡镇道路，现雷山各乡镇间均有八尺宽之乡镇道路，保与保间均属如此，乡村道路完成后，第二步即计划公路之开发，是以曾先后会同麻江、炉山两县，商讨修筑雷麻、雷炉二公路，现雷麻公路业经勘测完竣，并于短期内开工，雷炉段或将于秋收后举筑，并拟明年内兴筑雷榕段（雷山至榕江），俟雷山各段公路通达后，在雷山之经济上，定有长足之发展。

四、结论

雷山设治局成立，迄已二载，举凡政府一切政令之推进，均有如水之就下，畅行无阻，其原因在于富有先天优越之条件，是以雷山设治局与其他各省之设治局概然不同。依据设治局之设置，以该地情形特殊，在拟设县之地区，未能正式成立县治以前，得先行设治以筹备其事。如云南之潞西设治局，宁夏之居延设治局，西康之金川设治局，新疆之七角井设治局等是，各该局如能筹备妥善具备县治条件，即可成立县治。而贵州雷山设治局之成立，系先设县，而县之前身，又为较县规模宏大之厅。由厅而改县，由县而改局则以具备先天优越之条件，亦即具备较县尚称完备之基础。今设局已二载，一切政治机构，早臻健全，此应讲改局为县者一也；除上述情形而外，即以土地人口而言，雷山现有二五六0余平方华里之土地，有三四四00余之人口，持之与镇远，施秉，平坝、息烽、普安等相较，未见有何高下，即与外而论，四川之新繁为六三四平方华里，广东之南澳为五一六平方华里，其面积小于雷山，早经设立县治。即以人口计，四川之雷波为一0七四0人，广东之左县为一八六四0人，其数量亦少于雷山也设县治（见中国县治改造），由此雷山在土地、人口方面亦应请改局为县者二也。有此二条件。雷山设治局，应早日改县，使当地人民，对于政治、经济、文化，得与全国各县人民享有均等进步发展之机会。

三十五年四月一日写于雷山公廨

欣欣向荣的苗族聚居区—雷山

（原载1954年5月《新黔日报》二版）

龙向日

雷山，是我省东南部边沿的一个县，境内苗岭山脉横亘东西，丹江纵贯南北，有着不少的肥田沃土。这是苗族聚居的地方，苗族占了全县人口的百分之九十以上。

这里不久要成立一个县一级的苗族自治区，苗族人民都在以十分欣愉的心情和辛勤的劳动迎接这个喜日的到来。

一九五〇年九月，人民解放军某部全歼蒋匪残余，活捉了匪首谢世钦等以后，雷山的苗家获得了解放。

人民政府成立以后，苗族人民几十年来要求当家作主的愿望实现了。苗家的许多老年人庆幸地说："共产党来了，我们当家，说话管用了"。

为了逐步推行民族区域自治，今年春季，中共雷山县委和雷山县人民政府帮助西江、响楼、大塘三个乡的苗族人民建立了自治政府，去年秋季到今年春季，又在全县范围内分期进行了基层选举，产生了乡政府。在协商、选出的四百六十五名人民代表中，苗族占百分之九十以上。百分之九十以上的选民，热烈踊跃地参加了选举大会。普选鼓舞了苗族农民的政治热情和生产热情，同时促进了民族关系的进一步融洽，在白连乡，苗、汉两族共同组成了互助组；在乡长提名中，两族互相谦让，争选对方为正乡长。

三年多来，党和人民政府在各项运动中发现、培养和提拔了大量的苗族干部，现全县脱离生产的苗族干部已达一百八十七人，占干部总数的百分之四十二。

为了帮助改变山区苗族人民长期落后的生产方式，引导兄弟民族走上大家富裕，丰衣足食的幸福道路，党和人民政府三年来在雷山发放的各种补助、救济和贷款共折合人民币近三十亿元（注：旧人民币，下同），其中仅无偿农具二万一千多件，即值人民币三亿二千二百多万元；银行发放的农业贷款截至今年二月止，先后累计为数达十九亿以上。此外，人民政府在雷山发放的寒衣亦达八千八百多套。

在党和人民政府的领导与扶持下，山区的生产面貌完全改观了，刀耕火种、人拉犁、脚踩田的现象，基本上已经绝迹。最边沿的毛坪乡，在发放无偿农具的同时，政府还派了工作组驻在该乡，专门教群众用牛使犁使耙的耕作方法。到目前为止，毛坪乡一百一十多个全劳力中，已有八十九人学会了使用犁耙的耕作技术。

苗族人民生产热情的高涨，耕作方法的改进，带来了连年的增产，一九五二年比一九五一年增产百分之七点二；一九五三年又在一九五二年增产的基础上增产百分之七点七。

随着生产的发展，雷山苗族的生活已有了显著的改善，一九五三年已在全县范围内消灭了“蕨粑桶”，多数人家并有了余粮卖给国家。民族贸易和供销合作社也随着得到发展，仅去年一年，国营商业和合作社商业在民族地区收购的土特产即值三十四亿一千七百八十二万元，供应的生产、生活资料值五十一亿三千六百三十四万元，供应食盐在十五万斤以上。

国营民族贸易商店和供销合作社不但给兄弟民族过去经常烂在山里的土特产找到销路。以合理的价格加以收购推销，并把生产和生活资料送上门去。解放前，一百斤烤烟在雷山只能换到二十八斤盐，现在可以换到一百二十四斤；解放前一尺土林布要四十五斤米，现在只需要八斤了。解放初期县商店每月的交易额只四五十万元。而现在每月的交易额达到三、四千万元。

雷山的文教事业也有很大的发展，现全县已有民族中学一所，完全小学和村小学三十四所（民办小学未计）；中学生一百三十五人，小学生一千三百四十一人，兄弟民族子弟占百分之九十五以上。民族中学中贫苦的兄弟民族子弟和烈、军属子弟都享受人民助学金。而在解放前桥兑乡全乡只有一个初小四年级的学生，毛坪乡全乡只有一个中学生、一个小学生和一个读过几天私塾的人。

省防疫队深入雷山最边沿的方祥、毛坪一带巡回治疗，基本上扑灭了解放前在这一带流行的摆子和鸡窝寒。县有卫生院和三个区的卫生所，使兄弟民族已自然地树立了“神鬼不灵”的观念，有病就找卫生院、卫生所。根据一九五三年不完全统计，全年门诊共为九万二千三百零一人次，其中享受免费治疗的有四万六千四百七十人次。人民政府并为兄弟民族培养了自己的接生员和种痘员，百分之八十以上的人口种了痘。新法接生的推行，使婴儿患脐带风、产妇患产褥热的大量减少，保证了母子平安，改变了“只见娘怀肚，不见儿走路”的现象。

去年冬季，党在过渡时期的总路线宣传在雷山大张旗鼓地展开以后，大大地提高了兄弟民族人民的觉悟。在粮食统购统销中不但顺利地超额百分之八以上完成统购任务，同时涌现了大批具有社会主义觉悟的积极分子，部分已光荣地参加了中国共产党。农村中已树立了社会主义优势。

经过总路线的宣传，互助合作组得到了蓬勃的发展，全县已由统购前的一百八十三个，发展到现在的三百三十一个，并重点建立了一个农业生产合作社，全县兄弟民族农民在总路线的光辉照耀下，正向组织起来向大家富裕的道路前进。

为了迎接雷山县一级区域自治的建立，苗族人民正紧张地进行着春耕生产，各乡的人民代表大会，并都作出了搞好春耕生产来迎接成立县级区域自治政府的决议。

建设雷山的几点期望（节录）

（原载民国35年贵州《边铎》月刊）

设治局局长　吴修勤

一、我对于雷山的建设方针：雷山拟做“以政做教，以教施政”，……不能用强制的手段，必须用潜移默化的功夫。门路固然很多，但以普及教育为第一有效方法，如果雷山三万四千多同胞都受了国民教育，……教育既普及，知识随之增高，生产技术会改进，生活方式也会改良，一切行为也会文明，又何至于像过去或者目前动辄寻仇报复，冤冤相报……因此，我对于建设雷山，当以发展教育为最高目标。

三、我们既要达到教育普及的最高目标，摆在面前的便有两个难关：一是政府财源枯竭。目前政府的财政收入，完全靠地方税收及贷赋，而地方现象是民穷财尽，处处需索于贫民，简直是竭泽而渔，哪里是个办法。以这样贫穷之民何来富裕的政府。政府既无经费，国民教育的师资便无法培育，待遇也无法提高，各级学校的校舍和设备，也无法修建和充实，国民教育又如何普及呢？目前艰苦撑持中的雷山中学，又如何建立和发展呢？二是……人民生活都不能解决。衣不暖、饭不饱，还有什么能力来读书，所以发展国民经济是最重要的基础。因此，要救政府和人民两方面的贫穷，非有计划的生产不为功。

四、要发展雷山的国民经济和扩充政府财源，必须从有计划的生产着手，就得因地制宜，研究几种适合于雷山环境的生产事业计划，俾做我们努力的目标：

1. 有关农事的计划：第一是……广植美种烟叶。垦地一亩，可得烟叶百余斤。……全局能垦地几百亩，便可增入数千万元，……雷山土壤，都是风化石的砂质土壤，对于美菸，极为适宜，这可说是救雷山命脉的第一良药。……第二是有计划的广种白菜。白菜是雷山的特产，素来畅销于黔东各县，我们为什么不顺势发展呢？假使我们每年有计划种植数十万棵至百万棵，……又是数千万元，……。第三是林业，可以说是将来通都大邑建筑需用木材的宝库。雷公山脉绵亘数百里的原始林，……密密丛丛，只需我们严密保护，不许放火烧山，则雷山的林木，便不可胜用了，……所以我认为雷山的林业，培林护林重于造林，……。第四是民间遍种杂粮，如玉米、高粱、马铃薯、甘薯、芋头之类、则青黄不接的时候，贫民又何至于坡上挖蕨根来做蕨粑充饥呢？第五是桐林、茶林。全局若植了数万亩桐林，每年数万斤桐油运出口，桐油渣又是农作物最好的肥料。茶可以解决人民的粮料及灯油，茶油渣可以提取做肥皂的日用品及燃料……。

2. 有关工业的计划：第一是五加皮酒厂。五加皮是雷山的特产，我们也可以利用的。雷公山的酒药，也是黔东著名的，糯米也是生产大宗，再大量种植玉米高粱。制酒原料也不成问题的。雷山有陶瓷，条件如此具备，我们又何愁贵州茅台第二不著名呢？第二是纸厂。雷公山的天然竹林，是造毛边纸的最好原料，又有溪流的水力可以利用，雷山所缺乏仅是石灰，须从凯里运来而已。第三是木材公司。雷公山的原始林，绵亘百余里，古树奇木，都是富源，倘能集资购锯木机，大量制成材料运出，收益之大，更无从估计。

3. 有关畜牧的计划：第一是牧羊。雷公山脉除了溪谷一片森林外，岭脊岭腰，都是草地，绵亘数百里，是最好的牧场。第二是畜牧耕牛骝马以及猪鸡之类。但这些最重要的是要能防治疫疠，所以必须有兽医人才……。

上面这些计划，我们不能齐头并进，须按步就班实现一种，再办一种，雷山自然有起色。这绝不是三两年工夫所能实现的，起码应是十年计划。

五、要使有计划的生产事业得充分发展，便必须开辟公路，如果通车不能到达雷山，那我们的所有的生产计划都等于纸上谈兵，我们所收获的产品，都等于废物

所以目前我们所急需开辟的公路，是以最有经济价值的，最容易使物资出口的那一条须先行着手兴筑，因此我意想中的公路，应以雷麻线为第一，雷炉、雷台线为第二，雷榕线为第三，雷丹线为第四。这些公路，与其说是治安线，毋宁说是经济线，只须国民经济解决了……。所以雷麻公路，在卅五年度无论怎样艰苦，必须忍受打通。

六、交通也好，生产也好，教育也好，凡此种种，又必须一个先决条件，这便是治安问题……

八、澄清吏治，须选择有事业心的同志，不计较待遇工资的同志。必须了解雷山穷，所以待遇低。……来雷山工作的同志，必须能吃苦，肯吃苦，能步行为第一条件，讲享受的绝对不欢迎……。

九、转移社会风气，提倡早起，实行晨操，凡在城区各机关学校，每日须一律集体升降旗、运动

各机关学校作息时间，亦采统一办法，以免散漫……，工作同志，尤须躬行实践，切不得偶犯。如此，才可以正风气，维社会安平。余如卫生医药的设备，减少人民死亡率，这与保护人与治安同样重要。

十、总括起来说，建设雷山之首要在民生

民生问题解决了，国民教育才可以普及，文盲才可以扫除，文化水准提高，才能行使真正的民权，民权问题解决了，……政治地位才谈得上平等，然后，民族问题自然而然的解决了。但是，要解决雷山民生问题，必先了解雷山地广人稀，民贫土沃的特质，地广且沃，是货弃于地，地不尽其利；人稀而贫，是人力浪费，劳逸不当，人不能尽其力；山岭丛错，交通阻塞，虽尽地利、尽人力、财富积如山岳，货亦不能畅其流。因此，我们以经济建设，开发雷山富源为基本政策；以开辟公路，发展交通为要件；以普及国民教育为最高目标。易言之，我们带来雷山第一个是百年大计—树人—教育。第二个是十年大计—树木—培林护林。第三个是三年大计—畜牧。酒厂、纸厂、木厂等工业。第四个是一年大计—广植美菸与白菜。

假使这些计划都能逐步实现，我们相信这荒芜数千方里的雷山，当可蜕变成一幅美丽的园地。

认清雷山县情　振兴山区经济

（原载《农业区划与山区建设》）

县委书记　余金才（苗族）

近年来，我们花了很大的精力开展农业资源调查和农业区划。这是一项具有伟大现实意义的研究工作，是开拓知识领域的必修课。

雷山县位于黔东南自治州西南部，苗岭山脉主峰雷公山下，呈屋脊状地形。60%的北部水流入清水江，40%的南部水流入都柳江，全县总面积1208平方公里，折合181.2万亩。人均15.17亩。耕地面积10.6万亩，占总面积的6.1%，其中土1.7万亩；山地面积158.3万亩，占91%，人均耕地面积0.92亩，其中水田0.74亩。是一个“九山半水半分田”的山区。

雷山县境内山峦重叠，山高谷深，土壤破碎。苗、汉、水、瑶等民族聚居的大山区。科学、技术、文化落后，交通不便。尽管解放以来在党的领导下，经过全县各族人民辛勤劳动，农业生产得到一定发展，但由于多方面的原因，雷山县还是很贫穷落后。过去我们在指导思想上受“左”的影响，认识上受狭隘的自然经济的束缚，片面强调“以粮为纲”，只抓半分田，闲着九分山，忽视广袤山地的综合利用。这些地方单纯为了粮食生产，不惜毁林草开荒，刀耕火种，赶山吃饭，加剧了水土流失，严重破坏了自然生态平衡。有的地方甚至不顾山区气候条件，硬在陡坡梯田深耕，强行推广双季稻。结果是农业结构单一，经济效益越来越低，森林资源越来越少，经营门路越来越窄，多年来人均口粮达不到400市斤，现金收入极少，人均包括食物折款达不到50元。

一、主要资源

1. 土地资源　土地优势方面：全县人均占有山地面积15.17亩，高于全省、全州、全国人均数。土壤资源丰富，共有6个土类，17个亚类，38个土属，74个土种，其成土母质以前震旦系板溪变质岩、板岩、砂岩为主，易于风化成土块，呈微酸性，质地较好，适宜多种作物生长，也为雷山县林牧业生产的发展提供了有利条件。雷山县境内依海拔高度差异，明显地分为6个垂直分布带谱；700米以下为红黄壤，700～1300米为黄壤，1300～1700米为山地黄棕壤，1700米以上的山顶脊部为山区灌丛草甸土，是雷山县分层次发展农、林、牧和多种经济作物得天独厚的土壤资源。

土地资源不利方面，耕地面积比重过小，仅占总面积的6.1%，加之耕地分散，低产田多，主要原因是：土层浅，pH值偏小，严重缺磷，部分塝坡田抗旱力弱，各类低产田共26111亩，占稻田面积的30.6%，旱地中有70%以上分布在高于25°的坡地上，水土流失较重。砍小米土（刀耕火种的旧习尚未完全改变），由于地形地貌因素，不但耕地缺乏后备资源，而且对发展交通、水利建设均有许多困难，工程艰巨，造价高昂。

2. 气候资源　雷山县属于中亚热带湿润气候。其特点，气候温和，雨量充沛，雨热同季，冬无严寒，夏无酷暑，雨日及云雾多，光照少，山地垂直气候差异明显。年平均温度14℃～16℃，无霜期265天，年均日照1225小时，总积温4703℃～5488℃，雨量1250～1500毫米。这种气候条件，对多种林、草及中药材的生长非常有利。不利的条件是，日照偏少，仅达28%（处于全国低值区）。冬春阴雨多，地势较高地区易受“秋风”和“倒春寒”危害，此外，局部地区有干旱、暴雨现象，对粮食生产制约较大。

3. 水资源丰富 水能蕴藏量大。全县有大小河流216条，全长647公里，总流域面积1000多平方公里。水能理论蕴藏量为21万瓦，已开发的小水电仅有0.2万瓦。由于山高流急落差大，水能资源丰富，分布均匀，遍布全县，因此开发潜力甚大。

4. 生物资源丰富 据初步调查，雷公山植物资源丰富，共有54个科、28种，有不少属于国家重点保护的植物（如秃杉、马尾树、水青树、檫木等）。品种繁多的中华猕猴桃、杨梅、山苍子等野生资源和三尖杉、宽叶粗榧、杜仲、天麻、党参、雷五加、蛇莲、血三七、三颗针、十大功劳、大小血藤等资源都比较丰富。人工栽培历史悠久的巴茅草、茶叶分布广泛。动物资源除牛、马、猪、羊、鸡、鸭、鹅、兔、蜂外，野生的大小灵猫、猕猴、穿山甲、大鲵、鸟类、蛇类、昆虫类等资源也比较丰富。

在生物资源利用方面，我们开始作了一些工作，但由于我们对雷山丰富的物质资源缺乏正确认识，加上没有一套完整、健全的管理制度，乱砍伐森林和乱捕滥杀生物的现象时有发生，致使生物资源遭到严重破坏，有的珍贵动物也基本绝迹（如虎、豹等）。因此，保护和利用生物资源是一个巨大的任务。

5、人口及人才资源 全县人口11.5万人，人口密度每平方公里100.7人，较1949年6.3万人增加82.5%。由于人口增长过快，使人均耕地从1949年的1.61亩下降到1984年的0.92亩；人均占有森林资源从1949年100立方米下降到1986年的25立方米；劳均负担耕地由1951年的3.6亩下降到现在的1.6亩。推行农业生产责任制，大大调动广大群众的生产积极性，农村2.7万个剩余劳动力成为开发“九分山”的主要力量。

三十多年来，由于县委、县政府对智力开发方面的投资不断加大，重视知识和人才的培养，人才不断地苗壮成长，全县有大学生153人，较五十年代增加15倍。其中，中级知识分子和相当于这一级职称的知识分子29人，是振兴雷山经济的骨干力量。但现有大学生仅占人口的1.3%，大大低于全州、全省和全国的平均水平，这又是振兴雷山经济的薄弱环节。

二、发挥山区优势

回顾建国以来雷山县农业发展走过的历程，由于对全县缺乏综合性的了解，没有真正认清雷山县情，资源摸不清，所以在思想认识上存在片面性和局限性，在指挥上存在着盲目性和“一刀切”的做法。加上农业布局不合理，在发展生产上的反复折腾，使山区的优势得不到充分发挥，教训非常深刻。

根据省、州农业区划委员会的统一安排，1980年12月，雷山县组织力量开展了农业区划工作，组织了一批较强的专业技术队伍，采用全面普查、典型调查与专题研究相结合的方法对全县农业资源进行了全面的调查研究，重点围绕实现工农业总产值翻番的战略目标，综合寻求山区致富的最优方案。县委和政府负责同志集体听取汇报，参加资源调查，综合评价和总体规划。通过农业区划，使县委和县政府领导班子基本上认清了县情，扩大视野，把着眼点从“半分田”转到了“九分山”，增强了翻番的信心。同时，使参加区划的知识分子和专业技术人员扩大了知识面，增长了才干，大大调动了积极性。

（一）雷山县的山地优势

要发挥“九分山”的优势，首先要了解山地资源的特点。雷山县的山地优势主要表现在：

1. 土壤、气候、资源丰富、宜林面广，木质优良，林业生产条件优越，大力发展用材林，这是雷山县山地的一大优势。

2. 雨量充沛、气候温和。立体农业格局明显，适宜多层次开发利用。森林植物区系属亚热带常绿阔叶混交林，带有热带雨林的植被特征，在雷山县恢复和建设混交林有良好的自然生态条件。由于相对垂直高差大，形成光热水土等自然因素垂直分布的立体景观。光合作用强，发展猕猴桃、杨梅、茶叶等经济产品不受污染，具备了农、林、牧综合配置利用的良好条件，便于建立山区农、林、牧层次分明而又相互交错的立体农业。

3. 开发潜力大，致富门路甚多。充分挖掘山区资源潜力，大力发展林、果、茶、牧、副业经济具有广阔前景，就几个主要项目来看：

（1）用材林。雷山县林地现有活立木蓄积量每亩林地仅有2.71立方米，大大低于国内5.27立方米的水平，在大力提高以杉松林为主的活立木蓄积量的前提下，做到青山常在，永续利用。在15年内年产木材5万个立方米，可收入250万元。

（2）果木、经济林。雷山县气候温和、雨量充沛，发展果、茶经济林的潜力很大，现有野生杨梅、猕猴桃可年产200万斤左右，加上大力发展人工栽培，三、五年后，年产量可达300万斤，产值可达50万元。五倍子可发展2万亩，年产10万斤，经加工提炼单宁酸，产值可达30万元。现有茶园8000亩，可发展到1万亩，年产35万斤，产值可达100多万元。

（3）畜牧业。全县有各类草场面积达70多万亩，加上发展人工种草，全县最大载畜量可达4万个畜单位。大牲畜的粪便又是魔芋生产的最优肥料，全县魔芋生产预计年产量可达200万斤。这两项产值可达900万元。

（4）加工业。充分利用木材、林副产品、水果、药材、茶叶、魔芋多层次的加工增值。如利用杉松杂综合加工建筑用材、家具等。产值可达1500万元（年加工2.5万个立方米，每立方米360元）；用李子、猕猴桃等水果加工酒、汁、酱、罐头。蜜饯等食品3500吨，产值560万元。

（5）小水电建设。雷山县山高、谷深、林密，水能资源丰富。15年内可开发1万千瓦，可发电54万度，产值325万元。

（6）稻田养鱼。雷山县利用稻田养鱼有悠久的历史，用现代化科学喂养管理，全县8万亩稻田养鱼，以亩产48斤左右计算，产量可达384万斤，产值可达530万元。

仅此六个方面匡算，年产值可达4245万元，相当于1980年农业总产值的两倍多。由此可见，发挥“九分山”的优势，综合开发山区，是雷山县农业今后的主要任务和发展方向。

（二）将山地优势变为经济优势的具体措施

如何将“九分山”优势变为经济优势，我们以为必须抓住下列主要措施，动员各方面力量，持之以恒，坚持不懈。

1. 以封山育林为主，保护植被 发展林业生产，一要认真搞好科学造林；二要结合实际大力抓好封山育林；三要提高经济林在造林中的比重，做到以短养长，长短结合。有效地保护植被，恢复和增加森林蓄积量。这不仅为了达到经济目的，更重要的是发挥生态效益，寓经济效益于其中，使全县农业生产能够在良好的生态环境中得到持续发展，现在雷山林业生产的自然资源方面的一个突出问题，是森林蓄积量下降，从1954年的600万立方米下降到现在的200多万立方米，材质从优到劣，残疏林面积逐步扩大。

林业要发展，除了政策上继续完善林业生产责任制外，一是要彻底改变过去的毁林开荒造林的做法。要普遍推行封山育林，实行封、造、管结合。现有采伐迹地幼林面积很大，又无裸露地，封山育林有基础，而且气候、土壤条件适宜，生态、经济效益比较高，应该普遍进行。同时依靠群众制定切实可行的护林制度和“乡规民约”，禁止烧山驱兽。封山育林是雷山县林业建设上一条投资少、见效快、收益大，群众乐于接受的有效途径。为此，计划封山育林50万亩。对那些封山育林搞得好的乡、村，由县林业局从育林金中给予适当的奖励和补助，以调动群众的积极性。二是改变过去造林纯杉化的做法，实行适地适树造林，调整林种结构，增加针阔叶混交。三是为了休养生息，要本着砍伐量不能超过生长量的原则，严格控制木材砍伐量，严禁乱砍滥伐，采取有效措施保护现有森林。

2. 大力发展人工种草　雷山县广大农民都有人工种草的经验，人工种巴茅草成本低，经济效益可观，易推广，家家户户都可栽种。不但草叶是大牲畜越冬的极好青饲料，而且草秆又是造纸工业的原料。所以，大力发展人工种草，能使雷山县载畜量大大增加，经济效益大大提高。据调查，乌江乡农民李德发的父亲在四十多年前栽种的巴茅草，至今亩产高达5560斤，总产值达98元。其中，草叶重2572斤，产值38.5元；草秆重2988斤，产值59.8元。因此决定：

（1）充分利用荒坡、隙地、田边地角、房前屋后等一切适宜种草的地方，见隙插针，大兴人工种草，特别是种植本地大巴茅草。全县在原来基础上可发展到五万亩，做到地尽其用。

（2）既种草又种树，以林促草，以草养林，做到长短结合，林草并茂，林牧并举。

（3）要有计划地、分期分批地建立人工草场混播高产优质的禾本科、豆科牧草，如挂花草、黑麦草、红白三叶草等。这样能充分发挥地力，培育资源，发展林牧业，增加农民的收入。

3. 分层开发利用，合理布局生产　雷山县地貌复杂，水、热、气、土变化多样，水平差异和主体差异非常明显，开发利用山地资源，必须坚持因地制宜的原则，宜林则林，宜果则果，宜牧则牧，林果混交，辅以茶叶、药材等经济林木的发展。一般地说，远山、高山、深谷宜用材林，近山矮山、肥山宜果木林。在海拔900米以下，坡度在25度以下的山坡，主要发展果木经济林。同时，根据植物的特性，松树与杨梅树混交，油桐与猕猴桃混交，在1000米以上发展用材林，在牧草成片，开发条件较好，与林业矛盾较小的草坡、草山，则养牛羊。在进行上述生产布局时，要实行短、中、长相结合，近期重点发展短中期获利的生产项目，如猕猴桃、杨梅、五倍子、茶叶、油桐等经济林。在生产发展布局上，要适当集中建立用材林、经济林、果木林等多种产品的生产基地。

4. 广辟山区财源，提离综合利用率　山区财源丰富，如果对山地的利用仅限于简单的原料生产，那么山区人民是富不起来的。据实践，野生杨梅每斤市价5分钱，经过加工后可收入1.5元钱。梢头枝丫材每立方米市价10～15元，经过加工成成品或半成品等包装物可收入100～200元。因此，山区要富，一条重要的途径是发展农、林、牧产品的加工工业，广辟山区财源，提高综合利用率。目前雷山对山区产品的采集、加工利用程度很低，生产工艺落后，为了适应发展商品生产的需要，我们除了继续提高现有饮料食品、酿酒、家具、建筑材料加工外，还得扩大提高饮料食品工艺，加工和发展单宁酸、牛肉、茶叶等规模较大的加工企业，为山区创造更多的财富。

5. 开发智力，培养人才，起用能人，加快振兴雷山县经济的步伐　邓小平同志谈关于经济体制改革决定十条时说：“尊重知识，尊重人才，事情成败的关键是能否发现人才，提拔人才。”结合雷山县实际，一是要重视智力开发，下决心办好教育，提高教学质量，力争快出多出人才；二是从各单位选派部分具有高中文化程度的优秀中青年在职干部到外地有关部门和各类学校进修学习；三是落实知识分子政策，充分调动雷山县现有知识分子的积极性；四是大胆启用有头脑、有办法、有知识、善于管理和经营的能人；五是大胆引进人才，引进技术，争取用优惠、联营等办法吸引外地、外省甚至外国专家（包括单位）来雷山县办厂（或联营）、办商店、办学校，开发雷山资源。

总之，农业资源调查和农业区划给我们的教益和启发很大，为我们研究制定建设山区的战略决策提供了科学依据。今后，我们一定要全面应用农业区划的成果，分期分批培训乡、村热爱这项生产的专业户、重点户的技术员，引进外地人工培植的杨梅等树苗，种好管好现有耕地，大力发展“九分山”优势，为雷山县实现工农业总产值翻番而努力奋斗。

雷山县苗族自治区首届人民代表大会决议

（1954年7月3日通过）

到会代表听取了副县长吕潼川所作的《三年来工作总结报告》。经讨论酝酿，一致同意《三年来工作总结报告》。并认为是正确的，是符合实际情况的。并听了中共雷山县委员会向雷山县首届人民代表大会提出的今后工作建议。经代表们热烈讨论，一致接受和拥护这一建议。并愿为圆满完成今后各项任务而努力。特作出如下决议。

一、广泛地深入地向各族人民进行总路线的宣传教育。现在是国家向社会主义过渡时期。我们雷山县各族人民建立了自己的自治机关，更有其重要意义。我们要继续向全县各族人民宣传社会主义工业化，树立社会主义思想；我们要在总路线灯塔照耀下，发展互相合作，努力完成一九五四年增产5%的光荣任务。

同时，在群众觉悟提高的基础上，正确地解决统购统销的遗留问题，反复向各族人民进行社会主义工业化教育，消除部分农民对统购统销的不满思想和紧张情绪，并实事求是地进行粮食供应工作；分析情况，解除群众的思想顾虑；揭发反革命分子的阴谋破坏活动，使各族人民树立爱国主义思想，安心搞好生产。

向各族人民继续贯彻统购统销政策，开展农村互通有无，活跃粮食市场，正如建议中说：“以前卖给国家粮食是光荣的，今天粮食拿到国家管理的粮食市场去卖也是需要的。”因此，必须向广大群众进行教育，使有余粮能够互通有无，或拿到市场上去卖，这是解决部分群众困难的重要办法。

与此同时，还要向群众进行“厉行节约”的教育，反对大吃大喝的浪费现象，教育各族人民现在过艰苦生活，将来才能有幸福的生活，防止和避免到邻县不经市场交易的黑市成交的不正当行为，对贩运者要进行批评教育或依法惩处。

二、我们建立了雷山县苗族自治区人民政府，这表现了中国共产党、毛主席伟大民族政策的光辉实现，也标志着各族人民大团结的友谊空气。今后为了实现国家的社会主义工业化还要继续加强各民族人民的团结和本民族的内部团结，逐步发展各民族的政治、经济和文化教育事业，逐步消灭历史遗留下来的各民族间事实上的不平等，使落后民族得以跻于先进民族的行列，逐步过渡到社会主义社会。

发展我们少数民族的政治、经济和文化教育事业，必须有赖于汉族人民的帮助，提高我们民族的觉悟，把自己的智慧充分地发挥起来。今后要在党和毛主席的英明领导下，进一步加强各民族的团结，实现我们的远大理想—社会主义社会。

我县自治机关已成立，这是各民族的大喜事，今后还必须继续解决现有的本民族之间和各民族之间的矛盾与隔阂。解决一切纠纷，使大家团结搞好生产。

三、继续贯彻自愿原则和民主管理的政策，巩固和提高现有的互助组和合作社、大家走集体生产的道路，只有我们组织起来，才能战胜各种自然灾害，最后解决我们的贫困。干活路首先要解决互利才行，才干得长久。农村互助生产就是我们中、贫农两兄弟的亲密团结。因此，不断提高组员觉悟，争取今年增产，为建设社会主义打下良好基础。

我们夏季互助生产，主要是防灾。因下雨多，要将阴沟修好。防治虫灾，要教育群众认识“防重于治”的重要性。同时争取多薅秧，争取薅三道以上。一般也要薅二道，今年增产才有保证。对土里的经济作物，也要保证增产。在劳动力结余时，寻找土特产，支援国家工业建设。

对民兵要加强教育管理，使他们在生产上发挥积极性，并配合治安保卫委员会，维持好农村治安，管制不法地主、富农，搞好生产。对惯偷和偶然盗窃者，分别进行批评教育，对屡教不改的惯偷犯，可整理材料上报依法惩办。

雷山县第八届人民代表大会

第一次会议《关于县革命委员会工作报告的决议》

（1980年9月25日通过）

雷山县第八届人民代表大会第一次会议，对雷山县革命委员会的报告进行了认真审议。

会议认为，这个报告总结了县革命委员会三年多来的工作，肯定了成绩，指出了目前工作中存在的问题，是符合我县实际情况的。

会议认为：报告提出了抓经济建设这个中心，指导思想是明确的，奋斗目标切合实际，采取的措施是可行的，会议批准这个报告。

会议要求各级人民政府坚持党的路线方针和政策，继续贯彻执行调整、改革、整顿、提高的方针，促进我县工农业生产和各项事业协调地向前发展。要从各地的实际情况出发，充分发挥自己的优势，扬长避短，宜粮则粮，宜林则林，宜牧则牧，广开生财之道，走农（村）、工、副联合经营之路，集中精力，把我县经济工作搞上去，使农民富裕起来。

会议号召，全县各族人民更加紧密地团结在党和人民政府的周围，高举马列主义，毛泽东思想的革命旗帜，振奋精神，同心同德，为完成这次会议提出的各项任务，为加快我县四化建设的步伐作出新的贡献。

雷公山游记

（原载《贵州文献》）

丹江县县长　潘咏笙

雷公山当苗岭之干，方二千余里，八州各附一隅。余童时即闻之，意为豺虎盗匪者，有百毒之所窟薮耳。自余为僇人，来丹州。州之人曰：毒之闻，若然若不然，猾商贾之投肉骨于是，固往往而有矣。而州之人，岁或至焉者，莫或毒也。劚药饮谷之夫栖是，或遇癞蛤蟆如簸箕大，食之甘；野人夜就火，两相向坐；得罗汉叶于涧，见叶不见树也，毒固未之闻。余爱其言，企而望之，飞翠接眉宇，直可呼应。如遇故人归海外，山亦展笑，若庆所遭。

于是驰书余友柴晓莲、李独清、陈恒堪，计以乙亥春，裹粮襆被行，蕲有验向之闻。孰若数子戏余胆如鼠，谓走雷公，必携电母俱。晓莲更以昌黎窃姮娥骑蟾蜍句，为雷公说法，往非仅见蛤蟆簸箕大，庶几置姮娥股掌间也。数子者，甚为贵阳尘器所苦，而又莫余即，故谑而激之。冀有得于余之于是者，为卧游助。二月辛丑，将发矣，适以他事赴都匀。三月甲寅，邻之民又避匪于土崩。戊寅，大风雨震屋瓦。于是数约不克赴，非唯有负雷公，亦将无以塞数子之望，意结如瘕。

四月辛巳，夜二鼓，梦如抱朴子桃椎子其人者，与余揖于岭岫间，觉而异之。质明，日色一线射窗罅，若相期待者。遂急起办装。郑海樵及大儿子念慈驺奴老肥随，上黄茅汛飞雾如雨，晌之，如见故人可呼应者。乃以幛遮面，如村新嫁娘。拨雾行，横大小固鲁，自为人家。渡涧，跻老丹江顶。如入破垒，逆鼻犹腥。又折而上，至龙塘，瘦马昂首以鸣。复取道至连城堡，转霁，铁罗汉闻讯，来与俱。罗汉善搏击，能屈人于十步之外，且知百草，与俱大喜。复曲折至营上，百鸟归树宿。行五十里，犹未至胳以下也。是日所经，大抵山之有路，辟于溪，溪穷聊越而为岭。路之可行，就于境，境穷则涉而为渡。未至脐，固已穷一日之力矣。夜半，呼子慈披衣起坐，将有叩于山灵，一片混茫，袭袂生冷，星子迷离如兔眼，依木末不肯去。

癸未，以待照相者未至。迟至晨，侯莘华、董沛、李柱维，陈凤之等来迓。出高枧，至鸡颈。鸡颈可数百家，依山为屋。村妇相与觊视。曰：㖾腊来矣！㖾腊来矣！㖾腊者。苗语长官之谓。顿忆子瞻入庐山情景，可怪深山里，人人识故侯。可耶？自鸡颈以上，无停宿处，日将晡，遂浏览周遭景物，有板屋建于明，盖百年物矣。声靡靡来秧际，是间所谓摇马郎也。群青年男女，互唱和若为诗，捷极，深愧弗如，因决意是游不作诗。继而荷锄持械之夫数辈，咸请随行，谓自母堕地，鲜克一至其巅者，愿㖾腊之不弃。诺之。晚，申三约，觅健而勇者，斩荆先路，不携肉腻，遇怪物事先归者罚。

甲申，又雨，老肥懒未起，若有倦容。乃谕之曰：若知之乎？前身同是打包僧，始偿斯愿，世固有几生修不到者矣。遂欣然续往，披榛蹇蹬无数，武之夷，钩刺破衣，时复牵挂。出东从踰窬杲壤，乃获至歇气坪。花发杜鹃作血红，亦说得畎浍，如叠杯玟，度阶岳而上，浓雾冉冉生足际，山涛怪吼，如海潮之奔赴。自忖，霁游者安得此乐。更越倚郎宫，有巨石，或言虎未敢过，过辄毙，且拜且绕道去。又前至王九磏，磏下视万初，马靳数数断，余亦数踬挂草树间。遂舍骑行。枯枝倒地积苔绿，如蚪蛇斗，使人竦怖。贾涌至王沟，忽豁，万马有余刍，同游者如鱼险喁，胁息不任，余以手扪背，如酱，不知是汗是雨也。中一石嶙峋，可憩，谛视，乃千百年前古木。深讶此层峦，那得如许平地，闻昔荒乱，土人聚此蕨食者数百。嗣有若党人者来，昌言共产，沟西一隅，遂积谷如土堆。峰又数转，抵雷公坪。日行郭索，盖由鸡颈至此又四十五里矣。坪虽未至于顶，然已由胳及肩，大倍王沟。有将台，有卡，有二千余户础，有万人跳乐之悬鼓树，昔“苗酋”旺应者都是，号天明，宴饮纵逸无虚日。负土一碑，字体不可别识，余闻久之，然遍寻数四，不复得，圮矣。右沿溪，棚十九，灰烬在地，匪似适然去，故留是以居余也，遂安之。燃華摘野蒿作食，香甚。俄而萋莳之嘘，露月光一痕，众欣然有喜色，促膝卧，无何。雷声隐隐自东南至，天公又恶作剧，众哗如蛙。起视，则老肥方袒腹鼾睡声也。

乙酉，日未出林，鸟声格磔奏交响曲，四山为震。余起步林树，审定声尤清越者二。其一似鹎鸩，集必数百，腋下碎锦碌碌然，环鸣类作人语，其一微似百舌，亦十百为群，乍听如弹弦索，已作裂帛声，时而如洞箫，余音袅袅未绝，时而大声轰隆，如车轮过市，近山识鸟音者，殆非欺我，适子慈自别树，共罗汉得药把，泥犹活活，顾而乐之。饭已，摄与心目谋者数影行，或有议趋山腹，由陡砦至觉鸟，可无蛇虎忧。余则力主跨绝顶，收众山以至木姜坳，众踌躇相视，余上马去，既而众亦随。涧水漉漉流，没酐。左折，又匪棚八九，戒勿声。自是丝竹塞路，箐亦密。手开竹中行，随开随合，山复多松，状郁遒，或如王虺欲搏人，或如山猿伸臂掬涧泉饮自娱，似树非树，似藤非藤，苔悬尺许如须，不可以数，皆非倪遇笔下物也。复可五里，朗歙见日，诸峰相向立，俨然老翁衣冠而偶语，更攀绝巘，凝视诸山，啮者、啸者、窥者、仰者、鼍者、捍者、伛者、啄者、俛而窥者，腾而上者，奇瑰不一。远睇图云龙泉大平，若与天际，东去一发如雾隐，应是湘以西山，时云方镱然，进退开合，如相与，如相背，风一振之，由松端倏尔而逝，接之既泯，忽又若往。更北睇，遍觅香炉不得，余故伏峰后伺之，戏与争狡狯，移时探视，则露半面如复盌，在下风矣，意者未敢与雷公较，善自藏拙者耶？复摄景数帧东南趋，入莽林，恶木荒榛，间以魍影，逾数时而天光未见，忽有物悬树枝上，如蝶尾修修然。闻人声，矍视不复动，拊掌吓之，趣树去。又里许，得一峰，草木疏瘦如牛毛。相与席地坐，细审诸峰高下。莘华谓：雪降，初被黄央顶，以次及雷公坪，以次及乌东。每天朗净，或烟缕缕缠黄央不去。黄央得日，他峰或得或否，以是知峰之高无逾黄央者。余于是视黄央，如髻在睫耳，未之信。更前数里，至木姜坳，则翘其首而不可得。爪钩趾蹲，益续续上，跃已复止，止复跃如是纵观之乐，至是而尽，如客得主。如百万甲骑，得所将帅，遂敛服再拜，征前之失词。少进，下三王庙，黑石三截路，土人祀之，匪时所行劫，王不问也。下此渐得坦路，山犹负奇争势，无一复笔，右去一牛鸣许，累累然如堆馒头于碟者为满天星，一水泻坡谷间，活山趾田者为白水河瀑布，次为黑塘坳，泥松响与足履应。稍憩，又摄影一，再次为石马口，霜雨侵毛衣，翠欲滴。再次为鸟瑶，茅屋错落，如败著之棋子。回顾前岁，又如天上矣。是夜，宿鸟瑶山家。

丙戌，由鸟尧而大龙坳，而黄里，而桃窑，四十里至城，鸟东东相与目成而已。山于松竹药物外，多奇兽，麝尤著。多五色草，不知名，乃无一把茅，足蔽风雨，人迹之所不至，其无取于是也不宜。至癞蛤蟆与野人，皆不一遇，犹堕世纲，此福固应输与人乎？计是游得图影凡八张，五加皮、百合粉半担，明月清风两袖。

洗脚已，州之耄者咸集问状，并若深虑其毒焉者。余笑谓之曰：夫一山之景，日异其观，一日之观，人异其趣，非饮食坐卧之久，不能语其百一，当其究讨冥搜，独趣所会，虽同游者或未可以告语，余何足宣之乎？至若毒，又非可以异乎地也。夫遗棚余烬，彼其何人耶？尾修修然莫于抗，彼亦何物耶？两不知，故亦两莫毒。忆昔陟衡湘，渡杨子，逾淮泗，越南岭岍以归，世称文物衣冠之都，尚矣！而梦里缯缴思之若有余毒，岂天之待贫贱之士，固酷于彼而优于是欤？因念江阴布衣徐霞客，由点苍鸡足而西，经历鸣沙以外，坦然中处。物我等观，彼虫蛇豹虎与夫匪盗之属，要莫能毒也。优酷之相去，非良有故乎？顾又甚恨余之不能即从徐霞客后耳！质之雷公，复宛宛笑。因命子慈函书一遍，寄慰晓莲，独清、恒堪，作记以归之明日。

雷公坪探胜（节录）

（原载《贵州真山真水》）

张　克

一个令人神往又叫人害怕的地方

前年仲秋，第一次登上雷公山。当我站在这座苗岭主峰的最高点，饱览苗岭千山万壑的景色时，心中感到一阵阵的满足。这时，陪同上山的一位县里的同志，却一再说："你要了解苗岭山区，光看雷公山不够，还应当去看看雷公坪"。雷公坪到底是怎样的一个地方？我心里埋下了一个好奇的心思。今年盛夏，我又来到雷公山，可以说，在相当的程度上是为了结那个心愿来的。

稍一打听，有关雷公坪的种种说法就沓然而至，而且，每一个说法都使你产生又向往又害怕的感觉……

有人说：雷公坪的四周都是深山老林，竹子多得很，特别是一种八月竹，每到七八月长笋子的季节，简直铺天盖岭。那时，你若从这里走过，坐在竹林边休息，坐着坐着，竹笋就会冒出尖来锥你的屁股。每年都有很多人背起箩筐上山采笋子。但笋子也不是那么轻易采得的。据说，解放前剑河那边有母女两人上山打八月笋，突然下大雨，迷了路，回不去，气候又变得很冷，母亲抱着女儿冻死了。好些年来，在阴冷的天气里，有人还听得到小姑娘悲惨的喊声："哎哟妈咦，我好冷唷！"

一位有亲身经历的同志说，一九六0年，他们搞所谓的"大兵团作战"驻扎在雷公坪采野杜仲皮，山上一年四季花多，蜜蜂多，是一个花的所在、蜜的所在，到处都有野蜂蜜。本来领导打过招呼，叫别乱取野蜂蜜吃，有两个人忍不住嘴馋，偷偷吃了，结果中毒身死。是不是雷公坪上的花和蜜都有毒呢？不是，据说有毒的花就那么几蔸，有毒的蜜也极少，可险就险在你不注意就会给碰上了。

雷公坪上的深山沟里，泉水多，而且那里的泉水，夏天是凉的，冬天是温热的，很适于石蚌生长。所以那里的石蚌又多又肥美。据说每年阴历六月六，是石蚌在老黑塘大聚会的日子，任你去捉吧。有一年，有两个人曾在一个晚上去捉石蚌，捉得很多，用绳子捆了两大捆，那些石蚌一个个鼓起眼睛盯着他们，河里的石蚌捉了又来，越捉越多，来势吓人，结果，这两个人被吓得扔下已经捉到的石蚌，跑回家去。据说，还病了两天。

总之，山上可以捕虎，但虎会吃人；山上可以安熊，但熊会抓人；山上可以打野猪，但野猪会伤人……。

雷公坪，是一座神秘的山，苗语称"嘎怎方薅"。"嘎怎"的意思是平坝坝，"方"是一片地方，"薅"有两种说法：一是见太阳，一是打雷。这四层意思可以说是概括了雷公坪的自然特点和历史传说。它的海拔是1850米，比相邻的雷公山（2179米）低得多。本来，雷公山也是神秘的，现在由于修了公路，汽车可直达山顶，上去的人渐多，它的神秘感被打破了。只有雷公坪，周围几十里没有人烟，无论从雷山、从凯里、从台江、从剑河上山，都是几十里上百里很难走的茅草路。除了采药的、收蜂的、砍竹子的、割巴茅草的、抠瓢的、放牧的、打笋子的、打猎的、捉石蚌的以外，很少有人去过。当然，我们的地质队员的足迹是到过的了。

从远处看雷公坪，即使在朗朗晴天，那里也是云遮雾绕，这就更增添了雷公坪的神秘色彩。

我也很向往雷公坪，但伴随着对它的向往的，也有一种畏惧的心情。

简直摸不到这里的天是怎样的一张脸。

我离开凯里那天，凯里热得穿不住汗衫，雷山气候较温和，也只能穿衬衣。西江和雷山气温差不多，来到雷公坪，我很奇怪，怎么？盛夏七月天，夕阳还有余晖。放牧的社员们大家却围着一堆熊熊的篝火在烤，有的还穿着棉衣。起初，我避免走近火边。过一会，收了汗，凉风嗖嗖吹来，偶然接触一点火气，觉得温暖可爱。渐渐地，我也坐到了火边，把手伸到火上。大约一千米的高度。气温相差如此，实在惊人。不一会，眼看着湿润的浓雾从右边山头上，翻滚而至，顿时把雷公坪紧紧地罩住，四处除了白蒙蒙一片，什么也看不见了。我想，今晚我们大概就要盖着这样一床厚厚的雾被在雷公坪就寝了。说诗意，是很有诗意的，但真正在这种诗的意境里睡觉，实在说，也并不如想象的美，谁知晚上十一时，我从住宿的窝棚出来一看，真神奇，大雾不见了，四处的山头在夜色中看得轮廓分明，但天的高处依然有浓厚的云层。凌晨五点，我又起来看，简直令人不可置信，头上竟是朗朗星斗，上弦新月，看起来仿佛离雷公坪格外的近。起床后我把这种感觉对一个农民讲了，他毫不奇怪，他说："是嘛，雷公坪离天是要近一些，你来一天就感觉到了"。过了一个钟头，我起床，天又变了，不见了青天。但仍像要放晴的样子。不料半小时不到，像昨天傍晚一样，大雾又罩了上来，雷公坪四周的苗族人民的脸是朴实而明朗的，而雷公坪顶上的天空，千变万化，简直叫人捉摸不到它究竟是一张怎样的面孔。

我们赶早到四周走走，看看，然后准备吃点早饭即下山。岂知饭未吃完，雨下起来了。一阵太阳一阵雨，好像连续不断，又好像不连续有断。从早闹腾到晚。我们因此被雨在山上困了一天，牧人们为了安慰我们，说这是"人不留客天留客"。又轮流地给我们讲传说，摆故事，介绍这里的气候特点，大概可以用两句话概括：再晴的天气也要下点雨，再下雨的天气也要见点太阳。每天如此。还说到了冬天，再凌冻结冰，中午冰凌也会化开，使羊儿有草吃。

人们说，一天十二变，又说，孙悟空有七十二变。雷公坪上的气候，每天一百变也不止，单就气候说，这已是一个不可思议的地方。

如同走进了童话的境界

我只能说，我们是进入了一个童话的境界，这里两天的生活真的像童话般有趣。

别的山顶是尖的，这个山顶却是近五百亩的一片平地（比较来说）。人们说可以修飞机场，的确不错。说到飞机，一位老牧民自豪地说，飞机不敢正正地从雷公坪的上空飞过。我问为什么？他说：雷公坪有一块大吸铁石，会把飞机吸落下来，我明知这纯属臆想，却相信雷公坪的吸引力——不是对飞机，而是对人—历久不衰！

初到的那天晚上，在昏暗的油灯下，一位青年牧民打开汗渍的手巾，给我看了两样东西，几颗麝香和一包天麻。他说，天麻是在窝棚后边不远的土台上采到的，麝香是从他们捕到的麝羊身上取下来的。在这里放牧的人，每人都在四山的丫口上，树林中，安放好几个铁夹，每年都能捕到几只麝羊，肉大家分来吃了，麝香各人安到的各人要。这一夜，我一闭上眼睛，就想起天麻、麝香这些珍贵的药材，在这里竟离得如此的近。我几时想象过，在我睡着的土丘上，静静地生长着难以寻觅的天麻，在不远处的小山口，还居然有夜游的麝羊踩发了铁夹……。

假如不是海拔高了一点，气候太变化无常的话，雷公坪住上人家是可以自得其乐的，历史上确乎有人试验过。据传说，那是从北边某地来的一个人物，在家乡丧尽人心，待不下去了，窜到这里，看中雷公坪这块地方大有可为，就生了一个邪念，想在这里建立起一个独立王国，自己做开国皇帝。他也真有计谋，有一天，他带着一位助手窜到雷公坪前沿的树林里，选了一棵分桠较好的梧桐树，他抽出一把熠熠发亮的匕首，叫助手将匕首从树子的分丫处打进树心里去。过了一两年，树子长大，将口子弥合，刀子已深埋在树中。

雷山这地方，人民苦难很多，其中最为普遍的一难是缺盐的苦。许多人家常年吃不到盐，虚弱无力。谁能解决吃盐问题，谁就能成为这里的救星，那位人物就想利用人民这种心情，实现他的皇帝梦。他和助手设法从外地弄来若干挑盐巴，是四川自流井产的那种大块块盐。他们寻到雷公坪山泉的源头上，那是一个岩洞口，找一个适当的地方，将盐藏起来，盐受潮湿就慢慢化入水中，他于是派助手下雷公坪，到四周的村寨去宣传，说雷公坪是个居住的好地方，那里的水是盐水。农民不相信，他说不相信可以派代表去试。正在受着缺盐灾难煎熬的人，所到如此的喜讯，即使不相信也无妨派人去试试。推举几个有经验的老人作代表，到雷公坪的山泉里，两手合掌，捧起泉水一试，可不是，咸滋滋的，他们将随手带的葫芦都灌满盐水，回家报讯。于是，四周的人家纷纷迁上雷公坪居住。一个几百户人家的大寨子在雷公坪建立起来了。有了被统治者就要有统治者。而且那位未来的统治者早就在那里等着登上宝座的。一切都是在按他的计谋而行。建立独立王国已经有了最重要的基础：人户。古代封疆列土，都讲千户侯，万户侯。一个流落异乡的浪荡子能管辖几百户成为百户侯也算心满意足。那位人物于是又如此这般吩咐助手一番。助手随即在雷公坪的新住户中宣传：鸟无头不飞、羊无头不行，我们这几百户人家没有一个头也过不了好日子。大家一听，很对，是该有个头。但是，谁来做这个头呢？哪里去找这个头呢？那助手说，老天既然会生这样一股盐水给我们，当然也会生一个能人给我们做大王。人们问，可有吉兆？那助手说："当然有，神托梦给我，说雷公坪的树林里，有一棵树藏有一把刀，谁能把这把刀找出来，谁就能成为雷公坪的大王"。这就太奇了，自从盘古开天地，树子都是木的，哪来钢打铁铸的刀子？如果真有这等事，又真有能看见这刀的人，那必定是神人下凡，当然可以做大王，这是天意。

那助手和大家商定一个良辰吉日，叫全寨上的男女老少都上山去，谁看见那刀子谁就能做雷公坪大寨的皇帝。有些想成为皇帝的人，借故到树林里去转，如果碰巧遇到那棵树，看见那把刀，拣个便宜得个皇帝当，岂不美哉。可是谁也没有这样好的运气。

良辰吉日到了，这一天，雷公坪大寨全体百姓都聚在雷公坪前沿，等待天赐一个皇帝给他们，等了半天也没有人敢开口。

忽然，有一个仪表堂堂的人分开众人，大声说道"我来了"。 众人惊喜万状，想是皇帝驾到。连忙闪开一条路，那人径直向一棵大树走去。站在离树约五尺远的地方，抬起右手，指着分丫之处，叫一声："开！"

一个带着斧头的小伙子，顺着手指的方向，爬到树上，将树子砍开，砍了七八寸深，哐当一声砍出了一把熠熠发亮的刀。所有在场的人几乎都不敢相信，那人又大叫一声："宝刀助我完成此大业也"。

那位助手向众人说道："神灵托的梦果然应验了，我雷公坪物华天宝，人杰地灵，老天爷降下如此一位大圣大贤，实在是我众人万世的福分。吾皇万岁！万万岁！"

"天意"不可违。大家立即推那位人物登上皇位，建立了雷公坪王国，那位助手做了丞相。雷公坪四面半山既有田土可耕，山上又有树木可采伐，还可以打猎、采药，最重要的，山泉里有盐水可用。这个小王国也的确兴旺发达了几个年头。起初，块盐快化完了，皇帝和丞相还知道设法神不知鬼不觉地再弄一些来。后来，他们以为王位坐定了，不再费心弄盐巴。渐渐地，水中的盐分少了，最后竟至没有盐味。维系人心的东西失去了，人心散失，又纷纷往山下搬家，皇帝和丞相要阻止、镇压，也挡不住。王国昙花一现，很快就没落了。最后又只剩那位人物及其助手在雷公坪浪荡，绞尽脑汁地想，看还有什么办法再建一个独立王国。

农民们领我到坪子四周，拾起一块块瓦片，铁器给我们作证据，至少证明了这里的确有人家居住过。只是那位一心当大王的人物，不知藏到哪里去了。

半夜，我听见蚊子讲了它的一番道理。

夜深了，我、小张、昌仁都和衣而睡，躺在就地取材、用木头架成的连铺上，我一时睡不着，静静地听着房子内外声音的变化。尽管是在荒无人烟的雷公坪上，前半夜声音还是嘈杂的。鸟声、水声、风声、蛙声，以及季节性牧场的牛羊和鸡鸭的声音。渐渐地，牛羊鸡鸭安然入睡了，忙碌了一整天的蜜蜂也不得不在黑夜里停止了劳作。这时除了呼呼的风声，潺潺的流水声和啯啯的蛙声，外面是听不见别的声音了。这时最令人讨厌又最给人以威胁的，是那些窜进了屋里的野蚊子，那些唱着歌表示要吸人血的长脚蚊。幸好我们有点先见之明，带了蚊帐。雷公坪上的蚊子，也许从未见过蚊帐，从来不知道在它们要吸吮的人体面前还会有东西阻挡。它们盯着蚊帐里本来可以任意吸吮的人体，绕着飞着，若干次冲击着。那“嗡嗡”之声越来越大。我在朦胧中仿佛听得它说：“我一定要吸！我一定要吸！”终于吸不上，它又好像在埋怨什么：明明见着有血有肉的人体躺在雷公坪上，为什么竟被什么该死的东西挡着，以至不能饱餐一顿呢？“嗡嗡嗡嗡，这太不公，嗡嗡嗡嗡，这太不公！”蚊帐里的我，听了蚊子的这番道理，心里非常愤慨。我想：如果要让你吸到我的血才算公道的话，我又向谁去讲公道呢？

什么叫伟大？这时我想，人类先发明蚊帐的人就很伟大。在蚊帐的庇护下，我坦然地躺在牧羊人身边，脑海里像演电影似的，闪过许多的念头和影像。我想起某些作家小说里描写的牧羊人的浪漫主义恋爱故事，想起苗族农民起义领袖张秀眉被清兵围困在雷公山、雷公坪一带时的艰险境遇，想起彭加木在罗布泊考察失踪和对他的崇敬，也想起那个野心家怎样施展他的计谋，我在这种想象中进入雷公坪的梦乡。

在源头上，泉水是格外的清甜

我在部队时的两个老同志，都是山东人，他们夫妇俩来雷山工作已经好些年了，我问他们习惯不习惯，他们恰如其分地介绍了雷山的优点和缺陷。他们特别称赞雷山的气候和水。雷山气候比较温和，与相距仅四十公里的凯里迥然不同，与南边的榕江更大不相同，他们说：雷山的水真好，开水壶和热水瓶用了十年二十年也不会起一点水垢。这大概是因为雷山没有石灰石的缘故。我是喝贵阳水的人，早已忘记世间还有如此清净的好水。因此对水特别注意。到丹江河边观察，又到西江河里洗涤。上雷公山的路上，跨过一道又一道的山泉飞瀑，响声悦耳，水色润目，无不使我赞叹。熟悉雷公坪的昌仁说，挂在雷公坪四周的山泉飞瀑，有几十条，上百条，如果把雷公坪大山比做一个苗族女子，那末，环挂在她四周的山泉飞瀑，就像这女子拴在身上的一串白色的围腰带。西江公社的社员早在五十年代就修了一条沟。把这些山泉汇入沟中，引去灌田和饮用。近年还利用它修了两个水力发电站，因为这条沟起自雷公坪山上，来源很长，所以称为“大王沟”。昌仁自豪地说，是省水利局都挂了号的。

在雷公坪上，我们找到这些山泉飞瀑的最高最远的一个源头，从绿树丛中的岩缝里流出来。当地（方祥大队）人赞扬起这里的水来，比我那两位老战友的感情更进了一层。一个中年农民说，这里的生水不管你怎么喝，喝了不会肚子痛。我说为什么？他有根有据地说："因为我们这里盛产天麻，杜仲各种药材，水里含有这些药份"。水里有药份我是不相信的，但这里的水没有污染，干净、好喝，以及人们对家乡山水那种泉水般明亮的感情，我是相信的。一位年纪较大的农民还说：一九二九年有一位"德国老奶客"（指一个德籍女传教士），请人用轿子把她抬到雷公坪，她用右手食指沾一滴水点在自己的左手板心里，直叫唤说是手板手背的两边都浸凉透了。我们也试了试，倒不会像那位"德国老奶客"的大惊小怪，但这泉水的确是清凉彻骨的。好在它的特点是冬暖夏凉，所以还可以堵塘养鱼和天然地生长石蚌。

什么好的东西都可以被人利用，雷公坪的泉水也不例外，历史上那位做皇帝梦的人物，利用这泉水去实现他的野心。今天人们却利用这泉水灌田、养鱼、造纸、发电、造福人民。下山的时候，路过一条山泉，小张要照张相作纪念（小张正在学摄影）。我说这相片如果照成了，可以题上一句话："在山泉水清"。下到山脚，我又去岔河，看河水的来龙去脉，并看水是不是还像山上那样清亮……。

"银球"出雷山

（原载1989年3月17日《人民日报》）

人民日报记者　朱维群

雷公山，属苗岭山脉，横亘于贵州雷山县东北境，主峰海拔2179米。因它终年云遮雾裹，山间经常雷电交加，故得此名。

我们从县城出发攀缘在山间的羊肠小路上，极目四望，唯见重峦叠嶂，林木幽深，飞瀑漱石，古木倒悬。随着山势增高，云雾渐浓，有时能见度不过数尺。上到海拔1400米的山腰，云雾忽散，我们已置身于一片碧绿的茶园中了，一排修剪齐整的茶树依山势而植，有的坡地几乎近于直立，可以想见当初开垦者的艰辛。这里就是雷公山一绝"银球茶"的发源地—觉散茶场。

银球茶属绿茶类，外观呈球状，大小有如孩子玩的玻璃弹球，每颗重2.5克，饮用时每杯一颗，冲开水后圆球渐渐伸展为片片完整的茶叶，叶片肉厚而鲜嫩，茶水微黄而清澈，饮之醇香而微甜，冲上四五遍水后余香尤浓，真是茶中精品。

觉散茶场职工多为苗家，而且大多是妇女，他们告诉我，这里海拔高，雨量充沛，漫射光多，昼夜温差大，茶叶自然品质特好。1982年，老场长毛克翕等决心改变雷山缺少名茶的状况，琢磨着创一种不同于市场现有的散茶、坨茶、砖茶的球状茶。他们选一芽二叶初展的高档青茶，环环精选、精制，又利用嫩叶胶质丰富的特点，不加任何添加剂，以手工制成球状。银球茶问世后，人见人爱，很快打入市场。某外国驻华使馆为了购得此茶，从北京一直寻访到贵州。觉散茶叶过去不过八九元一公斤，而银球茶则上升到74元一公斤，并同觉散茶厂创制的天麻茶双双被评为"省优""部优"产品。

"银球"出雷山，开阔了雷山县利用自然优势战胜贫穷的思路。

在雷山县12.3万人口中，苗族占82%。"九万大山"的封闭，使全县工农业总产值迄今不过3088

万元，比10年前仅增长40%。目前尚有30%的农户未能解决温饱问题。县委书记、苗族干部陆定洲对我说："雷山要摆脱贫穷，工业、粮食、林业都离不了。但是根据全县九山半水半分田的特点，加快发展多种农副产品的种植业和加工业，看来是帮助苗族群众尽快脱贫的捷径。其中，又以茶叶生产最有希望"。

被民间尊为茶神的唐代陆羽在他所著的《茶经》中论及茶叶品质与土壤的关系时说："上者生烂石，中者生砾壤，下者生黄土。"所谓烂石，系指砂页岩风化形成的砂质黄壤，这恰恰是雷公山的土壤特征。贵州省茶研所专家来雷山考察后欣喜地指出：雷山全县找不到一片石灰岩，找不到一块碱性土，这是全省和全国都少有的宜茶土壤。雷公山的温湿气候对粮食生产不够理想，对茶树却十分有利。雷山茶园多在森林环境中，基本上无污染，他们的结论是，雷山茶注定不同凡响。

雷山县1973年才种茶，历年积累茶园6000亩。过去由于领导不重视，体制又多变动，不少茶园丢荒失管。到1987年茶叶总产量尚不及遵义县一个稍大的乡村茶场。近年县里成立茶叶生产领导小组，县委书记任组长，苦干一年，除垦复了大部分老茶园，又新辟1900多亩。去年全县产茶近2万公斤，比上年增84%。县里计划近年内在全县建成有万亩茶园的名优特绿茶基地。

为了带动尽可能多的苗族群众脱贫，现任县饮料食品厂厂长的毛克翕又采取了新措施，从1989年起同几个最贫穷的苗族乡签订合同，鼓励农民利用地角田边种茶。凡种满500窝的，厂里无偿给予种子和一定数量混合肥，采茶时节厂里负责设点收购并保证当场付给现金。他还派出12名技术人员专职负责技术指导。在这个"龙头"带领下，已有3600多户种下茶树，占这几个乡总农户的70%。老毛对我说："一户种500窝，到1990年至少可收入60万元，到1993年茶树进入高产期，产量可增加三倍，这是一笔不小的可靠收入。"

被人们誉为"雷公山的开拓者"的老毛，还有一层更深的想法：保护雷公山生态环境单纯靠禁止群众乱砍滥伐还不够。如果苗族群众除了砍树没有其他找钱的路子，雷公山终难逃砍伐一空的厄运。我们厂除了制茶叶，还利用山上的天然资源开发出猕猴桃、竹笋、杨梅、天麻等二三十种饮料、果酱、罐头等食品，1984年以来通过收购山鲜已付给农民145万元。

雷公山孕育出银球茶，银球茶寄托着雷公山的希望。

诗词辑录

雷山之歌

（1947年雷山中学校歌歌词）

杨光文等

雷山巍巍，拔海千寻；丹江滚滚，澄澈清莹。地灵兮，人杰，俗美兮，风淳。奋起兮。乡邦家国从头待振兴！待振兴，民主自由要力争。

半耕半读，亦武亦文；克勤克俭，立己立人。国步艰如故，时代已翻新。奋起兮，乡邦家国待振兴！待振兴，气冲斗牛赶青云。

雷山八景

调寄《浪淘沙》

罗雨峰

（一）翠阁枕江

翠阁枕江流，
百尺崖头，
朱栏环绕几重楼。
绿竹苍松映碧水，
相对悠悠。

胜地惹人游，
来往勾留，
风亭月榭题诗稠。
落得老僧真自在，
逸静清幽。

（二）飞佛留岸

问佛何飞来，
陡坎悬崖，
天然生就洞门开。

一点长明灯不断，
端坐莲台。

或见世风衰，
特降尘埃，
如来本是慈悲怀。
指示众生循大道，
才有高栽。

（三）犀水晴波

波浪满潭鸣，
时起时平，
朝天勿论雨晴阴。
究竟不知何物动，
只见潮浑。

石上纪犀名，
往古传闻，
骚人墨士常登临。
游览莓苔遗字迹，
一片青青。

（四）雷峰烟雨

四百里纵横，
雾锁云吞，
出头敢说众山惊。
五岳移来休比峙，
空负虚名。
原始有森林，
烟雨沉阴，
长年障目不知春。
反是冬来气候暖，
顶上晴明。

（五）龙岭朝霞

峻岭恰如龙，
头向江中，
朝暾初上映霞红。

偶遇狂风吹草动，
势欲腾空。

形像果然雄，
出自天工，
勿须下海驻龙宫。
盘古遗来福此地，
岁岁年丰。

（六）环流晓烟

九曲泛烟波，
朝听渔歌，
渔人个个总披蓑。
夜半满江星斗现，
宛钓银河。

夹岸绿杨多，
不断莺梭，
穿来穿去织绫罗。
又杂桃花配就锦，
好献嫦娥。

（七）排堤夜月

良夜游长堤，
月朗星稀，
清光照耀遍江辉。
水底天空皆一色，
满眼珠玑。

银汉泻天低，
寒露凄凄，
流连偶听一声鸡。
难舍当头月似镜，
戴到窗西。

（八）螺屏晚照

螺壳耸江边，
夕照霞鲜，

天开一画古今悬。
不假丹青名手笔，
自有神传。

或听鸟声喧，
或见云烟，
或对花帐览芳妍。
春夏秋冬各有景，
总出天然。

登雷公山
七绝（1986年）

石争

满目葱茏望未穷，此身又入云雾中
雷公不知何处去，铁塔巍然立险峰

（原载《贵阳晚报》）

咏雷公山
七律（1986年）

罗秀明

苗岭西来突箐峰　巍峨铁塔傲苍穹
层峦葱翠奔群蟒　叠嶂连绵舞巨龙
狮子昂头嗟落月　猕猴潜影怨霜风
囊昔美景迷人处　生态平衡危难中

（原载《雷山民族研究》）

咏雷公山
七古（1983年）

唐春芳

春花岁岁开不败，芳草年年绿不衰。
更喜苍松挺天立，搏风击雨迎未来。

念奴娇·登雷公山

（原载1986年《萍水吟》）

陈福桐

万山攒涌，塞天地，极目苍茫沉寂。雨雾阴晴常变态，南北东西莫识。路入层云，苔生老树，几处炊烟立。仙梯何用，只隔天宫三尺。

人道争战咸同，义帜高擎，起英雄苗族。越岭翻山惊鬼神，威震川滇湘域。世变今朝，黄羊巅顶，听波传电发。升平歌舞，共赏春花秋月。

念奴娇·雷公山抒感

（1986年）

胡静怡

云笼雾绕，入高寒，四野迷茫一色。不是几畦春韭绿，疑步九重仙阙。树裹苔裳，枝忘叶饰，光自簪花结。蓦然清朗，朝暾初照澄澈！

万山足下纷驰，骋目激怀，天地何空阔！坡翠峰橙幽谷黛，锦绣斑斓铺设。杜宇低吟，山鸡遥唱，似与游人说：图云凭眺，擎杯为奠雄杰！

念奴娇·咏雷山

（1987年）

秦旭

苗岭葱茏，映山红，点缀山城春色。朗读萍吟我倾心，荟萃一堂英杰。丹水碧波，猕猴妙饮，云雾献金阙。雷坪瑰丽，且让今人评说。

广交展现神奇，商贾垂青，四海皆顾客。伟哉三中笑语欢，剔除千载穷白。芦笙西江，万花鼓场，欢歌迎宾客。扣弦独奏，吾黔东南明月。

跳鼓词

（1934年）

丹江县县长　潘咏笙

欢声一片响如雷，簇簇春城夹道开。
要拟巴人赓白雪，未妨腰鼓对歌来。

六幅湘裙拖地青，衬胸珠玉自娉婷。
对门一座飞来佛，却散天花下百灵。

当场第一鼓声敲，凫燕欲来舞翠翘。
恰此羽玲诗句好，四厢花影怒于潮。

漫然芦笙款款风，声清不用锦熏笼。
尊前试奏无腔曲，纵拟双成巩未工。

绕场三匝怯还羞，狂煞千人笑语稠。
最是村东杨妹子，学将鸿鹈起汀洲。

亦有眉须数辈狂，风华老去尚郎当。
几回与作婆娑舞，扑朔凭君细较量。

舞罢桃枝复桂枝，妮侬心事无人知。
从中掠眼偷回首，预忖他年随狗鸡。

泄步瑶台散众仙，笙歌溢越鼓声阗。
旧欢重恰君须记，屈指春风属虎年。

赞跳芦笙

（1944年）

七律

罗雨峰

裙钗结队舞翩翩，独咏霓裳出众仙。
脂粉淡施容皎皎，环玲重佩体纤纤。
裙拖凤尾随风卷，袖刺龙鳞映日鲜。
头角峥嵘皆俊俏，满身银甲赛婵娟。

芦笙吹动应千家，有女快簪头上花。
观看来宾人站满，岩延时候日径斜。
休将红粉藏春楼，正是青年乐岁华。
一旦佳期花结子，千金难买得参加。

沁园春

张秀眉、杨大六反清起义130周年祭

（原载1986《萍水吟》）

胡静怡

举义黔东，万众归麾，大略雄才！痛流官桀虐，生灵涂炭；苛捐刮骨，殃及莹台。血性儿男，菊霜矢志，蕊冷香寒斗雪开。争平等，看挥戈直扫，气壮蒿莱。

雷公山上惊雷，震清室垣坍殿宇颓。誓东迎天国，北和稔党；南联侗、水，西应彝、回。一十八年，风云叱咤，血战玄黄史册辉。同祭奠，为宏图四化，苗汉擎杯。

雷公山资源概况（节录）

（原载《雷公山自然保护区综合科学考察集》）

雷公山自然保护区是以保护秃杉等珍稀生物为主的，同时保护各类植被和自然资源，进行资源管理和综合经营利用的亚热带中山森林生态系统保护区。

雷公山自然保护区地理坐标：东经108° 5′ ~108° 24′，北纬26° 15′ ~26° 32′。地质构造上属于杨子准台地东部江南台隆主体部分之雪峰迭台拱。地层由下江群（板溪群）一套浅变质的海相碎悄岩组成。岩性主要为浅灰、灰色的板岩，粉砂质板岩、夹变余砂岩、变余凝灰岩；下部有千枚状钙质板岩、团块状大理岩及黑色板岩，以板岩为主；其次是变余砂岩和变余凝灰岩。在板岩中，又主要是绢云母板岩和粉砂质绢云母板岩，其次是含碳质绢云母板岩，再次是钙质绢云母板岩。

雷公山地形高耸，其貌雄伟，主峰下各脉络清晰壮丽。整个山势呈西北高，东南低、主脊自北向南呈“S”形延伸，主峰海拔2178.8米。雷公山东侧榕江县小丹江谷地海拔650米，是本区域最低的地带，相对高差大于1000米，其地貌形态可划分为台状高中山，波状中山，脊状低中山及低山三个地貌类型。

雷公山地表水及地下水两部分水资源都十分丰富。区内水资源总量(包括地表水和地下水混合资源）为183731.31万立方/年，枯季地下水资源为26345.12万立方/年，年平均地下水资源为37282.89万立方/年。是贵州省水资源最丰富的地区之一。水化学类型以HC03 ~ NQ · CA水为主，固形物含量一般为0.01 ~ 0.02克/升，属矿化度极低的水质。通过对水体元素分析，水中有害元素含量均未超过国家饮用标准。水化学资料证明区内水质优良，无污染，在生活饮用、农田灌溉、工业用水及食品酿造等多方面的用水上，属极佳水质。

雷公山的气候，具有明显的中亚热带季风山地湿润气候特征，属海洋过渡气候区。且气候温暖、湿润，雨量充沛，为各种生物繁育提供了良好的生态环境。

区内土壤分布面积大的是山地黄壤，在垂直分布上，约跨750米高度，即从海拔650 ~ 1400米范围内均为黄壤所覆盖。其次为山地黄棕壤，约占垂直带500 ~ 600米，即从海拔1400 ~ 2000米左右的范围内为黄棕壤覆盖。分布较小的是山地灌丛草甸土和山地沼泽土。区内土壤呈酸性反映，腐殖质层厚，湿润性好，因而土壤肥力是高的，宜林程度高，故为大片森林覆盖创造了条件。

因雷公山是高耸庞大的山体，优越的地理位置，得天独厚的水、热、土自然条件，加之地史上未受第四纪冰川侵袭，成为许多古老孑遗生物的避难所。因而蕴藏着丰富的生物资源。各种生物达2000种以上。其中列为濒危的国家保护植物达46种。其种子植物有825种，19个变种，分属146科，421属。在种子植物中，木本植物有465种，19个变种，分属91科，217属；草本植物有360种，分属55科，207属。

列入国家濒危、珍稀重点保护植物有20种，其中一级保护植物有秃杉，二级保护植物有马尾树、水青树、金佛山兰、鹅掌楸、福建柏、十齿花、香果树、钟萼木共8种；三级保护植物有半枫荷、柔毛油杉、翠柏、穗花杉、银鹊树、红花木莲，禾东拟单性木莲、黄杉、长苞铁杉、白辛树、木瓜红等11种。

蕨类植物有41科，89属，249种，占全省蕨类植物的77.4%。

真菌种类共有204种，87属，37科。其中有20余种大型真菌为贵州新纪录。有食用菌约55种，常见的香菇、木耳、红菇、油蘑、冬菇、牛舌菌、羊肚菌等。在历史上，羊肚菌曾有向皇帝进贡的珍品之一的记载。还有菌中营养之王——竹荪已有发现。药用菌有30种，猴头，灵芝是其中之一。

中草药材资源，可称得上贵州的一大宝库。据考察有171科，313属、625种之多。其中有珍稀中草药15种；天麻、黄连、中国粗榧、三尖杉、大叶三七、黄皮树、川八角莲、蛇莲、杜仲、雪里见等珍药。民族民间用药甚多，其药用功效为上品，在全国颇有名声。

雷公山森林覆盖率占60.87%，还有灌木林占1.25%，疏林地占6.38%，造林未成林地占2.97%，荒山占21.75%，区内现有活立木总积蓄量为300.78万立方米（1984年底数）。

雷公山野生动物资源有516种，分属131种，40目。兽类有54种，分属8目、19科、45属。列为国家二类保护的有猕猴、穿山甲、林麝、黑熊、水獭、大灵猫、小灵猫、金猫、豹猫、毛冠鹿、鬣羚等13种。鸟类有121种，占贵州总鸟类的29%，雷公山鸟类列为国家二类保护的有白鹇、红腹锦鸡、鸳鸯、草鸮等10种。两栖、爬行动物共有36种，占全省总数的60%，珍稀的娃娃鱼（大鲵），溪沟常见。

雷公山绵亘二三百里，史志称“牛皮大箐”，是我省的名山之一。由于具有中亚热带地区的多种特点，是生物资源的基因库，有其重要的科学研究价值。有些植物还具有极高的观赏价值。如秃杉这一树种，不仅树形大，树冠阔，而且终年常绿，分布有35片，面积约1000余亩。

雷公山玉兰花面积有1.6万千余亩，杜鹃花2万余亩。有响水岩四级瀑布、乌芒沟瀑布（高60米）和溶缸瀑布等。雷公山常有云雾缭绕，如攀山顶，犹如步入云端，逢晴日，观看那日出日落的壮景，天际神奇尽收眼底，有时也逢“佛光”显现。

大事纪要

（1988—1990年）

1988年

1月

1日，县人民政府发布《雷山县城镇建设规划管理条例》，共5章30条。从1月1日起执行。

13日，雷山县邮电局现有机械设备容量经省邮电管理局验收已达三级局标准，同意晋升为三级局。

16日，县委举行六届二次全委扩大会议，历时4天。县直各部、办、委、局、区、乡（镇）及州驻县单位的负责人列席会议。到会175人，县委书记陆定洲作党的工作报告，纪委副书记周正光作纪检工作报告，县委常委、副县长陈文发作经济工作报告，财政局局长冷汉元作财政工作报告。会议主要内容是：贯彻省委五届九次扩大会议精神，研究部署深化改革和经济发展问题。会议作出以下部署。一、深入贯彻党的十三大精神，坚持党的基本路线教育，以改革总揽全局，通过进一步深化改革，促进国民经济的稳定增长；二、农村进一步巩固和完善以家庭承包为主的经营责任制。积极发展多种经营，大力促进乡镇企业的发展；三、搞好企业深化改革，抓住“承包、租赁、挂钩、计件”八个字，特别要重视引入竞争机制。

27日，县政协、县委统战部举行“迎春座谈会”，家住县城的政协委员、在县城的省、州政协委员应邀参加座谈。县委书记陆定洲，县委副书记、县长覃榜远，人大常委会副主任余国美应邀参加。县政协主席余国茂，县政协副主席、县委统战部部长潘自动分别在会上讲话。县政协向本届未再任职的上届33名委员颁发了“政协之友”纪念品。

2月

11日，县十届人大常委会举行第五次会议，出席会议的委员有12名，会期2天。会议听取和审议县司法局《关于1987年普法开展情况和1988年普法工作安排意见》和县人民政府《1987年国民经济和社会发展计划执行情况的报告》。

22日，县委召开常委会议，研究农村深化改革和城镇企业深化改革的试点工作。决定：农村改革试点在固鲁乡南屏村，书记陆定洲任组长，政策研究室主任杨秉学为副组长。企业改革试点在玻璃厂，副书记、县长覃榜远任组长，经济委员会主任田兴寿为副组长。

3月

26日，县十届人民代表大会第二次会议开幕，会期5天，会议审议了政府工作、财政预决算，国民经济社会发展情况和人大常委会工作、人民法院，人民检察院等的工作报告。同意杨成芬辞去黔东南第八届人民代表大会代表，补选金明秀为黔东南州第八届人民代表大会代表。

4月

2日，黔东南州老年门球运动会在雷山县城举行，历时7天。参加比赛有21个队，运动员150人。

6日，旅台同胞唐品先生回原籍西江镇羊排村探亲并迁葬其母的坟墓。他是大陆、台湾开放后回雷山探亲的第一人。

25日，贵州省茶科所副研究员冯绍隆应聘为雷山茶叶生产顾问。

5月

4日，推行人事制度改革，实行干部选聘制。县委成立干部人事制度改革领导小组，陆定洲任组长，周正光、杨胜烈任副组长。

15日，郎德上寨苗族青年陈光文（男）、西江平寨苗族青年毛家兰（女）等7人，应邀参加贵州省民族节日文化展览表演队赴西安半坡博物馆表演民族歌舞。

25日，县十届人大常委会第八次会议任命余志芳（苗）、李天舜（苗）为县人民政府副县长。

6月

7日，主要副食品价格调整后，县人民政府决定每月给职工每人补助生活费6元，民办教师及半脱产干部每人补助3元。此规定从5月份起执行。

8日，县人民政府组织工作组对全县中小学进行危房检查，确定为危房的有67幢，面积1490.2平方米。

30日，据畜牧局报称：在桥港乡掌批、排洛、桥港进行兽疫承包试点，实行经济与技术直接挂钩，效果显著。共承包生猪458头，鸡135只。生猪发病率为2.2%，死亡率为1%，在国家规定指标之内。

同月，县机关在职干部举行“社会主义商品经济”测验，应考535人，实考451人，参考率为85%，及格率为93.3%。

7月

18日，县委发出《关于清退农转非责任地的通知》。规定：此次清退农转非责任地包括田、土和山林。以1984年3月1日为界限，在3月1日以前参加工作、在部队提干、考入大中专学校、落实政策办理了农转非的户口，一律清退责任地。以后，凡办理了农转非的户口，均应按实际人数清退责任地。

同月，对包括七个专业的农民技术职称开展评定工作，全县有175人获得技术职称，其中少数民族158人，占91%。妇女7人，中级职称3人。

8月

10日，响楼乡掌排村民办教师朱光权家遭雷击，朱光权及其子被击死。

27日，文化部副部长林默涵到郎德上寨民族文物村参观。

28日，固鲁乡教厂村盲哑人滕东福（男）、龙头乡水电村盲哑人张保当（女）、杨欧豆（女）、罗妹（女）等6人参加黔东南州首届残疾人文艺调演，舞蹈《斗鸟》获一等奖。后参加西南片区残疾人调演，《斗鸟》《三人舞》又获三等奖。

31日，县长覃榜远为晋升初、中级职称的253名自然、社会科学技术人员颁发《任命书》。

同月，永乐地区社会治安混乱，发案率高。1—8月发生大小盗窃案件514起，损失7.2万余元。县公安局专门组织工作队驻区侦办。

9月

11日，从晚11时起直到次晨7时止，丹江地区连降暴雨，雨量达118毫米，丹江河水猛涨，两岸未收割的稻谷及稻草均被淹没。

13日，中共雷山县委、县人民政府发出《关于干部职工停职留薪承包乡镇企业和开发性生产的规定》。

19日，大中专院校录取新生工作结束。全县有183人参加全国统一考试，被录取70人，占参考总人数的38%；有212人参加中师、中专统一考试，录取65人，占参考总人数的31%。

同月，据县发简报：自8月中旬以来，县境大部分地区连续出现阴雨低温天气近40天，兼有水灾、虫灾、雹灾，农业生产备受其害，成灾面积达52254亩，占总面积61.7%，减产达585万公斤。严重的高寒地区如桥洛、乌东、脚尧等地造成绝收。其间发生三次大暴雨，冲毁、倒塌房层545间，死亡9人，伤36人，损失猪牛520余头。

10月

17日，中共雷山县委、雷山县人民政府行文转发《雷山县兵役工作制度化的试行规定》。

18日，为整顿雷山第二中学校纪校风，县人大、县政府、县委组织部联合对其进行考察，历时12天。

28日，县委召开常委会议传达省发〔1988〕11号文件“关于清理企业的固定资产投资和整顿公司”的政策精神，对雷山县清理固定资产投资和整顿公司的工作进行部署。会上决定成立领导小组，由副书记、县长覃榜远任组长，周正光、龙效民为副组长。办公室设在工商局，秦保安兼办公室主任。

本月，高岩乡交腊村在水稻抽穗期连续遭受40天低温阴雨天气，造成大面积“秋风”灾害。据县工作组及雷公山自然保护区调查证实，有50%（126.6亩）的稻田无收，有50%（126亩）亩产达不到150公斤，农民口粮将造成困难。达地镇据调查减产幅度也大，受灾面积达5770余亩，占总耕地面积86.3%，损失稻谷计56.8万公斤。

11月

1日，县农业局决定：在莲花乡新辟380亩杂稻制种基地。

4日，全县范围内实行食盐凭证定量供应。标准是：城镇人口每月每人500克，农村人口每人每月600克。

6日，县委召开工作会议，参加会议的党员负责干部计203人。县委书记陆定洲，副书记、县长覃榜远分别传达中央和省委“关于治理经济环境，整顿经济秩序”的文件，并提出在雷山贯彻落实的工作意见。基本精神是：1989年在固定资产、投资规模上，要比1988年压缩20%，只能多压，不能少压。清理在建项目时要坚决把非生产性投资的基建、楼堂馆所、长线产品压下来，把能源、资金、原材料等不落实的项目砍掉。控制消费基金增长，压缩集团购买力，节约开支。加速资金周转，控制信贷发放，强化信贷回收，重点是保证农副产品、粮食和烤烟的收购资金。狠刹涨价风，开展物价、财务、税收大检查。重点清理整顿1986年下半年以来成立的公司。开展“双增双节”运动，搞活工业企业，搞好市场供应，抓好粮食和魔芋生产加工等。

24日，县十届人大常委会举行第十二次会议，出席会议有12人，会期3天。会议的议程是：听取和审议《关于扶贫资金的投放和使用效益情况的报告》、《关于工商企业推行经营承包工作情况的报告》、《关于粮食入库及购、销、调、存情况的报告》，并通过“财政年度预算部分变动的决议”和“关于开展扶贫资金投放和使用情况的检查的决定”。

12月

12日，县建设局根据《贵州省建筑市场管理暂行规定》对县人武部办公楼、民族锑矿厂食堂、雷公山电视台等建设单位无证无照设计和包发工程的发包方、施工方处以罚款，金额计5700元。

是年，全县发生山林火灾6起，毁幼林14万余株，损失折款7万余元。

是年，全县发生寨火4起，烧毁房层12幢，稻谷5300公斤，烧死牛1头，损失折款5万余元。

是年，郎德上寨接待国内外旅游参观、考察访问者1359人（次）。其中国外游客299人（次）国内1060人(次)。国外游客中，美国54人、英国12人、法国18人、联邦德国35人、日本54人、新加坡25人、奥地利4人、瑞士44人、瑞典25人、芬兰11人、澳大利亚3人、意大利14人。国内有国家民委副主任包玉山，纺织工业部副部长胡明，贵州省省长王朝文，中国旅行社副社长李绪荫，中央民族学院教授吴恒、白振声，民族画报社教授副总编辑陈家才等领导人员和学者，及北京、上海、青海、四川、广西省（区）市的游客和考察研究人员。

是年，省、州人民政府自1980年恢复民族待遇以来，共拨发民族补助款236.8万元。

是年，雷公山牌银球茶荣获全国首届食品博览会金奖，天麻茶获金鹤杯奖；群峰牌云雾翠绿茶、龙珠茶双获银奖。天麻茶、云雾绿茶双获贵州省优质产品奖。

是年末，全县有26201户，125100人。其中男66882人，女58218人。非农业人口7146人，人口自然增长率为13.39%。苗族103696人，汉族14377人，水族4139人，瑶族664人，彝族117人，侗族2002人，其他民族105人。

全县有4个区，2个区级镇，23个乡，2个乡级镇。村民委员会149个，村民小组1228个；居民委员会2个，居民小组19个。

全县社会总产值为5052.74万元(按现行价计算)，比1987年增长6.15%。国民总收入3012.46万元。比1987年增长9.82%。工农业总产值(按80年不变价计算)，3215.04万元，增长3.8%。其中农业总产值2151.16万元，增长1.49%；工业总产值1063.88万元，增长11.49%；乡镇工业产值61.5万元，增长2.69%。

全县耕地面积102405亩，播种面积170370亩，复种指数为166.37%。粮食产量为2.48万吨，因受灾减产，比上年下降15.51%。油菜籽349.61吨，烤烟457.79吨，生猪存栏为5.54万头。农业人口人均粮食197公斤，人均纯收入133元，增长1.52%。社会商品零售总额2633.77万元，增长48.1%；国内纯购进总额629.42万元，国内纯销售总额1784.58万元，年末库存总值768.26万元。地方财政收入308.18万元，增长24.9%；财政支出为1042.89万元，增长7.2%。不足部分由省、州补助。银行存款余额1959.5万元，贷款余额2223.1万元。城乡储蓄余额1006.9万元。全社会固定资产投资352.8万元。

生产木材8143立方米，发电量401.81万度，自来水29.08万吨，加工大米5267.17吨，面粉1051.42吨，混合饲料534吨，食用植物油94.39吨，白酒616.28吨，饮料酒172.64吨，茶叶23.57吨，砖420.5万块，瓦13万片，服装11.9万件，木制家具1.27万件。基建完成投资188万元。

职工人数为5642人，工资总额652.96万元。其中全民所有制职工4425人，工资总额568.32万元，农村有专业户150户，专业劳动力334人。

1989年

1月

6日，达地镇遭暴风、冰雹袭击成灾，受灾的有6个村，58个村民小组，计716户。毁坏房屋87间，猪圈45个，打烂油菜、麦苗542亩，其他作物328亩。

23—25日，县委、县政府召开全县农村工作会议，贯彻省、州工作会议精神，会上，讨论制定了《关于夺取1989年农业大丰收的意见》。

26日，贵州省省长王朝文在州委书记李仁山、州长吴邦建陪同下，到雷山视察工作。对雷山县各级干部作了“雷山是个好地方，山林要常封，林木要大造，茶场需扩大，工业要发展”的指示。

同日，县十届人大常委会举行第十三次会议，听取和审议县人民政府《关于1988年国民经济和社会发展计划执行情况的报告》，决定召开十届人大三次会议的日期。

29日，县委发出通知：为更好地发挥妇女“半边天”在治山治水和工农业生产中的积极作用，决定成立“双学双比”活动协调领导小组，由县委常委、副县长陈文发任组长，张文学、吴华芬（女）任副组长。

2月

2日，县人大常委会召开“一府两院”联席会议，就如何进一步理顺监督与被监督的关系进行研究和探索。县委书记陆定洲、政协主席余国茂应邀列席会议。

18日，雷山民族中学学生李金魁（乌江乡人）发明“便携碗”和“自由转动窗”获国家专利局发给专利证明书，并载入《中国专利发明名录》。山西省太原市科学情报研究所与之签订了专利转让合同。作为“便携碗”的专利全权代理。

25日，县委、县政府召开首次获高级职称的技术人员座谈会，参加座谈的有文锡美、杨通福、朱铭九、文远仁等12人。县党政负责人陆定洲、陈文发、余国美、余志芳、龙向日、杨永隆等参加座谈。会上，对全县的科技发展，经济建设等开展了讨论。

同月，全县颁发居民身份证工作基本结束。计完成底卡62119人，占州分配任务的71.8%。制证43151人，占全县应办证的73.7%。

同月，县委常委听取了审计局《关于雷山饮料食品厂资产核实情况的报告》。对该厂170万元的巨额亏损深为关注。经研究决定：将该厂的制茶车间分出来另建银球茶叶公司，饮料厂另外找人承包。并责成分管的副县长与经委、轻工局召开小型会议，落实账务，分清是非，总结教训，改善经营。

3月

1日，中央档案一馆给丹江镇居民谢翠兰（胡仲毓烈士妻）长期妥善保存贺云卿（贺龙）给仲毓、光庭的信手稿原件（革命文物），颁发荣誉证书和奖金100元。

14—16日，县委召开全县政法工作会议。参加会议有205人，会期3天。会上传达了中央和省委主要负责同志的讲话，要求全体政法干警认真贯彻党的十三届三中全会精神，积极参加治理经济环境，整顿经济秩序的工作。严厉打击严重刑事犯罪和经济犯罪活动，维护安定团结的政治局面，为全面深化改革和经济建设服务。

20日，县委常委会议听取全省廉政建设会议精神和刘正威、龙志毅、刘汉桢等负责同志的讲话。会上决定：以农业局为廉政试点，要求将此精神传达到全体党员；撤销县政府纪检组，设立县机关纪检组。

同日，县政协第二届委员会第三次会议在县城举行。出席委员78人，列席15人。会期5天。会议制定了《县政协“祖国统一联谊会”工作简则》和县政协六个委员会《工作简则》，学习了政协全国委员会《关于政治协商、民主监督的暂行规定》。

21日，县十届人大第三次会议在县城举行，出席代表123人，会期5天。会议审查通过了县政府工作，县国民经济和社会发展计划执行情况和安排意见、县财政预决算、县人大常委会工作、县人民法院工作，县人民检察院工作等的年度报告，并作出相应的决议。并同意人大常委会委员余志芳的辞职请求。

同月，县妇联为纪念“国际劳动妇女节”79周年，举办首次妇女篮球赛。共有15支球队，180人参加比赛，历时一周。永乐区、经委、党政、财贸队分获1～4名。

同月，县民委对陶尧乡11个苗文夜校扫盲进行验收。应考356人，到考284人，及格166人，及格率为58%。

4月

5日，根据《贵州省乡镇人民代表大会主席团工作暂行条例》的规定，县在27个乡镇建立人大主席团，并颁发了印章和制发了衔牌。

25日，县人民政府颁发《关于土地登记发证的有关规定》及《关于加强土地管理的通知》，决定从3月份起，对依法使用国有土地、取得集体土地建设用地使用权的单位及个人，以及拥有集体土地所有权的单位，分别发给“国有土地使用证”“集体建设用地使用证”“集体土地所有证”。

5月

4日，县委常委听取县公安局局长王启基汇报全州公安局局长会议精神，传达中央《关于坚决制止少数不法分子打、砸、抢、烧犯罪活动的通知》，要求统一思想，提高认识，采取坚决措施制止动乱发生。

20日，县人民政府颁布《关于城镇土地使用税征收管理办法的通告》

21日，县人民政府命名县人民银行支行、武警中队、劳动人事局为“文明单位”。

27日，县委常委举行会议，学习中央通知及李鹏、杨尚昆、乔石等同志的讲话，一致拥护解放军进驻北京执行戒严任务的决策。

同月，《雷山县志（初稿）》抄正复印后，由杨麦秀、赵德芳二人负责呈送国家民族事务委员会审查。

29日，雷山县“关心下一代”筹备组成立，副县长杨昌洲任组长。

30日，雷山县国防教育领导小组成立，县委书记陆定洲任组长。

6月

7日，县委书记陆定洲主持召开县委常委（扩大）会议，学习中共中央、国务院《告全体共产党员及全国人民书》，并宣布县委维护安定团结的七条措施。

17日，县委发出通知，要求认真学习邓小平同志在首都军以上干部会上的讲话，抓好经济建设，稳定我县形势。旗帜鲜明地反对动乱，维护正常的工作、生产、教学、科研、生活秩序。

7月

6日，县委召开全县三级干部会议，参加会议计357人，历时4天，会上学习了中共中央十三届四中全会文件和邓小平同志的讲话。会议进行中，由书记领唱《没有共产党就没有新中国》的革命歌曲。

10日，县委以县发〔1989〕9号文件发出《关于学习宣传、贯彻党的十三届四中全会精神和邓小平同志的讲话，切实抓好四件大事的意见》。其四点意见是：一、把学习贯彻四中全会精神和邓小平的讲话当作当前一项重要任务来抓，从7月10日起，各部门、各单位集中学习半天，留半天工作；二、对县内捡获的各类传单要进行清理；三、继续贯彻执行十一届三中全会以来的路线、方针、政策，宣传“五不变”，即：改革开放的政策不变；承包经营政策不变；鼓励集体、个体、私营企业发展的政策不变，计划经济与市场调节以及对重要商品实行“双轨制”价格的政策不变，现行税收政策不变；四、继续抓好整顿和清理公司的扫尾工作。狠抓打击经济犯罪，清除腐败，廉洁政府，端正党风是当务之急。

8月

1日，县人民政府颁布《关于征收农林特产税办法》。规定凡从事园艺、林木、水产生产的，均按其收入7%~10%缴纳农林特产税，并从公布之日起执行。

6日，县人民政府发出《关于雷山县水资源管理实施办法的通知》，从公布之日起施行。

11—12日，县委举行六届三次全体会议（扩大），参加会议计139人。会议通过了《关于贯彻落实党的十三届四中全会精神的决议》，和《关于近期内做好八件群众关心的事的决定》。决定的内容是：一、继续清理固定资产投资和整顿公司；二、坚决查处以权谋私、贪污受贿、投机倒把、敲诈勒索、徇私枉法及其他危害严重、影响大的案件；三、坚决刹住乱涨价、乱收费、乱搞平转议等不正之风；四、清理违章占地建房；五、认真清理历年计划生育超生罚款的收支情况，对违纪违章违法，专款不专用的，要追究有关人员的责任；六、认真清理缺货短款、挪用公款的情况，到期不归还者以贪污论处；七、禁止用公款请客送礼，挥霍浪费；八、禁止用公车办私事，反对腐败，坚持廉政要从县委、县政府做起，从领导做起。

18日，县人民政府发出《关于加强渔政管理、保护水资源的通知》，从9月1日起执行。

25日，县人民政府对省柴灶进行验收，29日结束。全县推广省柴灶达19836户，占总农户的90.06%。实行点面验收，合格率为93.33%。

28日，雷山县清理干部、职工“三违”建私房领导小组成立。县长覃榜远任组长。

9月

1日，雷山县教工男队获全州篮球比赛第一名。

14日，省委书记刘正威在州委书记胡贤生陪同下，到雷山县银球茶叶公司视察，并作了“以茶换粮”的指示。

18日，县委常委会议听取了宣传部部长杨培德参加全省宣传会议精神的汇报。要求做好反和平演变工作。稳定局势，加强廉政建设，整顿宣传、文化、舆论阵地，加强政工队伍和宣传队伍建设，纠正一些错误的不科学的提法等。

28日，雷山县民族文工队《铜鼓人》剧组一行18人赴北京参加建国40周年庆祝演出，并荣获国家级创作三等奖。

10月

7日，县委常委会议听取全州清理干部职工“三违”建私房会议的汇报，通报我县清理进度。共清查出“三违”建私房32户，共占地2565.51平方米。其中县级干部4户，区级干部5户，一般干部10户，职工13户。

同日，郎德上寨民族文物村陈列馆建成开放。

15日，县建设局、丹江镇人民政府制定《县城镇环境卫生管理实施办法》公布施行。

18日，县人大常委会召开主任会议研究换届选举工作和第十一届代表名额。

19日，县组织文化、广播、公安、工商等部门对丹江、达地、桥桑、开屯、大塘、西江等乡镇的文化市场进行清理，取缔台球室2户，录像室1户，搜缴黄色书刊6册。

20日，县委常委会议听取党建工作会议汇报，学习《全国省、自治区、直辖市组织部长会议传达提纲》和《州委胡贤生书记在党建工作会议上的讲话》。决定：召开全县党建工作会议，统一认识，进一步搞好组织整顿，民主评议党员，举办县直机关支部书记学习班等。

31日，县委集中四大班子领导人员，研究落实“温饱工程”。安排1990年推广杂交玉米5千亩，杂稻9万亩，筹集扶贫资金150.9万元。县成立温饱工程领导小组，统一指挥，层层落实任务。

11月

18日，中国民族志指导小组在湘西自治州首府吉首召开第四次扩大会议，由国家民委副主任、民族志指导组组长黄光学主持会议。县志办副主任杨麦秀代表黔东南州参加会议并在会上发言。

28日，县十届人大常委会举行第十八次会议，学习中共中央十三届五中全会公报和中央领导同志的谈话要点，并通过任命县选举委员会名单。任命陆定洲为县选举委员会主任委员，杨秀昌、丁道成、李天舜为副主任委员，杨光胜、余国美、杨培德、潘自动、张继明、朱光荣、张世荣、唐仁文、任海桥为委员，朱光荣为办公室主任，张世荣为副主任。

12月

9日，县人民政府召开《雷山县志（稿）》评审座谈会。省志副总纂史继忠副教授、州委常委、宣传部部长姚康乐、州人大常委会副主任杨敬，以及老领导王春智、朱明、吕潼川、苏敬村等远道赶来参加。参加座谈会的有106人，会期3天。

17日，雷山县民族文工队22名演员参加“贵州土风表演团”赴广州参加羊城中华博览会表演苗族歌舞，受到中共中央政治局常委乔石、李瑞环、中顾委常委王首道等领导同志的接见。

19日，中共雷山县委发出县通字〔1989〕14号文件，建立“除六害”工作领导小组。组长杨培德，副组长龙义声、余志芳。

22日，全国政协副主席、国家民委主任司马义·艾买提在省长王朝文、省民委主任李仁山、省政府副秘书长高星等陪同下到郎德上寨视察。

是年，县行政区划略有变动：望丰乡羊卡村划分为羊卡、乌局两个村；陶尧乡陶尧村划分为陶尧、虎阳两个村。

是年，县科协农艺师张金权、农民技师王启明被中国科协评为“全国农村科普先进工作者。”刘彩姜（女）、陈光美（女）被国家教委评为“全国优秀教师”。杨宗藩、张应成、毛志芬（女）被评为“贵州省优秀教师”。文明三荣获贵州省“五一劳动奖章”。

是年，郎德上寨民族文物村共接待中外游客149批，875人。

年末，全县总面积1208平方公里，辖4区、2区级镇，23个乡、2个乡级镇，村民委员会151个，村民小组1232个，居民委员会2个，居民小组19个。

全县有26682户（非农业户2242户）。有126453人，其中男67853人，女58600人。净增1353人，增长率为11.93%。苗族104052人，汉族15317人，水族4173人，侗族2013人，瑶族668人，彝族120人，其他民族100人，非农业人口7309人。

全县社会总产值6045.44万元。比上年增20%，国民总收入2694.78万元，比上年减10.54%（以上为当年价计算）。工农业总产值3075.92万元（80年不变价），比上年下降4%，其中农业总产值2126.94万元。工业总产值929万元。农民人均粮食200.8公斤，人均纯收入174元。

全县耕地面积102519亩，播种面积175942亩，复种指数为171.63%。生产粮食25395吨，油菜籽314.13吨，烤烟463.17吨，茶叶61.61吨。生猪存栏5.61万头。生产肉类1700吨；造林16905亩。生产木材4615立方米。发电286.87万千瓦小时；白酒及饮料828.64吨；混合饲料303.25吨；服装4.8万件；砖338万块，瓦106万片。基本建设完成1209平方米。国内商品纯购进692.83万元，纯销售1938万元，社会商品零售总额2559.29万元，年末库存862.36万元，集市贸易成交额111万元，固定资产投资额266.54万元。地方财政收入346.2万元，支出1115.2万元。银行存款余额2014.08万元。贷款余额2408.6万元，城乡储蓄余额1314万元。

全民所有制职工4476人，集体单位职工978人，城镇个体劳动者451人，个体有证商人1434人。在校学生21327人，入学率83.8%。科技人员1211人，其中高级职称14人，中级职称321人。

1990年

1月

1日，县委、县人民政府县发（1990）1号文件，颁发《关于进一步做好治理整顿和深化改革的意见》。其要点为：一、坚持一个中心，两个基本点；二、治理整顿的目标为抑制通货膨胀，稳定物价；三、做好产业结构、企业结构调整，提高效益；四、把农业生产搞上去；五、积极发展乡镇企业；六、严格控制人口增长；七、深入开展“双增双节”运动。

12日，县委常委会议听取全州共青团工作会议的汇报。根据雷山县共青团工作状况及存在的主要问题作出如下决定：一、要求各级党组织和党的干部要关心和重视团的工作；二、本着“对的坚持，好的表扬，弱的强化，缺的补上，错的改正”的原则，进一步发挥共青团的作用；三、按照“四化”标准，坚持精干、高效原则，选配好各级团的干部；四、各级党组织要为共青团创造良好的工作环境，保证团干部有足够时间从事团的工作；五、各级团组织要坚持“四有”目标，做好青年的思想政治工作，积极开展“学雷锋”活动。

30日，全县境内普降大雪，公路交通受阻。

2月

2日，据《贵州日报》载：雷山茶园亩产值达520元，超过全国平均水平53%。茶青收购价居全国之首。

6日，县十届人大常委会举行第二十一次会议，听取覃榜远县长提请人事任命的报告，决定任命杨腾模（侗）、张建华为县人民政府副县长。

9日，县人民政府召开全体会议。四大班子及州属单位、企事业负责人计100余人参加，覃榜远县长在会上总结一年来的政府工作。

16日，县委、县政府从农村聘请52名农民技术员下农村抓技术服务，保证“温饱工程”的实施。

19日，县委向州委呈交《关于召开中共雷山县第七次党代会的报告》。

26日，县人民政府召开户口整顿会议，布置第四次人口普查工作。

3月

6日，县委发出《关于做好计划生育工作的通知》，从县机关抽调60余人，组织27个工作组，分别下到区乡督促检查计划生育工作。

同月，雷公山自然保护区管理处组织干警、护林员、林政员150余人，深入毛坪、南刀、小丹江等地开展打击盗伐林木的犯罪活动。共破获盗伐团伙6个，抓获48人（逮捕22人），没收木材99.56立方米，挽回损失5.7万元。

4月

3日，林业部副部长徐有芳到雷公山自然保护区视察，听取了县委副书记吴定文和副县长陈文发的汇报，对雷山县林业工作作了重要指示。

8日，《雷公山自然保护区科学考察集》出版发行，黔东南自治州人民政府在贵阳花溪举行首发式。

8—11日，中共雷山县第七次代表大会在县城举行。应到代表248名，实到234名。会议听取了陆定洲代表上届县委作工作报告，周正光代表上届纪委作纪检工作报告。选举产生中共雷山县第七届委员会，计委员28名，候补委员1名。在第一次全委会上，吴定文（苗）、陈文发（水）、雷子江（苗）、陆定洲（苗）、杨培德（苗）、周正光（苗）、冷忠元（苗）等7人当选为常务委员，陈文发、雷子江当选为副书记，书记缺。选举产生纪委委员11名，常委5名，杨光祖当选为书记，李明德当选为副书记。

21日，政协雷山县第三届委员会第一次会议在县城举行。应到委员93名，出席委员90名。会期6天，会议听取上届主席余国茂作工作报告，杨永隆作提案办理情况报告，并列席县十一届人大第一次会议。经过选举，余国茂连任主席，潘自动（苗）、杨永隆（苗）、罗维钊、包太文、胡瑞林（侗）、文远仁（苗）当选为副主席，杨正光（苗）当选为秘书长，李光文、文清林、穆昌华、杨通槐（女）等19人当选为常务委员。

23日，雷山县第十一届人民代表大会第一次会议在县城举行，应到代表138名，实到131名。会期7天。会议听取了上届县长覃榜远作政府工作报告，龙效民作计划工作报告。冷汉元作财政工作报告，杨秀昌作人大常委会工作报告，吴道隆、顾永清分别作法院、检察院工作报告；并作出相应的决议。

大会以无记名投票选举，杨光胜（苗）、余国美（苗）当选为县人大副主任，朱德君、张继明、朱光荣、张金权、文锡美（苗）、周正光（苗）、张志祥（苗）、罗时信（女、布依）、杨正勇（苗）等11人当选为常务委员。主任经三次投票仍未能选出。大会上，陈文发（水）当选为县长，杨腾模（侗）、张建华、张世荣（苗）、张应芬（女）当选为副县长。王荣（苗）当选为县人民法院院长，李天舜（苗）当选为县人民检察院检察长。

同月，贵州省测绘局20余人到雷山、榕江、台江等县边沿交界地区巡回勘测，绘制《雷公山地形图》（8月结束）。

同月，县人民政府决定：凡农村青年愿意到有女无儿户入赘的，给予支持保护，办理户口迁移，并每个入赘青年发给奖金400元。

5月

3日，《黔东南报》载：1988年度州茶叶生产协会在黎平县桂花台茶场召开。经过评比，雷山县民族茶厂的"云雾翠绿茶"荣登榜首，被推荐参加部优产品评选。

21日，县委召开四大班子紧急会议，听取全州"严打"紧急会议的汇报。决定成立雷山县"严打"工作领导小组和办公室。县委副书记雷子江任组长，龙义声任副组长兼办公室主任。

23日，大塘乡也宜村人畜饮水工程竣工，总投资1.2万元。全州水利工作会议代表80余人前往参观。

6月

25日，县委决定建立"雷山县精神文明建设委员会"。县委副书记雷子江兼主任，杨培德、张世荣为副主任，编制3人。

28日，县委县通字〔1990〕11号文件通知，调整县"除六害"工作领导小组，副书记陈文发任组长，雷子江任副组长。

29日，出席在凯里召开的"贵州省民兵应急分队建设经验交流会"的各地代表150余人到郎德上寨参观。参加会议的有成都军区副司令员马秉臣中将，贵州省军区司令员焦斌少将，政委康虎振少将以及凯里军分区党委第一书记、州委书记胡贤生，州长吴邦建，司令员饶生德，政委刘宗宇等。

同月，"上海科技电影制片厂"为拍摄《我们贵州人》影片，到开屯、西江、丹江等地拍摄外景。

7月

9日，县举办《行政诉讼法》培训班。

13日，县委廉政建设领导小组成立。县委副书记雷子江任组长，杨秉学、杨光祖任副组长，由杨秉学兼办公室主任。

16日，县人民政府发出《关于酒类生产经营实行归口管理的通知》。

20日，县分别召开各种座谈会，对照检查《民族区域自治法》和《黔东南州自治条例》的执行情况。

8月

1日，雷山县武警中队、雷山县民族贸易公司被黔东南州命名为"文明单位"。

9日，县第十一届人大常委会举行第三次会议，听取和审议县人民政府《关于计划生育情况、林政管理工作的报告》，审议县人民法院院长王荣和人民检察院检察长李天舜提请任免人员的名单。会上作出了《关于加强计划生育工作的决议》。

11日，国家民委副主任赵延年在省民委主任李仁山陪同下，前往郎德上寨参观。

25日，县民族文工队18人加入“贵州省民族民间艺术团”赴北京参加“第十一届亚运会艺术节”。

31日，调整清理干部职工“三违”建私房领导小组，副县长杨腾模任组长，杨光祖、赵德敏任副组长。共清理22户，其中县级干部3户，区级干部5户，一般干部职工14户。总占地面积2238.41平方米。被限期无条件拆除的4户，被罚款的2户，补办手续及补交税费的2户。

9月

11日，贵州省副省长龚贤永在副州长王登齐陪同下到永乐、大塘、县职业中学等单位视察教育工作。

25日，县委、县人民政府举行“解放雷山40周年座谈会”，并拜谒了烈士陵园。文化馆、民委举办了“解放雷山40周年摄影、书画展”。

同月，县公安局在凯里运输公司、公路养护段、雷公山自然保护区等单位配合下，组成两个工作组，赴雷榕公路雷山至永乐段侦破打击扒车盗窃犯罪活动。破获刑事案件96起，摧毁盗窃团伙11个，依法逮捕9人，刑事拘留6人。

10月

5日，县十一届人大常委举行第四次会议，审议贯彻实施《行政诉讼法》的工作情况，通过任命第十一届县人民政府办公室主任杨胜武等名单。

8日，在州卫生防疫站的指导下，县卫生局，防疫站对全县麻风病防治进行自查考核，至15日结束，共检查697户，5985人，受检率为99.1%，均已治愈，也未发现新病人。

10日，县委举办区、乡、镇主要负责人和党支部书记培训班，计60余人参加培训。学习内容为马克思主义哲学及党的基本路线和党的基本知识。

29日，内蒙古自治区语委副主任赛音为团长的“内蒙古自治区语文工作考察团”一行16人到雷山考察民族语文推广工作，并到陶尧乡作了实地参观。

11月

10日，高考录取结束。全县参加全国统一考试的考生174人，其中少数民族124人。录取大专院校63人，其中少数民族58人；参加中师、幼师、中专考试的191人，录取62人，全部为少数民族。

15日，县委、县人民政府召开农村工作会议，与会者500余人。会上传达贯彻省、州林业会议精神，制定“十年绿化雷山”的意见，并签订了“造林绿化责任状”。

19日，英驻华大使夫人唐纳德、二秘芮跃登到郎德上寨参观。

12月

1日，经县人民政府批准，“大坪山咸同起义遗址”列为县级文物保护单位。

14日，县人大常委会组织在雷山县的省七届人大代表对财政预决算执行情况，计划生育、廉政建设、社会治安等方面的工作进行视察。

年末，郎德上寨先后接待美、日、德、意、新加坡、奥地利、瑞士、加拿大、南斯拉夫等国家的游客485人；接待人事部、计划委员会、建设部、总参谋部、新华社、解放军报社、光明日报社、广东电视台以及上海、天津、云南、新疆、四川、福建、江西、吉林、江苏、湖北、湖南等省（区）市的国内游客2572人。

年末，据统计，全县有334户开新田，其面积为329亩，农户获奖金9.5万元。

年末，全县总面积1208平方公里，辖4区、2区级镇，23个乡、2个乡级镇，151个村民委员会，1243个村民小组，2个居民委员会，19个居民小组。

全县有27440户，127790人，其中男68896人，女58894人，自然增长率为11.26%。其中苗族105877人，汉族14169人，水族4631人，侗族2108人，瑶族739人，彝族119人，其他少数民族147人。

1990年社会总产值6356.56万元，比上年增5.14%。国民收入3694.32万元，增37.09%（以上为当年价计算）。工农业总产值3036.22万元（80年价计算）比上年下降1%。其中农业产值2163.22万元，工业产值873万元。农业耕地102524亩，播种面积186995亩，复种指数182.39%。生产粮食2.21万吨，油菜籽372.51吨，烤烟595.17吨。农民人均粮食230.8公斤，人均纯收入192.63元。生猪存栏5.54万头，生产猪牛肉类1710吨，鲜鱼23.5万公斤。生产魔芋24.8万公斤，柑橘2.39万公斤，葡萄6.68万公斤，梨3.01万公斤，茶叶96吨。森林面积77.3万亩，当年造林0.67万亩，年采伐木材1.2万立方米，销售0.55万立方米，现有蓄积量365.8万立方米，发电量333万千瓦小时。自来水346万吨，木材销售4519万立方米，加工大米11025吨，面粉649吨，食用植物油28吨。白酒784.44吨，果露酒28吨，饮料68吨。配合饲料191吨。锯材398立方米，砖126万块。服装11万件。建筑完成投资182万元。社会商品零售总额2547.46万元，国内纯购进753.27万元，农产采购总值119.1万元，国内纯销售1843.1万元，年末商品库存1039.56万元。集市贸易成交额771.39万元，财政收入343.6万元，财政支出1194.73万元。银行存款余额2459.5万元，贷款余额2616.6万元，城乡储蓄余额1476.1万元。

全民所有制职工4437人，工资691.26万元；集体所有制职工951人，工资68.28万元。个体户1031户，从业人员1299人，在校学生20892人，入学率为86.5%，文盲率为32.55%。

1949－1987年雷山县经济发展各类统计表

1949—1987年雷山县地区生产总值统计表

表18—1

年　份	生产总值(现价，万元)	年　份	生产总值(现价，万元)
1949	323	1969	645
1950	328	1970	804.47
1951	356	1971	969.24
1952	366	1972	799.74
1953	396	1973	967.64
1954	458	1974	988.62
1955	507	1975	1068.62
1956	640	1976	1086.27
1957	664	1977	1223.25
1958	594	1978	2075
1959	631	1979	1994
1960	530	1980	1999
1961	442	1981	2528
1962	450	1982	2223
1963	585	1983	2156
1964	697	1984	2713
1965	749	1985	3562
1966	761	1986	3561
1967	689	1987	3446.42
1968	687	—	—

1949—1987年雷山县工业总产值统计表

表18—2

年　份	工业总产值(现价，万元)	年　份	工业总产值(现价，万元)
1949	2.58	1969	40.73
1950	2.98	1970	74.56
1951	16.75	1971	173.31
1952	18.36	1972	152.98
1953	33.9	1973	136.58
1954	101.21	1974	199.77
1955	101.21	1975	207.87

续表

年　份	工业总产值（现价，万元）	年　份	工业总产值（现价，万元）
1956	111.68	1976	210.52
1957	122.63	1977	256.2
1958	166.04	1978	279.47
1959	260.33	1979	257.09
1960	189.49	1980	243.53
1961	38.62	1981	386.2
1962	51.91	1982	425.03
1963	82.88	1983	371.62
1964	88.5	1984	512.33
1965	88.82	1985	403.11
1966	54.39	1986	513.57
1967	63.18	1987	861.5
1968	21.41	—	—

1949－1987年雷山县农业总产值统计表

表18—3

年　份	农业总产值（现价，万元）	年　份	农业总产值（现价，万元）
1949	328.9	1969	531.44
1950	334.73	1970	632.39
1951	351.57	1971	730.84
1952	359.41	1972	598.89
1953	378.24	1973	744.49
1954	387.24	1974	735.99
1955	436.75	1975	798.35
1956	563.78	1976	812.27
1957	578.45	1977	919.99
1958	469.76	1978	1815.43
1959	428.09	1979	1708.89
1960	411.52	1980	1775.73
1961	364.44	1981	2594.59
1962	369.13	1982	2028.41
1963	477.12	1983	1831
1964	570.2	1984	2155
1965	613.36	1985	2577
1966	630.48	1986	2679
1967	567.01	1987	2794
1968	573.39	—	—

1949—1987年雷山县全社会固定资产投资统计表

表18—4

年 份	完成投资总额（现价，万元）	年 份	完成投资总额（现价，万元）
1949		1969	16
1950		1970	13.61
1951	1	1971	60
1952	3	1972	62
1953	4	1973	63
1954	3	1974	65
1955	4	1975	85.2
1956	4	1976	50
1957	42	1977	58.81
1958	2.86	1978	144.35
1959	3.4	1979	123.99
1960	4.25	1980	201.66
1961	5.09	1981	168.96
1962	6.33	1982	232.12
1963	7.58	1983	294.57
1964	9.41	1984	283.24
1965	11.52	1985	490.9
1966	14	1986	249.7
1967	13	1987	205.2
1968	14	—	—

1949—1987年雷山县社会消费品零售总额统计表

表18—5

年 份	社会消费品零售总额（现价，万元）	年 份	社会消费品零售总额（现价，万元）
1949	9.53	1969	283.65
1950	17.62	1970	294.91
1951	32.61	1971	333.35
1952	60.33	1972	370.31
1953	58.18	1973	418.36
1954	56.1	1974	470
1955	54.09	1975	528.1
1956	52.16	1976	580
1957	50.3	1977	639.4
1958	65.36	1978	703.9

续表

年　份	社会消费品零售总额（现价，万元）	年　份	社会消费品零售总额（现价，万元）
1959	84.92	1979	706.24
1960	110.34	1980	909.61
1961	143.38	1981	980.53
1962	186.3	1982	1063.54
1963	200	1983	1066.6
1964	214.52	1984	1190.72
1965	230.2	1985	1199.23
1966	241.89	1986	1533.13
1967	254.18	1987	1589.29
1968	268.08	—	—

1949—1987年雷山县农民人均纯收入统计表

表18—6

年　份	农民人均纯收入（现价，万元）	年　份	农民人均纯收入（现价，万元）
1949	34	1969	41.9
1950	34	1970	40
1951	36.5	1971	45
1952	38	1972	36.3
1953	39.6	1973	45
1954	40.9	1974	43
1955	45.7	1975	51
1956	50.9	1976	49.4
1957	57	1977	55
1958	46	1978	46
1959	38.7	1979	47.3
1960	27.9	1980	43
1961	28	1981	47.75
1962	28.8	1982	47
1963	36.7	1983	75
1964	44.8	1984	188
1965	44	1985	293
1966	49	1986	200
1967	41	1987	155
1968	42.5	—	—

编纂始末

《雷山县志》的编纂机构是1983年1月设立的，称县志编写办公室，附设在县政府办公室内，拨有少量经费，只有一个专职人员，负责为省、州征集撰写专门的单篇资料等工作。

1985年7月，建立县志编纂委员会，副县长覃榜远任主任委员，政协副主席龙向日、政协秘书长杨正光、人大教卫民族科科长阚平涛任副主任委员。

1986年1月，重新组建县志编委办公室，为县政府领导下的常设局级事业机构，任命龙向日兼办公室主任，调档案局局长杨麦秀为副主任，并配备工作人员，开始制订编纂规划、编纂方案，建立各专业志、部门志编纂领导小组，培训人员，任命主编（副），制订篇目，为两步成志迈出了第一步。7月以后，因为《雷山县地名志》未曾编写，在省、州督促下，县志办人员只好倾注全力，先将《地名志》编纂成书，再转入县志编纂工作，是年12月，《地名志》成书付印。

1987年转入部门志、专业志编纂。全县共分为53个部门志和专业志，在首先完成这些基础资料集成之后，第二步进入县志总纂。

1988年5月，第六次编委扩大会议讨论了总纂篇目第四稿，安排全志为23篇，一述一记。6月，组建县志编辑部，设主编1名，副主编2名，编辑10名，特约编辑4名，着手总纂。9月，黔东南州志编委会办公室主任李永昌和州志办县、市志指导科科长杨胜邦、副科长李元星等来雷山，与县志编辑部成员一起会审了原订的总纂篇目，形成第五稿。后县志主编龙向日与州志办李元星副科长一起赴省，将总纂篇目交省志办审核，定为18篇，一述一记，73章326节。从10月开始，各篇编辑进入岗位作业。在总纂过程中，采取“统一领导，分兵作战，联合突击”的办法，即先分篇到个人去编纂，在遇到材料不足时，又组织力量联合突击，限期完成。在分工编纂中，按人量才定篇。各篇的编辑人员除极个别不是部门专志的撰稿人外，绝大多数都是部门专志的主编或副主编，而且是经过培训的。不是部门专志撰稿人的编辑人员，本身就是现在职的或历任过的部门负责人，情况熟悉，具有业务知识和政策水平，又有较高的汉语文程度，能够应付自如，不会感到棘手。

在1988年12月，为使总纂稿更加完善，先邀请州县市志审稿工作委员会主任姚康乐，副主任罗竹香、李永昌，州志办县市志指导科杨胜邦、李元星5人集中在县城进行历时7天的初审，逐章逐篇地修改，并集中讲评，以后又交由分纂编辑按审查意见增删，作为正稿交主编通览节编，一支笔通纂完稿。4月，复印送国家民委审查。5月，发还分纂编辑要求与部门负责人会审，签字同意后，交回编辑部，副主编再进行通读，提出审改意见。7月，主编再次通览，按各方意见审改定稿后打印，计116.8万字。整个过程是由上而下，分篇审查，通览增删，反复校核，多方征求意见琢磨的过程，历时整整一年。1989年12月，召开审稿会评审初稿。

1990年又用一年时间按审稿会意见最后订正，全稿计78.5万字，74章，326节。

1991后2月，送州县、市志审稿工作委员会审批。6月，州县市志审稿委员会审毕发还，县志稿辑部又进行为时5个月的修改订正，于12月送省志办验收。全稿计80万字，73章，314节。

《雷山县志（初稿）》的编纂用了三年（1987年—1989年）。经历了六个阶段：1986年2月—1986年12月为建立组织，培训人员阶段；1987年1月—1988年5月为编写部门志、专业志阶段；1988年6月—1989年3月为县志总纂阶段；1989年4月—1989年9月为会同审签、反复核校阶段；1989年10月—1990年2月为第四次修改省、州、县联合会审阶段；1990年2月—1991年1月为第五次修改送州审批阶段。五年时间，能够编纂完成续史250余年，贯穿三个时期的县志，填补雷山无志书的空白，的确是一件有益当代、惠及后世的大事。成绩的取得主要靠党的十一届三中全会以来开创的"盛世修志"大好形势，靠县委、县人民政府等领导机关的关怀，重视和支持，靠贵州省志办公室和黔东南州志编委会的指导和帮助。还有县属部门和州驻县单位的密切配合，协调行动。其间，全体编修人员焚膏继晷，日夜辛勤，饱尝"三苦"（艰苦、辛苦、清苦），得使志书早臻于成。

由于编修社会主义新方志是一项全新的工作，而且雷山这块地方历经兵燹，致案无故牍；老成凋谢，又缺乏口碑。对县志编修更是"五难"（资料搜集难、资料甄别难、文笔统一难、开拓创新难、秉笔直书难）具备，加之编辑人员孤陋寡闻，学浅才疏，政策水平和业务能力都极有限，书中的缺点和错漏不少，敬请方志专家和广大的各族读者给予批评指正，用匡不逮。在此，也对参加《雷山县志》编修的全体人员和关心、支持县志工作的各级领导，以及为县志提供资料的各界人士和各个部门表示崇高的敬意和由衷的感谢！

《雷山县志》编辑部

1991年8月20日